INTOCÁVEL

A marca FSC® é a garantia de que a madeira utilizada na fabricação do papel deste livro provém de florestas que foram gerenciadas de maneira ambientalmente correta, socialmente justa e economicamente viável, além de outras fontes de origem controlada.

RANDALL SULLIVAN

Intocável

A estranha vida e a trágica morte de Michael Jackson

Tradução
Álvaro Hattnher
Claudio Carina
Marina Pontieri Lima
Rogério Galindo

Copyright © 2012 by Randall Sullivan

*Grafia atualizada segundo o Acordo Ortográfico da Língua Portuguesa de 1990,
que entrou em vigor no Brasil em 2009.*

Título original
Untouchable: The Strange Life and the Tragic Death of Michael Jackson

Capa
Alceu Chiesorin Nunes

Foto de capa
Time & Life Pictures/ Getty Images

Preparação
Mariana Delfini

Índice remissivo
Luciano Marchiori

Revisão
Huendel Viana
Jane Pessoa

Dados Internacionais de Catalogação na Publicação (CIP)
(Câmara Brasileira do Livro, SP, Brasil)

Sullivan, Randall
  Intocável : a estranha vida e a trágica morte de Michael Jackson /
Randall Sullivan — 1ª ed. — São Paulo : Companhia das Letras, 2013.

  Título original : Untouchable : The Strange Life and the Tragic
  Death of Michael Jackson.
  Vários tradutores.
  ISBN 978-85-359-2361-2

  1. Cantores — Estados Unidos — Biografia   2. Jackson, Michael,
  1958-2009 — Últimos anos   I. Título.

13-11015	CDD-782.42164092

Índice para catálogo sistemático:
1. Cantores norte-americanos : Vida e obra   782.42164092

[2013]
Todos os direitos desta edição reservados à
EDITORA SCHWARCZ S.A.
Rua Bandeira Paulista, 702, cj. 32
04532-002 — São Paulo — SP
Telefone: (11) 3707-3500
Fax: (11) 3707-3501
www.companhiadasletras.com.br
www.blogdacompanhia.com.br

Para Elaine Veronica Sullivan

A fama é uma máscara que corrói o rosto. Assim que se dá conta de ser "alguém", que é observado e ouvido com interesse especial, a energia aplicada cessa, e o ator fica cego e surdo em sua animação excessiva. Não é capaz nem de ver nem de ser visto.

De *Consciência à flor da pele*, John Updike*

* Tradução de José Antonio Arantes. São Paulo: Companhia das Letras, 1989, p. 233.

Sumário

Nota do autor 11

Prólogo 15

Parte um: Leste 19

Parte dois: Norte 165

Parte três: Oeste 215

Parte quatro: Sul 289

Parte cinco: O restante 477

Posfácio 613

Cronologia 673

Sobre as fontes 691

Referências bibliográficas e notas sobre os capítulos 699

Índice remissivo 829

Nota do autor

Este livro começou com um e-mail que recebi no final de junho de 2009 de Will Dana, editor-chefe da revista *Rolling Stone*, que dizia: "Você está pronto para largar tudo e fazer a grande reportagem sobre Michael Jackson?". Depois de 24 horas pensando, eu disse sim e fui para Los Angeles, onde Michael havia morrido apenas alguns dias antes. Durante as semanas seguintes e no decorrer das conversas com os editores da *Rolling Stone*, percebi que a maioria das pessoas achava que sabia muito sobre o que aconteceu na vida de Michael Jackson até sua absolvição no julgamento da acusação de abuso sexual de menores, em junho de 2005, mas, para essas pessoas, ele parecia ter desaparecido em uma espécie de zona obscura nos quatro anos seguintes, pelo menos até o anúncio dos shows *This Is It* na O2 Arena, em Londres, em março de 2009. Assim, a ideia da reportagem passou a ser um relato desses últimos quatro anos que, de alguma forma, também fosse a história de sua vida, com os detalhes de seus primeiros 45 anos "em pinceladas rápidas", como alguém — talvez tenha sido eu — disse.

No momento em que percebi que o que havia começado como um artigo de revista estava se transformando em um livro, eu estava comprometido com essa estrutura e ela ainda me parecia a mais adequada. Eu sabia, é claro, que precisaria de mais do que pinceladas para contar os primeiros nove décimos da vida de

Michael no que seria uma biografia, mas eu ainda queria que seus últimos cinco anos fossem o centro da obra.

Comecei a imaginar a estrutura deste livro como um telescópio composto por três seções, ou tubos, que se encaixavam uns nos outros e podiam ser estendidos ou retraídos, conforme necessário. O primeiro tubo, o mais próximo do olho, conteria a lente que examinaria os anos depois do julgamento criminal, quando Michael foi uma espécie de *Holandês Voador* vagando pelo mundo com os três filhos a tiracolo em busca de um novo lar, que ele nunca encontrou. O segundo tubo, um pouco mais afastado do olho, teria de ser montado, pensei, com a lente que usei para estudar as circunstâncias que levaram às acusações criminais contra ele, incluindo o documentário de Martin Bashir, *Living with Michael Jackson*, que foi transmitido pela ABC, a batida no rancho Neverland, sua prisão e seu julgamento. Então percebi que esse segundo tubo teria que voltar pelo menos até 2001, quando os shows *30th Anniversary* coincidiram com os ataques terroristas de Onze de Setembro. Por fim, entendi que o comprimento desse segundo tubo abrangia, na verdade, o período de doze anos entre 1993 e 2005, quando a vida de Michael e sua reputação pública foram gradualmente destruídas por duas acusações públicas de abuso sexual de crianças.

O Michael Jackson que existiu depois de agosto de 1993 era um Michael Jackson diferente daquele que existira antes disso, então a história desses anos é a chave para entender sua vida e precisava ser contada em detalhes consideráveis. Eu teria de pesquisar e escrever uma crônica sobre os dois eventos principais que marcaram esses anos, o escândalo Jordan Chandler, que irrompeu em 1993, e o julgamento criminal em 2005, e que abrangesse e superasse tudo que havia sido publicado anteriormente.

O terceiro tubo, o mais afastado, abrigaria a lente que apresentaria meu ponto de vista sobre a vida de Michael até 1993, os primeiros 35 anos de sua juventude, a ascensão à fama, o período como Rei do Pop e a transformação no sujeito que os tabloides chamavam de "Wacko Jacko" [Jacko Esquisito] — em outras palavras, a história de Michael Jackson que a maioria das pessoas achava que sabia. Seria necessário recorrer, em grande medida, a registros públicos para essa seção, que seria contada, essencialmente, como uma história de fundo, mas eu teria a vantagem de filtrar a narrativa através das duas outras lentes do telescópio e, assim, através das fontes que me ajudaram a construí-las, algumas das quais são pessoas cujas relações com Michael duraram décadas. Além disso, as coisas aconteceram de forma que me foi permitido um acesso ao funcionamento interno da família Jackson na era pós-Michael que nenhum escritor jamais teve ou que jamais será concedido novamente, e isso foi uma bênção.

Esse último desenvolvimento foi concomitante com a minha percepção de que havia ainda uma quarta parte de meu telescópio, a perspectiva de tudo o que havia ocorrido nos meses e anos depois da morte de Michael, a celebração e a luta por seu legado e espólio. Essa quarta peça imaginei encaixando-se perfeitamente no primeiro tubo e tornando-se, assim, a parte que era pressionada contra meu rosto, trazendo uma lente côncava que ampliava a ação do meu telescópio.

Então, pensei, de certa forma eu estava escrevendo quatro biografias de Michael Jackson. Eu poderia até mesmo dizer que eram cinco biografias, ou mesmo seis. Sabendo que muitas pessoas poderiam desejar um relato mais convencional da vida de Michael, criei uma cronologia, que considero um aspecto essencial deste livro, estabelecendo a história de Michael Jackson do início ao fim. Além disso, há também, é claro, as notas dos capítulos, que detalham não apenas como escrevi o livro, mas como organizei a enorme quantidade de informações conflitantes sobre Michael Jackson para chegar no que espero ser uma crônica definitiva.

Então aí está, a melhor descrição que posso oferecer do que fiz e o porquê.

Prólogo

Para alguém que com frequência reclamava de solidão, Michael Jackson gastou uma quantidade notável de tempo evitando as pessoas. Ele passou a maior parte da vida atrás de portas e paredes ou em mudanças furtivas de um esconderijo para outro. Usava disfarces, rompia relações e mudava os números de telefone constantemente, mas ainda assim os paparazzi, oficiais de justiça, mulheres delirantes e homens desesperados perseguiam-no aonde quer que ele fosse.

A parte mais triste de sua situação, no entanto, foi que as pessoas de quem Michael mais se esforçou para fugir eram os membros de sua própria família.

No final do verão de 2001, eles foram atrás de Michael mais uma vez. Isso aconteceu apenas dois dias antes de sua ida já marcada para Nova York, onde os shows *30th Anniversary* aconteceriam, no Madison Square Garden, nos dias 7 e 10 de setembro. Seu amigo e sócio Marc Schaffel havia reunido, em colaboração com o produtor David Gest, um grupo de artistas ligados a Michael de alguma forma desde a gravação de seu primeiro single solo, "Got to Be There", em 1971. Essa turma ia de Kenny Rogers a Usher e incluía talentos tão díspares como Destiny's Child, Ray Charles, Marc Anthony, Missy Elliot, Dionne Warwick, Yoko Ono, Gloria Estefan, Slash e Whitney Houston. Samuel L. Jackson concordou em atuar como mestre de cerimônias, enquanto Elizabeth Taylor e Marlon Brando, amigos de Michael, foram recrutados para gravar discursos que seriam exibidos nas apresentações.

Michael queria a família em Nova York também; os irmãos, para executar um medley de sucessos dos tempos de Jackson 5, enquanto os pais assistiriam ao show em camarotes especiais. Os Jackson, no entanto, insistiram que deveriam receber cachês para aparecer. David Gest concordou em pagar honorários de 250 mil dólares para os membros da família, mesmo aqueles que estariam lá apenas para assistir. Schaffel achou "muito esquisito" pagar a própria família de Michael para comparecer ao show de comemoração de trinta anos de carreira, especialmente aqueles que não estariam no palco, mas Marc adiantou o dinheiro de seu próprio bolso. Poucos dias antes do primeiro show, no entanto, Jermaine Jackson leu uma reportagem que dizia que o irmão ganharia em torno de 10 milhões de dólares pelas duas apresentações e convenceu os pais de que Michael deveria pagar a cada um dos três mais 500 mil dólares. Jermaine e o pai, Joe, elaboraram um contrato e, com Katherine Jackson, perseguiram Michael pelo sul da Califórnia para tentar convencê-lo a assinar o papel, ameaçando o tempo todo não dar as caras em Nova York a menos que ele assinasse.

Michael se escondeu durante vários dias na casa de Schaffel em Calabasas, na região montanhosa do extremo oeste do vale de San Fernando. No entanto, um dia antes da partida agendada para Nova York, Michael disse que precisava fazer uma viagem rápida até o rancho Neverland para pegar algumas roupas e outros itens pessoais. Ele e os dois filhos, Prince, de quatro anos, e Paris, de três, mal haviam posto os pés dentro da casa principal em Neverland quando os seguranças alertaram Michael de que seus pais, Joe e Katherine, e seu irmão Jermaine estavam no portão principal, dizendo que traziam alguns papéis para Michael assinar e exigiam entrar. Michael instruiu os seguranças para dizer à sua família que ele não estava no rancho e mandá-los embora. Joe Jackson, no entanto, não cedeu. "Eu sou o pai dele", disse aos guardas. "Eu preciso usar o banheiro. A mãe dele precisa usar o banheiro. Deixem-nos entrar."

Fora de si, Michael telefonou para Schaffel e explicou a situação. Se eles atravessassem aquele portão, iriam persegui-lo para que ele assinasse o contrato concordando em pagar a cada um mais 500 mil dólares. Mas, ainda assim, ele não podia deixar a mãe do lado de fora, se ela estava implorando para usar o banheiro, Michael disse a Schaffel. O que ele ia fazer, explicou, era instruir os seguranças para dizer à sua família mais uma vez que o sr. Jackson não estava no local, mas deixá-los entrar na propriedade para que pudessem utilizar as instalações.

Assim que atravessaram o portão principal, Joe e Jermaine foram direto para a sede da propriedade e entraram à força, procurando Michael. "Eles literalmente revistaram o lugar", Schaffel lembrou.

Michael retirou-se com as crianças para um esconderijo atrás de uma porta secreta no fundo do armário de seu quarto e de lá ligou para Schaffel. Ele estava aos prantos quando perguntou a Schaffel: "Você está vendo o que eles fazem comigo? Você entende agora por que não quero ter nenhuma relação com os meus irmãos, por que me escondo deles e me recuso a atender seus telefonemas?".

"Eu apoiei meus irmãos, eu apoiei todos eles", Michael chorou ao telefone. "Eu coloquei os filhos deles na escola. Mas eles continuam atrás de mim, continuam querendo mais. Isso nunca termina. E meu pai é o pior de todos."

Michael engasgou e não conseguiu falar por um momento, recordou-se Schaffel, e em seguida soluçou: "A pior parte, a parte que me mata, é que eu tenho de mentir para a minha própria mãe".

"Você entende, Marc?", perguntou Michael. "Você entende agora por que eu sou do jeito que sou? De que outro jeito eu poderia ser?"

PARTE UM
LESTE

I.

Em 29 de junho de 2005, dezesseis dias após o veredicto de inocente no julgamento por abuso sexual infantil no condado de Santa Barbara, Michael Jackson chegou ao final de uma viagem em que cruzou todo o país, o oceano Atlântico, o mar Mediterrâneo e o golfo Pérsico, e seu jato particular pousou no Aeroporto Internacional do Bahrein, perto de Manama, a 13 mil quilômetros de sua antiga casa, na Califórnia. Ele teve de ir tão longe para conseguir um pouco de paz, e mesmo lá ela não duraria muito tempo.

Aqueles que o encontraram na pista de pouso ficaram satisfeitos ao ver que sua aparência havia melhorado significativamente em relação ao fantasma cadavérico que ele havia se tornado durante os estágios finais do julgamento. "Perto do fim, ele às vezes ficava dias sem comer ou dormir", lembrou seu principal advogado de defesa, Tom Mesereau. "Ele nos telefonava às três ou quatro horas da manhã, aos prantos, preocupado com o que aconteceria com seus filhos se ele fosse preso. Naquelas últimas semanas, as maçãs de seu rosto estavam afundadas a ponto de os ossos aparecerem." Quando chegou a Manama, Michael havia engordado quase cinco quilos e dava a impressão de alguém que, se fosse preciso, iria dançando até o terminal. Os bareinitas que o cumprimentaram no aeroporto concordaram que ele parecia muito menos estranho pessoalmente do que haviam imaginado com base em fotografias. E o tamanho de suas mãos, *Allahu Akbar*.*

Mesereau estava entre a multidão que se reuniu em Neverland na tarde do veredicto. Michael agradeceu repetidamente ao advogado, mas não parecia capaz de muito mais que abraçar os filhos e olhar para o vazio. Alguns observadores descreveram Michael durante o julgamento como alguém que se afundava gradualmente em um delírio induzido por drogas e ao mesmo tempo tagarelava sobre a conspiração contra ele, mas Mesereau insistiu que somente naquele último dia viu um Michael Jackson que parecia "menos lúcido".

Um punhado de pessoas sabia quanto o astro havia ficado incomodado com as deliberações do júri. Uma delas era o comediante e ativista Dick Gregory, presente na multidão que acompanhou Jackson do tribunal até o rancho em um trajeto que todos pensavam que poderia ser a última viagem de Michael para Neverland. Magro e de barba branca, Gregory entrara e saíra da vida de Michael durante anos, mas ele foi especialmente inflexível sobre a presença de Gregory enquanto aguardava e recebia o veredicto do júri. No final da tarde, depois que Mesereau e outros foram embora, Michael pediu-lhe para subir até o quarto, Gregory lembrou. Michael agarrou-se a ele nas escadas, Gregory disse, e ele pôde sentir os ossos do anfitrião cutucando-o através das roupas. "Não me deixe sozinho!", Michael teria implorado. "Eles estão tentando me matar!"

"Você já comeu?", perguntou Gregory. O comediante alegava ter sido quem ensinou Michael a ficar em jejum, dizendo que ele o havia treinado a ficar quarenta dias sem comida. É preciso beber litros de água para passar tanto tempo sem comer, Gregory o instruíra na época, mas Michael parecia ter esquecido essa parte do regime. "Eu não consigo comer!", respondeu ele. "Eles estão tentando me envenenar!"

"Qual foi a última vez que você bebeu água?", perguntou Gregory.

"Eu não estou bebendo", respondeu Michael.

"Você precisa sair daqui", disse Gregory.

Em uma hora, Gregory e um pequeno destacamento de seguranças estavam com Jackson no Centro Médico Marian de Santa Barbara. Ele recebeu imediatamente líquidos e remédios para dormir na veia. Os médicos disseram a Gregory que Michael não teria sobrevivido mais um dia sem atendimento. Enquanto sua

---

* "Deus é grande", em árabe. (N. T.)

família se preparava para uma "festa da vitória" em um cassino nas proximidades, Michael estava em uma cama de hospital, perdendo e recuperando a consciência seguidamente, perguntando-se em um momento se estava na prisão e em outro se aquilo seria a vida no além. Ele foi liberado do hospital apenas depois de passar quase doze horas seguidas em tratamento intravenoso.

Ele voltou mais uma vez a Neverland para fazer as malas, em seguida deixou o rancho pela última vez. Mesereau havia aconselhado seu cliente a sair do condado de Santa Barbara o mais rápido possível e não voltar. Os escritórios da promotoria e da polícia estavam obcecados pela destruição de Michael Jackson, Mesereau acreditava, e seriam especialmente perigosos agora, depois de serem humilhados pelos veredictos. "Eu disse a Michael que, para abrir a porta para outra acusação criminal, bastava que uma criança aparecesse no rancho", lembrou Mesereau.

Michael passou a maior parte da semana seguinte à absolvição se recuperando no Centro para o Bem-Estar de seu amigo Deepak Chopra em Carlsbad, na Califórnia, em um costão com vista para o oceano Pacífico, entre Los Angeles e San Diego. Acompanhavam-no seus filhos e a babá africana deles, Grace Rwaramba. Magra e atraente, o cabelo afro tingido de laranja, olhos redondos tão castanhos que pareciam pretos sob qualquer iluminação que não a solar direta, Rwaramba trabalhava para Jackson havia quase vinte anos. Então com pouco menos de quarenta anos, ela havia fugido de uma Uganda dizimada pelo líder militar assassino Idi Amin bem na época em que chegava à puberdade, e passara a adolescência morando e estudando com as freiras católicas na Holy Name Academy de Connecticut. Entre os colegas, Grace ficara conhecida por sua vasta coleção de fotos, cartões-postais, camisetas e luvas de Michael Jackson e por suas emocionadas declarações de amor ao Rei do Pop. No anuário da escola de 1985, a cada formando era permitida uma "profecia". A dela dizia: "Grace Rwaramba é casada com Michael Jackson e tem a sua própria geração de Jackson 5".

Era incrível o quão perto ela chegou de viver seu grande sonho dos tempos de escola. Depois de se formar em administração de empresas na Atlantic Union College, ela conheceu a família de Deepak Chopra, que pessoalmente a apresentou a Michael e conseguiu para ela uma vaga na equipe dele na turnê Dangerous. Como diretora de pessoal, ela fora encarregada, principalmente, de organizar contratos de seguro, mas Grace subiu rapidamente na hierarquia de Neverland, tornando-se a funcionária em que Michael mais confiava. Quando Michael Joseph

Jackson Jr. nasceu, em 1997, Michael nomeou-a babá da criança. Ela assumiria a responsabilidade de cuidar dos dois outros filhos, Paris-Michael Katherine Jackson, nascida em 1998, e Prince Michael Joseph Jackson II, nascido em 2001, ficando tão próxima deles que as três crianças a chamavam de "mãe".

A relação com o pai delas era mais confusa. Ao longo dos anos, Grace desenvolvera um certo cinismo em relação a Michael, do tipo "cuidado com o que você deseja", que afetou sua devoção a ele. Era a única pessoa da equipe que se atrevia a criticá-lo ou contestá-lo, e havia sido demitida várias vezes, mas sempre tinha de ser trazida de volta logo depois de ir embora, principalmente porque as crianças choravam, chamando por ela. Relatos em tabloides e na internet sobre o casamento iminente de Michael e Grace apareciam com regularidade, mas um obstáculo raramente mencionado era o fato de que Grace já era casada com um homem chamado Stacy Adair. Ela se casara com Adair no que foi descrito como "uma cerimônia de conveniência" (presumivelmente, para proteger Rwaramba de problemas com as autoridades de imigração) em Las Vegas, em 1995. Para aumentar a confusão, aqueles que conviviam com Michael definiam Grace de maneiras muito contraditórias. Chopra se refere a ela invariavelmente como "uma jovem encantadora" e disse que ela era "dedicada" a Michael e seus filhos. Outros relataram que ela se dedicava principalmente ao poder que exercia como "guardiã" de Michael e gastava grande parte de sua energia tentando isolá-lo de qualquer um que tentasse um contato mais direto.

Embora tivesse crescido em uma família de quinze filhos no pequeno povoado de Ishaka, em Uganda, Grace passara a maior parte da vida adulta morando em mansões fabulosas ou em suítes presidenciais de hotéis cinco estrelas, desenvolvendo um senso descomunal de seus direitos de posse no decorrer da vida. "A babá mais poderosa do universo" foi como a revista *Time* a descreveu, por causa da influência e do controle que ela teve sobre os filhos de Michael. Tom Mesereau reconheceu que a presunção de Grace foi um dos fatores que contribuíram para seu pedido de demissão da função de conselheiro de Michael. "Eu fiquei muito, muito cansado de ter que lidar com ela", disse. Muitos relatos ligavam Grace à Nação do Islã, mas na verdade ela havia frequentado um curso de estudos da Bíblia durante o julgamento criminal de Michael e disse ter se juntado às Testemunhas de Jeová. No único comentário público que fez durante o julgamento criminal, Grace respondeu a uma pergunta sobre quem estava por trás das acusações de abuso sexual dizendo: "Satanás, o diabo". O conselheiro espiritual de Jackson entre as Testemunhas, Firpo Carr, disse que ouviu pessoas falarem sobre ela como "essa mulher nos bastidores, com todo esse poder, ostentando sua força", mas que, em seus encontros com Grace, achou que ela era "uma das pessoas mais humildes que já conheci".

Essa mistura de modéstia e poder era frequentemente testada em suas relações com Michael, a quem ela muitas vezes tratava como uma quarta criança sob seus cuidados. Quando Michael finalmente cedeu a seus insistentes pedidos para que ele tivesse seu próprio telefone celular, ele perdeu o aparelho em um dia e voltou a dizer às pessoas para que telefonassem para Grace se quisessem falar com ele. Ele e a babá discutiam com frequência sobre gastos desnecessários de Michael. Quase toda a receita proveniente de direitos autorais do catálogo que Michael possuía, vendas de discos e royalties das canções ia diretamente para o pagamento de dívidas imensas. No entanto, mesmo em situação econômica precária, Michael insistia em reservar a suíte de hotel mais cara em todas as cidades que visitava. Quando não havia dinheiro para pagar as contas, eles ficavam com um dos muitos "amigos" que o astro tinha ao redor do mundo e que lhe ofereciam hospedagem. Michael possuía tão pouco controle de suas finanças que mandava depositar na conta bancária de Grace todos os cheques que chegassem às suas mãos, então pedia que ela lhe desse dinheiro conforme precisasse. Ele ficava irritado ou desconfiado quando ela dizia que não havia mais dinheiro.

Em 17 de junho, quatro dias depois da absolvição, o passaporte de Jackson e a quantia de 300 mil dólares, que ele havia depositado para fazer frente aos 3 milhões de dólares de fiança, foram devolvidos pelo juiz Rodney Melville, que presidiu o julgamento. Dois dias depois, sem avisar sequer os mais próximos, Jackson viajou com os filhos e a babá em um jato particular para Paris e foi de limusine para o hotel de Crillon, que faz parte do magnífico complexo de palácios no começo da avenida Champs-Elysées. Os 300 mil dólares que ele embolsou cobririam o custo de dez dias naquele pináculo do privilégio. Era quase impossível conseguir hospedagem em uma suíte presidencial no Crillon a curto prazo, visto que essas acomodações estavam reservadas para vários chefes de Estado e altos funcionários do governo que normalmente as ocupavam, mas para Michael Jackson a gerência do Crillon estava disposta a fazer os ajustes necessários. Durante esses dez dias, ele não só poderia descansar e continuar sua recuperação, mas também dar-se algo que lhe havia sido negado nos últimos meses — as roupagens do status real. Ele ainda era o Rei do Pop, mais do que uma mera celebridade, um personagem de tal importância que conseguiu a fabulosa suíte Leonard Bernstein do Crillon, onde seus filhos podiam se divertir no famoso terraço circular, com a vista espetacular da Cidade Luz, enquanto ele titilava as teclas do piano do maestro que dava nome ao quarto.

Uma única boa notícia o animou: o Mediabase, que monitorava para o rádio e as gravadoras o número de vezes que uma canção era tocada, informou que a execução das músicas de Michael havia triplicado nos dois primeiros dias depois do veredicto no condado de Santa Barbara.

Paz e privacidade eram as promessas no Bahrein. Assim que chegaram ao aeroporto na capital, Jackson e os filhos foram transportados diretamente para o impressionante palácio de seu anfitrião, o xeque Abdullah bin Hamad bin Isa Al Khalifa, de trinta anos, o segundo filho do rei do Bahrein. Durante a maior parte da última década, Abdullah havia sido não só o governador da província do sul do Bahrein, mas também o xeque do petróleo mais roqueiro em todo o Oriente Médio. Fã de Led Zeppelin e Bob Marley, o corpulento Abdullah mantinha uma segunda casa no bairro de Kensington, em Londres, onde era conhecido por andar em sua Harley-Davidson, muitas vezes usando túnicas, ocasionalmente com uma guitarra presa às costas. Aspirante a compositor, imbuído pela riqueza da família e pela fé islâmica, com uma sensação de poder transcendente, o xeque planejava reavivar a carreira de Jackson (e lançar a sua própria) por meio do 2 Seas Records, um selo musical do qual os dois seriam sócios-proprietários. O palácio de Abdullah abrigava o melhor estúdio de gravação de todo o reino, e Michael poderia usá-lo durante o tempo que quisesse, como o xeque havia lhe assegurado em uma série de telefonemas entre Manama e o rancho Neverland durante o julgamento criminal.

Ao longo desses meses do julgamento criminal, o príncipe do Bahrein demonstrou sua seriedade através de uma imensa generosidade financeira. Apresentado ao artista pelo irmão de Jackson, Jermaine, que havia se convertido ao islamismo em 1989, o xeque Abdullah emprestava desde o princípio mais do que um ombro amigo a Jackson, que lamentava as despesas legais que o estavam comendo vivo. "Ele dizia: 'O que posso fazer para o meu irmão? O que posso dar às crianças?'", lembrou Grace Rwaramba. Em março de 2005, assim que a promotoria começou a apresentar o caso ao tribunal no condado de Santa Barbara, os serviços públicos locais ameaçaram interromper o fornecimento em Neverland, a menos que o cantor depauperado pagasse as contas atrasadas. Abdullah, que nunca havia encontrado Michael pessoalmente, respondeu imediatamente transferindo 35 mil dólares para sua conta bancária pessoal, Rwaramba lembrou. Ela ficou "perplexa", mas o xeque apenas se desculpou pela quantidade insignificante, prometendo que "da próxima vez vai ser mais". Um mês depois, Michael pediu 1 milhão de dólares, Rwaramba disse, e "eu não entendi absolutamente nada" quando Abdullah enviou exatamente esse montante. Até o primeiro dia do verão, Abdullah prometeu pagar os 2,2 milhões de dólares em despesas legais que Jackson acumularia até o final do julgamento, caso o cantor fixasse residência em Manama.

O xeque Abdullah estava muito ansioso para exibir seu prêmio, mas insistiu que a mídia guardasse a presença de Jackson no Bahrein como uma espécie de falso segredo por quase dois meses. Várias publicações relataram que Jackson estava no país como convidado do príncipe, mas só acrescentaram que, de acordo com a família real, "Michael quer levar uma vida normal e não quer ser perseguido pela mídia". O xeque e seu famoso hóspede não se aventuraram em público juntos até viajarem para o emirado de Dubai no dia 20 de agosto, e mesmo assim eles não se expuseram aos repórteres antes de mais uma semana ainda.

Uma após outra, as reportagens celebravam a imagem "feliz e saudável" de Jackson nas fotografias tiradas em sua primeira aparição pública desde o julgamento, em Dubai, em 27 de agosto de 2005, dois dias antes de seu 47º aniversário. Vestido com uma camisa azul vivo e um chapéu fedora preto, Michael sorriu de maneira tímida, mas doce, enquanto ele e Abdullah, queixudo e de olhos caídos, posavam com o lendário campeão árabe de rali, Mohammed bin Sulayem, com as câmeras clicando e rodando em torno deles.

A sessão de fotos aconteceu nos escritórios da Nakheel Properties, uma megaincorporadora responsável por vários dos projetos que haviam transformado Dubai na capital mundial do aventureirismo arquitetônico. Imóveis de luxo e compras sofisticadas com hora marcada impulsionavam a economia local naqueles dias, e Michael havia dado sua contribuição no início da semana, quando se aventurou a ir, disfarçado e atrás de janelas com insulfilme, até o shopping center de dois andares absurdamente opulento conhecido como "The Boulevard". Quando a sessão de fotos chegou ao fim, os executivos da Nakheel levaram Michael e Abdullah para um passeio de barco na costa de Dubai, para deslizarem sobre as águas azuis iridescentes, passando pelas praias de coral e conchas brancas que antigamente haviam sido a principal atração do pequeno emirado. Da água, Jackson podia ver cada um dos arranha-céus que brotavam das fabulosas areias de Dubai como se fossem silos de petrodólares. As Jumeirah Emirates Towers eram o 12º e o 29º edifícios mais altos do mundo, foi o que lhe disseram, mas eram apenas postes de iluminação se comparados à Dubai Tower, cuja construção havia começado quase um ano antes e que, com seus 818 metros, seria a estrutura mais alta feita pelo homem na Terra, quando fosse concluída em 2009.

O destino daquele passeio vespertino era a suprema façanha de engenharia do emirado, as Palm Islands, onde mais de 1 bilhão de toneladas de pedra e areia estavam sendo usados para criar uma comunidade residencial de ilhas artificiais, cada uma com a forma de uma palmeira coberta por um crescente. Ali, um mundo de faz de conta estava sendo trazido à vida em uma escala que, por comparação, faria até mesmo o rancho Neverland parecer pouco excepcional. Enquanto Michael mais uma vez garantia a todos os presentes que estava falando sério sobre se estabelecer em Dubai, Abdullah encantou os jornalistas que os seguiam com o anúncio de que "Mikaeel" previa a construção de uma grande mesquita aqui em seu "novo lar", dedicada ao ensino dos princípios do Islã em inglês.

Jackson não havia realmente se tornado muçulmano, mas estava "prestes a se converter ao islamismo", de acordo com o jornal árabe-israelense *Panorama*. Em pouco tempo, a história seria transmitida pela CBS News e, em seguida, explorada por Daniel Pipes, colunista do *New York Sun*, que observou que "isso se encaixa em um padrão afro-americano recorrente e importante". A aparente boa acolhida de Jackson ao fato de ter sido chamado no Bahrein pelo nome do grande anjo de Deus, Mikaeel, deu credibilidade à ideia de conversão para aqueles que não sabiam que, durante seu julgamento, o artista várias vezes acompanhou os filhos aos cultos nos Salões do Reino das Testemunhas de Jeová, em Santa Barbara e em Los Angeles, e permitiu que sua mãe, Katherine, instruísse os três filhos na doutrina da igreja.

Mikaeel guardaria para si sua ambivalência religiosa enquanto morou no Oriente Médio, especialmente quando voltou com Abdullah para Manama para uma saudação pública pelo pai do xeque, o rei Hamad bin Isa Al Khalifa. Depois que Sua Majestade e Mikaeel retiraram-se para uma conversa a portas fechadas, os funcionários do rei anunciaram aos jornalistas que o sr. Jackson acabara de adquirir um "palácio de luxo" em Manama e estava doando "uma enorme quantidade de dinheiro" para uma segunda mesquita a ser construída na capital do Bahrein.

No entanto, o palácio estava sendo alugado pela família real, e os milhões que Jackson havia "doado" para as duas mesquitas eram uma promessa vazia. O artista viveria às custas de Abdullah durante sua estadia em Manama e Dubai, mas nem mesmo os bolsos de petróleo do xeque eram suficientemente fundos para preencher o buraco em que Jackson se encontrava. A enorme variedade de problemas — jurídicos, financeiros, pessoais e profissionais — que o perseguiram até o golfo Pérsico estava não só o acompanhando, mas se acumulando atrás de suas costas estreitas.

Duas semanas antes de comemorar seu aniversário em Dubai, Jackson havia sido multado em 10 mil dólares por um juiz de um tribunal federal de New Orleans por não ter comparecido a uma audiência motivada por uma acusação de abuso sexual especialmente ardilosa. Um homem de 39 anos de idade chamado Joseph Bartucci afirmava que, ao assistir à cobertura do julgamento, na Califórnia, havia recuperado a memória reprimida de um ataque que *ele* sofrera 21 anos antes, na Feira Mundial de 1984. De acordo com a denúncia de Bartucci, ele havia sido "atraído" para dentro da limusine de Jackson e levado em um passeio de nove dias para a Califórnia, durante o qual fora forçado a consumir "drogas que alteram o estado de espírito", enquanto Jackson fizera sexo oral nele, o havia cortado com uma navalha e perfurado seu peito com um fio de aço. Bartucci não conseguiu apresentar uma única evidência para apoiar suas alegações, enquanto os advogados de Jackson forneceram provas irrefutáveis de que seu cliente estava na companhia do presidente e da primeira-dama, Ronald e Nancy Reagan, durante alguns dos dias em que Bartucci afirmava ter sido seu prisioneiro. No entanto, o juiz Eldon Fallon permitiu que o caso seguisse em frente, mesmo depois da revelação de que Bartucci era um bígamo confesso com um histórico de dezoito processos civis de separação e denúncias criminais nos últimos dezessete anos, e que havia sido preso por perseguir uma mulher em 1996. Enfurecido com o fato de seus advogados em New Orleans terem apresentado uma conta de 47 mil dólares sem encerrar o processo forjado, Jackson despediu-os enquanto se preparava para a viagem para o golfo Pérsico, e então simplesmente virou as costas para o processo na Louisiana. Agora o juiz Fallon estava exigindo que Jackson mostrasse por que ele não deveria ser preso por desacato, e um julgamento por contumácia seguiu-se contra ele. Jackson teria de responder, mesmo que fizesse isso do outro lado do mundo.

Esse foi apenas um entre muitos apuros jurídicos. Durante os doze anos anteriores, Jackson pagara quase 100 milhões em acordos e honorários de advogados para lidar com as dezenas de ações contra si, algumas levianas e outras não, e dúzias delas estavam pendentes. De todas essas ações, a mais cara resultara no pagamento de mais de 18 milhões de dólares para a família de um menino de treze anos chamado Jordan Chandler, em 1994. De acordo com Mesereau, Michael havia percebido que fazer um acordo com os Chandler fora "o pior erro de sua vida". A dimensão do acordo convenceu grande parte do público e muita gente na mídia de que Jackson era, provavelmente, um molestador sexual de crianças. Que tipo de inocente, as pessoas se perguntavam, pagaria essa quantia de dinheiro para alguém que fez uma acusação falsa? "Alguém desesperado para seguir em frente com a vida", respondeu Mesereau. "Michael não fazia ideia de como as pessoas interpretariam a decisão de tentar fazer com que tudo aquilo desaparecesse." As consequências disso se multiplicaram exponencialmente à medida que diversas ações judiciais, uma após a outra, foram movidas contra ele, com diversos vigaristas fazendo fila para conseguir sua parte de uma fortuna que encolhia rapidamente.

Em 23 de setembro de 2005, Michael viajou para Londres com Abdullah, Grace Rwaramba e as crianças, depois de reservar um andar inteiro no Dorchester Hotel. Era seu procedimento padrão ao viajar, ele explicou ao xeque, que estava pagando a conta. Jackson fez a viagem para lidar com o que talvez fosse o mais lancinante de todos os processos judiciais então em curso contra ele: a ação movida, em novembro de 2004, no meio do julgamento criminal, pelo ex-parceiro de negócios de Jackson e antigo "amigo querido", Marc Schaffel.

Schaffel, 35 anos, havia surgido como uma figura pública no final de 2001, quando de repente se tornou o mais destacado da multidão de assessores que disputava um lugar em torno de Jackson, principalmente por ter sido encarregado de montar um coro de superstars para cantar com Michael um single para caridade intitulado "What More Can I Give?". A canção havia sido inspirada por um encontro com o presidente sul-africano Nelson Mandela, mas posteriormente beneficiaria os refugiados kosovares. Depois, na sequência das atrocidades do

Onze de Setembro, "What More Can I Give?" foi reescrita às pressas com a intenção de arrecadar dinheiro para as famílias daqueles que morreram nos ataques terroristas. O projeto se transformou em um exemplo quase perfeito de como e por que praticamente tudo que nos últimos anos havia sido iniciado com o que a mídia gostava de chamar de "a facção de Jackson" estava destinado a terminar em um fiasco de acusações e processos judiciais.

Schaffel vinha aparecendo na vida de Jackson desde agosto de 1984. Com apenas dezoito anos naquela época, era um cinegrafista freelancer da rede de televisão ABC, que o enviou a Detroit para filmar cenas da turnê Victory do Jackson 5. Schaffel chegou tarde ao Pontiac Silverdome e ficou mortificado quando os seguranças dos Jackson negaram-lhe permissão para se juntar ao resto da imprensa em frente ao palco principal. "Eles me colocaram em uma sala nos bastidores para esperar", lembrou. "Então eu estou sentado lá, me sentindo realmente estúpido, quando ouço a porta abrir. Supus que fosse uma das pessoas que me conduziria até a saída, mas quem entrou foi Michael, que fechou a porta, e lá ficamos, só nós dois." Jackson deu uma olhada na câmera enorme que estava ao lado de Schaffel e se aproximou para examiná-la mais de perto. "Isso foi na época em que acontecia a passagem de filme para vídeo, e eu tinha uma das primeiras câmeras ENG que apareceram", explicou o corpulento Schaffel. "Era uma coisa enorme com um flash separado para vídeo, e Michael ficou fascinado por ela. Ele perguntou: 'Posso dar uma olhada nessa câmera?', e eu estava, tipo: 'Isso não pode estar acontecendo'. Ele perguntou: 'Posso segurá-la?', e eu disse que sim, mas fiquei um pouco preocupado, porque aquela câmera era enorme, muito pesada. Mas ele estendeu a mão e levantou a câmera como se ela fosse de papelão. Fiquei espantado com a sua força." Quando Jackson começou a mexer com as lentes, Schaffel ouviu alguém gritar do lado de fora: "Michael!", avisando que ele precisava fazer uma troca de roupas. "Acho que Michael nem ouviu", disse Schaffel. "Finalmente, ele disse: 'Nós temos um outro show para fazer aqui. Posso te ligar mais tarde e usar a câmera, experimentá-la?'. Eu disse que sim, e dei o meu número de telefone, pensando que ele nunca me ligaria. Mas no dia seguinte recebi um telefonema perguntando se eu podia ir até o hotel onde os Jackson estavam hospedados. Michael estava realmente interessado."

Os dois se encontraram novamente em meados da década de 1990, em um evento de arrecadação de fundos para a amfAR, fundação de pesquisa sobre aids, em Beverly Hills. "Michael aponta para mim e diz: 'Você é o cara que estava com aquela câmera'", lembrou Schaffel. "Ele não sabia o meu nome, mas lembrou do meu rosto." Porém, ele e Jackson não tiveram sua primeira conversa de verdade até 2000, quando se encontraram na casa do famoso dermatologista que atendia a ambos, Arnold Klein, um amigo de Schaffel que se tornou figura importante na vida de Michael ao longo dos anos, envolvido em aspectos da vida do artista que variaram de gestão financeira até a concepção de seus dois filhos mais velhos. "Michael estava hospedado na casa de Klein depois de um procedimento médico", Schaffel lembrou. "Ele ficava com frequência na casa de Arnie." Os dois passaram a maior parte daquela noite conversando. "Michael afirmou mais tarde que tinha gostado do entusiasmo e das ideias de Marc", recordou o advogado de Schaffel, Howard King. "Ele gostou especialmente do fato de que elas não envolviam nem canto, nem dança. Michael tinha a intenção de encontrar uma maneira de ganhar dinheiro que não envolvesse estar no palco ou no estúdio."

Bob Jones, assessor de imprensa de Jackson de longa data, lembrou que Schaffel aparecera em cena quase no mesmo momento em que as pessoas que haviam feito trabalhos de filmagem para Michael ao longo dos anos anteriores foram rompendo com ele, em meio a denúncias de que não estavam sendo pagas. Gabando-se de sua experiência na produção de filmes e acenando com uma conta bancária que se aproximava de oito dígitos, Schaffel se comprometeu a organizar vários filmes e projetos de vídeo de Michael por meio de uma empresa que os dois formaram, chamada Neverland Valley Entertainment. Falou-se da construção de um estúdio de cinema no rancho, de fazer curtas-metragens, talvez até produzir um desenho animado para a televisão. Mas Schaffel foi rapidamente arrastado para os preparativos dos shows *30th Anniversary*.

Montar a lista de artistas que Jackson considerava digna do evento mostrou-se uma tarefa complexa, mas Schaffel rapidamente demonstrou que poderia contribuir. Trabalhando como ligação de Jackson com David Gest, o produtor do show, e assinando uma série de cheques de suas próprias contas para cobrir problemas de fluxo de caixa de Michael, Schaffel garantiu a participação de muitas das estrelas que se apresentariam nos dois shows. O talento de Schaffel para massagear o ego de Michael se tornaria um ativo para o projeto dos shows de aniversário tão importante quanto suas habilidades organizacionais. Quando Michael começou a atrasar a sua chegada em Nova York, "David começou a ligar para mim e a gritar como se aquilo fosse culpa minha", Schaffel lembrou. "'Você tem de colocá-lo em um avião e trazê-lo para cá!' David queria que ele ensaiasse por cinco dias, e Michael disse: 'Eu não preciso disso. Vou fazer em um ou dois dias'. Michael queria viajar em um jato particular, e David estava tentando fazê-lo pegar um voo comercial, porque eles conseguiram lugares de graça nos voos da American Airlines. Então Michael simplesmente ficou esperando que ele fizesse alguma coisa. Veja, Michael não estava realmente muito empolgado para fazer os shows. Quero dizer, ele achava que era legal, mas... Quando alguma coisa é ideia de Michael, ele está nisso 110%. Se não for ideia dele, se é algo que ele *tem* de fazer, ele sente que é trabalho e começa a se arrastar."

Ainda assim, quando chegou a notícia de que, apesar do preço mais alto da história do show business, os ingressos para os dois espetáculos no Madison Square Garden haviam se esgotado em cinco horas, Michael chorou de gratidão. A CBS concordou em pagar uma taxa de direitos na casa dos sete dígitos para transformar as imagens em um especial de TV de duas horas, e para Jackson já estava garantido o recebimento de 7,5 milhões de dólares por sua aparição nos dois shows, dinheiro esse de que Michael precisava desesperadamente. O canal VH1 calcularia depois que, pelo tempo que realmente passou no palco, seu salário foi de 150 mil dólares por minuto.

Na época, Jackson estava vivendo do que descreveu como um orçamento "restrito" que lhe havia sido imposto por sua gravadora, a Sony, e seu principal credor, o Bank of America. Ele reclamava constantemente de que, por causa da dívida enorme, ele não tinha acesso a sua enorme riqueza. "Não era difícil naquela época para Marc retirar até 1 milhão de dólares de sua conta bancária", explicou King, "então ele começou a fazer adiantamentos em dinheiro para Michael. De maneira geral, eles foram pagos de volta em um curto período de tempo, quando outros fundos de Michael entravam." O primeiro montante que Schaffel entregou foi de 70 mil dólares, em julho de 2001, para pagar a excursão de compras com a qual Michael comemorou a notícia de que estava prestes a receber um adiantamento de 2 milhões de dólares para gravar um disco de caridade. Quando Michael dizia que "precisava" de algo, Schaffel já havia entendido, ele não estava falando de necessidade como a maioria das pessoas a entende, mas sim de "um estado psicológico do qual ele precisava para funcionar".

Esse primeiro adiantamento em dinheiro foi reembolsado em pouco tempo, Schaffel lembrou. Constantemente o dinheiro fluía até Michael a partir de fontes espalhadas por todo o mundo. Ele não mantinha uma conta bancária, por medo de que algum credor pudesse tentar bloqueá-la, por isso todos os pagamentos eram feitos em dinheiro vivo. Uma das principais funções de Schaffel logo se tornou a de agir, de fato, como "agente pagador" de Michael Jackson. "Outros assessores de Michael, colaboradores, parceiros de negócios, protetores — seja lá o que fossem —, passariam o dinheiro para ele transferindo os pagamentos para Marc, que os entregaria a Michael em dinheiro", explicou King. Schaffel havia feito a primeira dessas entregas a Michael em um saco de papel do restaurante de fast-food Arby's. Michael achou aquilo hilariante e começou a se referir ao dinheiro que recebia por meio de Marc ou diretamente dele como "batatas fritas". "Eles tinham conversas nas quais Michael dizia: 'Me traz umas batatas fritas, por favor. E de tamanho gigante'", lembrou King.

Um mês depois de entregar mais de 70 mil dólares, Schaffel assinou um cheque de 625 680,49 dólares para sanar uma inadimplência na linha de crédito de Michael no Bank of America. Os reembolsos continuaram a fluir para sua conta bancária, mas as verbas não eram exatamente proporcionais ao que ele estava desembolsando. Apesar disso, o gerente de negócios de Michael disse que as dívidas acabariam por ser todas pagas, e Schaffel não tinha nenhuma razão para duvidar disso. "Marc não só adorava Michael, ele confiava nele completamente", explicou King. Schaffel fez mais duas entregas de batatas fritas para Jackson em agosto de 2001, enchendo um saco com 100 mil dólares, que Michael queria para comprar antiguidades, e outro com 46 075 dólares, de que Michael precisava para pagar avaliações de uma mansão de 30 milhões de dólares no Sunset Boulevard, em Beverly Hills, uma propriedade que Jackson insistiu que poderia se dar ao luxo de comprar depois de saber que os ingressos para os shows do Madison Square Garden haviam sido completamente vendidos. No início de setembro, pouco antes dos shows, Schaffel fez mais dois pagamentos, sendo o primeiro uma quantia relativamente pequena de 23 287 dólares para pagar os ingressos supostamente "grátis" que Michael havia prometido a seus convidados pessoais para os shows de aniversário. Os ingressos não saíram de graça no final das contas e, para evitar o constrangimento de explicar isso aos amigos e familiares, Michael pagou por eles de seu próprio bolso, isto é, do bolso de Marc. O segundo montante foi de 1 milhão de dólares, de que Michael precisou para pagar ao seu "melhor amigo", Marlon Brando, que exigiu a quantia em troca do "discurso humanitário" que seria filmado e exibido no primeiro dos dois shows. Os outros assessores de Michael alegaram que era ridículo pagar tanto a Brando para ele fazer um discurso que ninguém queria ouvir, mas Michael insistiu. "Marlon é um deus", disse. Os opositores perceberam que tinham razão quando, menos de dois minutos depois de iniciados os comentários incoerentes do grande ator, a multidão começou a vaiar e não parou até Brando terminar. Bem, foi apenas 1 milhão de dólares, Michael disse, não foi muito dinheiro, na verdade.

Nos dias imediatamente anteriores aos shows, Schaffel deu a Jackson 380 395 dólares para comprar os dois automóveis personalizados que ele queria, uma Bentley Arnage e uma Lincoln Navigator, além de um cheque para cobrir os juros sobre o empréstimo de 2 milhões de dólares que Michael fizera para financiar o disco de caridade.

Àquela altura, ele havia recebido reembolsos no total de 1,75 milhão de dólares, Schaffel lembrou, mas essa quantia na verdade não cobria os 2,5 milhões de dólares que ele havia gastado. No entanto, o pagamento da dívida remanescente estava garantido, porque Michael havia cedido os direitos de "What More Can I Give?". Schaffel concordava com aqueles que diziam que essa era a melhor canção que Jackson havia composto em anos, com uma melodia sublime e uma letra que era mais tocante que qualquer outra que ele havia escrito. Lá pelo início de setembro, os dois já estavam falando em usá-la para produzir um disco com fins filantrópicos que rivalizaria com o sucesso do projeto "We Are the World", de 1985. Os sobreviventes da próxima grande catástrofe humanitária seriam os beneficiados.

Os ataques terroristas do Onze de Setembro ocorreram poucas horas depois de Jackson terminar seu *pout-pourri* com "Billie Jean", "Black or White" e "Beat It" no final do segundo show de aniversário. Até aquele momento, Michael havia imaginado que a pior parte de sua estadia em Nova York seria a discussão desagradável que ele havia tido com Corey Feldman nos bastidores durante o primeiro show, sobre os planos de Feldman de escrever um livro sobre o relacionamento entre eles. Quando foi acordado em sua suíte no Plaza Athenee, depois de apenas uma ou duas horas de sono, bem a tempo de assistir ao desabamento das torres do World Trade Center, "Michael ficou completamente apavorado", lembrou Schaffel. "Ele pensou que havia terroristas soltos em Nova York e quis tirar seus filhos de lá imediatamente. Havia muitos policiais trabalhando como seguranças no hotel em que ele estava, e eles nos ajudaram a atravessar o rio Hudson na direção de Nova Jersey antes que as pontes e os túneis fossem fechados." No dia seguinte, quando Michael insistiu que precisava de 500 mil dólares para o caso de ele e os filhos serem obrigados a "passar para a clandestinidade", Schaffel dirigiu-se a um banco e retirou exatamente essa quantia. Jackson ficou escondido por dois dias em Nova Jersey, em seguida convocou Schaffel e o resto de sua comitiva para ir até White Plains, no estado de Nova York, onde o aeroporto estava prestes a reabrir por algumas horas. A Sony conseguiu um jato particular em um dos hangares. Michael estava a caminho, saindo de Nova Jersey, quando um novo problema surgiu. O ator Mark Wahlberg participava de um filme ali perto e estava no aeroporto de White Plains, também, com a *sua* comitiva, tentando pegar o mesmo avião. "Então nós tivemos essa grande briga sobre quem tinha prioridade", Schaffel lembrou. Os dois grupos estavam na pista gritando um com o outro até que a Sony decidiu que Michael Jackson era uma celebridade maior. Wahlberg foi informado de que teria de esperar até que outro jato pudesse ser localizado e foi embora, muito bravo. "Mas, então, no último segundo, Michael decidiu que não queria voar", Schaffel lembrou. "Ele disse que ia voltar para a Califórnia em um ônibus fretado. Então disse ao resto de nós para pegarmos o avião e irmos embora, antes que Wahlberg voltasse." Em poucos minutos, um ônibus fora alugado, mas no momento em que chegou a White Plains, Michael havia mudado de ideia de novo. Ele colocou a mãe e outros parentes no ônibus e os enviou para a Interstate 287, em direção oeste, então fez com que a Sony conseguisse outro jato particular e voou de volta para Santa Barbara com Grace e os filhos, além de dois guarda-costas.

Quando se reuniram novamente na Califórnia, Jackson e Schaffel começaram imediatamente a falar sobre usar "What More Can I Give?" para arrecadar dinheiro para as famílias daqueles que morreram nos ataques terroristas. Em outubro, Schaffel alugou uma suíte no Beverly Hills Hotel, onde se reuniu com executivos da cadeia de restaurantes McDonald's para discutir a ideia de uma gravação beneficente com "What More Can I Give?". Levou apenas algumas horas para chegar a um acordo de 20 milhões de dólares, depois de os executivos do McDonald's calcularem que venderiam pelo menos 5 milhões de cópias da gravação apenas em seus pontos de venda dos Estados Unidos.

Schaffel sentiu como se estivesse numa maré de sorte durante aqueles dias, quando atuou como principal intermediário de Michael para a realização de sessões de gravação em que nomes como Beyoncé Knowles, Ricky Martin, Mariah Carey, Carlos Santana, Reba McEntire e Tom Petty contribuíram com suas vozes e instrumentos para o projeto "What More Can I Give?". Foi a experiência mais fantástica da vida de Marc. Ele registrou tudo em vídeo e mal podia esperar para que o mundo visse Celine Dion depois de suas primeiras apresentações de "What

More Can I Give?", o rosto banhado em lágrimas enquanto ela explicava o quanto significava para ela cantar com Michael Jackson. Todos os grandes talentos, um após o outro, haviam reagido da mesma forma. A importância daquilo era de tirar o fôlego. "Michael estava tão animado com o projeto", Schaffel lembrou. "Eu não precisava implorar para que fosse ao estúdio, ele ia por conta própria. Ele realmente queria fazer aquilo acontecer, queria muito, muito. Michael era uma pessoa diferente quando ficava assim. Ele estava convencido, e eu também, e todo mundo também, de que havia dois grandes sucessos ali, a versão em inglês e a versão em espanhol, que é realmente a melhor das duas."

Então as coisas começaram a desandar, confirmando a tendência, como Schaffel viria a descobrir, do que acontecia na órbita decadente de Michael Jackson. No dia 13 de outubro, o *New York Post* publicou a primeira reportagem sobre o acordo envolvendo "What More Can I Give?". O McDonald's ficou surpreso, em seguida apavorado, com o bombardeio de reclamações de mães norte- -americanas indignadas com o fato de uma suposta cadeia de restaurantes familiares pensar em distribuir a música de um suspeito de pedofilia. Os executivos do McDonald's telefonaram para Schaffel dois dias depois para dizer que estavam se retirando do acordo.

Ia piorar. Vários assessores financeiros de Jackson estavam aborrecidos por haver descoberto que Schaffel obtivera os direitos de "What More Can I Give?". E entraram em contato com John Branca, advogado de longa data de Michael. Branca tinha sido uma figura recorrente nos negócios de Jackson nos últimos vinte anos, negociando muitos dos contratos mais lucrativos do artista. Em algumas ocasiões, ele fora o assessor mais próximo de Michael. As relações entre o artista e o advogado haviam esfriado de novo nos últimos tempos, uma vez que Michael tornara-se cada vez mais desconfiado de que Branca o estivesse usando para lucrar com outros negócios. O advogado imaginou que Marc Schaffel poderia ser parte de um problema crescente com o seu principal cliente. Branca, com boas conexões na indústria do entretenimento, precisou de apenas alguns dias para revelar que Schaffel havia feito a maior parte de sua fortuna no ramo de pornografia gay, produzindo e dirigindo filmes com títulos como *Cock Tales* e *The Man with the Golden Rod*, além de administrar vários sites pornográficos na internet. O advogado prontamente ligou para Jackson e marcou uma reunião em que lhe mostrou uma fita de Schaffel dirigindo uma cena de sexo gay. Logo depois, Schaffel recebeu uma carta informando-o que seu contrato com Michael Jackson estava sendo encerrado porque "informações sobre os antecedentes do sr. Schaffel, até então desconhecidas do sr. Jackson, acabam de ser descobertas".

"Isso tudo foi uma grande besteira", disse Schaffel. "Todo mundo sabia sobre o meu passado, incluindo Michael. Na casa de Arnie Klein, Michael, Carrie Fisher e Arnie, todos faziam piadas sobre isso, na frente de muitas pessoas. Tommy Mottola [diretor executivo do Sony Music Group] também sabia. Ele levou Usher para o estúdio para cantar em 'What More Can I Give?' e brincou comigo sobre alguma garota que ele conhecia no ramo de filmes pornô, para ver se eu a conhecia também. Mas agora, de repente, todos agem como se estivessem profundamente chocados."

Ele sabia que Michael não tinha nenhum problema com a sua homossexualidade, disse Schaffel, ou com a de Arnold Klein, ou com a de qualquer outra pessoa. Ainda assim, foi um alívio, Schaffel admitiu, quando Michael ligou para ele alguns dias depois do envio da carta de rescisão e disse: "Não se preocupe, Marc, isso vai passar. É só seguir a maré".

Infelizmente para Schaffel, Branca e outros assessores de Jackson estavam fazendo um lobby ativo junto à Sony para cancelar o projeto de caridade, recusando a permissão de qualquer uma de suas estrelas para aparecer na gravação — pelo menos até que Michael conseguisse recuperar os direitos da canção. "E então a Sony e Tommy Mottola ficaram preocupados com a possibilidade de que, se eles nos deixassem fazer 'What More Can I Give?', Michael não iria terminar *Invincible*", explicou Schaffel. "E ele *estava* se arrastando para finalizar aquele álbum. A gente ia para Nova York gravar, e depois para Miami, em seguida para a Virgínia. Íamos de um lado para outro. E a Sony estava pagando todas as contas. Em resumo, o que acontece é que Michael não estava querendo fazer aquele disco. Então, quando começamos 'What More Can I Give?', Michael estava 100% envolvido com o projeto, 0% envolvido com *Invincible*. A Sony tinha dezenas de milhões investidos no disco, então eles decidiram arquivar o nosso." Para garantir que a canção ficasse na prateleira, a Sony inventou a história de que "What More Can I Give?" havia sido considerada "muito fraca" para ser incluída em *Invincible*.

Schaffel continuou fazendo pressão, tentando organizar um show em Washington, DC, para arrecadar dinheiro para as famílias das vítimas do Onze de Setembro no Pentágono, que seria filmado em vídeo para "What More Can I Give?". Michael não apareceu. Em 13 de junho de 2002, Schaffel enviou por fax uma carta ao presidente japonês da Sony Corporation, Nobuyuki Idei, implorando para que ele lançasse o single ou autorizasse sua liberação por meio de um distribuidor alternativo. "Seria uma tragédia quase tão grande quanto a primeira deixar a ganância corporativa ou a política impedir o movimento de pessoas trabalhando juntas no processo de cura", Schaffel havia escrito. Não recebeu resposta. Ele insistiu, vendendo vários direitos do projeto "What More Can I Give?" para uma variedade de parceiros, subordinados à participação de Michael Jackson, e esperou por uma oportunidade de reconciliação.

Ele viu essa oportunidade no desastre que engoliu Michael nos meses seguintes ao lançamento, quase no final de 2001, do há muito atrasado *Invincible*. A Sony reconhecera em duas semanas que *Invincible* seria o primeiro fracasso completo da carreira do cantor. Como todos os lançamentos de Michael Jackson, o novo álbum havia ido direto para o topo das paradas, mas as 363 mil cópias vendidas na primeira semana ainda representavam menos de um quinto do 1,9 milhão de unidades que o disco *Celebrity*, do 'N Sync, vendera nos primeiros sete dias depois de seu lançamento no mesmo ano. E as vendas de *Invincible* haviam caído vertiginosamente. A Sony estimava que venderia apenas 2 milhões de cópias do álbum nos Estados Unidos, menos de um décimo das vendas de *Thriller*, e apenas 3 milhões de cópias no exterior, menos de um quinto dos números de *Dangerous*. As resenhas sobre o disco variavam de "sem brilho" a "dispensável". Apenas um single de *Invincible*, "You Rock My World", chegou ao top ten nos Estados Unidos. Mottola e a Sony acreditaram que a recusa de Jackson em fortalecer seu novo álbum com uma turnê mundial havia condenado *Invincible* internacionalmente. Os executivos da empresa também se queixaram de que Jackson havia deixado de fazer uma série de aparições promocionais, nos Estados Unidos e no exterior.

"Havia *muitos* eventos programados", Schaffel recordou, "e, de repente, Michael não quis participar de nada. Isso irritou Tommy, que pensou que era tudo por causa de 'What More Can I Give?'. E, em grande medida, era mesmo. Michael queria que eles usassem 'What More Can I Give?' para promover *Invincible*, mas a Sony pensou: 'Você vai vender milhões de cópias de seu disco, mas quase nenhuma do nosso'."

A Sony ficou chocada com as notícias de que havia gastado 51 milhões de dólares na produção e promoção de um disco que estava vendendo tão mal. No início de 2002, um executivo de uma empresa não identificada disse ao *New York Daily News*: "As acusações de pedofilia realmente assustaram muitos compradores de discos norte-americanos". Poucos dias depois, Jackson e sua gravadora estavam envolvidos em uma batalha que se tornaria pública e cruel.

O golpe inicial havia sido dado antes do lançamento do álbum, quando Jackson exigiu que a Sony renegociasse seu contrato. Michael queria a posse de seu catálogo de gravação dentro de três anos, em vez dos sete especificados no contrato vigente. Além disso, ele pediu que a Sony colocasse mais 8 milhões de dólares em *Invincible*, a maior parte desse dinheiro para pagar o terceiro clipe do disco. Depois de a Sony recusar os dois pedidos, Jackson contatou sua amiga, a compositora Carole Bayer Sager, para perguntar se o marido dela, Bob Daly, ex-chefe da Warner Bros., poderia investigar se a gravadora o estava enganando. Quando Daly relatou que não viu nenhuma evidência disso, Jackson não só cortou o contato com Bayer Sager e o marido, mas passou a fazer o que talvez tenha sido o maior erro de cálculo de sua carreira musical — acusar Tommy Mottola de ser tendencioso contra artistas negros.

Al Sharpton estava com Jackson quando ele apareceu do lado de fora dos escritórios da Sony em Nova York, em julho de 2002, cercado por uma multidão trazida em ônibus do Harlem, cantando e acenando com fotografias de Mottola desenhadas com chifres e um tridente. Incentivados por Johnnie Cochran, o ex-advogado de O. J. Simpson que representou Jackson durante o caso Jordan Chandler, os fãs europeus haviam bombardeado os escritórios corporativos da Sony com folhas de papel preto transmitidas por fax, em uma campanha coordenada para apoiar a acusação de racismo. Falando à imprensa do lado de fora dos escritórios da Sony na Madison Avenue, Jackson não só descreveu Mottola como "muito, muito diabólico", mas qualificou todo o ramo musical como "racista" e anunciou que tinha a intenção de formar um sindicato de artistas negros para combater a discriminação. Michael ficou furioso quando Sharpton e Jesse Jackson, que o incitavam havia semanas, começaram a recuar. Sharpton chegou a dizer à imprensa que ele nunca soube que Tommy Mottola fosse outra coisa que não simpático a causas negras. No dia seguinte, a reação contra Michael Jackson por toda a indústria do entretenimento foi feroz. Quase instantaneamente, Michael se viu desprezado pelas pessoas de cujo apoio ele mais precisava.

Schaffel escolheu aquele momento para se manifestar sobre o amigo afastado, dizendo ao *Los Angeles Times*: "Se você quer saber a minha opinião, eu acho que há pessoas que não querem ver Michael no topo". Algumas dessas pessoas eram da Sony, sugeriu Schaffel, e estiveram por trás do abandono do projeto

"What More Can I Give?" porque sabiam que "iria pintá-lo de uma forma diferente de como elas queriam que ele fosse visto. Elas não querem que Michael seja bem-sucedido. E estão usando o meu passado como uma desculpa". Jackson, que não tinha quase ninguém para defendê-lo publicamente naquele momento, ficou tão grato que imediatamente trouxe Schaffel de volta para sua equipe. Naquilo que para Schaffel foi uma deliciosa ponta de ironia (e, para John Branca, não foi mera coincidência), o retorno de Marc ao rebanho coincidiria precisamente com a decisão de Michael de terminar o relacionamento profissional com seu advogado de longa data. A hostilidade que Branca demonstrou em relação a Schaffel mais tarde foi considerável, mas esse evento de intriga palaciana havia sido realmente arquitetado pelos novos empresários de Michael, os alemães Ronald Konitzer e Dieter Wiesner. "Dieter e Ronald haviam contratado uma empresa de auditoria que fez uma avaliação completa", Schaffel recordou, "e a papelada que mostraram a Michael atacava Branca por suas relações com a Sony e com Tommy Mottola."

A papelada era um dossiê preparado pela empresa de espionagem corporativa Interfor, de Manhattan. O diretor da empresa, um imigrante israelense chamado Juval Aviv, tinha um caráter considerado duvidoso em muitos lugares. O *The Village Voice* já havia publicado um artigo sobre ele, sob a manchete "Agente Secreto Otário", ridicularizando afirmações de Aviv de que ele teria sido o principal assassino do serviço de inteligência do Estado de Israel, o Mossad, para vingar o massacre de atletas judeus na Vila Olímpica durante os Jogos Olímpicos de 1972 em Munique. No entanto, com ou sem razão, Michael acreditou nas alegações do relatório da Interfor, de que Branca e Mottola estiveram envolvidos na transferência de fundos que pertenciam a ele para contas em bancos do Caribe. Isso se encaixava com as suspeitas que ele alimentara durante anos sobre o relacionamento bastante confortável que Branca tinha com a Sony. "Michael odiava todos os advogados, inclusive o próprio, e tomou a decisão de demitir Branca", lembrou Schaffel, que foi designado para facilitar a demissão de Branca e, em seguida, para substituir o advogado de longa data de Jackson por David LeGrand, o mesmo advogado de Las Vegas que havia contratado o relatório da Interfor.

Enquanto o longo processo de demissão de Branca se desenrolava, Michael convidou Marc para acompanhá-lo em uma viagem a Berlim, em outubro de 2002. Jackson estava viajando para a Alemanha para ser homenageado na cerimônia de entrega do prêmio de entretenimento mais prestigiado do país, o Bambi, com o prêmio especial Millennium, que reconheceu nele o "maior ícone pop vivo" do mundo.

A viagem de celebração rapidamente se transformou em um pesadelo. Primeiro, ao ser saudado por uma enorme multidão de fãs que se reuniram em frente ao hotel de Berlim, o Adlon, Michael havia impulsivamente exibido seu terceiro filho, Prince Michael Joseph Jackson II, de nove meses, balançando o bebê sobre o parapeito da varanda de sua suíte no terceiro andar. As imagens dele segurando um bebê em um macacão azul, com a cabeça coberta por uma toalha, os pezinhos descalços chutando o ar, doze metros acima de uma calçada de paralelepípedos, chocou e enfureceu pais em todo o mundo. Grupos de defesa da criança aproveitaram a oportunidade para se juntar em uma orgia de repreensão pública. Os tabloides britânicos que, por quase duas décadas, haviam chamado o astro de "Wacko Jacko" agora mudavam prazerosamente seu apelido para "Mad Bad Dad" [Papai Louco e Ruim]. Vários comentaristas na Alemanha sugeriram que Michael Jackson talvez devesse responder criminalmente. Michael, que nunca havia sido deplorado naquela escala, foi forçado a emitir o primeiro pedido público de desculpas por seu comportamento errático: "Eu cometi um erro terrível. Fui tomado pela empolgação do momento. Eu nunca colocaria a vida dos meus filhos intencionalmente em perigo". Mais tarde, ele até mesmo tentou explicar, pela primeira vez, por que seu filho mais novo ficou conhecido como "Blanket" [cobertor]. Isso vinha de uma expressão que ele usava com a família e os empregados, Michael contou a um repórter: "Eu digo: 'Você deveria me cobrir' ou 'Você deve cobri-la', no sentido de que um cobertor é como uma bênção. É uma forma de demonstrar amor e carinho".

Jackson estava abatido na cerimônia de premiação do Bambi e, quando foi chamado ao palco junto com outra colega vencedora, a atriz Halle Berry, ele mal conseguia murmurar as palavras: "Berlin, ich liebe dich" — "Berlim, eu te amo". Os noticiários sugeriram que o desempenho "terrivelmente tímido" era resultado de humilhação e remorso em relação ao incidente com o bebê. O que os jornalistas não sabiam era que, pouco antes de Jackson subir ao palco, Schaffel o havia alertado de que algo muito pior estava por vir do outro lado do Canal da Mancha.

Para reforçar o retorno aos palcos que ele esperava concretizar com *Invincible*, Jackson havia concordado em cooperar com um documentário de Martin Bashir, um jornalista britânico a quem tinha sido apresentado por um amigo em comum, Uri Geller, o paranormal famoso por entortar colheres. De acordo com Tom Mesereau, Bashir seduziu Michael, entre outros motivos, ao se vangloriar de ter sido confidente da falecida princesa Diana. "Michael queria ouvir todas as histórias de Diana que Bashir sabia", lembrou Geller. Jackson havia tentado durante anos, sem sucesso, estabelecer um relacionamento com Diana. Ela e Jacqueline Kennedy Onassis foram, na verdade, as únicas pessoas famosas que ele conheceu que optaram por mantê-lo à distância, o que apenas aumentou sua fascinação pelas duas. As histórias de Bashir sobre Diana haviam levado Jackson a concordar com o que estava prestes a se tornar a maior catástrofe de relações públicas de sua vida.

"Bashir contou muitas histórias sobre ela, e Michael estava completamente encantado", lembrou Dieter Wiesner. "Mas eu ouvi de pessoas no Reino Unido que Bashir não era, de forma alguma, amigo de Diana, que ela sentia que ele a havia enganado para que ela contasse sobre seu caso amoroso, e que ela se sentiu usada por ele, como aconteceu com Michael mais tarde. Então eu fiquei preocupado."

Trechos do documentário de Bashir, *Living with Michael Jackson*, haviam de repente vazado em Londres, e os amigos estavam telefonando da Inglaterra, disse Schaffel, para avisá-lo de que Michael estava prestes a ser pintado como um pervertido bizarro. Depois de ler transcrições da versão não acabada do documentário, "Marc sabia o desastre que aquilo ia ser", lembrou Wiesner, "e Michael pôde ver isso em seus olhos. Eu disse: 'Michael, isso vai ser terrível'. E ele não acreditou em mim. Ele disse: 'Dieter, Dieter, por favor. Acho que não. Não pense negativo'".

Quase um mês se passou antes que eles voltassem para a Flórida, onde o próprio Bashir supostamente mostraria o documentário para Jackson. "Michael ainda estava esperando, porque a aprovação final dependia dele", Wiesner lembrou. "Mais gente estava me ligando do Reino Unido, dizendo que aquilo ia ser ruim. Então Bashir apareceu com toda a equipe de filmagem. Ele queria mostrar tudo a Michael, mas queria filmar a reação dele, e eu sabia que aquilo também seria usado contra Michael."

Bashir havia chegado para o que seria a sua última entrevista logo depois do primeiro dia do ano. Segundos depois de se sentar com o astro, o ex-diretor bajulador começou a confrontar Michael com uma série de perguntas capciosas sobre a sua transformação física. Era um assunto particularmente sensível para Jackson naquele momento. Menos de um ano antes, ele estava se preparando para filmar um clipe para o álbum *Invincible* quando sua empresária na época, Trudy Green, mandou alguém até o trailer do astro para fazer um molde de seu rosto. "Ela disse a Michael que era para o maquiador", Schaffel lembrou. "Mas Michael quis que eu perguntasse a ela para que era realmente. Trudy me disse: 'Bem, você sabe, ele não está com uma cara boa, achamos que deveríamos fazer essa máscara para ele usar no clipe'. Quando Michael descobriu que Trudy dissera isso, ele simplesmente desatou a chorar. Foi uma das duas únicas vezes que eu o vi fazer isso. Ele ficou arrasado." Michael interrompeu imediatamente as filmagens, em seguida despediu Green, substituindo-a, alguns dias mais tarde, pelos "alemães", Wiesner e Konitzer. Mas ele ainda estava abalado com o incidente, o que talvez explicasse por que mentiu descaradamente para Bashir sobre a extensão de sua cirurgia plástica, insistindo que haviam sido apenas algumas operações no nariz, nada mais.

Bashir aumentou o desconforto de Jackson com uma observação de que seus dois filhos mais velhos, Prince e Paris, afirmavam que não tinham mãe, e então fez Michael contradizer sua afirmação anterior, de que a mãe de seu terceiro filho era alguém com quem ele teve um relacionamento, ao admitir que Blanket nascera de uma barriga de aluguel. Quando Bashir tocou no assunto das crianças que passavam a noite regularmente em Neverland, muitas vezes no próprio quarto de Jackson, o fim estava próximo. Assim que admitiu, para a câmera, que as crianças doentes ou que viviam em situações desfavoráveis que ele convidava para ficar no rancho muitas vezes dormiam em sua cama (enquanto ele dormia no chão), Jackson começou a ficar agitado, pois Bashir insistia no assunto. A princípio, ele disse, era natural que os amigos da família, como Macaulay e Kieran Culkin, dormissem em sua cama, então deixou escapar que "muitas crianças" haviam dormido na mesma cama com ele. Em sua negação de que não havia qualquer intenção sexual nisso, Jackson soltou uma frase que seria repetida em inúmeros noticiários: "A coisa mais amorosa que se pode fazer é compartilhar a cama com alguém".

Bashir voltou para o Reino Unido "sem deixar Michael ver nada", Wiesner lembrou. Jackson ainda estava na Flórida quando *Living with Michael Jackson*, apresentado por Barbara Walters, foi transmitido pela ABC no dia 6 de fevereiro de 2003. "Eu estava sentado com Michael em sua cama assistindo", Dieter Wiesner lembrou. "E ele começou a chorar como eu nunca tinha visto antes. Ele não podia acreditar que algo como aquilo estava acontecendo de novo. Parecia que ele ia morrer. Ele não conseguia falar. Ele não conseguia pronunciar uma única palavra."

O documentário de Bashir "fez seu mundo cair", disse o promotor Tom Sneddon, do condado de Santa Barbara, que, até o final do ano, pediria a um júri preliminar para indiciar Jackson em dez acusações criminais de abuso sexual infantil. Depois que o documentário foi ao ar, Michael ficou tão perturbado que foi para a cama — sozinho — e lá ficou durante vários dias. Em busca de publicidade, a advogada de Los Angeles Gloria Allred e sua sócia de Beverly Hills, a psiquiatra Carole Lieberman, prontamente apresentaram queixas quase idênticas ao Departamento de Serviços Sociais para contestar a custódia de Jackson sobre seus filhos.

Com Jackson incapacitado, Schaffel encarregou-se de minimizar os danos. O ex-pornógrafo rapidamente demonstrou seu conhecimento da mídia ao reunir uma coleção de fitas de vídeo sobre o tempo que Bashir passou com Michael Jackson sobre as quais o diretor britânico *não* tinha controle. Antes de concordar em cooperar com Bashir, Jackson insistiu em ter sua própria equipe de filmagem nas locações para filmar Bashir enquanto este o filmava. "Apesar da maneira como é retratado", observou Tom Mesereau, "Michael não é bobo. Ele é realmente uma das pessoas mais inteligentes que existem. E ele sabia que deveria ter sua própria gravação do que aconteceria nessas entrevistas a Bashir. Foi provavelmente uma das decisões mais inteligentes que ele tomou."

O *quão* inteligente Jackson era não ficaria claro até quase dois anos depois, quando ele estava no meio de seu julgamento criminal. Nas fitas de Jackson, Bashir era visto se desfazendo em elogios a ele como pai e humanista, dizendo em determinado momento que fora levado às lágrimas por sua abordagem sensível da paternidade e que ficara ainda mais tocado pela bondade de Michael com as crianças carentes e as bastante doentes. Uma justaposição dessas observações com a condenação que Bashir fez de Jackson em seu documentário da ABC, apontando-o como "perigoso" para as crianças, seria devastadora, Schaffel reconheceu.

O lance de gênio de Schaffel foi a realização de entrevistas com um jovem paciente com câncer chamado Gavin Arvizo, cuja relação com Michael Jackson tornou-se o ponto central do documentário de Bashir. Um psiquiatra de crianças e um assistente social da área de bem-estar infantil foram recrutados para entrevistar o menino, a mãe e os dois irmãos, os quais defenderam Jackson com veemência. O próprio Gavin insistiu diante das câmeras que nunca havia sido tocado de forma inadequada e que Michael era "completamente inocente". Sua irmã, Davellin, e o irmão, Star, apoiaram Gavin, dizendo que nas ocasiões em que dormiram em Neverland, eles sempre passaram a noite na cama de Michael, enquanto ele dormia no chão ali por perto. A mãe deles, Janet Arvizo, disse aos entrevistadores que "o que Michael tem com os meus filhos é uma linda e amorosa relação de pai e filho e pai e filha", e ameaçou tomar medidas legais contra Bashir. Schaffel também fez uma entrevista com Debbie Rowe, a difamada mãe dos dois filhos mais velhos de Michael, cuja generosa avaliação do caráter de seu ex-marido contrastava notavelmente com o que estava sendo relatado sobre o relacionamento deles na mídia.

Embora Schaffel não conseguisse incluir as entrevistas com a família Arvizo no que estava chamando de "o vídeo de réplica" (o cinegrafista que havia feito as filmagens se recusou a cedê-las, alegando que não tinha sido pago — pelo menos não o suficiente), os executivos das concorrentes da ABC ficaram maravilhados com o que viram. Desmascarar o documentário de Bashir poderia gerar índices de audiência que rivalizariam com os que a ABC havia atingido, ou até mesmo os superaria. A Fox finalmente deu o lance mais alto para o que ela chamaria de *Michael Jackson Take Two: The Footage You Were Never Meant to See* e para transmitir "o especial da retaliação", como foi chamado pela revista *People*, no dia 23 de fevereiro, menos de três semanas depois de o documentário de Bashir ter ido ao ar pela ABC. O especial da Fox não só abrandou muito a condenação que atingiria Michael, mas rendeu-lhe milhões de dólares num momento em que, como disse um associado, "ele estava completamente quebrado".

Schaffel fez um acordo com a Fox para um segundo documentário, intitulado *Michael Jackson's Home Movies*, que seria transmitido em abril, com a família e amigos como Liz Taylor descrevendo o docemente ingênuo menino-homem que conheciam e amavam. A planilha de Schaffel mostrava que Jackson ganharia pelo menos 15 milhões de dólares pelos dois vídeos, talvez até 20 milhões. Pelos termos do acordo, 20% desse dinheiro era de Schaffel.

Enquanto esperava a chegada dos cheques originários de Nova York e de outros locais no leste, Schaffel retomou os adiantamentos em dinheiro para Jackson. O primeiro foi feito em fevereiro, quando Michael quis comemorar o acordo com a Fox com uma maratona de compras. O saco de papel que ele deu a Michael continha 340 mil dólares, Schaffel disse, porque ele sabia o quão reprimido Michael era e sabia também que nada tinha um efeito mais calmante sobre ele do que fazer compras extravagantes. Schaffel deu a Jackson outros 100 mil dólares para uma farra de compras em março, em seguida, em abril, fez um cheque para Michael no valor de 1 milhão de dólares. Ele precisou de 638 mil dólares para uma joia que Liz Taylor estava exigindo em troca do uso de uma entrevista com ela no vídeo *Home Movies*, Michael havia explicado, e outros 250 mil dólares que sua mãe Katherine insistiu em receber por sua aparição no vídeo. O restante foi necessário para o depósito para a compra de uma nova Rolls-Royce Phantom que ele sem dúvida tinha de ter. Uma semana depois, Schaffel deu a Jackson um adicional de 130 mil dólares para ajudá-lo a pagar a Rolls-Royce.

É claro que, para quem estava de fora, tudo pareceu estranho quando, quatro anos depois, o relacionamento deles foi parar nos tribunais, Schaffel diria, mas era preciso entender o caráter extraordinário de Michael Jackson. O carisma irresistível de Michael combinava-se com um desprendimento da realidade convencional que o tornava, ao mesmo tempo, enormemente poderoso e totalmente indefeso. Durante uma viagem a Las Vegas, em 2003, eles se hospedaram em suítes adjacentes no Mandarin Oriental, em seguida foram a uma reunião de negócios em uma sala de conferências do hotel, lembrou Schaffel: "Depois da reunião, eu tive de ir ao banheiro, então disse a Michael: 'Espere aqui um segundo'. Mas, é claro, Michael não queria esperar, então ele decidiu voltar para o quarto por conta própria. Mas ele não se lembrava do número do quarto, nem do andar, nem nada. Ele provavelmente nem sabia em que cidade nós estávamos. Então ele simplesmente subiu as escadas e começou a bater nas portas, esperando que os guarda-costas abrissem uma delas". Quando correu para alcançá-lo, Schaffel lembrou, ele viu um monte de pessoas entusiasmadas seguindo Michael Jackson no corredor. "O hotel todo está em polvorosa", lembrou Schaffel, "e Michael simplesmente continua indo de porta em porta, batendo em cada uma delas, ficando cada vez mais desesperado para escapar da multidão atrás dele. Eu finalmente corro até ele e digo: 'Michael, meu Deus, pare!'. Então tenho de levá-lo até o elevador, com todas aquelas pessoas ainda nos seguindo, e para cima. A questão é que Michael teria continuado até que alguém aparecesse para cuidar dele. Como muitos, eu queria ser essa pessoa."

Schaffel ainda confiava totalmente em Michael, mas, em maio de 2003, ele começou a ficar impaciente com a demora para receber sua parte nos lucros da venda dos dois vídeos. Mais que isso, o reembolso do dinheiro que ele havia adiantado para Michael estava atrasado. Não querendo incomodar o astro com essas preocupações mesquinhas, Schaffel levou o assunto para os advogados de Jackson. A princípio, os advogados disseram que o dinheiro vinha da Fox mais lentamente que o previsto e que até o momento nada havia sido recebido dos distribuidores estrangeiros e das vendas de DVD. Quando Schaffel pressionou, dizendo que sabia que Michael havia recebido pelo menos 9 milhões de dólares até aquele momento, os advogados responderam que Michael tinha outras dívidas a pagar e que, de qualquer forma, eles não tinham certeza se Schaffel tinha um contrato válido para recolher 20% do dinheiro dos vídeos. Por fim, foi feito um acordo que pagaria a Schaffel 1,5 milhão de dólares por seu trabalho com os vídeos: um pagamento de 500 mil dólares imediatamente, seguido por dez parcelas de 100 mil. Porém, menos de um mês depois de Schaffel receber o primeiro meio milhão, Michael reclamou que seus recursos já estavam esgotados, que os credores o estavam perseguindo e que o Bank of America o estava extorquindo com uma taxa de juros absurda. O que Michael "precisava", Schaffel sabia, era gastar dinheiro; ele deu a Michael mais 250 mil dólares para comprar antiguidades em Beverly Hills. "Tenha em mente que Marc ainda estava recebendo os reembolsos e as parcelas que lhe haviam sido prometidas pela venda dos vídeos", King explicaria. "Ele entendeu a situação de Michael como um simples problema de fluxo de caixa."

"Eu sabia melhor do que ninguém quanto Michael ganhava, só pelos negócios que eu fechei para ele", disse Schaffel. "Além dos dois vídeos que eu havia feito para ele, eu tinha assinado um acordo com uma das redes de transmissão para um show exclusivo, com todos os sucessos, que pagaria 15,5 milhões de dólares. Além disso, eu tinha um outro acordo para Michael fazer o seu próprio reality show. Isso foi antes da explosão dos reality shows. Tínhamos um acordo verbal com uma das redes para fazer esse programa, que era, basicamente, apenas sobre a vida cotidiana dele. E isso custaria 5 milhões de dólares por episódio, com os direitos de exibição no exterior e tudo mais. Eu sabia que aquilo poderia se tornar um verdadeiro caminhão de dinheiro. Então a questão é: eu não estava preocupado em conseguir meu dinheiro de volta, e ainda ganhar mais um pouco."

Schaffel deu a Jackson outros 100 mil dólares para mais uma excursão de compras em agosto. Pagamentos periódicos continuaram a ser depositados em sua conta bancária e os pagamentos parcelados de 50 mil dólares por seu trabalho com os vídeos de retaliação estavam chegando conforme o prometido. Em 18 de setembro de 2003, Schaffel lembrou, a assistente pessoal de Michael, Evvy Tavasci, telefonou para dizer que Michael precisava de 500 mil dólares, dos quais metade iria para um comerciante de antiguidades de Beverly Hills que estava ameaçando processá-lo por falta de pagamento. Marc entregou outro pacote gigante de batatas fritas.

O final do outono de 2003 estava se configurando como um momento decisivo na vida e na carreira de Jackson. Michael finalmente havia negociado uma trégua com a Sony, ao concordar em lançar uma série de coletâneas. A primeira se chamaria *Number Ones* e incluiria todas as suas músicas que haviam atingido o topo das paradas. A Sony também concordou em financiar uma série de vídeos musicais — Michael insistiu que fossem chamados de "curtas-metragens" — que acompanhariam o lançamento do disco em novembro de 2003. À medida que a produção do primeiro desses curtas-metragens avançava, Schaffel e Wiesner negociavam com Peter Morton, fundador da franquia Hard Rock Cafe, um show para ele em Las Vegas em algum momento no ano seguinte. Porém, a grande comoção no grupo de Jackson relacionava-se à viagem de seis meses combinando trabalho e férias que Michael planejara para começar no dia 22 de novembro. Ele e seu séquito central — Grace e as crianças, Schaffel, Wiesner e o publicitário de Michael, Stuart Backerman — primeiro rumariam para a Europa, onde, entre os eventos programados na Alemanha, na Áustria e na França, Michael planejava passar as férias no Chalet Ariel de Elizabeth Taylor em Gstaad, na Suíça. De lá, ele iria para a África do Sul para participar do Tributo a Nelson Mandela que Bono, do U2, estava organizando; em seguida, iria para o Brasil. As autoridades do Rio de Janeiro haviam dado a Jackson permissão para realizar o primeiro evento não esportivo depois de muitos anos no gramado do estádio do Maracanã, uma apresentação noturna da canção "One More Chance", na qual Michael estaria cercado por 200 mil pessoas segurando velas. A prefeitura também queria que Michael realizasse um show na praia para um público que eles estimavam em torno de 2 milhões de pessoas, "e nós estávamos negociando as condições ao mesmo tempo que nos preparávamos para ir para a Europa", lembrou Schaffel.

Schaffel, Wiesner e Backerman estavam todos com Michael no Mirage, em Las Vegas, durante a terceira semana de novembro, passando horas ao telefone todos os dias enquanto se preparavam para a partida de Michael, ignorando completamente que estavam sendo ouvidos o tempo todo por subdelegados do departamento de polícia do condado de Santa Barbara. "Eles sabiam que Stuart e eu partiríamos dois dias antes de Michael para ajudar a ajeitar as coisas na Europa", disse Schaffel. "Eles provavelmente até sabiam o que tinha acontecido no vídeo com as crianças Cascio."

Jackson havia chegado a Vegas acompanhado por Eddie e Marie Nicole Cascio, os irmãos mais novos de Frank Cascio, seu assessor de longa data. A família era uma parte importante da vida de Michael desde o final dos anos 1980, quando ele havia conhecido o patriarca Dominic Cascio, que estava trabalhando como concierge para as suítes de luxo no Palace Hotel, em Nova York. Os Cascio eram o tipo de italianos de bom coração e que falavam alto, por quem Michael era atraído havia tanto tempo quanto podia se lembrar. Ele havia se apaixonado por todo o clã, reconhecendo-os como a família amorosa e unida à qual ele sempre desejou pertencer. Os Cascio responderam na mesma moeda, envolvendo Michael em uma experiência rara de conexão humana que independia um pouco de sua celebridade. Dominic e sua esposa, Connie, permitiram que Frank e Eddie viajassem com Michael desde que tinham treze e nove anos. Ao longo dos anos, Frank havia trabalhado para Michael em diversas atividades, de *roadie* a assistente pessoal, tanto em turnê quanto no rancho Neverland. Eddie e Marie Nicole haviam visitado Neverland muitas vezes também, às vezes com os pais, às vezes não.

"Havia um nível de confiança com os Cascio que eu não creio que Michael tivesse com mais ninguém", Schaffel lembrou. "Eles eram *sua família.*" Foi para a casa dos Cascio em Franklin Lakes, em Nova Jersey, que Michael fora com os filhos depois dos ataques de Onze de Setembro. "Eles eram as pessoas que ele sempre procurava quando queria se sentir seguro", disse Schaffel. Com a permissão dos pais, Eddie e Marie Nicole haviam sido tirados da escola (e receberiam aulas particulares às custas de Michael), enquanto aprendiam as séries de passos de dança que Michael planejara para o primeiro clipe de *Number Ones*.

"Michael prometeu às crianças Cascio que eles dançariam com ele no clipe", Schaffel lembrou. "Os dois se esforçaram muito e estavam bastante animados. Mas depois que nos reunimos com o diretor e olhamos as roupas que eles usariam e outras coisas, Michael disse: 'Aaah, eu não sei'. Ele achou que a ideia toda não tinha originalidade. Ele arrastou Dieter e a mim para o trailer e disse: 'Eu não posso fazer isso'. Nós sabíamos o porquê — o diretor era péssimo. Mas, em seguida, Michael disse: 'Tudo bem, vamos acabar com isso e fazer a Sony feliz'. Mas, principalmente, ele não queria decepcionar as crianças Cascio. Mas quando ele trouxe as crianças para dançarem com ele, o diretor disse: 'Quem são eles?'. E Michael disse: 'Eles vão dançar comigo'. Então o diretor deu uma saída e foi telefonar para a Sony. Em seguida, voltou e perguntou se podia falar comigo em particular. Quando ficamos sozinhos, ele me disse: 'Nós temos um problema. A Sony diz que não quer Michael no vídeo com crianças'. Eu disse: 'Bem, o que posso lhe dizer é que eles não são apenas dançarinos. São pessoas que Michael considera como sua família'. Ele diz: 'Você vai contar a Michael?'. Eu disse: 'Por que eu é que vou contar? A Sony é quem deveria dizer isso a ele'. Assim, pouco tempo depois, Tommy ou alguém da Sony telefona, e em seguida o que eu ouço, cinco minutos depois, é Michael gritando: 'Marc, venha para o trailer agora!'. Michael estava muito perturbado. Quero dizer, ele estava todo vermelho, andando de um lado para o outro no trailer, e depois começou a pegar coisas e a jogá-las no chão. E disse: 'Eu não vou fazer mais nada se não puder ter essas crianças no vídeo comigo. Estou indo embora. Nós não vamos mais fazer isso. Diga a todos que podem ir para casa'."

No dia 17 de novembro, *Number Ones* foi lançado, com sucesso imediato. A Sony, percebendo que o disco venderia cerca de 10 milhões de cópias em todo o mundo — quase metade disso nos Estados Unidos —, tornou-se imediatamente solícita, oferecendo-se para ajudar Michael de todas as formas possíveis durante sua viagem de seis meses no exterior. A situação parecia melhorar novamente.

"Nós todos ainda estávamos no Mirage, em Las Vegas", Schaffel lembrou. "Eu estava em uma das suítes da cobertura, e Michael, em uma das casas elegantes logo abaixo. Estávamos nos divertindo muito. Fizemos uma sessão de autógrafos em uma loja no Aladdin chamada Art of Music, e fomos ao Radio Music Awards, onde 'What More Can I Give?' foi tocada em público pela primeira vez. A multidão adorou. Michael estava muito feliz." Então, quando a comitiva se preparava para ir à Europa, "jogaram merda no ventilador", Schaffel lembrou.

Na manhã do dia 18 de novembro de 2003, o departamento de polícia do condado de Santa Barbara fez uma batida maciça no rancho Neverland, procurando evidências que apoiassem as acusações de abuso sexual infantil. Um mandado foi emitido para a prisão de Michael Jackson no mesmo dia. No Mirage, "tudo se tornou um caos absoluto", Schaffel lembrou. "Michael enlouqueceu. Eu conseguia ouvi-lo lá da minha suíte. Michael destruiu completamente o lugar. Ele jogou tudo no chão. Quebrou abajures, quebrou móveis, quebrou os quadros nas paredes, tudo. Jogou as coisas pelas janelas. Fez tanto barulho que o Mirage enviou seguranças até lá, que entraram em choque com os de Michael. Foi uma loucura. E isso, eu diria, foi o começo do fim para Michael. Quero dizer, foi o pior estado em que o vi, sem dúvida nenhuma. Sem comparação. Michael era uma pessoa muito forte, muito resistente. Eu já o vi chateado, eu o vi chorar, mas ele sempre dava a volta por cima. Dessa vez, não houve volta por cima. Dessa vez, eu o vi desmoronar. Não apenas ficar deprimido, mas *desmoronar*. Depois dessa cena, ele nem sequer teve energia para ficar com raiva de novo. Eu chamaria de colapso nervoso. Ele simplesmente perdeu o controle. Você poderia acenar com a mão na frente dele e ele não veria. E não eram drogas, não no início. As drogas vieram depois."

O mesmo aconteceu com a Nação do Islã. "Eles chegaram lá rapidamente e tomaram conta", lembrou Schaffel. "Um dos irmãos de Michael os chamou. Leonard Muhammad chegou, e depois o próprio Louis Farrakhan apareceu. E eles diziam insistentemente para Michael que 'a Nação nunca vai deixar algo acontecer com você. Vamos protegê-lo'. E Michael estava tão impotente que se colocou nas mãos deles. Foi um grande erro."

Schaffel voltou para Los Angeles naquela noite. "Assim que soubemos que havia um 'querelante', nós já sabíamos quem era", explicou Schaffel: Gavin Arvizo, a criança em destaque no documentário Bashir. "Eu sabia que tinha um vídeo de Michael e [Gavin Arvizo] e sua família, e eu pensei que haveria coisas ali que poderiam ajudar. Mas, nesse meio-tempo, Michael tinha de sair do Mirage. Eles estavam chamando a polícia para expulsá-lo", disse Schaffel. Michael e seus seguranças estavam no Lincoln Navigator de Schaffel, dirigindo por Las Vegas, sendo perseguidos por equipes de filmagem em caminhões por satélite, por helicópteros de emissoras de TV. A cena apareceu em todos os canais, mesmo em Los Angeles. "Ele parecia um animal sendo caçado", lembrou Schaffel, que encontrou um lugar para Michael e sua comitiva ficarem. Marc havia se tornado amigo do proprietário do Green Valley Ranch, um hotel e cassino ao sul de Las Vegas, em Henderson, enquanto procurava uma locação para um dos vídeos de Michael. "Eu liguei, e o cara foi muito simpático", lembrou Schaffel. "Ele ofereceu todos os tipos de cortesia a Michael durante os três dias seguintes." Michael telefonou para ele algumas vezes de Henderson, mas foi incapaz de conversar, lembrou. "Ele ainda parecia completamente desolado, completamente vazio. Tudo o que conseguia dizer era: 'Como eles podem fazer isso? Como podem dizer isso?'. Eu não sei se a Nação estava falando com ele ou lhe dizendo para não falar comigo, mas ele estava completamente perturbado com o que acontecia ao seu redor. Eu tive uma impressão muito forte de que ele estava afundando."

Grace Rwaramba e Dieter Wiesner telefonaram mais tarde naquela noite para perguntar se Schaffel poderia transferir 30 mil dólares, porque os seguranças estavam ameaçando parar por falta de pagamento. "Você tem de enviar o dinheiro para mim, e não para Michael", Grace lhe disse, segundo Schaffel, "senão Michael vai usá-lo para fazer compras em vez de pagar os guardas." Schaffel enviou o dinheiro, mas foi o último pedido de batatas fritas que entregou a Michael Jackson.

No final daquela semana, Jackson foi obrigado a se apresentar às autoridades do condado de Santa Barbara para ser preso. Schaffel só voltaria a vê-lo quase três anos depois, em Londres. Mas Michael lhe telefonou mais uma vez, de algum lugar onde estava hospedado em Los Angeles. "Ele disse: 'A Irmandade' — ele sempre se referia às pessoas da Nação como a Irmandade —, 'a Irmandade acha que, sem ofensa, Marc, eu te amo muito, muito mesmo, mas a Irmandade acha que eu preciso me comunicar apenas com outras pessoas da Irmandade. Mas isso é temporário, e é algo que preciso fazer, porque eles vão me proteger. Não tome isso como uma coisa pessoal'. Eu fiquei muito preocupado quando ele me contou o que eles estavam lhe dizendo. Michael disse: 'Sabe, eu não vou ter nenhum problema'. E eu perguntei: 'Por quê?'. E ele respondeu: 'Porque a Irmandade disse que, se eles me acusarem e se tentarem me julgar culpado, todas as pessoas negras no país vão criar um tumulto nas ruas'. Eu disse: 'Michael, eu realmente acho que você precisa reconsiderar esse conselho que está recebendo'. Mas ele disse adeus e desligou na minha cara logo depois, e nunca mais me telefonou."

Dieter Wiesner teve problemas semelhantes com a Nação do Islã. "No começo, eu ainda estava com Michael todos os dias e todas as noites", Wiesner lembrou. "Eu até mesmo o levei para a polícia quando ele teve de ser preso, mas, em seguida, a Nação do Islã assumiu a situação. Michael estava assustado, e eles usaram isso. Leonard Muhammad teve controle completo sobre ele por um tempo. Eles não me deixavam vê-lo ou até mesmo falar com ele. Então eu voltei para a Alemanha. Michael me telefonou e disse: 'Dieter, você ouviu da minha boca que está fora?'. Eu respondi que não. E ele disse: 'Você deveria voltar'. Então eu voltei. Mas, em seguida, Muhammad e seu pessoal o levaram para lugares diferentes e não me deixaram falar com Michael. Era pior do que a Sony. Então voltei para a Alemanha e não consegui falar com Michael depois disso. Eu era o empresário dele. Tinha os contratos. Mas não conseguia nem falar com ele."

Schaffel esperou a sua vez durante meses, enquanto ainda recebia as parcelas de 50 mil dólares que lhe eram devidas pelos vídeos de retaliação. "Marc sinceramente achava que Michael estava apenas esperando a poeira baixar e que entraria em contato assim que pudesse", explicou Howard King. Em junho de 2004, porém, Randy Jackson, irmão de Michael, se tornou o novo "principal consultor financeiro" de Michael e cortou imediatamente os pagamentos a Schaffel. Àquela altura, de acordo com a contabilidade de Schaffel, ele havia recebido um total de 6 283 875 dólares de Jackson, o que o deixava com 2 275 889 dólares a menos do total de 8 559 764 dólares que ele dera a Michael de suas próprias contas bancárias.

"Nós entramos com uma ação com certa relutância", disse King. "Marc tinha certeza de que Michael não sabia que eles não estavam lhe pagando." Seja como for, Schaffel demonstrou que pretendia ter o seu dinheiro de volta, a qualquer custo, em novembro de 2004, quando apresentou uma ação contra Jackson para reivindicar 3 milhões de dólares. A ocasião foi o que deu à ação judicial uma vantagem tão acentuada: Michael acabara de ser indiciado pelo júri em Santa Barbara. Na ação de Schaffel, ele denunciou que "o uso excessivo e frequente que Jackson fazia de drogas e álcool levou-o a solicitações irracionais de grandes quantidades de dinheiro e posses extravagantes".

Foi ideia de King fazer Marc ir ao programa *Good Morning America* para uma entrevista com Cynthia McFadden, durante a qual uma série de mensagens telefônicas que Michael Jackson deixara para Schaffel seriam mostradas para o público norte-americano. "Nós estávamos tentando fazer as pessoas perceberem que Marc não foi apenas um cara que passou pela vida de Michael Jackson em uma semana", explicou King. "E que ele estava seriamente envolvido com Michael. Tínhamos trinta mensagens no total. A maioria era de Michael pedindo dinheiro a Marc. 'Marc, eu realmente preciso de...' 'Marc, eu realmente quero comprar...' Algumas delas eram bastante veementes, muito determinadas, eram totalmente o contrário da voz aguda e calma que conhecemos. 'Eu *insisto* que devemos fazer isso. Nós *temos* de aproveitar essa oportunidade.' Ele soava muito mais como um executivo poderoso do que um astro manso e suave." As mensagens preferidas da ABC foram aquelas em que Michael implorava por dinheiro. "Alô, Marc, é o Michael", começava uma mensagem. "Por favor, por favor, nunca me decepcione. Eu realmente gosto de você. Eu te amo... Marc, eu realmente preciso que você me arrume... é... 7 milhões de dólares o mais rápido possível... Sete, sete e meio... é... como um adiantamento."

Agora que Michael sabia que ele não havia sido pago, Schaffel insistiu em dizer a King, o dinheiro viria. No entanto, não houve resposta à aparição de Schaffel na TV, e tudo que a ação judicial criou foi uma negação superficial das alegações dos advogados de Jackson no tribunal em Santa Monica onde King havia protocolado o processo. "Michael nem sequer apareceu nos dois primeiros depoimentos marcados", lembrou King. "Então vamos para o tribunal para obter um mandado. Mesereau está lá e sugere ao juiz que, se fôssemos até onde Michael estava, eles pagariam todas as despesas. O juiz nos chama à sala dele para conversar, e eu digo a Tom: 'Olha, eu sou judeu. Eu não vou a Bahrein. Mas vou a qualquer lugar na Europa para onde haja voos diretos, contanto que sejam quatro passagens de primeira classe para que eu possa levar um assistente e Marc possa levar um assistente. E vocês pagam tudo."

Foi combinado que eles se encontrariam em Londres. O "assistente" que King levou foi sua esposa Lisa. O companheiro de viagem de Schaffel foi Dieter Wiesner, alguém "que adorava Michael mais do que qualquer pessoa viva, incluindo Marc", segundo a descrição de King. Foi intimidante, King reconheceu, sair do elevador no Dorchester e perceber que ele estava prestes a tomar o depoimento de uma pessoa que tinha um andar inteiro de um dos maiores hotéis do mundo para si. "Eles nos levaram para aquela suíte absolutamente espetacular", o advogado lembrou, "e me disseram que a suíte do próprio Michael ficava ao lado. Ele apareceu logo em seguida, muito bem vestido, e sentou-se à mesa, mas logo começou a reclamar da iluminação. Ele não quer a luz do sol em sua pele ou em seus olhos. Por isso, levam-se cerca de cinco minutos para ajustar as cortinas do jeito que ele quer, e então estamos prontos." Mas, primeiro, Tom Mesereau insistiu que Dieter Wiesner não poderia ficar na sala. "Dieter veio até Londres e durante todo o trajeto tudo em que ele pensava era em como seria quando ele finalmente encontrasse Michael de novo", disse King. "Quero dizer, ele ainda ama o cara."

"Nós sabíamos que Wiesner provavelmente abriria um processo contra Michael em algum momento", Mesereau contra-argumentou, "por isso simplesmente não era conveniente tê-lo ali dentro."

"Dieter teve de ir para o lobby e sentar lá e beber café durante as dez horas seguintes", lembrou King. "Aquilo o magoou profundamente." Lá em cima, Jackson foi frio com Schaffel. "Ele disse 'oi', mas não apertou a mão de Marc", lembrou King. Schaffel ficou especialmente triste quando Jackson respondeu a uma pergunta sobre a sua "descoberta" de que Marc havia dirigido e produzido filmes pornôs gays. "O advogado [Branca] mostrou-me um vídeo e fiquei chocado", disse Michael. "Ele fazia parte desse círculo, e eu não sabia."

"Eu vi que Marc ficou magoado", lembrou-se King, e disse: "É guerra, baby".

Schaffel havia imaginado que, quando os dois se vissem de novo, todas as boas lembranças viriam à tona e de alguma forma tudo seria resolvido. "Passamos muitos bons momentos juntos", explicou Schaffel. "Michael costumava ficar na minha casa em Calabasas o tempo todo. Grace e os guarda-costas iam com ele, ajeitavam tudo e em seguida iam embora, e Michael, sozinho ou com as crianças, ficava lá por dias." Michael adorava caminhar até o Commons, um grande shopping cheio de restaurantes, teatros e lojas que ficava pouco abaixo da casa de Schaffel. Ele usava disfarces, mas não do tipo que chamaria a atenção para si. "Nada de véu ou máscara cirúrgica", disse Schaffel. "Apenas um boné de beisebol que ele usava com o cabelo enfiado dentro e óculos escuros. Parte da razão pela qual dava certo era que ninguém esperava ver Michael Jackson em um lugar como aquele. Ele ia a pé ao cinema sozinho, andava por todo o lado sozinho. Ele adorava poder fazer isso."

A sua lembrança favorita de Michael em casa, Schaffel disse, foi a ocasião em que ele saiu no quintal e viu Michael com a cabeça enfiada no arbusto que marcava o limite da propriedade. "Os vizinhos abaixo de mim estavam fazendo a festa de aniversário de um de seus filhos, e Michael estava bisbilhotando por entre os arbustos", Schaffel lembrou. "De repente, eu ouvi alguns gritos de criança: 'Ei, mamãe, olha, é o Michael Jackson!'. E Michael se afasta dos arbustos como uma criança que está em apuros. Eu ouço o garoto dizendo de novo à mãe que era o Michael Jackson. Então vou até lá e olho pelo arbusto, e a mãe diz: 'Ah, não, é só o nosso vizinho, Marc'. Michael riu durante uma hora depois."

Mas o assunto ao redor da mesa na suíte do Dorchester eram só negócios. "Eu acho que ele [Michael] nem sequer olhou para Marc", lembrou King, que estava fazendo todas as perguntas. Ele tentou lutar contra isso, disse King, mas descobriu-se muito mais impressionado com Michael Jackson como testemunha do que ele havia previsto. "Michael está muito equilibrado, muito charmoso, muito consciente da câmera", lembrou King. Jackson insistiu que lhe fosse permitida uma pausa a cada hora para trocar de camisa e se "revigorar". "O cara passou as três primeiras trocas de camisa sem saber nada", lembrou King. "Mas então eu tinha todas aquelas mensagens de telefone que ele havia deixado, além de todos os documentos e cartas que ele havia assinado. Posso afirmar que Michael, para seu crédito, disse logo de saída que, se estava devendo dinheiro a Marc, ele deveria ser pago. Ele disse apenas que não sabia se devia a Marc. E Marc acreditava nele, ainda acreditava nele. Eu não. Eu já havia reconhecido àquela altura que Michael é *muito* mais inteligente do que a mídia faz parecer. Não havia como ele não saber. Ainda assim, ele lidou com as perguntas muito bem e foi muito espirituoso o tempo todo. Eu uso óculos de leitura e quando os tirei para olhar para ele, ele disse: 'Howard, eu sei que, quando você tira os óculos, você está *realmente* falando sério'. Ele é muito charmoso, e, claro, ele é *Michael Jackson*. Isso afeta a gente."

Mesereau pensou que King não estava a par da gravidade da situação. "A coisa que mais me impressionou nesse depoimento, enquanto Marc Schaffel estava sentado na nossa frente, foi a tristeza nos olhos de Michael", explicou o advogado. "Eu realmente me dei conta de que Michael passou a vida sabendo que qualquer um com quem ele desenvolvesse um relacionamento acabaria movendo um processo contra ele. E ainda assim ele esperava que as coisas fossem diferentes a cada vez."

Durante um dos intervalos, a esposa de King puxou-o para um lado e disse: "Eu acho que você não quer mulheres nesse júri". Quando o marido lhe perguntou por quê, Lisa King respondeu: "O tempo todo eu sentia a necessidade de abraçá-lo e ser a mãe dele. Ali sentado, ele parece tão doce e vulnerável que a gente quer cuidar dele".

Para o próprio King, o insight surgiu durante a última interrupção do dia. Enquanto Michael estava fora trocando a camisa e se revigorando, o advogado por acaso olhou para o chão embaixo da cadeira onde Michael estivera sentado. "E eu vi que, com os pés, ele tinha raspado o tapete com muita força", lembrou o advogado. "Ele literalmente cavou um buraco no meio do tapete com os calcanhares. E isso me chocou. Porque durante todo o dia ele pareceu tão tranquilo, calmo e sereno. Foi assim que ele sem dúvida apareceu diante das câmeras. Mas, como nós, a câmera só havia visto o que estava acima do tampo da mesa. De alguma forma, Michael havia conseguido canalizar a enorme quantidade de tensão que ele tinha no corpo, cada pedacinho dela, para as pernas e os pés, de modo que, da cintura para cima, ele parecia perfeitamente sereno." Ele ficou olhando com espanto por um bom tempo para aquele buraco do tamanho de um punho no tapete debaixo da cadeira de Jackson, recordou-se King, "e eu pensei: 'Uau, esse cara é bom'".

2.

Ele havia sido um artista praticamente desde que nascera. Michael Joseph Jackson, nascido em 29 de agosto de 1958, ainda usava fraldas quando começou a entreter a mãe, agitando-se e remexendo o corpo ao ritmo da máquina de lavar roupa na casa da família, na poluída cidade industrial de Gary, em Indiana. Aos cinco anos, provocou uma explosão de aplausos em uma apresentação na Escola Primária Garnett com uma versão à capela da canção "Climb Ev'ry Mountain", de *A noviça rebelde*, que fez sua professora chorar. Aos seis, era o vocalista principal de um grupo chamado The Ripples and Waves Plus Michael, que incluía seus quatro irmãos mais velhos. Os Ripples and Waves se tornaram os Jackson Brothers ao responderem a um anúncio em um jornal local em busca de grupos musicais para se apresentar em um desfile de uma escola de modelos da região. Mais de duzentos grupos apareceram para o teste, mas Michael Jackson, então com seis anos, se destacou mesmo em uma multidão daquele tamanho. "Todos os irmãos eram talentosos, mas Michael era mágico", lembrou Evelyn LaHaie, proprietária da escola, que escolheu os Jackson Brothers para se apresentar enquanto suas alunas desfilavam em uma passarela na loja de departamentos Big Top, em Gary. No sétimo aniversário de Michael, em 1965, sua performance de canto e dança em uma apresentação de "Doin' the Jerk" levou os Jackson Brothers ao primeiro lugar da Tiny Tots' Back to School Jamboree, uma festa de volta às aulas em Gary. Um pouco mais de seis meses depois, o grupo, que agora se chamava Jackson 5, venceu o show de talentos anual da Escola Secundária Roosevelt de Gary, tendo à frente um vocalista que estava na segunda série. Mesmo com aquela idade, Michael Jackson era um mímico espantoso que conseguia imitar de maneira assustadoramente exata os gritos de Wilson Pickett e os uivos de James Brown.

O primeiro show de verdade do Jackson 5 foi em um clube local chamado Mr. Lucky, onde ganharam sete dólares pela apresentação. Com oito anos mal completados, Michael era o vocalista de uma banda que agora se apresentava regularmente em pequenos clubes negros, bares de striptease e em uma ou outra festa particular em todo o noroeste de Indiana e no leste de Chicago. O grupo ainda era obscuro o suficiente para participar de concursos amadores e, no início de 1967, quando Michael tinha oito anos, ganhou o maior show de talentos no Centro-Oeste, no Teatro Regal, em Chicago, por três semanas consecutivas. Em agosto de 1967, o Jackson 5 ganhou o primeiro prêmio no maior concurso de talentos no país, a Noite dos Amadores do famoso Teatro Apollo. No período de um ano, eles assinaram um contrato com a Motown Records e, um ano depois, lançaram um disco de estreia, que disparou para o topo da *Billboard* Hot 100.

O pai que conduziu esse sucesso era um bronco esperto, vaidoso e dominador que, no processo de fazer o grupo progredir, feriu o mais sensível de seus seis filhos de tal forma que a missão da vida adulta de Michael Jackson era ser o menos parecido possível com Joseph Jackson.

Até o momento em que encontrou uma maneira de viver do talento dos filhos, Joe havia sido um boxeador fracassado e um músico de blues que sustentava sua extensa família trabalhando no turno das quatro horas da tarde à meia-noite como operador de guindaste em meio à fuligem e o calor dos altos-fornos da siderúrgica Inland. Ele ganhava um pouco mais de 8 mil dólares em seu melhor ano, o que mal sustentava a casa da família Jackson — um pequeno cubo com laterais de alumínio, sem jardim ou garagem —, em que onze pessoas compartilhavam um único banheiro. Na primavera de 1964, quando os Jackson começaram a se apresentar em público, os cinco meninos mais velhos dividiam o menor dos dois quartos da casa, onde dormiam em um beliche triplo, com Michael, de seis anos, e Marlon, de sete, espremidos na cama do meio, enquanto Jermaine, de nove anos, se contorcia para dar espaço na parte superior do beliche que dividia com Tito, de dez, para que o filho mais velho, Jackie, de treze, pudesse dormir sozinho na parte inferior. As duas meninas mais velhas, Maureen (chamada de Rebbie pela família), que tinha pouco menos de catorze anos, e La Toya, de oito, dormiam em um sofá-cama na sala de estar, com Randy, de dois anos, em um sofá menor ao lado. A caçula dos Jackson, Janet, só nasceria mais tarde, em 1966, e se juntaria às irmãs no sofá assim que saísse do berço.

Com 35 anos em 1964 e já pai de oito filhos, Joe Jackson tinha quase um metro e oitenta de altura, ombros musculosos e uma verruga em uma das bochechas; ele era bonito de uma forma grosseira e mais ambicioso do que qualquer pessoa fora do núcleo familiar poderia imaginar. Determinado a transformar os filhos em um grupo musical que alcançaria o sucesso que ele nunca alcançou, Joe pressionava-os sem parar. As lembranças de Michael daqueles primeiros ensaios estão todas concentradas no pai/empresário que brandia um cinto e gritava com eles constantemente, batendo nas costas dos filhos ou jogando-os contra as paredes se eles cometessem algum erro. Ficar trancado no armário era o castigo para um erro recorrente.

A própria banda de rythm and blues de Joe, The Falcons, havia acabado alguns anos antes, depois de não mais do que um punhado de apresentações em bares locais. O violão, que Joe amava mais do que qualquer outra coisa que possuía, ficava sobre uma prateleira de um armário de roupas que o pequeno Michael considerava "um lugar sagrado", principalmente porque ele e as outras crianças eram estritamente proibidos de mexer nela. De vez em quando, quando Joe estava fora, a mãe deles, Katherine, pegava o violão para ensinar às crianças suas canções country e folk favoritas. Tito tinha sete anos quando começou a entrar escondido no quarto dos pais para pegar emprestado o violão de Joe, tocando-o para o irmão mais velho, Jackie, que havia acabado de completar dez anos, e para Jermaine, de seis, que fazia as harmonias enquanto Tito dedilhava o instrumento. Os três estavam aprendendo pelo menos uma música nova por semana até que Tito quebrou uma corda do violão e foi descoberto pelo pai. A surra que levou "me arrebentou", lembrou Tito. Essa era uma expressão que todos os meninos Jackson usavam para descrever as surras do pai quando ele estava furioso. Ao se sentar em sua cama chorando, Tito insistiu para o pai, entre soluços: "Eu sei tocar essa coisa". Joe exigiu que o menino provasse o que dizia, e Tito fez exatamente isso, com Jackie e Jermaine correndo para ficar ao seu lado e cantar junto. Naquele momento, Joe Jackson decidiu que a siderúrgica não seria o fim de sua caminhada. Ele levou um violão vermelho novo para Tito no dia seguinte e então disse aos três meninos que eles iam "ensaiar", o que eles rapidamente aprenderiam que não era, de forma alguma, a mesma coisa que "tocar".

Marlon, com cinco anos, logo foi incorporado ao grupo, por insistência da mãe, apesar de ele possuir pouco ou nenhum talento musical (embora fosse ótimo dançarino), mas ainda se passariam quase dois anos antes de Michael entrar e mudar tudo para todos. Nenhum deles, especialmente Joe, queria reconhecer que era o talento sublime do membro mais jovem da banda, e unicamente esse talento, que tornaria os Jackson 5 verdadeiras estrelas.

Michael percebeu isso, é claro, e, aos nove anos de idade, era o único dos filhos de Joe que ousava enfrentar o pai — "apenas balançando os punhos", segundo ele se lembrava. "É por isso que eu apanhava mais do que todos os meus irmãos juntos [...]. Meu pai me matava, simplesmente me arrebentava para valer." Os outros meninos diriam que Michael merecia as surras que levava. Ele era desafiador, segundo eles, e levava uma atitude ruim para os ensaios, exigindo saber por que eles tinham de fazer as coisas desta maneira e não daquela. Os outros filhos de Joe seguiram a liderança do pai até a idade adulta, mas Michael nunca faria isso, nem mesmo quando criança. Uma vez, quando tinha três anos e havia levado uma surra, Michael tirou um dos sapatos e o atirou na cabeça do pai. Joe reagiu pegando o menino por uma perna e segurando-o de cabeça para baixo enquanto batia nele com tanta força que a surra ficou famosa na família. Durante seus primeiros anos com o Jackson 5, Michael levou pancadas de Joe com as costas da mão mais vezes do que conseguia contar, e apanhava regularmente com uma cinta ou uma vara. Os meninos mais velhos ficavam cada vez mais perplexos com seu irmãozinho. Por um lado, era óbvio que Michael tomava os abusos do pai de maneira muito mais pessoal do que qualquer um deles, e ficava muito mais profundamente magoado com aquilo. Por outro lado, ele se recusava a parar de dizer e fazer as mesmas coisas que sabia que resultariam em outra surra. Não era falta de medo, Michael diria: ele teve tanto medo do pai durante a maior parte de sua infância que sentia o gosto de vômito na boca sempre que Joe chegava perto dele. Porém, a raiva brotou sob o medo e fermentou, transformando-se em ódio. Envergonhado por uma sensação de impotência, ele encontrou apenas uma arma que podia usar contra o pai — a ameaça de que, quando chegasse a hora de subir ao palco, ele se recusaria a cantar. Isso às vezes funcionava, quando Joe via que Michael estava mesmo falando sério, mas na maior parte das vezes o resultado era uma surra pior do que a anterior.

Apesar de tudo isso, Michael, quando adulto, nunca deixou de admitir que houve dois ingredientes principais para o sucesso do Jackson 5: sua própria capacidade e a vontade de Joe. Quando os Jackson começaram a atuar profissionalmente, Joe já havia coreografado seus movimentos nos mínimos detalhes. "Ele me mostrou como usar o palco e o microfone, fazer gestos e tudo o mais", lembrou Michael. O preço da atenção de Joe aos detalhes, no entanto, era que, "se não fizesse da maneira certa, ele te arrebentava".

Como o próprio pai, um professor de Arkansas chamado Samuel Jackson, Joe era um capataz mal-humorado que desencorajava — até mesmo proibia — o convívio social com qualquer um fora da família. Ele não permitiria que quaisquer "más companhias", como ele dizia, distraíssem os filhos de sua missão primeira de alcançar o sucesso no showbiz. Os Jackson estavam entre as poucas crianças em sua vizinhança que aguardavam ansiosas a hora de ir à escola, porque os almoços e intervalos eram as únicas oportunidades que eles tinham de brincar com outras crianças.

Da mesma maneira que Samuel, Joe não distinguia disciplina de crueldade. Em mais de uma noite quente de verão, ele apareceu na janela do quarto dos meninos usando uma máscara de terror grotesca que fazia Michael e Marlon chorarem na cama ainda por muito tempo depois que ele a tirava, rindo da sua eficácia. Seu propósito, Joe explicaria, era certificar-se de que eles não se colocariam em risco deixando a maldita janela aberta. Ele estava *protegendo* os filhos.

Joe nunca parava de trabalhar no número musical dos filhos e não permitia que os meninos fizessem corpo mole também. Durante a semana, ele ensaiava os filhos duas vezes por dia: pela manhã, antes da escola, e à tarde, quando chegavam em casa. As crianças da vizinhança, que já desprezavam os Jackson porque eles as evitavam, ficavam do lado de fora atirando pedras e cuspindo insultos em direção à casa, dizendo-lhes que eles se achavam especiais, mas, na verdade, "vocês não são nada!".

Assim que eles começaram a conseguir shows em concursos de talentos e boates baratas, Joe fazia os garotos se apresentarem até cinco vezes por noite nos fins de semana na região de Gary e na zona leste de Chicago. Houve muitas noites em que Joe os tirava bruscamente da cama às três da manhã para ir trabalhar. "Eu estava dormindo e ouvia meu pai: 'Levantem! Temos um show!'", Michael recordaria 35 anos mais tarde. "Nós tínhamos que nos apresentar." Ele ia choramingando por todo o trajeto até o local da apresentação, mas, uma vez que subia no palco, Michael sempre parecia completamente desperto. Ele adorava se apresentar e adorava igualmente quando as pessoas jogavam dinheiro no palco depois do show. Ele e os irmãos corriam loucamente recolhendo moedas do chão e colocando-as nos bolsos das calças, que aprenderam a usar com cintos bem apertados para suportar o peso de todo aquele dinheiro. Michael gastava a maior parte de seus "ganhos" com doces, ele se lembraria. Joe ficava com os cachês, que estavam se tornando a principal fonte de renda da família.

Durante a semana, à noite, quando as crianças já dormiam, Joe estaria na plateia de quase todas as apresentações musicais importantes que passavam pela região de Chicago, sempre sentado com um caderno no colo, anotando cada passo de dança ou gesto que valesse a pena ser roubado. Na manhã seguinte, ele faria seus filhos aprenderem esse ou aquele novo passo. Eles tinham de acertar, é claro, ou o cinto aparecia. Ele usava o lado com fivela em quem cometesse o mesmo erro duas vezes.

Quando Michael estava com oito anos, os Jackson eram bons o suficiente para se apresentar no que ficou conhecido como o "chitlin' circuit", uma associação informal de teatros com capacidade para duzentas ou trezentas pessoas localizados em áreas centrais de cidades que iam de Kansas City a Washington, DC. Assim que saíam da escola na sexta-feira à tarde, os meninos "alinhavam-se para inspeção" ao lado da perua Kombi, onde seu equipamento era empilhado no bagageiro superior, e em seguida eles partiam para um fim de semana de trabalho que muitas vezes não acabava até que voltassem para Gary na manhã de segunda--feira, a tempo de tomar café da manhã e ir para a escola. Eles estavam abrindo os shows de artistas como The Temptations, The O'Jays, Jackie Wilson e Bobby Taylor. Sam & Dave se tornaram grandes apoiadores. No "chitlin' circuit", era Michael quem estudava os outros artistas. Joe, como os meninos mais velhos, gostava do convívio dos bastidores, mas Michael odiava isso mesmo quando criança. "Eu fico tímido", ele explicaria. "Eu não sei o que dizer." Em vez disso, ele ficava na parte de trás do teatro, assistindo aos que mais admirava. James Brown estava no topo dessa lista, um artista que deixava poças de suor no palco e a multidão em um estado de exaustão e êxtase. Embora tímido fora do palco, Michael sondava os artistas adultos constantemente em busca de dicas ou conselhos. Ele importunou a notoriamente irritadiça Etta James em seu camarim, insistindo mesmo quando ela lhe disse para dar o fora. Eu só quero aprender com os melhores, Michael diria, e, assim como Brown, a maioria dos astros do "chitlin' circuit" não conseguia resistir aos elogios de um garoto tão bonitinho.

Os Jackson estavam atraindo as atenções mais e mais. Algumas das outras bandas de abertura ficaram ressentidas com o grupo, reclamando que essas crianças não seriam tão populares se não tivessem um maldito anão como vocalista principal. Essa parecia ser a única maneira de explicar Michael Jackson, que aos oito anos de idade já estava usando sua voz para transmitir uma variedade incrivelmente complexa de emoções adultas, de amor e perda, mágoa e traição, desilusão e angústia. Ele não tinha ideia de onde isso vinha, e ninguém tinha. Mesmo assim, ele não recebia elogios de Joe. "Se eu fizesse um show excelente, ele me dizia que tinha sido um bom show", lembrou Michael. "E se eu fizesse um show razoável, ele me dizia que tinha sido péssimo." Seu pai também nunca lhe disse, nem mesmo uma única vez, que ele era amado, Michael lembrou. Ele desejava ansiosamente algo que nem sabia que existia, até que começou a ver isso entre algumas das famílias que encontraram em hotéis.

Mas Sam & Dave disseram que realmente o amavam, e os reis do estilo afro--americano de canto responsorial deram um jeito de conseguir para os Jackson um lugar no concurso de talentos mais concorrido e de maior prestígio do país, o Superdog, realizado no Teatro Apollo, na rua 125, no Harlem. Nos bastidores, os meninos tocaram na famosa Árvore da Esperança, um pedaço de tronco, montado sobre um pedestal, que fora cortado da árvore que ficava do lado de fora do mais famoso restaurante do Harlem, o Barbecue, cujas salas de ensaio no andar de cima haviam sido usadas por Louis Armstrong e Count Basie. Em seguida, os Jackson Brothers se apresentaram e ganharam o Superdog diante de uma plateia que os aplaudiu de pé. Era o dia 13 de agosto de 1967, duas semanas antes do nono aniversário de Michael.

O triunfo no Apollo ajudou os Jackson a conseguir o primeiro contrato de gravação. Gordon Keith, um dos cinco sócios da Steeltown Records, de Gary, conseguiu que eles fizessem um teste na casa da família. "Eles montaram tudo na sala de estar", lembrou Keith. "Encostaram os móveis nos cantos. Eles e o equipamento ocupavam praticamente a sala inteira. Toda a família estava lá; Janet era um bebê de colo. Eles estavam se preparando e havia um fio grosso esticado entre dois dos amplificadores, perto dos quais estava Michael. O fio estava na altura de seu peito. De onde ele estava, sem correr para tomar impulso, ele saltou por cima do fio. A partir desse momento, ele teve toda a minha atenção. Eu sabia que estava olhando para um menino que era super-humano. Quando eles cantaram, Michael cantou como um anjo... Mas quando Michael dançava, ao mesmo tempo que cantava, ele colocava no chinelo gente como James Brown, Jackie Wilson,

Fred Astaire e qualquer outro de que você se lembrar... Eu fiquei espantado. Nocauteado. Encantado. Sem palavras." Em 31 de janeiro de 1968, a Steeltown lançou o primeiro single do Jackson 5 e uma semana depois toda a família se sentou em torno do rádio na sala de estar, entre expressões de surpresa e risinhos, enquanto ouviam juntos a primeira vez que "Big Boy" era tocada na WWCA, incapazes de realmente entender como haviam chegado até ali. No verão de 1968, os Jackson estavam abrindo shows de Gladys Knight & the Pips e Bobby Taylor & the Vancouvers, artistas da Motown, no principal teatro de Chicago, o Teatro Regal. Depois de assistir aos meninos de Joe Jackson dos bastidores, Knight e Taylor telefonaram para Detroit, insistindo para que os executivos da Motown dessem uma olhada naqueles rapazes.

Embora Joe odiasse pessoas brancas, ele contratou uma — um advogado chamado Richard Arons — para ajudá-lo a empresariar o grupo. Outros já haviam contribuído para o desenvolvimento dos Jackson, pessoas como Shirley Cartman, a professora de música da escola, que convenceu Joe a substituir o baterista e o guitarrista, que eram fracos e foram recrutados no bairro, por dois músicos talentosos locais chamados Johnny Jackson (nenhuma relação com a família) e Ronnie Rancifer. Por insistência de Cartman, Tito passou para a posição de guitarrista principal, enquanto Jermaine mudava da guitarra base para o baixo. O resultado foi uma banda suficientemente coesa para dar à sublime voz de soprano de Michael o apoio estrutural de que precisavam, mas também flexível o bastante para acomodar as impressionantes variações de altura que o menino parecia criar do nada. E foi a agente de talentos de Gary, Evelyn Lahaie, quem convenceu Joe a mudar o nome do grupo para Jackson 5. "Havia muitos grupos na época com nomes terminados em 'Brothers' ou 'Sisters'", lembrou LaHaie. "Era muito comum. Eu sabia que eles deviam ter algo diferente."

Joe nunca cedeu sequer uma ínfima parcela do controle sobre os filhos até Berry Gordy entrar em suas vidas. Joe havia mostrado aos meninos tudo o que se podia conseguir no mundo dos negócios quando se combinava uma postura implacável com rudeza. Berry Gordy lhes ensinou como um homem poderia ser muito mais eficaz quando sabia misturar essa postura implacável com alguma gentileza.

Assim como Joe, Gordy teve um pai que foi professor, tentou primeiro ser boxeador e, ao fracassar, juntou-se à classe operária. Gordy ainda estava trabalhando na linha de montagem de uma fábrica da Lincoln-Mercury quando abriu uma loja chamada 3-D Record Mart, que vendia gravações de jazz. Quando esse negócio foi por água abaixo, conta-se que ele teria trabalhado, durante pouco tempo e sem sucesso, como cafetão, antes de se tornar sócio de uma empresa chamada Rayber Music, que gravava demos baratas para aspirantes a músicos. Àquela altura, ele também estava compondo músicas, e uma delas, "Reet Petite", tornou-se um hit de R&B, gravada por Jackie Wilson, em 1957. Esse foi o mesmo ano em que ele descobriu um grupo chamado Matadors (mais tarde, Miracles), cujo vocalista, Smokey Robinson, incentivou Gordy a investir seus royalties de composição em produção musical. Em 1959, Gordy havia se tornado coautor de mais quatro músicas que foram gravadas por Wilson, incluindo "Lonely Teardrops", que não só chegou ao topo das paradas de R&B, mas também alcançou o sétimo lugar na parada pop. Ele fundou o que viria a se tornar a Motown Records em uma casa térrea na West Grand Avenue, em Detroit, em dezembro do mesmo ano. Um dos primeiros singles que a gravadora produziu, "Shop Around", de Smokey Robinson and the Miracles, não só atingiu o primeiro lugar na parada de R&B em 1960, mas subiu até chegar ao segundo lugar na parada pop. Um ano depois, o lançamento pela Motown de "Please Mr. Postman" pelas Marvelettes atingiu o primeiro lugar tanto na parada de R&B quanto na de música pop.

No verão de 1968, quando o Jackson 5 fez o teste na Motown, Gordy tinha um time de talentos que incluía The Supremes, The Temptations, Smokey Robinson and the Miracles e Stevie Wonder. O departamento de desenvolvimento dos artistas da Motown, que orientava os intérpretes em temas como etiqueta, aparência pessoal e moda, havia ajudado a transformar os artistas negros da gravadora nos mais bem-sucedidos da América branca do que qualquer um antes deles, e a vocalista das Supremes, Diana Ross, estava em uma categoria própria como um talento que fazia sucesso em mais de um gênero. No entanto, nada do que Gordy fez surpreendeu tanto os negócios ligados à música do que sua habilidade de criar entre seus artistas a sensação de que eram membros da "família Motown", ao mesmo tempo que, de forma eficaz, roubava-os com as taxas de royalties mais mesquinhas do ramo.

Gordy nem sequer estava presente no teste do Jackson 5 na Motown, no dia 23 de julho de 1968. Depois de todas as dores de cabeça que teve com leis que regulamentavam o trabalho infantil por contratar Stevie Wonder, Gordy relutava em contratar outros artistas menores de idade. Mas quando ele viu o filme em dezesseis milímetros, preto e branco, que seus assessores fizeram do teste dos Jackson, mandou contratá-los imediatamente. O acordo que Joe Jackson assinou em nome dos filhos pagava a cada um dos rapazes pouco mais de 1% do valor da venda dos discos, o que chegaria a cerca de dois centavos por disco. Berry Gordy ganhou muito mais com a música deles do que o Jackson 5 ganhou nos anos em que pertenceu à gravadora.

Isso perturbava Joe muito menos do que a insistência de Gordy de que Michael era a estrela do show e os irmãos, meros coadjuvantes. O chefe da Motown havia deixado sua posição clara na estreia pública do Jackson 5 durante o verão de 1969 no sul da Califórnia, para onde Gordy estava determinado a mudar tanto a sua residência quanto a sede de sua empresa. O comunicado à imprensa/ convite que anunciava o evento foi preparado pelo próprio Gordy, apesar de ter sido "assinado" pela jovem que se tornou o símbolo da Motown: "Venha me acompanhar nas boas-vindas a um grupo musical brilhante, os Jackson 5, segunda-feira, 11 de agosto, das 18h30 às 21h30 no Daisy, North Rodeo Drive, Beverly Hills", dizia o texto. "O grupo Jackson 5, com o sensacional Michael Jackson, de oito anos de idade, vai se apresentar ao vivo na festa. Diana Ross." Joe ficou furioso, preocupado com o fato de o destaque a Michael não só criar discórdia entre os filhos, mas minar ainda mais sua autoridade sobre eles.

Porém, o maior impacto que Gordy teria sobre Michael com esse evento foi o que ele ensinou ao menino sobre a maleabilidade da chamada "realidade". Quando Michael tentou dizer a Gordy e Ross que eles haviam cometido um grande erro no comunicado de imprensa, porque ele tinha dez anos, e não oito, Gordy explicou que não era um erro, tampouco uma mentira, porque uma mentira não era uma mentira quando você a contava para os objetivos das relações públicas. "É para a sua imagem", opinou Ross, que já estava aceitando a história de Gordy de que ela havia "descoberto" o Jackson 5 em um show beneficente para a campanha do primeiro prefeito negro de Gary, Richard Hatcher. "Eu achava que ia ficar velho antes de ser descoberto", um esbaforido Michael havia confidenciado a um entrevistador depois de sua apresentação no Daisy. "Mas então apareceu a srta. Diana Ross para salvar a minha carreira. Ela me *descobriu*." Quando uma repórter desconfiada disse ao jovem artista que ouvira que ele tinha quase onze anos (seu aniversário seria dali a dezoito dias), Michael negou veementemente. Então quantos anos você tem?, a entrevistadora perguntou. "Tenho oito", respondeu Michael.

Fosse qual fosse a sua idade, o desempenho de Michael no Daisy empolgou a multidão. O crítico da revista *Soul* aclamou o vocalista do Jackson 5 como "um menino de oito anos que se torna um homem quando tem um microfone na mão".

Gordy já estava encontrando outras maneiras de separar Michael de sua família. Joe e os filhos suportaram as acomodações muquiranas de Gordy por mais de um ano depois da assinatura com a Motown, dormindo no chão do apartamento de Bobby Taylor enquanto gravaram quinze músicas em sessões de fim de semana nos estúdios da empresa em Detroit, viajando de carro de Gary para lá toda sexta-feira à noite, em seguida retornando durante a madrugada da segunda--feira, tudo isso às suas próprias custas. Quando Gordy mudou-os para Los Angeles, no verão de 1969, ele os acomodou no mais famoso palácio de vulgaridade de Hollywood, o Tropicana Motel, no Santa Monica Boulevard, onde a maioria dos vizinhos eram prostitutas e viciados em drogas. Depois de um mês, ele os mandou para um motel ainda mais decadente no Sunset Boulevard. Gordy estava, ele próprio, abrigado em sua mansão espantosamente rica em Bel Air, onde as paredes se cobriam de quadros dele vestido como Napoleão e César.

No entanto, pouco mais de um mês depois do show no Daisy, Gordy levou Michael para morar com Diana Ross em sua linda casa em Beverly Hills. Gordy estava prestes a lançar o primeiro single do Jackson 5 e, confiante de que seria um sucesso, pediu a Ross para ajudar Michael a entender que uma estrela tinha de pensar em si mesmo de forma diferente do que as outras pessoas. "Aonde quer que você vá de agora em diante", Ross disse ao menino, "as pessoas vão estar te observando." Embora Michael significasse muito menos para Diana do que o menino queria acreditar, ela o ensinou simplesmente deixando-se ser observada. Quando estavam sozinhos na casa, ela normalmente queria que ele ficasse desenhando e a deixasse em paz.

Michael ainda estava passando os dias e muitas das suas noites com os irmãos nos estúdios da Motown na Costa Oeste, onde os cinco trabalhavam sob o comando de Deke Richards, o compositor e produtor que, como diretor de criatividade e talentos da Motown, gerenciava as operações da empresa na Costa Oeste. Com Freddie Perren e Fonce Mizell, que faziam parte de uma elite de compositores, Richard e Gordy haviam formado o que chamavam de "A Corporação" para criar as músicas e preparar as apresentações que tornariam o

Jackson 5 um sucesso. Gordy e Richards, juntamente com seus produtores, investiram uma quantidade notável de tempo e dinheiro na gravação e engenharia sonora do primeiro lançamento do grupo, "I Want You Back". As exigências sobre os irmãos mais velhos nem chegavam perto daquelas feitas ao vocalista de onze anos, que passava até doze horas por dia no estúdio. Suas mais fortes lembranças daquele tempo, Michael diria mais tarde, eram de adormecer ao microfone e de olhar pelas janelas entre uma gravação e outra e ver crianças no playground no parque do outro lado da rua: "Eu ficava olhando para eles, admirado — eu não conseguia imaginar tamanha liberdade, uma vida tão despreocupada — e desejava isso mais do que qualquer coisa [...] que eu pudesse ir embora e ser como eles".

Porém, Gordy, Richards e quase todo mundo na Motown estavam fascinados com o menino de trinta quilos em pé na frente deles. Assistir a Michael aproximar-se do microfone e evocar emoções que pareciam próprias de um homem de quarenta anos de idade, que havia tido uma vida muito difícil, e, em seguida, assim que a música terminasse, ir à procura de alguém para brincar de esconde-esconde era, ao mesmo tempo, assustador e fascinante. Gordy falaria para a imprensa sobre a "compreensão profunda e intuitiva" de Michael sobre as coisas, mas nem mesmo ele tinha a menor ideia sobre a origem disso. As coisas que Michael fazia no palco eram obviamente ensaiadas — qualquer um podia ver que ele havia copiado e combinado os movimentos de James Brown e a dramaticidade de palco de Jackie Wilson — e ainda assim, de alguma forma, ele era o dono exclusivo do resultado. Diana Ross havia lhe ensinado sobre o poder do "oooh", especialmente quando era usado para colocar um ponto de exclamação em uma letra, e todos concordavam que Diana fazia melhor do que qualquer um até ouvirem Michael fazê-lo.

"Nunca vi nada parecido com ele", Smokey Robinson comentaria sobre Michael. E o mundo inteiro pareceu concordar, em outubro de 1969, quando "I Want You Back" foi lançada e disparou em linha reta para o topo das paradas, tanto na *Billboard* quanto na *Cash Box*. Logo depois do lançamento da canção, o Jackson 5 fez sua estreia em rede nacional em um programa da ABC chamado *The Hollywood Palace*. Para os irmãos de Michael e para o pai deles, em especial, a experiência foi uma dura lição na reconfiguração de sua realidade. Diana Ross foi a apresentadora convidada daquele episódio da série, mas, sempre que ia aos bastidores, Ross falava apenas com Michael, sussurrando palavras de incentivo que eram só para ele, e ignorava completamente os outros rapazes. Ela apresentou o grupo, dizendo: "Esta noite tenho o prazer de apresentar uma jovem estrela que está no ramo musical desde que nasceu. Ele trabalhou esse tempo todo com sua família e, quando canta e dança, ilumina o palco". Sammy Davis Jr. saiu saltitante de trás das cortinas, com um sorriso animado, só para ser educadamente rejeitado por Ross, que explicou para o público que ela estava falando de "Michael Jackson e os Jackson 5". Pisando no palco com calças e coletes verde-limão e camisas estampadas e botas verdes, as mesmas roupas com que haviam se apresentado no Daisy, os outros irmãos Jackson pareciam atordoados. Joe ficou furioso, querendo saber se Berry Gordy estava tentando mudar o nome do grupo. De maneira alguma, disse Gordy, que estava com ele nos bastidores, mas Michael era "obviamente a estrela". Com certeza Joe enxergava isso. "Todos eles são estrelas", Joe respondeu, mas o que ele pensava realmente não contava mais e, no fundo, ele sabia disso.

Os Jackson mais velhos levaram outro golpe em seu orgulho quando o primeiro álbum foi lançado um mês depois de "I Want You Back", sob o título *Diana Ross Presents the Jackson 5*. Os outros rapazes foram fotografados segurando instrumentos que não haviam sido autorizados a tocar, em um álbum para o qual haviam contribuído com pouco mais de um coro de vocais de apoio. A verdade era que Jackie e Tito possuíam um talento musical apenas modesto, e Marlon não tinha nenhum. No entanto, ninguém jamais lhes disse isso até eles estarem prestes a se tornar grandes astros. O processo pelo qual Michael havia sido separado dos demais foi talvez mais difícil para Jermaine, que tinha uma voz perfeitamente adequada, mas nem remotamente no mesmo nível que a de Michael. Jermaine sofrera, aos nove anos, quando foi substituído como cantor principal do grupo — sua família acreditava que a fase de gagueira que se seguiu foi um resultado direto disso —, mas tentou aceitar que era, nas palavras do pai, o "segundo solista" do grupo.

Diana Ross escreveu o texto da contracapa do primeiro disco do Jackson 5. Ela começou declarando que "a honestidade sempre foi uma palavra especial para mim, uma ideia especial", em seguida repetiu a mentira de que o Jackson 5 era composto por "cinco irmãos de nome Jackson que eu descobri em Gary, Indiana". Àquela altura, Michael parecia realmente acreditar que aquilo era verdade, e muitos daqueles que promoveram o álbum ficavam nervosos com a capacidade do menino de misturar ficção e realidade de uma maneira tão perfeita que as fronteiras entre uma e outra pareciam totalmente apagadas.

Seus irmãos estavam de volta às atividades em 14 de dezembro de 1969, quatro dias antes do lançamento do álbum, quando o Jackson 5 fez sua primeira aparição no *The Ed Sullivan Show* com sorrisos enormes e dançando em um ritmo perfeito atrás do irmão mais novo, que entrara no palco usando um chapéu de cowboy magenta e cantara "I Want You Back" de tal forma que havia deixado as meninas na plateia arrancando os cabelos da primeira à última nota.

Satisfeito com o fato de que seu investimento compensaria, Berry Gordy tirou os Jackson do motel onde eles estavam morando e os acomodou em uma casa que ele havia alugado na Queens Road, em Hollywood Hills, com uma sala de estar que tinha mais espaço do que a casa inteira deles em Gary e uma vista da bacia de Los Angeles que, depois do pôr do sol, parecia uma série de diamantes derramados sobre um fundo negro. Na Escola Secundária Fairfax, cujas aulas eles começaram a frequentar em setembro, Jackie e Tito eram adorados. Jermaine, então com catorze anos, viu as meninas literalmente brigando para se sentar ao lado dele nas aulas. Não era tão difícil cuidar de um ego ferido, os outros rapazes descobriram, quando o mundo inteiro os amava.

Em fevereiro de 1970, o Jackson 5 lançou seu segundo single, "ABC", que também foi para o topo nas paradas pop, tirando o lugar de "Let It Be", dos Beatles. Tal qual "I Want You Back", o single vendeu mais de 2 milhões de cópias. O terceiro single dos Jackson, lançado em maio, foi "The Love You Save", que também chegou ao primeiro lugar, derrubando "The Long and Winding Road". Eles se tornaram a primeira banda da era do rock a ter seus primeiros três sucessos alcançando o primeiro lugar. O segundo álbum, *ABC*, foi lançado no mesmo mês e foi ainda mais bem-sucedido do que o primeiro. Em julho, o show do Jackson 5 no Los Angeles Forum quebrou todos os recordes de público, e uma multidão em grande parte composta por jovens negras gritava tanto e estava tão fora de controle que os rapazes tiveram de ser retirados do palco antes de terminar o show por medo de que os seguranças não fossem capazes de protegê-los. Em 10 de outubro de 1970, quando seu quarto single, "I'll Be There", estava sendo lançado, o Jackson 5 cantou o hino nacional norte-americano, *The Star Spangled Banner*, no jogo de abertura da World Series, no Riverfront Stadium de Cincinnati. "I'll Be There" proporcionaria uma revelação ainda maior dos dons de Michael. Mesmo os críticos brancos que haviam desprezado o Jackson 5, classificando-o como "soul infantil", adoraram "I'll Be There", que vendeu mais do que qualquer um dos três singles anteriores e fez do Jackson 5 o primeiro grupo a ter seus quatro primeiros lançamentos no topo das paradas de sucesso.

Michael Jackson, um menino de doze anos que fingia ter dez, havia se tornado um verdadeiro ícone em um piscar de olhos. Quando ele e os irmãos visitaram Gary, foi para uma cerimônia na qual a rua onde eles moravam havia sido rebatizada de Jackson 5 Boulevard. Naquele abril, Michael tornou-se a pessoa mais jovem a aparecer na capa da *Rolling Stone*, com uma manchete que dizia: "Por que este menino de onze anos fica acordado até tão tarde?". Ele estava a quatro meses de seu aniversário de treze anos, mas o atraso no início da puberdade sustentou a mentira sobre sua idade. "Eis o filho principal, o novo modelo, o sucessor de James Brown, dos Temptations e de Sly, a encarnação angelical de sua soma", afirmava um arrebatado Ben Fong-Torres na revista. A história mais memorável do artigo de Torres era sobre Michael dizendo ao público de um show que ele conseguia cantar blues porque sabia tudo sobre eles e, em seguida, descrevendo como seu coração havia sido partido por uma garota que ele conhecera no tanque de areia do parquinho e tudo foi por água abaixo depois que "brindamos ao nosso amor durante o recreio".

Ele manteve seu disfarce apegando-se a interesses infantis, muito mais empolgado com a estreia em setembro de um desenho animado na televisão, chamado *The Jackson 5ive*, do que com a capa da *Rolling Stone*. Muito embora a voz do personagem animado chamado Michael Jackson não fosse dele, "eu acordava todo sábado de manhã" para assistir, ele se lembraria. "Eu me senti tão feliz, você não faz ideia [...]. Acho que eu me sentia mais especial por isso do que pelos discos e shows e todo o resto."

O Jackson 5 iniciou sua primeira grande turnê nacional naquele outubro, em Boston, onde, mesmo com uma grande equipe de segurança e uma cerca de quase quatro metros de altura protegendo os rapazes, eles tiveram de ser tirados do palco antes que fossem atacados por um público formado por jovens completamente frenéticas. No estádio Cincinnati Gardens, milhares de garotas que haviam ficado sem ingresso armaram um tumulto do lado de fora, enquanto aquelas que conseguiram entrar amontoavam-se entre as cadeiras e gritavam quase em delírio, ignorando os DJs locais que se revezavam pedindo calma. Catorze meninas tiveram de ser levadas para fora inconscientes depois de terem desmaiado. Outras garotas desmaiaram pelos corredores, e centenas delas berravam e cantavam do lado de fora dos hotéis onde estavam os Jackson.

A princípio, Michael pareceu gostar da atenção, mas seu prazer diminuiu rapidamente. No meio da turnê, ele não queria sair do hotel exceto para as apresentações, e o que ele parecia mais gostar no tempo livre eram as guerras de bexigas com água e creme de barbear com os irmãos. Isso acabou quando, primeiro Jackie, e depois Tito, e depois ainda Jermaine, começaram a ficar mais interessados nas garotas que apareciam na saída dos teatros depois de um show do que nas brincadeiras e nos jogos com o irmão mais novo.

Quando o Jackson 5 saiu dos Estados Unidos em outubro de 1972 para uma turnê europeia de doze dias, eles descobriram que as meninas brancas lá eram tão loucas por eles quanto as meninas negras de seu país. Um tumulto em grande escala eclodiu nas ruas de Amsterdam quando foi anunciado que os Jackson fariam apenas um show na cidade holandesa. A caminho de uma apresentação em Londres especialmente requisitada pela rainha Elizabeth, que daria início à turnê, os rapazes quase foram esmagados pela multidão de garotas aos berros que os aguardava no aeroporto de Heathrow. Tufos do cabelo afro de Tito foram arrancados do couro cabeludo em segundos depois de ele sair do avião. A gritaria dentro do terminal era tão intensa que fez Marlon chorar. Os cinco irmãos foram rapidamente separados pela multidão e tiveram de abrir caminho aos empurrões até chegar à limusine que os aguardava lá fora. Michael, que ainda não tinha um metro e meio de altura, quase foi estrangulado por meninas que agarraram as extremidades opostas do lenço que usava no pescoço, e teve que pôr os dedos de uma das mãos sob o lenço para afastá-lo de sua laringe, usando a outra mão para proteger os olhos das unhas que o arranhavam, vindas de todas as direções.

"Pandemônio absoluto!" era como uma nota divulgada pelos contentíssimos executivos na Motown descrevia a cena. As fãs inglesas formaram uma barricada na entrada do Churchill Hotel, onde os Jackson estavam hospedados em Londres, e tiveram que ser dispersas por policiais que disparavam jatos de água. No dia seguinte, uma menina de nove anos de idade tentou abrir caminho até o quarto de Michael brandindo uma faca. Dezenas de outras apontaram facas contra a polícia do lado de fora do hotel; uma menina levou uma marreta para tentar entrar. A limusine Rolls-Royce que levou o grupo para sua apresentação naquela noite foi amassada e riscada em dezenas de lugares, enquanto se arrastava através do enxame de jovens que arranhavam as janelas com as unhas, esmagando o rosto contra o vidro. Enquanto os rapazes estavam se apresentando no interior da boate Talk of the Town, a limusine foi depenada até restar apenas a carroceria, e eles tiveram de voltar para o hotel em táxis.

Os irmãos Jackson mais velhos observavam a loucura que os cercava com medo e admiração, mas para Michael só o medo era real. Ele era um garoto pré-adolescente de um metro e meio de altura, pesando menos de quarenta quilos — "olhos redondos, covinhas em um rosto redondo, usando um cabelo afro arredondado", segundo a descrição de Ben Fong-Torres na revista *Rolling Stone* — que não tinha como entender o frenesi sexual que provocava nas jovens que o atacavam, agarravam e arranhavam. "Elas eram tão grandes", sua mãe Katherine explicaria, "e ele era tão pequeno."

3.

Em Londres, Michael decidira transformar a viagem forçada por Marc Schaffel em férias de três semanas para os filhos. Prince e Paris tiveram um gostinho da vivência londrina do pai quando se aventuraram a sair com ele de Dorchester no dia 7 de outubro para visitar Abbey Road, o estúdio onde os Beatles gravaram a maioria de suas canções. O aglomerado de fãs e fotógrafos relativamente pequeno em frente ao hotel havia se esforçado para criar uma cena de tumulto, empurrando a equipe de segurança de Michael, estendendo os braços e contorcendo os rostos, o que aterrorizou seus filhos. Quando chegaram ao bairro de St. John's Wood para uma excursão pelo estúdio, Michael se lembrou da gravação de "Say Say Say", realizada ali com Paul McCartney em 1981, mas as crianças estavam muito mais animadas com a promessa de que o pai os levaria para ver o filme *Wallace & Gromit: A batalha dos vegetais*.

Antes, porém, eles se encontrariam com o velho amigo de Michael, Mark Lester, e sua família para ver o musical *Billy Elliot* no Victoria Palace Theatre. Quase quarenta anos depois, Lester ainda era conhecido como o jovem ator que havia vivido o protagonista de *Oliver!*, musical que conquistou o Oscar de Melhor Filme em 1968. Na época em que ele e os irmãos estavam apenas começando a ser reconhecidos como estrelas da música, Michael explicou, ele costumava abrir revistas para adolescentes e ver fotos suas e de Mark em páginas opostas, como se estivessem enfrentando um ao outro, "o positivo e o negativo, o preto e o branco". Eles não se conheceram até o final de 1982, pouco antes do lançamento de *Thriller*, quando Lester recebeu um telefonema de alguém que disse que Michael Jackson gostaria de se encontrar com ele e conseguiu que eles fossem apresentados em uma suíte no hotel Montcalm em Park Lane. Lester havia parado de atuar ainda jovem e agora era quase completamente desconhecido fora de Gloucestershire, o condado a oeste de Londres, onde trabalhava como osteopata e tinha uma clínica de acupuntura na cidade termal de Cheltenham. Ele e Michael, no entanto, permaneceram próximos durante as duas décadas anteriores e raramente ficavam um ano sem se ver. Mark era padrinho dos três filhos de Michael, e Michael, de dois dos quatro filhos de Lester — que haviam feito várias viagens para a Califórnia para passar alguns dias em Neverland, o que era motivo de inveja de seus colegas de escola.

Os filhos de Lester pareciam mais animados do que nunca por ver Michael em Londres, mas o pai deles estava preocupado com a possibilidade de que ele pudesse ser o pai biológico de pelo menos um dos filhos de Michael.

Em 1997, quando estava casado com Debbie Rowe, Michael pediu para Mark doar esperma em uma clínica na Califórnia. A partir desse momento, Lester começou a se perguntar se seu esperma havia sido usado para engravidar Rowe de sua filha Paris, disse ele. E agora, em Londres, ele estava impressionado com a "estranha semelhança" entre Paris, de sete anos, e sua própria filha, Harriet, de onze. No entanto, ele preferiu não entrar nesse assunto e aceitou que viver com dúvidas era o preço que se pagava por um relacionamento com Michael Jackson.

Lester sabia mais do que a maioria das pessoas como o alardeado sistema de valores de Michael era "tradicional", mas mesmo ele foi pego de surpresa com a reação do amigo a *Billy Elliot*. A linguagem chula era totalmente inaceitável, disse Michael, e ele nunca teria levado os filhos para assistir ao musical se soubesse quão ruim ele era. Aos 47 anos, Michael ainda evitava falar palavrões. Embora não insistisse que as pessoas os evitassem em sua presença, ele exigia que elas não os falassem quando os filhos estavam por perto. Na opinião de Lester, ele era um pai muito melhor do que os meios de comunicação julgavam, não só se recusando a mimar os filhos, mas lidando com eles com muita firmeza quando via algum sinal de que eles pensavam estar acima das pessoas comuns.

Ainda assim, os filhos de Jackson tinham à sua disposição um andar inteiro no hotel cinco estrelas Dorchester e estavam acostumados a tratamento especial, como visitar o Museu de Cera de Madame Tussaud fechado ao público, para que pudessem passear tranquilamente com o pai lá dentro. Eles ficaram maravilhados com a figura dele vinte anos mais jovem, congelada no meio de um passo de dança e paramentada com o terno preto com lantejoulas, camiseta branca com decote em V e o chapéu preto tipo fedora com fita vermelha. Quando fizeram compras na Harrods três dias depois, as crianças foram recebidas pelo então proprietário da loja, Mohamed Al Fayed, "o sogro da princesa Diana", como Michael preferia chamar o pai do namorado dela, que morreu com Diana no acidente de carro em 1997 em Paris. Prince, Paris e Blanket foram autorizados a sentar com uma multidão de pessoas normais para assistir a *Wallace & Gromit*, mas só depois de serem levados durante os créditos iniciais para as poltronas que haviam sido reservadas para eles na última fileira. Dois dias depois, eles foram colocados em um jato particular e voaram de volta para o Bahrein. Pelo que as crianças sabiam, era assim que todas as pessoas viviam.

No mesmo dia em que Jackson saiu de Londres, seus advogados entraram com uma reconvenção contra Marc Schaffel, em Santa Monica, alegando que ele havia desviado fundos, deixara de pagar os custos de produção de "What More Can I Give" e continuara a se apresentar como sócio de Michael Jackson muito tempo depois que a relação já havia sido "encerrada". A ação também acusava Schaffel de ficar com esculturas e pinturas no valor de 250 mil dólares que pertenciam a Jackson.

A resposta a essa ação de Jackson veio de forma rápida e dolorosa. Em novembro, o advogado de Schaffel, Howard King, forneceu ao *Good Morning America* uma gravação de Michael Jackson que o retratava como um antissemita: "Eles são horríveis — são como sanguessugas. Eu estou tão cansado disso. [Os artistas] se tornam as pessoas mais populares do mundo, ganham um monte de dinheiro, têm uma casa grande, carros, e tudo mais, e acabam sem um tostão. É conspiração. Os judeus fazem isso de propósito".

Era uma zona de vulnerabilidade para Michael e toda a família Jackson. Ele era atacado por acusações de antissemitismo desde 1995, quando do lançamento de seu álbum *HIStory*. A polêmica havia sido provocada pela letra de sua canção "They Don't Care About Us", que incluía os versos: "Jew me / sue me / everybody do me/ Kick me, kike me/ don't you black or white me".* Mesmo depois de ele insistir que a música era um protesto contra o racismo e a discriminação étnica, a Liga Antidifamação organizou protestos que acabaram por forçar Michael a adicionar efeitos sonoros percussivos que disfarçaram as palavras "jew" e "kike" em tiragens posteriores do disco.

Muitos na indústria do entretenimento também tinham ouvido falar de histórias de um antissemitismo desmedido na família Jackson; Katherine Jackson, em especial, já havia sido acusada, com base em citações atribuídas a ela por sua filha La Toya (que depois se retratou dessas alegações). A conversão pública de Jermaine ao Islã, combinada com o envolvimento da família com Louis Farrakhan e a mudança de Michael dos Estados Unidos para o Oriente Médio cimentou ainda mais a impressão de antissemitismo que muitos tinham.

Howard King admitiu que não acreditava que Jackson realmente não gostasse de judeus: "Eu acho que, no final das contas, Michael era muito tolerante com todos". Porém, o advogado pareceu bastante feliz ao ver o seu adversário legal ser colocado no pelourinho mais uma vez pela Liga Antidifamação, que, na manhã seguinte à divulgação da gravação dos "sanguessugas" no programa *Good Morning America*, exigiu um pedido público de desculpas de Michael Jackson "para os judeus de todo o mundo".

O que tudo isso significava, no mínimo, era que Michael não voltaria para os Estados Unidos em um futuro próximo. Em meados de novembro, o xeque Abdullah havia investido mais de 5 milhões de dólares em Michael Jackson. Isso incluía o pagamento de inúmeros advogados do artista que atuavam em diversas ações civis. O próprio advogado de Abdullah, Ahmed al Khan, estava ajudando Jackson em negociações com alguns dos seus principais credores. O xeque havia coberto todos os custos de moradia e despesas de viagem de Michael desde a sua chegada em Manama e havia gastado uma quantia notável para organizar e coordenar sessões de gravação que ligavam Jackson aos estúdios em Los Angeles. Ele liberou para uso de seu convidado uma Rolls-Royce e uma Mercedes Maybach e comprou-lhe joias, relógios e uma estátua de ouro maciço.

Abdullah ainda parecia acreditar que tudo isso valeria a pena. A mídia do

---

* Tradução livre: "Me judia/ me processa/ todo mundo quer me ferrar/ Me chuta, me judia/ não me diga que sou preto ou branco". "Kike" é um termo bastante ofensivo para designar um judeu. (N. T.)

Bahrein engoliu todo o material da assessoria de imprensa do xeque Abdullah, transformando-o em uma série de reportagens arrebatadoras sobre como, dias depois de sua chegada ao país, Michael Jackson havia gravado uma composição original de Abdullah, "He Who Makes the Sky Gray". O povo de seu país ouviria a música "muito, muito em breve", de acordo com o xeque, que prometeu que "os proventos vão para as ações em diferentes partes do mundo para ajudar as vítimas de guerras e desastres naturais". O que ele e Mikaeel mostrariam era "uma canção criada em Bahrein", continuou Abdullah, "para mostrar ao mundo que esta região não está relacionada apenas a guerras e conflitos".

Jackson "emocionou a nação" quando viajou para Dubai com Abdullah em meados de novembro para participar do Prêmio Rally do Deserto de Dubai, segundo a edição do *Khaleej Times* do dia 14 de novembro. Mikaeel tentou passar despercebido, ao almoçar com o diretor-administrativo do Dubai International Marine Club, Saeed Hareb, de acordo com o jornal, mas os presentes ficaram fora de si quando ele se apresentou para entregar os troféus aos vencedores nas categorias automóvel e motocicleta do Rally do Deserto. "Surgiram relatos", acrescentou o jornal, de que Jackson havia pagado 1,5 milhão de dólares por um terreno nas ilhas artificiais Amwaj do Bahrein, onde planejava construir o palácio que substituiria o rancho Neverland como sua residência principal.

O orgulho do golfo Pérsico em relação a Jackson foi bombardeado no dia seguinte, quando o maior diário vespertino dos Emirados Árabes Unidos, o *Evening Post*, publicou uma manchete de primeira página anunciando que "Wacko Jacko" havia sido pego dentro de um banheiro feminino no shopping center Ibn Battuta de Dubai. Jackson estava vestido com uma abaia, uma roupa preta que cobre o corpo inteiro, incluindo a cabeça, e um véu para o rosto, tradicionalmente usada por mulheres árabes, quando entrou no banheiro e retirou a cobertura da cabeça para aplicar o que o jornal descreveu como uma maquiagem "bastante necessária". Uma mulher que saiu de uma das cabines gritou de horror diante da visão do rosto "mutilado" de Michael Jackson e começou a tirar fotos dele com seu telefone celular. Os clientes no shopping ouviram gritos e mais gritos e então viram os guarda-costas de Michael Jackson lutando com a mulher do lado de fora do banheiro, obrigando-a a entregar o celular. Jackson foi levado embora com seus guarda-costas em um veículo com vidros escuros.

Um dia depois da reportagem do *Post*, os jornais árabes estavam repletos de exigências de que Jackson recebesse "punição adequada". Uma dona de casa da

Síria foi citada, dizendo: "Esse homem mostra seu caráter imoral fingindo ser mulher. Ele deve ser punido severamente". Jackson deveria ir para a cadeia, opinou uma enfermeira sudanesa, que prontamente mudou sua declaração para "um lugar pior que a prisão, para que ele desse o exemplo". Uma jovem mãe egípcia declarou que Jackson havia insultado não apenas as mulheres muçulmanas, mas todo o mundo muçulmano e exigiu "medidas severas".

Os Al Khalifa responderam a isso tirando Michael do país. Mas em vez de abordar o incidente do shopping de maneira direta, o xeque Abdullah explicou a Jackson que seu tio, o irmão do rei, estava retornando do exterior e usaria a casa em que Michael e os filhos estavam hospedados. Junto com Grace, eles foram enviados para o país vizinho, Omã, onde um jantar foi organizado na casa do embaixador dos Estados Unidos. O grupo havia acabado de se registrar no hotel Al Bustan Palace quando chegou a notícia de que o chefe de segurança de longa data de Jackson, Bill Bray, havia morrido em Los Angeles. Bray, um policial aposentado do departamento de polícia de Los Angeles, começara a proteger Michael quando ele tinha dez anos e ainda era o vocalista do Jackson 5. Nos anos que se seguiram, Bray tornou-se uma figura paterna ferozmente protetora por quem Michael procurava, literalmente carregando o jovem cantor através das multidões de jovens mulheres que gritavam e o arranhavam, e de quem ele tivera tanto medo quando era pré-adolescente. Mas os dois começaram a se distanciar durante a turnê *Bad*, quando Bray, em uma tentativa de garantir o seu futuro financeiro, convenceu Jackson a assinar um documento que, por algumas semanas, transformou o envelhecido guarda-costas no presidente da MJJ Productions, o principal braço de negócios de Michael. Bray abriu mão do título quando Jackson percebeu o que havia feito, mas pela primeira vez as dúvidas sobre os motivos de Bill haviam sido semeadas.

Essas sementes brotaram um ano depois, quando Bray se envolveu no chamado "Fiasco Moonie". Um representante da Igreja da Unificação do reverendo Sun Myung Moon, chamado Kenneth Choi, recebera a missão de convencer Michael a se juntar aos outros irmãos Jackson em uma série de shows em Seul, na Coreia do Sul, sob os auspícios do *Segye Times*, um jornal de propriedade do reverendo Moon. Choi chegara a extremos absurdos para fazer o que ele chamava de "os shows de reencontro da família Jackson" acontecerem, gastando dinheiro em quantidades prodigiosas ao longo do processo. Os pais de Michael, Katherine e Joseph, foram levados para a Coreia duas vezes, uma delas com a filha mais velha,

Rebbie, e haviam experimentado o nível mais extravagante de luxo que Seul podia proporcionar. Choi ofereceu dois cheques ao empresário de Michael, Frank Dileo, totalizando 1 milhão de dólares, para que ele convencesse Michael a participar dos shows (e ele foi demitido três dias depois de ter discutido a situação com Jackson). O representante de Joe e Katherine, Jerome Howard, ganhou uma Mercedes nova como incentivo para fazer os shows do "reencontro familiar" acontecerem. Depois de reclamar que "estes são os meus meninos, não os de Jerome", Joe Jackson recebeu uma Rolls-Royce Corniche e 50 mil dólares em dinheiro vivo, enquanto outros 35 mil dólares foram para Katherine. Jermaine Jackson ganhou um Range Rover por ser (supostamente) o irmão em que Michael mais confiava, e os seguidores de Moon enviaram ao astro não só uma Rolls--Royce nova, mas também um caminhão de obras de arte e 60 mil dólares em dinheiro. Ele receberia 10 milhões de dólares caso se apresentasse nos quatro shows, Choi prometeu a Michael, além de sua parte dos 7,5 milhões de dólares que seriam divididos entre os irmãos Jackson. No final, os coreanos estavam comprando presentes caros aparentemente para qualquer um que afirmasse ser capaz de influenciar Michael Jackson. A farsa chegou ao limite quando a namorada de Bill Bray convenceu Choi a lhe dar uma Mercedes 560 SEL, simplesmente por afirmar que Michael a ouvia. O próprio Bray acabou saindo de tudo isso com 500 mil dólares, e, quando Michael ficou sabendo disso, as coisas nunca mais foram as mesmas entre os dois. Bray não foi convidado para morar em Neverland quando Michael mudou-se para o rancho, e em 1995 a sua participação na MJJ Productions foi encerrada.

O comunicado de imprensa emitido em nome de Michael depois da morte de Bray foi breve: "Estou profundamente triste com o falecimento do meu querido amigo de longa data, o sr. Bill Bray. Enquanto eu viajava pelo mundo, o sr. Bray esteve ao meu lado. Bill Bray terá sempre um lugar especial no meu coração". Ele não fora capaz de ver Bill velho, enrugado e morrendo, Michael admitiu àqueles que estavam com ele, e depois chorou sozinho em seu quarto.

Michael ainda estava se recuperando da notícia da morte de Bray quando, dois dias depois, soube que seu ex-empresário, Dieter Wiesner, acabara de entrar com uma ação de 64 milhões de dólares contra ele em Los Angeles. Wiesner havia passado quase uma década ao lado de Jackson, começando com a turnê HISTORY, em 1995, quando ele viajou com Michael para 120 shows ao redor do mundo. Muito do vínculo formado durante esse tempo resultou da compreensão que

Wiesner tinha do desejo de Michael de escapar do mundo da música. "Ele disse durante a turnê HISTORY que nunca faria aquilo de novo, que esse negócio de turnê tinha acabado para ele, para sempre", lembrou Wiesner. "Ele disse: 'Eu não quero fazer o moonwalk no palco quando estiver com cinquenta anos'."

4.

No dia 6 de março de 2001, Michael Jackson saiu de carro de Londres, com seus amigos Uri Geller e o rabino Shmuley Boteach, para acrescentar seu nome à lista de figuras ilustres e célebres (incluindo vários presidentes dos Estados Unidos, o Dalai Lama, o escritor Salman Rushdie e o ator Johnny Depp) que se pronunciaram na Oxford Union Society. Ele começou sua fala com uma observação que vinha fazendo, de uma forma ou de outra, havia vinte anos: "Todos nós somos produtos de nossa infância, mas eu sou o produto da falta de uma infância".

Era a falácia central de sua vida adulta. Ele *tivera* uma infância, apenas não a que havia desejado. Essa dissonância entre o que ele imaginava e o que tinha era a principal fonte tanto de sua criatividade quanto de sua infelicidade. Isso o tornou rico, famoso e solitário durante toda a vida. Ele devia isso à mãe, Katherine, tanto quanto ao pai, Joe, mas de todas as verdades que Michael evitava, essa estava no topo da lista.

Katherine Jackson nasceu Kattie B. Scruse no Alabama, em uma família que, do lado paterno, havia sido descrita como "mulata" em um censo no início do século XX. Atacada pela poliomielite aos dezoito meses de idade, ela usou aparelho ortopédico e andou de muletas até os dezesseis anos, e era constantemente assediada por seus colegas de classe na zona leste de Chicago, para onde sua família havia se mudado quando ela estava com quatro anos. Ela cresceu como uma criança reservada, muito tímida e quieta, exceto quando tinha a oportunidade de cantar ou compor música. Ela e a irmã Hattie fizeram parte da orquestra, da banda e do coral do colégio. Kate, como sua família a chamava, tocava clarinete e piano e possuía uma voz de soprano bonita e harmoniosa que fez com que mais de uma pessoa lhe dissesse que ela deveria gravar discos. Ela e Hattie adoravam um programa de rádio de Chicago chamado *Suppertime Frolic*, que só tocava música country. As duas irmãs adoravam especialmente as canções de Hank Williams, e era um sonho antigo de Kate tornar-se a primeira cantora negra de country do país.

Quando deixou de usar as muletas e o aparelho ortopédico, Kattie B. Scruse havia crescido e se transformado em uma jovem encantadora que sonhava com uma carreira no show business como atriz ou cantora, mas nunca encontrou autoconfiança para lutar por uma vida assim. Em vez disso, aos dezenove anos, ficou perdidamente encantada com o vistoso donjuán local, o recém-divorciado Joseph Jackson, de vinte anos. Eles se casaram apenas alguns meses depois de se conhecerem. Ela mudou seu nome para Katherine Esther Scruse não muito tempo antes do casamento, mas nunca conseguiu superar a sensação de que a pobre menina aleijada conhecida por "Kattie B. Parafusos" (como as outras crianças a chamavam) teve sorte de fisgar um homem que tantas outras mulheres admiravam. Os boatos sobre a infidelidade de Joe começaram cedo, mas Kate ignorou-os tanto quanto foi possível.

Ela parecia aceitar seu destino muito mais do que Joe, costurando ela própria muitas das roupas das crianças ou fazendo compras para elas na loja do Exército da Salvação. Trabalhava meio período na Sears como vendedora para complementar o salário de Joe na fábrica. A religião era a âncora de sua vida. Ela fora criada batista e tornou-se luterana, mas abandonou ambas as igrejas ao descobrir que os ministros de suas congregações locais tinham casos extraconjugais. Bem na época em que Michael fez sua famosa apresentação no jardim de infância da Escola Primária Garnett, Kate foi convertida para as Testemunhas de Jeová por uma dupla de evangelizadores que iam de porta em porta pela vizinhança. Ela estava determinada a envolver toda a família, obrigando-os a se vestirem todas as manhãs de domingo para ir com ela até o local do Salão do Reino. Joe fez isso por apenas algumas semanas, e os filhos mais velhos logo em seguida pararam de ir. Apenas Michael e as duas irmãs mais velhas, Rebbie (que era uma Testemunha ardente) e La Toya, abraçaram totalmente a religião de Kate. No entanto, todos os outros aceitavam os princípios que separavam as Testemunhas da sociedade norte-americana. Não havia comemorações de aniversário na casa dos Jackson, e também não eram celebradas as festas "pagãs" do Natal e da Páscoa. Até mesmo Jackie e Tito recusavam práticas idólatras como saudar a bandeira, cantar o hino nacional ou recitar o juramento à bandeira, mas nenhum dos meninos Jackson fazia isso de maneira ostensiva.

Embora indiferente às práticas religiosas das Testemunhas de Jeová, Joe apreciava a disciplina e a estrutura que a fé da esposa impunha aos filhos. As Testemunhas eram ensinadas a pensar em si como ovelhas e nas pessoas que os cercavam, como cabras. Quando a batalha do Armagedom fosse travada (a qualquer momento), as cabras seriam abatidas e apenas as ovelhas sobreviveriam, ressuscitadas para a vida na Terra como súditos do Reino de Deus, governado por Jesus Cristo. Joe não tinha o menor interesse nas dimensões espirituais da fé da esposa, mas lhe agradava imensamente ter os filhos doutrinados na crença de que deveriam permanecer separados das "cabras" de sua comunidade deprimente e decadente.

Rebbie, La Toya e Michael acompanhavam Katherine quando ela ia de porta em porta pelo bairro todas as semanas para testemunhar sua fé e distribuir cópias da revista *A Sentinela*. Perplexo com a recusa do pai em participar dos cultos no Salão do Reino, Michael ficou mais profundamente do que nunca ligado à mãe por suas crenças compartilhadas e tornou-se, em alguns aspectos, o filho favorito, por ser o único dos meninos a acompanhá-la nos estudos constantes da Bíblia. Katherine sempre havia lhe dado o amor e o carinho que ele desejava, mas ela também podia bater no rosto de qualquer um dos filhos se eles respondessem para ela ou de alguma forma ofendessem a Deus. O único problema real entre Katherine e Michael havia surgido pelo hábito que ele tinha de surrupiar joias de sua gaveta da cômoda para dar de presente para suas professoras favoritas na Garnett. Sua mãe batera nele por isso, mas também o havia acobertado por algumas outras transgressões, especialmente quando sabia que Joe estava com vontade de lhe dar uma surra violenta.

Uma ambiguidade estranha, até mesmo insidiosa, desenvolveu-se do entusiasmo de Katherine pela pressão de Joe sobre os meninos para torná-los um grupo de sucesso. Logo no início, ela costurava as roupas deles e os levava de carro para os seus compromissos locais, quando Joe não estava disponível. Mais tarde, ela pareceu saborear o sucesso deles da mesma maneira que o marido.

Todos viam que ela adorava o dinheiro e a atenção, e ainda assim ela constantemente lhes lembrava que a riqueza e a fama não eram importantes, que somente a pregação e a evangelização eram importantes aos olhos de Deus. Uma hipocrisia implícita e preocupante tornou-se uma tendência no caráter de Katherine; o que ela dizia e o que ela fazia pareciam cada vez mais distantes.

Isso ficava bastante evidente quando ela fechava os olhos para as infidelidades de Joe e ao permitir a exposição do filho de seis anos aos aspectos mais sórdidos da sexualidade quando ele se tornou o cantor principal dos Jackson Brothers. Muitas das espeluncas em que os Jackson tocaram no começo da carreira eram boates de striptease. As lembranças de Michael dessas apresentações explicam, em grande parte, por que ele não se interessava por boates quando ficou mais velho: "brigas a toda hora, pessoas vomitando, gritando, berrando, sirenes da polícia". Ele ficou inúmeras vezes nos bastidores vendo as mulheres se despirem diante de uma multidão barulhenta de homens bêbados, esperando para subir ao palco e cantar para aquele mesmo público. Quarenta anos mais tarde, ele ainda se lembrava vividamente "da mulher que tirou *toda* a roupa". Rose Marie era o nome dela, lembrou Michael, que, com sete anos de idade, observava-a fascinado girar os enfeites presos a seus mamilos, avançando na direção dos homens que tentavam agarrá-la na frente do palco, e em seguida, tirar a calcinha e jogá-la para a plateia, onde "os homens a pegavam e cheiravam". Voltando para casa de madrugada com o pai, que tinha gostado do show de Rose Marie tanto quanto qualquer homem na plateia, para uma mãe que pregava que tal licenciosidade era inspirada por Satanás e resultaria na exclusão do Reino de Deus, Michael protegeu sua alma com um romantismo pudico que nos anos seguintes não apenas inibiria sua sexualidade, mas ao mesmo tempo a esmagaria e distorceria.

Michael passou a ver a mãe cada vez menos quando o Jackson 5 começou a fazer o "chitlin' circuit" e a viajar por todo o Centro-Oeste e Nordeste com seu pai. Essas ausências tornaram-se prolongadas depois da assinatura do contrato com a Motown, e Michael ficou semanas e meses sem ver a mãe — "a única pessoa que fazia com que eu me sentisse amado", aos dez, onze e doze anos. Uma turbulência severa no início da carreira fez com que ele tivesse medo de voar, e seu pai teve de arrastá-lo para o avião chutando e gritando, quando a agenda de shows forçou o Jackson 5 a decolar em meio a uma tempestade. Joseph "nunca me abraçava ou tocava em mim", Michael lembrou, "e as aeromoças vinham e seguravam a minha mão e me faziam carinho". Ele chorou durante o dia todo antes de sua primeira viagem à América do Sul, Michael lembrou. "Eu não queria ir e disse: 'Eu só quero ser como todo mundo. Eu só quero ser normal'. E meu pai me achou e me fez entrar no carro e ir, porque nós tínhamos um show para fazer."

Muito tempo antes lhe fora negado o direito de fazer amigos fora da família, e agora, viajando constantemente, ele começou a vivenciar todas as novas relações como passageiras. "Você encontra pessoas na estrada, alguém no seu andar, podia ser uma família", lembrou ele, "e você sabe que tem de se divertir tanto quanto puder em um curto espaço de tempo, porque não vai encontrá-las novamente."

Michael ficava chocado e horrorizado com as atitudes das tietes que se aglomeravam ao redor do Jackson 5 quando eles se tornaram importantes. Elas não tinham nenhuma semelhança com o que sua mãe havia lhe contado sobre o sexo frágil. Ele ficava mais chocado, e ainda mais horrorizado, com a forma como o pai e os irmãos tiravam vantagem das jovens que fariam qualquer coisa por um pouco de atenção de uma família famosa. Desde o início, Joe não fez nenhum esforço para esconder como ele se deliciava com toda aquela carne jovem disponível, dizendo boa noite aos filhos em seus quartos de hotel abraçado a duas garotas com metade de sua idade, ao mesmo tempo mostrando os rapazes para as garotas, e as garotas para os rapazes, em seguida gargalhando e seguindo pelo corredor para apreciar os doces frutos do sucesso. Michael e Marlon, os dois integrantes mais jovens do Jackson 5, ficavam especialmente magoados com a traição constante à mãe e, de alguma forma, se sentiam traídos pela falta de vontade dela de ouvir sobre isso. Mas os irmãos Jackson mais velhos aprenderam bem com o pai, e em pouco tempo Joe aceitava ser rebaixado a segundo lugar no pódio pelo filho mais velho, Jackie, robusto e bonito, enquanto Jermaine ficava em terceiro lugar. A dor, a vergonha e a angústia impotente ainda estariam presentes na voz de Michael 25 anos mais tarde, quando ele descreveu como era para ele, um pré-adolescente, fingir que estava dormindo em sua cama de um quarto de hotel, enquanto os irmãos se divertiam com tietes deitadas de costas ou de bruços a seu lado. Em mais de uma ocasião, ele tentou convencer as garotas que se reuniam na porta do camarim a não irem adiante, avisando que elas seriam usadas e descartadas. Elas acabavam seguindo em frente de qualquer maneira, e ele ficava confuso e assustado no início, e depois passou a ficar desanimado.

Entre as turnês, Joe e os filhos voltavam para casa, uma propriedade de 8 mil metros quadrados do lado norte nas montanhas de Santa Monica, com uma entrada particular que saía de Hayvenhurst Drive logo abaixo da Mulholland, na área rica de Encino. Ela havia se tornado a nova casa da família Jackson na primavera de 1971, uma mansão de cinco quartos e seis banheiros que era para ser a casa dos sonhos de Katherine. Os amigos de seus filhos a chamavam de The Big House [O casarão], mais porque parecia uma prisão do que pelo tamanho. O primeiro marido de Janet Jackson, James DeBarge, deu à mansão de Hayvenhurst seu apelido mais ressonante: The House of Fears [A Casa dos Medos]. A nova casa dos Jackson estava muito distante da casa em que os meninos haviam crescido, de uma forma que seus antigos vizinhos em Gary jamais poderiam ter imaginado. Havia uma piscina olímpica, quadras de basquete e badminton, um campo para prática de arco e flecha, uma casa de hóspedes, uma casa de brinquedo, alojamentos dos empregados, tudo isso dentro de um complexo fechado cercado por árvores cítricas e arbustos floridos. A entrada estava cheia de automóveis de luxo e as paredes da sala de visitas se cobriam de discos de ouro e platina.

A personalidade já desagradável de Joe tornou-se ainda mais sombria durante esses anos. Ele se ressentia amargamente do fato de Berry Gordy agora parecer ter mais controle sobre a carreira dos filhos do que ele, o pai, que os havia transformado em artistas profissionais, e ele chegou a extremos dignos de um maníaco para lembrar a toda a família que ele, e só ele, era o chefe da casa. Um limite de cinco minutos foi imposto para os telefonemas, e Joe aplicava a regra com uma tira de couro que ele usava até mesmo nos filhos adolescentes. Durante anos ele se recusou a ser chamado de "papai" pelos filhos, exigindo que o chamassem de "Joseph". Alguns achavam que era sua maneira de incutir uma atitude profissional nos filhos, mas Michael percebeu a verdade por trás daquilo: "Ele achava que era um jovem garanhão. Ele era muito legal para ser 'papai'. Ele era Joseph". Os rapazes eram lembrados regularmente que Joe se considerava primeiro o empresário, e pai apenas quando tudo o mais falhava. Michael se lembraria do arrepio que passava por todos eles quando Joseph lhes dizia: "Se algum dia vocês pararem de cantar, eu me livro de vocês sem mais nem menos". Dentro do complexo de Hayvenhurst, o que Joe chamava de "disciplina" tornou-se cada vez mais ritualizado e sádico. Ele fazia nos despirmos primeiro, Michael lembrou-se, então espalhava óleo de bebê no nosso corpo antes de pegar um pedaço de fio de ferro de passar que ele estava usando agora, em vez de uma tira de couro, e batia com ele na parte de trás das nossas coxas, de modo que quando a ponta batia parecia um choque elétrico. "A sensação era a de morrer", Michael lembrou-se, "e a gente levava chicotadas no rosto, nas costas, em todos os lugares [...] e eu simplesmente desistia, porque não havia nada que eu pudesse fazer. E eu o odiava por isso, *odiava*. Nós todos o odiávamos."

A mãe, leitora da Bíblia, pouco fazia para impedir. "Ela nunca interferia [...]. Até agora consigo ouvir o que ela dizia", lembrou Michael. "'Joe, não, você vai matá-los. Não! Não, Joe, é demais!' E ele quebrava os móveis. Era terrível." Todos eles imploravam para que Kate se divorciasse dele, mas "ela costumava dizer: 'Me deixem em paz'". Os defensores de Katherine descreveriam a sra. Jackson como uma mulher maltratada que era constantemente incomodada, ameaçada e intimidada pelo marido, e cuja religião lhe ensinou que romper um casamento — qualquer casamento — era uma transgressão contra Deus.

O terror corria por toda a casa em Hayvenhurst no momento em que eles ouviam o carro de Joe entrar na garagem, disse Michael: "Ele andava com uma Mercedes e dirigia muito devagar. 'Joseph chegou! Joseph chegou! Rápido!' Cada um corria para seu quarto, as portas batiam". Mais de uma vez ele desmaiou ou vomitou quando forçado a estar na presença do pai. "Quando ele entrava na sala, aquela aura aparecia e meu estômago começava a doer, eu sabia que estava em apuros." Michael e a irmã Janet costumavam brincar de fechar os olhos e imaginar Joseph morto em um caixão, lembrou Michael, e quando ele perguntava se ela se sentia triste, a resposta de Janet era sempre a mesma: não.

Era pior quando eles estavam em turnê. A cena que Michael mais temia era aquela que Joe criava depois do show, quando ele mandava os filhos para a sala onde um bufê de jantar havia sido montado e em seguida levava para lá uma dúzia de garotas que havia selecionado no grupo na porta do teatro. "A sala ficava cheia de garotas dando risadinhas, elas nos adoravam, e ficavam exclamando 'Ai, meu Deus!' e tremendo", lembrou Michael. "E se eu estivesse falando e algo acontecesse e ele não gostasse, ele olhava para mim de um jeito que ... olhava de um jeito que me matava de medo. Ele me dava um tapa com tanta força no rosto, o máximo de força que ele conseguia, e então me empurrava para essa sala, onde todos estavam, com lágrimas escorrendo pelo meu rosto, e o que é que eu poderia fazer, sabe?"

Quanto mais a Motown elevava Michael acima dos outros, mais irritado Joe parecia ficar. Não havia nada que ele pudesse fazer para evitar que Gordy e seus executivos lançassem a carreira solo que viam no futuro de Michael. O primeiro single solo de Michael, "Got to Be There", era uma canção de amor doce e inocente, que foi lançada em outubro de 1971 e perto do Natal havia alcançado o primeiro lugar na parada da *Cash Box*. A canção tornou-se a faixa-título de um álbum que foi lançado em janeiro de 1972 e colocou mais dois singles entre os dez mais. Um deles, um cover alegre de "Rockin' Robin", na verdade vendeu melhor do que "Got to Be There", subindo para o segundo lugar na parada pop da *Billboard*.

A primeira faixa solo de Michael Jackson a se tornar número um na *Billboard* era, em essência, uma canção de amor para um rato. Lançado apenas alguns meses depois do álbum *Got to Be There*, "Ben" foi a música-tema da continuação de um filme popular de terror, *Calafrio*, sobre um desajustado social cuja estranha afinidade com ratos o leva, por fim, a ser devorado por eles. O líder dos ratos, Ben, retornou no filme seguinte, adotado por um personagem com quem Michael se identificaria: um garoto solitário, sem amigos, que, finalmente, encontra um companheiro no roedor superinteligente. Michael, que teve ratos de estimação, interpretou a canção-tema assustadora e sentimental de Ben, que foi, ao mesmo tempo, estranhamente comovente e surpreendentemente bem-sucedida, não só alcançando o primeiro lugar na parada da *Billboard*, mas também indicada ao Oscar. Michael entrou furtivamente nos cinemas pelo menos uma dúzia de vezes para assistir ao filme nas últimas fileiras da plateia, esperando para ouvir sua canção durante a passagem dos créditos, que incluíam seu próprio nome aparecendo em toda a tela.

A "vida normal" que Michael disse várias vezes que desejava estava escorregando cada vez mais para o campo da impossibilidade. Ele tentou seguir Marlon e ingressou na Escola Secundária Emerson Junior, mas ser assediado no corredor tornou as coisas muito difíceis. As meninas faziam fila do lado de fora das salas de aula, tentando dar uma espiada nele através das minúsculas janelas de vidro nas portas. Um menino, com ciúmes, fez uma ameaça de morte, e isso foi para Michael o fim da experiência na escola pública.

Ele havia feito catorze anos no mês em que o álbum *Ben* foi lançado e finalmente atingiu a puberdade mais ou menos na mesma época. Os repórteres começaram a explorar a mentira sobre sua idade. Boatos sobre sua sexualidade começaram a se espalhar quando ele completou quinze anos. Publicamente, Joe e os outros filhos contra-atacavam com a história risível de que Michael era tão promíscuo que eles tinham de manter as tietes longe dele. Os outros homens da família Jackson insistiam em tentar convencer Michael de que era hora de ele perder a virgindade. De acordo com sua irmã Rebbie, um deles tentou liberar a sexualidade de Michael com uma terapia de choque ao estilo Jackson, trancando-o em um quarto de hotel com duas prostitutas adultas que o deixaram assustado, abalado e ainda virgem. As prostitutas também ficaram, elas mesmas, bastante abaladas: Michael resistira a suas tentativas de despi-lo, segundo elas, pegando a Bíblia e lendo passagens das Escrituras em voz alta.

A solidão, que se tornaria cada vez mais uma doença crônica para Michael, piorava ano a ano. Ele se sentia abandonado pelos irmãos mais velhos, que passaram a usar o casamento como uma desculpa para ter sua própria casa e escapar da opressão de Joe. Rebbie havia sido a primeira a ir, com apenas dezoito anos, quando anunciou que pretendia se casar com outro membro das Testemunhas de Jeová chamado Nathaniel Brown. Joe se opôs totalmente. Rebbie era linda e tinha a melhor voz de todos os filhos, com a exceção de Michael. Ela tinha tudo o que era preciso para ser uma estrela, Joe dizia, mas, em vez disso, a menina queria se casar com um homem que era ainda mais religioso do que sua mãe e tornar-se dona de casa. Em uma das poucas vezes em sua vida, Katherine se opôs ao marido e apoiou o casamento. Tito foi embora em 1972, casando-se — também aos dezoito anos — com uma linda garota de dezessete anos de idade, de ascendência negra e latino-americana, chamada Dee Dee Martes. O casamento de Jermaine aos dezenove anos, um ano depois, foi uma grande notícia porque a noiva era Hazel, a filha mais velha de Berry Gordy. No ano seguinte, com 23 anos, Jackie se casou com Enid Spann, uma beldade de traços negros e coreanos que ele namorava desde que ela tinha quinze. Em agosto de 1975, pouco antes do aniversário de dezessete anos de Michael, seu irmão Marlon, de dezoito anos, se casou secretamente com uma jovem fã de New Orleans chamada Carol Ann Parker, mas só contou isso aos pais quatro meses depois.

Àquela altura, o Jackson 5 vivia um declínio profissional cada vez mais acentuado. Depois de conseguir primeiros lugares consecutivos com os seus quatro primeiros singles, o quinto lançamento do grupo, "Never Can Say Goodbye", chegou no máximo ao segundo lugar. Os Jackson mandaram mais uma música para o topo das paradas mais tarde, em 1971, com "Mama's Pearl", mas o grupo conseguiu ficar entre as vinte mais apenas três vezes nos anos seguintes, com "Sugar Daddy", em 1971, "Lookin' Through the Windows", em 1972, e uma canção no gênero *disco*, "Dancing Machine", em 1974. Tanto na Motown quanto em toda a indústria fonográfica, o Jackson 5 vinha sendo considerado um recurso que estava minguando. Joe e os quatro filhos mais velhos culpavam a Motown pela recusa em deixar os membros do grupo amadurecerem como artistas. Embora eles tocassem seus instrumentos no palco, nos álbuns a música ainda era interpretada ou pelo sensacional conjunto de estúdio da Motown, o Funk Brothers, ou pelo grupo Wrecking Crew, em Hitsville West. Os Jackson haviam produzido um álbum com material aproveitável em seu estúdio caseiro, em Hayvenhurst, mas a relutância de Gordy em deixá-los executar suas próprias músicas no estúdio ou no palco fez com que nenhuma daquelas canções fossem ouvidas pelo público.

O grupo se via pressionado, de um lado pela resistência gananciosa de Gordy em partilhar royalties com os artistas e, de outro, pela opinião de Ewart Abner, o homem que estava realmente fazendo a Motown funcionar, de que o tempo do Jackson 5 havia passado. Michael estava ficando tão frustrado quanto seus irmãos. Em seu terceiro e quarto álbuns solo, *Music & Me* e *Forever*, Michael havia atingido apenas as posições 93 e 101 nas paradas de música pop. Joe estava furioso com o fato de que nem os álbuns solo de Michael Jackson nem os mais recentes álbuns do Jackson 5 estavam recebendo muito apoio promocional da Motown, e começou a dizer aos filhos que eles deveriam deixar o selo. Os executivos e produtores na Motown insistiam que a atitude desagradável e a incompetência desajeitada de Joe eram o problema, ninguém queria trabalhar com os Jackson porque ninguém queria o estresse e a irritação de ter o pai deles por perto.

Em meio às crescentes tensões, Michael, então com dezesseis anos, surpreendeu a todos ligando pessoalmente para Berry Gordy e exigindo uma reunião, na qual ele informou ao chefe da Motown que ele e os irmãos estavam insatisfeitos. Gordy encheu Michael de elogios e bajulações, mas não fez promessas. Joe e os outros irmãos Jackson ficaram indignados quando souberam que Michael havia "agido pelas nossas costas". Embora se desculpasse, Michael ficou interiormente entusiasmado. Ele havia se afirmado como nunca e, no processo, ganhou mais respeito de Gordy do que seu pai jamais havia conseguido. Foi a primeira de muitas indicações de que, apesar de toda a sua aparente timidez social e sexual, ele podia ser tão agressivo quanto fosse necessário quando se tratava de negócios. As coisas passaram a ser diferentes entre ele e os irmãos — e, especialmente, entre ele e o pai — desse dia em diante. Ainda assim, Michael acompanhou Jackie, Tito e Marlon quando eles votaram para deixar a Motown, e deixaram Joe procurar um contrato melhor em outra gravadora. Jermaine foi excluído da votação não apenas porque estava fora da cidade na época: seu casamento com Hazel

Gordy havia abalado sua lealdade, e os irmãos temiam que ele pudesse ficar ao lado do sogro se as coisas chegassem a um confronto.

No verão de 1975, Joe havia negociado um acordo com a CBS Records que daria aos Jackson um aumento de dez vezes sobre sua taxa de royalties, um bônus de 750 mil dólares pela assinatura do contrato e um "fundo para gravação" de 500 mil dólares, mais uma garantia de 350 mil dólares por álbum, mais do que haviam recebido por seus lançamentos de maior sucesso na Motown. Os irmãos Jackson também receberam o direito de escolher três das canções para cada álbum e de apresentar as suas próprias composições para serem avaliadas, algo que Gordy e Abner nunca haviam permitido. Ainda assim, Michael disse, ele só assinou o contrato com a CBS depois que Joe o "seduziu com a promessa de que eu conseguiria jantar com Fred Astaire [...]. Meu pai sabia que eu adorava Fred com todo o meu coração. Ele sabia que eu assinaria o contrato sem ler [...]. Ele me magoou demais quando fez isso. Ele me enganou."

Jermaine, porém, não só se recusou a assinar o contrato com a CBS, mas imediatamente informou a Gordy que os irmãos estavam deixando a Motown. Ele seria o presidente da empresa, algum dia, Gordy dissera ao genro. "Eu acreditei em Berry, não em Joe", Jermaine explicou a um repórter. Por insistência de Gordy, Jermaine saiu do Jackson 5 meia hora antes de uma apresentação programada para a Westbury Music Fair. Michael ficou tão chateado quanto Joe quando soube que Gordy havia conseguido separar um dos irmãos do resto da família. A diferença era que Michael acreditava que parte da culpa era do pai.

Berry Gordy ainda não havia demonstrado todo o seu dissabor para com os Jackson. A salva inicial foi o anúncio de que uma cláusula no contrato da Motown com o grupo dava-lhe a propriedade do nome Jackson 5, e os irmãos não teriam permissão para usá-lo na CBS. Gordy também incentivou Jesse Jackson a fazer o máximo de barulho que conseguisse sobre o fato de a CBS "roubar artistas negros de uma gravadora negra". Por fim, ele processou Joe Jackson, o Jackson 5 e a CBS em uma ação de 5 milhões de dólares. Gordy também espalhou a notícia de que a Motown começaria a lançar coletâneas com algumas das 295 gravações inéditas do Jackson 5 que ainda estavam retidas nos cofres da Motown. Joe e Richard Arons estavam convencidos de que Gordy chegaria ao ponto de mandar matá-los; na verdade, eles começaram a verificar se havia bombas embaixo de seus carros antes de dar a partida e, sempre que dirigiam em Los Angeles, usavam caminhos alternativos e sinuosos a fim de evitar os supostos assassinos de Gordy.

Agora gravando para uma subsidiária da CBS, a Epic Records, como The Jacksons, os irmãos substituíram Jermaine por Randy, de catorze anos, e um ano depois da assinatura do contrato, comemoraram o anúncio de que os cinco, junto com as três irmãs, estavam prestes a se tornar os astros do primeiro programa de variedades estrelado por uma família negra na história da televisão norte--americana. *The Jacksons* seria apresentado no canal da CBS durante menos de um ano e estava em último lugar nas avaliações de audiência no momento em que foi cancelado em março de 1977, mas foi considerado fundamental no lançamento da carreira de um dos Jackson que mostrou alguma habilidade como artista cômico: Janet, de dez anos. Ela foi posteriormente contratada por Norman Lear para desempenhar o papel de Millicent "Penny" Gordon Woods em sua série de comédia *Good Times.*

The Jacksons também foi o título do primeiro álbum dos irmãos na CBS. Não foi além do 36º lugar nas paradas, possivelmente porque Gordy havia confundido o público, lançando quase ao mesmo tempo seu próprio álbum dos Jackson, o fraco *Joyful Jukebox Music.* O primeiro lançamento solo de Jermaine para a Motown, *My Name is Jermaine,* foi muito pior, chegando ao 164º lugar entre os duzentos mais. A *Billboard* chamou o álbum de "bomba". Incomodado com o fato de Joe se deleitar com o fracasso de Jermaine, Michael começou a procurar alguma forma de ficar longe da família e do pai a fim de pensar para onde sua carreira estava indo. A oportunidade de fazer exatamente isso surgiu no verão de 1977, quando lhe foi oferecido o papel do Espantalho no elenco formado exclusivamente por artistas negros em *O mágico inesquecível,* um filme musical baseado na obra *O mágico de Oz,* de L. Frank Baum, que seria dirigido por Sidney Lumet. A filmagem aconteceria em Nova York, no Astoria Studios, no Queens.

A produção de *O mágico inesquecível* apresentou problemas desde o início, quando Diana Ross foi escalada como Dorothy, um papel que a maioria do público identificava com a atuação de Judy Garland no clássico *O mágico de Oz,* de 1939. Ross estava com 33 anos, o dobro da idade que Garland tinha quando interpretou a garota de doze anos de uma fazenda no Kansas. Stephanie Mills, a jovem atriz que havia vivido Dorothy na produção da Broadway de *O mágico inesquecível,* acabara de assinar um contrato com a gravadora Motown e era a melhor opção para o papel, mas Ross apropriou-se dele, superando até mesmo a resistência do produtor do filme, Berry Gordy.

O mágico inesquecível foi um desastre comercial, mas isso de forma alguma se deveu a Michael. Ele se esforçara ao máximo na produção de 1978, chegando a ter um colapso, com um vaso sanguíneo estourado, depois de dançar até à exaustão no local das filmagens — os críticos perceberam e Michael recebeu os créditos por apresentar o único bom desempenho de todo o filme. Joe se opusera fortemente à decisão de Michael de atuar em *O mágico inesquecível*, com medo de que, se ele se tornasse uma estrela de cinema, se afastaria ainda mais dos irmãos. A decisão de Michael de ir de qualquer maneira para Nova York e trabalhar no filme foi a declaração mais ousada de independência que ele havia feito até aquele momento de sua vida.

Michael estava agora questionando abertamente as habilidades do pai como empresário. A personalidade rude de Joe já estava dificultando as relações com os produtores e executivos da CBS, de cuja ajuda os Jackson precisariam se o grupo quisesse concretizar sua volta. Àquela altura, muita gente na indústria fonográfica não gostava de Joe, em parte porque ele não escondia seu desdém em relação a pessoas com pele clara. Isso incomodava Michael quase tanto quanto a tendência de Joe de ir buscar o dinheiro rápido, a coisa certa, em vez de planejar a longo prazo. A principal preocupação de seu pai continuava a ser a franquia dos Jackson, mesmo quando se tornava cada vez mais claro para todos na CBS que a carreira solo de Michael era o futuro. A ausência de Jermaine no grupo tornava esse fato óbvio. A farsa de que os irmãos eram um grupo de grande talento havia gradualmente se dissolvido quando a carreira solo de Jermaine na Motown fracassou. O desempenho de seu segundo álbum, *Feel the Fire*, havia sido ainda pior do que o do primeiro, para muitos uma prova de que fazer vocais de fundo para o irmão mais novo era o que de melhor se poderia fazer da voz de Jermaine. A voz afinada mas de tenor muito agudo de Jackie havia sido exposta em um álbum solo que ele foi autorizado a gravar para a Motown, *Jackie Jackson*, que não conseguiu entrar nas paradas. Tito continuava a ser nada mais do que um guitarrista amador, e todos sabiam que Marlon, o mais engraçado e o mais simpático dos irmãos Jackson, estava lá apenas por diversão. Joe queria que a diversão continuasse para todos os filhos, mas principalmente para ele mesmo, e nunca havia oferecido mais do que um apoio morno para a carreira solo de Michael, que ele enxergava como um símbolo do fim do grupo. De fato, Joe batalhou com a CBS para conseguir a aprovação da empresa para um novo álbum que os Jackson iriam compor e produzir, mas para ele isso significava todos os rapazes, de maneira igual. Os executivos da CBS, no entanto, estavam começando a reconhecer que Michael não era só o melhor cantor e dançarino entre os Jackson, mas também o melhor compositor. A única canção notável no segundo álbum dos Jackson para a CBS, *Goin' Places*, havia sido "Different Kind of Lady", um híbrido pulsante de R&B / *disco* composto por Michael, que foi imensamente popular nas discotecas em Los Angeles e Nova York. No exato momento em que o novo presidente da CBS, Walter Yetnikoff, confidenciava a outros executivos da empresa que estava inclinado a tirar os Jackson da gravadora, ele foi instado por alguns deles a deixar Michael fazer um álbum solo com suas próprias composições.

A confiança cada vez maior de Michael em suas habilidades como artista foi prejudicada pela vergonha que ele sentia de sua aparência. Por volta de seus quinze anos, ele começou a sofrer de acne grave. Ele já era inseguro em relação a sua aparência, especialmente o nariz largo. Nada o magoava mais, durante esse período, do que a expressão de descrença que tantas vezes viu nos rostos daqueles que lhe eram apresentados na casa em Hayvenhurst. Estranhos "apareciam e perguntavam se eu sabia onde estava 'aquele lindinho do Michael'", explicou ele ao comentarista de música do *Los Angeles Times*, Robert Hilburn. As pessoas de fato balançavam a cabeça quando percebiam que o "lindinho do Michael" havia sido substituído por aquele adolescente desajeitado com a pele em erupção. Ele começou a se recusar a sair de casa quando não precisava e era incapaz de olhar as pessoas nos olhos quando era forçado a sair em público. Sua mãe dizia que as dificuldades desse período, em particular as espinhas que lhe cobriam o rosto, da testa ao queixo, realmente mudaram a personalidade de seu filho: "Ele não era mais um menino extrovertido, inquieto e despreocupado. Estava mais quieto, mais sério e cada vez mais solitário".

Pouco antes de seu aniversário de dezesseis anos, Michael se deu conta, a duras penas, de que nunca na vida havia feito um amigo de verdade. Sua tentativa de corrigir isso confundiu todo mundo ao seu redor, especialmente os membros de sua família. Na cerimônia do American Music Awards de 1974, Michael e Donny Osmond apresentaram a cerimônia com Rodney Allen Rippy, um ator de seis anos de idade que apareceu em vários filmes, incluindo *Banzé no Oeste*, de Mel Brooks, mas era mais conhecido por uma série de comerciais excessivamente fofos dos restaurantes Jack in the Box que mostravam suas tentativas frustradas de segurar o enorme sanduíche Jumbo Jack. O garoto fora pego de surpresa quando Michael pediu seu número de telefone e ficou surpreso quando a estrela pop começou a ligar para ele todos os sábados de manhã, exatamente às dez horas. Eles eram amigos, nada mais, como Rippy tomou o cuidado de deixar claro mais tarde: "Michael me dava conselhos sobre como me cuidar no mundo do show business, como sorrir para as pessoas e apertar suas mãos. Era sobre coisas assim que conversávamos. Sobre coisas banais. Eu ficava muito espantado com o fato de Michael Jackson estar interessado no que estava acontecendo no meu mundinho".

Mesmo entre aqueles que não sabiam que o melhor amigo de Michael era um menino que frequentava a escola primária, perguntas sobre sua sexualidade foram se proliferando, e ele as recebia de maneira cada vez mais pessoal. Ele ficou especialmente incomodado com o falso boato de que seu pai mandava que lhe injetassem hormônios femininos para manter sua voz aguda. Nos meses antes de se mudar para Nova York para trabalhar em *O mágico inesquecível*, ele tentou normalizar a sua imagem namorando Tatum O'Neal, vencedora do Oscar por *Lua de papel*, uma moça de treze anos de idade, com corpo de mulher e fama de libertina. Eles haviam "começado", como diria Michael, depois de um encontro no On the Rox, um pequeno clube ligado ao Roxy na Sunset Strip, onde por acaso estavam em mesas adjacentes numa noite na primavera de 1977. Sem aviso ou apresentação, Tatum tinha estendido a mão para segurar a de Michael, e ela estava com o pai, o ator Ryan O'Neal, enquanto Michael conversava com alguns publicitários da Epic Records. Para ele, aquilo era "coisa séria", Michael explicaria: *Ela me tocou*". O primeiro encontro foi na noite seguinte, quando Tatum convidou Michael para um jantar organizado por Hugh Hefner na Mansão Playboy, onde a garota sugeriu que entrassem na banheira de água quente — nus. Michael insistiu que usassem trajes de banho. "Eu me apaixonei por ela (e ela por mim) e fomos muito próximos durante um bom tempo", Michael escreveria mais tarde em sua "autobiografia" *Moonwalker*. Não era bem assim que O'Neal se lembrava do relacionamento. Tatum disse a amigos que Michael mal conseguia falar com ela, e muito menos ter algum contato sexual. O caso, para usar o termo de maneira vaga, terminaria em um famigerado fiasco durante uma festa na casa de Rod Stewart, em Beverly Hills. De acordo com uma história que foi repetida em toda Hollywood e mais tarde seria relatada nos tabloides, O'Neal e uma amiga tentaram puxar Michael para a cama com elas. Ele não só recusou o sexo, dizia-se, mas saiu correndo da casa piscando muito para conter as lágrimas, perseguido pelos insultos e pelas vaias de outros convidados. Os boatos sussurrados sobre a sexualidade do jovem tornaram-se um murmúrio de insinuações e zombaria que aumentariam de volume na década seguinte.

A pior parte para Michael pode não ter sido a maneira pela qual ele deixou a festa, mas ter percebido que não havia outro lugar onde ele quisesse estar. O círculo fechado de sua família estava fazendo com que ele se sentisse cada vez mais claustrofóbico, e a vida na casa de Hayvenhurst havia se tornado quase insuportável. Seus irmãos se casaram, mas suas mulheres nunca foram realmente admitidas no círculo interno dos Jackson. Katherine se referia a elas coletivamente como "as esposas", deixando claro que elas não faziam parte do que ela chamava de "a família". Michael ainda telefonava para Rodney Allen Rippy todas as manhãs de sábado, mas ansiava por alguém para compartilhar seus pensamentos nos outros dias da semana. Em vez disso, ele era forçado a substituir os ratos e cobras e pássaros que mantinha em gaiolas na casa de brinquedo.

Em Nova York, ele havia descoberto a alegria de andar disfarçado. Ocultar sua identidade (e, talvez mais importante, cobrir a acne) com a maquiagem completa que o transformava no Espantalho, enquanto estava trabalhando em *O mágico inesquecível*, dera a Michael a oportunidade de se esconder e de manter a cabeça erguida ao mesmo tempo. Ele se deliciava com a descoberta de como era libertador conhecer as pessoas quando se está usando uma máscara. Membros da equipe de filmagem diriam mais tarde que tinham de literalmente arrastá-lo do set todo final de dia. Agora, quando saía à noite como Michael Jackson, ele pelo menos tinha uma explicação pronta para sua pele ruim — toda aquela maquiagem que precisava usar. E ele estava saindo muito naquele outono em Nova York.

Michael tornou-se um cliente regular do Studio 54, na época em que a discoteca estava chegando ao auge de sua popularidade. Assistir ao show no andar térreo foi o mais perto que ele chegou de esquecer que era uma Testemunha de Jeová. As pessoas cheiravam quantidades enormes de cocaína no Studio 54, derramando sobre os próprios sapatos mais pó do que se podia encontrar em algumas pequenas cidades norte-americanas, em seguida lavando a cocaína com goles e goles de nitrato de amila. No andar de cima, o Rubber Room [Sala de Borracha] era palco de uma orgia desorganizada, com pessoas fazendo sexo em todas as variedades concebíveis apenas sob o disfarce de um canto escuro, e muitos outros faziam sexo nas passarelas elevadas. Michael apareceu por lá muitas noites com Liza Minnelli, que havia feito amizade com ele no clube e o levava regularmente para a chamada sala VIP no porão, um pequeno espaço sombrio delimitado por cercas de correntes, onde as celebridades se sentavam em cadeiras de plástico branco e riam comentando como as pessoas que não puderam entrar imaginavam que deveria ser lá embaixo. No piso principal, Michael era frequentemente visto na mesa com Andy Warhol, que, como ele, estava muito mais interessado em ver sexo do que em fazê-lo e não esperava dele qualquer tipo de conversa fiada. Truman Capote, um outro acompanhante, descreveu Michael e sua irmã La Toya como "oásis de inocência" em meio à orgia do Studio 54. Os dois não bebiam, não usavam drogas e certamente não faziam sexo. Michael observava as pessoas transando, lembra Capote, mas o fazia da mesma forma que assistia a James Brown dançando, como se estivesse estudando o que via, a fim de colocar em prática em algum momento posterior.

O maior progresso de Michael em Nova York se deu quando ele conseguiu a garantia, dos executivos da Epic Records, de que teria o controle criativo de seu próximo álbum solo. Ele queria começar a trabalhar nele assim que voltasse para Los Angeles. Mas todos os irmãos insistiram que ele teria de esperar até que terminassem o próximo álbum do grupo, *Destiny*, e venceram na votação de quatro contra um. No entanto, eles ficaram apreensivos, submetendo-se às opiniões de Michael de uma forma que nunca havia acontecido antes. Até mesmo Joe estava agindo com cautela, com medo de se indispor com o único membro do grupo que todos sabiam ser indispensável.

Michael voltara de Nova York mais magro do que nunca, falando em um falsete ofegante peculiar que fazia as pessoas se inclinarem em sua direção para poder ouvi-lo. Ao mesmo tempo, ele exalava um novo ar de autoridade e parecia relutante em compartilhar suas ideias com alguém da família. Ele estava tenso e irritadiço em casa, respondendo rispidamente até mesmo para a mãe pela primeira vez na vida. Joe reagiu ao mau humor de Michael exigindo que a CBS e a Epic dessem a seus filhos o mesmo tipo de controle sobre o novo álbum dos Jackson que havia sido prometido ao disco solo de Michael. Ele sabia que muito dependia de *Destiny*. Joe estava preocupado o bastante com o futuro dos Jackson a ponto de contratar dois coempresários brancos, Ron Weisner e Freddy DeMann, para garantir não só que a CBS mantivesse a promessa de deixar seus filhos comporem o seu próprio material, mas também que a empresa fizesse uma divulgação bastante ampla, investindo em um público branco para os meninos da mesma forma que fazia para satisfazer os fãs negros dos Jackson.

O resultado foi o melhor álbum que os irmãos Jackson já haviam lançado, na

Epic ou na Motown. Em toda a indústria da música, havia o consenso de que não havia uma música fraca em *Destiny* e que o desempenho de Michael Jackson no álbum fora magnífico. O alcance de sua voz, combinado com sua capacidade de se adaptar a diferentes estilos e ritmos, foi o que mais surpreendeu as pessoas. Desde que começou a passar pela puberdade, Michael havia lidado com a questão de ter ou não uma voz que funcionasse quando adulto. Ben Fong-Torres observou como Michael estava lidando habilmente com as suas variações de voz, "mudando o registro no meio de frases e alterando o tom", mas ainda havia uma sensação de que suas melhores apresentações como cantor haviam acontecido antes de ele completar catorze anos. No entanto, em *Destiny*, Michael transitara com aparente facilidade da exuberante balada "Push Me Away" até o ritmo dançante de "Shake Your Body (Down to the Ground)", lidando com cada uma delas de forma magistral. A segunda canção, escrita por Michael com o irmão mais novo, Randy, foi um enorme sucesso, aclamada desde o princípio como uma das grandes composições do gênero *disco* já lançadas. Vários críticos observaram que talvez Michael Jackson representasse muito mais do que se havia percebido anteriormente.

Michael, porém, ficou mais constrangido do que orgulhoso com *Destiny*. Ele ficou especialmente chateado com uma foto na capa em que os irmãos, instigados por Joe, haviam se colocado atrás da mesa de som do estúdio, como se fossem compositores e produtores do álbum. Mike Atkinson e Bobby Colomby haviam produzido o disco, na verdade, mas apenas Michael, entre os cinco irmãos, votou a favor de dar o devido crédito à dupla. Atkinson e Colomby (este último mais responsável do que qualquer um por convencer Walter Yetnikoff a dar aos Jackson outra oportunidade na CBS) tiveram de obter declarações juramentadas dos engenheiros e músicos que trabalharam em *Destiny* a fim de receber os créditos como produtores executivos.

O decepcionante lançamento de *O mágico inesquecível*, no meio da turnê Destiny, foi pouco mais do que uma nota de rodapé no redemoinho de descontentamento que cercava Michael no início de 1979. A profundidade e a intensidade de seu desejo de se tornar uma estrela de cinema era algo que Michael não compartilharia com os irmãos ou com Joe. Ele se torturava em silêncio especialmente em relação ao cobiçado papel que lhe foi oferecido depois do lançamento de *O mágico inesquecível*, o do dançarino travesti na versão cinematográfica do sucesso da Broadway *A Chorus Line: Em busca da fama*. Michael recusou o papel, preocupado com o fato de ser visto pelo público como alguém "daquele jeito". Era uma ferida antiga. A revista *Jet* relatou como fato a fofoca de que ele estava pensando em fazer uma operação de mudança de sexo para que pudesse se casar com o ator Clifton Davis (que havia escrito a canção "Never Can Say Goodbye" do Jackson 5). Quando J. Randy Taraborrelli, o repórter da revista *Soul* que se tornaria o principal cronista da juventude de Michael, viu-se obrigado a lhe perguntar se ele era homossexual, ele ficou ainda mais aborrecido. "Eu não sou homo", Michael respondeu rispidamente. "De jeito nenhum." Como um devoto membro das Testemunhas de Jeová, ele era obrigado a ver a homossexualidade como uma abominação. "O que é que eu tenho que faz com que as pessoas pensem que eu sou gay?", Michael perguntava. "É a minha voz? Será que é porque eu tenho esta voz suave? Todos nós na família temos vozes suaves. Ou é porque eu não tenho um monte de namoradas?"

Michael preocupava-se também com a possibilidade de que suas ambições de estrela de cinema fossem prejudicadas por sua aparência, um assunto que o incomodava ainda mais do que perguntas sobre sua opção sexual. Ele ainda lutava contra eclosões graves de acne e estava cada vez mais incomodado por ter a pele mais escura entre os seus irmãos, que perturbaram Michael durante a visita de Taraborrelli a Hayvenhurst uma semana antes do vigésimo aniversário dele, chamando-o de "Narigão" e "Lábios de fígado". Mas ele ficava mais profundamente magoado por uma das observações tipicamente cruéis de seu pai. "Eu estava passando por uma puberdade desagradável, quando os traços começam a mudar, e ele disse: 'Eca, você tem um nariz grande. Você não puxou a mim'", Michael lembrou em uma conversa com o rabino Boteach. "Ele não percebia o quanto isso me machucava. Isso doía tanto em mim que eu queria morrer."

Quando Michael voltou para casa em Los Angeles, depois da turnê Destiny, na primavera de 1979, a tensão criada pelo esforço constante para combater as inseguranças profundas com ambições elevadas estava alimentando uma obsessão pelo álbum solo que ele tinha adiado por quase um ano. Seus irmãos queriam trabalhar no álbum com ele, mas Michael recusou, mesmo quando Katherine tentou convencê-lo de que ele devia isso a eles. O equilíbrio de poder tinha mudado para sempre. Esse novo disco não era algo com que se preocupar, Joe garantiu aos outros filhos. Os dois primeiros discos solo de Michael, feitos quando ele ainda era um soprano pré-adolescente, haviam conseguido boas colocações nas paradas, mas os dois gravados depois de sua voz mudar foram fracassos terríveis, e com este novo provavelmente aconteceria o mesmo.

Michael estava recebendo muito mais apoio de Quincy Jones, o diretor musical de *O mágico inesquecível*, que ele havia escolhido para produzir seu novo álbum. Ele havia perguntado se poderia produzir o próximo álbum solo de Michael, Jones recorda, enquanto eles se preparavam para começar a fotografia principal em *O mágico inesquecível*. "Nos ensaios com o elenco, na parte em que o Espantalho está tirando provérbios de seu enchimento, Michael só dizia 'Socrátes', em vez de 'Sócrates'", lembrou Jones. "Depois da terceira vez, eu o puxei para um canto e lhe disse a pronúncia correta. Ele olhou para mim com aqueles olhos arregalados, e disse: 'Sério?', e foi nesse momento que eu disse: 'Michael, eu gostaria de produzir seu álbum'. Foi essa admiração que eu vi em seus olhos que me prendeu. Eu sabia que poderíamos explorar regiões desconhecidas, um lugar que, como músico de jazz, me dava arrepios."

As esquisitices e incertezas do jovem eram claras quando eles começaram a trabalhar no novo álbum em Los Angeles, quase um ano depois, mas Jones podia ver que seu esforço e ambição eram igualmente grandes. Michael ia para o estúdio mais bem preparado do que qualquer artista com quem já havia trabalhado antes, disse Jones. "Motivado" e "determinado" eram os dois adjetivos que o produtor do álbum mais usaria para descrever seu jovem artista. Além disso, Michael estava mais disposto a aceitar críticas do que qualquer outro artista que ele tivesse visto, disse Jones, mesmo quando ficou perturbado com o anúncio de que apenas três de suas próprias composições haviam sido selecionadas para a versão final do álbum. Ao longo da produção, "eu vi sua sensibilidade e seu foco", lembrou Jones. "Havia muita inocência, mas ele não perdia nada."

Qualquer um ligado ao disco que depois disse saber que ele seria um grande sucesso era "um tremendo mentiroso", Jones diria trinta anos mais tarde. "Não tínhamos ideia de que *Off the Wall* ia ser tão bem-sucedido como foi, mas ficamos entusiasmados. Michael havia se mudado do reino do pop 'chiclete' e plantou sua bandeira no centro do pulso musical dos anos 1980."

As três canções de *Off the Wall* que Michael havia composto viriam a ser as mais bem-sucedidas do álbum. "Don't Stop 'Til You Get Enough", com Michael cantando em falsete, foi na verdade o maior sucesso de um álbum cheio deles, tornando-se sua primeira gravação a alcançar o topo nas paradas pop em mais de sete anos. A pulsante "Rock with You" (composta por Rod Temperton) também chegou ao primeiro lugar, enquanto duas outras faixas do álbum, "Off the Wall" (também de Temperton) e "She is Out of My Life" (composta por Tom Bahler), entraram para o top ten, fazendo de Michael o primeiro artista solo na história do pop a colocar quatro singles do mesmo álbum entre as dez mais tocadas. Os críticos foram quase unânimes em elogiar o disco, concordando que não havia uma única canção fraca nele. O público concordou: *Off the Wall* vendeu cerca de 5 milhões de cópias nos Estados Unidos e outros 2 milhões no mercado externo.

Jackson mandou seu relações-públicas enviar uma carta a Jann Wenner, editor da *Rolling Stone*, sugerindo Michael na capa da revista devido ao sucesso de *Off the Wall*. Wenner escreveu de volta: "Nós gostaríamos muito de fazer uma reportagem grande com Michael Jackson, mas acho que não seria uma reportagem de capa". Furioso, Michael disse que isso se devia ao fato de os editores acreditarem que colocar um negro na capa resultaria em menos vendas nas bancas de jornal e prometeu provar que eles estavam errados. Quando *Off the Wall* ganhou um único Grammy, de melhor álbum de R&B, Jackson ficou aos prantos pela casa durante semanas, depois repetiu sua promessa de fazer mais um álbum solo, assim que pudesse, para "esfregar na cara deles".

Michael fez 21 anos pouco depois do lançamento de *Off the Wall* e comemorou a maioridade legal anunciando que pretendia contratar um advogado próprio para analisar seus negócios e explicar para onde todo o dinheiro estava indo. Joe ficou furioso e confrontou o filho, mas Michael se recusou a ceder, e os dois pararam de falar um com o outro. Katherine tentou intervir, pedindo ao filho que acreditasse que seu pai estava trabalhando para o bem dele, mas Michael se manteve firme.

Sua busca por um novo representante foi curta. Michael havia ficado profundamente impressionado com o primeiro advogado que entrevistou, um especialista em direito fiscal e corporativo de 31 anos chamado John Branca, que naquele tempo era mais conhecido por ser o sobrinho de Ralph Branca, o ex-lançador dos Brooklyn Dodgers que havia arremessado a bola que possibilitou a famosa "Shot Heard 'round the World" [A rebatida ouvida em todo o mundo] do jogador do New York Giants, Bobby Thomson, em 1951, e que decidiu o campeonato de beisebol daquele ano. Branca ofereceu-se para organizar as finanças de Michael e prometeu renegociar seu contrato com a CBS. O advogado passou a fazer exatamente isso e logo relatou a Michael que, a partir daquele momento, ele receberia a mais alta taxa de royalties no ramo como artista solo, 37%, o mesmo que Bob Dylan. E não só isso, Branca acrescentou: a CBS concordou em deixar Michael sair dos Jackson quando quisesse, sem afetar a relação dos irmãos com a gravadora.

Branca diria mais tarde que se motivara durante suas negociações com a CBS lembrando-se de algo que Michael dissera logo no início de seu primeiro encontro: "Eu pretendo ser a maior estrela do show business, e a mais rica também".

"Época Thriller" era como Michael Jackson se referia ao período de dois anos de sua vida que se seguiu ao lançamento de seu álbum seminal, como se se recordasse de uma dimensão alternativa da realidade temporal. A Época Thriller mudou tudo, com certeza, e, com a mesma certeza, não mudou nada, de maneira alguma. Nesses 24 meses e nos 24 anos que se seguiram, Michael Jackson demonstraria que o truísmo central da experiência de ser uma celebridade é que conseguir o que quer nunca vai compensar não ter aquilo de que precisa.

Tudo o que Michael sabia com certeza no início de 1980 era que o sucesso de *Off the Wall* não o deixou satisfeito. Seu próximo álbum, ele assegurou a todos ao seu redor, venderia o dobro de cópias. No entanto, ele teria de esperar para provar isso, porque sua família já havia garantido que o próximo álbum de Michael Jackson pertenceria a ela.

Lançado em julho de 1980, o disco *Triumph* dos Jackson foi, apesar de tudo, um grande sucesso para o grupo. Os críticos disseram que era o álbum mais sólido que os irmãos já haviam lançado, e o público ficou apenas um pouco menos entusiasmado. Três músicas (todas compostas por Michael ou em parceria com ele) de *Triumph* conseguiram posições entre as vinte mais, e o próprio álbum recebeu disco de platina seis meses após seu lançamento. Michael cantou o vocal principal de quase todas as músicas, mas, mesmo durante as sessões de gravação, ele não escondera a sua frustração por haver sido forçado a adiar o trabalho em um novo álbum solo. Seus irmãos, por outro lado, mal continham o entusiasmo em relação à iminente turnê Triumph, programada para visitar 39 cidades, começando em julho de 1981, apesar da relutância de Michael em acompanhá-los.

Ele certamente não precisava do dinheiro: *Off the Wall* tornara-o mais rico que todo o resto da família junto. Pela primeira vez em sua vida, ele estava adquirindo bens, entre eles a casa em que seus pais moravam. Joe passou sua prioridade de compra de Hayvenhurst para Michael em fevereiro de 1981. Em sua determinação de provar para o mundo (e para Berry Gordy, em particular) que poderia se sustentar como empresário, Joe cavou para si mesmo um buraco tão profundo que, no final, não havia nada a fazer a não ser gritar por socorro. Isso havia começado em 1974, quando ele montou sua própria gravadora, a Ivory Tower International Records, planejando construir o negócio em torno de um quarteto feminino de Ohio chamado M.D.L.T. Willis. O grupo e a gravadora não deram em nada. Joe iria contratar, gerenciar e produzir vários outros grupos vocais durante os sete anos seguintes, e todos eles também fracassariam. Até o início de 1981, ele estava endividado por excesso de alavancagem financeira e tão desesperado por dinheiro que ofereceu a Michael metade da propriedade de Hayvenhurst por 500 mil dólares. Não demorou muito até que Joe vendesse a Michael os 25% da propriedade que os pais haviam tentado manter para si, deixando Katherine com uma participação de apenas 25% na propriedade e Joe com a compreensão de que ele agora era inquilino do filho.

Joe ainda tinha suas comissões de empresário pelo disco *Triumph* e receberia cerca de 5% dos lucros líquidos da turnê *Triumph* — se Michael concordasse em participar. Como de costume, Joe contou com Katherine para que isso acontecesse. Apesar de ter apresentado a sua segunda ação de divórcio contra Joe poucos meses antes, Katherine fez o que o marido e os outros filhos imploraram para que ela fizesse e convenceu Michael de que ele devia à família uma parte de seu enorme sucesso. Afinal, metade de tudo o que Joe conseguisse era dela.

Entendia-se desde o início que Michael seria o único astro do show da turnê Triumph. As produções mais elaboradas e os aplausos mais fortes ao final de cada número ocorriam quando ele cantava uma das músicas de *Off the Wall*. O último número de cada apresentação do show seria "Don't Stop 'Til You Get Enough", que terminava com Michael desaparecendo em uma cortina de fumaça gigantesca criada por Doug Henning, o mágico que estava acompanhando os Jackson na turnê. Nem o público nem os seus irmãos o viam depois disso. Michael não só se recusou a socializar com qualquer pessoa ligada à turnê como também deu instruções específicas de que ninguém deveria falar palavrões, fazer referências sexuais ou contar piadas sujas em sua presença. Ainda chateado por ter terminado a turnê Destiny com um caso grave de laringite, Michael se recusava a falar, exceto quando realmente tinha de fazê-lo, bebia constantemente uma infusão de limão e mel e insistia que o ar-condicionado fosse desligado sempre que ele estava em um ambiente — mesmo que estivesse 35°C do lado de fora. Tudo o que queria, Michael deixou claro, era que aquela turnê acabasse. "Eu *nunca* mais vou fazer isso", disse a Taraborrelli, da revista *Soul*. "Nunca mais."

Robert Hilburn entrevistou Michael na parte traseira de um ônibus de turnê depois de uma apresentação em St. Louis e achou o astro bastante diferente pessoalmente da "figura carismática, empertigada" que tinha visto no palco. O Michael Jackson que ele conheceu cara a cara era "ansioso", disse o articulista do *Los Angeles Times*, "com frequência inclinando a cabeça enquanto sussurrava respostas". Em um dado momento, Hilburn perguntou a Michael por que ele não morava sozinho, como os irmãos. O entrevistador não sabia que Michael havia comprado uma propriedade perto de Hayvenhurst em fevereiro de 1981, mas raramente dormia lá. "Eu acho que morreria se vivesse sozinho", disse Michael a Hilburn. "Mesmo em casa eu estou sozinho. Sento-me no meu quarto e, às vezes, choro. É tão difícil fazer amigos e há algumas coisas sobre as quais não se pode falar com seus pais ou familiares. Às vezes eu caminho pela vizinhança à noite, torcendo para encontrar alguém para conversar. Mas acabo voltando para casa."

Michael fazia tais confissões com mais frequência em entrevistas, como se ele quisesse que as pessoas entendessem o quão estranho ele era, o quão estranha sua vida havia sido e como o mundo em que viviam era estranho para ele. "Veja bem, passei toda a minha vida em um palco", explicou a Gerri Hirshey quando ela o entrevistou para a *Rolling Stone*, "e a impressão que eu tenho das pessoas é aplausos, aplausos em pé, e as pessoas correndo atrás de mim. Em uma multidão, receio dizer. No palco, me sinto seguro. Se eu pudesse, eu dormiria no palco."

O presidente da CBS, Walter Yetnikoff, rapidamente reconheceu a vulnerabilidade de Michael e mais rapidamente ainda soube explorá-la. "Ele não tinha habilidades sociais", Yetnikoff recordaria mais tarde. "Às vezes, parecia que ele ainda tinha seis anos." Em sua primeira visita à sede da empresa CBS, Yetnikoff lembrou, Michael interrompeu a reunião para dizer: "Walter, eu tenho que fazer xixi. Você pode me levar ao troninho?". Em outra reunião, Michael confidenciou como Joe havia ferido seus sentimentos. "Ele disse: 'Sabe, eu realizei muitas coisas'", lembrou Yetnikoff. "'E meu pai nunca me disse que sentia orgulho de mim.' E eu me transformei no Papai e disse: 'Vem cá, Michael, deixa eu te dar um abraço e dizer como todos no mundo da música pop estamos orgulhosos de você'." Em seguida, Yetnikoff começou a apontar que, se ele realmente queria mostrar a Joe quem ele era, romper com os Jackson para continuar sua carreira solo era a maneira de fazê-lo. Era exatamente o que o jovem astro queria ouvir.

Michael voltou para Los Angeles na primavera de 1982, preparado para impor sua vontade. A casa de Hayvenhurst havia sido demolida por decisão sua durante a turnê Triumph e reconstruída como uma mansão Tudor com janelas de vidro chanfrado e chaminés de tijolos de clínquer. No restante do terreno, ele montou sua primeira coleção de animais grandes, comprando cisnes negros e brancos para as lagoas dos fundos, dois pavões chamados Winter e Spring, duas lhamas batizadas de Louis Armstrong e Lola Falana, um casal de veados chamado Prince e Princess, uma girafa que ele apelidou de Jabbar e um carneiro que ele batizou de Mr. Tibbs. Todos os animais dormiam em um estábulo à noite, mas estavam livres para vagar durante o dia. Os vizinhos se queixaram do mau cheiro quando chegou o verão.

A peça central dessa primeira tentativa de criar um ambiente adaptado à sua psique frágil era uma versão em pequena escala da Main Street U.S.A. da Disneylândia (com sua própria loja de doces) ao lado da garagem. No entanto, mesmo enquanto Michael se dedicava a cada detalhe da reforma da casa de Hayvenhurst, seu quarto no andar de cima da casa continuava a parecer como se ele tivesse acabado de se mudar para lá ou estivesse prestes a sair. Livros e discos permaneciam em pilhas que chegavam à altura dos joelhos e havia bagunça por toda parte. Ele nunca se preocupou em colocar uma cama no quarto, preferindo dormir em um tapete verde grosso junto à lareira. Sua única medida para personalizar o espaço foi uma coleção multicultural de cinco manequins em tamanho natural, do sexo feminino — um branco, um negro, um asiático, um latino e um do Oriente Médio, todos muito bem vestidos na última moda. Ele deu nomes aos manequins e os apresentava como seus amigos.

Sua mãe se queixou de que ele parecia nunca comer, e La Toya, cujo quarto ficava no fim do corredor, jurou que ele nunca apagava as luzes à noite. Michael ficava acordado lendo por muito tempo depois que ela ia dormir, e ela acordava frequentemente às duas, três ou quatro horas da manhã com o barulho dele rindo histericamente diante de um vídeo dos Três Patetas que já havia visto dezenas de vezes. Mas ele também ficava lá dentro trabalhando o tempo todo, enchendo de letras o caderno que levava sempre consigo, cantarolando melodias em um gravador ou estudando as músicas que outros compositores haviam mandado para ele, como um cientista louco trancado em seu laboratório.

A gravação do novo álbum começou nos estúdios Westlake, em Los Angeles, em abril de 1982. Ele e Quincy Jones gradualmente selecionaram, de uma lista de trinta canções, as nove que compõem o álbum. Michael tinha decidido que "Thriller", uma composição assustadora, impetuosa, animada pelas frases melódicas cativantes que eram a especialidade do compositor Rod Temperton, seria a faixa-título. "Este disco vai ser incrível", Jackson declarou mais de uma vez durante as sessões de engenharia de som, e Jones desconfiava que isso poderia ser verdade. "Todo o brilhantismo que vinha crescendo em Michael Jackson durante 24 anos simplesmente entrou em erupção", Jones contou ao escritor Alex Haley em uma entrevista para a revista *Playboy*. "Eu estava eletrizado, e o mesmo aconteceu com todos os outros envolvidos no projeto." Músicos e engenheiros estavam tão empolgados com toda a agitação que, durante uma sessão de gravação, eles aumentaram cada vez mais o volume até que, de repente, os alto-falantes se sobrecarregaram e pegaram fogo. "Foi a única vez que eu vi algo assim acontecer em quarenta anos no ramo musical", disse Jones.

No entanto, imediatamente antes do lançamento de *Thriller*, no dia 30 de novembro de 1982, Jones foi um dos que alertou Michael para não criar muita expectativa. O país estava no meio da pior recessão dos últimos vinte anos e a compra de discos, como qualquer outra forma de gastos supérfluos, caíra de forma muito acentuada. Vender 2 milhões de unidades seria um grande sucesso nesse mercado, o coempresário de Michael, Ron Weisner, disse-lhe certo dia, quando os engenheiros de som estavam dando os toques finais no álbum. Michael ficou furioso por alguns instantes, então saiu do estúdio. Na manhã seguinte, ele telefonou para Walter Yetnikoff e disse que se as pessoas em quem confiava tinham tão pouca fé nele, ele nem lançaria o álbum. Yetnikoff manobrou-o perfeitamente: "Quem se importa com o que eles dizem?", disse o presidente da CBS Records para Michael. "Você é a estrela."

O lançamento de *Thriller*, duas semanas depois, foi um tsunami que pegou toda a indústria da música de surpresa. A primeira canção do álbum que foi lançada como single era a faixa mais fraca, o dueto açucarado de Michael com Paul McCartney "The Girl Is Mine", e chegou ao segundo lugar na *Billboard* Top 100. O segundo single, "Billie Jean", foi a canção em que Michael canalizou suas perturbações com habilidade espantosa e paixão desconcertante. Randy Taraborrelli popularizou a ideia de que "Billie Jean" havia sido inspirada por uma fã obcecada que tentou convencê-lo a se juntar a ela em um duplo suicídio. O cirurgião plástico Steven Hoefflin afirmou que "Billie Jean" fora inspirada por uma bela jovem que Michael havia visto em uma multidão nos portões de Hayvenhurst. Hoefflin disse que Michael havia lhe contado que ele estava em um carro com dois irmãos seus e que escreveu a música inteira durante esse passeio, e mais tarde fez um esboço da imagem nua da garota e o deu a Hoefflin de presente.

O próprio Michael insistiria que não estava pensando em nenhuma garota em especial quando compôs "Billie Jean" (em três minutos, de acordo com Hoefflin), mas havia criado uma combinação das groupies especialmente persistentes que ele e os irmãos haviam encontrado em turnês ao longo dos anos. Essa afirmação provavelmente tinha algum fundo de verdade, mas, no final, "Billie Jean" era mais sobre o próprio Michael, como se ele tivesse observado o seu próprio colapso nervoso iminente e reagido criando a terapia mais dançante que se possa imaginar. Katherine foi uma catalisadora da letra como qualquer groupie ou fã, a mãe que avisava para que ele tivesse "cuidado com quem você ama". As garotas que Joe e os irmãos haviam usado e descartado na estrada flutuavam como fantasmas pela letra e o mesmo acontecia com as jovens que haviam tentado Michael ao longo do caminho.

"Eu sabia que ia ser um sucesso quando eu a estava compondo", disse Michael sobre "Billie Jean". Ele estava tão consumido pela canção, Michael lembrou, que não viu sua Mercedes pegar fogo na estrada certo dia, enquanto ele ia para o estúdio de gravação, e foi alertado apenas quando um jovem motociclista acenou para ele. Quincy Jones, no entanto, não entendeu "Billie Jean" e queria mantê-la fora do álbum. Quando um Michael surpreso insistiu que ela permanecesse, Jones sugeriu a mudança do título para "Not My Lover", porque temia que os ouvintes achassem que Michael se referia à tenista Billie Jean King. Jones, em seguida, exigiu que Michael cortasse a longa introdução percussiva da música. Essa era a parte que o fazia querer dançar, Michael disse; a introdução ficou. A disputa entre os dois se complicou por alguns dias, mas pode, no final, ter sido positiva para "Billie Jean". Jones instruiu o engenheiro Bruce Swedien de que, se Michael insistia em abrir a música com trinta segundos de levada de bateria, então teria de ser a levada de bateria mais memorável que já se ouvira — uma "personalidade sonora", segundo a descrição de Jones. Swedien, que geralmente mixava uma canção apenas uma vez, mixou "Billie Jean" 91 vezes a fim de criar a plataforma percussiva a partir da qual a música surge, acrescentando uma cobertura para o bumbo que aparece depois dos quatro primeiros compassos de bumbo, caixa e chimbal, além de batidas em um pedaço de madeira cujo som foi inserido entremeando o ritmo. O fato de Swedien haver removido a reverberação da abertura com a bateria deu a "Billie Jean" uma qualidade rígida, emocionalmente nua, que crescia aos poucos em uma espécie de histeria eufórica à medida que as notas eram dobradas por um baixo sintetizado distorcido e se tornavam um staccato, sustentadas por uma profunda pulsação com eco.

A voz de Michael entrava suavemente, acompanhada por um estalar de dedos enquanto aumentava continuamente em volume e intensidade. No momento em que os violinos e a guitarra entram, uma série aparentemente aleatória de gritos em intensidade variada e risadas espectrais (overdubs feitos por Michael cantando através de um tubo de papelão) começam a soar nos espaços entre as notas, como uma espécie de insanidade viral tentando forçar sua entrada na mente do ouvinte. Michael acompanhou esses sons misteriosos e voláteis com uma série do que pareciam soluços musicais, como se ele estivesse tentando expelir algum espírito maligno, enquanto a linha de baixo propulsora continuava avançando em direção a algum acerto de contas inexorável, e todos os que ouviam a música sabiam que ela não teria um final feliz. Michael nunca mais faria uma canção que fosse, ao mesmo tempo, tão implacável ou tão reveladora.

As pessoas gemiam e gritavam quando "Billie Jean" começava a ser tocada nos clubes de Los Angeles, como se a canção os tivesse infectado com uma mistura compulsiva de loucura e alegria, enchendo as pistas de dança e exigindo que a tocassem novamente. O nível de pulsão sexual que ela inspirava era sem precedentes. Os críticos chamaram a canção de "assustadora", "bizarra" e "excêntrica", e acrescentaram que eles simplesmente a adoraram. "Billie Jean" chegou ao primeiro lugar nas paradas pop quase do dia para a noite e ficou lá por semanas, seguida por "Beat It", a primeira canção realmente de rock que Michael já havia gravado, incluída no álbum porque ele queria provar que nenhum gênero estava fora de seu alcance. Quincy Jones sugeriu que ensaiassem a música e recrutou Eddie Van Halen para contribuir com um solo de guitarra que parecia as asas de um pássaro de metal batendo em uma gaiola de arame. Em março de 1983, Michael era um dos poucos artistas que já haviam colocado duas músicas ao mesmo tempo entre as cinco mais. A massa crítica que isso gerou sustentaria *Thriller* comercialmente por dezesseis meses, visto que sete das nove canções do álbum foram lançadas e se tornaram singles entre as dez mais, desde a agitada "Wanna Be Startin' Somethin'" à sinfônica "Human Nature", e incluindo a atrevida "P. Y. T.", que foi o maior sucesso entre o público negro. Por volta de abril de 1983, *Thriller* vendia até 500 mil cópias por semana e apresentava números que a indústria da música nunca havia visto antes, com ou sem recessão. Michael tornou-se, segundo afirmou a *Rolling Stone*, "pura e simplesmente a maior estrela no universo da música pop".

Essa estrela estava prestes a se tornar uma supernova. No dia 25 de março de

1983, duas semanas depois de "Beat It" ter alcançado o primeiro lugar nas paradas de sucesso, um público formado apenas por convidados estava presente no Pasadena Auditorium para assistir à gravação do especial de televisão da NBC *Motown 25: Yesterday, Today, and Forever*. Da mesma forma que Diana Ross e Marvin Gaye, Michael quase se recusara a participar do programa, que foi feito para homenagear Berry Gordy. A percepção gradual de como ele os havia pagado pouco distanciara de Gordy muitos dos astros da Motown, forçando o orgulhoso magnata a fazer uma série de telefonemas suplicantes. Michael só aceitou ao receber a promessa de um número solo depois que se apresentasse com os irmãos e, mesmo assim, recusou-se a cantar um de seus sucessos na Motown, insistindo que seu solo fosse "Billie Jean". Por mais que quisesse recusar, Gordy sabia que não podia fazer isso. Ele ficaria feliz por não ter feito.

Jermaine estava de volta com os irmãos quando o Jackson 5 se apresentou para um público que antes já havia assistido às apresentações de Marvin Gaye e Smokey Robinson. O "reencontro" dos Jackson começou com Michael cantando o vocal principal de "I Want You Back" e seguiu até um tocante dueto com Jermaine em "I'll Be There". Os irmãos trocaram abraços diante da multidão que os adorava e em seguida saíram rapidamente do palco — todos exceto Michael, que pareceu ficar na escuridão por um instante, até que o canhão de luz acendeu-se sobre ele. Ele parecia diferente do que as pessoas se lembravam. Ele sempre fora magro, mas agora ele estava ágil. A dieta macrobiótica que ele havia adotado e os tratamentos dermatológicos que fazia haviam derrotado sua acne. Sua pele estava mais clara, mas ainda era escura, o nariz um pouco mais estreito, mas não alterado de uma maneira feminina. Seu cabelo afro alto e rígido havia se transformado em cachos macios.

O figurino que ele estava usando se tornaria uma marca registrada, mas aquela noite foi a primeira vez que foi visto com a jaqueta preta de lantejoulas (emprestada do armário da mãe) com punhos brilhantes que combinavam com a camisa e as calças pretas de smoking, com a barra feita na altura do tornozelo para exibir suas meias brancas brilhantes e os mocassins pretos lustrosos. E, claro, havia a luva cravejada de strass na mão esquerda. Ele parecia acanhado no início, como se não tivesse certeza sobre o que dizer ou fazer, falando baixinho enquanto andava pelo palco, inquieto e tímido, e agradeceu por poder compartilhar aqueles "momentos mágicos" com os irmãos. Ninguém que assistia poderia imaginar que cada pedacinho do que ele fez ou disse havia sido ensaiado. "Essas músicas eram boas", disse Michael, enquanto se aproximava de uma cortina na borda do palco e pegava um chapéu fedora preto da mão de alguém. "Eu gosto muito dessas músicas", continuou voltando para o centro do palco. "Mas eu gosto especialmente... das músicas *novas.*"

A frase do baixo executada por Louis Johnson em "Billie Jean" passou a ser ouvida naquele momento, enquanto Michael colocava o chapéu na cabeça e começava um movimento ritmado da pélvis, tão marcado que quase parecia um desenho animado. Um público que consistia principalmente de executivos, compositores e pessoas que viviam de música ficou extasiado, boquiaberto, as mãos no rosto enquanto assistiam a Michael Jackson traduzir a linguagem de sua música para a dança. Algumas pessoas seriam capazes de jurar que ele levitou quando atingiu o clímax de sua apresentação com a revelação do moonwalk, um passo em que ele deslizava para trás em um movimento que se iniciava na ponta dos pés e ia até o calcanhar — parecia um truque de mágica —, encerrando o passo com um rodopio que terminava com ele se equilibrando na ponta dos pés. A reação foi mais do que uma ovação de pé. As pessoas realmente subiram em suas cadeiras para aplaudi-lo. Chorando e rindo, os espectadores na plateia cumprimentavam-se por ter estado lá e visto isso.

Podia-se sentir o arrebatamento da multidão mesmo através de uma tela de televisão quando o show *Motown 25* foi ao ar, no dia 16 de maio de 1983. Um dia depois de a apresentação de Michael Jackson ter sido vista por um público de 50 milhões de norte-americanos — o maior público que já assistira a um especial de música —, ele estava no topo do monte Everest da bajulação, sozinho em uma cúpula de fama e fortuna a que nenhum artista solo, a não ser Elvis Presley, havia chegado antes. E ele não teria de descer de lá por pelo menos mais um ano.

A *Billboard* apontou *Thriller* como o disco número um do país durante um período sem precedentes de 37 semanas, e o álbum se manteve nas paradas durante dois anos inteiros. Todo mundo que importava queria conhecer Michael Jackson. Os ídolos de matinê de sua juventude vinham de todos os lugares, tentando chegar até ele. Fred Astaire queria que Michael fosse até sua casa para ensiná-lo a fazer o moonwalk. Elizabeth Taylor telefonou para pedir ingressos para o próximo show. Marlon Brando convidou-o para almoçar.

A velocidade louca de tudo isso aumentou ainda mais em dezembro de 1983, quando o clipe da canção "Thriller" estreou. O projeto fora iniciado quando Michael viu o filme *Um lobisomem americano em Londres* e em seguida telefonou para o diretor John Landis para dizer: "Eu quero me transformar em um monstro. Dá para fazer isso?". Landis levou o maquiador Rick Baker no primeiro encontro que teve com Michael, e os dois mostraram ao astro um grande livro com diversas criaturas de Hollywood. Michael ficou assustado com as imagens, Landis recorda — "Ele não tinha visto muitos filmes de terror" —, mas mesmo assim pediu ao diretor que escrevesse algo com uma personagem que fosse uma combinação de lobisomem com gato. A CBS implicou com o roteiro extravagante que Landis apresentou para o clipe. Quase um ano depois de seu lançamento, o álbum *Thriller* estava começando a cair nas paradas e a filmagem daquele roteiro custaria uma fortuna. Landis convenceu os canais Showtime e MTV a fornecer o dinheiro para o orçamento do clipe e começou a montar seu elenco e equipe.

A participação da MTV na produção foi mais uma conquista para Michael. Apenas alguns meses antes, ele havia quebrado o apartheid *de facto* da jovem rede de TV a cabo, quando a MTV transmitiu seu clipe de "Billie Jean", um dos primeiros estrelado por um artista negro que teve alto índice de exibição. Agora a MTV estava copatrocinando sua nova produção. Junto com Rick Baker, a equipe de criação montada por Landis incluía o coreógrafo Michael Peters, o compositor Elmer Bernstein e o veterano de filmes de terror Vincent Price. Landis queria Ola Ray, garota do pôster da *Playboy*, para representar a namorada sexy de Michael no clipe, mas sabia que teria de submeter a ideia ao astro, que pareceu confuso quando o diretor perguntou se seria tudo bem usar uma garota de pôster para o papel. "Eu acho que ele nem sabia do que eu estava falando", lembrou o diretor, que foi surpreendido mais uma vez pela ingenuidade de Michael, mas ficou aliviado ao obter o seu consentimento. A conversa mais difícil que Landis teve com Michael se deu quando o diretor explicou uma cena em que Michael pedia Ray em namoro e em seguida lhe dava um anel, advertindo-a: "Eu não sou como os outros caras". Michael não entendeu que aquele diálogo deveria ser cômico.

A estreia do clipe de "Thriller", com catorze minutos de duração, no final de novembro de 1983, foi um evento de Hollywood que rivalizava com o lançamento de um filme de grande orçamento, com a presença de Marlon Brando, Elizabeth Taylor, Diana Ross e Cher. Feito com um orçamento de cerca de 500 mil dólares, "Thriller" tornou-se o clipe musical mais vendido de todos os tempos, chegando a 9 milhões de cópias, e manteve essa posição durante os 25 anos seguintes. Os clipes nunca foram os mesmos depois de seu lançamento, tampouco a MTV, que começou a transmitir mais e mais artistas negros. As vendas de *Thriller* subiram novamente depois do lançamento do clipe e o estrelato de Michael Jackson parecia ter cruzado algum tipo de limite cultural. Nunca houvera um sucesso da magnitude do que ele estava experimentando.

No entanto, nas semanas antes do lançamento do clipe, Michael exigia que ele fosse destruído. Os anciãos do Salão do Reino das Testemunhas de Jeová em Encino ficaram sabendo sobre o conceito do clipe de "Thriller" e convocaram Michael para uma reunião, na qual expressaram preocupação com "o estado de alma do irmão Jackson". No início, ele resistiu às tentativas de forçá-lo a mudar o clipe, mas, quando os anciãos o ameaçaram com uma "desfiliação" que teria resultado em expulsão da igreja, Michael murchou. Ele acreditava que sua associação com as Testemunhas era a maior força estabilizadora na sua vida, tanto o elo mais forte que tinha com uma experiência de vida comum que ele tanto desejava quanto o fundamento da relação com a mãe. Mesmo no auge do sucesso de *Thriller*, a atividade pela qual ele mais esperava a cada semana eram as expedições "pioneiras" que fazia com as Testemunhas. Michael adorava tudo aquilo, incluindo os disfarces que usava quando visitava os shoppings e os bairros residenciais da região do vale de San Fernando. Seu traje favorito combinava bigode e barba falsos, um par de óculos com lentes claras e armação preta grossa e um chapéu de abas largas que ele puxava sobre a testa, com um pulôver e uma gravata de nó bem-feito. Os adultos em cujas portas ele batia quase nunca o reconheciam quando Michael lhes oferecia uma cópia da revista *A Sentinela*, disse Michael, e nem os adultos que ele abordava nos shoppings. As crianças, no entanto, muitas vezes percebiam imediatamente que era ele. "Como se eu fosse o Flautista de Hamelin", lembrou ele, "eu acabava sendo seguido por oito ou nove crianças na minha segunda volta pelo shopping. Eles me seguiam, sussurravam e riam, mas não revelavam meu segredo a seus pais. Eles eram meus pequenos ajudantes." Michael também continuou a renegar álcool, fumo e palavrões, como era de esperar de uma Testemunha de Jeová devota, e acompanhava Katherine ao Salão do Reino quatro vezes por semana, quando estava em Los Angeles. "Ir à igreja era uma delícia", ele explicaria. "Era uma oportunidade de ser 'normal'. Os anciãos da igreja me tratavam da mesma forma como tratavam todos os outros."

No entanto, isso se tornou um problema depois que ele admitiu o "ocultismo" do clipe de "Thriller". Ele já estava com problemas com alguns anciãos da igreja, que não só criticavam a "atitude de adoração" demonstrada por suas legiões de fãs, mas preocupavam-se também com as indagações cada vez mais provocativas que ele vinha fazendo durante as sessões de perguntas e respostas no final do culto. Michael era particularmente obcecado pela história do Gênesis, dizendo repetidamente que não entendia por que Adão e Eva haviam sido testados com o fruto proibido. Se Deus era Deus, Michael argumentava, então Ele deveria saber a escolha que Adão e Eva fariam. E se Deus sabia qual seria a escolha, então por que Ele ficaria com raiva deles por escolher? Isso não fazia sentido. Além disso, ele se perguntava se Caim e Abel haviam sido gerados por incesto. "E eles eram dois meninos", observou ele, "assim, como eles tiveram filhos?" Ele também ficava incomodado com o que começara a reconhecer como uma espécie de, bem, *contradição* na entrega de sua mãe à religião. Como ela, Michael continuava a rejeitar o Natal e a Páscoa como festas pagãs, muito embora ele sempre tivesse desejado intensamente participar daquelas comemorações. Ele também havia aceitado por toda a vida que não deveria comemorar aniversários. Assim, incomodava-o o fato de, todo dia 4 de maio, Katherine aceitar presentes, desde que estivessem dentro de sacos de papel pardo em vez de papel de presente. Mas, fora isso, ela era tão boa, "uma santa de verdade", como ele costumava dizer, que isso parecia uma transgressão menor. E ele não queria perder a conexão que os dois haviam formado em torno de sua fé, ou seu lugar entre um grupo de pessoas que o tratavam como um ser humano normal.

Na manhã seguinte ao encontro com os anciãos da igreja em Encino, Michael telefonou para John Branca e exigiu que as fitas do clipe "Thriller", agora mantidas em uma fábrica local, fossem destruídas. Confuso, o advogado assinalou que Jackson já havia gastado 500 mil dólares do dinheiro de outras pessoas com o vídeo, mas Michael se recusou a ser dissuadido. No momento em que Michael telefonou para seu escritório no dia seguinte, Branca tinha as fitas sobre sua escrivaninha e uma ideia para preservá-las. Ele estava lendo um livro sobre Bela Lugosi, o mais famoso de todos os Dráculas do cinema, disse Branca, e ficou surpreso ao descobrir que Lugosi era um católico devoto que acreditava que interpretar um vampiro nos filmes não teve qualquer efeito sobre sua fé pessoal. Com esse pano de fundo, Branca sugeriu um aviso no início do vídeo, explicando que nada nele refletia as crenças religiosas de Michael. Grato ao advogado por haver encontrado uma saída do impasse em que se encontrava, Michael concordou rapidamente. John Landis, no entanto, recusou-se a fazê-lo, pelo menos até Branca convencê-lo de que, sem o aviso, o clipe nunca seria lançado. Foi Landis quem, por fim, escreveu a frase que foi inserida no início do vídeo: "Devido às minhas fortes convicções pessoais, enfatizo que este filme não expressa de forma alguma uma crença no oculto. — Michael Jackson".

O aviso só aumentou o turbilhão de boatos, insinuações e toda a mística que rodeava Michael no início de 1984. "Se 1983 não foi o ano de Michael Jackson", Dick Clark havia observado em seu especial de Ano-Novo na TV, "então não foi de ninguém." Ele vinha tendo uma imensa permissão pública para viver em seu próprio mundo que nunca antes fora concedida a qualquer pessoa, celebridade ou não. As estranhezas de sua personalidade, na verdade, contribuíam para o fascínio em torno dele. As pessoas se maravilhavam com a energia sexual que aquele virgem de 25 anos de idade gerava no palco, especialmente quando dançava. "Impulsionado pelo brilho intenso de suas roupas prateadas, ele parece alterar a estrutura molecular a seu prazer", observou um pequeno artigo na revista *Rolling Stone*, "em um momento, ele é todos os ângulos de um robô, e no seguinte, curvas ondulantes. Ele possui tanto domínio de seu corpo que os olhos estão frequentemente fechados, o rosto virado para cima, em direção a alguma musa invisível. O peito ossudo arfa. Ele arqueja, rebola e grita." A descrição do próprio Michael seria a seguinte: "É como se eu estivesse em um transe. Eu sinto, mas não ouço. É tudo feeling [...]. Isso simplesmente te esvazia. Você fica acima de tudo. É por isso que eu adoro, porque vou para um lugar onde não há nada que alguém possa fazer. Acaba aí, é um ponto sem volta. É tão maravilhoso. Você decola". A necessidade dessa experiência tornou-se um vício que ele tinha de alimentar, mesmo quando não estava em turnê. Todos os domingos, ele não só jejuava, de acordo com as exigências de sua religião, Michael explicou à *Rolling Stone*, mas também se trancava sozinho em seu quarto para dançar até o colapso físico, até cair deitado de costas, banhado em suor, rindo e chorando incontrolavelmente, totalmente exausto e finalmente livre. Livre do quê, o repórter de uma revista perguntou. Livre de mim mesmo, Michael respondeu: "Eu adoro esquecer quem sou".

Isso estava se tornando cada vez mais difícil. No dia 7 de fevereiro de 1984, Michael foi o convidado de honra na cerimônia de nomeação do Livro Mundial de Recordes Guinness realizada no Museu de História Natural de Nova York, ocasião em que *Thriller*, com 27 milhões de cópias já vendidas, receberia o certificado de álbum mais vendido de todos os tempos. Vestindo uma das jaquetas de estilo militar, repleta de lantejoulas e dragonas, que haviam se tornado o principal item de seu guarda-roupa, Michael chegou de braço dado com a atriz Brooke

Shields. Era o primeiro encontro deles — e a ideia fora dela. O destaque da festa foi um globo terrestre de oito metros de diâmetro repleto de luzes que anunciavam "Michael Jackson, o maior artista do mundo". Walter Yetnikoff leu um telegrama enviado pelo presidente Ronald Reagan e sua esposa, Nancy. O primeiro casal saudava Michael escrevendo: "Sua profunda fé em Deus e adesão aos valores tradicionais são uma inspiração para todos nós".

Três semanas depois, em 28 de fevereiro, a cerimônia de entrega do prêmio Grammy no Shrine Auditorium, em Los Angeles, foi um show de Michael Jackson do início ao fim. Brooke Shields foi novamente a acompanhante de Michael, mas dessa vez teve de dividi-lo com Emmanuel Lewis, o astro de doze anos de idade e um metro de altura que atuava no bem-sucedido seriado de TV *Webster*, que passou a maior parte da noite empoleirado no colo de Michael, enquanto Shields ficou sentada ao lado deles com uma expressão confusa. A multidão delirou com o estranho charme de tudo isso, à medida que Michael era chamado ao palco de novo e de novo, recebendo o recorde de oito estatuetas douradas de gramofone. Cada vez que o nome de Michael era mencionado, ou mesmo quando sua imagem aparecia nos monitores ao lado do palco, os fãs nas galerias irrompiam em uma cascata de aplausos que era mais frenética e prolongada do que qualquer coisa já testemunhada em uma cerimônia de premiação. As maiores estrelas do planeta eram como figurantes de seu vídeo caseiro. Pela primeira vez em sua vida, Michael parecia não se importar com o que pensavam sobre ele. Nos bastidores, a imprensa lhe perguntou ansiosamente qual era sua canção favorita, e Michael respondeu prontamente: "'My Favorite Things', cantada por Julie Andrews". Os repórteres começaram a rir, pensando que era uma piada, mas no instante seguinte perceberam que ele estava falando sério e ficaram com os sorrisos congelados enquanto ele os ignorava e saía pelo corredor, cantando a música a plenos pulmões. A festa depois da cerimônia naquele ano foi realizada no centro da cidade, no restaurante Rex il Ristorante, onde Michael e Brooke viam abaixo de sua mesa, no mezanino, uma multidão de plebeus que incluía Bob Dylan, Arnold Schwarzenegger e Eddie Murphy.

Michael foi a atração principal até mesmo na cerimônia de entrega do Oscar, em abril. Quando ele apareceu com Liza Minnelli no evento anual mais exclusivo de Hollywood — a famosa festa do agente Swifty Lazar no Spago —, "as estrelas foram reduzidas a mingau", nas palavras de uma colunista do *USA Today* que estava presente, "como se a noite não tivesse sido em torno dos filmes, mas sim de

Jackson". As celebridades mundialmente conhecidas que estavam presentes literalmente pisaram nos pés umas das outras tentando chegar perto dele.

Mesmo depois dos Grammy e dos Oscar, mesmo depois de ele ter sido adorado por fãs que pareciam considerá-lo uma espécie de divindade viva, ele ainda voltava para casa sozinho no final da noite e se perguntava por que estava tão infeliz. "Eu me sentia tão sozinho que ia chorar no meu quarto no andar de cima", recordaria ele sobre essa época. "Eu pensava: 'É isso aí, vou dar o fora daqui'. E eu gostava de andar pela rua. Lembro-me realmente de dizer para as pessoas: 'Você quer ser meu amigo?'. E aí elas falavam: 'Michael Jackson!'. E eu pensava: 'Ai, meu Deus! Eles vão ser meus amigos por causa de Michael Jackson? Ou por minha causa?'"

"Michael Jackson" era agora uma outra pessoa, o personagem que ele interpretava em público. "Eu odeio admitir isso, mas me sinto estranho perto de pessoas", ele disse a Gerri Hirshey. Sozinho, em particular, ele era um menino perdido, sem nome. O único alívio da imensa sensação de isolamento que sentia naquele momento, Michael iria se lembrar, vinha quando ele ia até o parque Encino e se sentava em um balanço entre as crianças no playground. Elas não sabiam quem ele era e, mais importante, não se importavam. Esses passeios ao parque se encerravam com os fãs enlouquecidos que acampavam atrás dos arbustos do lado de fora dos portões da propriedade de Hayvenhurst. As expressões em alguns dos rostos o aterrorizavam. "Ah, não, eu não posso ir até lá", ele disse a um jornalista que perguntou se poderiam fazer a entrevista em um restaurante próximo. "Eles vão me pegar com certeza. Eles estão em todos os cantos e querem pôr as mãos em mim." Com cada vez mais frequência, ele se cercava de guarda-costas quando se aventurava a sair de Hayvenhurst, homens corpulentos que foram instruídos a não deixar ninguém chegar perto, a não ser crianças.

Ele tentava se explicar, da melhor maneira possível, para os eventuais entrevistadores que parecessem sinceramente interessados. "Eu sou uma pessoa muito sensível", disse ele a Robert Hilburn, do *Los Angeles Times*. "Uma pessoa com sentimentos muito vulneráveis. Meus melhores amigos no mundo todo são crianças e animais. Eles são aqueles que dizem a verdade e te amam abertamente e sem reservas." E ele estava ficando cada vez mais desconfiado dos adultos. Explicou o aumento de sua reclusão a Hirshey, da revista *Rolling Stone*, descrevendo-se como "um hemofílico que não pode se dar ao luxo de sofrer qualquer arranhão". Quando Hirshey perguntou sobre fazer turnês, Michael lhe mostrou exatamente como ele era diferente de outras estrelas da música pop: "As garotas no saguão, subindo as escadas. Você ouve os guardas tirando-as dos elevadores. Mas você fica no seu quarto e compõe uma canção. E quando você se cansa disso, você conversa consigo mesmo. E depois coloca tudo para fora no palco. É *assim* que acontece". Ele não gostava de festas e odiava boates. "Eu fui a esses lugares quando era criança", explica ele. "Agora eu quero ser uma parte do mundo e da vida que eu não tive. Me leva para a Disneylândia, me leva para onde a magia está." Ele ia diversas vezes ao parque original de Walt Disney em Anaheim, onde o pessoal da segurança o conduzia através das passagens secretas que ligavam os brinquedos e atrações, para que ele pudesse evitar as pessoas nas filas. "Piratas do Caribe" era a sua atração favorita na Disneylândia. Ele passeava por aquelas grutas escuras diversas vezes, disfarçado, rezando para ninguém gritar: "Olha lá o Michael Jackson!" e desejando, ao mesmo tempo, poder se juntar às crianças que estavam rindo no barco ao lado dele. Ele ansiava desesperadamente, Michael contou a um entrevistador, por algo que pudesse identificar apenas como "diversão e uma sensação de liberdade".

Emmanuel Lewis continuou a ser o seu companheiro mais próximo. Quando não o estava carregando nas costas, Michael gostava de levar o anão de doze anos nos braços como se fosse um bebê. Os visitantes de Hayvenhurst ficavam surpresos, forçando sorrisos educados enquanto assistiam a Jackson e o menino brincando de caubói e índio no gramado da frente como se os dois tivessem cinco anos de idade. Aqueles que o conheciam não deixavam de se comover com o fato de que havia pelo menos uma coisa em sua vida que parecia fazê-lo feliz.

A determinação de Michael de recuar em direção a uma segunda infância nunca foi mais evidente do que na ocasião em que ele visitou a Casa Branca em maio de 1984, como convidado do presidente Reagan e da primeira-dama. Tendo lhe sido prometido que ele se encontraria apenas com Ron e Nancy e alguns filhos de membros da equipe do presidente, Michael não acreditou quando entrou no Salão de Recepção Diplomática e encontrou-o cheio de adultos excitados. Ele imediatamente fugiu por um corredor até um banheiro ao lado da biblioteca da Casa Branca, trancou a porta e se recusou a sair até que um assessor da Casa Branca ordenasse a seu assistente para reunir algumas crianças e fazer a maioria dos adultos sair. "É tudo realmente tão peculiar", Nancy Reagan comentaria. "Um menino que se parece com uma menina, que sussurra quando fala, usa uma luva em uma das mãos e óculos escuros o tempo todo."

Ele ainda não conhecia um único adulto que pudesse chamar de amigo e relacionar-se com sua família foi se tornando cada vez mais difícil. O contrato que colocava seu pai, Weisner e DeMann como empresários, que Michael compartilhava com os irmãos, havia expirado por volta de março de 1983, e ele estava oficialmente sem representação desde essa época. Os irmãos estavam esperando para ver o que ele faria em seguida, e Joseph também, na esperança de garantir alguma porcentagem do futuro da estrela da família. Joe tentou se distanciar de Weisner e DeMann, mas o processo só aprofundou o desprezo que Michael sentia por ele. "Houve um tempo em que senti que eu precisava de ajuda dos brancos para lidar com a estrutura corporativa da CBS", Joe explicou a um entrevistador. "E eu achei que Weisner e DeMann poderiam ajudar. Mas eles nunca me deram o respeito que se esperaria de um parceiro de negócios." Weisner e DeMann responderam com uma declaração dizendo que eles não tinham "qualquer problema com Michael ou com os Jackson" — a não ser Joe. "É verdade, não temos uma boa relação com ele", DeMann reconheceu, "mas eu não acho que ele tenha um bom relacionamento com qualquer pessoa cuja pele não seja negra." Michael se intrometeu com a expressão mais pública de escárnio em relação ao pai a que ele já se havia permitido, dizendo à *Rolling Stone* "ouvir ele falando assim me revira o estômago [...]. Racismo não é o meu lema".

Se ainda havia alguma dúvida sobre o futuro de Joe, ela foi dirimida em junho, quando ele recebeu uma carta escrita por John Branca, informando que ele, Joe, não mais representava Michael Jackson e não deveria mais sugeri-lo em nenhum contato de negócio. Os irmãos, quase tão chateados quanto Michael pelo fato de Joe haver reagido ao mais recente pedido de divórcio de Katherine escondendo bens deliberadamente, também enviaram cartas por meio de seus próprios advogados dizendo que o pai não era mais seu empresário. Foi a primeira vez que alguém na família viu Joe chorar.

Michael já havia falado com Frank Dileo, o diretor de divulgação da Epic Records, sobre deixar a gravadora para trabalhar como seu empresário. O corpulento Dileo, com sua fala pausada, era considerado o responsável pelo lançamento dos singles de *Thriller* em uma sequência que resultou em canções aparecendo entre as dez mais da *Billboard* ao mesmo tempo, criando muito da sinergia que conduziu o álbum ao seu sucesso estratosférico. Frank era carismático, bom de conversa, tinha uma personalidade manipuladora que criava um equilíbrio incomum com a imagem de delicada esquisitice de Michael. Dileo se apresentava como uma fênix rechonchuda que havia se erguido das cinzas de vários desastres, incluindo a morte de seu pai, que não tinha um seguro, quando ele era um adolescente, uma condenação leve por ter trabalhado como agente de apostas para os jogos de basquete universitário, e um incêndio na casa da família que lhes custou tudo o que possuíam. Ostentando um rabo de cavalo fino e um charuto, barrigudo e barulhento, Dileo era afável, mas não se intimidava com facilidade, principalmente por pessoas como Joe Jackson.

Mas Joe tinha bala na agulha e era ainda sagaz e calculista. Ele sabia, por experiência, que jogar os meninos uns contra os outros era uma estratégia vencedora, cinco contra Michael. Que ótima ideia seria, ele sugeriu a Jackie, Tito, Marlon e Randy, capitalizar sobre o enorme sucesso de *Thriller* incluindo Michael em uma "turnê de reencontro" para celebrar o retorno de Jermaine ao grupo. Michael ainda não tinha planos para uma turnê de *Thriller*, Joe enfatizou, e poderia encaixar suas apresentações solo no palco do show dos Jackson, transformá-lo em algo muito maior financeiramente para todos eles.

Jermaine aceitou no momento em que a ideia lhe foi apresentada, mas Michael resistiu ainda mais tenazmente do que antes. Ele estava cansado de turnês, disse: cansado de toda a atenção, cansado de viajar e cansado de quartos de hotel — cansado de sua família, ponto final. O que ele não disse foi que não havia nada que pudesse ganhar continuando a se associar profissionalmente a seus irmãos. Por mais que eles precisassem dele, ele não precisava deles para nada. Os irmãos primeiro tentaram usar a culpa para convencê-lo. Marlon passava por um divórcio desagradável, estava em dificuldades financeiras e não conseguia sequer pagar sua hipoteca. Talvez ele devesse vender aquela casa e comprar uma menor, Michael sugeriu. Os irmãos, em seguida, convocaram uma reunião em que apareceram com um cartaz de Michael em tamanho natural e disseram que o colocariam no palco em seu lugar. Nem assim Michael cedeu. Era hora de jogar o ás que tinham na manga.

Katherine ainda era a única mulher na vida de Michael. Os encontros com Brooke Shields eram uma farsa. Brooke havia tentado beijá-lo algumas vezes, Michael confidenciou a um dos irmãos, mas ele desviou o rosto com nojo quando ela colocou a língua na boca dele. Com Katherine, porém, era amor verdadeiro. E o amor verdadeiro era a única coisa que poderia fazer Michael mudar de ideia. Durante um encontro particular com Michael, Katherine implorou para que ele se juntasse aos irmãos na turnê de reencontro. Eles precisavam do dinheiro, precisavam muito, em alguns casos, ela disse ao filho. Aquela era sua família. Finalmente, quando tudo o mais falhou, ela tirou o grande trunfo: "Por mim, Michael, por favor?".

Era uma escolha entre as duas únicas coisas que Michael tinha, o amor da mãe e sua carreira. Ele escolheu o amor da mãe, é claro, mas não se entregou completamente. Insistiu que seu envolvimento em *Victory*, o álbum que lançaria a turnê, fosse reduzido ao mínimo: duas músicas que ele iria compor e cantar. Uma delas, um dueto com Mick Jagger intitulado "State of Shock", seria o único sucesso do álbum. Para os irmãos, tudo bem; o álbum e a turnê eram apenas uma questão de dinheiro e eles pretendiam encher os bolsos com o máximo possível.

Um problema inesperado surgiu quando vários produtores disseram ter medo de colocar os Jackson nos grandes estádios ao ar livre que haviam planejado encher com um público pagante, medo da multidão de fãs que tentaria chegar até Michael. "Eu não podia garantir a segurança das pessoas na frente do palco", disse aos repórteres o produtor Ron Delsener, de Nova York. "Acho que ninguém conseguiria fazer isso. Se disserem que podem, estão mentindo." "Michael Jackson leva as pessoas a um absoluto frenesi", opinou Alex Cooley, de Atlanta. "Seus fãs representam o que dá sentido à palavra 'fã' — eles são fanáticos. Então, sim, temos um problema." Joe e Katherine uniram forças para sugerir um produtor que não tivesse esse tipo de preocupação.

Mais conhecido por seu estilo de cabelo "pós-eletrochoque" e por organizar lutas do campeonato de boxe (incluindo a famosa luta de Muhammad Ali contra Joe Frazier, denominada "Thrilla in Manila"), Don King passara quatro anos preso em Ohio por matar um homem em uma briga de rua em Cleveland. Ele era alto, rude, polêmico, dado a declarações ultrajantes e carregadas de referências raciais. King aparecera para a sua primeira reunião com a família usando um casaco de pele branco e um colar de ouro com um pingente em que uma coroa de ouro era encimada pelo nome DON. Michael desprezou o homem a partir do momento em que o conheceu: "assustador" foi o que ele disse sobre King, e deixou claro que queria o produtor longe dele. Depois que pagou, com relutância, 3 milhões de dólares em dinheiro vivo, que chamou de "dinheiro em boa-fé" — uma ninharia para Michael, mas uma fortuna para os irmãos —, King disse que os quarenta shows que ele havia planejado arrecadariam pelo menos 30 milhões de dólares que, após as despesas e sua taxa de empresário de 15% que ele e Joe concordaram em dividir, deixariam 3,4 milhões de dólares para cada um dos irmãos. O golpe seguinte de King foi a negociação de um acordo com a Pepsi-Cola para patrocinar a turnê por 5 milhões de dólares, dez vezes mais do que os Rolling Stones haviam recebido da mesma empresa para sua turnê de 1981. Michael resistiu, dizendo que não tomava refrigerantes, não precisava do dinheiro e não queria aparecer em um comercial. Mais uma vez, a família o pressionou a aceitar.

O terrível comercial da Pepsi foi filmado no dia 27 de janeiro de 1984, no Shrine Auditorium, em Los Angeles, que contava com uma multidão de 3 mil pessoas para simular a atmosfera de um show ao vivo. Com os irmãos, Michael cantaria a letra de um jingle intitulado "You're a Whole New Generation", adaptada à base instrumental de "Billie Jean". Paul McCartney advertiu Michael, dizendo que aparecer em um comercial de TV o deixaria "superexposto", o que, a longo prazo, prejudicaria sua carreira. Incomodado com a ideia de vender um produto em que ele não acreditava e com um mau pressentimento sobre as filmagens, Michael concordou com um único close-up de quatro segundos.

Às 18h30, os Jackson estavam começando a sexta versão de "You're a Whole New Generation", com destaque para Michael descendo uma escada até o palco principal em meio a um arco pirotécnico de explosões coloridas. Ele estava no topo de uma plataforma acima da escada quando uma bomba de luz de magnésio explodiu a menos de um metro de sua cabeça. Enquanto descia através da fumaça e começava a dançar no final das escadas, ele sentiu um ponto quente no alto da cabeça, mas supôs que fossem as luzes do palco. Mas, ao continuar a dançar, Michael percebeu que seu cabelo estava em chamas e caiu sobre o palco, puxando o casaco por cima da cabeça enquanto gritava por socorro.

Em meio ao caos e à gritaria, muitos da plateia acreditavam que houvera um atentado contra a vida de Michael. Jermaine, em pé a menos de três metros de distância, pensou que o irmão havia sido baleado. O videotape de Michael sendo colocado em uma ambulância, a mão com a luva saindo dos cobertores, foi exibido nos três principais noticiários de TV naquela noite. (Michael disse aos atendentes de ambulância para deixarem a luva para fora para que as pessoas soubessem que era ele.) No Centro Médico Cedars-Sinai, os médicos descobriram uma queimadura de segundo grau do tamanho de um punho na parte de trás de sua cabeça, perto do topo, com um ponto de queimadura de terceiro grau do tamanho de uma moeda de 25 centavos no centro. Para se recuperar, ele foi transferido para o Centro Médico Brotman, que recrutou seis voluntários para atender aos telefonemas sobre o estado de Michael. Dezenas de milhares de cartões e cartas chegaram, incluindo um do presidente dos Estados Unidos. A Pepsi pagou a Michael 1,5 milhão de dólares para evitar uma ação judicial, quantia que ele doou integralmente ao Brotman para estabelecer um Centro de Queimaduras Michael Jackson, angariando no processo uma quantidade incalculável de simpatia da cidade de Los Angeles.

No entanto, dois efeitos negativos do acidente no Shrine Auditorium durariam muito mais tempo do que a boa publicidade. Seu cabelo nunca mais cresceu completamente no local da queimadura de terceiro grau. Mais importante ainda, depois de primeiro se recusar a tomar analgésicos, Michael engoliu um comprimido de Dilaudid, que foi o primeiro narcótico a entrar em seu sistema. A descoberta de que a droga não só aliviava a dor sobre a superfície do seu corpo, mas anestesiava uma dor íntima mais profunda, iria mudá-lo ao longo do tempo de uma forma que ninguém poderia ter imaginado na época.

Mas o problema mais premente no verão de 1984 foi a ganância descontrolada do pai e dos irmãos, incentivada por Don King. Os irmãos e King haviam decidido que o preço dos ingressos para os shows da turnê Victory seria de trinta dólares, e eles seriam disponibilizados ao público apenas por correio em lotes de quatro. Isso em uma época em que os preços mais altos de ingressos no país, para shows de Bruce Springsteen e dos Rolling Stones, era de dezesseis dólares por pessoa. A notícia que só quem conseguisse se dar ao luxo de desembolsar pelo menos 120 dólares entraria nos shows dos Jackson despertou a mídia, que fez acusações de extorsão, e chocou e enraiveceu o núcleo de fãs do grupo: jovens das áreas mais pobres do centro da cidade. Michael havia se oposto aos altos preços dos ingressos e a disponibilizá-los somente pelo correio, mas novamente foi derrotado em uma votação de cinco a um.

Na condição de estrela da turnê, Michael sofreu o impacto da publicidade negativa. Por fim, ele não teve escolha a não ser ameaçar os irmãos e King de que, se eles se recusassem a mudar o valor dos ingressos, ele não se apresentaria. Pouco depois que eles cederam, Michael anunciou que doaria *seu* cachê da turnê para caridade, dividindo aproximadamente 5 milhões de dólares entre o United Negro College Fund, uma fundação para pesquisa sobre câncer, e o Camp Ronald McDonald for Good Times.

A turnê em si foi uma atrocidade do início ao fim. Na primeira parada em Kansas City, Jermaine disse a um repórter: "Embora Michael seja muito talentoso, muito do seu sucesso se deveu a uma sincronia perfeita dos acontecimentos e um pouco de sorte. Poderia ter sido ele ou poderia facilmente ter sido eu". Michael foi se distanciando cada vez mais dos irmãos à medida que a turnê progredia, recusando-se a ficar no mesmo andar que eles nos hotéis e insistindo que seus advogados estivessem presentes nas reuniões de negócios que, logo nas primeiras datas dos shows, tornaram-se as únicas conversas que ele teve com os irmãos. Os outros Jackson viajavam para os shows em veículos separados antes de a turnê estar na metade e insistiam em receber os seus pagamentos imediatamente depois de cada show. Os irmãos viram a chance de duplicar seu dinheiro quando um produtor ofereceu milhões pelo direito de filmar a turnê e editar o material para a criação de um vídeo de Michael, mas Michael ameaçou não se apresentar em mais nenhum show se os irmãos concordassem com aquilo. Quando a turnê chegou à sua última parada — seis shows no Dodger Stadium, em Los Angeles —, o estresse era tão grande que Michael havia praticamente parado de comer, seu peso chegando a 49 quilos, o menor em toda a sua vida. Joe e Don King já estavam negociando um acordo para levar a turnê Victory para a Europa, mas, quando Michael descobriu, ele informou que não havia chance de isso acontecer. Ninguém na sua família, no entanto, estava preparado para a mensagem que Michael apresentou no palco, no dia 9 de dezembro de 1984: "Este é o nosso último, derradeiro show. Foram vinte longos anos e nós amamos vocês". Michael olhou para a expressão de choque no rosto dos irmãos e não conseguiu reprimir um sorriso.

Em 1985, Michael ainda estava muito rico com o fenomenal sucesso de *Thriller*, prestes a ganhar mais de 200 milhões de dólares só em vendas do álbum, quando ele grudou uma folha de papel impressa com "100 milhões" na janela de seu banheiro, que lá permaneceria durante os dois anos que passou gravando o sucessor de *Thriller*, o disco *Bad*, de 1987. Aquele lembrete se tornaria o artefato de uma maldição autoinfligida que assombrou o restante de sua carreira. "Este tem de ser maior do que o último", Michael disse várias vezes aos músicos que estavam trabalhando no disco com ele. "Se ele vendesse 100 milhões de cópias, acho que não ficaria totalmente satisfeito", Bruce Swedien, coprodutor de *Bad*, confidenciou à *Rolling Stone*. "Mas ele estava determinado a conseguir isso."

Michael não estava menos determinado a constituir uma vida privada que correspondesse a seu sucesso de público. Tendo crescido em um mundo onde ter seus caprichos atendidos era uma prerrogativa do estrelato, ele insistia cada vez mais em viver sem limites. Durante a turnê mundial Bad, ele exigiu que um ônibus, um avião e um helicóptero estivessem disponíveis para ele o tempo todo, independentemente do custo. Michael contratou Martin Scorsese para dirigir o clipe de "Bad", depois que Steven Spielberg e Francis Ford Coppola não puderam aceitar o convite por estarem envolvidos com outros projetos e, em seguida, gastou a quantia inédita de 2 milhões de dólar no projeto. Tal grandiosidade se justificou quando *Bad* se tornou o primeiro álbum com canções nos cinco primeiros lugares nas paradas e acumulou vendas de 17 milhões de unidades, além de outras 13 milhões internacionalmente. A turnê Bad arrecadou 125 milhões de dólares, dos quais 40 milhões ficaram com a estrela do show. *Bad* foi um sucesso surpreendente para os padrões de qualquer um, mas foi uma decepção esmagadora para Michael Jackson. A resenha da *Rolling Stone* argumentava que *Bad* era "realmente um disco melhor do que *Thriller*", mas outros críticos estavam menos entusiasmados.

O clipe de "Bad" foi recebido com escárnio total. Scorsese filmou o roteiro do escritor realista nova-iorquino Richard Price, baseado na história de Edmund Perry, um jovem negro do Harlem, que recebera uma bolsa de estudos em uma escola preparatória para a universidade e acabava morto por um policial à paisana que afirmava que o garoto havia tentado roubá-lo. Scorsese, Price e Jackson imaginavam o personagem de Perry como uma figura solitária lutando para manter uma posição segura em dois mundos muito diferentes, nos quais seu isolamento era notado tanto por alunos esnobes quanto por valentões na rua. A história chegaria ao clímax com a transformação do jovem em um sujeito durão e rebelde, disposto a causar tanta dor quanto tinha suportado. Jackson e seus dançarinos passaram horas assistindo a *West Side Story* e Michael pretendia guiar sua atuação no clipe pela de George Chakiris, que, no filme, havia representado o líder de uma gangue de porto-riquenhos, os Sharks.

O projeto parecia estar se transformando em um clipe que seria tão grande quanto "Thriller", mas a reação da maioria dos telespectadores quando Michael desfilou na tela em seu traje de sujeito durão foi a de quase ficar sem ar em uma erupção simultânea de suspiros e risos. Não só por causa da roupa de couro preto que cobria o astro da cabeça aos pés, mas também da coleção ofuscante de adereços metálicos colocados em cada prega, dobra e superfície. Os absurdos saltos prateados e as fivelas das botas eram a parte mais discreta do traje, ofuscados, literalmente, pelo resplendor de tachas, fivelas e diversos zíperes que decoravam sua pulseira, cinto e jaqueta. As estações de rádio em todo o país realizaram concursos nos quais os ouvintes eram desafiados a adivinhar quantos zíperes e fivelas havia na jaqueta. Mais surpreendente foi a aparência de Jackson. Maquiagem pálida e espessa espalhada generosamente sobre as feições cirurgicamente alteradas de um andrógino que tinha pouca semelhança com o jovem negro de olhar pensativo na capa de *Off the Wall* apenas oito anos antes. A resposta do público em geral para o novo álbum e clipe do astro foi resumida pela manchete na capa da revista *People*: "Michael Jackson: Ele está de volta. Ele é *bad*. Esse cara não é estranho?".

O mais importante pop star do mundo havia se tornado oficialmente uma aberração. Sabendo o que teria de enfrentar, Michael subiu ao palco na cerimônia de entrega do Grammy no ano seguinte para uma apresentação intensa de "Man in the Mirror", em seguida passou a maior parte do resto da noite fungando em um assento da primeira fila, mal sendo capaz de conter as lágrimas ao ser excluído dos prêmios, e assistiu à cerimônia se transformar em uma festa de debutante para o U2. Àquela altura, a remodelação de seu rosto por meio de cirurgias plásticas e a imagem de "Wacko Jacko" (o apelido tinha se tornado uma constante nos tabloides britânicos) estavam afastando cada vez mais os amantes da música. Nos Estados Unidos, Jackson deu instruções para que, nas entrevistas coletivas, os fotógrafos usassem apenas uma lente teleobjetiva média com velocidade do obturador de 1/125, abertura 4 do diafragma e filmes compatíveis com iluminação tungstênio, regras que foram criadas para disfarçar suas múltiplas cirurgias plásticas, mas só serviam para irritar e desagradar a mídia.

Em 1988, ainda que a voz de tenor de Michael, que atingia três oitavas e meia, estivesse no auge de sua capacidade, os leitores da *Rolling Stone* votaram nele como o "pior artista" em quase todas as categorias da pesquisa anual feita pela revista. Ainda como o artista de maior vendagem do planeta, Jackson se sentiu enormemente desvalorizado, em especial pelos críticos de música. Bruce Springsteen ("Ele não sabe cantar nem dançar") foi chamado de The Boss [O Chefe], enquanto várias pesquisas de jornais e revistas nomeavam Madonna ("Aquela vaquinha!") a Artista da Década. Don King, que Jackson inicialmente desprezou, finalmente chamou a atenção dele, dizendo: "Os brancos nunca vão deixá-lo ser maior do que Elvis".

5.

Uma semana antes do Natal, em 2005, um grupo de executivos da Sony viajou para Dubai para se encontrar pessoalmente com Michael Jackson. Junto com vários consultores financeiros do xeque Abdullah, os executivos se reuniram na suíte de Jackson no hotel em forma de vela dos emirados, o Burj Al Arab, cuja diária era de 9 mil dólares. O diretor financeiro da Sony, Robert S. Wiesenthal, aguentou apenas alguns minutos de conversa fiada antes de explicar a Jackson que ele estava à beira de uma falência que ameaçava os lucros da corporação.

No final de 2003, preocupado com o fato de Jackson ter deixado de fazer vários pagamentos de sete dígitos que devia, o Bank of America vendeu o empréstimo dele ao Fortress Investment Group, uma empresa de gestão de "ativos alternativos" acusada de ser uma das mais oportunistas do planeta, especializada na exploração de dificuldades financeiras. À medida que a Fortress começava a aumentar gradativamente a taxa de juros da dívida de Jackson, passando dos 20% ao ano, o rancho Neverland e, mais importante, a metade do catálogo de Jackson na Sony / ATV foram colocados em jogo. Em seguida, no dia 11 de julho de 2005, apenas duas semanas depois de sua chegada ao golfo Pérsico, Jackson foi processado em 48 milhões de dólares pela Prescient Acquisitions Group, uma empresa de serviços financeiros de Nova Jersey que alegou haver intermediado o acordo com a Fortress.

O que motivou a viagem dos executivos da Sony para Dubai foi a descoberta de que a Fortress estava prestes a cobrar o pagamento do empréstimo de Jackson. Se isso acontecesse, explicaram Wiesenthal e os outros que se reuniram na suíte do Burj Al Arab, Michael seria forçado a declarar falência e metade do seu catálogo de canções seria colocada em leilão. A Sony, que por anos vinha fazendo manobras para assumir o controle total do catálogo, não poderia deixar isso acontecer.

Jackson ficou calado e se mostrou muito condescendente, com pouco a dizer além de alguns murmúrios maravilhados sobre como o catálogo da ATV o estava salvando mais uma vez da ruína financeira. Era uma mudança e tanto desde o último encontro dos executivos da Sony com o astro. Embora a música de Jackson houvesse gerado em torno de 1 bilhão de dólares em lucros para a Sony desde os anos 1980, o cantor era visto pela empresa cada vez mais como um encargo e não um bem componente do ativo, e a catástrofe de relações públicas que havia se seguido ao lançamento de *Invincible* reforçou essa impressão. A Sony havia permitido que Jackson gravasse 84 canções às custas da empresa — das quais ele selecionou as dezesseis que apareceram em *Invincible* — e, no processo, acumulasse custos de produção que foram mais do que o dobro de qualquer outro álbum já lançado pela empresa. Jackson, então, havia chamado o presidente do Sony Music Group de racista por se recusar a gastar ainda mais dinheiro em *Invincible*.

As relações entre a empresa e seu antigo contratado melhoraram depois que *Number Ones* foi lançado no final de 2003 e vendeu 10 milhões de cópias. A Sony vinha se preparando para negociar novos contratos de garantias de empréstimo e outras compilações ou edições especiais de aniversário quando, de repente, a vida e a carreira de Jackson desapareceram em uma crise de traumas e catástrofes que durou dois anos e meio. A Sony ficou assistindo Martin Bashir destruir a maior parte do que havia sobrado da reputação de Jackson e, em seguida, viu Tom Sneddon fazê-lo passar pela provação de um julgamento criminal que deixara Michael, nas palavras de Tom Mesereau, "psicologicamente destruído". Os veredictos de inocência no final desse julgamento pouco haviam feito para restaurar a reputação do artista.

O que estava em jogo agora não era apenas o ativo mais valioso que Jackson possuía, mas o ativo mais valioso de qualquer artista. Jackson havia comprado o catálogo da ATV / Music Publishing em 1985 pelo que, à época, pareceu a quantia surpreendente de 47,5 milhões de dólares. Vinte anos mais tarde, ele valia 1 bilhão de dólares.

Como seria o caso, mais tarde, com a compra do rancho Neverland, Paul McCartney foi o catalisador para a aquisição de Jackson. O impacto de McCartney em sua vida foi desproporcionalmente grande em comparação com o relacionamento relativamente breve que eles tiveram. O fascínio do ex-Beatle por desenhos e animações se mostrara uma enorme fonte de valorização e incentivo para Jackson. A revelação de que um ícone cultural da magnitude de McCartney gostava de desenhos do Pica-Pau e os colecionava não só aliviou o constrangimento de Michael em relação às horas que passava assistindo a curtas de animação, mas ofereceu a primeira evidência concreta de que a determinação de permanecer infantil era compartilhada por outros gênios. A descoberta posterior de Jackson de que Steven Spielberg e George Lucas eram igualmente grandes colecionadores de desenhos animados também o agradou muito, mas foi McCartney quem fornecera a Michael uma réplica às provocações que ele havia sofrido durante anos do pai e dos irmãos. Michael gostava especialmente de contar à família que ele e Paul haviam composto o dueto "The Girl Is Mine" enquanto assistiam a desenhos juntos.

No verão de 1981, Michael hospedou-se na casa de McCartney em Londres enquanto os dois trabalhavam no dueto "Say Say Say" para o álbum de McCartney. Certa noite, durante o jantar, McCartney revelou que não só sua coleção de desenhos animados mostrou-se um investimento financeiro sólido, mas que sua coleção de direitos de canções (ele possuía títulos que incluíam standards como "Stormy Weather" e "Autumn Leaves", assim como a maior parte do catálogo de Buddy Holly) era extremamente rentável, gerando centenas de milhares em lucros a cada ano. Catálogos de música eram a melhor maneira que ele conhecia de ganhar "muito dinheiro", disse McCartney, que então se viu obrigado a admitir que não possuía os direitos de suas próprias músicas dos Beatles. Ele e John Lennon haviam vendido os direitos quando eram jovens, e agora 251 títulos — incluindo "Yesterday", "Hey Jude" e "Let It Be"— estavam incluídos em um catálogo de mais de 4 mil músicas pertencentes à ATV Music, do australiano Robert Holmes à Court. McCartney havia tentado comprar o catálogo da ATV no início daquele ano, mas não conseguiu convencer a viúva de John Lennon, Yoko Ono, a entrar em uma sociedade com ele, e não estava disposto a pagar sozinho o custo de 47,5 milhões de dólares. Mas se o catálogo ficasse disponível novamente, McCartney acrescentou, ele pretendia fazer uma oferta. Ele não tinha ideia, Paul diria mais tarde, de que Michael, que na maior parte do tempo ouviu em silêncio, estava procurando maneiras de usar aquela dica.

Quando voltou para os Estados Unidos, Jackson instruiu John Branca a procurar direitos autorais de canções que ele pudesse comprar. Até o final daquele ano, Branca conseguiu para Jackson todo o catálogo de Sly Stone, que incluía seus clássicos "Everyday People" e "Stand!" (uma composição que Michael havia cantado com os irmãos na primeira vez que o Jackson 5 apareceu no *The Ed Sullivan Show*). Branca mais tarde ajudou Michael a comprar os direitos autorais dos dois maiores sucessos de Dion, "The Wanderer" e "Runaround Sue", além de "1-2-3", de Len Barry, e "Expressway to Your Heart", do Soul Survivors.

Em setembro de 1984, Branca telefonou a Jackson para dizer que o catálogo de músicas dos Beatles estava de volta ao mercado. Depois de uma guerra de lances que durou oito angustiantes meses e envolveu uma série de conversas tensas com McCartney e Ono, Branca fechou o negócio em maio de 1985. McCartney ficou furioso quando soube que Jackson agora era dono dos direitos da maioria das músicas que ele havia composto quando era um Beatle. Era "desonesto", reclamou, "ser amigo de alguém e, em seguida, comprar e puxar o tapete dessa pessoa". Michael era "o tipo de cara que descobre as coisas", disse Paul, e não fez isso soar como um elogio. Jackson, em seguida, começou a vender licenças de canções dos Beatles para comerciais, começando com o uso de "Revolution" em um anúncio de tênis Nike. "Eu não quero que 'Good Day Sunshine' se torne um anúncio do biscoito Oreo", protestou McCartney, "que é o que eu acho que ele fez. Acho isso de muito mau gosto." McCartney ficou igualmente furioso quando Jackson recebeu 240 mil dólares da Panasonic pelos direitos de usar "All You Need Is Love" para vender "uma droga de um aparelho de som". "Não é minha culpa que Paul tenha sido tão mesquinho na hora de comprar ele mesmo o catálogo", retrucou Michael, que, em seguida, contratou pessoas para começar a desenvolver uma série de filmes baseados em quatro músicas dos Beatles: "Strawberry Fields Forever", "Back in the USSR", "Eleanor Rigby" e "The Fool on the Hill". Ele também anunciou que pretendia criar uma série de cartões musicais e caixas de música com as canções do catálogo dos Beatles.

Depois de vários anos de desavenças e críticas, Jackson e McCartney se reuniram, em 1990, para discutir o que Paul descreveu como "esse problema" entre eles dois. No dia seguinte, o advogado de McCartney telefonou para Branca a fim de dizer que Michael concordara em pagar a Paul uma taxa de royalty maior por suas canções. De jeito nenhum, Jackson disse a Branca: "Ele não vai receber uma taxa maior de royalty a menos que eu receba algo dele em troca". McCartney ameaçou processá-lo, mas no final decidiu que seu único recurso era cortar o contato com Jackson. No entanto, o "problema" continuou a irritá-lo. Ainda em 2006, McCartney diria a um entrevistador: "Sabe, o que não é muito bom é fazer uma turnê e pagar para cantar todas as minhas músicas. Toda vez que eu canto 'Hey Jude', eu tenho de pagar a alguém".

O que nem McCartney nem a maioria das pessoas sabia sobre Michael Jackson, Branca explicaria, era que, sob a voz sussurrada e o jeito hesitante, ele era um homem de negócios tão astuto quanto qualquer um. "Parte dele pode ser um garoto de dez anos de idade, com todo o entusiasmo que isso implica", disse Branca a um jornal de Londres, "mas a outra parte é um gênio de sessenta anos de idade." Frank Dileo descreveu-o para o mesmo jornal como "um cruzamento entre o E.T. e Howard Hughes".

Branca e Dileo fizeram essas observações na década de 1980, nos áureos tempos em que o catálogo da ATV era supostamente a joia da coroa do império financeiro de Michael Jackson. Ninguém imaginava na época que ele se tornaria a própria coroa. Proteger o catálogo da ATV era crucial para Michael. Durante o julgamento criminal, ele falara categoricamente que as acusações eram o resultado de uma conspiração entre a Sony, Tommy Mottola e Tom Sneddon, entre outros, para obter o controle do catálogo. Ele estava se cercando de guardas da Nação do Islã, Jackson contou a diversas pessoas, porque estava com medo de que Mottola tivesse contratado alguém para matá-lo.

Na reunião realizada em Dubai, Wiesenthal informou a Jackson que a Sony havia estabelecido um acordo preliminar com o Citibank, que iria refinanciar a dívida de mais 300 milhões de dólares de Michael com a ATV em condições muito melhores do que a Fortress provavelmente ofereceria, e que a Sony estava disposta a concordar com uma nova política de dividendos da editora musical, que cobriria a maior parte dos juros do empréstimo da ATV. Em troca, a Sony exigiria maior liberdade para tomar decisões de investimento sem a aprovação de Jackson, um direito de preferência sobre qualquer venda da participação de Michael no catálogo da ATV e uma opção para comprar metade de sua metade do catálogo por cerca de 250 milhões de dólares. Além disso, ele teria de abandonar a ação para recuperar suas gravações originais. As negociações arrastaram-se por mais de dois anos, mas o acordo, em princípio, parecia oferecer o vislumbre de esperança de uma vida além de Dubai e de Bahrein. No auge da temporada de férias, Michael estava, de repente, com ânimo para comemorar.

O Natal quase foi arruinado no dia 9 de dezembro, quando o *National Enquirer* publicou uma reportagem segundo a qual Jackson por pouco não havia se matado com uma overdose de drogas e álcool e estava "em estado crítico no Bahrein". Citando um e-mail de "um alto funcionário da polícia" em Santa Barbara, que afirmou que o artista sofrera overdoses pelo menos duas vezes desde que havia chegado ao Oriente Médio, o *Enquirer* citou "fontes que disseram que Jackson estava injetando Demerol na própria perna". O relações-públicas de Michael, Raymone Bain, negou a história, contando ao *Enquirer*, "eu falei com Michael pelo telefone hoje (sexta-feira) e posso dizer que ele parecia bem. Ele não está abusando de drogas. Ele continua trabalhando no Bahrein em sua canção para as vítimas do furacão Katrina". Quando a mídia deixou de investigar a suposta notícia, Michael soltou um suspiro de alívio e preparou-se animadamente para o que ele descreveu aos filhos como "uma reunião de família".

No dia 21 de dezembro de 2005, o xeque Abdullah deu a Mikaeel 250 mil dólares para comprar presentes de Natal e entreter seus convidados, que chegariam dentro de alguns dias da Inglaterra e dos Estados Unidos. A soma aumentou para mais de 5 milhões de dólares o investimento que Abdullah chamava de "parceria". Michael correu para a loja de departamento Ashraf em Manama no dia seguinte, gastando 40 mil dólares em um passeio rápido. Ele comprou 35 mil dólares em produtos eletrônicos sofisticados na loja da Panasonic em Manama no dia seguinte e aguardava a família de Mark Lester, que chegaria de Londres naquela noite. Eles teriam um Natal à moda antiga no Bahrein, Michael decidira, com uma grande árvore, pilhas de presentes e muitas crianças animadas para abri-los. Ele ficou muito feliz quando Frank Cascio e a família chegaram de Nova York, pouco tempo depois. Agora com 24 anos, Frank era parte da vida de Jackson desde a escola primária. Durante esses anos, ele havia se tornado, entre outras coisas, o parceiro favorito de Michael para "travessuras". Quando eles estavam em turnê, Cascio assumia o comando do arsenal de bombas de fedor e bexigas com água que Michael regularmente usava em reuniões ou jogava nos carros da varanda do hotel. Frank adorava, quase tanto quanto Michael, as guerras de bexiga com água em Neverland, que sempre eram por equipes, uma vermelha e uma azul, e geralmente terminavam com um grupo de pessoas completamente vestidas dentro da piscina. Ele também se divertia muito com uma caneta de laser de longo alcance que Michael tinha, capaz de disparar um ponto vermelho de uma suíte de hotel em um andar alto e atingir a calçada, na frente de um pedestre desavisado, a mais de um quilômetro de distância. Uma vez, quando eles estavam em Nova York, no hotel Four Seasons, os policiais haviam seguido a luz do laser até chegarem à suíte, e Michael teve de esconder o brinquedo para evitar que a polícia o confiscasse.

Em 2004, Tom Sneddon tentou acusar Michael de ter servido vinho aos irmãos de Frank, Marie Nicole, de quinze anos, e Eddie, de doze. Somente quando Dominic e Connie Cascio explicaram que testemunhariam que qualquer vinho que os filhos houvessem bebido em Neverland havia sido servido por eles mesmos, e que, como ítalo-americanos, eles tomavam um gole de vinho no jantar desde que eram crianças — aquilo fazia parte da sua cultura —, Sneddon desistiu. Os Cascio insistiam que adoravam Michael Jackson desde sempre e que ele era bem-vindo em sua casa, que havia visitado muitas vezes, sempre que ele quisesse aparecer por lá. Tom Mesereau questionou quão leal a família realmente era depois que os Cascio se recusaram a deixar os filhos mais jovens testemunharem a favor de Michael em seu julgamento criminal, e por um tempo Mesereau tornou público o fato de que tinha muito menos consideração pela família Cascio do que seu cliente. Ainda assim, nos dias que antecederam o julgamento criminal no condado de Santa Barbara, Frank falou à imprensa em nome de Michael, dizendo aos repórteres que ele havia passado muitas noites no quarto de Jackson quando era garoto e que era como passar a noite com um amigo em um quarto do dormitório da faculdade, algo que nem remotamente tinha alguma conotação sexual. Na televisão, ele apareceu como um morador de Nova Jersey convincente e sensato, que estava cansado de todos os oportunistas sórdidos em busca de um dinheirinho rápido, chamando o acusador de Michael e os outros dois garotos que, ao longo dos anos, haviam afirmado terem sido vítimas de abuso sexual, de "nada além de mentirosos". E, apesar das reservas de seu advogado em relação a eles, Michael ainda apreciava a companhia dos Cascio, muito mais do que dos outros Jackson.

O que os Lester e Cascio entendiam melhor do que ninguém era o quanto significava para Michael ser capaz de compartilhar um sentimento de família ampliada com seus filhos. Eles foram até o Seef Mall em um grupo de dezoito pessoas, na véspera do Natal, para ver o remake de *King Kong* de Peter Jackson e, em seguida, fizeram uma viagem para ver o International Italian Circus, cortesia do dinheiro de Abdullah.

Mas seus convidados tinham de voltar para casa no dia de Ano-Novo, deixando Michael não apenas sozinho, mas tendo de enfrentar a impaciência cada vez maior do xeque Abdullah. Muitos projetos haviam sido iniciados, desde o chamado "álbum de retorno" até o que seria o primeiro lançamento da 2 Seas Records, com Michael cantando em dueto com seu irmão Jermaine. Nada disso havia progredido.

A questão mais premente era a muito alardeada "canção do furacão Katrina", de Michael, que agora estava com quatro meses de atraso. O Katrina devastou New Orleans no aniversário de Michael, 29 de agosto, e oito dias depois ele anunciou que lançaria no prazo de duas semanas um single beneficente com muitos artistas importantes para fornecer ajuda às grandes massas da cidade. Até o final de 2005, não eram poucas as pessoas que se perguntavam onde estaria esse disco. Não há com o que se preocupar, disse Abdullah, que falou por Jackson com a Associated Press em uma entrevista por telefone: "O disco está ficando ótimo. Estamos indo devagar para deixá-lo perfeito".

Ciente de que sua reputação negativa tornava impossível reunir o coro poliglota de superstars que haviam colaborado com ele em "What More Can I Give?", Michael decidiu usar apenas artistas negros em seu disco para o Katrina, que teria "um tom gospel". Os dois maiores nomes entre aqueles que, até agora, haviam contribuído com vocais pertenciam a dois artistas bastante familiarizados com acusações criminais e publicidade negativa: Snoop Dogg e R. Kelly. Ciara, Keyshia Cole e os O'Jays estavam entre os cantores que haviam gravado partes da canção em um estúdio em Los Angeles em novembro, com Jackson, do Bahrein, produzindo tudo por telefone. Várias outras vozes que foram prometidas em agosto — incluindo as de James Brown, Jay-Z, Mary J. Blige e Missy Elliot — ainda estavam faltando na mixagem. A principal razão para o atraso, Abdullah insistiu para a agência de notícias, era que mais artistas haviam aparecido e pedido para contribuir. Instado a citar quem eram esses artistas, o xeque objetou: "Eu gostaria de guardar isso como uma surpresa". Abdullah rapidamente acrescentou que Michael já havia gravado "uma faixa maravilhosa" que serviria como a base da música. "A voz dele é fenomenal", disse o entusiasmado Abdullah, acrescentando que o título seria "I Have This Dream". Perguntado se a canção do Katrina era o prenúncio de um novo álbum de Jackson, Abdullah respondeu com uma risada: "Eu só vou dizer que estivemos muito ocupados. Esta é uma gota de chuva antes da tempestade. Ele está se preparando para aparecer com muitas novidades. Ele está com muita energia. Está explosivo". Abdullah prometeu que "I Have This

Dream" seria lançado antes do final de fevereiro. Agora fazia mais de seis meses que Michael chegara ao Bahrein e cerca de 6 milhões de dólares do dinheiro do Al Khalifa haviam sido gastos com ele e seus vários projetos. O pai de Abdullah, o rei, estava começando a querer saber o que exatamente a família estava recebendo em troca de toda sua generosidade para com Mikaeel.

Cada vez mais inquieto e insatisfeito com a vida no Bahrein depois que seus amigos da Inglaterra e dos Estados Unidos voltaram para casa, Jackson repentinamente partiu com os filhos para Orlando, na Flórida, explicando que pretendia conferir as instalações de produção de que precisava para terminar sua canção do Katrina. "Eu vou voltar", ele disse ao xeque, que certamente esperava que ele fizesse isso.

Como era um visitante regular da Disney World, Michael alugou casas em Orlando durante anos. Ele não fez nenhuma concessão à falta de dinheiro circunstancial durante essa viagem, alugando uma mansão de doze quartos e dezenove banheiros do magnata do mercado imobiliário David Siegel, que contava com uma piscina de dezoito metros com bordas de ouro. Localizada em uma ilha particular de 40 mil metros quadrados dentro dos portões guardados do enclave Isleworth, a casa tinha 518 metros de praia e custava 15 mil dólares por semana. A presença de Michael poderia agitar os bisbilhoteiros da mídia de uma forma que nunca havia acontecido com Shaquille O'Neal e Tiger Woods, portanto privacidade era fundamental. Siegel concordou em não contar a ninguém, mas ficou surpreso quando Michael apareceu no telhado da casa, com os filhos, um dia depois de se mudar. "Ele disse que ficaria com a casa com a condição de que ninguém soubesse que ele estava lá", lembrou Siegel. "Eu não contei a ninguém. Ele se muda. Em um dia ele está em cima da casa acenando para os velejadores."

Jackson estava em Orlando principalmente para se reunir com o empresário de boy bands Lou Pearlman, cujo sucesso com os Backstreet Boys e 'N Sync havia financiado a construção de seu estúdio ultramoderno, o Trans Continental, na Sand Lake Road. Pearlman apoiara Jackson durante o julgamento, dizendo à CNN que Michael deveria "voltar para a música" o mais rápido possível: "O que estou dizendo é: ignorem o lado pessoal disso tudo [...] porque ele nunca vai erradicar o bom, o ruim ou o indiferente do que está acontecendo na mídia. Vamos falar sobre o Rei do Pop. Vamos falar sobre como ele dança, sobre suas ótimas músicas. É para aí que ele tem de ir".

Monitorar as reuniões em Orlando foi, sem dúvida, estressante para o xeque Abdullah, que recebeu relatos de que Jackson e Pearlman estavam falando sobre um acordo para gravar o "álbum de retorno" de Michael na Flórida, em vez de no Bahrein. Mas, de tudo que Michael realizaria durante sua breve estadia em Orlando, o principal foi escapar por pouco de um grande problema. Lou Pearlman estava prestes a ser declarado um dos maiores monstros de todos os tempos em uma indústria conhecida por reunir todos eles.

Os investigadores federais já estavam montando um processo que acusava Pearlman de dar um golpe de 315 milhões de dólares em mais de mil investidores, além de haver tomado 120 milhões fraudulentamente de diversos bancos. Dentro de alguns meses, o empresário fugiria do país para evitar a prisão e continuaria fugindo por quase um ano antes de ser capturado em Bali, em seguida detido em Guam e extraditado para os Estados Unidos. Em um julgamento por fraude federal previsto para começar em março de 2008, ele se declararia culpado e aceitaria uma sentença de 25 anos de prisão.

Para Jackson, obviamente, uma preocupação maior era o vazamento contínuo de alegações de que Pearlman havia cometido dezenas de crimes sexuais contra os membros de suas boy bands, muitos dos quais estavam morando em sua mansão na Flórida quando os assédios ocorreram. Nenhum dos adolescentes foi formalmente identificado, mas Jane Carter, a mãe dos ídolos adolescentes Nick e Aaron Carter, disse à revista *Vanity Fair*: "Algumas coisas aconteceram e quase destruíram a nossa família. Eu tentei avisar a todos. Eu tentei avisar todas as mães. Tentei expô-lo pelo que ele foi anos atrás". Negociar com um homem que havia sido tachado tão publicamente de pedófilo teria sido catastrófico para Jackson. Além do fato de que os dois Carter gravaram com Michael "What More Can I Give?", Aaron Carter havia sido um hóspede constante em Neverland no início da adolescência.

Michael ficou sabendo das alegações de abuso sexual poucos dias depois de chegar a Orlando e imediatamente interrompeu o que Pearlman havia descrito nos meios de comunicação como "negociações". Voltou rapidamente para o Bahrein, sabendo que teve sorte de sair da Flórida antes que a mídia descobrisse que ele e Pearlman estavam se encontrando. Abdullah recebeu-o de braços abertos, aliviado por saber que a gravação da música do Katrina seria finalmente concluída no Bahrein.

Ou talvez não. Michael parecia estar se arrastando para acabar "I Have This Dream". O que o preocupava mais era que o legado de "We Are the World" seria manchado. O sucesso de seu primeiro grande hino humanitário era algo que ele adorava, mas, ao mesmo tempo, o perseguia. "Da mesma maneira que ele duvidava que conseguiria fazer outro álbum tão bom quanto *Thriller*", Dieter Wiesner explicou, "ele também não achava que poderia fazer um disco tão importante quanto 'We Are the World'. E ele sabia que todo mundo compararia."

"We Are The World" foi, para Michael, o verdadeiro sucessor de *Thriller*. O auge de sucesso que ele havia alcançado com o álbum criou uma expectativa assustadora do público sobre o que ele faria em seguida. No início de 1985, a revista *Rolling Stone* publicou um artigo que descrevia os últimos meses como "um buraco negro para os admiradores de Michael, que testemunharam o desaparecimento mais espetacular desde o cometa Halley". As crianças já estavam trocando suas luvas de lantejoulas por bonecos dos Mestres do Universo, relatou a revista, assim como "as gôndolas das lojas gemem debaixo das sobras de calendários de Michael, e uma loja da Quinta Avenida estava vendendo as roupas do boneco Michael Jackson como roupas do boneco Ken".

O lançamento de "We Are the World", em março de 1985, não só colocaria Michael novamente no centro de tudo, mas o elevaria à condição de salvador da humanidade. A canção transformou os popstars em líderes dos esforços humanitários globais. Uma remessa inicial de 800 mil discos foi vendida em três dias. Ao todo, 3 milhões de cópias de "We Are the World" foram compradas antes do final do ano, e a canção angariou quase 40 milhões de dólares para pessoas famintas na Etiópia. Por mais que esse sucesso o tenha inspirado, Michael queria ter certeza de que teria o crédito por ele. Quando Ken Kragen montou um programa de combate à pobreza nacional chamado "Hands Across America" [Mãos por toda a América] e encomendou uma música-tema que seria apresentada ao público durante o intervalo principal do Super Bowl de 1986, Michael se opôs e acabou convencendo Kragen de que a sua própria música "deveria ser *sempre* o hino" de projetos de ajuda que envolvessem celebridades. Ele ficou muito feliz quando "We Are the World" foi declarado favorito para o prêmio de Disco do Ano na cerimônia do Grammy, prevista para acontecer dali a um mês, mas irritou-se ao descobrir que Quincy Jones havia sido escolhido para receber o prêmio. Ele prontamente tramou um plano para ofuscar Jones. Uma jovem foi contratada para interpretar o papel de uma fã fervorosa que sairia correndo dos bastidores, quando o prêmio fosse anunciado, para abraçar Michael enquanto ele estava ao lado do produtor. Aquilo pararia na primeira página de todos os jornais do país, entusiasmou-se Michael, e ninguém se lembraria do discurso de recebimento do prêmio de Quincy.

A benevolência que constituía seu âmago estava cada vez mais coberta por camadas de egomania. Apesar de sempre ser condescendente, Walter Yetnikoff se cansou daquilo. "Eu não conseguia ter uma conversa com ele que não girasse em torno de Michael Jackson e seus discos, e seus shows, e sobre como ele era maravilhoso." Ele perdeu o contato com o mundo de tal forma que muitas vezes não reconhecia novas celebridades. Quando visitou o set do filme *Space Jam*, que contava com Michael Jordan num momento em que o astro da NBA estava no ápice de sua fama, Michael achou realmente muito difícil acreditar que *um jogador de basquete* pudesse ser mais famoso do que ele. Jackson precisou que um dos garotos que o acompanhava explicasse quem era mesmo esse outro Michael.

6.

Quando o final da década de 1980 se aproximava, Michael estava convencido de que era hora de "tomar o controle da própria vida". Quase imediatamente, começou a se livrar das pessoas que haviam sido os arquitetos de seu enorme sucesso popular. Entre os primeiros a sair estava Quincy Jones, o produtor de seus três álbuns solo anteriores. Jackson se ressentia do crédito que Jones havia levado por *Thriller*, especialmente considerando que Jones havia tentado cortar "Billie Jean" do álbum. Jones acreditava que havia uma explicação mais simples: "Eu acho que, em determinado momento, ele sentiu que eu não estava mais em contato com o mercado", ele contaria a Katie Couric, âncora do CBS News, em 2009. "Eu lembro que, quando estávamos fazendo *Bad*, eu estava com DMC [Darryl McDaniels] no estúdio, porque eu enxergava o que ia acontecer com o hip-hop. E [Michael] disse para Frank Dileo: 'Acho que Quincy ficou maluco e não entende mais do mercado. Ele não sabe que o rap está morto'. Isso foi em 1987. O rap nem sequer tinha começado, e em 1992 tudo era rap e, nesse momento, Michael foi atrás de todos os grandes rappers, Teddy Riley, todos os produtores de rap, para gastar cinco vezes mais do que eles estavam me pagando para produzir seus discos."

Michael então demitiu Dileo. Como seu empresário, Frank era adepto de massagear o ego de Jackson e, ao mesmo tempo, uma das poucas pessoas que podiam discordar de Michael e ser ouvido. A história mais conhecida sobre os dois envolvia Jackson perseguindo seu gerente dentro de um quarto de hotel, brandindo sua jiboia de estimação; Dileo supostamente sacou uma arma e ameaçou atirar na maldita cobra se Michael não a guardasse.

No entanto, o período de cinco anos de sucesso de que Jackson e Dileo desfrutaram juntos terminou com um baque no início de 1989. Os meios de comunicação informaram que Dileo havia sido demitido por fazer um péssimo trabalho com o lançamento nacional de *Moonwalker*, vídeo de noventa minutos de Michael que só seria distribuído em cinemas no Japão. A família Jackson ficou furiosa com Dileo por ele deixar Michael gastar 27 milhões de dólares no projeto; 25 pessoas haviam trabalhado durante seis meses em uma sequência de quatro minutos e 45 segundos elaborada em torno de "Leave Me Alone". Dileo foi destaque na capa do álbum *Bad*, aparecendo com Michael em uma grande fotografia que trazia a legenda "outra grande equipe". Quando *Bad* não se tornou "o maior disco de todos os tempos", como Michael previra várias vezes publicamente, ele começou a se livrar de todos que estiveram envolvidos com o disco, entre os quais Jones e Dileo.

John Branca foi o próximo a sair, e sua partida foi um prenúncio ainda mais preocupante do futuro de Jackson do que as saídas de Jones e Dileo. David Geffen foi o agente dessa demissão específica, mas o padrão talvez seja mais importante do que os detalhes. Em mais de uma ocasião, Michael permitiria que uma voz nova e entusiasmada não só ganhasse sua atenção, mas também anulasse os conselhos de outra que lhe fora próxima. Qualquer pessoa que sabia como ele havia sido criado entendia que lealdade era algo de pouco valor entre os Jackson. No entanto, Branca fora fundamental para Jackson conseguir o catálogo de músicas da ATV. Ele fez um acordo de cavalheiros com Robert Holmes à Court na primavera de 1985, Branca lembraria, mas, em seguida, o australiano "me fodeu", fazendo um acordo mais lucrativo com os licitantes rivais, Charles Koppelman e Martin Bandier. Branca manobrou pelas costas dos dois, dando um telefonema para Irving Azoff, chefe da MCA, que estava fazendo o adiantamento do dinheiro para esse negócio, convencendo Azoff de que um favor para Michael Jackson naquele momento específico seria retribuído em muito. Quando Azoff retirou o financiamento para o negócio de Koppelman-Bandier, o catálogo foi vendido para o maior lance seguinte, o de Jackson. A única concessão que Branca teve de fazer a Holmes à Court foi um acordo de que a filha do australiano ficaria com os direitos de "Penny Lane", que, de acordo com Branca, Holmes à Court chamou de "souvenir". Cinco anos mais tarde, porém, Geffen começou a sussurrar no ouvido de

Michael que ele deveria fazer um acordo melhor com a CBS Records e que a estreita relação de Branca com Walter Yetnikoff era a principal razão de isso não acontecer. Nos anos seguintes ao fechamento do negócio com a ATV, Branca ganhou para Jackson dezenas de milhões de dólares em vários patrocínios e merchandising. O coprodutor da turnê Victory, Chuck Sullivan, havia pagado a Michael 18 milhões de dólares para desenvolver uma linha de roupas em 1985. Um ano depois, Branca negociou um acordo com a Pepsi que rendeu a seu cliente 15 milhões de dólares pelos direitos de patrocinar a turnê solo de Michael Jackson. Em 1988, Branca garantiu um adiantamento de 10 milhões de dólares de uma empresa chamada L.A. Gear para propaganda de seus tênis. Um ano depois disso, ele conseguiu recuperar o fiasco *Moonwalker* negociando um contrato absurdamente lucrativo para Michael sobre locações e vendas do vídeo, um acordo que resultou em lucro real em um projeto aparentemente condenado. No entanto, Michael começou a se ressentir do advogado quando Geffen e outros lhe explicaram quanto desse dinheiro Branca estava embolsando e como ele estava usando seu relacionamento com Michael Jackson para forrar sua carteira com outros clientes. No final de 1990, anunciou-se que John Branca estava sendo substituído por uma equipe de advogados intimamente associados a Geffen. Yetnikoff foi demitido pela empresa-mãe da CBS Records, a Sony, pouco tempo depois.

Isso tudo estava acontecendo enquanto Michael afundava mais e mais em um isolamento autoimposto. Ele havia se separado da família e da cidade que fora seu lar desde os dez anos de idade quando comprou o rancho Neverland em 1988 e deixou Los Angeles para morar no vale de Santa Ynez, a mais de duzentos quilômetros costa acima, ao norte de Santa Barbara. Ele havia se encantado com a propriedade pela primeira vez quando Paul McCartney e sua esposa, Linda, estavam hospedados lá durante as filmagens do clipe de "Say Say Say", em 1982. Na época, a propriedade chamava-se Sycamore Ranch, cerca de 3 mil hectares de exuberantes colinas através dos quais passava a Figueroa Mountain Road, chegando a uma propriedade que havia sido construída segundo os padrões luxuosos e exigentes de um rico empreiteiro da Califórnia, William Bone. A residência principal, com 1,2 mil metros quadrados, situada em meio a um dos mais belos bosques de carvalhos de toda a Califórnia, era uma mistura de mansão Tudor e casa de fazenda holandesa, com paredes de tijolo e alvenaria construídas em torno de vigas de madeira maciça que emolduravam janelas de vidros nobres, coberta por um maravilhoso telhado de duas águas. Havia dezessete quartos no primeiro andar, dezesseis quartos no andar de cima e uma enorme adega no subsolo. Branca fizera uma longa negociação com Bone, chegando por fim a um acordo que permitiu a Jackson comprar o imóvel por 17 milhões de dólares, um pouco mais que a metade do preço pedido. Jackson recompensou seu advogado com uma Rolls-Royce conversível. Quase que imediatamente depois de tomar posse da propriedade, Jackson renomeou o lugar de Neverland Valley Ranch e o transformou em um notável atestado de riqueza, sucesso e poder de criar um mundo particular à sua própria imagem.

O rancho no condado de Santa Barbara, a uma curta distância da "Casa Branca do Oeste" de Ronald Reagan, era muito diferente da casa em que ele havia vivido — pelo menos em seus primeiros dez anos —, o que alimentava as dimensões mais míticas da história da família Jackson desde a miséria até a riqueza. Quando a turnê Bad terminou, a fortuna pessoal de Michael havia crescido consideravelmente para mais de 100 milhões de dólares e ele estava procurando algo que causasse admiração em seus visitantes, da mesma maneira que ele havia ficado impressionado quando viu pela primeira vez o palácio incrivelmente luxuoso de Berry Gordy em Bel Air, ou a impressionante propriedade de Paul McCartney em East Sussex. O rancho Neverland cumpriria muito bem esse objetivo.

Branca advertiu Jackson de que era improvável que ele recuperasse os 55 milhões de dólares que havia investido em "melhorias" para Neverland se, ou quando, ele vendesse o lugar, mas Michael já era indiferente a essas preocupações. Jornalistas convidados a visitar Neverland durante a sua apresentação pública, em 1990, começavam na maioria das vezes inspecionando a gigantesca estátua de Mercúrio (o deus romano do lucro, das trocas e do comércio) na calçada do lado de fora da mansão, em seguida subiam uma colina na parte de trás que levava a uma estação ferroviária que era quase uma réplica da Main Street da Disneylândia, com um relógio composto de flores que era pouca coisa menos grandioso do que aquele que Walt Disney havia projetado para o seu próprio parque. Lá eles pegavam um trenzinho semelhante a um C. P. Huntington, passavam na frente de um forte de dois andares equipado com canhões de água e perto de uma aldeia indígena repleta de tendas, um totem e réplicas de nativos norte-americanos em tamanho natural, até chegar ao parque de diversões onde um carrossel com animais feitos sob medida e pintados à mão aguardava os esperados pequenos visitantes. Havia também uma roda-gigante, uma arena para carrinhos bate-bate, um escorregador de três andares de altura e a atração favorita de Michael, uma montanha-russa chamada Zipper. Perto dali havia um zoológico, onde cavalos e zebras corriam juntos e búfalos vagavam entre os avestruzes, veados, lhamas e girafas. O "prédio de recreação" alojava dois andares de máquinas com jogos eletrônicos, enquanto o lago particular de Neverland oferecia às crianças opções como um barco-cisne, uma canoa e um bote vermelho. A parada final do trenzinho era o cinema de Neverland, que havia custado 2 milhões de dólares, com uma vitrine de doces e guloseimas completamente abastecida e uma cabine envidraçada com camas reclináveis para acolher jovens em estado de saúde grave.

"Michael Jackson gosta muito de crianças", observou Michael Goldberg, da *Rolling Stone*, em sua reportagem sobre a viagem para Neverland, sem um pingo de duplo sentido. Goldberg visitou um quarto no andar de cima da casa principal, onde uma cama com dossel estava coberta com dezenas e dezenas de bonecos e, a seu lado, prateleiras guardavam caixas de surpresa de cada personagem principal de *O mágico de Oz*. Um outro quarto estava repleto de jogos e brinquedos, livros para colorir e lápis de cor. O "quarto do trem" continha uma pista de trens elétricos Lionel enorme e elaborada, rodeada de figuras de papelão de Bart Simpson, Roger Rabbit e do E.T. Havia uma pilha de edredons de Peter Pan, Mickey Mouse e Bambi no chão, para o caso das crianças que se hospedavam lá quererem fazer uma festa do pijama. Goldberg ficou claramente mais cativado pelo primeiro andar, "requintadamente mobiliado", que incluía uma biblioteca com painéis de carvalho abastecida com edições raras de Charles Dickens, Mark Twain e Rudyard Kipling, uma sala de estar na qual havia um piano Bösendorfer de jacarandá feito sob encomenda e um nicho aquecido por uma lareira de pedra. O repórter da *Rolling Stone* absteve-se de mencionar as inúmeras pinturas em tamanho real de Michael que havia nas paredes da casa principal. Quase todas mostravam-no em uma pose heroica, trajado com uniformes coloridos, mas vagamente militares, que sugeriam os trajes dândi da realeza europeia do século XIX, com capa, espada, gola de babados e, muitas vezes, uma coroa.

Goldberg estava entre aqueles que insistiam que não se podia apreciar totalmente a magia de Neverland a menos que a propriedade fosse vista durante a noite, quando o lugar parecia como se tivesse sido "salpicado com uma espécie de pó de fadas high-tech". Fileiras de lâmpadas brancas se prendiam aos troncos e galhos dos carvalhos, acendendo e apagando em intervalos, de modo que as árvores brilhantes pareciam se materializar no ar em um momento e desaparecer no seguinte. O som da música era quase ensurdecedor. Depois de seu lançamento, em 1995, a canção "Childhood", de Michael, tocava constantemente no carrossel, enquanto trilhas sonoras de desenhos animados saíam dos alto-falantes acoplados a um televisor JumboTron do tamanho de uma tela de cinema drive-in. Canções enchiam o ar, mesmo quando a pessoa se afastava para explorar a propriedade: em gramados e canteiros de flores, alto-falantes disfarçados de pedras cinzentas derramavam canções de musicais até quase meia-noite. Uma estrada sinuosa de tijolos amarelos, iluminada por lâmpadas douradas parcialmente ocultas, conduzia a um parque de diversões brilhando contra o céu noturno, enquanto a casa principal, o lago, as estátuas de bronze de meninos tocando tambores, acordeões ou agitando pandeiros eram iluminados com luzes estroboscópicas que emprestavam à cena toda uma atmosfera semelhante à do filme *A lenda dos beijos perdidos*, que continuamente surgia e desaparecia.

O lugar favorito de Michael em Neverland era uma casa com três torres que ficava em uma árvore a que se tinha acesso apenas escalando o tronco. Foi lá, em um espaço com vista para o lago, que ele havia composto a maioria das músicas de seu novo álbum, *Dangerous*. A indústria da música ficou em choque com a informação de que Jackson havia gastado 10 milhões de dólares do dinheiro da cbs Records na produção de *Dangerous*, cinco vezes mais do que as bandas mais perdulárias usavam para fazer um disco. Michael mostrou publicamente sua satisfação com o sucesso comercial de *Dangerous*, mesmo que, pessoalmente, ficasse assustado com a variada recepção crítica. A tentativa de copiar seus sucessos anteriores era dolorosamente óbvia para aqueles que criticaram o álbum. A canção "Who Is It" era preenchida por frases melódicas quase idênticas às usadas por Michael e Quincy Jones em "Billie Jean", disseram eles, enquanto "Heal the World" parecia pouco mais do que uma regravação de "We Are the World". O jornal *New York Times* disse que *Dangerous* era o álbum solo "mais hesitante" de Jackson. O *Los Angeles Times* perguntou: "Quão *dangerous* [perigoso] pode ser um homem que, literalmente, quer agradar a todos?". Ainda assim, *Dangerous* estreou em primeiro lugar na parada de álbuns da *Billboard* e permaneceu entre os dez mais um ano depois. Os executivos das gravadoras ficaram muito impressionados com o fato de que mais de três quartos das vendas de *Dangerous* ocorreram fora dos Estados Unidos.

Michael Jackson era a estrela da música mais internacional de todos os tempos e, em reconhecimento a isso, a Sony havia garantido o seu futuro com o contrato mais lucrativo na história da indústria do entretenimento. A garantia de

65 milhões de dólares era apenas um adiantamento em um acordo que poderia chegar a 1 bilhão de dólares para Jackson, segundo o comunicado de imprensa da Sony que anunciou a transação. Jackson tornou-se o primeiro artista, em qualquer meio de comunicação, a receber 50% dos lucros, ou algo perto desse valor. Isso além dos 25% de royalty que ele receberia por cada venda no varejo, mais um bônus de assinatura de 4 milhões de dólares e 1 milhão por ano para administrar sua própria gravadora. A Sony também havia concordado em colocar um adicional de 2,2 milhões de dólares por ano para "custos administrativos", além de mais de 10 milhões de dólares para a produção de videoclipes, e honrou a ambição do cantor de ser uma estrela de cinema com a inclusão de cláusulas que lhe garantiam uma taxa de 5 milhões de dólares para cada filme em que ele aparecesse, além de uma porcentagem significativa das receitas brutas. "Michael é o maior superstar na indústria da música", disse o vice-presidente sênior da Sony, Ron Wilcox, ao *Los Angeles Times*, "e o contrato se justifica pelas suas realizações passadas, pelo talento existente e pelo potencial futuro."

Jackson era agora rico de uma forma quase além da imaginação. O catálogo da ATV dobrava em valor anualmente, gerando milhões de lucro. Os dólares fluíam de suas contas em quantidades prodigiosas, mas não com tanta rapidez quanto entravam nelas. Michael estava assistindo à sua fortuna crescer, mantendo uma vigilância constante sobre o fluxo de caixa e prestando muita atenção aos balanços contábeis. "A contadora que contratamos durante a época de *Invincible* era a mesma que Michael teve na época de *Thriller*", disse Marc Schaffel, "e ela me disse que, naquela época, Michael verificava diariamente até os centavos nos extratos de suas contas bancárias. Ela preenchia os cheques e os entregava para Michael, e ele assinava cada um deles pessoalmente. Ela disse que houve ocasiões em que ele via uma nota e não assinava o cheque; ele ligava para o fornecedor e perguntava: 'Por que a sua conta foi de 50 mil dólares? Vocês estão me cobrando demais'. E então ele voltava e lhe dizia para fazer o cheque com o valor de 40 mil dólares. Ela disse que Michael sabia sobre cada dólar que entrava e saía. Isso me surpreendeu porque era muito distante do comportamento de quando eu o conheci."

Michael estava na Ásia, perto do final da turnê Dangerous, no verão de 1993, quando chegou a notícia de que ele havia sido acusado de molestar sexualmente Jordan Chandler, de treze anos de idade, e que as autoridades nos condados de

Los Angeles e Santa Barbara haviam iniciado investigações criminais. Ele cancelou as apresentações restantes e logo em seguida se internou em uma clínica de reabilitação para cuidar do que disseram ser uma dependência de remédios receitados, voltando para os Estados Unidos várias semanas depois para descobrir que sua vida inteira havia desmoronado.

Michael deu azar: aquele primeiro "escândalo sexual infantil" aconteceu um ano antes de O. J. Simpson cortar a garganta de sua esposa, no momento em que notícias pela TV a cabo e a cultura tabloide estavam reconhecendo a sua sinergia perversa. A estranheza singular de Jackson parecia tornar qualquer coisa possível, e os dólares com que vários editores e produtores acenavam atraíram uma enorme quantidade de "pessoas íntimas" que venderam o artista pela quantia que conseguissem receber. Dois ex-seguranças de Neverland ganharam 100 mil dólares para dizer à *Hard Copy* que foram demitidos porque sabiam demais sobre o relacionamento do cantor com garotos. Mais tarde, em julgamento, os dois homens confessaram que haviam inventado a maior parte da história. Uma ex-empregada de Michael Jackson, Blanca Francia, recebeu 20 mil dólares da *Hard Copy* para dizer que vira Michael nu com garotos, incluindo o próprio filho, e depois contradisse essa declaração em entrevistas com a polícia e com os advogados de Jackson. Francia mais tarde ameaçou mover uma ação judicial, o que levou a um acordo que tirou 2 milhões de dólares do cantor. A ex-secretária de Jackson, Orietta Murdoch, e seu ex-chefe de segurança, Robert Wegner, venderam histórias separadas, sugerindo que Jackson havia se envolvido sexualmente com uma dupla de crianças australianas, as quais negaram veementemente.

Ser apunhalado pelas costas por aqueles que haviam se aproximado dele com seu consentimento mudou Jackson de maneira que se mostraria profundamente destrutiva. Ele começou a perder a fé em todos ao seu redor e a procurar as gentilezas de estranhos que só queriam enfiar as mãos em seus bolsos. Em uma busca interminável e malsucedida por alguém que o confortasse, ele se tornou vítima de todo tipo de charlatão. Inspecionar seus extratos bancários e rever seus relatórios contábeis era agora quase impossível. Ele entrava e saía de ciclos de vício em opiáceos sintéticos que havia começado a consumir na recuperação do incêndio no comercial da Pepsi, em 1984. Sua necessidade de se anestesiar tornou-se profunda em 1993, depois de haver sofrido a experiência mais humilhante de sua vida, sendo forçado a se despir da cintura para baixo para que a polícia pudesse fotografar seus órgãos genitais. O objetivo da prática era comparar os resultados com as imagens e descrições fornecidas por Jordie Chandler. Agora, até mesmo o comprimento curto dos pelos pubianos desta celebridade tímida fazia parte do escândalo que a envolveu.

Jackson começou a achar cada vez mais difícil trabalhar. Ele estava pagando honorários altos e fazendo acordos grandiosos para tentar conter uma avalanche de litígios, além de pagar dezenas de milhares de dólares todo mês para consultores de relações públicas que contratou para combater o noticiário negativo. Ele estava cada vez mais suscetível a bajuladores e facilitadores. Milhões de dólares ainda eram despejados em suas contas todo ano, mas agora uma quantia ainda maior jorrava delas.

Ele conseguiu terminar o seu álbum duplo *HIStory* para lançamento em 1995, mas não ficou animado com a recepção. As vendas mundiais foram pouco mais da metade do que as de *Dangerous*. *HIStory* foi o primeiro álbum da história a vender 20 milhões de cópias e ser considerado um fracasso. Alguns dos principais críticos foram abertamente negativos. Jon Pareles, do *New York Times*, elaborou sua crítica em torno da afirmação de que "já faz muito tempo que Michael Jackson não é simplesmente um artista. Ele é o principal ativo de sua própria corporação, que é uma subsidiária lucrativa da Sony".

Na Sony, começaram a se perguntar sobre essa última parte. Jackson havia gastado a maior parte dos milhões alocados para suas futuras produções de clipes no "teaser" que ele filmou para *HIStory* na Hungria. "A empresa de produção me ligava no meio da noite para dizer: 'Michael quer mais recursos'", disse seu executivo de marketing Dan Beck ao *Times*. Até o final daquele ano, Jackson se viu com tão pouco dinheiro que foi forçado a vender para a Sony metade do catálogo da ATV por 100 milhões de dólares, cerca de um quarto do que valeria alguns anos mais tarde. Ele havia conseguido reter pelo menos 51% do catálogo e controlar a parte mais rentável, as canções dos Beatles, e nos anos que se seguiram a Sony adicionou ao pacote várias canções clássicas, um material que incluía de "Blowin' in the Wind", de Bob Dylan, a "Third Rock from the Sun", de Joe Diffie. A Sony também garantia a Jackson uma renda mínima de 6,5 milhões de dólares pelos direitos de licenciamento das canções do catálogo. Em 2001, quando 1, uma coletânea dos sucessos dos Beatles que atingiram o primeiro lugar nas paradas, vendeu mais de 20 milhões de unidades no mundo todo, a parte dos lucros de Jackson foi de 9 milhões de dólares. Ainda não era o suficiente para mantê-lo com a cabeça fora d'água.

Seus sonhos de estrelar um filme haviam morrido em meio ao alvoroço do caso Jordan Chandler, mas Michael se recusou a aceitar isso, assinando um cheque após outro, de seis ou sete dígitos, para pagar por projetos de vídeo, como um filme de 35 minutos chamado *Ghosts* que ele corroteirizou com Stephen King e filmou em 1997, com o mago dos efeitos especiais Stan Winston, só para vê-lo desprezado pelos críticos, tachado de "um projeto movido a vaidade". Em resumo, ele gastaria cerca de 65 milhões de dólares em produções de vídeo durante a década de 1990 e receberia em troca pouco além de mais críticas negativas na imprensa. Apesar de ser dono de um patrimônio estimado em 1 bilhão de dólares, ele estava se esforçando para pagar uma dívida cada vez maior. Branca fez um acordo com a Sony, que rapidamente rendeu a Michael 25 milhões de dólares em dinheiro, mas ao preço de uma inversão acionária no catálogo da ATV. Agora, a empresa detinha 51% dos títulos das músicas e Jackson era o sócio minoritário. Em 1998, Michael gastara um empréstimo de 90 milhões de dólares concedido pelo NationsBank dois anos antes e foi forçado a trazer Branca de volta para negociar um novo empréstimo de 140 milhões de dólares do Bank of America. Esse dinheiro desapareceu antes de um ano e então Jackson negociou uma linha de crédito de 30 milhões de dólares com o banco, que foram gastos em poucos meses. Em 2000, ele conseguiu ter seu empréstimo do Bank of America aumentado para 200 milhões de dólares, mas agora o banco se aproveitava de sua má situação financeira exigindo taxas de juros maiores. Ele começou a oscilar violentamente entre uma série de consultores financeiros, muitos deles ineptos ou em formação. Uma das pessoas que tentou organizar os negócios de Michael foi Al Malnik, um advogado super-rico da Flórida, que era mais conhecido por sua associação passada com Meyer Lansky, chefão do crime organizado. Mas até mesmo Malnik não conseguiu convencer Michael a reduzir seus gastos. "Não havia qualquer planejamento em termos de distribuição de fundos", Malnik explicaria em um depoimento relacionado a uma das muitas ações judiciais movidas contra Jackson. "Para Michael, era o que ele queria, na hora em que ele queria." Jackson parecia ficar "desnorteado" quando tentava discutir assuntos de dinheiro, disse Malnik, que tentou explicar a Michael que viajar para Londres para um fim de semana de compras era uma coisa, ao passo que alugar um jato particular para levar uma comitiva e reservar um andar inteiro de um hotel cinco estrelas para abrigá-la era outra completamente diferente. Pela estimativa de Malnik, Michael gastava cerca de 8 milhões de dólares por ano só em viagens e antiguidades.

Em Neverland, manter a folha de pagamentos de funcionários que variaram de carpinteiros a tratadores de serpentes custava 40 milhões de dólares por ano. O conselheiro de Michael, o rabino Shmuley Boteach, presenciou o que chamou de uma chocante exibição de extravagância de Michael Jackson em dezembro de 2000, quando descobriu que Michael, que estava hospedado com sua comitiva no Four Seasons em Nova York, manteve o aluguel de um andar inteiro no hotel durante a viagem de férias de quase um mês para Neverland. Por que você não desocupou os quartos enquanto estava fora e economizou algumas centenas de milhares de dólares?, perguntou Boteach. "O que faríamos com as nossas coisas?", quis saber Michael.

Para Michael, comprar e gastar havia se tornado tão viciante quanto qualquer narcótico. Aqueles que trabalharam para ele descreveram-no folheando uma revista e comprando cada produto anunciado nela. Ele acumulou uma dívida pela compra de "fantasias" de quase 100 mil dólares em um único ano. Em 1998, segundo se dizia, ele foi o primeiro a fazer o pedido de um perfume em "edição limitada" que estava sendo vendido como "o símbolo máximo da autoindulgência". A "fragrância celestial" preparada com rosas, chocolate e almíscar seria vendida em um frasco de platina, ouro e diamantes, embalado em uma caixa de nogueira fabricada pela mesma empresa que fazia os interiores de madeira para a Rolls-Royce, um recipiente que poderia ser aberto apenas com uma das chaves de ouro, diamante e rubi que os joalheiros da Graff estavam fazendo artesanalmente para essa única finalidade, de acordo com a peça publicitária que anunciava que Michael Jackson já havia encomendado dois frascos, um para si e outro para sua querida amiga Elizabeth Taylor.

Em um leilão em 1999, Michael pagou 1,54 milhão de dólares pelo Oscar que o produtor David O. Selznick ganhara por ...*E o vento levou*. Menos de um ano mais tarde, o joalheiro David Orgell, de Beverly Hills, processou Jackson por não haver pagado um relógio Vacheron de 1,9 milhão de dólares. O artista tentou devolver o relógio, mas Orgell disse que estava riscado. Eles entraram em um acordo em 2001, e no dia seguinte Jackson usou o Vacheron como garantia de outro empréstimo do Bank of America. Logo depois disso, ele deu o lance vencedor no leilão de dois quadros franceses do século XIX, mas foi forçado a devolvê-los quando a Sotheby's o processou por não haver quitado um saldo devedor de 1,6 milhão de dólares.

Jackson havia mostrado um tino comercial notável quando jovem, selecionando habilmente colaboradores, representantes e consultores. Agora, aproximando-se da meia-idade, ele parecia irresistivelmente atraído para projetos que a maioria da imprensa e grande parte do público consideravam risíveis. Em 1996, Jackson viajou para Paris para encontrar o príncipe saudita Al-Waleed bin Talal e se juntar a ele no anúncio de um império de entretenimento global com "valores familiares", cujos projetos incluíram planos de criar um parque temático nacional para todos os animais britânicos afetados pela doença da vaca louca. Logo depois, o cantor apareceu em Varsóvia, onde anunciou o parque de diversões de 500 milhões de dólares chamado World of Childhood [Mundo da Infância] que ele planejava construir com a cooperação do governo polonês. De acordo com Malnik, os vários assessores de Jackson conseguiram perder 50 milhões de dólares de sua fortuna só na década de 1990 em uma série de projetos "bizarros" que nunca chegaram a ser concretizados. Dois desses conselheiros foram Dieter Wiesner e Ronald Konitzer, que haviam colaborado com Jackson em várias tentativas grandiosas quase bem-sucedidas, que começaram com a comercialização de um refrigerante do tipo "sport cola" chamado "Mystery Drink". Wiesner e Konitzer passaram a usar o nome do cantor em promoções para um resort gigante perto das cataratas Vitória, no Zimbábue, e para um enorme parque temático chamado Majestic Kingdom, em Detroit. Perto do final do ano 2000, a imprensa ridicularizava abertamente qualquer anúncio que envolvesse Michael Jackson.

Durante anos, praticamente todos os contratos envolvendo Jackson haviam sido acompanhados de diversas transações paralelas nas quais vários "representantes" embolsavam enormes quantias para convencê-lo a assinar este ou aquele acordo. Centenas de milhares de dólares mudaram de mãos, quase sempre por debaixo da mesa, enquanto honorários enormes eram pagos a um carrossel de advogados e empresários.

Em 2001, quando Michael LaPerruque tornou-se o novo chefe de segurança de Michael, ele descobriu que a maioria dos guardas em Neverland estavam dobrando e triplicando seus salários, oferecendo-se para ir às compras para Jackson e usando seu nome para comprar duplicatas dos itens sofisticados que ele queria, de eletrônicos a joias, e depois mandando o segundo item para suas próprias casas. Depois que LaPerruque deixou Neverland, em 2004, ele foi substituído por Chris Carter, um jovem afro-americano bem-apessoado que o artista havia visto enquanto passeava por um cassino de Las Vegas. Como seu novo chefe de segurança, Carter era principalmente útil para Jackson por sua capacidade de obter o medicamento ansiolítico Xanax sob uma variedade de nomes fictícios.

Um ano depois, o assistente de Carter era um surfista de dezoito anos de idade chamado Joey Jeszeck, que Jackson contratou após conhecê-lo em uma loja de artigos para skatistas perto de Neverland. Depois que Jackson demitiu Carter, o ex-chefe de segurança de Neverland prontamente concordou em testemunhar pela acusação no julgamento criminal de 2005, mas não pôde comparecer quando convocado por ter sido preso em Las Vegas devido a várias acusações criminais que incluíam assalto à mão armada e sequestro.

A atmosfera em torno de Jackson ficou ainda mais sombria quando seu irmão Jermaine introduziu a Nação do Islã em sua vida, depois da apresentação das acusações criminais em 2003. Várias pessoas do círculo ligado a Jackson que, de repente, se viram fora dele, afirmaram que o genro de Louis Farrakhan, Leonard Muhammad, havia não só assumido o comando da equipe de seguranças de Jackson (forçando a saída de LaPerruque), como também estava administrando os negócios dele. As tensões que isso criou chegaram ao ápice no final de 2003, quando o "porta-voz principal" de Michael Jackson, Stuart Backerman, de repente pediu demissão, citando "diferenças estratégicas". Acredita-se que Backerman recusou-se a trabalhar com Muhammad e a Nação do Islã. Mais tarde, o relações-públicas admitiu o seguinte para um tabloide de Londres, o *Sun*: "Eu saí porque a Nação do Islã havia se infiltrado no mundo de Michael. Eu era o único que ainda resistia àquela altura, porque Michael não estava em seu perfeito juízo".

Histórias ligando Jackson à Nação do Islã e sugerindo que ele compartilhava do antissemitismo de Farrakhan corroeram ainda mais o apoio público ao cantor, que era cada vez menor. Na mídia, as menções à carreira de Jackson eram agora quase sempre associadas à palavra "declínio". O que pode ter sido o momento mais triste da carreira de Michael Jackson ocorreu em agosto de 2003, três meses antes da batida em Neverland, quando ele comemorou seu 45º aniversário com um evento público que só serviu para reforçar seu status rebaixado. Enquanto centenas de jovens das regiões sul e central de Los Angeles e do vale de San Fernando pagaram mais de trinta dólares por ingresso para poltronas no velho cinema do centro de Los Angeles onde foi realizado o show comemorativo, quase todos os lugares nas primeiras filas, separados por cordas de veludo para uma lista de convidados importantes, permaneceram vazios. Em vez de Stevie Wonder e Diana Ross, os fãs de Jackson foram entretidos por artistas obscuros que cantaram os maiores sucessos dele em playback. E quando o próprio aniversariante subiu ao palco no final da noite para ser o vocalista principal de uma versão de "We Are the World", ele não foi acompanhado por Bruce Springsteen e Ray Charles, mas por uma variedade de covers seus.

Sem capacidade ou sem ânimo (mesmo aqueles mais próximos a ele não tinham certeza) de gerar um novo fluxo de renda, Jackson foi ficando para trás financeiramente. Mais e mais pessoas com quem ele fazia negócios não eram pagas. Alguns que diziam estar sendo enganados por ele não só levaram o cantor para o tribunal, como também usaram a mídia para ganhar vantagem. Nesse sentido, ninguém fez mais estragos do que Myung Ho Lee, o consultor financeiro nascido na Coreia do Sul que alegou ter administrado os negócios de Jackson de 1997 a 2001 e processou o cantor no início de 2003, exigindo 13 milhões de dólares em salários atrasados. Em documentos arquivados no Superior Tribunal de Los Angeles, Lee descreveu Jackson como "uma bomba-relógio financeira prestes a explodir a qualquer momento". O cantor reagiu com uma reconvenção contra Lee, na qual alegava que sua assinatura fora forjada em um contrato e que era Lee quem devia milhões, desviados das contas bancárias de Jackson. Michael queixou-se para aqueles que eram próximos dele que Lee havia feito investimentos não autorizados e desastrosos em vários empreendimentos "pontocom" (principalmente a empresa de ingressos para jogos Tickets.com) que lhe custaram uma fortuna quando a bolha dessas empresas estourou. Lee respondeu colaborando com Maureen Orth em um artigo para a *Vanity Fair* que convenceu centenas de milhares de leitores economicamente privilegiados que Jacko realmente era um Wacko [esquisito]. No verão de 2000, Lee contou a Orth, Jackson havia pagado 150 mil dólares a um feiticeiro africano chamado Baba para que ele realizasse um "ritual vodu" na Suíça, com a intenção de causar a morte de 25 pessoas em uma "lista de inimigos" encabeçada pelos nomes de David Geffen e Steven Spielberg. Embora Orth não tenha publicado isso, algumas pessoas na indústria do entretenimento sabiam que Jackson *havia* se desentendido com Geffen e Spielberg, e isso aumentou a credibilidade da história. As maldições de Baba haviam sido seladas com o sangue de 42 vacas sacrificadas ritualisticamente, de acordo com Lee, que afirmou ter enviado o pagamento para o abate a um banco em Mali.

Embora Jackson tenha quase conseguido anular a ação de Lee, os advogados coreanos agendaram um depoimento de Michael Jackson em junho de 2003 em que as finanças do cantor seriam totalmente examinadas. Um dia antes de ser interrogado, Jackson fez um acordo fora dos tribunais por uma quantia que se disse ser "de sete dígitos". No entanto, ele se recusou a pagar o produtor de shows europeu Marcel Avram, que entrou com uma ação de 22,1 milhões de dólares contra Jackson por ele haver desistido de dois Millenium Concert [Shows do Milênio] em 1999, em Sydney e Honolulu. No final de um processo civil de 2003 no condado de Santa Barbara, um júri formado por vizinhos de Jackson deu 5,3 milhões de dólares a Avram, mas o produtor ainda estava atrás de seu dinheiro dois anos depois.

Um contador forense nomeado pelo Superior Tribunal do condado de Santa Barbara para examinar as finanças de Jackson informou que o orçamento anual do artista foi de 12 milhões de dólares para despesas pessoais e para a manutenção de Neverland, mas esse valor era uma ninharia em comparação com os 54 milhões de dólares gastos por ano com os juros de sua dívida enorme. No entanto, Jackson continuava a se hospedar em suítes de hotel com diárias de 10 mil dólares e a fechar um andar inteiro de apartamentos para sua comitiva.

"Michael acreditava, de alguma forma, que a Sony estava pagando por tudo", explicou Schaffel, "e eles estavam. Mas estavam cobrando dele. Qualquer coisa que ele fizesse, hotéis, jatos particulares ou qualquer outra coisa, eles pagavam, mas cobravam dele. Então ele estava usando mais e mais de sua renda e se afundando cada vez mais fundo em sua dívida com a Sony. A Sony realmente nunca disse não a ele. Tudo o que Michael queria, a Sony dizia que tudo bem, mas eles continuavam acrescentando valores à conta. Eles não tinham por que não fazer isso, já que tinham o catálogo para cobrir o custo. Michael estava perdendo cada vez mais o catálogo, em vez de ganhar cada vez mais. E ele não queira nem saber o que estava acontecendo. Tudo o que ele queria saber era quanto ele tinha no bolso naquele dia. Ele me dizia: 'Olha, eu não quero trabalhar pra caramba e não ganhar nada com isso'. Isso foi, em grande parte, o problema com *Invincible*. As despesas foram tão altas, ele devia tanto e estava tão atrasado em seus pagamentos para o catálogo, que sentiu que nunca mais veria um centavo do álbum quando ele foi lançado. Eu dizia: 'Michael, se você ganhar 20 milhões de dólares neste negócio, você paga as suas dívidas com a Sony'. Ele disse: 'Esse dinheiro não é meu. Todo mundo está colocando as mãos nele — os advogados, os contadores'. Ele dizia: 'Todos ficam com uma parte do meu dinheiro e o que sobra para mim?'."

É claro que Michael Jackson tendia a olhar para o dinheiro de uma forma um pouco diferente das outras pessoas, Schaffel reconheceu. "Eu me lembro de uma ocasião em Las Vegas, quando ele queria comprar algo que custava 100 mil e queria que eu conseguisse o dinheiro. Então eu fui até o Mirage e um dos gerentes do cassino me ligou de volta e disse: 'Para você, porque nós sabemos quem você é, podemos dar 50 mil, se quiser vir buscar. Mas por ser noite e pelo fato de nós não sermos um banco, não podemos lhe dar cem'. Então ele me dá 50 mil. Dieter está comigo, corremos até a suíte de Michael, porque sabemos que ele é impaciente e quer sair para comprar alguma coisa. Ele estava com as crianças Cascio e algumas outras que viajavam com ele. Ele disse: 'Ah, você conseguiu meu dinheiro?'. E eu disse: 'Bom, eu consegui 50 mil. É tudo o que consigo a essa hora da noite'. E ele olhou para mim, meio infeliz, segurando as pilhas de 10 mil. Fez beicinho e disse: 'Isso não adianta. Eu preciso de cem'. E então ele diz: 'Ah, esqueça'. E: 'Crianças, venham aqui'. Todas as crianças se aproximam dele, ele entrega a cada uma delas um maço de 10 mil e diz: 'Vão lá fora e se divirtam durante uma hora'. Dieter e eu olhamos um para o outro, como se pensássemos: 'Só o Michael'."

7.

No final de janeiro de 2006, o xeque Abdullah sentia em Mikaeel uma nova agitação, uma crescente insatisfação com a vida no Bahrein. E Abdullah estava cada vez mais inquieto. Ele havia plantado uma história no *Gulf News* que pretendia mostrar que o astro havia se estabelecido em sua nova vida e comprado, por 8 milhões de dólares, uma casa em Sanad (a cerca de dez quilômetros de Manama), onde ele e os filhos moravam agora. A casa, é claro, fora fornecida pelo xeque. Abdullah conseguiu que o mesmo jornal informasse sobre a aparição surpresa de Mikaeel em um casamento tradicional árabe envolvendo um membro da proeminente família Al Gosaibi, que se tornara amiga dele durante os meses no golfo Pérsico. O sr. Jackson havia assistido à cerimônia em um lugar discreto, informou o *Gulf News*, por medo de desviar as atenções das núpcias, e pediu que ninguém o fotografasse. Apenas o cantor pop libanês Ragheb Alama, que havia se apresentado na cerimônia, teve permissão para tirar uma foto com o Rei do Pop. Abdullah confidenciou ao *Gulf News* que Mikaeel desocuparia a mansão em Sanad em breve, mas planejava mantê-la para seus familiares e amigos quando ele se mudasse para uma casa mais impressionante perto do mar.

Apenas cinco dias depois que a história do casamento foi publicada, Michael partiu novamente do Bahrein, dessa vez com destino a Hamburgo, na Alemanha. Ele e os filhos iam para o que se esperava que fosse uma visita particular à família

Schleiter, cujo filho de 23 anos de idade, Anton, havia sido um amigo especial de Michael durante mais de uma década. Jackson dedicara uma música para Anton e sua irmã mais nova em *Invincible*, "Speechless".

Anton Schleiter era frequentemente confundido pela mídia norte-americana com o outro Anton de Michael, Anton Glanzelius, que já fora o mais conhecido ator mirim em toda a Escandinávia. Pouco depois de sua aparição no filme de 1987, *Minha vida de cachorro*, dirigido por Lasse Hallström, Anton Glanzelius recebeu um telefonema na casa de seus pais, em Gotemburgo, na Suécia, de alguém nos Estados Unidos que se identificou como Michael Jackson. Ele queria que o menino soubesse o quanto ele havia gostado de seu trabalho no filme de Hallström e convidou-o para uma visita à Califórnia. O sueco Anton não tinha ideia de quem era Michael Jackson, mas, a julgar pela reação da família, percebeu que deveria ser alguém importante e correu para a casa de um vizinho para perguntar se eles tinham algum disco de Michael Jackson, porque ele queria ver como era o astro. Anton Glanzelius e a mãe viajaram para Los Angeles no final daquele ano e visitaram a propriedade de Hayvenhurst, mas só conseguiram passar algumas horas com Michael, que o menino descreveu como "muito educado", mas também muito quieto. A maior emoção da visita, disse o sueco Anton, foi conhecer o chimpanzé de estimação de Michael, Bubbles, que desceu as escadas vestindo uma fralda e apertou-lhe a mão. Um ano mais tarde, Anton Glanzelius recebeu um segundo telefonema de Michael, que lhe disse que estaria na Suécia na semana seguinte e convidou o menino para passar o dia com ele no Liseberg, o maior parque de diversões da Escandinávia. Ele havia visitado o Liseberg várias vezes, disse o menino, mas nunca daquele jeito. A administração do parque fechou o Liseberg para o público durante o dia todo, para que ele e Michael tivessem o lugar inteiro só para eles. Eles andaram doze vezes no brinquedo favorito de Michael, uma montanha-russa chamada Loopen, e passaram quase uma hora andando nos carrinhos bate-bate, onde Michael "ria constantemente", lembrou-se o menino. Foi tão divertido que depois de um tempo ele mal notava os fotógrafos que forravam os telhados dos edifícios próximos. Ele passou a noite no quarto de Michael no hotel. Ao recordar a noite que passou lá, vinte anos depois, Anton Glanzelius disse que não houve o menor sinal de um avanço sexual. Em vez disso, eles conversaram "sobre tudo, desde futebol e fama até garotas e amor". Ele havia ficado surpreso com a forma como Michael havia sido "bondoso e humilde" durante o dia e a noite, e ainda mais espantado com o fato de Michael manter contato depois, enviando regularmente pacotes cheios de presentes e vídeos. Então, em 1993, quando o escândalo Jordan Chandler aconteceu, Michael cortou todo o contato.

O Anton alemão, Anton Schleiter, entrara na vida de Michael dois anos depois do caso Chandler, ao conhecer Michael durante uma gravação do programa de variedades *Wanna Bet?*, de enorme sucesso, apresentado nas noites de sábado na televisão da Alemanha. O fato de Michael ter aparecido várias vezes em *Wanna Bet?* ao longo dos anos era uma prova de sua popularidade na Alemanha e do quanto ele se sentia confortável no país. Fã algum em toda a Europa o adorava tão apaixonadamente quanto os alemães. Quando as acusações de Jordan Chandler vieram à tona, milhares de seus fãs alemães organizaram "marchas de solidariedade" em Berlim, Hamburgo e Colônia. Um número surpreendente deles tatuou-se com "Michael" para expressar a profundidade do seu apoio. Jackson correspondeu a essa devoção retornando à Alemanha diversas vezes, visitando o parque de diversões Phantasialand perto de Colônia todos os anos durante o final dos anos 1990. Uma de suas fotografias mais comoventes, perturbadoras e emblemáticas foi tirada quando ele tentou andar no carrossel do parque. A expressão aflita de Michael enquanto tentava montar em um cavalo de madeira pequeno demais para ele foi considerada patética por algumas pessoas e de partir o coração por outras. A relação de Jackson com os meios de comunicação alemães mudou depois do incidente em que ele balançou o filho bebê no hotel Adlon; quando as acusações criminais foram formalizadas na Califórnia um ano mais tarde, uma série de colunistas do país começou a chamá-lo de King of Flop [Rei do Fiasco].

No entanto, os fãs alemães demonstraram sua contínua dedicação quando o maior jornal do país, o *Bild*, publicou uma reportagem de primeira página no dia 26 de janeiro de 2006, relatando que Michael Jackson e os filhos estavam hospedados em uma casa comum em Garstedter Weg, no bairro de classe média Niendorf, em Hamburgo. De fato, Michael estava fazendo uma das suas tentativas regulares de ter férias em meio a uma "vida normal", e esperava dar aos filhos a experiência de uma família suburbana saudável e feliz. O lar dos Schleiter não se encaixava tão perfeitamente nessa categoria naquela época, mesmo sem os fãs e policiais lá fora. O pai de Anton, Wolfgang Schleiter, um executivo da BMG, subsidiária da Sony, que se recusou a oferecer apoio para Michael quando contatado por jornalistas depois da prisão de Jackson de 2003, havia se separado da esposa recentemente.

Quando circulou a notícia de que a história do *Bild* era verdadeira, a multidão de fãs que invadiu as ruas cobertas de neve de Niendorf criou um caos inédito. Esquadrões de polícia foram enviados para armar uma barricada e conter os fãs que gritavam do lado de fora da casa dos Schleiter, implorando para Michael aparecer. Alguns em Hamburgo exigiam saber por que Jackson não tinha de pagar pela segurança extra, como muitas celebridades visitantes eram obrigadas a fazer, mas o porta-voz da polícia explicou que nem o astro pop nem a família Schleiter haviam "incentivado o público a aparecer por lá".

Pouco tempo depois, Anton foi embora com Michael, Grace e os três filhos para Veneza, na Itália. O jovem alemão ainda estava com o grupo quando Michael deu entrada no Excelsior Hotel em Florença. Devido às suas excelentes lojas de antiguidades, a cidade era o local de compras favorito de Michael havia muito tempo. Ele não suportou ficar lá por mais de alguns dias em um momento em que não tinha dinheiro para gastar, então o grupo seguiu para a Villa Savarese, na costa amalfitana. Depois disso, os seis ficaram em Roma por duas noites, em seguida foram a Londres para ficar com Mark Lester e sua família no dia 13 de fevereiro, quando Michael organizou uma grande festa na Cliveden House para comemorar o nono aniversário de Prince.

Voltando a Manama em 11 de março, Michael havia esgotado tanto a sua cota junto à Sony quanto o restante dos 250 mil dólares que Abdullah lhe dera para o Natal. Vários problemas surgidos na Califórnia o haviam distraído de suas férias durante a última semana na Inglaterra, e Michael voltou para o Bahrein mais convencido que nunca de que a mídia norte-americana estava disposta a acabar com ele. Tom Mesereau deixara de ser seu advogado em 23 de fevereiro, e os repórteres em Los Angeles se esforçavam para enquadrar o anúncio como mais um caso em que Jackson perdia a lealdade de um aliado indispensável. Na verdade, Mesereau disse que "não havia nenhum problema com Michael". Ele apenas não conseguiria lidar por mais um só dia com Raymone Bain.

Curvilínea e dona de microminissaias, Bain era uma potência das relações públicas de Washington, DC, conhecida por suas relações profissionais com Marion Barry e Mike Tyson, antes do envolvimento com Michael Jackson. Ela tinha tendência a rotular seus adversários de racistas, e sua insistência em fazê-lo durante o julgamento criminal de Michael na Califórnia foi o que levou ao primeiro desentendimento com Mesereau. "Raymone só quer saber de Raymone", disse Mesereau. Ele também não era muito afeiçoado a Grace Rwaramba,

Mesereau reconheceu, e achava que assistir a Grace e Raymone lutarem pelo controle de Michael era quase tão irritante e tedioso quanto lidar com elas individualmente. No início de 2006, Mesereau estava cansado de tudo aquilo. "Mas eu ainda gostava de Michael", insistiu o advogado, que fez o que pôde para convencer uma mídia incrédula.

Em Manama, o xeque Abdullah trabalhava febrilmente para proteger o investimento de sua família em Michael Jackson. Jermaine, entretanto, articulava desesperadamente para conseguir uma parcela da 2 Seas Records, por um lado prometendo a Abdullah que ele faria Michael honrar o acordo de cavalheiros entre os dois e, por outro, incitando Michael a lembrar de tudo que o xeque havia feito por ele. Preocupado com a óbvia inquietação de Michael, o xeque importou John Legend e Chris Tucker para o Bahrein. Michael queria trabalhar com Legend como produtor. Tucker, mais conhecido pelos filmes *A hora do rush*, havia sido, junto com Macaulay Culkin, o mais fiel de todos os amigos famosos de Michael durante o julgamento criminal; eles foram os únicos que haviam concordado sem hesitação em testemunhar a favor dele. Ele ficou impressionado com o palácio de Abdullah em Bahrein, Tucker disse, e boquiaberto com a mansão do xeque em Dubai. "Até mesmo Michael ficou encantado com o lugar", disse Tucker. "Eles tiveram de me expulsar de lá." Ele ficou animado por Michael estar muito melhor do que na última vez em que havia visto seu amigo, Tucker disse à *Playboy* pouco depois de voltar da viagem: "Michael é um gênio, um ser criativo em outra realidade [...]. Ainda vamos ver muito mais de Michael".

Abdullah queria muito acreditar nisso. A última tentativa do xeque de colocar Michael de volta ao trabalho no disco do Katrina surgiu quando ele trouxe Tony Buzan de Cingapura. Buzan era um aproveitador intelectual da mais alta ordem, cofundador da competição internacional Memory Games, que agora vendia seus serviços como um guru motivacional para uma variedade de ricos diletantes em todo o mundo. Ele estava trabalhando em Cingapura quando Abdullah ("um velho amigo") telefonou-lhe uma noite e disse: "Um de seus fãs gostaria de falar com você". Depois de uma breve pausa, Buzan ouviu alguém com um sotaque americano dizer: "Oi, é o Michael". Levou algum tempo para Buzan perceber que era Michael *Jackson*, principalmente porque a voz masculina que ele ouviu não tinha nada a ver com o murmúrio agudo que o artista usava ao falar na frente das câmeras de televisão. Jackson lera um dos livros de Buzan e estava entusiasmado com a aplicação de alguns conceitos ali expostos. "Eu adoraria que você explicasse suas ideias para os meus filhos", Michael disse, "e os ensinasse a pensar." Depois que Abdullah pegou o telefone novamente, informando-o que Michael seria seu principal aluno e que ele, o xeque, pagaria, Buzan voou para o Bahrein na primeira classe, fez o check-in em uma suíte do Burj Al Arab e passou os nove dias seguintes indo até a mansão de Michael em Sanad e voltando ao hotel.

Buzan era frequentemente identificado na mídia como o inventor do mapa mental, mas não era bem assim. Mapas mentais existiam pelo menos desde o século III, quando Porfírio começou a usá-los para ilustrar os conceitos de Aristóteles. Os psicólogos norte-americanos Allan M. Collins e M. Ross Quillian criaram extensos mapas mentais no início da década de 1960. As inovações de Buzan foram tão surpreendentes, porém, que ele havia praticamente *reinventado* a área, segundo ele próprio, por meio da incorporação de elementos como a semântica de Alfred Korzybski e os romances de ficção científica de Robert Heinlein. O que ele fazia, Buzan disse, era ajudar seus clientes a criar um diagrama de sua consciência individual em que palavras, ideias, tarefas ou objetivos eram organizados em torno de uma palavra ou conceito central. O resultado era uma espécie de "anotação gráfica" que incentivava as pessoas a resolver problemas usando o vasto potencial inexplorado do cérebro, os 99% da capacidade mental que a maioria de nós desperdiça. Buzan cobrava de seus clientes 37 mil dólares por sessão, uma taxa que Abdullah pagou sem hesitar.

As sessões continuariam, é claro, porque Michael Jackson assim o desejava. Jackson queria falar principalmente sobre Leonardo da Vinci. Michael era fascinado por gênios e pelo conceito de gênio. Ele queria imaginar como seria um mapa mental de Da Vinci e como ele seria diferente dos mapas de Alexandre, o Grande, ou de Charlie Chaplin, duas outras figuras pelas quais ele estava especialmente obcecado na ocasião. Visto que Michael havia sido criado como cristão, Buzan achou estranho, em suas discussões sobre as grandes figuras históricas, seu anfitrião nunca ter mencionado o nome de Jesus. No entanto, apesar de todas as excentricidades de Michael, Buzan considerou que ele foi "provavelmente o melhor aluno que eu tive".

Buzan estava quase igualmente impressionado com os dois filhos mais velhos de Jackson, Prince e Paris, a quem ele descreveu como "aprendizes rápidos como o pai", com a mesma capacidade de se concentrar intensamente em qualquer coisa que prendesse sua atenção. Embora parecesse óbvio que Michael não tinha qualquer relação biológica com os dois filhos mais velhos, de pele clara, ele suspeitava que Michael podia ser o pai natural de Blanket, porque o filho mais novo tinha a pele muito mais escura que Prince e Paris. Todos os três filhos, no entanto, eram extremamente ligados ao pai, Buzan observou: "Eu via quando eles iam para a escola internacional e voltavam para casa todo dia. Eles saíam felizes e voltavam felizes. Quando eles voltavam, não se sabia quem corria mais rápido para abraçar o pai".

As crianças "se divertiram muito" com as fotografias delas em tamanho maior que o natural que o pai havia pendurado entre as reproduções de retratos de vários mestres do Renascimento, que incluíam Leonardo, Michelangelo e Rafael, cobrindo as paredes da casa. Buzan percebeu que não havia fotografias da família Jackson na casa, nem mesmo uma foto de Katherine.

Nos longos dias e noites que passou com Jackson, Buzan disse, ele fez uma única referência aos escândalos que o haviam engolido nos últimos anos, o incidente com o bebê na janela em Berlim: "Michael estava indignado. Ele disse: 'Eu sou um dançarino, uma das pessoas mais fortes e em forma no ramo. Eu levanto e carrego adultos sem qualquer dificuldade'".

Buzan não viu sinais de que Michael estivesse abusando de drogas, exceto uma vez, quando eles faziam uma viagem de carro e o sol o acertou em um ângulo que ultrapassou as lentes dos óculos escuros que cobriam seus olhos. "Michael gritou de dor e involuntariamente abaixou a cabeça." Essa hipersensibilidade à luz solar, Buzan sabia, estava entre os efeitos colaterais mais comuns do uso regular de opiáceos, causada pela contração das pupilas que tais drogas produzem. Poucos dias depois, uma pessoa identificada como "assessor" de Michael foi detida no aeroporto de Manama carregando uma mala recheada com narcóticos sintéticos, que incluíam centenas de comprimidos de OxyContin. A cena que se seguiu foi um enorme constrangimento para o xeque Abdullah, que foi forçado a envolver seu pai para abafar uma investigação criminal, liberando o "avião" de Michael e mantendo o caso fora dos jornais. Mais uma vez, Abdullah engoliu sua raiva, até mesmo ajudando Michael a organizar uma grande festa para o aniversário de oito anos de Paris no dia 3 de abril.

A apreensão do xeque brotou novamente no dia 13 de abril, quando o *New York Times* publicou um artigo sob o título "Salvamento financeiro de Michael Jackson estaria em vias de se realizar". Depois de meses de negociações que se estenderam pelo mundo, com reuniões em Los Angeles, Nova York, Londres e no

Bahrein, relatou o *Times*, a Fortress Investment havia chegado a um esboço de acordo com a Sony para refinanciar a dívida de Jackson a uma taxa de juros de cerca de 6%, apenas um pouco mais de um quarto do que vinham forçando Michael a pagar pelo empréstimo desde que haviam comprado o empréstimo dele feito pelo Bank of America. Esse acordo não estava exatamente tão perto de uma conclusão quanto o *Times* sugeria, mas as negociações eram sólidas o bastante para sugerir que, em questão de meses, Michael estaria desfrutando de um nível de solvência — e de fluxo de caixa — que não via tinha muitos anos. Entre as muitas questões que o acordo levantava era se ele via alguma necessidade de permanecer no Oriente Médio.

Abdullah pressionou como nunca havia feito para tentar obter um acordo público que garantisse o futuro da 2 Seas Records. Em 18 de abril, Michael cedeu, mandando Raymone Bain anunciar que Guy Holmes, o ex-presidente da Gut Records, uma gravadora *indie* do Reino Unido bem-sucedida, havia sido contratado como diretor-executivo da 2 Seas. "Estou incrivelmente animado com meu novo empreendimento e estou adorando estar de volta ao estúdio fazendo música", Michael dissera, de acordo com Bain, prometendo aos jornalistas que, no dia 21 de novembro, a 2 Seas lançaria uma nova canção de Michael Jackson, coproduzida por Bruce Swedien, sob o título "Now That I Found Love". O primeiro álbum de Michael para a 2 Seas seria lançado no "final de 2007".

O problema era que Michael não estava realmente "de volta ao estúdio". Na verdade, ele parecia ainda menos interessado do que antes em trabalhar em seu novo álbum e fez pouco mais do que retrabalhar a música do Katrina. Pela primeira vez, o xeque revelou seu aborrecimento, declarando que até aquele momento ele havia "adiantado" a Michael mais de 7 milhões de dólares e precisava que ele levasse seu trabalho mais a sério. Qual era a razão de ele ter pagado 343 mil dólares a Tony Buzan, Abdullah queria saber, se Michael ainda estava tão sem motivação quanto antes da chegada do mapeador de mentes? Michael respondeu com a sua própria reclamação de que Abdullah havia se aproveitado de sua exaustão no final de um longo e difícil julgamento penal, manipulando-o para entrar em acordos que não eram realmente do seu melhor interesse e muito possivelmente violavam seus contratos com a Sony.

As tensões entre os dois aumentaram durante as duas primeiras semanas de maio. Michael havia pedido a Abdullah que lhe construísse uma casa no Bahrein desde a sua chegada ao país, mas agora ele começara a exigir isso, insistindo com o xeque que ele não podia continuar a mudar os filhos de uma propriedade do Al Khalifa para outra, que tanto as crianças como ele precisavam de algo mais permanente, uma casa que pudessem chamar de sua. Abdullah respondeu que primeiro Michael precisava demonstrar que tinha a intenção de honrar suas promessas. Em resposta, Michael anunciou que seria forçado a ir para Londres para dar um segundo depoimento no caso Marc Schaffel no dia 22 de maio. De Londres, ele viajaria para o Japão para receber um prêmio Legend na cerimônia do MTV Music Video Awards em Tóquio, Michael disse ao xeque, e, quando voltasse, ele esperava encontrar uma casa própria para ele. Abdullah engoliu a sua indignação e fez um esforço para se despedir dele como amigos, abraçando o cantor quando disse adeus, desejando-lhe boa viagem e conseguindo uma promessa de que ele voltaria para o Bahrein em breve a fim de terminar o que havia começado.

Foi a última vez que o príncipe do Bahrein viu Mikaeel.

PARTE DOIS

NORTE

8.

Eles nunca deixaram de amar Michael no Japão. Centenas de fãs ficaram debaixo de um aguaceiro, levantando cartazes para lhe dar as boas-vindas em 27 de maio de 2006, quando Jackson passou pelo tapete vermelho do Estádio Olímpico Yoyogi, de Tóquio, onde receberia o prêmio Legend da MTV. Depois de ser apresentado como "o Rei do Pop, o Rei do Rock e o Rei do Soul", ele se emocionou no palco, agradecendo a "todas as pessoas que acreditaram em mim", e então disse aos japoneses: "Acho que vocês são um povo muito doce, generoso e simpático".

Ele ficou repetindo "Aishiteru" ("Eu te amo!") durante os cinco dias que passou em um país onde ninguém disse uma palavra sobre o julgamento de abuso sexual que havia terminado menos de um ano antes, nem mesmo quando ele visitou um orfanato dirigido por freiras católicas em Tóquio. Na visita ao lar de crianças Seibi Gakuen, no centro de Tóquio, um grupo de órfãos animados tocou e dançou músicas tradicionais e, em seguida, lançou-se sobre ele. Um dia depois, Jackson apareceu "de surpresa" no estúdio de TV onde uma banda muito popular chamada SMAP estava gravando. Os queixos caídos e olhos arregalados dos integrantes da boy band pareceram agradar a Michael enormemente, embora ele só ficasse o tempo suficiente para cumprimentar a todos com *high-fives*. O presidente da Avex Records deu uma festa para ele em que as *hostesses* eram as socialites

Kano Sisters, que apresentaram Jackson ao cantor Yoshiki e o cercaram de "modelos glamorosas". Ele visitou um salão de Pachinko por tempo suficiente para jogar em uma máquina com uma personagem Michael Jackson e prometeu ao enorme grupo de câmeras que voltaria para a Terra do Sol Nascente para uma "festa de Natal" em dezembro.

Os japoneses gostavam havia muito tempo de Jackson de uma forma que nunca pôde ser traduzida para o outro lado do oceano Pacífico. Enquanto os jovens de lá idolatravam Michael como o supremo ícone da cultura pop, a elite intelectual do Japão o reconhecia como um artista de teatro kabuki do mais alto calibre. Sem ter a menor consciência disso, ele havia adotado uma persona estilizada que parecia combinar os papéis *onnagata* (feminino) e *wakashu* (jovem do sexo masculino) do *yar o kabuki* (kabuki de jovens): o figurino exótico e andrógino, a camada pesada de maquiagem branca, a peruca preta e lisa na altura dos ombros e a voz de falsete agudo. Michael conseguia projetar as qualidades de dor e tristeza profundas que faziam parte do caráter de todos os grandes artistas de kabuki, além da sensação de que ele guardava um mistério profundo dentro de si.

Depois de breves aparições em Cingapura, Shanghai e Hong Kong, Jackson parou em Brunei para participar da festa de aniversário do sultão — e em seguida desapareceu do mapa. O xeque Abdullah não conseguiu encontrá-lo. Todos os dias o filho do rei ligava para os números de contato que ele havia recebido, e todos os dias quem atendia o telefone respondia que Michael ligaria de volta rapidamente. Abdullah nunca recebeu um telefonema de retorno.

Durante a sua ausência do Bahrein, alguém que Abdullah identificaria apenas como "um norte-americano no ramo da música" gradualmente convenceu o xeque de que ele fora usado por Michael apenas para ganhar tempo, que o cantor nunca voltaria do Japão para o Bahrein e que a família Al Khalifa não teria coisa alguma pelos 7 milhões de dólares que havia investido em Jackson. Quando Jackson voltou de fato para Manama naquele mês de junho, descobriu não só que o xeque não havia construído a casa que ele pedira, mas que havia tirado os pertences de Michael da mansão em Sanad, colocando-os em malas que agora estavam no hotel Ritz-Carlton. As joias que ele havia deixado para trás e quase 1 milhão de dólares em dinheiro vivo haviam sido guardados no cofre de um banco. Michael, Grace e as crianças passaram menos de 24 horas no hotel, sentindo-se ameaçados o tempo todo por membros da polícia de "segurança pública" do reino, que os seguiam aonde quer que eles fossem. No dia seguinte,

Michael mais uma vez vestiu sua abaia, um véu e foi para o aeroporto de Manama, disfarçado de mulher, para se juntar a Grace e às crianças em um jato particular que havia acabado de chegar de Paris.

Eles partiram sem dizer um segundo adeus ao xeque Abdullah. O dinheiro e as joias foram deixados para trás.

Menos de 24 horas depois de deixar a terra dos Al Khalifa, Jackson era o convidado de um árabe igualmente rico, o príncipe Al-Waleed, amigo seu que estava hospedando Michael, Grace, Anton Schleiter e as crianças a bordo de um gigantesco iate de 200 milhões de dólares do príncipe saudita, o *Kingdom 5KR*, ancorado no Mediterrâneo ao largo da Côte d'Azur. Quando o dinheiro da Sony chegou, Michael mudou o grupo de viajantes para Versalhes, onde deu um depoimento no caso da Prescient Acquisitions, e em seguida levou o grupo para o hotel New York, em Paris.

Jackson tinha uma aparência tão saudável em um passeio com as crianças na Disneylândia de Paris que parecia verdadeira a afirmação de Jermaine de que Michael estava fazendo trezentas flexões por dia para ficar em forma para uma turnê mundial de retorno. No entanto, ser perseguido por uma multidão barulhenta de repórteres e fotógrafos de uma atração para a outra no parque pareceu deixar o artista esgotado. Dois dias depois, ele foi fotografado pálido e com a aparência frágil, em uma cadeira de rodas, protegido do sol por um grande guarda-chuva preto, em uma excursão ao Jardin des Plantes, o jardim botânico da cidade. Atrás do pai, carregados por seguranças, os filhos de Jackson usavam túnicas pretas compridas e cobriam seus rostos com véus que os faziam parecer crianças de luto em um funeral.

A notícia de que Michael Jackson havia chegado a Cork na tarde do dia 23 de junho desencadeou uma onda de especulação desenfreada que se espalhou em questão de horas do sul da Irlanda para todo o país. O boato mais disseminado era o de que Michael faria uma aparição no show de Bob Dylan na noite seguinte, em Kilkenny, provavelmente para um dueto de "I Shall Be Released". Não se sabe o que Dylan achou dos gritos de "Queremos Michael!" que, na noite seguinte, chegaram até ele, vindos da escuridão irlandesa.

Os executivos da Sony não acreditaram que Michael havia voado de Paris a Cork em um voo comercial da Aer Lingus, em vez de usar um dos jatos particulares que normalmente alugava. Sugeriu-se que Jackson talvez houvesse efetiva-mente se dado conta da realidade de sua situação financeira. Essa esperança esmaeceu, no entanto, quando chegou a notícia de que, assim que colocou os pés no chão da Irlanda, Michael contratou uma limusine e uma van de carga para o transporte do grupo e das 27 malas com seu guarda-roupa até um castelo de dezoito quartos que ele alugara como residência temporária no país. Blackwater se localizava em uma floresta particular ao sul de Castletownroche, no condado de Cork. Michael poderia ter dito à Sony que, por ser um castelo, Blackwater era relativamente acessível, custando meros 7,5 mil euros por semana na alta tempo-rada. Por esse valor, tinha-se acesso a um pedaço vivo da história que remontava à Idade do Ferro, talvez até ao início do Mesolítico. História era importante para Michael Jackson, como descobriria o proprietário de Blackwater, Patrick Nordstrom, algumas horas depois da chegada do astro. Jackson estava cheio de perguntas sobre o forte de Cruadha, que havia no local antes da construção do castelo no século XII, e sobre a Sheela na Gig do século VIII que estava entre os res-tos do forte.

Nordstrom ficou muito surpreso com a pouca semelhança entre o Michael Jackson que ele estava hospedando e o personagem bizarro retratado pelos tabloi-des de Londres. O dono do castelo concordava com aqueles que, no Bahrein, haviam comentado que a aparência de Jackson era muito menos estranha pes-soalmente do que em fotos de revistas e jornais, mas foi o comportamento de "gente comum" de Michael o que mais o marcou. Ele era tímido, curioso e extre-mamente educado. O que o Michael Jackson que estava morando sob o teto de Nordstrom parecia querer da vida eram os prazeres simples, como mingau de manhã e caminhadas na floresta à tarde. A privacidade e a tranquilidade dos vinte hectares que cercavam Blackwater foram a razão de Michael ter alugado o caste-lo. Ele adorava o fato de o terreno ser uma reserva natural sob proteção federal e de um longo trecho do rio Awbeg estar dentro dos limites de Blackwater. Observar o pop star e os filhos brincando ao longo das diversas trilhas dos cinco hectares da floresta labiríntica do castelo era muito comovente, lembrou Nordstrom. Sob aquele dossel de folhas, Michael revelou uma personalidade que era muito diferente daquela que a maior parte do mundo conhecia, Nordstrom observou: "A timidez havia desaparecido e eu vi um espírito muito mais vivo e barulhento, que adorava brincar com os filhos".

Fiquem atentos para verem os *leprechauns*, Michael dizia a Prince, Paris e

Blanket. Ele realmente acreditava nos pequenos duendes irlandeses, como admitia para qualquer um que perguntasse. Pouco depois de sua chegada à Irlanda, uma publicação britânica informou que Jackson estava no país especificamente porque tinha a intenção de encontrar um duende. O *Daily Mirror* de Londres deu sequência a essa notícia com um relato de que Michael planejava abrir um parque temático com *leprechauns* no condado de Cork investindo 500 milhões de euros. "Ele adora todo o conceito de *leprechauns* e a magia e os mitos da Irlanda", teria dito uma fonte não identificada. A história do parque temático era falsa, mas essa última observação era bastante precisa.

Michael havia dito aos filhos durante a viagem de avião de Paris que não havia lugar melhor para a magia do que a Irlanda no verão, e os dois filhos mais velhos sabiam que essa era uma grande declaração. "Magia" era a palavra mais fértil no vocabulário do pai. Da forma como Michael a usava (e ele o fazia constantemente), "magia" podia se referir ao carisma de uma estrela de cinema, ao final de um conto de fadas ou aos feitiços lançados por um dos curandeiros que ele consultava. "Magia" podia ser sua maneira de descrever um passeio na Space Mountain na Disneylândia ou um passo de dança de James Brown. "Magia" era qualquer coisa que maravilhava Jackson, que o deixava sem fôlego, que o fazia rir como uma criança ou tremer de medo do desconhecido. "Magia" era a maravilha, a superstição e a suspensão da descrença. Era o que ele havia colocado no lugar do entusiasmo religioso de sua juventude. Chamar uma pessoa de "mágica" era o maior elogio que ele poderia fazer.

Ele admirava aqueles que praticavam magia quase tanto quanto aqueles que a possuíam. Michael acompanhava as carreiras dos maiores mágicos de palco com uma intensidade quase fetichista e dava um jeito de vê-los e conhecê-los pessoalmente em quase todas as cidades que visitava. Ele se tornou amigo íntimo de Siegfried & Roy durante o início de 1990, quando era convidado frequente de Steve Wynn no cassino Mirage, até mesmo escreveu a música-tema da dupla, "Mind is the Magic". Assim que Patrick Nordstrom mencionou que tinha um amigo mágico em Cork, Michael pediu a seu anfitrião para telefonar para o homem e convidá-lo para uma visita.

Liam Sheehan estava na estrada com a mala feita meia hora depois de receber o telefonema, "dirigindo como se eu estivesse em um sonho", lembrou. Ele previra que Jackson estaria viajando com uma enorme comitiva, Sheehan admitiu, e foi pego de surpresa ao descobrir "que eram apenas Michael, os filhos, a babá, Grace, o professor das crianças e Anton, amigo de Michael". Michael e as crianças estavam terminando de comer, seu amigo Nordstrom disse a Sheehan assim que ele chegou, mas Grace Rwaramba saiu para cumprimentá-lo um momento depois e logo redigiu o formulário de sigilo que o mágico teria de assinar antes de se instalar no castelo. "Grace me disse de imediato o quão difícil era para Michael confiar nas pessoas", Sheehan lembrou. "Ela me contou sobre a ocasião em que eles haviam ido de helicóptero para a casa de um suposto amigo, na esperança de encontrar um pouco de paz e tranquilidade, e, quando estavam prestes a pousar, viram que havia uma multidão de pessoas reunida em frente à porta do lugar e que o campo abaixo deles estava repleto de paparazzi. Grace me disse que as pessoas estavam sempre tentando tirar alguma coisa de Michael, e ele sabia disso. Ela disse que ele era traído constantemente. Era um jeito grave de começar a noite."

Mas Michael e as crianças estavam rindo animadamente quando entraram atrás de Grace na sala de estar um pouco mais tarde. Sheehan, que era especialista no que ele chamava de "mágica ambulante", levou o grupo para andar pelo primeiro andar do castelo, realizando truques pelo caminho. Ele impressionou a todos com a sua versão especial da mágica "carta no teto", mas foi ele o mais afetado pela forma como a filha de Michael reagiu ao truque do aparecimento de um peixe. "Eu peço dinheiro emprestado — no caso, foi uma nota de cinquenta euros — e o peixe sai da nota", explicou Sheehan. "E então eu coloco o peixe em um copo — tudo certo, o peixe vai ficar bem. Mas, assim que passamos para o bar, Paris veio atrás de nós com o peixe nas mãos. Ela disse que não queria que ele ficasse sozinho. Foi algo muito inocente. Isso é o que aquelas três crianças eram: muito, muito inocentes."

Como milhões de pessoas em todo o mundo, Sheehan havia ficado horrorizado com as imagens de Jackson segurando Blanket na varanda no hotel Adlon em 2002. Isso, "junto com todo o resto", como Sheehan disse, levou-o a imaginar que os filhos de Jackson seriam "muito estranhos". Na verdade, disse o mágico, "eles eram tão inteligentes, educados e agradáveis quanto quaisquer outras crianças com quem eu já havia estado". Ele ficou especialmente tocado, disse Sheehan, pela forma como Michael parecia próximo da filha de oito anos e ficou admirado também com a compostura e inteligência da garota. "A primeira conversa que tivemos", Sheehan recordou, "foi quando Paris veio até mim e perguntou: 'Você sabe o nome do meu pai?'. 'Michael', eu disse. Ela fez que não com a cabeça.

'Michael *Jackson*', eu disse a ela. Ela balançou a cabeça novamente. Eu estava perplexo. 'O nome verdadeiro dele', Paris me disse, 'é Michael *Joseph* Jackson. O nome do meio é o mesmo que o primeiro nome do pai dele, o meu avô.' Ela parecia ter muito orgulho disso. Vi, naquele momento e em muitas outras ocasiões nos dias que se seguiram, o quanto Michael buscava dar aos filhos o sentimento de que eles faziam parte de uma família grande e feliz." Sheehan quase sentiu vergonha de si mesmo quando descobriu que Michael não chamou o filho mais velho de Prince como a expressão de uma ridícula fantasia de realeza, mas porque esse era o primeiro nome de seu avô materno.

As três crianças passavam a maior parte do dia "na escola", como eles diziam, fechados em uma das salas do castelo com seu professor, e ficou óbvio para Sheehan que eles estavam aprendendo em um ritmo mais do que respeitável. Quando o mágico realizou seu truque mais conhecido, que envolvia fazer as crianças selecionarem uma palavra de um livro que ele identificaria por um processo de dedução, Sheehan sugerira que Prince ou Paris escolhessem uma palavra para Blanket, que tinha apenas quatro anos. Mas Blanket insistiu em escolher sua própria palavra, Sheehan lembrou, demonstrando depois que ele realmente sabia o que "realmente" queria dizer.

Durante as duas semanas que passou com eles, lembrou Sheehan, Prince e Paris tentaram continuamente fazê-lo competir em uma corrida com o pai: "Paris me disse: 'Meu pai é muito rápido. Ele fez uma corrida com um médico em Dubai e venceu-o por uma distância enorme, então eu sei que ele vai ganhar de você'. Ela disse que o médico era magro, querendo dizer, mas sem dizê-lo, que eu estava um pouco gordo". Grace Rwaramba confirmou a história da corrida em Dubai. O médico havia questionado a condição física de Michael, e Michael, ofendido, desafiou o homem para uma corrida e o venceu tão facilmente que o médico não parou de falar sobre isso pelo resto do dia.

A mulher que se identificava como babá das crianças era claramente mais do que isso, como Sheehan havia percebido já em sua primeira semana sob o mesmo teto que a família Jackson. "A personalidade de Michael era mansa e moderada", recordou o mágico, "mas Grace era muito direta e muito assertiva. Ela parecia muito comum de camiseta e jeans, mas, depois de uns dias, não havia dúvidas de que era ela quem estava no comando. Ela não estava apenas cuidando das crianças, ela estava cuidando de Michael também. Ela era o chefe, e dava para perceber isso."

A portas fechadas, Grace reclamava constantemente da má gestão financeira de Michael. Ela havia ficado furiosa por semanas com a maneira pela qual seu chefe lidou com o pagamento inesperado de um valor de sete dígitos perto do final da sua estadia no Bahrein. "Em vez de comprar uma casa pequena, para que não ficássemos mudando de um hotel para outro ou nos hospedássemos com amigos, ele disse: 'Grace, você tem de ir imediatamente para Florença e comprar antiguidades'." Ela usou seu próprio cartão de crédito para pagar a viagem, Grace disse, mas, quando chegou à cidade italiana para avaliar a coleção que Michael queria, não ficou muito impressionada. "Eu liguei para ele e disse: 'Isto aqui não vale nada'. Michael não quis me ouvir. Ele disse: 'Compra. Compra'. Nós nem tínhamos uma casa para morar, então tivemos de colocar as antiguidades em um depósito." Pouco tempo depois, antes da viagem para o Japão, ela o advertira para não acreditar na promessa de que ele havia recebido um pagamento de 1 milhão de dólares. "Eu disse a ele: 'Michael, depois que todo mundo tirar sua parte, você vai acabar com uma quantia muito pequena'. Ele não queria ouvir aquilo. Ele foi para o Japão. Depois que todo mundo pegou sua parte, ele ficou com apenas 200 mil dólares." Ela não ia voltar com ele para o Japão na época do Natal, Grace disse, para assistir tudo acontecer de novo.

Grace pode ter agido como chefe na frente de Liam Sheehan, mas Michael nunca se esqueceu de que o poder real era dele, como deixou claro mais de uma vez em discussões particulares sobre o maior problema que existia entre Grace e ele naquele verão: como lidar com Debbie Rowe.

A mãe biológica de Prince e Paris era uma "personagem peculiar", para ser gentil. Loira de aparência germânica, alta (um metro e oitenta) e cheiinha (mais de noventa quilos), Rowe havia sido criada como a filha adotiva de um casal judeu milionário de Malibu. Uma garota superprotegida, ela teve o primeiro namorado depois dos trinta anos, e dois anos depois disso havia se tornado uma "maria motoca", de roupas de couro preto, falando palavrões e bebendo como um marinheiro. Rowe conheceu Michael Jackson no início de 1990, quando ela trabalhava como enfermeira para o dermatologista dele, Arnold Klein. Certa intimidade se desenvolveu entre os dois quando Michael derrubou um agente clareador de pele nos testículos e Debbie cuidou das queimaduras. Jackson deu--lhe um carro de presente para mostrar sua gratidão. Klein e Rowe acabaram acompanhando Jackson em suas viagens; quando ele estava em turnê, Debbie lhe fazia massagens.

Em 1996, quando o casamento de dezenove meses de Michael com Lisa Marie Presley estava terminando, ele confidenciou a Rowe sua angústia em relação à recusa dela em ter filhos. Rowe disse a ele que ficaria feliz em aceitar aquela incumbência. Ela já estava grávida (por inseminação in vitro) em novembro de 1996, quando os dois se casaram no hotel Sheraton, em Sydney, na Austrália. O publicitário de Michael, Bob Jones, afirmou que Michael só havia se casado com Debbie porque ele estava profundamente envolvido em uma relação de negócios com o príncipe Al-Waleed, e a realeza saudita não estava contente com o fato de Debbie estar grávida e solteira. O padrinho na cerimônia foi um menino de oito anos de idade. Depois de trocar beijinhos no rosto, o casal se retirou para suítes separadas e nunca dormiu na mesma cama.

Michael Joseph Jackson Jr. (que logo seria conhecido como Prince) nasceu em fevereiro de 1997 e foi levado às pressas diretamente do hospital para Neverland para que não criasse laços com a mãe. Michael tinha uma equipe de enfermeiras cuidando do bebê o tempo todo, Jones lembrou: "Ele media a qualidade do ar no quarto do bebê de hora em hora". Ela "nunca tinha visto Michael tão feliz", disse Rowe, que se ofereceu como barriga de aluguel uma segunda vez. Paris-Michael Katherine Jackson nasceu em abril de 1998, depois de uma gravidez complicada que deixou Rowe impossibilitada de ter mais filhos. Protegido por um acordo pré--nupcial, Jackson se divorciou dela em 1999, garantindo a custódia das crianças com um acordo pelo qual pagaria a Rowe 8 milhões de dólares e lhe compraria uma casa em Beverly Hills.

Em 2001, Rowe assinou uma ordem judicial abrindo mão de seus direitos, mas em 2004, depois que Jackson foi acusado criminalmente no condado de Santa Barbara, seus advogados apresentaram uma moção para reverter essa decisão. Sua principal preocupação, Rowe afirmou em documentos judiciais, era o envolvimento de Jackson com a Nação do Islã: "Pelo fato de ser judia, Deborah temia que as crianças pudessem ser maltratadas se Michael continuasse sua associação com a Nação".

Jackson e Rowe teriam chegado a um acordo sobre a custódia no final de junho de 2005, mas, quando os advogados de Debbie leram as entrelinhas do contrato elaborado pela equipe jurídica de Michael, eles perceberam que sua cliente estava prestes a ser inteiramente excluída da vida dos filhos. A preocupação dos advogados aumentou quando Michael e as crianças deixaram os Estados Unidos e passaram a residir em um país que não é signatário do Tratado de Haia, o que significava que os direitos legais de Rowe eram inaplicáveis. Debbie recusou-se a assinar o acordo e ameaçou voltar ao tribunal. Na esperança de contentá-la, Michael concordou, em agosto de 2005 (dois meses depois da transferência para o Bahrein), que Grace levasse Prince e Paris para encontrar a mãe natural em um hotel de Los Angeles. Debbie ficou furiosa quando Grace lhe disse que ela seria apresentada como uma "amiga da família" porque Michael não queria confundir as crianças, e então teve que ficar o tempo todo da reunião ouvindo Prince e Paris chamarem Grace de "mamãe".

Menos de um mês depois de Grace levar as crianças de volta para o Bahrein, Debbie entrou com uma ação exigindo dinheiro para honorários jurídicos, auxílio e ampliação do acesso às crianças, que ela alegou terem sido "sequestradas" para o Oriente Médio com passaportes falsos. O anúncio, no dia 15 de fevereiro de 2006, de que o Tribunal de Recursos da Califórnia havia restabelecido os direitos de custódia de Rowe, ganhou manchetes em todo o país. Durante os meses seguintes, os advogados de Debbie começaram a jogar duro, apresentando documentos judiciais que, pela primeira vez, tornavam público aquilo de que todos já suspeitavam: Michael Jackson não tinha qualquer relação biológica com Prince ou Paris, apesar de suas alegações de que as crianças haviam sido concebidas "da maneira natural". Os advogados de Rowe também expuseram alguns detalhes do acordo original com Jackson, revelando que ela havia concordado, entre outras coisas, em não falar com ninguém sobre a condição física do ex-marido, o uso de drogas ou seu "comportamento sexual" — uma expressão padrão que, quando aplicada a Michael Jackson, fazia as sobrancelhas se levantarem.

Debbie e seus advogados tornaram-se ainda mais agressivos quando descobriram que Michael e as crianças estavam morando na Irlanda, que *era* um país signatário do Tratado de Haia, entrando com uma ação no Tribunal Superior de Los Angeles que exigia 245 mil dólares por pagamentos não realizados, enquanto pressionavam com as reivindicações de visitação e guarda de Rowe. Se Grace não tivesse deixado as crianças chamarem-na de "mamãe" na frente de Debbie, nada disso teria acontecido, resmungou Michael. Foi culpa de Michael por não manter as promessas feitas para aquela mulher, respondeu Grace.

Nem Nordstrom nem Sheehan tinham a mínima noção de que havia qualquer drama envolvendo as crianças acontecendo do outro lado do Atlântico durante a estadia dos Jackson em Blackwater, mesmo morando sob o mesmo teto que eles. Michael continuou a aproveitar os momentos que passou ao lado da lareira com Nordstrom durante a noite, enchendo o dono da casa com perguntas sobre a história do castelo. Sheehan continuava espantado com o fato de que "era muito normal conversar com Michael. No castelo, ele costumava descer no meio da noite atrás de um prato de torta de maçã e simplesmente adorava poder fazer coisas desse tipo".

A estadia dos Jackson no castelo se encerrou no dia 4 de julho, que, por acaso, era o aniversário do mágico. "As crianças haviam pulado para dentro de uma limusine que os esperava", lembrou Sheehan, "mas Michael os fez sair e agradecer a cada um no castelo por sua hospitalidade. Acho que isso mostra muito bem o tipo de pai que ele era."

9.

Nenhuma das pessoas que cuidaram de Michael em Blackwater sabia que os canais de notícias a cabo nos Estados Unidos estavam cobrindo todas as noites do julgamento civil Schaffel contra Jackson no fórum do condado de Los Angeles, em Santa Monica. O próprio Michael mal parecia saber disso. A única aparição que ele fez no tribunal foi por meio de um depoimento filmado que Howard King mostrou ao júri da Califórnia no quinto dia de Jackson na Irlanda.

"Eu passei uma parte do vídeo no primeiro dia só para ganhar tempo", lembrou King. "Eu não estava preparado para ir a julgamento, para dizer a verdade, porque eu simplesmente não achei que haveria um julgamento. Pensei que aquilo seria resolvido até o momento em que eles trouxeram os jurados. Toda a contabilidade havia sido feita, por isso era bastante clara. Parte dela foi constrangedora para Marc. Ele não era tão imaculado como pensávamos, então estávamos prontos para fazer um acordo." King já havia reduzido sua demanda original de 3,8 milhões de dólares para 1,4 milhão e teria aceitado a metade desse valor para evitar um julgamento. "Mas eles não ofereceram nenhum dinheiro", lembrou King.

O que King não sabia é que, um dia antes da data do julgamento previsto, Raymone Bain havia anunciado uma enorme "reestruturação" nos relacionamentos profissionais de Michael Jackson, que envolvia a demissão de seus advogados nos Estados Unidos e no Bahrein e a cessação de suas relações com a 2 Seas

Records, com o xeque Abdullah e com Guy Holmes. Bain, que orquestrou a coisa toda, agora era "gerente geral de Jackson" e nessa qualidade havia contratado Londell McMillan, advogado da área de entretenimento sediado em Nova York, para supervisionar a "virada" nos negócios de Michael. McMillan, cujos outros clientes incluíam Prince, Stevie Wonder e Spike Lee, assumiria o comando de todas as questões financeiras e legais que envolviam Michael, com início imediato, de acordo com Bain.

"Tudo o que eu sabia", recordou King, "era que Michael de repente tinha esse novo advogado, Londell McMillan, que estava dirigindo as coisas e que estava empenhado em ser um osso duro de roer: 'Michael não tem o dinheiro e não está pagando nada'. Até mesmo a juíza comentou algo do tipo: 'Você está louco?'. A juíza, que Deus a abençoe, passou dois dias inteiros com a gente, tentando fazer com que saísse um acordo. Ela disse: 'Você realmente quer lavar toda essa roupa suja em público?'. E a resposta de Londell foi 'sim'. O óbvio era: ali estava um novo assessor que achava que tinha de provar a Michael o quanto ele era importante. E ia prová-lo mostrando o quão duro ele poderia ser na defesa do dinheiro e da reputação de Michael. Eu me acostumei a ver isso nos olhos deles, mais um de uma longa fila de sujeitos, cada um deles achando que seria o salvador e assessor de Michael pelo resto de sua carreira. E eu pensando: 'Sei, tá bom'. Mas eu tenho de lidar com isso, então lá fomos nós para o julgamento. Eu fiquei chocado, mas também fiquei feliz. Quer dizer, houve muita publicidade. Eu aparecia na CNN todas as noites. Não poderia ter sido melhor para mim."

Os jornalistas presentes no tribunal também concordaram que, da mesma forma, para eles, não poderia ter sido melhor: ficaram sabendo de histórias de Liz Taylor insistindo em uma pulseira de 600 mil dólares, Marlon Brando exigindo 1 milhão em dinheiro, Celine Dion em lágrimas, Marc Schaffel entregando suas fritas tamanho gigante. Eles viram Michael apenas em vídeo e em mensagens gravadas, é verdade, mas isso foi o suficiente para sustentar manchetes como "Surgem duas personalidades de Jackson", que apareceram nos jornais em todo o país depois do primeiro dia do julgamento. Michael havia sussurrado "mansamente" que não tinha certeza sobre quando ou como Schaffel fora pago, de acordo com a história da agência de notícias que se tornou o relato mais amplamente divulgado de seu depoimento. No entanto, poucos momentos depois, o júri ouviu a fita de uma mensagem que Michael havia deixado para Schaffel com uma voz muito mais alta e profunda: "Marc, ligue para Al Malnik. Eu não quero saber de mas, nem de porquês, nem de nada sobre o lançamento de 'What More Can I Give?' a esta altura. Faça isso agora!".

Escutar essas duas vozes muito diferentes "fez com que aqueles que as ouviram se perguntassem se tinham alguma ideia de quem Michael Jackson realmente é", uma repórter de TV ofegante informou a seus telespectadores. Os fãs, críticos e credores ficaram surpresos e se divertiram com a revelação de que, nos últimos anos, uma das principais fontes de renda de Jackson havia sido o aluguel de centenas de hectares de terra em Neverland para pastagem de gado.

O próprio Schaffel depôs no dia 5 de julho, um dia depois de Michael e os filhos deixarem o castelo Blackwater. No interrogatório, ele foi imediatamente confrontado com o fato de que havia descontado antecipadamente dezoito cheques, totalizando 784 mil dólares, depois de receber uma carta de rescisão dos advogados de Jackson em 21 de novembro de 2001, e que ele havia usado a quantia de 54 mil dólares desse dinheiro para fazer um pré-pagamento do aluguel de sua casa. Quando Schaffel foi questionado sobre sua afirmação de que Michael lhe devia 300 mil dólares que ele havia entregado a um "sr. X" na América do Sul, ele não conseguiu apresentar nem um recibo, nem um cheque sustado para mostrar ao júri. Schaffel alegou que havia levado a quantia em dinheiro, tirado de um cofre particular no Brasil onde ele o estava guardando e, sem ser perguntado, contou ao júri sobre um pedido que Michael lhe teria feito para encontrar crianças na América do Sul que poderiam se juntar à sua família. Vários jurados se contorceram; um deles levou as mãos ao rosto.

Os jurados apresentaram um veredicto dividido em 14 de julho de 2006, concedendo a Schaffel 900 mil dólares do dinheiro que ele alegava lhe ser devido e a Michael, a quantia de 200 mil dólares que os jurados concordaram que havia sido sonegada por Schaffel. Raymone Bain e Londell McMillan apressaram-se em declarar vitória. Os jurados haviam "virado ao contrário" as alegações de Schaffel contra o sr. Jackson, disse Bain, enquanto McMillan declarou: "É um novo dia para Michael Jackson. Nós não pagaríamos um centavo a mais do que a quantia devida a Schaffel, e o veredicto provou que fomos bem-sucedidos".

O *seu* cliente havia ganhado um julgamento de 700 mil dólares e imediatamente colocado um penhor sobre Neverland. King assinalou: "Eu garanto que fui mais bem pago pelo meu tempo do que o advogado de Michael".

Os três jurados que falaram à imprensa depois do veredicto não simpatizaram nem com o autor nem com o réu, dizendo que nenhum deles era "o personagem mais íntegro", segundo um deles. Uma jovem de Tarzana, estudante de enfermagem na Universidade Brigham Young, disse que ela não havia levado em consideração o passado de Schaffel contra ele por causa do que ela acreditava sobre Michael Jackson: "Eu tenho restrições em relação a entretenimento adulto, mas também tenho restrições em relação a abuso sexual de crianças".

Jackson e seu grupo de viagem passaram os últimos dez dias do julgamento Schaffel em Ballinacurra House, perto de Kinsale, uma cidade portuária na costa sul da Irlanda. Apesar de não ser um castelo, Ballinacurra era uma propriedade ainda mais bonita do que Blackwater, cercada por muros de pedra de três metros de altura e, além disso, por doze hectares de bosques e gramados. A residência possuía seu próprio salão de festas, uma sala de jantar formal para 96 pessoas com janelas para o jardim e 22 quartos que acomodavam até 53 hóspedes. O grupo de Michael contava com apenas sete pessoas, três delas crianças, mas ele ficou com o lugar todo. O artista passava a maior parte do tempo no quarto com temática africana que ele havia escolhido para compor canções, enquanto os filhos estavam "na escola", e depois ele se juntava às crianças no período da tarde para passeios ao longo das margens dos córregos Whitecastle e Ballinacurra. Ele não havia saído dos limites de Blackwater uma única vez durante suas duas semanas lá e parecia igualmente propenso a não se aventurar longe de Ballinacurra. Michael enviava o proprietário da casa, Des McGahan, em várias viagens até Cork para buscar o alimento básico de sua dieta por anos: frango do KFC com purê de batatas e molho. Um dia, porém, Michael havia decidido se aventurar em Kinsale, e seu traje de pijama de seda e uma máscara cirúrgica pouco ajudaram para não atrair a atenção dos moradores da cidade. "Um furor" foi como McGahan descreveu a cena que se seguiu. "As pessoas perguntavam-se umas às outras: 'Você viu o Michael Jackson andando pela cidade de pijama?'"

Além dessa excursão maluca pela cidade, Michael parecia estar buscando em Ballinacurra os mesmos pequenos prazeres que havia encontrado em Blackwater. Depois de mais ou menos uma semana, ele e a esposa começaram a sentir pena do homem, disse McGahan: "Ele estava procurando um lar. Ele estava tentando buscar normalidade". Ainda assim, o momento mais memorável para McGahan da estadia do hóspede famoso havia sido tarde da noite, quando ele se aventurou até o jardim para satisfazer a sua curiosidade sobre o porquê de o sr. Jackson insistir que as luzes externas ficassem acesas entre o anoitecer e o amanhecer: "Eu coloquei a cabeça através da sebe e o vi fazendo o moonwalk no gramado. E pensei: 'Isso não pode ser verdade. Michael Jackson está dançando na grama'".

Michael alugou vários castelos e casas de campo irlandeses durante sua estadia de seis meses no país. De volta aos Estados Unidos, no entanto, o colunista de fofocas Roger Friedman escreveu que Jackson estava "se aproveitando" do criador de *Lord of the Dance*, Michael Flatley, em seu CastleHyde, durante o verão na Irlanda, e essa afirmação seria repetida nos "noticiários" nos quatro anos seguintes. Mas, se o artista e os filhos realmente ficaram com Flatley (Flatley afirma que sim), foi uma visita *muito* curta, porque no início de agosto de 2006, Michael, Grace e as crianças estavam instalados na mais luxuosa das propriedades que eles ocuparam na Irlanda: o castelo Luggala, no condado de Wicklow, na costa leste da Irlanda, ao sul de Dublin. A propriedade, de mais de 2428 hectares, incluía não só o requintado lago Lough Tay e uma praia com uma areia importada tão branca que parecia açúcar refinado contra as rochas negras da costa do mar da Irlanda, mas também um caminho de dois quilômetros de extensão que rodeava o que os irlandeses chamavam de montanha da Fantasia e levava à magnífica casa em estilo neogótico, onde as Golden Guinness Girls, herdeiras da fortuna da família Guinness, já haviam se divertido. Luggala foi alugado por 30 mil euros por semana, o que significava que Michael Jackson havia pagado mais de 300 mil dólares pelas oito semanas em que ocupou o castelo. Esse preço incluía uma Rolls-Royce com motorista à disposição, mas não o custo dos helicópteros que Jackson estava usando para procurar instalações onde ele pudesse continuar a trabalhar na gravação do que Raymone Bain insistia em chamar de seu "álbum de retorno".

Nas últimas lânguidas semanas do verão celta, Luggala ofereceu a Prince, Paris e Blanket uma série de aventuras ao ar livre de que poucas outras propriedades do mundo dispunham, mas o pai delas rapidamente descobriu que ele mesmo não conseguiria sair dali, a menos que estivesse coberto da cabeça aos pés, porque os mosquitos o atacavam em nuvens, banqueteando-se com seu sangue onde encontrassem um pedaço de pele exposta. Recolhendo-se na casa, ele sondava os chefs, mordomos e faxineiros em busca de histórias sobre os hóspedes anteriores, como Mel Gibson, perguntava-lhes em seguida o que diriam sobre *ele* quando fosse embora e ria quando eles respondiam: "Ah, nada, senhor". A Rolls-Royce levava Michael e as crianças para cinemas e restaurantes na cidade de Wicklow, e a maior agitação local que Michael criou foi quando parou em uma loja em Dun

Laoghaire para comprar um livro de letras das canções dos Beatles. Paris comprou um livro sobre fadas.

Como tudo em sua vida, é claro, essa paz revelou-se frágil. Na manhã de 29 de agosto, chegou a notícia de um terrível incêndio nas matas de Neverland, perto do parque de diversões. Um helicóptero de combate a incêndios conseguiu apagar o fogo; além de terra queimada, os danos foram mínimos, mas o Corpo de Bombeiros de Santa Barbara foi incapaz de dizer como o incêndio havia começado. Michael naturalmente suspeitou de incêndio criminoso. Imaginou o rancho em decadência, as janelas fechadas, os jardins ao redor enegrecidos. A notícia de Neverland não foi um começo auspicioso para seu 48º aniversário. Mas, se Michael havia aprendido alguma coisa durante os últimos anos, era compartimentalização, e ele não disse nada sobre o incêndio para os filhos enquanto eles ajudavam Grace a preparar a "festa surpresa" do pai ou quando ele se juntou a eles para uma viagem até o Teatro de Marionetes Lambert na aldeia costeira de Monkstown, nos arredores de Dublin.

Foi Grace quem finalmente encontrou o lugar ideal no condado de Westmeath, na região irlandesa das Midlands, para Michael voltar a compor. Visto da estrada principal entre Dublin e Galway, Grouse Lodge parecia estar quase tão distante do esplendor do castelo de Luggala quanto a família de Jackson de Gary, em Indiana. Tudo o que se via da entrada, sem qualquer placa ou sinal nos arredores da vila de Rosemount, era um caminho sinuoso de cascalho cheio de desníveis e buracos, que atravessava uma cortina de árvores e em seguida desaparecia por trás das paredes de pedra de uma propriedade em estilo georgiano de trezentos anos de idade que parecia ter caído em um triste estado de abandono. Aquele era o lugar em que Jackson mais se esforçaria em anos na produção de um novo trabalho.

Paddy Dunning, o proprietário, era um renomado engenheiro de som cujo estúdio em Dublin, o Temple Bar, havia sido usado pelo U2 e por muitos outros. Trabalhando com uma família de pedreiros locais e diversos outros trabalhadores qualificados, Dunning e sua esposa, Claire, passaram quase cinco anos convertendo os diversos estábulos e outras dependências de Grouse Lodge em um agrupamento único de casas em torno de um pátio gramado repleto de plantas floridas. A mansão fora aparelhada com dois estúdios com equipamentos de última geração, onde o piso com lajes de pedra criava uma acústica que, desde 2002, havia encantado artistas tão diversos quanto REM, Manic Street Preachers e Shirley Bassey.

No entanto, em sua visita a Grouse Lodge, no final do verão de 2006, tudo o que Grace Rwaramba diria aos Dunning era que, em nome de alguém que ela identificou apenas como "um pop star do primeiro time", ela queria alugar, durante pelo menos um mês, e talvez mais, o maior dos dois estúdios mais uma casa de três quartos que já havia sido um estábulo. Eles não tinham absolutamente ideia alguma de quem poderia ser esse novo inquilino, os Dunning diriam mais tarde, até o dia em que um ônibus entrou no caminho de cascalho, parou na frente da casa principal e abriu as portas para três crianças muito animadas que foram seguidas por seu tímido, mas sorridente pai, Michael Jackson. O casal, totalmente surpreso, esperou que o resto da comitiva do artista saísse do ônibus, mas os únicos outros passageiros foram Grace Rwaramba e o tutor das crianças.

Desde o dia de sua chegada, Michael deixou claro que ele pensava em si antes de tudo como um pai, Paddy Dunning recordou. O que o atraíra em Grouse Lodge, Jackson explicou, foi que o lugar oferecia uma atmosfera que incentivava "a vida familiar". Os Dunning e seus funcionários eram conhecidos por proteger a privacidade de seus hóspedes, e a reputação de Claire de ser uma excelente cozinheira foi outro grande atrativo. Ele queria um lugar onde os filhos pudessem comer bem e encontrar muita coisa para fazer enquanto ele estivesse trabalhando, disse Michael, que parecia tão interessado na enorme piscina interna, na área de arco e flecha, nas mesas de bilhar e de pingue-pongue e também no fácil acesso aos estábulos com cavalos para montar e plataformas para pesca, quanto nos equipamentos de gravação de Grouse Lodge. Ele nem quis ir para o estúdio até que tivesse estabelecido e organizado os horários de estudo e lazer dos filhos, Paddy Dunning lembrou-se.

Durante as semanas que se seguiram, os Dunning e sua equipe diriam mais tarde, eles não testemunharam nenhuma das bizarrices de Wacko Jacko que haviam sido publicadas nos jornais por anos. "Nós simplesmente víamos um absoluto cavalheiro que era um pai excepcional para seus filhos", Paddy Dunning disse. Mesmo que não tivesse noção real do quanto houvera de tristeza nos últimos anos de vida de Michael, Dunning não podia deixar de ser contagiado pela alegria que seu novo hóspede parecia estar vivenciando na Irlanda. "Ele comia bem aqui e parecia saudável", disse Dunning, que não viu qualquer indício de que Jackson fosse viciado em drogas, como havia sido publicado pouco tempo antes nos jornais ingleses. Michael começou a fazer longas caminhadas na região de Westmeath poucos dias depois de chegar a Grouse Lodge. Dunning o acompanhou no início e ficou impressionado com a evidente boa forma em que o artista supostamente doente estava: "Michael podia se mover com muita rapidez — eu nunca vi ninguém se mover tão rapidamente. Ele era como um bailarino". Jackson ficou igualmente surpreso e encantado com a boa vontade da população local em deixá-lo vagar livremente pelos campos, permitindo-lhe passar sem mais que um aceno. Dunning ordenou a sua equipe que não contasse a ninguém que Michael Jackson estava hospedado em Grouse Lodge, mas ficou especialmente tocado pela disposição de seus vizinhos e dos comerciantes nas proximidades de Rosemount em participar da conspiração de silêncio que cercou o visitante mais famoso que a região já havia recebido.

Boatos sobre Michael Jackson ter sido visto se espalharam depois que ele e os filhos se aventuraram nas aldeias vizinhas de Moate e Kilbeggan. Os Dunning e a equipe de Grouse Lodge negaram saber de alguma coisa. "Se alguém me dizia: 'Ouvi dizer que Michael Jackson está lá', eu dizia: 'É, e Elvis Presley também'", disse Dunning.

Na verdade, Elvis *estava* na região. Dunning havia comprado o dilapidado Museu de Cera Nacional de Dublin no início do ano e estava em processo de restaurá-lo. Insatisfeito com a semelhança de Presley, um dos itens de maior destaque em sua coleção, Dunning havia encomendado um novo Elvis e, então, levou a antiga figura de cera de volta para Rosemount, colocou-a debaixo de uma árvore nos fundos de Grouse Lodge e esqueceu o assunto. Ele nunca se esqueceria da expressão abalada no rosto de Michael, Dunning disse, quando Jackson retornou de uma de suas caminhadas à tarde e, sem fôlego, lhe disse: "Paddy! Eu acabei de ver o meu sogro na floresta!".

Depois de um mês no estábulo transformado, Michael e seu grupo se mudaram para uma acomodação mais luxuosa nas proximidades. Os Dunning também eram os proprietários da Coolatore House, uma propriedade vizinha na qual seis hectares de jardins e florestas rodeavam uma casa em estilo vitoriano com 150 anos de idade que o casal havia restaurado, transformando-a em uma casa de alto padrão.

Como Patrick Nordstrom, Dunning ficou ao mesmo tempo surpreso e impressionado pela forma como Jackson parecia ser incansavelmente curioso. Michael lia o *Irish Times* da primeira à última página todos os dias e podia discutir a expansão da economia do Tigre Celta tão bem quanto qualquer executivo que Dunning conhecia. Ele havia ficado fascinado com a descoberta de que as lendárias colinas de Cnoc Aiste e Uisneach ficavam bastante próximas de Coolatore House e leu muito sobre as duas elevações, entusiasmado ao saber que Uisneach era o centro geográfico tradicional da Irlanda, o lar da Stone of Division [Pedra da Divisão], que havia sido usada para marcar as províncias originais do país.

O amor de Michael pela música irlandesa era no mínimo equivalente ao seu fascínio pela história do país, disse Dunning, que era constantemente incentivado por seu hóspede famoso a convidar o maior número possível de artistas tradicionais para tocar em Grouse Lodge. Michael estava entusiasmado com a possibilidade de tocar com cada um dos músicos visitantes e convidou Dunning e membros de sua equipe para participarem das *jam sessions* que aconteciam quase todas as noites. Ele ficou completamente pasmo, Dunning diria depois, ao descobrir "o quão incrível Michael era ao tocar qualquer instrumento". Ele não fazia a menor ideia de que seu hóspede célebre era um baterista excepcional, Dunning confessou, mas ficou ainda mais surpreso pela demonstração de suas habilidades como guitarrista que podia tocar solo e baixo. No entanto, foi quando Michael sentou-se ao piano, lembrou Dunning, que o resto da equipe de Grouse Lodge ficou verdadeiramente encantada. Jackson viajava havia anos com um teclado, como o Casio velho e surrado que estava usando na Irlanda. Antes de tocar para eles, Dunning e os outros pensavam que o teclado de Michael era essencialmente uma ferramenta de composição, algo com o qual ele improvisava enquanto trabalhava nas melodias. Era de conhecimento geral que Jackson havia produzido a maioria das primeiras canções creditadas a ele antes de tudo escrevendo as letras à mão, em seguida cantando a melodia ou cantarolando a linha rítmica em um gravador, que ele entregava a alguém que contratava para transcrever para o papel. Ele não tinha nenhum estudo formal em música e não sabia escrever notas. Mas Michael havia aprendido sozinho a tocar teclado e por mais de uma década, então, ele o usava para trabalhar em suas músicas. Seu progresso ao longo desse tempo todo foi revelado às pessoas de Grouse Lodge na primeira vez que ele se sentou ao piano para tocar uma sequência de canções dos Beatles. As cantorias que se formavam em torno das sessões de Michael ao piano foram o destaque de sua estadia para a maioria das pessoas que trabalhavam em Grouse Lodge, apesar de o grupo geralmente ficar em silêncio para que todos pudessem ouvir seus solos. "Não é superestimar", Dunning diria mais tarde a respeito da voz de Michael. "O tom era sempre perfeito."

Will.i.am, que Jackson havia escolhido como seu principal colaborador no novo álbum, concordava. "No que diz respeito à capacidade vocal, [Jackson] ainda está detonando todo mundo", disse o vocalista do Black Eyed Peas à *Rolling Stone*, pouco depois de voltar de uma semana com Michael em Grouse Lodge no outono de 2006. Depois de um mês da chegada de Jackson ao condado de Westmeath, uma enorme quantidade de colaboradores de alto nível começou a se deslocar para Rosemount a bordo de helicópteros e limusines, e muitos outros faziam suas aparições em Grouse Lodge por conexões via satélite. O "Rei do New Jack Swing", Teddy Riley, que trabalhara com Michael em *Dangerous*, coproduziu no mínimo duas novas canções de Jackson no estúdio de Grouse Lodge. Pouco depois da partida de Riley, Rodney "Darkchild" Jerkins, seu antigo protegido e então um dos produtores mais procurados do mundo, voou para Dublin e foi até Westmeath para conversar sobre o que ele e Michael poderiam fazer juntos. Jerkins havia produzido o sucesso "You Rock My World", do disco *Invincible*, que conseguira para Michael sua primeira indicação ao Grammy desde "Earth Song", de 1997. Michael estava se reunindo com uma dúzia de outros produtores, sondando-os, em busca de algum sinal de inspiração que o convencesse de que ele poderia criar outro *Thriller*. Akon, RedOne, Syience e Giorgio Tuinfort, todos receberam pedidos de teleconferências transoceânicas ou convites para visitar Michael na Irlanda. O principal agente e produtor dos talentos do hip-hop, Charles "Big Chuck" Stanton, não só viajou para a Irlanda com seu sobrinho, o produtor Theron "Neff U" Feemster, para uma série de reuniões com Michael, mas também teve a ousadia de contar ao *Los Angeles Times* sobre o assunto mais tarde, garantindo ao jornal que Michael estava mais concentrado do que nunca nos últimos anos. "Ele está pronto para conquistar o mundo", Stanton disse ao *Times*. "Ele tem algumas gravações muito quentes [...]. Estamos dando a Michael um monte de gravações de rua 'nervosas'. Ele está colocando melodias em algumas bases bem agitadas."

Jackson, no entanto, só começou a trabalhar de verdade quando will.i.am chegou a Grouse Lodge. Os dois vinham conversando três vezes por semana antes que ele chegasse à Irlanda, will.i.am lembrou: "Ele falava coisas como 'Preciso que você cave fundo! Vamos fazer algo que seja inédito!'. Ele cantarolava uma melodia por telefone ou algo assim. Oito rascunhos de músicas foram elaborados nessas conversas." Três deles se transformaram em canções acabadas durante a semana que will.i.am passou em Grouse Lodge, embora apenas uma tenha sido gravada — uma canção que Michael havia intitulado "I'm Dreamin". Passariam um mês inteiro juntos em janeiro, Michael prometeu, e trabalhariam no resto do material. Will estava quase tão impressionado quanto Paddy Dunning pela forma como Michael parecia ter adotado a vida rural irlandesa. "Um dia eu disse que estava com fome", lembrou ele. "E Michael diz: 'Pegue um cavalo. Pegue um cavalo e vá colher maçãs. É maravilhoso. Nós adoramos fazer isso. Os cavalos adoram ir colher maçãs'. E eu falei algo do tipo: 'Aaah, tá bom'."

À medida que sua sensação de estar em um lugar protegido aumentava, Michael mais explorava a região. Dunning contratou um motorista de táxi para conduzir Michael, Grace e as crianças pelos arredores de Westmeath em uma van emprestada com vidros escuros. Eles iam regularmente aos cinemas nas cidades vizinhas de Mullingar, Tullamore e Athlone. Em Rosemount, Michael podia até mesmo entrar no pub sem ser percebido, sentar-se sem muita pressa e ter um pouco da sensação do que deve ser a vida normal entre os habitantes locais. Ao voltar para Grouse Lodge, Michael comentou diversas vezes sobre o quão incrível era ficar em um lugar onde as pessoas pareciam ter prazer em vê-lo mas, ao mesmo tempo, estavam perfeitamente dispostas a não incomodá-lo. Ele nunca havia experimentado nada parecido.

O próprio Dunning foi dirigindo até Dublin quando Michael quis visitar a cidade. "Nós parávamos em um farol vermelho e Michael olhava pela janela, porque ele estava sentado na frente comigo, e as pessoas não acreditavam no que viam", Dunning lembrou. "Elas ficavam quase em estado de choque, sem saber no que acreditar — é o Michael Jackson que parou do meu lado em Dame Street?" Quando voltavam para casa pelo interior da Irlanda, os dois cantaram duetos, lembrou Dunning, que gostou da versão que fizeram de "The Girl is Mine". Michael cantou a parte de Paul McCartney, Dunning lembrou, "e eu fiz Michael Jackson".

Uma das paradas regulares de Michael nas viagens para Dublin era a Clínica Ailesbury, em Merrion Court, onde ele passava muitas horas com o diretor médico de lá, dr. Patrick Treacy. Já fazia duas décadas que Michael cultivava relacionamentos com cirurgiões plásticos em qualquer cidade ou país onde passasse um tempo significativo. O número enorme de procedimentos realizados em seu rosto necessitava de constante manutenção, e a confiança que ele investia nos médicos que faziam esse trabalho para ele resultou inevitavelmente em algo que se assemelhava a amizade. Ele tentava se familiarizar com os médicos que procurava antes mesmo de os conhecer. Ao pesquisar sobre Patrick Treacy, Michael havia ficado satisfeito em saber que o médico não só era um especialista em Botox, Dysport e preenchimento dérmico que treinava médicos em todo o mundo, mas também era conhecido por implantes de próteses faciais permanentes e por sua habilidade com lasers de radiofrequência. Durante suas visitas à clínica, Michael geralmente ia direto para a sala envidraçada onde guardavam-se loções e cremes cosméticos sofisticados e caros, lembrou Treacy. Seu paciente famoso enchia os bolsos com pequenos vidros de loções Nicholas Perricone, Agera e Matriskin, que custam duzentos dólares cada. "O que você pegou?", o médico se lembrou de perguntar a Michael um dia, quando ele chegou à sala no momento em que Jackson estava saindo. Michael, parecendo envergonhado, colocou sobre o balcão o que havia pegado. "Bem, você certamente tem bom gosto", disse o médico, "mas não ficou mais nada para as senhoras irlandesas." Michael pediu desculpas, sorrindo "maliciosamente", lembrou Treacy, e em seguida disse: "É só colocá-los na minha conta". É claro que ele não pensou no que Michael fizera como "roubo", o médico se apressou em dizer, porque, bem, ele era Michael.

Treacy viajou até Grouse Lodge quase tão frequentemente quanto Michael a Dublin. Os dois também foram juntos de carro para o Hospital Infantil Crumlin, em um subúrbio ao norte da cidade, onde Treacy estava cuidando de um casal de irmãos com idades entre cinco e sete anos que tinha sido horrivelmente queimado por uma bomba de gasolina que explodiu durante uma guerra de gangues em Limerick. Michael não parava de perguntar sobre essas duas crianças, Treacy lembrou. "Ele me perguntou diversas vezes: Eles estavam com dor? Será que receberam morfina? Será que ficariam com marcas? Por que não podia entrar e vê-los?" Essa última pergunta vinha à tona continuamente. Ele recusou, Treacy explicou, porque "o gesto de ele entrar em um hospital pediátrico logo depois do caso de pedofilia poderia ser interpretado de maneira completamente errada". Michael, no entanto, recusou-se a aceitar um não como resposta. "Você acha que eu faria mal a uma criança?", ele exigiu saber, e o médico sabia que eles haviam chegado a um momento crucial em sua relação. Ele decididamente *não* acreditava que Michael pudesse fazer mal a uma criança, disse Treacy, mas ainda assim se recusou a deixar Michael entrar no hospital com ele.

As excursões de Michael eram quase sempre feitas na parte da tarde ou início da noite, pois, enquanto os filhos estavam "na escola", ele passava quase todo o tempo trabalhando. Só depois que escurecia que ele se permitia "brincar". Gravou dezenas de músicas no Estúdio Dois, cuja acústica ele adorou. A única nota inquietante era que nenhuma das faixas foi concluída. Era como se Michael quisesse começar o maior número possível de projetos novos para evitar chegar ao final de qualquer um deles.

Quando Michael já estava morando lá havia alguns meses, Dunning estava praticamente convencido de que ele se estabeleceria permanentemente nas Midlands irlandesas. Michael estava em contato com pelo menos dois agentes imobiliários, que estavam lhe mostrando propriedades em Westmeath e nos municípios adjacentes. Quando Dunning comprou uma propriedade abandonada em estilo georgiano, chamada Bishopstown House, a quase dois quilômetros de Grouse Lodge, seu hóspede famoso visitou-a com ele e os dois discutiram em detalhes que tipos de reforma deveriam ser feitos, tudo tendo em vista a possibilidade de Michael se estabelecer, no mínimo para uma visita longa, em algum momento futuro. "Ele encontrou conforto aqui em Westmeath", Dunning lembrou. "Eu senti que ele não queria ir embora."

O idílio tinha de acabar, é claro, como Michael deve ter sabido o tempo todo. A imprensa marrom ainda não havia conseguido nada sobre ele, mas estava fechando o cerco. Relatos não confirmados de que Michael Jackson teria sido visto em aldeias próximas atraíram a atenção dos jornalistas locais, que ficaram especialmente intrigados com histórias sobre produtores de rap importantes e cheios de joias brilhantes que estavam sendo levados para o condado de Westmeath do aeroporto Shannon, em Dublin. Três guardas haviam sido colocados em revezamento na parte superior do caminho que levava a Grouse Lodge, a fim de interceptar visitantes indesejados, de acordo com o *Westmeath Independent*, que, em outubro de 2006, tomou conhecimento da "presença de um forte esquema de segurança" em Rosemount.

Na verdade, Jackson havia recebido alguma cobertura da imprensa devido ao imbróglio constrangedor que aconteceu no sul da França na segunda semana de outubro, quando diversos tabloides britânicos e o *New York Daily News* publicaram fotografias supostamente de Michael vestido como mulher, fazendo compras com a filha Paris nas calçadas de Saint-Tropez. As imagens ligeiramente distorcidas de uma figura esguia, vestida com sapatos de salto alto, um top de manga curta de seda, jeans skinny e chapéu de sol feminino, carregando uma bolsa laranja fluorescente e segurando a mão de uma garotinha, foram acompanhadas por histórias que animadamente informavam aos leitores que era a primeira vez que um dos filhos do artista havia sido visto em público sem véu. "Em sintonia com o apreço de Michael Jackson pelo excêntrico", segundo um dos jornais britânicos, "Paris estava vestida de maneira quase idêntica a seu famoso pai." Entretanto, dias depois da publicação mundial das fotos, o fotógrafo que as tirou admitiu que talvez aquele não fosse Michael Jackson afinal, e o público ficou se perguntando, como vinha fazendo havia anos: "Quem garante?".

Talvez em reação às fotos de Saint-Tropez, ou talvez porque Raymone Bain e will.i.am se juntaram para convencê-lo de que era hora de "fazer um pouco de publicidade", Michael permitiu, poucos dias depois, que o programa de televisão *Access Hollywood* enviasse a Grouse Lodge seu correspondente, Billy Bush, com uma equipe de câmeras para filmar a pessoa desaparecida mais famosa do mundo "em um local remoto na Irlanda", trabalhando com will.i.am em seu novo álbum. Michael claramente não queria que a visita de Bush se transformasse em uma entrevista em grande escala e insistia em responder a perguntas da maneira mais evasiva possível, sentado atrás de um painel de controle do estúdio, aparentemente absorvido na mixagem de uma canção. Bush tentou várias vezes estabelecer uma conversa sobre o "retorno" de Michael, mas ganhou pouca atenção.

"Você vê algo importante na música que está fazendo ou algo que vem num crescente?", perguntou Bush. "Vai tocar em clubes pequenos e lugares menores e deixar a coisa crescer, crescer, crescer?"

"Sabe, nesse nível, eu não tenho bem certeza", respondeu Michael.

Felizmente para Bush, will.i.am não foi tão reticente. "Grandes!", foi sua resposta à pergunta sobre como eram os planos de Michael para o futuro: "Algo precisa abalar a indústria da música. E a única coisa que pode fazer isso é o próprio abalo. A energia que acendeu a imaginação da molecada, de gente como... eu, sabe, o Justin Timberlake, nós somos todos produto disso [desse homem]. Assim, a única pessoa que pode trazer esse abalo de volta para a vastidão do mundo do entretenimento e da música é quem criou isso".

"Você está compondo?", Bush perguntou a Michael.

"Eu nunca parei", Michael respondeu baixinho, com um sorriso. "Eu estou sempre compondo uma música atrás da outra, sabe? É assim." Ele virou a cabeça e se afastou antes que Bush pudesse acompanhá-lo. Bush estava tão desesperado para obter imagens que procurou Paddy Dunning, que lhe disse: "Michael levanta de manhã e faz o café para as crianças, normalmente mingau e frutas".

O momento mais revelador da visita da equipe de *Access Hollywood* a Grouse Lodge aconteceu durante a preparação que antecedeu a tentativa de entrevista de

Bush, quando Michael e o cinegrafista discutiram sobre como ele deveria ser iluminado. "Menos sombra", Michael sugeriu.

"Menos sombra", o cinegrafista repetiu. "É mais frontal. Assim está bom? Você gosta?"

"Gosto, mas você pode aumentar?", perguntou Michael. "Um pouco mais quente?"

"Você quer dizer aumentar a temperatura?", sugeriu o cinegrafista, perplexo. "Como assim, um pouco mais quente?" "Não, mais claro", disse Michael. "Tirem as sombras. Estou tentando ter a aparência de quem dormiu", acrescentou com uma risada, "e preciso da sua ajuda."

A insônia que atormentava Michael Jackson por mais de duas décadas vinha ficando cada vez pior desde a exibição do documentário de Bashir, dois anos e meio antes. Durante algum tempo antes de descobrir os tranquilizantes, ele tentou dormir com histórias de ninar. Durante a turnê Triumph, em 1980, ele viajou com um gravador personalizado, regulado com três relógios independentes, que ligava no meio da noite para tocar algum audiobook que ele estivesse ouvindo no momento. Ele quase sempre acordava duas ou três horas depois de ter fechado os olhos. Começou a usar comprimidos ou injeções para dormir depois do caso Chandler, em 1993, mas desenvolveu resistência a eles, o que exigia doses cada vez mais altas. Frank Cascio, que trabalhava em tempo integral para Jackson na época, lembrou-se de recolher cartelas de Xanax, Percocet e Valium escondidas por seu chefe e mantê-las consigo todas as noites antes de Michael ir para a cama. "Eu queria ter certeza de que as tinha sempre comigo e de que nada ficaria no quarto dele, onde ele poderia acordar e dizer: 'Eu não consigo dormir esta noite', e não saber o que estava tomando", Cascio explicou.

Na época em que o caso Chandler foi resolvido, Michael às vezes passava dias sem dormir. "Lisa, eu realmente preciso descansar, eu já não durmo literalmente (sic) há quatro dias", Michael havia escrito para Lisa Marie Presley, em uma caligrafia desleixada que enchia uma folha inteira de um bloco de anotações grande, em um determinado momento do relacionamento dos dois, explicando a sua incapacidade de se comunicar. "Eu preciso ficar longe de telefones e de qualquer um que venha falar de negócios."

Só depois que os remédios receitados começaram a falhar como soporíferos que Michael descobriu uma medicação que lhe oferecia tudo o que ele queria para dormir. O líquido branco e viscoso propofol (comercializado pela AstraZeneca como Diprivan) é um agente hipnótico de ação rápida, administrado por via intravenosa, mais conhecido como "leite da amnésia" entre os médicos que o usam como anestesia em cirurgias. Seus muitos benefícios incluem o fato de que os pacientes acordam (ou voltam a si), depois de uma injeção de propofol, em um estado tanto alerta quanto eufórico. Esse último resultado produziu um histórico de casos divertidos que remontam ao tempo em que a droga ainda estava na sua fase de testes. O dr. Mike Roizen, da Cleveland Clinic, médico que realizou um dos primeiros estudos clínicos do propofol, lembrou que o primeiro paciente a dar o consentimento para que a droga lhe fosse administrada era uma jovem que, ao sair da anestesia, depois de uma operação no joelho, prontamente agarrou o cirurgião e lhe deu "talvez o beijo mais sensual que eu já vi em uma sala de cirurgias". Relatos semelhantes surgiram em outros estudos, mas a droga também levantava preocupações. O propofol era limitado por uma "janela terapêutica" muito estreita: a maneira médica de dizer que tomar um pouco mais do que a dose recomendada poderia impedir uma pessoa de respirar. Entre aqueles que haviam descoberto o propofol como uma droga recreativa — em certa medida, semelhante ao ecstasy, por seu efeito —, houve uma série de mortes, algumas delas classificadas como suicídio.

Michael havia começado a usar propofol para dormir em 1996, durante a turnê HISTORY. Consta que a droga foi administrada ou por um médico de Beverly Hills que viajava com Michael, ou por uma dupla de anestesistas alemães cuja inclusão na turnê foi arranjada por Dieter Wiesner. Wiesner insistiu que a segunda história não era verdadeira: "Havia médicos lá, mas não fui eu quem os trouxe. Eu era completamente contra isso". Seja lá como foram contratados os médicos que ministravam a droga para ele, Michael passou a contar com as doses de propofol porque elas lhe permitiam ficar inconsciente por horas todas as noites, não importando qual fosse sua agenda de viagens, e ofereciam a sensação de acordar revigorado a cada manhã.

Porém, as doses de propofol foram interrompidas depois do fim da turnê HISTORY. Jackson novamente retomou o uso de medicamentos ansiolíticos e analgésicos para passar as noites. Seu distúrbio do sono não só persistiu, mas foi exacerbado pelas escaras que ele havia desenvolvido durante os mais de dois anos entre a exibição do documentário de Bashir e sua absolvição no julgamento criminal em Santa Maria, um período em que ele passou dias deitado em um estado de torpor induzido por medicamentos.

Embora Michael recorresse regularmente a OxyContin e Demerol enquanto morava no Bahrein, o uso que fez de opiáceos sintéticos foi mais restrito durante os meses na Irlanda do que em qualquer momento dos três anos anteriores. O preço que ele pagou pelo último esforço concentrado para abandonar aos poucos os analgésicos e medicamentos ansiolíticos foi um aumento constante das noites sem dormir. E, mesmo assim, de acordo com Patrick Treacy, Michael resistiu a pedir Diprivan ou mesmo Demerol com mais determinação do que havia conseguido em anos. "As únicas receitas que fiz para ele foram para coisas menores, como resfriados", disse o médico.

Treacy e seus colegas na Clínica Ailesbury *usaram* propofol para colocar Michael para dormir em uma operação no nariz, em 2006. Mais tarde, Treacy visitou Michael em Coolatore House e encontrou seu paciente em extremo desconforto: "Ele estava correndo pela sala cobrindo o rosto e dizendo: 'Está doendo! Está queimando!'". Mas Michael não pediu outra dose de Diprivan, Treacy disse, e até recusou a oferta feita pelo médico de outros medicamentos para dor para serem tomados durante a semana. Michael também não pediu nada para tratar sua insônia, de acordo com Treacy, que alegou mais tarde que seu paciente havia deixado claro que compreendia os perigos do uso de propofol sem a assistência de um anestesista. "Michael nunca teria feito isso", insistiu o médico irlandês.

No entanto, sem as drogas Jackson não dormia mais do que algumas horas por noite. Em meio a ações judiciais, escândalos e fofocas dos tabloides, para não mencionar a urgência que sentia para restaurar suas finanças e reviver sua carreira, era quase impossível fazer sua mente descansar. Além disso, todas as suas melhores ideias lhe ocorriam às três da manhã, Michael disse.

Uma dessas ideias foi desencadeada por uma pergunta que Billy Bush havia feito sobre um "segundo capítulo" de *Thriller*, visto que o 25º aniversário de lançamento do álbum seria no final de 2007. "É uma grande ideia", Michael disse na época. A Sony concordou. Depois da reunião no Burj Al Arab, em Dubai, a empresa tornou-se bastante receptiva à ideia de uma outra retrospectiva de Michael Jackson. Seu julgamento criminal no condado de Santa Barbara tinha sido contrabalançado pelo enorme sucesso de *Number Ones*, em 2003, e o impressionante lançamento subsequente de *The Essential Michael Jackson* (6 milhões de cópias vendidas), no final de 2005. Apenas algumas semanas depois que will.i.am voltou para os Estados Unidos, o integrante do Black Eyed Peas assinou um contrato para atuar como produtor executivo em uma edição especial de aniversário de *Thriller* que incluiria remixes, duetos e talvez algumas novas canções. Eles dariam ao projeto o título de *Thriller 25*, acordaram Michael e a Sony, depois que a empresa concordou em fazer o álbum pelo seu selo de relançamentos, o Legacy Recordings. Essa decisão, Michael percebeu, aliviaria pelo menos um pouco da pressão que ele sentia para entregar o que agora estava sendo descrito em seis continentes como o seu "álbum de retorno", além de lhe render um bom crédito com a Sony mesmo que vendesse apenas 1 milhão de cópias. Mais importante, isso lhe oferecia a oportunidade de mostrar à indústria da música que seu melhor trabalho era relevante para jovens artistas até mesmo um quarto de século depois de seu lançamento. Isso tudo parecia muito melhor do que correr o risco de outra experiência como a que ele havia sofrido depois do lançamento de *Invincible*.

Esse desdobramento feliz não mudou o fato de que Michael se tornava cada vez mais inquieto à medida que o final de outubro se aproximava. O tempo estava ficando frio e úmido. A escuridão chegava mais cedo. Pior de tudo, Billy Bush rasgou seu véu de privacidade. Logo depois de filmar a entrevista em Grouse Lodge, Bush parou em Moate, onde "contou aos homens, mulheres, crianças e cães na rua onde Jackson estava", segundo a descrição de um repórter britânico do *Observer*. "É um idiota", diria um Dunning entristecido.

O número de paparazzi e repórteres de tabloides perguntando sobre Michael Jackson nos pubs e lojas do condado de Westmeath aumentou constantemente depois disso. Michael foi às lágrimas quando ouviu falar de um fazendeiro local que ameaçou esvaziar uma carroça de estrume sobre o carro de um paparazzo que tentava tirar uma foto de uma propriedade vizinha. No entanto, ele sabia que era apenas uma questão de tempo antes que um dos fotógrafos conseguisse. De fato, durante a última semana de outubro, uma imagem granulada de Michael entrando no prédio principal de Grouse Lodge apareceu em vários jornais irlandeses. Nos dias que se seguiram, curiosos que passavam de carro na estrada Dublin-Galway fizeram o tráfego parar como nunca se vira antes em Rosemount. Pela primeira vez desde sua chegada ao castelo Blackwater, em junho, Michael foi implicitamente criticado na imprensa irlandesa quando, em 28 de outubro, um dos pequenos jornais das Midlands publicou um artigo sobre sua visita com as crianças a um parque de diversões em Tullamore chamado Jumping Jacks. Relatou-se que Michael Jackson havia chegado todo vestido de preto, usando um chapéu de caubói com um véu, enquanto observava os filhos brincarem com seis ou sete crianças locais. Uma das mães reclamou que um corpulento "assessor" do sr. Jackson havia perguntado, em tom muito sério, se alguma mulher estava tirando fotos dos filhos de Michael; depois, ela mesma havia sido seguida por esse homem, que queria saber se ela estava dando um telefonema. Até mesmo o *Westmeath Independent* ficou tão desesperado por notícias de Michael Jackson que publicou uma reportagem em torno de uma imagem do astro carregando uma bolsa com a imagem de Mickey Mouse enquanto saía do estúdio depois de uma sessão de gravação durante toda a noite.

A notícia sobre a estadia de Jackson em Grouse Lodge correu o mundo depois que a reportagem do *Access Hollywood* foi ao ar no início de novembro. As pousadas e os pubs do condado de Westmeath se encheram de pessoas que carregavam câmeras e microfones. Não houve mais caminhadas pelo campo.

Os nervos de Michael não se acalmaram com a perspectiva de sua iminente aparição em Londres, no dia 15 de novembro, na cerimônia do Worlds Music Award, onde Beyoncé lhe daria o Diamond Award pela quinta vez (por vender mais de 100 milhões de álbuns). A partir do momento em que aceitou o convite, Michael começou a temer por sua participação no evento. Sua performance seria transmitida para 160 países no mundo todo e, além disso, ele estava "apavorado de ter de conhecer a rainha", lembrou Patrick Treacy. No entanto, o medo mais profundo de Jackson era a Fleet Street. Não havia lugar na Terra em que ele houvesse sido submetido a tanta adulação e tanta ridicularização quanto em Londres. Os tabloides ingleses não se cansavam de Wacko Jacko. Todos estariam com seus talheres a postos quando ele chegasse, Michael sabia, esperando o banquete começar.

10.

Em julho de 1988, quando chegou à Inglaterra no clímax da turnê Bad, Michael havia sido tratado literalmente como a realeza. Antes do primeiro de seus sete shows agendados no Estádio Wembley, Jackson foi homenageado com um jantar no Guildhall, no centro histórico de Londres. O edifício secular havia sobrevivido aos julgamentos dos líderes da Conspiração da Pólvora, de 1605, e dos assassinos do poeta Thomas Overbury, em 1615 e 1616, e a um incêndio decorrente de um ataque da Luftwaffe, na Segunda Guerra Mundial, que destruiu completamente seu telhado de madeira, mas não havia visto nada como a visita de Michael Jackson. Vestido com uma túnica brilhante azul e vermelha, que foi comparada pelos repórteres ao uniforme de um ditador militar, Michael tornou-se (com a permissão da própria rainha Elizabeth II) o primeiro plebeu na história a acessar Guildhall pela entrada real do edifício, a sua chegada anunciada pelas trombetas dos Life Guards. Em meio aos memoriais para Lord Nelson, para o Duque de Wellington e para Winston Churchill, dançarinos vestidos com roupas tradicionais inglesas espalharam pétalas de rosa aos pés de Michael à medida que ele era escoltado à cabeceira da longa mesa no Grande Salão, onde tantos assuntos de Estado haviam sido tratados ao longo dos séculos. Um enorme prato de rosbife foi solenemente trazido pelos membros da Banda Militar da Honorável Companhia de Artilharia, mas Jackson nem chegou a tocar nele, mordiscando, em vez disso, uma salada de legumes preparada por seu chef particular.

Depois da refeição, o astro foi levado para o pátio com Frank Dileo e o menino de dez anos de idade que foi seu companheiro constante na turnê Bad, Jimmy Safechuck. Ele bateu continência quando a banda do Corpo de Engenheiros Reais desfilou, em seguida andou de um lado para o outro de uma fila de soldados uniformizados, como se enviado pela rainha para inspecioná-los. Michael começou a dançar quando a banda tocou sua versão de "Billie Jean", depois virou-se, assustado com o som de cascos barulhentos sobre paralelepípedos, quando um cavaleiro de armadura entrou no complexo, em um enorme cavalo. Ao desmontar o animal, o cavaleiro puxou uma espada de uma pedra, abaixou-se, apoiado em um dos joelhos, diante do artista pop norte-americano e entregou-lhe o que supostamente era Excalibur. "Você percebeu que acabou de se tornar o rei da Inglaterra?", gritou um dos jornalistas de entretenimento presentes. "Puxa", Michael respondeu. "Rei? Nunca pensei nisso."

Nada poderia superar o evento de Londres em pompa e cerimônia, mas deferência semelhante lhe foi mostrada em praticamente todas as paradas na turnê Bad. A imprensa apelidou-o de "Furacão Michael" no Japão. Seiscentos jornalistas e fotógrafos se acotovelavam e gritavam em sua chegada ao aeroporto Narita, em Tóquio; quase trezentos permaneceram lá para receber o avião de carga que pousou mais de uma hora depois trazendo o chimpanzé Bubbles a bordo. No Japão, ele dedicou todas as apresentações de *"I Just Can't Stop Loving You"* para um menino de cinco anos chamado Yoshioka Hagiwara, cujo rapto e assassinato então recentes haviam traumatizado todo o país. Apelidado de "Crocodilo Jackson" pela imprensa australiana, ele teve ingressos completamente esgotados com semanas de antecedência em estádios de Sydney, Melbourne e Brisbane. Equipes frenéticas de cinegrafistas seguiam-no em visitas a crianças gravemente doentes nos subúrbios de Sydney, e ele ganhou a primeira página de todos os jornais mais importantes do país quando colocou várias crianças doentes na cama depois de ouvir o apelo de suas mães. Visitas a orfanatos ou às alas infantis dos hospitais, além de doações para caridade, foram as principais características da passagem de Jackson por cada uma das cidades que visitou em uma turnê mundial de dezesseis meses de duração que incluiu 123 shows em quinze países.

Michael Jackson era um fenômeno que não se parecia com nada que o mundo já tinha visto, saudado fora dos Estados Unidos com um entusiasmo tão ensandecido que ultrapassava em muito o que Elvis e os Beatles provocaram décadas antes. Os quase 4,5 milhões de ingressos adquiridos tornaram a turnê Bad a série de shows de maior bilheteria da história. As referências à "histeria em massa" faziam parte da cobertura da imprensa em cada parada. "Havia uma religiosidade peculiar às críticas de seus shows", escreveu Simon Frith em sua coluna "Brit Beat", no *The Village Voice*, "como se as pessoas estivessem indo para Wembley (um local comum para encontros revivalistas) para serem redimidas." Uma neta do imperador Hirohito assistiu ao primeiro show em Tóquio; em Londres, Charles e Diana, o príncipe e a princesa de Gales, estavam nos camarotes particulares de Wembley. Ao se encontrar com Michael antes do show em Wembley, a princesa pediu-lhe para cantar "Dirty Diana". Bob Dylan e Elizabeth Taylor estavam entre a multidão no show em Basileia, na Suíça, onde Michael se encontrou com Oona O'Neill, viúva de seu ídolo Charlie Chaplin. Os autores das manchetes em todos os países que ele visitou sentiam-se compelidos a lhe dar um novo apelido — "O Conde do Rodopio" ou "O Peter Pan do Pop" —, mas na Inglaterra a adulação vivia de mãos dadas com a evidente ridicularização.

O jornal *Sun* havia começado com isso em 1986, com a manchete que perguntava: "Is Jacko Wacko?" [Jacko é esquisito?]. A reputação de esquisitice de Jackson vinha, no mínimo, desde a turnê Destiny e tinha origem na sua curiosidade extremamente sincera. Em 1980, ele havia passado um tempo na Skid Row em Los Angeles, uma área da Spring Street em grande parte abandonada, onde se reunia e morava uma grande parte da população de sem-teto da cidade. Ele fora até lá disfarçado, é claro, com uma barba falsa, um chapéu surrado e as roupas esfarrapadas que ele imaginava que lhe permitiriam se misturar aos locais. Tudo o que ele queria, Michael disse, era ter ideia de como era a vida daquelas pessoas. Um ano mais tarde, ele estava usando o mesmo disfarce quando visitou uma loja de antiguidades em Atlanta e, por alguma razão, tentou se esconder dentro de um armário antigo. Ele foi flagrado pelo proprietário, que tomou o sujeito desalinhado por um bêbado. O proprietário ordenou que ele saísse de lá e fosse embora da loja, mas Michael se recusou. O homem ligou para o departamento de polícia, que enviou um policial, que encontrou uma das cenas mais estranhas que ele já havia visto: o proprietário estava segurando o vagabundo em uma chave de braço enquanto o homem se debatia violentamente, tentando explicar que ele era *o* Michael Jackson. O policial prendeu os dois homens, um por invasão criminosa e o outro por agressão. Nenhuma acusação foi feita, mas esse foi o primeiro registro público da determinação de Jackson em lidar com a fama se disfarçando.

Ele andou incógnito durante todos os anos 1980. Adorava brincar com maquiagem e fantasias e continuou a testar disfarces quando saía pelas ruas para divulgar a mensagem das Testemunhas de Jeová, até que rompeu com a Igreja em 1987. Em 1985, foi flagrado pedalando uma bicicleta ao longo de Ventura Boulevard vestido com o que a *Rolling Stone* definiu como "um disfarce bem superficial": jeans desbotados, uma camiseta branca e um boné cáqui com protetor para a nuca, encravado para baixo sobre o capuz de seu blusão. Jackson também havia se acostumado a sair em público usando uma máscara de gorila. "Eu adoro quando as pessoas param e ficam assustadas", explicou. "E eu adoro o fato de eles não saberem que sou eu dentro da máscara." E, no entanto, ao mesmo tempo, ele *queria* que eles soubessem. O produtor, arranjador e compositor David Foster, que começou a trabalhar com Jackson já em *Off the Wall*, recorda uma visita de Michael a Nova York em que o astro se preparou para uma ida clandestina ao cinema permitindo que os filhos de Foster o vestissem com as roupas deles; jeans largos, um lenço e um boné virado para o lado, "estilo gangster", com o cabelo escondido por dentro. No entanto, quando os garotos lhe disseram que ele tinha de colocar também a mecha de cabelo da testa para dentro do boné, porque ela havia se tornado uma espécie de marca dele, Michael se recusou. "Era uma dica certa de quem ele era, mas ele foi inflexível", Foster lembrou: "'Não, não, minha mecha tem que ficar de fora!'. Eu achei que era muito revelador. Ele não queria ser visto, mas ele meio que queria ser visto."

A confusão sobre a diferença entre mentira e relações públicas, que Berry Gordy e Diana Ross incutiram na mente de Michael quando ele tinha dez anos, transformou-se em uma crença de que não havia publicidade ruim. Ele começou a idolatrar P. T. Barnum e forjou uma história de que dormia em uma câmara hiperbárica para conter o envelhecimento, posando dentro de um dos aparelhos de 200 mil dólares para uma foto que correu o mundo todo. Quando surgiu um boato de que ele estava tentando comprar os ossos de Joseph Merrick, o famoso "Homem Elefante" britânico, Michael fez uma oferta real, a fim de alimentar a história. Ele colaborou com artigos do *National Enquirer*, o famoso tabloide norte--americano especializado em celebridades, relatando que se recusava a tomar banho em qualquer coisa que não fosse água Evian e que vinha travando conversas com o fantasma de John Lennon. Frank Dileo era quem ajudava e instigava

Michael a plantar essas histórias nos tabloides, chegando ao ponto de *insistir* que seu cliente fosse descrito como "bizarro" em uma reportagem do *Star* que tinha como manchete: "Michael Jackson está com a macaca! Agora ele está falando com seu chimpanzé de estimação — em língua de macaco". A maioria das pessoas não sabia que o companheiro chimpanzé de Michael, Bubbles (que havia sido resgatado de um laboratório de pesquisas para o câncer), passava a maior parte do tempo com o treinador, Bob Dunn.

O problema com essas estratégias era que os jornais começaram a publicar quase todo tipo de notícias sobre Michael Jackson e achavam que podiam sair ilesos. Isso incluiu histórias inventadas como Jackson pagando 1 milhão de dólares por uma poção que o tornaria invisível para que ele pudesse ir às compras com seu chimpanzé de estimação e não ser visto. Uma reportagem do *Enquirer* afirmou que o rival musical de Jackson, Prince, estava usando percepção extrassensorial para enlouquecer Bubbles. "Prince foi longe demais dessa vez", Michael teria dito, segundo o *Enquirer*. "Que tipo de louco mexeria com um macaco?" Seu suposto pavor em relação ao vírus HIV deliciava os tabloides, e uma história inventada de que, por temer pegar aids, ele havia se recusado a beijar a Pedra Blarney em uma visita à Irlanda ganhou tanta credibilidade que foi publicada como fato na *Rolling Stone*.

O que tornava a imagem "Wacko" de Michael mais sinistra do que divertida era, naturalmente, a sua insistência em procurar meninos para serem seus companheiros mais próximos. Depois do escândalo Jordan Chandler, em 1993, o jogo dessa mídia que anos antes fora excitada pela estranheza de Michael tornou-se assustador e maldoso. Em 1988, porém, quando ele foi à Inglaterra durante a turnê Bad, houve muitas menções na imprensa britânica ao "jovem amigo" de Michael, Jimmy Safechuck, mas praticamente sem insinuações de impropriedade. Os repórteres que seguiram os dois em uma visita, depois do horário comercial, à Hamleys, a loja de brinquedo de sete andares na Regent Street, em Londres, o destino de compras favorito de Michael, ficaram tontos com o delicado encanto de tudo aquilo. Jimmy estava vestido com uma réplica exata do figurino de palco de Michael (um dos vários que o astro havia encomendado para seu amigo de dez anos de idade) e não parecia nem mais nem menos animado do que o homem de quase trinta que o levou pela mão através da loja. Muitos na imprensa sabiam que os pais de Jimmy haviam recebido uma limusine e um cheque em branco para gastar em restaurantes caros ou ir a shows do West End, para que o filho e o astro pudessem ficar sozinhos. Alguns até sabiam que Michael e Jimmy dormiram no mesmo quarto de hotel, mas as imagens que isso evocava naqueles dias eram de trombadas de carrinhos movidos à pilha e histórias assustadoras contadas à meia-noite. *Acreditava-se* que Michael Jackson procurava a companhia de garotos pré-púberes porque ele desejava ser um deles, desejava voltar no tempo e transformar sua vida naquilo que ele achava que ela deveria ter sido naquela época em que ele próprio havia sido um garoto de dez anos de idade, olhando pelas janelas do estúdio para o playground do outro lado da rua, imaginando-se em balanços, escorregadores e carrosséis com outras crianças de sua idade.

Não era como se Jimmy tivesse sido o primeiro dos amigos jovens de Michael. Poucos sabiam sobre Rodney Allen Rippy, mas todo mundo havia visto o relacionamento de Michael com Emmanuel Lewis em rede nacional. Logo depois da cerimônia do Grammy de 1984, Michael, Emmanuel e Brooke Shields reuniram-se novamente no American Music Awards, mas foi só o menino que o astro levou ao palco consigo para receber o prêmio de melhor canção, e disse ao público: "O importante para mim, ao compor canções, é a inspiração, e eu estou aqui de mãos dadas com uma das minhas inspirações, Emmanuel Lewis". O diminuto menino visitou Jackson não só na propriedade Hayvenhurst, mas também no condomínio Westwood, conhecido entre os funcionários de Michael como "O Esconderijo", o único lugar em Los Angeles onde ele conseguia escapar tanto de seus fãs quanto da mídia. Correram boatos sobre os dois, mas aqueles que visitaram o Esconderijo disseram que tudo o que viram foi Michael brincando com Emmanuel ou ensinando para ele o moonwalk. Os jornalistas ficaram de orelhas em pé quando surgiu a notícia de que a mãe de Lewis havia afastado o menino de Jackson no final de 1984, depois de os dois terem se registrado em um hotel como pai e filho. Circulou uma história (mais tarde confirmada pelo publicitário de Jackson, Bob Jones) de que os seguranças do artista recebiam ordens de comprar mamadeiras e bicos de mamadeira cada vez que Emmanuel o visitava. Depois do escândalo Chandler, especularia-se sobre que tipo de perversidades sexuais estariam possivelmente envolvidas. Então, em 2005, a revista *In Touch Weekly* publicou fotos, tiradas anos antes, de Jackson e Lewis deitados na cama tomando leite em mamadeiras. Para Michael, isso só era menos humilhante do que as acusações de abuso sexual, embora talvez fosse mais fácil para as pessoas acreditarem que ele poderia estar abusando sexualmente de Lewis do que se dar conta do que eles estavam *realmente* fazendo, que era fingir ser bebês juntos. Como dizer ao mundo que ele não estava tentando ser heterosse-

202

xual ou homossexual, nem mesmo assexuado, mas sim *pressexual*, era um problema que ele nunca conseguiu resolver.

Depois de Emmanuel Lewis, Jackson acolheu uma tribo inteira de meninos perdidos, incluindo os dois jovens astros do seriado de TV *Silver Spoons*: Alfonso Ribeiro e Ricky Schroder. Muito se diria mais tarde sobre sua suposta preferência por meninos brancos, mas ele na verdade havia gostado mais de Ribeiro (que, como Rodney Allen Rippy e Emmanuel Lewis, era um garoto negro de pele bastante escura) do que dos olhos azuis e cabelos loiros de Schroder. Michael conheceu Corey Feldman em 1985 no set de *Os Goonies*, produzido por Steven Spielberg. Eles estavam filmando uma cena que exigia uma expressão de surpresa, e Spielberg conseguiu isso dele, Feldman lembrou, por deixar escapar que Michael Jackson apareceria para uma visita. Ele deu ao astro seu número de telefone, Feldman disse, mas não esperava uma ligação. Michael telefonou naquela noite e conversou com ele por duas horas, contando histórias sobre Paul McCartney. Depois disso, eles conversavam pelo menos uma vez por semana, de acordo com Feldman (que havia começado a se vestir como Jackson muito antes de Jimmy Safechuck), e fizeram várias viagens juntos. Feldman não só zombou das sugestões de que Jackson havia se insinuado sexualmente, como também se lembrou de uma viagem para o Disneyland Hotel, em que Michael lhe ofereceu a cama maior e ficou com a menor. Segundo Feldman, tudo o que realmente o surpreendera em relação a Michael tinha a ver com bondade e generosidade, uma declaração que seria repetida por vários outros meninos que passaram um tempo com Jackson. As crianças que o visitavam em Neverland voltavam com histórias sobre brigas de travesseiros e comida, e o que de mais grave relatavam era terem sido autorizados a comer muitos doces e a ficar assistindo a filmes até depois da meia-noite.

A excentricidade de Michael foi apontada na mídia com muito mais frequência do que suas amizades com meninos. "Por que esse cara não quer crescer?" era a pergunta que os repórteres faziam sobre ele, e não "Ele é um pedófilo?". Independentemente das observações desagradáveis que os editores faziam a respeito dele a portas fechadas, eles tinham de reconhecer que histórias como a da contratação das pessoas que interpretavam os Sete Anões na Disneylândia, para irem a Hayvenhurst brincar no gramado, vestidos a caráter, apenas para que ele se divertisse, rendiam reportagens excelentes. Antes de 1993, as pessoas achavam que esse material era encantador, não assustador.

A maior parte da zombaria a que Michael foi submetido teve origem em seus casos de amor inventados, a necessidade contínua que ele parecia sentir de fingir que era o "gostosão" ao lado de alguma moça com quem saíra. Tatum O'Neal e Brooke Shields foram muito francas em relação a isso. "Nada de romance tórrido", Shields diria sobre a relação. "Nós só nos divertimos muito, porque brincávamos como se estivéssemos no jardim de infância ou algo assim." Eddie Murphy foi hilariantemente perverso no programa *Saturday Night Live* representando um Jackson ultraexcêntrico que se vangloriava de suas proezas imaginárias com várias mulheres. O próprio Michael riu disso. No entanto, ele continuava a reagir com veemência às sugestões de que era homossexual. Ele pediu para Joan Rivers parar de fazer a piada de que "Michael Jackson é tão gay que faz Liberace parecer um boina-verde", e, como ela não parou, Jackson plantou uma história no *National Enquirer* de que ele estava pensando em processar a comediante. Quase ninguém ligou para a notícia fabricada pelo tabloide de que Jackson estava tendo um caso com o pop star britânico Boy George, mas Michael insistiu em dar uma "grande entrevista coletiva" em Los Angeles, que só serviu para chamar a atenção para a história. Depois de avisar que quaisquer futuras "alegações falsas" seriam respondidas com uma ação judicial, o relações-públicas de Jackson leu uma declaração na qual Michael negava tomar hormônios para manter a voz aguda e ter feito uma cirurgia plástica nos olhos. Ele estava se manifestando, dizia a declaração, apenas para proteger as crianças que o admiravam.

Michael *realmente* gostava da companhia de mulheres mais velhas que haviam, elas próprias, se tornado famosas quando jovens e que não o ameaçavam sexualmente: Diana Ross, Liza Minnelli, Katharine Hepburn e Sophia Loren, entre outras. Jane Fonda havia sido a primeira a dizer a Michael que ele era perfeito para o papel de Peter Pan. Durante as turnês, um de seus empregados tinha a incumbência de criar uma suíte temática em cada hotel em que Michael se instalasse, decorando-a de uma ponta a outra com imagens e fotografias da ex-estrela infantil Shirley Temple, "de modo que, quando eu entrasse, pudesse vê-la", explicou Michael. Ele até insistia para que uma foto dela com cinco ou seis anos de idade fosse colada no espelho de seu camarim. Quando ele finalmente conheceu Shirley Temple Black, àquela altura uma ex-embaixatriz dos Estados Unidos, trinta anos mais velha que ele, "nós não dissemos nada um ao outro no início, nós simplesmente choramos juntos", Michael lembraria, porque eles conheciam a dor um do outro, sabiam o que era lamentar a infância que sentiam ter perdido.

Mas foi de Elizabeth Taylor que ele se aproximou mais. Na compra do rancho Neverland, Michael confidenciou à corretora que planejava adotar 29 crianças e se casar com Elizabeth Taylor, e então reagiu exaltado quando a mulher disse que Taylor poderia ser sua avó: "Mas eu a amo!". A mitologia pessoal compartilhada, construída a partir de um núcleo de experiências infantis em comum, manteria o relacionamento deles por quase um quarto de século. Eles se conheceram em dezembro de 1984, quando Taylor pediu catorze ingressos para um dos shows do Jackson 5 no Dodger Stadium nos últimos dias da turnê Victory. Os lugares que ela recebeu ficavam em um camarote VIP tão distante do palco que "teria sido melhor assistir na TV", lembrou Taylor, que saíra do estádio com seu enorme grupo antes de o show chegar à metade. Michael ligou no dia seguinte, chorando ao telefone enquanto se desmanchava em pedidos de desculpa. Eles conversaram durante três horas naquele dia, de acordo com Taylor, e as ligações continuaram por meses, enquanto "íamos nos conhecendo por telefone". No dia em que Michael finalmente sugeriu fazer uma visita, ele perguntou se poderia levar um amigo. Apareceu pouco tempo depois, levando Bubbles pela mão.

A origem da ligação entre eles era a semelhança entre a maneira como os dois haviam sido criados. Ambos haviam se tornado arrimo de família antes dos dez anos, empurrados por um pai/ empresário (no caso de Taylor, a mãe), cujo investimento neles tinha mais a ver com dinheiro do que com amor. Taylor compreendia como poucos o relacionamento torturado de Michael com Joe Jackson. "Eu era uma estrela infantil aos nove anos, tive um pai rude e isso meio que nos uniu desde o início", Taylor contaria a Oprah Winfrey em entrevista em 2005. "Nossos pais eram muito parecidos, difíceis, duros, brutais", Michael havia explicado a Rabbie Boteach cinco anos antes. Mágoa e autoexaltação fundiram-se na mente dos dois e produziram uma relação que era, ao mesmo tempo, terna e venenosa.

Eles desafiavam a prisão da fama fazendo coisas como sair disfarçados todas as tardes de quinta-feira para uma matinê de cinema, sentar na última fileira, de mãos dadas, com um balde de pipoca entre eles. Taylor era uma visitante frequente em Neverland; ela e Michael tinham até mesmo seu lugar favorito de piquenique em um penhasco com vista para o parque de diversões. Liz comprou um elefante para o jardim zoológico de Michael, e ele retribuiu presenteando-a, em sua festa de aniversário em Las Vegas, com um elefante do tamanho de uma bola de futebol, cravejado de pedras preciosas. No total, Michael lhe deu muito mais coisas do que ela a ele, presenteando-a com diversos colares, pulseiras e pingentes criados por seus designers de joias favoritos e aparecendo regularmente na casa dela com frascos dos perfumes mais caros do mundo. Em 1991, Michael foi o organizador, anfitrião e gastou 1 milhão de dólares no oitavo casamento de Taylor, com Larry Fortensky, um trabalhador da construção civil com corte de cabelo *mullet*, vinte anos mais jovem que ela, realizado em um gazebo em Neverland. Publicou-se diversas vezes que Jackson havia criado no rancho uma espécie de santuário para Taylor, onde um aparelho de televisão cercado por fotos suas passava filmes da atriz 24 horas por dia, sete dias por semana. Isso não era verdade, *mas* havia um enorme retrato de Jackson pendurado no corredor da casa de Taylor em Beverly Hills, no qual ele havia escrito: "Para o meu verdadeiro amor, Elizabeth".

Assim como Michael acabou por se desligar das Testemunhas de Jeová, Liz separou-se da religião na qual fora criada — a Ciência Cristã — para se converter ao judaísmo, antes de seu casamento com o produtor Mike Todd. Taylor aderiu aos mistérios da cabala muito antes de Madonna e convenceu Michael a usar uma fita vermelha como proteção contra o mau-olhado no julgamento no condado de Santa Barbara. "Nós gostamos das mesmas coisas", Michael dissera a Paul Theroux quando o escritor perguntou sobre seu relacionamento com Liz. "Circos. Parques de diversões. Animais." O que ele deixou de fora da enumeração, é claro, foram as drogas.

No início dos anos 1980, quando Michael e Liz estavam se conhecendo, ela recebeu mais de mil receitas médicas de comprimidos para dormir, tranquilizantes e analgésicos. Muitas delas foram feitas pelo dr. Arnold Klein, amigo e médico tanto de Taylor quanto de Jackson, que forneceu regularmente Dilaudid ("creme de heroína", como é conhecido nas ruas) e uma grande diversidade de tranquilizantes poderosos a Liz. De uso restrito para ajudar na recuperação depois de procedimentos médicos, Klein disse. Amigos disseram que Taylor tinha overdoses frequentes, desmaiando de olhos abertos, mal respirando. Paramédicos que não tinham absoluta certeza se ela estava viva ou morta tiveram de levá-la correndo para o hospital em várias ocasiões. Depois de ser reanimada e liberada, Taylor tomava um frasco de bebida para ajudar a engolir mais comprimidos no trajeto de volta para casa. Ela entrou e saiu de clínicas de reabilitação por quinze anos, período em que Klein fizera muitas receitas para seu outro amigo e paciente, Michael Jackson. Uma das drogas que ele dava a Michael era Demerol, Klein reconheceria, para "controlar a dor". Pessoas ligadas a Taylor e Jackson disseram que os dois trocavam comprimidos regularmente. Liz era a acompanhante de Michael quando ele chegou à cerimônia do American Music Awards no Shrine Auditorium, em Los Angeles, em janeiro de 1993, e inúmeras testemunhas descreveram Taylor como alguém que estava "oscilando", com os olhos tão vidrados que ela não reconhecia as pessoas em pé bem na sua frente.

Quando Theroux sugeriu a Michael que Elizabeth era a Wendy para o seu Peter Pan, ele respondeu: "Ela é a Madre Teresa, a princesa Diana, a rainha da Inglaterra *e* a Wendy". A Madre Teresa e a princesa Diana eram sempre mencionadas quando ele falava sobre o tipo de mulher com quem se imaginava casando um dia, alguém "elegante e tranquilo e que não fosse voltada apenas para sexo e loucura", como ele descreveu ao rabino Shmuley Boteach. Era assim que ele havia descrito a mãe, Katherine, dizendo a Boteach: "Ela é como uma santa". Elizabeth Taylor não era nenhuma santa e suas aventuras sexuais eram lendárias em Hollywood, mas Michael a via como fundamentalmente inocente. "Ela é divertida, jovial, feliz e é capaz de rir e rir, mesmo quando está com dor", ele disse ao rabino Boteach. "Eu sei que, se nós fizéssemos alguma coisa romântica, a imprensa seria muito cruel e perversa e nos chamaria de 'O Casal Estranho'", Michael lamentou para o rabino. "Tudo se transformaria em um circo e isso é o que mais dói." Então eles continuariam sendo apenas "bons amigos", a mesma forma de descrever os garotos que estiveram ao seu lado a partir do final dos anos 1970.

Em 1986, Michael protagonizara *Captain EO*, um filme 3-D de 20 milhões de dólares produzido por George Lucas e dirigido por Francis Ford Coppola, o curta-metragem mais caro e mais propagandeado na história dos filmes, apesar de ser exibido exclusivamente em parques temáticos da Disney. No set, apenas três pessoas foram autorizadas a falar com o astro: Coppola, Liz Taylor e Jonathan Spence, de dez anos de idade, e destes Michael parecia mais próximo do menino. Eles foram vistos várias vezes se abraçando e pareciam adorar brincar de "eu-com-as-quatro". As pessoas achavam aquilo inocente, ainda que um pouco estranho. Quando as autoridades do condado de Santa Barbara entraram em contato com Spence anos mais tarde, ele lhes assegurou que nada impróprio havia acontecido entre Michael e ele. A secretária de Jackson, porém, disse que Spence ligava para o escritório da MJJ Productions de vez em quando pedindo passagens aéreas, e uma vez pediu um carro novo, que ele recebeu.

Jimmy Safechuck e sua família se dariam muito melhor, e dessa vez a generosidade de Michael gerou os primeiros boatos de desconfiança. Depois que Jackson comprou uma Rolls-Royce para a família Safechuck em Londres, Frank Dileo tentou alertá-lo para o fato de que os repórteres descobririam isso e fariam perguntas. Magoado, Michael perguntou: "Quem se importa com o que eles pensam?", e continuou com o relacionamento. Quando a turnê Bad foi para Dublin, um grupo de repórteres que estava bebendo no bar do Jurys Inn começou a especular sobre onde o pequeno Jimmy poderia estar naquela noite. Os jornalistas solicitaram papel com o timbre do hotel e um envelope e, rindo, escreveram um bilhete dizendo ao sr. Safechuck que ele poderia ser resgatado se estivesse sendo retido contra a sua vontade. Pareceu uma grande piada na época, porque ninguém achava que pudesse haver impropriedades.

Mas havia boatos. Um bom número de pessoas havia ficado ligeiramente escandalizado — ou, no mínimo, incomodado — com o gesto de colocar a mão sobre o pênis que Michael havia começado a fazer no palco. O movimento aparecera pela primeira vez no clipe de "Bad" e fora transportado para a turnê Bad. Michael a princípio insistiu que era "coreografia", mas o que ele estava fazendo no palco parecia descaradamente masturbatório para alguns na plateia. E, na verdade, aqueles movimentos que ele fazia *eram* de carícia. Quando a história dele mudou — o que as pessoas viram foi um movimento reflexo que ele fazia em reação à música, disse Michael, do qual ele nem sequer tinha consciência —, as pessoas que duvidavam dele começaram a ser mais francas. Aqueles gestos eram muito sexuais para um sujeito que supostamente era Peter Pan. Começaram os boatos de que talvez ele estivesse escondendo alguma coisa.

Apenas um punhado de pessoas sabia, em 1988, sobre a única alegação crível de conduta imprópria que havia sido feita contra Michael Jackson, e a maioria dessas pessoas estava na Inglaterra. A história envolvia um menino chamado Terry George, que tinha doze anos quando se aproximou de Michael em Lanesborough, no Londres Hotel, em 1979, e perguntou se podia fazer uma entrevista para o jornal da escola. Encantado, Michael convidou o garoto para seu quarto de hotel, onde passaram a maior parte do tempo "rindo e rindo", lembrou Terry, que percebeu durante esse primeiro encontro que Michael preferia a companhia de crianças à de adultos. Aquilo parecia um sonho que havia se tornado realidade, especialmente quando Michael telefonou para o garoto na semana seguinte. No início de 1980, o astro falava com ele três vezes por semana, de vez em quando a cobrar, sempre exatamente às nove horas da noite, no horário de Londres, o menino lembrou, quando seus pais costumavam estar fora, jogando bingo. Ele e Michael conversavam por horas "sobre coisas tolas", disse Terry. Às vezes Michael cantava para ele pelo telefone.

Então, certa noite, Jackson ligou e parecia estar diferente. A linha ficou silenciosa em um determinado momento, e Terry perguntou a Michael se ele ainda estava lá, ele lembrou-se: "Do nada, ele me perguntou se eu me masturbava e, caso sim, se eu usava creme?". Ele realmente não entendeu a pergunta, disse Terry, que "podia ouvir pelo telefone que [Jackson] estava fazendo barulhos estranhos". A conversa fez com que ele se sentisse "confuso e desconfortável", disse Terry, que deixou claro que Michael nunca havia tocado nele quando eles estavam sozinhos. Suas conversas com Jackson terminaram logo depois, quando os pais de Terry descobriram a conta telefônica enorme, Terry lembrou, e proibiram-no de usar o telefone. Ele foi ao hotel de Michael novamente quando o astro esteve em Londres em 1981, mas dessa vez seu amigo estava "gelado" e o contato entre eles se encerrou.

Terry acabou contando para os pais sobre a conversa com Michael a respeito de masturbação, e eles contaram a alguns conhecidos. A notícia se espalhou, mas lentamente. Ainda eram apenas pessoas da vizinhança que sabiam dela quando Michael chegou a Londres na turnê Bad, em 1988. Mas nos cinco anos seguintes, a história de alguma forma atravessaria o oceano Atlântico. Em 1993, Terry recebeu um telefonema de um investigador do departamento de polícia de Los Angeles que dizia acreditar que o "mau comportamento" de Michael havia começado com ele. Ele não achava que Michael fosse um pedófilo, Terry disse ao detetive, apenas "uma pessoa muito confusa".

II.

A tão esperada chegada de Michael Jackson à cerimônia do World Music Awards de 2006 estava sendo encarada pelos jornais de Londres como uma oportunidade de recuperação, se não de redenção. A última aparição de Jackson em um palco inglês havia acontecido quase dez anos antes, no Brit Awards de 1996, quando sua apresentação do número mais querido do álbum *HIStory*, "Earth Song", foi interrompida por um protesto particularmente memorável contra o narcisismo das celebridades.

A campanha publicitária de 30 milhões de dólares de *HIStory* fora lançada no verão de 1995. Quando os executivos da Sony se encontraram com Michael na primavera de 1995 para discutir como divulgariam o álbum e a turnê mundial que aconteceria em seguida, ele sugeriu: "Construam uma estátua minha". A Sony fez nove estátuas, cada uma com quase dez metros de altura, em aço e fibra de vidro, que mostravam Jackson em sua conhecida roupa pseudomilitar, com uma bandoleira cruzando-lhe o peito em diagonal, os punhos cerrados ao lado do quadril enquanto ele olhava longe. Elas foram distribuídas de forma dramática em junho de 1995 para cidades europeias estrategicamente selecionadas. A cena do guindaste gigante que havia baixado a estátua de Michael Jackson na Alexanderplatz, em Berlim, fora surreal, para dizer o mínimo, mas mesmo isso não se comparava com a sensação criada pela estátua gigante de Jackson que flutuava no rio Tâmisa, em Londres, a bordo de uma barcaça. "Excessivo" e "exagerado" estavam entre as críticas mais brandas feitas à campanha; críticos em vários países declararam-se "nauseados". A distribuição das estátuas foi seguida pouco depois pelo lançamento de um "teaser" que custou 4 milhões de dólares e mostrava o verdadeiro Michael Jackson vestido da mesma forma que suas estátuas, caminhando regiamente por entre centenas de soldados húngaros contratados, cercados por milhares de fãs frenéticos. "O clipe não para simplesmente na representação dos níveis previamente conhecidos da Michaelmania", escreveu Chris Willman no *Los Angeles Times*, "ele vai bem além dos limites da autocongratulação e talvez seja o autoendeusamento mais vaidoso e explícito que um cantor pop se dignou a compartilhar com seu público, pelo menos com uma cara séria."

A campanha publicitária do verão havia incluído uma entrevista conjunta de Michael e sua nova noiva, Lisa Marie Presley, por Diane Sawyer, para o *Primetime Live* da rede ABC. Vista por cerca de 60 milhões de telespectadores nos Estados Unidos, a entrevista de Sawyer demonstrou que a capacidade de Jackson de atrair o público não havia diminuído. O motivo indisfarçável de tudo isso, porém, havia sido responder às perguntas que pairavam depois dos acordos judiciais gerados pelas alegações de Jordan Chandler contra Michael, e nisso a entrevista falhou em muito. O momento mais memorável foi quando Michael disse a Sawyer que não via razão para abandonar suas festas do pijama com as crianças. A expressão de Presley, de um animal assustado que se vê diante dos faróis de um carro, gerou uma manifestação pública de pena dela.

A cerimônia do Brit Awards de 1996 foi realizada pela primeira vez em Earls Court, em Londres. Uma minoria significativa do público ficou constrangida com a apresentação feita por Bob Geldof do prêmio especial Artista de uma Geração, concedido a Jackson: "Quando ele canta, canta com a voz de anjos. Quando seus pés se movem, é como se Deus estivesse dançando". Cantando e dançando no meio de uma reunião multicolorida de crianças que cantavam e batiam palmas, Jackson havia adotado o que parecia ser uma pose de Cristo ao entrar em uma plataforma móvel e ser alçado por sobre a multidão. Muitos dos membros mais jovens do público começaram a balançar a cabeça. No momento em que a apresentação de "Earth Song" chegou ao auge, Jarvis Cocker, vocalista da banda Pulp, "invadiu o palco", como os jornais descreveram, para simular um peido altamente estilizado dirigido a Jackson.

Levado para fora do palco pelos seguranças, Cocker foi detido e interrogado pela polícia sob suspeita de tentativa de agressão, mas acabou liberado sem acusação. A condenação inicial pela "grosseria" de Cocker foi rapidamente suplantada pelas congratulações por ter corajosamente desafiado um ídolo bombástico. Muitos aplaudiram quando Cocker respondeu às críticas na imprensa, afirmando: "Minhas ações foram um protesto contra a forma como Michael Jackson vê a si mesmo, como um tipo de Cristo com o poder de cura". Noel Gallagher, líder da banda britânica mais importante então, o Oasis, prontamente sugeriu que Jarvis Cocker deveria ser condecorado como Membro do Império Britânico. A revista de música mais influente do país, *Melody Maker*, também exigiu que Cocker recebesse uma medalha. As vendas de discos da Pulp aumentaram muito, na mesma proporção que "Earth Song" começava a cair nas paradas, e uma estátua de cera de 50 mil dólares de Cocker foi colocada no Rock Circus de Londres. No decorrer dos meses seguintes, Jarvis Cocker tornou-se um ícone do *cool* na Inglaterra, enquanto Michael Jackson se transformava em um símbolo de tudo que era *passé* na música pop.

Quase uma década depois do desastre no Brit Awards, Michael estava de volta ao Earls Court. Mesmo antes de sua chegada a Londres, os tabloides da cidade diziam que Jackson havia enfurecido os organizadores do World Music Awards com pedidos de última hora no valor de 500 mil dólares que incluíam vinte passagens de avião de primeira classe e a construção de um muro temporário de cinco metros de altura em torno do Hempel Hotel, em Bayswater, onde ele e sua comitiva haviam se instalado a um custo de 80 mil dólares por noite.

Em Earls Court, o fato de Michael não ter aparecido no tapete vermelho para saudar os milhares de fãs que foram vê-lo fez com que a noite não começasse bem. As tensões aumentaram quando a multidão descobriu que Jackson não se juntaria a Chris Brown para apresentar "Thriller", como havia sido prometido nos jornais. O público desapontado atrapalhou com vaias, palmas e coros de "Michael!" a apresentação solo de Brown e várias outras que se seguiram. Quando Jackson finalmente subiu ao palco (depois de ter sido apresentado como "um deus" pela *hostess* Lindsay Lohan) para participar de um coral em uma versão ao estilo gospel de "We Are the World", ele parecia "apavorado e petrificado", segundo disse um membro da plateia citado pelo *Mirror*. Michael cantou apenas o refrão da música antes de parar abruptamente, jogando sua jaqueta Roberto Cavalli na fileira da frente, dizendo para o público em seguida, repetidamente, o quanto ele o amava. Houve muito pouco amor em troca. Vaias choveram de todos os cantos de Earls Court enquanto ele entregava o palco para Rihanna, cuja apresentação do sucesso "Unfaithful" foi, em grande parte, abafada pela multidão furiosa. Os críticos atacaram Jackson nos jornais da manhã seguinte, descrevendo sua apresentação como "vergonhosa" e "um desastre". A incapacidade de Michael para explicar o que havia acontecido — ele disse apenas que tudo havia sido "um mal-entendido" — irritou ainda mais os meios de comunicação, que zombaram dele por vários dias.

"Michael Jackson está além de qualquer esperança", escreveu um colunista de Londres, e muitos de seus colegas pareciam concordar. A maldade generalizada nas reportagens sobre Jackson atingiu outro nível. Uma história o descreveu como "uma figura verdadeiramente macabra", que era "tão propensa a ataques de pânico que se isolava do contato humano durante dias". As reportagens da imprensa britânica também chamaram Jackson de "germófobo", dizendo que ele não havia aparecido no tapete vermelho de Earls Court por medo de ser tocado pelos fãs. Uma fonte anônima disse que Michael havia se tornado tão inseguro que não conseguia falar em voz alta.

A catástrofe da aparição de Jackson em Earls Court congelou sua relação com Raymone Bain, que trabalhara como sua intermediária no contato com os organizadores do World Music Awards. Bain fez o melhor que pôde para divulgar a história de que a apresentação de Michael de "We Are the World" havia sido interrompida quando alguém nos bastidores, inexplicavelmente, cortou o som, mas isso foi rápida e furiosamente negado por um porta-voz dos organizadores do show. O blog de música PopRevenge revelou que "o pessoal de Jackson" havia sido tão inepto que permitiu que uma de suas repórteres se infiltrasse no coral que se apresentaria com Michael: "Ninguém me perguntou se eu sabia cantar ou dançar ou se conhecia a música", disse a jovem aos jornais de Londres.

Quando Jackson retornou para a Irlanda, estava tão perturbado que enviou Bain para anunciar que ele não viajaria ao Japão para uma "festa de Natal especial" no dia 20 de dezembro que havia sido planejada meses antes. Por mais que ele precisasse do pagamento de 250 mil dólares em dinheiro, Michael insistiu que o evento fosse cancelado, resultando em críticas pungentes da mídia japonesa que ele nunca havia experimentado antes. Ele prontamente concordou em fazer uma viagem para Tóquio na primavera para ser o anfitrião de um jantar e de um show de imitadores de Michael Jackson, mas isso não abrandou de todo as críticas de sua "insensibilidade para com o povo japonês" que apareceram nos editoriais dos jornais.

Em meados de dezembro, o frio úmido do inverno irlandês estava se infiltrando até os ossos, e a frente fria que os tabloides de Londres estavam enviando na sua direção pelo canal de St. George fez com que a temperatura parecesse congelante. Ele começou a desejar intensamente o calor e a luz e a perguntar se talvez ele já não estivesse fora dos Estados Unidos por tempo suficiente para sentirem sua falta. Três dias antes do Natal, ele ajudou os filhos a terminar de fazer as malas e em seguida pediu a limusine que levaria todos eles e Grace para o aeroporto de Cork. Enquanto se preparava para a viagem, Michael deu aos Dunning seu aparelho de televisão, uma caixa de brinquedos que Prince, Paris e Blanket haviam comprado e a coleção de chapéus que ele usara durante a estadia no condado de Westmeath. Ele assinou em um pedaço de tronco de árvore, assim como todos os hóspedes de Grouse Lodge, e deixou uma assinatura de uma página inteira no livro de visitantes. Quando Michael saiu, ele agradeceu aos Dunning por nunca haverem lhe pedido para fazer o moonwalk, então disse a Paddy e a Claire que eles foram "as únicas pessoas que nunca lhe pediram uma fotografia". Havia lágrimas em seus olhos quando ele saiu pela porta.

Duas horas mais tarde, Michael, Grace e as crianças estavam a bordo de um jato particular que voava na direção do sol poente. Pelo menos nos Estados Unidos eles lhe dariam alguma coisa para dormir.

PARTE TRÊS

OESTE

12.

Michael Jackson estava usando seu disfarce de viagem padrão, com óculos de sol e um véu, quando saiu de seu jato em um hangar particular no aeroporto McCarran, em Las Vegas, na noite de 23 de dezembro de 2006. O artista, os filhos e Grace Rwaramba entraram em uma limusine que contornou as luzes altas da Strip, levando-os na direção dos subúrbios de luxo a noroeste da cidade, e parou finalmente no número 2785 da South Monte Cristo Way, uma mansão espanhola murada com uma área de dez hectares na "comunidade de casas personalizadas" de Summerlin. Michael havia feito um contrato de aluguel da propriedade por seis meses — sem tê-la visto antes — que exigia o adiantamento de 1 milhão de dólares, mais de cinco vezes o valor do aluguel no mercado imobiliário.

Uma árvore de Natal enorme, cercada de dezenas de presentes embalados em papel brilhante, esperava-os na sala de estar do novo lar dos Jackson, colocada lá pelo consultor Jack Wishna e sua esposa, Donna. Wishna, mais conhecido por levar Donald Trump a Las Vegas (ele agora era um dos sócios do Trump International Hotel and Tower), havia arranjado o jato particular que levara Jackson e sua comitiva da Irlanda para Las Vegas e já estava soltando para os repórteres que ele e Michael haviam conversado durante semanas sobre o "retorno" do astro em Las Vegas, possivelmente com um show ao vivo semelhante ao que Celine Dion vinha apresentando com enorme sucesso havia meses no Caesars

Palace. Os dois imaginaram o que poderia ser uma espécie de hotel Michael Jackson, que eles criariam transformando uma propriedade existente ou construindo uma nova, Wishna disse. De acordo com o empresário, Jackson havia sugerido que eles usassem uma das estátuas que sobraram da promoção de *HIStory* no hotel: "Michael disse: 'Quero que o hotel possa abrigá-la na parede e, nas noites em que eu estiver me apresentando, a estátua vá para o centro da Strip, para que o mundo saiba que estou aqui'. Ela sairia em uma esteira". Jackson queria ainda projetar seus próprios caça-níqueis "Rei do Pop". Mas esse foi apenas um dos vários projetos analisados, acrescentou Wishna, que respondeu a um telefonema da *Us Weekly* assegurando ao repórter da revista que Jackson "está pronto para em breve voltar ao topo do mundo do entretenimento".

O próprio Michael ficou em silêncio e longe dos holofotes, escondido atrás dos muros de sua nova casa, com exceção de uma rápida excursão de compras no Forum Shops do Caesars Palace na véspera do Natal. Os fotógrafos e cinegrafistas que não o viram lá tentaram conseguir imagens passando de carro na frente da Monte Cristo, mas voltaram sem nada em mãos, a não ser imagens das telhas vermelhas da mansão de 16 mil metros quadrados.

Menos de uma semana depois de viajar para a Geórgia para o funeral de James Brown, Michael faria sua primeira aparição pública em solo norte-americano desde o fim de seu julgamento criminal. Brown, com 73 anos de idade, havia morrido de insuficiência cardíaca congestiva na manhã de Natal, depois de dar entrada em um hospital de Atlanta com pneumonia. Dois dias mais tarde, seu corpo foi transportado para o Teatro Apollo, no Harlem, para um velório com o caixão aberto que duraria todo o dia e a noite de 28 de dezembro, a fim de atender as filas em que algumas pessoas esperaram até cinco horas, no frio, para se despedir do Padrinho do Soul. Por volta das nove horas daquela noite, os restos mortais de Brown estavam no compartimento de carga de um jato particular, a caminho de sua cidade natal, Augusta, Geórgia. Michael Jackson estava voando para a Geórgia também, e chegou à casa funerária C. A. Reid de Augusta logo depois da meia-noite de 29 de dezembro, menos de uma hora após a chegada do corpo.

O caixão banhado a ouro estava na capela quando o sr. Jackson entrou, por volta de 0h30, Charles Reid lembrou, e Michael imediatamente pediu que o diretor da funerária levantasse a tampa. Olhou para o corpo embalsamado de James Brown deitado em uma cama de cetim cor creme, vestido com um paletó preto sobre uma camisa vermelha de babados, então se inclinou para beijar a testa do cadáver. Ele passou as mãos pela peruca brilhante de óleo e puxou um cacho sobre uma das sobrancelhas, a fim de criar a aparência um pouco desgrenhada que vira tantas vezes no palco e em fotografias. Reid já se preparava para fechar de novo a tampa do caixão. Michael Jackson, no entanto, não dava mostras de que iria embora. "Normalmente, uma pessoa vem, dá uma olhada e é só isso", explicou Reid, mas Michael Jackson ficaria por quatro horas e meia ao lado do corpo de James Brown.

O sr. Jackson passou a primeira hora em pé, apenas olhando, Reid lembrou. Aos poucos, ele começou a conversar com o diretor sobre o quanto o sr. Brown havia significado para ele, dizendo que, quando ele tinha mais ou menos seis anos de idade, sua mãe costumava acordá-lo a qualquer momento em que James Brown passasse na televisão, apenas para que ele assistisse a seu ídolo dançar. O relacionamento, que começara na época do "chitlin' circuit", havia oscilado ao longo dos anos, mas se fortaleceu em 2003, quando Brown estava entre as primeiras celebridades negras a apoiar Michael Jackson depois das acusações criminais.

O que deixou Charles Reid perplexo naquela noite no final de dezembro de 2006 foi que, depois de passar cerca de uma hora ao lado do caixão de James Brown, o sr. Jackson começou a fazer uma série de perguntas muito específicas sobre a preparação de defuntos. Ele quis saber "como isso era feito", Reid lembrou. "O que você realmente faz?" O sr. Jackson o fez repassar todo o processo em detalhes minuciosos, Reid lembrou. Seu famoso visitante escutou atentamente e interrompeu para perguntar detalhes exatos enquanto o agente funerário descrevia como alguém da equipe cuidava de "estabelecer os traços" com maquiagem e outros instrumentos. Michael Jackson não quis que o diretor parasse por aí. "Que tipos de líquido você usa?", perguntou ele. "E como você os coloca no corpo?" Reid viu-se descrevendo os vários processos de embalsamento, o tipo de coisa que quase ninguém fora das profissões fúnebres queria saber. "A maioria das pessoas foge quando se trata de morte", Reid mais tarde explicaria a Michael Daly, colunista do *New York Daily News*. "Elas tentariam ir na direção oposta. Foi surpreendente ele falar sobre o assunto do jeito que o fez. É muito incomum."

No entanto, as perguntas do sr. Jackson não eram mórbidas, Reid disse, de maneira alguma. O sr. Jackson era humilde em sua curiosidade, muito respeitoso e verdadeiramente cortês. Ele só queria saber. Eram quase cinco da manhã quando Michael finalmente disse a Reid para fechar o caixão e, em seguida, saiu da funerária.

Michael Jackson era claramente a principal atração na James Brown Arena em Augusta, no dia seguinte, onde o funeral foi realizado. Al Sharpton e Jesse Jackson estavam a seu lado quando Michael subiu ao pódio e falou para a multidão de 8500 pessoas com um microfone. De uma maneira evidente, ainda que inefável, a aparição de Michael pareceu o ápice de uma reafirmação de sua identidade de homem negro, que havia começado em 2003, logo depois das acusações criminais. Uma multidão que em grande parte era afro-americana havia dançado e cantado ao som de sucessos de James Brown como "I Feel Good", "It's a Man's Man's Man's World" e, claro, "Sex Machine", encerrando com o caixão de Brown sendo coberto pela capa que tantas vezes fora colocada sobre seus ombros no final dos shows. O reverendo Sharpton fez um tributo empolgante que lembrou o impacto de "Say It Loud — I'm Black and I'm Proud", canção de James Brown de 1968. "Me recordo claramente que chamávamos a nós mesmos de pessoas de cor, e depois da canção passamos a nos chamar de negros", Brown havia dito à Associated Press em 2003. "Ela mostrou às pessoas que letra, música e uma canção podem mudar a sociedade." Sharpton dedicou um tempo surpreendente de seu discurso a uma explicação sobre a presença de Michael Jackson em Augusta. "Eu não me importo com o que a mídia diz esta noite, James Brown queria Michael Jackson com ele aqui hoje", disse Sharpton com intensidade ao microfone. "Ele disse [...]: 'Eu amo Michael'. Ele disse: 'Diga a ele que não se preocupe em voltar para casa. Eles sempre caluniam aqueles que têm talento. Mas diga a ele que precisamos limpar a música, e eu quero que Michael e todos eles que me imitaram voltem aqui para reerguer a música'."

Em meio aos gritos e berros da multidão extasiada, Michael, vestido com uma jaqueta de couro preta justa, sua maquiagem coberta de lágrimas, avançou até o microfone e falou com a voz que somente aqueles que tratavam de negócios com ele conheciam, uma voz muito mais profunda e forte do que o sussurrar sibilante com o qual o público americano havia se acostumado. "James Brown é a minha maior inspiração", disse ele a uma multidão que queria profundamente acreditar naquilo. "Quando eu o via se mover, eu ficava hipnotizado [...]. Eu nunca vi um artista se movimentar como James Brown [...]. James, vou sentir sua falta, e eu amo muito você. Obrigado por tudo."

No entanto, as pessoas que assistiram às imagens pela televisão ficaram mesmo profundamente impressionadas quando Michael se inclinou de novo sobre o caixão de ouro, dessa vez em plena luz do dia, e beijou outra vez o cadáver de James Brown, bem na boca.

$\star\;\star\;\star$

Em meados de janeiro de 2007, começava a circular em Las Vegas a notícia de que Michael Jackson estava conversando com Steve Wynn, o empreendedor bilionário e oportunista que tinha como crédito ter orquestrado o fabuloso ressurgimento da Strip na década de 1990 ao construir ou remodelar cassinos como o Mirage, o Treasure Island e o Bellagio. Os dois tinham história. Steve Miller, o ex-procurador cujo blog, Inside Vegas, o transformou no que de mais próximo de um jornalista investigativo a cidade havia visto nos últimos anos, informou que "nas muitas ocasiões em que Jackson esteve em Las Vegas, muitas vezes na companhia de meninos pequenos, ele e as crianças desacompanhadas dormiram e brincaram juntos em uma suíte especialmente decorada no hotel de Steve Wynn e tinham livre acesso ao jato particular de Wynn". Miller descreveu extensamente a relação triangular entre Wynn, Jackson e Michael Milken, o lendário "rei dos junk bonds",* que havia sido condenado por negociar títulos ilegais em 1990 e foi visitado mais de cinquenta vezes na prisão por Wynn (apesar das leis de Nevada que proibiam a associação de concessionários de cassinos com criminosos condenados). Depois da saída de Milken da prisão, Wynn havia ajudado o ex-californiano a reconstruir sua imagem pública como morador de Nevada e apresentou o financista, que ainda era imensamente rico, a Jackson quando os três posaram juntos no navio pirata na inauguração do Treasure Island Hotel and Casino, em Las Vegas. As relações, porém, esfriaram em 2005, depois que Wynn foi listado como uma das testemunhas de caráter a favor de Jackson que poderiam ser chamadas para depor no julgamento na Califórnia. Michael ficou magoado com o fato de Wynn ter enviado seu chefe de relações públicas para dizer aos meios de comunicação locais, em Las Vegas, que o magnata dos cassinos não tinha planos de ser testemunha e "realmente ficou surpreso ao ver seu nome mencionado". No entanto, Jackson e Wynn pareceram estar em termos amigáveis novamente em janeiro de 2007, quando jantaram juntos em uma sala exclusiva no Alex, o mais opulento dos muitos restaurantes do magnata do jogo. Logo depois, no entanto, Wynn não mediu esforços para silenciar uma história de que ele e Jackson estavam prestes a fazer um acordo que tornaria Michael uma espécie de "artista residente" em seus hotéis.

* Títulos de alto risco, capazes de gerar altos rendimentos. (N. T.)

O sossego de Jack Wishna durou pouco. Jeff Beacher, o empresário extravagante e gordo que, com o show mais selvagem e chocante que a Strip já havia visto ("pense em *The Original Kings of Comedy* combinado com *Girls Gone Wild*", sugeriu a revista *Backstage West*), havia transformado o Hard Rock Cafe em um hospício, seguiu Wishna até a *Us Weekly* para dizer à revista que ele também vinha se encontrando com Jackson. Michael estava tão empenhado em fazer seu retorno em Las Vegas, Beacher disse, que ele já estava à procura do imóvel que seria sua nova Neverland. Também na confusão entrava Simon Fuller, o empresário e produtor cuja grande parcela do *American Idol* era complementada pelas porcentagens que ele recebia empresariando Kelly Clarkson, Ruben Studdard e Clay Aiken, estrelas do programa, além do jogador de futebol David Beckham. Fuller havia marcado uma série de reuniões entre Jackson e seu coreógrafo de *Thriller*, Kenny Ortega, que era então mais conhecido por encenar *High School Musical*. Os "projetos" envolvendo Wynn, Wishna, Beacher e Fuller não resultariam em nada, mas os vários encontros e negociações pelo menos deram a Michael uma desculpa para evitar o pai.

Joe Jackson morava principalmente em Las Vegas havia mais de uma década, tendo sido gradualmente banido da propriedade de Hayvenhurst devido a seus repetidos atos de adultério. O mais notável deles era a relação estreita de Joe com a filha ilegítima, Joh'Vonnie, cujo nascimento (no dia seguinte ao aniversário de dezesseis anos de Michael), em 1974, obrigou Katherine Jackson a reconhecer que as histórias sobre a infidelidade de Joe eram verdadeiras.

Michael havia feito uma declaração explícita de sua intenção de se reconciliar com Joseph quando falou em Oxford, em março de 2000. A ocasião era um dos vários eventos de lançamento do projeto humanitário que Michael Jackson prometeu que estaria no centro do trabalho de sua vida daquele dia em diante: sua fundação Heal the World. O rabino Boteach viria a afirmar que ele havia escrito o discurso de Michael, "com base em nossas entrevistas". O tema foi o perdão, e o foco, a relação de Michael com o pai. Ele descreveu Joe como "um homem difícil", mas evitou falar nos abusos físicos que sofrera quando criança. "Eu quero perdoá-lo, porque eu quero um pai, e esse é o único que eu tenho. Eu quero tirar o peso do passado dos meus ombros e quero ser livre para iniciar um novo relacionamento com meu pai para o resto da minha vida, sem os impedimentos dos fantasmas do passado."

Era mais fácil falar do que fazer, é claro. Michael podia colocar Joseph como nome do meio de Prince, assim como o de Paris era Katherine, e podia incentivar os filhos a telefonar para os avós nos feriados, mas ele quase nunca passava muito tempo com qualquer um da família.

Durante as três décadas anteriores, Michael se esforçou para se distanciar da novela sórdida que era a vida entre os Jackson. O processo de separação estava em andamento desde 1974, quando Katherine e o resto da família descobriram o relacionamento de Joe com Cheryl Terrell, de 25 anos, que deu à luz Joh'Vonnie Jackson logo depois, naquele mesmo ano. Em 1982, quando Marlon entrou com pedido de divórcio de sua esposa, Carol, Michael pediu ao irmão para participar de sessões de aconselhamento, buscando salvar seu casamento. Ele também tentou ser solidário quando Janet, aos dezoito anos, fugiu com James DeBarge, a quem o resto da família desprezava. Mas Michael havia lavado as mãos quando, em 1983, o caso de Jackie com Paula Abdul, a cheerleader dos Los Angeles Lakers, explodiu seu casamento, com uma série de cenas que culminou com Enid Jackson quebrando a perna do marido ao atropelá-lo depois de pegar Jackie na cama com Abdul. Em março de 1987, Jermaine apareceu para a festa de aniversário de Marlon carregando o filho de três meses de idade com uma moça chamada Margaret Maldonado, enquanto sua esposa de 34 anos, Hazel Gordy, olhava com uma expressão de perplexidade. No divórcio, Hazel alegaria que Jermaine tentara estuprá-la na frente dos filhos. Em 1990, Michael já havia se mudado para Neverland e vinha mantendo distância dos outros Jackson. Ele não fez nenhum comentário quando os jornais noticiaram que Eliza, a esposa de Randy, acusava-o de agredi-la durante toda a sua gravidez e afirmou que uma das namoradas dele havia telefonado para dizer que também estava prestes a dar à luz um filho de Randy. Eliza balançou a cabeça quando Randy negou essas acusações no tribunal. Os irmãos Jackson eram todos iguais a Joe, Eliza disse a um repórter, com a exceção de Michael.

Enquanto isso, La Toya, irmã de Michael, não seria ignorada. Ela havia sido um problema insolúvel por anos. Quando adolescente, La Toya se enfurecia por ficar fora dos holofotes, pedindo para ser levada para o palco e para o estúdio. Suas manifestações de raiva eram espetaculares, mas seu talento, inexistente. Bem, ela sabia dançar um pouco, Joe reconheceu, e deixou-a participar dos shows dos The Jacksons em Las Vegas em 1974 se ela prometesse fazer apenas dublagem no palco.

La Toya passou a receber toda a atenção que desejava em 1988, quando fugiu para Las Vegas com seu empresário judeu, Jack Gordon, e anunciou em uma entrevista coletiva que ele organizou que ia posar para a *Playboy*. A foto de La Toya na capa e o ensaio onde aparece nua, na edição de março de 1989 da *Playboy*, fizeram deste número o mais vendido da história da revista. Os outros Jackson estavam mais preocupados, porém, com a notícia de que La Toya havia informado à imprensa que estava trabalhando em uma autobiografia que revelaria "toda a verdade sobre a minha família disfuncional".

Quando *La Toya: Growing Up in the Jackson Family* [La Toya: No seio da família Jackson] foi publicado, em 1991, a revelação mais escandalosa foi a afirmação de La Toya de que Joe Jackson havia abusado sexualmente dela e da irmã mais velha, Rebbie. O que mais surpreendeu os fãs, no entanto, foi o retrato contundente de Katherine Jackson no livro, a quem a filha descreveu como "a força por trás da crueldade e do abuso" na família.

Katherine demonstrou mais tristeza sobre o que estava acontecendo com La Toya do que raiva em relação aos ataques a seu caráter, e a resposta digna da sra. Jackson ganhou alguns admiradores, mesmo na mídia. Michael, porém, ficou abalado pela descrição detalhada feita por La Toya da agressão física que a mãe, em 1980, fez a uma jovem chamada Gina Sprague, que Katherine suspeitava ter um caso com Joe. No entanto, a relação de Michael com a irmã do meio não foi completamente destruída até dezembro de 1993, quando La Toya reagiu ao escândalo Jordan Chandler convocando uma entrevista coletiva à imprensa em Tel Aviv, em Israel, na qual declarou acreditar que as acusações contra o irmão eram verdadeiras. "Eu não posso ficar em silêncio", ela guinchou diante de uma dezena de microfones. "Eu não vou ser uma cúmplice silenciosa de seus crimes contra as criancinhas inocentes."

Dentro de três anos, La Toya insistiria que havia sido intimidada e manipulada por Jack Gordon para dizer e escrever coisas tão terríveis sobre sua família. Katherine impressionou os espectadores mais uma vez, aceitando os desmentidos de La Toya e recebendo a filha de volta a Hayvenhurst de braços abertos. Michael, porém, ainda não queria nada com a irmã, ou melhor, com qualquer membro da família Jackson que não fosse a mãe. De acordo com Bob Jones, quando Michael saía em turnê, ele instruía seus seguranças para não deixar que qualquer um dos outros Jackson sequer chegasse perto de seu camarim.

Essa linha dura suavizou-se depois da prisão de Michael sob acusações de abuso sexual infantil, em 2003. De repente ele quis a família por perto, e os Jackson responderam unindo fileiras em torno do rosto da franquia, reunindo-se a seu lado quando até mesmo as pessoas a quem ele chamava de seus amigos mais próximos estavam afastados. Repórteres ridicularizaram as cenas emotivas de Michael entrando e saindo do tribunal de Santa Maria durante o julgamento cercado por membros da família (com Joe Jackson geralmente à sua direita), como se aquilo fosse um casamento entre acordo financeiro e performance.

Os mais próximos ficavam especialmente enojados sempre que Jermaine aparecia. Um número cada vez maior de pessoas sabia que, em 2003, quando o mundo de Michael estava desabando a seu redor, Jermaine havia abordado editores de Nova York com uma proposta de livro "para contar tudo", em que ele confessava acreditar que o irmão mais novo podia ser um molestador de crianças. "Eu não quero dizer a vocês que o meu irmão é inocente. Eu não estou certo de que ele seja", Jermaine afirmara na proposta de oito páginas de um livro que ele queria intitular *Legacy* [Legado]. Ao lado de detalhes sobre a desonestidade, o abuso de drogas, a tendência à crueldade e o desenfreado antissemitismo de Michael, Jermaine havia descrito o que observara em uma reunião da família em meados dos anos 1990, depois da morte da ex-mulher de Tito: ele havia encontrado Michael em um quarto sentado na cama com três jovens parentes, segurando-os de uma forma que deixou "a casa inteira abalada", o irmão mais velho disse a editores, acrescentando: "Sim, ele tem uma coisa com crianças".

Alguns céticos questionaram até mesmo a lealdade de Katherine Jackson ao filho. "Claro, a mãe dele estava no tribunal todo dia", observou o advogado e radialista negro de Los Angeles, Leo Terrell, cuja proximidade com os Jackson remontava a seus dias como assistente de Johnnie Cochran, "mas ouvi dizer que ele teve de pagar para ela estar lá. Tenho certeza de que Tom [Mesereau] queria uma frente unida, mas também tenho certeza de que cada um deles estava com a mão estendida. Todos eles olham para Michael como se ele fosse um caixa eletrônico."

Isso era verdade, segundo Grace Rwaramba. Quando o xeque Abdullah começou a enviar dinheiro do Bahrein durante o julgamento, Michael instruiu-a para recebê-lo na conta bancária dela, Rwaramba disse. Ao descobrir sobre a verba proveniente do golfo Pérsico, Grace lembrou, Katherine Jackson imediatamente queixou-se a Michael de que ela precisava de dinheiro, e Michael ordenou que o cartão do caixa eletrônico da babá fosse entregue para sua mãe. Dezenas de milhares de dólares desapareceram rapidamente, de acordo com Rwaramba: "[Katherine] fazia saques todos os dias". Logo ela foi informada de que "outros parentes de Jackson também precisavam de dinheiro", disse Grace. "Então Michael disse-me para dar *a eles* o meu cartão. Eles estavam tirando dinheiro todos os dias."

Os irmãos Jackson precisaram de menos de uma década para acabar com os milhões que ganharam com a turnê Victory. Quando Michael voltou para os Estados Unidos vindo da Irlanda, no final de 2006, todos eles estavam sem dinheiro, e nenhum em situação pior do que Marlon, prestes a perder sua casa por execução de hipoteca e se mudar para um hotel. Marlon tinha 51 anos na época em que Michael se estabelecia em sua mansão alugada em Las Vegas, e ele trabalhou abastecendo as prateleiras de um supermercado na área de San Diego. Aos 46 anos, Randy Jackson complementava suas economias consertando carros em uma oficina mecânica em Los Angeles que pertencia a um amigo da família, enquanto Jackie, aos 56 anos, havia se tornado o empresário do filho Siggy, um aspirante a rapper. Tito, aos 55, era o único dos irmãos Jackson, além de Michael, que continuava ganhando a vida com música, como vocalista de uma banda de blues que fazia shows ocasionais em clubes e boates por um cachê que normalmente era menor do que mil dólares, para o grupo todo. Jermaine, com a carreira de cantor encerrada, estava se recuperando da falência aos 54 anos, deslocando-se entre a casa da namorada no condado de Ventura e a propriedade Hayvenhurst, onde Jackie e Randy também dormiram muitas noites. Mais de 5 milhões em dívidas de impostos federais, estaduais e municipais estavam registrados contra Jermaine, que ficou muito feliz ao descobrir (bem na época em que Michael desembarcou em Las Vegas) que ele havia conquistado um lugar no reality show *Celebrity Big Brother* do Reino Unido, notando o quão difícil seria para os credores embargar seus ganhos na Inglaterra.

A maioria dos Jackson 5 havia pedido falência. Depois de Joe e Katherine serem declarados insolventes no final de 1990, eles foram seguidos no tribunal federal por Tito e Marlon, e depois por Jermaine, deixando Jackie como o único membro da formação original, exceto Michael, que havia evitado um processo de liquidação. E Jackie mal estava se aguentando depois que um negócio de roupas pela internet, que ele havia lançado três anos antes, começou a afundar.

Joe Jackson vinha se escondendo dos credores desde 1987, quando o produtor de shows Gary Berwin ganhou um julgamento de 3 milhões de dólares contra ele por Joe ter assinado um cheque sem fundos para comprar o antigo Hollywood Athletic Club. O *Segye Times* recebeu um valor ainda maior de Joe, Katherine e

Jermaine alguns anos mais tarde por eles terem dado calote no jornal, ao não devolver o dinheiro que havia sido gasto para tentar organizar um show de Michael Jackson em Seul. O tribunal de falências recusou-se a descartar essa dívida, determinando que Joe, Katherine e Jermaine eram culpados de fraude. Um ex-parceiro de negócios chamado Henry Vaccaro também foi a julgamento contra Joe e Katherine e, sem conseguir muito no tribunal de falências, tentou encontrar os ativos ocultos deles por toda a Califórnia. Vaccaro finalmente os encurralou ao emitir cheques falsos de "reembolso", no valor de cinquenta dólares, feitos para cada membro da família. Quando Katherine Jackson depositou um desses cheques em sua conta bancária, Vaccaro seguiu uma trilha que o levou finalmente a algumas unidades de depósito em Oxnard, onde Joe e sua ex-esposa haviam escondido um grande tesouro de memorabilia dos Jackson. Desde então, Joe viveu principalmente das esmolas de Katherine (que dividia entre vários membros necessitados da família o cheque de 25 mil dólares que Michael enviava a ela todo mês) e procurava incessantemente oportunidades para arrastar o filho mais famoso para diversos negócios duvidosos.

Michael se recusou a discutir os problemas financeiros dos membros da família durante um encontro em um feriado que ele organizou em sua casa em Las Vegas, logo depois de voltar da Irlanda. Ele não disse quase nenhuma palavra a ninguém, com medo de que o pai e os irmãos começassem a perturbá-lo com ofertas e propostas. Para evitar contato visual, ficou de óculos escuros até mesmo durante o jantar. Os Jackson viram naquilo um mau sinal. Usar óculos escuros em ambientes fechados, a família sabia, era havia muito tempo a maneira de Michael sinalizar que queria ser mais próximo dos medicamentos que estava tomando do que das pessoas ao seu redor.

O escritório da promotoria do distrito de Santa Barbara havia ignorado um processo contra Michael Jackson por aquisição e uso de medicamentos controlados, que era muito mais pesado do que aquele de abuso sexual infantil. Tom Mesereau, na verdade, apresentou mais evidências do que a acusação sobre o "problema com drogas" de Michael Jackson no julgamento, dizendo ao júri logo de início que seu cliente "havia conseguido muitas receitas de vários médicos" sob identidades variadas. No entanto, a maior parte do que Mesereau sabia sobre o uso que Michael fazia de analgésicos e medicamentos ansiolíticos vinha de relatórios apresentados por investigadores da polícia que atuavam nos condados de Santa Barbara e Los Angeles.

Os documentos apresentados revelaram que desde 1993 Jackson havia usado dezenas de nomes para obter medicamentos controlados. Só em 1998, Michael reuniu uma coleção de drogas — principalmente opiáceos sintéticos, ou "opioides" — sob nomes falsos que incluíam M. Johnson, Michael Scruz, Bill Scruz, Joseph Scruz, John Scruz, Omar Arnold e Arnold Omar. Ele também havia conseguido receitas em 1998 usando os nomes de dois empregados, Bill Bray e Bob Jones.

O promotor Sneddon entendeu que uma das atividades fundamentais da equipe de seguranças de Jackson era a aquisição de medicamentos controlados. Chris Carter, chefe de segurança do artista no momento da batida em Neverland, disse aos investigadores do condado de Santa Barbara que ele obtinha regularmente receitas de Xanax para Michael usando uma série de nomes fictícios, mas, ocasionalmente, recorria ao uso de nomes de funcionários de Neverland, como Frank Cascio, Jesus Salas e Joe Marcus, para conseguir os medicamentos. Michael LaPerruque, que se tornou chefe de segurança de Michael Jackson um ano depois, disse que a maioria das receitas de medicamentos que ele viu Michael usar estava no nome de Chris Carter. Joey Jeszeck, o surfista loiro que Michael recrutara para trabalhar para ele depois de conhecer o adolescente em uma loja na praia de Santa Barbara, disse aos investigadores de Sneddon que Jackson regularmente o enviava até a farmácia para comprar medicamentos com receitas obtidas com nomes variados e de médicos de todo o país. Quando a farmácia não liberava os medicamentos que ele queria sob um determinado nome, Michael ligava para o médico e conseguia que o nome na receita fosse alterado para a pessoa que fosse buscá-lo, foi o que os subdelegados ouviram de Jeszeck, que se lembrou de tratar com um tal de "dr. Farshchian, na Flórida" nesse tipo de situação em várias ocasiões.

O dr. Alimorad "Alex" Farshchian era o fundador do Centro de Medicina Regenerativa em Miami, uma clínica que se dizia dedicada a ajudar os pacientes que se recuperavam de lesões ou de artrite. Farshchian viajara regularmente com Jackson nos anos de 2002 e 2003 e estava com ele durante o incidente do bebê na sacada em Berlim. Jackson passou um tempo como hóspede na casa de Farshchian em Bay Harbor Islands e visitou o consultório do médico em suas estadias frequentes no resort Turnberry Isle, em Miami. Carter descreveu Michael para os investigadores como inteligente e "sintonizado" antes de suas visitas a Farshchian, mas "fora de sintonia" depois. LaPerruque contou aos investigadores de Santa

Barbara que ele acreditava que o dr. Farshchian "pode ter receitado medicação em excesso" para Michael. Carter informou aos mesmos investigadores que Farshchian havia dito que Jackson era viciado em Demerol e que ele estava tentando, aos poucos, afastar Michael da droga. Michael via Farshchian quase diariamente quando o documentário de Bashir foi ao ar em fevereiro de 2003. O médico da Flórida viajou para a Califórnia com Michael poucos dias mais tarde, depois ficou no rancho Neverland durante aquele período em que, de acordo com Dieter Wiesner, Michael estava tão cheio de opioides que não conseguia se alimentar. Nos meses antes do julgamento criminal no condado de Santa Barbara, Farshchian disse aos repórteres que estava receitando principalmente vitaminas para Michael, e a imprensa passou a descrevê-lo, em tom de gozação, como "o médico das vitaminas de Jackson".

"Minha maior queixa sobre os médicos que trataram de Michael é que eles não o trataram como um paciente", disse Marc Schaffel. "Eles simplesmente lhe davam coisas. E Farshchian é exatamente em quem eu estou pensando."

Os investigadores da Califórnia recuperaram um bilhete de Farshchian para Jackson escrito à mão, datado de 21 de julho de 2002, em que o médico informava ao astro que ele havia acabado de lhe enviar um "pacote" especial. Era "um programa de cinco a sete dias, que lhe oferece uma solução", Farshchian havia escrito. "Buprenex é o narcótico potente de que falei na semana passada, é parecido com o D, mas é melhor." O "D" a que Farshchian se referiu era o analgésico altamente viciante Demerol, acreditavam os investigadores, e Buprenex, eles sabiam, era um analgésico injetável recém-desenvolvido e ainda mais poderoso.

Sobre o dr. Farshchian, Schaffel disse: "Não se tratava tanto de dinheiro, acho que não, mas de glamour e emoção. Lembro-me de Farshchian e sua esposa tendo alguns problemas em um determinado momento, porque ela não aprovava que ele deixasse sua casa e família em Miami para ficar com Michael".

Antes de Farshchian, Jackson dependera do dr. Allan Metzger para fornecer seus medicamentos. Metzger, especialista no tratamento de lúpus, acompanhara Michael em 1996 em toda a turnê HISTORY e, de acordo com Dieter Wiesner, "dava-lhe tudo o que ele pedia". Entre os outros deveres de Metzger na turnê, coube-lhe filmar o casamento de Michael Jackson e Debbie Rowe na Austrália. As autoridades do condado de Los Angeles que mais tarde revisaram os arquivos de Metzger encontraram um com o nome de "Omar Arnold/ Michael Jackson". Em setembro de 2000, o Conselho Médico da Califórnia repreendeu Metzger oficialmente por "prática médica fraudulenta com base em receitas feitas para artista internacional, usando um nome falso/ fictício". Esse "artista", porém, não era Michael Jackson, mas sua irmã Janet, de acordo com Metzger, que insistiu que não via Michael Jackson "regularmente" como paciente havia vários anos.

Metzger e Farshchian eram apenas dois dos inúmeros médicos que ao longo dos anos ajudaram Jackson na obtenção de drogas. Providenciar médicos que fizessem receitas para Michael era uma tarefa crucial dos assessores que viajavam com Jackson como parte de sua equipe de segurança. Um médico que exigiu anonimato deu ao *Las Vegas Review-Journal* um resumo dos métodos que Michael e sua equipe usavam para fazer novas conexões para o fornecimento de drogas. O médico disse que, depois de ser convocado para a suíte de Jackson, supostamente para tratar uma dor de garganta, ele rapidamente percebeu que o exame inteiro fora "encenado" e que "eles só queriam drogas". Quando pediram-lhe para "arranjar todos esses comprimidos em nome de outra pessoa", disse o médico, ele se recusou e foi imediatamente confrontado por um "prestador de serviços" enorme e grosseiro que asperamente perguntou: "O que você quer dizer? Eles sempre fazem isso". Assustado, ele concordou em ver o que podia fazer e se dirigiu para a porta, mas foi barrado pelo enorme guarda-costas, que "colocou um dedo no meu peito e disse: 'É bom você fazer isso mesmo'".

Tanto a quantidade quanto as combinações das drogas que Jackson pedia assustaram todos os médicos de renome que o trataram. O rabino Boteach lembrou uma ocasião em que o ganhador do prêmio Nobel, Elie Wiesel, havia pedido a seu médico pessoal para cuidar da dor nas costas de que Jackson se queixava durante a estadia no hotel Waldorf-Astoria. "Um dos mais prestigiados médicos de Nova York" saiu do quarto de Michael "pálido" depois de cerca de quinze minutos a sós com o astro, Boteach lembrou, e imediatamente anunciou que "Michael acabou de me pedir uma quantidade de drogas que mataria um cavalo". Quando ele entrou no quarto para perguntar se era verdade, disse Boteach, Michael respondeu calmamente: "Eu tenho uma tolerância muito alta. Estou acostumado com isso. Vou ficar bem". O cirurgião ortopédico Mark Sinnreich, que tratou Jackson em sua clínica em Miami, informou que, em 2000, Michael pediu duzentos miligramas de Demerol, quatro vezes a dose que seria normalmente ministrada a um paciente do seu tamanho. "Mas ele disse que precisava de mais desde que sofreu a queimadura", Sinnreich lembrou. "E eu sei que queimaduras são muito, muito dolorosas. Ele disse que, desde que fez aquele comercial da Pepsi e queimou o cabelo, tinha muita dor e uma tolerância alta a analgésicos."

Isso era verdade, mas como sabem os médicos que estudaram o assunto, uma alta tolerância para medicação para a dor equivale a uma baixa tolerância à dor. Dores comuns podem se tornar debilitantes para uma pessoa que sempre se recusa a senti-las. Estudos clínicos têm mostrado continuamente que o uso intenso de medicamentos para a dor muda a química do cérebro de maneira que afetam profundamente a percepção e podem resultar em uma condição conhecida como hiperalgesia, na qual tomar analgésicos leva uma pessoa a realmente sentir dor de forma mais aguda. Em um cérebro viciado, isso pode avançar até o ponto em que largar as drogas equivale à sensação de que se está cometendo suicídio. O próprio Michael Jackson se descreveu dessa forma, dizendo a uma pessoa atrás da outra que não era uma questão de querer remédios, mas sim de precisar deles. "Se eu parar de usar remédios, vou morrer", ele disse a um amigo preocupado. "Não vou sobreviver mais um dia sem eles. Ninguém entende isso. Eu preciso estar aqui para cuidar dos meus filhos. Não tem outro jeito. Simplesmente não tem outro jeito."

Tarak Ben Ammar, um produtor e distribuidor de cinema da Tunísia que dirigiu a turnê HISTory, disse que se sentia tentado a descrever Jackson como hipocondríaco, mas hesitou porque "nunca se sabia quando ele realmente estava doente". Michael reclamava constantemente de uma enfermidade ou outra. Ele realmente sofria de uma série de doenças autoimunes (a maioria ligada a traumas de infância), mas se elas lhe causavam dor real ou apenas desconforto era impossível, mesmo para um médico experiente, saber. Vinte anos depois, Michael ainda usava a pequena cicatriz da queimadura que ele sofreu nas filmagens do comercial da Pepsi como uma razão pela qual ele precisava de uma nova receita de medicação para dor. Ele também dizia que a costela que havia quebrado nos ensaios para a turnê Dangerous estava incomodando, ou que um tornozelo que ele havia torcido durante a turnê HISTory estava doendo novamente.

Dor nas costas era o que ele mais citava quando pedia os opioides, sua medicação favorita. Jackson com frequência contava que havia fraturado uma vértebra anos antes. Isso não era verdade, embora ele de fato sofresse de um caso leve de artrite na parte inferior das costas. O rabino Boteach recorda como, depois que foi empurrado por caçadores de autógrafos em um evento beneficente em Nova York, Michael quase imediatamente começou a reclamar que havia machucado as costas e que precisava de remédio para dor. Jackson apareceu na Grã-Bretanha para o discurso de Oxford com o pé engessado e de muletas, Boteach lembrou, alegando que havia quebrado o pé durante a prática de passos de dança em Neverland e precisava que um médico lhe desse Demerol. Nos dias que se seguiram, ele ouviu Michael contar uma série de histórias diferentes sobre o que havia acontecido com o pé, o rabino recordou, "mas, novamente, eu não liguei para isso, pensando que Michael estava apenas esquecido".

As pessoas constantemente faziam vistas grossas para satisfazer Michael Jackson. Nesse sentido, ninguém demonstrava mais flexibilidade do que seu velho amigo, o dr. Arnold Klein. No caminho para se tornar o mais famoso dermatologista do mundo, Klein havia explorado as fronteiras da farmacologia, uma aventura que iniciou na época em que começou a tratar a pele das pessoas. Em 1972, um ano depois de se formar com excelentes notas pela Escola de Medicina da Universidade da Pensilvânia, Klein assinou como coautor um livro publicado pela editora da mesma universidade, intitulado *Drug-Trip Abroad: American Drug-Refugees in Amsterdam and London* [No exterior, atrás de remédios: Americanos em busca de medicação em Amsterdam e Londres]. Durante os dois anos seguintes, enquanto trabalhava como residente no hospital da Universidade da Pensilvânia, Klein fez uma série de viagens para o México, onde teria experimentado e comprado uma ampla gama de produtos farmacêuticos. Ele abandonou sua residência médica de altíssimo nível em 1974 sob circunstâncias que foram objeto de especulações e rumores, quase todos envolvendo o uso e a distribuição de medicamentos controlados. Klein disse a colegas (que não sabiam que ele era gay) que ele estava se mudando para a Costa Oeste a fim de se casar com uma mulher que havia conhecido por lá.

Em 1975, Klein tornou-se o chefe dos residentes em dermatologia na Escola de Medicina da Universidade da Califórnia. No entanto, o jovem médico rapidamente descobriu que o negócio de cuidados com a pele é ferozmente competitivo no sul da Califórnia. Ainda trabalhando em meio período na Universidade da Califórnia, ele assumiu um posto em uma pequena clínica no vale de San Fernando, onde passava o tempo "aplicando laser e espremendo espinhas", Klein lembrou. Tão entediado quanto ambicioso, o jovem dr. Klein usou 18 mil dólares de uma poupança para "aventurar-se na terrível Beverly Hills", abrindo seu próprio consultório em um espaço de 75 metros quadrados. A nova clínica prosperou em parte porque Klein dedicava-se a aprimorar suas relações sociais. Ele obteve suas primeiras indicações, o médico se lembrou, batendo na porta de todos os médicos de Beverly Hills. Dentro de um ano, ele tinha tantos pacientes — muitos deles celebridades — que abriu um consultório maior e chamou um sócio. Mas foi a televisão que o alçou à estratosfera do ramo médico. A primeira aparição de Klein na TV, no *The Merv Griffin Show*, mudou sua vida de uma hora para outra. "No dia seguinte, as pessoas pediam meu autógrafo, e logo depois recebi 10 mil cartas", lembrou.

Quando Klein foi à televisão discutir seus experimentos com injeções de colágeno, seu consultório era quase dez vezes maior do que aquele em que ele começara. A clientela aumentou muito depois disso. Dentro de alguns anos, a lista de clientes de Klein incluía a maior constelação que um médico já atendera (embora a maioria de seus pacientes fosse apenas de pessoas ricas). Essa lista continuou a aumentar — em fama e riqueza, se não em número — quando ele se tornou o pioneiro no campo da injeção de Botox. O relacionamento com as clientes famosas, Cher e Dolly Parton entre elas, era tema de piadas nas casas de Hollywood, que deram origem a pelo menos dois filmes, *Lembranças de Hollywood* (baseado em um livro de sua cliente Carrie Fisher) e *O clube das desquitadas*. No entanto, ele era mais conhecido na cidade por sua amizade com dois clientes em especial: Elizabeth Taylor e Michael Jackson.

O relacionamento de Klein com eles baseou-se no que o médico fizera para preservar a aparência de Liz bem depois de seus cinquenta anos e no fato de ele ter curado a acne que atormentara Michael durante toda sua adolescência e início da idade adulta.

Entretanto, Klein não era apenas um médico para seus pacientes favoritos. Nada dizia mais sobre seu relacionamento com Taylor, por exemplo, do que a dedicatória que a atriz havia feito no exemplar que ela lhe dera de seu livro *My Love Affair with Jewelry* [Meu caso de amor com as joias]. "Meu amado Arnie", dizia, "eu te amo mais do que consigo dizer. Sinto que você salvou minha vida, que se desvanecia. Eu te amo e vou agradecê-lo para sempre. Sua Elizabeth." O imenso conhecimento do médico a respeito de injeções de colágeno e Botox foram apenas dois dos quatro pilares que sustentavam seu destacado status em Beverly Hills. Os outros dois eram sua sofisticação intelectual e sua sensibilidade para as "necessidades" do cliente. O médico não fazia segredo de sua crença de que a dor, como a necessidade, era um conceito muito subjetivo, e que atingir um equilíbrio químico apropriado para o pleno gozo da vida poderia envolver o uso criterioso de produtos farmacêuticos.

O grau de liberdade com que o dr. Klein interpretava "dor" e "necessidade" foi pela primeira vez apontado em público na década de 1980, quando Liz Taylor tentou se livrar de seu vício destrutivo em medicamentos controlados. Nas consultas com os médicos que acompanharam sua reabilitação, Taylor assumiu que o dr. Klein — um homem que ela amava muito — havia lhe passado múltiplas receitas de vários medicamentos, que incluíam Dilaudid e Ativan. O nome de Klein apareceu na imprensa pela segunda vez, no outono de 1993, quando um policial chegou ao consultório médico em Beverly Hills com um mandado de busca ligado à investigação do caso Jordan Chandler. "O dr. Klein disse que, antes do cumprimento do mandado de busca, no dia 19 de novembro de 1993, havia removido os arquivos médicos de Jackson de seu escritório sob orientação [de seu advogado] e guardado os arquivos em sua casa e carro", dizia o relatório do policial sobre esse encontro inesperado. Durante a investigação das acusações criminais contra Jackson apresentadas em 2003 no condado de Santa Barbara, Klein confessou à polícia que havia receitado Dilaudid e Ativan para Michael e Liz Taylor. O escritório de Tom Sneddon mais tarde listou Klein como um dos médicos que havia receitado Demerol a Jackson, sob o nome de Ferdinand Diaz.

Michael e ele se conheceram em 1983, Klein recordaria, logo depois de ele ter integrado a plateia que aplaudiu loucamente quando Jackson introduziu o moonwalk em sua apresentação de "Billie Jean", no show Motown 25, em Pasadena. Uma semana depois, ele estava "sentado na entrada da casa de David Geffen", Klein recorda, quando viu Michael Jackson no banco de trás de um Lincoln Town Car, parecendo "muito solitário". Segundo Klein, Geffen levou Michael ao seu consultório poucos dias depois para dar uma olhada em um eritema malar, acompanhado por uma incrustação grave de seu couro cabeludo. Ele havia diagnosticado Jackson com lúpus naquele dia, disse Klein, e estabeleceu-se um relacionamento que duraria mais de 25 anos. "Michael foi provavelmente a pessoa mais pura que eu já conheci", Klein diria a Mark Seal, da revista Vanity Fair. "Ele não tem um pingo de maldade em si." Carrie Fisher viu a relação em termos um pouco mais crus: "Cada um tinha uma coisa que o outro cobiçava desesperadamente", a atriz escreveria em seu livro Shockaholic [Viciada em choques]. "Arnie queria ser amigo [...] do maior artista do planeta [e] Michael queria o máximo de acesso possível à comunidade médica, 24 horas por dia, sete dias por semana."

No entanto, apesar dos boatos desenfreados sobre o tipo e a quantidade de drogas que Klein receitava a Jackson, não houve quase nenhuma investigação sobre o papel de Klein na vida de Michael, nem por policiais de Los Angeles, nem em Santa Maria, em 1993 e também em 2003. Klein havia se tornado imensamente rico e bem relacionado. Ele demonstrou o quanto lutaria contra qualquer acusação em uma ação movida em 2004 por Irena Medavoy, esposa do ex-presidente da TriStar Pictures, Morris Mike Medavoy, que acusou o médico de prescrever tratamentos de Botox que lhe causaram enxaquecas incapacitantes. Klein ganhou a causa, mesmo diante da evidência do quanto seu trabalho dependia de tratamentos com injeção, e de que ele havia recebido uma boa quantidade de dinheiro da empresa Allergan, fabricante do Botox. Àquela altura, ele era uma eminência em Los Angeles, cofundador, com sua amiga Rose Tarlow (a mais proeminente designer de interiores de Los Angeles), da Fundação para o Câncer de Mama na Universidade de Califórnia, e um filantropo que tinha a seu favor a arrecadação de mais de 300 milhões de dólares para pesquisa sobre HIV. Ele era um dos principais colecionadores de arte do sul da Califórnia e adorava mencionar que um de seus pacientes se ofereceu para dar seu nome a um novo prédio da Faculdade de Medicina da UCLA, mas que ele havia modestamente recusado, em vez disso aceitando uma cadeira acadêmica que levava o nome Arnold Klein.

Klein não era só membro proeminente de uma classe que se orgulha de sua autovigilância, mas também projetava uma enorme confiança de que ele sabia onde estava a fronteira entre servir às "necessidades" de seus pacientes e alimentar seus vícios. O médico insistiu que não receitou medicamentos em excesso para Michael Jackson ou para qualquer outra pessoa. Seu amigo e paciente Marc Schaffel disse que ele falava a verdade. "Quando as pessoas vão ao consultório de Arnie, ele é completamente diferente do que é quando elas estão em sua casa", disse Schaffel. "Eu nunca vi Arnie não ser profissional com qualquer paciente, incluindo Michael." No entanto, o problema no caso de Jackson era que o relacionamento de Klein com Michael era apenas um entre os vários que a estrela mantinha com médicos de todo o país e da Europa, e cada um deles lhe dava receitas de medicamentos e comprimidos para dormir, que Jackson carregou durante anos em uma grande mala preta cheia de seringas pré-carregadas, bolsas para aplicação intravenosa e um suporte dobrável para elas. Nenhum deles, individualmente, precisava receitar em excesso a fim de manter a mala preta de Michael Jackson cheia.

"Eu tive muitas brigas com esses médicos", Dieter Wiesner insistiria. "Michael não precisava disso, esse era o problema. Quando Michael estava para baixo, a gente conseguia falar com ele, e ele passava a se sentir bem de novo, e ficava tudo bem. Mas esses médicos diziam a Michael: 'Toma isso e toma isso e você vai se sentir bem'. E Michael tomava. Dinheiro, dinheiro, dinheiro, era disso que os médicos queriam saber. Isso é tudo o que eles queriam."

O problema de Michael Jackson com remédios havia ficado grave desde as primeiras acusações de abuso sexual, feitas por Jordan Chandler, em 1993. Os tabloides começaram a falar de sua dependência de medicamentos controlados em 1999, quando o *National Enquirer* publicou um artigo afirmando que o artista estava recebendo analgésicos intravenosos. Depois da ação que moveram contra Jackson em 2000, os advogados de Marcel Avram apresentaram um documento provando que dois médicos em Munique, na Alemanha, tinham 264 mil dólares a receber por "serviços prestados", que os advogados do produtor de shows sugeriram envolver principalmente o fornecimento de medicamentos controlados durante a turnê HISTORY. Os advogados de Avram também apresentaram um orçamento mensal para Jackson, que mostrava que ele estava gastando mais de 10 mil dólares por mês na Mickey Fine Pharmacy, um famoso estabelecimento no térreo do prédio da clínica do dr. Arnold Klein, na North Roxbury Drive, em Beverly Hills. Em 2003, os advogados de Myung Ho Lee apresentaram documentos ao tribunal do condado de Santa Barbara demonstrando que Jackson devia 62 645 dólares à farmácia. No entanto, a evidência mais explícita de que Michael usava medicamentos foi uma fotografia obtida pelo *Daily Mail*, em Londres, que mostrava o que um acesso intravenoso aplicado à perna direita de Michael Jackson havia lhe causado depois de meses de uso: uma ferida enorme e escura, de aparência horrível, que os médicos concordaram ser necrose — uma grande área de tecido morto, cercada por dezenas de marcas de perfuração.

A automedicação de Jackson tornou-se tão sofisticada ao longo do tempo (pelo menos em sua própria mente) que os acessos intravenosos que ele usava não eram alimentados por um único medicamento controlado, mas por combinações de opioides, benzodiazepinas e remédios para dormir, que ele chamava de "misturas". Michael "sempre comia muito pouco e misturava muito", segundo Grace Rwaramba, que afirmou que "eu tive de lhe aplicar lavagem estomacal várias vezes". Contudo, membros da família Jackson suspeitavam que Rwaramba era mais do que uma observadora passiva da dependência de Michael. Durante anos ela havia sido sua companhia adulta mais próxima, muitas vezes a única assessora que viajava com Michael e os filhos. Mesmo quando havia uma grande comitiva ao redor de Jackson, a babá era a única pessoa com acesso irrestrito a ele. A investigação policial revelaria que o nome de Rwaramba fora usado para alugar uma caixa postal para a qual os medicamentos controlados eram enviados, e o cartão de crédito dela (sem que ela soubesse, Grace alegou à polícia) serviu para pagar essas remessas.

A versão de Rwaramba era que ela havia tentado, em mais de uma ocasião, refrear o vício de Michael em medicamentos controlados e, na verdade, abordou Katherine e Janet Jackson para ajudá-la a convencer Michael de que ele precisava entrar em um programa de tratamento. A reação dele foi acusá-la de "traição pessoal", lembrou Grace, e demiti-la de seu cargo de babá. Passaram-se semanas antes de Michael se render à insistência das crianças, que não paravam de chamar por ela, disse Rwaramba, e convidá-la para voltar. Ela nunca mais fez qualquer outra coisa pelas costas dele.

No início de 2007, quando Michael e as crianças ainda estavam se instalando na casa da South Monte Cristo Way, em Las Vegas, a família Jackson decidiu que Grace estava colaborando com Raymone Bain para manter Michael confinado e sob controle, e que as duas acreditavam que o vício tornava-o mais complacente. Independente do que se possa dizer sobre os interesses financeiros dos Jackson, os membros de sua família foram as únicas pessoas que tentaram seguidas vezes fazer com que Michael se afastasse das drogas. Já em 2001, Janet, Tito, Rebbie e Randy Jackson tentaram uma intervenção em Nova York, pouco antes dos shows *30th Anniversary*. A resposta do irmão havia sido que o deixassem em paz. "Olha, de qualquer forma, eu vou estar morto daqui a um ano", disse Michael.

Doze meses depois, os irmãos e irmãs tentaram uma intervenção sem que ele soubesse, aparecendo em Neverland sem avisá-lo, esperando que pudessem levá-lo diretamente do rancho para uma clínica de tratamento. De acordo com a história que o rabino Boteach ouviu de Joseph e Katherine Jackson, Michael descobriu com antecedência que a família estava a caminho e fugiu do rancho antes que eles chegassem lá; os Jackson suspeitaram que Grace Rwaramba o havia avisado para que ele fugisse. Tito Jackson contaria uma história diferente, ao conceder uma entrevista ao *London Daily Mirror*. Seis membros da família, ao todo — ele, Jackie e Randy, junto com Janet, Rebbie e La Toya —, abriram caminho pelos guarda-costas de Michael para entrar em Neverland. Tito disse: "Nós entramos com tudo na casa, e ele ficou surpreso ao nos ver, para dizer o mínimo. Ficamos perguntando para ele se era verdade o que havíamos ouvido, que ele estava usando drogas. Ele negou tudo. Disse que estávamos exagerando. Também falamos com um médico [Tito se recusou a dar o nome do médico], e ele nos garantiu que isso não estava acontecendo. Ele disse que estava lá para garantir que Michael era saudável".

Os Jackson acreditaram que a pressão que fizeram foi o que, pelo menos em parte, motivou Michael a abandonar seu vício alguns meses mais tarde. Ele havia ficado limpo, sem reabilitação, e estava muito orgulhoso de si, mas quando o documentário de Bashir foi ao ar, poucos meses depois, Michael não só retomou o uso de Demerol e Xanax mas aumentou as doses, e nunca mais ficaria completamente livre de drogas.

Em dezembro de 2005, apenas seis meses depois que Jackson se mudou para o Bahrein, o *National Enquirer* informou que ele sofreu várias overdoses e que a situação havia se tornado "crítica". Raymone Bain prontamente emitiu uma declaração por escrito, afirmando: "Essa história é completamente falsa". Michael "está bem", Bain garantiu aos meios de comunicação. "Eu nunca o vi mais feliz ou saudável." Bain, em seguida, fez um acréscimo ameaçador: "A tolerância do sr. Jackson [para tais histórias] chegou ao fim. A luz verde que as pessoas pensavam que tinham para impugnar voluntariamente o caráter e a integridade de Michael Jackson agora ficou vermelha". Bain teria de rever essa promessa treze meses mais tarde, quando, na segunda semana de janeiro de 2007 (três semanas depois que Michael desembarcou em Las Vegas), a Mickey Fine Pharmacy entrou com uma ação no Superior Tribunal de Justiça do condado de Los Angeles, alegando que Michael Jackson devia-lhe 101 926,66 dólares por "medicamentos prescritos". Dessa vez, Bain simplesmente informou à mídia que "a questão foi resolvida amigavelmente. Mickey Fine Pharmacy foi paga."

A família Jackson não ignorou os relatos — ou os sinais — de que Michael estava novamente brincando com o perigo e no final de janeiro de 2007 fez sua terceira tentativa de uma intervenção coordenada. Surgiram várias versões do que aconteceu, duas de pessoas próximas a um ou mais membros da família Jackson e outra da equipe de segurança de Michael. Em um dos relatos, Janet Jackson havia visitado Michael em sua casa de Las Vegas, na South Monte Cristo Way, depois que a ação de Mickey Fine apareceu nos jornais, e ela ficou chocada com a aparência do irmão e com o ambiente "assustador" no qual ele e os filhos viviam. Ela telefonou para Jackie e Randy para irem até lá e convencer Michael a procurar ajuda, mas Michael ordenou a seus guarda-costas que barrassem os dois já no portão da frente, insistindo que eles precisariam "marcar hora" se quisessem vê-lo. Na segunda versão, Jackie e Randy entraram junto com a irmã Rebbie, mas Michael ficou furioso quando eles sugeriram que ele era viciado em drogas e mandou-os sair. A versão dos guarda-costas era a de que Michael se recusou a deixar qualquer um dos irmãos entrar em casa, concordando em se encontrar com eles apenas brevemente do lado de fora, no trailer da segurança. De acordo com os guarda-costas, Randy Jackson voltou mais tarde com a namorada, Taunya Zilkie, que havia trabalhado por um curto espaço de tempo como relações-públicas de Michael depois de sua prisão, em 2003. Randy tentou se esgueirar por eles quando o portão abriu e fechou para uma entrega, disseram os guarda-costas, e bateu o veículo contra as barras de ferro quando tentou forçar a entrada. Um dos guarda-costas, Bill Whitfield, sacou a arma. "Tira essa coisa da minha cara ou eu vou chamar a imprensa", Randy rosnou. Quando percebeu que estava enfrentando o irmão de Michael Jackson, ele guardou a arma, Whitfield disse, e ligou para a casa. Michael não ficou "feliz" ao ouvir que o irmão tinha aparecido inesperadamente, de acordo com Whitfield, e disse: "Mande-o embora". Furioso, Randy deu ré em seu carro amassado e foi embora.

A história não contestada é a de que Joe Jackson havia aparecido na mansão da South Monte Cristo Way apenas alguns dias depois da tentativa de Randy de entrar. Joe exigiu ver o filho, mas sua entrada foi recusada por Grace Rwaramba, que saiu ao encontro do pai de Michael quando os guarda-costas ligaram para ela. Michael não queria recebê-lo, Grace disse ao Jackson mais velho, que ficou sentado em seu carro do lado de fora dos portões durante três horas e foi finalmente embora quando percebeu que não abririam para ele.

13.

Controlar as notícias sobre Michael Jackson tornou-se uma tarefa mais complexa para Raymone Bain depois de 25 de janeiro de 2007, quando a Associated Press enviou para todo o mundo a história de que o artista havia voltado a morar nos Estados Unidos. "Posso confirmar que ele está nos Estados Unidos", Bain disse à AP por telefone. "Nós não queremos dar informações sobre o paradeiro de nosso cliente por razões de segurança e porque esse é o procedimento padrão que adotamos."

Mesmo para aqueles que ainda não sabiam onde Jackson vivia desde o seu retorno aos Estados Unidos, Las Vegas teria sido um bom palpite. A relação de Michael com a cidade vinha de longa data. Sua primeira estadia em Vegas havia sido em abril de 1974, quando toda a família Jackson se hospedou no MGM Grand durante duas semanas para uma série de shows que, segundo as previsões de Berry Gordy e Ewart Abner, seriam um fracasso tremendo. Em vez disso, essas apresentações em Vegas foram um sucesso absoluto, com ingressos esgotados, como aconteceu com o retorno dos Jackson ao MGM Grand quatro meses depois. Ele havia voltado para a cidade em várias outras ocasiões à medida que se separava da família, com frequência para passar um tempo com os amigos Siegfried & Roy, hospedando-se regularmente no Mirage, onde os mágicos eram a atração da casa, e que era gerenciado por seu amigo Steve Wynn. Jordan Chandler alegaria que a primeira vez que ele dormiu na mesma cama com Michael foi no Mirage, em 1993. Esse escândalo ainda estava no auge quando Michael voltou com sua família ao MGM Grand, um ano depois, para a gravação do especial da NBC *Jackson Family Honors*, e o *Review-Journal* relatou que "o show se transformou em um comício em defesa de Jackson, liderado por Elizabeth Taylor". Michael passou a ver Las Vegas cada vez mais como um refúgio, o único lugar em solo norte-americano onde ele sempre podia contar com um constante apoio da população. Apenas alguns meses depois de a exibição de *Living with Michael Jackson*, de Martin Bashir, tê-lo tornado um objeto de condenação e de ridicularização na mídia americana, o prefeito de Las Vegas, Oscar Goodman, deu a Michael as chaves da cidade. Na época, ele passava quase tanto tempo em Vegas quanto em Neverland, e estava, é claro, morando no Mirage em novembro de 2003, quando as autoridades do condado de Santa Barbara invadiram Neverland e emitiram um mandado de prisão contra ele. O espetáculo dos dias que se seguiram tornou-se a mais indelével lembrança que a maioria em Las Vegas teve de Michael Jackson, andando pela cidade no banco de trás da Navigator de Marc Schaffel, cercado por guarda-costas, com uma expressão assustada, confusa, aparentemente sem nenhum lugar para se esconder, enquanto os helicópteros dos canais de TV circulavam no céu acima dele. Ainda assim, foi Las Vegas que ele escolheu para seu retorno aos Estados Unidos nos últimos dias de 2006 e, no início de 2007, já estava procurando a casa que substituiria o paraíso que ele havia criado para si mesmo no vale de Santa Ynez.

A mídia tinha ficado bastante excitada com uma notícia que apareceu em dezembro de 2006 no programa *Million Dollar Listing*, do canal Bravo, de que Jackson pusera Neverland à venda. Isso não era verdade, mas pela primeira vez Michael estava considerando a venda de Neverland, como parte do plano para ajeitar suas finanças e contribuir na compra de uma nova casa em Las Vegas. O acordo que, em princípio, havia sido discutido meses antes entre a Sony e a Fortress Investment foi paralisado por causa da insistência da Fortress de que todas as ações legais e julgamentos pendentes contra Jackson fossem resolvidos antes que o acordo de refinanciamento fosse finalizado. A lista de reclamantes e credores tinha muitas páginas, e fazer acordos com cada pessoa da lista havia se tornado uma tarefa torturante. Uma dúzia de advogados trabalhava para limpar a bagunça, mas era um processo lento, e, nesse meio-tempo, Jackson ainda vivia de pagamentos de seis dígitos. Grandes excursões de compras estavam totalmente descartadas, e isso ele achava quase insuportável.

Michael conseguiria uns bons trocados, ainda que insignificantes para seus padrões, quando tentou compensar o cancelamento de seu show de Natal aparecendo em um "jantar e show" em Tóquio, com uma série de imitadores japoneses de Michael Jackson, no dia 8 de março. Os ingressos custaram 3,5 mil dólares por pessoa, mas eram limitados. A parte de Michael era apenas a metade dos 400 mil dólares da renda. Para isso ele teria de passar de "trinta segundos a um minuto" com cada um dos convidados pagantes e ouvir meia dúzia de imitadores apresentarem seus sucessos. A reparação de sua imagem nos meios de comunicação do país deveria ser o motivo principal da viagem, e Michael não começou bem ao se apresentar com uma hora de atraso para o evento, deixando seus convidados pagantes de pé do lado de fora sob uma garoa fria, até ele chegar. Ele tentou compensar isso dando um abraço e um aperto de mão em cada um deles e convidou cem crianças órfãs ou deficientes para participar do jantar e do show como seus convidados. Michael sabia que, se perdesse os japoneses, não sobraria nenhum lugar para ele no mundo. Ele chegou na hora certa na noite seguinte para "um evento para fãs menos abastados", como os jornais de Tóquio descreveram, que custou apenas 130 dólares por pessoa. Havia muito mais "fãs menos abastados", é claro, e Michael novamente embolsou quase 200 mil dólares por essa aparição. Ele também foi o anfitrião de um Concurso de Arte dos Fãs em Tóquio durante sua estadia de cinco dias e ganhou outro cheque, mais modesto, para isso. Antes de deixar o país, ele conseguiu a melhor publicidade que tinha recebido em anos da mídia americana ao fazer uma visita a 3 mil soldados norte--americanos e suas famílias em Camp Zama, um posto do Exército dos Estados Unidos a cerca de quarenta quilômetros a sudoeste de Tóquio, no rio Sagami.

De volta a Las Vegas, os negócios que Jack Wishna vinha divulgando desde dezembro se assemelhavam mais e mais com miragens que foram se dissolvendo no ar do deserto. Jackson parecia "drogado" e "incoerente" quando tentou discutir negócios com ele, queixou-se Wishna; o sujeito estava tão fraco que precisava de uma cadeira de rodas para se locomover.

A mídia de Las Vegas seguia de perto seus movimentos. Diferentes corretores de imóveis alegavam ser seus agentes na busca de sua "nova Neverland", e descreviam uma propriedade de luxo após a outra que ele havia inspecionado para verificar sua adequação. O *Las Vegas Sun* não tardou a publicar a notícia de que Jackson estava "preparado" para fazer uma série de 250 shows em um cassino na Strip, começando no outono de 2008, e depois lançou a notícia de que o negócio não tinha dado certo. Houve alvoroço ainda maior em torno da história de que Michael estava trabalhando com o estilista Andre Van Pier no figurino e nos adereços para uma "residência" de cinquenta shows em um hotel não identificado de Vegas. A peça central do negócio, de acordo com o sócio de Van Pier, Michael Luckman, era um robô de Michael Jackson com quinze metros de altura que seria solto no deserto nas proximidades como uma espécie de "propaganda monolítica", em movimento perpétuo, para os shows. Esse plano mudou quando foi decidido que o projeto do robô deveria ser incorporado na fachada de um "Michael Jackson Hotel e Cassino", transformando o exterior do edifício em um rosto do Rei do Pop que se movia para a frente e para trás disparando "feixes de luz semelhantes a laser".

Não demorou muito para que um Wishna descontente confidenciasse ao colunista do *Las Vegas Review-Journal*, Norm Clarke, que Jackson tinha decidido não renovar sua locação da propriedade na South Monte Cristo Way. Michael e os filhos destruíram o lugar, de acordo com Wishna. O quarto principal tinha se transformado em uma "enorme sala de bagunça", disse ele, coberto de colchões para que os quatro pudessem saltar juntos enquanto tocava música muito alta em caixas de som em todos os quatro cantos. As paredes da casa estavam cobertas com marcas de mãos e os tapetes, cheios de manchas. Van Pier e Luckman ainda estavam trabalhando no projeto para o Michael Jackson Hotel e Cassino quando leram no jornal que "Jackson desistiu da tentativa de relançar a sua carreira musical em Las Vegas e está voltando para a Europa. Ele sente que a sua base de fãs na Europa e na Ásia é muito maior do que nos Estados Unidos e está planejando uma turnê nesses continentes".

Não havia nenhuma "turnê pelos continentes", e Michael também não estava voltando à Europa, a não ser para uma rápida viagem à Inglaterra para a festa de 25 anos do príncipe Azim de Brunei, na Stapleford Park House. A verdade era que Jackson estava falido e não podia pagar sequer o aluguel de uma casa em Las Vegas, muito menos comprar uma. O que ele estava procurando era aquela pessoa "mágica" para ajudá-lo a estruturar o retorno, que havia se tornado sua última esperança.

Randy Phillips, diretor executivo da AEG Live, foi para Las Vegas na primavera de 2007 se encontrar com Jackson e uma equipe de assessores que pareciam estar disputando quem ficaria em primeiro lugar. AEG era a sigla de Anschutz Entertainment Group, cujo diretor-geral era Philip Anschutz, a 31ª pessoa mais rica dos Estados Unidos. Anschutz tinha acumulado fortunas com perfuração de petróleo e agricultura em um império financeiro em expansão, que incluía a Qwest Communications, fundada por ele, e as ferrovias Southern Pacific e Union Pacific. Por meio da AEG, ele cofundou a Major League Soccer, a principal liga de futebol dos Estados Unidos e do Canadá, e comprou cotas majoritárias de ações em várias de suas equipes, incluindo o Los Angeles Galaxy. A AEG também tinha cotas dos Los Angeles Lakers e de seu estádio, o Staples Center. Além disso tudo, ele era dono e administrador da Regal Cinemas Corp, a maior cadeia de cinemas dos Estados Unidos. Cristão conservador profundamente religioso, Anschutz tinha como ambição declarada fazer com que filmes familiares voltassem a ter grandes bilheterias, e ele dera um grande passo em direção a essa meta um ano antes com o lançamento de *As crônicas de Nárnia: O leão, a feiticeira e o guarda--roupa*, um filme produzido em parceria com a Walt Disney Pictures.

Randy Phillips não fora a Las Vegas para falar sobre filmes, mas sim sobre o estádio de última geração, com 18 mil lugares, chamado O2 Arena, que a AEG estava prestes a inaugurar nas margens do rio Tâmisa, em Londres. Phillips e sua empresa estavam procurando um artista suficientemente grande para lotar o lugar. Michael Jackson, apesar de tudo o que havia acontecido a ele nos últimos anos, ainda se enquadrava nessa descrição. Os dois se sentaram frente a frente pela primeira vez na adega de uma propriedade de luxo que a AEG alugou para a ocasião. Michael compareceu à reunião usando óculos escuros grandes e um chapéu acima de seu tamanho, Phillips lembrou, e não parecia particularmente interessado na conversa: "Ele estava ouvindo. Mas não estava empolgado". Mal esboçando uma reação à ideia de uma série de shows na O2 Arena, Michael disse a Phillips que havia adorado o show de Celine Dion no Caesars Palace (onde Dion já havia realizado mais de seiscentos shows com lotação esgotada em um palco construído especialmente para ela) e não se importaria de criar uma situação como aquela. Phillips concordou em analisar a ideia.

Pouco tempo depois, porém, Raymone Bain telefonou para dizer a Phillips que Michael não estava pronto para nem mesmo um único show, muito menos uma série deles, na O2 Arena ou em Las Vegas. Bain deu um telefonema seme-lhante ao antigo empresário de Michael, Ron Weisner, que estava produzindo o show do BET Awards, programado para 27 de junho no Shrine Auditorium, em

Los Angeles. Weisner havia convidado Jackson para apresentar no show canções do álbum *Thriller 25*, que seria lançado em breve, e entregar um prêmio pelo conjunto da obra para Diana Ross. Michael estava "muito incapacitado" para aparecer, Bain disse ao produtor. Naquela mesma semana, Michael desocupou a casa na South Monte Cristo Way e foi para a área de Washington, DC, supostamente para continuar procurando a casa que substituiria Neverland.

A mudança para o Leste assustou os fãs de Jackson e também sua família. Joe Jackson e seus procuradores diziam aos repórteres que Bain queria separar Michael da família, que estava profundamente preocupada com a sua "saúde e bem-estar". Joe sentia que Raymone achava que poderia manter o controle sobre seu filho realocando Michael para sua base de poder em Washington, DC.

Bain, de fato, tinha bastante experiência em Washington, DC. Ela chegara à capital do país na década de 1970, como funcionária da campanha de Jimmy Carter, e conseguiu um cargo na Secretaria de Administração e Orçamento chefiado pelo malfadado amigo de Carter, Bert Lance. Bain sobreviveu ao escândalo que em pouco tempo engoliu Lance e se formou na Escola de Direito Georgetown, embora nunca fosse aprovada no exame da Ordem dos Advogados e não tivesse licença para atuar como advogada. Em vez disso, ela conseguiu um emprego como representante do boxeador Hector "Macho" Camacho em uma disputa contratual com Don King, e impressionou muita gente por conseguir manter o dinheiro de Camacho com ele. Ela representou vários outros pugilistas na década seguinte, entre eles Muhammad Ali. No entanto, Bain tornou-se conhecida em Washington quando ajudou Marion Barry, o prefeito da capital que havia caído em desgraça, a se recuperar da completa autodestruição. Barry havia sido filmado, em 1990, fumando um cachimbo de crack na companhia de pessoas que ele não sabia serem agentes federais. Bain foi contratada como porta-voz de Barry, em 1991, no mesmo dia em que o ex-prefeito foi para a prisão, e ainda estava ao seu lado durante sua campanha de 1994, para reconquistar o seu antigo emprego. Quando Barry foi reeleito prefeito de Washington, ele nomeou Bain sua secretária de imprensa. Àquela altura, Jesse Jackson tinha se tornado um colaborador próximo e ajudou Bain a se estabelecer no ramo das relações públicas, o que lhe rendeu uma impressionante lista de celebridades negras como clientes, incluindo Serena Williams, Deion Sanders e a irmã caçula de Michael Jackson, Janet. Em 2005, Bain era a relações-públicas negra mais proeminente e influente no país. Aos 52 anos, ela havia conseguido o maior cliente de sua carreira, e não apenas para ser sua porta-voz, mas também sua assistente pessoal.

Quando Michael foi visto em Maryland, no início de julho, Bain disse ao *Washington Post* que ele estava procurando um imóvel e que todas as outras perguntas a seu respeito deveriam ser feitas por meio de seu escritório. A presença de Jackson foi relatada esporadicamente em toda a região metropolitana pelo resto do mês até a manhã de 25 de julho, quando ele foi visto entrando nos escritórios da poderosa firma de advocacia Venable, no centro de Washington, acompanhado por "uma dupla de guarda-costas gigantescos", segundo a descrição de um colunista de fofocas do *Washington Post*.

Bain havia intermediado o contato de Michael com a Venable, uma empresa que empregava mais de seiscentos advogados e era frequentemente classificada entre as mais influentes no país, com uma equipe que havia incluído um senador dos Estados Unidos, um ex-procurador-geral e diversos diretores executivos. Mas a empresa recebia poucos clientes que causavam os mesmos efeitos que Michael Jackson, e antes de sua chegada um memorando circulou para os funcionários, alertando-os para não "se embasbacarem com o cliente".

Aguardando Jackson na sala de reuniões estava Howard King, que estava lá para realizar o primeiro depoimento do réu na ação movida por Dieter Wiesner, sentado ao lado do advogado. Dessa vez, não haveria nenhuma mudança de guarda-roupa; Michael usou o mesmo casaco preto, camisa branca, calças pretas, meias brancas e sapatos pretos o tempo todo e em momento algum tirou os óculos escuros. King ficou impressionado com o fato de Michael "parecer mais lúcido" do que no depoimento de Londres, no caso Schaffel, e por ter cumprimentado Dieter de maneira muito mais calorosa do que tinha cumprimentado Marc Schaffel.

Mas a situação ficou tensa logo de início, quando Michael alegou ter esquecido de assinar o contrato empresarial com Wiesner e sugeriu que poderia ter sido porque estava sob a influência de medicamentos controlados.

"Você estava debilitado por ter tomado remédios controlados ou algo mais no momento em que assinou esses documentos?", perguntou King.

"Pode ser que sim", respondeu Michael, que nunca havia admitido oficialmente seu vício.

"Durante quanto tempo, em 2004, você esteve debilitado devido à ingestão de medicamentos controlados?", perguntou King um pouco depois.

"Eu não sei", Michael respondeu.

"Foi na maior parte de 2003?", perguntou King.

"Eu não tenho certeza", disse Michael.

"O dr. Farshchian receitou medicamentos para você?", King perguntou.

"Não, não foi Farshchian", Michael respondeu, claramente incomodado. "Acho que foi alguém local."

"Durante o período em que você ficou debilitado pela ingestão de medicamentos", continuou King, "esse estado era algo que durava, por exemplo, o tempo todo em que você estava acordado, ou era algo que ia e vinha?"

"Ia e vinha", Michael respondeu, "não era o tempo todo em que eu ficava acordado, claro que não. Sim."

Michael continuou a sorrir para Wiesner, mesmo durante essa parte do seu interrogatório, e, quando tudo terminou, ele concordou com a sugestão de King de que ele e Dieter entrassem sozinhos em uma sala e conversassem em particular. "Nós falamos sobre família e amigos por um tempo", Wiesner lembrou, "e em seguida Michael mencionou que queria que trabalhássemos juntos de novo, e sua voz mudou. Ele me disse que estava ganhando muito pouco dinheiro e que estava desesperado." Dieter estava entre as poucas pessoas a quem Michael poderia contar que seu único cartão de crédito, um American Express sem limite, tinha sido cancelado algumas semanas antes, e que ele não conseguiu outro. Durante suas semanas na Costa Leste, ele teve sua hospedagem recusada em vários hotéis depois de tentar usar o cartão no check-in. Lágrimas brotaram nos olhos de Michael e sua voz enfraqueceu quando ele descreveu a humilhação dessas cenas e as expressões no rosto das pessoas enquanto viam ele e os filhos saírem do saguão de entrada para a calçada do lado de fora. "Ele pediu ajuda", Wiesner lembrou. "Eu pude ver que era um momento muito, muito difícil para Michael. Ele não tinha para onde ir e estava com medo. Ele achava que poderiam fazê-lo sair em turnê, mas ele não queria fazer isso. Ele não sabia o que fazer."

O único plano que Michael parecia ter para o seu futuro imediato, Wiesner lembrou-se, era buscar algum refúgio e esperar para ver o que acontecia.

A chegada do grupo de Michael Jackson na casa dos Cascio, em Franklin Lakes, Nova Jersey, durante a primeira semana de agosto 2007, assustou não só os vizinhos, mas também Grace Rwaramba. Ela não tinha ideia de aonde eles estavam indo, Grace lembrou, até já estarem quase lá. Os Cascio estavam acostumados com isso. Michael Jackson aparecia de repente na porta deles fazia quase 25 anos. Mais de uma vez, ele os havia acordado batendo na porta no meio da noite. Essas pessoas que ele chamava de "segunda família" sempre o acolheram. Em troca, ele insistira que eles estivessem presentes, na Califórnia, no nascimento de todos os seus filhos; nem um único membro da família Jackson foi convidado. Connie Cascio continuava a ser a única pessoa, além de Grace, em quem Michael confiava para cuidar dos filhos. Nos últimos anos, ele havia passado muito mais feriados com eles do que com qualquer pessoa de sua família, incluindo sua mãe, Katherine.

A relação de Michael com os Cascio tinha resistido a críticas e controvérsias, começando em 1993, quando os tabloides de Nova York publicaram alegações de Blanca Francia sobre ver Jackson nu com meninos, indicando Frank como um deles. Depois que Frank disse aos pais que aquilo era uma mentira, eles continuaram a deixá-lo viajar com Michael. Dez anos mais tarde, quando as acusações de Gavin Arvizo haviam se transformado em uma queixa-crime pelas autoridades do condado de Santa Barbara, Dominic Cascio sentou-se diante dos filhos e perguntou se não houvera quaisquer "impropriedades" durante as ocasiões em que haviam dormido juntos. Frank, Eddie e Nicole Marie disseram-lhe com firmeza que não. Depois que surgiram documentos mostrando que, em 2002, Michael tinha emprestado aos Cascio 600 mil dólares para abrir um restaurante, alguns sugeriram que era uma "recompensa", observando que, mais de um ano depois, nenhum restaurante existia. Os Cascio negaram a história e, na época da absolvição de Michael em Santa Maria, recebiam clientes em seu restaurante Brick House Italian, em Wyckoff, Nova Jersey, a uma curta distância de carro da casa da família na Franklin Avenue.

Michael acomodou-se rapidamente na "toca" que os Cascio montaram para ele em seu porão, ao lado da pista de dança de madeira que haviam instalado. Michael disse que ele, as crianças e Grace ficariam por "algum tempo". A babá não escondeu seu descontentamento por ter sido forçada a partilhar o quarto de hóspedes dos Cascio com as três crianças. Sua descrição da casa dos Cascio fazia o lugar parecer pequeno e pobre, quando na verdade era uma casa confortável em estilo neocolonial, de tijolos brancos e madeira, em um terreno elevado em um dos bairros mais ricos de Nova Jersey, uma ilha no subúrbio onde moravam a apresentadora de talk show Kelly Ripa e vários atletas profissionais.

Grace ficara abalada e envergonhada pela experiência de ter de sair de hotéis em Washington, DC, e Nova York, depois que o cartão de crédito de Michael foi cancelado. Ela percebeu que Michael estava tentando passar a ideia, tanto para os Cascio quanto para as crianças, de que a visita a Nova Jersey eram as férias atrasadas de verão. Em particular, Michael disse a Grace que eles ficariam hospedados ali até que tivessem algum outro lugar para ir. "Eu me senti tão mal por termos de ficar um período tão longo na casinha daquela família", Grace disse, enquanto as férias eram estendidas, semana após semana, mas os Cascio não pareciam se importar. Muito embora eles tivessem a mesma idade que os irmãos mais velhos de Michael, Dominic e Connie sabiam que ele gostava de ser tratado como seu filho mais velho que voltava para casa depois de uma longa ausência. Michael gostava especialmente de ficar ao lado do balcão da cozinha com toda a família, compartilhando lembranças e incentivando os Cascio, um de cada vez, a contar aos outros qual era a coisa pela qual eles eram mais agradecidos. Connie fazia as pizzas e massas caseiras que Michael adorava, e regularmente servia seu jantar favorito, peru assado com purê de batatas. Ele sempre insistia que eles dessem as mãos e dessem graças juntos antes das refeições. Como sempre faziam quando Michael aparecia, os Cascio montaram a vitrine de doces de cinema, que ele adorava visitar com os filhos antes de se sentar para assistir a um filme na TV.

Michael gostava de ajudar com as tarefas domésticas, Connie Cascio lembrou, colocando a louça na máquina de lavar, guardando a louça limpa e tirando o pó dos móveis. Ele parecia se deliciar ao passar o aspirador de pó no chão, e faria isso diariamente se lhe pedissem. Arrumava sua própria cama todas as manhãs e encarregou os três filhos de fazerem o mesmo. Ele e a família compreendiam melhor do que ninguém o quanto aquele fac-símile de vida comum significava para Michael, Frank Cascio diria, o quanto ele prezava aquilo. "Aí ele era ele mesmo", disse Frank. Michael dormia muito bem em sua casa, de acordo com o Cascio, e não estava usando nenhum tipo de remédio, até onde eles sabiam. O tutor das crianças estava hospedado em um motel nas proximidades, com os guarda-costas, e ia diariamente a casa para as atividades da "escola". Depois, eles passavam horas se divertindo na piscina do quintal dos Cascio e pareciam contentes. Enquanto estudavam e brincavam, o pai trabalhava com Eddie no estúdio de gravação no porão.

Eddie Cascio já tinha nome no mundo da música — era conhecido como Angel Cascio. Um artigo elogiando a carreira do jovem havia sido publicado no jornal da escola na Universidade Drew, onde Eddie se formara, em 2004, em sociologia. Com a ajuda de "um amigo da família, com conexões no ramo", como Eddie descreveu Michael no artigo, ele começou a vender músicas para a Sony/ ATV enquanto ainda era estudante. Logo estava trabalhando como produtor para o grupo 'N Sync na música "Fallin" e isso lhe rendeu um trabalho no álbum *Dance with My Father*, de Luther Vandross, e *Here I Stand*, de Usher. Antes da graduação, Eddie tinha montado sua própria empresa, a Angelikson Music. Os pais, que pagaram aulas de piano para ele anos antes, por insistência de Michael, bancaram a construção de um estúdio de gravação no porão, que, embora não fosse de última geração, era bem equipado a ponto de convencer Michael Jackson de que ele e seu jovem amigo deveriam gravar algumas faixas juntos. Eles gravaram doze canções no total, a mais memorável (se não a melhor) sendo "Breaking News", um longo discurso antitabloide em que Michael desabafava sua raiva e mágoa sobre o que fizeram com ele no julgamento criminal, referindo-se a si mesmo várias vezes pelo nome. Ele e Eddie compuseram a música juntos, com a ajuda de James Porte, arranjador e engenheiro que havia trabalhado com Eddie no álbum de Luther Vandross.

Depois de algumas semanas na casa dos Cascio, Michael começou a sair, na maioria das vezes com Frank, que o ajudava a inventar disfarces havia anos. Os dois faziam compras em shoppings de todos os subúrbios de Nova Jersey sem que Michael fosse reconhecido, de acordo com Frank. Michael comia regularmente com os membros da família Cascio no Brick House. No entanto, os guarda-costas que ocasionalmente se juntavam ao grupo estavam cada vez mais descontentes por não estarem sendo pagos, especialmente quando pensavam no tamanho das contas de custas legais que eram encaminhadas para Michael. Uma queixa do ex-advogado de Jackson, Brian Ayscough, um ano antes, havia identificado mais de uma dúzia de advogados que afirmavam que Michael lhes devia quantias que variavam de 100 mil até 1,25 milhão de dólares. Mais nomes foram adicionados à lista nos últimos doze meses, e Jackson simplesmente não tinha dinheiro para pagá-los.

A crise de fluxo de caixa de Michael apertava-o cada vez mais, semana a semana. Sua única saída era o acordo para refinanciar sua dívida, que havia sido adiado novamente pela surpreendente decisão da Fortress Investment de exercer seu direito de primazia em relação a quaisquer condições de financiamento oferecidas por outro concessor de empréstimos, mantendo assim os empréstimos de Michael. Enquanto isso, a lista de credores a persegui-lo agora incluía várias pessoas que ele antes considerava amigos próximos, junto com seu irmão Randy e a namorada dele, Taunya Zilkie, que haviam entrado com ações contra ele.

Depois de setembro, Michael começou a demonstrar menos preocupação em ser reconhecido em público. Em 31 de outubro, ele apareceu com Frank Cascio em uma loja de artigos de Halloween, no Boulder Run Mall, usando um disfarce que consistia apenas em boné de beisebol, óculos escuros e um lenço em volta do pescoço e na parte inferior do rosto. Depois de escolher o equivalente a duzentos dólares em disfarces, que incluíam uma máscara de Carnaval e o manto de um rei, Michael aproximou-se do caixa e deixou o lenço cair abaixo do queixo. Quando a jovem que estava passando suas compras viu quem ele era, engasgou. Menos de um minuto depois que Michael e Frank saíram da loja, ela estava no telefone com o *New York Daily News*.

Na manhã seguinte, todos na região metropolitana sabiam que Michael Jackson estava hospedado havia semanas com uma família em Franklin Lakes, Nova Jersey. Estava na hora de encontrar outro lugar para se esconder.

14.

Michael deixou a casa da família Cascio três dias depois, quando recebeu uma ligação de Jesse Jackson perguntando se ele pretendia ir à festa de gala do aniversário de 66 anos do reverendo no Beverly Hilton. Michael não teve escolha senão explicar que não tinha dinheiro para pagar a viagem e que não podia usar o cartão de crédito. Surpreso e um pouco alarmado, o reverendo Jackson pediu para Ron Burkle, um amigo em comum, levar Michael, as crianças e Grace — além de três guarda-costas — de avião para Los Angeles e acomodá-los em quartos no Beverly Hilton por três noites.

Burkle era um "bilionário dos supermercados mulherengo" (como o *New York Post* gostava de descrevê-lo), mais conhecido como amigo íntimo e parceiro de negócios do ex-presidente americano Bill Clinton, que, por anos, havia se referido de maneira brincalhona ao jato Boeing 747 particular do bilionário, famoso pelo número de supermodelos que já viajaram nele, como *Air Force Two*. Burkle contava com uma gama ampla de amigos e companheiros, principalmente devido à sua proeminência como arrecadador de fundos para candidatos políticos democratas. Em 2004, Burkle organizou um evento para angariar fundos, na sua propriedade em Beverly Hills, a Green Acres, uma casa construída por Harold Lloyd, lenda do cinema mudo, em que democratas ricos pagaram 100 mil dólares por casal para participar.

Jesse Jackson havia apresentado Burkle a Michael Jackson cinco anos antes, encorajando o bilionário a ajudar Michael em suas circunstâncias fiscais. Michael discutiu a sério pela primeira vez suas questões financeiras com o magnata dos supermercados depois que os dois se conheceram no funeral de Johnnie Cochran, em 2005. Assim como tantos conselheiros fizeram antes, Burkle tentou persuadir Michael de que ele precisava cortar seus gastos e voltar a trabalhar no que gerava lucro para o artista. Burkle também contratou contadores forenses (que ele mesmo pagou) para examinar as finanças de Jackson, e nesse meio-tempo convenceu Michael de que vários conselheiros não identificados estavam-no extorquindo. Em um depoimento do caso Prescient Capital que Jackson deu em Paris, em 2006 (quando estava a caminho da Irlanda), Michael disse que Burkle o protegeu de diversos "tubarões, charlatões e impostores" — muitos dos quais, ele disse, haviam sido introduzidos por seu irmão Randy — que estavam roubando sua riqueza. E agora, na festa de aniversário de Jesse Jackson no grande salão de baile do Beverly Hilton, Michael perguntou novamente se Burkle poderia ajudá-lo a resolver a bagunça que era sua atual crise de fluxo de caixa.

A resposta de Burkle, segundo todos os relatos, foi de extrema generosidade, acolhendo Michael e os filhos na mansão Green Acres quando os três dias de estadia no Hilton terminaram, e novamente contratando contadores para examinar a situação de Jackson. Era uma mata fechada, para dizer o mínimo. O refinanciamento da imensa dívida de Jackson ainda não tinha sido realizado. Negociações haviam se arrastado por um ano e meio, e todas as semanas o número de credores aumentava. Processos contra Jackson se multiplicavam. O segurança responsável pela triagem dos e-mails de Michael diria posteriormente que a maior parte das pessoas que exigiam pagamentos eram advogados, e muitas das contas apresentadas giravam em torno dos sete dígitos. As acusações justificáveis eram tão numerosas quanto as irrelevantes. O mundo estava cheio de pessoas que achavam justo tentar arrancar mais 3 ou 4 milhões de dólares de Michael Jackson, e havia grandes predadores em número suficiente atrás de somas de oito dígitos para transformar o mundo num lugar realmente assustador. A família do cofundador da Roc--A-Fella Records, Damon Dash, havia processado Jackson dez vezes só em 2007. O primo de Damon, Darien Dash, era o diretor da Prescient Capital, e a grande força por trás do imenso processo que quase levou Jackson à bancarrota.

Um contador contratado por Randy Jackson havia assinado o acordo com Dash — se ele teve ou não o consentimento de Michael era algo discutível — para fornecer um empréstimo de 272 milhões de dólares para substituir a dívida que Jackson tinha com o Bank of America, além de providenciar outros 573 milhões em financiamentos para comprar metade do catálogo de canções dos Beatles pertencente à Sony. O contrato foi executado em maio de 2005, bem quando Michael estava chegando ao clímax de seu julgamento criminal no condado de Santa Barbara, quando ele estava mais distraído e o controle de Randy Jackson era absoluto. A recusa de Michael em honrar os compromissos feitos pelo irmão custou à Prescient Capital — e a ele — cerca de 48 milhões de dólares, de acordo com Darien Dash, que estava impedindo a renegociação da dívida de Michael havia meses, exigindo que os bancos resolvessem a questão com Jackson.

Outras ações judiciais mais misteriosas multiplicaram o custo de ser o Rei do Pop. Uma moça residente em Londres, que se apresentava como Nona Jackson, processou Michael em Los Angeles alegando ser a mãe dos três filhos do astro, exigindo não apenas a custódia das crianças como também compensação pelas 3 mil músicas que ela afirmava ter escrito para seu "amante de longa data". No condado de Santa Barbara, a família de uma mulher idosa que havia falecido no Marian Medical Center pouco depois da estadia de Jackson no hospital apresentou um processo alegando que a morte foi causada por terem-na mudado de lugar, de forma a liberar um quarto para a celebridade.

Na época, o processo que estava consumindo a maior parte dos honorários com advogados era aquele que o xeque Abdullah bin Isa Al Khalifa havia apresentado contra Michael em Londres, poucas semanas antes. O xeque tinha uma "forte sensação de traição pessoal", dissera o advogado de Abdullah, Bankim Thanki, ao juiz do Supremo Tribunal que avaliaria o caso, depois de ter adiantado 7 milhões de dólares de acordo com os termos de um acordo escrito, no qual o sr. Jackson havia prometido entregar um novo álbum, uma autobiografia e uma peça de teatro, para então ver o artista negligenciar todas as suas obrigações e abandonar não apenas esses projetos, como também as gravações de caridade prometidas para as vítimas do furacão em New Orleans e do tsunami na Indonésia. O príncipe Al Khalifa tinha total esperança de ver o sr. Jackson retornar ao Bahrein para continuar o trabalho em seus projetos depois de uma breve viagem para o Japão na primavera de 2006, Thanki disse à corte, mas ele nunca mais viu nem ouviu falar de "Mikaeel". A única explicação que Abdullah havia recebido foi uma carta que Raymone Bain lhe enviou por fax "pedindo de forma agressiva o consentimento pessoal [do xeque] em liberar [Jackson] de suas obrigações".

Quando o príncipe Al Khalifa recusou, Thanki disse à corte, Bain enviou uma carta informando-o de que o sr. Jackson não pretendia trabalhar com ou para o xeque, e "não estava disposto a desempenhar ou reconhecer suas obrigações".

Ao contrário de outras pessoas que haviam processado Jackson, Abdullah não mencionou a questão do uso de drogas, mas fez seu advogado dizer à corte que ele acreditava que o artista sofria "grave perigo de perder" tanto o rancho Neverland como sua parte do catálogo Sony / ATV Music Publishing, e que o xeque pretendia se juntar àqueles que reivindicariam uma parte em qualquer liquidação dos bens. Os advogados de Michael replicaram com uma alegação concisa afirmando que o caso do xeque Abdullah era baseado em "erros, distorção e influência indevida", e que qualquer valor recebido por Jackson no Bahrein havia sido na forma de "presente", e não de "adiantamento". Além do mais, a descrição do príncipe Al Khalifa de Michael Jackson como sendo um "homem de negócios experiente" era injustificável, acrescentaram os advogados de Michael, afirmando que seu cliente não chegara a ler os termos do documento em questão e estava desprovido de conselho legal independente quando o assinou. Thanki respondeu exigindo a abertura de um processo em tribunal que, por sua estimativa, poderia durar doze dias e exigiria a presença do sr. Jackson em Londres. Os tabloides britânicos, salivando com a presença de Michael Jackson na Suprema Corte, estavam transformando as alegações do xeque Abdullah em manchetes de primeira página. Burkle, ao folhear os artigos, soube apenas que a coisa ficaria feia e cara, e que fazer um acordo era provavelmente a única forma de escapar.

O que tornava os esforços de Burkle tão heroicos — ou tão surpreendentes — foi que um exame das finanças de Jackson certamente assustaria qualquer um que pensasse em emprestar dinheiro ao artista. Michael tinha uma renda anual que beirava os 25 milhões de dólares, constituída principalmente de royalties e dividendos pagos pelo catálogo Sony / ATV. Por outro lado, na última década ele havia gastado, em cada ano, entre 10 milhões e 15 milhões a mais do que recebia, hábito que não mudou apesar da dificuldade cada vez maior para cobrir a manutenção da dívida e as obrigações de investimento feitas à Sony, referentes ao catálogo de músicas em constante expansão. Pouco tempo antes Michael havia telefonado para os compositores Mike Stoller e Jerry Leiber para dizer como estava feliz por ter adquirido os direitos de algumas das músicas de Elvis Presley, entre elas "Hound Dog" e "Jailhouse Rock", prometendo aos dois que suas obras estavam em boas mãos, mas o custo total daquela aquisição havia sido pago pela

Sony. Metade do preço de compra do catálogo Leiber-Stoller era apenas uma em meio a diversas dívidas pessoais que passavam dos 500 milhões de dólares, um valor que não parava de aumentar. No dia 19 de outubro, quatro dias depois de os advogados de Abdullah terem apresentado o processo do xeque à Suprema Corte em Londres, a Fortress Investment apresentou uma cobrança final de 23 milhões de dólares sobre o rancho Neverland na Califórnia, o primeiro passo para tomar a propriedade.

A ideia de que qualquer banco hipotecaria uma propriedade em Las Vegas avaliada em mais de 50 milhões de dólares, naquelas circunstâncias, era absurda, mas Ron Burkle comprometeu-se a tentar encontrar um banco que o fizesse, e Burkle era um homem que cumpria seus compromissos. Ele provou isso ao convencer seu amigo George Maloof (que, junto com o irmão, Gavin, era conhecido por ser dono da franquia Sacramento Kings da NBA) a colocar Michael e os filhos no Palms, o hotel da família Maloof em Las Vegas, onde os irmãos haviam, pouco tempo atrás, instalado seu maravilhoso e bem equipado Studio X, tornando a localização perfeita para Michael retomar o trabalho em seu "álbum de retorno". Depois de passar o dia de Ação de Graças com Burkle na Califórnia, Jackson pegou um voo para Las Vegas e se mudou para a suíte Hugh Hefner na Fantasy Tower do Palms. Era a melhor acomodação que ele podia oferecer, e a mais segura, explicou Maloof, que levou uma semana para perceber que aquele não era um bom lugar para Michael Jackson. "Eu entrei lá um dia e Michael havia coberto todos os retratos nus", recorda George Maloof. "Ele fez isso por causa das crianças. Não queria que elas vissem aquelas imagens."

Maloof rapidamente providenciou para que Jackson e os filhos fossem transferidos para o Sky Villa, um apartamento de dois andares logo abaixo da suíte Hefner. Ele e Michael fizeram todo o trabalho pesado da mudança, disse Maloof: "Ninguém mais podia ajudar porque ninguém sabia que ele estava no hotel. Éramos só nós dois, com todos aqueles pertences, carregando-os escada abaixo porque ele não queria usar o elevador e correr o risco de ser reconhecido". Michael e as crianças ficaram no Sky Villa apenas dois dias, pois Maloof avisou Jackson de que ele teria de se mudar novamente, para outro Sky Villa um andar abaixo, pois a suíte na qual ele estava vivendo havia sido reservada meses antes por um grande apostador que reservara mais trezentos aposentos na propriedade. "Brutal" foi como Maloof se referiu à transição: "A segunda mudança foi ainda mais difícil do que a primeira, porque eles tinham levado mais coisas — mas ele entendeu nossa situação". Na época ele não fazia ideia de que Jackson e as crianças ficariam no Palms por quatro meses, admitiu Maloof. O que tornou a coisa toda tolerável, ele diria a Larry King mais de três anos depois, foram os bons modos de Michael. "Ele vinha até mim e dizia: 'George, você está ocupado?'. Eu dizia: 'Não, de que você precisa?'. Ele era sempre respeitoso. Era um grande sujeito."

Quando estava chegando o Natal, a mídia de Las Vegas descobriu que Michael Jackson tinha voltado para a cidade e estava vivendo no Palms. Comparações com Howard Hughes foram inevitáveis: A "estrela evanescente" havia postado seus guarda-costas no corredor em frente à suíte 24 horas por dia, relatou-se, mas parecia que ninguém nunca entrava nem saía. Foi só no começo de dezembro que ele e as crianças foram detectados, ao fazerem uma parada no fim da noite numa livraria perto da Strip. O casaco militar volumoso, os óculos escuros, o chapéu e o xale ao redor do pescoço não só falharam como disfarce como revelaram as pequenas bandagens quadradas que Michael tinha no queixo e na boca. No dia seguinte fotografias dele apareceram num tabloide britânico, acompanhadas por uma reportagem (sob a manchete "Disfarce Engessado") segundo a qual ele havia voltado para ver seu cirurgião plástico. O artigo terminava com uma descrição de Jackson em que ele parecia "mais estranho do que nunca". Os repórteres da internet foram correndo atrás da história. Na véspera de Natal, um site relatou que "parte do lábio superior de Jackson havia desabado" depois de Prince dar um soco acidental em seu rosto em uma brincadeira. "O acidente levou um Jacko histérico a pegar o caminho mais curto até o cirurgião plástico, atrás de um trabalho rápido de reconstrução", outro site relatou, no mesmo dia. Um terceiro site opinou poucas horas depois: "Imagine como o rosto dele está sensível, um toque e tudo quebra".

O que muitas pessoas não entendiam sobre Michael Jackson era o quanto ele se esforçava para fazer as coisas direito. O treinamento que recebera desde cedo o havia transformado num artista que forçava a si mesmo, e a todos ao redor, a corrigir até mesmo a menor imperfeição numa performance. A atitude de Michael no estúdio era "eu estou aqui para ser o melhor do mundo, para ser melhor do que o melhor, na verdade, e é melhor você tentar fazer o mesmo se quiser trabalhar comigo". Ele não tolerava erros. Foi essa abordagem que o levou ao sucesso esmagador conquistado com *Thriller*, mas foi isso também que o manteve preso naquele mesmo lugar. Ele dedicou mais de quatro anos ao álbum seguinte, *Bad*, determinado, como ele disse na época, a fazer o álbum ser "tão perfeito quanto humanamente possível". Jackson estranhou quando os críticos reclamaram que era como se ele tivesse tentado aplicar mil camadas de verniz sobre *Thriller*, para fazer o mesmo álbum, só que mais brilhante. Jackson passou mais quatro anos produzindo *Dangerous*, e então leu nos jornais de Nova York e de Los Angeles que o álbum era uma cópia "superproduzida" de *Bad*. Era como se ele acreditasse que polir a superfície de seu trabalho para produzir um brilho forte pudesse cegar as pessoas, impedindo-as de ver o núcleo cada vez mais vazio da obra. Ao longo do caminho, ele perdeu o interesse em ser autêntico. O que ele queria eram artifícios impecáveis. Era a mesma meta que ele perseguia na reconstrução de seu rosto.

Suas duas primeiras cirurgias plásticas foram resultado de uma queda no palco que quebrou seu nariz. A operação inicial, em 1980, deixou Jackson com a respiração obstruída, então ele fez outra cirurgia para consertar o problema, esta realizada pelo dr. Steven Hoefflin. Ele ficou encantado com o resultado cosmético e com Hoefflin.

Michael sentia vergonha de sua aparência desde a puberdade. Todas as provocações que ouvia do pai e dos irmãos sobre o "nariz grande" e os "lábios desproporcionais" eram como a trilha sonora de um filme que passava continuamente em sua mente, no qual ele via as expressões de estranhos que estavam surpresos — até mesmo um pouco horrorizados — com sua pele manchada. "Eu escondia meu rosto no escuro", ele disse a Oprah Winfrey na entrevista de 1993. Para melhorar a pele, Michael tentou desistir das frituras que amava e entrou numa dieta macrobiótica que, num determinado momento, foi reduzida a sementes e nozes. Com 52 quilos, ele ficou maravilhado com seu "corpo de dançarino" vigoroso. O rosto também emagreceu, e a perda de peso pareceu destacar as maçãs no rosto, que, na infância, havia sido estranhamente gorducho.

Mas o que dominou sua acne foram as mãos hábeis do dr. Arnold Klein. A partir do final dos anos 1980, Klein aplicou uma série de tratamentos à pele de Jackson, de drenagem e excisão ("cirurgia para acne") a injeções de cortisona em cistos e medicamentos retinoides. Peelings químicos e tratamentos de dermoabrasão suavizaram as cicatrizes nas bochechas e na testa. Mas embora Michael tenha se maravilhado com a melhoria em sua aparência promovida por Klein, ele ficou abalado pelo diagnóstico de lúpus, a misteriosa doença autoimune que, no caso de Jackson, manifestou-se principalmente na forma de vitiligo, uma condição que gera a despigmentação desigual da pele.

O tratamento de qualquer doença autoimune, assim como no caso da acne, é um processo cheio de implicações psicológicas. Inúmeros estudos indicam uma ligação entre traumas infantis, físicos, sexuais ou emocionais, e lúpus. Médicos que lidam com a doença invariavelmente descobrem que uma atenção ao aspecto somatizador do lúpus e às consequências da doença consiste na maior parte do programa de tratamento. A ligação emocional que se forma entre médico e paciente desafia nesses casos as limitações da medicina. Como resultado, Klein manteve por quase vinte anos a história segundo a qual o clareamento constante da pele de Jackson era resultado exclusivamente do vitiligo e dos tratamentos utilizados.

Michael revelou em sua entrevista de 1993 a Oprah Winfrey que sua pele estava ficando cada vez mais pálida por conta dos remédios compostos por hidroquinona (tais como Solaquin Forte, Retin-A e Benoquin) receitados pelo dr. Klein para harmonizar as descolorações causadas pelo vitiligo. Michael tinha, de fato, começado a branquear a pele muito antes de ter conhecido Klein. Desde os anos 1970 ele e a irmã, La Toya, já usavam Porcelana, um creme para clarear a pele disponível nas farmácias e comercializado para americanos negros. Muitos anos antes de Arnold Klein entrar em sua vida, Michael já tinha começado a depilar as sobrancelhas todos os dias e a usar delineador e rímel. Ele não estava tentando ser branco nem ser mulher, queria simplesmente ser um produto bem-acabado. "Eu quero ser perfeito", ele disse em 1986. "Eu olho no espelho, e só quero me mudar para melhor." Ele detestava ver fotos de si mesmo da época entre os quinze e os 21 anos de idade. "Ah, isso é terrível", ele disse a Robert Hilburn quando ambos estavam trabalhando juntos num livro e se depararam com uma fotografia de Michael na adolescência. Ele rapidamente a enfiou embaixo de uma pilha de papéis.

As cirurgias plásticas continuaram por algum tempo depois que ele se tornou paciente de Arnold Klein. O dr. Hoefflin fez a terceira plástica no nariz de Michael logo depois da 26ª cerimônia de entrega do Grammy, quando Michael conquistou diversos prêmios por *Thriller*. Ele ficou chateado com a foto que viu de si mesmo ao lado de Diana Ross; o nariz dela era tão fino, e o dele tão grosso, Michael explicou ao médico. Hoefflin, um cirurgião plástico que, até então, era conhecido por implantar silicone nos seios das coelhinhas da Playboy, faria diversos procedimentos cosméticos em Jackson no decorrer da década seguinte, e viria a se tornar um dos amigos íntimos de Michael, muito antes da chegada de Arnold Klein.

Comentários públicos sobre o que Hoefflin estava fazendo com a aparência de Jackson começaram com a apresentação do artista no especial *Motown 25*, mas em 1983 as opiniões eram, em sua maioria, elogiosas. O físico magro e ágil de Michael, o nariz ligeiramente estreito, os cachos estilo jheri e a pele mais clara e mais macia ajudaram a celebridade a tornar-se o primeiro ícone de uma realidade pós-racial. "Bonito" talvez fosse uma palavra melhor para descrevê-lo do que "lindo", mas ele não era mais andrógino do que Mick Jagger. As pessoas ficaram surpresas, no entanto, ao vê-lo na capa de *Bad*, em 1987. Michael havia passado por uma quarta plástica no nariz, feita por Hoefflin em 1986, e pouco tempo depois decidiu que queria uma covinha no queixo. Em seguida ele fez um procedimento para ter delineador definitivo ao redor dos olhos, e mais uma cirurgia para deixar o lábio inferior mais fino. Havia um ângulo agudo em suas maçãs do rosto que não existia na época de *Thriller*, e os cremes do dr. Klein tinham clareado muito sua pele. Maquiagem pancake havia sido aplicada em seu rosto, e uma tatuagem rosa delineava o contorno dos lábios.

Um complicador foi que sua excentricidade nos tabloides tinha dado início à época do Wacko Jacko, assim como a insistência de Michael em falar com aquele sussurro ofegante que Marilyn Monroe havia usado ao cantar na festa de aniversário de Jack Kennedy em 1962. Para muitos, o mais estranho foi o fato de Michael ostentar suas cirurgias. Depois que fez a plástica para ter a covinha no queixo, Jackson apareceu em várias regiões de Los Angeles usando uma máscara cirúrgica como uma espécie de complemento ao vestuário, assim como seu fedora preto e os óculos escuros grandes.

O público estava ficando incomodado quando *Dangerous* foi divulgado, em 1992. Michael fez uma sessão de fotos para a *Rolling Stone* em que ele parecia o tipo de ídolo latino do cinema que membros de gangues chamariam de *maricon*, com o cabelo penteado para trás e uma regata branca com calças brancas listradas e sapatos boneca de verniz. Sua pele estava mais clara e a maquiagem, mais pesada. Jackson admitiu no artigo que acompanhou as imagens que ele fugia do sol. Agora ele tinha as sobrancelhas de Joan Crawford e um nariz quase tão afiado quanto a lâmina de um patim de gelo, mas, ao mesmo tempo, o queixo tinha sido rebaixado e a covinha estava mais profunda. Será que alguma hora esse cara ia parar?

A América Negra viu a transformação física de Michael Jackson principalmente pelas lentes da raça, como seria de esperar. O primeiro single divulgado de *Dangerous* foi a música "Black or White", e a maior parte das pessoas, negras *e* brancas, pensou que o final do título devia ser acompanhado por um ponto de interrogação. A Epic Records descreveu "Black or White" como "uma música rock dançante sobre harmonia racial", mas harmonia racial não foi algo que a obra conquistou — nem mesmo dentro da família de Jackson. Pouco depois do lançamento de "Black or White", o irmão de Michael, Jermaine, divulgou um single de seu mais recente álbum fracassado que levava o título de "Word to the Badd!" e incluía as seguintes frases na letra: "Reconstructed/ Been abducted/ Don't know who you are... Once you were made/ You changed your shade/ Was your color wrong?".* Michael já tinha dado sua resposta na frase mais memorável de "Black or White": "Não vou passar minha vida sendo uma cor".

A transformação perpétua de Jackson era mais motivada pela recusa em aceitar limitações ou definições do que por uma rejeição de sua ascendência africana. "O que ele me disse foi: 'Eu gostaria de me distanciar dos Jackson 5 e virar eu mesmo, Michael Jackson'", recorda seu ex-técnico de vídeo, Steven Howell. O que impulsionava Michael era complexo demais para se encaixar em qualquer categoria, ou categorias. O desconforto com sua identidade racial — e a dissociação de suas raízes raciais —, que incomodava tantas pessoas negras, era parte da equação, mas mesmo isso era multifacetado. O que ele mais gostou da primeira plástica que fez no nariz foi que o procedimento o deixou muito menos parecido com o pai. Nas palavras de um amigo da família chamado Marcus Phillips: "Se ele não podia apagar Joe de sua vida, ao menos podia removê-lo do reflexo no espelho". Para Michael, Joseph Jackson era grosso, violento, desonesto, sexualmente imprudente e insensível. Em algum nível, ele atribuía essas qualidades a homens negros em geral, mas ele passou a vida inteira lutando contra essa tendência, e no final Michael a superou. Desde a infância ele sofria com um medo de homens negros, que ele chamava de "caras grandes, altos e malvados", e ainda assim ele lidou com esse medo cercando-se de homens negros grandes e altos para serem seus guarda-costas. O repórter e autointitulado "amigo da família" Stacy Brown provavelmente tinha razão quando disse que Michael havia insistido em ter filhos brancos porque "não posso correr o risco de ter um filho parecido com Joseph". Mas Brown exagerou e errou o alvo quando acrescentou que Michael "odeia pessoas de pele escura". Qualquer um que o tenha visto dançando com James

---

* Em tradução livre: "Reconstruído/ Foi abduzido/ Não sei quem é você... Você estava feito/ Você mudou o tom/ A sua cor era errada?". (N. T.)

Brown sabe que esse não era o caso. A verdade é que ele gostava de dançar tanto com ele quanto com Fred Astaire.

É verdade que, em Neverland, Michael por vezes desdenhava dos negros — ou ao menos em relação a uma determinada classe de pessoas negras — referindo-se a eles como "splaboos", palavra que usava frequentemente nas conversas com os jovens garotos brancos com quem compartilhava seu quarto. Talvez também fosse verdade que, como um policial do condado de Santa Barbara que entrevistou os funcionários da casa de Michael escreveu numa declaração em 2003, Jackson "clareia a pele porque ele não gosta de ser negro e sente que negros não são tão apreciados quanto pessoas de outras raças". Mas quando Oprah Winfrey perguntou qual era sua identidade racial, em 1993, Jackson respondeu com uma declaração simples: "Eu sou um americano negro". O filho de Deepak Chopra, Gotham, que provavelmente conhecia Michael muito melhor do que o pai, diria: "Era muito perturbador para Michael que as pessoas sempre pensassem que ele queria ser branco".

Já em 1991, Michael admitiu aos músicos e produtores negros que trabalharam com ele em *Dangerous* que fora longe demais com as cirurgias plásticas, e disse, quase se desculpando, que desejava poder reverter o processo. Isso era impossível, então ele continuou tentando consertar os consertos, entrando na faca repetidas vezes até parecer uma espécie de forma de vida alienígena.

"Ele vinha mais ou menos a cada dois meses", disse o ex-sócio de Hoefflin, o dr. Wallace Goodstein, que lembra de muitas cirurgias nasais, implantes nas bochechas, plásticas nas pálpebras e a mudança no queixo. "Foram umas dez ou doze cirurgias no decorrer de dois anos (durante os anos 1990), enquanto eu trabalhava lá."

Michael jogava os drs. Hoefflin e Klein um contra o outro, processo que deve ter servido apenas para aumentar seus problemas. Hoefflin vinha aproveitando havia anos o status e os benefícios de acompanhar Michael nas turnês, sendo pago como "acompanhante especial de viagens e médico pessoal do sr. Jackson". Mas por volta de 1990, Klein conseguiu convencer Michael — ao menos temporariamente — de que ele não precisava de mais cirurgias plásticas (especialmente no nariz) e deveria fazer uso de enchimentos subcutâneos em vez de operar. O perigo de procedimentos cirúrgicos repetidos, alertou Klein (com razão), era que se muitos vasos sanguíneos no rosto fossem cauterizados o sangue pararia de fluir, e a pele eventualmente ficaria preta e murcharia, ou até mesmo se despedaçaria.

"Eu me lembro das vezes nas quais Michael disse a Arnie que queria fazer um procedimento cirúrgico, e Klein o proibiu", disse Marc Schaffel. "Arnie ligava para o médico e dizia: 'Não faça'." Hoefflin (um homem que mencionava seu "QI de gênio" sempre que podia) rebatia dizendo a Michael que as várias injeções de colágeno que ele estava recebendo de Klein pioravam seu lúpus. Mas ele continuou com as injeções, e continuou agendando cirurgias com o dr. Hoefflin. Quantas intervenções foram feitas de fato ainda é uma questão em aberto. Em meados de 1990, quatro das enfermeiras do dr. Hoefflin processaram-no por assédio sexual, alegando, entre muitas outras coisas, que o cirurgião plástico havia manuseado os genitais de pacientes famosos sob anestesia e zombado deles. As enfermeiras também afirmaram que, por vários anos, seu empregador vinha realizando fraudes elaboradas nas quais ele colocava Michael Jackson sob anestesia geral, mas apenas fingia que tinha realizado uma operação. Jackson acordava com o nariz enfaixado, disseram as enfermeiras, convencido de que um "retoque" havia sido feito em suas narinas já reduzidas. Hoefflin negou a história e afirmou que não só havia sido absolvido dos processos como também recebera uma carta de desculpas dos advogados que os apresentaram e uma "soma substancial de dinheiro" das ex-funcionárias que ele havia processado de volta. Se a história era ou não verdadeira ainda é algo questionável, visto que registros de um caso relacionado mostram que todas as mulheres que processaram Hoefflin receberam 42 mil dólares de indenização. Mas o processo foi resolvido por acordo, e Hoefflin continuou trabalhando como um dos médicos de Michael Jackson.

Nem Hoefflin nem Klein queriam que seu trabalho com Jackson fosse detalhado em público. Em 2003, quando o departamento de polícia do condado de Santa Barbara levou mandados para os consultórios de ambos os médicos, os policiais foram informados de que todos os arquivos referentes a Michael Jackson haviam sido removidos, e que nem os médicos nem seus advogados revelariam onde os arquivos estavam guardados.

Na época de seu julgamento criminal, em 2005, inúmeros psicólogos que nunca conheceram Michael Jackson diagnosticavam-no pela televisão como portador de "transtorno dismórfico corporal", uma doença psicológica na qual a pessoa perde toda a noção de como é vista pelos outros. Mas, de acordo com Deepak Chopra, Michael estava muito ciente do resultado do vitiligo sobre sua aparência, e "tinha, devido a isso, uma imagem muito ruim do próprio corpo. Ele tinha quase vergonha de si mesmo. É por isso que se cobria todo. Por que você acha que ele usava uma luva, e tudo aquilo? Ele não usava a piscina de sua própria casa sem estar vestido. Ele pulava na água no último instante, sabe, tirava o roupão, mas ele tinha vergonha de as pessoas verem as manchas em sua pele". Jackson chorou quando o editor da *Us Weekly* disse a uma entrevistadora que ela não poderia mais colocar Michael Jackson na capa da revista porque as pessoas achavam deprimente olhar para ele.

Mais ou menos na mesma época, o *Daily Mail* de Londres publicou uma entrevista com o professor Werner Mang, diretor da renomada Bodensee Clinic, em Lindau, na fronteira entre a Alemanha e a Suíça, um homem que se vangloriava de sua reputação de haver "feito narizes lindos" para clientes famosos. Em 1998, disse Mang, o dr. Hoefflin pedira a ele para realizar "cirurgia reconstrutiva" no nariz de Michael Jackson. Mang pegou um voo até a Califórnia para uma consulta e descobriu que a pele do rosto de Jackson estava "fina feito um pergaminho", e a ponta do nariz do artista estava "instável". Ele consertou o segundo problema, disse Mang, usando um pouco da cartilagem do ouvido de Michael para fortalecer o nariz que ele estava correndo o risco de perder por inteiro. Alguns dias depois, David Letterman brincou que Michael agora estava "surdo da narina esquerda".

Hoefflin negou a história de Mang, e, se o cirurgião suíço havia *de fato* tentado salvar o nariz de Michael Jackson, ele falhara. O dr. Mark Sinnreich se lembra da primeira visita de Michael ao cirurgião ortopédico em seu consultório na Flórida, em 2002: "Eu pedi para ele tirar a máscara [...]. Parecia que tinha dois buracos. Nenhum nariz".

Michael teve de se virar com próteses. Ele as mantinha em seu closet em Neverland, um grande jarro de narizes falsos — de várias formas e tamanhos — cercado por tubos de cola. "Ele me disse que eram para disfarces", recorda Adrian McManus, uma de suas funcionárias no rancho Neverland. Mas a única coisa que Michael estava disfarçando àquela altura era o resultado de, no mínimo, seis plásticas nasais: duas narinas cercadas por uma camada de cartilagem enrugada, murcha e descolorida. Ele era um maquiador habilidoso desde a adolescência, e em quinze minutos na frente de um espelho conseguia criar uma aparência capaz de enganar a maior parte das pessoas. Cirurgiões plásticos especulavam desde 1990 na televisão se a ponta de seu nariz havia sido substituída por uma prótese de osso ou plástico. Em 2001, no entanto, as mudanças pelas quais seu nariz passava de ano em ano — às vezes de semana em semana — entregaram o jogo.

Algo se salvou nesse desastre pessoal. Pelo menos agora Michael podia ter o nariz que sempre quis — o de Bobby Driscoll. A celebridade infantil mais famosa do final dos anos 1940 e começo dos anos 1950, Driscoll fora por anos um ícone para Jackson, rivalizando em importância até mesmo com Shirley Temple. Bobby foi o primeiro ator que Walt Disney contratou para o papel de personagem principal do filme *Canção do Sul*, de 1946. Seu papel mais conhecido seria como Jim Hawkins na versão da Disney de *A ilha do tesouro*, de 1950, mas, para Michael Jackson, o papel mais importante do garoto foi o de Peter Pan, na animação de 1953 da Disney. Driscoll fez a voz de Peter Pan no filme, mas foi seu trabalho como "modelo de referência" dos animadores que cativou Michael. Ele admirava o físico magro e atlético do ator juvenil, o cabelo loiro claro e as sardas, mas o que adorava era o nariz perfeitamente piramidal e levemente empinado de Driscoll. Era uma característica tão incomum que parecia pertencer ao rosto de um duende ou de alguma outra criatura sobrenatural, perfeito para Peter Pan e, Michael acreditava, perfeito para ele também. Ele começou a aparecer em público com sua prótese Bobby Driscoll bem na época do lançamento de *Invincible*. Existe uma filmagem de 2002 de Michael parado em meio a uma multidão hipnotizada na frente da Virgin Records, em Times Square, em Nova York, com os braços abertos e as mãos estendidas, como se ele estivesse acolhendo os aplausos e a adoração que fluíam feito uma rajada de vento pela cena, o queixo erguido no estilo Barack Obama, e a câmera mirando seu perfil, com o nariz Bobby Driscoll apontado para o céu, como se estivesse sendo exposto não apenas para as pessoas que o observavam, mas para toda a criação, como se, naquele momento, ele declarasse: "Eu *sou* Peter Pan".

Além de adquirir seu nariz, Michael havia se tornado um conhecedor da vida triste e solitária de Bobby Driscoll. Ele sabia tudo sobre as decepções que o jovem ator tinha sofrido quando o papel de Tom Sawyer, que havia sido prometido a ele no filme, não se concretizou, e sobre como Bobby Driscoll ficara devastado quando conheceu Walt Disney depois do lançamento de *Peter Pan* e seu chefe disse que ele havia se tornado alguém mais compatível com o papel de um jovem briguento do que com o de um protagonista simpático. Nada sobre a vida de Bobby Driscoll levou Michael a se identificar mais com ele do que descobrir que o contrato do jovem ator com a Disney havia sido cancelado imediatamente depois de seu aniversário de dezesseis anos, pois, de acordo com o comunicado do estúdio, o caso agudo de acne que ele havia desenvolvido tornara impossível que ele aparecesse na tela. Michael sabia da adolescência de Bobby Driscoll, durante a qual ele passou por várias escolas na região de Los Angeles, sendo provocado e atormentado por outros garotos, considerado um ator acabado que havia protagonizado um monte de papéis bestas em filmes piegas para famílias. Ele sabia que Driscoll começara a usar heroína aos dezessete anos, que ele foi preso por posse de maconha aos dezenove e por agressão com arma de fogo depois de ter batido em dois provocadores com uma pistola, e encarcerado em 1961, aos 24 anos, na Instituição para Homens da Califórnia, em Chino. Michael descrevia aos amigos como, depois de solto, Bobby havia tentado se reinventar na forma de um ator adulto com o nome de Robert Driscoll, mas teve pouco sucesso. Michael até mesmo pesquisou a mudança de Driscoll para Nova York em 1965, onde ele procurou trabalho na Broadway e, quando isso não deu resultado, juntou-se à comunidade artística de Andy Warhol na Greenwich Village, a Factory. As colagens de Driscoll foram consideradas excepcionais por algumas pessoas (e seriam exibidas no Museu de Arte de Santa Monica), mas nunca lhe renderam mais do que alguns centavos, e Bobby estava completamente duro quando deixou a Factory, no final de 1967. Em alguns meses, pouco depois do aniversário de 31 anos de Driscoll, dois garotos brincando num conjunto habitacional deserto em East Village encontraram seu cadáver, mas não havia nenhuma identificação no corpo, e as fotografias que circularam pela vizinhança não chegaram a uma única pessoa que reconhecesse o corpo. O cadáver anônimo foi enterrado em Potter's Field. "Nem a sua própria família sabia que era ele enterrado no túmulo de indigente com uma overdose de heroína", Michael diria, impressionado. "Ele foi um gigante da Disney, a voz de Peter Pan." E veja a que ponto Bobby chegou. Michael havia prometido a Shirley Temple que algum dia ele abriria um museu para atores infantis, e que o garoto que interpretou Peter Pan receberia uma exposição própria. Mas, nesse meio-tempo, tudo o que restara de Bobby Driscoll, além daqueles primeiros filmes da Disney, foi o nariz no rosto de Michael Jackson.

15.

No início de 2008, Michael foi submetido à análise mais invasiva e minuciosa de suas finanças já realizada, cortesia da empresa Thompson, Cobb, Bazilio e Associados, sediada em Washington, DC. A boa notícia era que Michael podia ostentar, com credibilidade, um patrimônio de 236,6 milhões de dólares. A má notícia era que apenas 668,215 mil dólares daquele valor eram líquidos. A empresa calculou que Jackson possuía 567 milhões de dólares em bens, incluindo os 33 milhões do rancho Neverland, sua parte de 390 milhões do catálogo Sony/ ATV com 750 mil músicas, e 20 milhões em carros, antiguidades e itens colecionáveis; mas suas dívidas totalizavam 331 milhões de dólares. Dada sua recusa em abrir mão do catálogo de música, as únicas alternativas eram pegar mais dinheiro emprestado ou declarar falência.

No curto prazo, o Barclays Bank, sediado em Londres, poupou o artista da falência ao assumir mais de 300 milhões de dólares que Jackson devia à Fortress Investment por meio de um novo empréstimo assegurado pelo catálogo Sony/ ATV. Além disso, o banco HSBC e um fundo multimercado chamado Plainfield Asset Management estavam emprestando a Michael 70 milhões de dólares em nome da MiJac Music, a empresa por meio da qual ele controlava os direitos das próprias músicas, além das músicas da Sly & The Family Stone e outras que ele havia comprado antes de adquirir o catálogo dos Beatles. O empréstimo foi feito com uma taxa de juros de 16%, com termos que permitiam a Michael adiar os pagamentos por mais de um ano. Mas nenhuma parte do dinheiro iria para o bolso dele. Uma grande quantia foi usada para negociar acordos em treze processos abertos (que não incluíam o do xeque Abdullah), entre eles os casos que envolviam Marc Schaffel e Dieter Wiesner. Além disso, Michael concordou em pagar 15 milhões a John Branca para comprar a parte do advogado do catálogo ATV (Branca já havia ganhado um valor estimado em 20 milhões pelo acordo ATV) e dessa forma romper o relacionamento entre ambos. O que restou, além de todos os dividendos, lucros e pagamentos dos dois catálogos musicais, seria usado para cobrir parte das dívidas de Michael. A Sony havia concordado em garantir todos os empréstimos até setembro de 2011 em troca do direito de comprar metade da parte de Jackson do catálogo ATV por pouco menos de 200 milhões. Além disso, Michael teve de aceitar que a empresa gastasse até 400 milhões para comprar o catálogo Famous Music LLC, composto por 125 mil músicas, da trilha sonora de *Footloose* até a música "The Real Slim Shady", de Eminem. Em troca, Michael receberia 11 milhões de dólares por ano até 2011.

Em meio aos problemas que restaram, estava o fato de que viver com 11 milhões por ano não daria para Michael Jackson, não quando suas "despesas pessoais" eram de no mínimo 8 milhões de dólares por ano, e ainda havia dúzias de problemas jurídicos que precisavam ser resolvidos. Além do mais, ele teria de descobrir uma nova fonte de renda antes de setembro de 2011, caso contrário perderia tudo. Ainda por cima, a Fortress Investment tinha direitos sobre o rancho Neverland e pretendia espremer cada centavo que pudesse dele.

Mesmo assim, começavam a surgir sinais encorajadores na vida de Michael. O mais significativo foi o lançamento surpreendentemente bem-sucedido de *Thriller 25*. A Sony tinha esperado até 30 de novembro de 2007 para anunciar o lançamento, programado para coincidir com a data exata na qual a versão original de *Thriller* havia aparecido nas lojas um quarto de século atrás. *Thriller 25* começou a aparecer nas prateleiras pouco mais de dois meses depois, no começo de fevereiro de 2008, e em dias a Sony soube que havia atingido um pequeno filão de ouro. A primeira semana de vendas nacionais totalizou 165 805 unidades, colocando *Thriller 25* no primeiro lugar das músicas pop mais ouvidas da *Billboard*. Caso se encaixasse na categoria, o álbum teria entrado no segundo lugar da lista das duzentas músicas mais ouvidas da *Billboard*. As vendas estavam ainda melhores no exterior. *Thriller 25* ganhou colocações em listas de músicas mais ouvidas estrangeiras e, em uma semana, tinha o primeiro lugar na França e na Bélgica; o segundo lugar na Alemanha, Austrália, Holanda, Noruega, Suécia e Suíça; o terceiro lugar no Reino Unido e na Dinamarca; o quarto lugar na Espanha, o quinto lugar na Áustria e Irlanda, e o sexto lugar na Itália e na República Tcheca. Percebendo isso, a Sony investiu na divulgação para o álbum *Thriller 25* como em poucos dos lançamentos originais da empresa, fazendo acordos, nas semanas anteriores à distribuição do álbum, para exibir o vídeo *Thriller*, de John Landis, à meia-noite nos cinemas Odeon por todo o Reino Unido, seguidas pelo *ThrillerCast*, um podcast on-line de quarenta episódios, uma campanha "Thrillicious" para a Sobe Life Water, que teria início no intervalo do Super Bowl, e a entrega de um prêmio pelo conjunto da obra para Michael na premiação NRJ em Cannes, entre inúmeros outros eventos de relações públicas e publicidade. A HMV, gigante do varejo de música britânica, planejou um evento que levaria 25 sósias de Michael Jackson, além dos dançarinos do *Thriller Live*, no dia em que os CDs e discos de vinil *Thriller 25* chegassem às lojas. Até mesmo os críticos estavam sendo gentis, especialmente com as mixagens de "This Girl Is Mine 2008" (por will.i.am) e de "Wanna Be Startin' Somethin' 2008", de Akon. A *Rolling Stone* ficou tão impressionada que deu ao *Thriller 25* cinco estrelas. A versão original tinha recebido quatro.

O ânimo de Michael melhorou, a ponto de ele começar a mostrar um compromisso legítimo com o "álbum de retorno" havia muito prometido, que estava gravando no Studio X. Relatos das pessoas que passavam tempo no estúdio com ele beiravam o êxtase. "Michael Jackson está trabalhando dia e noite nesse álbum incrível, incrível mesmo", will.i.am disse ao público da Conferência Midem em Cannes. "Eu o vi e ouvi no estúdio, e ele está criando uma obra-prima [...]. Antes de o ano terminar, Michael Jackson estará de volta ao topo das paradas."

Havia meses que relatos de que o lançamento do álbum de retorno era iminente apareciam na mídia. Uma loja da HMV na Inglaterra chegou a anunciar a data de lançamento para 19 de novembro de 2007, com o título *7even*. Haveria catorze músicas no álbum, o material de divulgação anunciava, divididas num lado A e num lado B, com a capa ostentando uma imagem de Michael formando um sete. O dia 19 de novembro passou sem qualquer indício do álbum, é claro, e lançamentos programados foram sucessivamente adiados sem qualquer explicação. Provocava-se o público com pequenos vazamentos, bem distanciados uns dos outros. Houve um anúncio breve de Michael colaborando com The Fugees' Pras em "No Friend of Mine" na página Tempramental do MySpace do produtor, que gerou uma resposta imensa dos fãs, chocados com a voz suave e poderosa de Michael. "Cara, ele canta feito um pássaro", will.i.am disse à MTV. O trecho logo desapareceu. A colaboração de Michael com Akon numa música chamada "Hold My Hand" foi vazada no YouTube, e mais uma vez os fãs ficaram doidos, mas o trecho foi removido da internet 36 horas depois. Chris Brown, 50 Cent, Syience e Carlos Santana disseram que desejavam trabalhar com Michael.

Quando Michael deixou o Palms, no final de fevereiro de 2008, ele já tinha gravado mais de cem músicas novas, mas ainda não havia selecionado as que seriam incluídas em seu álbum de retorno. Michael estava ansioso com a recepção do público e ficou adiando o lançamento. "É duro quando todos os olhos estão voltados para ele e há tantos jovens competindo por aí", Ne-Yo explicou à *Rolling Stone*. Michael havia dito que "esse álbum precisa ser melhor do que o *Thriller*", acrescentou Ne-Yo. Quem é que poderia alcançar tal expectativa? "Ele precisa de melodias incríveis", disse Ne-Yo. "Ele me liga e diz: 'Eu gosto muito da música número três. Na música número quatro, o gancho podia ser mais forte. Na número um, muda o primeiro verso. O.k., tchau'. Desliga. E aí eu refaço as músicas e ele diz: 'O.k., estão perfeitas. Mande mais'. Então eu não sabia o que ele estava mantendo e o que estava sendo descartado."

Michael se recusou a falar sobre o álbum com a *Rolling Stone* ou qualquer outra revista. Tudo o que ele dizia, mesmo àqueles que estavam trabalhando com ele, era que sua próxima obra, qualquer que fosse, teria que ser a melhor até então. Caso contrário, o mundo se perguntaria por que ele se deu ao trabalho.

Quando Michael deixou o Palms, no final de fevereiro de 2008, o artista foi para a residência mais modesta em que morou em muitos anos. Não que a casa estilo fazenda na Palomino Lane, nº 2710, não fosse impressionante, com 1917 metros quadrados de espaço luxuoso, incluindo uma espetacular capela em estilo espanhol erguida em meio a jardins e trilhas que ocupavam um terreno de quase um hectare, disposto em meio às propriedades equestres de uma comunidade situada na zona oeste de Las Vegas. Mas Michael e os filhos não se instalaram na casa principal. Em vez disso, ele alugou a casa de hóspedes, com 369 metros quadrados, concordando em se mudar sem que a propriedade fosse pintada ou reformada. O aluguel mensal era de 7 mil dólares, menos de um décimo do que Michael pagava para viver na casa em Monte Cristo. Ele pagou 49 mil dólares em dinheiro para cobrir os seis meses previstos no contrato de aluguel, incluindo o depósito de segurança, e com aquele valor Michael conseguiu negociar o uso do porão da casa principal, com 789 metros quadrados, para guardar seus itens de coleção e suas obras de arte. As crianças ficaram felizes, pois a propriedade incluía uma piscina grande para eles brincarem e trilhas para cavalos, nas quais elas podiam correr com seu novo filhote de cachorro, Kenya. Também havia espaço para um pequeno trailer de segurança atrás dos portões principais, e os vizinhos provavelmente imaginariam que os Jackson estavam vivendo na mansão, e não na casa de hóspedes. O shopping center Rancho Circle ficava tão perto que dava para ir a pé.

Michael ainda tinha esperanças de comprar a propriedade do sultão de Brunei na Spanish Gate Drive, nº 99. Mas nem mesmo Ron Burkle fora capaz de encontrar um banco disposto a emprestar a Jackson o dinheiro necessário para isso. A casa principal de 3437 metros quadrados que o irmão mais novo do sultão, o esbanjador príncipe Jefri Bolkiah, havia encomendado quase uma década antes ainda estava inacabada e inabitável, exigindo "cerca de 1 milhão só para ficar em condições de habitação", segundo descreveu um corretor imobiliário de Las Vegas. Bancar uma hipoteca pela propriedade — mesmo no preço reduzido de 60 milhões de dólares — não faria o menor sentido para alguém que visse as finanças de Michael Jackson. Michael ficou cada vez mais desanimado, especialmente quando a Sony o informou que reteria seus royalties de *Thriller 25* para cobrir os custos de manutenção da parte de Michael do catálogo de música.

Quem assinou o contrato da propriedade em Palomino foi Michael Amir Williams, um soldado raso da Nação do Islã que havia assumido a responsabilidade pela frota de automóveis que Jackson havia montado em Las Vegas. Num momento em que Jackson estava vulnerável, Louis Farrakhan havia despachado um pequeno contingente de membros da Nação do Islã para Las Vegas. Um dos próprios filhos de Farrakhan estava instalado na casa de hóspedes em Palomino, servindo como cozinheiro da família, e Williams (a quem Jackson e os filhos chamavam de "irmão Michael") começou a se apresentar para outros não como motorista do astro, e sim como o "assistente executivo do sr. Jackson".

"Os muçulmanos deixavam Michael nervoso, e ele se cansou da companhia deles bem rápido", disse um dos vários advogados que representaram Jackson em 2008. "Mas ele não queria ofender Farrakhan, então sentiu que estava meio preso a eles. E aí acho que ele começou a confiar no irmão Michael."

Só depois de se acomodar em Palomino Lane que Michael finalmente reconheceu a catástrofe iminente que ameaçava o rancho Neverland. A Fortress Investment dera a ele até o dia 19 de março de 2008 para juntar 24 525 906,61 dólares, ou então enfrentar um leilão naquela data que se daria em frente ao tribunal do condado Santa Barbara, no qual o rancho, com tudo o que havia dentro, seria vendido pelo maior lance. Uma semana antes da venda anunciada, Londell McMillan disse à Associated Press que Michael havia elaborado um acordo "confidencial" com a Fortress que lhe permitiria manter Neverland. Mas o relógio ainda estava correndo, de acordo com a Fortress, que dera a Michael apenas mais algumas semanas para encontrar um novo empréstimo ou então um comprador para o rancho. A oportunidade era perfeita para mais um aspirante a cavaleiro branco entrar em cena, e um candidato interessante surgiu no momento exato, quase como se estivesse respondendo a um chamado.

O dr. Tohme R. Tohme era um sujeito enigmático que reclamava com frequência que sua propensão para a privacidade era mal interpretada por uma mídia que o descrevia, alternadamente, como "misterioso" ou "obscuro". Diversas reportagens identificaram Tohme como um bilionário da Arábia Saudita que tinha estudado para ser cirurgião ortopédico antes de se tornar o que a Associated Press chamaria de "um financista com um passado obscuro". Na verdade, Tohme era um libanês-americano que investia em imóveis, cujo principal ponto de negócios era o bar do hotel Bel-Air. Era lá que Tohme exercia seu extraordinário dom de agenciador, negociando acordos diversos bancados por fontes de dinheiro no Oriente Médio ou no sudoeste da Ásia, além de uma gama impressionante de contatos internacionais. Tohme ficou rico — ou ao menos passou a aparentar riqueza —, trinta e tantos anos depois de ter chegado aos Estados Unidos, por meio de uma participação em praticamente todas as formas concebíveis de negócios, trabalhando quase sempre na posição de intermediário bem pago.

"Eu conheço gente no mundo todo. Consigo encontrar dinheiro", ele explicaria com modéstia. "Doc", como ele preferia ser chamado por seus amigos norte-americanos, era um homem atarracado, mas de ombros largos e cinquenta e tantos anos, cujo físico pesado e caminhada ondulante faziam-no parecer alguém que passou anos lutando boxe na categoria dos meio-médios. Ele usava ternos feitos sob medida, mas temperava suas conversas com rosnados, tons ríspidos, praguejando de um jeito surpreendentemente pitoresco. Muitas pessoas em Los Angeles, ao serem apresentadas a Tohme, sentiam-se intimidadas com seus modos rudes. Ele não se importava em falar para alguém que havia acabado de conhecer que estava cansado de explicar que ter o mesmo nome e sobrenome não era algo incomum no Oriente Médio, e, ainda assim, ele era capaz de encantar praticamente qualquer pessoa nas raras ocasiões em que decidia fazê-lo. De acordo com seu próprio relato, muitos árabes e asiáticos ricos, incluindo membros de diversas famílias reais, consideravam Tohme um amigo. Assim como Jermaine Jackson, que viu uma oportunidade nas dificuldades do irmão.

Ele e Jermaine haviam sido apresentados por conhecidos em comum na comunidade muçulmana de Los Angeles, disse Tohme, que ficou "intrigado, mas não impressionado" quando o novo amigo pediu, em abril de 2009, para se encontrar com seu irmão Michael em Las Vegas. "Jermaine veio à minha casa para me ver e disse: 'Michael precisa da sua ajuda. A casa dele vai ser leiloada. Você precisa ajudar a salvá-la'", lembra Tohme. "Eu disse: 'Eu preciso dar uma olhada, vamos ver'." Em outras palavras, ele e Jermaine fizeram alguma espécie de acordo.

Tohme viajou para Las Vegas no dia seguinte numa Rolls-Royce branca dirigida por Jermaine. Depois, espalharia-se uma história segundo a qual Tohme forneceu o carro a Jermaine para conseguir um encontro com seu irmão. Ambos negam isso. O que Tohme mais se lembra da chegada deles em Las Vegas foi do susto que tomou ao ver a situação do cantor mais famoso do mundo. "Eu não conseguia acreditar que era Michael Jackson vivendo num ambiente assim e numa casa assim", ele recorda. "Era um lugar bem mediano e precisava muito de uma limpeza e de pintura. Estava bagunçado. Ele era um cara solteiro com três filhos, e havia um cachorro, e ele não tinha nem uma empregada." Grace Rwaramba havia sido afastada da vida de Michael mais uma vez pouco depois de eles deixarem o Palms, de forma que "ele estava cuidando das crianças, do cachorro e da casa sozinho", relata Tohme. "Ele tinha machucado o pé direito e não conseguia se mexer muito bem, então as coisas estavam se acumulando. Ele estava sentado numa cadeira de rodas quando Jermaine nos apresentou, usando calças de pijama e pés de chinelos com cores diferentes."

Em meio à sujeira e à bagunça da casa em Palomino, a atitude de Michael era de desânimo. Ele parecia desesperadamente solitário. De acordo com os seguranças, só houve visitas, além da babá e da professora das crianças, no aniversário de dez anos de Paris, no dia 3 de abril, e aquela foi uma ocasião triste. Grace diria posteriormente que ela foi forçada a comprar os balões da decoração com seu próprio cartão de crédito, e que as pessoas que ela levou para limpar a casa para a festa não voltariam porque não haviam sido pagas. "Fiquei pensando: 'Este é Michael Jackson! Este é o Rei do Pop!'", lembrou Tohme. "E ele era tão humilde. Eu vi em seus olhos que ele estava triste. Não constrangido, mas *triste*. Uma mistura de muitas coisas. Eu fiquei realmente chocado com as condições de vida dele e não tive vergonha de dizer. Eu falei: 'Esse lugar não é para você, Michael. O que você está fazendo aqui?'. E ele respondeu: 'Todo mundo me abandonou. Não tenho ninguém. Não tenho amigos. Todos foram embora'. Mas ele não estava sentindo dó de si mesmo. Não era isso que parecia."

"Michael me pediu: 'Por favor, por favor, me ajude a salvar Neverland'. Ele não queria passar pelo constrangimento de perder a propriedade, e sabia que a mídia o detestava e que fariam piada dele."

Tohme concordou em fazer o que pudesse, apertou a mão de Michael e partiu com Jermaine. Eles estavam dirigindo de volta para Los Angeles, recordou Tohme, quando seu celular tocou: "Era Michael. Ele disse: 'Eu não tenho ninguém. Quero que você fique comigo'".

Tohme voltou para Los Angeles e começou a ligar para todos os grandes investidores imobiliários que conhecia. Todos eles recusaram. "Eu consegui que dois amigos visitassem Neverland comigo", ele se lembra, "mas eles disseram: 'Não, não quero fazer isso. Está cheio de problemas'."

Tohme tentou por fim seu amigo americano Thomas Barrack, um investidor imobiliário bilionário para quem ele havia conseguido financiamento num acordo anterior. Barrack, que quando jovem trabalhara como vice-subsecretário no Departamento do Interior de Ronald Reagan, ostentava um talento bem conhecido para fazer previsões. Donald Trump admitiu que ninguém, nem mesmo ele, tinha um olho melhor para o valor de uma propriedade do que Tom Barrack. Em 2005, Barrack havia dito à revista *Fortune* que estava prestes a sair do mercado imobiliário norte-americano porque "há muito dinheiro perseguindo muito poucos negócios, com muita dívida e muito pouca inteligência". Em 1991, Barrack fundou a Colony Capital, uma empresa de capital privado que, desde então, movimentara mais de 35 bilhões de dólares em transações. "Tom estava na Europa quando eu liguei", lembra Tohme, "e quando perguntei se ele gostaria de comprar a nota de hipoteca de Neverland, ele disse que não. Quando ele voltou para Los Angeles, eu fui vê-lo e disse: 'Vai, cara, compra', e ele disse que não, que não queria se envolver com Michael Jackson. Então eu disse: 'Por que eu não te apresento para o Michael, assim você pode ver que tipo de ser humano ele é', porque, veja, eu já sabia que Michael ainda tinha aquela mágica nele. Você senta com ele e ele te conquista. Ele tinha esse talento. Então eu convenci Tom a ir para Las Vegas e conhecer Michael. E em poucos minutos eu vi que Tom Barrack estava ficando muito interessado em Michael Jackson."

Ele foi conquistado pela inteligência de Michael e ficou surpreso com o foco do artista, Barrack admitiria depois. Barrack, o jogador de polo, cujo próprio rancho no condado de Santa Barbara fazia fronteira com Neverland de um lado e com o rancho do presidente Ronald Reagan do outro, brincou com Jackson sobre o fato de eles serem vizinhos, apesar de suas casas ficarem a dezesseis quilômetros de distância uma da outra. Seus filhos haviam participado de vários eventos nos quais Michael se apresentou em Neverland, revelou Barrack, e todas as vezes eles voltaram para casa falando de como tinham se divertido. Em dez minutos de reunião, a dupla inusitada descobriu um afeto em comum. Mais dez minutos e Barrack concordou em ver se podia fazer um acordo para resgatar Neverland das garras da Fortress Investment, que havia remarcado o leilão do rancho para maio de 2008.

"Tom sabe que é uma propriedade maravilhosa", comentou Tohme. "Ele não é bobo. Mas foi uma negociação longa e difícil, porque nos enroscamos em um problema. De acordo com o empréstimo da Fortress, quem tivesse a nota de Neverland possuía tudo na propriedade: todas as obras de arte de Michael, seus livros, suas roupas — até mesmo seus animais e seus carros, tudo o que estivesse lá. Eu disse a Tom: 'Isso não está certo. Eu preciso tirar tudo'. Então houve muita discussão entre os advogados, mas finalmente eles concordaram que os pertences pessoais de Michael poderiam ser removidos."

Em maio, alguns dias antes do dia em que Neverland seria vendido pelo lance mais alto, a Colony Capital anunciou que Tom Barrack preenchera um cheque de 22,5 milhões para "salvar" Neverland, como parte de um acordo que a empresa havia feito com Michael Jackson. Pelos termos do acordo, a Colony e Barrack concordaram em adiar os pagamentos do empréstimo de Jackson (em troca de um valor maior depois) e em financiar a renovação do rancho com o objetivo de vendê-lo com um lucro substancial. Tohme havia garantido uma taxa de corretagem para si. Era um acordo típico de Tom Barrack. Ele nunca foi o tipo de investidor que compra propriedades com inquilinos bem estabelecidos e um retorno previsível, preferindo buscar bens subvalorizados que pudessem ser revalorizados e vendidos com uma grande margem de lucro. Foi exatamente assim que ele ganhou uma nota com o Savoy Hotel, em Londres. O rancho Neverland, ele pensou, poderia ser vendido por até 50 milhões de dólares. Além de se ver aliviado das obrigações de pagamento, Michael teve a garantia de receber a quantia que sobrasse depois de a Colony deduzir seu investimento pela nota, além dos juros acumulados, despesas de manutenção e uma "taxa de sucesso" de 12%. Se Barrack tivesse razão quanto ao eventual preço de venda, Jackson podia acabar recebendo até 20 milhões de dólares.

Michael enfrentava o problema do que fazer com Neverland desde que chegara ao Bahrein no verão de 2005. Durante sua longa estadia na Irlanda, ele havia convidado Bob Sillerman, o negociador de Wall Street que comprara a Elvis Presley Enterprises, para visitá-lo na Grouse Lodge e discutir formas para transformar o rancho num destino turístico. Vários planos surgiram e caíram por terra, e antes de Barrack aparecer em Las Vegas parecia quase certo que a Fortress venderia o lugar.

Para Michael Jackson, Tohme Tohme tornou-se "meu parceiro" depois que o acordo com a Colony foi fechado. "Michael estava muito feliz", lembra Tohme. "Ele disse: 'Eu quero que você tome conta de tudo'. Disse: 'Eu e você, nós vamos ganhar bilhões, não centenas de milhões. Eu confio em você mais do que em qualquer outra pessoa, e vou lhe garantir acesso livre ao que você quiser'."

Enquanto o acordo com Barrack parecia ter resolvido o problema de Michael com Neverland, isso mal arranhava a rocha gigante de dívidas que esmagaria Michael se ele não começasse a fazer alguns pagamentos. Depois de ler o acordo de refinanciamento que Michael havia assinado seis meses antes, Tohme percebeu que teria de convencer seu cliente em potencial de que o dia do acerto de contas viria antes do que ele esperava. "Eu vi que o acordo havia posto Michael numa posição em que ele podia perder o catálogo dos Beatles, além de seu próprio catálogo MiJac — basicamente tudo o que ele tinha", lembra Tohme. "Ele só tinha até 2011 para ajeitar suas finanças, ou isso aconteceria. Eu disse a Michael: 'Nós precisamos eliminar tanto quanto for possível da sua dívida'." Mas a única forma que Tohme via de fazer isso acontecer era persuadindo Michael a montar mais uma turnê grande. "Mas ele não queria", recorda Tohme. "Ele me disse: 'Eu não quero cantar. Eu não quero me apresentar. Tudo o que quero é fazer filmes e projetos'."

Cinema se tornara uma obsessão de Michael nos anos que seguiram a turnê History. Ele chegou muito mais perto de conquistar o sonho de ter o próprio estúdio de cinema do que as pessoas imaginavam, de acordo com Dieter Wiesner: "Era mais do que um sonho, era um plano". A aquisição da Marvel Comics estava no cerne daquele plano, e Michael passou três anos tentando isso. Em 1999, ele se encontrou com o principal criador dos personagens mais conhecidos da Marvel, Stan Lee, para perguntar se eles podiam ser sócios. "Michael quis fazer um filme do Homem-Aranha muito antes de haver um filme do Homem-Aranha", explicou Wiesner, "e ele falou disso com Stan Lee." Lee, que tinha alguns desentendimentos com a Marvel na época, confirmou que essa conversa ocorreu.

"Michael estava pensando em interpretar o Homem-Aranha", continuou Wiesner. "Ele pediu para Stan Lee ajudá-lo a administrar a Marvel se conseguisse comprar a empresa, e Lee disse que ajudaria. Eu realmente achei que aconteceria, e quase aconteceu." Michael chegou a começar um diálogo com o banco de investimentos Wasserstein Perrella para negociar uma venda com o então dono da Marvel, Ike Perlmutter. "Michael achou que isso seria seu segundo catálogo dos Beatles", recorda Wiesner. "Era muito importante para ele." Os relatos da época sugerem que o fracasso do acordo se deveu à exigência de Perlmutter de 1 bilhão de dólares pela empresa. "Isso não é verdade", disse Wiesner. "Em 2002, Michael estava disposto a pagar 1,4 bilhão de dólares pela Marvel, que era o preço anunciado na época." Mas o financiamento caiu por terra, explicou Wiesner, quando a Sony se recusou a deixar Jackson usar o catálogo ATV como garantia: "A Sony estava sempre barrando os projetos de Michael. Eles queriam ter controle completo sobre ele. E hoje a Marvel vale 4 bilhões. Os filmes do Homem-Aranha renderam centenas de milhões de dólares. Michael estava certo".

Como alternativa, Wiesner e Jackson negociaram um acordo com o Cinegroupe, o famoso estúdio de animação em Montreal, que teria dado a Michael 51% das ações da empresa, além de controle criativo sobre os projetos. Michael tinha "um hangar de aviões cheio de gravações" dos filmes e vídeos que ele havia encomendado no decorrer dos anos, explicou Wiesner. "E ele disse: 'Dieter, com a nova tecnologia nós podemos refazer tudo isso — não importa se é material da turnê *Thriller* ou qualquer coisa que eu tenha —, podemos refazer isso completamente para a nova geração. Podemos montar tudo junto, com uma nova luz'."

No começo Michael foi encorajado por amigos que incluíam Steven Spielberg e David Geffen, de acordo com Wiesner, que prometeram parcerias com ele em vários projetos de filmes, mas nunca as concretizaram: "Michael disse que eles pegaram suas ideias, mas que não o queriam. Ele estava sempre falando disso, especialmente de Spielberg. Ele ficou muito magoado e irritado com Spielberg. Ele disse que tinham prometido a ele, Spielberg e a Disney, mas aí o deixaram de fora".

Michael nunca desistiu do sonho de se tornar uma estrela de cinema. A paixão pela interpretação chegou a provocar seu rompimento com as Testemunhas de Jeová. Duas Testemunhas estavam no set do clipe *Smooth Criminal* que Michael filmou em 1987, pouco depois que a música foi lançada como o sétimo single de *Bad*, e balançaram as cabeças em desaprovação ao verem Michael se deleitando na cena em que ele ceifou um batalhão de invasores alienígenas com uma metralhadora. No dia seguinte Michael chegou tarde ao set, lembra sua maquiadora Karen Faye, e ele estava claramente perturbado. Quando ela perguntou qual era o problema, os olhos de Michael se encheram de lágrimas. "Minha mãe me ligou ontem à noite", ele respondeu, soluçando enquanto falava. "A Igreja ligou para ela e disse que eu segurei e atirei com uma arma ontem. Eles me mandaram tomar uma decisão. Eu tenho de abandonar a Igreja ou abandonar a indústria de entretenimento." Sua mãe "estava se sentindo péssima", Michael falou entre soluços: "Ela me disse que a decisão era minha. Disse que ficaria ao meu lado não importa o que eu decidisse". Então lá estava ele, de volta ao set, observou Faye. "Sim", disse Michael, e se preparou para gravar as cenas dos dias seguintes.

Quando *O fantasma da ópera* estreou na Broadway, em Nova York, pela primeira vez, Michael foi todas as noites aos bastidores falar com Andrew Lloyd Webber sobre a possibilidade de interpretar o papel principal num filme. "Ele tinha uma ligação com aquele músico solitário e torturado", Webber explicaria, anos depois. Michael e o roteirista de *Flashdance: Em ritmo de embalo*, Tom Hedley, passaram dezenas de horas num quarto de hotel assistindo à adaptação em preto e branco de *O corcunda de Notre Dame*, de Victor Hugo, enquanto discutiam um remake no qual Michael substituiria Charles Laughton no papel do corcunda. "Isso é muito sombrio, Michael", comentou Hedley num determinado momento. "Você não quer pensar em algo mais leve?" "Eu gosto do sombrio", foi a resposta de Michael. Mesmo depois daqueles projetos, e outros, não levarem a nada, Michael continuou fazendo aulas particulares de atuação com Marlon Brando por anos.

Michael empreendeu seu maior esforço para se tornar o astro das telonas que ele achava que deveria ser no ano 2000, quando ficou sabendo que a Warner

Bros. estava fazendo um remake de *A fantástica fábrica de chocolate* com o diretor Tim Burton. Trabalhando em segredo, ele gravou uma trilha sonora original para o filme num pequeno estúdio em Los Angeles. "Ele queria interpretar Willy Wonka", explicou Marc Schaffel. "Michael achava que era o papel ideal para ele, e pretendia usar a trilha sonora basicamente como um suborno para conseguir o papel." Schaffel participou de diversas reuniões na Warner Bros. para discutir a ideia. "Os executivos da Warner estavam intrigados e piraram com a trilha sonora, amaram", ele recorda. "Mas aí voltaram e disseram: 'Sabe, talvez esse não seja o casamento ideal para nós. Mas pagaríamos qualquer coisa pela trilha sonora'." Michael exigiu saber por que o estúdio não quis lhe dar uma chance de fazer o papel de Willy Wonka. "Eu acho que Tim Burton queria Johnny Depp desde o começo", disse Schaffel, "mas a razão que a Warner deu, quando insisti, foi que 'nós não podemos ter esse cara estrelando um filme para crianças. Comercialmente, não funciona'. Eu tive que dizer aquilo para Michael, e ele ficou muito magoado, muito triste. Ele disse que aquelas pessoas eram ignorantes, que ainda estavam requentando aquelas coisas de 1993." A Warner Bros. disse a Schaffel que a empresa compraria a trilha sonora de Michael pelo preço que ele estipulasse, *e* que eles encontrariam um papel para ele no filme, mas não seria o de protagonista. "Michael disse: 'Se eu não posso ficar com o papel do Willy Wonka, então eles não vão ter a trilha sonora', e ele basicamente engavetou as canções. Foi uma pena, porque ele tinha feito um trabalho incrível com aquela trilha. Tenho certeza que teria rendido um Oscar."

O que acabou possibilitando a Tohme convencer Jackson a se comprometer novamente com a performance ao vivo foi ter percebido que a chave para motivar Michael eram os filhos. "Tohme, que tinha uma família grande, ressaltou para Michael que seus filhos nunca o haviam visto se apresentando, e que ele lhes devia aquela oportunidade", disse Dennis Hawk, o advogado que estava na melhor posição para observar as conversas entre os dois homens. "Tohme também disse a Michael que, a não ser que voltasse a trabalhar — imediatamente —, ele corria o risco de não ter nada para deixar para os filhos. Aquilo atingiu Michael."

Mas vários meses se passaram antes que essa abordagem surtisse efeito. Nesse meio-tempo, Michael continuou à deriva, frequentemente sem dinheiro para pagar seus guarda-costas ou manter os filhos no estilo ao qual eles tinham se acostumado. Ele foi visto em público em Las Vegas apenas uma vez naquela primavera inteira, no dia 16 de maio, quando levou as crianças para uma pré-estreia de *As crônicas de Nárnia: Príncipe Caspian*. "Eu sei que parte do que Michael precisa é se reoxigenar", recorda Tohme. "Ele precisa lembrar que é o Rei do Pop. Michael sabe e *não sabe* disso. Por causa do julgamento criminal e de todas as mentiras que foram ditas sobre ele, Michael não estava certo de como as pessoas o viam. Eu queria que ele voltasse a aparecer em público e passasse uma boa imagem. Eu disse para ele: 'Michael, chega de cadeira de rodas, chega de guarda-chuva, nada de máscara, nada de chinelos de cores diferentes'."

Encorajado por Tohme, Michael fez sua primeira aparição pública em Los Angeles em quase cinco anos na última semana de maio de 2008, pegando um voo para comparecer à festa de cinquenta anos de Christian Audigier, o designer francês por trás da marca Ed Hardy. Michael foi fotografado dançando e sorrindo, usando botas de salto alto, calças pretas de couro e uma túnica azul elaborada, com flores de renda branca penduradas sobre o peito e divisas de sargento nos ombros. Audigier propôs que ambos colaborassem numa linha de roupas, e Michael disse que parecia uma boa ideia, mas então voltou para Las Vegas para enfrentar uma sinuca financeira que o espremia mais a cada mês.

No dia 3 de junho, Jackson jantou com Tom Barrack no Verona Sky Villa do Hilton de Las Vegas, e confessou que sabia que teria de voltar aos palcos, caso contrário arriscaria perder o catálogo ATV, o único bem que o havia sustentado por anos. Barrack teve ideias. A Colony Capital era proprietária do Hilton de Las Vegas, o mesmo hotel no qual Elvis havia feito seus famosos shows de retorno, em 1969, e passado os sete anos seguintes se apresentando. A Colony também tinha 75% das ações do Station Casinos, que dominava o mercado local de Las Vegas. Michael poderia fazer um relançamento em Vegas como atração principal num dos dois lugares, sugeriu Barrack, apresentando-se com a frequência que quisesse, até 180 shows por ano, e ganhando dezenas de milhões. Ou, caso preferisse, Michael poderia incluir os irmãos numa superprodução apresentada talvez vinte ou trinta vezes por ano, e ainda lucrar no mínimo 10 milhões. Michael não teve nenhum interesse pela segunda ideia, e muito pouco pela primeira, mas ele precisava desesperadamente de um patrocinador, então prometeu a Barrack que levaria ambas as propostas em consideração.

O entendimento de Michael de que voltar aos palcos seria provavelmente a única forma de seguir em frente foi, para Tohme, o indício de esperança que prometia uma volta por cima. "Eu estava trabalhando naquilo, e estava trabalhando nele", Tohme recordou. "Porque ele ainda não estava mesmo pronto para dizer que o faria, mas ele dizia: 'Veja o que pode fazer, continue'. E eu dizia a ele: 'Michael, você precisa fazer isso. Pelas crianças, por você. Mostre ao mundo'. E ele dizia: 'Sim, sim, sim'." Mais significativa, talvez, foi a decisão de Michael de suspender seu trabalho no "álbum de retorno" para poder combinar o lançamento do álbum com o evento que ele escolhesse para suas "apresentações de retorno".

Em julho de 2008, Michael se comprometeu com Tohme ao assinar não apenas uma, mas duas procurações diferentes (cada uma testemunhada por um advogado), que davam ao árabe controle quase absoluto sobre seus negócios e assuntos financeiros. Um mês depois, os dois assinaram um contrato de trabalho que designava Tohme como gerente de Jackson, e garantia a ele 15% de quaisquer acordos que ele negociasse. "Michael entende o amor que eu tenho por ele", disse Tohme. "Ele sabe que eu quero o melhor para ele. Antes de assinarmos, fizemos um acordo: ele nunca vai interferir em minhas decisões de negócios, e eu nunca vou interferir em suas decisões artísticas."

Havia, no entanto, uma sobreposição considerável naquelas duas áreas aparentemente diferentes de interesse, como Tohme acabaria descobrindo. Nesse meio-tempo, de acordo com Michael Amir Williams, o que deixou Michael Jackson mais impressionado com seu novo gerente foi a alegação de Tohme de ter um relacionamento próximo com a família real de Brunei. "Essa foi a principal razão pela qual Michael quis Tohme por perto", disse o irmão Michael. "Ele achou que Tohme estava associado àquela família e teria facilidade para ajudá-lo a conseguir a propriedade na Spanish Gate Drive [do príncipe Jefri Bolkiah]."

"Michael realmente, realmente queria aquela casa", disse Tohme. "Michael tinha visão, ele queria fazer dela uma residência, mas também um museu. Todas as coisas que ele estava comprando — e sendo criticado na mídia por isso —, Michael queria ter um lugar como Graceland, que seria um monumento para ele enquanto ainda estivesse vivo e depois da sua morte. E ele sabia que não podia ser Neverland." A propriedade em Spanish Gate tinha espaço para acomodar até mesmo a vasta coleção de Michael Jackson de arte e antiguidades, que já naquela época ocupava armazéns espalhados de Santa Barbara a Santa Monica até Las Vegas. Além da imensa casa principal, a propriedade que o príncipe Jefri havia construído para si incluía um "centro de atividades esportivas" com 4366 metros quadrados que contava com uma piscina olímpica, diversas salas de exercícios, uma quadra de squash, uma quadra de frescobol e uma discoteca, além de duas casas para hóspedes com 418 metros quadrados. "Eu fiz o melhor que pude para que desse certo", explicou Tohme. "Tenho um amigo muito, muito íntimo que detém um posto alto no governo de Brunei. Eu telefonei e disse a ele: 'Precisamos fazer como Graceland'. Em determinado momento, consegui reduzir o preço para 45 milhões. Mas então descobri que conseguir financiamento para um lugar daqueles em Las Vegas é difícil. Existem muitas casas que custam essa grana em Los Angeles, mas não tantas em Las Vegas. Eles chegam a financiar uns 20 milhões, talvez 25 milhões, não mais do que isso."

Conseguir o dinheiro de que Michael precisaria para tomar posse da propriedade Spanish Gate tornou-se mais uma cenoura que Tohme podia usar para motivar a volta do seu cliente aos palcos: "Eu disse a Michael: 'Mais uma vez. Vamos conquistar o mundo. Você vai voltar para o topo e vai conseguir aquela casa, também'".

Enquanto isso, Tohme insistia para que Michael voltasse a Los Angeles enquanto eles procuravam um bom pacote de shows. "Eu disse para ele: 'Tudo está acontecendo em Los Angeles. As pessoas não querem vir até aqui para ver você'. Mas Michael estava relutante."

A resistência de Michael à ideia de deixar Las Vegas diminuiu bastante depois de seu aniversário de cinquenta anos. No dia 28 de agosto, dezenas de fãs britânicos apareceram em frente aos portões da fazenda Palomino para cantar para Michael até a madrugada de 29 de agosto. Ele ainda estava muito feliz, apesar de não ter dormido nada, quando deu uma entrevista por telefone para o programa *Good Morning America*, que começou antes do nascer do sol em Vegas, e ficou encantado ao descobrir que milhões de pessoas tinham mudado de canal para a ABC para assistir pelo menos uma parte. "Eu provavelmente vou comer um pouco de bolo com os meus filhos e aí vamos assistir desenhos animados", ele respondeu quando questionado sobre como pretendia comemorar.

Mas o humor de Michael mudou mais tarde, quando recebeu uma carta assinada por vários de seus vizinhos. "Ele me ligou e estava chorando feito um bebê", recorda Tohme. "Eu disse: 'Michael, o que houve?', e ele respondeu: 'Eles me mandaram algo dizendo que não querem um pedófilo morando na rua deles'." O que mais o magoou, disse Michael, foram as reclamações de que a Escola Primária Wasden ficava bem no fim da rua, visível pelas janelas da casa de Jackson, e que não parecia apropriado que alguém acusado de crimes sexuais morasse tão perto. Segundo a explicação de uma "mãe preocupada" para o *Review-Journal*, "de todas as residências que ele poderia ter comprado — por que uma em frente a uma escola primária? Eu sei que ele nunca foi condenado por nada e pode viver onde quiser, mas…".

Seu novo gerente pegou um voo para Las Vegas no dia seguinte. "Eu disse para ele: 'Michael, é hora de dar o fora daqui'", lembra Tohme. "Eu queria que ele viesse para Los Angeles. Ele ainda não tinha certeza. Então eu disse: 'Por que você não vem para Los Angeles por alguns dias para conhecer a minha família, para ficar conosco?'. Então o levei para a minha casa, nós almoçamos e ele ficou lá, mas depois voltou para Las Vegas."

Mas não para a propriedade em Palomino. Embora tenha continuado usando a casa como uma imensa unidade de armazenamento, Michael se mudou novamente para o Palms, onde suas visitas ao estúdio de gravação foram menos frequentes e mais informais do que na estadia anterior. Ele chegava depois do meio-dia com os três filhos, conduzindo Blanket pela mão e vestindo um jeans preto e uma camisa de seda, mexia um pouco nos teclados, trabalhando nas melodias e testando letras, e partia uma ou duas horas depois.

Enquanto isso, em Los Angeles, Tohme encontrou um aliado em sua campanha para encontrar o "cenário para os shows" adequado para Michael quando recebeu uma ligação de Peter Lopez, um entre dúzias de advogados que haviam representado Michael em anos recentes. Assim como boa parte daqueles profissionais, Lopez ainda não havia recebido por seus serviços. "Peter sabia que eu era o gerente de Michael", recorda Tohme, "e me disse: 'Jackson me deve dinheiro'. Ele perguntou se eu poderia pagá-lo. Eu disse: 'Nesse momento, não há dinheiro. Mas se você tem dívidas a cobrar, vou fazer com que sejam pagas. Prove para mim'. Então ele veio me encontrar no hotel Bel-Air. E eu disse que ele tinha uma chance de me ajudar a pôr Michael de volta no topo. Eu disse a ele: 'Esqueça todos os boatos. Michael vai voltar ao trabalho. Ajude a encontrar a melhor sequência de shows para ele'. E pude ver que ele estava muito mais interessado em falar daquilo do que em discutir o dinheiro que lhe era devido."

Lopez era o advogado latino mais conhecido no mercado de entretenimento em Los Angeles. Entre seus amigos mais próximos estava o novo governador, Arnold Schwarzenegger, que havia nomeado Lopez para a Comissão Atlética do Estado. Lopez era casado com a atriz que havia feito *Os gatões: Uma nova balada*, Catherine Bach, e sua lista de clientes, antigos e atuais, incluía os Eagles, Britney Spears, Jennifer Lopez e Andrea Bocelli. Mas "Peter sabia que nada se comparava a ajudar Michael Jackson em seu retorno", recorda Tohme.

Primeiro Lopez organizou uma reunião com a Live Nation que não impressionou muito Tohme. "Eu não gosto daqueles caras", ele se lembra de ter dito a Lopez, que em seguida sugeriu a AEG. Tohme alega que não sabia sobre a reunião que Michael já havia feito com Randy Phillips, que nunca desistiu completamente de tentar conseguir a assinatura de Michael num contrato da AEG Live. O que realmente colocou as coisas em movimento foi uma conversa telefônica entre dois bilionários, Barrack e Anschutz. Barrack disse a Anschutz como ele havia ficado impressionado ao conhecer Michael Jackson pessoalmente. Anschutz ressaltou que, se o status público de Michael fosse elevado e sua carreira, revigorada, o rancho Neverland facilmente dobraria de valor. Além disso, uma série de shows na O2 Arena da AEG poderia levar a algum tipo de arranjo com apresentações frequentes em Las Vegas, que talvez pudessem ser realizadas num dos hotéis ou cassinos da Colony. Logo depois de Anschutz terminar a ligação com Barrack, ele telefonou para Randy Phillips e pediu para que ele se encontrasse com o diretor executivo da Colony Capital, para discutir o que seria necessário para garantir um compromisso de Michael Jackson para fazer uma série de concertos na O2 Arena em Londres. Barrack encaminhou Phillips para Tohme, que sugeriu encontrar-se com o chefe da AEG Live para um drinque no hotel Bel-Air.

"Então nós sentamos, conversamos, eu gostei dele", lembra Tohme. "Ele faria qualquer coisa para ter Michael Jackson. Foi o que ele falou. Eu disse: 'Nós precisamos de adiantamentos, precisamos disso, precisamos daquilo. Deixe-me pensar e falar com Michael'." A imagem de Phillips ficou ainda melhor quando Dennis Hawk, o advogado que tinha sido chamado para ajudar Tohme a gerenciar os negócios de Michael, disse para Tohme e para Jackson que Phillips era "um sujeito de classe", e que eles podiam confiar nele para montar um show que cumpriria todas as expectativas.

Em poucos dias, uma reunião entre Phillips e Anschutz foi agendada para ocorrer no MGM Grand em Las Vegas, onde o chefe da AEG tinha uma casa. "Eu e Michael falamos bastante sobre aquilo com antecedência", recorda Tohme. "E eu disse a ele: 'Você precisa passar uma boa impressão, mostrar a eles com quem estão lidando'." O "copresidente" da AEG Live, Paul Gongaware, estava aconselhando seus sócios a usarem a abordagem oposta na reunião: vistam roupas casuais, ele aconselhou àqueles que compareceriam. "Michael Jackson não confia em pessoas de terno." Além disso, eles deveriam se preparar para "bajular" um pouco "Mikey", acrescentou Gongaware. Tohme, Hawk e Lopez já estavam sentados num dos lados da mesa de reuniões em frente a Anschutz, Phillips, Gongaware e o presidente corporativo da AEG, Tim Leiweke, quando Michael chegou com Blanket. "Ele estava incrível", lembra Tohme. "Estava vestido impecavelmente e em excelente forma, sua cor estava ótima, tinha uma expressão feliz e os olhos límpidos. Eu vi que ele os impressionou logo de cara."

Phillips admitiu depois que havia ficado surpreso, Jackson estava diferente daquela celebridade distraída e desinteressada que ele havia encontrado meses antes. Michael parecia então "muito focado", disse Phillips, olhando para Philip Anschutz nos olhos e tentando elaborar alguma espécie de acordo.

Anschutz, um titã dos negócios que costumava ser descrito como "recluso" ou "reservado" pela mídia, "me pareceu um homem muito simpático", disse Tohme, "um homem muito honesto, muito gentil. Eu percebi que Michael também sentiu isso". Eles haviam concordado com antecedência que, depois de algumas apresentações e uma conversa geral e breve sobre quais eram seus objetivos com um novo show, Michael levantaria, apertaria as mãos de todos e se despediria. "Porque este é Michael Jackson", explicou Tohme. "Ele não fica sentado por horas conversando com esses sujeitos. Eu sempre quero jogá-lo para o alto tanto quanto possível, fazendo com que ele sinta que é o Rei do Pop. Nós já havíamos providenciado sua segurança, e o motorista dele estaria esperando na saída. Assim que ele saísse, começaríamos a negociar o show de retorno na O2 Arena. Michael havia me dito que nunca faria nenhum show nos Estados Unidos."

Quando os convidados deixaram a casa de Anschutz, eles haviam selado com apertos de mão um acordo segundo o qual Michael Jackson se apresentaria numa série de dez shows na O2 Arena, em Londres, na primavera de 2009. Phillips e Tohme concordaram em apresentar uma ideia que, eles pensaram, deixaria o artista satisfeito: "Desse jeito, Michael, fãs do mundo inteiro irão até você, em vez de você ter de ir até eles".

"E Michael Jackson gostou daquilo", lembra Tohme. "Ele estava começando a encher os pulmões de novo."

Duas semanas depois, Michael concordou em se mudar de volta para Los Angeles e viver lá até sua partida para Londres. Tohme providenciou para que Michael tivesse uma suíte imensa na parte de trás do hotel Bel-Air, "longe de todo mundo", onde a gerência permitiria a ele criar um estúdio caseiro completo, com uma pista de dança portátil. Uma semana depois de chegar ao hotel, Michael começou a ensaiar com diversos músicos e dançarinos. Ele estava se alimentando regularmente, e fazia anos que não dormia tão bem. "Foi algo lindo de ver", lembra Tohme. "Ele queria provar ao mundo que ainda era Michael Jackson, o Rei do Pop. E eu estava vendo aquilo acontecer, bem na minha frente." Tohme apareceu no hotel um dia com Mina Shafiei, a melhor alfaiate de Beverly Hills, mais conhecida por criar vestidos de casamento para celebridades. Ela tomou as medidas de Michael para encher um guarda-roupa com as jaquetas de seda e camisas com brocado que ele amava. "Eu queria que Michael parecesse a maior estrela de Los Angeles toda vez que saísse pela porta", recorda Tohme. "Eu queria que ele se *sentisse* como a maior estrela."

Michael ficou tremendamente inspirado com a notícia de que um álbum de compilação chamado *King of Pop*, lançado em seu aniversário de cinquenta anos, alcançou as listas dos dez melhores álbuns em todos os países onde a Sony o havia disponibilizado, e que a empresa pretendia expandir o conceito King of Pop numa série de discos. Boatos sobre um retorno de Michael Jackson também resultaram numa enorme quantidade de pedidos por entrevistas. Tohme se recusou a aprovar qualquer publicação que não garantisse, por escrito, que seu cliente seria identificado na primeira referência como "Michael Jackson, o Rei do Pop". O número de músicos, produtores e compositores que telefonavam para dizer que adorariam fazer uma visita no hotel Bel-Air dobrava a cada semana.

"Michael ficou muito feliz", lembra Tohme. "Ele estava se exercitando todos os dias, dançando, sua aparência estava fantástica, sorrindo o tempo inteiro, sempre muito afiado e com muita clareza. A cadeira de rodas havia desaparecido, os guarda-chuvas e os chinelos de cores diferentes haviam desaparecido. Não havia drogas, nenhum problema para dormir. Eu sei disso porque estava lá o tempo todo. Eu o via duas, três vezes por semana. Nós conversávamos por telefone cinco ou seis vezes por dia. Eu podia vê-lo melhorando a cada semana que passava."

Tohme parecia estar à altura de seu papel como gerente de negócios de Jackson, fechando um acordo depois do outro. Um aplicativo Michael Jackson Dance para MySpace e Facebook, divulgado três dias antes do aniversário de Michael, estava vendendo bastante. Em setembro, uma revista para o público adolescente alemão, *Bravo*, lançou sua série Legends com uma edição especial dedicada inteiramente a Michael Jackson. No mesmo mês, a Hot Toys anunciou um acordo para um boneco Michael Jackson que seria lançado no Japão durante a temporada seguinte de Natal. Quatro semanas depois, a mesma empresa agendou o lançamento internacional de uma linha Cosbaby Michael Jackson, sete

Michael Jackson no palco nos primeiros anos do Jackson 5. Nascia uma estrela, principalmente depois que Berry Gordy "esquentou os motores" da Motown. (Mirrorpix)

Esses garotos não seriam tão populares se não tivessem um maldito anão como vocalista! Jackson 5, por volta de 1966, numa foto publicitária dos seus dias de "chitlin' circuit". No sentido horário, a partir da esquerda: Tito, Jackie e Jermaine em cima, Marlon no centro e Michael embaixo, ajoelhado. (Gilles Petard/ Redferns)

1971: A família Jackson se mudou para a casa de Hayvenhurst, em Los Angeles, e Michael estampou a capa da *Rolling Stone* pela primeira vez (a foto não era esta). Ele já tinha sido instruído sobre os macetes do showbiz e, aos treze anos, insistia em dizer que era dois anos mais novo. (© Henry Diltz/ Corbis)

The Jacksons, impedidos de usar o nome Jackson 5 depois de saírem da Motown, em foto de fevereiro de 1971, em Nova York. Jermaine, que brigou com os irmãos após a saída da Motown, foi substituído por Randy, de quinze anos. Mais tarde, naquele mesmo ano, Michael voltou a Nova York para as gravações de *O mágico inesquecível* — experimentando pela primeira vez a sensação de independência. (© Bob Gruen/ www.bobgruen.com)

Michael escoltado pelos pais na premiação do Globo de Ouro, em fevereiro de 1973 — ano em que levou o prêmio de melhor canção por "Ben". Dois meses depois Katherine tentaria, sem sucesso, pedir o divórcio de Joe. (© Phil Roach/ IPOL/ Globe Photos Inc.)

Culpa do boogie: The Jacksons na época de *Destiny*, o primeiro disco lançado pelo novo selo. A turnê mundial de 1979 os levou a nove países, em quatro continentes. (Gijsbert Hanekroot/ Redferns)

Amigo de Stevie Wonder desde os tempos da Motown, Michael fez diversas participações em suas músicas. Na foto, Michael e seus irmãos estão no estúdio fazendo coro para "You Haven't Done Nothing", de Stevie, em 1974. (Todd Gray)

A vida em Nova York deu certa liberdade a Michael, que acabou se tornando um cliente assíduo do Studio 54. Aqui, aparece ao lado de Woody Allen, em abril de 1977. (Russell Turiak/ Liaison)

Michael dançando com Tatum O'Neal numa festa em Los Angeles, em 1978, comemorando os discos de ouro dos Jacksons. (Brad Elterman/ BuzzFoto/ FilmMagic)

Michael em Nova York, 1977. O protagonista do grupo entra em crise quando sua pele, arruinada pela puberdade, se torna motivo de gozação para os irmãos e o pai. (© Bob Gruen/ www.bobgruen.com)

Sozinho no palco, mas diante de uma enorme plateia, Michael conseguia deixar de lado sua introversão. (Epic Records/ cortesia de Neal Peters Collection)

A paixão pelo cinema e o desejo de interpretar acompanharam Michael por toda a vida — assim como seu amor pelas fantasias, fossem elas vestimentas ou disfarces. À esquerda, ele aparece como Charlie Chaplin em Londres, em 1979. (Tony Prime/ WpN)

A fantasia de Espantalho em O mágico inesquecível (à direita), além de disfarçar as imperfeições da pele de Michael, inaugurou o sonho — cultuado por toda a vida — de atuar no cinema. (Richard Corkery/ NY Daily News Archive/ Getty Images)

Michael com Andy Warhol em 1981, com quem fizera amizade quatro anos antes, durante a estada em Nova York para a gravação de *O mágico inesquecível*. Os dois gostavam de assistir aos shows no Studio 54, mas não se envolviam diretamente nos agitos da discoteca. (© Lynn Goldsmith/ Corbis)

Nós queremos Michael! O sucesso de *Off the Wall* o transformou na estrela incontestável dos Jackson. Na turnê Triumph, Michael passou a adotar a aparência característica que chegaria ao auge em *Thriller* (adereços imitando diamantes, cabelos longos e encaracolados). Também nessa época fez sua primeira rinoplastia. (© Lynn Goldsmith/ Corbis)

Michael e Diana Ross num especial da cantora na TV, em 1981. Primeira-dama da Motown, Diana foi a apresentadora do show de estreia do Jackson 5 em Los Angeles. Além disso, foi com ela que Michael aprendeu a se comportar como um astro. (Rex USA)

Liza Minnelli foi outra amiga do Studio 54 com quem Michael manteve uma ligação duradoura. Liza foi sua companhia na área VIP do clube e, mais tarde, na lendária festa do Oscar de Swifty Lazar. (Ron Galella/ WireImage)

Como uma luva: em 1984, Michael conheceu a atriz Brooke Shields, que também sofreu com o estrelato na infância. Os dois se deram muito bem: ela se tornou uma boa amiga, além de ser companhia constante em aparições públicas. Paixão? Não chegou a tanto. (© Sonia Moskowitz/ Globe Photos/ zumapress.com)

Michael, com a jaqueta usada no clipe de "Beat It", ao lado da irmã La Toya, na época em que demonstrava seu afeto no clipe "Say Say Say". (Time & Life Pictures/ Getty Images)

Dá uma de amigo e depois "puxa o tapete": Michael com Paul McCartney em 1983. Eles compuseram e gravaram músicas em parceria e compartilhavam o interesse por desenhos animados, mas a amizade desandou quando Jackson comprou o catálogo dos Beatles. (© Bettmann/ Corbis)

Quando comprou do pai a maior parte da propriedade de Hayvenhurst, a casa da família, Michael a reformou — na verdade, demoliu e reconstruiu a residência —, montando lá o seu zoológico, que incluía esses veadinhos, Prince e Princess. (Todd Gray)

Michael, em 30 de novembro de 1983, com os irmãos e Don King durante uma entrevista à imprensa sobre a turnê Victory. Michael tinha feito amizade recentemente com Emmanuel Lewis (também na foto), o astro de doze anos de idade que atuava no seriado *Webster*. Três dias depois, foi lançado o clipe de "Thriller". (© Bettmann/ Corbis)

Quincy Jones, produtor de *Thriller*, ao lado de Michael, com as mãos cheias de troféus Grammy em fevereiro de 1984, um mês depois de se queimar nas gravações de um comercial para a Pepsi. (AP Photo/ Doug Pizac/ Saxon)

Michael fazendo o "V" da vitória ao chegar a Heathrow acompanhado de seu agente, Frank Dileo. Ele foi literalmente tratado como realeza em Londres, porque, com permissão especial da rainha, usou a entrada real para Guildhall, onde acontecia uma suntuosa festa em sua homenagem. (Mirrorpix)

Com John Branca — advogado de Michael desde 1979 —, no dia do casamento dele, em 1987. Branca intermediou os maiores contratos e ajudou nas decisões mais importantes da carreira de Michael. (AP Photo/ cortesia de John Branca)

As mudanças no rosto

1976

1983

2000

2002

1976 (Michael Ochs Archives/ Getty Images)
1983 (Dave Hogan/ Getty Images)
2000 (Robin Platzer/ Liaison)
2002 (Frazer Harrison/ Getty Images)

de Michael Jackson

1988

1995

2005

2009

1988 (© Rick Maiman/ Sygma/ Corbis)
1995 (Andrew Shawaf/ Online USA)
2005 (Phil Klein-Pool/ Getty Images)
2009 (MJ Kim/ Getty Images)

No Radio City Music Hall em 1992, Michael fez a divulgação da turnê Dangerous com Tommy Mottola, da Sony Music (de barba), e Peter Kendall, da Pepsi. (Ron Galella/ WireImage)

Quando a Sony estava em busca de ideias para a promoção da turnê HISTORY, de 1995, Michael sugeriu: "façam uma estátua de mim". Foram construídas nove estátuas, distribuídas em cidades selecionadas da Europa, inclusive uma flutuando em uma balsa no Tâmisa. "Ousado e vanglorioso", disse o *LA Times*. (Associated Press)

Jackson em manifestação na porta da sede de sua gravadora, Sony, em Nova York, em 6 de julho de 2002, protestando contra falhas na divulgação de *Invincible*, mostrando um cartaz que retratava Tommy Mottola com chifres de demônio. (Mark Mainz/ Getty Images) pequenos figurinos que apresentavam várias encarnações do astro, indo desde a performance "Billie Jean" do *Motown 25* até a persona que ele havia criado para a turnê HISTORY. Tohme também havia insistido para que a Sony pagasse a Jackson 12 milhões de dólares em royalties pelas vendas mundiais do *Thriller 25*. "Eles realmente não têm o direito de manter aquele dinheiro pela manutenção do catálogo, eles têm de entregá-lo", explicou Tohme. "A Sony não estava acostumada a ter alguém representando Michael que fosse tão exigente com eles, que ameaçasse uma auditoria ou um processo. Mas eu não me importava com meu relacionamento com a Sony. Eu não me importava com meu relacionamento com a AEG. Tudo o que me importava era meu relacionamento com Michael Jackson. E ele precisava daquilo." Jackson instruiu seu gerente a manter tudo o que sobrou daqueles 12 milhões, depois dos pagamentos de dívidas, no que ambos chamaram de O Cofre, um fundo que Michael poderia usar para comprar a propriedade de Bolkiah em Spanish Gate quando os shows em Londres terminassem. O novo gerente do artista já havia dito à AEG que uma condição para qualquer acordo que fosse assinado era que determinada soma (eventualmente todos concordaram em 15 milhões de dólares) fosse paga como adiantamento antes que Jackson começasse a apresentar os shows, de forma que ele pudesse ter certeza de que voltaria aos Estados Unidos com dinheiro suficiente para completar o trabalho na mansão em Las Vegas abandonada por Bolkiah.

Àquela altura Tohme já tinha entendido que a promessa que mais motivava Michael era a de um novo lar para substituir Neverland. "Ele falava disso o tempo todo, mais do que de seu retorno ou de qualquer outra coisa", lembra Tohme. "Era sua meta, sua recompensa, e ele estava determinado a conquistá-la." No começo do outono de 2008, Michael disse a Tohme que entre aquele período e o término dos shows em Londres ele queria que cada centavo recebido pelo acordo com a AEG fosse para O Cofre, junto com os royalties do *Thriller 25*. "Ele me pediu para manter aquilo em segredo", lembra Tohme. "Não queria que ninguém soubesse ou tocasse no fundo. Ele mesmo não queria tocar no dinheiro. E, especialmente, não queria que sua família tocasse no dinheiro. Michael me fez prometer que sua família nunca ficaria sabendo da existência do dinheiro vindo do *Thriller 25*. Ele não queria nenhum contato com os membros de sua família. Estávamos mudando seu número de telefone a cada duas semanas para que nenhum deles conseguisse entrar em contato. Michael disse que eles podiam ter meu número, para que pudessem entrar em contato com ele através de mim. E ele foi muito gentil. Disse: 'Ajude quem precisar'. Quando um de seus irmãos ligava e precisava de dinheiro, ele dizia: 'Dê o dinheiro'. E sempre era generoso com a mãe. Ele amava a mãe, ela era o único membro da família em quem Michael confiava. Mas nem ela podia ter seu telefone, pois Michael disse que os outros a usariam para conseguir coisas dele."

Mas os boatos sobre Michael já estavam chegando aos ouvidos de seus familiares, e no final de outubro Tohme sentiu-se obrigado a emitir uma declaração de Michael sobre o boato segundo o qual ele estava prestes a embarcar com os irmãos numa turnê de reencontro dos Jackson 5: "Meus irmãos e irmãs têm meu total amor e apoio, e nós certamente compartilhamos muitas experiências incríveis, mas nesse momento eu não tenho nenhum plano de gravar ou fazer uma turnê com eles. Agora estou no estúdio desenvolvendo projetos novos e interessantes que estou ansioso para compartilhar com meus fãs em shows, em breve".

Em novembro as negociações sobre a O2 Arena já estavam progredindo com rapidez, recorda Randy Phillips, e Michael parecia mais entusiasmado a cada semana pela perspectiva de ressuscitar sua carreira. Durante uma reunião com Michael no hotel Bel-Air, Phillips lembra: "Eu perguntei, sem rodeios: 'Por que aceitar a turnê agora? É pelo dinheiro?'". Michael respondeu que resolver suas finanças era uma parte, mas que a maior razão era que os filhos já tinham idade suficiente para vê-lo se apresentando e entender por que as pessoas o perseguiam nas ruas. E ele queria que as pessoas voltassem a falar sobre seu trabalho, em vez de ficar discutindo seu "estilo de vida". Naquela reunião, Phillips sentiu pela primeira vez que Michael Jackson ainda nutria grandes ambições. Ele descreveu os filmes que queria produzir, falou sobre o álbum de retorno que lançariam em sincronia com os shows na O2 Arena, disse que queria muito se estabelecer de novo, encontrar uma nova casa, algum lugar que gostasse o suficiente para sair de Neverland.

Ainda assim, todas as pessoas envolvidas na elaboração dos detalhes do contrato para os shows em Londres sabiam que estavam pisando em ovos. "Todos diziam duas coisas sobre ele", Tom Barrack diria à revista *Fortune*. "Primeiro, que se Michael Jackson voltasse isso seria o maior acontecimento na história da música. E, segundo, que isso nunca aconteceria."

"As pessoas me disseram que eu estava maluco, que eu ia quebrar a cara", Randy Phillips admitiu à *Rolling Stone*. "Mas eu acreditava nele. Quantas vezes em sua carreira você tem a chance de ter contato com a verdadeira grandeza?"

288

PARTE QUATRO

SUL

16.

Os funcionários da livraria de arte e arquitetura Hennessey + Ingalls, de Santa Monica, não ficaram surpresos quando descobriram em primeira mão, no outono de 2008, que Michael Jackson tinha voltado a Los Angeles. Para os outros moradores da cidade, no entanto, a curiosidade intelectual de Jackson sempre foi sua qualidade menos apreciada. Ele tinha mais de 10 mil livros em Neverland, e havia lido a maioria. Os proprietários das livrarias Book Soup, na Sunset Boulevard, e da Dutton's, em Brentwood, vendiam caixas de livros para o artista havia anos. Michael era um cliente discreto que passava bastante tempo na seção de poesia, mas tinha um carinho especial pela abrangente filosofia de Ralph Waldo Emerson e dos transcendentalistas do século XIX. Era extremamente versado nos trabalhos dos grandes psicanalistas Sigmund Freud e Carl Jung, cujo trabalho Michael era capaz de discutir com uma sofisticação que surpreendia seus conhecidos no decorrer dos anos.

Muitas pessoas na mídia divertiam-se com as descrições da infame *Última ceia* pendurada na cabeceira de Jackson em Neverland, um retrato dele sentado no centro de uma mesa comprida, flanqueado por Walt Disney de um lado e Albert Einstein do outro, com Thomas Edison, Charlie Chaplin, Elvis Presley, John F. Kennedy, Abraham Lincoln e Little Richard ocupando os lugares restantes. Muito pouca gente sabia que Michael tinha estudado as biografias de cada um desses "heróis inspiradores" e era capaz de contar suas histórias de vida com detalhes riquíssimos. Ele sentia uma fascinação de longa data por celebridades que morreram jovens, e desde meados dos anos 1980 Michael manifestava imensa surpresa por ter sido "sempre a mesma história" — referindo-se a sexo e drogas — que levou a vida daqueles famosos a fins prematuros e trágicos.

Os múltiplos esforços de Michael para aprender e crescer mesmo em meio às circunstâncias mais caóticas comoveram e confundiram muitas pessoas que entraram em sua vida. Michael bombardeava de perguntas qualquer um que afirmasse ter um conhecimento profundo sobre alguma área de conhecimento. Ele estudou a medicina com afinco e, com a ajuda de Arnold Klein e outros médicos, Jackson conseguiu assistir a diversas cirurgias no Centro Médico da Universidade da Califórnia. Jackson e Marlon Brando, outro onívoro, passaram boa parte do tempo em que estiveram juntos discutindo os conceitos científicos e as tecnologias que ambos estudavam. Deepak Chopra, que se encontrou com Michael pela primeira vez nos bastidores da turnê Bad em Bucareste, recorda: "Ele era cercado por multidões em aeroportos, fazia uma apresentação exaustiva por três horas, e quando eu ia encontrá-lo nos bastidores, ele estava tomando uma garrafa de água e lendo um pouco de poesia sufista".

Fazia dez anos que Gregory Peck conhecia Michael quando, uma tarde, Jackson telefonou para ele e perguntou se o ator podia visitá-lo. Peck ficou chocado ao ver que Michael tinha decorado cada linha de diálogo do livro *O sol é para todos*, e o artista fez perguntas pertinentes e profundas sobre o filme. A amizade que se desenvolveu a partir desse encontro foi tão duradoura quanto surpreendente. Jackson e Peck (que tinha comprado uma fazenda de gado ao norte do condado de Santa Barbara no final dos anos 1950, na época em que trabalhou no filme *Estigma da crueldade*) cavalgavam juntos com frequência no rancho Neverland e conversavam por horas. Michael era uma das poucas pessoas com quem Peck falaria sobre o suicídio de seu filho mais velho, Jonathan, em 1975, e o primeiro "Blanket" que Michael conheceu foi o cachorro de Peck. Em dezembro de 2002, quando Michael ergueu seu próprio Blanket na varanda do hotel Adlon, em Berlim, e se tornou um pária internacional, Gregory Peck e sua esposa, Veronique, escreveram uma "carta aberta de apoio" que foi postada no site de Jackson.

Quando Gregory Peck morreu dormindo aos 87 anos, em junho de 2003, Jackson fez um pequeno escândalo ao chegar vinte minutos atrasado (vestindo uma jaqueta vermelha brilhante) ao funeral do ator na catedral de Nossa Senhora dos Anjos. O que as muitas pessoas que o repreenderam por tentar roubar a atenção da estrela mais amada de Hollywood não sabiam era que Michael tinha ido à casa da família Peck, em Bel Air, um dia depois da morte de Greg, para ajudar a viúva a planejar o funeral.

Veronique Peck, ainda elegante aos setenta anos de idade, estava de braços dados com Michael na noite de 19 de outubro de 2008, quando ele apareceu em público para anunciar sua volta a Los Angeles. A ocasião foi uma festa do Dia das Bruxas organizada pela cantora principal das Dixie Chicks, Natalie Maines, e seu marido, o ator Adrian Pasdar. Acreditando tratar-se de um imitador, o DJ da festa começou a tocar "Thriller" quando Michael entrou na imensa sala. Várias pessoas se aproximaram para dizer que aquela era de longe a melhor fantasia de Michael Jackson que já tinham visto, percebendo tarde demais que aquele *era* Michael Jackson. Posteriormente, Maines diria a Howard Stern, que estava em estado de choque, que o filho mais velho de Michael era, possivelmente, a criança mais "bem ajustada" e "confiante" que ela já tinha visto. Ela não foi tão elogiosa em relação ao pai do garoto, que não só não a cumprimentou ao chegar na casa dela, como também permitiu que seus guarda-costas a mantivessem longe quando ela tentou cumprimentá-lo. "Acho que talvez ele esteja preso no tempo como uma criança", ela disse a Stern. "Eu senti que ele é uma criança. Havia muita gente cuidando dele."

Michael não foi de máscara à festa de Maines, mas três semanas antes ele havia sido fotografado de máscara com os filhos, saindo de uma loja de quadrinhos na Melrose Avenue, e as crianças estavam usando fantasias de personagens de Hollywood. A matéria que acompanhava a fotografia no *Daily Mail* londrino (que ainda tinha interesse por cada aparição de Wacko Jacko) descreveu o artista como "mais assustador do que nunca, com uma máscara cirúrgica, óculos escuros gigantescos e um moletom com capuz".

Tohme ficou furioso: "Eu o avisei: 'Nada de máscara, Michael, nunca mais, por favor. Lembre-se de quem você é'".

Mas o novato estava aprendendo rapidamente que o fato de ser Michael Jackson implicaria a necessidade de lidar com uma tormenta incessante de relatos falsos, alegações escandalosas e boatos rancorosos, independente do astro usar ou não máscaras cirúrgicas. Em Las Vegas, o colunista Norm Clarke acabara de publicar um texto alegando que Jackson havia recusado a oportunidade de se apresentar na abertura da nova Encore Tower de Steve Wynn, que havia custado 2,2 bilhões de dólares, "e todos pensaram que foi porque Michael estava doente ou drogado", recorda Tohme. Os boatos de que Jackson estava muito doente haviam sido alimentados por uma declaração de Ian Halperin no *Sun* britânico, cuja matéria afirmava que "fontes" o haviam informado que a saúde decadente do astro o deixara quase cego de um olho e precisando de um transplante de pulmão que "talvez ele estivesse fragilizado demais para fazer". A história absurda ganhou corpo com tanta rapidez que Tohme foi forçado a conceder uma entrevista ao *New York Daily News*, na qual ele declarou que era tudo "uma invenção completa". Poucos meses antes, o *Wall Street Journal* tinha publicado um artigo afirmando que Jackson estava "escondido" no "complexo rural em Nevada" de Pahrump, uma pequena comunidade empoeirada criada pelo censo na beira do deserto de Mojave, que era mais conhecida por seus bordéis baratos. "Michael nunca chegou perto daquele lugar", disse um Tohme perplexo. "E esse é o *Wall Street Journal*." O surgimento da história de Pahrump coincidiu com o ressurgimento de Jack Wishna, que fez o papel de pretendente rejeitado ao contar para o *National Enquirer* que relatos sobre Michael Jackson estar prestes a fazer uma série de shows de retorno nos hotéis de Tom Barrack não passavam de pensamento positivo. "Infelizmente, Michael é incapaz de manter promessas, porque ele não tem vontade nem de sair, muito menos de entrar em forma para uma apresentação de nível internacional", disse Wishna ao *Enquirer*. "Pode ser que ele apareça para acenar aos convidados, ou para dançar em cima de uma limusine, mas um show inteiro? Temo que esse sonho nunca venha a se realizar."

A única coisa boa de todas as histórias que nasciam em Nevada foi que elas deixaram Michael cada vez mais satisfeito por permanecer no sul da Califórnia, disse Tohme. Em meados de novembro, Jackson dizia a seu empresário que queria começar a ver casas em Bel Air. Tohme ficou maravilhado, até descobrir que a primeira casa que chamou a atenção de seu cliente era a mais cara de Los Angeles, uma propriedade luxuosa que tinha acabado de ser construída no topo da rua mais exclusiva de Bel Air, a Nimes Road, pelo ex-proprietário da rede de hotéis Ritz-Carlton, Mohamed Hadid. Hadid chamava sua mansão de Le Belvedere, um palácio de 4460 metros quadrados que oferecia ângulos de visão de 280 graus, protegido por um muro de trezentos metros de comprimento e doze de altura, feito de pedras importadas de Jerusalém. O terreno de quase um hectare era de tirar o fôlego, com plantas de tipos variados que cercavam um "lago dos cisnes" e com uma piscina de borda infinita, todo cercado pelo plano de fundo majestoso da propriedade. Entre as várias comodidades do interior da casa, o que Michael mais gostou foi do *home theater* com sessenta lugares construído no estilo de um teatro de ópera. Hadid tinha acabado de colocar a casa à venda por 85 milhões de dólares, e Michael estava tentando convencer tanto o dono como seu empresário de que ele podia pagar aquele preço. "Eu disse: 'Michael, é muito. Não vale a pena'", lembra Tohme. Hadid recusou quando Tohme perguntou se era possível alugar Le Belvedere, mas disse que permitiria que Jackson passasse a noite na casa com os filhos "para que pudesse sentir o lugar". Ficou combinado que Hadid e o filho sairiam da propriedade na manhã do dia de Ação de Graças e passariam o restante do dia em Santa Barbara. Tohme e a esposa prepararam um banquete e em seguida o levaram, com seus próprios filhos, Michael e os filhos dele, para Le Belvedere, onde todos jantaram juntos. "Nós ficamos até tarde, e depois deixamos Michael e seus filhos e voltamos para casa", lembra Tohme. "Na manhã seguinte, eu fui buscar Michael e as crianças e os levei de volta para o hotel Bel-Air. No caminho, Michael disse que não queria a casa de Hadid. Disse que tinha ouvido alguma voz ruim ali. Michael era um sujeito muito espiritual, e isso orientava suas decisões."

Nos dias seguintes, Tohme convenceu Michael de que alugar uma casa era o melhor a fazer, pelo menos até que eles voltassem de Londres depois dos shows na O2 Arena. Com a ajuda de uma amiga corretora imobiliária chamada Joyce Essex, Tohme encontrou uma propriedade na Carolwood Drive, em Holmby Hills, uma região que — com Beverly Hills de um lado e Bel Air do outro — formava o lendário Triângulo de Platina. A mansão de três andares em estilo francês, com 1595 metros quadrados, pertencia ao sócio sênior da Christian Audigier, Hubert Guez. Projetada por Richard Landry, o maior arquiteto de Los Angeles para os ultrarricos, a casa ocupava um terreno de meio hectare, cercado por muros e portões, com uma piscina de piso de ardósia de tirar o fôlego. O prédio contava com sete quartos, treze banheiros, doze lareiras, uma cozinha gourmet, uma adega, um cinema e salas de estar, uma escadaria curvada imensa e uma estante com painéis de madeira que Michael adorou no instante em que viu. Ele também gostou de saber que a casa tinha sido o lar de Sean Connery em Los Angeles — Sir Sean Connery. Antes de ser tirada do mercado, a propriedade havia sido anunciada com um preço de 38 milhões de dólares. Claro que muitos tiraram sarro quando Tohme Tohme disse que Michael havia se mudado para a mansão Carolwood, alugada a 100 mil dólares por mês, "para poupar dinheiro". Mas aquilo era *mesmo* mais barato do que viver em tempo integral no hotel Bel-Air. E, de qualquer forma, a AEG estava pagando a conta, embora Michael tendesse a esquecer que o custo estava sendo descontado de seus lucros futuros. A mansão era, na verdade, uma propriedade um tanto modesta para a vizinhança específica na qual ela se encontrava, que abrigava a mansão Playboy de Hugh Hefner e o palácio de 5295 metros quadrados e 123 cômodos que o produtor de televisão Aaron Spelling tinha construído depois de demolir a adorável antiga casa de Bing Crosby na South Mapleton Drive.

A maior parte das pessoas que conhecia Michael se perguntou se a mudança para Holmby Hills era uma quebra com o passado ou uma volta a ele. Muitos elementos da vida pessoal do artista estavam por perto. A casa de Gregory Peck e a mansão de Berry Gordy ficavam na colina do outro lado da Beverly Glen Drive. A casa na qual a ex-esposa de Jackson, Lisa Marie Presley, havia crescido estava bem na esquina da Monovale Drive. A propriedade Hayvenhurst, onde Michael morou por ainda mais tempo do que Neverland, estava a dez minutos de carro de Carolwood, sem muito trânsito. E a mansão de Guez ficava ainda mais perto do cruzamento onde o Jeep que Michael dirigia num dia de maio de 1992 quebrou, na Wilshire com a Lindley, em Beverly Hills, um ponto que, para Jackson, carregava mais más lembranças e energias sombrias do que qualquer outro lugar no planeta. Foi naquele lugar, verdade seja dita, que ele chegou ao começo do fim.

Deve ter sido uma cena impressionante aquela de um Michael Jackson com 33 anos de idade, usando um turbante preto com véu e óculos escuros grandes, chutando, numa tarde ensolarada, os pneus de seu Jeep quebrado na faixa direita da Wilshire Boulevard. A coisa deve ter *soado* muito estranha para Mel Green, que recebeu uma ligação de sua esposa dizendo quem ela tinha acabado de ver preso no trânsito. Sentindo uma oportunidade, Green correu para o resgate, e então ligou para Dave Schwartz, seu chefe na Rent-A-Wreck, uma agência de aluguel de carros localizada a cerca de 1,5 quilômetro de distância, na parte oeste de Los Angeles. Ele chegaria em minutos, acompanhado por um convidado muito especial, Green disse a Schwartz. "Você tem certeza de que ele não é um impostor?", o chefe perguntou. Green parecia bem confiante, então Schwartz ligou para sua esposa, June, e disse a ela para ir à loja com a filha do casal, Lily, de seis anos, e o filho de June de um casamento anterior, Jordan Chandler, de doze anos.

Jordie era um garoto lindo (um fato que seria usado contra Jackson no futuro) de pele cor de caramelo, olhos escuros, dentes brancos perfeitos e traços impecáveis. June Chandler Schwartz, cujo nome de solteira era June Wong, era uma euro-asiática exótica com um leve toque de sangue africano, lábios grossos e cabelos pretos lustrosos. No Rent-A-Wrek, ela disse a Michael que ele era um grande ídolo de Jordie e que o garoto tinha enviado um desenho para ele em 1984, depois que seu cabelo pegou fogo nas filmagens daquele comercial da Pepsi. Em seguida ela passou um cartão de visitas para Michael, no qual havia escrito o telefone da casa da família.

Nas semanas seguintes, Michael começou a telefonar para Jordie, como ele havia feito com muitos outros garotos no decorrer dos anos, e os dois tornaram-se amigos por telefone. De acordo com June, Jackson convidou seu filho para visitá-lo em seu apartamento em Westwood — "O Esconderijo" —, mas ela não pôde levá-lo. Michael partiu numa turnê de divulgação de três meses pouco tempo depois (acompanhado por dois outros garotos, um australiano de onze anos chamado Brett Barnes e um garoto de nove anos, o príncipe Albert von Thurn und Taxis da Bavária), mas ainda assim encontrou tempo para telefonar regularmente para Jordan Chandler. De acordo com Jordie, Michael descreveu as maravilhas de Neverland, "um lugar onde garotos têm direitos", e prometeu convidá-lo em breve para conhecer o rancho. A promessa foi mantida quando Michael voltou da turnê: June, Jordie e sua meia-irmã, Lily, foram a Neverland várias vezes entre o final de 1992 e o começo de 1993. Na primeira visita da família, Jordie e Lily foram bajulados com uma maratona noturna de compras na Toys "R" Us, na qual as crianças empilharam em seus carrinhos mais de 10 mil dólares em mercadorias. Segundo Jordie, na noite seguinte ele e Michael passearam juntos na roda-gigante de Neverland, que parou quando a gôndola que eles ocupavam estava no topo.

"Você sabe quanto tempo eu passo sozinho aqui em cima?", Michael perguntou ao garoto, indicando o mar de luzes abaixo dos dois com um gesto dos braços. "Eu tenho tudo isso, mas não tenho nada."

"Você tem a nós agora", respondeu Jordie, e passou seu braço pelo ombro de Michael.

"Minha nova familiazinha", disse Michael, e sorriu, de acordo com o relato do garoto.

Michael convidou Jordie, June e Lily para voltarem a Neverland no fim de semana seguinte, e na sexta-feira à tarde buscou os três em Los Angeles de limusine. Jordie disse que, ao subir no veículo, encontrou Brett Barnes sentado no colo de Michael. Michael falou principalmente com Brett durante a viagem, de acordo com Jordie e sua mãe, e quando chegaram a Neverland ele instruiu sua equipe a levar as coisas do garoto australiano para o seu quarto. Jordie, assim como a mãe e a meia-irmã, dormiram num quarto de hóspedes. Quando Michael convidou a família para se juntar a ele numa viagem para Las Vegas, no entanto, tudo mudou, segundo Jordie e sua mãe. Ele e Michael assistiram a *O Exorcista* juntos, disse Jordie, e ele ficou com tanto medo que buscou proteção na cama de Michael naquela noite. "Não houve nenhum contato físico" naquela ocasião, de acordo com a declaração sob juramento de Jordie, mas sua mãe ficou incomodada quando viu que o garoto não tinha dormido em sua própria cama. Quando perguntou ao filho sobre o que aconteceu, ela o alertou para "nunca fazer isso de novo".

Jordie contou a Michael o que sua mãe tinha dito, e, de acordo com June, Jackson foi falar com ela com uma expressão injuriada: "Como você pode pensar que eu machucaria Jordie?", ele perguntou. Na conversa que se seguiu, June alegaria depois, Michael explicou sua teoria segundo a qual as crianças eram sexualmente inocentes e permaneciam assim até serem "condicionadas" por adultos para desenvolver pensamentos lascivos. O que ele queria para Jordie, disse Michael, era que o garoto permanecesse "puro", livre da contaminação com a qual a sociedade adulta tentaria arruiná-lo. No dia seguinte, Michael presenteou June com um bracelete de rubis e diamantes da Cartier no valor de 12 mil dólares. "Não é nada", Michael disse, de acordo com June. "É só que eu te amo."

Depois daquilo, Jordie e Michael dormiram na mesma cama todas as noites que passaram juntos. O próprio Michael era tão inocente quanto uma criança pequena, June disse ao marido e aos amigos: "Eu realmente não acho que ele tenha nem sequer um osso maligno no corpo". Seu ex-marido e pai de Jordie, Evan Chandler, expressou dúvidas, mas pareceu rapidamente conquistado pela personalidade doce e pela extrema generosidade de Michael.

Evan, no entanto, era um homem de motivações complexas. Ele tinha nascido no Bronx, em 1944, com o nome de Evan Robert Charmatz, e, por senso de dever, embora infeliz, seguiu o pai e os irmãos no ramo da odontologia, abrindo uma clínica em West Palm Beach, na Flórida, em 1973. Nos anos seguintes, ele mudou seu último nome para Chandler (ele achava que Charmatz tinha uma sonoridade muito "judaica"), casou-se com June Wong, que ele costumava apresentar como sendo uma "ex-modelo", e se mudou para Los Angeles, onde tinha esperanças de fazer carreira como roteirista.

Nesse meio-tempo, Chandler sustentou a família trabalhando no Centro Odontológico Crenshaw Family, uma clínica que atendia pacientes de baixa renda na periferia da região South Central de Los Angeles. Ele teve problemas com o Conselho Odontológico da Califórnia, em dezembro de 1978, por realizar um trabalho de restauração em dezesseis dentes de um único paciente em apenas uma consulta. Uma investigação do trabalho resultou num julgamento de que Chandler era culpado de "imensa ignorância e/ ou ineficiência" e numa determinação de que sua licença fosse cassada. Depois de um apelo, a cassação da licença foi reduzida para uma suspensão de noventa dias, além de trinta meses de condicional.

Chandler lidou com a suspensão mudando-se de volta para Nova York a fim de escrever um roteiro, mas não conseguiu vendê-lo. Em 1980, ano em que Jordie nasceu, a família tinha voltado para Los Angeles, onde Evan trabalhou numa série de centros odontológicos e reclamou que cada um deles o deixava mais infeliz do que o anterior. Nos anos seguintes, seu casamento deteriorou, em grande parte porque, segundo June, Evan não conseguia controlar seu temperamento violento. Depois de o casal se divorciar em 1985, June Chandler recebeu a custódia integral do filho e uma pensão alimentícia de quinhentos dólares por mês.

Em 1990, os pais de Jordie já haviam se casado novamente, June com Dave Schwartz, o pai de Lily, e Evan com uma advogada corporativa chamada Nathalie, com quem teve dois filhos. Naquela época, Evan tinha conseguido estabelecer um consultório de odontologia bem-sucedido em Beverly Hills, mas em 1991 ele se viu novamente com problemas devido a denúncias de falta de cuidado e incompetência. Uma modelo que o contratou para um serviço de restauração sofreu danos profundos nos dentes, e processou-o por negligência. Chandler alegou que a mulher havia assinado um formulário de consentimento, aceitando os riscos envolvidos no procedimento, mas ele foi incapaz de apresentar o formulário quando intimado, dizendo ao juiz que o documento havia sido roubado do porta-malas de sua Jaguar. O processo acabou sendo resolvido por acordo.

Em 1993, na mesma época em que seu filho Jordie conheceu Michael Jackson, Evan finalmente conseguiu um pouco de sucesso em Hollywood, quando um de seus roteiros foi reescrito por Mel Brooks e transformado no filme *A louca! louca história de Robin Hood*. Mas isso não resultou numa carreira lucrativa como roteirista, e Evan começou a atrasar os pagamentos de pensão alimentícia. Sua dívida com June chegou perto dos 70 mil dólares, com juros. June alegaria que o ex-marido havia sido um pai ausente para Jordie, que raramente passava tempo com o filho antes de Michael Jackson aparecer. O irmão de Evan, Raymond, discordou. Evan tentou ser um bom pai, insistiu Ray, e antes de Michael Jackson entrar em suas vidas "todo mundo se dava bem e as crianças brincavam juntas, mesmo com o divórcio".

Há relatos conflitantes sobre o que aconteceu depois que Evan e Michael se conheceram. A versão de Michael — ou ao menos a versão de seus representantes — foi exposta com bastante clareza num artigo para a revista *GQ* escrito pela jornalista Mary A. Fischer, em colaboração próxima com Anthony Pellicano, o detetive particular que estava trabalhando para o advogado de Jackson, Bert Fields, e lidando com a maior parte dos primeiros contatos com a família Chandler. O irmão de Evan, Raymond (que também mudaria seu nome de Charmatz para Chandler), chamou Fischer de "pateta", e Pellicano de "bandido", alegando que os dois estavam em conluio para "distorcer a imagem" do comportamento de Evan e de Michael. Nas entrevistas com a polícia e nos depoimentos no tribunal, June Wong Chandler Schwartz apresentou ainda outra versão da história, que não concordava em vários pontos tanto com o relato de Evan Chandler como com o de Michael Jackson. O que o próprio Jordie Chandler disse que aconteceu acabaria sendo exposto por entrevistas com psiquiatras e policiais.

O que ninguém questionou foi que, no começo do relacionamento entre Michael e Jordie, Evan passou a convidar ambos para passarem um tempo com ele em sua casa, em Brentwood. "Eles ficavam juntos, falavam sobre filmes, sobre escrever roteiros juntos, sobre compor músicas juntos", disse Ray Chandler. "Evan admitiu rapidamente que caiu no feitiço de Michael. Ele achava que Michael era um sujeito muito inteligente, culto e preparado. Ele gostava de Michael, estava entusiasmado com Michael, e realmente achava que ele e Michael fariam grandes trabalhos juntos e seriam amigos para sempre." De acordo com o relato Fischer/ Pellicano, Evan sugeriu ideias para roteiros para Michael e que o artista poderia pagá-lo construindo um novo espaço na casa, um espaço que daria mais privacidade a todos. Restrições de zoneamento impediram esse plano, e Fischer e Pellicano disseram que Evan sugeriu então a Jackson simplesmente construir uma casa nova e maior para ele. Michael, Pellicano disse a Fischer, ignorou aquela ideia. Ray Chandler, no entanto, disse que foi Michael quem sugeriu construir uma nova ala na casa, ou uma nova casa inteira, para que todos pudessem viver juntos.

O que se sabe com certeza é que, em junho de 1993, Michael levou Jordie e June para o World Music Awards, em Mônaco, de avião. Fotografias da mulher adorável e do belo garoto, sentados com Jackson na cerimônia, foram publicadas no mundo inteiro em meio a muita especulação de que June talvez fosse a nova namorada de Michael e Jordie, seu futuro enteado. "A nova família adotada de Michael", dizia a manchete do *National Enquirer*. "Evan começou a ficar com inveja do relacionamento entre eles, e sentiu-se excluído", o ex-advogado de June, Michael Freeman, diria a Fischer.

Evan convidou Michael para passar cinco dias em sua casa, e permitiu que ele dormisse no mesmo quarto que Jordie e seu meio-irmão de cinco anos, Nikki. Foi durante essa estadia, Evan diria posteriormente, que ele começou a desenvolver suspeitas sobre o possível mau comportamento sexual de Jackson. Ele nunca viu Jordie nem Michael sem roupas, Chandler admitiria, mas entrou no quarto um dia e viu os dois dormindo de conchinha na cama, com a mão de Michael perto da virilha de Jordie. Evan ligou para seu irmão e contou o que tinha visto, e na mesma conversa ele disse a Ray que June pretendia levar Jordie com ela na turnê Dangerous de Michael.

No final de junho de 1993, Evan Chandler estava mais inconstante, falando cada vez mais de suas "preocupações". De acordo com Evan, ele finalmente confrontou Michael, dizendo: "Você e Jordie estão fazendo sexo, não estão? Seja homem e admita, porra". Evan reconheceu que ficou impressionado como Michael conseguiu manter a compostura, replicando com calma que "isso é absurdo. Nunca aconteceu". Michael imediatamente cortou todos os vínculos com o homem.

No começo de julho, Evan estava deixando claro que pretendia disputar a custódia de June sobre Jordie. Ele discutiu "a situação" num telefonema com Dave Schwartz, gravada pelo novo marido de sua ex-mulher. A única transcrição disponibilizada para o público daquela conversa foi cópia que Anthony Pellicano forneceu para Mary A. Fischer, e a gravação coloca Evan Chandler numa posição bem desagradável.

A transcrição Pellicano/Fischer mostra o pai de Jordie começando a conversa com expressões aparentemente sinceras de preocupação com o filho e de fúria em relação a Jackson e June, que ele descreveu (ao marido atual dela) como "fria e cruel". Ele havia tentado conversar com June sobre suas preocupações, Evan reclamou, mas ela respondeu dizendo-lhe para "ir se foder". O tom de Chandler mudou, no entanto, virando quase um lamento, quando ele alterou o foco da conversa para seu afastamento de Michael Jackson. "Eu tinha uma boa relação com Michael", Chandler disse a Schwartz. "Nós éramos amigos. Eu gostava dele e o respeitava e tudo o mais, por quem ele é. Não havia razão para ele parar de me telefonar. Eu sentei na sala um dia e falei com Michael e disse a ele exatamente o que eu queria dessa relação."

Ele havia "sido instruído" quanto ao que dizer e ao que deixar de dizer quando falasse com Jackson, Chandler disse a Schwartz, e foi por essa razão que ele nunca mencionou questões relativas a dinheiro. Schwartz perguntou o que Michael tinha feito para deixá-lo tão chateado. "Ele separou a família", respondeu Chandler. "Jordie foi seduzido pelo poder e pela grana desse cara." Ambos confessaram seu fracasso em ser pais adequados para Jordie, e então, de repente, Chandler confidenciou que estava se preparando para agir contra Jackson. "Já está preparado", ele disse. "Existem outras pessoas envolvidas que estão esperando meu telefonema, e elas estão em determinadas posições. Eu as paguei para fazê-lo. Tudo está correndo de acordo com um plano que não é só meu. Quando eu der o telefonema, esse cara vai destruir todo mundo da forma mais maligna, sórdida e cruel possível."

Ray Chandler disse que Pellicano, por meio de Fischer, tinha selecionado trechos específicos da gravação para criar uma falsa impressão de que Evan estava falando sobre uma "vitória" que colocaria uma soma imensa em seu bolso. Qualquer pessoa que ouvisse com atenção a gravação inteira, Ray afirmou, reconheceria que Evan estava falando de conseguir a custódia do filho, e não do dinheiro de Michael Jackson.

O que levou muitos a duvidarem da explicação de Ray Chandler foi o fato de Evan ter "sido instruído" por Barry K. Rothman, um advogado do bairro de Century City, em Los Angeles, que seu cliente descreveu a Dave Schwartz como sendo "o filho da puta mais escroto que eu consegui encontrar".

Muitos moradores de Los Angeles diriam que a descrição era demasiado generosa. Rothman havia sido, em outros tempos, um advogado de músicos com algum renome, que negociou contratos para os Rolling Stones, Little Richard e The Who. Discos de ouro e platina decoravam as paredes de seu escritório. Na época ele não era especialista de nenhuma área, e certa vez a ex-mulher de Rothman disse ao seu próprio advogado que Rothman fez tantos inimigos no decorrer dos anos que ela estava impressionada pelo fato de ninguém ter tentado matá-lo. Mas Rothman era astuto e cobriu-se de proteção contra a longa fila de pessoas que o desprezavam, e a fila ainda maior de pessoas que alegavam que ele lhes devia dinheiro. Muitos dos credores eram ex-funcionários. Rothman tinha muitos ex-funcionários, pois a rotatividade em seu escritório era assombrosa. Ele era conhecido por assediar verbalmente as mulheres que contratava e por deixar de pagar seus salários. Rothman tinha adquirido o hábito de contratar temporárias como recepcionistas, e cerca de duas semanas se passavam até que ele as espantasse correndo do escritório, chamando-as de idiotas, enquanto elas fugiam em meio a lágrimas. A mulher que trabalhava para ele como secretária jurídica naquele verão, Geraldine Hughes, descreveria Rothman como "um verdadeiro demônio que veio das profundezas do inferno".

Um detetive envolvido num dos muitos processos apresentados contra Rothman o chamou de "caloteiro profissional". Quando ele atrasou os pagamentos de pensão alimentícia para sua ex-mulher, ela ameaçou apreender seus bens. Quando o advogado dela tentou colocar um penhor na casa de Rothman em Sherman Oaks, depois de um ano sem pagamentos, descobriu-se que a escritura tinha sido transferida para uma empresa de fachada panamenha chamada Tinoa Operations. Segundo Rothman, 200 mil dólares de dinheiro da Tinoa haviam sido roubados de um cofre em sua casa, e ele teve de compensar a perda entregando a escritura da casa. Apenas quando sua posse mais valiosa, uma Rolls-Royce Corniche (com a placa "BKR 1") foi guinchada, Rothman pagou à ex-mulher o que devia.

Documentos de outros casos apresentados no Tribunal Superior de Los Angeles demonstraram que Rothman estava operando por trás de uma rede complexa de contas bancárias estrangeiras e empresas de fachada (entre elas a Tinoa Operations), muitas com o mesmo endereço de um restaurante chinês no Cahuenga Boulevard, em Hollywood. Vinte processos, diversas reclamações à comissão do trabalho e pelo menos três ações disciplinares pela Ordem Estadual da Califórnia haviam sido iniciados contra Rothman, mas em cada ocasião ele dava um jeito de evitar consequências sérias. Um ano antes de Evan Chandler procurá-lo, Rothman havia sido suspenso por um ano pela Ordem dos Advogados por ter ignorado ostensivamente as regras de conflito de interesses num caso de pensão alimentícia e procedimentos de custódia. Rothman conseguiu que a suspensão fosse reduzida para condicional, e imediatamente fez com que sua firma jurídica declarasse falência. Quando os credores exigiram saber como um homem que dirigia uma Rolls-Royce podia alegar não possuir bens, Rothman apresentou papéis mostrando que a posse do carro havia sido transferida para uma subsidiária da Tinoa Operations.

Portanto, assim como Pellicano explicou a Fischer, Evan Chandler reconheceu Rothman imediatamente como o parceiro perfeito em seu esquema para derrubar Michael Jackson. A verdade, rebateria Ray Chandler, era que Rothman havia sido paciente de Evan, que se ofereceu para ajudá-lo — de graça — quando ele se disse preocupado quanto aos planos de June para levar Jordie numa turnê mundial com Michael Jackson.

O que Evan disse sobre Rothman na conversa gravada com Dave Schwartz, no entanto, foi que "tudo o que ele quer fazer é levar isso a público o mais rápido possível, chamando tanta atenção quanto possível, e humilhar o maior número possível de pessoas. Ele é sórdido, mau, muito esperto e está louco por publicidade". Chandler falou como se ainda não tivesse decidido usar Rothman, mas apenas inclinado a fazê-lo: "Se eu seguir em frente com isso, vou ganhar muito. Não tem como perder. Já analisei a coisa de todos os lados. Vou conseguir tudo o que quero, e eles vão ser destruídos para sempre. June vai perder [a custódia de Jordie] e a carreira de Michael vai acabar".

"Isso ajuda Jordie?", perguntou Schwartz.

"Isso é irrelevante para mim", respondeu Chandler. "Vai ser maior do que todos nós juntos. A coisa toda vai cair em cima de todo mundo e destruir tudo. Vai ser um massacre se eu não conseguir o que quero."

A tensão entre Chandler e a ex-mulher veio à tona na cerimônia de formatura do ensino médio, quando June ignorou as declarações de Evan contra Jackson e em seguida informou a ele que ainda pretendia tirar Jordie da escola no outono para que ambos se juntassem a Michael na turnê Dangerous. "Michael era muito bom em avaliar pessoas", um membro da família Chandler observaria. "Ele procurava uma família em que houvesse algum nível de rompimento entre os pais que criasse uma vulnerabilidade que pudesse ser explorada. Nesse caso, ele viu que June não gostava de seu casamento. Dave tinha controle sobre o dinheiro. Ela queria independência daquilo. Ela não era uma mulher que queria acordar de manhã e ir trabalhar. Seu sonho era de uma vida de luxo e viagens, e foi isso que Michael ofereceu."

Quando Evan começou a ameaçá-lo, June alertou Michael, que pediu ajuda para Bert Fields. Fields, que havia terminado as negociações do complicado contrato de Jackson com a Sony, iniciado por John Branca, chamou Pellicano, que ouviu a gravação da conversa entre Evan Chandler e Dave Schwartz e "soube que se tratava de extorsão", como explicou a Fischer. Naquele mesmo dia, Pellicano foi para o Esconderijo, em Westwood, onde Jordie e Lily estavam fazendo uma visita. Ele fez uma série de "perguntas direcionadas" ao garoto, Pellicano diria, que incluíram "Alguma vez Michael tocou você?" e "Você já viu Michael pelado na cama?". Jordie olhou bem em seus olhos e respondeu a cada pergunta negativamente, segundo Pellicano.

Mas dois dias depois, no dia 11 de julho, Chandler seguiu adiante com seu "plano" ao persuadir June de que Jordie precisava de um tratamento dentário urgente, convencendo a ex-mulher a deixar o filho com ele por uma tarde para resolver o problema. No dia seguinte, de acordo com Pellicano, Evan Chandler se recusou a devolver Jordie para a mãe, a menos que ela assinasse um documento preparado por Rothman prometendo que não tiraria Jordie do condado de Los Angeles. Evan segurou Jordie mesmo depois de June ter assinado o documento, e, no dia 14 de julho, Rothman ligou para um psiquiatra de Beverly Hills chamado Mathis Abrams e apresentou o que ele chamou de uma "situação hipotética" envolvendo um garoto de treze anos e uma celebridade adulta. No dia seguinte, o dr. Abrams mandou uma carta de duas páginas para Rothman declarando "suspeitas razoáveis de que pode ter ocorrido abuso sexual", e que se aquela *não* fosse uma situação hipotética, ele se via obrigado a levar a questão ao Departamento de Proteção às Crianças e à Família. No dia 27 de julho, Rothman pediu a Geraldine Hughes que copiasse uma série de instruções para Evan Chandler, explicando como fazer uma denúncia de abuso infantil para as autoridades sem se expor a qualquer responsabilidade legal.

Hughes, uma jovem negra muito religiosa que, por acaso, era fã de Michael Jackson, desconfiou do "nível incrível de sigilo" que seu empregador impunha aos contatos com Evan Chandler, e começou a manter um registro escrito do que via e ouvia. Chandler ligava para o escritório até cinco vezes por dia, observou Hughes, e em cada ocasião Rothman entrava em seu "escritório estilo Fort Knox" para garantir que ninguém ouvisse a conversa. Até mesmo reuniões com seus sócios da firma jurídica foram suspensas para que Rothman pudesse falar com Chandler com privacidade. Pareceu "estranho" para ela, observou Hughes, que não houvesse nenhum memorando ou arquivo. Quando Chandler ia ao escritório, ele sempre se reunia com Rothman a portas trancadas, e não se fazia nenhuma anotação das conversas. A curiosidade a dominou numa tarde em que Chandler apareceu no escritório muito emocionado, depois do horário de expediente, e foi imediatamente puxado por Rothman para a sala de reuniões. Hughes se encostou na porta dessa sala para tentar escutar o que estava sendo dito, ela confessaria, mas os homens lá dentro falaram baixo, com a exceção de uma única exclamação alta por parte de Rothman, quando ele gritou: "Nós precisamos seguir o plano [...]. Não podemos nos desviar do plano!".

Rothman não acompanhou Chandler quando ele apareceu com Jordie para uma reunião com Jackson e Pellicano no Westwood Marquis Hotel. Segundo Pellicano, Evan Chandler cumprimentou Michael com um abraço, e em seguida puxou a carta do dr. Abrams de seu bolso e começou a ler em voz alta. No momento em que seu pai começou a citar as referências a abuso infantil, relatou Pellicano, Jordie baixou a cabeça e depois ergueu os olhos para Michael, com uma expressão de surpresa. A reunião terminou com Evan apontando o dedo para Michael e dizendo "eu vou arruiná-lo". Pellicano foi ao escritório de Rothman naquela noite para uma segunda reunião, na qual (de acordo com o detetive particular) o advogado apresentou a exigência de seu cliente, de 20 milhões de dólares. Pellicano disse que depois de ter saído da reunião enojado, a demanda foi reduzida para um pagamento de 5 milhões por quatro roteiros. De acordo com Ray Chandler, a ideia de que Michael Jackson deveria pagar pelos roteiros foi de Pellicano, e não de Evan, e seu irmão ficou tão indignado com a sugestão que ele quase trocou socos com o detetive.

Pelo relato de Pellicano, ele voltou ao escritório de Rothman no dia 13 de agosto para fazer uma oferta — 350 mil dólares por um único roteiro se a coisa toda fosse deixada de lado. Segundo Pellicano, Rothman respondeu que eram três roteiros ou nada. Pellicano ligou de volta mais tarde para dizer que o acordo era 350 mil dólares para um roteiro, pegar ou largar. Geraldine Hughes lembra que a frustração de Chandler era clara. "Eu quase consegui um acordo de 20 milhões", a secretária o ouviu dizer para Rothman.

Em algum momento entre a reunião de 13 de agosto e uma audiência de custódia agendada para o dia 17 de agosto (na qual o juiz quase certamente ordenaria que Jordie voltasse para a mãe), Evan Chandler levou o filho para ver Mark Torbiner, o anestesista odontológico que o havia apresentado a Barry Rothman em 1991. Na presença de Chandler, Torbiner aplicou uma dose de amital sódico, o chamado "soro da verdade", no garoto, que, sendo questionado pelo pai, disse que Michael havia tocado em seu pênis. A maior parte dos psiquiatras concorda que o amital sódico não é um soro da verdade (estudos datando de 1952 mostram que a substância pode ser usada para implantar recordações falsas), mas naquele momento esse fato era irrelevante, pois tudo o que o dr. Mathis Abrams precisava ouvir era que Jordie havia feito uma acusação. Abrams ouviu aquilo e muito mais do garoto numa sessão de três horas no dia seguinte, incluindo descrições de masturbação, beijos, beliscões nos mamilos e sexo oral. Como exigido por lei, o psiquiatra imediatamente relatou as acusações a um assistente social do Departamento de Proteção às Crianças e à Família, que por sua vez ligou para a polícia. Ao saber que uma investigação criminal havia sido iniciada, o juiz que presidiria sobre a audiência do caso de custódia entre Evan e June adiou a decisão. Embora ela ainda não soubesse, June tinha perdido o filho.

Cinco dias depois de Abrams ligar para o assistente social e este ligar para a polícia, um repórter freelancer em Burbank recebeu a dica de que emitiram-se mandados permitindo que agentes da Unidade de Exploração Sexual Infantil do departamento de Polícia de Los Angeles e policiais do condado de Santa Barbara entrassem no rancho Neverland e no apartamento em Westwood para buscar provas que apoiassem as acusações de abuso infantil contra Michael Jackson. O repórter vendeu a história para a afiliada local da NBC, que deu a notícia às quatro horas da tarde seguinte, dando início a um frenesi global da mídia. A maior parte dos jornais omitiu o nome do garoto, mas todos divulgaram o de Michael.

A pressão da situação — talvez complementada por pura ganância — persuadiu June e o marido Dave a mudarem de versão e de lado. No dia 18 de agosto, quando a polícia de Los Angeles a entrevistou pela primeira vez, June disse não acreditar que Michael tivesse feito qualquer coisa imprópria com seu filho. Mas ela passou a hesitar alguns dias depois, quando dois policiais disseram-lhe que Michael Jackson se encaixava perfeitamente no "perfil clássico de um pedófilo". Em setembro, a família Schwartz estava ficando com medo de que Evan Chandler e Barry Rothman pudessem tentar assumir a custódia de Jordie alegando que June tinha sido uma mãe negligente. Em outubro, o casal se juntou a Evan Chandler em seu processo iminente. O advogado de June, Michael Freeman, disse a Mary Fischer que ele se demitiu imediatamente, com grande desgosto. "A coisa toda é uma bagunça tão grande", ele explicaria. "Eu me senti desconfortável com Evan. Ele não é uma pessoa genuína. E eu senti que ele não estava sendo honesto."

A conselho de Bert Fields e com o firme apoio de Anthony Pellicano, Michael Jackson concordou, no final de agosto, em apresentar acusações de extorsão contra Chandler e Rothman. Ambos imediatamente contrataram advogados caros

(Rothman contratou Robert Shapiro, que posteriormente defenderia O. J. Simpson) e começaram a temer qualquer exposição. De acordo com Geraldine Hughes, Evan Chandler e o filho dormiram uma noite no escritório de Rothman para se esconder da mídia, e no dia seguinte ela escutou Chandler gritar para o advogado que "é o meu traseiro que está em jogo, eu que posso acabar na cadeia". Evan Chandler ficou completamente paranoico depois de levar um soco no rosto de um homem (aparentemente um fã de Jackson) que o emboscou fora de seu consultório. De vez em quando Chandler levava o filho ao escritório com ele, Hughes lembraria, e "eu entendi por que Michael gostava do garoto. Ele era muito divertido, espirituoso e bonitinho". Jordie era muito mais relaxado do que Evan, Hughes observou, e na verdade "era ele que ficava acalmando e consolando o pai, que estava uma pilha de nervos. Parecia que o garoto estava protegendo o pai, em vez do contrário".

Embora as acusações de extorsão não tenham sido investigadas a fundo (a polícia de Los Angeles já tinha se comprometido em provar que Jackson era culpado), forçaram Rothman a deixar de representar Chandler como seu advogado. Gloria Allred foi contratada por um breve período e fez o que ela fazia de melhor — organizou uma coletiva de imprensa. "Eu estou pronta e disposta a seguir adiante com o julgamento", ela disse à mídia, mas, apenas dois dias depois, ela se retirou do caso sem oferecer explicações. Logo em seguida Larry Feldman concordou em se tornar o advogado da família Chandler.

Feldman era talvez o advogado civil mais bem-sucedido do sul da Califórnia, um ex-presidente da Associação de Advogados de Los Angeles que, dizia-se, tinha vencido mais casos multimilionários do que qualquer outro advogado no condado. Desde que ele se formou, em primeiro lugar de sua classe na Escola de Direito Loyola, no final dos anos 1960, Feldman havia alcançado a posição de sócio-sênior em uma empresa que empregava mais de seiscentos advogados, em escritórios que se espalhavam de Nova York a Xangai. O homem era um assassino de sangue-frio no tribunal, e talvez a pior pessoa em Los Angeles para se ter como inimigo. No dia 14 de setembro de 1993, Feldman apresentou um processo de 30 milhões de dólares contra Michael Jackson que acusava o astro de "1. Agressão sexual; 2. Agressão; 3. Sedução; 4. Conduta dolosa; 5. Imposição intencional de sofrimento emocional; 6. Fraude e 7. Negligência".

Percebendo o tamanho de seu desafio e esperando acusações criminais contra Jackson a qualquer momento, Bert Fields (que era essencialmente um advogado da indústria de entretenimento) chamou seu próprio advogado, Howard Weitzman, mais conhecido por ajudar John DeLorean, o magnata da indústria automotiva, a vencer um caso federal dificílimo no começo dos anos 1980. Mas, segundo Fields e Pellicano, ele passou a insistir em um acordo quase imediatamente depois de se envolver no caso de Jackson. Eles resistiram com determinação, disseram Fields e Pellicano, convencidos de que o caso contra Michael era fraco, mesmo com Larry Feldman como advogado responsável.

Naquela época, Jackson não estava em posição para tomar boas decisões. Ele estava na Ásia, no meio da turnê Dangerous, quando as declarações de Chandler vieram à tona. O artista já estava sofrendo de diversos pequenos ferimentos decorrentes da rotina exaustiva e quase não conseguia dormir. Dias depois de descobrir o que Jordie teria dito sobre ele, Michael começou a misturar analgésicos, remédios para ansiedade e pílulas para dormir em combinações e doses que logo se tornaram uma ameaça séria à sua saúde. Jackson foi incapaz de prestar o depoimento que Feldman exigia, de acordo com um dos associados de Bert Fields, pois ele estava num estado tal que tinha os olhos vidrados, a fala arrastada, mal conseguia ficar acordado, tinha dificuldade até mesmo para erguer um copo d'água e era incapaz de manter o foco em qualquer coisa por mais de alguns segundos.

No dia 12 de novembro de 1993, Michael chegou a Londres acompanhado por Elizabeth Taylor para ser examinado pelo dr. Beauchamp Colclough, que imediatamente encaminhou Jackson para a internação num programa de reabilitação de drogas com oito semanas de duração. Foram encontrados dezoito frascos de medicamentos na maleta de Michael quando ele deu entrada numa clínica, onde havia reservado o quarto andar inteiro. Os médicos aplicaram-lhe Valium intravenoso para tirá-lo dos analgésicos, e sua empresa cancelou o restante da turnê Dangerous, a um custo de quase 10 milhões de dólares para Jackson.

Feldman reagiu apresentando um pedido para preferência de julgamento, que forçaria o caso a ser levado para o tribunal dentro de 120 dias, um pedido normalmente concedido quando o querelante tem menos de catorze anos. Ele também apresentou um pedido para que Michael Jackson fosse compelido a prestar depoimento. O tribunal concedeu ambas reivindicações no dia 23 de novembro, e agendou o julgamento para março de 1994. Na audiência no tribunal, Bert Fields, numa tentativa de adiar o processo civil, argumentou perante um tribunal cheio de repórteres que um indiciamento criminal de Jackson parecia iminente, e que, logicamente, o caso criminal deveria ser julgado antes que o caso civil fosse apresentado. Howard Weitzman apressou-se a dizer para a mídia que Fields "expressou-se mal", e as tensões entre ambos cresceram. No dia seguinte, Fields e Pellicano se afastaram do caso.

Em meio ao caos e à pressão crescente, Weitzman recrutou Johnnie Cochran para a equipe de defesa. Cochran e Weitzman concordaram que o decreto do juiz exigindo um julgamento em 120 dias havia sido um golpe "devastador" para o lado de Jackson, de acordo com Carl Douglas, o sócio principal do escritório jurídico de Cochran. "Aquilo nos pressionou para fazer um acordo", recorda Douglas. Um benefício adicional da determinação de 120 dias, de acordo com Feldman, foi que ele poderia usar o tempo para persuadir o escritório de promotoria do condado de Los Angeles a "permitir que sua equipe assumisse a liderança sobre o caso. Aquilo colocaria a equipe da defesa numa posição em que eles teriam que defender o caso civil sabendo que havia um caso criminal por trás dele".

Feldman também se opôs vigorosamente ao pedido da defesa por segredo de justiça, garantindo que a mídia tivesse acesso completo a cada uma de suas apresentações detalhadas no tribunal. Os advogados de defesa passaram a ser cada vez mais atormentados pelos tabloides que continuavam relatando apenas o que fazia Jackson parecer culpado. "A imprensa britânica foi implacável", lembra Douglas. Uma mulher que trabalhava como empregada de Jackson em Neverland foi citada dizendo que havia sido enviada ao quarto de Michael em Neverland junto com várias outras funcionárias para reunir todas as maquiagens, delineadores, batons, cremes e géis do artista e guardar tudo em caixas, junto com pilhas de revistas e fotografias, incluindo uma que mostrava Macaulay Culkin de cueca. "Meu trabalho foi esconder todos os frascos de perfumes femininos", ela explicou. "Michael usava apenas fragrâncias femininas, não para homens, e penso que alguém pode ter achado que isso causaria má impressão."

Depois de Pellicano admitir numa entrevista que Jackson tinha passado pelo menos trinta noites dormindo (de forma inocente, disse o investigador particular) no pequeno quarto de Jordie na casa de Chandler, vazou-se à imprensa um documento no qual investigadores da polícia relataram que Jordie havia dito que Michael fez sexo oral e se masturbou junto com ele na casa de seus pais, no Esconderijo, em Mônaco e na Disneylândia, em Paris. Evan Chandler retratou-se como um pai desesperado para proteger o filho, que estava sendo prejudicado pelos defensores de Jackson: sua vida havia sido ameaçada, um rato morto fora deixado em sua caixa de correio e seu escritório tinha sido saqueado, disse

Chandler. Numa declaração tomada por um policial do condado de Santa Barbara e publicada, afirmava-se que "Jordan declarou que Jackson lhe disse que, se Jordan algum dia contasse sobre os atos sexuais para alguém, Jordan seria colocado numa prisão para menores, e tanto Jordan como Jackson teriam problemas. Jordan disse que Jackson lhe falou que ele fazia isso com outros garotos; mas Jackson disse que 'não ia tão longe com eles'". "Peter Pan ou pervertido?", questionou uma manchete no *New York Post*.

No final de 1993, Weitzman e Cochran se juntaram a John Branca, que havia sido substituído por Bert Fields três anos antes, mas fora trazido de volta como um dos conselheiros de Jackson. Os três afirmaram acreditar na inocência de Michael em relação às acusações, mas eles estavam inclinados a aconselhar Jackson a fazer um acordo. Branca estava preocupado com a possibilidade de Michael não ser capaz de suportar um julgamento que poderia se estender por até seis meses. A preocupação de Cochran era com a divisão racial que havia surgido com força depois do desastre com Rodney King e dos protestos em Los Angeles em abril de 1992. Cochran temia que animosidades étnicas pudessem prejudicar o caso de Michael se o julgamento fosse realizado no condado de Santa Barbara, composto por uma população majoritariamente branca. E mesmo que o julgamento fosse realizado no condado de Los Angeles, os hispânicos talvez odiassem Jackson por causa de seu dinheiro, e os negros podiam não gostar dele por pensar que ele estava tentando ser branco. Outro elemento a favor de um acordo era o fato de que tal solução poderia anular o julgamento criminal, se os termos do acordo impedissem Jordan Chandler de testemunhar contra Michael. "Nós queríamos fazer de tudo para evitar a possibilidade de uma acusação criminal", admitiu Carl Douglas.

O relacionamento duradouro de Cochran com o promotor do condado de Los Angeles Gil Garcetti (durante os anos 1980, ambos haviam trabalhado juntos na equipe da promotoria que investigou disparos envolvendo policiais) fez com que ele obtivesse a promessa de que Jackson podia voltar de Londres para Neverland sem medo de ser preso. Quando saiu do casulo da reabilitação e começou a viagem de volta para a Califórnia, no começo de dezembro de 1993, Michael ficou chocado com a imensa cobertura que a mídia dava para as acusações contra ele. No Reino Unido, o *Daily Mirror* organizou um desafio "Encontre o Jacko", no qual os leitores poderiam ganhar uma viagem para Disney World se acertassem onde Jackson seria visto, enquanto outro jornal relatou que o artista estava numa clínica europeia fazendo uma série de cirurgias cosméticas que o tornariam irreconhecível. Nos Estados Unidos, Geraldo Rivera organizou um julgamento simulado com um júri composto por membros da plateia para avaliar acusações criminais contra Jackson que nem tinham sido apresentadas ainda. A própria irmã de Michael, La Toya, dispôs-se a fornecer provas de que ele era um pedófilo por uma quantia de 500 mil dólares, e uma guerra de ofertas eclodiu entre os tabloides americanos e britânicos antes de os editores dos dois lados do Atlântico se darem conta de que La Toya não tinha nada para oferecer.

O golpe final contra a vontade de lutar de Jackson foi o mandado que ele recebeu pouco depois de voltar aos Estados Unidos, permitindo que a polícia efetuasse nele uma revista íntima e que os policiais dos condados de Los Angeles e de Santa Barbara fotografassem e filmassem "seu pênis, ânus, quadris, nádegas e qualquer outra parte de seu corpo". O mandado determinava que uma recusa em colaborar seria usada no tribunal como admissão implícita de culpa. No dia 20 de dezembro de 1993, no rancho Neverland, Jackson foi forçado a ficar nu por 25 minutos sobre uma plataforma elevada enquanto a parte inferior de seu corpo era fotografada de todos os ângulos possíveis, para que as imagens resultantes pudessem ser comparadas à descrição de Jordie dos órgãos genitais de Michael. O artista quase desmaiou várias vezes, e talvez só tenha tolerado a "experiência mais humilhante de minha vida" por ter mantido Arnold Klein na sala com ele. No fim, o procedimento revelou-se inútil. Embora várias manchas de vitiligo nas nádegas de Jackson e uma em seu pênis se aproximassem da descrição de Jordie, Michael não era, como o garoto havia afirmado, circuncidado.

Larry Feldman passou a entregar mais documentos judiciais, apresentando uma moção atrás da outra, exigindo depoimentos do réu. "Cada vez que Michael Jackson recorria ao direito de permanecer em silêncio, nós aproveitávamos a oportunidade para especificar o que ele não estava respondendo", recorda Feldman. "Descrevemos com detalhes por que tínhamos direito às fotos de sua genitália. Ganhar ou perder quase não importava. Estávamos nos vingando."

Cochran, o advogado em quem Jackson mais confiava, tomou a decisão crucial de aconselhar seu cliente a pagar a essas pessoas e se afastar do problema. Sua empresa de seguros queria que isso fosse resolvido quase tanto quanto ele, Cochran disse a Michael, e estava preparada para assinar um cheque referente à sua parte dos custos. Quando Larry Feldman apresentou uma moção para a corte em Los Angeles pedindo o direito de examinar as finanças de Jackson, Michael disse aos seus advogados: "Quero que isso acabe".

312

Cochran e Feldman, que se conheciam bem (Feldman tinha representado Cochran como seu advogado em diversas "questões pessoais"), providenciaram a reunião para um acordo sob supervisão de três juízes aposentados do condado de Los Angeles. Cochran e Weitzman consideravam as fotografias da genitália de Michael Jackson como "um tabu", recorda Carl Douglas, e estavam desesperados para mantê-las fora do alcance de Larry Feldman. Muito ciente disso, Feldman negociou com ferocidade. "Os números em discussão pareciam fantásticos", lembra Douglas, que achou que o ponto decisivo da reunião se deu quando um dos três juízes aposentados observou que "a questão não é quanto este caso vale. A questão é quanto este caso vale para Michael Jackson".

No dia 25 de janeiro de 1994, na véspera do depoimento de Jackson agendado por Larry Feldman, Douglas foi encarregado de levar os documentos do acordo para o bangalô no Mirage Hotel, em Las Vegas, onde Michael estava hospedado, e testemunhar sua assinatura num acordo que custaria mais de 20 milhões de dólares, englobando uma anuidade de 15,3 milhões para Jordan Chandler, 1,5 milhão para Evan Chandler e a mesma quantia para June Chandler Schwartz, e mais de 3 milhões referentes aos honorários de Feldman e sua empresa. A mídia foi informada no mesmo dia.

Tom Mesereau diria posteriormente que fazer um acordo naqueles termos do caso de Jordan Chandler foi "a pior decisão que Michael já tomou". A mídia em geral, assim como a maior parte do público, interpretou a notícia de que Jackson tinha pagado tantos milhões à família Chandler como uma admissão implícita de culpa, mesmo depois de Jackson ter feito uma declaração pública muito emotiva de negação: "Eu não sou culpado nessas acusações. Mas, se tenho culpa de algo, é de dar tudo o que tenho para ajudar crianças do mundo inteiro. É de amar crianças de todas as idades e raças. É de sentir alegria ao ver crianças inocentes sorrindo. É de aproveitar, por meio delas, a infância que eu perdi". Em poucas semanas, a Pepsi cancelou seu contrato de patrocínio e todos os projetos de filmes de Michael caíram por terra. A música que ele tinha gravado para o filme *A família Addams II* foi retirada da trilha sonora, o desenvolvimento de uma linha de perfumes com o nome de Jackson foi abandonado, e planos para a atração temática Captain EO na Disneylândia, baseada no artista, foram descartados.

Nem a história nem o caso de Chandler desapareceram. Reuniram-se júris pelos escritórios de promotoria dos condados de Los Angeles e de Santa Barbara durante a primavera de 1994 para ouvirem provas de que Michael Jackson era pedófilo. Frustrados com a recusa de Jordan em aparecer perante os júris, os promotores despacharam a polícia para encontrar ao menos um garoto disposto a corroborar a declaração juramentada de Jordie. Jackson e seus advogados aguardaram pelo desenrolar de procedimentos que se arrastaram por meses, enquanto quase duzentas testemunhas fizeram depoimentos e pilhas de provas foram apresentadas, incluindo a descrição da genitália de Jackson dada por Jordie, que foi exposta ao lado das fotografias do corpo de Michael.

Júris costumam ser uma formalidade na Califórnia; quase todas as deliberações desse tipo resultam em acusações formais. Apenas promotores podem apresentar provas, e eles precisam demonstrar apenas uma "probabilidade razoável" de que um crime foi cometido. Ainda assim, no verão de 1994, ambos os júris se recusaram a acusar Michael Jackson. "Não havia nenhuma prova concreta", um policial envolvido na investigação admitiu para o *Los Angeles Times*.

Declarações prejudiciais contra Jackson continuaram surgindo na mídia (a correspondente do programa *Hard Copy*, Diane Dimond, parecia estar dedicando sua carreira àquele projeto), mas Michael teve o apoio de pesquisas que demonstravam que a maioria do público não acreditava nas acusações feitas contra ele pela família Chandler. Ele estava determinado a seguir em frente com sua vida e a reabilitar sua imagem. Michael podia ter se empenhado nesse objetivo de diferentes maneiras, desde voltar para o estúdio até desaparecer da vista do público. O que ele escolheu foi se casar com a filha do maior ícone pop de todos os tempos.

Lisa Marie Presley tinha nove anos a menos do que Michael Jackson, mas já era mãe de dois filhos de seu primeiro marido, que ela conheceu ao entrar na Igreja da Cientologia. Lisa Marie cresceu mimada pelo pai, Elvis Presley, em Graceland, a propriedade do cantor em Memphis, no Tennessee, até que seus pais se divorciaram quando ela tinha três anos de idade. Lisa ficava então entre o Tennessee e a casa de sua mãe, Priscilla, em Beverly Hills, que se tornou a residência em tempo integral da garota depois da morte de Elvis, em 1977, quando ela tinha só dez anos.

Embora tivesse feito um demo em 1992, Lisa Marie recusou a oferta de um contrato de gravação feita por um executivo da Sony, que teria dito a Lisa que ela teria de "engatinhar antes de andar", e que não seria realista esperar a produção ou divulgação de uma celebridade já estabelecida. Pouco tempo depois, um amigo em comum, o pintor e escultor Brett Livingstone Strong, sugeriu a Lisa que ela se encontrasse com Michael Jackson para conversar sobre a possibilidade de lançar uma gravação pela nova empresa de Michael, a Nation Records.

Lisa Marie estava "fazendo cursos" na sede principal da Cientologia em Clearwater, na Flórida, no começo de 1993, quando Strong ligou para ela sugerindo que o lançamento de uma gravação produzida por Michael Jackson poderia dar a Lisa o impulso que ela buscava. Lisa ficou entusiasmada com a ideia, recorda Strong, mas Michael não levou a sério: "Ela não sabe cantar". Strong insistiu que ela sabia. "Peça a ela que me envie uma fita", disse Michael. Lisa disse que levaria uma fita para Michael pessoalmente, e combinou de tocá-la para ele na casa de Strong, no Pacific Palisades.

Lisa e Michael já haviam se encontrado uma vez em outubro de 1974, quando Lisa tinha seis anos e Michael, dezesseis, nos bastidores do Sahara Tahoe, onde os Jackson faziam um dos últimos shows de uma turnê mundial que durou quase um ano. Nenhum deles se lembrava daquele breve encontro, e ambos pensaram estar sendo apresentados pela primeira vez quando Lisa apareceu na casa de Strong, em janeiro de 1993, com seu marido cientologista, o baixista Danny Keough, e uma fita demo que persuadiu Michael de que a jovem tinha, de fato, algum potencial como cantora. Mas ele não ficou impressionado a ponto de querer ficar trabalhando com a filha de Elvis, pelo menos naquela época. Lisa, no entanto, começou a ligar frequentemente para Strong, de acordo com o artista, para ver se ele conseguia arranjar outro encontro com Michael. Tudo o que Strong conseguiu para Lisa foi uma reunião com o presidente da Nation Records; o próprio Michael não apareceu.

Lisa acabou se conformando com o fato de que nada aconteceria na empresa de Michael, disse Strong, que, apesar disso, continuou bancando o cupido — pelo menos no nível profissional. No dia 1º de fevereiro de 1993, o artista compareceu à imensa festa de aniversário que a mãe de Lisa Marie, Priscilla Presley, estava dando para a filha no parque de diversões Six Flags Magic Mountain, ao norte de Los Angeles; chegou cheio de presentes, entre eles um livro de arte e uma fotografia emoldurada de Lisa sendo apresentada a Michael Jackson na sala de estar de Strong. Strong havia feito uma dedicatória no livro, mas deixou Lisa pensar que as palavras eram de Michael, e que o livro e a fotografia eram presentes de Michael. Lisa voltou a demonstrar interesse em se encontrar com Michael, e dessa vez, além de profissional, o interesse também parecia pessoal. Em março de

315

1993, Strong sugeriu que Michael acompanhasse Lisa Marie na cerimônia do Oscar, assim como ele tinha feito com Madonna no ano anterior. Michael recusou, dizendo que não estava disposto a sair com uma mulher casada. Ao final da primavera de 1993, quando Lisa perguntava sobre Michael, ela mostrava "o entusiasmo de uma mulher apaixonada", de acordo com Strong. "E Michael não estava nem um pouco interessado."

Mas, em algum momento no final de junho daquele ano, quando Michael estava para lançar a turnê europeia de Dangerous, ele mesmo organizou uma reunião particular com Lisa, de acordo com ela. "Ele começou se explicando, dizendo que sabia o que as pessoas pensavam sobre ele, e qual era a verdade", Lisa Marie diria à *Rolling Stone* em 2003. "Ele sentou comigo e disse: 'Escuta, eu não sou gay'", Lisa Marie explicou para Diane Sawyer naquele mesmo ano. "'Eu sei que você acha isso, eu sei que você acha aquilo', e ele começou a praguejar, e começou, sabe, a ser uma pessoa normal. E eu fiquei, tipo, 'Uau!'" O que mais a impressionou, Lisa diria em outra entrevista, foi que Michael falava com uma voz masculina normal e usava a palavra "porra".

Ela não fazia ideia de que seus sentimentos por Michael estavam se desenvolvendo em meio ao escândalo emergente de Jordan Chandler. "Eu só queria dizer que ele não é estúpido, ele não chegou onde está sendo estúpido", Lisa Marie diria à *Rolling Stone* quase dez anos depois. "É uma pena que pouca gente saiba quem ele realmente é. Michael não deixa ninguém ver. E ele tem essa ideia de como deveria se apresentar em público, que ele acha que funciona, que é um tipo de vítima frágil, aquele jeito frágil e silencioso, e isso não é ele. Então Michael não deixa muita gente ver isso. Quando ele queria chamar a atenção de alguém, ou te deixar intrigado, ou te fisgar, ou, sabe, o que quer que ele quisesse fazer com você, ele conseguia. Ele é muito capaz de fazer isso." Ela se deixou pensar que Michael estava sendo legítimo com ela de um jeito que não conseguia ser com outros, disse Lisa Marie. "Então eu fui tomada por aquilo, fui atraída", ela diria a Sawyer. "Tipo, 'Uau, você é tão incompreendido. Ah, meu Deus, você é esse cara'. Fiquei encantada com isso de 'tadinho de você, coisinha doce e incompreendida'."

Aqueles sentimentos se intensificaram quando o processo em nome de Jordan Chandler foi apresentado, em setembro de 1993. "Jogaram toda aquela merda no ventilador", Lisa Marie recordaria em sua entrevista de 2003 para a *Rolling Stone*, "e ele foi rápido em me telefonar e me contar o seu lado da história, então pareceu uma situação de extorsão. Eu acreditei nele, porque ele era tão convincente. Não sei... Eu só acreditava em tudo o que ele dizia, por alguma razão." Depois daquela primeira conversa, Michael começou a passar horas ao telefone com Lisa Marie quase todos os dias, compartilhando seus problemas e pedindo conselhos. "Eu acreditava que ele não tinha feito nada de errado, e que ele havia sido acusado injustamente e, sim, eu comecei a me apaixonar por ele", ela diria a Diane Sawyer em 1995. "Eu queria salvá-lo. Eu senti que era capaz." Talvez tivesse algo a ver com seu pai, Lisa Marie reconheceria anos depois; ela ainda não tinha certeza.

Nos últimos meses de 1993 e no começo de 1994, Michael mandou muitas flores e presentes para Lisa Marie, dizendo que sem ela e Liz Taylor talvez ele tivesse se matado para escapar do horror de sua situação. Lisa Marie falou com sua amiga de infância Myrna Smith sobre o relacionamento que estava se desenvolvendo, e Smith se assustou, achando a coisa toda suspeita e ridícula. "Eu posso só imaginar quais eram os motivos dele", Smith diria à autora Suzanne Finstad, "E só posso dizer o que eu pensei, como ele era um homem de negócios esperto, e que ele só estava atrás dela por causa do que Lisa poderia fazer por ele, e que ele não tinha interesse por mulheres. E Lisa me disse que ele tinha."

Michael fez o acordo do caso Chandler em janeiro de 1994, mas ainda estava sob investigação de dois júris e permaneceu como foco de uma investigação incansável por parte da mídia. Se a meta era refazer sua imagem ou criar algo parecido com uma vida normal, ou ambos, ele começou a dizer às pessoas ao seu redor que estava ansioso por uma família e por filhos. Em uma de suas conversas telefônicas, em abril de 1994, segundo Lisa Marie, Michael perguntou: "Se eu pedisse para você casar comigo, você casaria?". Ela respondeu: "Eu casaria".

No dia 29 de abril de 1994, Lisa Marie anunciou sua separação de Danny Keough. Pouco mais de duas semanas depois, no dia 14 de maio de 1994, Michael e Lisa Marie trocaram votos numa cerimônia secreta na República Dominicana, sem a presença de família ou de amigos. Priscilla Presley ficou indignada e acusou Michael publicamente de usar a filha para restaurar sua imagem: "É tão óbvio".

Outros, no entanto, acreditavam que o relacionamento era genuíno. Donald Trump estava entre eles. No começo, Michael não havia sido muito convincente, Trump admitiu. Michael havia lhe dito durante um jantar que tinha uma nova namorada, recorda Trump, e "eu o parabenizei e perguntei: 'Quem é ela?'. Ele ficou muito constrangido e baixou os olhos para seu guardanapo, e em seguida pôs o guardanapo na frente do rosto de disse: 'Trump, Trump, eu não quero falar disso. Estou tão constrangido'". Depois, Trump convidou o casal para uma estadia em sua propriedade Mar-a-Lago em Palm Beach, na Flórida. Lisa e Michael ficaram em quartos separados, o que também não fez com que ninguém acreditasse que o casal estava desfrutando de qualquer espécie de romance. Houve uma tarde, no entanto, em que Trump viu o casal caminhando pela propriedade. Ele contou que Lisa Marie estava usando um vestido preto de seda e Michael vestia um terno preto sob medida muito bem-feito, com uma camisa social carmesim e gravata preta. De repente, Michael se pôs sobre um joelho e beijou a mão de Lisa Marie, recorda Trump. Ela o ergueu e eles se beijaram, os olhos fixos um no outro. Em seguida, Michael puxou uma caixa pequena do bolso de seu colete e, quando Lisa a abriu, viu um colar de pérolas. "Por um tempo a coisa estava rolando para os dois", Trump insistiria muitos anos depois.

Poucas pessoas acreditaram. Entre os que zombavam da possibilidade de um caso amoroso estava o homem que tinha realizado a cerimônia de casamento. "Michael parecia um garotinho perdido", o juiz Hugo Francisco Alvarez disse poucas semanas depois do casamento. "Ele olhou para o chão durante a cerimônia toda, e quando eu os declarei marido e mulher, ele a beijou com relutância. Não houve lágrimas de felicidade, alegria nem risada. A cerimônia teve um tom melancólico. Foi bizarro. Eu nunca ouvi ele dizer que amava Lisa Marie."

O presidente do fã-clube de Elvis Presley na Califórnia, Terry Marcos, reagiu à notícia do casamento deixando escapar um "Ah, Deus, não! Você está falando sério?". Michael Jackson nem "sequer é um homem, na minha opinião", disse Marcos.

No decorrer dos anos, Michael tentou várias vezes satisfazer aos fãs, que queriam que ele tivesse uma namorada de verdade, e à mãe, que queria que ele encontrasse uma esposa. Tanto Brooke Shields como Tantum O'Neal, que Michael continuava descrevendo como os amores de sua vida, admitiram que ele nunca havia feito o menor avanço sexual com elas. Lisa Marie, no entanto, estava espalhando uma história muito diferente. Aparentemente encorajada por ela, uma de suas amigas, Monica Pastelle, disse a um repórter que a nova esposa de Michael havia o descrito como "muito quente" na cama, embora um pouco pervertido, gostando de se vestir com roupas femininas e de interpretar papéis durante o sexo. Lisa Marie apareceu usando apenas uma toalha ao redor da cintura no clipe da canção dele "You Are Not Alone", e o beijou com paixão aparente na tela. Numa das poucas declarações que ela chegou a fazer para a mídia sobre seu relacionamento durante aquele período, Lisa Marie o descreveu como "uma vida de casal [...] de um casal sexualmente ativo".

Mas segundo Bob Jones, que foi por muito tempo o gestor de relações públicas de Michael, o casamento "não passava de uma fachada. Michael não tinha nenhum desejo por mulheres", ele diria pouco depois de ser demitido, dez anos depois. "Nenhum dos desejos naturais que homens heterossexuais têm, pelo menos." O estranho é que Lisa Marie parecia ter um carinho real por Michael, e parecia que ela queria fazer o casamento funcionar, de acordo com Jones, que admirava a jovem. "Lisa Marie tinha os pés no chão", disse Jones, e ainda assim ela continuou "apoiando e acreditando" em Michael, mesmo quando ficou óbvio para ele e para todo mundo, disse Jones, que aqueles sentimentos não eram recíprocos.

Lisa Marie ficou magoada e com raiva quando Michael começou a desaparecer sem aviso, frequentemente por semanas inteiras. Ela não tinha ideia de onde ele poderia estar, sua esposa dizia, para além das informações que lia na imprensa. Já em dezembro de 1994 os tabloides britânicos começaram a dizer que Michael pretendia pedir o divórcio, ao reclamar que a esposa estava "invadindo seu espaço". Àquela altura Lisa Marie quase não ficava em Neverland, e quando Michael ia para sua casa, no reduto de Hidden Hills, no vale de San Fernando, ele sempre levava as crianças junto. "Ele ficava correndo pela casa com elas e fazendo bagunça", recorda Jones. "Eles perdiam o controle, e Lisa não podia dizer uma palavra."

De acordo com Jones, Lisa Marie estava ficando cada vez mais incomodada com os esforços de Michael em convencê-la de que ele valia tanto quanto a propriedade de Elvis Presley que ela tinha herdado, e em impressionar ou ameaçá-la com um relacionamento com a princesa Diana que não existia de fato. E ela passou a ficar cada vez mais ofendida com o que o marido dizia à imprensa. Numa entrevista em setembro de 1994 com o *Daily Mirror* londrino, Michael inventou uma história sobre seu pedido de casamento, dizendo que ele foi feito quando ele e Lisa Marie estavam tomando vinho na sala de estar de Neverland: "Nós tínhamos acabado de assistir a *A malvada*, com Bette Davis. Adoramos aquele filme. Eu fui até ela, pus a mão no bolso e puxei um anel com um diamante imenso. 'Então, o que você acha?', eu perguntei. 'Você quer?' Ela gritou: 'Sim, sim, sim!'". As vozes daqueles que disseram que Michael estava apenas a usando começaram a penetrar as defesas de Lisa Marie. Ela ficou realmente nervosa, e um pouco enojada, quando leu a entrevista de Michael com a *TV Guide* e viu que ele tinha dito: "Lisa Marie me disse que Elvis fez uma plástica no nariz". Era "besteira completa", Lisa Marie diria à *Rolling Stone*: "Eu acho que aquilo justificou algo na cabeça dele — eles estavam perguntando sobre suas cirurgias. Eu li aquilo e joguei a revista do outro lado da cozinha. 'Eu te falei o quê?'".

Amigos diriam que o casamento começou a ter problemas sérios pouco depois de Lisa Marie e Michael serem entrevistados por Diane Sawyer, em junho de 1995. Lisa Marie assistiu a entrevista na ABC depois e ficou chocada e magoada quando viu o instante em que Michael estendeu o braço por trás dela e colocou dois dedos atrás de sua cabeça, fazendo chifrinhos. Um mês depois da entrevista de Sawyer ser transmitida, Lisa Marie partiu com o ex-marido, Danny Keough, e os filhos para uma viagem de duas semanas no resort Mauna Lani Bay, no Havaí, e, de acordo com os tabloides, eles agiram como um jovem casal apaixonado, trocando beijos e abraços na praia. Uma jovem garçonete num dos restaurantes do hotel disse a um repórter que "se eles estão divorciados, talvez todos os casais devam se separar! Eles estão completamente apaixonados". Lisa Marie diria a Oprah Winfrey, anos depois, que "eu estava muito chateada, porque tinha separado a minha família. Eu deixei meu marido por Michael. Era difícil processar aquilo".

Ao final do primeiro ano de casamento, a filha de Elvis parecia estar se cansando da farsa. Monica Pastelle, a mesma amiga que tinha espalhado a história de que Lisa Marie havia dito que Michael era "muito quente" na cama, agora estava falando para as pessoas que Lisa já estava farta das horas e horas que o marido passava no banheiro aplicando e removendo diversos cosméticos. Ela nunca tinha visto Michael sem maquiagem, Lisa Marie reclamou. Quando eles dormiam na mesma cama, ela via seu travesseiro todo manchado pela manhã.

Em agosto de 1995, o *Daily Mirror* publicou que Lisa Marie estava prestes a pedir o divórcio. Ela negou a história, mas Lisa e Michael *estavam* separados. Os dois não se viam havia quase um mês quando Bob Jones e outros representantes de Jackson começaram a ligar para ela em setembro, dizendo que sua presença na cerimônia do MTV Video Music Awards seria importante, pois Michael abriria o show com um medley de vinte minutos. Ela finalmente consentiu, disse Lisa Marie, com a condição de não ter de andar pelo carpete vermelho com Michael. O pessoal de Michael concordou, mas, quando eles a deixaram no Radio City Music Hall na noite do evento, ela foi largada bem no tapete vermelho, onde o marido a aguardava. "Eu fiquei puta. Parecia que eu estava sendo usada", Lisa Marie diria à *Rolling Stone*. As coisas pioraram quando Michael disse que cantaria para ela, e que ele tinha uma surpresa. "Ele diz: 'Eu vou te beijar'", Lisa Marie recordou em sua entrevista com a *Playboy*. "E eu falei, tipo: 'Não, eu não quero fazer isso. A gente precisa? Isso é palhaçada'. No caminho, eu continuei perguntando: 'Isso é necessário?'. Eu apertei a mão dele com tanta força que o sangue não fluía. Ele não me avisou quando ia acontecer." Aconteceu no palco, na frente de espectadores do mundo todo. "E eles disseram que não ia durar", Michael falou para a câmera, e então deu em Lisa Marie um dos beijos mais embaraçosos já mostrados na televisão. "Pareceu estranho porque eu queria fugir do meu corpo", Lisa Marie diria à *Playboy*. Depois "eu lembro que minha cara era de 'nem chega perto de mim'", ela diria para a *Rolling Stone*, e Michael entendeu a mensagem. Depois de sua performance, "ele não se aproximou", recorda Lisa Marie. "Eu falei com ele depois e ele disse: 'Eu vi a sua expressão e entendi que, se chegasse perto de você, eu não sabia o que você faria comigo'."

Bob Jones diria que se deu conta do quanto Lisa Marie realmente importava para Michael quando o astro desmaiou no palco durante um ensaio para um especial da HBO, em dezembro de 1995, e foi levado ao hospital. Michael ficou entusiasmado com a chegada de Diana Ross ao hospital (seu quarto foi decorado com pôsteres de Shirley Temple e Mickey Mouse), e também recebeu a mãe, Katherine. Mas "Bill Bray teve de convencê-lo a deixar a esposa entrar", recorda o assessor. "Bill teve de explicar para Michael que a mídia o crucificaria se ele recusasse a própria esposa." Quando chegou ao hospital, Lisa Marie disse que ficou confusa com os relatos conflitantes quanto à condição do marido. "Todo dia havia uma informação diferente", ela explicaria a Oprah Winfrey. "Eu não conseguia entender o que estava acontecendo. Desidratação, pressão baixa, exaustão, um vírus... Todos nós ficamos no escuro." Uma hora houve "um pequeno confronto no hospital", ela diria à *Playboy*, "quando eu comecei a fazer muitas perguntas sobre o que estava errado, ele me pediu para partir. Essa é a história real. Ele disse: 'Você está causando problemas'. Os médicos queriam que eu fosse embora. Eu pirei, porque aquilo era muito familiar. Quando ele saiu do hospital, eu liguei e disse: 'Eu quero cair fora'".

Desde o início do casamento, Michael tinha insistido para que Lisa Marie tivesse um filho seu. Cada vez mais suspeitando de que ter um filho que fosse neto de Elvis fosse parte da motivação de Michael, Lisa Marie receou o que imaginou que seria "uma batalha de custódia terrível" num futuro não muito distante, e se recusou a engravidar. Um dia, durante o café da manhã, Michael disse a ela que a enfermeira no consultório de Arnie Klein, "minha amiga Debbie", tinha se oferecido para ter seu filho, se Lisa Marie não o fizesse. "Diga a ela para ir em frente", foi a resposta de sua esposa. Os dois se separaram definitivamente pouco depois, mas quando Lisa Marie descobriu que Debbie Rowe estava sendo inseminada artificialmente, ela fez uma última tentativa de reconciliação. "Lisa Marie Presley tinha uma queda por Michael Jackson, e por um tempo ela o quis de volta", Bob Jones lembraria. "Ela buscou ajuda da família dele ao tentar reatar com Michael, e também começou a ligar para mim e para Johnnie Cochran pedindo para que a ajudássemos a voltar com seu marido." Mas quando foi anunciado, no final de 1996, que Debbie Rowe estava grávida, Lisa Marie desistiu da reconciliação.

Michael não se esforçou muito para fingir que ele e Debbie tinham "uma vida de casal". O que ele fez, no entanto, foi continuar provocando ou tentando agradar seus fãs com a ilusão de que ele tinha desejos heterossexuais saudáveis. Michael encorajou seus fãs a espalharem o boato de que um dos garotos vistos com frequência em sua companhia no final dos anos 1990, Omer Bhatti, era seu "filho ilegítimo". As provas disso incluíam o fato de que a família inteira de Bhatti tinha passado um tempo vivendo em Neverland, e que Omer (que tinha começado apresentando um ato de tributo a Michael Jackson em turnês mundiais quando ainda era pré-adolescente) passou a aparecer bastante em público e no palco junto com Michael em torno de 1996. Os fãs de Michael comentavam entre si que o garoto era produto de uma transa sem compromisso de Michael com a mãe norueguesa de Omer, Pia. Veja como a pele do garoto é escura, sugeriam alguns crentes. O que aqueles fãs ignoravam era que o marido de Pia era um paquistanês chamado Riz Bhatti, cuja própria tez facilmente explicava a de seu filho. A família Batthi era *muito próxima* de Michael, no entanto. Muitos acreditavam, com boas razões, que Pia Bhatti era a mãe biológica do filho de Michael, Blanket. Já como a criança havia sido concebida e quem seria seu pai eram questões puramente especulativas. A única certeza era que a concepção do filho mais novo de Michael não tinha ocorrido, como ele gostava de afirmar, "da maneira natural".

Jackson continuava determinado a deixar para trás o escândalo Jordan Chandler nos últimos anos do século XX. Isso nunca aconteceria. Ele podia se recusar a discutir as alegações de Chandler na entrevista com Diane Sawyer, mas o caso o perseguiria para onde quer que ele fosse, uma mancha permanente em sua imagem nos Estados Unidos. Depois que o casamento com Lisa Marie Presley terminou, Jackson passou a sair do país cada vez mais, mantendo-se sempre em trânsito. Quando estava lá, ele passava tanto tempo em Nova York, na Flórida e em Las Vegas quanto no rancho Neverland, e também ficava bastante em Los Angeles. A turnê HIStory quebrou recordes de audiência na Europa e na Ásia, mas não houve uma única apresentação no território continental dos Estados Unidos — os fãs americanos tiveram que se contentar com dois shows no Havaí. Ainda assim, ao se preparar para tentar pela última vez recuperar tudo o que ele havia perdido, Michael não estava apenas voltando para o país de seu nascimento, mas também para a mesma cidade onde, quinze anos antes, tudo havia sido tirado dele.

17.

A temporada de Natal de 2008 seria dolorosa para os três filhos de Michael Jackson. A mulher que os havia criado estava fora de suas vidas, e dessa vez parecia que para sempre. Grace Rwaramba havia sido dispensada novamente da presença de Michael. As razões são discutíveis. A alegação recorrente de Rwaramba era que ela e Michael estavam sempre brigando por causa do abuso do artista de remédios controlados, mas o consumo pesado de drogas ocorreu durante a maior parte do tempo em que Rwaramba trabalhou para ele. Grace também disse que Michael não pagava seu salário nem as parcelas de seu plano de saúde havia meses, e que ele tinha se livrado dela mandando Tohme dizer que seu salário seria cortado pela metade. Romonica Harris, uma amiga da família Jackson que trabalhava como professora em Chicago, relataria que pouco antes de partir Grace tentou forçar Michael a se casar com ela, e ficou indignada quando ele recusou. A babá negou a história, e não havia nenhuma prova que amparasse aquela declaração além da palavra de Harris.

O apoio de Grace à reivindicação legal do xeque Abdullah contra Michael, no entanto, era causa de transtornos. "Quando Abdullah processara Michael no ano anterior, no começo Michael disse: 'Ah, eu nunca recebi dinheiro dele'", Grace explicaria pouco depois de ser expulsa da mansão Carolwood. Preocupada com a possibilidade de prepararem uma cilada para incriminá-la pelo roubo de mais de 1 milhão de dólares, dinheiro que Abdullah tinha transferido para sua conta bancária particular, Grace procurou a ajuda de Katherine Jackson: "Eu disse: 'Você, Michael, e eu — nós vamos para a cadeia! Você sabe que não declaramos aquele presente para o imposto de renda'. Eu disse a ela que tinha todos os documentos. Aquilo funcionou. Ela ligou para Michael imediatamente, e ele parou de negar que sabia sobre o dinheiro".

O que Grace não sabia era que Michael estava convencido de que ela o *estava* roubando. Tohme Tohme e Dennis Hawk viajaram para Manama em outubro para tentar fazer um acordo quanto às alegações do xeque Abdullah contra Michael. Depois de ler o contrato que Michael e o xeque tinham assinado, explicou Tohme, ele se deu conta de que não conseguiria fechar o negócio com a AEG até que Abdullah liberasse Jackson. "Michael abriu mão da própria vida", explicou Tohme. "Ele não podia peidar sem a permissão do xeque Abdullah." Tohme tinha viajado até o Bahrein certo de que seus relacionamentos no mundo árabe e sua familiaridade com a cultura do Oriente Médio embasariam um diálogo com os Al Khalifa. Ele era bem relacionado em Omã, cuja família real era a aliada mais próxima dos Al Khalifa na região. "E também tem três coisas de que eu sei", explicou o empresário. "Uma é que os Al Khalifa não precisam do dinheiro. Outra é que eles não querem a publicidade. E a terceira é que não faz parte da tradição árabe foder alguém que foi um hóspede em sua casa." Além disso, "Michael realmente gostou do xeque Abdullah", disse Tohme, "e sentiu que os Al Khalifa haviam sido muito gentis com ele. Eu queria passar aquela mensagem para eles pessoalmente, na nossa língua". Em dois dias, Tohme havia convencido a família real do Bahrein a permitir que seus advogados negociassem um acordo com os advogados de Michael que o liberasse do contrato de 2005, e a aceitar uma quantia menor que os 7 milhões de dólares exigidos no Supremo Tribunal em Londres. Os Al Khalifa concordaram até que Tohme e Hawk pegassem as joias e o dinheiro que Michael havia deixado lá, em cofres. Mas quando abriram o cofre, ele estava vazio. Os funcionários da família insistiram que apenas uma pessoa tinha mexido no cofre desde a partida de Michael, e que aquela pessoa era Grace Rwaramba, que havia aparecido sozinha em Manama, explicando que Michael precisava de alguns papéis que deixara para trás. "Eu não tenho nenhuma prova concreta de que Grace tenha removido qualquer coisa do cofre", disse Hawk, "mas era óbvio que as pessoas no Bahrein acreditavam que ela o havia feito."

Grace nunca foi acusada de qualquer transgressão, mas assim que Tohme e

Hawk voltaram de Manama, Michael mandou a babá embora. Grace logo piorou a situação com seu chefe ao concordar em testemunhar a favor de Abdullah em Londres, onde seu processo contra Jackson estava prestes a ser apresentado ao Supremo Tribunal, em novembro de 2008. O xeque foi a primeira testemunha, e, como previsto, os advogados de Jackson acusaram-no de ter explorado a vulnerabilidade e a falta de bom senso de Jackson, decorrentes do julgamento que o artista tinha acabado de enfrentar. Não foi o caso, Abdullah disse ao tribunal: "Michael é um indivíduo muito ligado. Ele é um intelectual fantástico".

"Há algo de incomum em Michael?", perguntou Robert Englehart, o advogado de Jackson em Londres.

"Não!", replicou Abdullah. Em algumas ocasiões, o xeque chegou a passar a impressão de ainda ter esperanças de que Mikaeel voltasse para ele. Mas, se ele não recebesse o que lhe havia sido prometido, Abdullah deixou claro, ele esperava uma retribuição.

Uma vitória do xeque e de sua família no tribunal pareceu provável depois que Grace Rwaramba prestou um depoimento no qual ela confirmou praticamente todos os detalhes da história de Abdullah.

Michael estava tão desesperado para não ter que prestar depoimento em Londres que, conforme afirmou em julgamento o assistente de Arnold Klein, Jason Pfeiffer, ele insistiu para que Klein fornecesse provas de uma infecção por estafilococo que pudessem ser usadas como justificativa para impedi-lo de pegar um avião até o Reino Unido. Englehart, o advogado de Jackson, disse ao tribunal em Londres que seu cliente estava aguardando o resultado de exames e que "mesmo na melhor das hipóteses, não seria sensato viajar", e pediu permissão para Michael fazer seu depoimento de Los Angeles, por videoconferência. O advogado de Abdullah, Thanki, insistiu que ele precisava da presença física de Jackson em Londres, e sugeriu que o astro "fizesse um curativo" e fosse para Londres. Michael ganhou um pouco de tempo com a estratégia, mas o juiz determinou que ele teria de aparecer pessoalmente no julgamento. Com a aproximação do dia estabelecido, Tohme providenciou, por meio de Mohamed Al Fayed, para que Michael e os filhos fossem levados até Londres num jato particular, e o empresário fez planos de acompanhar a família na viagem. Ele estava com Jackson no hotel Bel-Air, colocando malas na limusine que os levaria ao aeroporto de Burbank, quando seu celular tocou. "Michael realmente não queria ir", recorda Tohme. "Ele está morrendo de medo de ir ao tribunal. Ele sabe que vai ser um circo. E literalmente no último segundo, eu recebo uma ligação do exterior: 'Não venham, não é necessário, nós vamos resolver o problema'. Então eu disse a Michael: 'O.k., vamos voltar para o quarto. Nós não precisamos ir para Londres'. E ele ficou tão feliz."

Depois de testemunhar a favor do xeque Abdullah, Grace não voltaria tão cedo para Los Angeles. Logo que ela saiu de Londres, surgiram relatos na África de que ela havia se casado com um homem chamado Joseph Kisembo. Grace não confirmou a história, mas ela tinha de fato voltado por um tempo para Uganda, onde sua fluência em runyankole permitiu que ela desfrutasse de uma posição confortável em virtude da reputação de seu pai, Job Rwaramba, um homem que havia montado e administrado dispensários médicos em diversas áreas rurais do país, depois de ter escapado a família de Ruanda. No começo de 2009, Grace fundou e declarou-se presidente da fundação World Accountability for Humanity, cujo compromisso era de "fazer uma ponte" entre os doadores ocidentais ricos e os beneficiários africanos pobres. Vivendo em Uganda, Grace não pôde manter contato com os filhos de Jackson nem mesmo por telefone. Foi o período mais longo na vida das crianças que elas passaram sem falar com a ex-babá.

Michael fez com que o dr. Tohme assumisse a culpa por ter mandado Grace embora. As crianças acreditaram na história, que pareceu plausível até mesmo para os adultos que acompanhavam a saga de Michael Jackson. Em meio aos boatos generalizados de que Jackson estava prestes a assinar um contrato com a AEG para uma série de shows na O2 Arena, Tohme parecia estar em completo controle do mundo de Jackson. Tohme e Peter Lopez vinham conversando com a Nederlander Organization sobre a possibilidade de um musical na Broadway para Michael e de uma animação baseada no clipe "Thriller" para a televisão. Como presidente da MJJ Productions, Tohme também estava afinando os detalhes de um acordo para uma linha de roupas MJ, que incluiria "sapatos para moonwalk". Ele também contratou advogados recomendados por Tom Barrack para tentar uma renegociação do acordo referente ao catálogo Sony / ATV. Tohme pretendia "garantir o futuro" dos filhos de Michael, ele diria a Lopez e Dennis Hawk, com produtos baseados na série de shows, que incluiriam um documentário em 3-D, um filme em 3-D baseado no clipe "Thriller" e uma turnê mundial de shows com três anos de duração. Em Las Vegas, surgiram relatos de que Tohme e Barrack estavam trabalhando em mais um projeto para desenvolver um estabelecimento de jogos com o tema Michael Jackson — um "Cassino Thriller" —, e de que ambos já estavam conversando havia algum tempo sobre a possibilidade de converter o rancho Neverland em um Museu Michael Jackson "no estilo de Graceland, de Elvis Presley".

Recuperando-se de um colapso simultâneo dos mercados imobiliários e financeiros no outono de 2008, que já havia lhe custado cerca de 1,3 bilhão de dólares, Barrack ficou entusiasmado ao se dar conta de que ao menos uma de suas propriedades talvez estivesse *aumentando* de valor. Em janeiro de 2009, a Colony Capital tinha contratado oitenta funcionários para completarem a reforma de Neverland, com o objetivo único de vender o rancho por um valor até quatro vezes mais alto do que aquele pelo qual ele tinha sido comprado, segundo uma explicação de Barrack ao *Wall Street Journal*. E, "se a carreira de Michael Jackson voltasse a ganhar velocidade", Barrack comentou no *Journal*, "a propriedade ganharia um valor adicional significativo".

Antes de a equipe da Colony chegar, Tohme tinha feito uma segunda visita a Neverland, e ele voltou para Los Angeles convencido de que tirar os bens pessoais de Michael da propriedade era imprescindível. "Tantas coisas foram largadas de qualquer jeito, quebradas", ele recorda. "E as pessoas estavam pegando coisas. Todos tinham acesso. Eu fui ao armazém onde boa parte das coisas de Michael estava guardada, e era muito triste que todo aquele dinheiro estivesse sendo desperdiçado. Eu contei para Michael e ele não ligou. Àquela altura, ele odiava Neverland. Ele odiava como eles a haviam tratado em Santa Barbara durante o julgamento. E ele disse: 'Eu nunca mais quero pôr os pés ali. Livre-se de tudo'. 'Que tal um leilão?', eu perguntei. E ele disse: 'Pode fazer'." Dentro de poucas semanas, Tohme fez um acordo com a Julien's Auctions, de Los Angeles, para vender tudo o que não estivesse pregado no chão em Neverland em 1390 lotes de "memorabilia". O ganho potencial, Tohme soube, poderia facilmente passar de 10 milhões de dólares.

A "reaceleração" da carreira de Michael Jackson mencionada por Tom Barrack em entrevista para o *Wall Street Journal* começou a parecer cada vez mais provável depois que Michael assinou os "contratos" com a AEG (na verdade os documentos eram uma carta de intenções e uma nota promissória), no dia 27 de janeiro de 2009. "Michael está muito entusiasmado, mas ele também tem medo de não estar à altura das expectativas das pessoas. Michael Jackson não quer subir no palco e decepcionar", recordou Tohme. "Ele ainda precisa ser levantado, ser convencido de que ainda é o cara, o Rei do Pop, e que ninguém o substituiu, ninguém *pode* substituí-lo." Tohme continuou demonstrando que compreendia o quanto até mesmo pequenas homenagens significavam para a autoestima de Michael. "Michael me disse: 'Eu vou a uma loja comprar um jogo para os meus filhos, e todo mundo tem um jogo menos eu'. Então eu falei para a Sony: 'Vocês precisam fazer um jogo para Michael Jackson. Caso contrário, nada feito'. Porque nós estávamos discutindo a produção de um novo álbum *Off the Wall*, como eles haviam feito com *Thriller*. Então eles concordaram. Mandaram alguém para se encontrar com Michael em Los Angeles e ele ficou pasmo. Ele ficou tão feliz." O jogo teria um tapete de dança e seria programado com todos os passos famosos de Michael.

A AEG cercou Michael com um texto (no meio de uma "cláusula geral") declarando que o acordo da nota promissória era "final", e que, ao aceitar o "empréstimo" de 6,2 milhões de dólares da AEG, Michael cumpriria sua promessa de se apresentar em Londres, dando como garantia contra "colaterais" todos os seus bens. O documento também afirmava que um contrato "definitivo" ainda seria preparado e assinado. Tohme e Randy Phillips continuaram negociando os termos do contrato "definitivo" durante o mês de fevereiro inteiro. Tinha ficado claro para Phillips que convencer Michael a estender sua série de shows muito além do que havia sido combinado inicialmente talvez fosse a única forma de atender à demanda internacional de uma turnê Jackson. Tohme sabia que apenas dez shows em Londres não renderiam o suficiente para pagar as dívidas de Michael. Mas, mesmo assim, Michael ainda achava que faria apenas dez shows quando viajou para Londres pouco depois do dia 1º de março para a coletiva de imprensa organizada para anunciar formalmente os shows da O2 Arena. De acordo com Tohme, o nome para a série de shows havia sido decidido duas semanas antes, quando ele e Michael estavam discutindo a viagem para Londres durante uma reunião na sala de estar da mansão Carolwood. "Michael disse: 'Sabe, é isso, esse é o último show que eu vou fazer na vida'", recorda Tohme. "E eu disse: 'Então vamos chamá-lo de *This Is It*'. E ele sorriu e falou: 'É, gostei'."

Para Tohme, aquela viagem a Londres foi sua experiência mais marcante como empresário de Michael Jackson. "Foi inacreditável", ele recorda. Quando Tohme, Michael e as crianças chegaram ao Lanesborough Hotel, em Knightsbridge, onde eles tinham reservas, "a temperatura estava abaixo de zero, e havia pessoas dormindo no parque do outro lado do hotel só para conseguir um vislumbre de Michael entrando e saindo do carro", lembra Tohme. "Eu nunca vi Michael mais feliz do que quando ele viu seus fãs correndo para recebê-lo."

Na noite anterior ao anúncio de 5 de março, Tohme comentou como Michael parecia em forma, ressaltando que o astro parecia ter ganhado um pouco de massa. Michael tirou as roupas até ficar só de cueca e subiu na balança do banheiro, que indicou o peso de 71 quilos. "Nós rimos", lembra Tohme, "por causa das histórias nos jornais sobre como ele estava magro, porque eles continuavam publicando só notícias velhas, nem se importavam mais se aquilo ainda era verdade. Você devia ter visto as pernas de Michael. Pareciam as pernas de um corredor olímpico, duas tiras de aço de tanto dançar. Aquele cara era puro músculo."

A avaliação que Randy Phillips fez do estado de Jackson no dia seguinte, enquanto eles se preparavam para a coletiva de imprensa na O2 Arena, não foi tão favorável. "Michael Jackson está trancado no quarto, bêbado e abatido", Phillips escreveu num e-mail para seu chefe, Tim Leiweke.

"Você está brincando?", foi a resposta de Leiweke, enviada minutos depois. Bem na véspera, o chefe corporativo da AEG tinha participado de um simpósio da indústria musical em que ele respondeu a uma pergunta sobre o preparo de Michael Jackson para uma série de shows, dizendo que "o cara está muito são, está muito focado, está muito saudável".

"Eu [estou] tentando deixá-lo sóbrio", um Phillips frenético escreveu para Leiweke, conforme se aproximava o horário agendado para a coletiva de imprensa. "Eu gritei tão alto com ele que as paredes estão tremendo. Agora, na hora H, ele virou um caos, emocionalmente bloqueado, se odiando."

Tohme e Phillips tiveram de vestir Michael para a coletiva de imprensa. Phillips escreveu a Leiweke: "Ele está morto de medo".

Mais de três anos depois, Tohme diria que os e-mails de Phillips "exageraram" a condição de Michael. Dennis Hawk concordou. "Talvez ele tivesse tomado duas taças de vinho para relaxar", disse Hawk. "Eu não o teria culpado se ele tivesse tomado uma garrafa inteira, levando em conta a importância daquele momento para ele. Mas se ele tivesse feito o tipo de cena que Randy descreveu naqueles e-mails, acho que eu teria ficado sabendo. Não fiquei."

Quase quatrocentos repórteres e mais de 7 mil fãs estavam reunidos na O2 Arena quando Michael chegou, mais de meia hora atrasado, para a coletiva de imprensa. Se Michael estava intoxicado ou assustado, ele escondeu bem por trás de um sorriso amplo e uma aparência confiante. Os shows que ele apresentaria no estádio no verão de 2009 seriam chamados de *This Is It*, pois ele pretendia fazer deles sua última apresentação, Michael disse à multidão reunida. *"This Is It* significa mesmo que é isso'"*, ele declarou nos microfones. Várias pessoas na multidão perceberam como sua voz de repente pareceu assumir um tom mais profundo e ressonante. "Eu sabia que o anúncio dos shows em Londres seria uma notícia grande, mas não tinha ideia do quão grande", recorda Tohme.

Duas noites depois da coletiva de imprensa, Michael pediu para que Tohme providenciasse ingressos para ele e os filhos assistirem à nova versão de *Oliver!* no teatro Drury Lane. "Eu vazei para a mídia quando nós iríamos", disse Tohme. "Eu queria que o público soubesse que Michael estaria lá. Porque eu queria que Michael conseguisse seu oxigênio de volta, eu queria que ele soubesse o quanto era amado. Falei para o pessoal de relações públicas que trabalhava comigo para vazarem em todos os lugares, para garantir que seus fãs soubessem. Mas nem eu pude acreditar no que aconteceu. Havia milhares e milhares de pessoas no teatro quando chegamos. Foi inacreditável como elas reagiram quando viram Michael chegando. O amor — eu nunca vi nada parecido. Michael ficou tão feliz, ele não conseguiu parar de sorrir. E as crianças ficaram chocadas. Nunca tinham visto aquilo antes, não daquele jeito. Foi como se elas finalmente soubessem quem seu pai era."

O humor de Michael mudou drasticamente quando ele descobriu que Tohme e Phillips já tinham feito um acordo preliminar antecipando um possível aumento no número de shows, supondo que a demanda o justificaria. Ainda havia dúvidas dentro da AEG quanto à existência de público suficiente para mais shows, pelo menos em Londres. Michael não apresentava uma série grande de shows desde o final da turnê HISTORY, em 1997. Aqueles quarenta shows haviam sido muito bem-sucedidos, arrecadando 90 milhões de dólares, mas a turnê PopMart, do U2, que se deu naquele mesmo ano, tinha vendido mais ingressos. Jarvis Cocker se tornara um herói popular por ter mostrado a bunda para Jackson durante sua última apresentação em Londres, e muita coisa tinha acontecido desde então, incluindo um julgamento criminal por abuso sexual infantil. O único álbum de Michael Jackson com material novo lançado desde 1997 foi *Invincible*, considerado amplamente um fracasso comercial. Todos esses fatores, combinados com a sequência de apresentações canceladas no passado recente de Jackson, levaram muitas pessoas a verem o conceito "This Is It" como algo um tanto frágil.

Já no começo das negociações do contrato, Randy Phillips comentou com diversos sócios que a falta de autoconfiança de Jackson era o aspecto mais surpreendente — e preocupante — que ele tinha observado no artista. Em Londres, Phillips tentou fazer piada de tais preocupações: "Se Mike ficar nervoso demais para continuar", ele disse a um repórter do *Daily Telegraph*, "eu vou pegá-lo no colo e carregá-lo até o palco. Ele é bem leve". Mas o chefe da AEG Live continuou receoso quanto ao investimento que sua empresa estava fazendo. Logo depois da coletiva de imprensa do dia 5 de março, Phillips e Tohme concordaram em avaliar a situação permitindo que os fãs se inscrevessem para uma "pré-venda" de ingressos no site oficial de Michael. A reação foi muito maior do que eles tinham imaginado: o site foi sobrecarregado por inscrições que chegaram a uma taxa de até 16 mil pedidos por segundo. Apesar de centenas de milhares de fãs não terem conseguido concluir o registro, quase 1 milhão de pessoas apresentaram pedidos de compra nas primeiras 24 horas. Ingressos que ainda nem haviam sido impressos já estavam sendo oferecidos no eBay por 450 dólares cada.

Phillips e Tohme prepararam planos para, no mínimo, dobrar o número de shows na O2 Arena. Quando Michael descobriu, ele explodiu de raiva, insistindo que só tinha concordado em fazer dez shows. A cena que ele criou deu início a uma série de dramáticas reuniões com Phillips, Tohme e os dois advogados de Los Angeles responsáveis por representar os interesses de Jackson nas negociações com a AEG: Hawk e Lopez. Michael anunciou várias vezes que ele estava cancelando os shows na O2 Arena, mas Tohme, segundo um dos advogados, demonstrou ser a primeira pessoa em muitos anos capaz de forçar o artista a reconhecer sua situação. Ele ganharia no máximo 20 milhões de dólares pelos dez shows, Tohme explicou para Jackson. Mais da metade daquele valor seria consumida por impostos, taxas e pelos custos do acordo com o xeque Abdullah. Mesmo com a quantia no Cofre, ainda não haveria dinheiro suficiente para comprar a propriedade de Bolkiah em Las Vegas. Ele ainda devia à AEG todo o dinheiro que eles estavam adiantando pelo aluguel da mansão Carolwood e por outras despesas, Tohme ressaltou, e enquanto isso a dívida de Michael com a Sony não parava de crescer.

A realidade da situação financeira de Jackson era que ele precisava receber *no mínimo* 100 milhões de dólares antes de seu acordo de financiamento expirar, em 2011, ou então o astro teria de encarar a liquidação de seus bens — em outras palavras, a falência. A contragosto, Michael concordou em fazer vinte shows na

O2 Arena. Em seguida, Phillips usou o que desde o começo ele sabia ser sua carta mais forte com Michael, ao ressaltar que o primeiro artista a se apresentar na O2 Arena havia sido Prince, por quem Michael nutria um grande rancor e um fascínio competitivo intenso. "No instante em que Michael soube que Prince tinha feito 21 shows na O2 Arena, ele insistiu em fazer mais", recorda um advogado que participou de todas as sessões de negociação com a AEG. "Mais dez, na verdade." Em poucos dias, o acordo de Michael para fazer 31 apresentações na O2 Arena aumentou para 45 shows, que se estenderiam até o final de 2009. Pouco tempo depois, Jackson, Phillips e Tohme concordaram em arredondar para cinquenta, que se estenderiam até fevereiro de 2010.

Para ajudar Tohme a persuadir Michael a assumir um compromisso tão grande, Phillips fez uma série de concessões que muitos consideraram ridiculamente generosas. "Randy realmente queria que aqueles shows acontecessem, e não só para a AEG ganhar dinheiro", disse o advogado responsável por lidar com boa parte da comunicação entre Phillips e Tohme. "Ele realmente viu a oportunidade como sua chance de ajudar a ressuscitar a carreira de um grande artista." Entre as promessas que Tohme e Jackson conseguiram extrair de Phillips, estavam o pagamento de 15 milhões de dólares para a compra de uma casa nova em Las Vegas quando os shows terminassem; o aluguel de uma propriedade perto de Londres, do nível da casa de Paul McCartney — "mais de seis hectares, riachos, cavalos", lembra Phillips — para ser usada como lar temporário de Jackson e seus filhos durante os shows; o pagamento, por parte da AEG, de um personal trainer e um chef/ nutricionista que ajudariam Michael a se preparar para os shows; e a contratação, por parte da empresa, de um médico particular para cuidar da saúde de Michael do momento em que ele concordasse com os cinquenta shows até o final da última apresentação. Michael também pediu que a AEG providenciasse para que o *Livro Guinness dos Recordes* documentasse a série inteira de shows e incluísse quaisquer recordes quebrados na edição seguinte do livro. Phillips e a AEG concordaram que Jackson receberia 90% de todos os lucros das apresentações, e que os shows em Londres seriam superproduções com equilibristas, acrobatas, malabaristas e mágicos, algo semelhante a um espetáculo do Cirque du Soleil, incluindo números de dança com coreografias elaboradas que teriam, como pano de fundo, diversas telas apresentando gravações curtas em formato IMAX ou 3-D, realçados por shows de laser. Michael teria de aparecer pessoalmente no palco em períodos de apenas treze minutos por vez durante os shows, ficou acordado, e se sua voz perdesse força... Bem, a O2 Arena possuía a tecnologia de sincronização labial mais sofisticada do mundo.

No dia 11 de março de 2009, a AEG começou a oferecer em pré-venda metade dos ingressos para os primeiros 45 shows *This Is It*. Minutos depois de dois sites começarem as vendas, mais de 1 milhão de fãs de Jackson tentando acessá-los derrubaram ambos os sites. Duas horas depois de os sites serem reiniciados, 190 mil ingressos haviam sido vendidos. No decorrer das dezesseis horas seguintes, todos os 300 mil assentos disponíveis haviam sido reservados, e mais de 1,5 milhão de pessoas que tentaram, mas não conseguiram comprar os ingressos, estavam esperando pela próxima oportunidade. Uma semana depois, a outra metade dos lugares para os primeiros 45 shows *This Is It*, além de todos os lugares para os cinco últimos shows, foram disponibilizados para o público e vendidos em poucas horas. Com pouco esforço e praticamente nenhum marketing, a AEG vendeu 750 mil ingressos para os shows *This Is It*. O resultado das vendas garantia uma receita bruta mínima de 85 milhões de dólares, com um saldo final de pelo menos 125 milhões quando entrasse o dinheiro do merchandising, do documentário e de outras fontes relacionadas. A Sony anunciou que as vendas do álbum *King of Pop*, lançado no aniversário de cinquenta anos de Michael, tiveram um aumento de 400%. Em poucos dias, havia ingressos para os shows *This Is It* sendo oferecidos no eBay por 15 mil dólares cada.

Até mesmo os jornais britânicos, depois de tanto tempo atormentando Jackson, foram forçados a reconhecer a realidade, diante da reação do público. "Michael Jackson derrubou seus críticos", reconheceu o *Times* londrino. Uma "reviravolta espantosa para um homem que passou os últimos anos perseguido por controvérsias", disse o *Guardian*, reconhecendo a velocidade e a proporção da venda de ingressos para os shows na O2 Arena. A AEG tinha produzido o "acontecimento do showbiz da década", admitiu o *Evening Standard*.

Os feitos que Tohme e a AEG postaram no site oficial de Michael Jackson incluíam uma lista de recordes que haviam sido quebrados pela venda quase instantânea dos ingressos para os shows na O2 Arena: "A maior plateia na história a ver um artista em uma cidade"; "O maior número de pessoas a verem uma série de shows de arena"; "A venda de ingressos mais rápida da história". Mas Randy Phillips e sua empresa sabiam muito bem, mesmo que Tohme não soubesse, como era perigoso contar com os ovos quando Michael Jackson estava envolvido. Todos na indústria musical estavam cientes de como Jackson tinha abandonado seus já anunciados *Millennium Concerts* em Honolulu e Sidney em 1999, mesmo depois de ser alertado que estava se expondo ao processo de Marcel Avram, que acabou resultando numa perda de 5,5 milhões de dólares para o artista. Phillips e seus sócios também sabiam do especial para a HBO, *One Night Only*, que foi cancelado em dezembro de 1995, quando um público mundial estimado em 250 milhões de pessoas foi desapontado quando Michael desmaiou durante os ensaios e teve de ser levado às pressas de ambulância para o Centro Médico Beth Israel em Nova York, para ser tratado por "desidratação". O especial para a HBO foi cancelado em meio a histórias de que Jackson tinha fingido a coisa toda para escapar do compromisso. Uma das pessoas a defender essa hipótese foi Bob Jones, que afirmou ter observado em diversas ocasiões a "tendência de simular doenças e outros problemas para se livrar de compromissos e promessas" por parte de Michael. Grace Rwaramba concordaria: "Para Michael, ir a um hospital nunca era uma questão de estar doente. Era para evitar um compromisso no tribunal ou uma apresentação". Jones disse que dava algum crédito à alegação de que "Michael costumava inventar de ir ao hospital só para ver quantos presentes e flores ele receberia".

Phillips e a AEG tinham pouco a fazer além de torcer e rezar para que o dr. Tohme encontrasse alguma forma de manter Jackson na linha. Mas já havia alguém serrando um círculo embaixo dos pés de Tohme, e o novo empresário de Michael não perceberia até o último segundo antes de sua queda livre.

Nos jornais, relatos da rápida venda dos ingressos costumavam ser seguidos por estimativas de quanto Michael poderia ganhar pelos cinquenta shows em Londres. Uma bolada de 100 milhões de dólares parecia bem realista, incluindo todas as fontes de renda complementares, acreditava Dennis Hawk. Se Michael fosse persuadido a dar sequência aos shows com uma turnê na Ásia e, posteriormente, uma turnê mundial, Hawk calculou que seu cliente poderia chegar a ganhar algo em torno de 400 milhões de dólares. As estimativas da AEG quanto aos lucros potenciais de Jackson no caso de uma turnê mundial eram muito mais conservadoras: a empresa calculou que Michael sairia com 132 milhões de dólares depois de ter seus adiantamentos e gastos deduzidos. "Esse não é um número que Michael Jackson vai querer ouvir", Gongaware alertou Phillips e Leiweke num e-mail. "Ele acha que é muito maior do que isso." Eles deveriam falar com Michael em termos de receitas brutas, sugeriu Gongaware. Dessa forma, os valores se aproximariam mais dos cálculos de Tohme e Hawk, que achavam que, se Jackson complementasse a turnê mundial com um retorno triunfante a Las Vegas, ele poderia chegar, concebivelmente, a acumular 1 bilhão de dólares no decorrer de dois ou três anos.

Mesmo que o lucro não passasse de 200 milhões, ainda seria um belo naco de carne para os tubarões que cercavam Michael Jackson desde que ele tinha nove anos de idade, e, como sempre, os mais ferozes do cardume pertenciam à própria família de Michael.

O artista estava fazendo tudo o que podia para evitar contato com o resto dos Jackson durante a preparação para os shows, mas isso era impossível. Katherine sempre conseguia entrar em contato com ele, o que fez naquela primavera, com um pedido feito por meio de Tohme Tohme para Michael comprar um trailer de 750 mil dólares que ela pudesse usar para a viagem de volta a Indiana. Pela primeira vez em anos, Michael tinha milhões de dólares à mão, a maior parte guardada no Cofre controlado por Tohme, reservada para uma parcela inicial do pagamento da nova casa em Las Vegas. O resto estava escondido embaixo dos carpetes da mansão Carolwood. "Michael tentou dizer não para a mãe", recorda o indivíduo que foi forçado a servir de intermediário no que se tornou uma transação complexa. "Ele queria dizer não, mas no fim não conseguiu." Dennis Hawk conseguiu tirar proveito da recessão profunda que tomava o país no começo de 2009 para negociar com a Marathon Coach, a empresa sediada em Oregon que produzia o Prevost personalizado que Katherine queria, reduzindo o preço para pouco mais de 500 mil dólares, mas até mesmo aquela quantia fez um rombo significativo no Cofre.

Joe Jackson pretendia obter uma fatia maior do bolo, e já tinha feito uma parceria com um "produtor" chamado Leonard Rowe para essa finalidade. Rowe era um ex-presidiário que fora várias vezes para o xadrez por passar cheques sem fundo, e foi condenado a cumprir pena numa prisão federal no começo dos anos 1990 depois de ser preso por uma transferência de fundos fraudulenta envolvendo um pagamento indevido de seguro. Ele era mais conhecido em Hollywood por ter aberto um processo coletivo que acusava de racismo a CAA e a William Morris Agency, entre outras empresas, por terem lhe negado a oportunidade de promover shows. O caso se arrastou pelos tribunais por seis anos até um juiz finalmente decretar que "nenhum avaliador racional de fatos poderia favorecer os querelantes em qualquer uma das inúmeras alegações feitas neste processo". Rowe continuou se colocando no papel de minoria oprimida, e uma das poucas pessoas a acreditar foi R. Kelly, que contratou Leonard para promover sua turnê Double Up de 2007 e 2008. Tanto Kelly como seu colega Ne-Yo acabariam processando Rowe com sucesso por fraude depois do fim da turnê.

A campanha que "Joe e Rowe" conduziriam para usurpar Tohme Tohme já tinha conseguido a participação do ex-empresário de Michael, Frank Dileo. No dia 26 de novembro de 2008, instigado por Joe Jackson, Dileo assinou um acordo de vínculo com uma organizadora de shows sediada em Nova Jersey chamada AllGood Entertainment para uma "performance ao vivo da família Jackson (Michael Jackson, Janet Jackson e irmãos, doravante denominados como os 'Jackson')" no Giants Stadium em Nova Jersey. O pagamento seria de 24 milhões de dólares por um único show com duração "de no mínimo 150 minutos", no qual Michael Jackson se apresentaria por "no mínimo noventa minutos", e cantaria pelo menos duas músicas com os irmãos. Os Jackson também receberiam uma porcentagem da receita líquida de diversas outras "fontes de renda associadas ao evento", que incluiriam royalties de licenciamento, merchandising, pay-per-view, transmissão ou exibição pela televisão a cabo, lançamento nos cinemas e patrocínios, além de um DVD e um CD do show, que seriam lançados por meio de um acordo de distribuição com grandes revendedores tais como o Wal-Mart.

O presidente da AllGood, Patrick Allocco, afirma ter contatado Dileo depois de uma reunião com Joe Jackson no New Orleans Casino, em Las Vegas, na qual Joe "me disse que Michael estava trabalhando em estreita colaboração com Frank Dileo, e que Frank estava gerenciando seus negócios". Na época, Dileo não tinha nenhum relacionamento profissional com Michael Jackson. Dileo alega nunca ter se apresentado como empresário de Michael, e afirma que desde o começo ele disse a Allocco que Michael nunca concordaria em trabalhar com a família. Allocco tem uma lembrança muito diferente daquela conversa, insistindo que Dileo tinha *sim* alegado que empresariava Jackson. Dileo diz que prometeu apenas apresentar a Michael e a família Jackson uma proposta por escrito para o acordo do show de reencontro, desde que a AllGood pagasse um "adiantamento" de 400 mil dólares (apenas 150 mil dólares daquele dinheiro iriam para ele, e serviriam para "cobrir despesas", Dileo afirmaria posteriormente). O acordo que Dileo e Allocco assinaram em novembro de 2008, no entanto, exigia que um cheque de 2 milhões de dólares fosse entregue a Dileo até o dia 31 de dezembro de 2008. Allocco disse que, pouco depois de assinar o acordo com Dileo, ele descobriu que o sócio de Frank, Mark Lamicka, havia sido nomeado num processo que o acusava de enganar um produtor que havia pagado uma taxa adiantada no acordo para um show prometido que nunca se materializou. Ele e Dileo se encontraram novamente no dia 15 de janeiro de 2009, recorda Allocco. Frank disse que estava pronto para seguir em frente com o acordo para o show da família Jackson, mas apenas se recebesse seus 150 mil dólares do depósito adiantado. Allocco, no entanto, "desconfortável" com o que tinha ouvido falar sobre Dileo e Lamicka, diz que se ofereceu para colocar o dinheiro numa conta fiduciária. Não, respondeu Dileo, ele precisaria dos 150 mil dólares em mãos antes de falar com Michael Jackson sobre o acordo para o show.

Bem naquela época, Leonard Rowe apareceu no escritório de Allocco insistindo que *ele* era o empresário de Michael Jackson, e que podia negociar em nome de toda a família Jackson. Rowe alegou que estava tentando organizar uma turnê de shows da família Jackson fazia meses. Ao final de 2008, ele e Joe Jackson tinham formado uma parceria, pretendendo, entre outras coisas, remover Frank Dileo do acordo AllGood. Rowe disse que conseguiu rapidamente a adesão de todos os irmãos Jackson, menos Michael, mas que isso exigiu um esforço para convencer Janet Jackson de que ela não tinha o "poder de atração" para liderar a turnê. Em determinado momento, Rowe havia reunido Janet, Jermaine, Jackie, Marlon e Tito nos portões da casa de Michael, onde eles informaram ao segurança que queriam uma reunião com Michael. O guarda entrou na casa e em seguida voltou para pedir a cada um que escrevesse seu nome num pedaço de papel, para que Michael soubesse quem, exatamente, estava em sua porta. Quinze minutos depois, o guarda os conduziu para dentro, para se encontrarem com Michael. De acordo com o relato por escrito de Rowe: "Eu disse que queria que ele se encontrasse com seus irmãos e fizesse uma turnê nos Estados Unidos. Michael disse: 'Eu não posso fazer isso agora. Tenho outros planos'. Nós ficamos lá por algumas horas tentando persuadi-lo. Eu vi que Michael estava ficando irritado, então decidimos partir".

No final de janeiro de 2009, Allocco começou a ouvir relatos de que Michael Jackson tinha assinado ou estava prestes a assinar um acordo com a AEG para uma série de shows na O2 Arena. Frank Dileo, que, segundo Allocco, continuou se apresentando como empresário de Michael Jackson, "estava nos dizendo que os shows em Londres nunca aconteceriam, e que Michael não tinha um acordo com a AEG". Allocco diz que ele e seus sócios estavam cada vez mais céticos quanto a Dileo: "Um de meus informantes recebeu uma ligação de um cara da AEG dizendo que eles tinham um acordo iminente a ser assinado com Michael — isso no fim de janeiro. Foi assim que eu soube que Frank Dileo era uma fraude".

Alarmado, Allocco pagou uma taxa de retenção de 15 mil dólares para Leonard Rowe para que ele arranjasse uma reunião com Katherine Jackson, a única pessoa da família que, dizia-se, era capaz de conseguir a atenção de Michael. No dia 3 de fevereiro de 2009, Allocco se encontrou com a sra. Jackson e com Rowe num restaurante em Encino, perto da propriedade Hayvenhurst. "Eu falei com ela sobre minha ideia para o show", recorda Allocco. A sra. Jackson pareceu gostar do que estava ouvindo, ele lembra, porque ela não achava que Michael podia ou devia fazer uma série inteira de shows. "É por isso que nosso acordo é muito adequado", Allocco se lembra da mãe de Michael dizendo, "um dia de apresentação com uma quantia substancial de dinheiro." Mas dois dias depois, Allocco soube por meio de fontes na Sony que Michael Jackson estava, na verdade, sendo gerenciado por alguém chamado dr. Tohme Tohme. Ele sugeriu a Rowe que ele ligasse para Tohme e tentasse conseguir uma reunião.

Aquilo deixou Tohme numa posição desconfortável. Ele e os advogados que tinham negociado o contrato com a AEG Live em nome de Michael tinham prometido a Randy Phillips que não divulgariam ou discutiriam aquele acordo em público até que fosse feito o anúncio formal dos shows, no começo de março. Em vez de se encontrar com Allocco e Rowe pessoalmente, Tohme falou com ambos brevemente por telefone, e em seguida enviou Dennis Hawk para encontrá-los, explicando que Hawk era o principal advogado de Michael na indústria de entretenimento. Allocco parecia um sujeito decente, Tohme disse a Hawk, mas Rowe era obviamente um palerma; fale com um, ignore o outro. E, independente de como ele lidasse com a situação, Hawk teria de ouvir os dois sem entregar o fato de que Michael já tinha um acordo preparado com a AEG Live.

Allocco e Rowe chegaram ao escritório de Hawk no dia 12 de fevereiro e logo abandonaram a ideia de uma apresentação de reencontro da família Jackson, em prol de uma apresentação solo de Michael Jackson com "participações especiais" de membros da família no Superdome, em New Orleans, evento que renderia a Michael até 30 milhões de dólares por uma única performance. A reunião não demorou para sair dos trilhos depois que Rowe começou a insistir em voz alta que ele, e não Tohme Tohme, era o empresário de Michael Jackson, que ele era íntimo de toda a família Jackson e que Michael faria o que ele o mandasse fazer. Rowe ficou cada vez mais descontrolado, gritando e xingando Hawk, que se limitou a escutar sentado até ambos terminarem de falar, para em seguida agradecê-los por terem aparecido e prometer que entregaria a proposta deles ao dr. Tohme. No decorrer das semanas seguintes, Hawk recebeu várias ligações do advogado de Allocco, que queria colaborar na revisão do documento assinado por Dileo. Hawk deu uma olhada naquele "contrato" (que havia sido escrito pelo próprio Dileo) e soube que aquilo nunca poderia ser usado num tribunal. Posteriormente, ele descreveria o documento como "o acordo mais mal elaborado que eu vi em mais de vinte anos como advogado".

Hawk se informou a respeito da AllGood e descobriu que a empresa tinha produzido alguns shows bem-sucedidos no Caribe, incluindo uma apresentação de Bon Jovi no Coliseo de Puerto Rico que teve os ingressos esgotados e um festival de música em Trinidad e Tobago em que Stevie Wonder e Babyface, entre outros artistas, fizeram apresentações para um público de 20 mil pessoas. Mas a AllGood não era uma AEG Live, e, assim como Tohme, Hawk concordava com Randy Phillips que seria melhor para Michael começar seu retorno no exterior, onde ele era amado, antes de se apresentar nos Estados Unidos, onde a recepção seria mais variada. Por mais que Michael detestasse ouvir referências sobre a "reabilitação" de sua imagem, Hawk sabia que ele era astuto o suficiente para reconhecer que um grande sucesso mundial tornaria muito mais difícil para a mídia americana marginalizá-lo.

Hawk e Tohme enrolaram até que os shows na O2 Arena fossem anunciados oficialmente pelo próprio Michael na coletiva de imprensa em Londres. Joe e Rowe imediatamente entraram na ofensiva, aparecendo na mansão Carolwood todos os dias por uma semana inteira e exigindo entrar. De acordo com Rowe, Michael lhe disse em um telefonema no dia 22 de março que ele pensaria em contratá-lo como empresário de turnê. Finalmente, no dia 25 de março, Michael cometeu o engano de deixar Joe e Rowe entrarem em sua casa. "Eu não tenho dinheiro e é sua culpa!", berrou Joe, enquanto ele pressionava Michael para assinar alguma espécie de documento que permitisse a Rowe negociar um acordo com a AllGood Entertainment em nome de Jackson. Rowe alegaria que Michael *assinou* alguma espécie de acordo naquele dia, mas ele não chegou a mostrar nenhum documento como prova.

Como sempre fazia quando não tinha escolha, Joe recorreu à ex-esposa,

Katherine. Joe e Rowe a pressionaram de diversas formas. Rowe começou com uma acusação furiosa contra o novo empresário de Michael. Esse tal de "dr." Tohme era um impostor amador que não sabia nada do negócio de entretenimento e estava usando Michael para ficar rico, ele afirmou. Tohme estava em conluio com a AEG, trabalhando com eles para separar Michael do resto do mundo, incluindo sua própria família. Se Michael fizesse o show no Superdome, Joe e Rowe disseram, ele poderia faturar no mínimo 20 milhões de dólares por uma noite de trabalho, e o restante da família dividiria outros 20 milhões entre si, depois que os direitos para a televisão fossem vendidos. Só a parte de Katherine seria de 2 milhões, Rowe prometeu à mãe de Michael, e tudo o que ela tinha era de convencer o filho que a amava de que havia um acordo melhor para ele na mesa do que o da AEG Live.

Ao final de março, Katherine tinha começado a agir como uma intermediária entre Joe e Rowe e Michael Jackson. Michael tinha dado instruções claras de que nem seu pai nem o sócio de seu pai podiam mais entrar na mansão Carolwood, e ele se recusava a falar com ambos pelo telefone. Sua mãe, no entanto, sempre conseguia falar com ele até 24 horas depois de telefonar. "No que dizia respeito à família, Michael só dava ouvidos à sra. Jackson", disse um dos advogados que o representaram. "Ele não ouvia o pai e não ouvia os irmãos ou irmãs. A única pessoa que ele queria ajudar o tempo todo era a sra. Jackson. Sempre que ela queria algo, ele providenciava. E agora ela estava fazendo tudo o que podia para convencer Michael a assinar o acordo AllGood."

Não *tudo*. Quando Joe Jackson insistiu que Katherine deveria convencer Michael a deixá-la se mudar para a mansão Carolwood, para que ela pudesse pressionar o filho dia e noite, ela se recusou. "Eu tenho respeito demais pela privacidade dele para fazer isso", ela disse a Joe. Ainda assim, sempre que falava com Michael por telefone ela perguntava por que ele não trocava Tohme Tohme por Leonard Rowe e assinava o acordo da AllGood. Seria bom para ele e para a família toda, disse Katherine, que havia falado por anos que o maior erro de Michael havia sido abandonar o Jackson 5.

"Nós ficamos sabendo da coisa toda", lembra Hawk, "e todo mundo estava preocupado com a possibilidade de Michael assinar um contrato com a AllGood só porque a mãe queria."

Os irmãos e irmãs de Michael já seguiam o mesmo caminho que os pais, tentando se enfiar num acordo que, segundo Patrick Allocco, renderia o maior cachê que qualquer um deles, além de Janet, tinha visto em décadas. Jermaine foi o mais insistente ao buscar a colaboração de Michael. "Jermaine telefonava o tempo todo, não parava nunca", disse Hawk, que tinha se tornado, a contragosto, o contato entre Michael e o dr. Tohme, de um lado, e a família Jackson, do outro.

Enquanto isso, Frank Dileo continuou espalhando a história segundo a qual Tohme Tohme era um svengali, e que ele tinha hipnotizado Michael para forçá-lo a obedecer à sua vontade, mesmo quando aquilo fosse contra os melhores interesses do artista. Ele encontrou uma plateia receptiva a sua mensagem entre os Jackson, que ansiavam por acreditar que Tohme os mantinha distantes de Michael para garantir seu controle, e que o novo empresário não tinha capacidade para ocupar aquela posição. Talvez ele não tivesse. Vários executivos experientes da AEG perceberam que Tohme pareceu ao mesmo tempo encantado e confuso em meio à adulação que cercou Michael na viagem a Londres para o anúncio dos shows na O2 Arena. O olhar perdido do homem deixava-os nervosos, disseram os executivos da AEG. Além disso, Tohme não parecia compreender que sua determinação em proteger seu cliente de qualquer demanda ou pressão externa, e em mediar cada um dos negócios de Michael, por mais trivial que fosse, estava alienando aqueles que viam o acesso ao astro como sua validação definitiva.

No dia 26 de março, quando Frank Dileo e Leonard Rowe se encontraram pela primeira vez, por insistência de Katherine Jackson, o advogado Peter Lopez tinha se juntado ao coro de pessoas que se manifestavam contra Tohme. Lopez estava convencido de que havia sido decisão de Tohme, e não de Michael, designar Dennis Hawk como o principal advogado de entretenimento de Jackson. Outra pessoa que Tohme não conhecia, Michael Amir Williams — o "irmão Michael" —, tinha estabelecido um relacionamento informal com Dileo, e ele começou a afirmar que Tohme era "só papo". O tom agressivo de Tohme e seus modos arrogantes, combinados com seu inglês imperfeito, o nome estranho e a origem árabe, não o ajudaram a fazer amigos entre os Jackson e nem na mídia. Ao mesmo tempo, Tohme tinha uma qualidade ingênua, uma curiosa inaptidão para perceber que, só porque as pessoas eram calorosas e amigáveis quando estavam à sua frente, isso não significava que elas não começariam a sabotá-lo no momento em que ele saísse da sala. "Eu sou novo nessa indústria", Tohme explicou. "Eu sou um homem de negócios, e acho que já tratei com pessoas importantes, mas eu nunca vi nada como a indústria de entretenimento, onde as pessoas fazem qualquer coisa para ganhar, onde não existe nenhuma noção de honra ou lealdade, onde se esgueirar e apunhalar pelas costas constitui a maneira tradicional de fazer as coisas. Eu não conseguia acreditar. Eu *não* acreditei até acontecer."

No dia 2 de abril de 2009, o site *Celebrity/ Access* publicou um texto de Ian Courtney com a manchete "O verdadeiro empresário de Michael Jackson pode se apresentar?", citando um comunicado de imprensa no qual Leonard Rowe alegava ter sido contratado como o novo empresário de Michael. Em seguida, o artigo citava um porta-voz de Dileo dizendo que *Frank* era o novo empresário de Michael, e que a empresa do sr. Dileo, juntamente com a AEG, publicaria um comunicado de imprensa contrariando a alegação de Rowe. Tohme segurou a língua, deixando que um e-mail enviado pela AEG falasse por ele:

> Ian, o único indivíduo com quem a AEG Live tem interagido desde o começo das recentes negociações que resultaram na venda sem precedentes dos cinquenta shows na O2 Arena em Londres é o dr. Tohme. Ele participou de todas as minhas reuniões com MJ e teve um papel fundamental na aparição de MJ na coletiva de imprensa em Londres, que se tornou histórica. MJ continua se referindo ao dr. Tohme como seu empresário.
>
> Eu recebi uma ligação de Leonard Rowe requisitando uma reunião, pedido que eu recusei depois de Michael Jackson ter me avisado, pessoalmente, que Rowe não estava envolvido, desmentindo o comunicado de imprensa. Essa foi a minha única interação com Leonard Rowe.
>
> No que diz respeito a Frank Dileo... Nós não estamos antecipando nenhum comunicado de imprensa envolvendo o sr. Dileo, e não estamos envolvidos profissionalmente com ele.
>
> Em suma, a situação é essa.
>
> Randy Phillips

Para Tohme, as afirmações por escrito de Phillips eram garantia suficiente. "Mesmo sabendo que Frank Dileo está por perto, que Leonard Rowe está por perto, que John Branca está por perto, que outras pessoas estão por perto, eu não fiquei preocupado", ele explica. "Eu era o empresário de Michael! Tenho os documentos! Ele me deu controle total. Então eu pensei que não importava o que os outros diziam. Tenho muita coisa para aprender."

18.

Depois do anúncio dos shows na O2 Arena, a multidão de paparazzi que seguia Michael sempre que ele saía por Los Angeles ficou três vezes maior. Os jornalistas sabiam que os dois únicos lugares que Jackson visitava com frequência eram o consultório de Arnold Klein e a casa de Elizabeth Taylor, em Bel Air. Em abril, Michael estava visitando o consultório de Klein duas ou três vezes por semana. A matilha enviada pelos tabloides desconfiou, naturalmente, que Jackson estava indo buscar analgésicos, e os paparazzi passavam um bom tempo tomando milk-shakes enquanto esperavam Jackson sair do consultório de Klein. Mas era difícil dizer se Jackson estava pegando remédios com o médico, pois, de acordo com um antigo assistente, Klein tinha passado a fazer receitas que levavam seu próprio nome para alguns pacientes. Registros posteriores revelariam que ele tinha assinado ao menos 27 novas receitas para si mesmo depois que Michael Jackson voltou da Irlanda para os Estados Unidos, de Valium e Vicodin, além do sedativo midazolam e de modafinil, uma droga usada para tratar narcolepsia que supostamente fazia pessoas que não dormiam tempo suficiente se sentirem mais alertas. O motoboy de Mickey Fine era visto entrando e saindo regularmente da mansão Carolwood. Michael costumava ir da casa de Liz Taylor direto para o consultório de Klein, levando alguns dos paparazzi a especularem se o Rei do Pop estava trabalhando como avião de drogas.

Embora não houvesse como provar que Klein estava fornecendo drogas para Jackson, não havia dúvidas de que ele estava atuando como seu médico. De acordo com sua própria contabilidade, Klein prestou serviços médicos a Jackson no valor de mais de 48 mil dólares no período de três meses, entre 23 de março e 22 de junho de 2009. Os 179 procedimentos envolvidos eram pequenos se comparados com os do passado, mas inventariar o grande volume de substâncias estranhas injetadas ou aplicadas no rosto de Michael no decorrer daquelas semanas não era trabalho para quem se impressiona facilmente. Michael levou 51 injeções de uma droga intramuscular para preparar sua pele para as inserções de Restylane com uma agulha fina que Klein estava usando para preencher as rugas de Jackson. Restylane é uma substância ácida que, além de causar dores de cabeça e náusea, costuma deixar os locais de aplicação sensíveis — um preço pequeno a pagar, de acordo com aqueles que exaltam seus resultados duradouros. Klein também tinha feito injeções de Botox em Michael, ao redor e embaixo dos olhos e na testa, não apenas eliminando aquilo que dermatologistas chamam de "linhas de expressão", mas também reduzindo a capacidade do corpo de se resfriar pela perspiração. Jackson também recebeu no consultório de Klein diversas aplicações da solução oftálmica Latanoprost, desenvolvida como um tratamento para glaucoma, porém mais popular para realçar o crescimento, a grossura e o escurecimento das sobrancelhas e dos cílios. Além disso, Klein tratou Michael com Latisse, uma substância para alongar os cílios e deixá-los mais grossos, junto com uma provisão de Nutritic Lips, para engrossar os lábios. Também foi realizada uma nova "cirurgia para acne" no consultório médico. Parte da explicação pela conta alta foi uma situação de emergência que exigiu que Klein interrompesse uma viagem de folga de fim de semana para voar até Beverly Hills num helicóptero alugado, transportando sua equipe em carros conduzidos por motoristas. Alguns dos perseguidores de Jackson entre os paparazzi (que não sabiam que Michael estava tentando evitar prestar depoimento em Londres) passaram a acreditar que isso teve algo a ver com uma infecção de estafilococo surgida depois de uma plástica no nariz.

Para Klein, reparar o dano que Jackson já tinha feito a si mesmo era metade da batalha; ajudá-lo a protelar os efeitos do envelhecimento era o resto. Michael não suportava a ideia de ficar velho, muito menos o processo de envelhecimento. Disse mais de uma vez que se tornaria um recluso quando chegasse aos sessenta anos. "Você não quer que as pessoas o vejam envelhecendo?", perguntou o rabino Shmuley Boteach a ele em 2000, quando o astro estava prestes a fazer 42 anos.

"Não consigo lidar com isso", respondeu Michael. "Eu amo demais as coisas belas, as coisas belas da natureza, e quero que minha mensagem chegue ao mundo, mas não quero ser visto agora [...] como quando a minha foto apareceu no computador, eu fiquei desesperado quando a vi [...]. Porque eu pareço um lagarto. Queria nunca ser fotografado nem visto." Ver Fred Astaire sofrer a debilitação da idade avançada foi uma de suas piores experiências, Michael contou ao rabino. "Um dia [Astaire] me disse: 'Sabe, Michael, se desse um giro agora eu cairia de cara no chão. Todo o meu equilíbrio se foi.'" Era uma agonia ver o melhor deslizador de todos os tempos se mover por sua casa no fim, disse Michael: "Passos pequenininhos, aquilo partiu o meu coração".

"Eu acho que ficar velho é o mais feio, a coisa mais... a coisa mais feia", ele disse a Boteach. "Quando o corpo cede e começa a enrugar, eu acho isso tão ruim... Não quero nunca olhar no espelho e ver isso." Mas, aos cinquenta anos, estava acontecendo. Ele se recusava a deixar o processo acontecer. "Eu não quero acabar como Brando", ele disse a Gotham Chopra naquela primavera em Los Angeles. "Prefiro acabar como Elvis."

Durante a preparação para os shows na O2 Arena, Jackson estava decidido a se cercar de pessoas conhecidas. A AEG Live apoiou com prazer as exigências para os shows *This Is It*. Randy Phillips já tinha começado bem com Jackson ao aceitar o fato de que, durante a preparação para um espetáculo, Michael pensava em si mesmo como um dançarino, antes de tudo, e que ele tendia a escolher coreógrafos como seus principais colaboradores.

Kenny Ortega, com quem Jackson andara se encontrando com regularidade praticamente desde que havia voltado da Irlanda para os Estados Unidos, em 2006, tinha coreografado as turnês Bad e Dangerous antes de ir para Hollywood. Ortega tinha evoluído bastante desde quando ensinou Patrick Swayze a dançar em ritmo quente e transformou Madonna numa Marilyn Monroe capaz de rodopiar em seu clipe "Material Girl". Vinte anos depois do término da turnê Dangerous, Ortega era considerado o maior responsável por transformar *High School Musical* numa das franquias mais lucrativas na história da Disney. Aquele sucesso, junto com a facilidade de comunicação entre Kenny e Michael, fez com que o valor de sete dígitos que Ortega receberia como diretor de espetáculo para os shows *This Is It* parecesse um investimento sólido para a AEG.

Também não foi surpresa alguma que Michael quisesse ajuda de Travis Payne para elaborar os passos de dança. Payne havia ganhado um American Choreography Award em meados dos anos 1990 por seu trabalho no clipe de uma das músicas mais coléricas já compostas por Jackson, "Scream", uma denúncia furiosa da imprensa sensacionalista. Jackson e Payne persuadiram a AEG a pagar a passagem para centenas de dançarinos do mundo todo, que passariam por uma seleção para escolher doze deles para dançar no palco com Michael na O2 Arena. Aqueles que já tinham trabalhado com Michael no passado ficaram impressionados ao vê-lo romper com a tradição de fazer o processo seletivo por vídeo, evitando assim conhecer aqueles que ele rejeitaria, e insistir em chegar perto de cada um dos candidatos para olhar em seus olhos. Os contadores resmungaram quando viram que oito dos doze que Michael escolheu eram americanos e outros dois dos quatro restantes eram canadenses. Qual fora o propósito de gastar dezenas de milhares de dólares em passagens aéreas para trazer dúzias de pessoas da Europa até Los Angeles? Aqueles gastos foram uma merreca se comparados com o que Christian Audigier tinha preparado para o guarda-roupa da apresentação de Jackson. O plano de Audigier era incrustar as vestes de Michael com 300 mil cristais Swarovski.

Quando chegou a hora de definir a banda, Michael selecionou uma mistura de gente conhecida e rostos novos. O baterista que ele escolheu para conduzir as apresentações de dança era Jonathan "Sugarfoot" Moffett, que tinha trabalhado como percursionista de Michael 25 anos antes, na turnê Victory. Como principal guitarrista, Michael escolheu Orianthi Panagaris, uma deslumbrante loira australiana de ascendência grega de 24 anos, que era um tanto desconhecida fora do negócio. Quando ela tinha dezoito anos, Carlos Santana pôs a menina no palco para tocar com ele num show. Michael insistiu no teste com Panagaris depois de ver alguns vídeos dela no YouTube, e pareceu muito contente quando ela começou sua apresentação ao vivo para ele em Los Angeles com o solo de "Beat It", antes de executar uma versão à altura da produzida por Eddie Van Halen havia mais de 25 anos. Michael pegou a jovem pelo braço, andou com ela até a beira do palco e a contratou na mesma hora.

Como personal trainer, Michael contratou Lou Ferrigno, de quem ouvira falar primeiro como sendo o segundo halterofilista mais conhecido do mundo (depois de Arnold Schwarzenegger) no começo dos anos 1970, e depois como o ator calado que interpretou o gigante verde na popular série de televisão *O Incrível*

Hulk. Os dois estavam treinando três vezes por semana, sempre na mansão Carolwood. "Os paparazzi vão me seguir se eu for até a sua casa", explicou Michael. Trabalhar com Michael exigiu uma abordagem muito diferente da usada quando ele foi contratado para encher Mickey Rourke de músculos para seu papel em *O Lutador*, recorda Ferrigno. Michael queria flexibilidade e estrutura, por isso eles fizeram exercícios com elásticos e uma bola de pilates, em vez de usar pesos. Ferrigno tinha trabalhado com Michael pela primeira vez quase quinze anos antes, quando Jackson se preparava para a turnê HIStory, na época em que era conhecido por ultrapassar com frequência os próprios limites físicos. O Michael Jackson com quem ele estava convivendo agora parecia mais tranquilo e comedido, avaliou Ferrigno. Michael fazia todos os exercícios que ele passava e estava "muito animado", mas também parecia ter aprendido algo sobre parar enquanto ainda estava ganhando.

Nos anos 1990, Michael confessou em diversas ocasiões que sua vida era solitária, mas agora parecia muito mais "realizado e feliz", disse Ferrigno, que ficava esperando sorrindo quando Michael fazia intervalos em suas sessões para brincar de pega-pega com os garotos: "Ele era um paizão".

Michael aparecia para os treinos numa roupa toda preta, lembra Ferrigno: calça, camiseta e tênis pretos, além da jaqueta que Jackson só tirou numa única ocasião. Ferrigno olhou para os braços e não viu nenhuma marca de agulha.

Mas Michael não tinha parado com os remédios. Ele ingeria pílulas num ritmo que parecia aleatório, mas que na realidade era baseado em seu humor. Tédio era um gatilho para seu consumo de drogas, assim como ansiedade e depressão. Quando ele recorria à agulha, a picada costumava ser embaixo da cintura, onde ninguém veria as pequenas perfurações. Ele estourou um bom número de veias no decorrer dos anos, razão pela qual preferia ter um médico supervisionando suas injeções.

Michael usava agulhas principalmente quando sofria dos ataques incapacitantes de insônia provocados por ansiedade e depressão. Sua briga contra a insônia era quase sempre uma luta perdida em períodos de estresse intenso. No decorrer dos anos, ele desenvolveu uma tolerância incrível a doses de remédios contra ansiedade, como Xanax e Valium (para não falar em opioides como Demerol e OxyContin), que deixariam um homem comum catatônico. Mais de doze anos depois de ter experimentado pela primeira vez, ainda havia uma droga com a qual ele podia contar para começar o dia sentindo-se novo e repousado.

Mas eram necessários um anestesista e um ambiente clínico para usar propofol com segurança.

Cherilyn Lee, enfermeira formada que visitou a casa de Michael Jackson cerca de dez vezes no começo de 2009, tentou lembrá-lo disso. Assim como muitos profissionais da área médica antes dela, a enfermeira Lee foi chamada por Michael Jackson pela primeira vez para cuidar dos "sintomas de gripe" de seus filhos. Quando o artista começou a questionar a enfermeira sobre seu trabalho, Lee disse que atuava principalmente como nutricionista, e que, baseada na química do sangue de uma pessoa, sabia preparar uma mistura de vitaminas e minerais que aumentaria sua energia. Já tinha feito isso para Stevie Wonder e poderia fazer para ele, disse Lee. Michael a contratou para servir um menu de coquetéis naturais revigorantes, de acordo com Lee, mas levou apenas um dia para perguntar se a enfermeira também poderia aplicar uma injeção de Diprivan para ajudá-lo a dormir. Tomar aquele medicamento em qualquer lugar que não fosse um hospital era perigoso, respondeu Lee. "Ele disse: 'Eu não gosto de drogas. Eu não quero drogas. Meu médico me disse que esse é um remédio seguro'", recorda Lee.

Michael deu a entender que só tinha tomado propofol numa ocasião, antes de uma pequena cirurgia. "Eu dormi com tanta facilidade que queria ter aquela experiência de novo", teria dito a Lee. Jackson, no entanto, já tinha usado propofol para dormir dúzias de vezes no decorrer da turnê HISTORY, e seu pedido para que Lee aplicasse Diprivan foi apenas uma das várias conversas similares que Michael teve com profissionais da área de saúde nos doze anos desde então. Depois de voltar da turnê em 1997, ele havia insistido para que dermatologistas e cirurgiões plásticos providenciassem uma anestesia com propofol antes de inúmeros procedimentos cosméticos. Parece clara a convicção de Michael de que era uma droga segura visto que, em julho de 2008, enquanto ainda morava em Las Vegas, ele convenceu um dentista chamado Mark Tadrissi a pôr Blanket para dormir com Diprivan para um procedimento de duas horas não especificado no consultório de Tadrissi. Depois o dentista relataria aos investigadores que informou Jackson que não tinha licença para aplicar anestesia, mas que o fez mesmo assim devido à insistência de Jackson. Tadrissi também admitiu que aplicou propofol em Michael numa visita em seu consultório.

Cherilyn Lee levou um exemplar do *Physicians' Desk Reference* para a mansão Carolwood para mostrar a Michael os perigos do propofol, disse a enfermeira, mas o astro continuou inflexível quanto a sua injeção de Diprivan. "Ele disse:

'Não, meu médico falou que é seguro. Funciona logo e é seguro, desde que alguém esteja aqui para me monitorar e me acordar'." Ela diz que mais uma vez se recusou a injetar-lhe Diprivan, persuadindo Jackson a tentar um de seus soporíficos à base de ervas em vez disso, e ela passaria a noite monitorando-o enquanto ele dormia. Mas quando Michael entrou debaixo das cobertas, Lee viu que era difícil convencê-lo a apagar as luzes e desligar os sons do quarto. Ele ficava vendo desenhos do Pato Donald no computador que deixava ao lado da cama "e isso era ininterrupto", lembra a enfermeira. "Eu disse: 'Talvez se pusermos uma música mais suave', e ele respondeu: 'Não, é assim que eu durmo'." O sr. Jackson chegou a cochilar brevemente enquanto ela o observava de uma cadeira no canto do quarto, relata Lee, mas logo pulou da cama e se aproximou dela com um olhar "arregalado". "É isso que acontece comigo", disse à enfermeira. "Eu só quero conseguir dormir. Quero conseguir dormir por oito horas. Eu sei que vou me sentir melhor no dia seguinte." Lee se recusou mais uma vez a aplicar Diprivan, e depois disso não foi mais chamada para a casa de Jackson.

Tohme Tohme ouviu o nome Frank Dileo pela primeira vez numa referência a Arfaq Hussain — Sua Alteza Real Arfaq Hussain, como o homem se apresentou quando apareceu no hotel Bel-Air no final de fevereiro de 2009, acompanhado por uma jovem libanesa. O suposto príncipe foi precedido, Tohme recorda, por uma carta de um advogado londrino dizendo que representava um membro da família real saudita interessado em comprar o rancho Neverland. "Mas quando ele apareceu eu achei suspeito", explica Tohme. "Arfaq não é um nome árabe. Soa indiano ou paquistanês. Além disso, eu conheço praticamente todos os príncipes na Arábia Saudita, e nunca tinha ouvido falar dele. Então o dispensei, mas com educação, para o caso de eu estar enganado."

SAR Hussain apareceu novamente no hotel Lanesborough pouco depois de ele e Michael chegarem a Londres para anunciar os shows na O2 Arena, relata Tohme, e pediu uma reunião particular com o sr. Jackson. "Michael disse que não o conhecia e que não queria se encontrar com ele", diz Tohme.

Parece que Michael deve ter pelo menos reconhecido o nome, visto que na década anterior Arfaq Hussain tinha se identificado nos tabloides londrinos como figurinista e perfumista de Michael Jackson. Qualquer que fosse ou não fosse o relacionamento anterior entre os dois, Arfaq Hussain se tornou extremamente interessante para Michael Jackson quando Frank Dileo ligou para dizer que o príncipe saudita queria que eles fizessem filmes juntos, e que dispunha de um fundo de 300 milhões de dólares para esse fim. "Antes, Dileo não conseguia nem falar com Michael pelo telefone", disse Tohme. "Dileo ia para a casa da mãe de Michael todos os dias, tentando entrar em contato com ele, no começo sobre o acordo AllGood. Michael não queria nada com ele. Mas Michael estava doido para fazer filmes, e quando sua mãe contou sobre esse príncipe com 300 milhões, ele quis falar com Dileo. Essa foi a porta de entrada de Dileo."

Tohme ficou preocupado — não com Dileo, mas com esse tal de SAR Hussain. Por isso, contratou um ex-investigador da Scotland Yard, "alguém que eu sabia ter acesso aos mais altos escalões das agências governamentais", explicou Tohme, para pesquisar Arfaq Hussain. Mas, pouco tempo depois de a investigação ter início, Tohme descobriu que seu relacionamento com Michael Jackson estava sendo posto à prova por um novo evento que pareceu surgir do nada.

Em 4 de março de 2009, um dia antes do anúncio do acordo com a AEG em Londres, a antiga empresa de Michael, MJJ Productions, abriu um processo contra a Julien's Auctions para impedir a venda, agendada para 22 de abril, em Beverly Hills, das posses que Jackson tinha deixado para trás no condado de Santa Barbara. Michael ficou "horrorizado", explicaram sócios não identificados para a mídia, quando encontrou o catálogo do leilão na internet e viu o que estavam tentando tirar dele. "Era coisa de Peter Lopez, Frank Dileo e aquela peste do irmão Michael", disse Tohme. "Eles falaram para Michael: 'Olha, ele está vendendo as suas roupas. Ele está vendendo tudo'. Eu nem estava lá quando eles tiraram as coisas de Neverland. Estava no Bahrein cuidando daquele problema. Então, antes de irmos para Londres, Michael disse: 'Eu não quero mais o leilão'. Eu respondi: 'Tudo bem, vou cancelar o leilão'. Mas Julien não quer cancelar, nós temos um contrato. Então precisamos abrir um processo."

O que Tohme não sabia era que Michael tinha começado a manifestar suspeitas sobre seu novo empresário um mês depois de assinar a procuração que dava ao árabe autoridade absoluta sobre suas finanças e negócios. Em agosto de 2008, Jackson havia encarregado Michael Amir Williams de encontrar um detetive particular que pudesse "avaliar esse cara". O detetive, Rick Hippach, entregou um relatório no dia 23 de agosto de 2008 declarando que "o sr. Tohme foi tanto réu como querelante em pelo menos dezesseis processos civis abertos de 1986 a 2007, muitos dos quais envolviam disputas contratuais". Em seguida, o detetive acrescentou sua própria opinião, segundo a qual "fazer negócios com esse cara não é uma ideia muito boa". Michael Jackson, que já tinha se envolvido em bem mais do que dezesseis processos no decorrer dos 21 anos anteriores, não ficou muito impressionado com o relatório de Hippach, mas continuou preocupado por ter passado controle demais sobre sua vida para Tohme.

"Esse cara... tem alguma coisa nele", disse Michael num telefonema gravado, em setembro de 2008. "Há uma distância entre mim e meus representantes, e eu não falo com o meu advogado, meu contador. Eu falo com ele e ele fala com eles... Eu não gosto disso. Quero colocar alguém que eu conheça com ele, alguém em quem eu confie."

Entre o final de 2008 e o começo de 2009, Williams começou a convencer Jackson de que Tohme era um vigarista. Era incrivelmente óbvio, disse o irmão Michael, que Tohme não tinha a intimidade que alegava ter com a família real de Brunei, e que estava fazendo pouco progresso na tentativa de negociar a compra da propriedade de Bolkiah em Spanish Gate, em Las Vegas. No entanto Willians não conseguiu produzir nenhuma prova concreta das enganações de Tohme, até seu patrão ficar angustiado com a falta de progresso em seu adorado projeto King Tut. "Isso era um filme que Michael queria fazer havia anos, e [ele] já tinha um roteiro pronto", explicou o irmão Michael. "Ele disse a Tohme que queria que Mel Gibson dirigisse o filme. Tohme então contou a Michael que havia crescido com Mel, que eles eram grandes amigos. Eu me lembro de Michael ter se entusiasmado e me telefonado para dizer que Tohme e Mel Gibson eram grandes amigos e que ia mandar o roteiro para ele. Por alguma razão, eu não acreditei em Tohme; achei que era coincidência demais ele ser um grande amigo do homem com quem Michael queria trabalhar. Então decidi tentar entrar em contato com Mel Gibson pessoalmente. Falei com Peter Lopez e perguntei se Peter poderia entrar em contato com Mel Gibson para mim. E ele me disse que Tohme tinha acabado de telefonar perguntando se ele conhecia Mel Gibson, se poderia ajudá-lo a entrar em contato com ele. Foi aí que eu contei ao Michael, mas Michael disse: 'Vamos esperar e ver o que acontece'."

Tohme insistiu para que o nome de Mel Gibson nunca fosse mencionado em relação ao projeto King Tut. "Michael queria Peter Jackson para isso", declarou. "Peter Jackson era a única pessoa que ele levaria em conta. E o irmão Michael não tinha ideia do que eu discuti com Michael Jackson. Ele nunca estava em nossas reuniões. Era um garoto de recados. Ia buscar o café. Se o visse na porta escutando, Michael pediria para sair e fechar a porta."

Mas Williams conseguiu a atenção de Jackson quando começou a ressaltar como era suspeito que "Tohme conhecesse todas as pessoas com quem Michael queria se encontrar". Jackson estava especialmente interessado em trabalhar com A. R. Rahman, o compositor que tinha acabado de ganhar dois Oscar pela trilha sonora de *Quem quer ser um milionário?*, recorda o irmão Michael, e "Tohme disse a Michael que conhecia o sr. Rahman havia anos, que eram bons amigos. Eu não acreditei nele, por isso decidi pesquisar. Um dia antes da reunião [entre Rahman e Jackson], eu entrei em contato com o agente [de Rahman]. O agente me pôs em contato com o sr. Rahman. Perguntei se ele conhecia Tohme, e ele me disse que não fazia ideia de quem Tohme era e que Tohme queria que ele fosse ao hotel Bel-Air duas horas antes da reunião para tomar um drinque, e que Tohme e o sr. Rahman iriam juntos para a casa de Michael. Então eu contei isso a Michael e acabei marcando uma reunião particular entre Michael e o sr. Rahman, na casa de Michael, sem Tohme. Tohme ficou muito chateado comigo, mas eu e Michael rimos bastante da coisa [...]. Percebemos que Tohme estava fazendo isso com quase todo mundo. Ele encontrava as pessoas no hotel Bel-Air e depois ia até a casa de Michael com elas para Michael pensar que eram bons amigos".

Era verdade que ele tinha combinado de se encontrar com Rahman no hotel Bel-Air, admitiu Tohme, mas não que tivesse alegado ser um velho amigo do compositor. "O irmão Michael estava trabalhando para Dileo naquela época, mas eu não sabia", contou Tohme. "Michael me disse para demiti-lo mais de uma vez. Ele me falou que o irmão Michael o estava roubando. Mas o irmão Michael insistiu que não tinha para onde ir, então eu o mantive conosco. Fui um idiota."

Era de Tohme que Jackson planejava se livrar, retrucou o irmão Michael: "Depois que Michael e eu percebemos que Tohme era um mentiroso, eu perguntava para Michael: 'Por que você não o demite?'. A resposta de Michael era: 'Irmão Michael, quando se está num avião em pleno voo, a gente não se livra do piloto. Você espera o avião pousar e o trabalho estar terminado, e depois pode se livrar do piloto'".

Os acordos que Tohme havia feito para Michael nos primeiros seis meses depois de se tornar seu empresário pareceram amenizar as preocupações de Jackson com o homem, mas suas apreensões foram despertadas de novo ao descobrir que Tohme e Randy Phillips estavam planejando aumentar o número de shows que ele faria na O2 Arena muito antes de contarem isso a ele. A descoberta quase simultânea de Michael de que Tohme tinha autorizado um leilão, no qual

Darren Julien venderia itens pessoais "inestimáveis e insubstituíveis", como descritos pelo depósito judicial de Jackson, aumentou sua fúria. A MJJ Productions tinha realmente "autorizado a casa de leilões a remover os itens do rancho Neverland de Jackson", alegava o processo de Michael, "mas não a vendê-los sem a permissão de Jackson". Não era assim que Dennis Hawk, que atuou como principal mediador entre Tohme, Jackson e Darren Julien, se lembrava da coisa. "Eu estava lá no outono de 2008, quando perguntaram a Michael o que ele queria vender de Neverland", recorda Hawk, "e sua resposta foi 'tudo'. Ele disse isso duas vezes: 'Tudo'. Darren Julien tratou a questão com o maior profissionalismo que se possa imaginar. Mandou uma frota de caminhões para Neverland para coletar tudo, cobrindo pessoalmente a despesa, e também pagou para que o material fosse guardado em depósitos em Los Angeles. Em seguida preparou um catálogo absolutamente maravilhoso dos itens para vender num leilão que teria rendido milhões a Michael." Julien tinha começado a vender ingressos de vinte dólares para o leilão em fevereiro, junto com catálogos do leilão por cinquenta dólares cada volume, ou duzentos dólares pelo conjunto com cinco volumes. "É uma mistura de Disneylândia com Louvre", foi sua descrição do material. O dinheiro e a reputação do homem já estavam em risco. Mas depois de fazer o acordo para os shows na O2 Arena, afirma Hawk, "Michael não sabia mais se precisava do dinheiro, e de repente não queria mais vender 'tudo' de Neverland. Isso deixou Julien numa posição terrível".

Ao ser confrontado com o processo, Julien se recusou a devolver os bens em seu depósito a menos que fosse ressarcido por seu tempo e pelos custos, além da parte dos lucros que perderia. A coisa virou uma disputa pública desagradável com Tohme bem no centro. Por um lado, Michael Jackson insistia que nunca teve intenção de vender boa parte do que tinha sido retirado de Neverland, que havia itens no depósito de Julien que valiam mais do que dinheiro para ele. Por outro lado, Darren Julien avisou Tohme que era melhor convencer Michael Jackson a manter seu compromisso ou então pagar os 2 milhões de dólares das despesas que ele havia investido na preparação do leilão, além de uma porcentagem razoável das comissões que ele perderia se o evento fosse cancelado. Numa tentativa de resolver a questão, Tohme enviou seu sócio James R. Weller para uma reunião particular com Julien. Weller era um publicitário lendário que já tinha ganhado uma enorme quantidade de prêmios importantes que incluíam Clio, Emmy, Addy e prêmios de Cannes e de festivais de cinema de Nova York. A *Ad Age* o havia destacado como redator ou diretor de criação em duas das "dez maiores campanhas publicitárias de todos os tempos". Ele também atuou como diretor de criação das campanhas presidenciais de Ronald Reagan e George H. W. Bush. Desde 2005, Tohme e Weller eram sócios na TRW Advertising, onde Weller, já com mais de setenta anos, gerenciava o negócio enquanto Tohme atuava como administrador financeiro. Sutileza era, supostamente, o ponto forte de Weller.

Por isso, a última coisa que Tohme esperava de uma reunião em que ele foi representado por Jim Weller seria um desastre de relações públicas. Mas, pouco tempo depois da reunião (que, estranhamente, ocorreu num restaurante de fast food no Wilshire Boulevard), Darren Julien apresentou uma declaração no Tribunal Superior de Los Angeles alegando que Weller o tinha ameaçado de morte. "Weller disse que se nos recusássemos a adiar [o leilão], estaríamos em perigo por causa de 'Farrakhan e a Nação do Islã'", dizia a declaração juramentada de Julien. Depois de declarar que "aquelas pessoas protegem muito Michael", Julien alegou que Weller "disse que o dr. Tohme e Michael Jackson queriam nos passar a mensagem de que 'nossas vidas estavam em risco e haveria derramamento de sangue'" (depois, Weller apresentou uma declaração no tribunal negando ter feito as ameaças descritas por Julien). Julien e seu parceiro Martin Nolan fizeram uma reunião com Tohme no dia seguinte num Starbucks, onde, de acordo com a declaração de Julien, o empresário de Michael Jackson "negou ter qualquer conhecimento das ameaças de Weller e aceitou que o leilão seguisse em frente conforme combinado".

Tohme ficou chocado quando o colunista de fofocas Roger Friedman se apoderou da declaração de Julien e a transformou em duas colunas que evisceravam publicamente o "misterioso novo empresário" de Michael Jackson. Tohme só culpava a si mesmo por parte do que Friedman escrevera. Suas tentativas desajeitadas de burlar a insatisfação de Michael com a potencial venda de suas estimadas posses o fizeram parecer (supondo que Friedman tenha relatado corretamente seus comentários) covarde e desonesto. "Eu não organizei o leilão, o leilão não vai acontecer!", ele teria dito, de acordo com Friedman. Tohme certamente tinha organizado o leilão, mas só agravou seus problemas ao tentar fazer parecer que tinha apenas usado Julien para transportar e armazenar "um monte de coisas" que precisavam ser removidas de Neverland quando a Colony Capital tomou posse. Darren Julien sentiu-se compreensivelmente ofendido ao ser descrito como o prestador de serviço de transporte e armazenamento. E insistiu para que

Friedman perguntasse que tipo de médico era afinal esse "dr. Tohme". Citando "fontes" que afirmavam que o empresário de Jackson tinha "se referido a si mesmo como ortopedista, ou cirurgião ortopédico", Friedman perguntou a Tohme se ele era médico formado. "Não no momento", foi a resposta de Tohme. Quando perguntou repetidas vezes que tipo de médico Tohme já poderia ter sido, Friedman não recebeu resposta. "Se você quiser falar sobre Michael Jackson, tudo bem", Tohme disse a Friedman. "A história não é sobre mim." Depois que Friedman sugeriu falsamente que Tohme não tinha feito o acordo na AEG, o empresário de Michael acabou parecendo bastante duvidoso. Friedman logo publicou uma segunda coluna usando a história de Julien sobre a reunião com Weller para desenterrar a ligação de Michael Jackson com a Nação do Islã, para então relatar que ele havia feito contato com alguém na embaixada senegalesa em Washington que disse nunca ter ouvido falar de qualquer "embaixador itinerante" chamado Tohme Tohme. Na verdade, Tohme tinha um passaporte assinado pessoalmente por Abdoulaye Wade, o presidente do Senegal desde 2000, com uma anotação de Wade que o identificava como o "embaixador itinerante" do país, mas àquela altura não havia mais ninguém muito interessado em ver o documento. O próprio Michael sentiu-se mais incomodado com um comentário de Darren Julien que Friedman tinha incluído em sua segunda coluna, de acordo com o qual o leiloeiro falava de devolver voluntariamente "certos itens" que talvez fossem "constrangedores" para Jackson.

O abatimento e a fúria de Michael aumentaram ainda mais quando o *Los Angeles Times* usou a história e conferiu legitimidade às inferências de Friedman. Pela primeira vez desde que os dois haviam se conhecido, Michael começou a não atender quando Tohme telefonava. "Eu me lembro de Michael dizendo: 'Eu nunca mais vou falar com ele!'", relata Patrick Allocco, que, assim como Frank Dileo e Leonard Rowe, se oferecia para preencher a vaga criada pela separação entre Jackson e seu empresário. Enquanto isso, Darren Julien recusava-se a recuar, e agendou uma exposição de 1390 itens da mansão de Neverland a ter início no dia 14 de abril. Naquele mesmo dia, literalmente no último minuto, a disputa foi resolvida quando Tohme levou a Julien um cheque administrativo com o valor integral que ele exigia. "Onde ele conseguiu o dinheiro continua um mistério", informaria o *Times*. O dinheiro tinha saído do Cofre e prejudicou muito mais o orçamento doméstico de Michael do que a compra do luxuoso trailer de Katherine. Tohme Tohme não disse mais uma palavra em público sobre o desastroso leilão, mas sua reputação já estava prejudicada, e o momento não poderia ter sido pior.

No dia 2 de abril, Patrick Allocco passou quase uma hora ao telefone com Katherine Jackson, confirmando a promessa de Leonard Rowe de um pagamento de 2 milhões de dólares caso ela convencesse Michael a assinar o contrato com a AllGood e a rejeitar seu acordo com a AEG. Allocco também pediu a Katherine para convencer o filho a ser representado por Leonard Rowe, em vez de Tohme Tohme. Ao menos diga a Michael que ele deveria se encontrar com Joe e Rowe mais uma vez, para ouvir o que eles têm a dizer, disse Allocco à sra. Jackson. Katherine fez o que ele pediu, e em meados do mês já tinha convencido Michael a marcar outra reunião com o pai e Leonard. Não foi coincidência que Joe e Rowe tenham combinado de se encontrar com Michael (e Patrick Allocco, que também estava lá) no Sportsmen Lodge, em Studio City, na manhã do dia 14 de abril, menos de dez horas antes de Darren Julien começar a exposição dos bens de Michael, prevista para antes do leilão de 22 de abril. "Eu quero dizer uma coisa", falou Joe no começo da reunião, começando então uma demorada diatribe sobre o filho se deixar ser controlado pela AEG e por seus empresários, especialmente por Tohme. Leonard Rowe era amigo da família, disse Joe, cuidava dos interesses dos Jackson, não da AEG, e garantia que os rendimentos de Michael seriam protegidos. Com o pai pairando ao seu lado, Michael assinou um documento que dizia o seguinte: "Leonard Rowe é meu representante autorizado em todas as questões referentes aos meus empreendimentos na indústria de entretenimento e em qualquer outro empreendimento meu sobre o qual eu possa vir a lhe atribuir responsabilidade". Michael, no entanto, fez uma série de alterações à mão no documento antes de assiná-lo, inclusive uma declaração de que a autoridade que estava dando a Rowe era aplicável a *apenas* supervisão financeira" e que poderia ser "revogada a qualquer momento".

Naquela mesma reunião, Michael assinou uma "notificação de revogação do poder de procuração" autenticada que despojava Tohme Tohme de seu controle sobre as finanças do astro, acrescentando o pedido de que "todas as propriedades pessoais ou profissionais relacionadas a mim, à minha família imediata e a qualquer família relacionada em posse do dr. Tohme R. Tohme, incluindo sem limitação qualquer passaporte ou outros documentos, devem ser devolvidas a mim imediatamente". Tohme insistiria que nunca recebeu uma cópia desse documento, e que sua posição na vida de Michael Jackson permaneceu inalterada.

E Frank Dileo também ainda estava por perto, fazendo de tudo para tentar aproveitar sua amizade com Michael Jackson. No dia 1º de abril, Dileo negociou um acordo similar ao da AllGood Entertainment com uma empresa chamada Citadel Events, visando um show de Michael Jackson em Trinidad e Tobago no outono de 2009. Ao contrário de Patrick Allocco, os responsáveis pela Citadel foram imprudentes o bastante para adiantarem uma taxa de "retenção" de 300 mil dólares para Dileo. Nunca haveria uma apresentação de Michael Jackson em Trinidad e Tobago, e tampouco a Citadel veria seu dinheiro de volta.

Dileo não era o empresário de Michael Jackson, mas a história sobre aquelas centenas de milhões de dólares de SAR Arfaq Hussain para filmes o ajudou a recuperar um pouco da atenção de Michael. O primeiro contato de Dileo com Randy Phillips ocorreu, segundo recorda o diretor executivo da AEG Live, por e-mail, quando "MJ organizou uma teleconferência comigo e com o sr. Dileo para discutir um fundo que Frank tinha arrecadado para produzir filmes com Michael Jackson. Isso partiu do compromisso da AEG de desenvolver um roteiro de filmagem para um filme em 3-D baseado em 'Thriller'. Michael Jackson mencionou sua consideração por Frank e disse que gostaria de vê-lo como produtor executivo desses filmes". Mas Phillips ainda via Dileo como peixe pequeno.

No dia 11 de abril, Phillips respondeu a uma ordem de cessação da AllGood Entertainment declarando que "o sr. Dileo não representa de maneira alguma a AEG". No entanto, quando descobriu que Michael Jackson tinha assinado uma espécie de acordo com Leonard Rowe no dia 14 de abril, Phillips começou a se perguntar se afinal não seria sensato fazer negócios com Frank Dileo — especialmente com o destino incerto de Tohme Tohme. E parece que esse destino era pouco promissor, dado que no dia 22 de abril de 2009 Michael enviou uma carta para a AEG afirmando que Tohme não seria o diretor de produção da "turnê" na O2 Arena, como previsto nos planos iniciais. A mesma carta, escrita por Frank Dileo, instruía a AEG a não pagar Tohme por qualquer trabalho que ele fizesse, nessa "turnê" ou em qualquer outra. Phillips imediatamente requisitou uma reunião com Dileo. Três dias depois, enviou um e-mail para Tohme afirmando que, pelo visto, Michael Jackson não queria que ele trabalhasse como diretor de produção durante os shows na O2 Arena.

Segundo Patrick Allocco, Phillips já tinha começado a encorajar Michael Jackson a substituir Tohme por Dileo. "Randy Phillips não conseguia controlar Michael do jeito que ele queria", explicou Allocco, "e Randy Phillips estava realmente bravo por termos envolvido Leonard Rowe na vida de Michael. Foi Randy quem contratou Frank Dileo." O próprio Michael contou a pessoas próximas que Dileo havia sido contratado por Phillips, comentando que isso o deixara furioso, insistindo que ainda acreditava que Frank o tinha roubado nos anos 1980.

Tohme, por sua vez, continuou insistindo que nada tinha mudado. "Eu ainda não tinha recebido nada de Michael dizendo que não era mais seu empresário ou que ele não me queria junto com ele em Londres", relata Tohme. "Ele ainda me telefonava e dizia que me adorava. Randy Phillips ainda me tratava como o empresário de Michael."

Mas é óbvio que Tohme percebeu a precariedade de sua situação e começou a recuar em suas declarações públicas, em especial no que dizia respeito ao rancho Neverland. No início de abril, baseado no que Michael vinha dizendo havia meses, Tohme declarou ao *Wall Street Journal* que "Neverland acabou". Em maio, no entanto, ele deu uma súbita guinada e passou a afirmar que Michael queria manter o rancho, que considerava Neverland uma "verdadeira cidade das crianças", que seria "dez vezes maior do que Graceland".

Então surgiu uma nova complicação, que o forçou a "me distanciar da situação", nas palavras de Tohme. O relatório de seu detetive particular sobre Arfaq Hussain finalmente chegou de Londres. Hussain não era um príncipe saudita, declarava o relatório. Era de uma família paquistanesa e tinha nascido na Inglaterra, em julho de 1970. "Ele chamou a atenção das autoridades pela primeira vez quando uma série de denúncias sugeriu que seus negócios eram fraudulentos e criminosos", dizia o relatório do detetive de Tohme. A reclamação havia sido feita por um amigo próximo de Michael Jackson, Mohammed Al Fayed, que disse à polícia que Hussain "apareceu do nada", ao se aproximar do dono da Harrods na primavera de 1998, alardeando amizade com "muçulmanos conhecidos envolvidos no show business, em política e esportes" e "falando muito de um relacionamento supostamente próximo com Michael Jackson".

Em 2001, continuava o relatório de Londres, Hussain "foi preso durante uma grande operação antidrogas conduzida pela polícia no norte da Inglaterra". Depois de ser acusado criminalmente, explicou o relatório, Hussain negociou um acordo com as autoridades e virou informante. O acordo resultou numa sentença mínima de quatro meses de prisão, referente à conduta fraudulenta em atividades comerciais.

"Tendo investigado minuciosamente este indivíduo", dizia a conclusão do relatório, "é altamente recomendado que seu cliente não estabeleça qualquer contrato comercial ou social com Arfaq Hussain."

Quando insistiu para que Jackson mandasse Hussain embora, relata Tohme, Michael se recusou, afirmando que Frank Dileo dissera que Arfaq tinha de fato acesso a 300 milhões de dólares em dinheiro saudita para financiar produções cinematográficas. "Essa foi a primeira vez que me dei conta de que Dileo tinha influência sobre Michael", recorda Tohme, indignado. "Ele passou semanas tentando se infiltrar, sem sucesso, e só conseguiu quando se aliou a Arfaq Hussain." Tohme detalhou seus esforços e seu progresso tentando ajudar Michael a conquistar seu sonho de produzir um filme de grande orçamento. Conversou com grandes estúdios sobre o adorado projeto King Tut de Michael, agendando reuniões entre Jackson e Andy Hayward, o criador da série *Inspetor Bugiganga*, que Michael adorava, para desenvolver personagens para uma animação baseada no clipe "Thriller". "As coisas estão andando", insistia Tohme, mas Michael acreditava que o "fundo" supostamente levantado por Frank Dileo com ajuda de Arfaq Hussain poderia resultar num avanço imediato. Finalmente, diz Tohme, "eu disse a Michael: Eu nunca mais vou chegar perto de você se aquele trapaceiro continuar por aqui". Michael apenas riu.

De acordo com Patrick Allocco, "Michael parou de falar com o dr. Tohme" mais ou menos na época daquela conversa. O próprio Tohme insistia que "Michael e eu ainda somos próximos. Ainda há amor entre nós. Ainda sou o empresário dele". O que quase todo mundo observou, no entanto, foi que, em meados de maio de 2009, Tohme, o homem que definia seu emprego como o de "proteger Michael Jackson de tudo e todos que possam magoá-lo", tinha saído de cena.

Aos olhos de um advogado que havia representado Jackson algumas vezes por quase vinte anos, o que estava acontecendo parecia uma repetição do relacionamento entre o astro e o pai: "Michael sempre fez o que era melhor para sua carreira quando tinha uma forte figura de autoridade dizendo o que fazer. Ele foi condicionado dessa forma desde pequeno. Mas, ao mesmo tempo, ele rejeitava aquelas figuras de autoridade, pois elas o lembravam Joe, que ele odiava profundamente. Por isso ele acabava rompendo o relacionamento e se afastava da pessoa que o estava conduzindo ao sucesso. Depois ficava sozinho, à deriva, e geralmente arrumava problemas".

Frank Dileo, Leonard Rowe e os membros da família Jackson não foram os únicos a voltarem a atenção às notícias sobre os shows e à imensa soma de dinheiro que estava sendo discutida. Bem quando a franquia parecia estar engatando para voltar a dar dinheiro, aqueles que colaboraram com Michael na época de "Thriller" começaram uma fila no tribunal, atrás de uma fatia do bolo. John Landis conquistou o primeiro lugar em 21 de janeiro de 2009, quando as apresentações em Londres eram apenas um boato, ao entrar com uma ação judicial que exigia royalties retroativos do clipe "Thriller", além de uma porcentagem do negócio com a Nederlander. Os advogados de Michael esperavam por isso desde o final de 2007, quando histórias sobre uma possível série de shows de Jackson na O2 Arena começaram a ser divulgadas pela imprensa e Landis publicou uma queixa no *Telegraph*: "Olha, Michael me deve provavelmente 10 milhões de dólares, porque está muito envolvido com a Sony. Toda a renda do vídeo 'Thriller', sobre o qual eu tenho 50% de propriedade, fica com a Sony. O meu acordo é com a empresa de Michael, mas ele deve tanto para a Sony que eles acabam ficando com o dinheiro". Mas se Jackson estava prestes a receber, Landis teria formas de receber sua parte. Andrew Gumbel, do TheWrap.com, que anunciou o processo dois dias antes de ele ser apresentado, relatou que Tohme e outros conselheiros de Jackson tinham montado um "conselho de guerra" no hotel Bel-Air durante o final de semana para discutir o processo de Landis. "Queríamos apenas verificar se Michael estava chateado ou distraído", explicou Tohme. Naquela primavera, outro processo se juntou ao de Landis: o de Ola Ray, a ex-estrela da *Playboy* que tinha sido coadjuvante de Jackson no clipe "Thriller". Agora uma mãe solteira de 48 anos vivendo em Sacramento, a carreira de Ray tinha saído dos trilhos depois de uma prisão envolvendo cocaína em 1992, e dezessete anos depois ela queria saber por que não estava recebendo royalties pelo lançamento da edição comemorativa de 25 anos de *Thriller*.

Os processos sempre incomodaram Michael mais do que ele deixava transparecer. Ele odiava conflitos, desprezava advogados que os exploravam. Seus guarda-costas recordam que, no final de um longo dia num escritório de advocacia onde ele prestou depoimento separado, Michael estava tão extenuado que pegou um de seus celulares e o arremessou pela janela de uma sala de reuniões.

"Os mesmos milhares de parasitas estão sempre aparecendo para tentar tirar vantagem da situação", disse Tom Barrack ao *Los Angeles Times* no final de maio. Se o comentário de Barrack era voltado para alguém em especial, parecia ser para

Raymone Bain, que, no mesmo dia em que Ola Ray apresentou seu processo no tribunal da Califórnia, deu entrada num processo no Tribunal Federal de Washington exigindo 44 milhões de dólares de Jackson, referentes a 10% de todos os negócios do astro com os quais ela teve qualquer envolvimento, incluindo o acordo com a AEG. Os envolvidos nas negociações para os shows na O2 Arena ficaram indignados. "Raymone Bain não participou de nenhuma das reuniões nas quais o acordo com a AEG foi negociado, nem pessoalmente nem por telefone", disse um advogado que esteve em todas as referidas reuniões. Bain não conseguia sequer entrar em contato com Michael por telefone desde 2008, quando ele mudou de número e insistiu para que o novo não fosse passado a ela. "Raymone Bain nem foi *mencionada* durante as reuniões com a AEG que resultaram no contrato para as apresentações na O2 Arena", lembra o advogado. "Ela não teve absolutamente nada a ver com aquele acordo. Mas agora quer parte do dinheiro." Bain, é claro, tinha outra opinião. Ela tinha participado de discussões com Randy Phillips e a AEG muito antes de Tohme Tohme aparecer e, mesmo que aquelas discussões não tivessem resultado num acordo, elas davam base para o processo, acreditava Raymone.

Outros continuaram chegando. A única forma de lidar com tudo aquilo era manter Michael em movimento, olhando para a frente. Mas algo gerou em Michael uma vontade repentina de se reconciliar com o passado, de confessar e pagar. As drogas podiam distraí-lo, mas não bastavam para fazê-lo esquecer. Ele parecia acreditar que não seria capaz de seguir em frente sem antes voltar atrás. Do nada, ele telefonou para Terry George, em Londres.

A história de George sobre Michael se masturbando durante um telefonema nos anos 1980 era havia muito tempo a denúncia com maior credibilidade já feita contra Jackson por conduta sexual inadequada com uma criança. Quem Terry George era, e no que ele havia se tornado, eram fatores que faziam com que a história fosse especialmente convincente; ele não precisava de dinheiro e nunca tinha buscado atenção. Agora George era um empresário multimilionário com quarenta e poucos anos e continuou sendo um defensor da reputação de Michael Jackson. Quando a polícia de Los Angeles entrou em contato com ele em 1993, durante a investigação do caso Jordan Chandler, George foi muito claro ao dizer que Michael nunca tinha tocado nele de maneira sexual, e insistiu, na época, assim como continuou insistindo depois, que não acreditava que Michael fosse pedófilo. Ele não tinha certeza, é claro, já que não via nem falava com Jackson havia três décadas — pelo menos até atender aquele "telefonema surpresa" da mansão Carolwood na primavera de 2009. Michael foi direto ao ponto e reconheceu o que tinha acontecido naquela conversa telefônica em 1980, e disse que queria "se desculpar e ser perdoado", de acordo com o relato de George sobre a conversa. "Mas ele insistiu que seu amor por crianças era inteiramente inocente", recorda George. Sim, houve acusações de dois garotos no decorrer dos anos, mas não havia nada de verdadeiro naquelas histórias, afirmou Michael. Ele achava que os garotos tinham sido forçados a dizer coisas das quais acabaram se arrependendo, e esperava que algum dia tivessem a oportunidade de declarar isso em público. Ele perguntou como Michael estava, e a única resposta do astro foi dizer que vinha "enfrentando muita pressão recentemente", lembra George. Michael agradeceu o inglês novamente por ser gentil o bastante para perdoá-lo, e então se despediu.

Talvez Michael tenha pensado que aquilo zerou o placar. Ou talvez soubesse que isso não seria realmente possível. Tom Mesereau acreditava que Michael nunca tinha se curado completamente da série de pancadas que recebeu em 2003, 2004 e 2005. "Eu acho que ele estava sangrando internamente o tempo todo", disse Mesereau. "Ele estava morrendo bem na frente de todo mundo, mas ninguém reparou."

19.

No dia 21 de abril de 2004, quando um júri do condado de Santa Barbara considerou Michael Jackson culpado de dez acusações criminais relacionadas ao suposto abuso sexual de Gavin Arvizo, a situação do artista — legal, pessoal e financeira — tinha deteriorado tão rapidamente que mesmo aqueles mais íntimos de Michael acharam que o fim estava próximo.

A batida no rancho Neverland e a prisão subsequente de Jackson, em novembro de 2003, vieram na pior hora possível para Michael, e o promotor que orquestrou ambos os eventos, Tom Sneddon, sabia muito bem disso. A Sony tinha lançado o *Number Ones* um dia antes da batida, enviando o álbum para as lojas no mesmo instante em que especialistas, policiais e cinegrafistas forenses inspecionavam cada centímetro quadrado da casa principal de Neverland. Em Las Vegas, Michael estava terminando um especial para a CBS que mostraria as novas apresentações e uma retrospectiva de toda a sua carreira, agendado para ser exibido na semana seguinte. Que a rede tenha oferecido tal plataforma (bem como o pagamento de sete dígitos incluso no pacote) era uma prova da eficiência do "vídeo de réplica", divulgado pela Fox, tanto em desmascarar o documentário de Bashir quanto em demonstrar a capacidade contínua de Jackson de atrair grande audiência. Michael estava na beira de um renascimento que superava até mesmo o que seus defensores mais fervorosos teriam imaginado um ano antes.

Mas, 48 horas depois da batida, Jackson e seus conselheiros cometeram dois erros tremendos que colocariam seu futuro em grave perigo. O primeiro foi permitir que a Nação do Islã entrasse e tomasse controle quase completo de sua vida. O segundo foi manter Mark Geragos como advogado.

Geragos era uma figura controversa para muitos na comunidade jurídica de Los Angeles, principalmente porque vários advogados da cidade acreditavam que ele achava muito mais importante ver o próprio rosto na televisão do que vencer casos. Geragos tornou-se presença constante nos canais de notícias 24 horas ao representar a atriz Winona Ryder quando ela foi pega roubando 5500 dólares em roupas e acessórios de grife na loja Saks Fifth Avenue, em Beverly Hills, em dezembro de 2001. Geragos apareceu em programas da televisão paga quase todas as noites no decorrer daquela farsa absurda, sobretudo porque ele e sua cliente se recusaram a aceitar um acordo, fazendo com que o caso fosse a julgamento. Depois de Ryder ser condenada por crime de roubo e vandalismo, Geragos se vangloriou perante as câmeras dizendo que, em vez de uma sentença de prisão, ele tinha conseguido fazer com que sua cliente fosse condenada a três anos em condicional, 480 horas de serviço comunitário, 3700 dólares em multas e 6355 dólares em restituições — a sentença que a própria promotoria havia sugerido no acordo. A habilidade autoproclamada do advogado de conduzir a mídia foi a razão pela qual Geragos foi contratado para representar o congressista californiano Gary Condit quando este tornou-se suspeito no desaparecimento de uma moça chamada Chandra Levy em Washington. Condit nunca foi acusado criminalmente, mas isso não teve nada a ver com as aparições de Geragos na televisão, e tudo a ver com o fato de que não havia nenhuma prova que ligasse o congressista ao desaparecimento de Levy. O sucesso de Geragos ao proteger a reputação de seu cliente pôde ser medido pouco tempo depois, quando a carreira política de trinta anos de Condit chegou ao fim por ele ter sido derrotado por dezoito pontos nas primárias do partido democrático. E ainda assim, em 2004, depois de dois fracassos bem divulgados, Geragos era o principal advogado não apenas de Michael Jackson, mas também de Scott Peterson, cuja esposa, Laci, teve o corpo grávido desmembrado encontrado na baía de San Francisco em abril de 2003 (o caso resultaria num julgamento no qual Geragos prometeu mostrar que o bebê de Laci Peterson tinha nascido com vida, sugerindo que ela teria sido vítima de um sequestro. Nenhuma evidência nesse sentido chegou a ser apresentada, e Peterson foi condenado à morte depois de ser considerado culpado).

A publicidade em torno dos casos de Jackson e Peterson fez de Geragos o principal convidado do programa *Larry King Live*, mas não bastou para transformá-lo num advogado criminal competente. Poucos dias depois de assumir o caso de Jackson, ele cometeu dois erros cruciais. O menos grave foi permitir que Jackson aparecesse no programa *60 Minutes*. Durante o programa, Michael disse a Ed Bradley que tinha sido maltratado ao ser preso pelos policiais de Santa Barbara, que deslocaram seus ombros e deixaram hematomas nos antebraços com algemas apertadas demais, antes de trancá-lo num banheiro imundo onde foi "provocado" por 45 minutos. A história era um exagero brutal, o que o departamento de polícia provou imediatamente ao divulgar uma fita do transporte de Jackson até a delegacia de polícia, onde ele teve as digitais registradas, foi autuado e solto em pouco mais de uma hora. Combinada com o fato de ter mentido para Martin Bashir sobre a extensão de sua cirurgia plástica, a aparição no *60 Minutes* acabou sendo prejudicial ao caso de Michael e à sua reputação perante o público. O aviso de Geragos no *Larry King Live* de que o departamento de polícia enfrentaria "consequências" pelo que tinha feito ao seu cliente só serviu para piorar as coisas.

A maior tolice foi o fato de Geragos não apenas aceitar, mas até receber com entusiasmo o envolvimento da Nação do Islã na preparação da defesa de Michael. Leonard Muhammad, o "chefe de gabinete" da Nação do Islã, ficou bem atrás de Geragos na primeira coletiva de imprensa convocada para responder às acusações de abuso sexual, e em seguida ganhou um espaço nos escritórios do advogado. A notícia de que Jackson estava afiliado a uma organização ostensivamente racista e antissemita não ajudou em nada. O mais custoso a curto prazo, no entanto, foi o fato de Muhammad e seus capangas estarem destruindo os relacionamentos de Jackson com quase todos que tinham feito algo para ajudá-lo nos anos recentes. As exclusões mais dispendiosas foram as de Marc Schaffel, que proporcionou dezenas de milhões de dólares para ele em 2003 e ainda havia outras dezenas de milhões por vir, e Al Malnik, que estava mais próximo dos problemas financeiros de Jackson do que qualquer um poderia imaginar.

Michael conheceu Malnik quando o cineasta Brett Ratner o convidou para ver uma casa "tão linda que vai te deixar chocado". Embora tenha sido descrita como "desajeitada" por alguns ricos conservadores do condado de Palm Beach, a mansão de 3252 metros quadrados de Malnik em Ocean Ridge (conhecida como a maior casa à beira-mar nos Estados Unidos) deslumbrou Michael. O mesmo ocorreu com a coleção de arte asiática de Malnik, que incluía presas de mamute entalhadas e uma escultura de marfim composta por 8 mil estátuas com rostos diferentes. Assim como todos os que conheciam Malnik, Michael logo ficou sabendo de suas "ligações com a máfia". Malnik tinha convivido com tipos como Meyer Lansky e Sam Cohen quando era mais jovem. A *Reader's Digest* descreveu Malnik como o "aparente herdeiro" de Lansky quando o maior mafioso judeu de sua época morreu, em 1983, e aquele rótulo (fosse ou não justo) levou Malnik a ser banido dos cassinos de Atlantic City. O fato de sua Rolls-Royce ter explodido num estacionamento em 1982 sem dúvida contribuiu para a reputação duvidosa do advogado.

Nos anos que se seguiram, Malnik fez boa parte de sua imensa fortuna no negócio oportunista (e alguns diriam predatório) de empréstimo de títulos. Independente do que as pessoas diziam ou escreviam sobre ele, Malnik conquistou um status indiscutível no condado de Palm Beach, onde era conhecido como criador do Skylake Country Club e, principalmente, como proprietário do Forge, um restaurante lendário (a *Wine Spectator* referiu-se a ele como o melhor do país) e uma boate em Miami Beach muito popular desde que havia se tornado um dos lugares favoritos de Frank Sinatra e o Rat Pack.*

Jackson e Malnik misturaram seus mundos em poucos minutos, numa reunião em 2000 que quase não chegou a acontecer. "No começo eu recusei", lembra Malnik, "porque não era um admirador dele, e por isso não via muito sentido em convidá-lo." Mas a esposa de Malnik, muito mais jovem, tinha crescido com pôsteres de Michael Jackson nas paredes do quarto e insistiu para que o astro fosse chamado. Em pouquíssimo tempo, Jackson e os filhos começaram a passar longos períodos na casa de Malnik. Talvez Michael tenha sido o hóspede menos trabalhoso que ele já teve, Malnik diria no futuro: "Ele gostava de limpar o quarto e arrumar a própria cama, e ensinou os filhos a fazer o mesmo, para nossa surpresa". O filho mais velho de Malnik, Shareef, logo se juntou a Michael, Ratner e Chris Tucker. Os trigêmeos de Malnik, que tinham mais ou menos a mesma idade que Prince e Paris, fizeram amizade com os filhos mais velhos de Jackson. Um ano depois de Blanket nascer, Michael pediu a Malnik para ser o padrinho do garoto. Quando comemorou seu aniversário de setenta anos no Forge, Malnik sentou-se com a esposa de um lado e Michael do outro. "Al rece-

---

* Grupo de farristas musicais formado pelos artistas Frank Sinatra, Dean Martin, Sammy Davis Jr., Peter Lawford e Joey Bishop. (N. T.)

beu Michael em sua família", diz Schaffel. "Michael passava meses na casa dele, ele adorava ficar lá."

Jackson compôs dezenas de músicas novas na imensa casa de Malnik em Ocean Ridge, em geral enquanto caminhava pelo local de pijama cantando à capela. Uma das lembranças favoritas que Malnik tem de Michael é do dia em que viu seu hóspede subindo um lance de escadas e descendo outro, repetidas vezes. "Eu perguntei: 'O que você está fazendo?'. Ele respondeu: 'Estou fazendo duas músicas ao mesmo tempo. Eu subo esse lance compondo uma música e desço compondo a outra'." Quando Michael pediu para que ele instalasse uma pista de dança portátil, Malnik o atendeu. Mas os maiores favores que ele fez por Michael foram financeiros. Malnik não revela quanto dinheiro gastou com Michael, mas foi uma quantia significativa. "Al assinava seus próprios cheques para pagar *muitas* contas de Michael", recorda Schaffel. "Ele realmente passou a sentir uma grande afeição por Michael. Achava que Michael era vulnerável e que as pessoas tinham tirado vantagem dele. E queria mesmo ajudá-lo. Mas ele entendia que tipo de pessoa era Michael. Sabia que, além de limpar as dívidas de Michael, ele teria de reorganizar seus gastos. Entre outras coisas, ele tentou ensinar Michael a negociar em vez de pagar o preço máximo pelo que quisesse." Malnik demonstrou a arte de pechinchar em negociações com um bom número de credores de Jackson. Dada a fortuna, o poder e a reputação de Malnik, poucas pessoas para quem ele ligou não estavam dispostas a atender seus pedidos. "Al ligou para o presidente do Bank of America, e o cara foi jantar com Al na casa dele na mesma hora", lembra Schaffel, que ficou ainda mais impressionado com uma conversa entre Malnik e George W. Bush que ouviu no viva-voz. O presidente dos Estados Unidos ligou no outono de 2003 pedindo para ser apresentado para Russell Simmons, o magnata do rap, que ele esperava pudesse ajudá-lo a conquistar "alguns votos dos negros" na eleição de 2004. "Aquele era o nível de importância de Al", comentou Schaffel. "E ele usou essa importância para ajudar Michael." No final de 2003, depois do acordo com Myung Ho Lee e dos processos de Marcel Avram, "Al quase tinha levado as finanças de Michael a um ponto de virada", relata Schaffel, "mas aí a coisa toda desmoronou".

Foi Malnik quem pagou a fiança de Jackson depois de sua prisão pelas acusações de abuso sexual no condado de Santa Barbara, mas logo depois o contato entre os dois terminou. "Eu disse a Michael que deixar a Nação do Islã convencê-lo a parar de falar com Al Malnik foi o maior erro de sua vida", disse Schaffel.

368

Com Leonard Muhammad e seus associados no ouvido de Michael, o relacionamento com Malnik se deteriorou até o ponto em que eles pararam de se falar. Na primavera de 2004, Jackson, mais detonado pelas drogas do que nunca, estava convencido de que Malnik era parte de uma conspiração contra ele que incluía a Sony, o Bank of America e Tom Sneddon, e que todos estavam atrás das músicas dos Beatles.

Muitas pessoas do círculo de Michael daquela época estavam tirando vantagem de suas manias persecutórias e de seu pensamento delirante. O reverendo Jesse Jackson competia com Louis Farrakhan pelo primeiro lugar. Ele viu algo muito sinistro na maneira como o Bank of America tinha repassado a dívida de Michael para a Fortress Investment, segundo revelou ao *USA Today*. "Quem estava forçando a mão do banco e o que eles pretendiam?", ele perguntou. "Isso deve ser investigado. Eu acho que o banco vendeu o empréstimo para não encarar a pressão."

Mas Louis Farrakhan não seria posto de lado com tanta facilidade por alguém como o reverendo Jackson, e ele continuou apelando para a sensibilidade de Michael na questão daqueles "judeus de Hollywood" — Steven Spielberg e David Geffen, em particular —, que o tinham apoiado por anos mas que agora haviam desaparecido, bem quando ele precisava de apoio e proteção. Tanto Farrakhan como Michael pareciam ter esquecido que, na época de "Thriller", o líder da Nação do Islã tinha atacado Michael por sua "expressão efeminada" e por sua "atuação feminina", alertando que "isso não é saudável para nossos rapazes e nossas garotas".

O que Michael parecia não compreender era que contar ou não com o apoio dos negros não teria absolutamente nada a ver com o que aconteceria com ele no condado de Santa Barbara. Mark Geragos também não entendeu isso, e essa foi apenas uma das razões pelas quais foi tão bom para Michael que Geragos, distraído com o caso de Scott Peterson, estivesse prestes a deixar de ser seu advogado.

Foi algo como "justiça poética" que fez com que Johnnie Cochran assumisse a frente na escolha do substituto de Geragos como advogado principal de Michael Jackson. Foi Cochran, afinal, quem tinha persuadido Jackson a cometer o terrível e duradouro erro de fazer um acordo de milhões de dólares no caso Jordan Chandler. "Michael nunca perdoou Johnnie Cochran por aquilo", recorda

Schaffel. Cochran também não colaborou muito para a reputação de Jackson em um comentário subsequente, sugerindo que a insistência de Jackson ao invocar a Quinta Emenda quando lhe perguntaram sobre seus relacionamentos com meninos durante um depoimento em 1994 havia sido uma admissão implícita de culpa. O advogado, famoso por evitar a condenação de O. J. Simpson por assassinato, estava em seu leito de morte em abril de 2004, definhando rapidamente com um tumor cerebral fatal, quando o irmão de Michael, Randy, lhe telefonou, pedindo que recomendasse um advogado para tomar o lugar de Geragos. "Se fosse comigo", disse Johnnie, "eu escolheria Tom Mesereau."

Com uma altura imponente, ombros largos, cabelos brancos na altura dos ombros e olhos azul-gelo, Mesereau era o típico advogado que se vê no cinema. Foi criado por um oficial do Exército americano (e técnico da equipe de futebol americano da academia militar) e teve uma breve carreira como boxeador antes de estudar em Harvard. Mesereau havia se tornado um advogado conhecido nacionalmente alguns meses antes, no outono de 2003, quando sua defesa do ator Robert Blake, que enfrentava acusações de homicídio num julgamento preliminar no Tribunal Superior de Los Angeles, colocou seu rosto na televisão por um mês inteiro. Blake havia sido acusado pelo assassinato da esposa, Bonnie Lee Bakley, em 2001, quando ela estava num automóvel em frente ao restaurante Studio City, onde os dois tinham jantado. Convencido de que os promotores "egocêntricos" do caso tinham decidido que a culpa de Blake era tão óbvia que não precisava ser provada, Mesereau abordou as acusações preliminares como se fosse um julgamento definitivo e destruiu as testemunhas da promotoria no interrogatório. Todos os analistas da TV paga concordaram que foi um trabalho brilhante, especialmente quando Blake se tornou o primeiro réu acusado de assassinato em circunstâncias especiais na Califórnia a ser libertado sob fiança.

Mesereau tinha ido passar férias em Big Sur depois do julgamento preliminar, e passou uma semana inteira em novembro de 2003 com o celular desligado. Quando ligou o celular, ao voltar de carro pela Route 101 para Los Angeles, ele começou a tocar sem parar. "Todos os amigos de Michael Jackson estavam me ligando de Las Vegas, implorando para que eu fosse falar com ele", recorda Mesereau. Uma dessas pessoas era Larry Carroll, que por mais de vinte anos tinha sido o apresentador negro de telejornal mais proeminente de Los Angeles, até ser acusado por fraude de títulos por um júri no condado de San Bernardino. Mesereau defendeu Carroll no julgamento e conseguiu sua absolvição. Claro que ele estava intrigado com a possibilidade de representar Michael Jackson, Mesereau disse a Carroll, mas o caso Blake estava agendado para ir a julgamento em fevereiro e exigiria sua atenção total. Mas os telefonemas dos amigos de Michael não paravam. "Acho que eles estavam em choque", disse o advogado. "Você recusaria Michael Jackson?", todos perguntavam. O irmão de Michael, Randy, agora controlando os negócios do artista, tinha visto o julgamento preliminar de Blake inteiro pela televisão na Court TV e foi muito insistente, mas Mesereau continuou afirmando que não poderia assumir os dois casos ao mesmo tempo.

Mesereau conhecia bem a elite afro-americana da cidade, não só por ele viver com uma ex-Miss Black Los Angeles — a apresentadora de cabaré Minnie Foxx —, como também por ser uma das poucas pessoas brancas vistas com regularidade nos bancos da Igreja Episcopal Metodista Africana em Crenshaw Boulevard, talvez a instituição mais solene da comunidade negra de Los Angeles. O advogado tinha construído uma carreira complementar com seu trabalho voluntário com clientes negros pobres da baía de Los Angeles e do extremo sul. Quase todos os líderes afro-americanos do país, incluindo Louis Farrakhan, estavam cientes da absolvição que Mesereau tinha conseguido para Terry Wayne Bonner, um negro sem-teto acusado pelo assassinato de uma mulher branca em Birmingham, no Alabama. Mesereau também era admirado por ter convencido a promotoria do distrito de San Bernardino a abandonar as acusações de estupro que havia apresentado contra o boxeador Mike Tyson em 2001.

Nas audiências preliminares de Blake, no começo de 2004, a Court TV relatou "tensões crescentes" entre Blake e a equipe de defesa. De acordo com um dos relatos, Blake estava insatisfeito com a sócia e parceira jurídica de Mesereau, Susan Yu, e insistiu para que ela fosse removida do caso, enquanto Mesereau se recusava a seguir o julgamento sem ela. Outra história falava da frustração de Mesereau por não conseguir controlar Blake, que tinha dado uma entrevista para Barbara Walters na ABC contrariando o conselho do advogado. Também havia uma história segundo a qual Blake teria contratado detetives particulares que deveriam responder diretamente a ele, sem consultar Mesereau, e ainda outra na qual o ator acusava seu advogado de explorar o caso para promover sua carreira ao mencioná-lo repetidamente em programas de TV.

Mesereau recusou-se a explicar por que pediu para ao tribunal para liberá-lo do caso Blake, em fevereiro de 2004, mas admite que voltou ao escritório de péssimo humor, percebendo que em dois meses tinha perdido as duas maiores oportunidades de sua carreira, os casos de Robert Blake e Michael Jackson, e que talvez estivesse prestes a voltar para uma relativa obscuridade. Menos de duas semanas depois de se retirar do caso Blake, no entanto, Mesereau recebeu outro telefonema de Randy Jackson, que disse: "Olha, nós ainda o queremos. Você pode vir à Flórida para se encontrar com o meu irmão?".

O advogado pegou um voo para Orlando no dia seguinte e foi levado de carro a um "local secreto", onde Michael e sua grande equipe de conselheiros o aguardavam. "Michael não falou muita coisa", lembra Mesereau. "Só ficou me observando com atenção enquanto os outros faziam perguntas."

"Nós não gostamos do que os nossos advogados estão fazendo com a mídia", disse Randy Jackson, contando uma história sobre ser posto de lado por Geragos depois de uma audiência, na pressa do advogado de alcançar os microfones. Ao explicar que ele não era "o tipo de Hollywood", Mesereau se viu numa posição talvez um pouco acessível demais. Ele nunca teve muito interesse em show business, disse o advogado, e sempre foi meio solitário, para falar a verdade, alguém cuja diversão favorita era dirigir por Los Angeles, especialmente pela região sul e central, "só para ver o que está acontecendo e sentir as pessoas". Além de um pequeno sorriso, Michael Jackson não esboçou nenhuma reação visível a tudo isso, e Mesereau saiu da entrevista "achando que tinha sido um entre centenas de advogados que eles tinham procurado, e talvez o cara mais esquisito de todos". De qualquer maneira, ele também tinha suas reservas quanto a aceitar o trabalho, caso fosse escolhido: "As pessoas que gostavam de mim diziam que esse caso me marcaria pelo resto da vida, especialmente se eu perdesse. Eu seria o cara que deixou Michael Jackson morrer na prisão". Duas semanas depois, no entanto, após Michael falar diretamente com Johnnie Cochran, Randy Jackson ligou para Mesereau e disse que, se quisesse, o emprego era seu, e o advogado aceitou no mesmo instante.

Entusiasmado, Mesereau logo começou a impor condições. A primeira era que Susan Yu seria sua parceira jurídica. "Sem problemas", disse Randy Jackson. Mesereau sabia que ele estava se arriscando a perder o caso quando fez sua segunda exigência: que a Nação do Islã sumisse da vida de Michael.

Depois de passar algum tempo em Santa Maria, a pequena cidade no norte do condado de Santa Barbara onde o julgamento seria conduzido, Mesereau decidiu que toda a questão racial precisava ser removida do caso. Santa Maria era uma comunidade majoritariamente branca, conservadora, dominada pela classe trabalhadora, com uma minoria hispânica considerável, mas quase nenhum morador negro. Mesereau passou uma semana visitando bares e lanchonetes locais vestindo jeans e uma jaqueta de couro, e se deu conta de que o lugar não fazia jus ao preconceito que sofria por parte dos liberais. "O que eu descobri foi que Michael era tido em alta conta pela maior parte das pessoas de lá", relembrou Mesereau. "Ele era parte da comunidade, proporcionava empregos para muita gente e era um bom vizinho. Todas as pessoas com quem falei comentaram que, nas raras ocasiões em que ia para a cidade, ele era muito educado e atencioso. Mas o que mais me impressionou foi que as pessoas não enxergavam Michael Jackson em termos de raça. Ele era umas das poucas pessoas, talvez o único, que transcendia a questão raça na cabeça das pessoas. Como artista, os brancos o adoravam, os hispânicos o adoravam, os asiáticos o adoravam, todo mundo o adorava. Admito que fiquei surpreso, mas nenhuma das pessoas com quem conversei mencionou a questão de raça. Simplesmente não era um problema no que dizia respeito a Michael."

Em primeiro lugar, Mesereau se diferenciou dos advogados anteriores de Michael Jackson ao apoiar o pedido da promotoria por segredo de justiça, que Mark Geragos tinha recusado. "Eu não queria gastar muito tempo com câmeras e microfones", explicou. Aquilo não lhe rendeu amizades na mídia. Um amigo de Geragos, Geraldo Rivera, aparecia na TV todas as noites falando a seu público sobre o erro da contratação de Mesereau, que nunca tinha lidado com um caso importante além de Robert Blake, e que já tinha perdido aquele trabalho antes do julgamento começar. O próprio Geragos insistia sem parar com membros da família Jackson, Jermaine especificamente, para ser readmitido no caso. Mesereau encontrou um aliado em Carl Douglas, que na época administrava a empresa de direito de Johnnie Cochran em Los Angeles. O caso Scott Peterson parecia já perdido para ele, Douglas explicaria depois, e "ouvir pessoas na TV dizendo que Michael Jackson tinha o mesmo advogado que Peterson me preocupava", por isso ele pediu em particular que Geragos fosse mantido à distância do caso.

Mas o emprego de Mesereau era frágil. Advogados conhecidos iam a Neverland de helicóptero regularmente para tentar conseguir o trabalho. Quando Mesereau anunciou que pretendia levar o caso para ser julgado em Santa Maria, todos os seus críticos na mídia começaram a açoitá-lo. A recusa do advogado em seguir as sugestões dos "especialistas" da Court TV, bem como seu plano de transportar membros do júri de ônibus pela cidade ostensivamente mais liberal de Santa

Barbara, foi apontada como evidência de que ele ainda não estava pronto para o horário nobre.

"Eu descobri que as pessoas em Santa Maria eram conservadoras e muito ordeiras, sim, mas também eram bem libertárias", explicou Mesereau. "Eu sabia que todos aqueles professores universitários e patronos da arte ricos do sul eram supostamente mais liberais do que as pessoas do norte, mas não achava que o seriam ao se tratar de Michael Jackson. E eu aprendi, ao conversar com elas, que as pessoas do norte eram muito sensíveis quanto a ser comparadas ao pessoal da parte sul do condado. Elas viviam no norte porque não podiam pagar por propriedades no sul, e tinham um profundo senso de separação." As montanhas Santa Ynez criavam uma divisão geográfica natural no condado de Santa Barbara, e tinham sido adotadas como um símbolo de orgulho pelo povo do norte. Como o juiz designado para o julgamento criminal de Michael Jackson, Rodney Melville, diria: "O ponto é: o que acontece ao norte das montanhas fica no norte das montanhas". Para Mesereau, "o que fechou a questão foi quando descobri que dois projetos de lei haviam sido apresentados ao Legislativo do estado pela parte norte do condado, que tentou se separar do sul. Àquela altura eu tinha percebido que muitos moradores do norte relacionavam Tom Sneddon com o sul, pois era lá que ele mantinha seus escritórios e era lá que ele vivia. Tive a sensação de que, se fizesse minha parte direito, Santa Maria seria o lugar perfeito para o julgamento de Michael".

Mesereau ficou alarmado quando soube que Michael e Louis Farrakhan estavam falando sobre organizar uma segunda Marcha do Milhão pelas ruas de Santa Maria. "Eu disse a Randy: 'Olha, isso é loucura. A pior coisa que você pode fazer nessa comunidade é voltar a se associar à Nação do Islã'. Randy escutou, e teve um encontro com Leonard Muhammad em que explicou a situação." A Nação do Islã concordou quase de imediato e desapareceu da comitiva de Michael Jackson. "Foi decisão de Louis Farrakhan", disse Mesereau. "Ele poderia ter convencido Michael, acho. Mas acho que ele realmente se importava com Michael e queria que ele fosse absolvido, mesmo que isso significasse menos publicidade. Nisso ele era diferente de outras pessoas. E, sim, me refiro a Jesse Jackson."

Embora tenha aceitado a partida dos muçulmanos negros sem protestar, Michael continuou vulnerável às imprecações de Raymone Bain, que nunca deixou de tentar convencê-lo da ideia de que se aproximar de proeminentes líderes negros para lamentar a injustiça racial seria uma estratégia útil. Mesereau logo identificou Bain como uma oportunista "que se importava muito menos com o melhor para Michael do que com a oportunidade de se fazer representante da América Negra". Um dos momentos mais difíceis para o advogado na preparação para o julgamento surgiu quando Bain ligou para Mesereau, com Michael na linha. "Foi Raymone quem falou mais", recorda Mesereau, "e ela começou a me dizer que 'Michael não está apenas preocupado com o resultado do julgamento, também está preocupado com seu legado', e que ele achava importante levar uma série de líderes afro-americanos de renome, como os amigos dela Jesse Jackson e Al Sharpton, para lembrar os Estados Unidos do que Michael Jackson representava para a comunidade negra'." Foi preciso respirar fundo para manter a calma, lembra Mesereau, antes de explicar, mais para o seu cliente do que para Bain, que "se Michael perder o julgamento, seu legado vai morrer numa penitenciária estadual na Califórnia. Minha única preocupação — que também deveria ser a sua única preocupação, Raymone — é garantir que isso não aconteça".

Bain recuou, mas não por muito tempo. E Mesereau sabia que ela continuava influenciando Michael, o que deixava uma possibilidade clara de ele ser retirado da posição de advogado de Jackson a qualquer momento. "Eu nunca culpei Michael", ele disse. "Quando as pessoas passam por esse tipo de estresse — o pior estresse imaginável —, elas recorrem ao que já conhecem e ao lugar de origem."

A paranoia crescente de Michael chegou ao auge dias depois de sua prisão, quando descobriu-se que o proprietário da XtraJet, a empresa particular de transporte aéreo que o levou de Las Vegas até Santa Barbara para ser preso, tinha pedido a um de seus funcionários que instalasse microfones e duas câmeras digitais ocultas no avião, e que um vídeo gravado por essas câmeras estava sendo vendido para os noticiários de TV.

Na cabeça de Michael, seus detratores haviam se tornado uma multidão furiosa liderada por Tom Sneddon. Jackson e Sneddon estavam obcecados um pelo outro desde 1993, e o contraste entre os dois não poderia ser mais marcante. Sneddon era um republicano bronzeado, com mais de sessenta anos, formado na Universidade de Notre Dame e pai de nove filhos, cuja esposa escrevia manuais de abstinência para grupos da juventude cristã. A determinação do promotor em confirmar as acusações de Jordan Chandler o tinha levado a lugares muito distantes de Santa Barbara, como a Austrália e a Inglaterra, de onde fez apelos pessoais às famílias dos garotos que ele acreditava terem sido molestados por Jackson, e Sneddon não se esforçou para esconder seu desapontamento quando essas famílias o recusaram. Michael certamente não aliviou a tensão quando acrescentou uma faixa com o título "D. S." ao álbum *HIStory*, lançado dois anos depois do julgamento de Chandler. A música era um ataque claro a Sneddon, e a única concessão de Jackson aos advogados da Sony foi mudar o nome de seu alvo para "Dom Sheldon". A letra da música foi uma das mais desleixadas e infantis já criadas por Michael Jackson, que acentuou seu ataque ao "promotor público BS" repetindo diversas vezes na canção que "Dom Sheldon é um homem frio".

Nos dez anos desde o final do caso Chandler, o promotor concedeu entrevistas a jornais em três continentes, detalhando sua frustração com o fracasso no caso de abuso sexual montado contra Jackson. Ele continuou descrevendo sua investigação como "aberta, mas inativa", e disse a vários repórteres que só precisava de uma única "testemunha cooperativa" para começar um novo processo. Sneddon e o ex-promotor do condado de Los Angeles, Gil Garcetti, convenceram o Legislativo da Califórnia a passar a lei que se tornou conhecida como Lei Michael Jackson, permitindo que promotores do estado inteiro tornassem obrigatório o depoimento de uma criança que acreditassem ter sido sexualmente abusada. O promotor do condado de Santa Barbara não ocultou o fato de que estava preparado para ir atrás da primeira vítima viável que conseguisse encontrar, fosse ela cooperativa ou não, para montar um caso contra Jackson.

Depois que a primeira parte do documentário *Living with Michael Jackson*, de Martin Bashir, foi ao ar no Reino Unido, no começo de 2003, Sneddon emitiu uma declaração à imprensa dizendo que ele e o xerife do condado, Jim Anderson, tinham concordado em que "a transmissão da BBC será gravada pelo departamento de polícia", e que ambos "antecipavam que ela teria de ser aprovada". Os comentários de Michael Jackson sobre dividir sua cama com crianças eram "incomuns, para dizer o mínimo", falou Sneddon, e, "por essa razão, todos os departamentos locais com responsabilidade sobre isso estão levando a questão a sério". Em seguida, o promotor instou qualquer criança que acreditasse ter sido sexualmente abusada por Michael Jackson a se apresentar. Poucos dias depois, alguém no escritório de Sneddon vazou na internet o depoimento de Jordie Chandler de 1993, que descrevia em detalhes o suposto ataque sexual de Jackson.

O promotor Sneddon era só uma das figuras do esquadrão de inimigos conhecidos que flutuavam na sensação de déjà-vu de Jackson. Larry Feldman, o advogado que tinha negociado o acordo milionário para a família Chandler, foi a primeira parada da família de Gavin Arvizo, no começo de março de 2003, muito antes de eles contatarem a polícia. Feldman tinha encaminhado a família Arvizo para o dr. Stan Katz, o mesmo psicólogo que entrevistou longamente Jordan Chandler e sua família durante a preparação para o caso civil de 1994 contra Jackson. Foi Katz quem denunciou a suspeita de abuso para a polícia depois de ouvir Nikki Chandler, então com cinco anos de idade, dizer que tinha visto Michael "tocar" seu meio-irmão, desencadeando as investigações nos condados de Los Angeles e de Santa Barbara.

O que Michael não tinha como saber no verão de 2004 era que a entrevista de Katz com Gavin Arvizo tinha produzido muito material vantajoso para sua defesa. O garoto disse ao psicólogo que sabia tudo sobre as afirmações de Jordan Chandler, por exemplo, e Mesereau usaria isso depois para apoiar sua alegação de que todo o caso era uma trama de extorsão. O fato de a mãe de Gavin, Janet Arvizo, ter consultado Feldman e Katz antes de falar com a polícia forneceria evidências ainda mais fortes para esse argumento. Quando Mesereau soube disso, Janet Arvizo já tinha alegado que soubera do ataque contra o filho no dia 30 de setembro de 2003, quando Tom Sneddon e uma equipe de investigadores deram a notícia durante uma reunião num hotel em Los Angeles. A razão de ela ter levado o filho para Feldman e Katz meses antes daquela data era algo que o advogado ansiava para perguntar no tribunal.

Na cabeça de Michael, o grupo de torturadores em seu encalço ainda incluía duas jornalistas que nos dez anos anteriores tiveram como principal ocupação expor sua pedofilia. Diane Dimond, ex-funcionária do *Hard Copy*, publicação na qual divulgou a história de Jordan Chandler, estava agora na Court TV, disposta a analisar qualquer tipo de "prova" que pudesse usar para mostrar para o público americano que Jackson era culpado. Dimond conseguiu baixar ainda mais o padrão de qualidade da televisão sensacionalista ao entrar em contato com um homem que tinha uma coleção de itens antigos de Michael Jackson, persuadindo--o a mostrar uma cueca suja de vinte anos antes para as câmeras e, em seguida, ligando para Tom Sneddon e insistindo para que o promotor coletasse amostras de DNA do item. Muitas pessoas de dentro e de fora da mídia acreditavam que alguém no escritório do promotor tinha vazado o acordo confidencial feito no caso de Jordan Chandler para Dimond pouco antes de o documento ser postado na internet, em 2003.

A proximidade entre Dimond e Sneddon deixou de ser segredo quando outros repórteres se deram conta de que ela ficara sabendo da batida no rancho

Neverland muito antes deles. Depois, a Associated Press relataria que Dimond dissera aos seus superiores na Court TV que Sneddon estava montando um processo contra Michael Jackson meses antes de um mandado ser emitido para a prisão do artista. Durante a coletiva de imprensa na qual Sneddon anunciou a batida e o mandado de prisão, o promotor respondeu a uma pergunta sobre o número de casos civis (incluindo denúncias de má conduta sexual com crianças) que já havia sido resolvido com acordos por Jackson desde 1993, dizendo: "Pergunte para Diane. Ela sabe tudo sobre Michael Jackson". Quando Sneddon deu sua primeira entrevista particular depois da coletiva de imprensa, a repórter era Dimond.

Ela conseguiu ainda mais atenção da mídia pouco tempo depois, quando disse a Larry King que os promotores tinham posse de "uma pilha de cartas românticas" escritas por Michael Jackson para Gavin Arvizo. "Alguém [...] sabe da existência dessas cartas?", King perguntou. "Com certeza", foi a resposta de Dimond. "Eu sei. Eu com certeza sei da existência das cartas." Ela tinha lido o material?, questionou King. "Não, não li as cartas", admitiu Dimond. Na verdade, ela nem mesmo as havia visto. Mas tinha certeza que essas cartas existiam, tendo ouvido isso de "fontes importantes na polícia". As cartas nunca foram reveladas, pois elas não existiam.

Enquanto isso, Maureen Orth, da *Vanity Fair*, publicava uma série de longos artigos baseados em grande parte em fontes anônimas ou pseudônimas que retratavam Jackson de um jeito tão sinistro quanto qualquer tabloide. A pedra angular do trabalho de Orth foi o artigo de março de 2003, escrito em colaboração com Myung Ho Lee, pouco depois de o "assessor financeiro" apresentar seu processo contra Jackson. Entre os raros trechos de informação inédita no texto de Orth, havia uma declaração segundo a qual Michael tinha usado latas de Coca-Cola cheias do vinho branco que ele chamava de Suco de Jesus para seduzir o garoto japonês Richard Matsuura. A resposta de Matsuura foi dizer a um repórter da NBC que aquelas afirmações eram "completamente falsas", e que Michael nunca tinha se comportado de maneira imprópria com ele. Era impossível, claro, refutar ou verificar alegações de Orth de que Michael tinha se banhado em sangue de ovelhas, ou pagado um praticante de vodu do Mali, chamado Baba, para realizar um ritual de sacrifício de 42 vacas, mas o volume de "informação" despejada sobre o caso de Jackson — verdadeira, falsa e indeterminada — impossibilitou qualquer esclarecimento.

Orth era apenas mais uma entre dezenas de jornalistas que tentaram juntar informações suficientes sobre Jordan Chandler para retratá-lo como um jovem que já se aproximava dos 25 anos e tinha feito praticamente tudo para se tornar invisível. Embora acreditasse que Jordie tinha se tornado um adulto "normal", o irmão de Evan Chandler, Ray, disse que a vida do jovem era tudo menos normal. "Minha maior preocupação é que, sabe, mesmo quando tiver sessenta anos, ele ainda vai ser 'aquele garoto do Jackson'", Ray disse a Orth. "Eu não acho que isso vai desaparecer." Ele insistia para que o sobrinho viesse a Santa Barbara e testemunhasse contra Jackson no julgamento criminal das novas acusações, disse Ray Chandler, "porque seria o prego final no caixão de Michael, e Jordie poderia ser um herói".

20.

No dia 31 de janeiro de 2005, teve início a seleção do júri para o julgamento de Michael Jackson em Santa Maria. O juiz Rodney Melville concedeu uma exceção ao segredo de justiça que tinha imposto sobre o caso para permitir que Jackson entregasse aos repórteres um vídeo com uma breve declaração pública escrita por Mesereau. O advogado estava furioso por seu cliente ter concordado em dar uma entrevista a Geraldo Rivera organizada por Raymone Bain, mas quebrou sua própria proibição de contato com a mídia quando transcrições dos procedimentos do júri no caso Arvizo foram vazadas pouco antes do início do julgamento de Jackson. Ele nunca saberia com certeza qual fora a fonte daquele vazamento, disse Mesereau. "Podia ter sido alguém que trabalhava para mim", ele admitiu, "alguém que estava chateado por ter sido demitido e retaliou dessa forma. Quem quer que o tenha feito, achei que precisávamos responder, então aprovei a aparição de Michael naquele vídeo. No mínimo serviu para que ele se sentisse melhor."

Mesereau optou por ignorar o conselho de seu consultor de júri, de excluir o maior número possível de mulheres, baseado na ideia de que mulheres — em especial mães — seriam mais hostis a um réu num caso de abuso sexual. "Eu e Susan queríamos mulheres", explicou o advogado. "Nós pensamos que elas teriam uma mente mais aberta em relação a um artista excêntrico como Michael

Jackson, que seriam menos propensas a julgamentos." Michael sorriu apenas uma vez durante a seleção do júri, quando um membro em potencial admitiu que "eu não ligo muito para as músicas, mas realmente gosto do jeito que ele dança". Antes do final de fevereiro, Mesereau e Yu selecionaram com a promotoria um júri composto por oito mulheres e quatro homens. Havia oito caucasianos, três hispânicos e um asiático. O grupo incluía um homem de meia-idade que achava que Deepak Chopra era um rapper, uma senhora de idade cujo neto era monitorado por abuso sexual e uma mulher mais jovem que havia se divorciado de um policial de Santa Maria.

A declaração inicial de Sneddon em 1º de março comparava o rancho Neverland ao covil de um pedófilo, uma espécie de Ilha dos Prazeres de *Pinóquio*: "O mundo pessoal de Michael Jackson revela que, em vez de ler *Peter Pan* para eles, [ele] mostra revistas de sexo explícito. Em vez de biscoitos com leite, há vinho, vodca e bourbon. Não livros infantis, mas visitas a sites de pornografia". Sneddon apresentou descrições explícitas de cenas de masturbação, do pênis ereto de Jackson e houve uma simulação de sexo com um manequim.

Mesereau focou sua declaração de abertura na mãe do jovem querelante, Janet Arvizo, descrevendo-a como uma vigarista reincidente, que já tinha tentado sem sucesso extrair dinheiro de Jim Carrey, Mike Tyson e Adam Sandler antes de chegar a Michael Jackson: "A mãe, usando os filhos como ferramentas, estava tentando encontrar uma celebridade a qual se agarrar. Infelizmente para Michael Jackson, ele caiu no truque". Mesereau também insistiu bastante na cronologia bizarra da acusação, algo que todos os envolvidos no julgamento reconheciam como sendo a maior vulnerabilidade do caso da promotoria. Pouco depois da prisão de Michael Jackson, em novembro de 2003, o escritório de Tom Sneddon produziu informações criminais alegando que os ataques sexuais a Gavin Arvizo tinham se dado no começo de fevereiro de 2003, bem na época em que o documentário de Martin Bashir entrou no ar. Em janeiro de 2004, Mark Geragos apareceu no *Dateline* da NBC para afirmar que seu cliente tinha um "álibi concreto e sólido" para as datas que constavam dos documentos da promotoria. Pouco depois, Sneddon fez com que Michael Jackson fosse indiciado novamente numa acusação de conspiração, e mudou as datas das supostas agressões sexuais para duas semanas mais adiante, meados de fevereiro de 2003. Para desacreditar o suposto "álibi sólido" do réu, o promotor agora estava tentando argumentar que Michael Jackson, em pânico depois da transmissão do documentário de Bashir, tinha conspirado para sequestrar Gavin Arvizo e forçá-lo a negar atos de abuso sexual que ainda não tinham ocorrido, e então, de alguma forma, deu um jeito de se recompor por tempo suficiente para cometer aqueles atos terríveis no mesmo instante em que o mundo inteiro o observava. "Vocês podem imaginar um período mais absurdo para isso acontecer?", perguntou Mesereau, e pelo menos dois membros do júri foram vistos abanando a cabeça.

Martin Bashir foi a primeira testemunha. O breve interrogatório de Sneddon, que tinha como único propósito autenticar *Living with Michael Jackson*, bastou para revelar o exagero pomposo de Bashir. Como diria Matt Taibbi, da revista *Rolling Stone*, Bashir era o tipo de sujeito "que fica olhando pelas janelas do quarto de pessoas famosas e imaginando que está curando o câncer". Quando uma pergunta descreveu suas produções como sendo documentários, Bashir declarou que "eu as chamo de *programas de assuntos culturais*". No interrogatório cruzado, Bashir se recusou a responder quase trinta perguntas sobre o material que tinha deixado de fora do documentário, alegando que se amparava tanto na lei de proteção jornalística da Califórnia quanto na Primeira Emenda da Constituição dos Estados Unidos.

"Eu fiz uma pergunta comprida atrás de outra para ele, a maior parte do tipo 'Não é verdade que...?'", recorda Mesereau. "Basicamente, aquilo me permitia testemunhar em nome do meu cliente." Embora Mesereau e Yu tenham ficado satisfeitos com o alerta de Melville de que estava considerando prender Bashir por desacato por não responder às perguntas, eles ficaram muito mais entusiasmados com a decisão do juiz de que o júri poderia assistir às cenas não editadas de Bashir. "Eu tinha certeza de que eles acabariam desprezando Bashir tanto quanto eu", disse o advogado.

Em seguida, Sneddon chamou para depor Albert Lafferty, o policial do condado de Santa Barbara. Lafferty fora o responsável por filmar e fotografar a batida ao rancho Neverland. Esse foi, em alguns sentidos, o momento mais duro do julgamento para Michael, de acordo com Mesereau. Lafferty fazia parte de um verdadeiro exército de agentes da lei que chegou a Neverland pouco depois das nove horas da manhã no dia 18 de novembro de 2003, e ainda estava vasculhando o local catorze horas depois. O policial narrava um DVD de doze minutos mostrando uma visita virtual do mundo particular de Michael Jackson, e o material era muito mais detalhado e invasivo do que qualquer parte do "programa de assuntos culturais" de Martin Bashir.

As fotografias da parte externa da casa principal, da galeria, da estação de trem, do zoológico e do parque de diversões de Neverland eram conhecidas por boa parte dos americanos, mas poucas pessoas tinham visto o interior da casa de hóspedes onde Elizabeth Taylor e Marlon Brando ficaram durante suas visitas ao rancho, ou vislumbrado a frota de Rolls-Royce e Bentley que enchia a garagem.

Lafferty começou formalmente a visita guiada pelo ornamentado portão de entrada de ferro forjado do rancho, protegido por manequins de tamanho real vestidos como seguranças. Daquele ponto em diante, o que era ou poderia ser "real" tornou-se o tema fundamental, mesmo que não intencional, da filmagem da polícia. Outros manequins apareceram com frequência quando Lafferty entrou na casa principal, muitos do tamanho de crianças, escondendo-se nos cantos ou fazendo paradas de mão e dando cambalhotas nos corredores e nas salas. Havia querubins nus de mármore branco fazendo poses nos magníficos assoalhos de parquete, ao lado de bonecos infláveis, recortes e estátuas de papel machê de personagens como Super-Homem, Batman, Homem-Aranha, a maior parte do elenco dos filmes *Guerra nas Estrelas*, além de Mickey Mouse, Michael Jordan, a fada Sininho, Indiana Jones, Bruce Lee, as Tartarugas Ninja e diversos cavaleiros com armaduras reluzentes. Fotografias em tamanho real de Shirley Temple, Charlie Chaplin e dos Três Patetas espalhavam-se entre pôsteres imensos retratando personagens de *O mágico de Oz, Pinóquio, Uma cilada para Roger Rabbit, Bambi* e *Cantando na chuva*. A equipe da cozinha, costas eretas, vestida com ternos preto e branco formais, também pareceu ser composta por manequins por um instante, até que um deles se moveu de repente, arrancando exclamações de surpresa do júri e dos observadores.

As pilhas de objetos espalhados pela casa, especialmente no quarto de Michael, eram desconcertantes: decorações de Natal, livros de mesa, raquetes de tênis, Game Boys, caixas de som, animais empalhados, livros empilhados, montes de DVDs, chapéus de todos os tipos imagináveis e centenas de brinquedos ainda nas caixas, algumas meio abertas, outras ainda fechadas. Peter Pan estava por toda a parte: havia pôsteres gigantes e recortes pendurados em fios, fotografias de Bobby Driscoll como Peter no filme da Disney, e a câmera mostrou um figurino de Peter Pan incrustado com joias. Lafferty mostrou ao júri o quarto cheio de bonecos, o imenso trono dourado onde o manequim de uma criança fazia uma parada de mão sobre o assento e as caixas de vidro com a coleção mais valiosa de estatuetas da Disney não pertencente à família de Walt. A câmera do policial conduziu os espectadores por uma sala de estar tão ampla que tinha três lustres de cristal, e focou por um bom tempo o castelo em pequena escala, de construção elaborada — completo, com um fosso e vigiado por estatuetas do tamanho de crianças —, que ocupava a maior parte do espaço. Lafferty também atentou bastante para as pinturas imensas de Michael penduradas por todas as paredes do primeiro andar da casa principal, a maior parte retratando-o como rei ou anjo. O policial mostrou uma gravação demorada, embora um tanto embaçada, do edredom azul reluzente na cama de Michael e da pintura da *Última ceia* pendurada na cabeceira da cama. Depois mostrou o closet, em que as roupas de Michael se organizavam por cor, mostrando aos jurados que ele possuía um estoque aparentemente ilimitado das camisas formais brancas, calças pretas listradas e coletes de brocado que usou todos os dias no tribunal.

Quando a tela da TV do tribunal ficou preta, o lábio inferior de Michael tremia e lágrimas manchavam a maquiagem nos cantos de seus olhos. Mesereau se levantou para ressaltar que as autoridades do condado de Santa Barbara tinham usado um efetivo policial mais numeroso na batida na casa de Michael Jackson do que já havia sido usado na perseguição de assassinos em série em qualquer lugar dos Estados Unidos.

O primeiro parente de Gavin Arvizo chamado para depor foi Davellin, sua irmã de dezoito anos. Era o membro mais simpático e agradável da família. Davellin falou ao júri sobre sua família. Cresceram na pobreza na parte leste de Los Angeles, ela explicou, e seu irmão Gavin fora diagnosticado com um misterioso e apavorante câncer no quarto estágio, que aos treze anos de idade já tinha custado ao garoto um rim, sua glândula adrenal esquerda, a ponta do pâncreas, o baço e diversos gânglios linfáticos. Um tumor com mais de sete quilos foi removido de seu abdômen, e uma rodada dupla de quimioterapia o tinha feito vomitar sangue no meio da noite.

A garota descreveu em detalhes como a família havia obtido acesso a diversas celebridades por meio de um "acampamento de comédia" para crianças do interior realizado na Sunset Strip, e, como a mãe, Janet, falou dos "últimos desejos" de Gavin para o proprietário do clube, Jamie Masada. No topo da lista de Gavin estava conhecer seus heróis, Chris Tucker, Adam Sandler e Michael Jackson. A família Arvizo nunca chegou perto de Sandler, mas foram acolhidos tanto por Tucker como por Jackson, e ambos encheram Gavin e os irmãos de presentes e atenção. Michael parecia tão bondoso e humilde no começo, recordou Davellin, sempre telefonando para Gavin na casa de seus avós e dizendo ao garoto para visualizar suas células saudáveis comendo as células do câncer "que nem o Pac--Man". Depois que seus pais se divorciaram e o pai de Gavin partiu com o carro da família, Michael deu um Ford Bronco para Janet, para que ela pudesse levar Gavin ao médico.

Mas, de acordo com Davellin, tudo pareceu mudar quando o documentário de Bashir foi transmitido pela ABC. Ela e a família viajaram da Califórnia até a Flórida a bordo do jato particular de Chris Tucker no dia da transmissão de *Living with Michael Jackson*. Quando eles chegaram ao resort Turnberry Isle, perto de Miami, cujas diárias estavam sendo pagas para a família por Jackson, Davellin recorda que Michael parecia "meio, tipo, chateado", e disse que não queria que eles assistissem ao programa. Michael e Gavin passaram vários minutos juntos "sozinhos", relatou Davellin, e depois seu irmão começou a agir de forma diferente, "muito agitado, falador, correndo de um lado para o outro, brincalhão, falando mais, pulando mais".

Enquanto eles se preparavam para voltar a Neverland, Gavin ganhou de presente um relógio de 75 mil dólares e uma jaqueta com strass (Sneddon chamou os itens de "subornos" em sua declaração de abertura). De volta ao rancho, Dieter Wiesner deu a Davellin e ao resto da família uma lista de "coisas boas" para falar sobre Michael quando eles aparecessem no que se tornaria conhecido como o "vídeo de réplica", disse Davellin, e pediu para que eles não falassem sobre "o que se passa no rancho". A garota então contou que foi até a adega de Neverland e viu Jackson servindo taças de vinho para seus irmãos Star e Gavin, que na época tinham doze e treze anos, respectivamente.

Sneddon já tinha dito ao júri que foi durante essa estadia em Neverland que Jackson começou a abusar sexualmente de Gavin Arvizo. Como o comportamento de seu irmão tinha se modificado naquela época?, Sneddon perguntou a Davellin. "Ele não queria ser abraçado, não queria ser beijado", respondeu a garota. "Eu fiquei magoada porque sou a irmã mais velha dele." Ela tinha visto o réu tocar seu irmão de maneira inadequada?, perguntou Sneddon. "Michael Jackson estava sempre abraçando [Gavin] e o beijando na bochecha ou na cabeça", respondeu a garota.

Em seguida, Davellin descreveu como sua família foi "mantida refém" (nas palavras de Sneddon) no hotel Country Inn de Calabasas, depois de deixarem Neverland na primavera de 2003, sob constante vigilância dos funcionários de

Jackson e de Frank Cascio e Vinnie Amen (como Cascio e Amen tinham sido definidos por Sneddon como "cúmplices não indiciados", os dois foram impedidos de testemunhar). "Vinnie e Frank disseram para não sairmos", testemunhou a garota. "Nós não podíamos sair do quarto, então nem nos demos ao trabalho de pedir [para sair], porque sabíamos que a resposta seria não." De acordo com Davellin, disseram à família que isso era para o bem deles: "Uma vez Frank nos disse que havia ameaças de morte contra nós".

Mesereau queria que o júri ouvisse a gravação de áudio de uma entrevista que a família Arvizo deu ao detetive particular de Mark Geragos, Bradley Miller, em fevereiro de 2003. A entrevista havia sido conduzida em duas faixas. Em uma, a família elogiava a bondade e generosidade do "Papai Michael", e na outra a família descrevia de maneira muito clara o "jeito demoníaco" que caracterizava o pai biológico das crianças. Janet Arvizo e todos os seus filhos fizeram com que David Arvizo, que trabalhava em um depósito de uma rede de supermercados, parecesse um vilão que os tinha espancado e abusado deles de todas as maneiras concebíveis antes de desaparecer de suas vidas. Davellin disse que David tinha quebrado seu cóccix numa das vezes em que batera nela. O irmão mais novo, Star, disse a Miller que o pai o tinha chutado na cabeça. Gavin Arvizo alegou que o pai batia nele mesmo na época em que fazia quimioterapia. Janet alegou ter tomado tapas, levado socos e ter sido jogada contra a parede. Tufos de cabelo haviam sido arrancados de sua cabeça na frente das crianças, ela disse. A violência foi tão extrema que ela recebeu uma medida cautelar válida por cinco anos para manter David longe não só dela e dos três filhos como também do cachorro da família, Rocky, que tinha sofrido abusos tão terríveis quanto o resto da família.

Sneddon tinha bons motivos por trás do retrato que fez de David Arvizo, que dissera aos repórteres que achava que sua esposa estava fazendo acusações de abuso sexual contra Michael Jackson porque queria o dinheiro do astro. Mas o impulso por trás da entrevista da família com Bradley Miller foi o de expor o contraste entre David Arvizo e o homem que, de acordo com a descrição de Janet no arquivo de áudio, "[nos] salvou deste mal". Michael havia sido a primeira pessoa a mostrar aos seus filhos o significado de "amor incondicional", Janet disse a Miller. Na gravação de Miller, Janet e os filhos falaram sobre como se sentiam "seguros" e "protegidos" com Michael, e como ele se tornou a "figura paterna" de que as crianças precisavam, que parecia ter como único objetivo tornar todos eles "o mais felizes possível". Foi Gavin quem perguntou pela primeira vez se ele e Star podiam dormir no quarto de Michael na casa principal, a família disse a Miller, pois ele se sentia mais seguro ali do que nos quartos de hóspedes, onde David poderia pegá-lo.

A entrevista de Miller aconteceu apenas duas semanas depois de *Living with Michael Jackson* ter sido transmitido pela ABC, e toda a família Arvizo declarou estar indignada e ofendida pelo que Bashir, e depois a mídia, tinha feito tanto com Gavin quanto com Michael. Agora, pouco mais de dois anos depois, Davellin Arvizo estava dizendo ao júri em Santa Maria que ela, a mãe e os irmãos tinham inventado a coisa toda, tendo sido coagidos ou manipulados para defender Michael Jackson como parte de um plano elaborado para esconder a verdade.

No interrogatório cruzado, Davellin insistiu com Mesereau que ninguém em sua família tinha visto o documentário de Bashir, mas o júri já tinha ouvido Janet Arvizo fazendo uma afirmação contraditória diversas vezes na gravação. Mesereau deixou a garota explicar que sua mãe tinha dito muitas coisas exageradas, e em seguida lembrou a Davellin que não foi apenas na gravação de Bradley Miller ou no vídeo de réplica que ela e a família tinham elogiado Michael Jackson, mas também em entrevistas com assistentes sociais do estado. Parte do que a família Arvizo disse era verdade, e outra parte não era, explicou Davellin. "Então vocês mentiram sobre algumas coisas e contaram a verdade sobre outras coisas?", perguntou Mesereau. "É", respondeu Davellin.

O júri tinha assistido a parte do famoso vídeo de réplica pouco antes de Mesereau começar o interrogatório cruzado de Davellin, e eles veriam mais trechos cada vez que o advogado fosse interrogar outro membro da família Arvizo. Eles observaram e escutaram a irmã da suposta vítima descrever Michael Jackson como "um homem amoroso, carinhoso e humilde [que] nos acolheu quando ninguém mais o fez". E, o que era mais importante, o vídeo de réplica deu aos membros do júri a primeira impressão sobre o resto da família Arvizo. Eles tinham visto e ouvido Star Arvizo dizer de Michael que "na verdade ele parecia mais paterno do que, tipo, o nosso pai biológico". Eles analisaram Gavin Arvizo falando sobre o homem que ele agora acusava de tê-lo molestado: "Ele era um homem afetuoso, gentil e humilde, e tudo o que queria era fazer o bem e criar felicidade". Eles ouviram Janet Arvizo criticar longamente tanto Martin Bashir quanto a mídia, que tinha entrado em frenesi por causa do documentário: "Parte o meu coração, porque eles estão deixando de ver algo muito lindo que foi maculado". O júri prestou muita atenção quando Janet Arvizo se lembrou do dia em que o filho tinha pedido a Michael Jackson: "Posso te chamar de papai?", e Michael respondeu com delicadeza: "É claro que pode".

Esperava-se que Star Arvizo, então com catorze anos, fosse uma testemunha da promotoria muito mais poderosa do que sua irmã mais velha. Enquanto Davellin admitiu nunca ter visto Michael Jackson tocar seus irmãos de maneira sexual, as declarações de Star nesse sentido eram explícitas. Entre as coisas que tinha visto na suíte principal de Neverland, disse Star, havia diversos sites pornográficos que Michael Jackson e seu amigo Frank Cascio tinham mostrado a ele e ao seu irmão, Gavin, enquanto Prince e Paris Jackson dormiam na cama ao lado. Ele disse a Sneddon que quando a imagem de uma mulher com seios grandes e nus surgiu na tela, Michael disse de brincadeira: "Tem leite?". Em outro momento, continuou Star, Michael cochichou no ouvido do próprio filho: "Prince, você está perdendo as xoxotas". Michael também compartilhou revistas pornográficas com ele e Gavin, disse Star, e simulou a prática sexual com um manequim enquanto ele e o irmão olhavam. Uma vez, enquanto ele e Gavin estavam assistindo a um filme no quarto, Michael entrou completamente pelado, contou Star: "Eu e meu irmão ficamos com nojo. [Michael] sentou na cama e disse que era natural", e depois saiu do quarto, ainda pelado. Ele tinha reparado em algo "incomum" na aparência de Jackson naquela ocasião?, perguntou Sneddon. Não, respondeu Star. Sneddon repetiu a pergunta mais duas vezes antes de Star lembrar-se de que, ah, sim, o pênis de Jackson estava completamente ereto.

Os jurados já estavam se contorcendo em seus lugares quando Star relatou a Sneddon que Michael tinha dado vinho para ele e o irmão durante um voo entre a Flórida e a Califórnia num jatinho particular. "Ele se inclinou e me deu", disse Star. "Eu pensei que fosse Coca Diet, então não quis ser grosso. Tinha cheiro de álcool de limpeza. Eu perguntei o que era, e ele disse que era vinho." Naquele mesmo voo, ele viu Jackson, embriagado, lambendo a cabeça de Gavin (uma descrição que já havia aparecido tanto nos documentos do caso Jordan Chandler como no livro de Bob Jones, *Michael Jackson: The Man Behind the Mask* [Michael Jackson: O homem por trás da máscara]) "por uns seis segundos", disse Star. "Ele estava, tipo, dizendo coisas estranhas que não faziam sentido." Star também descreveu um jogo de bebida que Michael fez os irmãos Arvizo jogarem no quarto principal: cada um tinha que fazer um trote e, se o número que discassem não existisse, eles tinham de tomar um gole de vinho. Michael costumava chamar vinho de "suco de Jesus", lembrou-se Star.

Star repetiu a história de sua irmã ter sido refém de "cúmplices não indiciados" no caso. Dieter Wiesner tinha dito para ele "sempre falar coisas boas sobre Michael Jackson" antes de ele aparecer junto com a família no vídeo de réplica, disse Star. Frank Cascio o tinha alertado que, se ele dissesse qualquer coisa que não devia, havia "jeitos de fazer os meus avós desaparecerem", testemunhou Star.

Quando Sneddon perguntou a Star se ele tinha de fato testemunhado Jackson molestando seu irmão Gavin, o garoto disse que sim, duas vezes: da primeira, "eu vi na própria cama. Eu vi que o meu irmão estava fora das cobertas. Eu vi a mão esquerda de Michael dentro da cueca do meu irmão". Dois dias depois, "eu subi as escadas", disse Star, e "a mesma coisa estava acontecendo, mas o meu irmão estava deitado de costas. Meu irmão estava dormindo e Michael estava se masturbando, com a mão esquerda dentro da cueca do meu irmão. Eu não sabia o que fazer, só voltei para o quarto de hóspedes onde minha irmã estava dormindo".

Sneddon concluiu o interrogatório de Star perguntando se Michael Jackson tinha pedido para ele ficar de boca fechada sobre o que se passava na suíte principal em Neverland. Sim, respondeu Star. "Uma vez, eu, meu irmão e Eddie Cascio estávamos sentados na cama e [Jackson] nos disse para não contarmos para ninguém o que tinha acontecido, 'mesmo que apontem uma arma para a sua cabeça'. Ele falou para não contarmos nada para Davellin. Ele tinha medo de que ela pudesse falar sobre o que nós estávamos fazendo para a nossa mãe." E o que eles estavam fazendo?, perguntou Sneddon. "Bebendo", respondeu Star.

Mesereau começou seu interrogatório cruzado mostrando novamente a imagem da revista *Barely Legal* que Star tinha identificado (depois de Sneddon projetar a imagem numa tela para que todos no tribunal pudessem vê-la) como uma das que Michael Jackson havia compartilhado com ele e Gavin. Sim, aquela era a revista, Star disse a Mesereau, que imediatamente ressaltou que a data do exemplar era "agosto de 2003" — meses depois da última visita da família Arvizo ao rancho Neverland. Star começou a apertar uma mão na outra. "Eu nunca disse que era exatamente aquela", ele disse ao advogado, irritado. "Não foi exatamente aquela que ele nos mostrou."

O advogado continuou o interrogatório falando de um depoimento que Star tinha dado num caso civil apresentado pela família Arvizo contra a rede de lojas de departamento JCPenney alguns anos antes. Mesereau queria poupar os detalhes do caso para quando fosse a vez de Janet Arvizo depor, mas o júri entendeu a essência da questão. Em 1999, Gavin Arvizo tinha "pegado" uma peça de roupa de uma loja JCPenney para tentar "forçar" o pai a comprá-la. Seguranças seguiram a família Arvizo até fora da loja e então, de acordo com a família, maltrataram e apalparam Janet Arvizo. A família acabou conseguindo um acordo no valor de seis dígitos, mas agora estava claro que eles tinham forjado as provas e cometido perjúrio nos depoimentos. Entre as alegações que Star fizera naquele caso estava a de que seus pais nunca brigavam e que o pai nunca batia nele. "Você estava falando a verdade?", perguntou Mesereau. "Não", admitiu Star, rápido demais. Mesereau perguntou por que ele tinha mentido e Star respondeu com desdém: "Eu não lembro, já faz cinco anos, eu não me lembro de nada". Quando Mesereau questionou se "alguém" tinha pedido para ele mentir no caso JCPenney, Star respondeu exatamente a mesma coisa que sua irmã Davellin: "Eu não me lembro".

Com isso, Mesereau seguiu para as declarações de Star de que ele teria presenciado seu irmão ser molestado por Michael Jackson, deixando claro logo de cara que o garoto não tinha dito nenhuma palavra sobre aquilo para ninguém até ele e a família terem se encontrado com Larry Feldman; que Feldman tinha encaminhado Star para o dr. Stan Katz; e que foi a queixa de Katz que resultou na apresentação das acusações criminais contra Michael Jackson. O advogado examinou algumas pequenas discrepâncias entre o depoimento do garoto no interrogatório direto da véspera e o que ele havia dito a Katz dezoito meses antes, e o discurso do advogado ficou cada vez mais específico — e claro. Fazendo referência ao segundo suposto ataque sexual, Mesereau perguntou: "Você disse a Stanley Katz que Michael Jackson tinha posto a mão na virilha do seu irmão?". Sim, respondeu Star, condizente com seu testemunho na véspera.

"Na verdade não foi isso que você disse para ele, foi?", perguntou Mesereau.

"Do que você está falando?", perguntou Star, e pela primeira vez pareceu apreensivo.

"Bem, você disse a Stanley Katz que Michael Jackson estava esfregando seu pênis nas nádegas de Gavin, não disse?"

Star não tinha dito nada daquilo durante o interrogatório direto. "Não", ele respondeu.

"Ajudaria sua memória se eu mostrasse o depoimento [de Katz] ao júri?", perguntou Mesereau. O advogado pegou uma cópia na mesa da defesa, mas Star se recusou a olhar para o vídeo, insistindo que nunca tinha dito nada parecido com aquilo para o dr. Katz.

Mais cedo, Star tinha dito que nunca teve vontade de ser artista, mas Mesereau logo mostrou que o garoto tinha frequentado uma escola de dança e uma escola de comédia, e pedido a Michael Jackson para ajudá-lo a se tornar um ator. Ele e o irmão também já tinham entrado na casa principal em Neverland "centenas de vezes" sem o conhecimento de Jackson. Michael tinha informado o código do alarme da casa quando eles voltaram de Miami para a Califórnia, depois da transmissão do documentário de Bashir, explicou Star; ele e Gavin podiam ir para qualquer lugar que quisessem na casa, incluindo o quarto de Michael. Mesereau perguntou sobre a ocasião em que Star e Gavin foram pegos bebendo na adega de Neverland num momento em que Jackson estava ausente, mas o garoto negou, o que pareceu satisfazer o advogado. A atitude de Star foi ficando cada vez mais arrogante e desdenhosa no decorrer do interrogatório cruzado. Ficou claro que ele perdeu a simpatia da maior parte do júri quando admitiu ter retalhado o valioso livro de hóspedes de couro de Michael, que tinha sido assinado por todos os seus convidados famosos. Jessica Simpson era o único nome do qual Star parecia se lembrar, e o garoto não parecia nada arrependido pelo que tinha feito.

No interrogatório direto, Star disse que seu apelido em Neverland era "Blowhole",* e sob o questionamento de Sneddon isso soou bastante sugestivo. Mas, no interrogatório cruzado, Star admitiu que ele mesmo tinha se atribuído aquele apelido. Mesereau mostrou um cartão que Star tinha dado a Michael Jackson no Dia dos Pais de 2002, com uma anotação que dizia: "Michael, nós o amamos incondicionalmente, até o infinito e além e para sempre. Obrigado, Michael, por ser nossa família. Blowhole Star Arvizo". Mais de doze cartões e bilhetes escritos para Jackson pela família Arvizo foram então oferecidos como prova. Num deles, Star escreveu que "quando temos nossos corações partidos em pedacinhos, nós ainda amamos, precisamos e nos preocupamos com você com cada pedacinho de nossos corações, porque você nos cura de um jeito muito especial". Aquele bilhete não significava nada, disse Star: ele tinha copiado as palavras de um cartão que sua avó comprara no supermercado.

Aos quinze anos de idade, no julgamento em Santa Maria, Gavin Arvizo não se parecia em nada com o garoto frágil e doce que o júri tinha visto em três vídeos

---

* Buraco respirador da baleia. (N. T.)

diferentes. Esse Gavin Arvizo era um adolescente de ombros largos e pescoço grosso, vestido numa camisa azul e calças pretas, e com um corte de cabelo que lhe dava a aparência de um recruta dos Fuzileiros Navais. Era óbvio que já fazia a barba havia algum tempo, e a voz era grossa mesmo quando ele tentava falar com suavidade. Mesmo assim, o adolescente abrandou a expressão reservada de vários jurados no começo de seu interrogatório direto, relembrando a provação que tinha sido sua vida durante os anos da batalha contra o câncer num apartamento de um quarto no leste de Los Angeles, tomado pelo tumulto violento que era o relacionamento entre os seus pais. Ele achou que Michael Jackson era o "cara mais bacana do mundo" quando o artista começou a telefonar para ele no hospital — mais de vinte vezes, disse Gavin —, antes de se conhecerem pessoalmente. Aquela opinião se manteve a mesma quando Michael começou a fazer convites para ele e a família passarem finais de semana em Neverland.

Mesereau reparou que os jurados começaram a tomar notas na primeira vez que Gavin entrou em contradição com o que ele tinha dito no vídeo de réplica, alegando que tinha sido ideia de Jackson levar a ele e ao irmão, Star, para dormir no quarto principal. Ele e Star assistiram a *Os Simpsons* na televisão naquela primeira noite, disse Gavin, mas ele se distraiu quando Michael e Frank Cascio começaram a mostrar "materiais adultos femininos" para eles. Ele repetiu a história de seu irmão sobre Jackson olhando para mulheres com os seios de fora e brincando, "Tem leite?".

A descrição foi estranhamente pomposa, e o garoto pareceu distraído. A única emoção genuína que Gavin mostrou em seu depoimento surgiu quando se lembrou das seis visitas seguintes a Neverland, sabendo que em todas elas Michael estava ausente ou ocupado. A voz de Gavin demonstrou legítima mágoa e raiva quando ele descreveu como, numa daquelas ocasiões, ele "trombou" com Michael logo depois de terem dito que o artista estava fora a negócios. Gavin demonstrou mais ânimo quando relatou ao júri que, quase imediatamente depois de a entrevista com Martin Bashir ser gravada, Michael deixou Neverland e não voltou até a família Arvizo ter ido embora. Ele nunca mais soube de Michael, disse Gavin, até o documentário de Bashir ser transmitido pela televisão no Reino Unido.

Michael estava com as emoções à flor da pele durante todo o depoimento de Gavin, assim como quando Davellin e Star tinham ocupado o banco das testemunhas. Sua fúria parecia crescer cada vez que uma das crianças Arvizo testemunhava, e ele foi ficando cada vez mais agitado conforme Gavin zombava dele dizendo que Michael o tinha instruído a contar para Martin Bashir que "ele tinha curado o meu câncer". Mesereau pôs a mão no braço do cliente, como se estivesse o pressionando para ficar sentado, temendo, ele admitira depois, uma repetição do que ocorrera durante o depoimento de Davellin Arvizo. No instante em que a garota disse ao júri que tinha visto o réu beijar seu irmão várias vezes na testa, Michael se levantou de repente e saiu furioso do tribunal. Mesereau, demonstrando preocupação pela primeira vez durante o julgamento, foi atrás de seu cliente e voltou momentos depois, corado e ligeiramente despenteado, para dizer ao juiz Melville que "o sr. Jackson teve de ir ao banheiro, meritíssimo".

Houve outro momento dramático na manhã em que Gavin Arvizo voltaria a depor. Pouco antes de o tribunal dar início aos procedimentos, às 8h30, Mesereau recebeu uma ligação de emergência de seu cliente. "Michael disse que tinha passado a noite toda acordado, sem conseguir dormir, e que, andando por Neverland no escuro, caiu e machucou as costas", recorda o advogado. Momentos depois da ligação, Melville, incrédulo, perguntou a Mesereau: "O réu não está aqui?". O advogado respondeu: "Não, meritíssimo, o sr. Jackson está no Cottage Hospital em Santa Ynes com um problema sério na coluna [...], mas ele pretende vir". Enfurecido, o juiz alertou que, se o réu não comparecesse ao tribunal dentro da próxima hora, ele emitiria um mandado para a prisão de Jackson e revogaria sua fiança. "Eu sabia que o juiz estava falando sério", Mesereau comentaria depois. O advogado ficou tão perturbado que mal reparou nas câmeras e nos aparelhos de som que o seguiram até o estacionamento, onde ele ficou andando de um lado para o outro, nervoso, e foi possível ouvir tons alternados de súplica e exigências: "Michael, você precisa vir pra cá agora!". A chegada de Michael ao tribunal numa suv grande preta, cinco minutos depois do prazo das 9h30, se tornaria o momento mais emblemático do julgamento. Em meio a uma multidão de fãs terrivelmente preocupados, Jackson saiu do veículo parecendo distante e grogue, e passou cambaleando pelo aglomerado de pessoas com o olhar vazio, usando um blazer azul sobre uma camiseta branca, calças de pijama azuis iridescentes e chinelos Gucci.

"Eu disse a Michael para nem ir para casa trocar de roupa", explicou Mesereau. "Não podíamos correr o risco de a fiança ser revogada. Ele tinha de chegar ao tribunal o mais rápido possível. Então cobrimos o pijama com uma jaqueta. O engraçado foi que depois os jurados me disseram que nem repararam", lembra Mesereau. "Michael estava sentado na mesa da defesa quando eles entraram, e o fato de estar de calças de pijama não causou nenhuma impressão sobre eles. Depois, quando ficaram sabendo, eles não puderam acreditar que houvera tanto estardalhaço por causa disso."

Foram provavelmente os "medicamentos para dor" que Michael tomou no hospital que o ajudaram a superar um dia de depoimentos no qual Gavin Arvizo descreveu os vários atos de abuso sexual que alegava ter sofrido nas mãos de Michael Jackson. A coisa toda foi preparada, o garoto insistiu, quando Michael lhe serviu vinho no jato particular que os levou da Flórida para a Califórnia, na manhã seguinte à transmissão do documentário de Bashir pela ABC. Michael continuou servindo álcool durante a estadia subsequente da família Arvizo em Neverland, quando ele e o irmão, Star, passaram a noite no quarto de Michael, testemunhou Gavin, mas Michael não o tocou sexualmente. Foi nessa época que Michael começou a chamá-lo de "filho", disse Gavin, e ele retribuiu o favor chamando Jackson de "papai". O promotor Sneddon apresentou como prova uma nota que Michael tinha escrito para Gavin: "Eu quero que você se divirta na Flórida. Estou muito feliz de ser seu PAPAI. Blanket, Prince e Paris são seus irmãos. Mas você precisa ser honesto em seu coração e saber que sou seu PAI e que vou cuidar bem de você. PAPAI".

"Nada de ruim aconteceu", continuou Gavin, até a gravação do vídeo de réplica, em 20 de fevereiro de 2003. Naquela mesma noite, Michael havia entrado nu no quarto onde ele e Star estavam vendo televisão. Mas, contradizendo seu irmão, Gavin disse que Michael não tinha uma ereção. O aspecto mais estranho do depoimento do garoto continuou sendo a entonação mecânica e desprovida de emoção. Ele poderia estar falando sobre o que tinha comido no almoço quando descreveu a noite em que Michael começou a falar sobre masturbação e disse que aquilo era "normal". "Ele disse que, se os homens não se masturbarem, eles podem chegar num ponto em que talvez estuprem uma garota", Gavin disse aos jurados, que pareciam muito mais desconfortáveis que o garoto. Michael perguntou se ele se masturbava, e "eu disse que não", continuou Gavin. "E aí ele disse que faria isso pra mim [...]. E eu disse que realmente não queria." Mas Michael enfiou as mãos embaixo das cobertas, entrou pelo pijama e começou a acariciar seu pênis. Ele acabou ejaculando, disse Gavin, e ficou constrangido, mas Michael repetiu que era "normal", e os dois foram dormir. Michael o masturbou novamente algumas noites depois, quando estavam sentados na cama vendo televisão, continuou Gavin. "Ele disse que queria me ensinar. Nós estávamos deitados, e ele começou a fazer aquilo comigo. E aí ele meio que agarrou a minha mão, tentando me levar a fazer aquilo com ele. E eu meio que puxei a mão, porque não queria fazer aquilo."

Depois que Gavin disse a Sneddon que aqueles foram os dois únicos casos de abuso sexual por parte do sr. Jackson, o promotor passou a palavra para Mesereau, que começou pedindo para que a testemunha recordasse seus anos de estudante de ensino médio na escola John Burroughs, em Los Angeles, onde ele tinha dito duas vezes ao reitor que Michael Jackson "não fez nada comigo". Em seguida Mesereau falou com Gavin sobre a longa lista de reclamações por parte de professores na escola que o definiam como um aluno indisciplinado. Diversos relatórios que ressaltavam o mau comportamento de Gavin e sua recusa em fazer as lições de casa foram apresentados como prova. O garoto pareceu ter de se esforçar para não sorrir quando Mesereau leu que uma tal de srta. Bender havia reclamado que ele era sempre provocador, mas Gavin discordou com veemência quando mostrou-se que a mesma professora tinha escrito que ele era "bom como ator".

Então Mesereau exibiu o vídeo de réplica inteiro para Gavin, parando a gravação em intervalos de poucos minutos para perguntar se o que ele e outros membros da família Arvizo tinham acabado de dizer era verdade ou mentira. O garoto chamou a si mesmo e a sua família de mentirosos tantas vezes que até mesmo o juiz Melville mostrou-se claramente enojado com a testemunha, refutando as objeções de Sneddon com gestos desdenhosos.

Quando Mesereau questionou Gavin sobre passear em limusines com chofer e numa Rolls-Royce, a resposta do garoto causou risos no tribunal: "Eu só andei de Rolls-Royce nas minhas escapadas". Depois de determinar que, em suas "escapadas", Gavin ia fazer compras na Toys "R" Us e visitar um ortodentista que removeu seu aparelho, tudo às custas de Michael Jackson, Mesereau mostrou um maço de recibos (cortesia de Marc Schaffel) mostrando que, enquanto eles alegavam ter sido mantidos prisioneiros em Calabasas, a família Arvizo acumulava contas de milhares de dólares em cosméticos, roupas de grife, tratamentos de beleza, visitas a spa, refeições em restaurantes caros e hospedagem, pondo tudo na conta da Neverland Valley Entertainment.

Mesereau levou Gavin a confessar que ele e a família haviam se encontrado com Larry Feldman antes de falar com a polícia ou com os promotores sobre a suposta má conduta de Michael Jackson. O garoto insistiu que não sabia que poderia lucrar financeiramente com um processo contra Jackson antes de fazer dezoito anos. Em seguida, Gavin reconheceu que tinha dito aos detetives que não fora Michael Jackson, mas *sua avó* quem disse que os homens se masturbam "para não estuprarem mulheres". Mesereau usou uma série de perguntas que sabia que Sneddon jamais permitiria ao garoto responder para demonstrar aos jurados que Gavin fora flagrado com bebida alcoólica em Neverland, vendo pornografia na internet e se masturbando em ocasiões em que Michael Jackson não estava no rancho. O advogado concluiu perguntando a Gavin se ele e a família ficaram bravos quando Michael Jackson parou de convidá-los para visitar Neverland, quando o câncer do garoto entrou em remissão. "Você sentiu que ele o tinha abandonado, certo?", perguntou Mesereau. "Sim!", respondeu Gavin. Foi o momento mais emotivo do garoto no interrogatório inteiro.

A mídia em geral, e os correspondentes da televisão paga em particular, pareciam querer convencer Sneddon de que ele estava ganhando terreno com o júri quando na verdade ele estava perdendo. "Era comum ver repórteres da TV saírem correndo do tribunal para falar com as câmeras quando algum detalhe impudico era apresentado", recorda Mesereau, "e eles nem ficavam no tribunal quando a testemunha era demolida no interrogatório cruzado. Todas as testemunhas mostraram ter razões financeiras para depor, contrariaram declarações prévias feitas sob juramento ou revelaram uma história pessoal suspeita que punha sua confiabilidade em dúvida, mas a mídia não falava nada sobre isso. A mídia estava completamente focada em condenar Michael Jackson, o que renderia mais audiência e lucros. E percebi que Sneddon achava que estava vencendo o caso porque a mídia dizia que ele estava vencendo. Mas os jurados não podiam sair correndo do tribunal depois do interrogatório cruzado. Eles tinham de ficar até o fim, e pude ver que pelo menos dois estavam ficando cada vez mais revoltados com as testemunhas da promotoria. Não sei quanto ao resto, mas vi que pelo menos dois não acreditavam numa palavra do que Gavin Arvizo dizia."

Mesmo assim, Mesereau absteve-se de dizer isso ao seu cliente. "Eu não sei se Michael sabia que o caso da promotoria estava desmoronando", relatou Mesereau. "Só sei que ele estava muito assustado. Muito assustado. Ele ligava para mim ou para Susan Yu às três ou quatro da manhã, chorando. Estava sempre preocupado com a possibilidade de alguém nos corromper, de alguma forma. Repetia o tempo todo: 'Por favor, não deixe que eles forcem uma mudança de lado'. Nós nem sabíamos quem eram 'eles'. A Sony, suponho. De qualquer maneira, mesmo com o julgamento indo bem, e mesmo que ele soubesse, a experiência foi muito exaustiva e dolorosa para Michael, e para nós também. Estávamos longe do fim quando Gavin Arvizo terminou seu depoimento. Michael sabia disso. Todos nós achávamos que as testemunhas mais perigosas da promotoria ainda estavam por vir. Mas estávamos no escuro sobre o que Sneddon usaria para apoiar sua alegação de que Michael havia molestado outros cinco garotos. E isso era assustador."

No dia 30 de março de 2005, o juiz Melville determinou que a promotoria teria permissão para apresentar como evidência as denúncias contra Michael Jackson envolvendo Jordan Chandler e outros quatro garotos: Jason Francia, Wade Robson, Brett Barnes e Macaulay Culkin. "Eu sabia que três daqueles garotos — Robson, Barnes e Macaulay Culkin — não testemunhariam para a promotoria", recorda Mesereau. "E eu não estava muito preocupado com Jason Francia. Mas Jordan Chandler, essa era uma grande preocupação. Eu sabia que o resultado do caso talvez dependesse dos jurados acreditarem ou não que Michael tinha molestado Jordie Chandler."

Mesereau estava ciente do grande esforço por parte da promotoria para transformar Jordan Chandler numa testemunha contra Michael Jackson. O assistente mais dedicado de Sneddon, Ron Zonen, tinha ido de avião até Nova York para pessoalmente ameaçar e bajular Jordie e, finalmente, suplicar para que ele fosse à Califórnia testemunhar no julgamento. Ninguém de fora do escritório do promotor sabia que Zonen não tinha sido bem-sucedido, e tanto a defesa como a mídia desconheciam o fato de que os promotores do condado de Santa Barbara conseguiram fazer com que o FBI os ajudasse. Em junho de 2004, Zonen e outro promotor designado para o caso, Gordon Auchincloss, pegaram um voo até a Virgínia para se encontrar com agentes da Unidade de Análise Comportamental do FBI, para perguntar se o serviço poderia se envolver no caso contra Jackson, e talvez até iniciar um processo federal. Depois de uma reunião no dia 30 de agosto de 2004 entre agentes da Unidade de Análise Comportamental e os promotores de Santa Barbara, como relatado por um memorando do FBI de duas semanas depois, ficou combinado que o agente do FBI em Santa Maria "abriria um caso". Em setembro, dois agentes do FBI se encontraram com Jordie Chandler, que na época tinha 29 anos, num hotel em Nova York, mas o jovem ainda estava tão decidido a não aparecer no julgamento de Michael Jackson quanto na ocasião do encontro com Zonen. Segundo o relatório arquivado pelos agentes, Jordie disse que "não tinha nenhum interesse em testemunhar contra Michael Jackson", e "sugeriu que lutaria juridicamente contra qualquer tentativa" de obrigá-lo a fazer isso. "Eu acho que Jordie não estava preocupado em se justificar ou com o que as pessoas poderiam achar dele", disse seu tio Ray. "Ele estava preocupado em ser deixado em paz, em ficar seguro."

Larry Feldman depôs como testemunha da promotoria no dia 1º de abril, menos de 48 horas depois de o juiz ter determinado que o júri poderia ouvir evidências dos supostos atos anteriores de má conduta sexual por parte de Michael Jackson. Sneddon deixou para Mesereau a tarefa de relacionar o caso Jordan Chandler com Feldman, perguntando ao advogado apenas sobre sua reunião em 2003 com a família Arvizo. Inicialmente, a família o tinha procurado para discutir a possibilidade de abrir um caso contra Martin Bashir e a ABC por ter filmado as crianças Arvizo sem seu consentimento, disse Feldman. Achando aquilo "sem pé nem cabeça", disse Feldman, ele encaminhou Gavin e Star para o dr. Stan Katz. Depois do segundo encontro dos garotos com o psiquiatra, Katz enviou um relatório para Feldman declarando que Gavin e Star estavam alegando que Michael Jackson havia molestado Gavin.

Feldman disse que contatou pessoalmente o chefe do Departamento de Proteção às Crianças e à Família do condado de Los Angeles, que sugeriu que ele relatasse a suspeita de abuso à polícia. Foi então que ele ligou para o promotor Sneddon e deu início ao processo que acabou levando à prisão de Michael Jackson e à batida no rancho Neverland. Ele não estava envolvido em nenhum processo civil contra Michael Jackson, disse Feldman, e não tinha planos de se envolver em qualquer processo desse tipo. Na verdade, ele tinha renunciado formalmente à posição de advogado da família Arvizo em outubro de 2003, pouco antes do mandado pela prisão de Michael Jackson ser emitido pelo departamento de polícia do condado de Santa Barbara.

Mesereau logo continuou onde Sneddon havia parado, fazendo Feldman concordar que não havia nada que o impedisse de representar Gavin e Star Arvizo num futuro caso civil, e que, independente do resultado do caso criminal, Gavin e Star tinham até os dezoito anos para apresentar um processo contra Michael Jackson exigindo milhões de dólares em danos. E se houvesse uma condenação no caso que estava se desenrolando perante o júri, "a única questão restante seria quanto dinheiro você receberia, correto?", perguntou Mesereau. "Provavelmente.

Acho que é mais ou menos isso", respondeu Feldman, permitindo-se abrir um leve sorriso. Uma condenação criminal nesse caso seria crucial na determinação do custo do julgamento para o advogado, não seria?, sugeriu Mesereau, o que levou Feldman a admitir que pagar pela investigação das denúncias de Jordan Chandler em 1993 tinha lhe custado uma parte substancial do eventual acordo. Quando Feldman tentou debater os detalhes, Mesereau aproveitou a oportunidade para levar ao conhecimento do júri que Michael Jackson tinha processado a família Chandler por extorsão em 1993, e que o eventual acordo incluía um enunciado no qual "nenhum dos lados admitiu ter prejudicado o outro". Mesereau deixou para o júri decidir se o fato de os dois advogados que foram elementos-chave no caso de Jordan Chandler, em 1993, também estarem conduzindo a acusação de Michael Jackson pelo abuso de Gavin Arvizo, em 2003, era apenas, como dissera Feldman, "uma coincidência".

Em seguida, Mesereau começou a bajular Feldman, que pareceu satisfeito ao concordar que era um dos "advogados de querelantes mais bem-sucedidos do país", um profissional que tinha vencido "diversos prêmios multimilionários" para seus clientes. "Repita isso para a imprensa", respondeu Feldman, sorrindo. Mesereau observou então que, embora alegasse não estar representando a família Arvizo, Feldman tinha de fato comparecido ao tribunal como advogado da mãe de Janet Arvizo, "numa tentativa de nos impedir de ver se [Janet] depositou dinheiro na conta de seus pais".

A promotoria continuou vendo seu caso ser minado pelo desfile de testemunhas que eles mesmos convocaram e que de fato não haviam testemunhado coisa nenhuma, que negaram as declarações da família Arvizo de ter exibido um bom comportamento em Neverland (a ex-empregada de Neverland, Kiki Fournier, alegou que Star a tinha ameaçado com uma faca na cozinha), e que confessaram ter vendido histórias falsas para a mídia por dinheiro. O ex-administrador de Neverland, Dwayne Swingler, mostrou uma entusiasmante honestidade quando respondeu à pergunta de Mesereau sobre tentar vender histórias aos tabloides, dizendo: "Olha, eu ia conseguir um dinheiro, como as outras pessoas". Até mesmo Sneddon pareceu se dar conta de que tinha perdido o embalo quando chamou para depor a mulher que ele imaginava — corretamente, nesse caso — ser sua testemunha mais importante.

Na época com quase cinquenta anos, June Chandler ainda ostentava uma beleza exótica realçada por uma elegância que ia desde o terno de grife ajustado para seu corpo magro e bem-proporcionado até a forma graciosa com que se conduzia e pronunciava bem as palavras. Quando June começou a contar a história triste e um pouco sórdida de sua vida, no entanto, o brilho ao seu redor perdeu força. Casamentos fracassados com um dentista abusivo e um homem que ganhava a vida alugando carros usados tinham-na transformado numa mulher um tanto áspera e desiludida.

Quando ela descreveu sua entrada na centrífuga encantada do mundo particular de Michael Jackson, em 1993, seu relato gerou uma sensação clara, embora não admitida, de que aquela bela dama tinha enfim conquistado a vida para a qual havia sido feita, e que aproveitou as novas circunstâncias tão bem que ficou cega aos seus custos e consequências. Um carinho genuíno pelo Michael Jackson que ela conheceu naquelas primeiras semanas e meses ainda se fazia presente na voz de June quando ela admitiu que tinha ficado surpresa e impressionada com o fato de ele ser um "cara comum", tão generoso, educado e modesto. Ainda havia um leve resquício de entusiasmo em sua voz quando June lembrou-se de todos os presentes que Michael tinha lhe dado, das viagens em jatos particulares para Mônaco e para a Flórida que ela, Jordie e Lily fizeram com seu novo amigo famoso. Tanto a história de June como seu tom ficaram mais frios e sinistros, no entanto, ao descrever a viagem seguinte que ela e os filhos fizeram com Michael, a viagem de 1993 para Las Vegas. June afirmou ter ficado chocada e alarmada com sua descoberta de que Jordie parecia estar dormindo na mesma cama que Jackson.

Falando com uma tensão emocional muito convincente, June proporcionou os momentos mais devastadores dos depoimentos contra Michael Jackson do julgamento inteiro. Pouco depois de dizer ao filho que ele não podia ficar na mesma suíte que Michael a menos que eles dormissem em quartos separados, recordou June, ela ouviu uma batida na porta do seu quarto de hotel. Era Michael Jackson, June disse ao júri. Ele ficou diante dela chorando, ela lembrou, o rosto cheio de lágrimas, querendo saber se o que Jordie havia dito era verdade: "Ele estava chorando, agitado, tremendo. 'Você não confia em mim?'", perguntou Michael, segundo June. "'Nós somos uma família! Por que você está fazendo isso? Por que não está deixando Jordie ficar comigo?' E eu respondi: 'Ele está com você'", lembrou June. "Ele disse: 'Mas no meu quarto, por que não no meu quarto?'." A "birra histérica" de Michael durou mais meia hora, segundo June, antes de ela afinal ceder e concordar que Jordie poderia dormir no quarto de Michael, e, disse ela, perder o filho.

A ferocidade gélida com a qual Mesereau atacou a mulher no banco das testemunhas foi uma transição abrupta e surpreendente da adoração com a qual Sneddon, claramente encantado, havia coberto June Chandler. O advogado de Michael imediatamente encheu June com uma série de perguntas, sugerindo que ela e Dave Schwartz passavam por uma situação financeira grave em 1993, afundados em dívidas e desesperados para encontrar uma saída. As negativas de June foram vacilantes desde o começo, e ficaram cada vez mais inseguras conforme Mesereau a bombardeou com datas e números. "Eu não me lembro", tornou-se sua resposta para quase todas as perguntas do advogado, embora de vez em quando ela conseguisse soltar um "eu acho que não". Mal conseguia se lembrar de qualquer detalhe do processo que ela e seus dois ex-maridos haviam apresentado contra Michael Jackson em 1994, e declarou nem ter conhecimento de que Jackson havia retaliado com um processo que acusava os três de extorsão.

June pareceu quase aliviada quando Mesereau mudou o assunto para o relacionamento de seu filho Jordie com Michael Jackson, recordando com prazer e orgulho como, anos antes de os dois terem se conhecido, seu filho tinha começado a se vestir como Michael Jackson, divertindo-a ao imitar os passos de dança do ídolo. Para Jordie, foi como ver um sonho se realizando quando ele conheceu Michael e os dois tornaram-se próximos, June disse, e ela tinha gostado muito do interesse paternal que Michael pareceu assumir por Jordie, ainda mais porque o pai biológico do garoto, Evan Chandler, estava pouco envolvido na vida do filho naquela época. Sim, era verdade que Michael tinha passado no mínimo trinta noites na casinha deles em Santa Monica, e que ela tinha encorajado o relacionamento do artista com o filho. Cada membro do júri, bem como o restante do público no tribunal, estava inclinado para a frente, totalmente em silêncio, enquanto June falava de Michael junto com a família na mesa de jantar, ajudando Jordie com as lições de casa e jogando video game com o garoto por horas. Ela via Michael Jackson "como uma criança", June disse a Mesereau. Sim, foi Jordie quem insistiu em ficar no quarto de Michael sempre que eles visitavam Neverland, explicou June, e o garoto reclamava para ela que os outros garotos, inclusive Macaulay Culkin, podiam dormir no quarto "dos meninos grandes". Sim, o pai de Culkin estava com ele em Neverland, concordou June; a maior parte das crianças que visitavam o rancho o faziam acompanhadas pelo pai ou pela mãe. O comportamento de June tornou-se cada vez mais desanimado e distante quando ela respondeu a perguntas sobre viajar com o filho em jatos particulares que pertenciam à Sony e a Steve Wynn, sobre as viagens que ela e os filhos fizeram com Michael Jackson para Orlando ou Las Vegas, sobre conhecer Elizabeth Taylor, Nelson Mandela e o príncipe Albert de Mônaco. Ela pareceu compreender que Mesereau estava retratando-a como uma oportunista, mas ainda assim não conseguiu emitir qualquer reposta além de se mostrar recolhida. Diversas mulheres no júri expressaram desaprovação quando June admitiu que seu ex-marido Evan Chandler tinha sugerido que o relacionamento da família com Michael Jackson poderia ser "uma forma incrível de Jordie não ter que se preocupar pelo resto da vida".

Mesereau ainda estava assimilando o fato de que June seria a única Chandler a testemunhar em Santa Maria quando Tom Sneddon chamou Janet Arvizo ao banco das testemunhas. "Tive a impressão de que aquele seria o momento mais importante do julgamento inteiro", Mesereau diria depois. "E eu estava certo."

Durante semanas o júri e os espectadores assistiram a trechos de Janet Arvizo falando no vídeo de réplica filmado na primavera de 2003. Dois anos e nove quilos depois, não havia resquícios da mulher sedutora e risonha cujos cachos com permanente, lábios com batom vermelho e suéter justo passavam a impressão de uma versão sexy da boneca Kewpie. Essa Janet Arvizo era uma mulher com corpo de pera beirando a meia-idade, com o rosto largo sem maquiagem. Vestia um moletom rosa largo, e as presilhas reluzentes prendendo os cabelos pretos lisos seriam mais adequadas a uma menina de seis anos.

Antes do depoimento de Janet ter início, o juiz Melville explicou que a sra. Arvizo estava invocando seu direito garantido pela Quinta Emenda de não se incriminar, e que não responderia qualquer pergunta sobre fraude relacionada a benefícios governamentais ou perjúrio. Mesereau preparou o júri com uma declaração de abertura em que ele alegou que Janet Arvizo era uma golpista profissional, que obteve ilegalmente meses de pagamentos de pensão governamental numa época em que possuíam mais de 30 mil dólares em diferentes contas bancárias, na mesma época em que havia uma investigação criminal contra ela aberta pelo Departamento de Serviços Sociais da Califórnia.

Sneddon delegou a tarefa de reabilitar Janet Arvizo aos olhos do júri para seu assistente, Ron Zonen, que fez um esforço heroico. As perguntas do promotor conduziram Janet por uma história de doença, pobreza e abuso que constituía a maior parte de sua vida adulta, começando por seu casamento aos dezesseis anos com um viciado em drogas que batia nela constantemente, fraturava os ossos dos próprios filhos e até mesmo torturava seus animais de estimação. Mas Zonen teve de trazer sua testemunha para o assunto em pauta, o suposto "cativeiro" a que Janet e os filhos tinham sido sujeitos depois que Michael ligou pedindo para que a família Arvizo se juntasse a ele em Miami para uma coletiva de imprensa em que eles responderiam ao documentário de Bashir.

De acordo com o relato de Janet, Michael disse que a família dela poderia estar "correndo perigo" depois da exibição de *Living with Michael Jackson* no começo de fevereiro de 2003, e que queria mantê-los sob sua proteção por causa de "ameaças de morte". Ao chegarem à Flórida, Michael decidiu que a coletiva de imprensa não seria necessária, mas daquele momento em diante a família toda passou a ficar sob controle do "pessoal" de Jackson, disse Janet. Ela alegou ter sido "trancada" na imensa suíte de Michael no resort Turnberry, onde os filhos passaram o tempo todo com Prince e Paris Jackson e os três filhos de Cascio, Frank, Marie Nicole e Eddie. Janet disse que durante todo aquele tempo Michael e seus advogados estavam "preparando o roteiro" para a resposta ao documentário de Bashir, que acabou se tornando o vídeo de réplica.

No interrogatório cruzado de Mesereau, Janet Arvizo usou a palavra "roteiro" como verbo, substantivo e adjetivo em quase todas as suas respostas, mesmo quando não havia nenhuma relação com a pergunta.

"Sra. Arvizo, você disse que você e seus filhos foram ignorados e maltratados, certo?", começou Mesereau.

"Sim", ela respondeu.

"A quem você estava se referindo?", perguntou Mesereau.

"Eles pegaram elementos da minha vida e da vida dos meus filhos, que eram verdadeiros, e os incorporaram ao roteiro", respondeu Janet Arvizo. "E isso aconteceu na reunião inicial em Miami. Eles já estavam trabalhando nisso. Demorou um pouco para que eu ficasse sabendo."

Mesereau seguiu em frente: "Quem maltratou a sua família?".

"No roteiro, tudo é roteirizado", respondeu a testemunha.

Mesereau tentou de novo: "Quando você disse que maltrataram sua família, a quem estava se referindo?", perguntou o advogado.

"Nesse negócio de réplica, tudo é parte do roteiro", respondeu Janet. "Eles pegaram elementos da minha vida e da vida de meus filhos que eram verdadeiros e incorporaram naquilo".

"Quando você disse: 'Nós não estávamos no lugar certo e não éramos da raça certa', a que estava se referindo?", questionou Mesereau.

"Foi tudo feito para o roteiro", foi a única resposta de Janet.

Janet insistiu que não fazia ideia de que Gavin e os irmãos tinham sido entrevistados em frente à câmera por Martin Bashir antes de *Living with Michael Jackson* ser transmitido. Admitiu que foi atrás, mas depois desistiu, de um processo contra a Granada Television por ter usado as imagens de seus filhos sem permissão. Janet insistiu com veemência que o abuso sexual de Gavin havia começado *depois* da transmissão do documentário de Bashir, e admitiu que nunca tinha visto Michael Jackson fazer algo sexual com seu filho, além de lamber seu cabelo no voo da Flórida para a Califórnia.

Usando o maço de recibos fornecidos por Marc Schaffel, Mesereau conduziu Janet por cada um dos gastos que ela fez enquanto decidia se participaria no "vídeo de réplica", permitindo que Michael Jackson pagasse pela estadia prolongada de sua família no Calabasas Country Inn, onde passaram os dias fazendo compras e tratamentos em spa e comendo em restaurantes caros todas as noites. Durante esse período, que chamou de "cativeiro", ela tinha até mesmo levado o filho para uma consulta na qual ele teve o aparelho removido às custas do sr. Jackson. A sra. Arvizo tinha pensado em ligar para a polícia para relatar que estava sendo mantida prisioneira nas cinco horas que passou sentada no consultório do ortodontista?, perguntou Mesereau. Janet explicou que não tinha entrado em contato com as autoridades porque "quem acreditaria nisso?".

Mesereau escolheu aquele instante para reproduzir cenas não editadas do "vídeo de réplica". Os jurados ficaram vidrados na tela durante o trecho em que Janet Arvizo disse a seus filhos para se endireitar na cadeira e se comportar, e também prestaram especial atenção em outra parte do vídeo, na qual Janet sugeriu a quem gravava que ela e Gavin dessem as mãos, e depois pediu para que a câmera fizesse um close-up. Aquela gravação também havia sido parte do "roteiro"?, perguntou Mesereau. Os jurados abanaram a cabeça quando Janet insistiu que sim: "Tudo foi coreografado. Era tudo atuação". "Não sou uma atriz muito boa", ela acrescentou em seguida. Mesereau respondeu: "Ah, eu acho que é, sim".

Janet Arvizo foi se mostrando cada vez mais histriônica no decorrer do interrogatório cruzado, voltando-se aos jurados num determinado momento e pedindo: "Não me julguem". Do nada, ela começou a estalar os dedos na direção dos jurados para acentuar seus argumentos. "Depois, vários jurados me disseram que queriam dizer para ela: 'Não fique estalando os dedos para mim, dona'", recorda Mesereau.

Os jurados também disseram depois que ficaram impressionados com a determinação de Janet de mentir até mesmo sobre os menores detalhes. Durante uma discussão acerca de seus tratamentos de spa em Calabasas, ela disse que tinha apenas depilado as pernas, e ficou taciturna quando Mesereau lhe mostrou um recibo, assinado por ela, para uma depilação de corpo inteiro. Não, foi só uma depilação de perna, disse Janet. "Então o recibo foi forjado?", perguntou Mesereau. Janet respondeu apontando para Michael Jackson: "Ele é capaz de coreografar qualquer coisa".

Mesereau achou que seria um bom momento para mostrar os registros que revelavam que Janet Arvizo tinha recebido 19 mil dólares de pensões governamentais fazendo declarações falsas sobre sua situação financeira. O advogado deu continuidade, apontando que a família Arvizo tinha usado dinheiro doado para os tratamentos de câncer de Gavin para comprar uma televisão de tela grande, entre outros itens, e então apresentou um artigo de jornal no qual Janet dizia que sua família estava pagando dez vezes o custo real das sessões de quimioterapia de Gavin. Um erro de digitação, insistiu Janet. Mesereau deixou por último a evidência que, ele pensava, destruiria completamente a credibilidade de Janet aos olhos dos jurados: ela e a família tinham recebido 152 mil dólares pelo acordo com a JCPenney por supostas agressões físicas e assédio sexual por parte dos seguranças, com base em mentiras e provas forjadas.

Mesereau passou bastante tempo focando a afirmação de Janet num depoimento segundo a qual os seguranças tinham torcido seu mamilo entre dez e 25 vezes. Quando Janet tentou explicar que havia "imprecisões" em seu depoimento e que ela tinha tentado fazer seu advogado realizar "correções" antes de o caso chegar ao acordo, Mesereau chamou a atenção de Janet para o fato de que seus dois filhos, Gavin e Star, tinham confirmado a história sobre a torcida do mamilo. Star chegou até a declarar sob juramento que tinha colocado o seio da mãe "de volta no sutiã" depois do abuso, e que tinha visto um dos seguranças apalpar a virilha da mãe. Janet havia alegado que os seguranças bateram nela várias vezes, usando algemas como socos-ingleses, e também afirmou ter visto Gavin e Star levarem socos dos seguranças.

Pouco depois dessas supostas agressões, ela foi encaminhada à cadeia de West Covina, onde a fotografaram e coletaram suas impressões digitais, disse

Mesereau, que em seguida mostrou os relatórios da prisão de Janet nos quais não constava nenhum indício de ferimentos ou necessidade de cuidados médicos. Mesmo assim, dois dias depois ela apareceu no escritório de um advogado alegando ter sido abusada física e sexualmente, e tirou fotos exibindo braços e pernas cobertos de hematomas. O filho Gavin foi fotografado na mesma ocasião com um braço quebrado. Aquelas fotografias foram a principal prova do caso civil.

Janet confessou para Mesereau que havia mentido sob juramento; na verdade, quem tinha batido nela fora o marido. Mesereau também ressaltou que todos os filhos de Janet tinham prestado depoimentos no banco das testemunhas no julgamento afirmando que eles, bem como a mãe, tinham sofrido abuso do pai, e que Janet Arvizo havia obtido medidas cautelares contra o ex-marido. Na verdade, Gavin também tinha acusado a mãe de agredi-lo, desencadeando uma investigação pelo Departamento de Proteção às Crianças e à Família. As tentativas de Janet de responder a essas perguntas tornaram-se cada vez mais incoerentes, uma série de assuntos divergentes com pouca relação com as questões que eram feitas. Várias vezes ela se virou para falar diretamente com o júri, e se dirigiu pessoalmente a Michael Jackson em diversas ocasiões.

Quando Mesereau execrou Janet Arvizo por sua ingratidão para com Michael Jackson depois de tudo o que o homem tinha feito por ela e por sua família, a testemunha, impulsivamente, deu a primeira resposta compreensível das duas horas anteriores. Janet começou a falar mais alto ao insistir que Michael Jackson "não ligava de fato para as crianças, só ligava para o que ele fazia com as crianças". Olhando fixamente para o réu, ela continuou: "Ele conseguiu enganar o mundo. Agora, por causa desse caso criminal, as pessoas vão saber quem ele é de verdade".

Depois de assistir ao desmoronamento de Janet Arvizo no interrogatório cruzado, Sneddon reconheceu que chegara a hora de usar sua carta na manga — Debbie Rowe. Além do medo da possível presença de Jordan Chandler no julgamento, Mesereau e a equipe da defesa achavam o depoimento da ex-mulher de Michael mais preocupante do que qualquer outra parte do caso da promotoria. O que Mesereau, seus associados e seu cliente sabiam, que não era conhecido pela mídia nem pelo público, era que Debbie colaborava havia meses com a polícia do condado de Santa Barbara na preparação do caso criminal contra Michael Jackson. Ela tinha fornecido a Sneddon e aos seus investigadores dezenas de documentos, nomes e datas — qualquer coisa que eles pedissem. O mais alarmante era que

Rowe tinha cooperado com a polícia de Santa Barbara gravando inúmeras conversas por telefone com os diversos "cúmplices não indiciados", incluindo pelo menos seis telefonemas para Marc Schaffel. Tomada pelo entusiasmo e pelo drama de desempenhar um papel numa investigação secreta, Debbie (que se referia ao namorado da época como um "policial de assassinatos") descreveu o ex-marido aos policiais como um narcisista superficial que via os filhos como meras posses, pouco mais reais do que os manequins que povoavam os corredores de Neverland. Quanto às crianças que visitavam o rancho, Debbie acrescentou, não passavam de brinquedos para Michael, brinquedos animados de tamanho real que ele descartava assim que perdia o interesse.

Mesereau havia preparado vinte cadernos de material que pretendia usar no interrogatório cruzado da ex-mulher de Michael, mais material do que ele usou com qualquer outra testemunha. "Mas, instantes depois de Debbie subir no banco das testemunhas, eu comecei a empurrar aquela pilha de cadernos para longe", recorda o advogado. "Pude ver que, assim que ela olhou para Michael, tudo mudou. A realidade daquilo tudo a atingiu. Não era mais um jogo. Ele estava vulnerável, ela não queria magoá-lo."

Zonen percebeu que estava encrencado poucos minutos depois de começar seu interrogatório direto com Rowe. Debbie admitiu ter falado com Michael Jackson sobre aparecer no vídeo de réplica, mas disse que não houve nenhuma discussão acerca do que ela deveria dizer. Sneddon tinha prometido, em sua declaração inicial, que a ex-mulher de Jackson descreveria sua participação no vídeo de réplica como tendo sido "completamente ensaiada", mas Rowe fez o exato oposto quando chegou a hora de depor. Quando pediram que descrevesse sua conversa com Michael Jackson, Debbie respondeu: "Eu perguntei como ele estava. Perguntei como estavam as crianças. E perguntei se poderia vê-las quando as coisas se acalmassem", ela recordou. Quando Michael perguntou se ela faria parte do vídeo de réplica, "eu disse, como sempre, que sim", Debbie disse a Zonen. "Eu estava animada para ver Michael e as crianças quando tudo isso terminasse. Eu prometi que nunca os abandonaria." Antes de chegar ao tribunal naquele dia, ela não via Michael, Debbie admitiu, desde a última audiência do divórcio do casal, em 1999. Também não tinha visto Prince nem Paris durante aquele período. Debbie passou a impressão de estar triste, mas não com raiva.

Rowe descreveu sua chegada à casa de Marc Schaffel em Calabasas, para a gravação do vídeo de réplica no dia 5 de fevereiro de 2003, acompanhada pelo advogado Iris Finsilver, que havia passado o tempo todo ao lado dela. Quando Zonen perguntou se ela tinha recebido um roteiro, Debbie respondeu laconicamente que não. Mas tinha recebido uma lista de perguntas, respondeu Zonen, e se moveu para a frente em expectativa quando ela respondeu que sim. Mas no instante seguinte a postura do promotor voltou a ser de cautela, quando Debbie acrescentou que nem olhou para a lista de perguntas e que nada do que havia dito no vídeo de réplica tinha sido determinado por um roteiro. "Eu não queria ninguém vindo atrás de mim para dizer que a minha entrevista foi ensaiada", ela explicou. "Como o sr. Jackson sabe, ninguém me diz o que eu devo falar."

Mesereau abordou a questão da disputa jurídica entre Rowe e Michael Jackson, mas com uma linha de questionamento gentil, em nada parecida com o ataque que havia preparado. Os olhos de Debbie se encheram de lágrimas ao olhar para Michael enquanto respondia às perguntas sobre aquele assunto, como se tentasse transmitir o quanto estava triste pelas coisas terem chegado naquele ponto. Sua expressão era um pedido de reconhecimento. Michael se recusou a atender. "Michael sabia que ela o tinha traído ao trabalhar com a polícia", lembra Mesereau, "e não estava pronto para perdoá-la."

Mas o advogado de Michael reconheceu que Debbie estava tentando tudo o que podia para fazer as pazes. Rowe denunciou os "cúmplices não indiciados", Konitzer, Wiesner e Schaffel em especial, como um bando de predadores cuja estratégia era dar a Michael Jackson o mínimo possível de informação sobre o que estavam tramando. "Até onde eu fiquei sabendo, [Michael] não convive com os administradores, com as pessoas que tocam o negócio, são elas que tomam todas as decisões, e muitas das vezes não o consultam", disse Debbie. "E você pensava que esses três caras, Schaffel, Dieter e Konitzer, estavam fazendo exatamente isso, não é mesmo?", perguntou Mesereau. "Tinha certeza", respondeu Debbie, que instantes depois definiu os três como "abutres oportunistas". Ela foi especialmente dura com Schaffel, o único dos três com quem ela podia afirmar ter tido algo semelhante a uma amizade. Marc tinha se gabado mais de uma vez sobre ter salvado a carreira de Michael e ganhar milhões de dólares para si mesmo no processo, ela recordou com desprezo. "Ele só se gabava de como tinha tirado vantagem de uma oportunidade. Disse que salvou a carreira de Michael. Ele é como todas as pessoas ao redor do sr. Jackson. Ele não contava tudo para Michael. Obviamente é um mentiroso."

Debbie concluiu garantindo a Mesereau que tudo o que ela havia dito no vídeo de réplica era honesto e espontâneo, que gostaria que o mundo soubesse que Michael Jackson era um bom pai, tinha o coração de um homem de família e era alguém com quem ela ainda se preocupava. Lançou mais um olhar de súplica para o ex-marido, mas Michael parecia estar olhando através dela.

21.

No dia 5 de maio de 2005, quando a promotoria concluiu sua acusação no caso O povo contra Michael Joe Jackson, Mesereau pediu um intervalo para avaliar se valia a pena elaborar uma defesa. "Eu estava bem confiante de que no mínimo teríamos um júri indeciso", ele explicou. "Dava para ver no rosto de diversos jurados. Mas quando pensei a respeito, percebi que um júri indeciso e um julgamento anulado não eram o resultado que eu desejava. Eu tinha certeza que Sneddon abriria outro processo, e estava bem certo de que o julgamento seguinte seria muito mais difícil para nós. Eu sabia que o juiz estava do lado da promotoria, e que era improvável que fizesse algumas determinações que tinham nos ajudado da primeira vez se houvesse um segundo julgamento. A promotoria teria aprendido as fraquezas do caso e estaria muito mais bem preparada da próxima vez. Além disso, eu estava sabendo por meio de Randy Jackson e de todo mundo próximo a Michael que ele não sobreviveria a mais um julgamento. Eu via que aquilo era verdade. Michael estava ficando cada dia mais fraco. Ele não comia. Foi várias vezes ao hospital." O único lugar onde Michael conseguia dormir, Grace Rwaramba explicou, era num quarto de hospital.

O desgaste também estava pesando sobre Mesereau. Estava acordando às 3h30 todas as manhãs para encarar novas pilhas de registros, relatórios e informações que eram adicionadas às dezenas de milhares de páginas dos documentos já geradas pelo caso. Estava se protegendo havia meses de sua possível dispensa como advogado de Michael Jackson. Randy Jackson já informara que Mark Geragos estava fazendo uma pressão interminável para ser reintegrado, alertando que Mesereau não entendia exatamente o que um julgamento de alta notoriedade exigia. A loucura que cercava Michael Jackson também era uma distração constante. A parede do posto de vigilância na entrada de Neverland estava coberta de fotografias de várias pessoas a serem evitadas, com legendas como "Tem rondado pelo portão", "Acha que é casada com o sr. Jackson" e "Talvez esteja armado".

Algumas daquelas pessoas tinham se infiltrado na Caravana do Amor formada pelos apoiadores de Michael sediados em frente ao tribunal, que eram tão obsessivos quanto Mesereau havia sido alertado que seriam. Entre os imitadores de Michael Jackson e a mulher que alegava ser a verdadeira Billie Jean, havia centenas de almas perdidas que fizeram a peregrinação até Santa Maria vindo do mundo todo, pessoas cuja idolatria por Michael Jackson era a parte mais importante de suas vidas. Os gritos, guinchos e lamentos emitidos pela multidão todas as manhãs, quando Michael saía da grande suv preta que o conduzia ao tribunal, carregavam o ar com uma estranha mistura de receio e delírio. O advogado de defesa sabia que as congratulações que receberia, se vencesse o caso, durariam pouco se comparadas às condenações que o acompanhariam pelo resto da vida caso ele perdesse a causa.

Para Mesereau, que se recusava a falar com a mídia desde o começo do julgamento, perceber que em alguma medida aquela situação maluca ao redor do tribunal tinha sido a realidade de Michael Jackson desde os seus dez anos de idade era motivo tanto de pena quanto de alegria. Nesse universo alternativo de supercelebridade, parecia ao mesmo tempo perverso e apropriado que mais da metade da multidão fosse composta dos 220 repórteres, produtores e pesquisadores credenciados pelas autoridades do condado de Santa Barbara. Visto que, por dia, apenas 35 deles assistiriam ao julgamento, o restante rondava o mar de tendas da mídia, pronto para ir atrás de qualquer um que pudesse oferecer uma boa dose de drama.

Desde o início do julgamento, a maior parte das distrações que afetaram Mesereau foi produzida por pessoas que deveriam estar do mesmo lado que ele. "Michael foi o cliente mais simpático que eu e Susan já tivemos", disse Mesereau. "O problema eram as pessoas ao seu redor. Nós passamos boa parte do tempo lutando mais contra nosso próprio grupo do que com o outro lado. Em geral, as celebridades se cercam de pessoas que tentam mantê-las inseguras, assustadas, simulando uma razão para serem necessárias. E provavelmente Michael Jackson foi o maior alvo da história para aquele tipo de gente." Mesereau destacou Raymone Bain, Jesse Jackson e Grace Rwaramba em meio àqueles "tipos", e ficava cada vez mais preocupado ao ver certos membros da família Jackson tornarem-se instrumentos de outros parasitas que tentavam se juntar ao seu cliente.

"Essa é a parte mais cansativa em casos de alta notoriedade", lembra Mesereau. "Você tem de passar metade do tempo lidando com coisas que não têm nada a ver com o julgamento em si."

Mesmo convencido de que a promotoria havia fracassado na apresentação das acusações, Mesereau admitiu ter dúvidas: "Você pensa que sabe, mas não tem certeza do que sabe", explicou. "Eu não acho que exista sequer um advogado que nunca tenha se surpreendido com o veredicto de um júri. Além do mais, Sneddon parecia pensar que tinha vencido o caso, e os repórteres o paparicavam como se pensassem o mesmo."

O efeito devastador das perguntas de Mesereau para Gavin Arvizo no interrogatório cruzado mal apareceu na televisão ou nos jornais. Os tabloides das cidades grandes chegaram a proibir declarações de que o depoimento da "vítima" tinha favorecido Jackson. DOENTE!, urrava a manchete do *New York Daily News*. "Jacko, sai dessa agora", exultava o *New York Post*. Em Londres, um artigo do *Sun* descrevendo a aparição de Gavin Arvizo no banco das testemunhas levou à seguinte manchete: "Ele é *bad*, ele é *dangerous*, e ele já era", enquanto o *Mirror* transformou a própria manchete num verdadeiro endosso da história do querelante: "Ele disse que, se garotos não fizerem, podem se tornar estupradores: garoto com câncer, Gavin fala ao tribunal sobre sexo com Jacko".

Para repórteres como Diane Dimond e Maureen Orth, a revelação da personalidade duvidosa de Janet Arvizo serviu para reafirmar a culpa de Michael Jackson: "Quando eu vi a mãe no banco das testemunhas", escreveu Orth para a *Vanity Fair*, "uma coisa ficou clara para mim: Michael Jackson nunca teria passado mais do que um instante com essa pobre família disfuncional se não tivesse segundas intenções." Dimond fez sua contribuição num artigo para o *New York Post* no qual ressaltou que "pedófilos não buscam crianças com pais adequados".

Mesereau tentou não dar ouvidos aos brados de destruição iminente que ressoavam ao seu redor, mas isso não foi inteiramente possível. O advogado viu poucas opções além de calar as garantias que queria oferecer ao seu cliente. "Eu tinha certeza que estava certo sobre em que pé o caso estava, mas não estaria fazendo o meu trabalho se não admitisse que talvez estivesse enganado", ponderou Mesereau. Ele ficou "muito tentado" a abrir mão de apresentar um caso de defesa: "Eu sabia que Michael queria muito que a coisa terminasse, mas ao mesmo tempo compreendia que sua vida literalmente dependia do resultado do julgamento".

O conhecimento da sentença que poderia resultar do processo tinha oprimido Michael desde o dia em que o júri relacionou as acusações. "Discutir as especificidades deve ter sido a parte mais difícil da coisa toda", recorda Mesereau. "Os números eram muito assustadores para Michael." Caso fosse considerado culpado de todas as acusações, Jackson seria sentenciado a no mínimo dezoito anos e oito meses numa prisão estadual. Se as "circunstâncias agravantes" defendidas pela promotoria fossem levadas em conta, o juiz Melville teria o direito de impor uma sentença de até 56 anos de cadeia.

"No fim, eu decidi que os riscos eram grandes demais para não ir com tudo", disse Mesereau. "Nós faríamos uma defesa completa."

Mesereau sabia que sua argumentação começaria com uma refutação devastadora da promotoria, e que essa manobra também traria altos riscos para a defesa. Sneddon havia dito ao júri, durante sua declaração de abertura, que eles ouviriam evidências de que Michael Jackson havia abusado sexualmente de outros cinco garotos além de Gavin Arvizo, e o promotor mencionou cada um dos cinco pelo nome. A recusa de Jordan Chandler em testemunhar no julgamento levou Sneddon ao ponto de tentar introduzir um documento datado de onze anos antes por meio de uma moção cujo título era "Moção do querelante para admitir provas de que Jordan Chandler tinha conhecimento da parte inferior do torso e do pênis do réu e os descreveu com precisão em 1994; Declaração de Thomas W. Sneddon Jr.; Memorando de pontos e autoridades". No final, Sneddon só conseguiu chamar um dos cinco garotos para depor, Jason Francia, cujo depoimento foi, no máximo, ligeiramente produtivo. "Ele passou a impressão de ser alguém que julgava merecer 2 milhões de dólares por terem feito cócegas nele", recorda Mesereau.

O advogado de defesa seria amplamente criticado por arrolar como testemunhas uma série de jovens que admitiram ter passado a noite no quarto de Michael

Jackson, mas, de acordo com Mesereau, "três dos cinco jovens que a promotoria havia definido como 'as outras vítimas de Michael Jackson' estavam dispostos a testemunhar para a defesa que aquilo não era verdade".

Wade Robson era um dançarino que havia entrado no mundo de Michael Jackson com sete anos, durante a passagem da turnê Bad pela Austrália, onde ele começou a dançar no palco com Michael. Depois ele apareceu em três videoclipes de Jackson, começou a viajar regularmente com o artista e passou um tempo com ele em Neverland em diversas ocasiões durante mais de uma década. Agora Robson tinha 22 anos, era magro, atraente e um "coreógrafo famoso", de acordo com a imprensa sensacionalista, cuja maior notoriedade era ter se envolvido sexualmente com Britney Spears enquanto ela estava casada com o dançarino Kevin Federline. Ele tinha dividido a cama com Jackson cerca de vinte vezes, Robson disse a Mesereau durante o interrogatório direto. Quando o promotor perguntou que "atividades" se davam no quarto do sr. Jackson, Robson respondeu que eles costumavam jogar video game ou assistir a filmes. "Nós fazíamos lutas de travesseiro de vez em quando", acrescentou, sorrindo. "Sr. Robson, Michael Jackson o molestou em algum momento?", perguntou Mesereau. "De forma alguma", respondeu o jovem, num tom que sugeria desdém pela sugestão.

Brett Barnes ficou muito mais indignado ao ser apontado como uma vítima de abuso de Michael Jackson. "O sr. Jackson o molestou alguma vez?", perguntou Mesereau sem rodeios ao jovem australiano, pouco depois de ele subir no banco de testemunhas.

"De forma alguma!", respondeu Barnes, em voz alta. "E se ele tivesse feito isso eu não estaria aqui agora!"

"O sr. Jackson já tocou em você de forma sexual?", continuou Mesereau.

"Nunca!", respondeu Barnes, com mais intensidade ainda. "Eu não toleraria isso!"

"Michael Jackson já tocou alguma parte de seu corpo de forma que você considerasse imprópria?", prosseguiu Mesereau.

"Nunca! Não é o tipo de coisa que eu toleraria", respondeu Barnes, mal controlando sua raiva quando Mesereau perguntou como ele se sentia ao ser definido pela promotoria como uma das "vítimas" de Michael Jackson.

"Estou furioso com isso", respondeu Barnes, e era óbvio que estava mesmo. "Eles estão jogando meu nome na lama, eu realmente não estou nada feliz com isso."

Macaulay Culkin foi uma testemunha ainda mais eficaz. "Nem sei dizer o quanto fiquei impressionado [com ele]", lembra Mesereau. "Tive uma reunião com ele e seu advogado, seu agente e representante, e ele era a pessoa mais relaxada na sala. Os outros estavam apavorados, tentando convencê-lo de que seria uma péssima ideia testemunhar, que ele não devia fazê-lo." Mas na reunião com Mesereau, "Culkin meio que deu de ombros e disse: 'Olha, se Michael precisa que eu diga a verdade para essas pessoas, é isso que vou fazer'", lembra o advogado. "Ele era uma pessoa muito correta, assim como Chris Tucker — ao contrário de outras celebridades que se diziam amigas de Michael."

Na época com vinte e tantos anos, Culkin pareceu tão tranquilo no banco de testemunhas quanto na reunião com Mesereau. Começou dizendo no interrogatório direto que era padrinho de dois dos filhos de Michael Jackson, em seguida tentou descrever para o júri a natureza da ligação única que partilhava com o pai de Prince e Paris. Havia uma solidão na vida de uma celebridade infantil que só outras pessoas que passaram por isso — como ele e Michael, Elizabeth Taylor e Shirley Temple — eram capazes de compreender, explicou Culkin: "Nós formamos um grupo único de pessoas. [Michael] passou por isso, e entendia a sensação de estar na posição em que eu estava, ser metido naquela situação. Qualquer um que tenha sido artista quando criança, nós sempre apoiamos uns aos outros".

Ele ficara hospedado em Neverland mais de doze vezes entre os dez e os catorze anos, disse Culkin, com frequência acompanhado pelo irmão, pelas duas irmãs, pelo pai e pela mãe. Ele e o réu ainda eram amigos, e sua última visita a Michael fora no ano anterior. Quando Mesereau retomou o assunto em pauta e descreveu as declarações dos ex-funcionários de Neverland de que tinham visto Michael Jackson tocar nele sexualmente, Culkin rejeitou essas histórias com desprezo aparente.

"O que você acha dessas declarações?", perguntou Mesereau.

"Acho que são completamente ridículas", respondeu Culkin. Ele não ficou sabendo das afirmações por meio da promotoria, Culkin disse a Mesereau, e sim por um programa de televisão. "Eu não podia acreditar", recordou Culkin. "Eu não acreditei que, em primeiro lugar, aquelas pessoas estavam dizendo aquelas coisas — e muito menos que aquilo estava acontecendo, que as pessoas estavam pensando aquilo de mim. E ao mesmo tempo era incrível para mim que ninguém tivesse me procurado e perguntado se isso era ou não verdade. Eles só meio que disseram isso, nem verificaram a questão, basicamente. Quero dizer, se supunham que eu sabia a resposta, o que me incomoda é que eles nem me perguntaram."

"Você está dizendo que esses promotores nunca tentaram entrar em contato com você para perguntar sua posição quanto a isso?", questionou um Mesereau de olhos arregalados.

"Não, nunca", respondeu Culkin.

"Você está ciente de que os promotores alegam que vão provar que você foi molestado por Michael Jackson?", perguntou Mesereau.

"O quê?", retrucou Culkin, cuja expressão de incredulidade falou muito mais do que suas palavras.

Mesereau chamou mais umas vinte testemunhas, e quase todas prestaram depoimentos que desacreditaram ainda mais a família Arvizo. O dentista e seu assistente que retiraram o aparelho de Gavin Arvizo às custas de Jackson disseram ao tribunal que não viram o menor sinal de a família estar sendo mantida contra sua vontade. Eles se lembravam de Gavin Arvizo como um garoto particularmente grosso, ambos disseram, que mexia nas gavetas quando eles não estavam vendo, obrigando-os a descartar itens esterilizados. Janet Arvizo insistiu em manter o aparelho destroçado do filho, eles recordaram, pois pretendia usá-lo como prova num processo contra o médico que o tinha colocado.

A ex-namorada de Chris Tucker, Azja Pryor, disse em seu depoimento que Janet Arvizo não apenas não estava tentando escapar de Michael Jackson, como também reclamava sem parar que Dieter Wiesner e Ronald Konitzer estavam mantendo sua família *longe* de Michael. "Eles não nos deixam chegar perto porque sabem que as crianças têm um lugar no coração de Michael", Pryor se lembrou de Janet dizendo. Uma camareira de Neverland confirmou a história de Pryor, testemunhando que Janet Arvizo *reclamou* de ser mantida refém, mas apenas por causa de Dieter Wiesner e "dois outros" que estavam "interferindo" no seu relacionamento com Michael. O supervisor de limpeza de Neverland, Gayle Goforth, disse ao tribunal que Janet Arvizo não apenas não queria sair de Neverland, como havia implorado por um emprego no rancho, e ficou furiosa quando isso lhe foi recusado.

A chefe de segurança de Neverland, Violet Silva, testemunhou que houve uma diretiva emitida segundo a qual as crianças Arvizo não podiam sair da propriedade, mas disse que isso foi feito apenas devido ao mau comportamento das crianças e à falta de supervisão por parte da mãe. Gavin e Star eram garotos "imprudentes", disse Silva, que costumavam sair dirigindo veículos do rancho sem permissão. O administrador de Neverland, Joe Marcus, não só confirmou o testemunho de Silva como também disse à corte que *ele* tinha emitido aquela diretiva, pois os garotos Arvizo estavam roubando veículos do rancho sempre que podiam, e Marcus não queria que fossem parar em vias públicas. Marcus ridicularizou a alegação da família Arvizo de ter sido mantida refém, dizendo no tribunal que eles podiam ir embora a qualquer momento. Numa ocasião em que Janet disse que queria voltar para casa, relatou Marcus, ele permitiu que um funcionário do rancho levasse a ela e a sua família num dos modelos Rolls-Royce do sr. Jackson. Marcus riu quando perguntado se essa breve partida de Neverland podia ser chamada de uma "fuga". A família Arvizo sempre pareceu "entusiasmada" por estar no rancho quando ele os via, disse Marcus.

Um ex-segurança de Neverland relatou ter encontrado Gavin e Star na adega da casa principal quando o sr. Jackson estava fora do rancho. Os dois tinham aberto uma garrafa de vinho, disse o segurança, da qual "parte do conteúdo estava faltando". Um dos assistentes de cozinha de Neverland falou sobre uma vez em que Star Arvizo exigiu que ele misturasse álcool no milk-shake, e ameaçou fazer com que ele fosse demitido caso não o fizesse. O chef descreveu Gavin Arvizo como um moleque irritante, que dizia coisas como "me dá a porra do Cheetos". O chef disse que tinha desenvolvido um "relacionamento romântico" com Davellin Arvizo, e que a garota não reclamou nem uma vez sobre a família estar sendo mantida no rancho contra a vontade.

O juiz e o júri ficaram inquietos diante do massacre de depoimentos destruindo o caráter da família, que se tornava cada vez mais redundante. Mas algumas das testemunhas que Mesereau chamou forneceram depoimentos mais diferenciados, com implicações mais significativas. Irene Peters, a assistente social do Departamento de Proteção às Crianças e à Família do condado de Los Angeles, que entrevistara a família Arvizo em fevereiro de 2003, testemunhou que Gavin Arvizo "ficou chateado" quando ela perguntou se ele teve um relacionamento sexual com Michael Jackson. "Todo mundo acha que Michael Jackson abusou de mim sexualmente", Peters lembrou o garoto dizendo. "Ele nunca me tocou." Gavin também disse que nunca dormiu na mesma cama que Michael Jackson, e definiu o sr. Jackson como alguém "muito gentil com ele", agindo como o pai que ele sempre quis ter. Janet Arvizo também descreveu o sr. Jackson como um pai para seus filhos, "e considerava o apoio de Michael ao ajudar Gavin a sobreviver ao câncer", Peters disse à corte. Ela achou que a família Arvizo foi muito convincente, Peters disse, razão pela qual apresentou um relatório declarando que as alegações de abuso sexual por parte de Michael eram "infundadas".

Um contador forense foi chamado para testemunhar que a família Arvizo recebeu 152 mil dólares pelo acordo no processo contra a JCPenney, tendo depositado 32 mil dólares daquele dinheiro numa conta em nome da mãe de Janet Arvizo, depois usou parte do dinheiro restante para comprar um veículo novo. A família saiu numa temporada de compras de 7 mil dólares pouco depois de chegar no hotel de Calabasas, no começo de 2003, testemunhou o contador, gastando 4800 dólares em malas e roupas em apenas dois dias, colocando tudo na conta do sr. Jackson. O contador também testemunhou que Janet Arvizo havia depositado os cheques de auxílio social do governo recebidos do condado de Los Angeles na conta de seu então namorado, e usou o dinheiro para pagar o aluguel. Depois do contador, um funcionário do Departamento de Serviços Sociais Públicos do condado de Los Angeles foi chamado para o banco de testemunhas e explicou em detalhes a fraude que Janet Arvizo havia cometido ao requerer auxílio social.

Uma editora da publicação semanal *Mid Valley News* testemunhou que se sentiu "enganada" por Janet Arvizo quando esta a convenceu a escrever artigos que angariaram fundos para os tratamentos médicos de Gavin. Ela tinha acreditado na afirmação de Janet de que as sessões de quimioterapia custavam 12 mil dólares cada, disse a editora, descobrindo depois que o custo real era de 1200 dólares por sessão. Depois da editora, a ex-cunhada de Janet subiu no banco de testemunhas para contar que se sentiu tão comovida com o artigo do *Mid Valley News* que resolveu começar um movimento de doação de sangue para Gavin, mas foi recusada por Janet: "Ela me disse que não queria a droga do meu sangue, que ela precisava era de dinheiro".

O golpe de misericórdia foi aplicado por uma "testemunha surpresa" que Mesereau prometera ao júri em sua declaração de abertura. A assistente jurídica Mary Holzer subiu no banco de testemunhas para dizer que tinha trabalhado na empresa de advocacia que representou a família Arvizo no processo contra a JCPenney. Segundo Holzer, em conversas privadas, Janet confidenciou que os ferimentos que estava alegando terem sido causados pelos seguranças da loja foram na verdade infligidos por seu marido na noite do incidente. Quando Holzer disse que não podia aceitar perjúrio, Janet alertou que o irmão de seu marido era da máfia mexicana, "que sabe onde eu moro e eles podem me matar, e matar minha filha de nove anos". Holzer admitiu que realmente ficou com medo de Janet quando acompanhou a mulher em uma consulta médica na qual ela "se jogou no chão, começou a chutar e gritar, dizendo que os médicos eram o demônio e que a enfermeira era o demônio e que estavam todos atrás dela". Janet também disse que tinha matriculado os filhos em aulas de interpretação para que se tornassem mentirosos convincentes, testemunhou Holzer: "Ela disse que queria que eles fossem bons atores, para poder, lhe dizer o que falar".

De acordo com o planejado desde o começo, Mesereau usou duas horas e meia de gravações não editadas do documentário de Martin Bashir antes de deixar seu cliente falar diretamente ao júri sem encarar um interrogatório cruzado. No vídeo, o jornalista britânico começou as entrevistas elogiando Michael Jackson, dizendo que era o "maior artista musical da atualidade", e insistiu que queria que o mundo soubesse mais sobre o trabalho internacional de caridade que o artista realizava para ajudar crianças do mundo todo. Quando Michael reclamou que a mídia relatava apenas "coisas negativas" sobre ele, Bashir chamou os repórteres de tabloides de "escória", e em seguida definiu as histórias recentes que tinha visto sobre Michael como "nojentas", prometendo que nunca produziria tal "porcaria".

A fusão estranha e peculiar de grandiosidade e anseio ingênuo na voz de Michael quando ele lamentou a solidão imposta pela fama foi hipnotizante. Ele não conseguia saber como as pessoas eram de verdade, disse o artista, pois "quando as pessoas veem Michael Jackson, elas não se comportam mais como si mesmas". De certa maneira, ele se sentia mais solitário quando estava num quarto de hotel ouvindo as pessoas lá fora entoarem seu nome do que em qualquer outro momento, Michael disse a Bashir, e com frequência chorava naquelas ocasiões: "Tem todo aquele amor lá fora. Mas ainda assim você se sente preso e sozinho. E não pode sair". De vez em quando ele ia a uma boate, disse Michael, mas os DJs sempre tocavam suas músicas e os fãs imploravam para que ele dançasse, e a coisa toda começava a se parecer mais com trabalho do que com diversão.

Michael começou a falar pela primeira vez sobre uma questão relacionada às acusações da família Arvizo quando descreveu a recuperação de vários pacientes de câncer jovens que visitaram Neverland. No instante em que começou a descrever os poderes curadores do amor e da oração, Bashir virou para o operador de câmera e disse "corta".

Bashir terminou a gravação dizendo a Michael que expor sua dedicação às crianças era o que tornava aquele documentário tão importante: "As pessoas são escória, e existe muita inveja. O problema é que ninguém vem aqui para ver. Mas eu vi isso aqui ontem, o espiritual". Depois do julgamento, diversos jurados disseram que, se Bashir estivesse presente no tribunal naquele dia, eles podiam muito bem ter cuspido nele.

Depois do julgamento, Mesereau diria que as gravações não editadas de Bashir talvez tenham servido para mudar a decisão de um júri dividido para a absolvição completa. Por um lado, ele tinha certeza de que um júri dividido era o pior resultado que seu cliente tinha a temer. Por outro, a esmagadora opinião pública acerca do julgamento era de que em breve Michael Jackson seria um detento de uma prisão estadual na Califórnia. Cada dúvida que o advogado tinha sobre sua capacidade de avaliar o júri era ampliada e o torturava. "É uma coisa terrível quando você vê um cliente sofrendo e quer tranquilizá-lo com uma certeza que você não tem", admitiu Mesereau. "Ninguém pode ter, numa situação daquelas. Não há como saber."

Mas ao menos o advogado conseguiu acertar um golpe final em Tom Sneddon no último dia do julgamento. Depois que o juiz determinou que uma gravação da entrevista da polícia com Gavin Arvizo de dois anos antes poderia ser mostrada ao júri, Mesereau exigiu que a família Arvizo voltasse a Santa Maria para responder a mais perguntas. Sneddon e sua equipe concordaram com satisfação, colocando a família num "local seguro" próximo ao tribunal, onde os promotores passaram horas preparando Janet e Gavin para o retorno ao banco de testemunhas. Essa seria uma boa oportunidade de reabilitar suas principais testemunhas, pensou a promotoria, e de mostrar ao júri que aquelas pessoas não eram os vigaristas que Mesereau havia retratado nos interrogatórios cruzados. Quando Sneddon terminou de apresentar seus argumentos, no entanto, Mesereau respondeu com apenas três palavras: "Nada a acrescentar".

Os noticiários da televisão a cabo comentavam que a entrevista de Gavin Arvizo com a polícia havia selado a vitória da promotoria. O promotor e sua equipe já haviam agendado um jantar de comemoração para a noite seguinte, confiantes que estavam de que Michael Jackson seria considerado culpado de pelo menos três acusações. Ron Zonen fez a argumentação da promotoria para o júri, levando quase duas horas na tentativa de consolidar as acusações de conspiração contra Jackson antes de se voltar para a questão do abuso infantil. Assim como Sneddon havia feito no seu discurso de abertura, em seu argumento final Zonen

420

voltou a comparar o rancho Neverland com a Ilha dos Prazeres de Pinóquio: "Eles brincavam, iam ao zoológico, comiam o que queriam — doces, sorvetes, refrigerantes. Era tudo diversão. E à noite eles entravam no mundo proibido. O quarto de Michael era uma verdadeira fortaleza, com fechaduras e códigos que os garotos recebiam [...]. Eles aprendiam sobre sexualidade com alguém disposto demais a ensiná-los [...]. Começava com discussões sobre masturbação e nudez. Começava com sexo sendo simulado com um manequim".

A família Arvizo tinha seus problemas, concordou Zonen, mas "o leão não persegue o antílope mais forte. O predador vai atrás do mais fraco". Os que se sentissem incomodados com a postura de Gavin Arvizo no banco de testemunhas deveriam ter em mente o quão difícil devia ser para um garoto adolescente testemunhar sobre ter sido abusado sexualmente por uma das pessoas mais famosas do mundo, Zonen disse aos jurados: "É algo intimidador [...] ele foi molestado por um homem que costumava ter em alta conta". Todos no tribunal sabiam que Janet Arvizo tinha uma personalidade imperfeita, concordou Zonen, mas "apesar de todas as suas falhas, 36 horas depois de descobrir que Michael estava dando bebida alcoólica para seu filho, Janet já tinha tirado os filhos daquele lugar". A defesa mantinha desde o começo e sem dúvida repetiria que Janet Arvizo era, essencialmente, uma vigarista atrás de uma celebridade rica, disse Zonen, mas as evidências mostravam que até aquele dia "Janet nunca pediu um centavo para Michael Jackson. Nunca quis nada dele e até hoje não quer".

O discurso de Zonen terminou com um ataque contra a credibilidade e a personalidade dos advogados de Michael Jackson. Mark Geragos tinha aceitado 180 mil dólares de Michael Jackson durante as primeiras três semanas de representação legal, mas parecia não ser capaz de lembrar uma única conversa com seu cliente quando foi chamado para depor. E o sr. Mesereau, em seu discurso de abertura, recitou uma longa lista de celebridades que testemunhariam a favor do bom caráter de Michael Jackson, observou Zonen. Mas quase nenhuma daquelas pessoas havia aparecido no tribunal.

Aquela era uma questão incômoda para Mesereau, que ficara amargamente desapontado com a recusa de muitas celebridades que Michael chamava de amigas a falar publicamente a seu favor. O advogado canalizou sua fúria e frustração na introdução de seu discurso final, ao retomar as críticas pessoais que Zonen tinha dirigido a ele. "Quando um promotor faz isso, você sabe que ele está numa situação difícil", Mesereau disse ao júri. Aquilo não era um concurso de popularidade entre advogados, acrescentou, era uma decisão sobre o destino de um ser humano, sobre a aplicação da justiça de acordo com a lei.

Os jurados tinham ouvido o suficiente sobre a família Arvizo para saber que eles eram "vigaristas, atores e mentirosos", continuou Mesereau. Será que alguém tinha dúvidas de que um processo civil se materializaria quando o caso criminal terminasse? "Todo mundo está atrás de um grande cheque de Michael Jackson", ele disse. "Haverá muitas comemorações nesse grupo se ele for condenado por uma acusação que seja. Examinem os motivos de todas as principais testemunhas da promotoria", instou Mesereau: "Eles não estão atrás dos milhões de Michael Jackson? Vocês não viram uma série de pessoas nesse tribunal que processaram Michael Jackson? Eles estão fazendo fila". E a família Arvizo estava à frente de todos. Larry Feldman reconhecia que uma condenação criminal nesse caso significaria vitória garantida no caso civil que certamente o seguiria. A família Arvizo e seu promotor "querem que os contribuintes desse condado estabeleçam responsabilidade civil", Mesereau disse a um júri composto por contribuintes do condado de Santa Barbara. "Para que isso aconteça, vocês precisam rotular [Michael Jackson] como um criminoso. Vocês precisam rotulá-lo como um agressor sexual. Vocês precisam rotulá-lo como sendo tudo o que ele não é."

Mesereau recorreu a uma demonstração visual para enfatizar o que havia sido, desde o começo, o elo mais fraco do caso da promotoria: a argumentação de que Michael Jackson tinha esperado até seu relacionamento com Gavin Arvizo tornar-se foco da mídia internacional para então molestar o garoto. Expondo tabelas e gráficos para criar uma cronologia do relacionamento entre Jackson e a família Arvizo, Mesereau ressaltou como houve muitas oportunidades melhores para que Jackson tentasse seduzir Gavin Arvizo num relacionamento sexual. Imaginar que Michael havia descartado aquelas oportunidades para então aproveitar uma que quase certamente resultaria em sua exposição não podia fazer sentido para ninguém, de forma alguma.

O padrão comprovado da família Arvizo de mentir sob juramento era, em si, um motivo para absolvição nesse caso, Mesereau disse ao júri. Era um fato provado que as crianças Arvizo haviam mentido a pedido da mãe para favorecer um processo civil contra a JCPenney. E Gavin Arvizo fora o membro mais persuasivo da família ao contar aquelas mentiras: "Ele era muito jovem, muito esperto, e tinha sido treinado pelos pais". O processo JCPenney serviu como um programa de treinamento para a família, Mesereau afirmou, um programa que os preparou para ir atrás de Michael Jackson no "maior golpe de sua carreira".

O advogado sabia que no final teria de voltar o foco de seu discurso para o caráter do réu. Mesereau disse ao júri: "Se olharem para dentro de seus corações, vocês acreditam que Michael Jackson é maligno dessa forma?", perguntou Mesereau, chegando ao fim de seu discurso. "É sequer possível? Não, não é. Se vocês olharem no fundo de seus corações, acham que é sequer remotamente possível que ele seja assim?"

O juiz havia instruído o júri a ter em mente que esse não era um caso civil, focado na predominância das provas, observou o advogado. Mesmo de acordo com aquela medida, Michael Jackson deveria prevalecer. Mas, de acordo com o padrão de um julgamento criminal, a medida era de provas além de qualquer dúvida razoável, Mesereau lembrou os jurados, ou seja: "Se vocês têm a menor dúvida [sobre sua culpa], o sr. Jackson deve ir para casa. Ele deve ser liberado".

A apresentadora da Court TV, Nancy Grace, pioneira na transformação da cobertura de julgamentos em novelas, previu sem rodeios que Michael Jackson seria considerado culpado da maior parte, se não de todas as dez acusações criminais e quatro contravenções que tinham sido apresentadas ao júri. E sua colega na Fox News, a ex-promotora Wendy Murphy, tinha a mesma certeza: "Não há dúvida de que veremos condenações aqui". Não houve praticamente nenhuma divergência nos palpites da televisão e dos jornais. Só uns poucos comentaristas chegaram a admitir alguma incerteza.

"Vocês devem se lembrar de quanto a mídia *investiu* para ver Michael condenado", disse Mesereau. "A história simplesmente não seria tão boa se ele fosse absolvido." A cobertura do julgamento de Michael Jackson chegou a rivalizar com o caso de assassinato de O. J. Simpson em termos de saturação da mídia. A cobertura 24 horas por dia teve início no instante da batida no rancho Neverland. Apenas a CNN se afastou da cobertura do caso de Michael Jackson para mostrar uma coletiva de imprensa em que George Bush e Tony Blair, lado a lado, alertaram o mundo sobre um ataque terrorista na Turquia. Semanas após a prisão de Jackson, a ABC, a CBS e a NBS tinham produzido programas especiais com uma hora de duração tratando das acusações contra o artista. A publicação *Daily Variety* referiu-se ao escândalo sexual de Michael Jackson como sendo "um milagre [para] canais de noticiário e estações locais tentando inflar os números da Nielsen na última semana das análises de novembro". No dia 18 de dezembro de 2003, data em que as acusações criminais contra Michael Jackson foram apresentadas formalmente, o administrador do tribunal do juiz Melville saiu com apenas quinhentas cópias e "teve de ser resgatado pela polícia", de acordo com o juiz, "depois de ser atropelado pela mídia".

O júri ainda estava em processo de decisão na noite de 10 de junho quando Tom Sneddon e sua equipe se reuniram para o "jantar de comemoração" na melhor churrascaria do condado de Santa Barbara, a Hitching Post, em Buellton. Inebriados com o louvor de sua apresentação que todos os canais de televisão a cabo transmitiam, os promotores não só brindaram uns aos outros repetidas vezes como também demonstraram apreciar a audiência de correspondentes de televisão que os observaram do bar. Mesereau e Yu, enquanto isso, deram a impressão de terem se escondido. Os advogados não estavam nem atendendo o celular. "Não havia nada a fazer além de esperar", explicou Mesereau. "Nós jantamos em nossos apartamentos."

No decorrer do final de semana, quando as deliberações já passavam a marca de uma semana, os noticiários relataram que o júri estava pedindo "releituras" de depoimentos, em geral das testemunhas da promotoria. Na MSNBC, Ron Richards, amigo de Mesereau e um dos poucos especialistas que haviam previsto absolvições, disse que estava ficando "preocupado com a defesa".

Pouco depois do meio-dia de 13 de junho de 2005, chegou a notícia de que o júri tinha chegado a veredictos para todas as acusações. O juiz Melville ordenou que as partes envolvidas estivessem presentes em seu tribunal às 13h30.

A preparação para o frenesi da mídia que dominaria a apresentação dos veredictos do júri no tribunal em Santa Maria foi absurda. A equipe de segurança formada àquela altura, que incluía o departamento de polícia de Santa Maria, a polícia do condado de Santa Barbara, a interagência Santa Barbara Mobile Field Force, equipes da SWAT com equipamento completo e cachorros farejadores de bombas, conduziu as centenas de repórteres que não conseguiram lugares na sala para os cercados em volta do tribunal. Valores cada vez maiores de "taxas de impacto sobre o condado" eram pagos por aqueles que tinham conquistado as quatro posições para câmeras dentro da corte, ou os 52 locais para câmeras na frente da entrada principal, ou ainda as cinquenta posições ajoelhadas para câmeras na frente destas últimas. Havia até mesmo uma "zona para helicópteros". Foram elaborados planos para coletivas de imprensa com os jurados, com a promotoria e com a defesa — além do acréscimo de câmeras na prisão do condado, caso isso viesse a ser necessário. Para ter acesso até mesmo aos arredores mais remotos da "área de imprensa" coberta de tendas, os repórteres deviam se submeter a uma lista imensa de regras, regulamentos, documentos a serem assinados e inspeções.

Quando chegou a hora, os canais noticiaram que Michael Jackson chegaria atrasado ao tribunal. As câmeras de helicópteros rastrearam o comboio de SUVs pretas percorrendo o caminho de Neverland até Santa Maria. Os policiais encarregados do controle da multidão ladravam ordens para a horda da mídia e rosnavam comandos para a legião de fãs de Michael Jackson que tinha se ajeitado em diversos acampamentos, onde quer que houvesse espaço perto do tribunal. Os fãs chegaram o mais perto possível para ver a grade e o portão de ferro que protegiam a entrada do estacionamento do tribunal, esperando pela chegada do réu. Eles pareciam "apreensivos", os repórteres de televisão repetiam aos espectadores. A multidão começou a vaiar quando Sneddon e a equipe da promotoria chegaram ao tribunal. Entoaram "Mentiroso! Mentiroso! Mentiroso!" para vários repórteres e comentaristas considerados especialmente preconceituosos contra Michael. Citando "fontes na polícia", ao menos dois canais de notícias relataram que as autoridades de Santa Maria estavam preocupadas com a possibilidade de os fãs atacarem certos membros da imprensa caso Michael Jackson fosse condenado.

Mesereau e Yu tinham saído do tribunal para esperar no estacionamento quando a SUV preta de Michael finalmente passou pelo portão. Muitos fãs brandiram filmadoras ou câmeras de celular. A luz do sol refletindo no metal reluzente, combinada com os cantos de alegria por parte da multidão quando Michael saiu do veículo, produziu um ambiente que lembrava uma cidade antiga sendo sitiada.

Fatigado, esquelético e com muita maquiagem, Michael andou com passos muito curtos, cercado por guarda-costas que pareciam mantê-lo em pé. Atrás dos óculos escuros espelhados e embaixo do guarda-chuva preto, ele seguiu Mesereau e Yu até a entrada do tribunal. Antes de cruzar a porta, Michael se voltou para seus fãs, conjurando um leve sorriso quando os aplausos e gritos chegaram a um volume ensurdecedor. Mas o sorriso desapareceu no instante em que ele entrou no tribunal.

"Ele estava tenso para além de qualquer descrição", recordou Mesereau. "Parecia mais emaciado, mais frágil, mais desligado do que em qualquer outra ocasião." A expressão atordoada e os movimentos robóticos evidenciavam um nível de automedicação sem precedentes. "Eu não sei se ele estava usando drogas", disse Mesereau, "mas, se estava, quem poderia culpá-lo?"

Os seis lugares no tribunal reservados para a família Jackson estavam ocupados por Joe e Katherine, Randy, Tito, Rebbie e La Toya, que conseguiu passar mais tempo na frente das câmeras naquele dia do que todos os outros juntos. Janet Jackson estava esperando no lado de fora.

Havia onze policiais armados com pistolas pelo tribunal quando as oito mulheres e quatro homens do júri ocuparam seus lugares. Às 14h10, os envelopes contendo os veredictos foram entregues ao juiz Melville, que abriu e leu cada um deles sem expressão. Os olhos de várias juradas se encheram de lágrimas. "Cada segundo pareceu durar dez horas", recordou Mesereau. Melville afinal entregou as folhas com os veredictos para a sua assistente, Lorna Ray, que leu o conteúdo desde o começo. "Primeira acusação: Conspiração — Inocente. Segunda acusação: Ato obsceno mediante uma criança — Inocente. Terceira acusação [...] Inocente." Michael Jackson foi absolvido de todas as acusações.

No início, a mídia não conseguia acreditar, depois não quis acreditar. Um júri incompetente e intimidado foi a explicação dos especialistas que previram múltiplas condenações. "Inocente por razão de celebridade", foi a forma com que Nancy Grace definiu o veredicto na Court TV. "Eu acho que os jurados nem sequer entendem o quanto foram influenciados por quem é Michael Jackson", emendou Wendy Murphy na Fox News. Em Nova York, o *Daily News* e o *Post* publicaram artigos sobre o veredicto com a mesma manchete: "Boy, Oh, Boy!". Ambos os jornais foram moderados, se comparados aos tabloides londrinos, que ousaram afirmar que Jacko tinha "escapado" e execraram "o que eles chamam risivelmente de justiça americana".

Na manhã seguinte, Diana Sawyer, do programa *Good Morning America*, da ABC, tentou convencer os jurados de que a imensa fama de Michael Jackson os havia intimidado: "Vocês têm certeza? Estão certos de que esse sujeito imensamente conhecido entrando na sala não exerceu nenhuma influência?". Tom

Sneddon passou a evocar o "fator celebridade" em todas as entrevistas que deu, nas quais também negou responsabilidade pessoal.

Em entrevista após entrevista, os jurados deixaram claro que se sentiam insultados pelas perguntas sobre terem sido seduzidos pela celebridade de Michael Jackson, insistindo que os veredictos foram baseados nos fatos do caso. O primeiro jurado, Paul Rodriguez, disse que a entrevista de Gavin Arvizo para a polícia havia sido a evidência mais significativa, e que ele e os outros jurados assistiram à gravação dela muitas vezes. O garoto simplesmente não foi convincente, explicou Rodriguez. Quase todas as juradas descreveram Janet Arvizo como desprezível e desonesta. Diversos jurados afirmaram ter visto a família Arvizo como um grupo de malandros profissionais que tentaram enquadrar Michael Jackson. Outros membros do júri disseram aos repórteres que não havia nenhuma evidência clara de abuso sexual. Alguns reclamaram que a promotoria havia utilizado provas enganadoras que tinham pouca relevância para o caso, com a intenção de zombar, insultar e degradar o réu famoso.

A cobertura (bem como a postura) da mídia teve impacto no momento seguinte aos veredictos. Uma pesquisa da Gallup realizada horas depois da absolvição de Michael Jackson mostrou que 48% do país (e 54% dos americanos brancos) discordavam do veredicto do júri. Mais de 60% afirmaram acreditar que a fama de Michael Jackson havia sido a principal razão pela qual o júri votou inocente para todas as acusações. Um terço desses entrevistados se disse "entristecido" pelo veredicto, e um quarto afirmou estar "indignado".

"Nenhum de nós tinha ideia do que estava sendo dito na mídia naquela primeira tarde e à noite", lembrou Mesereau. A família Jackson, Mesereau, Yu e alguns convidados seguiram direto para Neverland. Lá, estavam sendo aguardados por membros de uma equipe que tinha se alinhado, de mãos dadas, na entrada do rancho cerca de duas horas antes, quando se despediram de Michael sem saber se o veriam novamente.

O aglomerado de fãs no portão era tão denso e estridente que a equipe de segurança de Michael teve de ajudar Mesereau e Yu a passar. Mas, quando entraram na casa principal, o clima ficou bem calmo. "Não foi realmente uma comemoração", lembrou Mesereau. "Foi mais espiritual, muito silencioso, muito · tranquilo — quase sereno. Todos estavam agradecendo a Deus." Mesereau acredita que a fé religiosa — a fé religiosa de Katherine, especialmente — foi o que mais deu forças a Michael no decorrer daqueles dezenove meses. "A mãe dele dizia numa voz suave, mas com muita firmeza, que Deus estava com ele", recordou Mesereau. "E eu via como aquilo acalmava Michael. Joe sacudia o punho e dizia para ele continuar lutando, mas não acho que aquilo ajudou muito. Michael não era aquele tipo de pessoa. Não era um lutador. O que funcionava com ele era a abordagem gentil."

Depois de deixar "os filhos de Michael me cobrirem de abraços" por umas duas horas, Mesereau voltou ao seu apartamento e foi dormir cedo, para acordar às duas da manhã e começar um dia inteiro de entrevistas na televisão. Mas nem o triunfo de Mesereau nem a libertação de Jackson foram recebidos com muito entusiasmo, nem pela imprensa nem pelo público americano. "Você custou bilhões à mídia internacional", disse Berry Gordy a Mesereau. "Agora temos uma história menos interessante", informou o diretor da CNN Jonathan Klein a seus funcionários no dia do veredicto. Naquela noite foi provado que Klein estava certo quando três canais puseram às pressas no ar programas especiais cobrindo a absolvição de Michael Jackson, e todas foram superadas em audiência por uma reprise na Fox de *Nanny 911*.

A competência e a integridade do júri de Jackson seriam questionadas por semanas, meses até, depois do veredicto. Wendy Murphy disse que os jurados "deviam fazer testes de QI". Ron Zonen definiu o júri de Jackson como inferior aos júris com os quais ele costumava lidar no condado de Santa Barbara. A duração do julgamento significava que pessoas com vidas completas, com empregos importantes, que administravam negócios, não poderiam assumir o compromisso esperado de seis meses. "Então nos restaram os desempregados, os subempregados e os aposentados", disse Zonen. "Com certeza não era um júri educado ou esclarecido como estou acostumado a ver."

Mesereau acusou Zonen de chamar os jurados de "idiotas" e retorquiu que o júri incluía um engenheiro civil, um homem com mestrado em matemática e um diretor de escola aposentado. "Eu acho que foi um júri muito inteligente", disse Mesereau. "Eles prestaram bastante atenção, fizeram excelentes anotações e deliberaram por quase nove dias."

O escritório do promotor descobriu, posteriormente, que alguns jurados tinham lido jornais durante o julgamento, mesmo tendo sido instruídos a não fazê-lo, afirmou Zonen, e que um dos jurados estava negociando um contrato para um livro enquanto o julgamento ainda estava em andamento. Mesmo que Michael Jackson tivesse sido condenado, disse Zonen, o veredicto provavelmente teria sido anulado. O juiz Melville não ofereceu nenhuma opinião sobre a questão, mencionando apenas a "pressão incrível" que o júri sofreu durante o julgamento de Michael Jackson. "Nós tivemos jurados que relataram terem sido seguidos até suas casas por carros suspeitos", disse Melville, "e outros que tiveram flores enviadas às suas casas com bilhetes convidando-os a aparecerem neste ou naquele programa de entrevistas."

Mesereau e todas as outras pessoas ficaram surpresos quando, semanas depois da absolvição de Michael Jackson, dois jurados apareceram na MSNBC dizendo que achavam que Jackson era culpado, mas que tinham votado pela absolvição por se sentirem pressionados por parte de outros membros do júri. Três de seus colegas jurados eram fãs tão devotos de Michael Jackson que tinham deixado claro, desde o começo, que nunca votariam numa condenação, disseram Eleanor Cook e Ray Hultman; e uma mulher chegou a se referir ao réu como "meu Michael". Eles haviam cedido, disseram Hultman e Cook, quando o principal jurado ameaçou retirar os dois, a menos que eles votassem pela absolvição. Ao mesmo tempo, tanto Cook, que tinha 79 anos de idade, como Hultman, que tinha 62, admitiram que estavam negociando a publicação de livros e que seus acordos caíram por terra quando Jackson foi considerado inocente. Cook revelou ter levado um artigo médico durante as deliberações para tentar convencer os outros jurados de que Jackson se encaixava na definição de pedófilo.

Mesereau chamou os comentários dos jurados de "absurdos", ressaltando que eles estavam entre os defensores mais entusiasmados da inocência de Michael Jackson quando ele conversou com o júri logo depois do julgamento. "Os outros jurados ficaram chateados com eles, para dizer o mínimo", lembrou Mesereau.

O convidado de honra não foi visto na comemoração da absolvição de Michael pela família Jackson, que se deu no Chumash Casino Resort, perto de Santa Ynez, na noite de 17 de junho. Tito e sua banda se apresentaram e Janet cumprimentou os fãs do irmão, enquanto Katherine Jackson garantiu que "nós não teríamos conseguido sem vocês". Quase todos os noticiários que mencionaram a festa, no entanto, disseram que uma das juradas tinha participado, e que se esforçou para conter lágrimas quando "Beat It" começou a tocar.

Sob insistência de Mesereau, Michael saiu de Neverland menos de 48 horas depois de sua absolvição. "Eu estava com a sensação de que as autoridades de Santa Bárbara não iam deixar a coisa como estava, que iam dar um jeito de montar um novo caso contra Michael", disse Mesereau. Na verdade, Sneddon e seus associados já estavam discutindo como poderiam acusar Michael por obter medicamentos controlados com nomes falsos. Uma investigação preliminar dessa possibilidade duraria até o outono seguinte. Depois de uma série de conversas por telefone com Grace Rwaramba e outros intermediários, Mesereau falou com Michael na noite de 15 de junho: "Eu disse a ele: 'Michael, eu sei quanto Neverland significa para você. Que é um lugar glorioso e encantado, que você encontrou uma paz verdadeira lá. Mas eu realmente acho que essa parte de sua vida passou. Todos nós precisamos seguir em frente. Você precisa seguir em frente. Acho que você não vai mais estar seguro lá. Vá para algum outro lugar'".

Dois dias depois, o passaporte de Jackson e os 300 mil dólares depositados para garantir sua fiança foram devolvidos, e ele começou a fazer planos de viajar para o exterior. Àquela altura, ele já estava convencido de que não era mais bem-vindo nos Estados Unidos.

Como disse um editorial do *Washington Post*, "uma absolvição não limpa o nome dele, só turva a água". Wendy Murphy descreveu Jackson na Fox News como um "monstro de Teflon", e acusou os jurados de "colocarem alvos nas costas de todas as crianças — especialmente as mais vulneráveis — que entrarem na vida de Michael Jackson". No *New York Post*, Diane Dimond escreveu que agora Jackson era mais perigoso que nunca: "Ele saiu do tribunal como um homem livre, inocentado de todas as acusações. Mas Michael Jackson é muito mais do que livre. Agora ele tem carta branca para viver sua vida do jeito que quiser, com quem quiser". Maureen Orth relatou na *Vanity Fair* que Michael Jackson vinha conversando para organizar uma turnê chamada Framed!, cujo objetivo seria o de restaurar suas finanças destruídas. "Aquela foi a coisa mais ridícula anunciada sobre Michael", disse Dieter Wiesner. "Uma turnê internacional era a última coisa que Michael teria vontade de fazer."

"Para mim, foi como ver aquelas pessoas enfiando facas em feridas abertas", disse Mesereau. "Sua força, sua felicidade, sua esperança, tinham sido sugadas. Ele estava muito magoado com o que tinha sido dito e escrito sobre ele. Ele tinha sido acusado de fazer coisas que não era nem remotamente capaz de fazer. Ele havia dito a Martin Bashir que preferia morrer a machucar uma criança, e eu acreditei nele. Mas ele sabia que muita gente — a maior parte das pessoas na mídia — não acreditava. Eu realmente acho que, quando o julgamento terminou, Michael não tinha mais certeza se queria continuar vivo. Não fosse pelos filhos, não sei se ele teria vivido o tempo que viveu."

No dia 19 de junho, Michael pegou um voo com os filhos e Grace Rwaramba para Paris. Mesereau nem ficou sabendo que seu cliente tinha deixado o país até mais de uma semana depois, quando Grace ligou para Susan Yu dizendo que eles estavam hospedados no Bahrein. "Eu acho que ele queria se afastar o mais possível do condado de Santa Barbara", disse Mesereau. "Acho que ele estava buscando uma espécie de segurança, a sensação de estar protegido que ele sentia em Neverland. Não penso que foi uma má ideia. Mas, ao mesmo tempo, imaginei que ele acabaria voltando para os Estados Unidos. Quero dizer, este era o país dele."

22.

No dia 20 de maio de 2009, a AEG Live anunciou que a estreia da série de shows *This Is It* de Michael Jackson havia sido adiada em cinco dias, para o dia 13 de julho, e que três outras datas em julho seriam reagendadas para março de 2010. Para milhares de pessoas que já tinham comprado ingressos e feito planos de viagem, a notícia foi devastadora. Magoado com as piadas do gênero "Nós avisamos" de Roger Friedman e outros, Michael perdeu a cabeça ao sair do Burbank Studios depois de uma de suas raras aparições para os ensaios, dizendo que estava irritado com "eles" por terem "agendado cinquenta shows para mim quando eu só queria fazer dez".

Marc Schaffel e Dieter Wiesner comentaram que já tinham previsto isso. "Assim que eu ouvi cinquenta apresentações", lembrou Wiesner, "eu soube que nunca aconteceria."

"Meu palpite era de que Michael desistiria depois de três shows", disse Schaffel. "E eu sabia que não havia chance de ele fazer aquelas apresentações em Londres seguindo o cronograma que eles queriam. Teria levado muito mais tempo, no mínimo. Eu acho que ele percebeu que teria que fazer aquilo, mas quanto menos tivesse que se apresentar, melhor."

Por anos, Michael havia insistido (com Wiesner e Schaffel, entre outros) que gostaria mais de trabalhar num filme, ou mesmo num clipe, do que fazer shows. Preparar-se para um show exigia muito trabalho, reclamava Michael, "e quando termina, termina". Não havia nada registrado, nada permanente, nada que pudesse mostrar aos filhos. Performances ao vivo passavam, e depois a impressão era de ter desperdiçado energia.

Em Londres, os tabloides disseram que Jackson raramente saía da mansão Carolwood, mesmo quando os dançarinos e músicos do *This Is It* começaram as sessões intensivas de ensaio que se davam sete dias por semana no CenterStaging. Ele preferia trabalhar em casa, Michael disse a Kenny Ortega e Randy Phillips. "Eu sei do meu horário", informou secamente a Ortega, acrescentando que ainda estava se exercitando três vezes por semana com Lou Ferrigno e entrando em forma para as apresentações. Assim como Randy Phillips, Ortega ouvia relatos segundo os quais, embora não estivesse frequentando os ensaios, Jackson ainda fazia ao menos duas viagens por semana para ver Arnold Klein. Michael ficava no consultório de Klein por até cinco horas em cada visita. Os paparazzi que vigiavam o lugar relataram que em pelo menos duas ocasiões Michael tinha saído do edifício Bedford tão incapacitado que seus seguranças tiveram de literalmente carregá-lo até o carro. Os tabloides britânicos que sabiam que Klein estava aplicando injeções de Demerol no artista desde os anos 1990 começaram a divulgar histórias sobre seu consumo de drogas "estar saindo de controle".

Para Phillips e a AEG Live, a saúde de Jackson — física e mental — tinha se tornado o maior problema em relação às preparações para os shows na O2 Arena. As seguradoras estavam compreensivelmente relutantes em assinar uma apólice que cobriria uma produção liderada por um artista cujos colapsos e ausências tinham afundado espetáculo após espetáculo nos quinze anos anteriores. Boatos de que Michael sofria de uma série de problemas médicos estavam afetando os planos para as apresentações em Londres desde o dezembro anterior. Em público, Phillips menosprezava preocupações com a saúde do astro. "Inventar boatos sobre Michael Jackson é uma indústria artesanal", disse a um repórter londrino. "Eu estava jantando com Michael quando recebi um alerta do Google que dizia que ele tinha uma doença que devorava tecidos humanos. Ele estava sentado na minha frente, saudável como sempre."

O que Phillips não disse aos repórteres foi que a AEG ainda não tinha encontrado seguradoras para todas as cinquenta apresentações na O2 Arena (menos de trinta estavam cobertas até o momento), e que talvez a empresa tivesse de assumir os riscos pelas restantes. E ela só tinha conseguido a cobertura de seguro que a Lloyd's de Londres se dispunha a oferecer se Michael se submetesse a uma bateria de quase cinco horas de exames médicos. Os testes foram conduzidos pelo dr. David Slavit, um otorrinolaringologista sediado em Nova York, conhecido por seu trabalho com cantores de ópera, e resultaram num certificado de saúde declarando que o médico não havia encontrado nada mais sério do que um leve caso de coriza, que podia ser atribuído à rinite alérgica. Sim, ele estava ciente de que o sr. Jackson tinha cancelado apresentações e turnês no passado, Slavit mencionou em seu relatório, mas aquilo foi devido a "desidratação e exaustão" — facilmente evitáveis se ele recebesse cuidado médico apropriado. Em suma, Michael Jackson gozava de excelente saúde e estava mais do que preparado para se apresentar em Londres, anunciou a AEG pouco depois de receber o relatório de Slavit. A empresa não mencionou que a apólice emitida pela Lloyd's (sob o pseudônimo "Mark Jones") declarava especificamente que "esta apólice não cobre qualquer perda direta ou indiretamente decorrente de, ou devida em parte, ou resultante de [...] posse ilegal ou uso ilegal de drogas e de seus efeitos". Tampouco houve qualquer comentário público por parte de funcionários da empresa sobre o fato de que, no questionário que preencheu como parte de seu exame médico, Michael havia respondido à pergunta "Você já foi tratado por ou teve qualquer indicação de uso excessivo de álcool ou drogas?" circulando a opção "Não".

Para preparar Michael fisicamente para os shows na O2 Arena, a AEG concordou em pagar pelos serviços de uma chef/ nutricionista chamada Kai Chase, que passaria a morar em tempo integral na mansão Carolwood. Assim como Lou Ferrigno antes dela, Chase relatou que, apesar da preocupação de todos quanto às suas aparências esporádicas nos ensaios no CenterStaging, Michael estava firme em um regime de alimentação saudável e preparo físico em casa. Tinha suspendido os jantares de frango do KFC que tanto adorava, e só se alimentava com comida saudável durante a preparação para os shows na O2 Arena, disse Chase — refeições como salada de espinafre com galinha criada ao ar livre, no almoço, e atum selvagem grelhado, no jantar. Ele precisava de uma dieta que o ajudasse a evitar cãibras durante a apresentação, Michael disse a Chase, que ficou tão chocada quanto os outros ao ver o artista se referir a si mesmo constantemente como dançarino e raramente como cantor. A única refeição do dia durante a qual nem Chase nem as crianças viam Michael era o café da manhã, pois as bebidas especiais de frutas mistas e a granola orgânica eram levadas ao segundo andar pelo único membro da equipe com permissão para entrar no quarto de Michael: o dr. Conrad Murray.

* * *

De todas as exigências que Michael Jackson fez durante a negociação do contrato dos shows, sua demanda de que a AEG pagasse pelos serviços de um "médico particular" foi a que enfrentou a resistência mais vigorosa por parte de Randy Phillips e dos advogados da empresa. A recusa de Jackson em ceder nessa questão sugeria que seu senso de amor-próprio tinha passado por uma recuperação tão extraordinária quanto Randy Phillips esperava ver no palco da O2 Arena. "Olha", Michael disse a Phillips, "meu corpo é o mecanismo que alimenta essa empreitada inteira. Assim como o presidente Obama, eu preciso de um médico particular me atendendo 24 horas por dia, sete dias por semana." Paul Gongaware se lembra de Jackson apontar para si mesmo e dizer: "Essa é a máquina. Você precisa cuidar da máquina". Frank Dileo ressaltou para Phillips e Gongaware que contratar um médico particular talvez fosse uma boa maneira de afastar Michael de Arnold Klein, que os três acreditavam ser o principal fornecedor de drogas para Jackson. A AEG concordou em pagar um médico particular, cedendo até mesmo à exigência de Jackson para escolher pessoalmente o profissional que cuidaria dele.

O médico que Jackson selecionou foi Conrad Murray, um cardiologista de Las Vegas cujos serviços tinham sido contratados mais de um ano antes por Michael Amir Williams. O irmão Michael insistiu para que seu chefe contratasse um médico negro. O dr. Murray teria supostamente tratado Jackson e seus filhos de sintomas de gripe pouco depois de eles se mudarem da Irlanda. Nascido em Trinidad e formado pela Escola de Medicina Meharry, de Nashville, Murray morava muito bem, numa casa de 490 metros quadrados com uma piscina espetacular perto do Red Rock Country Club em Vegas quando ele e Jackson se conheceram. Administrava a Global Cardiovascular Associates na East Flamingo Road desde 2000, e tinha acabado de inaugurar o Centro Cardiovascular Acres Homes em Houston, no Texas. Por trás daquela fachada de sucesso, no entanto, Conrad Murray era uma espécie de caloteiro.

A primeira vez que Murray chamou a atenção das autoridades de Nevada foi em 2002, quando um caso de pensão alimentícia originado no condado de Santa Clara, na Califórnia, seguiu o médico por três estados até finalmente alcançá-lo em Las Vegas. Na primavera de 2009, quando recebeu por telefone o convite para trabalhar como médico de Michael Jackson, Murray estava cercado por uma tropa de credores. O banco Capital One tinha vencido um processo à revelia contra Murray em outubro de 2008, e em março de 2009 a HICA Education Loan Corporation ganhou um processo de 71 332 dólares contra o médico por não ter restituído empréstimos estudantis de seus dias em Nashville. Processos separados, apresentados pela Citicorp Vendor Finance e pela Popular Leasing USA, terminaram com julgamentos contra Murray que totalizavam 363 722 dólares, e o médico ainda estava enfrentando denúncias apresentadas num tribunal de Las Vegas pela Digirad Imaging Solutions e pela Siemans Financial Services que exigiam mais 366 541 dólares referentes a dívidas não pagas.

O telefonema inesperado com uma oferta de emprego como médico pessoal de Michael Jackson deve ter parecido para Murray uma cura milagrosa para todos os seus males. Mas ele não mostrou nenhum sinal disso para Michael Amir Williams, que tinha ligado para dizer que Jackson "queria muito" que o médico fizesse parte de sua turnê em Londres, explicando em seguida que o acordo teria de ser negociado com a AEG. Quando Paul Gongaware ligou, Murray se apresentou como um profissional de saúde muito próspero, que teria de ser muito bem recompensado para não apenas abandonar uma atividade médica bem-sucedida como também fechar as clínicas prósperas em Las Vegas e Houston. Ele precisaria de 5 milhões de dólares por ano, Murray disse ao executivo da AEG. "Eu disse a ele que não havia possibilidade alguma daquilo acontecer", recorda Gongaware. Murray acabou concordando em trabalhar por 150 mil dólares ao mês, e mesmo assim insistiu com a advogada da AEG, Kathy Jorrie, que seu contrato teria de garantir os pagamentos por um mínimo de dez meses, de maio de 2009 a março de 2010. "Cento e cinquenta mil dólares é muito dinheiro", Jorrie disse a Murray, que afinal concordou em ser pago mensalmente. Durante as negociações, Murray disse que Michael Jackson estava "perfeitamente saudável" e em "excelentes condições", lembra Jorrie, que passou as notícias reconfortantes para Gongaware e Phillips.

Murray ficou "louco de alegria" quando o acordo foi fechado, segundo um amigo de Las Vegas. Os diversos credores do médico, assim como as autoridades de Nevada, teriam dificuldades para encontrá-lo em Los Angeles, e isso seria impossível quando ele viajasse com Michael para Londres. Se os shows da O2 Arena se transformassem numa turnê internacional, como todos os envolvidos esperavam, Murray estaria fora de alcance pelos dois anos seguintes. Nesse meio-tempo, ele não só estaria faturando 150 mil por mês, como também teria muito tempo livre para sua vida pessoal, durante as noites que Michael passaria ensaiando. O dr. Murray se considerava um sucesso entre as mulheres, e logo depois de se mudar para Los Angeles passou a frequentar com regularidade as boates nas quais um sujeito que se apresentasse como o médico particular de Michael Jackson podia contar com uma penca de mulheres jovens com belos corpos a seu redor.

Pelo menos um dos advogados de Jackson achou significativo que a entrada do dr. Murray na vida de Michael tenha coincidido com a saída do dr. Tohme. "Não haveria como Murray entrar se Tohme ainda estivesse por perto", disse o advogado. "Tohme teria expulsado Murray no instante em que o visse. Mas Tohme tinha sido arruinado por tudo o que Frank Dileo, Leonard Rowe e o pai de Michael conseguiram conquistar através da sra. Jackson. Joe Jackson e Rowe estavam usando Katherine Jackson para falar mal de Tohme sem parar."

Ainda assim, esse advogado foi uma das várias pessoas a ficar surpresas com a carta que chegou ao seu escritório em meados de maio de 2009, enviada pelo irmão Michael. O assistente muçulmano de Jackson telefonou antes, recorda o advogado, para dizer que Tohme Tohme tinha sido demitido como empresário de Michael e estava sendo substituído por Frank Dileo. A carta, datada de 5 de maio de 2009, foi entregue pouco tempo depois, informando a seu destinatário que Michael Jackson estava dispensando os serviços do dr. Tohme e que todas as futuras correspondências e comunicações deveriam ser enviadas aos cuidados de Frank Dileo. Uma das coisas estranhas sobre a carta foi que, embora passasse a impressão da ter sido escrita pessoalmente por Michael, ela tinha de fato sido elaborada e digitada por Dileo. Mais estranho ainda era o fato de nenhuma cópia ter sido enviada para o próprio Tohme. Quando finalmente leu a carta, mais de um ano depois, Tohme deu uma olhada na assinatura e afirmou que era forjada. "Eu nunca fui demitido", ele insistiu. "Eu continuei representando Michael. Ainda estava cuidando dos negócios dele. Eu tinha milhões de dólares do dinheiro de Michael. Se tivesse me demitido, não acha que ele teria pedido aquele dinheiro de volta?"

Mas Frank Dileo tinha uma carta datada de 2 de maio de 2009, assinada (aparentemente) por Michael Jackson, que o designava como "um de [meus] representantes e gerente da turnê". Após uma ausência de quase vinte anos, a presença restaurada de Dileo na vida de Michael era inegável.

Barrigudo e dono de uma voz áspera, Dileo conseguiu aterrissar com suavidade nos anos que seguiram sua dispensa de 1989 como empresário de Michael Jackson. Usou 5 milhões de dólares da indenização que recebeu para comprar o rancho Tookaroosa, com quase dezesseis hectares, perto de Ojai, na Califórnia, onde passou a criar cavalos Tennessee. E, o que era ainda melhor, seus velhos amigos Robert De Niro e Joe Pesci haviam convencido Martin Scorsese a chamar Dileo para o papel de Tuddy no filme *Os bons companheiros*. Embora tivesse comprado uma parte do restaurante de De Niro em Nova York, o Tribeca Grill, a carreira de Dileo no mundo do entretenimento não estava exatamente decolando nos últimos anos. Empresariar pessoas como Taylor Dayne e Laura Branigan não era a mesma coisa que ser o principal homem de Michael Jackson, e o Dileo Entertainment Group (formado na mesma época em que Frank comprou um estúdio de gravação em Nashville) era muito restrito. Dileo fez melhor negócio aproveitando sua aparência singular (com uma altura de 1,57 metro e pesando quase 136 quilos) e a voz áspera para conquistar pequenos papéis em *Quanto mais idiota melhor* e *Quanto mais idiota melhor 2*. Jackson tinha pouca coisa boa a dizer sobre Dileo depois de dispensá-lo em 1989, mas Frank conseguiu reconquistar a simpatia de Michael no decorrer da primavera de 2005, quando apareceu para apoiá-lo no julgamento criminal em Santa Maria. Os olhos de Michael se encheram de lágrimas quando Dileo entrou um dia no tribunal, e ele deu um abraço caloroso em público em seu ex-empresário. Dileo vinha capitalizando em cima daquele momento desde então, e quatro anos depois pretendia aproveitar a oportunidade ao máximo.

Dileo se aliou a Randy Phillips para convencer o presidente da AEG Live de que era capaz de lidar com a família Jackson e manter Michael focado em sua performance em Londres. De acordo com Dileo, depois da teleconferência em que os dois foram apresentados por Jackson, Phillips ligou de novo para comentar que "Michael parece se sentir realmente confortável com você". Phillips também gostou do fato de Dileo parecer mais comprometido que Tohme com a ideia de que Michael devia não só completar toda a série de cinquenta concertos na O2 Arena, como também ser convencido a continuar com uma turnê mundial. No fundo, Dileo e Phillips concordaram, Michael queria retornar triunfante aos Estados Unidos antes de se aposentar. E juntos eles tinham como fazer aquilo acontecer.

Os advogados que elaboraram o acordo para as apresentações da O2 Arena interpretaram a direção dos ventos quando descobriram, no começo de maio, que Dileo agora estava trabalhando num escritório na AEG Live. "Eu não culpo Randy", disse um deles. "Para ele e para a AEG, tratava-se de proteger um investimento. Mas Tohme estava sendo ferrado no processo. Ele tinha feito um acordo fantástico para Michael. Ia literalmente salvar a vida dele, proteger seus filhos e resgatar o catálogo da Sony, tudo de uma vez. E Tohme trabalhou dia e noite naquilo — eu vi isso acontecendo. Mas as pessoas puseram as mangas de fora quando viram o potencial de sucesso e muita, muita grana. Eles não conheciam Tohme, ele tinha um sotaque esquisito, por isso foram todos atrás dele. E Tohme não percebeu que Dileo o estava excluindo até ser tarde demais. Tohme é um cara bem esperto, mas não é esperto no nível da indústria de entretenimento, que é muito mais sacana do que o Oriente Médio."

Dennis Hawk, que vinha trabalhando dobrado como advogado de Michael desde a demissão de Peter Lopez, lembrou que naquela segunda metade de maio de 2009 "era como se houvesse dois mundos paralelos acontecendo ao mesmo tempo. Dileo me ligava quatro ou cinco vezes querendo saber de um documento referente ao acordo para um filme em que estava envolvido. Mas ele nunca disse que era o empresário de Michael, e nunca mencionou o dr. Tohme. Era estranho. Era como se já tivesse se posicionado, mas ainda não tivesse fechado o negócio. Ele estava ali, era parte do 'time', mas não parecia ter nenhum título oficial".

Porém, mesmo com Dileo em posição, a questão acerca do compromisso de Jackson com os shows na O2 Arena continuou a preocupar Randy Phillips e outros executivos na AEG. Nenhum deles ficou feliz ao descobrir que, na tarde de 14 de abril, Michael havia ido com os filhos ao restaurante indiano Chakra, em Beverly Hills, participar de um jantar em comemoração ao sexagésimo aniversário de casamento de Joe e Katherine Jackson, que, estranhamente, estava acontecendo seis meses antes do aniversário de fato, que seria em novembro. Os executivos da AEG já tinham descoberto por meio de Tohme que Michael se deixava influenciar facilmente quando tentava convencer Prince, Paris e Blanket de que eles pertenciam a uma família grande e amorosa. Naquela noite no Chakra, cercado por todos os irmãos e irmãs, além de uma dúzia de sobrinhos e sobrinhas, Michael deixou Katherine convencê-lo a se encontrar com ela no dia seguinte para uma reunião num almoço com Joe e Rowe no Beverly Hills Hotel. Seria essa a verdadeira razão para o jantar de comemoração? Fosse qual fosse o caso, quando Randy Phillips e Paul Gongaware ficaram sabendo da reunião, eles insistiram em fazer parte.

Na tarde de 15 de maio, numa mesa no Polo Lounge, Phillips e Gongaware ouviram com tristeza quando Joe Jackson explicou que a AllGood Entertainment tinha concordado em agendar o "show de reencontro da família Jackson" no estádio de futebol Dallas Cowboys no dia 3 de julho, o que daria a Michael bastante tempo para chegar a Londres e se preparar para os shows na O2 Arena. Patrick Allocco garantiu à família uma comissão de 30 milhões de dólares. Seus irmãos realmente precisavam de uma parte daquele dinheiro, e "eu também preciso", Joe disse ao filho. Leonard Rowe ressaltou que Michael seria muito mais bem pago, por hora, pela única apresentação da AllGood do que pelos cinquenta shows na O2 Arena. "E quem está pagando *você?*", Phillips perguntou a Rowe durante aquela conversa. "Não é da sua conta", respondeu Rowe. Protegido por Phillips e Gongaware, Michael explicou que o acordo assinado com a AEG Live era de exclusividade. Ele não podia se apresentar em nenhum outro lugar até que tivesse terminado os shows em Londres. Katherine instou o filho a ouvir Joe, que passou quase uma hora tentando convencer Michael de que, no mínimo, ele e Leonard deviam receber parte do acordo da AEG. "Você me deve!", gritou Joe em determinado momento, assustando as pessoas nas mesas próximas. Mais uma vez, Michael disse que o pai estava pedindo algo impossível.

"Mas todos nós sabíamos como era difícil para ele dizer não à sra. Jackson", explicou um dos advogados que tinham negociado o contrato com a AEG. "E eles o coagiam tanto que ficamos com medo de ele assinar algo para agradar a mãe e fazer com que o pai fosse embora, o que teria sido desastroso. Talvez tivesse custado a ele o acordo com a AEG, e certamente teria dado a AEG, a AllGood ou às duas empresas uma base para um processo bem-sucedido. Mas, felizmente, Michael foi sensato e se recusou a assinar."

Michael foi ainda mais longe. Primeiro, insistiu para que os irmãos fizessem uma negação pública de envolvimento com a AllGood Entertainment num show de reencontro dos Jackson 5 que supostamente aconteceria no Texas no dia 3 de julho. Então, no dia 25 de maio, cinco dias depois do adiamento dos shows na O2 Arena, Leonard Rowe recebeu uma carta de Michael informando ao sócio de seu pai que "você não me representa e eu não desejo ter qualquer comunicação oral ou escrita com você referente aos meus negócios e/ou questões pessoais".

"Ninguém sabia com certeza se Tohme tinha sido demitido, se Dileo tinha sido contratado, o que estava acontecendo", disse um dos advogados que receberam a carta anterior, supostamente de Michael, mas na realidade escrita por Dileo. "Dileo estava só escrevendo e mandando cartas? Ele tinha o aval de Michael? Ou estava só pondo um papel na frente de Michael e o mandando assinar? Aquela era mesmo a assinatura de Michael? A coisa toda era muito misteriosa."

"Basicamente", disse um dos funcionários de Jackson, "a situação em torno de Michael era tal que ou você andava na ponta dos pés com uma faca na mão, ou prendia a respiração, esperando sua vez de ser esfaqueado pelas costas."

Os shows na O2 Arena eram um momento de "agora ou nunca" para Michael Jackson, observou Randy Phillips em entrevista realizada em 30 de maio para o *Los Angeles Times*: "Se não acontecer, vai ser um problema imenso para ele e para sua carreira, de uma forma nunca vista antes".

Enviar um aviso por meio da mídia não era, em geral, uma tática eficiente para lidar com Michael Jackson. Phillips não era inteligente o bastante para saber disso, mas o chefe da AEG Live estava começando a sentir o estresse de uma posição cada vez mais exposta e desigual. Conforme as contas consumiam rapidamente os 12 milhões de dólares previstos no orçamento para a pré-produção, para em seguida mais do que dobrar aquele valor, a piada que Phillips tinha feito no *Telegraph* em março, sobre fazer Phil Anschutz ir de "bilionário a milionário", não parecia mais ter tanta graça. As ausências de Michael nos ensaios no CenterStaging continuaram, e "o histórico de apresentações perdidas e datas canceladas" de Jackson, como foi definido pelo *Los Angeles Times*, começou a ganhar peso a cada dia que passava.

"Nós finalmente fizemos com que Maomé fosse até a montanha", Phillips declarou aos jornais londrinos no anúncio dos shows na O2 Arena em março. Mas fazer com que Maomé subisse aquela montanha eram outros quinhentos. "Nesse negócio, se você não assume riscos, você não atinge a grandeza", Phillips havia afirmado corajosamente no *Los Angeles Times*. No final de maio, no entanto, o diretor da AEG Live estava tentando pegar atalhos e amarrar as pontas soltas. Recusou o pedido de seu astro de filmar as cataratas Victoria de um helicóptero equipado com uma câmera IMAX, para o tema ambiental que Jackson queria para os shows, insistindo que era um custo com o qual a empresa não podia arcar. E quando Michael sugeriu entrar no palco, no momento florestal do show, montado nas costas de um elefante com três macacos e acompanhado por panteras conduzidas por correntes de ouro, enquanto um bando de papagaios e outras aves exóticas voavam ao seu redor, Phillips quis agradecer ativistas de direitos humanos dos dois lados do Atlântico pelas objeções que fizeram.

Phillips e a AEG Live começaram a lembrar Michael de que ele tinha colocado seus próprios bens como garantia sobre os 6,2 milhões já pagos a ele em adiantamento, e que teria muito mais a perder se os shows fossem cancelados devido à sua incapacidade de se apresentar. Quando um produtor envolvido nos shows questionou a capacidade de Jackson de cumprir a promessa de cinquenta apresentações, Phillips respondeu: "Ele precisa fazer isso, senão estará diante de um desastre financeiro".

"Nós [precisamos] deixar claro para Mikey exatamente o que isso vai custar em termos de seus rendimentos", Gongaware escreveu para Phillips. "Não podemos ser forçados a parar isso, o que Michael Jackson vai tentar fazer porque é preguiçoso e muda de ideia o tempo todo, segundo suas vontades imediatas." O artista precisava ser lembrado regularmente de que "está comprometido", acrescentou Gongaware. "Ele não tem escolha [...] ele assinou um contrato."

Segundo sua maquiadora de longa data, Karen Faye, Michael compreendia sua situação: "Ele estava morrendo de medo porque a AEG estava financiando tudo. Disse que teria de trabalhar no McDonald's se não fizesse aqueles shows". Mas o comentário do "agora ou nunca" de Phillips foi a primeira tentativa pública da AEG de jogar duro, de exigir que Michael se comprometesse inteiramente com os preparativos de uma apresentação agendada para ter início em pouco mais de um mês. Os riscos já eram imensos. O diretor executivo da maior revendedora de ingressos britânica, a Setwave, declarou à BBC: "Cerca de 1 bilhão de libras vão circular em Londres por conta de hotéis, restaurantes, lojas, pubs, pessoas vindo para ver Michael Jackson. É o pacote de estímulo econômico Michael Jackson". A AEG Live já tinha excedido os custos em quase 30 milhões de dólares, e seus compromissos com os shows implicavam um valor ainda maior. Enquanto os preparativos para os espetáculos em Londres se aproximavam do clímax, Randy Phillips ficou aliviado por saber de seu diretor que a estrela do show parecia ao menos ter uma visão clara do que queria realizar na O2 Arena.

Michael e ele pensavam nos shows como um musical da Broadway numa escala gigante, disse Kenny Ortega. A intenção era fazer sua primeira aparição no palco num ato elaborado em torno de "Wanna Be Startin' Somethin'", Michael disse a Ortega, e "não quero poupar nenhum esforço. Quero que essa seja a abertura mais espetacular que a plateia já viu. Eles têm que se perguntar: 'Como eles vão superar isso?'. Nem me importo de eles aplaudirem. Eu quero ver todo mundo com o queixo no chão. Quero que eles não consigam dormir, de tão eletrizados com o que terão visto".

O imenso palco para as apresentações de *This Is It* estava sendo projetado e construído por Michael Cotton, responsável pelos cenários da turnê HISTORY, em colaboração com Bruce Jones, cujos efeitos visuais para *The Spirit: o filme* tinham deixado Michael impressionado, apesar de o filme ter sido amplamente considerado um fracasso. Jones e Cotton, junto com o diretor de iluminação, Peter Morse, e o diretor de arte, Bernt Capra, estavam ocupando os quatro maiores estúdios da Culver Studios (71 metros por 45 metros, com treze metros de altura — os mesmos usados para criar o incêndio de Atlanta em *...E o vento levou*), contando, entre outras coisas, com a maior tela de LED já montada, de trinta metros de largura, que serviria para reproduzir vídeos em 3-D durante as apresentações, projetados para criar um efeito de holograma ao serem combinados com os cenários reais e com os dançarinos na frente da tela, de forma que durante a apresentação de "Thriller", lobos e corvos "reais" seriam mostrados correndo e voando por um cemitério que Capra tinha povoado de múmias, zumbis e um pirata em decomposição.

A equipe teve cinco semanas para fazer a transição do projeto para o cenário real, uma tarefa imensa que não deixava "nenhuma margem para erro", nas palavras de Capra. Integrar elementos que não só eram fisicamente imensos como também estavam na extrema vanguarda da tecnologia era algo que exigia graus de precisão e flexibilidade que nunca antes haviam sido exigidos de nenhum dos envolvidos na produção. O palco da O2 Arena teria de ser equipado para acomodar uma plataforma do tamanho de um prédio de dois andares, que seria usada para fazer um Michael Jackson girando em parafuso sobrevoar a plateia, ao mesmo tempo que um show de vídeo e luzes acontecia, literalmente, dentro de suas roupas — o figurino era feito a partir de um tecido de alta tecnologia equipado com circuitos elétricos. O estresse para combinar dúzias de efeitos complexos num período de tempo tão curto talvez tivesse sido intolerável não fosse a confiança de Michael, que estava certo de que eles conseguiriam dar um jeito, disse Capra, que colaborou com o astro na reprodução de cenas de cinco videoclipes do começo dos anos 1980 ao final dos anos 1990: "Thriller", "Smooth Criminal", "The Way You Make Me Feel", "They Don't Care About Us" e "Earth Song".

Assim como aconteceu com tantas pessoas que trabalharam com ele pela primeira vez, Capra foi conquistado pelo intelecto e pelo conhecimento artístico de Michael. Ficou chocado e extasiado, relatou o diretor de arte, quando Michael começou a reunião sobre o vídeo "The Way You Make Me Feel" com uma dissertação sobre um de seus fotógrafos favoritos, Lewis Hine, um assistente social que tinha ganhado renome durante a Grande Depressão com fotografias que mostravam crianças trabalhando em minas e moinhos. Ele queria basear tanto o cenário quanto a coreografia de "The Way You Make Me Feel" em fotos que Hine tinha feito dos homens construindo as vigas de aço do Empire State Building, explicou Michael: a coisa toda deveria passar a impressão de estar ocorrendo em meio a um grupo de operários fazendo uma pausa para o almoço no topo de um arranha-céu inacabado.

Michael apareceu todos os dias na Culver Studios, entre 1º e 11 de junho, para filmar trechos do Projeto Domo, como ficou conhecida a adaptação dos videoclipes, além de dois filmes curtos em 3-D. Um era "MJ Air", no qual um jato 707 surgia no mesmo instante em que um buraco se abria na tela, permitindo a Michael entrar e subir no jato, que depois sairia voando. O outro vídeo, "The Final Message", mostrava uma jovem de uma tribo da Floresta Amazônica abraçando a Terra. Michael levou os três filhos ao set um dia e sentou todos em cadeiras de diretor para ver a cena de "Smooth Criminal" na qual ele seria perseguido por tipos como Edward G. Robinson e Humphrey Bogart. "Esta é a primeira vez que vemos papai num set de filmagens", Paris disse a Kenny Ortega. Naquele instante, recorda Ortega, Michael se aproximou e perguntou, com uma preocupação autêntica, se as crianças estavam "se comportando".

Durante a terceira semana de junho, Michael estava trabalhando na coreografia com Travis Payne em duas sessões diárias, uma à tarde, na mansão Carolwood, e outra à noite, no Los Angeles Forum, para onde os ensaios dos shows foram transferidos para dar mais espaço aos artistas. John Caswell, o coproprietário do CenterStaging, disse que a mudança para o Forum se deveu inteiramente à escala imensa da produção. "Quando deixou minhas instalações, ele já tinha passado por diversos estúdios e estava em um que ocupava 930 metros quadrados", explica Caswell — e mesmo isso não era grande o bastante. Não foi a saúde de Michael nem sua irregularidade em comparecer aos ensaios que atrasaram a estreia dos shows em Londres, insiste Caswell, e sim a natureza estupenda do que o artista estava tentando fazer: "Ele estava tentando e conseguindo estruturar a maior e mais espetacular produção ao vivo já vista [...] o espetáculo estava ficando tão grandioso que eles não conseguiram terminar a tempo. Foi por isso que precisaram adiar".

É claro que, entre os advogados e contadores envolvidos na preparação das apresentações na O2 Arena, ainda havia um clima de ceticismo e muitos motivos para preocupação. No dia 12 de junho, a AllGood Entertainment apresentou um processo de 40 milhões de dólares contra Michael, a AEG Live e Frank Dileo, alegando diversas brechas no "contrato" de Jackson de se apresentar no show de reencontro da família, incluindo a promessa de Michael de não aparecer em qualquer palco antes daquele evento e até três meses depois. Quando o principal advogado da AllGood disse ao jornal britânico *Guardian* que o processo poderia ser arquivado caso a empresa ganhasse uma comissão sobre as apresentações na O2 Arena, o jornal abalou Londres com um artigo cuja manchete era: "Shows do retorno de Michael Jackson em risco?".

Os colunistas de fofocas da internet alertaram que Jackson não estava nem um pouco preparado para se apresentar em Londres, e questionaram se ele estaria ao menos tentando, depois que Michael faltou a ensaios para passar as tardes de 9 e 16 de junho no consultório de Arnold Klein, em Beverly Hills. Karen Faye posteriormente diria que Michael estava "se sabotando" com drogas porque ele não achava que conseguiria fazer todos os cinquenta shows para a AEG. Alguns dos analistas financeiros envolvidos no projeto, no entanto, alegaram estar impressionados com o foco que Michael estava demonstrando diante da oportunidade financeira que eram seus shows em Londres.

Durante o mês de maio, ele havia se reunido com representantes da divisão de produtos do Universal Music Group, a Bravado, para esboçar os detalhes no design de mais de trezentos itens — de quebra-cabeças e jogos infantis a maletas de couro e coleiras de strass para cachorros — a serem vendidos durante os shows *This Is It*. "Ele havia de fato compreendido a oportunidade que tinha de consertar suas finanças se cumprisse o contrato para os shows em Londres", disse um dos advogados que trabalharam com ele naquela primavera. Ao realizar as cinquenta apresentações na O2 Arena, Michael estabilizaria suas finanças até o final do contrato com a Sony, esse advogado havia lhe dito. Se ele fizesse uma turnê mundial, provavelmente erradicaria a maior parte, se não todos os seus débitos, e reassumiria controle sobre o catálogo dos Beatles. Com uma turnê nos Estados Unidos, ele talvez voltasse a agregar um patrimônio líquido de 1 bilhão de dólares. "Ele entendeu, ele realmente entendeu", afirmou o advogado. "Eu acho que ele estava pronto para fazer o que tinha de fazer", concordou Kenny Ortega: "Há algumas pessoas por aí que dizem: 'Michael não queria fazer *This Is It*, ele não tinha condições'. Michael não só *queria* fazer, mas sua atitude era: 'Nós *temos* de fazer'". Depois de quase duas décadas inteiras de escárnio e agressões por conta de seus processos e cirurgias plásticas, seus casamentos fajutos e crianças nascidas de inseminação artificial — para não falar das denúncias de abuso sexual —, o entusiasmo de Jackson com os shows de Londres "estava devolvendo a ele algo que lhe tinha sido sugado", disse Ortega: "sua dignidade como artista".

Marc Schaffel e Dieter Wiesner continuaram entre os céticos: "Só porque Michael sabe que algo é bom para ele, não quer dizer que ele vá fazê-lo", disse Schaffel. "Apresentar as mesmas músicas da mesma maneira, noite após noite, Michael ficaria muito infeliz", observou Wiesner. "Ele não gostava de fazer o que já tinha feito. Eu sei que Michael estava furioso por estar sendo obrigado."

Depois de sua visita ao consultório de Arnold Klein no dia 16 de junho, Michael deixou novamente de ir ao ensaio. Frank Dileo já havia sugerido a Randy Phillips, que estava temeroso, que eles reunissem a "velha equipe", convidando John Branca para voltar a ser o advogado de Michael. "Eu tenho certeza que Dileo queria trazer Branca para proteger a si mesmo", disse um dos advogados que estava sendo afastado. "Ele sabia que tinha certa vulnerabilidade legal, e não só devido ao acordo AllGood. Dileo estava planejando ficar com a comissão inteira da AEG, e aquele acordo havia sido feito por Tohme. Mas, se conseguisse trazer Branca, ele devia imaginar que John ajudaria a protegê-lo. Quero dizer, John não aceitaria um pagamento por hora. Ele ia pegar sua comissão de 5% e ganhar uma nota. Ele estaria em débito com Frank."

De acordo com as recordações de Branca, Dileo havia ligado para ele no final de maio para dizer: "Michael quer que você volte. Ele quer que você pense um pouco no que pode fazer por ele, que tipo de negócios". Ele passou três semanas esboçando uma "pauta" que detalhava seus planos para um documentário, livros e diversos acordos para os produtos, disse Branca, antes de se dirigir até o Los Angeles Forum, na tarde de 17 de junho, para apresentar os planos a Michael durante um intervalo nos ensaios. Pelo menos cinco anos haviam se passado desde a última reunião dos dois, e o encontro foi "muito emotivo", de acordo com Branca. "Nós nos abraçamos. Ele disse: 'John, você voltou'." O relato de Branca pareceu muito estranho para as pessoas que tinham ouvido Michael chamá-lo de "diabo" várias vezes nos últimos anos.

Tohme alegou que Michael tinha deixado muito claro que não confiava em Branca. O advogado tinha dado um jeito de ser apresentado ao novo empresário de Jackson por Randy Phillips durante a cerimônia do Grammy Awards de 2009, e em seguida Branca ligou para combinar um almoço de negócios, disse Tohme.

Mas quando ele contou isso ao seu cliente, "Michael me disse que eu precisava cancelar o almoço. Ele disse: 'Você não pode ter nada a ver com Branca. Eu não quero ele perto de mim'".

Michael Amir Williams, que em meados de abril de 2009 já estava lidando quase exclusivamente com os detalhes dos negócios de Jackson, disse que não ouviu o nome John Branca nem sequer uma vez, e que não estava ciente de reuniões com o advogado nem de contatos com ele.

Qualquer que fosse o arranjo entre Branca e Dileo, imaginar Michael Jackson flanqueado pelos dois homens que conduziram os negócios do artista durante o período mais bem-sucedido de sua carreira (e também da carreira de qualquer outro artista) era reconfortante para Randy Phillips e para os outros executivos da AEG Live, que também encorajaram Michael a contratar seu ex-contador, Barry Siegel. Mas os executivos da AEG ficaram preocupados quando Jackson não apareceu para o ensaio na noite de 18 de junho. Randy Phillips ficou furioso quando recebeu um e-mail de Kenny Ortega sugerindo que, se o astro do show não ia comparecer aos ensaios, talvez fosse hora de eles "cancelarem tudo". Phillips dirigiu-se até a mansão Carolwood para uma reunião na qual exigiu, na presença do dr. Murray, que Michael deixasse de ver o dr. Klein e parasse de tomar as drogas fornecidas por ele. Eram quase dez horas da noite quando Michael chegou ao Los Angeles Forum parecendo "muito abalado", segundo uma das pessoas presentes naquela noite.

A frustração dos executivos da AEG agora se estendia a Ortega. Cerca de duas semanas antes, durante a filmagem do Projeto Domo, o diretor havia dito a eles que Jackson parecia estar respondendo à pressão do prazo ao acelerar o ritmo de suas preparações, e que seu foco estava aumentando conforme o elenco e a equipe se organizavam para mudar para Londres. Agora, no entanto, Ortega disse que estava vendo Michael sair dos trilhos novamente. Ele estava vendo "fortes sinais de paranoia, ansiedade e comportamentos compulsivos", Ortega escreveu a Phillips, acrescentando que "é como se fossem duas pessoas. Uma (lá no fundo) tentando se ater ao que ele era e ao que ainda podia ser, e não querendo que nós desistíssemos dele, e a outra nesse estado enfraquecido e perturbado".

O diretor musical do show, Michael Bearden, aconselhou a AEG que "Michael Jackson ainda não está em forma para cantar ao vivo e dançar ao mesmo tempo". O diretor de produção, John Hougdahl, escreveu, depois de ver Jackson tropeçar e balbuciar durante um ensaio no Los Angeles Forum, que "ele está maluco. Não há dúvidas".

Dúzias de outros observadores, no entanto, insistiram o tempo todo que Michael Jackson não estava forte o bastante, ou então são o bastante, para fazer um retorno a essa altura de sua vida. A saúde física de Michael era a principal preocupação daqueles que realmente se importavam com ele. Jackson perdera peso num ritmo alarmante desde o anúncio dos shows em Londres, e as pessoas que não acompanharam essa perda gradualmente ficaram muito chocadas ao verem o astro pela primeira vez em muitos meses. O amigo cineasta de Michael, Bryan Michael Stoller, foi uma dessas pessoas. Stoller e Jackson tinham se tornado amigos vinte anos antes, depois que Jackson viu *The Shadow of Michael*, a paródia em curta-metragem do jovem diretor do infame comercial de 1984 da Pepsi. Stoller havia visitado Jackson pela última vez logo antes do começo de maio, e recorda que, ao cumprimentar seu velho amigo, "era como abraçar ossos. Depois de vê-lo, eu nunca achei que ele fosse completar a turnê". Dos 71 quilos que ele tinha alcançado na época do acordo com a AEG, o peso de Michael caíra para 59 quilos naquela primavera. "Nós conversamos muito sobre seu peso", admitiu Kenny Ortega. "Nós sempre tentávamos fazer com que ele comesse algo, mas ele dizia: 'Eu sou um dançarino e é assim que gosto de me sentir'." Michael mostrou a Ortega fotos de Fred Astaire no topo de sua carreira, ressaltando que seu velho amigo Fred era tão magro naquela época quanto ele agora. Os jornais relataram que Ortega estava literalmente alimentando Jackson à força com seus jantares de frango com brócolis. "Não é verdade", diz o diretor. "Eu desembrulhava o prato e o empurrava para perto dele, mas não o alimentava."

Outras pessoas a reaparecer foram as duas mulheres sobre quem Tom Mesereau havia tentado alertar seu cliente em 2005: Raymone Bain e Grace Rwaramba. Bain e seus advogados de Washington, DC, haviam tentado tirar vantagem do foco de Michael na preparação para os shows na O2 Arena e da falta de atenção de longa data às questões jurídicas apresentando um aviso com dez dias de antecedência para um julgamento à revelia no tribunal federal em Washington, DC. Com apenas 48 horas restantes no prazo, uma equipe de três advogados dos escritórios em Nova York de Dewey e LeBoeuf apareceu no tribunal junto com um colega sediado em Washington para informar ao juiz encarregado do caso que uma resposta ao processo de Bain seria apresentada antes do prazo terminar. Entre as muitas ironias do drama jurídico daquele dia, estava o fato do advogado encarregado por Michael de lidar com Bain ser Londell McMillan, o mesmo advogado que a própria Raymone tinha levado para representar Michael (no caso

Marc Schaffel, entre outros) mais de dois anos antes. Quando o pedido para um julgamento à revelia foi posto de lado, a única esperança real de Bain por um pagamento teria sido atormentar ou cansar Michael até ele concordar em fazer um acordo que o poupasse do esforço de derrotá-la na corte. E o amigo de Raymone, McMillan, foi o mesmo advogado que havia aconselhado Michael a não fazer acordos por essa razão, instando seu cliente famoso a batalhar cada caso até o veredicto do júri.

Grace Rwaramba recebeu um aviso formal de sua demissão como babá dos filhos de Michael no começo de abril, por uma carta assinada por Paul Gongaware que dizia que "é com pesar que devo lhe informar que seu vínculo empregatício com Michael Jackson será encerrado a partir de segunda-feira, dia 20 de abril de 2009 [...] num esforço para tentar reduzir o impacto desse encerramento, a empresa elaborou um arranjo de indenização que pagará a você uma soma final de 20 mil dólares". Chocada e irritada, Grace aceitou um convite da "entrevistadora de celebridades" Daphne Barak para residir temporariamente em Londres, à custa de Daphne. Em troca daquela hospitalidade, além de um pagamento não divulgado, Grace concordou em passar vários dias vazando segredos numa série de entrevistas (algumas filmadas) que retratavam seu ex-patrão como um viciado incompetente tão perdido em seu torpor químico que realmente achava que seu contrato com a AEG Live era para dez apresentações na O2 Arena, e não cinquenta. "Ele não sabia o que estava assinando", Rwaramba disse a Barak. "Ele nunca sabia." Ao mesmo tempo, Michael era absurdamente controlador, Grace disse à entrevistadora, e fazia tudo o que podia para impedi-la de desenvolver um relacionamento com qualquer pessoa importante para ele. Quando eles ficaram em Nova Jersey com a família Cascio, "eu tentei fazer amizade com a mãe de Frank, só para agradecer a ela, mas quando Michael viu que estávamos ficando amigas ele disse: 'Não confie nela. Ela não está interessada em você. Ela só fala com você por minha causa'". Grace zombou até mesmo da imagem de Michael como pai amoroso. Ela, sozinha, tinha oferecido às crianças um ambiente estável e amoroso, Grace disse a Barak: "Eu peguei aqueles bebês nos meus braços no primeiro dia de suas vidas. Eles são *meus* bebês... Eu costumava abraçá-los e rir com eles. Mas quando Michael estava por perto, eles gelavam". A babá descreveu uma tarde na qual Blanket tinha feito um show com músicas de Michael Jackson, rindo e dançando para ela e as duas crianças mais velhas. "Eu estava rindo tanto. Prince e Paris estavam brincando. Foi um momento tão feliz. Aí de repente Michael entrou. Ele nos surpreendeu. Normalmente, a segurança me avisava que ele estava prestes a chegar. Blanket parou no mesmo instante. As crianças pareceram assustadas. Michael estava tão furioso. Eu sabia que seria demitida. Sempre que as crianças ficavam muito apegadas a mim, ele me mandava embora."

Muitas vezes durante os meses que eles passaram morando em Las Vegas, disse Grace, ela foi forçada a manter as crianças longe do pai para que elas não vissem o estado patético a que ele era reduzido por seu vício em drogas. Nas semanas depois de ter sido mandada embora da mansão Carolwood pela primeira vez, no final de 2008, continuou Rwaramba, ela recebia com frequência mensagens de alerta dos seguranças e de outros membros da equipe preocupados com Michael e as crianças. "Aqueles pobres bebês... Eu recebia telefonemas dizendo que eles eram negligenciados. Ninguém limpava os quartos porque Michael não pagava a faxineira. Eu recebia telefonemas dizendo que Michael estava muito mal. Ele não estava limpo. Não se barbeava. Não estava comendo bem. Eu costumava fazer tudo isso por ele, e estavam tentando me fazer voltar." Sem ela, lamentou a ex-babá, aquelas três crianças estavam essencialmente sozinhas no mundo, assim como seu pai, mesmo que ele não percebesse.

Diversos amigos, desde a filha de Deepak Chopra, Mallika, até Marc Schaffel, insistiriam posteriormente que Grace fora "enganada" por Barak para dar aquelas entrevistas. "Daphne é um abutre", disse Schaffel. "Ela espera e observa para ver quem está encrencado." Barak, nascida em Israel e sediada na Inglaterra, era um abutre determinado e engenhoso que, no entanto, no decorrer dos anos havia induzido mulheres como Hillary Clinton, Madre Teresa e Benazir Bhutto a falarem em seu microfone. Dizer as horas a Barak fazia de alguém um "amigo querido" na sua autobiografia muito autoelogiosa, e a lista de pessoas famosas que ela dizia serem íntimas tinha páginas e mais páginas. Em 2003, Barak tinha persuadido os pais de Jackson a colaborarem com ela (em troca de uma soma substancial, claro) num documentário transmitido no Reino Unido (parcialmente transmitido nos Estados Unidos pela CBS) com o título *Our Son: Michael Jackson* [Nosso filho: Michael Jackson]. Barak e Joe Jackson seguiram Michael por semanas, tentando fazer com que ele falasse com ela enquanto era gravado. "Eu tive de mandar expulsarem-na do saguão do Mandalay Bay, em Las Vegas, quando ela apareceu com Joe", lembra Schaffel. "Ela tinha oferecido dinheiro para ele conseguir uma entrevista com Michael e se recusou a ir embora quando Michael disse que não daria a entrevista. Ele não queria que ninguém falasse com Daphne sobre ele, e ficou muito chateado quando descobriu que seus pais tinham aceitado o dinheiro dela mesmo assim."

Michael teria ficado ainda mais chateado se soubesse que Rwaramba — que sabia muito mais sobre os quinze anos anteriores de sua vida do que seus pais — tinha feito a mesma coisa. Mas a estadia de Grace com Daphne Barak passou despercebida, e a ex-babá começou a espalhar que ela e Michael tinham feito as pazes. "No final de maio, Grace mandou uma mensagem por um amigo em comum dizendo que queria meu telefone", lembra Schaffel. "Ela disse que Michael queria falar comigo. Eu disse: 'Claro'. Mas quem ligou foi Grace. Ela disse que estava em Londres procurando uma casa para Michael e que ia ajudar a preparar o lugar para ele."

A intensidade crescente das demandas para que ele se preparasse para os shows em Londres tinha, entre outras coisas, piorado a insônia de Michael. Sua tendência obsessivo-compulsiva era sempre exacerbada pela pressão, e o que o preocuparia nunca era previsível. Em meados de junho, ele começou a fazer telefonemas durante a noite para falar durante horas sobre imagens apocalípticas da Bíblia e suas associações com previsões sobre o fim do mundo em 2012 que o antigo calendário maia tinha adiantado. "Nós temos pouco tempo", ele ficava repetindo.

O que tornava o sono ainda mais difícil para Michael, conforme a mudança para Londres se aproximava, era que seu estresse agora se misturava a um impulso de entusiasmo. Ele estava simplesmente, nas palavras de Frank Dileo, "elétrico demais" para deixar de lado os pensamentos quando ia para a cama. "Eu não dormi muito ontem à noite" era o refrão que Michael repetia, mesmo depois de ele ter começado a frequentar os ensaios com regularidade. Seus principais colaboradores artísticos, Kenny Ortega e Travis Payne, também sofriam de insônia, então não se incomodaram tanto com os telefonemas de Michael as três ou quatro da manhã para falar sobre as ideias que ele tinha tido em mais uma noite insone. Essas conversas noturnas pareciam uma parte normal de estar "imerso no processo", disse Payne: "Era naquela hora que nós conseguíamos trabalhar bastante, porque os telefones não ficavam tocando e não havia um horário determinado". Ortega teve uma lembrança mais etérea das ligações da madrugada de Michael: "Ele dizia: 'Está baixando alguma coisa em mim. Estou escrevendo música e ideias estão vindo e não consigo desligar'".

Com o passar do tempo, no entanto, até mesmo Ortega começou a se preocupar com a diminuição perceptível da energia do astro nos dias em que Michael ia aos ensaios — ou, o que era mais comum, deixava de ir —, reclamando que não havia dormido na véspera. Talvez ele devesse "deixar por um tempo" de escrever novas músicas até depois da estreia em Londres, sugeriu o diretor do show. "Ele dizia que, quando a informação vinha, quando a ideia vinha, era uma bênção", recorda Ortega, "e ele não podia dar as costas para uma bênção... Eu dizia: 'Você não pode fazer um pequeno acordo com sua força superior para deixar isso na gaveta até uma data posterior? Nós precisamos de você saudável. Precisamos de você forte'. Ele ria de mim e dizia que não. 'Quando ela vem, você tem de estar pronto e tem de tirar vantagem disso enquanto ela está lá. Senão não vai ser sua'."

Mas, depois de algumas horas se revirando na cama, o astro não era mais tão otimista quanto à sua falta de sono. Michael se voltou para seu velho amigo da turnê HISTORY, o dr. Allen Metzger, implorando por "algum tipo de anestésico", de acordo com o médico. Metzger foi solidário, tendo aprendido durante a época em que acompanhou o astro que depois do barato de uma apresentação Michael simplesmente "não conseguia relaxar". Remédios para dormir que serviam para outras pessoas simplesmente não funcionavam com Michael Jackson, Metzger explicaria. Durante uma reunião na mansão Carolwood, recorda o dr. Metzger, Michael tinha tentado convencê-lo ao explicar como estava "com medo" de os shows fracassarem por ele não estar repousado o suficiente para se apresentar tão bem quanto seria necessário em Londres. Mas, diz Metzger, ele só preencheu uma receita para "um leve sedativo", diria depois o advogado do médico. Quando Arnold Klein também se recusou a receitar qualquer coisa além de sedativos, anestésicos e relaxantes musculares, Michael começou a frequentar outro cirurgião plástico, o dr. Larry Koplin, na esperança de que a enfermeira que administrava anestesia em seu consultório o ajudasse a obter propofol. Mas, pelo visto, aquela tentativa também fracassou.

Apesar disso, de alguma forma Michael estava conseguindo muitos remédios. Ele parecia "grogue e desligado", segundo uma testemunha, quando, depois de quase uma semana inteira faltando aos ensaios, ele apareceu na noite de 19 de junho. "Ele não parecia bem", Kenny Ortega testemunharia depois. "Michael estava distante e falando pouco... Não estava nas condições certas para um ensaio." Os executivos da AEG ficaram furiosos de novo quando o responsável pelo local onde se daria o *This Is It* enviou um e-mail para Phillips e Gongaware, na noite de 19 de junho, dizendo que Jackson tinha sido mandado para casa porque ele "estava maluco, e Kenny estava preocupado com a possibilidade de ele acabar se constrangendo no palco, ou, pior ainda — acabar se machucando". Ortega foi bem descritivo e se mostrou muito preocupado num e-mail que enviou para Phillips pouco tempo depois para descrever a condição de Michael: "Ele parecia muito fraco e fatigado essa noite. Estava tremendo muito, balbuciando, obcecado... O coreógrafo me disse que durante a prova de figurino eles perceberam que Jackson havia perdido mais peso". Ele mesmo havia envolvido Michael em cobertores e massageado seus pés para acalmá-lo, Ortega escreveu para Phillips, dizendo estar preocupado com a situação cada vez pior do artista.

De acordo com uma pessoa bem informada, os executivos da AEG ficaram insatisfeitos com a orientação de Ortega para que Michael fosse para casa e voltasse quando estivesse pronto para trabalhar. "Nós temos um problema sério aqui", Randy Phillips escreveu a Tim Leiweke. Depois de conferir com seus chefes, Phillips pediu para que Frank Dileo garantisse que seu cliente compreendia o que estava em risco, lembrando-o do texto do contrato que exigia que Michael Jackson tivesse um "desempenho de primeira classe" em Londres, mantendo uma "percepção positiva por parte do público". Phillips também ligou para Conrad Murray e disse ao médico que ele precisava manter maior vigilância sobre seu paciente. Michael precisava ser mantido longe de Arnold Klein, Phillips disse a Murray, e livre de quaisquer drogas que Klein estivesse lhe dando. Dileo deixou um recado no iPhone de Murray, no qual ele disse ao médico: "Tenho certeza de que você está ciente do problema que tivemos ontem à noite. Ele está doente. Acho que você precisa fazer um exame de sangue nele. Precisamos ver o que ele está usando".

Mas Ortega achava que talvez Michael precisasse de outro tipo de médico. "Minha preocupação é que, agora que nós [...] fomos duros, agora que jogamos a carta do 'agora ou nunca', talvez o artista tenha ficado incapaz de enfrentar a situação por causa de questões emocionais [...]. Tenho certeza de que ele precisa de uma avaliação psicológica", o diretor alertou Phillips. "Ele vai precisar de um terapeuta competente, além de cuidados físicos imediatos, para encarar isso." Ele estava preocupado com o fato de, aparentemente, não haver ninguém tomando conta de Michael Jackson "no dia a dia", Ortega escreveu para Phillips: "Havia quatro seguranças em frente à porta dele, mas ninguém para lhe oferecer uma xícara de chá". Ele pensava ser "importante que todos soubessem" que Michael realmente queria que os shows acontecessem, concluiu Ortega em seu e-mail para Phillips. "Ele ficaria arrasado, de coração partido, se nós cancelássemos. Ele está morrendo de medo de que tudo acabe. Ele me perguntou várias vezes hoje à noite se eu ia abandoná-lo. Ele estava praticamente implorando pela minha confiança. Partiu o meu coração. Ele parecia um garoto perdido. Talvez ainda haja uma chance de ele conseguir seguir em frente se pudermos oferecer a ajuda de que ele precisa."

Em seu quarto na mansão Carolwood, Michael aumentou a frequência dos telefonemas noturnos que haviam se tornado quase um ritual nas duas últimas semanas. "Ele ficava dizendo às pessoas que estava se despedindo", o gerente de escritório de Arnold Klein, Jason Pfeiffer, relatou. "Aquilo deixou todo mundo arrepiado."

Até mesmo a filha de Michael estava ficando preocupada com ele. Parecia estranho para ela que seu pai estivesse sempre com a lareira acesa, mesmo nos dias mais quentes, Paris explicaria depois. Ela e a nova babá, a irmã Rose, entravam na sala onde ele estava sentado e "era tão quente", a garota recorda, mas seu pai insistia que estava com frio, que não conseguia se aquecer.

Cherilyn Lee se convenceu de que Michael tinha conseguido propofol depois de receber uma ligação da mansão Carolwood na noite de 21 de junho, bem quando o elenco do *This Is It* estava prestes a começar os ensaios gerais no Staples Center, em Los Angeles. De acordo com Lee, a pessoa que telefonou fazia parte da equipe de Jackson e disse que Michael precisava vê-la imediatamente. "Eu podia ouvir Michael nos fundos: 'Diz para ela, diz para ela que um lado do meu corpo está quente, está quente, e um lado do meu corpo está frio, está muito frio'", recorda Lee. "Eu sabia que alguém tinha dado algo para ele que fizera efeito sobre o sistema nervoso central." Você precisa levá-lo ao hospital, a enfermeira disse ao homem que tinha ligado. Michael não iria, o homem respondeu. Por que eu devia ir ao hospital quando tenho meu próprio médico de plantão? Michael queria saber.

Conrad Murray andava passando as noites na mansão Carolwood desde pelo menos o dia 12 de maio de 2009, pois essa foi a data na qual o médico usou um cartão Visa para pagar 865 dólares (além de 65 dólares pela entrega por FedEx) para a Applied Pharmacy Services, em Las Vegas, por uma entrega de Diprivan em frascos de vinte e de cem mililitros. Inclusos no pacote de 12 de maio enviado para Los Angeles estavam três frascos de sedativos ansiolíticos da família dos benzodiazepínicos, além de um frasco de Flumazenil, um "antídoto" para os benzodiazepínicos que poderia neutralizar seu efeito no caso de uma overdose.

No decorrer das semanas seguintes, Murray faria muitas outras compras de Diprivan na farmácia em Las Vegas, gradualmente juntando propofol o suficiente (parte em frascos de um litro) para boa parte da série de shows em Londres.

De acordo com o dr. Murray, ele passou seis semanas usando um acesso intravenoso para inserir cinquenta miligramas de Diprivan nas veias de Jackson quando o artista voltava para casa depois dos ensaios, o suficiente para que Michael conseguisse "dormir" (é mais preciso descrever pacientes sob o efeito de propofol como inconscientes do que adormecidos, dizem os anestesistas) por pelo menos algumas horas, para em seguida acordar sentindo-se não apenas descansado, mas realmente entusiasmado. Kai Chase, a chef de Michael, diria que não sabia nada sobre remédios para dormir, mas que via o dr. Murray descendo as escadas com dois botijões de oxigênio todos os dias após sua consulta matinal com o sr. Jackson no quarto principal. Oxigênio é um dos dois gases médicos (o outro é óxido nitroso) que costumam ser misturados com a anestesia em máquinas de fluxo constante durante cirurgias.

O nível de controle que Murray tinha adquirido sobre todas as decisões acerca do bem-estar físico de Michael Jackson ficou evidente para Kenny Ortega e Randy Phillips quando eles apareceram para uma reunião no dia 20 de junho que o médico havia exigido. O dr. Murray insistiu que Michael estava "física e emocionalmente bem", recorda Ortega, e pareceu furioso com a decisão de mandar Michael para casa na noite anterior: "Ele disse que eu devia parar de tentar ser um médico e psicólogo amador e agir como diretor, e deixar a saúde de Michael para ele".

Ele ficou tranquilo quando o dr. Murray "nos garantiu que Michael entraria em forma", recorda Phillips, que enviou um e-mail naquela tarde no qual expressou sua confiança em Murray, "por quem estou ganhando imenso respeito agora que passei a tratar mais com ele".

"Esse médico é extremamente bem-sucedido (nós verificamos com todo mundo) e não precisa deste emprego", acrescentou Phillips, "então ele é totalmente imparcial e ético."

23.

Os últimos dez dias de ensaios em Los Angeles tinham sido transferidos para o Staples Center porque nem mesmo o Los Angeles Forum tinha um pé direito alto o bastante para acomodar a gigantesca escala da produção. De acordo com Kenny Ortega, Michael Jackson respondeu à mudança se esforçando para mostrar que ainda podia, nas palavras do diretor do show, "encarar a situação".

Apenas três noites depois de ter sido mandado para casa por Ortega, que estava exasperado, Michael chegou ao Staples Center para o primeiro ensaio geral do show na O2 Arena, na noite de 22 de junho, "com outro ânimo", lembra o diretor, e seu entusiasmo foi contagiante. De repente "todos estavam meio que acreditando", disse Ortega. "Acho que havia essa sensação na sala, no ar, todos nós podíamos sentir, como se estivéssemos num avião. 'Estamos com as malas feitas, estamos partindo.' Dava para ver Londres, dava para sentir o cheiro da cidade, nós estávamos prontos."

Todos tinham visto a personalidade mercurial de Michael durante as últimas semanas, momentos em que um flash de percepção o iluminava e ele esperava que seus dançarinos e músicos compreendessem a coisa sem muita explicação. Ele podia começar explicando e argumentando, mas em instantes ficava insisten-te, demonstrando irritação quando um dos artistas frustrava sua exigência por um ajuste no ritmo, ou fazendo bico e indo embora quando outro respondia às suas instruções com um olhar de incompreensão. Mas agora, faltando pouco mais de uma semana para a partida para Londres, Michael parecia de repente estar amando tudo o que via e ouvia. "Lindo, lindo", ele dizia a todos.

Observando tudo através da câmera, Sandrine Orabona ficou fascinada com o senso de comunhão que envolveu Michael, seus músicos e os dançarinos enquanto eles ensaiavam a apresentação de "Human Nature". Uma intimidade estranha, mas linda, parecia ter se desenvolvido entre os outros artistas, a cinegrafista recorda. Tudo no palco começou a se mover na velocidade da luz, e as pessoas começaram a falar de uma forma que Orabona descreveu como por "abreviaturas criativas", estavam tão focados que compreendiam uns aos outros com apenas duas palavras e um gesto. Quando Michael disse aos músicos para fazerem "como se estivessem se arrastando para fora da cama", todos pareceram saber exatamente o que ele queria dizer, e "acertaram em cheio", lembra a cinegrafista. A atmosfera no palco naquela noite, Kenny Ortega diria depois, se transformou em uma espécie de respiração conjunta, em que toda a equipe de produção entendeu exatamente o que atingiriam ao subir no palco em Londres. "Todos os envolvidos num show de Michael Jackson são uma extensão de Michael Jackson", Ortega gritou aos dançarinos várias vezes durante os ensaios, e agora parecia que eles tinham entendido exatamente o que ele queria dizer com aquilo.

Na noite seguinte, 23 de junho, Tohme Tohme apareceu no Staples Center para fazer sua primeira visita aos ensaios para os shows em Londres. Dez dias antes, Tohme e Katherine Jackson haviam se encontrado no Coffe Bean, no San Vicente Boulevard, em Brentwood. Tohme alegou que a sra. Jackson pediu a reunião para lhe dizer que Michael estava se deteriorando fisicamente, e que implorou para que ele interviesse. Segundo a versão da sra. Jackson, Tohme estava pedindo para que ela o ajudasse a conseguir seu emprego de volta. Ela não gostava do homem, disse a mãe de Michael, desde que ele tinha insistido que os netos dela que estavam morando no apartamento da Lindley Avenue deviam pagar aluguel. Independente de quem falou a verdade sobre a reunião no Coffe Bean, a única certeza é que Tohme não via o antigo cliente pessoalmente havia cinco semanas. E ficou horrorizado, disse Tohme, quando Michael foi correndo para abraçá-lo. "Eu senti os ossos dele. Fiquei chocado ao ver o peso que ele tinha perdido. Eu perguntei: 'Michael, o que está acontecendo com você?'." Michael ignorou a pergunta sobre seu peso com uma risada e voltou para o ensaio. Mas, poucos minutos depois, ele puxou Tohme de lado para choramingar que "eles estão me torturando". Tohme lembra que perguntou o que havia de errado, "e tudo o que Michael me disse foi que eles estavam pedindo para ele colocar coisas em seus ouvidos. Ele odeia por coisas nos ouvidos — o microfone, sabe, ele não gosta daquilo". Parecia que alguém estava enfiando um punho em seu ouvido, Michael dizia, mas eles não o deixavam tirar. "Eu disse: 'Michael, não use se você não quiser. Você é o astro'. Mas ele disse: 'Eles estão me obrigando'." Poucos minutos depois, no entanto, Michael estava de volta ao palco, ensaiando, e parecia que não havia nada o incomodando. "Foi confuso", Tohme recorda.

Tohme diria depois que quaisquer dúvidas que ele tivesse sobre sua própria situação haviam sido dirimidas pela visita ao Staples Center. Randy Phillips o apresentou para todos como o "dr. Tohme, o empresário de Michael", e colocou em seu pulso uma pulseira que lhe daria acesso aos ensaios no Staples Center sempre que quisesse. Num determinado momento, Michael acenou para Frank Dileo e disse: "Venha aqui e dê um abraço no seu chefe". Dileo reagiu se afastando, e Tohme perguntou a Randy Phillips: "O que esse cara está fazendo aqui?". Eles mantinham Dileo por perto, Phillips teria respondido, de acordo com Tohme, "porque ele faz Michael rir".

Quando Michael voltou para a mansão Carolwood naquela noite, já havia um acesso intravenoso preparado em seu quarto. O dr. Conrad Murray alegaria posteriormente que ele tinha ficado preocupado com a possibilidade de Jackson desenvolver um vício em propofol, e que ficou especialmente incomodado ao ouvir Michael se referir à solução de Diprivan, um líquido branco, como "meu leite". Ele havia decidido que Michael deveria ser "desmamado" de sua dependência em propofol, disse Murray, e em algum momento depois da meia-noite ele deu uma dose de 25 miligramas de Diprivan para Michael — metade do que ele vinha usando —, e então juntou a ela dois dos sedativos que tinham chegado num pacote de Las Vegas. Foi suficiente, alegou Murray, para que o artista dormisse até depois do nascer do sol na manhã seguinte.

No dia 24 de junho de 2009, Michael chegou ao Staples Center por volta das 18h30 para uma reunião com Randy Phillips, Tim Leiweke e o produtor do Grammy Awards, Ken Ehrlich. Frank Dileo também estava presente, e escutou, junto com Phillips e Leiweke, Jackson e Ehrlich discutir suas ideias para um especial de Halloween para a televisão, que incorporaria clipes da performance ao vivo de "Thriller" na O2 Arena à estreia do filme *Ghosts* de Michael. Os executivos da AEG sabiam que a promessa de Phillips de apoiar Michael em sua tentativa de criar uma carreira no cinema foi um grande incentivo para que Jackson concordasse em fazer os shows. A transmissão de *Ghosts* satisfaria aquela promessa muito bem.

A compreensão de que um sucesso em Londres serviria para revigorar a carreira de Michael Jackson em todos os aspectos — como artista que se apresentava ao vivo, artista que gravava suas composições, cineasta e fenômeno cultural — parecia enfim estar sendo absorvida, pensou Phillips. Michael cantarolava de alegria ao sair da reunião com Ehrlich, e passou a hora seguinte revisando os efeitos 3-D para os shows *This Is It*. O trabalho da equipe de produção com os videoclipes do Projeto Domo deixou Michael feliz da vida. O idealismo e a vanglória do astro seriam amplamente exibidos nessa série de curtas. Mas o que os fãs amariam de paixão atrairia certamente a mesma quantidade de escárnio por parte dos críticos.

Aqueles que zombavam dele certamente tirariam sarro de uma sequência que colocava Michael em meio a um desfile de seus ícones: a princesa Diana, a Madre Teresa — e agora o rosto de Barack Obama. Qualquer pessoa com o mínimo bom senso se contorceria ao imaginar o que tipos como Jarvis Cocker poderiam dizer sobre os 1100 soldados gerados por computador que marchariam pela Champs-Élysées ao som de "They Don't Care About Us", antes de chegarem a um Arco do Triunfo que havia sido dobrado na forma de um M. Os apaixonados por Jackson e os inimigos de Jacko certamente seriam polarizados pelos efeitos que acompanhariam a apresentação de "Earth Song", o clímax espiritual do show *This Is It*. A música terminaria com uma recapitulação daquela famosa cena do homem contra o tanque na praça da Paz Celestial, mas na O2 Arena seria uma jovem indígena encarando uma escavadeira na Floresta Amazônica — que logo seria substituída por São Michael, que a protegeria dos vilões da pilhagem corporativa. Por outro lado, os efeitos 3-D que seriam incorporados a "Thriller" inundariam a arena de adrenalina, e a visão de Michael em seu terno branco de risca de giz, remexendo-se no vídeo reeditado de "Smooth Criminal" — esquivando-se de um olhar provocante da Gilda de Rita Hayworth, numa cena, e abaixando-se para se proteger da carranca de Humphrey Bogart, em outra —, era eletrizante e hilária.

"Eu quero que as pessoas gritem por quilômetros!", ele havia dito a Ed Alonzo, o mágico e comediante que havia sido contratado para ajudá-lo a montar os dois momentos de ilusionismo dos shows em Londres. Jackson ficou encantado com o que ele e Alonzo desenvolveram para a introdução do número de abertura do show, "Wanna Be Startin' Somethin'". Com Michael parado sobre o palco escuro, um globo luminoso de vidro iria pairar no ar e em seguida flutuar ao redor de seu corpo coberto por um figurino espacial, antes de passar voando sobre a plateia, ficando cada vez mais brilhante ao zunir sobre as cabeças dos fãs, e então voltar para o palco, deslizando pelo chão antes de subir de novo e pousar na palma aberta de Michael, explodindo num clarão de luz e desaparecendo davista. A outra encenação que Alonzo tinha criado serviria como prelúdio à apresentação de "Dirty Diana". A façanha se daria num colchão em chamas. Michael seria perseguido até a cama por uma pole-dancer trapezista de fogo, que provocaria uma explosão de "chamas" (tiras esvoaçantes de tecido escarlate e carmesim) cada vez que ela tocasse o palco. Eventualmente ela alcançaria sua presa, é claro, e então, olhando de soslaio, usaria suas cordas douradas para prender Michael como um parceiro relutante na cama. Um lençol rasgado de tecido vermelho ondulante cairia sobre a cena, fazendo com que a plateia visse apenas a silhueta de Michael se debatendo até o lençol finalmente cair — revelando a mulher de fogo amarrada na cama, ao mesmo tempo que Michael se materializava no centro do palco, sozinho.

Um ensaio das cenas de mágica seria adiado até a noite seguinte, mas Alonzo ainda estava lá, esperando e observando, quando Jackson terminou seu jantar de frango com brócolis e subiu ao palco por volta das nove da noite do dia 24. Michael reclamou que estava com laringite, recorda Alonzo, e as pessoas trocaram olhares, pensando se ele estaria brincando. Não houve nenhum sinal de doença quando Michael começou a repassar a performance para a O2 Arena. "Ele parecia ótimo e estava com uma energia ótima", lembra Alonzo. "Ele não estava cantando a plenos pulmões, mas estava belo como sempre."

É impossível saber até que ponto bons sentimentos ou pensamentos positivos — ou até mesmo interesse próprio — podem ter colorido as memórias daqueles que estavam presentes no Staples Center naquela noite. Ainda assim, as recordações das testemunhas eram persuasivamente unânimes.

"Bioluminescente" foi a palavra que Kenny Ortega usou para descrever o Michael Jackson que viu no palco do Staples.

"Ele apareceu no palco e estava elétrico", concorda o diretor de iluminação do show, Patrick Woodroffe.

460

"Foi fantástico, ele estava incrível", disse Randy Phillips.

"Eu fiquei estupefato", relatou o fotógrafo pessoal de Michael, Kevin Mazur. "Tudo o que ele cantou ficou incrível. Michael estava de volta, e em grande estilo."

"Os pelos da minha nuca se arrepiaram", disse Ken Ehrlich. "Eu não estava só vendo Justin Timberlake ou Chris Brown ou Usher ou qualquer uma das centenas de apresentações inspiradas em Michael, os herdeiros modernos de sua arte. Era *ele*."

Durante a apresentação de "Billie Jean", Sandrine Orabona lembra que "eu virei a câmera e eram uns quinze dançarinos e membros da equipe no chão [parados e] olhando, e eles não podiam acreditar no que estavam vendo".

"Todos nós olhamos uns para os outros e havia uma confirmação de que ele tinha conseguido", recorda Woodroffe. "Era como se até aquele momento ele tivesse se contido, e de repente ele estava se apresentando tão bem quanto no passado."

"Eu mal via a hora de assistir ao show", opinou Mazur.

Apenas Ehrlich mostrou um relato mais objetivo em suas recordações acerca do desempenho de Michael: "O que eu vi aquela noite foi uma pessoa que ainda estava no processo de decorar o show. Eu vi Kenny Ortega passando algumas instruções de palco para ele. Conheço seu método, e há certa reticência quando ele não está totalmente vestido e maquiado... Eu o vi em ensaios várias vezes no decorrer dos anos. Michael é extremamente metódico. Ele não entrega tudo até saber que está recebendo tudo. Mas às vezes ele mergulhava na coisa, e isso era muito emocionante. Quanto mais confortável ele ficava com os adereços do palco e com a posição dos dançarinos, mais ele se animava... Ele ainda não estava fazendo o máximo, mas tinha começado a projetar a voz".

Para muitos dos presentes, a parte mais impressionante da passagem de Michael pelas músicas que ele apresentaria em Londres, desde a abertura com "Wanna Be Startin' Somethin'" até o encerramento do show com "Man in the Mirror", foi que ele nunca hesitou. "Ele não parou sequer por um instante para pegar uma garrafa de água ou descansar um pouco", recorda Ed Alonzo. "Ele foi de um número para o outro." Segundo Ken Ehrlich, Michael "ensaiou praticamente sem parar por duas horas, e passou por umas doze músicas. Ele parou só umas duas vezes para fazer uns ajustes e trabalhar passos com os dançarinos".

Michael chegou a fazer uma pausa de alguns minutos para inspecionar os adereços que seriam usados durante sua apresentação de "Thriller" na O2 Arena, e ficou muito impressionado com as aranhas gigantes que Bernt Capra tinha criado para ele. Então ele foi direto para o número seguinte.

O momento mais transcendental da noite, diriam os presentes, foi a versão que Michael fez de "Earth Song". Ele tinha colocado sua própria composição no centro do programa de Londres, e pretendia fazer dela o clímax do show. Sua performance de "Earth Song" *foi* o clímax do último ensaio, de acordo com as pessoas que estavam no Staples Center, o momento, naquela noite, em que Michael realmente se soltou e usou toda a voz. Facilmente poderia se desdenhar da letra religiosa de "Earth Song" (e muitos críticos fariam isso), tomando-a como uma reunião de clichês enjoativos, voltada para uma espécie de manipulação emocional, que é a essência do sentimentalismo. Mas quando ele terminou a canção em meio a sons de baleias em prantos e imagens de uma floresta tropical devastada, "todos nós ficamos arrepiados", disse Randy Phillips. "Eu nunca tinha visto uma equipe tão exaltada."

Por um instante todos ficaram parados, aturdidos, lembra Kenny Ortega. Momentos depois o ensaio havia terminado, mas ninguém queria quebrar o feitiço e ir embora: "Quando ele terminou, nós ficamos lá, sem fazer nada". Finalmente, quando os outros artistas começaram a sair do palco, Ortega e seu astro se reuniram e, de acordo com Kenny, "Michael disse: 'Esse é o sonho. Nós fizemos um bom trabalho, Kenny. Fizemos. Muito bem'".

"Havia essa expectativa pelo dia seguinte, essa expectativa por Londres e essa sensação incrível pelo que tínhamos conseguido nas duas últimas noites", recorda Ortega. "Ele me disse que estava feliz. Não tinha nada criativo ou crítico para dizer a ninguém além de 'Eu te amo, obrigado, todos estão fazendo um trabalho excelente e vejo vocês amanhã'."

Já era mais de 0h30 quando Michael deixou o ensaio. Um dos produtores o parou e agradeceu por todo o trabalho que ele tinha feito para terminar os vídeos. No momento seguinte, o homem foi correndo dizer a Ortega: "Você não vai acreditar no que Michael acabou de me dizer: 'Faça com que aqueles fantasmas saiam da tela'."

Randy Phillips acompanhou Michael até seu carro. De acordo com Phillips, "ele colocou o braço em volta de mim e disse naquela voz meio suave e cadenciada dele: 'Obrigado por me trazer até aqui. Agora eu consigo. Eu sei que posso fazer isso. A partir de agora deixa comigo'".

★ ★ ★

Michael Jackson saiu do Staples Center, nas palavras de Travis Payne, "em êxtase e entusiasmado". As sensações que Michael levou do ensaio ainda o dominavam à 1h30 da manhã, quando ele começou a tentar se acalmar em seu quarto na mansão Carolwood. O sono não viria facilmente.

Mas o dr. Conrad Murray, pelo menos de acordo com o seu próprio relato, estava determinado a continuar desintoxicando Michael de sua dependência em Diprivan. Assim como ele tinha feito na noite anterior, disse Murray, ele decidiu tentar uma indução gradual de sono em Michael sem usar nenhum tipo de anestesia. O médico diz ter começado com uma cápsula de diazepam, uma droga de benzodiazepina que costuma ser comercializada com o nome de Valium. O diazepam é principalmente um remédio contra ansiedade, embora também seja utilizado para tratar insônia e crises epilépticas, além de espasmos musculares, síndrome das pernas inquietas e abstinência de álcool. O Valium costuma ser usado em pacientes internados que estão prestes a passar por procedimentos relativamente simples, como colonoscopias, e às vezes é usado antes de cirurgias grandes, não apenas para relaxar os pacientes, mas também porque os efeitos hipnóticos da medicação tendem a induzir um estado específico de amnésia que faz com que as pessoas esqueçam a experiência de sofrer incisões. É uma droga valiosa, mas também muito viciante. Sintomas de abstinência em casos de uso prolongado podem incluir convulsões, tremores e alucinações.

Michael Jackson tomava Valium regularmente havia quase 25 anos, e a dose de dez miligramas que o dr. Murray alega ter lhe dado nas primeiras horas do dia 25 de junho não faria seu paciente dormir, ao menos não por si só. Na verdade, de acordo com Murray, o Valium teve muito pouco efeito. Lá pelas duas da manhã, de acordo com as recordações do médico, ele usou o acesso intravenoso com o qual seu paciente sempre dormia para dar a Michael uma injeção lenta de lorazepam, um benzodiazepínico mais forte e de ação mais rápida que costuma ser comercializado como Ativan. Assim como o diazepam, o lorazepam atua sobre o sistema nervoso central e costuma ser usado para tratar ansiedade, mas também serve para ajudar em casos de insônia ou ataques epilépticos. Em hospitais, o Ativan é aplicado com frequência em pacientes que os médicos consideram "agressivos". Suas principais propriedades são classificadas como "sedativo-hipnóticas" e ele causa "amnésia anterógrada", uma descrição médica da perda da capacidade de formar uma nova memória sem afetar a memória de longo prazo. O Ativan é ainda mais eficiente do que o Valium para ajudar as pessoas a se esquecer de experiências desagradáveis. Também é mais viciante, e a abstinência do lorazepam pode gerar não apenas insônia e convulsões, como também um quadro completo de psicose (embora temporário). Abandonar um vício em Ativan é muito parecido com largar um vício duradouro em álcool, segundo especialistas em tratamento de drogas. O uso de lorazepam por um longo período de tempo também pode aumentar a ansiedade, além de induzir confusão, depressão, tontura (perda de equilíbrio e quedas são muito comuns), hiperatividade, hostilidade, agorafobia e pensamentos suicidas. Os dois miligramas que o dr. Murray diz ter injetado nas veias de Michael Jackson naquela manhã são a dose mínima recomendada para o tratamento de insônia, embora essa recomendação não leve em conta o diazepam que Michael já tinha em seu sistema. "Polifarmácia" é o termo pejorativo que médicos usam para descrever essa mistura de drogas.

Às três da manhã, recordou o dr. Murray, ele aplicou outra "dose lenta" pelo acesso intravenoso, dessa vez introduzindo a droga benzodiazepínica midazolam (o nome específico da marca era Versed) nas veias de Jackson. O midazolam é mais forte do que o lorazepam e consideravelmente mais potente do que o diazepam. Os efeitos hipnóticos e amnésicos são mais acentuados. A administração retal de midazolam tornou-se o tratamento de escolha para crianças que sofrem de convulsões, pois a droga age muito rapidamente e é bastante eficiente para apagar toda a recordação de um evento perturbador. O midazolam também é mais perigoso que o diazepam ou o lorazepam, e já causou problemas cardíacos e respiratórios que resultaram em morte de pacientes, além de casos de encefalopatia hipóxica, uma interrupção do fluxo de oxigênio para o cérebro que pode resultar em danos permanentes. Os fabricantes, assim como as associações médicas, recomendam fortemente que o midazolam não seja utilizado fora do hospital, onde drogas de ressuscitação estão disponíveis, e que os pacientes que receberam o medicamento por injeção sejam monitorados constantemente por seus médicos. A dose inicial recomendada de midazolam é de um ou dois miligramas. De acordo com o dr. Murray, ele deu dois miligramas a Michael Jackson.

"Já passavam das quatro da manhã e ele ainda estava acordado", Conrad Murray explicaria posteriormente a um investigador da polícia. "E ele reclamou: 'Eu preciso dormir, dr. Conrad. Eu tenho esses ensaios. Eu preciso estar pronto para o show na Inglaterra'."

Às cinco da manhã, Michael estava se revirando e gemendo, insistindo sem parar que ele precisava dormir. "Ele disse: 'Por favor, por favor, [me] dê um pouco de leite para dormir, porque eu sei que só isso funciona para mim'", recorda o dr. Murray. Ele se recusou novamente a dar propofol ao paciente, disse o médico, e em vez disso aplicou mais dois miligramas de Ativan numa injeção lenta. Ainda assim, Michael não conseguiu dormir.

O sol já tinha nascido havia mais de uma hora, às 7h30 da manhã, e àquela altura Michael estava numa insônia agonizante, de acordo com o dr. Murray, que alegou ter dado mais uma injeção intravenosa nele, dessa vez aplicando outros 2 miligramas de Versed nas veias do paciente. Ele permaneceu ao lado da cama de Jackson em seguida, Murray alegaria, monitorando a condição de seu paciente constantemente por meio de um aparelho chamado oxímetro de pulso, ligado ao dedo indicador de Michael, que fornecia uma leitura estável do batimento cardíaco e do nível de oxigênio.

Até mesmo pelos cálculos do dr. Murray, àquela altura seu paciente já tinha em seu corpo uma combinação de drogas que teria colocado até mesmo as pessoas mais resistentes para dormir por horas — talvez para sempre. Michael Jackson, no entanto, ainda estava bem acordado e implorando por seu "leite". Às 10h40, disse Murray, ele disse a Michael que ele teria de acordar por volta do meio-dia. Michael pediu propofol novamente. "Ele disse: 'Me faça dormir, não importa que horas eu vou acordar'", lembra Murray. Ele finalmente cedeu, disse o médico, aplicando 25 miligramas de Diprivan no acesso intravenoso de Jackson. Michael fechou os olhos, sua respiração ficou mais lenta e ele foi dormir — tecnicamente, ficou inconsciente — momentos depois de o propofol entrar em sua corrente sanguínea.

Conrad Murray já estava enfrentando problemas legais naquela época. A promotoria no condado de Clark havia apresentado um caso contra o doutor por duas semanas não pagas de pensão alimentícia. A ameaça legal a ele cresceria exponencialmente no decorrer das horas seguintes.

Ele esperou ao lado da cama de Michael Jackson, verificando o oxímetro de pulso por mais dez minutos, mais ou menos, diria o dr. Murray à polícia, antes de decidir, às 10h50, que podia fazer um breve intervalo para ir ao banheiro. Um registro público que inclui as recordações de outras testemunhas questiona quase todas as alegações de Murray sobre o que aconteceu desse ponto em diante, mas a história do médico (de acordo com a polícia) foi que ele retornou à suíte principal da mansão Carolwood depois de uma ausência de apenas dois minutos e descobriu que Michael Jackson não estava mais respirando. Essa afirmação levou Murray a ter de explicar por que se passaram quase noventa minutos até que se fizesse uma ligação para os serviços de emergência. Seu advogado, Ed Chernoff, insistiria que foi um mal-entendido por parte da polícia, que o dr. Murray não descobriu que Michael Jackson havia parado de respirar até quase uma hora depois de ter voltado para a suíte principal.

O que se sabe com certeza é que Conrad Murray fez três telefonemas de seu celular entre as 11h18 e as 11h51 na manhã de 25 de junho de 2009. O primeiro foi para sua clínica em Las Vegas e durou 32 minutos. No segundo, deixou uma mensagem gravada numa voz muito calma, e um tanto exausta, para um paciente chamado Bob Russel: "Só queria falar com você sobre os resultados do exame. Foram muito bons. Nós adoraríamos continuar com você como paciente, embora talvez eu precise me ausentar por causa de — ah… devido a um sabático no exterior". A última ligação foi para uma garçonete de Houston chamada Sade Anding. O dr. Murray perguntou como ela estava, e ela falou por "alguns minutos", recorda Anding, antes de se dar conta de que o médico não estava mais ao telefone, embora ele não tivesse desligado. "Eu me lembro de dizer: 'Alô, alô, alô! Você está aí?'", disse Anding. Ela percebeu que Conrad tinha derrubado o telefone, relatou Anding, quando começou a ouvir um "tumulto", seguido por tosses e pelo "murmurar de vozes".

De acordo com Chernoff, o médico, ao notar que seu paciente tinha parado de respirar, "correu até [Jackson] e sentiu seu corpo para ver se estava quente. Ele procurou seu pulso, percebeu uma pulsação fraca e começou a administrar a ressuscitação". Supondo que tudo isso seja verdade, Michael Jackson provavelmente poderia ter sido ressuscitado se estivesse num hospital. Os monitores de batimentos e pressão sanguínea poderiam ter alertado os médicos no instante em que a respiração do paciente foi interrompida, e um desfibrilador estaria disponível para forçar seu coração a retomar o funcionamento. Conrad Murray, no entanto, não tinha monitores de batimentos e pressão sanguínea à mão, tampouco um desfibrilador. Não ajudou o caso, de acordo com especialistas médicos, que o dr. Murray tenha recorrido a um procedimento de ressuscitação diferente do padrão. Em vez de tirar o corpo de Michael Jackson da cama, colocá-lo na superfície dura do chão e começar a fazer as compressões sobre o peito com ambas as mãos, o que Murray fez foi colocar uma mão embaixo do corpo de Michael, entre as omoplatas, e usar a outra mão para comprimir o peito. Aproximadamente 25 minutos se passaram entre o momento em que Murray interrompeu seu telefonema para começar a aplicar a ressuscitação e o instante em que se fez uma ligação para os serviços de emergência, quatro segundos depois das 12h21.

De acordo com Chernoff, Murray passou entre cinco e dez minutos tentando simultaneamente realizar o procedimento de ressuscitação e ligando para os serviços de emergência. O médico "teve dificuldades", explicou seu advogado, pois não havia telefone fixo na mansão Carolwood, e Murray não achava que podia telefonar de um celular para os números de emergência. O dr. Murray ligou para o trailer de segurança de Michael, disse Chernoff, mas não houve resposta. Ele também fez um telefonema para o apartamento de Michael Amir Williams em Los Angeles, e deixou uma mensagem de voz: "Me ligue imediatamente, por favor, me ligue imediatamente. Obrigado". Finalmente, o médico desceu as escadas gritando por ajuda.

Kai Chase estava na cozinha fazendo o almoço para os filhos de Jackson e se perguntando por que a sopa toscana de feijão-branco que ela tinha preparado para o jantar do sr. Jackson estava intocada na geladeira, ela recorda, quando, em algum momento entre 12h05 e 12h10, "o dr. Murray desceu a escada e gritou: 'Vá pegar Prince!'". Ao ouvir os gritos, Prince correu na direção do médico e estava no vão da porta quando o dr. Murray lhe disse numa voz de pânico: "Talvez haja algo de errado com o seu pai!".

"Daquele momento em diante", lembra a chef, "deu para sentir a energia da casa mudar."

Chernoff diria que seu cliente pediu a Chase para "chamar os seguranças" para o quarto do sr. Jackson, mas a chef não se lembrou disso. Depois das 12h10, Michael Amir Williams retornou a ligação do dr. Murray. Michael Jackson estava tendo uma "reação negativa" a algum medicamento, disse o médico, que pediu ao irmão Michael para ir até Carolwood. O dr. Murray parecia muito agitado, lembra o irmão Michael: "Eu sabia que era sério".

O "diretor de logística" de Michael Jackson, Alberto Alvarez, estava no trailer de segurança em frente à casa do sr. Jackson quando seu telefone tocou às 12h17. O irmão Michael estava telefonando para dizer que o sr. Jackson estava com problemas, recorda Alvarez, que imediatamente correu para dentro da casa, subiu as escadas e atravessou a porta aberta da suíte principal. O que ele viu o deixou "travado e em choque", disse Alvarez. Michael Jackson estava deitado de barriga para cima no meio da cama, com um acesso intravenoso preso na perna, os braços esticados, os olhos e a boca bem abertos, enquanto o dr. Murray aplicava compressões torácicas com só uma das mãos, a outra embaixo do corpo de Michael. "Alberto, Alberto, venha rápido", Murray chamou, de acordo com Alvarez. "Ele teve uma reação. Ele teve uma reação ruim."

O médico ficou cada vez mais frenético, e num determinado momento tentou aplicar ressuscitação boca a boca enquanto Alvarez assumia as compressões torácicas. Naquele momento já havia outro segurança no quarto, Faheem Muhammad, e ele viu o dr. Murray de joelhos ao lado da cama, com os olhos arregalados, enquanto apertava sem parar o peito de Michael Jackson. "Alguém no quarto sabe fazer RCP?"* Muhammad se lembra de ouvir o médico gritar.

Prince e Paris Jackson entraram no quarto logo em seguida. Ambos começaram a chorar quando viram Murray e Alvarez se esforçando para reviver seu pai. Paris caiu de quatro; ela começou a soluçar e gritar "Papai!" várias vezes, recorda Muhammad. "Tire-os daqui! Tire-os daqui!", Murray gritou para os seguranças. "Não deixe eles verem o pai assim!" Alvarez chamou a babá, que logo tirou as duas crianças do quarto e levou-as para o andar de baixo.

Já eram 12h20 e ainda não tinha sido feita nenhuma ligação para o serviço de emergência. Mas, de alguma forma, Murray tinha conseguido enviar mensagens de texto às 12h03 e às 12h04, e pacotes de dados — possivelmente fotos ou outros arquivos — às 12h15 e às 12h18. Segundo Alvarez, o dr. Murray adiou a ligação de emergência para retirar a sonda intravenosa (na qual uma "substância parecida com leite" podia ser vista no tubo) da perna do sr. Jackson e em seguida reunir os frascos de remédios espalhados pelo quarto. O dr. Murray entregou os frascos e o acesso intravenoso para ele, Alvarez relatou, e então disse para enfiar tudo em sacolas médicas e colocá-las no closet.

Foi o próprio Alvarez quem finalmente ligou para o 911, às 12h21, e teve a seguinte conversa de um minuto e 56 segundos.

SERVIÇO DE EMERGÊNCIA: Paramédico 33, qual é a natureza de sua emergência?
ALVAREZ: Sim, eu preciso de uma ambulância o mais rápido possível.
SERVIÇO DE EMERGÊNCIA: O.k., senhor, qual é o seu endereço?
ALVAREZ: Carolwood Drive, Los Angeles, Califórnia, 90077.

* Ressuscitação cardiopulmonar. (N. T.)

SERVIÇO DE EMERGÊNCIA: É Carolwood?

ALVAREZ: Carolwood Drive, sim [*incompreensível*].

SERVIÇO DE EMERGÊNCIA: O.k., senhor, qual o número de onde você está ligando e [*incompreensível*] o que exatamente aconteceu?

ALVAREZ: Senhor, nós temos um cavalheiro aqui que precisa de ajuda e ele não está respirando, ele não está respirando e nós precisamos... Estamos tentando ressuscitar, mas ele não...

SERVIÇO DE EMERGÊNCIA: O.k., qual é a idade dele?

ALVAREZ: Ele tem cinquenta anos, senhor.

SERVIÇO DE EMERGÊNCIA: O.k., ele está inconsciente e não está respirando?

ALVAREZ: Sim, ele não está respirando, senhor.

SERVIÇO DE EMERGÊNCIA: O.k., e ele também não está consciente?

ALVAREZ: Não, não está consciente, senhor.

SERVIÇO DE EMERGÊNCIA: O.k., está certo, ele está no chão, onde ele está nesse momento?

ALVAREZ: Ele está na cama, senhor, ele está na cama.

SERVIÇO DE EMERGÊNCIA: O.k., coloque-o no chão. Vamos colocá-lo no chão. Eu vou ajudá-lo a fazer RCP agora, o.k.?

ALVAREZ: [*incompreensível*], nós precisamos...

SERVIÇO DE EMERGÊNCIA: Já estamos a caminho. Já estamos a caminho. Vou fazer tudo o que puder para ajudá-lo pelo telefone. Já estamos a caminho. [*incompreensível*] Alguém o viu?

ALVAREZ: Sim, nós temos um médico particular aqui com ele, senhor.

SERVIÇO DE EMERGÊNCIA: Ah! Vocês têm um médico aí?

ALVAREZ: Sim, mas ele não está reagindo a nada. Ele não está reagindo à RCP nem a nada.

SERVIÇO DE EMERGÊNCIA: O.k., o.k., nós estamos a caminho. Se vocês estão fazendo RCP instruídos por um médico, você tem uma autoridade maior do que eu. Alguém testemunhou o que aconteceu?

ALVAREZ: Só o médico, senhor. O médico era a única pessoa aqui.

SERVIÇO DE EMERGÊNCIA: O.k., o médico viu o que aconteceu, senhor?

[É possível escutar Alvarez começando a fazer a pergunta antes de ser interrompido por alguém falando de forma irritada numa língua estrangeira incomum (muitos residentes do país de origem de Conrad Murray falam "patois trinidad", dialeto identificado pela primeira vez como um idioma por Cristóvão Colombo, em 1498).]

ALVAREZ: Senhor, se você puder... Por favor, se puder...

SERVIÇO DE EMERGÊNCIA: Já estamos a caminho, só estou passando essas informações para os meus paramédicos enquanto eles se encaminham para o local.

ALVAREZ: O.k. Ele está comprimindo o peito, mas ele não reage a nada, senhor. Por favor...

SERVIÇO DE EMERGÊNCIA: Ok, nós estamos a caminho. Estamos a menos de um quilômetro de distância. Vamos chegar em breve.

Depois de três minutos e 17 segundos, os paramédicos entraram pela porta da frente da mansão Carolwood e correram até as escadas que levavam ao quarto principal.

"Eu fui até o corredor e vi as crianças lá chorando", lembra Kai Chase. "A filha estava chorando. Eu vi paramédicos subindo as escadas, correndo."

Às 12h26, os paramédicos entraram no quarto de Michael Jackson, onde o encontraram na cama, inconsciente, sem respirar, em parada cardiorrespiratória. No começo, ele pensou que o homem na cama tinha muito mais do que cinquenta anos, recordou o paramédico Richard Senneff. O sujeito parecia um paciente de hospício, quase esquelético, os pés com um tom preocupante de azul enegrecido. Ele ficou chocado, disse Senneff, quando alguém lhe disse que era Michael Jackson. Senneff e seu parceiro, Martin Blount, rapidamente levaram o corpo de Jackson para o chão e começaram a aplicar a forma padrão de RCP, como deveria ter sido feita desde o começo.

Kai Chase, junto com a babá das crianças e uma das empregadas da casa, formou um círculo de mãos dadas com Prince, Paris e Blanket no corredor ao pé das escadas. "Estávamos rezando", recorda Chase. "Ajude o sr. Jackson a ficar bem. Aí todo mundo ficou quieto."

Dentro de instantes ficou óbvio para os paramédicos que eles haviam chegado tarde demais, Senneff e Blount recordam. Senneff perguntou, ao entrar no quarto, há quanto tempo o homem estava "caído", e a resposta do médico foi que "acabou de acontecer". Mas ele e Blount concordam que, com base nas pupilas dilatadas, nos olhos secos e na pele fria do sr. Jackson, a parada cardíaca já tinha ocorrido havia algum tempo. O dr. Murray, encharcado de suor, insistiu com os paramédicos que ele tinha discado 911 um minuto depois de perceber que Michael não estava mais respirando.

Às 12h57, os paramédicos receberam pelo telefone permissão da dra. Richelle

Cooper, do Centro Médico Ronald Reagan da UCLA, para declarar o paciente como morto. A reação do dr. Murray foi de se ajoelhar sobre o corpo e colocar dois dedos na dobra de um cotovelo. Ele podia sentir um pulso, Murray disse a Senneff e Blount, e se recusava a aceitar um pronunciamento de falecimento. Instado por Murray, os paramédicos tentaram reiniciar o coração de Michael Jackson com um desfibrilador, e usaram uma bomba de ar para inflar seus pulmões. Quando os procedimentos falharam, Murray ligou para a dra. Cooper e seu colega, o dr. Than Nguyen, que instruiu os paramédicos a injetarem adrenalina direto no coração de Michael. Nenhum efeito foi observado.

Às 13h07, quase 42 minutos depois de sua chegada ao endereço em Carolwood, os paramédicos colocaram o corpo de Michael Jackson sobre uma maca e carregaram-no até a ambulância, seguidos por Conrad Murray, que acompanharia seu paciente até o UCLA. De acordo com o dr. Murray, Michael ainda tinha uma pulsação fraca.

Era cerca de 13h30, disse Kai Chase, quando os seguranças pediram para que ela e o resto da equipe deixassem a propriedade porque o "sr. Jackson estava sendo levado ao hospital".

Frank Dileo estava almoçando no Beverly Hilton Hotel quando recebeu um telefonema no celular de um fã de Michael Jackson, dizendo que havia uma ambulância em frente à Carolwood. Dileo ligou na mesma hora para Michael Amir Williams, para perguntar se aquilo era verdade. Era sim, confirmou o irmão Michael, acrescentando que estava a caminho de Carolwood naquele momento. Depois de subir de elevador para trocar a bermuda por uma calça, Dileo voltou ao saguão do hotel e foi pegar seu carro no estacionamento. Ele já estava a caminho de Holmby Hills, Dileo relatou, quando ligou para Randy Phillips, que morava muito perto de Carolwood Drive. Phillips estava na lavanderia quando recebeu a chamada. Ele saiu rapidamente, pegou o carro e seguiu para Holmby Hills.

Tohme Tohme estava em sua casa em Brentwood quando recebeu um telefonema de um repórter de um site, perguntando se era verdade que Michael Jackson tinha tido um ataque cardíaco. "Eu disse: 'Você deve estar maluco'", lembra Tohme. "E em seguida eu recebi um telefonema da NBC perguntando a mesma coisa. E depois da ABC. Então eu disse para o meu filho ligar a televisão." A primeira imagem que surgiu na tela foi de uma ambulância estacionada em frente à mansão Carolwood.

Dileo se perdeu no caminho para Carolwood Drive, e quando chegou encontrou os portões da casa de Michael abertos, cercados por seguranças. A ambulância já tinha partido com Michael, disseram os seguranças. Imaginando que a ambulância devia estar se dirigindo para o Centro Médico Cedars-Sinai, Dileo começou a seguir naquela direção. No caminho, ligou de novo para Randy Phillips, que disse estar seguindo a ambulância para o hospital. Não — era o UCLA, não o Cedars, Phillips disse a Dileo. Momentos depois, Dileo recebeu um telefonema em seu celular de Hayvenhurst. Era Katherine Jackson. "Eu ouvi que eles levaram meu filho para o hospital", ela disse. "Eu não sei o que está acontecendo", Dileo respondeu. "Me dê um minuto para descobrir e ligo de volta." Ele ainda estava seguindo para o UCLA três minutos depois, disse Dileo, quando o motorista da sra. Jackson ligou para perguntar o que ele deveria fazer. "Leve-a ao Centro Médico UCLA", Dileo disse ao motorista.

O caminho de sete minutos até o hospital estava "inacreditável... como o Desfile do Torneio das Rosas", Richard Senneff recordou. "As pessoas correndo pela rua, tirando fotos, carros passando a ambulância. Era insano."

Quando Dileo chegou ao Centro Médico UCLA, o saguão principal estava cheio de seguranças e ninguém conseguia passar. Ele atravessou uma multidão para chegar à sala de emergência, Dileo recordou, e encontrou Randy Phillips esperando. Randy disse que não tinha certeza do que estava acontecendo. A equipe de emergência sabia quem ele e Randy eram, falou Dileo, e permitiu que os dois homens passassem pela porta de segurança que levava à sala onde uma equipe de médicos cercava a maca na qual Michael Jackson jazia. "Fora da sala nós escutamos os médicos trabalhando nele", lembra Dileo. "Pensamos que ele estava vivo. Aí... não."

A dra. Cooper e o dr. Nguyen concordaram que Michael Jackson estava oficialmente morto uma hora e doze minutos depois de seu corpo chegar ao hospital. Frank Dileo e Randy Phillips voltaram para a espera da sala de emergência, onde providenciaram a cadeira de rodas, o cardiologista e o assistente social que estaria aguardando quando Katherine Jackson chegasse ao hospital, pouco tempo depois.

"Estava uma loucura no hospital quando eu cheguei lá", Tohme Tohme lembra. "Polícia, fãs, imprensa. A polícia estava contendo todo mundo, mas eles me conheciam e me deixaram entrar. Eu entrei sozinho e encontrei Randy Phillips. Ele me disse: 'Ele se foi'. Eu disse: 'Eu quero vê-lo'. Então eles me levaram para uma sala, ele estava numa salinha pequena. Eu o vi e isso partiu meu coração. Em seguida, vi Katherine e as crianças entrarem. Todos estavam chorando. Não consegui aguentar. Não sabia o que pensar nem o que fazer. Só abracei as crianças e comecei a sair. Mas Randy Phillips veio até mim e disse: 'Doutor, nós precisamos de você'. Ele e outra pessoa da AEG, nem lembro quem, disseram que nós precisávamos ir para a sala de reuniões para assinar algum documento. Eu nem sabia o que era. Eu estava em choque. Só assinei o papel. Randy disse que precisávamos de mais segurança na casa, então eu telefonei para providenciar. Em seguida, Randy disse que precisávamos falar com algum administrador no hospital. Enquanto estávamos passando, ele me apresentou ao dr. Murray. Eu perguntei: 'Quem é dr. Murray?', e Randy disse: 'Esse era o médico particular de Michael'. A primeira vez que ouvi falar que tinham contratado um médico para Michael foi a única vez em que eu vi o dr. Murray. Ele entrou na sala de reuniões conosco e houve uma conversa sobre a qual não posso falar. Murray partiu, e então eles disseram que precisávamos fazer um anúncio para a imprensa."

O grupo que permaneceu na sala de reuniões decidiu que Tohme apresentaria Jermaine Jackson, e que Jermaine falaria com a imprensa.

Michael Jackson estava morto havia quase quatro horas quando seu irmão mais velho, Jermaine, com uma camisa branca e uma expressão notavelmente calma, postou-se diante das câmeras e dos microfones para ler uma declaração escrita por outra pessoa.

"Isso é difícil", ele começou: "Meu irmão, o lendário Rei do Pop, Michael Jackson, faleceu na quinta-feira, dia 25 de junho de 2009, às 14h26. Acredita-se que ele sofreu de uma parada cardíaca em sua casa. A causa da morte só será esclarecida quando os resultados da autópsia forem revelados.

"Seu médico pessoal, que estava com ele no momento, tentou ressuscitar o meu irmão — assim como os paramédicos que o transportaram para o Centro Médico Ronald Reagan UCLA. Ao chegar ao hospital, aproximadamente às 13h14, uma equipe de médicos, incluindo médicos e cardiologistas em plantão de emergência, tentou ressuscitá-lo por um período de mais de uma hora. Eles não tiveram sucesso.

"Nossa família pede que a mídia por favor respeite nossa privacidade neste momento difícil", continuou Jermaine, e então acrescentou um comentário próprio: "Que Alá esteja com você, Michael, sempre. Te amo."

Apesar do respeito pelo "médico particular" de Michael que a declaração preparada havia demonstrado, um bom número de pessoas no hospital já estava fomentando suspeitas sobre Conrad Murray. O médico estava "inquieto [...] andando de um lado para o outro, nervoso, suando, fazendo várias coisas ao mesmo tempo", recorda Richard Senneff, que disse aos médicos na sala de emergência que Murray tinha inicialmente dito a ele que o sr. Jackson estava "desidratado", e depois admitiu ter dado a Michael um pouco de Ativan para dormir, mas não mencionou nenhuma outra droga.

Murray diria, posteriormente, que ele ficou chateado, pois Paris Jackson havia dito a ele, chorando, que agora era "uma órfã". Ele disse à filha de Michael que "eu fiz o melhor que pude", relata Murray, e a garota respondeu: "Eu sei que você fez o melhor que pode".

Mesmo antes do anúncio público da morte de Michael Jackson, Murray tinha abordado ao menos duas pessoas pedindo uma carona de volta para a mansão Carolwood. O irmão Michael, que tinha seguido a ambulância até o hospital, lembra que pouco depois de Michael Jackson ter sido declarado morto o dr. Murray disse que precisava voltar à mansão Carolwood, "para que pudesse recolher cremes do sr. Jackson, para que o mundo não ficasse sabendo sobre aquilo" (dezenas de tubos de cremes para clarear a pele foram descobertos posteriormente, junto com uma imensa quantidade de Diprivan, numa sacola médica que havia sido guardada num armário do closet no quarto de Michael Jackson). Faheem Muhammad, também no hospital, recordou que o dr. Murray lhe disse que estava com fome e queria ir embora. Ele sugeriu que o médico comesse no hospital, lembrou Muhammad, mas viu Murray saindo do prédio do mesmo jeito.

Travis Payne estava dirigindo pela Sunset Boulevard na direção da mansão Carolwood, para seu ensaio particular das duas horas da tarde com Michael Jackson, quando seu celular tocou. Era um primo de Atlanta, ligando para dizer que tinha ficado sabendo que Michael Jackson havia sido levado às pressas para o hospital e talvez estivesse morto. Ele pensou que fosse só "outra grande história", lembra Payne, mas quando sua mãe ligou alguns minutos depois e disse que tinha ouvido algo similar, "eu comecei a ficar preocupado", ele admitiu. Ainda achava que a coisa toda era mais um embuste, disse o coreógrafo, mas decidiu ir até o Staples Center para ver o que estava acontecendo lá.

"Nós estávamos recebendo muitos telefonemas sobre boatos", lembra Kenny Ortega, que já estava no Staples quando Payne chegou. "O meu telefone tocava sem parar." Ele ainda estava esperando Randy Phillips ligar do hospital para dizer "o que estava realmente acontecendo", disse Ortega: "Claro, o que eu queria acreditar era que isso era mais um dia na vida de Michael tomado por boatos e exageros".

Ele e Kenny concordaram em começar a se preparar para o ensaio, como sempre, lembra Travis Payne. Mas antes Ortega reuniu toda a equipe de produção — músicos, dançarinos, o diretor musical, o instrutor vocal, o instrutor de música, os designers de produção e até mesmo os técnicos — e juntos eles rezaram para que Michael "voltasse com boa saúde", de acordo com o diretor do show.

Mas apenas alguns minutos se passaram até Ortega receber o telefonema do hospital. "Eu vi o rosto de Kenny desabar", Payne recordou. Todos sabiam o que tinha acontecido antes de Ortega falar qualquer coisa, diz o coreógrafo: "Todos ficaram em silêncio".

As pessoas demoraram para reagir, lembra Travis Payne. "Ninguém queria acreditar. Finalmente nos demos conta de que devia ser verdade." O grupo inteiro se reuniu de novo, diminuiu a luz, acendeu uma vela e ficou observando a chama tremulando no escuro.

PARTE CINCO

O RESTANTE

24.

O espetáculo Michael Jackson continuava se desenrolando, ainda maior em sua ausência do que antes. A escala e a intensidade da resposta da mídia ao seu falecimento foram além de qualquer compreensão. A ordem não seria facilmente restaurada.

O TMZ.com, site de "notícias de entretenimento" sediado em Los Angeles, reivindicou os créditos pelo primeiro anúncio da morte de Michael Jackson, com um informativo conciso emitido às 14h44. A CNN precisou de mais duas horas depois do relato inicial do TMZ para confirmar a notícia. Mas a primeira declaração pública sobre a morte de Michael foi divulgada 23 minutos antes do anúncio do TMZ, por um post no Facebook publicado às 14h21, cinco minutos antes do anúncio oficial do Centro Médico UCLA. Quando a imprensa foi avisada, uma multidão de fãs rezando, gritando e cantando já tinha se formado na entrada principal do hospital, com a música "Human Nature", de Michael, sendo tocada em alto-falantes empilhados na janela da fraternidade Sigma Alpha Epsilon, do outro lado da rua.

Mesmo antes disso, as pessoas tinham começado a se aglomerar em frente aos portões da mansão Carolwood. Em determinado momento, um ônibus de turismo que passava por casas de celebridades, algo típico em Los Angeles, parou por acaso na frente da casa alugada de Michael Jackson no mesmo instante em que o corpo do artista passava pelos portões abertos numa ambulância vermelha. Vários passageiros desembarcaram ali mesmo e se tornaram o núcleo de uma multidão que, às três da tarde, já era composta por fãs tomados pelo luto, chorando enquanto ouviam músicas de Michael, muitos já usando roupas inspiradas nos figurinos do astro. Entre eles estava Marie Courchinoux, uma das dançarinas que Michael tinha escolhido para os shows em Londres, usando uma única luva branca e explicando, aos prantos, que simplesmente não sabia para onde ir. Outro ônibus de turismo passou e vários passageiros exigiram descer para se juntar aos enlutados.

Um grupo ainda maior de pessoas se reunia em frente aos portões de ferro forjado de Hayvenhurst, segurando placas e carregando aparelhos de áudio que tocavam as músicas mais conhecidas de Michael a todo volume. Muitos usavam trajes com uma única luva branca, um chapéu fedora e óculos escuros grandes.

Joe Jackson estava em Las Vegas, mas já tinha se incluído na história mais cedo, antes até do anúncio da morte de Michael pelo Facebook. À uma da tarde, Joe informou ao *E! News* que seu filho tinha ido ao hospital de ambulância e que ele "não estava bem". Às 13h50, Joe falou de novo com o *E! News* por telefone, informando a um repórter que Michael tinha sofrido um ataque cardíaco e "estava mal". Joe passaria o resto da tarde falando.

Muito antes de a CNN carimbar a história da morte de Jackson com seu prestígio cada vez menor, veículos de notícias baseavam-se no que tinham visto na internet nos primeiros minutos e horas depois dos médicos do UCLA oficializarem o falecimento de Michael. O principal apresentador do TMZ, Harvey Levin, estava se vangloriando do fato de que "não importa o que disserem, as pessoas vão saber que fomos nós que revelamos essa história". O fluxo de informações on-line sobrecarregou tanto o Google que o sistema começou a reagir como se estivesse sob ataque, respondendo às buscas por "Michael Jackson" com mensagens de erro, ou então com as letras embaralhadas das mensagens de "captcha". A Wikipedia caiu na primeira hora depois da morte de Jackson. Mensagens de Twitter dobraram dentro de segundos depois do primeiro anúncio do TMZ, disse a empresa, aumentando para 5 mil por minuto no meio da tarde. A Wikipedia revelou que a página contendo a biografia de Michael Jackson teve quase 1 milhão de visitantes em uma hora, de longe o maior número de acessos na história da enciclopédia on-line. O *Los Angeles Times*, que anunciou a morte de Jackson quase no mesmo instante que a CNN, disse que seu site teve quase 2,3 milhões de acessos em uma hora, um número maior do que no dia da eleição de Barack Obama. O Facebook anunciou que as postagens triplicaram durante a primeira hora depois que a notícia da morte de Jackson se tornou pública. Os 16,4 milhões de internautas que acessaram o Yahoo! News ultrapassaram o total de 15,1 milhões de acessos no dia das eleições. O serviço AOL Instant Messaging caiu por quarenta minutos logo depois da morte de Michael, e os funcionários da empresa emitiram uma mensagem dizendo que "hoje foi um momento seminal na história da internet. Nós nunca vimos nada parecido...".

Câmeras e microfones passavam em meio à multidão aglomerada nas barreiras ao redor do Centro Médico UCLA, e o hospital tinha bloqueado as entradas e saídas. A situação também era frenética dentro do prédio, onde administradores tensos tentavam prevenir um escândalo como o que havia ocorrido no ano anterior, quando dezenove de seus funcionários foram pegos bisbilhotando os registros médicos particulares de Britney Spears, supostamente com a intenção de ganhar alguma coisa, assim como sua colega Lawanda Jackson tinha feito ao vender aos tabloides informações dos arquivos de Farrah Fawcett. Um grupo de garotas chorosas bloqueando a entrada da área de emergência foi dispersado pela polícia enquanto o corpo de Michael Jackson era discretamente colocado num helicóptero que o levaria até o consultório do médico legista do condado de Los Angeles.

Ao cair da noite, havia multidões imensas em frente ao Teatro Apollo, em Nova York; no Hitsville USA, a antiga sede da Motown, em Detroit; e no Salão da Fama e Museu do Rock and Roll, em Cleveland, onde uma parede foi decorada com fotos que ilustravam a carreira de Michael desde seus dias como cantor principal do Jackson 5 até a turnê HIStory. Em Gary, Indiana, bandeiras foram baixadas a meio mastro, e entre as pessoas cantando e chorando na frente da antiga residência da família Jackson estava o prefeito da cidade. Em Los Angeles, multidões se reuniram no Grammy Museum, no centro da cidade e no Staples Center, mais ao sul. Um grupo de mulheres deu os braços e marchou pela Calçada da Fama, no Hollywood Boulevard, cantando "We Are the World". Mais ao norte, já havia pessoas peregrinando até a entrada protegida por portões do rancho Neverland.

Na manhã de 26 de junho, havia santuários dedicados a Michael Jackson e multidões de enlutados no monumento Angel de la Independencia, na Cidade do México, na praça em frente à catedral de Notre-Dame, em Paris, e na frente das embaixadas norte-americanas em Moscou, Tóquio, Nairóbi, Odessa e Bruxelas. Em Londres, depois do primeiro-ministro do Partido Liberal, Gordon Brown, emitir uma breve declaração na qual constava que "essa é uma notícia muito triste para os milhões de fãs de Michael Jackson ao redor do mundo", seu oponente do

Partido Conservador, David Cameron, imediatamente respondeu o seguinte: "Eu sei que os fãs de Michael Jackson na Inglaterra e ao redor do mundo estão tristes hoje. Apesar das controvérsias, ele era um artista lendário". Nelson Mandela fez uma de suas raras aparições em público para saudar a habilidade de Michael Jackson em "triunfar sobre a tragédia tantas vezes em sua vida". Dois ministros diferentes do governo nacional japonês emitiram declarações expressando sua tristeza ante essa "perda trágica", enquanto o ex-presidente da Coreia do Sul, Kim Dae-jung, declarou que "nós perdemos um herói para o mundo". Imelda Marcos disse ter chorado quando soube da notícia. Em Paris, o ministro da Cultura, Frédéric Mitterrand, disse a repórteres que "todos temos um Michael Jackson vivendo em nós".

Nos Estados Unidos, os políticos se mantiveram mais circunspectos. Enquanto o governador da Califórnia, Arnold Schwarzenegger, elogiou Jackson como "uma das figuras mais influentes e icônicas na indústria musical", ele tomou o cuidado de mencionar "as sérias dúvidas sobre sua vida pessoal que não haviam sido esclarecidas". Barack Obama não prestou homenagem pessoalmente, enviando seu secretário de imprensa, Robert Gibbs, para dizer aos correspondentes da Casa Branca que o presidente via Michael Jackson como um "artista espetacular", mas também acreditava que havia aspectos "infelizes e trágicos" na vida do astro. A Câmara dos Deputados fez um minuto de silêncio, o que poupou a eles e ao público americano qualquer coisa que pudesse ser dita em voz alta. A Associated Press desenterrou um memorando escrito pelo juiz da Suprema Corte norte-americana John Roberts nos anos 1980, quando ele trabalhava como um jovem promotor da Casa Branca que se opôs a uma carta que seria enviada a Michael Jackson em nome do presidente Ronald Reagan: "Honestamente, eu considero bastante embaraçosa a atitude aduladora de alguns dos membros da equipe da Casa Branca em relação aos assistentes do sr. Jackson, e a postura de bajulação que eles levariam o presidente dos Estados Unidos a adotar". O clima era tal que a AP chegou a imaginar que talvez o juiz Roberts quisesse esclarecer seus comentários.

No torneio de tênis de Wimbledon, em Londres, tanto Serena Williams quanto Roger Federer começaram as coletivas de imprensa dedicadas às suas vitórias na terceira rodada respondendo a perguntas sobre Michael Jackson. "O que Michael Jackson significa para você pessoalmente?" foi a primeira questão feita a Williams, que receberia outras onze relacionadas ao artista antes de escutar algo sobre tênis.

Mesmo pessoas que não tinham gozado de relações exatamente amigáveis com Jackson nos últimos anos sentiram-se obrigadas a garantir ao mundo que nutriam amor e admiração por ele. "Eu me sinto privilegiado por ter passado um tempo e trabalhado com Michael", leu Paul McCartney numa declaração à imprensa. "Ele era um homem-garoto talentoso com uma alma gentil. Sua música será lembrada para sempre e minhas lembranças de nosso tempo juntos serão alegres." O antigo arqui-inimigo de Michael Jackson, Tommy Motola, descreveu a morte de Jackson como "uma das maiores perdas" de todos os tempos, e então acrescentou: "Na história do pop, há um triunvirato de ícones: Sinatra, Elvis e Michael... Nada que apareceu antes dele ou que virá depois será tão grande quanto ele foi".

Surpreendentemente, o *Wall Street Journal* concordou. "A era das celebridades morreu com Michael Jackson", escreveu um dos editores do *Journal*, Daniel Henninger: "Michael foi a última celebridade, pois ele alcançou a fama nos anos 1980, e naquela época não existia a internet. Nós não tínhamos milhares de canais de televisão a cabo [...] levou algum tempo para ficar claro como a mídia moderna acabou com a vida da verdadeira celebridade". Como que para provar o argumento de Henninger sobre a natureza degradada das celebridades modernas, estrelas como John Mayer, Miley Cyrus e Demi Moore aproveitaram a oportunidade para postar no Twitter suas profundas condolências e pensamentos superficiais sobre o falecimento de Michael Jackson.

Ausentes na cacofonia de vozes competindo para aparecer eram declarações de quem realmente *conhecia* Michael Jackson, mas nada do tipo era esperado.

"Muitas pessoas apareceram no programa do Larry King depois da morte de Michael e declararam seu grande amor por ele e seu profundo sentimento de perda", recorda Tom Mesereau, "e eu sabia que aquelas pessoas não tinham ido ao julgamento para ajudá-lo quando ele precisava. Com amigos assim, Michael não precisava de inimigos."

Elizabeth Taylor, uma das poucas mulheres que tiveram intimidade suficiente com Michael Jackson para dizer algo significativo sobre ele, pediu para não fazê-lo, explicando por meio de um porta-voz que ela estava "arrasada demais" para comentar. No final, a observação pública mais incisiva veio de outra amiga de Michael, Liza Minnelli: "Quando ocorrer a autópsia vai ser um inferno, então graças a Deus que o estamos celebrando agora".

25.

No necrotério do Instituto Médico Legal do condado de Los Angeles, em Lincoln Heights, o legista-chefe, Lakshmanan Sathyavagiswaran, e sua equipe depararam com o cadáver de um homem de meia-idade muito magro, mas não tão emaciado, praticamente careca debaixo de uma peruca preta que tinha sido costurada nas mechas difusas do cabelo branco curto. A pele por baixo estava coberta pelo que o dr. Christopher Rogers, que realizou a autópsia, descreveu como uma "descoloração escura" que se estendia de orelha a orelha, aparentemente uma tatuagem com o propósito de camuflar as cicatrizes de queimadura no couro cabeludo do morto. Também havia tatuagens escuras embaixo das sobrancelhas e ao redor dos cílios, e uma tatuagem rosa em seus lábios, todas claramente cosméticas. Uma bandagem cobria um nariz tão dilacerado que, sem a prótese, parecia ser pouco mais do que um par de narinas levemente rugadas. O dr. Rogers e seus assistentes contaram treze "perfurações" no corpo, espalhadas de um lado do pescoço até os dois braços e os dois calcanhares, indicando aplicações recentes de agulhas. Mas as únicas indicações de trauma eram hematomas profundos cobrindo o peito e a barriga, que pareciam ter sido infligidas durante uma tentativa desesperada de ressuscitar o homem com RCP. Várias costelas estavam partidas, fosse por compressões no peito ou pelas bombas de ar inseridas nos pulmões. O pênis estava revestido por um cateter externo para urina, do tipo usado para pacientes com incontinência grave ou em casos de sedação profunda.

A descoberta mais notável na autópsia do cadáver de Michael Jackson durante a manhã de 26 de junho de 2009 foi que o artista estava numa condição física muito melhor do que o público havia sido levado a crer. Ele tinha sofrido um caso leve de artrite na parte inferior das costas, além de uma obstrução moderada nos vasos sanguíneos das pernas. As alergias que atacaram Michael por anos provavelmente explicavam a inflamação crônica em seus pulmões, onde "bronquite crônica, congestão difusa e hemorragias desiguais" foram percebidas pelos legistas. Esses sintomas provavelmente dificultavam que o artista respirasse fundo, mas estavam longe de constituir um risco de morte. Aos cinquenta anos, seu coração estava forte, os órgãos internos, limpos, e o tônus muscular, excelente. Ele estava com 61 quilos na hora da morte, um valor ainda dentro da escala normal (embora na extremidade baixa da escala) para um adulto com pouco menos de 1,77 de altura. Michael Jackson tinha um corpo que, se tivesse sido devidamente cuidado, poderia ter vivido por mais trinta anos.

Os legistas foram apenas o primeiro elo numa longa corrente de investigadores que acabaria sendo unida no complexo caso criminal resultante da morte de Michael Jackson. Enquanto o corpo de Jackson jazia no necrotério, o carro do dr. Murray era retirado a guincho da mansão Carolwood por uma unidade forense do departamento de polícia de Los Angeles, que portava um mandado declarando que o veículo talvez contivesse "medicações ou outras evidências" relacionadas à morte do sr. Jackson. O mesmo mandado de busca permitia aos detetives de Los Angeles vasculhar o quarto de Michael Jackson, onde eles encontraram sacolas médicas num compartimento do closet do artista que continham uma espécie de farmácia, incluindo grandes quantidades de propofol, além de lorazepam, diazepam, temazepam, trazodone, Flomax, clonazepam, tizanidine, hydrocodone, lidocaína e benoquim.

Os detetives fizeram um pedido discreto para que Conrad Murray permanecesse disponível para uma entrevista na tarde seguinte. Àquela altura, a polícia de Los Angeles tinha ouvido declarações dos paramédicos que responderam à chamada de emergência e dos médicos na sala de emergência do Centro Médico UCLA segundo as quais o dr. Murray não havia dito nada sobre a existência de propofol no sistema de Michael Jackson, admitindo apenas que seu paciente tinha tomado Ativan.

Murray chegou ao Ritz Carlton Hotel, em Marina Del Rey, acompanhado do advogado Ed Chernoff, na tarde de 27 de junho, para ser entrevistado pelos detetives Orlando Martinez e Scott Smith. Chernoff, um sócio sênior na Stradley, Chernoff & Alford, empresa sediada em Houston, era uma pessoa pouco conhecida fora do Texas, mas considerado um figurão no condado de Harris. Ele havia construído sua reputação enquanto trabalhava no escritório da Promotoria, onde, vangloriava-se o site de sua empresa, o advogado tinha perdido apenas um julgamento por júri, dos quarenta que ele havia conduzido. Foi Chernoff quem forneceu à mídia a maior parte das informações sobre o que se passou durante a entrevista da polícia de Los Angeles com Conrad Murray. Seu cliente não era de forma alguma suspeito de um crime, de acordo com Chernoff, e sim "considerado uma testemunha quanto aos eventos acerca da morte de Michael Jackson". O dr. Murray estava colaborando totalmente com os investigadores da polícia, e tinha respondido a "cada uma" das perguntas que lhe foram feitas, disse Chernoff, para "esclarecer algumas inconsistências".

A família Jackson, no entanto, já estava montando seu próprio caso contra o médico. No primeiro ou segundo dia depois da morte de Michael, vários membros da família e porta-vozes (Jesse Jackson estava entre eles) haviam sugerido que a morte de Michael se devia ao fato do médico tê-lo deixado sem supervisão. A família Jackson já tinha providenciado uma autópsia "independente" a ser realizada por uma patologista particular, a dra. Selma Calmes, poucas horas depois do corpo de Michael ser liberado do necrotério do condado de Los Angeles. Mas havia pouco que a dra. Calmes pudesse fazer para satisfazer seus clientes, pois os legistas do condado tinham costurado o corpo de Michael e o devolvido à família Jackson sem o cérebro, que seria mantido num jarro de formaldeído como a principal prova forense numa ampla investigação que forçaria a polícia a buscar ajuda do Departamento de Justiça da Califórnia, da Agência Antidrogas Americana, a DEA, do FBI, da Interpol e da Scotland Yard.

Quarenta e oito horas depois da morte, a efetiva dissecação de Michael Jackson estava apenas começando. O que o artista havia deixado, além de três filhos e sua obra, foi uma das maiores e mais complexas heranças na história da Califórnia. Um exército de credores e reclamantes reconheceu que a fortuna que eles buscavam crescia num ritmo que ninguém poderia ter previsto. Em horas,

Thriller era o álbum número um no iTunes, e os álbuns de Michael Jackson ocupavam todas as quinze posições no topo da lista de mais vendidos da Amazon.com. Somando tudo, as vendas de músicas de Michael tiveram um aumento de oitenta vezes no final do dia. Nas duas semanas seguintes, dezenove de seus álbuns chegariam às vinte posições de topo no iTunes dos Estados Unidos, enquanto catorze conquistaram as vinte primeiras posições na lista da Amazon britânica. Seis surgiram entre as mais ouvidas no Japão e nove na Argentina. Na Austrália, as músicas de Michael Jackson ocuparam 34 lugares na lista das primeiras cem. As músicas chegaram ao primeiro lugar nas listas do iTunes em treze países. *Thriller 25* foi o álbum número um na Polônia, posição logo tomada por *King of Pop*, que também estava liderando as listas na Alemanha. Nos Estados Unidos, Michael estava quebrando diversos recordes da *Billboard*, onde seus álbuns tomaram os doze primeiro lugares na lista top pop da revista. Mas as vendas digitais foram responsáveis por tornar a morte de Michael um evento econômico que excedeu em muito as mortes de Elvis Presley e John Lennon. Houve mais de 2,5 milhões de downloads das músicas de Jackson nos quatro dias depois de sua morte, sendo que nenhum outro músico teve suas músicas baixadas nem sequer 1 milhão de vezes numa única semana. Quando isso foi somado aos 800 mil álbuns vendidos nos sete dias que seguiram à morte de Michael, ficou claro que ele tinha protagonizado a retomada póstuma de uma indústria inteira em depressão. E essa foi apenas a primeira parte de uma avalanche de possibilidades comerciais que explorariam sua imagem em camisetas, canecas e qualquer outro objeto onde ela pudesse ser impressa.

O Rei do Pop voltaria a valer 1 bilhão de dólares, talvez 2 bilhões, talvez mais, e a família Jackson pretendia garantir a primeira posição na fila de coleta. Eles começaram a mostrar isso nas primeiras horas depois da morte de Jackson, quando as mulheres do clã deram início ao que se tornou uma ocupação e uma busca de uma semana pela mansão Carolwood.

A família, e especialmente La Toya, posteriormente acusariam Tohme Tohme de saquear a casa onde Michael tinha morrido, mas Tohme não foi à propriedade naquele dia nem nos dias que se seguiram. A pedido da AEG, Tohme fez o melhor que pôde para impedir que qualquer um além da polícia entrasse na mansão Carolwood. Depois que Randy Phillips levantou a necessidade de trancarem tanto a mansão Carolwood quanto o complexo Hayvenhurst, Tohme fez uma ligação para Ron Williams, um ex-agente do serviço secreto dos Estados Unidos que na época gerenciava a Talon Executive Services, uma empresa de Orange

County que fornecia segurança e realizava investigações para dúzias de grandes empresas e muitas celebridades. Tohme escolheu Williams porque sabia que ele gozava de confiança pública.

O chefe da Talon imediatamente despachou equipes de agentes para a mansão Carolwood e o complexo Hayvenhurst, e se dirigiu pessoalmente para a casa em Holmby Hills. A pedido de Tohme, Williams também enviou uma equipe para Las Vegas para proteger a fazenda Palomino, onde estavam armazenadas muitas das posses mais valiosas de Michael, num depósito no porão.

Ele e seus funcionários ficaram em frente aos portões da propriedade Carolwood por cinco horas, recorda Williams, enquanto a polícia fotografava o local, vasculhava o quarto principal e entrevistava a equipe de segurança de Michael Jackson. Já estava escuro quando o chefe da Talon recebeu uma ligação de seu funcionário responsável pela propriedade em Las Vegas informando que um grupo dos ex-guarda-costas de Michael Jackson tinha sido pego tentando escapar da fazenda Palomino com diversos itens de valor, e tinha sido detido pela polícia. "Protejam o perímetro e não deixem ninguém entrar", instruiu Williams.

Eram cerca de dez horas da noite quando a equipe de segurança na mansão Carolwood teve permissão para sair. A polícia preparou-se para ir embora poucos minutos depois. Willams e seus funcionários encontraram-se no portão da frente com Ron Boyd, o chefe da polícia portuária de Los Angeles, que disse estar trabalhando com os Jackson como um amigo da família e pediu para falar com os agentes de Talon na propriedade. Williams achou significativo que o primeiro chefe negro na história da polícia portuária tivesse aparecido pessoalmente para proteger os interesses da família Jackson.

Cerca de uma hora depois que Williams e seus funcionários acomodaram-se ao longo do perímetro interno da propriedade de Carolwood, La Toya Jackson e seu namorado, Jeffre Phillips, apareceram no local e exigiram entrar. Tohme havia dito que "ninguém" teria acesso à propriedade nem permissão para retirar qualquer coisa que lá estivesse, Williams recorda. "Mas La Toya e o namorado disseram: 'Nós somos da família e deveríamos ter acesso à casa', e Ron Boyd lhes deu permissão tácita." Williams telefonou para Tohme, que não ficou satisfeito. "Eu sabia que a irmã de Michael Jackson e o namorado estavam dentro da casa pegando tudo o que pudessem", Tohme Tohme disse, "mas não sabia o que fazer. Estava nas mãos da polícia." Três horas depois de La Toya e Phillips entrarem na casa, Katherine Jackson chegou e também entrou.

A manhã estava na metade em Londres, onde Grace Rwaramba morava com Daphne Barak, quando a babá recebeu uma ligação da sra. Jackson. De acordo com Rwaramba, Katherine começou a conversa da seguinte maneira: "Grace, as crianças estão chorando. Elas estão perguntando por você. Não conseguem acreditar que o pai delas morreu. Grace, você lembra que Michael costumava esconder dinheiro na casa? Eu estou aqui. Onde será que está?". Rwaramba descreveu a prática padrão de Michael de esconder seu dinheiro em sacos plásticos pretos de lixo guardados embaixo dos carpetes da casa em que ele estivesse morando. "Mas dá pra acreditar?", ela perguntou a Barak logo depois de desligar. "Essa mulher acabou de perder o filho há poucas horas e está me ligando para descobrir onde está o dinheiro!" Os funcionários da Talon disseram, no entanto, que foi La Toya Jackson, junto com o namorado, que carregou os sacos de lixo pretos cheios de dinheiro em mochilas, que foram colocadas na garagem. La Toya posteriormente insistiria que quase todo o dinheiro de Michael já não estava mais lá quando ela chegou na casa em Carolwood. Tudo o que ela encontrou, disse La Toya, foram alguns envoltórios dos maços de notas que alguém tinha tirado do local, e duas notas de vinte dólares que aquela pessoa tinha derrubado na saída.

Ron Williams e seus agentes permaneceram fora da casa, sob insistência de La Toya. Era impossível, disse Williams, saber o que a irmã de Michael Jackson e o namorado estavam fazendo do lado de dentro, ou o que Katherine Jackson fez depois de entrar na mansão Carolwood. E ele também não podia prestar contas, acrescentou Williams, dos acontecimentos que se deram na casa durante as nove horas e meia que se passaram entre o momento em que Michael Jackson foi levado de ambulância e quando a equipe da Talon teve autorização para proteger a propriedade Carolwood.

Williams e seu pessoal só confirmaram que os Jackson pretendiam remover todos os itens de valor da casa na manhã seguinte, quando Janet Jackson chegou ao portão da frente, explicou que tinha acabado de chegar à cidade de avião e exigiu que o portão fosse aberto para a entrada da perua de mudança que seguia seu veículo. A perua estava parando na garagem quando La Toya apareceu e insistiu para que Williams e seus agentes cobrissem o perímetro pela parte *externa* dos muros, para dar privacidade à família.

Foi um momento constrangedor para Williams. Ele tinha sido contratado por Tohme e pela AEG, e ambos haviam deixado claro que não queriam ninguém, nem mesmo membros da família Jackson, dentro da propriedade. Williams havia supervisionado equipes do serviço secreto que protegeram quatro presidentes norte-americanos, a rainha Elizabeth e o papa João Paulo II, mas ele achou "muito difícil dizer à família Jackson, depois de seu irmão e filho ter morrido, para 'tirarem seus traseiros dessa propriedade'". Portanto, ele levou os agentes para fora dos muros e deu aos Jackson "acesso irrestrito à casa". Cerca de duas horas depois, a perua de mudança passou novamente pelo portão, com Jeffre Phillips ao volante. Katherine Jackson e as filhas, no entanto, deixaram claro que não iriam embora no futuro próximo. "Elas se instalaram por quase uma semana", Williams recorda, entrando e saindo "quando bem entendiam."

Os agentes de Talon continuaram protegendo a propriedade Carolwood por mais três semanas, lidando principalmente com "fãs e paparazzi" que tentavam escalar os muros. Eles mantiveram registros de todos que entraram e saíram pelo portão principal, e em ocasião alguma viram Tohme Tohme. "A família Jackson deixou claro que não o queria por perto", lembra Williams.

Por vários dias, pareceu que Michael Jackson havia morrido sem deixar testamento. Na ausência do documento, todo seu espólio pertencia aos seus filhos e seria colocado num fundo administrado pelo governo até que os três alcançassem a maioridade. Isso significava, claro, que a custódia das crianças seria a única forma pela qual qualquer adulto poderia ter acesso à fortuna de Michael. Os Jackson anunciaram suas reivindicações sobre os filhos e a fortuna de Michael para a imprensa reunida em frente ao Shrine Auditorium para a cerimônia dos BET Awards, no dia 28 de junho. Quando Don Lemon, da CNN, tentou entrevistar Joe Jackson pela primeira vez depois da morte de Michael, um assessor foi convocado para ler uma declaração preparada, segundo a qual apenas os pais de Michael "tinham a autoridade pessoal e legal para agir, e apenas Katherine e eu temos autoridade sobre nosso filho e os filhos dele". Então Joe gesticulou para seu parceiro Marshall Thompson, o ex-vocalista dos Chi-Lites, para que ele dissesse ao repórter da CNN tudo sobre a nova gravadora que ambos haviam aberto. O *Los Angeles Times* descreveria a cena em frente ao Shrine Auditorium como marcada pela "formação de grupos para possíveis batalhas extensas pelos filhos, pelo dinheiro e pelo legado de Jackson".

Katherine Jackson iniciou o processo apresentando petições ao juiz Mitchell Beckloff, do Tribunal Superior do condado de Los Angeles, para receber custódia temporária de Prince, Paris e Blanket, e para ser nomeada como administradora dos bens de seu filho falecido, de forma a garantir que as crianças fossem as beneficiárias. O juiz concedeu a tutela temporária das crianças, mas agendou uma audiência para o dia 6 de julho para tratar da petição pelos bens, que daria a Katherine controle praticamente absoluto sobre a fortuna crescente de Michael Jackson. Beckloff também concordou em determinar na mesma audiência se a sra. Jackson receberia a tutela permanente das três crianças.

Um artigo no *Los Angeles Times* do dia seguinte descreveu a petição de Katherine como "a primeira saraivada jurídica no que deve se tornar uma batalha prolongada pela custódia das crianças e pelo controle dos bens de Michael Jackson", e em seguida acrescentou que "alguns especialistas jurídicos creem que a ex-mulher do astro do pop, Debbie Rowe, tem a maior probabilidade de receber a custódia final das duas crianças mais velhas". Ficou claro que Katherine e seus advogados estavam preocupados com isso, e eles declararam na petição que o paradeiro de Debbie era "desconhecido", acrescentando que Prince e Paris "não tiveram nenhum relacionamento com a mãe biológica". No campo para identificar a mãe de Blanket, a sra. Jackson escreveu "Ninguém".

Enquanto os Jackson cerravam fileiras em torno de Katherine em sua tentativa de obter o controle das crianças e da herança, a família começou a sinalizar que estava se organizando para montar uma espécie de denúncia de homicídio culposo. Numa entrevista com a afiliada da ABC em Los Angeles, Joe Jackson sugeriu ao repórter do canal que "estou suspeitando de algum jogo sujo". La Toya disse a dois jornais londrinos que uma "comitiva sombria" de manipuladores era responsável por ter "assassinado" seu irmão. Ela queixou-se ao *Sunday Mail* e ao *News of the World* que mais de 1 milhão de dólares em dinheiro e uma coleção valiosa de joias tinham, "de alguma forma", desaparecido da mansão Carolwood, e insinuou que o "terrível círculo" ao redor de Michael também devia ser responsável por aquilo.

Os jornais britânicos e, posteriormente, as revistas *People* e *Us* traduziram os comentários de La Toya na forma de uma acusação implícita contra "o libanês que se diz empresário", Tohme Tohme, ressaltando sua acusação de que Tohme havia "demitido toda a equipe" da mansão Carolwood de repente na noite em que Michael morreu. "Às onze horas da noite no dia em que ele morre, a equipe inteira é demitida?", ela questionou. "Aquilo me pareceu suspeito."

Tohme sabia que, às onze horas da noite no dia em que Michael Jackson havia morrido, La Toya e o namorado haviam chegado à mansão Carolwood para começar a vasculhar o lugar, uma hora depois que a equipe havia sido dispensada pelos investigadores da polícia de Los Angeles. Mas a atitude descarada de La Toya deixou Tohme menos atônito do que a percepção de que ele estava sendo caracterizado como o vilão que provocou a morte de Michael Jackson. "Eu estou na mídia como um suspeito de assassinato!", Tohme recorda. "Eu sou 'o misterioso dr. Tohme'! As pessoas estão ligando para os meus filhos e perguntando se estou na cadeia."

Tohme entregou voluntariamente os 5,2 milhões de dólares que haviam sido deixados no Cofre depois dos acordos com o xeque Abdullah e Darren Julien, e ainda assim foi difamado. "Ninguém tinha pedido. Ninguém nem sabia daquele dinheiro", ele disse. "Eu entreguei porque era o dinheiro de Michael." Dennis Hawk confirmou essa declaração. Ele tinha aconselhado Tohme — não como advogado, mas como seu amigo, disse Hawk — que ele provavelmente tinha direito de ficar com aqueles milhões, como um adiantamento pela soma muito maior que lhe era devida em taxas de administração. Tohme, no entanto, insistiu que o valor devia ser devolvido. "O que quer que digam sobre Tohme, ficou claro para mim naquele momento que tudo o que ele queria era fazer a coisa certa", recorda Hawk. "E ele pensou que a coisa certa era devolver o dinheiro. Tenho bastante certeza de que nenhuma outra pessoa envolvida com Michael teria feito isso." Jeff Cannon, que tinha trabalhado como o principal contador de Michael Jackson durante a maior parte dos dois últimos anos da vida do astro, concordou com Hawk que a conduta de Tohme estava acima de qualquer suspeita. Cannon, que havia sido contratado pela empresa de Ron Burkle muito antes de Tohme aparecer, disse ter rastreado cada dólar que entrou ou saiu por mais de vinte meses, e que sabia com certeza que Tohme tinha sido escrupuloso ao prestar contas do dinheiro gasto e do dinheiro reservado. Ele era informado quanto ao conteúdo do Cofre "até o último centavo", disse Cannon, que, assim como Hawk, ficou impressionado com o fato de Tohme ter entregado os 5,2 milhões, visto que ele parecia ter todo o direito de ficar com o dinheiro.

Ainda assim, cerca de duas horas depois de Tohme ter entregado o dinheiro, blogs e colunas de fofocas começaram a retratar o empresário de Michael como um trapaceiro que foi pego tentando esconder o dinheiro de seu cliente, para em seguida entregar a grana sob ameaça de ação legal. "Só estou tentando garantir que tudo esteja às claras e na mesa", ele recorda, "e de repente estão me chamando de ladrão."

Sentindo que esse era o momento para finalmente tirar seu rival do jogo,

Frank Dileo aproveitou a oportunidade para dizer a Jeff Rossen, da NBC, que ele via Tohme como uma das "pessoas erradas" em quem Jackson havia confiado nos anos recentes. "Ele controlava a vida de Michael. Ele controlava tudo [...]. Mantinha as contas dele. Depositava o dinheiro nas contas. Assinava os cheques." Mas uma hora Michael se rebelou, acrescentou Dileo: "Ele disse que [Tohme] tentou lhe dizer quem ele podia ver e quando podia vê-los. Disse que não gostou daquilo".

Tohme ainda se via como um cara durão que absorvia bem os golpes. "Eu me recusava a falar com a mídia porque pensava: 'Eu sei. Sei o que fiz por Michael'", ele explica. "E Michael tinha acabado de morrer. Eu tinha acabado de perder um amigo lindo. Eu, minha esposa e meus filhos, todos estávamos com os corações partidos. Michael amava a minha família, meus filhos, minha esposa. Ele nos amava a todos, e nós o amávamos. Minha família não queria que eu falasse com ninguém. Então tentei não prestar atenção. Mas era demais. A mídia estava tomando a minha casa. Eu tinha de pular a cerca para o quintal do meu vizinho quando queria sair. Todos estavam me atacando. Até mesmo pessoas que eu considerava amigas me apunhalaram pelas costas. Não pude acreditar no que estava acontecendo." O drama de Tohme chegou ao clímax uma semana depois da morte de Michael, quando ele desmaiou na sala de estar de sua casa e foi levado de ambulância ao Saint John's Hospital, em Santa Monica. No começo, os médicos acharam que ele tinha sofrido um ataque cardíaco, mas acabaram concluindo que foi apenas uma reação intensa ao estresse. "Depois daquilo eu não quis mais ver ninguém além da minha família", recorda Tohme. "Eu não queria ver ninguém, não queria falar com ninguém. Eu deixava que falassem o que quisessem sobre mim. Não me importava. Estava entorpecido."

Havia muitas outras pessoas para a imprensa entrevistar. Tantas estavam se apresentando como porta-vozes "dos Jackson" que os repórteres de televisão passavam que nem barata tonta de um ao outro, estendendo o microfone para quem pedisse. Jesse Jackson estava simultaneamente competindo e colaborando com Al Sharpton por alguma posição não específica, mas não completamente imaginária, que parecia envolver uma mistura de orientação espiritual e políticas raciais. Como Leo Terrell observaria, Jesse Jackson tinha se posicionado de maneira mais arguta dessa vez, garantindo que ele fosse visto apoiando Katherine Jackson, enquanto Sharpton deixou-se ser publicamente identificado como o braço direto de Joe Jackson. Na verdade, os dois reverendos passaram bastante tempo juntos em Los Angeles na semana depois da morte de Michael, e seus comentários públicos pareciam apoiar as insinuações voltadas para Conrad Murray, a AEG e Tohme Tohme, além de um repúdio por qualquer reivindicação de custódia que Debbie Rowe pudesse vir a fazer. Para Terrell, o momento mais divertido do frenesi midiático foi um que ele observou de uma mesa no restaurante Ivy, em Beverly Hills. "Eu vi Jackson e Sharpton saindo pela porta da frente, felizes, rindo e fazendo piadas, e no instante em que viram as câmeras apontadas para eles seus rostos caíram e de repente eles estavam de luto. Foi rápido assim. Que dupla de atores, aqueles dois. Eu ri tanto que quase caí da cadeira."

Ken Sunshine, o experiente consultor de relações públicas que tinha sido mantido como porta-voz oficial da família Jackson, disse ao *Los Angeles Times* que ele estava chocado com todas as pessoas que estavam sendo identificadas na televisão como "autoridades" quanto ao funcionamento interno do clã. "Onde estão os padrões para escolher quem aparece na câmera?", Sunshine questionou. "Os chamados especialistas, quem afinal *são* essas pessoas?"

Nada levantou tanto essa questão quanto a aparição de Leonard Rowe num canal da televisão de Atlanta, no qual ele contou a história de ter sido "contratado em março por Michael Jackson para supervisionar sua turnê de retorno na Inglaterra". Quando viu Michael "pela última vez", ele sentiu que o astro estava em perigo, Rowe disse ao repórter do programa *Action News*, do Channel 2: "Eu senti que algo assim estava prestes a acontecer se não houvesse uma intervenção. Senti que algo estava prestes a acontecer, e era algo horrível". Rowe apareceu no programa *Larry King Live* da CNN, descreveu a si mesmo como "empresário" de Michael Jackson, e então citou uma declaração de que Michael dissera que "eu estou muito satisfeito que Leonard tenha aceitado minha oferta para cuidar de meus negócios durante esse período importante de minha carreira [...] Leonard Rowe é um velho amigo e parceiro de negócios, em cuja opinião eu passei a confiar". Dado que o contato mais recente de Michael com Rowe tinha sido por meio de uma carta na qual ele o informava formalmente que "você não me representa", foi difícil deixar de se impressionar com a imensa ousadia do homem. Não demorou muito para Rowe anunciar que estava trabalhando em um livro sobre Michael Jackson, baseado em seu "longo relacionamento" com o astro.

Depois de morto, Michael Jackson estava servindo como a tábula rasa mais abrangente na história do culto à celebridade. Seu falecimento criou uma comunidade mundial de luto diferente de qualquer coisa que já se tivesse visto até então, e que dificilmente voltará a acontecer. "Janelas de carros estavam abertas pela cidade inteira, e praticamente todas as estações de rádio aderiram a uma programação exclusiva de Michael Jackson", escreveu Kelefa Sanneh na *New Yorker*. "Pela primeira (e, até onde sabemos, pela última) vez, parecia que todo mundo estava ouvindo as mesmas músicas." Isso também aconteceu em Londres, Sidney, Berlim e Tóquio. Criavam-se memoriais Michael Jackson em Bucareste e Baku. O prefeito do Rio de Janeiro anunciou que a cidade ergueria uma estátua de Jackson na favela Dona Marta. O *USA Today* publicou uma fotografia de garotas paquistanesas acendendo velas num templo ao Rei do Pop em Hyderabad. Jesse Jackson fez um pronunciamento aos fãs reunidos num tributo musical a Michael realizado em Gary, onde o prefeito da cidade inaugurou um memorial de dois metros dedicado ao artista. Na internet, acessos às músicas de Michael Jackson passaram de uma média de 216 mil por dia para mais de 10 milhões. O *World News* da ABC, o *Evening News* da CBS e o *Nightly News* da NBC dedicaram mais de um terço de sua cobertura durante uma semana inteira a Michael Jackson. A *Time* foi apenas uma entre mais de doze revistas norte-americanas que elaboraram edições comemorativas com Jackson na capa.

A obsessão da mídia por Michael tornou-se um assunto e um estudo de caso das contradições internas dos Estados Unidos. De acordo com o Pew Research Center, mais de dois terços das pessoas entrevistadas sentiram que a cobertura da morte de Jackson foi excessiva; ao mesmo tempo, 80% destas pessoas admitiram que ficaram fascinadas. A reação inevitável forjou alianças estranhas: Rush Limbaugh se juntou a Al Sharpton para condenar a especulação sobre a causa da morte de Michael Jackson, enquanto o comentador Bill O'Reilly da Fox News, bem como o presidente da Venezuela, Hugo Chávez, fizeram objeções quanto ao número de horas que a CNN estava dedicando à história. A atração desses opostos foi, em si, uma forte evidência da forma determinante pela qual Michael transcendia raça, credo e cor.

Pela maior parte de sua vida adulta, Michael foi descrito como "estranho", "esquisito" e "bizarro". Apenas agora, depois de sua morte, as pessoas perceberam que Michael Jackson era o que elas tinham em comum.

26.

A comemoração da família Jackson depois da determinação do juiz Beckloff de colocar a custódia das crianças e o controle dos bens nas mãos de sua matriarca durou menos de 72 horas. Na manhã de 1º de julho de 2009, a cópia autenticada de um documento intitulado "Último testamento de Michael Joseph Jackson" foi apresentada ao Tribunal Superior de Los Angeles por dois dos três executores nomeados no documento, John Branca e John McClain. Este último, executivo de uma gravadora, teve uma longa história com o clã Jackson. A assinatura no testamento foi testemunhada oficialmente por McClain e Barry Siegel, o ex-contador de Jackson, que era o terceiro executor nomeado no documento, além de Trudy Green, a empresária de Michael na época em que o documento foi redigido. Uma anotação escrita à mão declarava que isso tinha ocorrido em Los Angeles às cinco da tarde de 7 de julho de 2002. De acordo com Branca, que produziu o documento, o testamento de Michael estava arquivado em sua firma jurídica, Ziffren Brittenham, LLP, havia sete anos, desde sua elaboração.

Quando o testamento e um contrato de fideicomisso relacionado chegaram ao tribunal no centro de Los Angeles, Branca já tinha contratado os serviços de dois aliados poderosos e muito bem pagos. Um era Howard Weitzman, que, nos anos seguintes à ocasião em que tinha ajudado Johnnie Cochran a persuadir Michael Jackson a fazer um acordo no caso Jordan Chandler, havia se tornado o advogado possivelmente mais influente de Los Angeles. Depois de se estabelecer no começo dos anos 1980 como um advogado de defesa criminal de primeira linha, Weitzman ampliou seus serviços para áreas que incluíam entretenimento, propriedade intelectual, direito de família, direitos civis, além de questões anti-truste, regulatórias e de inventário. Ele já havia representado todos os grandes estúdios de cinema, e sua longa lista de clientes famosos incluía o então governa-dor da Califórnia. Weitzman também era bem relacionado nos centros de poder políticos, financeiros, acadêmicos, culturais e da mídia em Los Angeles, e um dos litigantes mais formidáveis do país.

Mike Sitrick, a outra grande contratação de Branca, tinha menos fama, mas era ainda mais temido. "O mestre ninja da arte negra da manipulação na mídia" foi a descrição que o site Gawker usou para caracterizar Sitrick, um "gestor de crise" caríssimo cuja carreira na manipulação da mídia se estendia desde o auxílio prestado à Exxon para lidar com o catastrófico vazamento de petróleo Valdez na enseada do Príncipe Guilherme, no Alasca, até os conselhos à arquidiocese católi-ca romana sobre como montar uma defesa contra as alegações de que a institui-ção havia protegido padres acusados de abusarem sexualmente de crianças. No meio-tempo, ele havia gerenciado diversos desastres de relações públicas cometi-dos por celebridades como Paris Hilton, Michael Vick e Rush Limbaugh. A habili-dade de Sitrick na elaboração de contra-ataques (ou "campanhas difamatórias", o termo mais usado pelas vítimas desses ataques) contra aqueles que criticavam ou acusavam seus clientes, no entanto, constituía o cerne de sua fama. A habilidade do homem de produzir ataques preventivos por meio de vazamentos à imprensa, comunicados de imprensa e postagens em blogs, que simultaneamente destruíam a reputação de um oponente e moldavam a opinião pública a respeito de uma controvérsia antes mesmo da mídia começar a relatar a história, vinha deslum-brando e aterrorizando espectadores havia duas décadas. As pessoas viviam em pânico constante de serem colocadas naquilo a que Sitrick gostava de se referir como sua "Roda da Dor". Que Branca tenha contratado Weitzman e Sitrick antes mesmo de apresentar o testamento serviu de evidência para duas coisas: Branca acreditava estar prestes a embarcar numa luta pública contra a família Jackson; e aquela era uma batalha que Branca pretendia vencer.

O aspecto do testamento que mais impressionou a mídia nacional foi a ques-tão referente à Debbie Rowe. As primeiras duas frases do Artigo I do documento eram: "Eu não sou casado. Meu casamento com Deborah Jean Rowe foi dissolvido". A última linha do Artigo VI declarava: "Eu deixei intencionalmente de beneficiar minha ex-esposa, Deborah Jean Rowe Jackson". A intenção era claramente de garantir que Debbie não recebesse um centavo — nem a custódia dos filhos de Michael. Katherine Jackson foi enfaticamente designada como guardiã das crianças, mas, caso Katherine se tornasse incapaz de servir naquela capacidade, Michael havia nomeado Diana Ross como a primeira alternativa. Relatou-se que Ross ficou em estado de choque, dizendo aos amigos que não conhecia nenhuma das três crianças, não participava da vida de Michael havia anos e estava muito além da idade em que estaria disposta a aceitar a tarefa de criar crianças pequenas. Ela certamente não se oporia ao pedido de Debbie Rowe pela custódia se as coisas chegassem a esse ponto.

A forma pela qual o dinheiro, os direitos autorais e as marcas registradas seriam divididos era o que mais preocupava as partes interessadas, e a questão foi detalhada num documento separado. De acordo com o Fundo Familiar Michael Jackson, que foi apresentado ao tribunal por John Branca, 40% dos bens de Michael Jackson seriam mantidos no Fundo Infantil Michael Jackson para Prince, Paris e Blanket, e liberados aos três gradualmente conforme eles chegassem às idades de trinta, 35 e quarenta anos. Outros 20% do Fundo Familiar seriam destinados a diversos tipos de caridade; o acordo parecia permitir que Branca e McClain escolhessem quais. Os outros 40% seriam mantidos por uma entidade chamada Fundo Katherine Jackson. Aquele dinheiro deveria ser usado para sustentar a sra. Jackson, mas não havia nada separado para Joe Jackson ou para os irmãos de Michael. A parte mais notável do acordo, no entanto, era que ele dava a Branca (e McClain) "critério exclusivo" para decidir como o dinheiro do Fundo Katherine Jackson seria distribuído. Sabendo que a determinação causaria um tremor na família, Branca preparou uma reunião com os Jackson na casa de Jermaine, no dia seguinte à apresentação do testamento ao juiz. Com exceção de Joe, todos os membros da família imediata estavam presentes, de acordo com Branca, e posteriormente ele insistiria que suas informações foram recebidas com imensa aprovação. "Eles aplaudiram três vezes quando souberam quem ficou com a propriedade", ele disse.

A lembrança de Katherine Jackson da reunião é um tanto diferente. De acordo com ela, a atmosfera foi de silenciosa à sombria. Ela ficou pessoalmente ofendida por John Branca não ter dito sequer uma vez que sentia muito por sua perda, nem ter expressado qualquer sinal de que estava em luto pelo falecimento de

Michael. O homem era frio, pensou a sra. Jackson, assim como seu filho o havia descrito. "Meu filho havia dito para mim e para os garotos que ele nunca queria que Branca fizesse parte de seus negócios de novo", disse Katherine Jackson.

Branca alegou ter ficado perplexo quando os advogados de Katherine Jackson apresentaram uma moção pedindo para que o tribunal desse à mãe de Michael controle sobre o dinheiro de seu filho, pedido com base em "conflitos de interesse" e "outros fatores" que comprometiam a habilidade de Branca e McClain de administrar a herança. Os acordos com a Sony e a AEG foram mencionados de maneira específica.

Katherine já havia ganhado uma concessão-chave do juiz Beckloff, que determinou que uma disposição no testamento que puniria qualquer um que tentasse contestar o documento com a exclusão do espólio, não deveria limitar a possibilidade da sra. Jackson de se opor aos executores. Branca instruiu Howard Weitzman a ver se um acordo poderia ser estabelecido para evitar uma audiência pública. As perspectivas para que isso ocorresse não pareceram boas quando os advogados de Katherine Jackson reagiram, pedindo ao juiz Beckloff o poder para apresentar uma intimação para Branca e McClain, de forma a questioná-los em público quanto ao envolvimento dos dois com a AEG e a Sony. Branca e sua equipe jurídica se defenderam pressionando o juiz para seguir adiante com rapidez, alegando que essa batalha judicial estava adiando uma "investigação urgente" quanto ao que tinha acontecido com milhões de dólares em fundos e propriedades "desaparecidos" que pertenciam à herança de Michael Jackson. Os advogados de Branca disseram que tinham razões para acreditar que itens de valor já estavam sendo postos à venda por membros da família Jackson. Circulava um boato segundo o qual esses itens incluíam um disco rígido de computador cheio de músicas de Michael Jackson, muitas das quais eram duetos gravados com artistas famosos.

O juiz Beckloff disse aos advogados de ambos os lados que responderia a esses pedidos, e a outros, na audiência já agendada para o dia 6 de julho, data do que parecia ser a batalha decisiva pelo controle do espólio de Michael Jackson.

Àquela altura, já parecia óbvio que a quantia de dinheiro em jogo excederia em muito a estimativa de 236,6 milhões de dólares feita por Thompson, Cobb, Bazilio e Associados do espólio total de Jackson em 2007. O chefe da Platinum Rye, a maior agência mundial para espetáculos corporativos, diria à revista *Forbes* que a porção de Jackson do catálogo Sony/ATV, por si só, valia no mínimo 750 milhões de dólares, muito mais do que a firma de contadores havia considerado em 2007. Seria razoável esperar lucros de 80 milhões de dólares por ano sobre a metade do catálogo que pertencia a Michael, relatou a *Forbes*. O crescente valor da música e da imagem de Michael, no entanto, foram os fatores que aumentaram o tamanho potencial de seu espólio para muito além da marca de 1 bilhão de dólares. As demandas por suas gravações nos Estados Unidos permaneceriam em alta semana após semana, tornando Michael Jackson o artista musical mais vendido no país em 2009, com 8,2 milhões de álbuns vendidos. A Sony vendeu 21 milhões de cópias de álbuns de Michael no mundo inteiro durante as primeiras oito semanas após sua morte, e quase o mesmo tanto nos oito meses seguintes. *Thriller*, que ainda era o álbum mais vendido internacionalmente (com mais de 100 milhões de cópias vendidas), já vendera 28 milhões de cópias nos Estados Unidos, e estava quase alcançando o álbum mais vendido do país, o *Greatest Hits* dos Eagles, com 29 milhões de cópias. A Sony tinha uma boa quantidade de material não divulgado de Michael Jackson em seus cofres, mas isso era apenas uma pequena porção do trabalho que Michael tinha deixado. Dieter Wiesner e Marc Schaffel, que provavelmente tinham mais acesso aos arquivos de vídeo e música de Michael do que qualquer outra pessoa, concordaram que havia no mínimo mil músicas e milhares de horas de filmes e gravações guardadas em depósitos. Os lucros potenciais da exploração desse material eram incalculáveis.

Neverland já estava valendo consideravelmente mais do que os 22 milhões de dólares que Tom Barrack havia pagado para salvar a propriedade, e o valor da coleção imensa que foi retirada do rancho e armazenada por Darren Julien havia no mínimo triplicado seu valor, chegando talvez a valer dez vezes o preço anterior. No dia seguinte à morte de Michael, Julien colocou 21 itens de memorabilia de Michael Jackson, supostamente pertencentes a David Gest, no portfólio de um leilão que já estava agendado em Las Vegas. Antes do evento, o portfólio inteiro tinha sido estimado em 10500 dólares. Quando os dois primeiros itens (uma propaganda de um álbum do Jackson 5 de 1973 e uma cópia autografada do especial para a televisão do Jackson 5, *Goin' Back to Indiana*) foram vendidos por 27500 dólares, ficou óbvio que o material valeria no mínimo dez vezes o que Julien havia previsto. No fim do dia, ele já havia lucrado quase 1 milhão de dólares. No eBay, vendedores estavam oferecendo nomes de domínio como michaelthekingofpopjackson.com por 10 milhões de dólares. O pote de ouro no fim do arco-íris de Michael Jackson não era apenas real, mas também parecia não ter fundo.

Branca estava no tribunal e Katherine Jackson não quando o juiz Beckloff convocou a audiência que decidiria a disposição do espólio de Michael Jackson. A apresentação dos diversos advogados envolvidos demorou quase tanto tempo quanto as sustentações orais. Branca havia se cercado de uma equipe de talentos jurídicos de custos elevados. Howard Weitzman informou à corte que ele estava trabalhando em associação com Joel Katz e Vincent Chieffo, da firma Greenberg Traurig. Katz, sediado em Atlanta, era o presidente do departamento de mídia global e entretenimento da Greenberg Traurig, e possivelmente o único advogado no país cuja prática rivalizava com a de Branca. Chieffo, sediado em Los Angeles, era o copresidente do grupo de litígio de mídia nacional e entretenimento da firma. Também presentes no tribunal a pedido de Branca estavam três advogados da Hoffman, Sabban & Watenmaker, uma pequena, porém poderosa firma de Los Angeles especializada em heranças e patrimônio. Jeryll S. Cohen, parte dessa equipe, apareceu bastante nos noticiários durante o ano anterior, quando ajudou o pai de Britney Spears, James Spears, a ganhar controle temporário sobre o patrimônio da cantora depois que a estrela pop foi internada diversas vezes num hospital psiquiátrico.

Londell McMillan compareceu como o principal advogado de Katherine Jackson. McMillan havia simplesmente aparecido na casa Hayvenhurst imediatamente depois da morte de Michael, a sra. Jackson explicaria meses depois, insistindo que a vontade do filho teria sido de tê-lo como defensor dos interesses da família. "Ele se enfiou lá", ela recorda. Na audiência do dia 6 de julho, McMillan foi acompanhado por dois outros advogados do escritório em Los Angeles de sua firma jurídica, Dewey & LeBoeuf: John E. Schreiber e Dean Hansell. Também representando Katherine Jackson como seu advogado de inventário estava Burt Levitch, um sócio da firma Rosenfeld, Meyer & Susman, de Beverly Hills. Também presente no tribunal estava o advogado de defesa criminal David Chesnoff, mais conhecido por ser sócio do ex-prefeito de Las Vegas, Oscar Goodman, e por representar uma lista imensa de celebridades e figuras do crime organizado. Ele havia comparecido para observar os procedimentos, Chesnoff explicou à corte, e para representar os irmãos e as irmãs de Michael Jackson.

O último advogado a se identificar ao juiz foi Joseph Zimring, enviado da promotoria da Califórnia, que explicou que seu escritório tinha a obrigação de se envolver sempre que instituições de caridade não identificadas fossem receber bens do espólio de um indivíduo. Os 20% do patrimônio de Michael Jackson que foram alocados para caridade não especificada representavam um total potencial de centenas de milhões de dólares.

Quando a audiência finalmente teve início, ficou claro que não haveria nenhuma objeção real ao testamento em si. De acordo com Branca, o documento original havia sido esboçado em 1997 por um advogado de sua empresa especializado em testamentos e heranças. Ele não tinha nenhum envolvimento pessoal, Branca garantiu à corte. Tudo o que ele sabia era que Michael não queria um membro da família com controle de seu espólio, e não se sentia obrigado a cuidar de seus irmãos e irmãs. O testamento foi reescrito e assinado novamente em 2002 devido ao nascimento de Blanket, explicou Branca.

Embora ninguém manifestasse dúvidas em público quanto à autenticidade do testamento, em particular muitos faziam perguntas bastante incisivas. Uma dessas era por que Branca e sua firma jurídica tinham uma cópia original do testamento. Na época em que Branca foi demitido como advogado de Michael Jackson, no começo de 2003, ele supostamente recebeu uma carta que pedia explicitamente a devolução dos documentos de seu cliente. Por que Branca não tinha devolvido o testamento naquela ocasião? Outros ressaltaram que Barry Siegel havia se retirado da posição de executor depois de ser dispensado como contador de Michael Jackson em 2003. Era a forma adequada de agir, de acordo com diversas pessoas envolvidas, mas Branca havia optado por se manter como executor mesmo depois que o advogado foi dispensado por Michael.

O "critério total e exclusivo" que o documento dava a Branca e McClain sobre o espólio de Michael Jackson era especialmente incômodo para a equipe de marido e mulher de advogados de inventário, Andrew e Danielle Mayoras, autores de uma análise on-line em capítulos sobre a batalha pelo controle da fortuna do artista. "Eles têm total poder e controle sobre Katherine Jackson", explicou Andy Mayoras. "Isso é incomum — pois a afeição, a confiança e o apoio que Michael Jackson tinha pela mãe foram demonstrados publicamente no passado, e, além disso, ela está com os filhos dele. Isso não é normal para um beneficiário adulto." Ainda mais perturbadora era a "cláusula de exclusão", segundo a qual qualquer um que contestasse o documento arriscava a ter o direito à herança negado. Visto que a única pessoa nomeada como herdeira do espólio — além de Prince, Paris e Blanket — era Katherine Jackson, a cláusula de exclusão sugeria que Michael havia intencional e especificamente impedido sua amada mãe de sugerir que o testamento fosse inválido.

Uma vez que o espólio não começaria a pagar os fundos aos filhos de Michael Jackson até eles chegarem aos trinta anos, e não seria esgotado até que a última criança, Blanket, fizesse quarenta, Branca e McClain (ambos com cinquenta e tantos anos) continuariam recebendo milhões de dólares por ano para administrar o espólio pelas décadas vindouras, caso continuassem como executores. Katherine Jackson quase certamente não viveria para ver seu neto completar trinta anos. "Quando você considera o potencial dos administradores de lucrar com a confiança de Michael Jackson, você precisa avaliar o acordo com extremo cuidado", afirmou Danielle Mayoras, "pois aqueles que estão lucrando significativamente com o acordo são os mantenedores do mesmo." O marido de Danielle reclamou que era inadequado que Branca fosse nomeado como executor e administrador do espólio de Michael Jackson num testamento e acordo de fundo que havia sido preparado por sua própria firma jurídica. "Pois foram esses documentos que colocaram John Branca numa posição onde ele pode ganhar tanto dinheiro", disse Andy Mayoras. "Dessa forma, a firma de John Branca não deveria ter sido a responsável pela elaboração dos documentos" (ao ouvir essas queixas, Branca responderia por meio de Howard Weitzman: "Nós não temos ciência de qualquer proibição ética quanto a um advogado esboçar um testamento e também servir de executor... Pelo contrário, o Código de Inventário da Califórnia contempla claramente a possibilidade de um advogado que tenha escrito o esboço servir como gestor ou executor").

Tohme Tohme e vários membros da família Jackson chegaram a questionar se o testamento que Branca havia apresentado ao tribunal fora de fato assinado por Michael Jackson, mas nenhum deles interpôs um recurso. Preocupados com a possibilidade de a sra. Jackson perder os 40% do patrimônio de Michael que haviam sido deixados a ela, seus advogados não fizeram nenhuma objeção ao testamento, mas reclamaram que o acordo de fundos dava a John Branca — um homem em quem Michael Jackson havia dito várias vezes que não confiava — controle quase total sobre o espólio.

Ela não estaria tão preocupada, a sra. Jackson dizia em particular, se acreditasse que John McClain seria capaz de contrabalancear Branca. No entanto, de acordo com os advogados de Branca, McClain estava sofrendo de alguma doença não identificada que o impedia de sair de casa. Howard Weitzman descreveu McClain no tribunal como fisicamente incapacitado, porém mentalmente são. Diabético, dizia-se que ele havia sofrido um derrame que afetara sua mobilidade e capacidade de discurso, mas isso nunca foi confirmado pelas provas apresentadas à corte. Para alguém tão proeminente na indústria da música, McClain estava fora de circulação já havia um bom tempo. Um homem negro muito magro que, nos anos 1990, foi cofundador da Interscope Records com Jimmy Iovine e Ted Field, McClain havia antes trabalhado como executivo na A&M Records, onde ajudou a lançar a carreira de Janet Jackson.

McCain mantinha um relacionamento complexo com a família Jackson havia décadas. Em meados dos anos 1980, Janet formalizou seu rompimento com Joe Jackson ao contratar McClain para empresariá-la, levando-o a pedir demissão da A&M. Na época, Joe havia acusado McClain de atrair maliciosamente sua filha para longe dele. "Eu trabalhei duro pela minha família", ele disse. "Mas o problema é quando outros chegam por trás e tentam roubá-los de mim." Poucos, no entanto, questionaram a sabedoria da decisão de Janet quando seu álbum seguinte, *Control*, tornou-se o sucesso que ela aguardava havia tempos, vendendo 6 milhões de cópias e tornando a Jackson mais jovem uma força comercial na indústria da música. McClain, o produtor de *Control*, recebeu os louros pelo sucesso do álbum. Uma das pessoas que admirou o que ele havia feito por Janet Jackson foi o irmão dela, Michael, que logo chamou McClain para trabalhar para *ele*, supostamente com a condição de que ele não tivesse mais nada a ver com a carreira da irmã. Katherine Jackson gostava de McClain, e disse àqueles ao seu redor que julgava o homem digno de confiança. Joe Jackson duvidava disso, mas, assim como sua ex-mulher, estava muito mais preocupado com Branca, e tanto ele como Katherine acreditavam que Branca viveria muito mais que o outro executor. "Eu disse [a Michael] o tempo todo para ficar de olho em John Branca, e que John Branca não valia nada", alegou Joe.

Mas apenas Katherine teria voz com o juiz Beckloff. "Honestamente, a sra. Jackson está preocupada em conceder as chaves de seu reino com tanta rapidez", seu advogado Schreiber disse ao juiz na audiência de 6 de julho, fazendo mais uma referência aos "conflitos" que podiam afetar a capacidade de John Branca de tomar decisões favoráveis ao espólio de Michael Jackson. Se houvesse alguém com risco de ter o julgamento prejudicado por conflitos, retorquiu Paul Gordon Hoffman, era Katherine Jackson, que estaria muito mais interessada em distribuir a riqueza para a própria família do que no desenvolvimento da fortuna que Prince, Paris e Blanket Jackson eventualmente herdariam.

Depois de reconhecer que "estamos tendo um começo um pouco turbulento aqui", o juiz Beckloff determinou a favor dos executores nomeados no testamento. "Alguém precisa tomar o leme do navio", explicou o juiz, e por enquanto aquela pessoa seria o sr. Branca — e o sr. McClain, se ele fosse capaz de auxiliar.

Dentro das circunstâncias, a decisão de Beckloff fazia sentido. Weitzman e os outros advogados que representavam Branca no tribunal haviam argumentado de maneira eficaz que um grau elevado de conhecimento e perspicácia seria exigido para resolver a montanha de dívidas e as dúzias de processos que Michael Jackson tinha deixado para trás, administrando, ao mesmo tempo, os bens de seu imenso — e complicadíssimo — espólio. Independente do que os inimigos diziam do caráter de Branca, poucos discordariam que ele era um advogado brilhante e um negociante magistral. Nos anos desde que tinha ajudado Michael Jackson a obter o catálogo ATV, Branca conduzira negociações de vendas envolvendo os direitos autorais de Kurt Cobain e da banda Nirvana; o catálogo de divulgação do Aerosmith de Steven Tyler; os royalties dos Beatles que Julian Lennon possuía; a Jobete Music de Berry Gordy e o catálogo da lendária equipe de compositores Leiber e Stoller, e cada uma dessas negociações abriu novos precedentes na avaliação de propriedades musicais. Branca havia ajudado Don Henley, dos Eagles, e John Fogerty, da banda Creedence Clearwater Revival, a reconquistar os direitos autorais e obter royalties que eles tinham perdido anos antes. O acordo sem precedentes que ele intermediou, formando uma parceria entre a Korn e a gravadora da banda, a EMI, havia se tornado o padrão da indústria. Que Branca colocaria milhões de dólares em seus próprios bolsos caso ganhasse controle "irrestrito" sobre o espólio de Michael Jackson era inquestionável, mas parecia razoável supor que o advogado faria isso "maximizando o patrimônio", nas palavras de Weitzman.

Em sua determinação, o juiz Beckloff não apenas removeu Katherine Jackson como administradora do espólio do filho, como também revogou formalmente sua ordem anterior dando a ela poder sobre as posses do filho, o que significava que Branca podia exigir a devolução de qualquer coisa que tivesse sido retirada da mansão Carolwood. Enquanto deixou a sra. Jackson com custódia temporária de Prince, Paris e Blanket Jackson, o juiz adiou uma decisão sobre a custódia permanente para o final do mês, uma determinação com a clara intenção de dar tempo para disputas.

Os Jackson reconheceram imediatamente a precariedade da sua posição. O "advogado da família", Londell McMillan, encontrou-se com Branca do lado de fora do tribunal e comprometeu-se a trabalhar com os executores do espólio para garantir o futuro dos filhos de Michael. "Não temos razões para acreditar que isso vá se tornar uma briga desagradável por milhões de dólares", McMillan disse à mídia reunida no local.

Por enquanto, John Branca não era mais a principal preocupação dos Jackson. Eles sabiam que, agora, a maior ameaça contra seu domínio sobre a fortuna de Michael seria Debbie Rowe.

Diversos relatórios contraditórios sobre a paternidade de Prince e Paris começaram a aparecer nos dias que seguiram à morte de Michael. A *Us Weekly* publicou um artigo identificando Arnold Klein como pai biológico de Prince e Paris, sugerindo que ele exigiria voz na decisão sobre a custódia. As negações do dr. Klein, feitas nos programas *Good Morning America*, da ABC, e *Larry King Live*, da CNN, foram, para dizer o mínimo, ambíguas. "Eu acho, até onde sei, que não sou o pai", Klein disse a King, e então admitiu em seguida que uma vez ele tinha "doado esperma" a pedido de Michael Jackson. Ele não faria um teste de DNA para verificar a paternidade, Klein insistiu em ambos os programas: "Não é da conta de ninguém", ele disse a King. Ainda assim, o doutor estava bem disposto a fazer insinuações que soavam vagamente como exigências quanto à educação dos filhos de Jackson. Debbie Rowe, a mãe natural, deveria estar envolvida na criação dos filhos mais velhos, disse Klein, e Grace Rwaramba também devia ser incluída, visto que ela era a cuidadora que as três crianças conheciam melhor. Dentro de semanas ele despacharia um advogado para um tribunal cheio de repórteres para exigir a permissão de exercer um papel na criação das crianças, um pedido que o juiz Beckloff rejeitou como "muito bizarro".

Enquanto os comentários de Klein eram debatidos nos Estados Unidos, Mark Lester dizia aos jornais no Reino Unido que ele podia muito bem ser o pai de Paris, e que talvez fosse também o de Prince. Foi a pedido de Michael que ele doou seu esperma na clínica Harley, em Londres (onde Jackson tinha passado por uma série de procedimentos estéticos), disse Lester, no começo de 1996, cerca de oito meses antes do casamento de Michael com Debbie Rowe, e onze meses antes do nascimento de Prince. Mas foi com Paris que ele sempre sentiu um "laço forte", relatou Lester. "Acho que há uma possibilidade real de que ela seja parte de mim", ele afirmou. "Paris é muito clara, com olhos azuis", o ex-ator infantil ressaltou. "Todas as minhas filhas, com exceção da mais velha, têm a pele clara e olhos azuis." Quando as famílias Lester e Jackson saíam juntas de férias, ele observou, as pessoas costumavam fazer comentários sobre como Paris e sua filha Harriet eram parecidas. Ele só estava falando em público, explicou Lester, porque a família Jackson o tinha impedido de ter contato com as três crianças. "Com a mãe de Michael agora sendo a guardiã legal, é como se as crianças estivessem sendo isoladas", ele reclamou. "Eu sou o padrinho, e Michael era o padrinho dos meus quatro filhos. As nossas famílias passaram muito tempo juntas, e se divertiram muito juntas. Agora não posso ter qualquer contato com as crianças. Minhas ligações frequentes não são retornadas, os e-mails ficam sem resposta... Acho cruel eu ter sido excluído." Uri Geller, que foi amigo de Jackson por anos e ainda era amigo de Lester, confirmou que Michael tinha mencionado a ele, quando ambos estavam em Nova York, que "ele queria que Mark o ajudasse a ter um filho". Lester havia se oferecido para fazer um teste de DNA de forma a resolver a questão da paternidade, e Geller pediu à família Jackson para aceitar. "Isso resolveria tudo", ele comentou.

Mas os Jackson se recusaram categoricamente a reconhecer que houvesse qualquer dúvida em relação a quem era o pai de Prince, Paris e Blanket. "Essas tentativas de loteria genética não vão dar em nada", Londell McMillan disse aos repórteres. Jermaine e Tito Jackson insistiram, em entrevistas diferentes a tabloides britânicos, que Michael era o pai biológico das três crianças. "As pessoas dizem coisas só para conseguir atenção, mas eles são definitivamente filhos de Michael", Jermaine disse ao *News of the World*. "Dá para saber que são os filhos de Michael só de olhar para eles", Tito confirmou numa entrevista paga com o *Daily Mirror*: "Eles são filhos [de Michael]. Blanket é de Michael, dá para ver. Aqueles olhos não mentem. Os olhos são os mesmos de Michael. Vejo muito de Michael nele". Prince e Paris também são de Michael, continuou Tito: "Sim, eles são. Só porque eles parecem brancos não significa que não são dele".

As motivações por trás das declarações dos Jackson eram óbvias para muitos críticos. "O que as pessoas não entendem é como essas crianças são poderosas", comentou Leo Terrell. "Essas crianças são a chave, porque o dinheiro vai segui-las. E isso quer dizer *todo* o dinheiro, a não ser o que está sendo entregue à caridade. Acredite em mim, todos os participantes sabem disso."

"As determinações do testamento vão ter peso no começo, mas não no longo prazo", acrescentou Terrell, que tinha lido o documento com atenção. "Celebridade à parte, corte alguma vai permitir que Michael Jackson comande do túmulo quem é o melhor guardião para as crianças. Com ou sem testamento, Debbie Rowe tem a posição privilegiada, à frente de Katherine Jackson."

Biologia era uma carta na manga nas disputas pela custódia que ocorria na Califórnia, e era óbvio que os Jackson haviam sido aconselhados quanto a isso por seus advogados. No dia 2 de julho, quatro dias antes da audiência que decidiria o controle do espólio e a guarda das crianças, Debbie Rowe tinha dito à filial da NBC em Los Angeles que ela buscaria uma medida cautelar para manter Joe Jackson longe das crianças. "Eu quero meus filhos", ela disse a um repórter do canal. "Estou batendo o pé. É necessário." Uma amiga de Rowe disse à *Us Weekly* que Debbie também pretendia pedir a custódia de Blanket, de forma a manter as crianças unidas. Iris Finsilver, a advogada que representou Rowe em suas disputas de custódia com Michael Jackson, disse à mesma revista: "São os filhos dela. Ela os ama, sempre amou".

Uma visita particular ao corpo de Michael Jackson por parte de sua família em Forest Lawn e uma cerimônia pública em memória de Michael no Staples Center estavam agendadas para o dia 7 de julho. Em Forest Lawn, o corpo de Jackson fora preparado para sua última aparição pública por Karen Faye e Michael Bush, a maquiadora e o figurinista que o acompanharam por anos. Ambos passaram nove horas segurando as lágrimas e engasgando com o cheiro forte de formaldeído enquanto trabalhavam no cadáver sobre a mesa de necrotério ao lado do caixão. Faye aplicou uma grossa camada do pó compacto Lancôme Dual que Michael carregava em um estojo havia anos. Bush vestiu seu cliente de longa data com uma túnica preta especialmente criada para a ocasião, coberta com pérolas brancas e ressaltada por um cinto de ouro que La Toya compararia com o de um campeão de boxe. O figurinista também ajudou a colocar o corpo no caixão. "O trabalho que eu e Karen fizemos com Michael em Forest Lawn, aquilo formou um vínculo eterno entre nós", ele diria no futuro.

Depois que a família Jackson admirou o trabalho de Faye e Bush e disse um adeus particular a Michael, seu caixão fechado foi transportado para o Staples Center, o mesmo local dos ensaios finais para os shows *This Is It*, e onde a AEG finalmente teria sua chance de apresentar um show arrasador de Michael Jackson. A empresa havia contratado Ken Ehrlich e Kenny Ortega para trabalhar como produtores da cerimônia, em consultoria com a família Jackson. A reunião daqueles que falariam ou se apresentariam foi, inevitavelmente, repleta de oportunismo e exagero. Brooke Shields estava entre as escolhidas para dizer algumas palavras, apesar do fato de ela não ter tido qualquer relacionamento com Michael nos 25 anos anteriores, e um relacionamento muito limitado mesmo antes disso. Talvez antecipando a reivindicação potencial de Debbie Rowe pelos filhos e pelo espólio de Michael, os Jackson apelavam para a questão da raça, pedindo para que o reverendo Al Sharpton, a representante Sheila Jackson Lee (D-Texas) e os filhos de Martin Luther King Jr. fossem convidados a falar. Berry Gordy, cujo único contato com o falecido nos anos recentes havia se dado por meio dos advogados que cuidaram dos processos entre ambos, estava presente para descrever Michael "como um filho para mim". Em contraste, Marlon Jackson estava genuinamente comovido quando se levantou para dizer do irmão: "Nós nunca vamos compreender pelo que ele passou [...] ser julgado, ridicularizado. Talvez agora, Michael, eles o deixem em paz". Paris, então com onze anos de idade, ofuscou todos que tinham falado antes dela quando tomou o microfone no final do evento para fazer um breve discurso que os produtores do memorial insistiram não ter sido preparado nem planejado: "Eu só quero dizer que, desde que nasci, papai foi o melhor pai que se pode imaginar. E só quero dizer que eu o amo muito".

Com todas as partes falsas e verdadeiras, a cerimônia foi impregnada de uma sensação de elevação, e seria lembrada como mais uma demonstração de que Michael era muito mais amado do que odiado. Depois de apenas 8750 pares de ingressos terem sido entregues, aleatoriamente, entre os 1,6 milhões de pessoas que os solicitaram, a cidade de Los Angeles se preparou para o que temia que pudesse se tornar uma invasão em massa do perímetro que o departamento de polícia havia preparado ao redor do Staples Center. Em vez disso, a atmosfera que dominou o evento foi silenciosa. Os 31,1 milhões de telespectadores nos Estados Unidos que acompanharam a cerimônia de Michael tornaram o evento a terceira despedida mais assistida na história, perdendo apenas para os 33,2 milhões de americanos que acompanharam o funeral da princesa Diana, em 1997, e os 35,1 milhões que viram o enterro de Ronald Reagan, em 2004.

Vídeos em streaming pela internet, que não existiam em 1997 e estavam sendo criados em 2004, atraíram mais 33 milhões de acessos aos sites das três maiores redes de notícias (CNN, Fox News e MSNBC). No mundo, a cerimônia resultou no maior público de televisão a assistir a uma despedida de uma celebridade.

Mais de 6,5 milhões de telespectadores britânicos assistiram, o que ainda era cerca de um terço das 18,7 milhões de pessoas que assistiram do Brasil. Todas as redes japonesas cobriram o evento, e 7 milhões de telespectadores daquele país assistiram a uma transmissão ao vivo que se deu simultaneamente na Alemanha, na França e em pelo menos doze outros países. Políticos em Los Angeles que tentaram objetar publicamente à estimativa de 1,4 milhão de dólares em custos associados com o que um vereador chamou de "uma cerimônia memorial privada para um cantor famoso" foram rapidamente despachados com o rabo entre as pernas quando economistas ressaltaram que o evento tinha rendido uma soma muitas vezes maior do que essa para os negócios locais ao longo de três dias, período em que quase todos os quartos de hotel da cidade ficaram ocupados.

A esperança de Marlon Jackson de que o irmão finalmente fosse deixado em paz foi, claro, em vão. A morte de Michael Jackson forneceu aos tabloides britânicos uma liberdade em relação às restritivas leis de difamação em seu país da qual eles não gozavam quando Michael ainda estava vivo, e os jornais pretendiam se aproveitar ao máximo da situação. Enquanto discussões se intensificavam dentro da família e em meio aos fãs de Jackson acerca do possível sepultamento de Michael em Neverland, os tabloides apressaram-se em preencher a falta de decisão com rodada após rodada de especulações macabras. Um tabloide britânico relatou que Jackson estava já havia muito tempo "interessado em ter seu cadáver congelado, na esperança de que pudesse ser trazido de volta à vida". Devido à autópsia, no entanto, "é tarde demais para que seu pedido seja concedido, visto que o processo de congelamento — criogenia — precisa ser iniciado quase imediatamente depois da morte". Outro tabloide relatou que "Michael Jackson seguirá vivendo como uma "criatura 'plastinada'", preservada pelo controverso anatomista alemão Gunther von Hagens, cuja exposição de cadáveres humanos, Body Worlds, já tinha chocado e fascinado mais de 26 milhões de visitantes em cidades do mundo todo. O tabloide citou Von Hagens declarando que "um acordo está sendo negociado". O médico havia falado com representantes da família Jackson meses antes, explicou um porta-voz, e ficou acordado que o corpo de Michael seria plastinado e colocado ao lado de Bubbles, o falecido macaco de estimação do astro, plastinado anos antes e atualmente nas exposições Body Worlds e Mirror of Time, na O2 Arena.

No dia seguinte à cerimônia em memória a Jackson, o médico-legista divulgou a certidão de óbito. Nenhuma causa para o falecimento de Michael foi listada.

"Eu queria salvá-lo. Eu senti que era capaz": Michael com Lisa Marie Presley, que o apoiara durante os desdobramentos das alegações de Chandler. Michael e Lisa se casaram em maio de 1994 e se divorciaram em 1996. (Pool Arnal/ PAT / Gamma-Rapho via Getty Images)

De mãe de aluguel a esposa: Michael com Debbie Rowe em 1997, durante visita à França. Prince (Michael Joseph Jackson Jr.) tinha nascido recentemente, e Rowe engravidaria de Paris naquele mesmo ano. (AAR/ SIPA)

Michael (aqui com Prince e Paris, por volta de 2001) era um pai "coruja", e, de acordo com todos os relatos, dedicado e responsável. (© www.splashnews.com)

Michael com Sean Lennon no set do clipe de "Bad", em 1987. Lennon ainda apareceria em *Moonwalker*, filme que reunia clipes e animações. (Ron Galella/WireImage)

Jimmy Safechuck era o jovem amigo de Michael em 1988, quatro anos antes de Jordan Chandler. À época, a relação era considerada estranha, porém inofensiva. Mais tarde, todas as amizades de Michael com garotos seriam investigadas. (Ron Galella/WireImage)

Michael com Jordan e Lily Chandler em Mônaco para o World Music Awards, em maio de 1993. Jordie e Michael dividiram a mesma suíte no hotel, e Lily e a mãe, June, ficaram em outra. (Nikos Vinieratos/ Rex USA)

Michael na Times Square em novembro de 2001, na Virgin Records, sua primeira aparição em lojas, para a promoção de *Invincible*. Jackson parecia estar com o nariz do ídolo Peter Pan. (© Suzanne Plunkett/ AP/ Corbis)

Jackson segurando Blanket pendurado na sacada do hotel Adlon em Berlim, em 2002, quando recebeu o Bambi Award. O incidente provocaria uma celeuma internacional. (© Tobias Schwarz/ Reuters)

Algumas coisas em comum: Michael e Elizabeth Taylor — que também teve uma infância sofrida como estrela precoce e ganha-pão da família — com Arnold Klein, o dermatologista amigo e médico dos dois, num evento da amfAR. (Gregg DeGuire/ WireImage)

Michael com as mãos de Al Malnik sobre seus ombros. Malnik foi um dos diversos assessores financeiros que tentaram sanear os gastos e as dívidas de Jackson. À esquerda, Brett Ratner, diretor de cinema que apresentou Jackson a Malnik. No centro está o produtor Robert Evans. (Ray Mickshaw/ WireImage)

Ron Burkle (à direita), o investidor bilionário do ramo de supermercados, foi um dos salvadores das finanças de Michael. Na foto, aparecem numa festa comemorativa depois da entrega dos MTV Movie Awards, em 2003, junto com Sean "Diddy" Combs. (Celebrityvibe.com)

Dieter Wiesner foi agente de Michael no início dos anos 2000, mas, na época do julgamento, a Nação do Islã o obrigou a se demitir. Atrás dele, na porta, está Leonard Muhammad. (AP Photo/ Kevork Djansezian)

Uma porção de fritas para acompanhar? Marc Schaffel, um dos parceiros de negócios de Michael, entregava dinheiro em sacos de papel, e Jackson pedia em "tamanho gigante". A falta de registros desses pagamentos custou a Schaffel parte do que esperava recuperar em sua ação contra Michael. (AP Photo/ Nick Ut)

Tom Mesereau e Susan Yu, a equipe jurídica que representou Jackson no caso Gavin Arvizo. Mesereau até hoje é um fiel defensor da reputação de Jackson. (Dave Hogan/ Getty Images)

Tom Sneddon, promotor público do condado de Santa Barbara, em foto tirada durante o julgamento do astro. Sneddon continuou a se referir ao caso de Jordan Chandler como "aberto porém inativo" anos depois de o júri absolver Michael, em 1994. (Aaron Lambert--Pool/ Getty Images)

Michael construiu seu mundo particular no rancho Neverland, em Santa Ynez, na Califórnia. No alto, a casa principal (John Roca/ NY Daily News Archive/ Getty Images). De lá, visitantes podiam pegar um trem até o parque de diversões de Neverland (abaixo), com atrações como carrossel, cinema e sistema de som integrado à paisagem. (Jason Kirk/ Getty Images)

Durante os depoimentos do julgamento do caso Gavin Arvizo, Jackson foi hospitalizado e quase teve sua liberdade condicional revogada por não comparecer a uma das sessões. Na foto ele está entrando no tribunal, com um blazer por cima do pijama e andando com auxílio de guarda-costas. (Kimberly White/ WireImage)

No final do julgamento, "ele estava tenso para além de qualquer descrição", segundo Tom Mesereau, que aparece aqui com seu cliente e Susan Yu saindo do tribunal depois de Michael ter sido inocentado de todas as acusações. Longe de comemorar, Jackson mal comia ou dormia e foi hospitalizado naquela noite. (Kevork Djansezian/ WireImage)

Depois de Neverland ter sido vasculhada e arruinada, Jackson deixou tudo para trás. O xeque Abdullah bin Hamad Al Khalifa, príncipe do Bahrein, ofereceu um lugar para ele ficar. Aqui, ele e o xeque Abdullah (à esq.) viajaram para Dubai e posaram para uma foto com Mohammed bin Sulayem, campeão árabe de rali. (© EPA/ Corbis)

Grace Rwaramba a caminho da alta corte em Londres, em novembro de 2008, para depor no processo do xeque Abdullah contra Michael pelo fracasso na entrega de um álbum e de outros projetos pelos quais o xeque teria pagado adiantado. (© Alastair Grant/ AP/ Corbis)

Tohme Tohme tornou-se agente de Michael em 2008 e produziu os shows da O2 Arena. (Cortesia de Tohme Tohme)

Michael visita crianças japonesas em um orfanato, a convite especial de um evento de fãs em Tóquio. (Eric Talmadge/ AP/ Corbis)

Michael caminha por Beverly Hills com Paris, Prince e Blanket, em 2009. As crianças detestavam usar máscaras, mas declararam, após a morte do pai, que entendiam sua preocupação em protegê-las. (Ciao Hollywood/ Splash News)

O funeral de James Brown em Atlanta foi a primeira aparição pública de Michael depois que ele voltou da Irlanda para os Estados Unidos, e uma oportunidade de se despedir de um amigo da época do "chitlin' circuit", cujos passos de dança o inspiraram e que depôs a seu favor em 2003. Na foto de cima, Michael está sentado entre Al Sharpton e Jesse Jackson (Brett Flashnick/ WpN); abaixo, aproxima-se do caixão. Seu beijo de despedida no pai da música soul se tornaria um pequeno escândalo. Michael seria enterrado num caixão igual ao de Brown. (Tami Chappell/ Reuters/ Corbis)

Em 2011, Prince, Blanket e Paris (com a jaqueta de "Thriller" igual à do pai) juntaram-se a Jermaine e La Toya no palco em Cardiff, no País de Gales, para o concerto Michael Forever. (Samir Hussein/ WireImage)

Depois da morte de Michael, admiradores rumaram para sua residência em Los Angeles, para a casa de infância em Gary e para diversos memoriais improvisados no mundo todo. Aqui, fãs marcam o ano de aniversário de sua morte em sua estrela na Calçada da Fama, em Hollywood. (Frazer Harrison/ Getty Images)

Os filhos de Jackson, Prince, Blanket e Paris (da esquerda para a direita), com Katherine Jackson e Justin Bieber em cerimônia no Grauman's Chinese Theatre. Os filhos usaram a luva de lantejoulas e os sapatos de dança do pai para "imortalizar" Jackson na calçada do teatro. (Lester Cohen/ WireImage)

Este memorial, construído por admiradores numa antiga praça de Praga poucos dias depois da morte de Jackson, demonstra como o luto tomou o planeta. (Stringer/ AFP/ Getty Images)

Moonwalker: Michael Jackson fazendo seu passo característico no palco em Wembley durante a turnê Bad, em 1988. (© Harrison Funk/ zumapress.com)

Essa definição provavelmente tomaria semanas, explicou-se, enquanto diversos testes de toxicologia teriam de ser feitos. O escritório do médico-legista reconheceu, pela primeira vez, que estava de posse do cérebro de Jackson — ou ao menos de parte do cérebro — para testes de neuropatologia, acrescentando que devolveria o órgão para a família quando os testes fossem concluídos.

A questão do que seria feito com o cadáver de Michael continuou ocupando espaço em noticiários, especialmente na Inglaterra. O que levava tantos fãs a pensarem em Neverland, de acordo com uma reportagem de um tabloide londrino do dia 30 de junho, era o fato de a família de Michael ter agendado uma "exibição pública" do seu cadáver no rancho. Isso era completamente falso, mas os Jackson *estavam* sentindo a pressão de uma imensa base de fãs insistindo que Michael deveria ser enterrado em Neverland. Muitos residentes locais de Los Olivos já estavam irritados com a vigília em frente aos portões do rancho, em curso desde o dia em que Michael havia morrido. A Figueroa Mountain Road, uma via com duas faixas, estava engarrafada por caminhonetes de noticiários com transmissão via satélite, enquanto vendedores oferecendo camisetas e água seguiam centenas de fãs (e dezenas de repórteres) que pareciam preparados para manter acampamento "até que tudo estivesse terminado", de acordo com a explicação de um dos fãs ao *Los Angeles Times*. Os jovens atendentes da Corner Coffee House, em Los Olivos, divertiam-se colecionando cartões de visita de jornalistas da Alemanha, Bélgica, Polônia e Venezuela, mas a maior parte dos moradores da região temia os efeitos do trânsito e o barulho sobre sua bucólica comunidade caso Neverland viesse a se tornar a Graceland do Oeste.

Jermaine Jackson e seu pai, Joe, eram os dois membros da família que faziam mais pressão para a construção de um "santuário" em Neverland que excedesse em escala e interesse a atração de Elvis no Tennessee. A criação de um parque memorial particular no rancho garantiria um fluxo de renda que nem mesmo o catálogo musical de Michael poderia igualar, argumentou Jermaine. Tohme Tohme havia providenciado para que um helicóptero levasse Jermaine a Santa Maria, para que ele fizesse um apelo direto aos oficiais regionais. Todos os outros irmãos Jackson apoiaram planos para um Memorial Michael Jackson em Neverland, disse Tohme. Tohme também estava tentando negociar um acordo com Tom Barrack e a Colony Capital, que ainda detinha os direitos sobre Neverland. Percebendo uma oportunidade, Barrack mandou as equipes de trabalhadores no rancho aumentarem o ritmo. Dias depois da morte de Michael, as principais partes da propriedade estavam sendo isoladas e mantidas nas condições em que haviam sido deixadas por Michael. Os canteiros de flores estavam "imaculados", de acordo com a revista *Fortune*, enquanto a mansão, a casa de hóspedes e o cinema estavam sendo minuciosamente reformados, com doces frescos nas vitrines de guloseimas.

O próprio Barrack começou a trabalhar discretamente no sentido de persuadir autoridades do condado a permitirem um enterro no rancho, mas logo descobriu que as regulações do estado da Califórnia quanto ao descarte de restos humanos eram bastante restritivas. Túmulos em propriedades privadas seriam proibidos se um único vizinho fizesse objeções, e a última coisa que a grande maioria das pessoas na região de Los Olivos queria em seu quintal era um destino turístico internacional com um estacionamento para 10 mil veículos.

Katherine Jackson estava resistente à ideia de um enterro em Neverland. Ao se dar conta de que era ela quem detinha o poder na família Jackson, a sra. Jackson parecia estar encontrando a voz que havia sido abafada pelos gritos de Joe por tantos anos, e sua personalidade estava se revelando. Michael não havia voltado ao rancho depois de deixá-lo em 2005, sua mãe ressaltou, e ele associava o condado de Santa Barbara, de forma geral, a humilhação e dor. E a sugestão de seus irmãos, de que o corpo de Michael deveria ser conduzido pelas ruas num caixão aberto, para que os enlutados pudessem jogar flores, assim como tinham feito com a princesa Diana, era "macabra", disse Katherine. Rebbie e Janet, os dois membros mais influentes da família depois de Katherine, concordaram que o funeral de Michael não deveria se tornar "a maior performance do Jackson 4", como Frank Dileo descreveu os planos dos irmãos. Katherine também foi influenciada pelo telefonema que recebeu do sobrinho favorito de Michael, Taj Jackson, o filho de Tito. Taj disse que colocar seu tio Mike em Neverland era errado. Toda a mágica do lugar fora destruída para Michael depois da batida policial, em 2003, disse Taj, e Katherine concordou. Michael seria sepultado em outro lugar.

Depois da decisão contra Neverland, a família passou mais dois meses decidindo como e onde enterrar Michael. Enquanto os fãs e a família debatiam a questão, pela internet e na privacidade da residência Hayvenhurst, o assunto da espiritualidade de Michael foi aos poucos ganhando força na discussão. Como seria uma cerimônia adequada para alguém que significava tantas coisas diferentes para tantas pessoas diferentes? As três grandes fés monoteístas fizeram reivindicações sobre ele, mas Michael não tinha apenas rezado como cristão, judeu e muçulmano, ele também havia se envolvido continuamente com bruxaria, contratando com frequência feiticeiros e xamãs cujos rituais tinham raízes na religião ioruba, originária da região atualmente conhecida como Nigéria. De acordo com seu amigo e confidente Uri Geller, Michael Jackson "acreditava em tudo", de fantasmas e sessões espíritas a arquétipos junguianos e na teoria da relatividade de Einstein. Seu interesse para além das fronteiras de crença teve um grande eco na reação internacional à sua morte. "Para nós, essa é uma perda muito grande", uma jovem fã russa declarou para a agência estatal de notícias Novosti em frente à embaixada norte-americana em Moscou. "Para nós, ele se tornou um símbolo do mundo espiritual. É difícil explicar quão grande é essa perda." Alguns dos inúmeros "conselheiros espirituais" de Michael, entre os quais estavam Deepak Chopra e o rabino Boteach, achavam trágico que, acima de tudo, Michael acreditasse em "mágica" e achasse que a fama duradoura fosse a maior prova de que alguém possuía poderes mágicos. Durante suas estadias frequentes na casa de Geller em Londres, no decorrer dos anos 1990, Michael havia insistido em rezar ou meditar todos os dias na sala de estar, que continha uma grande escultura de madeira de Elvis Presley segurando um violão. "Michael gostava de sentar perto da escultura", Geller recorda. Talvez sua lembrança mais duradoura de Michael, disse Geller, fosse do dia em que ele parou no vão da porta, depois de diminuir as luzes da sala de estar, para que pudesse observar seu amigo sem ser visto. "Eu vi Michael erguer sua mão direita e segurar a mão de Elvis Presley, com a cabeça curvada", disse Geller. "Era assim que ele rezava."

Foi Katherine Jackson, naturalmente, que teve a última palavra sobre como e onde o astro seria sepultado, e a sra. Jackson insistiu que seu filho havia se mantido cristão. Pouco mais de uma semana depois da morte de Michael, Katherine aconselhou a família a colocar o caixão de Michael ao lado dos túmulos de outras grandes celebridades no Grande Mausoléu do Forest Lawn Memorial Park, em Glendale, um pouco ao norte do letreiro "Hollywood". A sra. Jackson havia instruído o irmão de Michael, Randy, a encontrar um lugar onde o túmulo de Michael não pudesse ser perturbado por fãs exagerados nem paparazzi aproveitadores, e Randy descobriu que Forest Lawn era o único cemitério em toda a parte sul da Califórnia onde havia segurança suficiente para proteger um cadáver tão famoso quanto o de Michael. Portas com chave e guardas armados preservavam a paz em meio aos santuários privados dos 121 hectares de Forest Lawn. Katherine decidiu que o filho seria enterrado numa cripta no Grande Mausoléu, que foi projetado no mesmo estilo do campo-santo de Gênova, e continha elementos similares, como arcos nas paredes externas e uma entrada coroada por um tabernáculo gótico. As réplicas em mármore das obras *A Pietà* e *Moisés* de Michelangelo eram em tamanho real e de uma precisão marcante, mas ainda menos impressionantes do que a imensa (nove metros de comprimento por quatro de altura) versão da *Última ceia*, na qual a obra-prima de Da Vinci foi reproduzida na forma de um vitral luminoso.

A partir da arquitetura de "um prédio dentro do outro" do campo-santo, o Grande Mausoléu é dividido em vários "terraços", onde as tumbas dos ricos e famosos são ligadas por corredores de mármore que parecem não ter fim, com lóculos de sepultamento de ambos os lados. Entre as celebridades cujos restos mortais encontram-se enterrados no Grande Mausoléu estão Clark Gable, Humphrey Bogart, Jimmy Stewart, Nat King Cole e Sammy Davis Jr., W. C. Fields também estava lá, assim como o velho amigo de Michael, Red Skelton, que fez amizade com ele depois do Jackson 5 aparecer em seu programa de variedades. Nos fundos, escondido pela cerca viva, há um extraordinário canteiro de flores, onde os restos mortais cremados do herói de Michael, Walt Disney, foram espalhados. Numa placa adjacente se lê: "Cinzas espalhadas no paraíso".

Com o consentimento de John Branca, a mãe de Michael decidiu que o caixão do filho deveria ser posto na mais impressionante das criptas restantes no Grande Mausoléu, no final do corredor principal do Terraço Sagrado, dentro de uma área conhecida como Santuário de Ascensão. Emoldurado por três vitrais altos retratando a ascensão de Cristo ao Céu, com um sarcófago de mármore lindamente detalhado mantido em pé, o Santuário da Ascensão estava desocupado havia cinquenta anos, devido ao seu custo exorbitante (mais de 600 mil dólares pela compra e manutenção), e era considerado o último local de sepultamento realmente grandioso em Forest Lawn.

O caixão de Michael seria uma réplica aproximada do caixão no qual James Brown havia sido enterrado: um modelo Promethean da Batesville Casket Company, de bronze sólido, banhado a ouro e revestido com veludo azul. Essa também foi uma decisão de Katherine.

Mas o corpo do Rei do Pop repousaria naquele caixão da Batesville por mais de nove semanas enquanto fãs do mundo inteiro aguardavam por seu funeral e sepultamento. Enquanto os Jackson brigavam entre si pela implementação de diversos projetos concorrentes, os restos mortais de Michael jaziam um tanto negligenciados no salão principal do Grande Mausoléu, bem embaixo daquele magnífico vitral reproduzindo a *Última ceia* na entrada principal. Visitantes não podiam mais ver a obra em intervalos de meia hora. A cena vista pelos poucos que entraram para dar uma olhada — em sua maioria funcionários de Forest Lawn — era, no mínimo, tão coerente com quem Michael Jackson havia sido, e com como ele tinha vivido, quanto o show no Staples Center que tinha sido visto por um público de mais de 1 bilhão de pessoas no mundo todo. Michael passou a maior parte da vida solitário. Agora ele estava realmente só.

Antes do final de julho, a fortuna da família parecia ter sido protegida por um acordo inesperado com Debbie Rowe, que dava à Katherine custódia permanente de Prince, Paris e Blanket. Quando se tornou de conhecimento geral que Debbie tinha contratado Eric George, o filho do juiz do Supremo Tribunal da Califórnia, Ronald George, para ser seu advogado, o debate na mídia se transformou em uma discussão entre aqueles que pensavam que Rowe tentaria ganhar custódia das crianças por meio do tribunal e aqueles que insistiam que ela espremeria um acordo de oito dígitos do Fundo Familiar Michael Jackson com a ameaça de ações jurídicas. Debbie não fez nenhuma das duas coisas.

Marc Schaffel atuou como "intermediário", de acordo com sua própria descrição, na elaboração do acordo entre Katherine Jackson e Debbie que decidiu a questão da custódia. Convencido de que John Branca ainda nutria uma inimizade por ele devido à demissão do advogado em 2003, Schaffel reconheceu que precisaria da cooperação da família Jackson se fosse salvar — e lucrar com — os projetos que ele e Michael tinham desenvolvido juntos no decorrer dos anos, em especial as gravações "What More Can I Give?". Schaffel esperou que demonstrar sua eficiência como intermediário talvez lhe garantisse um lugar na mesa. E, além disso, ele tinha uma afeição genuína por Katherine Jackson, e era muito protetor de Debbie, apesar das coisas que ela havia dito sobre ele durante o julgamento criminal de Michael.

O relacionamento de Schaffel com Rowe foi reavivado depois da morte de Michael por uma reportagem do TMZ que incluía filmagens confidenciais de sua entrevista em 2003 com Debbie para o vídeo de réplica. Os trechos que não foram

515

entregues à Fox incluíam materiais sujeitos a um termo de consentimento conjunto entre Schaffel e Rowe. A gravação foi confiscada quando o departamento de polícia do condado de Santa Barbara executou um mandado de busca na casa de Schaffel, em Calabasas. Todo aquele material foi devolvido depois da absolvição de Michael Jackson, mas, de alguma forma, o TMZ obteve cópias e usou o trecho das gravações em que Rowe falou sobre seu próprio uso de sedativos. Na entrevista, Debbie declarou que tinha usado drogas para lidar com o medo do palco, mas a transmissão do TMZ associou seus comentários à aparente morte de Michael por overdose.

Schaffel e Rowe se uniram numa demanda para que as gravações confidenciais fossem retiradas da reportagem do TMZ. De acordo com Howard King, o TMZ primeiro respondeu afirmando que tinha obtido a gravação de um canal de televisão britânico, e em seguida admitiu que o material tinha vindo do departamento de polícia de Santa Barbara, e, finalmente, negou as duas alegações e insistiu que sua fonte era confidencial, e que a inclusão da entrevista de Rowe na reportagem caía na determinação legal de "uso justo". Schaffel, junto com Rowe, apresentou um processo contra o TMZ alegando que as gravações tinham um "valor estimado de potencialmente milhões de dólares, um valor a ser estipulado com precisão no julgamento", de acordo com o processo de King.

Uma vez que seu relacionamento com Rowe estava garantido, Schaffel começou a persuadir Debbie e Katherine Jackson a se reunirem em particular sem o conhecimento de seus advogados. Elas se encontraram para uma conversa preliminar no dia 10 de julho, e várias outras reuniões se seguiram. "O advogado de Debbie descobriu depois, e ele foi muito tranquilo", recorda Schaffel. "Mas o advogado de Katherine não ficou muito feliz." O desfecho das reuniões foi um acordo que não incluía nenhum pagamento a Rowe e concedia visitas regulares às crianças. A única condição absoluta de Debbie foi que Joe Jackson tivesse um contato muito limitado com as crianças, e sempre supervisionado. Joe já tinha feito um bom número de comentários públicos enervantes sobre as carreiras potenciais dos filhos de Michael no show business. "Eu fico observando Paris. Ela [...] quer fazer alguma coisa", Joe disse à ABC News, e então acrescentou: "Até onde eu sei, bem, eles dizem que Blanket, ele realmente sabe dançar". O acordo de custódia de Debbie com Katherine exigia que Joe assinasse um documento separado prometendo que ele manteria distância das crianças, a não ser durante as reuniões familiares. "Deixa ele totalmente fora de cena", disse Schaffel.

O acordo de custódia entre Debbie e Katherine também solidificou a posição de Grace Rwaramba em Hayvenhurst. "Debbie não tem nenhum problema com as crianças vivendo ali com Katherine e Grace", Schaffel explicou. "Mas, se Grace partir, talvez as coisas mudem." As complicações da dinâmica fluida da situação logo ficaram aparentes. Em meados de julho de 2009, La Toya Jackson disse a repórteres que ela tinha "uma série de dúvidas sobre Grace", e de fato estava "suspeitando muito" das motivações da ex-babá. Pouco tempo depois, o *National Enquirer* relatou que Rebbie Jackson e Rwaramba chegaram a trocar tapas durante uma briga que resultou de críticas de Grace sobre a forma como Katherine criava as crianças. "Não foi bem assim", disse Schaffel. "Quero dizer, a coisa veio mais de Rebbie. Até mesmo Katherine tentou conter Rebbie um pouco. Katherine e Grace estavam se dando bem. Acho que Grace sabe que Katherine é uma ótima pessoa. Mas ela está com certa idade, e tentar garantir que todos sejam bem cuidados tem sido desgastante para ela. Ela precisa estar numa situação mais tranquila. As crianças também."

Até então Rebbie tinha sido o principal apoio de Katherine Jackson na criação das três crianças, chegando a dormir ao lado da cama de Blanket nas primeiras noites depois que o garoto chegou a Hayvenhurst e disse que tinha medo de dormir sozinho. Alguns não achavam completamente inocentes os motivos da irmã Jackson mais velha. "Rebbie tentou se envolver muito no começo porque pensou que fosse ficar com as crianças", disse um conselheiro da família. "Rebbie tinha um marido malandro, e um de seus primeiros comentários, logo depois de Michael morrer, foi: 'Bem, as crianças deviam se mudar comigo para Vegas, e a herança devia me dar uma mansão na qual eu possa criá-las.'" O que distanciava Prince e Paris, disse o conselheiro, era a grande insistência de Rebbie quanto a doutrinar as crianças com suas crenças religiosas. "Rebbie é como uma Testemunha de Jeová", ele disse. "Quero dizer, realmente obcecada. E ela estava tentando impor isso às crianças. E as crianças só diziam: 'Nós não queremos isso'. Então, num determinado momento Katherine teve de dizer: 'Eu aprecio sua ajuda, Rebbie, mas posso dar conta'."

As três crianças estavam lidando com a vida em Hayvenhurst de maneiras bem distintas. Prince tinha se retraído para um mundo particular, falava raramente, a não ser para responder a perguntas, e mesmo assim as respostas eram monossilábicas. Ele estava passando horas a fio jogando Playstation, algo que nunca teve permissão para fazer enquanto seu pai estava vivo. "Ninguém conseguia saber o que estava se passando com ele", disse o conselheiro. Paris parecia estar fazendo uma transição muito mais suave. Ela era uma garota sociável, que não se incomodava em ficar sozinha enquanto se dedicava a suas atividades favoritas: ler e pintar. Paris tinha transformado seu quarto numa homenagem ao "papai", rejeitando a sugestão de Katherine de que ela decorasse as paredes com fotografias de flores e bailarinas, e em vez disso cobriu-as com fotografias e desenhos do pai. "Eu quero poder vê-lo o tempo todo", ela teria dito, segundo Katherine. Blanket continuava chorando à noite e perambulando durante o dia, com uma expressão perdida, na primeira semana depois de chegar a Hayvenhurst, mas ele pareceu relaxar aos poucos, conforme foi se aproximando da avó.

Quando os Jackson convidaram Grace para se juntar às crianças na propriedade Hayvenhurst, alguns, razoavelmente, avaliaram o gesto como um ato calculado com pelo menos duas intenções. A primeira era que acomodar Grace em Hayvenhurst poderia fortalecer a alegação da família de que eles ofereciam o ambiente mais estável e familiar para as três crianças. Outra vantagem residia no fato de os Jackson saberem que havia tabloides que pagariam uma pequena fortuna de bom grado por uma grande revelação sobre Michael e sua família, e que ninguém tinha mais a revelar do que Grace. Mantê-la por perto obviamente servia aos melhores interesses da família.

Schaffel, que tinha ajudado na reaproximação entre Grace e Katherine, insistiu que os motivos da mãe de Michael eram puros. "Tudo o que Katherine quer é o melhor para as crianças", ele afirmou. "E foi por essa razão que ela trouxe Grace de volta, para oferecer a elas uma sensação de continuidade. Diga o que quiser sobre Katherine e Grace, mas ambas amavam os filhos de Michael."

Pouco depois de se instalar na residência da família, no entanto, Grace descobriu o que Katherine Jackson já sabia: o maior obstáculo à criação de um ambiente saudável para os filhos de Michael era a própria casa. Com um número que chegava a vinte pessoas por vez dormindo na mansão, nem mesmo os mil metros quadrados bastavam para acomodar a todos com conforto. Além de Prince, Paris e Blanket, os dois filhos mais jovens de Jermaine, Jaafar, com treze anos de idade, e Jermajesty, com nove, estavam na residência, além de seus dois meios-irmãos mais velhos (filhos de Randy Jackson), Genevieve, com vinte anos, e Randy Jr., com dezoito. A mãe das quatro crianças era Alejandra Oaziaza, uma colombiana de quarenta anos que casou tanto com Randy quanto com Jermaine e se divorciou de ambos, e deu à luz duas crianças por irmão. O hábito dos filhos de Alejandra de se referirem a Jermaine, o segundo irmão Jackson com quem ela se casou, como "tio papai", costumava ser uma fonte de grande divertimento para Michael Jackson.

Também vivia na casa principal Donte Jackson, de dezessete anos, cuja paternidade não era conhecida. A explicação original para a presença de Donte era que ele era filho de Alejandra com Randy. Isso foi descartado pelas pessoas que ressaltaram que a criança tinha nascido menos de oito meses depois de Alejandra dar à luz Randy Jr., e que ninguém nunca tinha ouvido Donte se referir a Randy como seu pai. Também houve boatos por anos de que o pai biológico de Donte era na verdade Joe Jackson. Joe de fato teve no mínimo quatro, e talvez até seis filhos fora do casamento, de acordo com pessoas que conviviam com os Jackson. "Quando eu estava viajando com Michael, sempre havia estranhos se aproximando e agindo como se tivessem parentesco com ele", Schaffel recorda. "E Michael diria: 'Ah, esse é meu meio-irmão' que Joe havia tido com alguma outra mulher. Eu me lembro dessa mulher tailandesa ou filipina que Joe tinha engravidado, e de um bando de outras mulheres." O *Sun* relatou que Donte era fruto de um "caso breve" entre Michael Jackson e uma "mulher misteriosa" que poderia ser Alejandra. Schaffel tinha certeza de que esse não era o caso. "Michael costumava brincar que Alejandra tinha dormido com todos os irmãos, menos com ele", Schaffel lembra. "Ele disse que ela estava tentando chegar até ele."

O "rapper norueguês" Omer Batthi, de 25 anos, conhecido como "Monkey" na família Jackson, também chamava Hayvenhurst de lar, embora como exatamente ele tinha sido incluído entre os residentes não fosse claro nem mesmo para aqueles que, como Schaffel, conheciam a família. "Omer meio que tentava corroborar essa história de tabloide segundo a qual Michael era seu pai, mas ninguém comprava, então ele acabou desistindo", disse Schaffel. "Mas Katherine deixou ele ficar por perto. Não sei por quê." Katherine realmente gostava do jovem, um dos conselheiros disse, e estava decidida a cuidar dele.

Mesmo depois de Grace Rwaramba se mudar para a propriedade, uma mulher da Nação do Islã chamada irmã Rose, a babá que Michael havia contratado na época em que viveu na mansão Carolwood, também permaneceu na casa. Os irmãos de Michael, Jermaine e Randy, passavam as noites em Hayvenhurst, assim como La Toya, enquanto outros irmãos de Jackson visitavam de vez em quando e em geral levavam seus filhos junto. Além de Grace e da irmã Rose, um bom número de empregados também vivia na casa.

O que ninguém que sabia da história completa discutia era que Alejandra Oaziaza tinha sido o epicentro da confusão na propriedade Hayvenhurst por anos. Sua beleza sul-americana tinha enfeitiçado vários dos Jackson desde que ela havia se envolvido com Randy, aos dezesseis anos. Depois de mais de vinte anos morando em Hayvenhurst, a mulher que Prince, Paris e Blanket chamavam de tia parecia especializada em atuar como uma força perturbadora.

"O que realmente desencadeou os problemas na casa", disse Schaffel, "foi Alejandra sabotando tudo o que Grace fazia, porque Alejandra pensava nos filhos de Michael como seu próprio vale-refeição. Ela basicamente tentava insinuar para as crianças que era a segunda melhor coisa depois da mãe delas. Sempre que Grace dizia: 'Faça sua lição de casa. Não assista televisão. Vá para a cama', Alejandra dizia: 'Ah, fique acordado até a hora que quiser. Não dê ouvidos à Grace. Ela não é sua família. Eu sou. Ela é só uma ajudante contratada'. E Alejandra é bacana, certo? Ela basicamente deixava as crianças ficarem acordadas a noite toda, tomarem sorvete, navegarem na internet, o que quisessem fazer."

Michael não deixava que seus filhos entrassem na internet e impunha muitas restrições quanto ao que eles podiam assistir na televisão. "Ele fazia com que lessem", recorda Tohme Tohme. "Eu nunca os vi sem um livro nas mãos. Liam o tempo todo. Michael não deixava que mexessem no computador nem nada assim. Sempre um livro."

"As crianças foram criadas com muitos bons modos", disse Schaffel. "Elas sempre diziam olá, até mais, por favor, obrigado, de nada, porque foi assim que Michael as ensinou. Mas quando elas foram viver em Hayvenhurst, seu mundo mudou completamente. Elas tinham internet lá, e todas as crianças tinham seu próprio computador. As crianças ficavam no computador, seus pais ficavam no computador. Era o jeito que as coisas funcionavam lá. Então, com a permissão de Alejandra, e até encorajados por ela, elas começaram a ler umas porcarias sobre Debbie, sobre Michael ser um pedófilo, e elas nunca tinham sido expostas a nenhuma daquelas informações antes."

Uma das piores influências de Alejandra (e da internet) em Prince, Paris e Blanket, disse Schaffel, foi a dificuldade que as crianças passaram a ter para desenvolver um relacionamento com a mãe biológica. "As crianças não queriam ter nada a ver com Debbie, embora ela quisesse muito vir a conhecê-las. Foi muito doloroso para ela."

Katherine Jackson disse que não sabia o que fazer. "Ela não queria cortar a internet da casa por causa de Genevieve e das outras crianças, Donte e Randy Jr., e elas diziam que precisavam da internet para a escola e para suas vidas", explicou Schaffel. "E enquanto isso, os filhos de Michael viam o jeito rude e desagradável com que os filhos mais jovens de Alejandra, Jaafar e Jermajesty, tratavam Grace. Eles sempre a xingavam e diziam: 'Você é uma ajudante contratada'. Prince e Paris começaram a responder para ela também. E sempre que Grace tentava estabelecer limites, Alejandra a sabotava. Não demorou muito, então, para Grace começar a dizer que não sabia quanto tempo conseguiria ficar em Hayvenhurst com Alejandra na casa. A coisa toda se resumiu a Katherine começar a se dar conta de que teria de encontrar outra casa para criar os filhos de Michael separadamente."

Nada mostrou tão bem como a família Jackson funcionava — ou não funcionava — quanto o anúncio de que o funeral de Michael, agendado para o dia de seu aniversário de 55 anos, seria adiado. Ken Sunshine deu a notícia, mas não explicou o motivo do atraso. Joe Jackson disse aos repórteres apenas que a família "precisava resolver umas coisas antes". O que ele não disse foi que essas coisas envolviam aparições de membros da família em diversos eventos, para as quais eles receberiam gratificações generosas. O próprio Joe tinha combinado de passar a manhã do aniversário de Michael com La Toya no Nokia Theater, em Times Square, em Nova York, onde eles ofereceriam aos fãs, a 25 dólares por ingresso, uma "comemoração de aniversário" para Michael chamada Longa Vida ao Rei!. Em seguida Joe pegaria um jato até Las Vegas para aparecer junto com Robin Leach na instalação de sua "Celebrity Star" no chão do Brenden Theaters, no Palms.

O funeral finalmente se deu na noite de 3 de setembro de 2009, uma data cujo único significado especial era a ausência de aparições pagas para algum membro da família. Incêndios florestais descontrolados na Angeles National Forest iluminaram o horizonte ao norte, transformando o céu num vermelhão esfumaçado assustador. De longe, a cena parecia um extra do clipe "Thriller". Também pareceu apropriado que a frota de Rolls-Royce que levava a família Jackson ao cemitério Forest Lawn fosse toda composta por modelos Phantom.

Um comboio com mais de vinte veículos pretos compridos fez a viagem da propriedade Hayvenhurst até Glendale. Entre aqueles que saíram das limusines sortidas e se encaminharam até o Grande Mausoléu estavam Lisa Marie Presley,

Quincy Jones, Berry Gordy, Chris Tucker, Macaulay Culkin e sua namorada atriz Mila Kunis, Kenny Ortega e Travis Payne, o reverendo Al Sharpton e o astro de baseball Barry Bonds, na época enfrentando acusações federais. A convidada mais notável era Elizabeth Taylor, então com 77 anos, que tinha ignorado a comoção pública na cerimônia no Staples Center, mas chegou cedo a Forest Lawn, numa cadeira de rodas que foi posicionada ao lado de uma fileira de assentos antes da maior parte dos convidados chegarem. Joe Jackson também chegou sozinho, mas sentou na primeira fileira, ao lado da ex-mulher e dos filhos, que apareceram vestidos com smokings pretos iluminados por gravatas vermelhas e lenços de bolso, o traje todo ressaltado ainda pela mesma luva prateada sem par que eles haviam usado na cerimônia memorial. As ausências mais notáveis foram as de Stevie Wonder, que não foi para não "chamar a atenção", e de Debbie Rowe, que foi convidada, mas decidiu ficar em casa.

Devido ao calor sufocante de uma tarde em que a temperatura não saiu dos 32 °C até depois do pôr do sol, a cerimônia em si seria conduzida num jardim em frente ao Grande Mausoléu, de onde o caixão banhado a ouro foi carregado até o palco construído especialmente para a ocasião, e em seguida adornado e cercado por imensos buquês de lírios brancos e rosas brancas. Duas pinturas grandes do astro, ambas da "Época Thriller", flanqueavam o palco.

A reza de abertura do funeral não foi feita por uma Testemunha de Jeová, e sim pelo pastor Lucious Smith, da Igreja Batista da Amizade de Pasadena, que começou recitando o versículo 7 do capítulo 3 do Eclesiastes. "Tempo de rasgar, e tempo de costurar; tempo de calar, e tempo de falar." A execução do hino gospel "His Eye Is on The Sparrow" [Seu olho está no pardal] levou boa parte dos presentes às lágrimas, e Clifton Davis apresentou uma versão de "Never Can Say Goodbye", do Jackson 5, de parar o coração. Lisa Marie chorou durante toda a cerimônia e pareceu, de alguma forma, assumir junto com Katherine a função de liderar o pranto. A morte de Michael havia transformado a atitude de Lisa Marie em relação a ele de forma ao mesmo tempo previsível e surpreendente. Da última vez que Michael havia telefonado para ela, em 2005, pouco depois de ter sido absolvido das acusações criminais, "ele perguntou se eu ainda o amava", Lisa Marie diria a Oprah Winfrey um ano depois. Michael disse que "queria me dizer que eu estava certa sobre muitas das pessoas ao redor dele, que as coisas acabaram exatamente como eu e ele havíamos conversado anos atrás", Lisa Marie lembrou. Michael "estava tentando jogar uma linha para ver se eu mordia, emocionalmente, e eu não mordi", ela afirmou. Quanto à pergunta dele se ela ainda o amava, "eu disse que era indiferente", Lisa Marie recordou, "e ele não gostou daquela palavra, e chorou". Ainda assim, por alguma razão, ela chorou durante o dia todo em que Michael morreu, Lisa Marie disse a Winfrey, mesmo antes de ter ficado sabendo da notícia. "Eu estava na Inglaterra e, não sei por quê, mas foi o dia mais estranho da minha vida [...]. Eu estava tentando trabalhar, e fui para casa e estava preparando minha comida, comendo meu jantar, e chorando. E eu queria subir e ver algo sem importância na televisão e parar de chorar. Olhei para o meu marido e disse: 'Eu não sei o que há de errado comigo, eu não consigo parar', e aí uma hora depois veio o telefonema, e eu fiquei sabendo." Ela ainda estava chorando mais de dois meses depois. Lisa Marie passou o tempo desde a morte de Michael "tentando entender", ela diria a Winfrey, "porque em algum momento eu afastei aquilo, e eu tinha de continuar com a minha vida, e quando aconteceu foi como se um maremoto tivesse trazido tudo de volta".

Quando Elizabeth Taylor ergueu-se da cadeira de rodas para falar, sua voz embargada deu um poder complexo às palavras simples: "Nós não deveríamos estar aqui. Não devia ter acontecido! Ele não devia ter morrido". Joe divagou sobre as pessoas que tinham tentado "sacanear" Michael e avisou que ele e o resto da família encontrariam os responsáveis pela morte de seu filho e fariam com que eles pagassem, mas a avareza mal disfarçada do pai de Michael foi esquecida momentos depois quando um jovem coberto de cicatrizes ergueu-se para falar.

David Rothenberg havia se tornado uma figura pública em 1983, quando, aos seis anos de idade, foi vítima de um crime que chocou o sul da Califórnia de uma maneira que nenhum outro evento daquela década. O terrível pai de David, Charles Rothenberg, buscando vingança contra sua ex-esposa em uma disputa amarga por custódia, tinha coberto seu filho de querosene e posto fogo nele enquanto o garoto dormia em um quarto de hotel. David sobreviveu, mas queimaduras de terceiro grau cobriam mais de 90% de seu corpo, deixando-o tão horrivelmente deformado que não havia cirurgia plástica capaz de reconstruir seu rosto.

Protegido por sua mãe dos olhares de pena dos adultos que estremeciam involuntariamente ao vê-lo pela primeira vez, o garoto ainda tinha vislumbres das expressões aterrorizadas das crianças que ele viu fora da ala para queimaduras. Ele tinha acabado de fazer sete anos e ainda estava passando por cirurgias quando foi convidado pela primeira vez para visitar Michael Jackson em sua casa, recordou David Rothenberg, durante o ápice do sucesso de *Thriller*. Michael o encarou nos olhos e o abraçou naquela ocasião, e em todos os seus encontros posteriores, o jovem lembrou. Ele tinha visitado o rancho Neverland muitas vezes no decorrer dos anos, e se tinha certeza de alguma coisa neste mundo era que Michael Jackson nunca machucaria uma criança. "Michael sempre me apoiou", concluiu David Rothenberg. "Em todos os momentos, ele nunca se afastou de mim."

Os três filhos de Michael passaram a cerimônia toda sentados na primeira fileira. Antes do começo, eles tinham tido permissão para se aproximar do caixão juntos e colocarem uma coroa de ouro na cabeça do pai. No final, Prince e Paris estavam tão desgastados que dormiram nos ombros um do outro no banco de trás de uma Rolls-Royce. Blanket, no entanto, ficou acordado e continuou chorando enquanto as crianças eram conduzidas de volta à rua.

Todos já tinham partido quando o caixão de Michael foi carregado de volta ao Terraço Sagrado e colocado no Santuário da Ascensão, onde ele permaneceria, Forest Lawn prometera à família, enquanto o prédio existisse.

No dia 27 de agosto de 2009, uma semana antes do funeral de Michael Jackson, o Instituto Médico Legal do condado de Los Angeles tinha determinado oficialmente a morte do artista como um caso de homicídio.

"Intoxicação aguda por propofol com efeito benzodiazepínico" foi a causa citada no relatório do legista, que listava as drogas no sistema de Jackson como "propofol, lorazepam, midazolam, diazepam, lidocaína e efedrina". A acusação implícita de uma polifarmácia tão imprudente era uma indicação clara de que o dr. Conrad Murray seria acusado pela morte de Michael.

O chefe do departamento de polícia de Los Angeles, William Bratton, havia dito aos repórteres já no dia 9 de julho que seus detetives estavam investigando um possível homicídio, mas teriam de esperar pelos relatórios de toxicologia do legista. Uma descoberta de que os benzodiazepínicos em seu sistema tinham contribuído para a morte de Michael Jackson certamente complicaria as coisas. O *Los Angeles Times* citou uma alta autoridade da polícia que teria dito que, mesmo que o legista determinasse que a morte de Jackson havia sido um homicídio, era possível que nenhuma acusação fosse apresentada, devido ao bem conhecido histórico de abuso de drogas do artista. Se o legista determinasse que foi o propofol que matou o sr. Jackson, acrescentou a fonte do *Times*, então Murray e qualquer outro médico envolvido no fornecimento ou administração da droga poderia muito bem enfrentar acusações de homicídio culposo.

Além da investigação independente conduzida pelo Instituto Médico Legal do condado de Los Angeles, no mínimo sete agências estatais, locais, federais e estrangeiras estavam trabalhando com os detetives de Los Angeles. A participação da Agência Antidrogas Americana não se deveu apenas ao "conhecimento específico" da DEA, mas também ao fato de que a agência tinha autoridade para operar através de fronteiras jurisdicionais. Notícias de que os departamentos policiais de Las Vegas e Houston estavam colaborando com a investigação de Conrad Murray não foram uma surpresa, mas foi anunciado que também estavam envolvidos o departamento de polícia de Nova York; a polícia do condado de Dade, na Flórida; a Scotland Yard, em Londres, e a Interpol. O procurador-geral do estado da Califórnia, Jerry Brown, disse aos repórteres que seu escritório fazia uma mineração dos bancos de dados digitais atrás de informações sobre substâncias controladas que haviam sido fornecidas a Michael por meio de vários médicos e farmácias através de diversos pseudônimos. Uma equipe de médicos da junta médica da Califórnia também foi reunida para determinar se Conrad Murray e/ ou os outros médicos podiam ser culpados por negligência no tratamento de Michael Jackson, uma descoberta que teria de ser feita para se manter uma acusação de homicídio culposo.

Já no dia 4 de julho, o *Los Angeles Times* relatou que os investigadores estavam "concentrando-se em ao menos cinco médicos que prescreveram remédios a Michael Jackson". Nenhum dos médicos foi nomeado, mas ninguém precisava de fontes internas para saber que um deles era Arnold Klein. Entre os primeiros mandados de busca executados pela DEA estava o que exigia da Mickey Fine Pharmacy a entrega de "todos o registros, relatórios, documentos, arquivos, inventários e informações escritas" em relação à sua distribuição de substâncias controladas. A batida na Mickey Fine parecia ter como alvo principal o dermatologista, cujo consultório ficava no andar de cima, e não houve mais dúvida disso quando o legista assistente do condado de Los Angeles, Ed Winter, apareceu na porta do dr. Klein para apresentar uma intimação exigindo informações sobre arquivos médicos sob sua posse.

Klein estava respondendo a perguntas difíceis desde a tarde em que Michael Jackson havia morrido, quando Debbie Rowe ligou para o médico e, de acordo com Jason Pfeiffer, "começou a gritar com ele. Eu a escutei dizer: 'O que você deu para ele?', e Klein disse: 'Eu não estava lá. Eu não dou Demerol para ele há uns dois dias'".

Ed Winter diria que se interessou pelo dr. Klein quando examinou os mais de trinta frascos e pacotes de medicação que foram encontrados na suíte principal de Michael Jackson na mansão Carolwood. "Nós encontramos receitas médicas nos nomes de Omar Arnolds e Peter Madhonie, entre outros", recordou Winter. "Elas eram especificamente de Klein." Winter apresentou imediatamente uma petição para que os arquivos médicos do dr. Klein fossem entregues, e quando o investigador visitou o consultório de Klein em meados de julho, os repórteres já estavam atrás da história.

Em público, Klein parecia tão confiante como sempre, dando início a uma ofensiva pela mídia no instante em que seu nome começou a aparecer ligado à investigação criminal. Embora não disposto a revelar muita coisa sobre as receitas de Demerol e Dilaudid que havia feito para Michael Jackson ao longo dos anos, e se recusando a dizer uma palavra sequer sobre as 27 ocasiões nas quais ele tinha feito receitas para si mesmo, entre a volta de Jackson aos Estados Unidos da Irlanda em 2008 e sua morte em 2009, Klein queria deixar claro que ele nunca tinha receitado propofol para Michael nem para qualquer outra pessoa. "Eu não dei para ele aquela porcaria da qual eles estão falando", Klein exclamou exaltado para um entrevistador do programa *Good Morning America*, da ABC. "Como eu vou prescrever Diprivan se eu nem entendo como se usa?" A declaração de Klein pareceu convincente quando ele acrescentou que quem quer que tivesse fornecido e administrado propofol para Michael, deveria ser tratado como um criminoso: "Não passa de homicídio culposo, ou algo ainda pior".

Em agosto, Klein era apenas um em meio a dúzias de médicos que estavam evitando ou respondendo a acusações segundo as quais eles tinham fornecido substâncias controladas a Michael Jackson. Haviam sido apresentadas petições para obter os registros médicos não só de Arnold Klein, mas também de Mark Tadrissi, o dentista que tinha admitido dar propofol para Michael e seu filho; do dr. David Adams, um médico de Las Vegas que supostamente admitiu à polícia de Los Angeles que deu propofol a Michael Jackson antes de Conrad Murray; e do dr. David Slavit, que conduziu o exame médico independente de Michael para a AEG. O assistente do legista chefe, Winter, chegou sem ser anunciado à clínica do dr. Larry Koplin, em Beverly Hills, com um mandado de busca pouco depois de sua visita ao consultório de Arnold Klein na mesma rua, exigindo examinar os registros de uma enfermeira que havia trabalhado como anestesista no consultório de Koplin durante a época em que Michael Jackson havia sido seu paciente. Winter também visitou o dr. Randy Rosen na Clínica Médica Spalding Pain, em Beverly Hills, um centro cirúrgico ambulatorial de luxo onde Arnold Klein havia, supostamente, requisitado serviços de anestesistas enquanto realizava uma série de procedimentos estéticos, incluindo, talvez, alguns em Michael Jackson. A Clínica Médica Spalding Pain também era, acabou se descobrindo, onde Debbie Rowe havia dado à luz Paris Jackson, em 1998. Sabendo que ele podia ser o próximo na lista, o dr. Allan Metzger mandou seu advogado de celebridades Harland Braun dizer aos repórteres que, embora seu cliente "tivesse dado ao sr. Jackson uma receita para um sedativo leve em 2009, pois Michael estava reclamando de não conseguir dormir", o dr. Metzger "recusou Michael Jackson" quando o artista pediu propofol. O médico não via o sr. Jackson desde a visita em abril de 2009 à casa de Michael, acrescentou Braun, ocasião na qual "ele recusou o pedido de Michael por Diprivan". Mesmo sem um mandado de busca ter sido apresentado, o dr. Metzger estava colaborando plenamente com as autoridades, acrescentou o advogado: "Nós entregamos todos os registros do dr. Metzger à polícia de Los Angeles".

Alex Farshchian, por outro lado, estava recorrendo a uma estratégia de "fuga e esquiva", recusando-se até mesmo a admitir que estava entre os médicos sob investigação. Muitas outras pessoas, no entanto, estavam falando com policiais sobre alegações de que o médico de Miami tinha "feito receitas demais" de drogas antiansiedade para Jackson numa época em que Michael estava tomando até quarenta comprimidos de Xanax por dia. Os detetives da polícia de Los Angeles revelaram em entrevistas confidenciais que estavam convencidos de que Farshchian tinha fornecido Demerol a Jackson por anos.

Enquanto Farshchian se mantinha em silêncio, vários outros médicos que não estavam envolvidos na investigação decidiram ser proativos com a mídia e esclarecer que não estavam entre os fornecedores de Michael Jackson. O médico Eugene Aksenoff, sediado em Tóquio, que havia tratado tanto Michael quanto seus filhos durante suas visitas à cidade, disse ao *Japan Times* que ele havia recusado firmemente aos pedidos de Michael por estimulantes (embora ele não tenha dito nada sobre medicamentos para dormir), e formulou a hipótese de que o uso exagerado de medicamentos para branquear a pele por parte de Michael havia contribuído para os sintomas que o perseguiram nos anos posteriores, incluindo sua insônia. Deepak Chopra, que se formara como clínico geral e endocrinologista muito antes de se tornar um guru de autoajuda de celebridades, criticou abertamente os médicos que tinham alimentado o vício em drogas de Michael. "Nós colocamos traficantes na cadeia, mas damos licenças a médicos que fazem a mesma coisa", disse Chopra em uma de suas muitas entrevistas. "Eu sei, por experiência própria, que eles preenchem diversas receitas e até mesmo usam nomes falsos... Esse culto dos médicos traficantes de drogas, e seus relacionamentos de codependência com celebridades viciadas, precisa parar."

Médicos e farmacêuticos não eram os únicos preocupados com a investigação do histórico do uso de drogas de Michael Jackson. Pelo menos doze funcionários antigos e atuais ou acompanhantes do astro estavam sob suspeita de ter, de alguma forma, facilitado a obtenção de substâncias controladas, em geral deixando que ele usasse seus nomes em receitas e/ou buscando as drogas em diversas farmácias em Los Angeles, Beverly Hills, Santa Barbara, Las Vegas e Miami. Se pessoas como seus zeladores, Joe Marcus e Jesus Salas, podiam provar o contrário, não era claro, e o mesmo pode ser dito sobre Frank Cascio, cujo nome real, bem como seu pseudônimo, Frank Tyson, haviam sido usados em receitas. Os nomes de pelo menos dois funcionários de Michael na época de sua morte, Kai Chase e Michael Amir Williams, estavam listados entre os "nomes utilizados" nos mandados de busca apresentados na casa e no consultório de Conrad Murray, assim como Paul Farance, Bryan Singleton, Jimmy Nicholas, Roselyn Muhammad, Faheem Muhammad, Fernand Diaz e Peter Madonie. O nome do filho mais velho de Michael, Prince, assim como o de Jack London, escritor há muito tempo falecido, e da lendária artista de cabaré dos anos 1930, Josephine Baker, também foram listados nos mandados de busca como nomes que Jackson talvez tivesse usado para conseguir medicamentos controlados nos últimos meses de vida. Itens confiscados na batida feita ao escritório de Conrad Murray incluíam um CD com a inscrição "Omar Arnold", o nome que Michael havia usado ao longo de anos em suas receitas médicas. Mesmo pessoas como Joey Jeszeck, que havia cooperado por anos com as autoridades e descrito livremente o uso de drogas de Michael em 2003 e 2004, estavam sendo forçadas a passar por maiores questionamentos por diversas agências de aplicação da lei, sob ameaça de processo, caso deixassem de informar tudo o que sabiam.

O dr. Murray, no entanto, ainda era o alvo principal. Em 28 de agosto de 2009, no dia seguinte ao relatório do legista, que determinou oficialmente que a morte de Michael Jackson havia sido um homicídio, o departamento de polícia de

Los Angeles anunciou que estava encaminhando o caso para os promotores, a quem caberia decidir se acusações criminais seriam apresentadas. Murray foi largado como folha ao vento por semanas enquanto a mídia especulava interminavelmente sobre a força do caso. O histórico de abuso de drogas de Jackson, muito anterior à presença de Murray em sua vida, era um fator atenuante, mas não o isentava de culpa. Muito mais importante para a promotoria do condado de Los Angeles era o fato de a polícia não ter protegido a mansão Carolwood nos dias que seguiram à morte de Michael, permitindo que os membros da família Jackson removessem, supostamente, não apenas o dinheiro escondido embaixo dos tapetes como também caminhões cheios de bens, o que certamente geraria problemas de cadeia de custódia num julgamento criminal. Entre os itens perdidos estava o computador pessoal de Michael.

Murray permaneceu em liberdade depois de pagar a própria fiança, e estava morando em Houston em novembro, quando fez os primeiros comentários referentes ao caso para colegas de sua Igreja Batista Galileia. "Eu sei qual o problema", ele disse, e então tentou se retratar como um médico bem-intencionado que estava sendo transformado num bode expiatório: "Eu, com minha compaixão, estava apenas tentando ajudar ao próximo. Mas parece que estava no lugar errado na hora errada". Ele ainda não tinha sido condenado por crime algum e mantinha sua licença para praticar medicina, Murray lembrou aos paroquianos. Ele continuaria atendendo pacientes em sua clínica na área de Acres Homes. Seu advogado, Chernoff, explicou a razão, numa declaração emitida naquele mesmo dia: "Devido a precárias condições financeiras e a pedidos de muitos de seus amados pacientes [...] o dr. Murray pretende voltar a clinicar em Las Vegas e Houston. Sua decisão de voltar a atender primeiro em Houston foi feita levando em conta a necessidade maior dos pacientes de baixa renda que procuram seus serviços, bem como o custo proibitivo de reabrir sua clínica em Las Vegas".

O efeito que isso causou em Los Angeles foi um aumento da pressão sobre as autoridades para darem início a um processo que, no mínimo, tiraria a licença médica de Murray. Em janeiro de 2010, quando informações vazadas do escritório da promotoria indicaram que as acusações eram iminentes, Chernoff postou uma declaração em seu site anunciando que seu escritório estava "negociando com o escritório da promotoria a entrega do dr. Murray". No dia 8 de fevereiro de 2010, Murray foi oficialmente acusado por homicídio culposo, crime que acarreta uma pena máxima de quatro anos em prisão estadual. Depois que o réu declarou-

-se inocente, a promotoria revelou que faria uma audiência preliminar no fórum público em vez do ambiente privado de um processo perante o júri.

A família Jackson já tinha decidido que Conrad Murray não seria o único a pagar. Os Jackson levaram pouco tempo para reconhecer que denúncias de crimes intencionais não eram necessariamente a melhor forma para lucrar em cima da morte de Michael. A sugestão de que Tohme Tohme era o líder da "conspiração" por trás de todos os acontecimentos foi minada pela percepção gradual da família de que Tohme não tinha estado por perto nas últimas semanas de vida de Michael. Enquanto Murray era o alvo primário das forças da lei, um processo civil contra o médico dificilmente renderia uma grande soma devido ao número de credores que já tinham reivindicado os bens cada vez mais escassos do homem. Conforme o verão de 2009 foi se aproximando do fim, um vago esboço de uma estratégia legal começou a aparecer nas obscuras insinuações da família. Joe Jackson tinha começado a sugerir que Michael havia sido "levado" à morte por pessoas que pretendiam explorar seu talento, e lembrou aos repórteres que o dr. Conrad Murray era funcionário da AEG, e não de seu filho. Como que se aproveitando da deixa, La Toya Jackson confidenciou a um repórter britânico que Paris Jackson acreditava que seu pai havia sido levado para além de seu limite pelos produtores dos shows This Is It: "Ela disse: 'Não, você não entende. Eles continuaram forçando-o, e papai não queria aquilo, mas eles o forçaram o tempo todo'. Eu me senti tão mal."

A família percebeu com desgosto que, em vez de ter de lidar com a perda de 30 milhões noticiada pela mídia nos dias que seguiram à morte de Michael, a AEG provavelmente conseguiria um lucro substancial com o acordo This Is It. A descoberta de morte por overdose poderia dificultar que a empresa recebesse os pagamentos do seguro que compensariam os investimentos, estimados em 25 milhões de dólares já gastos na preparação para os shows em Londres, mas a empresa teve a ideia perspicaz de oferecer àqueles que já tinham comprado ingressos para o show a escolha entre um reembolso completo ou um ingresso especial de "souvenir" com uma imagem tridimensional de Michael Jackson. Cerca de metade dos quase 1 milhão de pessoas que recebeu essa oferta optou pelo souvenir, o que significava que a AEG reteria cerca de 50% dos 85 milhões de dólares que havia recebido. A gravação em alta definição dos ensaios de Michael para os shows This

Is It, guardada nos cofres da AEG no Staples Center, foi oferecida como material não editado para a produção de um filme, e os estúdios de Hollywood começaram uma disputa pelo material. A Sony ofereceu 50 milhões logo de cara. Também se disse que a AEG estava considerando um show televisionado de tributo na O2 Arena que usaria o palco e a coreografia dos shows *This Is It*, um espetáculo que poderia ficar em cartaz por semanas ou até mesmo meses e gerar mais milhões de dólares em lucros.

Enquanto isso, Patrick Allocco e a AllGood Entertainment estavam travando uma batalha jurídica com o espólio de Jackson, exigindo 300 milhões de dólares que, segundo a empresa, deveriam ser pagos com os lucros do filme *This Is It* que estava sendo planejado e com os rendimentos do catálogo Sony / ATV. A alegação da AllGood de que Frank Dileo, ao se apresentar como empresário de Michael Jackson, tinha feito uma promessa escrita de que Jackson faria uma turnê pela empresa gerou alguns problemas potencialmente complexos. Dileo não era o empresário de Michael na época do acordo com a AllGood, segundo os responsáveis pelo espólio de Jackson, que agora estavam pagando Dileo por ter, supostamente, agido como empresário do artista durante o período de preparação para os shows — um acordo que fora negociado exclusivamente por Tohme Tohme, que não estava recebendo nenhum centavo do patrimônio. O processo da AllGood também acusava a AEG Live, que ainda estava em negociação com o espólio de Jackson, e acolhia Dileo sabendo que talvez ele fosse necessário como testemunha nos diferentes processos que a empresa esperava poder receber por parte de Tohme e da família Jackson. No fim das contas, o fato de a AllGood ter um contrato tão mal redigido e ter deixado de fazer o adiantamento de vínculo, prometido naquele mesmo acordo, invalidou toda a questão, e o caso foi indeferido pelo tribunal federal depois de um pedido de julgamento sumário feito por Howard Weitzman.

Mas não seria tão fácil para a AEG e o espólio se livrarem das alegações da família Jackson e de Tohme Tohme. A empresa esperava desde o começo o ataque dos Jackson, e reconheceu que a família estava usando a imensa base de fãs de Michael Jackson e a mídia para construir um caso de relações públicas contra ela. "É fácil nos fazer passar por vilões corporativos que tiraram vantagem de Michael Jackson", queixou-se Randy Phillips numa entrevista para a revista *Fortune* em outubro de 2009. "Mas foi o contrário — fomos nós que apoiamos Michael Jackson e devolvemos a ele seu sonho." Frank Dileo e Kenny Ortega, duas testemunhas-chave nos processos, eram claramente aliados da AEG. Ambos haviam feito diversos comentários públicos sobre como Michael Jackson parecia estar em forma e preparado nos últimos dias e semanas de ensaios para os shows na O2 Arena. "Eu vi um cara que queria se apresentar", Dileo disse à ABC. "Mas ele queria fazer a coisa direito. E estava forte o bastante. Estava malhando todos os dias. Se ele não estivesse saudável, se houvesse algo de errado, eu o teria impedido. Não havia nenhuma razão para impedi-lo." Lembrando aquela última "excelente semana" de ensaios, Ortega falou de um Michael Jackson que "mal podia esperar para ir para Londres", e descreveu sua morte como "um acidente": "Eu não acho que todos contribuíram para sua vida da maneira mais positiva", admitiu Ortega numa entrevista, "mas não acho que essas pessoas possam ser consideradas responsáveis. Michael tinha cinquenta anos. Era pai. Um profissional. Um homem de negócios." Com Dileo no bolso, a AEG e o espólio pareciam também ter conquistado Ortega ao nomeá-lo diretor do filme *This Is It*, que estava sendo feito com base nas gravações do ensaio.

O filme *This Is It* mostrou ao mundo um Michael Jackson que, como sempre, representava coisas diferentes para pessoas diferentes. Muitos críticos e fãs concordaram com a descrição do astro feita pelo TheWrap.com, como possuindo "uma presença supreendentemente ágil e energética, pulando pelo palco e estimulando os dançarinos e músicos a darem o seu melhor — muito diferente da imagem 'Howard Hughes' definhando em seus dias finais que foi mostrada pelos tabloides". No entanto, outras pessoas, que conheciam Michael pessoalmente, disseram ter achado doloroso ver como ele parecia diminuído no filme. "Ele estava fazendo exatamente as mesmas coisas que fez na turnê HISTORY", reclamou Dieter Wiesner. "Eu vi em seus olhos como ele estava triste, por estar fazendo a mesma coisa de novo, só que não tão bem." Tohme Tohme disse que via Michael muito mais magro e de aparência bem mais frágil do que quando tinham viajado para Londres em março de 2009. "No filme, ele estava dançando mais com as mãos, ele mal mexia a parte inferior do corpo", disse Tohme. "Não era o mesmo Michael que eu vi em março e abril."

Comentários desse tipo poderiam ter feito de Tohme uma excelente testemunha para os Jackson num processo contra a AEG, mas o ex-empresário de Michael estava longe de se dar bem com a família, ainda convencido de que Joe e Katherine haviam conspirado com Dileo e Leonard Rowe contra ele, e que, com isso, eles tinham contribuído para a morte do filho. "Se eu estivesse lá, de forma alguma esse dr. Murray estaria naquela casa", afirmou Tohme. "Eu nunca teria deixado Michael perder tanto peso. Eu não teria deixado isso acontecer com ele. Ele ainda estaria vivo se aquela gente não o tivesse separado de mim."

Com a chegada do fim de 2009, ficou mais conturbado o relacionamento já repleto de atritos entre Tohme, o espólio de Michael Jackson e os três executores do espólio — John Branca, Howard Weitzman e Joel Katz. Branca e sua equipe jurídica apoiavam Frank Dileo, que alegava ter sido o empresário de Michael Jackson "na vida e em morte". Foi amplamente divulgado que o espólio estava acomodando Dileo no Beverly Hilton e pagando a ele uma soma não divulgada de dinheiro por serviços não detalhados em registros públicos.

Tohme sentiu-se traído ao ver que Randy Phillips parecia estar se deixando levar pela história de que Dileo era o empresário de Michael Jackson. Ele sabia que, sem Phillips, não haveria como Frank Dileo ter sido nomeado produtor no filme *This Is It*. "Eu fiz o acordo This Is It sozinho", ele disse. "Randy sabe disso. Ele disse isso em público. Mas é Dileo que está recebendo crédito e dinheiro pelo filme." Tohme estava perturbado com sua descoberta tardia de que Phillips tinha oferecido a Dileo uma sala na AEG durante as últimas semanas de vida de Michael Jackson, e ainda mais incomodado por ter ficado sabendo que a AEG ainda estava cuidando de Dileo de diversas formas, até mesmo usando os carros e motoristas da empresa para levá-lo a diversos eventos da indústria da música, incluindo a cerimônia de premiação do Grammy. Phillips havia dito a vários veículos de imprensa, incluindo a revista *Rolling Stone*, que Tohme tinha permanecido como empresário de Michael até o fim. Foi Randy, ressaltou Tohme, que tinha insistido com ele para anunciar a morte de Michael com Jermaine Jackson no UCLA. Naquele dia, Phillips tinha apresentado Tohme para as pessoas como o empresário de Michael Jackson, mas em seus acordos com Branca e com o espólio, Phillips supostamente não tinha tanta certeza. Sob pressão dos advogados da AEG para não fazer comentários, Phillips diria apenas, acerca da disputa sobre quem empresariava Michael Jackson, que "havia bastante confusão, parte criada pelo próprio Michael".

27.

As estratégias conflitantes, os interesses ocultos e as disputas entre facções que fervilhavam por baixo da fachada de aparente união da família Jackson ofereciam todos os pontos de vulnerabilidade de que John Branca precisava para demolir os argumentos deles contra a sua administração do espólio de Michael Jackson.

No final do verão de 2009, Randy Jackson era o líder da oposição a Branca, numa ação conjunta com o pai. Os dois homens, e a maior parte da família Jackson, a bem da verdade, tinham suspeitas quanto ao testamento de 2 de julho de 2002 e ao documento do Fundo Familiar Michael Jackson, que Branca tinha tirado dos arquivos de seu escritório de advocacia. Vários advogados haviam dito a eles que existiam razões sérias para essa suspeita. A decisão possivelmente questionável de Branca de permitir que o seu escritório preparasse um testamento que nomeava a ele próprio como administrador de um espólio que incluía uma das mais valiosas propriedades de toda a indústria do entretenimento — metade das ações do catálogo Sony / ATV — era só uma das possíveis falhas.

Advogados especializados em direito de sucessão concordavam de maneira quase unânime que tanto o testamento quanto o documento de criação do fundo pareciam ter sido bastante malfeitos. Os documentos eram muito mais curtos, muito mais simples e muito menos detalhados do que se poderia esperar quando estava em questão o destino de uma fortuna pessoal tão grande. A ausência de cláusulas que protegessem o espólio de Michael Jackson de encargos fiscais deixava perplexos alguns advogados que tinham lido o documento do fundo. Vários deles disseram que o erro era tão evidente que permitia questionamentos sobre uma violação de dever fiduciário. E havia ainda o fato de que o fundo havia sido preparado e executado em março de 2002, cerca de quatro meses antes da data que constava da página da assinatura do testamento. É comum (embora isso não ocorra sempre) que o testamento e o acordo fiduciário de uma pessoa sejam executados no mesmo dia.

O que mais chamou a atenção da família de Michael, porém, foi que os filhos dele não haviam sido citados com seus nomes oficiais. No testamento, o nome do menino mais velho aparecia como "Prince Michael Jackson Jr.", quando na verdade seu nome é Michael Joseph Jackson Jr. (sem "Prince"); o nome da menina omitia o hífen entre Paris e Michael, e o mais novo era identificado como "Prince Michael Joseph Jackson II", quando na verdade é Prince Michael Jackson II (sem "Joseph"). Todos os Jackson e a maior parte das pessoas que conviveram pelo menos um pouco com Michael na década anterior sabiam o quanto ele era detalhista quando se tratava dos filhos. "Michael nunca assinaria algo se os nomes dos filhos dele não estivessem escritos da maneira certa", disse Joe Jackson, e pelo menos dessa vez toda a família concordou com ele.

As perguntas mais importantes de todas, no entanto, continuavam a ser como e por que John Branca tinha conseguido manter os documentos de testamento e de criação do fundo de Michael Jackson até julho de 2009. Brian Oxman, advogado de Jackson, havia obtido uma cópia da carta pela qual Michael tinha demitido Branca de sua função de advogado em fevereiro de 2003. Nela, Branca tinha recebido "ordens" para "entregar os originais" de "todos os meus arquivos, registros, documentos e contas" para o novo advogado, David LeGrand. Em 2004, depois que LeGrand foi demitido, Brian Oxman ficou de posse desses documentos. "Eu tive acesso a todos os arquivos e tive de verificá-los", ele disse. "E eu fiz isso. Não havia testamento. Não havia fundo. Aquilo só apareceu depois que ele morreu." Randy Jackson disse (e mais tarde assinou uma declaração juramentada confirmando isso) que tinha posteriormente feito um pedido a Branca para receber documentos de Michael, em 2004, mencionando especificamente o testamento. Branca disse que só entregaria os documentos que ainda estavam com ele se recebesse honorários a que ele alegava ter direito em função de serviços recentes. Pela lei dos Estados Unidos, um advogado é obrigado a entregar todos os documentos quando solicitado a isso, independente de as contas terem ou não sido pagas. Randy Jackson disse que Branca nunca entregou o testamento.

Oxman disse que o fato de Branca não ter entregado o testamento na primeira vez em que foi solicitado a repassar todos os documentos teria sido motivo suficiente para levá-lo a responder a uma ação disciplinar na Ordem dos Advogados do estado. O fato de ele ter recusado dois pedidos consecutivos para que entregasse documentos de seu ex-cliente praticamente garantia que Branca enfrentasse algum tipo de investigação da Ordem, acrescentou Oxman, que tinha como saber disso, já que ele próprio tinha sido suspenso duas vezes pela Ordem dos Advogados por não ter seguido procedimentos recomendados.

Os Jackson sabiam da reputação que Oxman tinha, na mídia local, de agir de maneira inconveniente para conseguir tempo de exposição na TV. A família também sabia, porém, como sabiam muitos bons advogados em Los Angeles, que apesar da falta de bom senso Oxman era um advogado esperto e muito bom em pesquisas. Quando ele sugeriu que se contratasse uma equipe de detetives particulares para ver se havia ainda outras razões para suspeitar do testamento de Michael Jackson que Branca havia apresentado ao juiz Beckloff, Randy Jackson concordou, assim como, mais tarde, todo o restante da família.

Em outubro de 2009, Janet Jackson foi a anfitriã da reunião de família em que se conheceu o conteúdo do relatório. O primeiro fato posto sobre a mesa foi o mais surpreendente. Michael Jackson estava na cidade de Nova York em 7 de julho de 2002, a data na qual, segundo a anotação manuscrita na página de assinatura do testamento, ele tinha assinado o documento em Los Angeles.

Aquela data havia caído bem no meio dos quatro dias do verão de 2002 em que Michael Jackson estava fazendo um cerco público à Sony Music e a seu presidente, Tommy Mottola, um período em que ele havia sido visto e fotografado e em que se havia escrito sobre ele à medida que ele passeava pela Madison Avenue em um ônibus de dois andares cheio de manifestantes do Harlem sob o comando do reverendo Al Sharpton, agitando no ar uma fotografia de Mottola na qual chifres e um tridente haviam sido desenhados. Todos os jornais da cidade, incluindo o *New York Times*, haviam registrado o drama. Michael Jackson havia sido fotografado por jornais em Nova York em 6 de julho, 8 de julho e 9 de julho, mas, estranhamente, não em 7 de julho. Michael tinha passado a maior parte daquele dia escondido em sua suíte no hotel, segundo seus guarda-costas, incomodado

536

com a reação contrária a ele em toda a indústria fonográfica e na mídia nacional. No entanto, ele havia participado de um encontro no Harlem durante a tarde, de acordo com Al Sharpton.

Os detetives particulares também tinham obtido o relatório da Interfor encomendado por Michael Jackson (por meio de David LeGrand) no final de 2002. "A investigação da Interfor descobriu um relacionamento próximo entre Branca e Tommy Mottola", dizia o início do segundo parágrafo do relatório sobre Branca, "principalmente em relação aos negócios de Jackson. A Interfor tinha começado a investigar o fluxo de caixa de Jackson por meio de Mottola e de Branca para contas *offshore* no Caribe", a empresa afirmava no dossiê fornecido a Jackson, mas não havia indícios reais para sustentar a alegação da Interfor quanto a um "esquema armado por Mottola e Branca para fraudar Jackson e seu império por meio do desvio de verbas no exterior". Até Brian Oxman reconheceu que a Interfor estava fazendo acusações contra Branca que não podia sustentar, ao mesmo tempo que pedia "mais tempo e um orçamento adequado". O que ele próprio podia provar, porém, segundo Oxman, era que Michael tinha demitido Branca pouco tempo antes de o relatório da Interfor ser entregue a ele, em função de acreditar firmemente que o seu advogado estava de conluio com Tommy Mottola.

Tudo o que os Jackson sabiam era que Michael tinha passado a maior parte dos seis anos seguintes insistindo que não queria ter qualquer relação com o advogado e que quem fizesse negócios com ele não poderia ter negócios com Branca. "Até depois que Michael morreu eu encontrei lembretes que ele havia escrito", disse Katherine Jackson: "John Branca não tem mais nenhuma relação com os meus negócios a partir de hoje, deste dia em diante, nada". Seria razoável acreditar que, em junho de 2009, a poucos dias de sua morte, Michael mudasse repentinamente de ideia e contratasse Branca novamente? Oxman disse aos Jackson que, juntando tudo o que eles sabiam, havia vários indícios para contestar o direito de John Branca de atuar como administrador do espólio. Na opinião de Oxman, era caso ganho.

Armados com todos os fatos que Oxman e os detetives particulares tinham reunido, Katherine Jackson e os filhos pareciam prontos para tentar destituir John Branca e obter pelo menos o controle parcial do espólio e dos seus ativos. A fachada de aparente união da família, porém, estava caindo aos pedaços. O mundo fora do complexo de Hayvenhurst podia não ver isso, mas Branca via.

Havia vários pontos fracos, e eles se localizavam principalmente no caráter dos irmãos Jackson. Randy era o que mais forçava para derrubar Branca, mas o restante da família estava preocupado que Randy também estivesse imaginando que assumiria o lugar de Branca como gestor. Branca e seus advogados diziam o tempo todo para as pessoas que Randy era um mau-caráter. E na verdade os próprios Jackson viam Randy como o mais egoísta e conspirador deles. Ele era muito parecido com o pai, diziam pessoas que tinham acesso à família, muito mais parecido com Joe do que qualquer um dos irmãos — e ninguém achava que isso era um elogio. Todos os irmãos e irmãs dele lembravam que Michael tinha acusado Randy não apenas de colocá-lo em negócios sujos e de gerir mal seus negócios entre 2004 e 2005, mas também de roubá-lo. Katherine via Randy como o filho que vinha visitar apenas quando queria alguma coisa, embora ele tivesse dois filhos vivendo na casa de Hayvenhurst. Ela não estava disposta a deixar que ele assumisse o controle das coisas.

Jermaine, como sempre, poderia ser dobrado. Ele tinha um fraco por mulheres, mas assumia pouca responsabilidade pelos filhos que elas tinham dele. Margaret Maldonado, a mulher com quem ele havia convivido maritalmente e que tinha tido dois filhos com ele, disse nunca ter recebido um centavo de Jermaine, apesar de haver uma ordem judicial que permitia que ela cobrasse o dinheiro. "Eu acabei dizendo: 'Esqueça'", explicou Maldonado, que sustentou os filhos montando uma agência que representava fotógrafos e estilistas em Hollywood. "Não valia a pena ir à justiça e brigar com ele." Alejandra e seus advogados, porém, haviam mantido registro dos mais de 90 mil dólares que Jermaine lhe devia. O espólio não estava disposto a pagar as dívidas de Jermaine com a pensão atrasada de seus filhos (o mesmo valia para as dívidas de Randy), mas mandou um recado de que poderia ajudá-lo a conseguir o dinheiro para que ele mesmo fizesse o pagamento. Joel Katz sugeriu que teria como conseguir um contrato para gravar pela Universal. Branca mandou um recado para Jermaine dizendo que poderia encontrar um lugar para ele no projeto que estava negociando com o Cirque du Soleil, fazendo shows ao vivo com Janet e recebendo cheques polpudos, mas é claro que apenas se ele estivesse do lado dos homens que estavam no comando do espólio. Jermaine começou a dizer para Katherine que eles deveriam tentar trabalhar com Branca e o pessoal dele.

Jackie era o filho que visitava Hayvenhurst mais frequentemente, passando cerca de um a cada dois fins de semana lá, e de certo modo era o aliado do espólio na família. Jackie tinha sido amigo de seu ex-colega de ensino médio John McClain desde a adolescência, e foi quem apresentou McClain para a família Jackson. Agora perto dos sessenta anos, os dois continuavam a se falar por telefone quase diariamente, e foi McClain que conseguiu para Jackie o direito de lucrar com o seu decadente negócio de roupas ao vender camisetas de Michel Jackson. Branca e o espólio permitiam que Jackie vendesse apenas quinhentas camisetas por vez, mas isso era o suficiente para render 10 mil, 15 mil ou mesmo 20 mil dólares por mês, o que era muito mais do que Jackie vinha conseguindo. E McClain disse que ele estava trabalhando para que Branca permitisse que Jackie aumentasse as vendas, e que isso aconteceria em breve.

McClain também falava regularmente com Katherine Jackson, telefonando para ela quase todas as manhãs para conversar por alguns minutos. Ele ainda chamava a sra. Jackson de "Mãe", como havia feito décadas antes, e prometia que cuidaria dos interesses dela. De acordo com Katherine, McClain dizia ter tanta antipatia por Branca quanto qualquer um dos Jackson, e lhe disse que ele a estava protegendo dele e de seus advogados. "Eu estou do seu lado, Mãe", John McClain dizia a ela. "Eu estou lá para defender a senhora."

Katherine estava começando a duvidar disso. McClain havia enviado para Hayvenhurst um sistema de purificação de ar que tinha elogiado muito, e que ficou dentro da caixa, na despensa, por semanas. Ele ficava ligando para perguntar se os Jackson haviam montado o aparelho, e "parecia realmente querer ter certeza de que tivessem feito isso", disse um consultor da família. Com suspeita de que houvesse algum tipo de equipamento de escuta escondido dentro da máquina, Joe e Randy convenceram Katherine a levar a caixa, ainda fechada, para a garagem.

Incapaz de compreender a análise financeira do espólio submetida por Branca e seus colegas, Katherine estava perdendo a confiança nos seus representantes devido às queixas constantes de Joe e Randy Jackson. O advogado especializado em direito sucessório que trabalhava para ela, Burt Levitch, visto por muitos como um dos melhores advogados de Los Angeles, estava na verdade se preparando para tomar exatamente o tipo de medidas agressivas que Joe e Randy queriam, incluindo uma ação judicial que acusava os gestores do espólio de apresentar um testamento falso e outra ação que exigia a indicação de um membro da família Jackson como terceiro administrador do espólio. As dúvidas da família Jackson sobre as intenções de Levitch aumentaram em outubro, quando o espólio solicitou uma audiência para discutir a moção que aumentava os poderes de Branca e de McClain, permitindo que os dois administradores tivessem o direito de fazer acordos e pagar dívidas segundo seu critério. Pouco tempo depois de a audiência ser marcada, Randy Jackson convenceu a mãe a demitir Levitch, por estar sendo lento demais, e contratar Adam Streisand, sócio do escritório Loeb and Loeb, que havia participado de mais batalhas judiciais envolvendo espólios de celebridades do que qualquer outro advogado no país, incluindo os casos de Marlon Brando, Ray Charles, William Randolph Hearst e Michael Crichton. O fato de Streisand ser mais conhecido como litigante parecia um sinal de que a sra. Jackson estava prestes a ir à guerra. No entanto, o novo representante não teve exatamente um começo brilhante na sua primeira aparição como advogado de Katherine, quando perdeu a maior parte da audiência de 22 de outubro, em que o juiz Beckloff já havia concordado em aumentar os poderes administrativos de Branca e McClain. Depois de ouvir Howard Weitzman explicar que os gestores haviam iniciado negócios que trariam pelo menos milhões de dólares em lucros para o espólio, em grande parte como resultado do filme *This Is It*, que estrearia na semana seguinte, Beckloff decidiu que a dupla deveria ter maior liberdade para pagar credores e negociar novos contratos. "Eu quero que este espólio avance", disse o juiz.

A sua cliente, a sra. Jackson, continuou sentindo que os gestores estavam escondendo tanto os detalhes dos negócios que haviam feito quanto seus planos para o futuro, disse Streisand a Beckloff quando finalmente chegou ao tribunal. Ela e todos na família Jackson estavam frustrados com a incapacidade deles de "fazer com que esse caso fosse adiante", Streisand disse a Beckloff, parecendo sugerir que Katherine Jackson ainda pretendia contestar o controle de Branca sobre o espólio. A resposta do juiz não foi encorajadora. Branca e McClain estavam no controle do espólio e continuariam por enquanto nessa situação, ele disse, "e, enquanto estivermos nesta situação, eu quero que a sra. Jackson receba informações sobre o que está ocorrendo, e eu não quero estar no tribunal o tempo todo".

Emissoras locais de TV informaram que Streisand tinha sido contratado por causa de "novas provas" que questionavam a assinatura no testamento de Michael Jackson, e que o advogado as apresentaria ao juiz na audiência seguinte. E de fato Streisand colocava em dúvida a legitimidade do testamento, de acordo com Katherine Jackson. O advogado também disse a ela, porém, segundo a sra. Jackson, que não seria aconselhável contestar o documento. Se não conseguisse convencer o juiz, ela podia ser completamente eliminada, disse Streisand. E mesmo que obtivesse uma vitória no tribunal, se se considerasse que Michael não tinha deixado testamento, o espólio dele poderia ser posto sub judice e ser estraçalhado por algum banco que fosse escolhido para geri-lo. Contestar John Branca também não era necessariamente uma jogada inteligente; Branca provavelmente entendia o valor dos ativos de Michael Jackson e sabia como aumentar esse valor melhor do que qualquer outra pessoa. Levando tudo em conta, permitir que ele permanecesse no controle poderia ser o menor dos males. De acordo com Katherine, Streisand disse que o melhor era fazer as pazes com Branca e começar a trabalhar com o espólio. Talvez Branca pudesse conseguir "uma cadeira na mesa" para ela por meio de um acordo para que um membro da família Jackson fosse nomeado como terceiro administrador.

Katherine sugeriu que o seu neto Taj poderia ser essa pessoa; um dos sobrinhos favoritos de Michael (junto com os dois outros filhos de Tito), Taj era um jovem íntegro, confiável e de bom senso. Branca recusou terminantemente, alegando que nomear um membro da família Jackson como administrador criaria um evidente conflito de interesses. No início de novembro, Streisand havia convencido a sra. Jackson de que continuar a luta era contraproducente e de que Branca estava preparado para fazer certas concessões, incluindo um aumento na pensão mensal dela, se ela encerrasse a disputa. Além disso, Streisand queria que ela se afastasse de Joe, que parecia determinado a pôr Katherine para trabalhar pelo pedido dele de ter uma parte do espólio.

Joe Jackson continuava disposto a colocar o seu único filho realmente talentoso para trabalhar por ele, mesmo depois de morto, e sua campanha continuou a ser, aos olhos da mídia, a trama central do drama da família. Um dia depois de o filme *This Is It* estrear e arrecadar 20 milhões de dólares de bilheteria, Joe disse ao programa de TV *Extra* que seu filho "valia mais morto do que vivo". Pela primeira vez, Joe pareceu perceber o que tinha acabado de sair de sua boca e rapidamente acrescentou que "eu preferia vê-lo vivo". Três dias depois disso, o patriarca dos Jackson estava entrando com uma petição na corte do juiz Beckloff para solicitar "a sua própria pensão familiar independente" de um espólio que tinha "ganhado mais de 100 milhões de dólares nas primeiras sete semanas depois da morte de Michael Jackson". Ele precisava de 15425 dólares por mês para cobrir suas despesas, alegava a ação de Joe, incluindo 2500 dólares por mês para comer fora de casa, 2 mil para passagens aéreas e 3 mil para contas em hotéis. Joe tinha feito algum tipo de acordo com o único advogado que ele sabia que aceitaria uma oportunidade de aparecer diante das câmeras em vez de receber um pagamento em dinheiro: Brian Oxman.

Joe estava pedindo que Katherine agisse a seu favor, mas Streisand foi apenas um dos que a avisaram que isso seria um erro. Ser visto como alguém ligado a Joe não apenas afastaria os fãs como também daria munição para qualquer um que quisesse argumentar que ela não deveria ter a custódia dos filhos de Michael. Era hora de chegar a um acordo com Branca e ir adiante com as coisas.

Na manhã de terça-feira, 10 de novembro de 2009, Streisand chegou à sala de audiências do juiz Beckloff para fazer o espantoso anúncio de que Katherine Jackson estava retirando suas objeções a que John Branca e John McClain continuassem a atuar como administradores do espólio. Sua cliente achava que "já era mais do que hora de a disputa acabar", Streisand disse ao juiz, e que estava tomando essa decisão visando o interesse de seus netos. "Ela acredita que o sr. Branca e o sr. McClain têm feito um trabalho admirável", prosseguiu Streisand. "Nós vamos tentar nos associar a eles e trabalhar de perto para garantir que o espólio está fazendo o melhor que pode pelo legado de Michael Jackson, principalmente pelas crianças."

Ele e a sra. Jackson haviam chegado a essa decisão de maneira independente, Streisand disse ao juiz. Sua cliente tinha na verdade mantido isso em segredo, sem contar ao restante da família, até uma reunião com todos eles no sábado anterior, e ele estava feliz em dizer que todos os Jackson concordaram com o que ela estava fazendo. Bem, não, não Joe Jackson, Streisand disse a Beckloff; ele não havia sido convidado para a reunião, mas todo o restante da família estava presente, e nenhum deles havia se oposto à decisão da sra. Jackson.

Brian Oxman estava objetando, porém, ruidosa e raivosamente, quando saiu da sala de audiências para falar com a horda de repórteres. A mudança de postura de Katherine Jackson era "uma das jogadas mais desprezíveis" que ele já tinha visto em um procedimento legal, declarou Oxman. Ao fazer um acordo secreto com Branca e os advogados do espólio pelas costas do marido, Katherine havia "negligenciado seus deveres para com a sua família", acrescentou Oxman. Nem ele nem Joe iriam simplesmente ficar parados e deixar que isso acontecesse.

Streisand revidou dizendo aos repórteres que essa acusação de um acordo secreto era "não só infundada como apenas um produto da imaginação do sr. Oxman". Não havia acordo, e a decisão da sra. Jackson tinha sido uma surpresa tanto para o espólio como para o restante da família Jackson. "Antes de eu anunciar a minha decisão [para os advogados do espólio], a sra. Jackson e eu éramos as duas únicas pessoas no mundo que sabíamos o que eu ia dizer." Quanto a Joe Jackson, Streisand acrescentou, "ele não tem direito sobre os ativos que compõem o espólio".

Ao mesmo tempo que havia negado a Joe o direito de contestar os administradores, o juiz Beckloff havia julgado que o pai de Michael Jackson podia prosseguir com sua petição para receber uma pensão, embora o juiz mal tenha contido o sorriso quando Brian Oxman disse a ele que "os gestores agiram de maneira discriminatória contra o meu cliente ao não dar uma pensão a ele e dar uma a Katherine Jackson". Uma audiência para decidir sobre o assunto foi marcada para 10 de dezembro de 2009, depois adiada para janeiro de 2010.

Por meio de Adam Streisand, Katherine fez saber que ela não se oporia ao pedido de Joe de receber sua própria pensão. A advogada que acabava de ser nomeada para atuar como representante legal dos filhos de Michael Jackson, no entanto, insistia que Joe Jackson não tinha direito a qualquer dinheiro do espólio. Margaret Lodise, uma das advogadas de maior renome na área de fundos fiduciários e espólios de Los Angeles, alegava que Joe não tinha direito a nada pela mesma razão que não tinha permissão para contestar a indicação dos gestores: Michael não o havia nomeado como beneficiário do espólio. Lodise rapidamente se tornou aliada de John Branca, tomando o partido do gestor do espólio quando Katherine Jackson fez objeções a cláusulas dos acordos de merchandising e memorabilia que Branca havia fechado com a Bravado, e mais uma vez quando Branca insistiu que a sra. Jackson precisava assinar acordos de confidencialidade antes de ter permissão para ver quaisquer contratos que ele tivesse negociado ou que estivesse em processo de negociação. O juiz Beckloff decidiu a favor de Branca em ambos os casos. Até esse ponto, o juiz havia dado razão aos gestores todas as vezes que um membro da família Jackson havia contestado Branca. Em relação ao pedido de pensão de Joe Jackson, entretanto, Beckloff anunciou que ele estava adiando a decisão para maio de 2010.

Vendo que a maré e o juiz estavam a seu favor, Branca escolheu aquele momento para dar entrada em um pedido em que solicitava ao juiz Beckloff que ele e John McClain, em suas funções de administradores especiais do espólio de Michael Jackson, tivessem permissão para receber e dividir uma comissão de 10% sobre os lucros do espólio, o equivalente ao dobro do que eles vinham recebendo e três vezes o valor da comissão definida legalmente para administradores. Eles estavam pedindo essa "compensação extraordinária", segundo o que Branca e McClain disseram ao tribunal, por estarem prestando "serviços extraordinários", em parte levados pelos esforços implacáveis de Joe Jackson para receber uma herança que não havia sido deixada para ele e pelas tentativas de Katherine Jackson de conquistar o controle do espólio para si. Além disso, eles tinham sido forçados a lidar não apenas com onze processos judiciais pendentes contra Michael Jackson na época de sua morte, mas também com dúzias de outros que tinham sido iniciados ou mencionados nos meses seguintes ao falecimento dele.

O espólio realmente tinha se livrado rapidamente dos dois pedidos judiciais mais importantes, feitos pela AllGood Entertainment e por Raymone Bain. Este último havia sido arquivado em maio de 2010 por um juiz de Nova York que mal se preocupou em esconder o desdém por uma ação caça-níqueis sem nenhum mérito, decidindo que o documento de liberação que Bain havia assinado em 27 de dezembro de 2007, em troca de um pagamento de 488820,05 dólares, tinha "coberto de maneira inequívoca 'todos os honorários, conhecidos ou desconhecidos', devidos em razão de 'todo e qualquer acordo escrito ou verbal'". O espólio nem tinha precisado demonstrar ao tribunal que Bain não tinha participado do acordo com a AEG para a realização dos shows na O2 Arena. Mesmo assim, a enxurrada de ações judiciais, em especial aquelas protocoladas pela família Jackson, havia criado um clima de trabalho em que as "reputações profissionais e o caráter e a reputação" deles próprios e de "Michael Jackson haviam sido repetidamente agredidos por meio de ataques pessoais e infundados", explicaram os gestores (por meio de Howard Weitzman) ao juiz Beckloff, forçando-os a responder de maneira pública para proteger a marca Michael Jackson. Para muitos observadores, parecia que Branca estava preocupado em proteger a si mesmo, mas, sendo ele o responsável por gerir o espólio, ele podia argumentar que as queixas feitas contra ele eram na verdade ataques a Michael Jackson e a seus filhos.

Os gestores também estavam sendo forçados a lidar com dezenas de pedidos financeiros que vinham sendo feitos contra o espólio, disse Weitzman ao tribunal. Os gestores estavam compensando esses pagamentos, explicou Weitzman, buscando recuperar milhões de dólares em recursos que haviam sido "perdidos de maneira indevida" quando vários parceiros de negócios tiraram vantagem do vício de Michael Jackson em drogas. O trabalho deles em todos esses pontos se complicava mais, segundo os gestores, pelo fato de Michael Jackson ter deixado de pagar impostos durante os anos de 2006, 2007 e 2009, e por não ter feito os pagamentos trimestrais em 2009.

Weitzman afirmou que, mesmo com os gestores tendo de enfrentar as dívidas do sr. Jackson e uma miríade de pedidos feitos contra ele e o seu legado, Branca e McClain estavam negociando acordos que arrecadariam centenas de milhões de dólares para o espólio. Ao mesmo tempo, eles tinham de responder a dúzias e mais dúzias de pessoas que estavam tentando lucrar com as relações reais ou imaginárias que tiveram com Michael Jackson. Christian Audigier insistia que ele e Michael haviam colaborado em uma coleção de camisetas, jaquetas e luvas com lantejoulas que ele estava ansioso para começar a produzir, e apresentou vários e-mails como provas. Ao mesmo tempo, o espólio era forçado a se envolver em situações delicadas como a criada por Eric Muhammad, um ex-integrante da equipe de seguranças de Michael Jackson que tinha sido filmado tentando vender uma máscara cirúrgica que ele disse ter sido usada pelo artista na noite anterior à sua morte. "Este é um item muito pessoal", Muhammad disse ao empresário para quem ofereceu a máscara por 150 mil dólares. "Este foi o único modo como eu pude, você entende, preservá-lo. Isso era *dele* e você tem liberdade para fazer um exame de DNA nisso. Ainda tem a maquiagem dele aqui. Ainda tem o cheiro dele aqui."

Lidar com tudo isso, e com outras coisas, forçou os gestores a manter uma escala de trabalho de sete dias por semana, catorze horas por dia, afirmaram Branca e McClain ao pedirem ao juiz permissão para que eles recebessem 70% do que lhes era devido, deixando para que a corte decidisse se aprovava o recebimento da quantia total. Além disso, os dois acrescentaram, eles precisavam de mais de 3 milhões de dólares para pagar os vários escritórios de advocacia que tinham prestado serviços para o espólio, o que abrangia desde questões sucessórias até demandas extorsivas.

O que Weitzman não mencionou (além do fato de ele ser um dos escritórios que estava cobrando esses honorários gigantescos) era que aumentar a comissão combinada como pagamento dos gestores de 3% para 10% iria possivelmente incrementar os ganhos deles em dezenas de milhões de dólares — possivelmente centenas de milhões se eles permanecessem no controle do espólio por uma ou duas décadas. Weitzman defendeu a proposta como um acordo em que os gestores perdiam a compensação garantida e apostavam em sua habilidade de tornar o espólio lucrativo: "Basicamente, os cogestores somente recebem pagamentos se gerarem receita para o beneficiário do espólio".

Branca e McClain obtiveram vitória completa quando o juiz Beckloff não apenas deferiu todas as solicitações que eles tinham feito em sua petição para receber compensação extraordinária como "administradores especiais" do espólio de Michael Jackson, mas também concordou que eles deveriam ser pagos imediatamente. Ele estava tomando essa decisão, disse o juiz, em parte porque Katherine Jackson havia decidido abandonar seus esforços para tomar o lugar de Branca e McClain e agora parecia estar ansiosa para trabalhar com eles. Finalmente, disse o juiz, todos eles podiam levar as coisas adiante.

Enquanto esperava uma decisão sobre o seu pedido de pensão, Joe estava tentando fechar as contas promovendo a sua gravadora sempre que colocavam um microfone à sua frente. Ele também havia se reunido em Las Vegas com Rudy Clay, o prefeito de Gary, Indiana, para discutir os planos do Projeto Família Jackson, um complexo com museu, hotel e locais para apresentações artísticas que, segundo um porta-voz do prefeito admitiu, ainda estava na "fase de proposta e conceito". Brian Oxman entrou com um recurso contra a decisão do juiz Beckloff de não dar a Joe o direito de atuar como representante do espólio de Michael, mas era visível no início de janeiro que o advogado e seu cliente tinham passado a acreditar que bolar algum tipo de alegação de morte por negligência era agora a melhor chance de conseguir tanto uma grande quantia de dinheiro quanto uma presença contínua na TV a cabo.

No final de janeiro de 2010, Oxman deu entrada em uma moção no Supremo Tribunal de Los Angeles, pedindo que os prontuários médicos de Michael Jackson fossem entregues ao pai, para que se verificasse a causa exata da morte. A moção também reclamava que o espólio de Michael Jackson estava se recusando a entrar com um processo em nome de Joe Jackson, forçando o pai de Michael a arcar com mais despesas, o que, argumentava Oxman, deveria ser pago pelo espólio. Advogados do espólio questionaram as "intenções" de Joe insinuando o que todos davam como certo: se encontrassem qualquer base para uma alegação de morte por negligência, Joe e seu advogado certamente fariam essa alegação.

Os dois já estavam indo nessa direção em 29 de março de 2010, quando Oxman começou a esboçar a ação que moveria contra o dr. Conrad Murray, começando com a alegação de que os médicos do Centro Médico UCLA haviam detectado por um breve instante batimentos cardíacos no peito de Michael Jackson enquanto estavam tentando salvá-lo. Isso indicava que, se paramédicos "tivessem sido chamados imediatamente, a probabilidade era de que ele pudesse ter sido reanimado", observou Oxman. Dois dias depois, o advogado afirmou que o seu cliente moveria uma ação contra o dr. Murray dentro de noventa dias. Ao descrever o que ele sabia sobre a variedade e a quantidade de remédios que haviam sido injetados na corrente sanguínea de Michael Jackson, Oxman disse aos repórteres que aquilo era como jogar roleta-russa com um revólver que tivesse balas em todas as câmaras.

A maior parte dos observadores imaginou que o verdadeiro objetivo de Joe era vincular-se de alguma maneira a Katherine e receber uma parte do que ela viesse a ganhar. Katherine e Joe voltariam a estar juntos naquela primavera quando ambos foram nomeados, junto com Jermaine, como corréus em uma ação judicial movida pelo jornal *Segye Times*, do reverendo Sun Myung Moon. O reverendo Moon e a sua Igreja da Unificação esperavam havia quase quinze anos por essa oportunidade. No início dos anos 1990, os seguidores do reverendo haviam entrado com processos que pediam a devolução de todo o dinheiro e de todos os presentes que haviam dado durante a campanha que fizeram para organizar uma turnê de shows na Coreia do Sul com Michael Jackson como astro principal. Michael havia ele próprio feito um acordo com o *Segye Times* em 1992. Katherine e Joe, porém, não apareceram quando a ação contra eles foi julgada, em 1994, e os seguidores do reverendo ganharam um processo de 4 milhões de dólares contra o casal. Dois anos depois, em 1996, a Igreja da Unificação tentou tomar posse da propriedade de Hayvenhurst. Joe e Katherine transferiram a propriedade para Michael e La Toya, e mais tarde, em 1999, incluíram o julgamento dos seguidores do reverendo contra eles como parte do seu processo de falência de 24 milhões de dólares. A transferência da propriedade para La Toya, porém, havia dado base legal para que fosse feita uma alegação de fraude que retirou o julgamento dos seguidores da Igreja da Vara de Falências. Os advogados do reverendo Moon deixaram a ação parada por anos, mas depois atuaram fortemente nela no verão de 2009, quando souberam que Katherine Jackson havia, provavelmente, herdado 40% do espólio de Michael Jackson. Os seguidores do reverendo afirmaram na petição que levaram à justiça de Los Angeles que desejavam receber a quantia total do julgamento original contra os Jackson, além de juros, o que elevava a dívida a mais de 13 milhões de dólares. Para receber o dinheiro, eles mais uma vez pediam que a hipoteca da propriedade de Hayvenhurst fosse executada.

Por meio de Howard Weitzman, Branca ofereceu a uma abalada Katherine Jackson um modo de ao mesmo tempo se desvincular de Joe e se afastar da ação dos seguidores do reverendo: o espólio concordaria em pagar a hipoteca de 5 milhões de dólares da mansão de Hayvenhurst se a propriedade fosse transferida para o espólio. Katherine teria garantido o direito de morar em Hayvenhurst sem custos pelo resto de sua vida e o espólio cuidaria dela sem que ela tivesse bens que pudessem ser disputados pelos seguidores de Moon.

Fontes próximas à família dizem que foi o rancor por achar que Katherine estava recebendo cuidados enquanto ele era deixado de lado que levou Joe a dar ao *News of the World* uma entrevista presumivelmente paga no início de junho, em que ele parecia culpar a esposa pela morte do filho. Quando eles visitaram a casa funerária em que o corpo de Michael estava sendo preparado para o sepultamento, viram-no deitado em uma mesa, e Katherine rompeu em soluços, Joe disse: "Mas eu não a abracei porque estava enfurecido com o choro dela". Ela poderia ter salvado Michael se tivesse ouvido quando ele disse, em maio de 2009, que o filho deles estava "parecendo meio estranho e frágil", disse Joe. Ele pediu a Katherine para passar mais tempo com Michael e "mantê-lo animado", continuou Joe, e os dois discutiram quando Katherine se recusou porque não queria invadir a privacidade do filho. Depois da morte de Michael, "eu disse: 'Isso nunca teria acontecido se você tivesse ido ficar com ele'".

Adam Streisand respondeu em nome de Katherine dizendo que "o mundo sabe quem Joe Jackson é, e ele parece inclinado a nunca nos deixar esquecer".

A ação de Joe Jackson contra Conrad Murray foi protocolada por Brian Oxman numa data que ambos tinham certeza que elevaria ao máximo a cobertura da mídia — 25 de junho de 2010, o aniversário de um ano da morte de Michael Jackson. A ação obviamente se tornou o assunto que abriu todas as reportagens de TV sobre os acontecimentos daquele dia, que incluíam o primeiro encontro de fãs com membros da família Jackson no local do túmulo de Michael. Os Jackson haviam retirado os seus seguranças particulares do Santuário da Ascensão em fevereiro, seis meses depois do sepultamento de Michael, fazendo um acordo para que a segurança de Forest Lawn monitorasse o túmulo por até doze horas por dia. No início de março, porém, a administração do cemitério decidiu que dedicar a sua força de segurança para a observação de um único túmulo não era sensato e instruiu os seus homens a fazer a ronda como sempre. No início de maio, Lisa Marie Presley visitou o túmulo de Michael e depois disse não ter gostado do espaço vazio ao redor do local, fazendo um pedido na sua página do MySpace para que os fãs preenchessem aquele espaço com girassóis, a flor favorita de Michael. O dono do site sunflowerguy.com foi rápido para aproveitar a oportunidade e entregou milhares de girassóis em vasos pretos. Lisa Marie voltou e entregou ela própria mais centenas de girassóis, em uma moldura púrpura que tinha uma inscrição com as palavras "Eu sempre vou amar você". Alguns fãs de Michael também levaram flores, mas outros levaram as canetas coloridas que eram usadas para escrever frases de homenagem no sarcófago. A segurança ficou a postos no Grande Mausoléu em 25 de junho para garantir que regras rígidas seriam seguidas, que incluíam que ninguém soltasse pombas ou balões e que não houvesse venda de souvenires.

Em 15 de setembro de 2010, Katherine Jackson e seus advogados protocolaram a sua própria ação de dezoito páginas com acusações de morte por negligência, acusando a AEG de ser responsável pela morte de Michael Jackson. A ação da sra. Jackson alegava que a empresa tinha falhado em "múltiplos deveres de cuidados necessários" e informava que as causas da ação eram quebra de contrato, fraude, negligência, imposição negligente de dano emocional e responsabilidade como empregadora. Entre os poucos trechos inquestionáveis da ação judicial movida pela sra. Jackson estava uma descrição do acordo entre o filho dela e a AEG: a empresa iria "arcar com os recursos e com as despesas de produção" dos shows na O2 Arena enquanto Michael forneceria "o talento e a fama para fazer do empreendimento um sucesso". A acusação ficava mais nebulosa, porém, quando os advogados de Katherine alegavam que a AEG tinha adiantado grandes somas de dinheiro para Michael Jackson (e oferecido a mansão Carolwood) porque sabia que, se a produção em Londres não fosse adiante, a empresa poderia confiscar bens de Michael, incluindo a parte dele no catálogo de músicas da Sony/ATV, para recuperar as suas perdas. Isso, segundo a ação, era uma maneira de forçar Michael a cumprir com a sua parte no acordo apesar de sérios problemas de saúde. A AEG se irritou quando Michael deixou de ir a "alguns ensaios" na primavera de 2009, prosseguia a ação, e insistiu que ele se afastasse de seu "médico regular", Arnold Klein, contratando Conrad Murray para substituir Klein. "Ao se interpor entre Michael Jackson e seu médico regular, e ao dizer a Michael Jackson o que fazer em assuntos médicos", concluíam os advogados da sra. Jackson, "a AEG cometeu negligência contra Jackson." Especificamente, a AEG era acusada de deixar de fornecer "equipamento capaz de salvar a vida" (um desfibrilador), que deveria estar disponível para o médico que atendia Michael Jackson na casa dele, e de monitorar inadequadamente o cardiologista que contratou para cuidar dele.

O próprio Michael era retratado na ação de sua mãe como "confuso, facilmente assustado, incapaz de lembrar coisas, obsessivo e desorientado" nas semanas anteriores à sua morte. "Ele ficava com frio e tremia durante os ensaios realizados no verão, e, como se pode ver em fotografias, ele de maneira pouco característica usava roupas pesadas durante os ensaios, enquanto outros dançarinos usavam pouca roupa e suavam devido ao calor", de acordo com a ação judicial. No entanto, em vez de diminuir a escala de ensaios de Michael, a AEG "insistiu que ele fosse a todos eles em um cronograma esgotante, ameaçando que se ele faltasse a apenas mais um ensaio eles cancelariam a turnê", prosseguia a ação, tudo isso para que a empresa "pudesse obter lucros estrondosos com a turnê".

O "grande trauma e a perturbação emocional" que Michael Joseph Jackson Jr. havia sofrido ao testemunhar os problemas "causados pela AEG" que levaram à morte de seu pai eram citados como base para afirmar que houve danos. Paris também tinha estado presente no quarto do pai enquanto Conrad Murray tentava reanimar Michael Jackson na manhã de 25 de junho de 2009, mas, curiosamente, a dor e o sofrimento dela não eram citados como motivo para a ação. O processo não reivindicava o pagamento de qualquer soma exata de dinheiro, mas o pedido de indenização por danos econômicos, não econômicos e punitivos significava que a AEG poderia ser condenada a pagar centenas de milhões de dólares caso as alegações da mãe de Michael fossem acatadas pelo tribunal.

"O objetivo desta ação é provar ao mundo a verdade sobre o que aconteceu a Michael Jackson, de uma vez por todas", disse em um comunicado para a imprensa o advogado que entrou com a ação em nome de Katherine Jackson, Brian J. Panish. É claro que poderia também haver uma discussão sobre dinheiro, já que Panish era mais conhecido por ter vencido a maior ação pessoal de indenização por danos causados por um produto na história dos Estados Unidos, de 4,9 bilhões de dólares, em um processo que levou a General Motors Corporation a ser condenada por vender Chevy Malibus com sistemas de injeção de combustível defeituosos.

Os advogados da AEG afirmaram que o processo "não tinha mérito". Contrariando a descrição de Michael Jackson no processo movido pela mãe dele, os advogados da AEG escreveram, em uma resposta protocolada no tribunal mais de três meses depois, que o artista "não estava perdido nem era incompetente; ele morava em sua própria casa, negociava seus próprios acordos, contratava seus próprios advogados e cuidava de sua própria família". Jackson "controlava seu próprio tratamento médico e contratava os serviços de seu médico pessoal de longo tempo", afirmava a resposta da empresa. A AEG "não escolheu nem contratou o dr. Murray, ela simplesmente conduziu negociações voltadas a mantê-lo como um prestador de serviços durante a turnê". Tudo o que os executivos da AEG sabiam sobre o dr. Murray, além do fato de Michael tê-lo escolhido, é que ele era "um médico registrado sem histórico de problemas profissionais". Evidentemente era impossível prever que o dr. Murray administraria propofol em um ambiente residencial "e que Michael Jackson, como resultado, morreria". Por último, esse processo deveria ser arquivado imediatamente, alegavam os advogados da AEG, porque Katherine Jackson e seu neto "não tinham a prerrogativa legal de apresentar essas alegações a não ser como teorias sobre morte por negligência" e a ação deles, efetivamente, havia sido movida em nome do próprio Michael Jackson. Mais um mês se passou antes que a juíza Yvette Palazuelos negasse a moção da AEG para arquivar o processo, embora ela também tenha decidido que os advogados de Katherine Jackson teriam de exibir provas de fraude, imposição negligente de dano emocional e conspiração para que as teses prevalecessem no tribunal: "Se o objetivo era fazê-lo comparecer a ensaios, eu não vejo isso como um ato culposo ou ilegal".

Um dos muitos fantasmas que a ação de Katherine Jackson fazia surgir para a AEG era que, se o caso alguma vez chegasse ao ponto de determinar o valor de algum dano, a empresa poderia ficar sem escolha e ter de defender que Michael Jackson, como observou com tanto cuidado Joe Jackson, "valia mais morto do que vivo". A *Billboard* estimou que Michael Jackson gerou 1 bilhão de dólares em receitas no primeiro ano depois da sua morte, uma quantia que excedia o valor que quase todos os artistas, com pouquíssimas exceções, produziam durante toda a sua carreira. O espólio de Jackson tinha recebido mais de 250 milhões desse total, aproximadamente cinco vezes o que havia sido arrecadado no mesmo ano pelo mais valioso espólio da história da indústria do entretenimento: o de Elvis Presley. Os 31 milhões de álbuns de Michael Jackson comercializados em todo o mundo em 2009 deixaram muito para trás os números de qualquer outro artista, e os 8,3 milhões de álbuns vendidos apenas nos Estados Unidos representavam quase duas vezes a quantidade obtida pelo segundo artista em vendas, Taylor Swift. A Sony havia pagado ao espólio um adiantamento de 60 milhões de dólares pelos direitos do filme *This Is It*, que gerou renda bruta de 261 milhões em todo o mundo. O acordo de merchandising com a Bravado e o jogo de dança licenciado pela Ubisoft Entertainment tinham rendido ao espólio um adiantamento de 26 milhões. O catálogo MiJac Music tinha gerado pagamentos de 25 milhões em função dos direitos autorais das composições de Michael, uma vez que a execução das músicas em rádio havia decuplicado depois da sua morte. A Sony / ATV pagara ao espólio os 11 milhões de dólares devidos pelo seu acordo com Michael, e dizia-se que John Branca estava negociando um novo acordo que pagaria o dobro dessa soma anualmente. A reedição da autobiografia de Michael, *Moonwalk*, e a sua parte nas vendas de ingressos comemorativos da AEG, além de outras receitas, acrescentaram outros 25 milhões aos cofres. Ninguém sabia quanto o espólio lucraria com os dois shows licenciados para o Cirque du Soleil, que tinham Michael Jackson como tema, mas a garantia do contrato que Branca finalmente negociou com a Sony era de 250 milhões de dólares. O acordo deu à empresa o direito de distribuir as gravações de Michael até 2017, além de dez álbuns de Jackson que seriam montados a partir de material inédito, remixagens e reedições de seus discos clássicos, e DVDs de videoclipes de Michael. O contrato da Sony não só equivalia a mais de o dobro dos 120 milhões que Madonna receberia por seu acordo "arrasador" com a Live Nation, como o espólio de Jackson havia mantido o controle sobre o merchandising enormemente valioso e sobre os direitos de imagem de que Madonna foi forçada a abrir mão. E obviamente Michael não estaria em turnê, como se exigia que Madonna fizesse para ganhar os seus milhões.

O que era mais espantoso no sucesso pós-vida de Michael Jackson era o quão completamente a morte parecia ter reabilitado a sua imagem pública. "A santidade dele começou no momento em que ele morreu", observou em entrevista ao *New York Times* David Reeder, vice-presidente da GreenLight, a agência de licenciamento que gerenciava os espólios de Johnny Cash e Steve McQueen, entre outros. "Isso foi benéfico para o espólio. Eles não precisaram enfrentar vários obstáculos que poderiam tê-lo deixado menos desejável comercialmente." John Branca queria garantir que ele e John McClain recebessem crédito pelo fato de Michael estar tão redimido aos olhos do povo americano. "Nós percebemos que precisávamos recuperar a imagem de Michael", Branca disse ao *Times*, "e o primeiro passo para isso foi o filme. As pessoas saíam daquele filme com uma visão completamente diferente de Michael. Em vez daquele excêntrico fora de controle, elas o viam como o artista definitivo, o perfeccionista definitivo, mas ao mesmo tempo sendo respeitoso com outras pessoas." Os gestores do espólio foram elogiados pelo *New York Times* por terem feito o melhor uso tanto da paixão quanto do fascínio que as pessoas sentiam pelo artista. "O que eles fizeram brilhantemente foi ter tirado vantagem da emoção que cercou a trágica morte de Michael Jackson", disse o gestor do espólio de Elvis Presley, Robert. F. X. Sillerman, "e fizeram isso de um modo que manteve o bom gosto, mas que ao mesmo tempo foi lucrativo, e isso é algo desafiador."

Nem todo mundo estava impressionado. "O que eles fizeram, qualquer um poderia ter feito", zombou Tohme Tohme. "Eles estão vendendo Michael Jackson para um mundo que quer Michael Jackson. Isso não é difícil."

28.

As descrições da vida dentro do complexo de Hayvenhurst variavam consideravelmente de visitante para visitante. "Acampamento Jackson" foi como a mãe de Paris Hilton, Kathy, descreveu o lugar para a revista *People*, que citou outra "fonte interna" que pintou o retrato de uma avó que tinha ajudado três crianças felizes a organizar uma vida "simples e doce". "Em um dia normal, as crianças se levantam cedo e correm pelos gramados com os cachorros, Jackson e Kenya, antes de pular na piscina", disse a *People* para os seus leitores. "Dentro de casa, eles assistem a filmes, jogam Pictionary e brincam de andar de cavalinho com a vovó." Arnold Klein via as coisas de maneira bem diferente: "O espetáculo de Sodoma e Gomorra em Hayvenhurst", foi como ele chamou a casa da família Jackson. Klein disse ao TMZ que sentia tanta aversão a eles todos que tinha deixado de ter interesse em qualquer outra coisa que não fosse "o bem-estar das crianças".

Entre os relatos contrastantes, havia pelo menos alguma concordância sobre como as três crianças estavam lidando com a vida depois de Michael. Prince ainda estava recluso, mas os visitantes do complexo de Hayvenhurst também viam uma postura firme no menino, uma repetição da atitude que Natalie Maines havia observado um ano antes. Ele não queria falar muito sobre o pai, ou sobre qualquer outra coisa, na verdade, e continuava a passar várias horas em silêncio jogando video game, mas as poucas coisas que ele falava sugeriam que Prince vinha prestando bastante atenção ao que estava ocorrendo à sua volta. Alguns de seus tios estavam bem incomodados com algumas das perguntas que o menino vinha fazendo sobre sua herança. Paris falava sobre lembranças do pai com muito mais frequência do que os dois irmãos. Ela parecia se consolar ao lembrar o dia em que papai tinha trazido a cachorrinha Kenya para a família, ou a tarde em que levou todos eles para a torre do Luxor Hotel, em Las Vegas, onde ficaram comendo barras de Snickers e olhando para a fantasmagoria das luzes coloridas. Ela estava se interessando por moda e desenvolvendo uma noção de estilo pessoal; quando precisava de óculos novos, ela provava mais de uma centena de armações diferentes antes de escolher a que lhe caía bem. Blanket parecia ainda estar sofrendo, mas não tão intensamente. O filho mais novo, que tinha apenas sete anos quando o pai morreu, continuou a chorar pelo papai durante a noite por semanas depois de sua chegada a Hayvenhurst. Ele queria colo com frequência. A natureza essencialmente afável de Katherine era uma bênção para o menino, dizia a maior parte dos visitantes, e ele estava cada vez mais próximo dela.

Os irmãos de Michael, porém, brigavam frequentemente e muitas vezes de maneira ruidosa sobre o espólio de Michael, e especificamente sobre quanto havia custado fazer as pazes com John Branca. Todos os filhos de Katherine Jackson, e Randy de maneira mais agressiva, reclamavam que ela havia aceitado um acordo com Branca que os retirava inteiramente do espólio. A própria Katherine estava cada vez mais infeliz com a pensão mesquinha que recebia. Embora John Branca e seus parceiros atendessem de maneira generosa qualquer solicitação que beneficiasse diretamente os três filhos de Michael (pelas contas deles, o espólio tinha pagado 115 mil dólares para um período de "férias em família" entre a segunda quinzena de junho e a primeira parte de julho de 2010), eles davam a Katherine uma pensão mensal de apenas 3 mil dólares, e a família inteira estava em pé de guerra por causa disso. Não havia sobrado quase nada para os filhos de Katherine, e era assim que devia ser, segundo Branca, que disse que Michael Jackson havia deixado muito claro que não pretendia bancar os irmãos. Mesmo quando Branca aumentou a pensão da sra. Jackson para 8 mil dólares mensais, muitos dos filhos dela continuaram a reclamar raivosamente, exigindo que Katherine confrontasse de maneira mais efetiva os administradores do espólio.

O clamor para que ela fizesse algo se tornou ensurdecedor depois que os administradores do espólio levaram ao juiz Beckloff a versão preliminar das contas de "desembolsos" feitas durante os dezesseis meses entre a morte de Michael e o dia 31 de outubro de 2010. O documento de três páginas mostrava que aproximadamente 29 milhões haviam sido pagos a pessoas que estavam trabalhando para o espólio. Branca tinha cuidado especialmente bem dos seus dois primeiros contratados: mais de 600 mil dólares haviam sido pagos para Sitrick and Company, e isso era cerca de um terço dos quase 1,8 milhão pagos ao escritório de advocacia de Howard Weitzman. Tudo somado, perto de 6 milhões de dólares haviam sido pagos a advogados que trabalhavam para o espólio. Greenberg Traurig havia recebido mais de 2,1 milhões, enquanto a Hoffman, Sabban & Watenmaker havia recebido perto de 1,6 milhão. O escritório de Branca recebera somente um pouco mais de 100 mil por seus serviços, mas o próprio Branca tinha conseguido bem mais do que isso, assim como John McClain. Sob a rubrica "Compensação do diretor coexecutivo e criativo", haviam sido anotados perto de 18 milhões de dólares em pagamentos entre 2 de fevereiro de 2010 e 8 de outubro de 2010, indicando que Branca e McClain tinham embolsado cada um 9 milhões em um período de oito meses. Mesmo que esses pagamentos fossem por todo o período de dezesseis meses de trabalho, isso significava que Branca e McClain estavam recebendo em média perto de 600 mil por mês como pagamento. "E enquanto isso Branca quer que você agradeça a ele por aumentar a sua pensão para 8 mil por mês", Joe e Randy Jackson disseram a Katherine.

A raiva entre os irmãos, sobrinhas e sobrinhos de Michael era acompanhada cada vez mais de um clima de apreensão, à medida que eles compreenderam que Katherine Jackson poderia receber mesmo essa ninharia do Fundo Familiar Jackson enquanto ela, uma senhora de oitenta anos, fosse saudável o suficiente para ser a guardiã das três crianças. Rebbie e Janet eram os dois únicos Jackson considerados capazes de substituir a mãe caso ela ficasse muito doente ou morresse, mas Janet não tinha nenhum interesse real nas crianças a não ser "arranjar ocasiões para sair em fotos com elas", segundo um dos consultores de Katherine, e por outro lado dizia-se que Prince e Paris rejeitavam a extrema religiosidade de Rebbie, e não queriam morar com ela. Os irmãos e La Toya certamente seriam deixados de lado se Katherine morresse, um fato que apenas intensificava a fragmentação da família. E obviamente ainda havia o caso de Joe, que continuava cercando o complexo, procurando uma oportunidade para ver se conseguia fazer as coisas virarem a seu favor.

Esperava-se que introduzir Grace Rwaramba na casa tivesse um efeito estabilizador, mas parecia que o que havia ocorrido era justamente o contrário. La Toya agora parecia ver Grace como uma ameaça séria à hegemonia dos Jackson. "A família tinha vários sentimentos diferentes em relação a ela", disse La Toya a um repórter britânico. "A mãe diz que ela quer estar com as crianças, mas eu avisei que ela deve ser cuidadosa. Não é que as crianças gostem ou não gostem dela. Eles gostam de todo mundo. A mãe é ingênua e sente pena dela." La Toya parecia acreditar que havia sido a própria Grace que tinha espalhado a história de que era namorada de Michael, e rapidamente refutou essa versão. "Eu tenho muitas perguntas sobre Grace", disse La Toya a um tabloide britânico pouco tempo depois de Rwaramba ter chegado a Hayvenhurst. "Ela fez de tudo para manter a família à distância. De repente ela volta, ouvindo e observando a família. Eu acho o comportamento dela estranho."

De acordo com alguns relatos feitos por pessoas que moravam no complexo, o que esfriou as relações de Prince e Paris com Grace foi o fato de eles terem ficado sabendo o que ela tinha contado a Daphne Barak. Outros diziam que o verdadeiro problema era que Grace insistia em superestimar o seu poder. A babá sabia que a presença dela em Hayvenhurst tinha sido um fator decisivo na decisão de Debbie Rowe de entregar a custódia para Katherine, disseram três fontes. E ao longo do tempo, vários membros da família interpretaram diversas observações dela como ameaças implícitas de dizer ao mundo o que ela sabia sobre os Jackson, inclusive Michael.

No fim de agosto, boatos vindos de Hayvenhurst sugeriram que os três filhos de Michael seriam matriculados no outono na exclusiva Escola Buckley. Prince, que estava pedindo para explorar o mundo fora do complexo de Hayvenhurst, queria assistir às aulas com outras crianças. Os três filhos de Tito iam para Buckley, que em tempos recentes tinha tido como alunos Paris Hilton, Nicole Richie e Kim Kardashian. Quando chegou o mês de setembro, porém, Katherine decidiu continuar educando as crianças em casa. Ela disse que era com isso que eles estavam acostumados. Os administradores do espólio aprovaram verbas para transformar o cinema em uma sala de aula e para criar um verdadeiro pátio escolar completo dentro do complexo da família, com quadra de vôlei, para que o currículo pudesse incluir aulas de educação física. As crianças fariam passeios e almoçariam por lá também.

As coisas ficaram feias poucos meses depois do início de 2010. No primeiro dia de março, uma equipe do Departamento de Proteção às Crianças e à Família do condado de Los Angeles chegou ao complexo de Hayvenhurst, chamada para investigar uma denúncia de que Jaafar Jackson havia comprado uma arma de choque na internet e que estava fazendo experiências com ela em seu primo mais novo Blanket. A ABC News publicou uma reportagem em seu site dizendo que Jaafar havia encomendado pelo menos uma, talvez duas armas de choque na internet, e que depois havia compartilhado a arma de 3 mil volts com as outras crianças da casa por três dias, antes que eles fossem pegos perseguindo Blanket pela casa com ela. Depois de receber um telefonema de uma suposta testemunha, o departamento mandou uma equipe de investigadores, que chegou à propriedade de Hayvenhurst pouco antes das onze da manhã.

Adam Streisand estava no local na manhã seguinte para desmentir a matéria da ABC, reconhecendo que Jaafar Jackson havia encomendado uma arma de choque (Streisand descreveu-a erroneamente como sendo "um Taser") pela internet, e que tinha "aberto a arma em seu banheiro e testado em um pedaço de papel". Katherine Jackson e um segurança da casa ouviram o barulho, foram até o banheiro de Jaafar e imediatamente confiscaram a arma, disse Streisand: "Blanket Jackson nunca viu ou ouviu o Taser. Nem Paris Jackson. Prince viu o Taser já nas mãos do segurança". Os investigadores tinham apreendido a arma e a retirado da casa, disse Streisand, que rapidamente acrescentou que ele não via motivo para que o incidente fosse levado ao juiz Beckloff.

A família Jackson estava menos preocupada com o que o juiz poderia pensar da história da arma de choque do que com a reação que Debbie Rowe poderia ter. As relações cordiais que pareciam resultar do fato de Rowe não contestar a custódia de Katherine haviam esfriado consideravelmente em agosto, quando os advogados de Katherine se opuseram ao pedido de Debbie para que o espólio de Michael Jackson pagasse cerca de 200 mil dólares que ela devia a Eric George, classificando a quantia como "exorbitante". Os Jackson *haviam* cumprido com o acordo e informado a Prince e Paris que Debbie era a mãe biológica deles, e haviam contratado um psicólogo infantil que estruturaria e monitoraria as visitas dela às duas crianças mais velhas. Pessoas que diziam falar em nome de Rowe, no entanto, sugeriram que os Jackson estavam tornando o agendamento dessas visitas difícil, alegando repetidas vezes que havia conflito de horário com outras atividades já marcadas. Debbie não se considerava bem-vinda pela família Jackson, diziam essas fontes. Tito Jackson insistia que não era assim: "Ela evidentemente tem direito de visitar, de sair com eles e de ser parte da família", disse ele. "Afinal de contas, eles são filhos dela. Eu gostaria que ela fosse parte da família Jackson. Há amor suficiente para todos."

O incidente com a arma de choque, no entanto, fez surgirem preocupações entre os Jackson quanto à possibilidade de Rowe e seu advogado levarem o caso ao juiz Beckloff. O Departamento de Proteção às Crianças e à Família não estava colaborando para diminuir a ansiedade dos Jackson, mandando investigadores repetidas vezes a Hayvenhurst nos dois dias seguintes para fazer perguntas a cada uma das catorze pessoas que moravam na casa na época, além de interrogar também os seguranças e outros funcionários. Em 24 horas, o TMZ começou a levantar dúvidas sobre a descrição de Adam Streisand do que havia acontecido. Aparentemente, havia um "conflito" entre as versões oferecidas pela família Jackson e aquelas dos funcionários do complexo de Hayvenhurst, afirmou o TMZ: "Nós sabemos que alguns empregados vão dizer que a arma de choque tinha estado lá por vários dias antes de um segurança subir e supostamente encontrar Jaafar e as outras crianças brincando com a arma e apontando para o filho de Michael, Blanket".

A tensão dentro do complexo aumentou novamente no início de maio de 2010, quando o Radar Online, um site afiliado ao *National Enquirer*, postou: "VÍDEO EXCLUSIVO NO MUNDO TODO: Violência chocante dentro da casa dos Jackson". O que o vídeo mostrava era Jermajesty falando por um momento para uma câmera, depois Jaafar entrando no quadro com uma cara furiosa e xingando o irmão mais novo de ladrão, depois dando um tapa na cara de Jermajesty com força suficiente para fazer o menino se estatelar no chão. Pelo menos foi isso que os editores do Radar Online viram. Uma interpretação provavelmente mais convincente era que uma dupla de meninos bobos tinha encenado algo que eles esperavam que se tornasse um hit no YouTube, até que alguns adultos oportunistas se apossassem do vídeo. O Radar Online, porém, encontrou um psiquiatra para analisar a cena "brutal". "Sabendo da história da família, isso mostra um ciclo de violência", opinou o dr. Joseph Harastzi. "Quando ele bate no irmão tão forte que o outro cai duro no chão, parece que ele o nocauteia. Ele pode ter sofrido violência para fazer com que se comporte assim." Quanto ao incidente com a arma de choque, o dr. Harastzi prosseguiu: "Isso mostra uma falta de supervisão. Parece que as crianças estão fora de controle. O que leva à pergunta: onde estão os adultos? Quem está no controle?".

Debbie Rowe estava fazendo a mesma pergunta, dizia o Radar Online, que flagrou Debbie na saída de uma loja Barnes and Noble em um shopping em Calabasas, naquela mesma noite. "É claro que eu estou preocupada com Blanket", disse uma emocionada Rowe, respondendo a uma pergunta sobre o caso da arma de choque. "Eu estou preocupada com os meus filhos. Quem não estaria?" Debbie também aproveitou a oportunidade para dizer ao mundo que, apesar da suposta sugestão dos Jackson de que ela podia ser um membro da família, ela ainda não tinha pisado na propriedade de Hayvenhurst. "Eu nunca estive na casa", disse ela, segurando as lágrimas.

Do lado de dentro dos portões do complexo da família, as perguntas que Katherine e os outros Jackson faziam eram: Quem nos entregou para o Departamento? E quem entregou o vídeo para o Radar Online? A agência de paparazzi X17 afirmava que Grace Rwaramba havia feito ambas as coisas. O telefonema de Grace para o Departamento de Proteção às Crianças e à Família havia sido fruto de uma "disputa" entre a babá das crianças e a avó deles sobre quem estava criando Prince, Paris e Blanket, de acordo com a X17. Apesar de Katherine saber que Grace era responsável tanto por ligar para o Departamento quanto por mandar o vídeo para o Radar Online, afirmava a X17, a família Jackson "tem medo de se livrar de Rwaramba por ela estar ameaçando escrever um livro para contar tudo o que sabe".

Na verdade, Grace deixaria o complexo de Hayvenhurst antes de 1° de maio. Quem a forçou a ir embora, porém, não foram os Jackson, mas Alejandra Oaziaza. "Toda aquela confusão com a arma de choque e essa coisa toda, na verdade tudo tinha a ver com apenas uma pessoa", disse Marc Schaffel. "Era Alejandra que Katherine queria ver fora da casa." A sra. Jackson tentou convencer Alejandra a ir embora com os seus dois filhos mais novos nos últimos meses de 2009. "No início, o que Katherine disse para Alejandra era que ela ia reformar Hayvenhurst — o que definitivamente era necessário", lembrou Schaffel. "Havia banheiros que não funcionavam e portas caindo aos pedaços. E Alejandra quase foi embora, mas depois disse: 'Bom, como eu vou saber se você vai nos deixar voltar?'." Depois do incidente com a arma de choque, porém, o Departamento de Proteção às Crianças e à Família tinha "sugerido vigorosamente" que os filhos de Michael precisavam ser separados dos primos, especialmente Jaafar e Jermajesty. Dessa vez, Katherine tentou instigar Alejandra a deixar o complexo de Hayvenhurst oferecendo para que ela e as crianças morassem, com todas as despesas pagas, no apartamento de Encino que Michael tinha transferido para a mãe anos antes. "É um apartamento bonito", explicou Schaffel. "Katherine tinha feito uma reforma completa e ele estava como novo. Mas Alejandra não estava contente. Ela queria saber quem ia cozinhar e limpar para eles. Então Katherine, sendo a mulher que é, disse: 'Bem, eu vou mandar alguns membros da nossa equipe lá alguns dias por semana'. E veja só, Alejandra diz: 'Por que eu iria querer isso se já tenho ajuda em tempo integral aqui?'."

No TMZ, dizia-se que Alejandra era responsável tanto por chamar o Departamento quanto pelo vazamento do vídeo com o tapa no Radar Online, e todos esses lances haviam sido pensados como um modo de fazer com que os Jackson soubessem que ela não sairia de Hayvenhurst sem fazer barulho. Membros da família culpavam Alejandra pela história de que Grace havia saído de Hayvenhurst porque ela e Paris brigavam constantemente, forçando Katherine a pedir à babá que pegasse as suas coisas e fosse embora. "O único motivo para Grace ir embora era o fato de que ela não podia tolerar o abuso que Alejandra e os filhos dela cometiam", disse Schaffel.

Nos meses que se seguiram à morte do pai deles, tinha se tornado evidente que Prince, Paris e Blanket estavam fadados a viver as suas infâncias particularmente estranhas como objetos de uma novela sem fim, escrita em manchetes de tabloides e iluminada por flashes de câmeras. As pessoas teriam inveja e pena deles, eles seriam mimados e adorados, e nunca seriam deixados em paz. E as pessoas que queriam protegê-los eram aquelas a que eles mais precisavam estar atentos.

Pelo menos a avó parecia sinceramente determinada a oferecer uma vida normal aos filhos de Michael. As crianças tiveram permissão para passar o primeiro Natal sem o papai na casa dos Cascio, em Nova Jersey. Katherine não celebraria o Natal, mas ela não impediria os filhos de Michael de festejarem. Seis meses depois, no primeiro aniversário da morte do filho, a sra. Jackson lamentou durante uma entrevista ao *Daily Mirror* que Prince, Paris e Blanket "não têm nenhum amigo". "Eles não vão à escola, têm aulas particulares em casa — mas isso vai mudar em setembro." Fiel à sua palavra, Katherine matriculou tanto Prince quanto Paris na Escola Buckley para o semestre que começava no outono. Prince insistia cada vez mais em poder conviver com as outras crianças. Paris, que no começo ficou relutante, virou uma entusiasta da ideia depois de uma visita à escola. Blanket continuaria a ter aulas em casa por mais um tempo, mas talvez dentro de um ano ou dois se juntasse aos irmãos em Buckley, disse Katherine.

Os advogados que administravam o espólio acusariam naquele outono a sra. Jackson de explorar os netos, quando ela e os outros Jackson puseram Prince e Paris na linha de frente de uma campanha da família contra o primeiro álbum póstumo de Michael Jackson. Montado a partir de trechos e fragmentos do "álbum de retorno" que ele vinha preparando desde a sua estada na Irlanda em 2006, além de outras faixas de décadas antes, o novo álbum, intitulado *Michael*, estava sendo alvo de críticas semanas antes do lançamento, no Natal de 2010. As reclamações mais estrondosas tinham a ver com três faixas gravadas no porão da casa da família Cascio, em Nova Jersey. Quando, no final de outubro, "Breaking News" foi colocada no site michaeljackson.com para que os fãs a ouvissem, os Jackson imediatamente afirmaram que a voz naquela gravação não era de Michael, e depois apresentaram os dois filhos mais velhos dele como provas de sua tese. Prince disse que ele estava no andar de cima ouvindo enquanto o pai gravava com Eddie Cascio, afirmaram os Jackson, e o garoto insistia que nada do que ele havia ouvido correspondia às faixas que a Sony estava incluindo no novo álbum. Dizia-se que Paris era especialmente dura ao afirmar que a voz principal em "Breaking News" não era do pai dela. Executivos da Sony resmungavam anonimamente que as crianças estavam sendo "manipuladas" por Katherine Jackson. Como era de seu costume, John Branca permaneceu em silêncio e fora de cena, mandando que Howard Weitzman dissesse aos repórteres que o espólio havia contratado peritos em investigação forense de áudio para examinar as faixas gravadas no porão dos Cascio, e que todos eles concordavam que era a voz de Michael que eles ouviam em "Breaking News" e nas duas outras músicas. O próprio Eddie Cascio parecia estar mais magoado do que bravo quando insistiu: "É a voz de Michael. Ele gravou no meu porão".

Randy Jackson, porém, disse que na primeira vez que ele ouviu as faixas de Cascio, "eu sabia que não era a voz [de Michael]". As objeções dos outros integrantes da família Jackson eram repetidas por will.i.am, que chamou o lançamento do novo álbum de "desrespeitoso". "Agora que ele não faz parte do processo, o que eles estão fazendo?", ele perguntou. "Por que você lançaria uma gravação dessas?" O argumento de Quincy Jones talvez fosse o mais convincente: Michael era perfeccionista demais para lançar uma gravação tão grosseira e mal acabada.

Branca e o espólio responderam com um relatório que afirmava que "seis ex-produtores e engenheiros de Michael, que haviam trabalhado com Michael nos trinta anos anteriores — Bruce Swedien, Matt Forger, Stuart Brawley, Michael Prince, dr. Freeze e Tedd Riley —, todos confirmaram que o vocal era definitivamente de Michael". Riley, que dos vários produtores do novo álbum era o que tinha mais credibilidade, protestou que "sem nenhuma prova" era injusto chamar as gravações de Cascio de fraude. "Você pode ouvir a autenticidade e a espontaneidade na voz dele", disse Riley.

A Sony distribuiu 900 mil unidades do novo álbum nos Estados Unidos em dezembro de 2010. Apenas 224 mil cópias de *Michael* foram vendidas na primeira semana depois do lançamento, colocando o álbum no terceiro lugar nas paradas atrás de discos de Taylor Swift e de Susan Boyle, e bem atrás das 363 mil cópias que *Invincible* tinha vendido na semana de seu lançamento, em 2001. O single inicial do novo álbum, o dueto de Michael com Akon em "Hold My Hand", atingiu o 39º lugar do Hot 100 da *Billboard*. Executivos de rádios e gravadoras concordavam que as dúvidas sobre a autenticidade das faixas de *Michael* eram o principal motivo para um desempenho comercial tão frustrante.

Os críticos não foram muito mais bondosos. "Breaking News", a faixa do novo álbum que mais havia chamado a atenção da mídia, foi rejeitada como sendo algo "requentado e autorreferencial, que põe em destaque tudo o que havia de errado com" Michael Jackson. Em certo sentido, o mais triste de *Michael* era que as duas melhores faixas do álbum, "Behind the Mask" e "Much Too Soon", tinham sido tocadas e produzidas nos anos 1980. "Behind the Mask" era especialmente boa, uma nova versão R&B estranhamente psicodélica e exuberantemente orquestrada de uma faixa do disco *Solid State Survivor*, de 1979, da Yellow Magic Orchestra, para a qual Michael havia escrito uma letra nova e que ele gravou com uma ferocidade que não apresentava desde os tempos de *Dangerous*. Alguns críticos notaram quanto a comparação fazia mal para as faixas mais recentes.

A Sony foi poupada desse sofrimento em função das boas vendas internacionais. As dúvidas sobre as faixas de Cascio não tiveram o mesmo tipo de repercussão no exterior, onde Michael Jackson continuava a ser mais popular do que em sua terra natal. *Michael* ganhou disco de platina em treze países fora dos Estados Unidos e disco de ouro em outros dezessete, estreando em primeiro lugar na Alemanha, na Itália, na Holanda e na Suécia. As vendas na primeira semana no Reino Unido foram maiores do que as de qualquer outro álbum de Michael

Jackson desde *Dangerous*, e no Japão o disco foi um dos únicos álbuns de Jackson, junto com *Bad*, *Thriller* e *This Is It*, a estrear no top três. O acordo que a Sony tinha feito com o espólio ainda poderia compensar, mas só se a empresa mantivesse os filhos de Michael e sua mãe no canto deles. Cada vez parecia menos provável que isso fosse acontecer.

Não se pode dizer que tenha sido uma surpresa que surgissem teorias da conspiração depois da morte de Michael Jackson. Mortes súbitas de celebridades, de Elvis Presley a Tupac Shakur, deram origem a histórias de tramas secretas e a boatos elaborados, e o mesmo aconteceria dessa vez. A diferença no caso de Jackson era que o próprio morto estava convicto fazia muito tempo de que havia uma conspiração para destruí-lo. Mesmo durante os preparativos para os shows *This Is It*, Michael se recusava a abandonar a crença de que a Sony e um grupo um tanto vago de cúmplices estavam por trás das acusações criminais que haviam sido feitas contra ele no condado de Santa Barbara, e que o objetivo final era conseguir controle total do catálogo dos Beatles. "Michael Jackson sempre temeu pela própria vida, o tempo todo, desde que eu o conheci", disse Raymone Bain. "Michael sempre achou que suas propriedades e posses — principalmente os direitos autorais que ele possuía — seriam a causa de sua morte."

Os executivos da Sony, Tommy Mottola e Marty Bandier, quase sempre estavam entre aqueles que Michael acusava de tramar contra ele, assim como sua ex-empresária, Trudy Green, e o chefe dela, Howard Kaufman, da HK Management. Havia um parágrafo do relatório da Interfor que afirmava que Al Malnik tinha estado envolvido com John Branca em um esquema que usava o dinheiro do sr. Jackson, e, mesmo que não fosse sustentado por qualquer indício, isso fez com que Michael passasse a suspeitar do advogado da Flórida. A Nação do Islã alimentou essa suspeita e também convenceu Michael a incluir Charles Koppelman e Brett Ratner entre "os judeus" da sua lista de inimigos. Michael e a Nação do Islã acreditavam que Tom Sneddon era sócio deles e um peão que eles usavam em sua trama.

Um número surpreendente de pessoas fora da família — algumas delas, pessoas de peso — havia passado a acreditar na teoria da conspiração da Sony nos últimos anos. Tom Mesereau achava que "era possível argumentar" que a empresa ajudou a acusação no condado de Santa Barbara para obter controle do catálogo da ATV. Tohme Tohme afirmou estar "convencido de que havia uma conspiração contra Michael — não necessariamente para matá-lo, mas para enfraquecê-lo, para fazer com que ele cancelasse os shows e para usar isso como meio de controlar o catálogo". Um advogado que havia lidado com Branca, Tohme, Frank Dileo e Randy Phillips em assuntos ligados ao contrato da AEG e ao destino do espólio de Michael Jackson, e que também tinha negócios com Leonard Rowe e com a família Jackson, disse: "Ah, certamente havia uma conspiração, mas que tipo de conspiração, quem estava envolvido e como eles estavam envolvidos é difícil saber".

Evidentemente, a história de que Michael continuava vivo se tornou a favorita das legiões de fãs. Ela havia surgido menos de 24 horas depois de Michael ter sido declarado morto no UCLA, quando apareceu na TV a cabo uma foto de alguém que supostamente era Michael descendo de uma ambulância num estacionamento do instituto de medicina legal do condado de Los Angeles. Literalmente milhares de descrições de como Michael havia fingido sua morte surgiram nos meses seguintes. "Eu recebia pelo menos vinte e-mails por semana de pessoas que diziam que Michael não morreu", afirmou Uri Geller. "Eu não estou exagerando."

Michael *havia* morrido, porém, e a única pessoa no mundo que certamente responderia por isso continuava a ser o dr. Conrad Murray. Enquanto se preparava para uma audiência preliminar marcada para começar na primeira semana de 2011, Murray se agarrava a apenas alguns fios de esperança de que iria conseguir escapar de ser responsabilizado criminalmente. Um deles era o fato de que os pais de Michael Jackson pareciam reconhecer agora que tinham alguns interesses em comum com o médico. Joe Jackson havia na verdade escrito uma carta pedindo aos fãs de Michael que não atacassem, verbal ou fisicamente, nem Murray nem aqueles que o defendiam durante a audiência preliminar. "Ao usar palavrões, nós estamos nos rebaixando ao nível deles", dizia a carta, que servia como uma espécie de preâmbulo para a queixa contra a AEG que Joe protocolou no Conselho de Medicina da Califórnia um mês mais tarde. A acusação feita por Joe nessa denúncia era de que a AEG havia praticado "medicina corporativa ilegal". Como prova de suas acusações, ele afirmava que Conrad Murray havia repetidamente solicitado tanto um desfibrilador quanto uma enfermeira para a mansão Carolwood, e havia recebido respostas negativas dos executivos, que se recusavam a arcar com os custos. Documentos protocolados na ação de morte por negligência movida por Katherine Jackson indicavam que exatamente as mesmas alegações estariam no centro do processo dela contra a AEG. Isso significava, entre outras coisas, que o próprio dr. Murray poderia ser a testemunha mais importante dos reclamantes. Murray deu a entender que estava disposto a jogar esse jogo incentivando "amigos" não identificados a espalhar que ele havia guardado cópias de e-mails enviados para a AEG pedindo tanto o equipamento de reanimação quanto uma enfermeira, e que o médico acreditava que a culpa pela morte de Michael era da empresa, por não ter atendido a essas solicitações. "Eu poderia ter salvado Michael se eu tivesse o equipamento adequado", Murray teria dito. "Eu tenho os papéis para provar isso."

Enquanto o promotor do condado de Los Angeles se preparava para apresentar as suas acusações contra Murray na audiência preliminar, os irmãos de Michael fizeram comentários que sugeriam uma simpatia crescente pelo médico. "Dr. Murray é o bode expiatório", disse Jermaine Jackson a repórteres depois de uma audiência jurídica. "Isso é uma enganação!" Ninguém ficou surpreso quando La Toya fez uma declaração que amplificava as observações de seus irmãos: "Michael foi assassinado, e embora ele tenha morrido nas mãos do dr. Conrad Murray, eu acredito que o dr. Murray fez parte de um plano mais amplo. Há outras pessoas envolvidas, e eu não vou descansar e vou lutar até que as pessoas certas sejam trazidas a julgamento e a justiça seja feita".

O caso deu uma virada ainda mais inesperada quando os advogados de Murray protocolaram documentos sugerindo que o dr. Arnold Klein era no mínimo parcialmente responsável pela morte de Michael Jackson. Klein havia "prescrito ou pode ter medicado Michael Jackson excessivamente, a ponto de a AEG Live ter dado um ultimato a Michael para que ele parasse de se sujeitar à supermedicação do dr. Klein", dizia o documento. Os advogados de Joe Jackson imediatamente exigiram saber "por que, dadas essas alegações, o dr. Arnold Klein não é incluído como uma das partes que devem pagar a devida indenização". Pela primeira vez depois da morte de Michael Jackson, Klein havia se recusado a responder publicamente a uma acusação feita contra ele. No entanto, outras pessoas *estavam* falando. Cabeleireira de Michael por muitos anos, Karen Faye disse a investigadores da polícia que Michael quase sempre "tinha sinais de uso de drogas" depois dos encontros com o dr. Klein. De acordo com Faye, ela tinha percebido cerca de uma semana antes da morte de Michael que ele parecia mais lúcido, e perguntou a Frank Dileo se ele sabia o motivo. "É porque Klein não está na cidade", havia sido a resposta de Dileo, disse Faye.

O fato de saber que ele havia se tornado alvo tanto de uma investigação feita pelo espólio quanto de uma estratégia de defesa do dr. Murray, não impediu que Klein protocolasse queixas contra o espólio de Michael Jackson solicitando tanto o pagamento de 48 522,89 dólares, devidos em função de procedimentos estéticos dermatológicos realizados no artista nos últimos meses de sua vida, quanto a devolução de um casaco verde Gianfranco Ferre de 10 mil dólares que ele havia emprestado para Michael na primavera de 2009. As pessoas que leram os documentos apresentados por Klein em sua queixa solicitando o pagamento estavam fazendo algumas perguntas difíceis ao médico. Pela versão que ele mesmo apresentou, Klein havia injetado ou Restylane ou Botox em Michael Jackson pelo menos três vezes por semana durante o mês de abril de 2009, um mês em que ele também havia injetado em Michael 2,475 miligramas de Demerol. Os mesmos registros mostravam que Klein injetara em Michael outros 1,4 miligramas de Demerol durante um período de duas semanas em maio. Vários profissionais de medicina eram citados anonimamente como tendo perguntado se as injeções de Botox e de Restylane mencionadas na conta do médico não eram simplesmente "disfarces" para as de Demerol que Michael desejava. Klein insistia que havia executado todos os procedimentos que estava cobrando e defendia as injeções de Demerol explicando: "Você tem de entender, Michael Jackson tinha uma fobia incrível a agulhas. Eu tinha de sedá-lo".

À medida que as perguntas sobre a suposta "supermedicação" de Michael Jackson persistiam, Klein passou a ficar cada vez mais calado, se protegendo, junto com seus advogados, dizia-se, contra a possibilidade de que a promotoria ou o Conselho de Medicina da Califórnia pudessem agir contra ele. O que complicava ainda mais a situação era o fato de que as acusações de Conrad Murray contra Klein pareciam contradizer as alegações da ação de Katherine Jackson de que a AEG havia se tornado responsável pela morte do filho dela ao substituir o seu "médico regular" Arnold Klein pelo totalmente incompetente dr. Murray. Era impossível dizer como as coisas se resolveriam. A única certeza era que o caso contra Murray seria decidido antes de qualquer acordo no processo civil contra a AEG.

O teor dos argumentos usados pelo promotor David Walgren em 4 de janeiro de 2011, o primeiro dia da audiência preliminar do dr. Conrad Murray em Los

Angeles, não surpreendeu ninguém. Walgren disse à corte que a maneira como Murray administrou propofol a Michael Jackson durante as primeiras horas de 25 de junho de 2009 havia sido um "desvio extremo em relação aos procedimentos padrão", como também foi um erro o fato de ele ter adiado o telefonema de emergência enquanto tentava fazer uma reanimação cardiorrespiratória no seu paciente agonizante, tendo depois omitido tanto dos paramédicos que estiveram no local quanto dos médicos no hospital que ele havia injetado propofol no sangue de Jackson.

Kenny Ortega foi chamado como primeira testemunha da acusação, tendo sido convocado principalmente para descrever quanto o médico havia ficado chateado quando o diretor do show *This Is It* mandou Michael mais cedo para casa na noite de 19 de junho de 2009. Em uma reunião no dia seguinte na mansão Carolwood, Ortega recordou, dr. Murray insistiu que somente ele deveria tomar decisões como essa, e afirmou que Michael estava "bem física e emocionalmente". O advogado de Murray, Ed Chernoff, perguntou se Ortega tinha repreendido Michael antes de mandá-lo para casa na noite de 19 de junho, mas Ortega (que havia sido indicado como testemunha da defesa no processo original de Katherine Jackson contra a AEG) negou.

Michael Amir Williams foi o próximo a testemunhar, depois de Ortega, e falou ao tribunal sobre o fato de Murray tê-lo abordado no hospital e ter dito que precisava voltar à casa para pegar tubos de creme clareador de pele no quarto de Michael. A testemunha seguinte foi Faheem Muhammad, que afirmou que o dr. Murray disse a ele que queria sair do hospital por estar com fome e precisar comer algo. Alberto Alvarez disse mais uma vez que havia sido instruído por Murray para retirar a bolsa do acesso intravenoso que continha uma substância branco-leitosa, e que também havia recebido ordens para colocar frascos que continham um líquido de aparência igualmente leitosa em uma sacola médica antes de os paramédicos chegarem.

Os dois primeiros socorristas que chegaram a Carolwood, Richard Senneff e Martin Blount, foram testemunhas especialmente duras. Senneff estimou que Michael Jackson devia ter morrido pelo menos vinte minutos antes do primeiro telefonema para o 911. Ele e Blount concordaram que não havia absolutamente nenhuma chance de reanimação, lembrou Senneff, e mesmo assim o dr. Murray insistia que percebia pulso e se recusava a declarar que o sr. Jackson estava morto. Quando ele e o outro paramédico perguntaram se o sr. Jackson havia tomado medicamentos, Senneff lembrou, o único que o médico mencionou foi Ativan; ele nunca disse uma palavra sobre propofol, e falou que o principal problema de seu paciente era desidratação. Blount descreveu Murray como estando encharcado de suor na primeira vez que ele falou com os paramédicos, e se lembrou de que o médico insistia que havia esperado apenas um minuto depois de Michael Jackson ter parado de respirar para telefonar para o 911. Blount mostrou a mesma frustração de Senneff quanto à recusa do médico em declarar a morte.

Os médicos do hospital UCLA, Richelle Cooper e Thao Nguyen, disseram que o dr. Murray se recusava a reconhecer que o sr. Jackson estava morto, embora eles não tenham conseguido encontrar sinais vitais quando o corpo chegou ao pronto-socorro, e que implorava para que eles "tentassem salvar o paciente". Os médicos também lembravam que Murray havia lhes dito que Michael estava tomando Ativan, mas não mencionou propofol.

Elissa Fleak, investigadora do Instituto Médico Legal, afirmou que não só havia encontrado onze frascos de propofol no closet da suíte de Michael Jackson como junto com eles havia uma verdadeira farmácia de outros remédios, inclusive lorazepam, diazepam, temazepam, trazodona, Flomax, clonazepam, tizanidina, hidrocodona, lidocaína e Benoquin, além de várias seringas, agulhas, acessos intravenosos e frascos, abertos e fechados. Um farmacêutico da Applied Pharmacy Services de Las Vegas foi o próximo a depor, dizendo que o dr. Murray havia feito seis pedidos diferentes de Diprivan entre 6 de abril e 10 de junho de 2009, num total de 255 frascos do medicamento, e que ele havia feito com que todo o material, assim como os remédios à base de benzodiazepina que queria, fosse entregue em um apartamento em Santa Monica.

O investigador da divisão de roubos e homicídios da polícia de Los Angeles, Orlando Martinez, afirmou em seu testemunho que durante o depoimento de Conrad Murray, que ele ouviu dois dias depois da morte de Michael Jackson, o médico havia dito que estava tentando tirar aos poucos o propofol do sr. Jackson, mas que, no início da manhã de 25 de junho, Michael havia "implorado" por uma aplicação da droga para conseguir dormir. Sentindo-se "pressionado" por seu paciente, tinha dito Murray, ele deu ao sr. Jackson uma dose reduzida de propofol — com a ajuda do paciente. Michael gostava de "injetar ele mesmo o propofol", explicou Murray, e disse que "outros médicos deixavam-no fazer isso". Murray também disse que ele havia ido ao banheiro apenas por dois minutos, segundo o depoimento do investigador Martinez, e que, assim que voltou, viu que o sr.

Jackson não estava respirando. O inspetor médico assistente do condado de Los Angeles, dr. Christopher Rogers, disse em seu depoimento que acreditava que o dr. Murray havia mentido para o investigador Martinez sobre a quantidade de propofol que ele havia aplicado em Michael Jackson. Se tivessem sido meros 25 miligramas, como disse Murray, o paciente teria acordado depois de apenas três a cinco minutos de sono, disse o dr. Rogers, que acrescentou que era inadequado usar propofol para insônia, e que ele considerava que o tratamento médico oferecido pelo dr. Murray a Michael Jackson como "abaixo do padrão".

A promotoria parecia estar guardando provas poderosas. Dois representantes de companhias telefônicas foram levados para depor, afirmando que Conrad Murray havia mandado várias mensagens e feito telefonemas entre o momento em que ele havia descoberto que Michael Jackson havia parado de respirar e a primeira ligação para o 911. Não foi revelado para quem ele enviou mensagens ou ligou, nem o que ele disse a essas pessoas. Insinuou-se uma conexão entre algumas ligações que Murray havia feito e o fato de duas mulheres do consultório do médico no Texas terem ido a um depósito para buscar caixas, mas isso não foi explorado.

A falha do departamento de polícia de Los Angeles em isolar a mansão Carolwood logo depois da morte de Michael Jackson era uma das grandes vantagens da defesa. Os advogados de Conrad Murray indicaram que eles podiam explorar essa área de vulnerabilidade no futuro, mas no momento não havia dúvidas de que Conrad Murray seria indiciado por morte por negligência. Antes de o juiz Michael Pastor suspender a sessão para preparar a sua decisão, porém, o procurador-geral adjunto da Califórnia, que representava o Conselho de Medicina da Califórnia, queria solicitar também que o juiz suspendesse a licença médica de Murray. Os advogados de Murray se apressaram a dizer que isso faria com que o médico não fosse capaz de estabelecer uma defesa caso fosse levado a julgamento. Certamente faria com que ele não fosse capaz de pagar os honorários deles.

Pouco mais de uma hora depois, o juiz Pastor decidiu que Murray iria a julgamento e que a licença médica dele seria suspensa como condição para que ele saísse mediante fiança. O médico tinha 24 horas para notificar os conselhos de medicina do Texas e de Nevada sobre a decisão do juiz.

29.

A determinação de Katherine Jackson de fazer com que Alejandra Oaziaza e os filhos dela deixassem o complexo de Hayvenhurst chegou a tal ponto que ela finalmente foi pedir a John Branca e a Howard Weitzman que a ajudassem com isso. O pedido de despejo foi feito pelo espólio três dias depois do início da audiência preliminar de Conrad Murray e foi o ápice de uma luta que já estava ocorrendo havia mais de seis meses. A sra. Jackson tinha feito a primeira tentativa de forçar Alejandra a sair em junho de 2010 e, segundo dizem, ela ficou chocada quando a mãe de quatro de seus netos, gerados com dois de seus filhos, respondeu contratando um advogado que deixou claro que ela brigaria para não sair. Katherine e os Jackson tentaram negociar, oferecendo a Alejandra a posse do apartamento em que ela tinha sido incentivada anteriormente a morar sem ter de pagar aluguel. Alejandra, porém, se recusou a assinar a cláusula de confidencialidade que era parte do acordo, insistindo que ela queria ter a opção de escrever um livro contando tudo. Chegando a esse ponto, Katherine procurou os gestores do espólio, pedindo que *eles* tirassem Alejandra da propriedade.

"Uma coisa de que Katherine realmente não gostava era que as outras crianças estavam impedindo que os filhos de Michael fizessem amigos", explicou Marc Schaffel. "Jermajesty, Jaafar e Randy Jr. — todos esses outros meninos — estavam dizendo a Prince e a Paris: 'Nós somos a família de vocês. Nós somos os únicos

571

que se importam com vocês. Não confiem em mais ninguém'. Até mesmo Omer Bhatti estaria dizendo a eles: 'Eu sou o único amigo de vocês. Os outros só querem o dinheiro de vocês'. Essas pobres crianças estavam ficando malucas, e Katherine percebia isso. Mas a situação era difícil para ela, porque as outras crianças também eram seus netos. Por isso ela deixou que o espólio se responsabilizasse por tentar se livrar de Alejandra. Eles marcaram desinsetizações da casa algumas vezes, e chegaram até mesmo a trocar as fechaduras. Mas Alejandra continuava voltando e conseguindo entrar."

No verão de 2010, com os assistentes sociais do condado de Los Angeles insistindo que Prince, Paris e Blanket fossem separados de Jaafar e Jermajesty, tanto Katherine quanto o espólio aceitaram que ela teria de achar outro lugar para criar seus netos. Katherine, que tinha ficado várias vezes com as crianças na casa de Schaffel, em Calabasas, decidiu que gostava muito do lugar, e pediu a Marc que a levasse para andar por lá e ver propriedades que estivessem desocupadas. Ela acabou escolhendo uma mansão de 1177 metros quadrados em um condomínio fechado no alto das colinas, a apenas uma quadra da casa de Britney Spears. O aluguel era de 26 mil por mês. Prince, Paris, Blanket e ela morariam lá até que o trabalho em Hayvenhurst acabasse — e talvez até depois disso, disse Katherine.

Alejandra, porém, fincou pé em Hayvenhurst. Ela foi descrita pelo TMZ como "uma posseira". "Basicamente ela fica na casa o tempo inteiro", disse uma das consultoras mais próximas a Katherine, em março de 2011, "porque ela tem medo de que eles troquem as fechaduras de novo." Exausta e cansada daquela situação, Katherine ligou para a polícia e pediu para que eles escoltassem Alejandra para fora da propriedade. Os advogados de Alejandra intervieram, porém, convencendo os policiais de que eles não poderiam retirar uma mulher que morava no local havia mais de duas décadas sem uma ordem formal de despejo. Um pedido para que Alejandra fosse despejada foi protocolado uma semana depois pelo espólio.

A capacidade de Alejandra de causar dor em qualquer Jackson que cruzasse seu caminho, porém, se demonstrava até mesmo naquele momento. Algumas semanas antes, Jermaine havia viajado para a África com um passaporte que estava prestes a expirar. Por meio dos seus advogados, Alejandra avisou ao Departamento de Estado dos Estados Unidos que Jermaine devia a ela 91 921 dólares (incluindo juros e multas) em pensão alimentícia, o que significava que, pela lei, ele não podia ter permissão para renovar seu passaporte e voltar aos Estados Unidos até que a quantia fosse paga na íntegra. A embaixada norte-americana em Ouagadougou, a capital de Burkina Faso, um país instável e sem litoral, recebeu uma solicitação para que emitisse documentos provisórios para Jermaine voltar para casa e cumprir com suas obrigações. A pedido de Jermaine, Katherine tinha procurado o espólio para solicitar o dinheiro que ele devia a Alejandra, a fim de que ele obtivesse permissão para sair de Burkina Faso e voltar aos Estados Unidos. O espólio respondeu com um empréstimo de 80 mil dólares.

Os outros Jackson não estavam nem aí para o que Alejandra dizia ou fazia até 15 de março de 2011, quando foi agendada a audiência judicial da ordem de despejo. "Katherine está em uma situação terrível", disse Schaffel. "Ela tem dois filhos que não estão assumindo responsabilidade por seus próprios filhos. Jermaine não paga um centavo de pensão e Randy também não pagou por um longo período. Por isso, Katherine sente que ela tem de cuidar dessas crianças, mas ela não tem o apoio financeiro do espólio para fazer isso."

Tanto a obstinação quanto o rancor de Alejandra estavam completamente à mostra quando ela foi à audiência de despejo com um advogado que alegou que Michael Jackson quis se assegurar de que a mãe de seus sobrinhos recebesse assistência, e que ele tinha a intenção de que ela recebesse auxílio do Fundo Familiar Jackson. "Alejandra na verdade teve a coragem de reclamar que Katherine havia levado os funcionários com ela para Calabasas e que não tinha ficado ninguém para atender às necessidades dela da maneira como ela estava acostumada", admirou-se Schaffel. "Ela chegou até a alegar que não estava recebendo dinheiro para fazer o mercado, e que Katherine e o espólio estavam tentando fazer com que ela passasse fome. E ela conseguiu uma suspensão temporária da ordem de despejo."

O poder do papel que Alejandra havia conquistado para si na família Jackson ficou mais visível com o acordo pelo qual John Branca e Howard Weitzman arranjaram as coisas entre Alejandra e Katherine, de um lado, e entre Alejandra e Jermaine, de outro. O ingrediente essencial na negociação, que aconteceu no início de abril de 2011, foi o empréstimo que o espólio fez para que Jermaine se livrasse das parcelas atrasadas de sua pensão alimentícia.

Katherine deixava cada vez mais claro o seu descontentamento com a atitude arrogante de Branca. Durante a entrevista que concedeu para o programa *Oprah*, Katherine reclamou que Branca estaria ignorando propositadamente aquilo que ele sabia que eram os desejos de Michael. Depois que a entrevista foi ao ar, em novembro de 2010, a sra. Jackson fez uma declaração pública afirmando que ela estava chateada com Oprah Winfrey e com seus produtores por ceder a pressões de Weitzman e dos advogados do espólio, feitas pouco antes de o programa ser exibido, e que incluíam o aviso de que as observações da sra. Jackson sobre Branca poderiam dar origem a um processo judicial. "Oprah cedeu e não exibiu nada do trecho sobre os administradores!", reclamou Katherine.

A retórica da sra. Jackson ficou mais forte à medida que ela se afundava em uma batalha pelo controle da Fundação Heal the World, de Michael. Katherine assumiu publicamente que estava do lado de uma jovem a quem Michael havia delegado responsabilidade pela instituição, Melissa Johnson, e fez campanha contra o ataque judicial que Branca e seus advogados haviam lançado contra ela. O golpe que acertou Branca em cheio foi o que Katherine disparou no início de abril de 2011, apenas uma semana antes de o caso em torno da Heal the World ir a julgamento, quando a sra. Jackson assinou uma declaração que foi protocolada no tribunal. "Não é meu desejo, nem seria o desejo de meu filho Michael, dar continuidade a este processo contra a Fundação Heal the World", a sra. Jackson havia escrito. "Michael ficaria muito aborrecido se soubesse que a nossa instituição de caridade está sendo dilacerada por pessoas que afirmam estar fazendo o que ele queria." A declaração de Katherine indicou Branca como a pessoa responsável pela "existência deste processo", e depois afirmou publicamente aquilo que vinha dizendo privadamente às pessoas havia meses: "O sr. Branca é um homem que fazia com que meu filho ficasse muito preocupado. Michael me disse em mais de uma ocasião que ele não gostava deste homem e que não confiava nele. Ele me disse que John o roubou. Este processo é exatamente o tipo de coisa horrorosa que Michael disse que ele era capaz de fazer... Essas pessoas dizem que eu fui manipulada por Melissa Johnson e que nós estamos explorando meus netos, porque nós nos unimos, isso enquanto os administradores convencem as pessoas de que eles estão fazendo o que Michael queria ou que estão fazendo o que é de meu interesse ao processar todos os que nos ajudam. Por favor, não acreditem neles. Não é verdade [...]. Michael não queria que sua instituição de caridade fosse destruída ou que acabasse; ele queria que a srta. Johnson tocasse esse projeto para ele".

Melissa e a sócia dela, Mel Wilson, eram "pessoas boas e altruístas, e eu passei a confiar muito nelas", prosseguia a sra. Jackson. "Elas fizeram um trabalho maravilhoso com a instituição de caridade de meu filho e me deixaram feliz ao me tornar parte do trabalho delas [...]. Os filhos de Michael certamente querem levar adiante o legado do pai deles de doação e de cura, e aviltar ou distorcer esse desejo, por ganância, é a coisa mais horrível que pode acontecer."

Branca e seu grupo revidaram imediatamente com uma alegação que considerou todas as afirmações que constavam da declaração de Katherine como "patéticas" e "mentirosas". Ao mesmo tempo, porém, os advogados do espólio tentaram evitar um confronto direto com a mãe de Michael ao vazar para o TMZ uma história que afirmava que a sra. Jackson não havia feito nenhum dos ataques pessoais que apareciam na declaração dela. Essas calúnias vinham de "pessoas que Katherine ouvia e que tinham atritos com o espólio", disse o TMZ.

Adam Streisand tomou uma decisão fatídica ao resolver interferir mais tarde naquele mesmo dia, dizendo ao TMZ que a sra. Jackson "nega ter assinado qualquer declaração direcionada ao tribunal que faça acusações contra os administradores relativas a qualquer transgressão relacionada ao filho dela e a seu espólio", acrescentando depois, "ela não fez e nem faria afirmações como essas sobre os administradores".

As manchetes com a declaração de Streisand enfureceram as pessoas ao redor de Katherine Jackson (que tinha, na verdade, feito e assinado aquela declaração). "Basicamente, Adam Streisand estava dizendo que a cliente dele ou era mentirosa ou era burra", disse um dos consultores da sra. Jackson.

Na manhã seguinte, Adam Streisand recebeu uma carta da sra. Jackson pelo correio que dizia: "Eu passei muitas horas refletindo sobre minhas metas e meus objetivos em relação ao espólio do meu filho e decidi ir em uma nova direção. Portanto, e com efeito imediato, dispenso por meio desta os seus serviços e os de seu escritório".

Streisand ficou indignado. "Minha sócia Gabrielle Vidal e eu falamos com a sra. Jackson e com a assistente dela, Janice Smith", disse o advogado, "e a sra. Jackson nos disse que ela não tinha assinado uma cópia da declaração que continha as falsas acusações contra os administradores afirmando que eles haviam roubado dinheiro do espólio, entre outras coisas, e ela concordou plenamente com aquilo que eu estava por fazer e com a declaração que eu dei sobre isso." Mas a sra. Jackson *não* havia acusado os administradores de roubar dinheiro do espólio em sua declaração. "Eu nunca chamei a sra. Jackson de mentirosa", insistiu Streisand, mas ele dava toda a impressão de que *estava* dizendo agora que ela era mentirosa. "Eu não tenho dúvidas de que, depois de eu ter feito aquela declaração, Randy, Joe e provavelmente outros ficaram muito aborrecidos e deixaram isso muito claro para a sra. Jackson. Eu não tenho dúvidas de que ela concordou em encerrar o nosso relacionamento profissional como uma maneira de se livrar da responsabilidade pela declaração."

A afirmação não foi o único motivo para que Streisand fosse dispensado, entretanto. Mais importante foi o fato de Katherine ter decidido que precisava de um advogado que acreditasse que ela tinha alguma opção melhor do que aceitar que Branca controlasse o espólio e apreciar qualquer generosidade que ele fosse convencido a fazer para ela. Ela queria um advogado que brigasse com Branca, que acreditasse que Branca poderia ser removido de suas posições de administrador, administrador especial e coconselheiro-geral do espólio de Michael Jackson, e que talvez ele pudesse ser obrigado a devolver centavo por centavo do que havia recebido por exercer esses cargos.

Horas depois de demitir Adam Streisand, a sra. Jackson havia contratado um advogado que lhe disse de maneira convincente que podia fazer isso.

Perry Sanders Jr. era um "litigante peso pesado", disse o TMZ na primeira reportagem sobre sua contratação. Ele era mais conhecido por ter entrado com um processo de morte por negligência culposo contra a cidade de Los Angeles, que acusava agentes do departamento de polícia de Los Angeles de envolvimento no assassinato do rapper Christopher Wallace, também conhecido como The Notorious B. I. G., também conhecido como Biggie Smalls. Sanders também havia tido um papel central numa ação contra a Master P e contra o catálogo da No Limit Records, que garantiram direitos autorais no valor de centenas de milhões de dólares. Obter controle de um catálogo musical era, por motivos óbvios, um feito que particularmente impressionava Katherine Jackson.

Sanders sugeriu que Katherine fizesse todas as perguntas que quisesse sobre seu desempenho como advogado e sobre sua confiabilidade como pessoa a Voletta Wallace, mãe de Notorius B. I. G., que era uma Testemunha de Jeová, uma mulher de grande fé e de caráter impressionante. Um dia antes de demitir Streisand, a mãe de Michael e a mãe de Biggie passaram quatro horas conversando pelo telefone. No fim da conversa, Katherine disse que ela estava convencida da contratação de Perry Sanders.

Sanders é um sujeito de constituição atlética no fim dos cinquenta anos, com traços esculpidos, sem cabelo nem barba e quase sem sobrancelha; ele tem a aparência de um ator que tivesse sido contratado para o papel de Lex Luthor. Criado na Louisiana como filho de um dos mais conhecidos pastores batistas do Sul, Sanders tem um sorriso largo e usa expressões coloquiais sulistas (ele estava sempre "dando um jeitinho" de fazer uma coisa ou outra) que mascaravam uma capacidade de criar estratégias marcadas por sangue-frio e pela inteligência que podia ser igualada a de poucos advogados do país. De acordo com um dos consultores da sra. Jackson, Sanders explicou a Katherine na segunda reunião deles que sua tática principal numa situação como a que ele havia herdado de Adam Streisand era bastante simples à primeira vista: ele abordava os oponentes com uma oferta de paz e de um acordo justo em uma mão e com um tijolo na outra. Primeiro ele oferecia o acordo. Se não aceitassem, ele batia com o tijolo na cabeça do oponente, e depois perguntava se a pessoa queria pensar de novo. É claro, acrescentou Sanders, que você devia ter certeza de que tinha um tijolo realmente consistente antes de começar qualquer tipo de conversa.

Sanders percebeu que tinha o que parecia ser um instrumento contundente a seu gosto assim que leu uma cópia de um documento que Brian Oxman havia protocolado na vara do juiz Beckloff vários meses antes. "Objeção de Joseph Jackson à indicação de John Branca e de John McClain como administradores do espólio de Michael Jackson" era o título de um longo documento que iniciava com alegações detalhadas de fraude e de possível falsificação cometidas por Branca. Oxman havia elencado dezessete ocasiões diferentes entre 1º de julho de 2009 e 29 de setembro de 2009 em que afirmava que o executor havia cometido falso testemunho ao declarar que o testamento apresentado ao tribunal estava "correto", afirmando que Branca e McClain "se comportaram de uma maneira fraudulenta e enganosa e que a veracidade deles não tem mais credibilidade".

Embora a moção de Oxman detalhasse as dúvidas sobre a autenticidade do testamento e do acordo fiduciário que haviam sido levantadas pela sua investigação, o advogado de Joe tinha sido perspicaz o suficiente para reconhecer que o melhor lance não era tentar invalidar esses documentos. Em vez disso, Sanders percebeu, a jogada inteligente era contestar a decisão de Branca de ficar com os originais desses dois documentos depois que ele havia sido demitido do posto de advogado de Michael Jackson, e atacar o fato de ele não ter renunciado ao posto de executor. "Violando os seus deveres fiduciários, Branca omitiu o referido testamento e omitiu a sua recusa em renunciar ao posto", contestava Oxman, e ao fazer isso havia enganado e cometido fraude contra Michael Jackson e o tribunal. Por um lado, "Branca nunca prestou contas a Michael Jackson sobre sua conduta, nem mostrou os registros de seu trabalho para Michael Jackson". Por outro, a falha de Branca ao não informar ao juiz Beckloff que ele havia sido demitido das funções de advogado de Jackson porque Michael acreditava que ele era culpado de "apropriação indébita" era uma fraude contra a corte, disse Oxman.

Sanders havia sido avisado de que Oxman era um pouco marqueteiro, mas o novo advogado de Katherine estava impressionado com as acusações altamente técnicas de fraude, conflito de interesse, violação de contrato e violação de dever fiduciário que compunham a maior parte da ação judicial movida em nome de Joe Jackson. O documento estava repleto de acusações envolvendo "os milhares de acordos de licenciamento que Branca e seu escritório de advocacia haviam feito em nome de Michael Jackson e do Fundo Sony/ ATV", assim como de detalhes sobre o acordo de 2006 pelo qual Michael havia comprado a parte de Branca no catálogo de músicas da Sony/ ATV por 15 milhões de dólares.

O plano de negócios que Michael "supostamente" havia assinado uma semana antes de sua morte era em si mesmo "uma continuação da omissão, dos conflitos de interesse e das violações de deveres fiduciários que marcaram por anos a conduta de Branca", concluía Oxman.

A moção era o conteúdo de um poderoso processo, pensou Sanders, mas o mérito do caso nunca havia sido ouvido. A decisão inicial do juiz Beckloff havia sido que Joe Jackson não havia sido nomeado beneficiário do testamento de seu filho Michael e, sendo assim, "não tem qualquer participação no espólio". A cliente de Sanders, Katherine Jackson, porém, *havia* sido nomeada como beneficiária do testamento, o que significava que o juiz seria forçado a julgar qualquer moção que ele movesse contra Branca em seu nome.

Mesmo antes de ser contratado como advogado da sra. Jackson, Sanders havia discutido como organizar um ataque a Branca com outros litigantes de renome, entre eles Paul V. LiCalsi, que por muito tempo havia representado a gravadora dos Beatles, a Apple Corps Limited, e a viúva de John Lennon, Yoko Ono. Ao mesmo tempo, ele estava reunindo informações que levantavam dúvidas ainda mais intrigantes sobre o testamento de Michael Jackson e sobre a conduta de John Branca. Até aquele momento, Branca havia evitado responder a perguntas* sobre quem em seu escritório de advocacia preparara o testamento e

---

* No final de agosto de 2012, depois de dezesseis meses se recusando a responder a quaisquer perguntas, apesar de inúmeros pedidos para que o fizesse, John Branca, por meio de seu advogado, Howard Weitzman, concordou em responder a perguntas minhas, se elas fossem "colocadas no contexto". Essencialmente, Branca e Weitzman queriam que eu revelasse o que eu tinha em mãos. Apesar de este livro já estar sendo produzido, meu editor e eu concordamos, e eu respondi com um e-mail para Weitzman no qual esbocei os quatro principais pontos de dúvida ou de controvérsia: perguntas envolvendo a preparação e a assinatura do testamento de 2002; perguntas sobre as circunstâncias da demissão do sr. Branca como advogado de Michael Jackson em fevereiro de 2003; perguntas sobre se Michael Jackson, à época de sua morte, realmente queria que John Branca atuasse como seu executor; e perguntas sobre se John Branca havia de fato sido recontratado como advogado de Michael Jackson em junho de 2009. Também convidei o sr. Branca a responder às críticas feitas a ele por integrantes da família Jackson a respeito do grau de enriquecimento pessoal por meio da administração do espólio de Michael Jackson.

Weitzman respondeu vigorosamente e de maneira convincente a pergunta sobre se Branca havia sido recontratado em 2009, primeiro marcando uma teleconferência com Michael Kane, que havia sido contratado como empresário de Michael Jackson pouco antes da morte dele e que continuava a exercer essa função para o espólio. Kane me disse haver testemunhado pessoalmente a reunião entre Branca e Jackson no fórum, e que havia na verdade participado de parte dela. Weitzman também marcou uma teleconferência com Joel Katz, que havia sido contratado como advogado de Jackson para a área de entretenimento na primavera de 2009, e Katz me disse que ele tinha certeza de que Branca e Jackson haviam se encontrado como se dizia, pois ele havia falado com Michael Jackson sobre o encontro pouco depois de ele ter ocorrido. Ele tinha perguntado a Michael se ele se importava que John passasse a fazer parte da equipe, disse Katz, e Michael disse a ele que não. Pouco tempo depois disso, disse Katz, ele viu um documento assinado por Michael Jackson que aprovava um plano de negócios que seria comandado por John Branca. Integrantes da família Jackson e críticos de John Branca replicaram que Kane e Katz eram empregados do espólio e aliados de Branca. Eu não vejo motivos legítimos para insultar o sr. Kane e o sr. Katz sugerindo que eles mentiriam por ordem de John Branca, e acredito que Branca realmente se encontrou com Michael Jackson no fórum e provavelmente foi recontratado como um dos advogados de Jackson para a área de entretenimento. De minha parte, essa controvérsia foi resolvida em favor do sr. Branca.

Howard Weitzman não tinha respostas para dar, porém, sobre os três outros pontos de dúvidas e de controvérsia que eu enviei a ele. Sobre por que consta do testamento o fato de que ele foi assinado em Los Angeles em 7 de julho de 2002, uma data em que Michael Jackson estava na cidade de Nova York, o sr. Branca preferiu não responder, disse Weitzman. Weitzman disse que ele também não havia recebido uma explicação para a discrepância e afirmou que ouvira versões diferentes de pessoas diferentes. Weitzman, é claro, insistiu que o testamento de 7 de julho não era fraudulento e que foi assinado por Michael Jackson na presença de três testemunhas. Sem que eu soubesse na época, Branca estava falando com um repórter da *Forbes*, chamado Zack O'Malley Greenburg, que

o acordo fiduciário de Michael Jackson que foram apresentados ao juiz Beckloff, ou sobre por que ele e seu escritório de advocacia tinham ficado com os originais desses documentos depois que ele havia "recebido ordens" para devolvê-los em 2003. Branca também tinha se recusado a responder quaisquer perguntas sobre onde e quando Michael Jackon havia assinado o testamento que fora apresentado ao juiz Beckloff. Em nome de Branca, Weitzman enfatizava que o testamento de Michael Jackson de 2002 havia sido aprovado pela vara de sucessões, mas o próprio Weitzman não dava detalhes sobre onde e quando o testamento havia sido

---

havia acabado de escrever uma reportagem para a revista que seria publicada enquanto Weitzman e eu conversávamos. "A verdade escandalosamente tediosa sobre o testamento de Michael Jackson" era o título do texto. Nele, Greenburg explicava que, mesmo que se considerasse o testamento de 2002 como inválido, John Branca possuía dois outros testamentos de Michael Jackson, um executado em 1997 e o outro em 1995, que se tornariam os substitutos daquele documento. E ambos os documentos, segundo relatava Greenburg, nomeavam John Branca como executor de Michael Jackson. Portanto, Branca não tinha qualquer motivo para apresentar um testamento fraudulento de 2002, disse Weitzman para mim depois de recitar os fatos que seriam a base do texto de Greenburg. O que foi ignorado em alguma medida tanto por Weitzman quanto por Greenburg, porém, era o fato de que em fevereiro de 2003, quando foi demitido do posto de advogado de Michael Jackson, Branca recebeu ordens para entregar *todos* os documentos que estivessem de posse dele, e não apenas o testamento de 2002, mas também os de 1997 e 1995. Se Branca tivesse feito o que deveria fazer, ele não teria *nenhum* testamento de Michael Jackson com ele na época da morte de Michael, um fato que torna irrelevantes tanto o argumento de Weitzman quanto a tese de Greenburg.

Weitzman não tinha resposta de Branca para a pergunta sobre por que ele havia deixado de entregar os originais dos testamentos de Michael Jackson em 2003. Mais uma vez, Weitzman me disse que o cliente dele não responderia qualquer pergunta sobre o assunto. Quando eu disse que a recusa de Branca em responder perguntas sobre os problemas com o testamento e sobre o fato de ele não ter entregado o documento a Michael Jackson em 2003 inevitavelmente levantaria suspeitas, Weitzman disse que entendia isso, mas que tinha de obedecer as instruções de seu cliente. A certa altura, Weitzman tentou sugerir que talvez Branca tivesse simplesmente entregado a carta de rescisão de Michael Jackson para um assistente, que de algum modo deixou de incluir o testamento (ou os testamentos) entre os documentos devolvidos a Jackson. Eu disse que isso era inverossímil. Se o testamento houvesse aparecido meses depois da morte de Michael quando os arquivos estivessem sendo levados para um depósito ou algo assim, então a história de que a falha em devolver o testamento foi um descuido de um assistente talvez fosse crível, eu disse a Weitzman. Mas o fato era que Branca sabia que tinha o testamento de 2002 na época da morte de Michael Jackson e imediatamente iniciou o processo de apresentá-lo para certificação, depois o apresentou ao tribunal dentro de uma semana depois da morte de Jackson. E se Branca sabia que ele tinha o testamento, eu disse a Weitzman, então ele sabia que deixara de fazer o que o seu ex-cliente o havia instruído a fazer em 2003. E isso, pelos padrões da Ordem dos Advogados, não era ético. Weitzman não gostou de ouvir isso de mim, mas também não tinha resposta para isso.

assinado, embora insistisse que a assinatura era verdadeira e que todas as três testemunhas estiveram presentes quando Michael assinou seu nome.

Howard Weitzman se recusou a falar oficialmente ao TMZ ou a qualquer outro veículo de imprensa se o testamento havia sido assinado em Nova York ou em Los Angeles. O próprio Sanders falou com o ex-contador de Jackson, Barry Siegel, que disse que o testamento havia sido assinado "na Califórnia". No entan-

---

Weitzman argumentava de maneira bastante razoável que não se podia esperar que John Branca respondesse a coisas que se dizia que Michael Jackson havia falado sobre Branca durante os mais de seis anos que tinham se passado entre sua demissão em 2003 e a morte de Michael. O que me espantou, porém, foi o quanto Branca e Weitzman estavam preocupados com o assunto do testamento de Michael Jackson de 2003 que nomeava Al Malnik como executor. Weitzman disse que ele havia falado com Malnik e este lhe tinha dito que o testamento "nunca tinha sido protocolado". Mais tarde, Weitzman afirmou que Malnik dissera a ele que o testamento "nunca existiu". Isso era estranho. A primeira vez que eu soube do testamento de Malnik foi por meio de Marc Schaffel, que me disse ter sido uma das duas testemunhas da assinatura de Michael na casa de Malnik, na Flórida. Eu teria ficado com o pé atrás se tudo o que eu tivesse para embasar a minha crença no testamento de 2003 fossem as afirmações de Schaffel. Mas eu havia descoberto que, no dia da morte de Michael Jackson, Malnik tinha dado não uma, mas duas entrevistas por telefone para jornalistas da área de Miami Beach em que afirmava que, desde 2004, ele era o executor do espólio de Jackson, com base em um documento assinado em 2003. A primeira entrevista foi dada ao colunista Jose Lambiet, do *Palm Beach Post*, e a segunda para uma repórter de uma afiliada da CBS em Miami, Lisa Petrillo. A entrevista com Petrillo havia sido gravada e transmitida em um jornal noturno. Quando procurei advogados para saber o que poderia estar motivando Malnik a dizer que nunca havia existido um testamento de 2003, se é que ele estava dizendo isso de fato, dois deles fizeram um pouco de pesquisa jurídica para mim e informaram que Malnik, como advogado, tinha a obrigação, pelo Código de Sucessões da Califórnia, de apresentar quaisquer testamentos de Michael Jackson que estivessem de posse dele num prazo de sessenta dias depois da morte de Michael. Se Malnik estivesse de posse de um testamento e deixasse de apresentá-lo, poderia enfrentar algumas consequências legais. Eu não sei exatamente o que tudo isso significa. Estou convencido, porém, de que existiu o testamento de 2003 de Michael Jackson, e disse isso a Howard Weitzman.

As respostas de Weitzman às perguntas relativas a se Branca havia sido recontratado e àqueles que o haviam criticado por usar o seu próprio escritório de advocacia para preparar um testamento que o nomeava como executor do espólio de Michael Jackson foram incorporadas ao texto em um capítulo anterior deste livro.

Na carta que Weitzman enviou a mim e ao meu editor como resposta formal de John Branca às minhas perguntas, o advogado afirmou: "O sr. Branca e Michael Jackson tinham um relacionamento antigo e multifacetado, pessoal e profissional, que, reconhecidamente, foi interrompido em certos momentos das carreiras deles por várias razões. Aqueles que não têm nenhuma predisposição nem ânimo contrário ao sr. Branca reconhecem a contribuição dele para a carreira de Michael, e reconhecem o papel dele e de seu coadministrador na impressionante virada do espólio depois da morte de Michael Jackson". Quanto a isso, não não há nenhuma dúvida.

to, Dennis Hawk, amigo de Siegel, disse que ele havia entendido, pelo que ouvira de Barry, que o testamento havia sido assinado em Nova York.

Depois de Katherine Jackson dizer a Sanders que Adam Streisand havia dito acreditar que o testamento de Michael Jackson apresentado ao juiz Beckloff era questionável, Howard Mann, parceiro de negócios da sra. Jackson, informou a Sanders que ele poderia arranjar um perito grafotécnico certificado pelo Judiciário que poderia contestar as assinaturas de Michael no acordo fiduciário. O que levantava ainda mais dúvidas sobre a validade do testamento, pelo menos na cabeça de Sanders, era o fato de que a página com a assinatura apresentada por Branca estava completamente separada do corpo do documento, tornando impossível dizer se aquele era o mesmo documento que Michael Jackson havia assinado em julho de 2002. Mesmo Barry Siegel havia admitido a Sanders que ele não tinha como saber.

Sanders ficou ainda mais interessado ao saber que, na primavera de 2009, Michael tinha falado sobre a necessidade de alguém que planejasse um espólio, e que, nas conversas que havia tido sobre o assunto, convencera seus representantes, Dennis Hawk e Tohme Tohme, de que não havia testamentos ou acordos fiduciários válidos naquele momento. "Foi essa a minha impressão", disse Hawk, que em março de 2009, perto da época em que os shows *This Is It* foram anunciados, recebera um pedido de Jackson e de Tohme para encontrar um advogado que pudesse preparar um plano de espólio para Michael que incluía um testamento e um acordo fiduciário. Tanto Hawk quanto Tohme viram os Acordos Fiduciários de Neverland (que nomeavam Katherine como depositária do espólio e que não faziam menção a John Branca), que haviam sido preparados em 2006 durante o período de Raymone Bain como agente de Michael, e presumiram que esses seriam os moldes para quaisquer novos documentos de espólio. Sabia-se que Hawk havia contratado Sean Najerian, um advogado que preparara esses documentos para outros clientes.

Najerian disse que Dennis havia na verdade telefonado para perguntar se ele levaria em consideração a oportunidade de fazer um plano de espólio para Michael Jackson, se seria capaz de preparar documentos que incluíam um testamento e um acordo fiduciário, e qual seria o valor que ele cobraria para fazer isso. Tohme voltou a falar com ele sobre o assunto e houve várias conversas em março e abril, disse Najerian, mas depois os telefonemas simplesmente pararam. O motivo para que isso acontecesse, aparentemente, foi o afastamento de Tohme e

Jackson durante o imbróglio das Julien's Auctions. "Eu posso dizer a você que em 2009 Michael acreditava não ter nenhum testamento", disse Tohme dois anos depois.

O que tornava a situação ainda mais confusa era o fato de Michael Jackson ter assinado pelo menos mais um testamento e acordo fiduciário depois de julho de 2002 — na Flórida, em 2003. Esses documentos nomeavam Al Malnik como executor do espólio de Michael e tutor do filho mais novo de Michael, Blanket. Marc Schaffel foi uma das duas testemunhas oficiais da assinatura de Michael, na casa de Malnik, em Ocean Ridge. Ele se lembrava de esse acordo fiduciário ser muito mais longo e muito mais elaborado do que o que foi apresentado por Branca ao juiz Beckloff, disse Schaffel. Malnik na verdade tinha sabido da existência desse testamento em uma breve entrevista com o colunista Jose Lambiet, da Página 2 do *Palm Beach Post*, no dia seguinte à morte de Jackson, acrescentando que ele também já havia aceitado a guarda do filho mais novo de Michael, Blanket. "Existe a possibilidade de ele ter assinado um acordo posterior depois disso", disse Malnik a Lambiet. "Eu ainda não soube de nada, mas provavelmente é cedo demais." Depois disso, no entanto, Malnik ficou em silêncio, recusando-se a falar com repórteres que ligavam para saber disso. E nenhum testamento de 2003 foi visto.

Havia apenas duas cópias desse testamento e do acordo fiduciário, segundo se lembrava Schaffel, uma no arquivo de Malnik e uma no arquivo de Michael. Porém, se alguém havia descoberto uma cópia do testamento em nome de Malnik nos arquivos de Michael Jackson depois da morte dele, a pessoa não havia mencionado isso. O próprio Malnik se recusava a falar oficialmente, mas disse a Schaffel que não estava interessado em apresentar a cópia que ele tinha do testamento que Michael havia assinado em 2003. "Al é um bilionário de oitenta anos que não quer se incomodar com tudo isso", explicou Schaffel. "Ele certamente não precisa do dinheiro, e os sentimentos dele foram magoados quando Michael se voltou contra ele em 2003, depois de os muçulmanos terem ido atrás dele. Além disso, ele me disse que provavelmente contrataria Branca para administrar o espólio de qualquer maneira, porque ele sabe mais do que qualquer outra pessoa sobre isso."

No final de abril de 2011, Sanders parecia pensar que tinha conseguido formar um tijolo sólido e grande o suficiente para levar a uma conversa sobre o espólio. Alguns membros da família Jackson, porém, principalmente Joe e Randy, reclamavam que o novo advogado parecia ser mais um sujeito que queria ficar de bem com Branca. Eles não estavam satisfeitos com a primeira declaração pública de Sanders depois da notícia de que Katherine o havia contratado como advogado. "Em resumo — eu vou fazer tudo o que estiver a meu alcance para diminuir ao mínimo possível a guerra de palavras que aconteceu até agora." Em um almoço de negócios em Beverly Hills no dia seguinte, Sanders garantiu a Howard Weitzman que preferia trabalhar com o espólio do que lutar contra ele. No prazo de uma semana, ele provou isso resolvendo o caso da Fundação Heal the World, articulando um acordo que garantia assento na mesa de diretores da instituição de caridade para Katherine Jackson e Melissa Johnson, mas que dava a John Branca a última palavra.

Joe e Randy voltaram a se queixar de Sanders, dizendo aos outros membros da família que eles acreditavam que o advogado de Katherine na verdade estava trabalhando para o espólio. Sanders garantiu à sra. Jackson que, se fosse necessário, estava pronto para ir à guerra contra Branca, mas que evidentemente um acordo amigável era preferível. Ele se encontraria com Howard Weitzman novamente, dessa vez para jantar, a fim de definir se isso era possível.

Sanders se recusou a dizer mais tarde o que havia ocorrido durante esse jantar com Weitzman, mas ficou óbvio nos dias seguintes que havia sido feito um acordo. Katherine Jackson voltou a descrever Branca como "um homem muito capaz". Perry Sanders disse que admirava Weitzman e respeitava Branca. "Katherine está bem amparada", ele disse.

Para os que estavam à parte das maquinações de Sanders, a boa notícia era que os filhos de Michael pareciam estar indo bem depois de ter mudado para Calabasas e de terem sido matriculados na Escola Buckley. "Eles estão fazendo muitos amigos e Katherine está realmente feliz com isso", disse Marc Schaffel. "Paris está indo dormir na casa de amigas, e tem saído. Prince finalmente começou a fazer coisas. Antes, ele ficava no casulo dele, mas agora está praticando esportes e fazendo amigos." Quando Prince apareceu em um jogo de basquete do Los Angeles Lakers, em janeiro de 2011, o frisson em torno do menino foi muito maior do que o gerado por qualquer uma das várias outras celebridades que estavam no Staples Center. Rostos conhecidos que iam de George Lopes a Khloe Kardashian correram para fazer uma foto ao lado do filho de Michael Jackson. O que deixou a avó dele mais feliz foi ver como Prince conversou tranquilamente com Ron Artest, atacante dos Lakers. "O que mais impressiona todo mundo é que ele está ficando falante", explicou Schaffel. "Fez um mundo de diferença sair de perto daquela multidão de más influências. Eu acho que eles podem querer ficar mais perto de Debbie, também, em breve."

Schaffel acrescentou que já via muito de Debbie em Paris: "Paris ama cavalos. Gosta de cachorros. Ela realmente gosta de animais. Eu não tenho dúvidas de que isso vai fazer com que as duas desenvolvam um relacionamento".

Embora a mídia não tocasse no assunto, um tema muito discutido na internet, depois que Katherine apareceu com os filhos de Michael no programa *Oprah*, era o quanto havia sido curioso ver esses meninos brancos sendo criados por uma família negra. Sem dúvida, seria uma surpresa para muita gente saber que todos os três continuavam a acreditar que Michael Jackson era o pai biológico deles. As características caucasianas das duas crianças mais velhas parecem contradizer essa crença claramente, mas, antes do fim de 2010, Prince havia desenvolvido uma doença que convenceu toda a família Jackson de que ele realmente era filho de Michael: o garoto tinha vitiligo; havia manchas grandes em volta dos joelhos e debaixo da axila direita.

"Só o que eu posso dizer é que essas crianças acreditam completamente que Michael era o pai delas", disse Schaffel. "Na cabeça deles, não há dúvida nenhuma."

30.

Por enquanto, não importava quais dúvidas restavam sobre o testamento ou sobre a assinatura no acordo fiduciário. Não importava se John Branca havia deixado de renunciar como administrador do espólio de Michael Jackson nem se ele deveria ter ficado com o testamento de Michael uma vez que tinha a obrigação de devolvê-lo. Não importava o que havia acontecido com o testamento que nomeara Al Malnik como executor do espólio de Jackson, ou por que Michael havia solicitado na primavera de 2009 a criação de um novo testamento e de um novo acordo fiduciário que não faziam menção a John Branca nem a John McClain. Não importava se Branca realmente havia sido contratado novamente como advogado de Jackson uma semana antes de sua morte.

Todos esses pontos estavam abertos para discussão porque, no fim das contas, a disputa não era sobre certo ou errado, bem ou mal, justiça ou injustiça. Era sobre dinheiro, sobre o dinheiro de Michael Jackson, e havia dinheiro o suficiente para todo mundo — todo mundo exceto o próprio Michael, é claro. Nunca haveria dinheiro suficiente para *ele*, porque o que ele mais queria e aquilo de que ele mais precisava não se podia comprar com dinheiro.

Michael, quase tão frequentemente quanto lamentava a infância perdida para a fama, amaldiçoava o dia em que havia comprado o catálogo dos Beatles. Várias vezes ele se comparava ao menino que tinha o ganso de ouro: todo mundo que ele encontrava queria tirar aquilo dele. A mãe, Katherine, dizia que foi o dinheiro de Michael, muito mais do que a fama, que o separou do resto da família, e que depois separou os demais membros da família uns dos outros. A inveja, as rivalidades, as conspirações — tudo isso tinha a ver muito mais com os milhões de Michael do que com o status de superstar dele, dizia a sra. Jackson. Michael e a mãe sempre foram muito parecidos, cheios da mesma doçura e de sentimentos, e eram igualmente cegos para suas próprias contradições. Num tom bastante semelhante ao que Michael usava para lamentar a juventude despreocupada que nunca teve, Katherine se lembrava do tempo que passou em Gary, e dizia repetidas vezes que eles tinham sido muito mais felizes naquela época, que haviam sido realmente uma família. Ela nunca voltaria atrás, se tivesse de escolher, é claro, e nem Michael faria isso, mas era gostoso imaginar por um instante um mundo em que eles pudessem fazer essa escolha.

A mãe não era a única pessoa na família que Michael amava, mas era a única em que ele confiava, e por anos foi através dela que a generosidade dele foi distribuída para os outros Jackson. Agora que ele não estava mais ali, era Katherine que decidiria exatamente como eles iam dividir o que quer que fosse obtido para o Fundo Katherine Jackson — metade do espólio de Michael depois de feitas as doações para caridade, de acordo com os consultores da sra. Jackson. Isso era um fardo, dizia Katherine. Todos vinham atrás dela, tentando dizer o que ela devia fazer e como devia fazer isso. Ela agora tinha uma noção mais clara de como devia ter sido estar no lugar de Michael.

Na verdade, as intrigas familiares já estavam em andamento. Por motivos próprios, John McClain havia vazado para o filho mais velho dos Jackson, Jackie, a notícia de que o novo advogado de Katherine Jackson tinha feito algum tipo de acordo com potencial para dar a Katherine controle sobre centenas de milhões de dólares em ativos pertencentes ao espólio de Michael Jackson. Alguns dos consultores da sra. Jackson acreditavam que McClain estava tentando sabotar o acordo, com medo de que, caso o negócio fosse fechado, Katherine descobrisse que ele não havia sido exatamente honesto sobre quanto ele estava recebendo como administrador do espólio. Fosse isso verdade ou não, Jackie passou a informação adiante, contando o que havia ouvido de McClain para o pai e os irmãos. Joe e Randy imediatamente começaram a pressionar para impedir o acordo que Perry Sanders havia feito, fosse ele qual fosse, insistindo que manter Branca no comando das coisas era um erro, e que o único modo de proceder seria tirá-lo de lá e conseguir que eles mesmos assumissem o controle do espólio.

No início de maio de 2011, Joe teve uma espécie de vitória sobre Katherine, quando o processo de morte por negligência que ele havia movido contra Conrad Murray foi anexado ao processo da sra. Jackson contra a AEG. A juíza Yvette Palazuelos, que já estava fazendo audiências do caso de Katherine, havia marcado uma audiência para 3 de maio sobre o "fato de haver processos relacionados" movidos por Brian Oxman em nome de Joe. Os advogados de Katherine se opuseram ferozmente à tentativa de anexar o processo de Joe ao dela, insistindo com a juíza Palazuelos que a ação da sra. Jackson "aborda questões factuais e legais distintas sobre a negligência direta da AEG e sobre a empresa ter ou não contratado o dr. Conrad Murray". A AEG também se opôs à anexação dos dois casos. "Enquanto a vasta maioria das alegações factuais no processo de Joseph Jackson tem relação com o dia da morte de Michael Jackson e com os eventos subsequentes, as alegações na ação de Katherine Jackson quase que inteiramente dizem respeito a eventos anteriores à morte de Michael Jackson", alegaram no tribunal os advogados da empresa. A juíza, no entanto, havia acatado o argumento de Oxman. Joe agora tinha certeza de que havia se tornado uma peça importante no que quer que ocorresse e de que não seria deixado de fora. Era provável que, para simplificar o processo e diminuir os custos judiciais, os dois "casos correlacionados" fossem mais tarde fundidos em um único processo.

Outros integrantes da família e pessoas que prestavam serviços para os Jackson buscavam faturar de maneiras diferentes. Janet, Jermaine e LaToya publicaram livros. Frank Cascio também havia anunciado um livro, e Dieter Wiesner disse que também estava trabalhando em uma publicação.

Frank Dileo também pretendia escrever o seu próprio livro, mas teve de se confrontar com um capítulo que não esperava ter de escrever. Aos 63 anos, Dileo, que sofria de problemas cardíacos havia anos, deu entrada em um hospital perto de sua casa, em Pittsburgh, em março de 2011, para se preparar para uma cirurgia de peito aberto que incluía a substituição de um bypass e de uma valva. Complicações se seguiram rapidamente, e Dileo sofreu um ataque cardíaco na mesa de operação que causou uma interrupção no fornecimento de oxigênio ao cérebro. Ele ficou em coma por semanas, e nunca recuperou plenamente a consciência antes de sua morte, em 24 de agosto de 2011.

O dr. Arnold Klein não tinha planos imediatos para escrever um livro, embora naquele momento de sua vida o dinheiro que isso traria pudesse ter sido útil. Praticamente preso a uma cadeira de rodas e negando rumores de que estava sofrendo de esclerose múltipla, Arnie estava também falido. De acordo com Klein, seu assistente, Jason Pfeiffer, havia se unido ao contador, Muhammad Khilji, para tirar tudo dele. Klein registrou queixa de roubo no departamento de polícia de Beverly Hills, mas Marc Schaffel duvidava que a coisa fosse assim tão simples. "Eu sei de fonte segura que toda sexta-feira eles costumavam dar a Klein uma pilha de papéis para assinar — folhas de pagamentos, cheques, documentos, e basicamente qualquer coisa que pusessem na frente dele, ele assinava. Ele nem olhava para saber o que era." Soava assustadoramente parecido com o caso de Michael Jackson. "Mas eu acho que nem Michael era tão descuidado", disse Schaffel.

Entre os papéis assinados pelo médico estava uma procuração que permitia que os dois não apenas tivessem pleno acesso a todas as contas bancárias dele, disse Klein, como também tivessem poderes para hipotecar todas as casas dele: a mansão histórica registrada por 9 milhões de dólares em Windsor Square, em Los Angeles, a casa de 12 milhões projetada por Frank Gehry, em Laguna, e a casa usada para descanso no deserto de Palm Springs, de 1,9 milhão. O médico afirmava que Pfeiffer e Khilji tinham usado seu nome para alugar Bentleys para eles, e adquiriram cartões de crédito com cobrança em contas de seu empregador com limites de gastos tão altos que eles podiam fazer compras na casa das centenas de milhares de dólares. Em janeiro de 2011, dr. Klein foi forçado a entrar com um pedido de falência.

Desesperado, Klein foi ao FBI, dizendo de maneira descontrolada que o contador havia roubado seu dinheiro para entregá-lo a uma organização terrorista. "Arnie está um pouco perdido", disse Schaffel. "Ele está dizendo: 'Aquelas assinaturas não são minhas', depois diz: 'Eu não sabia o que estava assinando'. Ele acredita que vai processá-los civilmente e conseguir o dinheiro de volta. Eu disse: 'Arnie, o dinheiro se foi. Eles gastaram esse dinheiro como se fosse água'. Não só todo o dinheiro dele se foi como eles deixaram 10 milhões em dívidas para ele. Eles hipotecaram todas as propriedades dele e levaram todo o dinheiro que ele tinha. Ele deve 250 mil dólares ao fornecedor de materiais médicos e não tem como pagar."

Pfeiffer e Khilji insistiam que foi a prodigalidade de Arnold Klein, e não algum esquema montado por eles, que havia levado o médico à falência. A despreocupação de Klein com o dinheiro finalmente cobrou seu preço quando os dois médicos que mais traziam receita para o consultório de Klein deixaram de ser seus sócios, disse Khilji, e em 2011 a receita mensal que ele tinha, de 90872 dólares, era muito distante dos 20 mil diários de que ele se gabara em uma entrevista ao *New York Times* em 2004. "Dizer que eu sou um ladrão? Ele ainda me deve 50 mil em faturas não quitadas", disse o contador ao *Daily Beast*, prometendo processar Klein por calúnia.

Klein, que por anos havia sido um dos mais admirados contadores de casos de Beverly Hills, agora vivia com medo do julgamento de Conrad Murray. A defesa havia intimado Klein a entregar os prontuários médicos desde o início da relação do médico com Michael Jackson, e obviamente tinha a intenção de defender seu cliente usando o argumento de que o dermatologista tinha incentivado Jackson por décadas a usar drogas.

"Eu costumava achar Arnie a pessoa mais inteligente que eu havia conhecido", disse um entristecido Schaffel, "e Michael o via do mesmo modo. Você aprendia muito em uma consulta com Arnie. Ele era muito articulado e culto. Mas agora ele é cada vez menos coerente. Fala coisas sem sentido, algo que ele nunca fazia antes."

Talvez nada deixasse Klein tão perturbado quanto o fato de que Liz Taylor tivesse cortado contato com ele nos últimos meses da vida dela. Taylor ficara furiosa quando Klein deu uma entrevista que parecia dar razão à versão de Jason Pfeiffer de que ele havia sido amante de Michael Jackson, e, em maio de 2010, ela denunciou Arnie abertamente em sua conta no Twitter pela deslealdade que ela via nos comentários públicos que ele fazia sobre a sexualidade de Michael: "Parece que ele oferecia não só mulheres, mas homens também [...] que conveniente. É bem o que queremos de nossos médicos. E depois dizer que ele não traiu a confiança de Michael. Não me espanta que ele tenha sofrido ameaças de morte [...]. Eu pensava que médicos, como padres, faziam um voto de confidencialidade. Que Deus possa ter piedade da alma dele".

Klein se retrataria pelas declarações sobre Michael Jackson e Jason Pfeiffer, e pediria desculpas por sugerir coisas que não eram verdadeiras. Mas era tarde demais para consertar o relacionamento com Liz. "Arnie tentou ligar, mas ela não atendeu", disse um amigo em comum. "Arnie mandou presentes de Natal, ela devolveu. Quando ela foi para o hospital [em março de 2011], Arnie mandou flores, mas Liz as recusou. Arnie tentou ir vê-la no hospital antes de ela morrer, mas não deixaram que ele entrasse."

Klein pelo menos havia conseguido saborear a humilhação pública de seu rival de longa data, dr. Steven Hoefflin. Graças em grande parte à velha inimiga de Michael Jackson, Diane Dimond, Hoefflin agora tinha uma reputação de "esquisito" que era comparável a qualquer coisa que a repórter tinha atribuído a Michael.

Dimond tinha obtido um relatório do departamento de polícia de Los Angeles que contava uma história recente de comportamento "delirante" de Hoefflin que, segundo ela, havia feito com que agentes da Unidade de Avaliação de Ameaças da polícia de Los Angeles tivessem sido designados para monitorá-lo. Dimond foi adiante e detalhou uma sequência de comportamentos bizarros que, se fosse verdade, indicava que Hoefflin realmente precisava de assistência psiquiátrica. O que preocupava Arnold Klein era que, apesar disso, Hoefflin afirmava ser o "representante médico autorizado" da família Jackson nas semanas que antecederam à morte de Michael, participando de reuniões com a família para discutir planos de processos de morte por negligência contra vários médicos (dr. Klein entre eles) e também contra a Lloyd's de Londres e contra a AEG Live. Pessoas próximas da família Jackson diziam que Hoefflin não tinha o direito de usar esse título.

Em Las Vegas, a fazenda Palomino estava sendo oferecida como "a última residência de Michael Jackson em Las Vegas". O panfleto não mencionava que Michael e os filhos dele haviam morado na casa de hóspedes, em vez disso enfatizava o "andar inferior" da casa em que Michael havia guardado "sua vasta coleção de memorabilia, a coleção de livros e de objetos de arte, e onde também manteve seu estúdio pessoal e seu ateliê", o que nem de longe lembrava o sombrio porão e a bagunça opressiva que Tohme Tohme e outros lembravam de ter visto em suas visitas à casa enquanto Michael vivia lá. Mesmo assim, o preço de 8,8 milhões de dólares era uma pechincha se comparado aos 29 milhões que Hubert Guez estava pedindo pela mansão Carolwood, onde Michael Jackson havia chegado ao fim de sua vida.

Até mesmo o estado da Califórnia, que enfrentava dificuldades financeiras, estava tentando intervir no florescente mercado relacionado às propriedades imobiliárias de Michael Jackson. Numa época em que o novo governador, Jerry Brown, estava fechando vários parques estaduais, o deputado Mike Davis vinha propondo a criação de mais um, apresentando um projeto para financiar um estudo para determinar a viabilidade de deixar que o Departamento de Parques e Lazer da Califórnia fizesse uma parceria público-privada com a Colony Capital para administrar o rancho Neverland como uma atração turística mantida pelo estado. Os proprietários da Channel Island Helicopters, sediada em Oxnard, certamente acreditavam que ainda havia amplo interesse na antiga casa de Michael

Jackson. A empresa anunciou que em 25 de junho de 2011, o segundo aniversário da morte de Michael Jackson, começaria a oferecer sobrevoos de meia hora na área de Neverland a um custo de 175 dólares por pessoa.

Por mais que o fascínio por Michael Jackson parecesse durar, havia motivos para questionar se seu espólio poderia manter o fantástico poder de arrecadação que havia demonstrado no primeiro ano depois da morte do astro. As vendas dos discos clássicos de Jackson caíram ao longo de 2010 para perto do nível em que haviam estado antes da morte dele. Depois que mais de 33 milhões de álbuns de Jackson haviam sido comprados em 2009 (a maior parte em um período de seis meses), as vendas despencaram para menos de 6 milhões de unidades nos primeiros onze meses de 2010, e a diferença era ainda maior nos Estados Unidos. O número de downloads de músicas de Michael nos Estados Unidos caiu de 12,6 milhões em 2009 para 1,1 milhão em 2010. A Sony estava decepcionada com as vendas da trilha sonora de *This Is It*, mas esse álbum havia vendido mais do que o dobro do número de cópias que *Michael*. Na terceira, quarta e quinta semanas depois do lançamento, as vendas internas de *Michael* caíram para 27 mil unidades, depois 18 mil e finalmente para 10 mil unidades, tornando evidente que a Sony teria em mãos o que a *Billboard* chamou de um "problema de encalhe".

O espólio anunciou que a enorme dívida de Michael havia sido apenas parcialmente paga, apesar de a maior parte do que o espólio havia arrecadado até então, segundo John Branca, ter sido dedicada a essa finalidade. Ainda havia dinheiro entrando, é claro, em grande parte como resultado dos contratos que Branca tinha negociado antes do lançamento de *Michael*. O balanço divulgado pelos administradores no fim de 2010 anunciava lucro de 310 milhões de dólares para o espólio de Michael Jackson nos dezoito meses anteriores. O valor total dos negócios que o espólio havia feito apenas nos primeiros doze meses depois da morte de Michael era estimado em 756 milhões, e continuava a aumentar a uma taxa de dezenas de milhões por mês. "Há algo único nos americanos", disse Robert F. X. Sillerman ao *New York Times*. "Nós torcemos contra as pessoas e olhamos o lado negativo enquanto elas estão vivas, e depois perdoamos muita coisa, independente de as pessoas merecerem, e celebramos o sucesso delas depois da morte."

Outros observadores, porém, questionavam se o espólio de Michael Jackson realmente continuaria a ser o mais valioso da indústria do entretenimento. "A pergunta é: ele é Elvis ou não?", disse ao *Times* Bob Lefsetz, o ex-advogado da área de entretenimento cujo blog The Lefsetz Letter era muito lido em toda a indústria da música. Pessoalmente, ele não acreditava nisso, disse Lefsetz, pelo menos não sem que houvesse um destino nos moldes de Graceland para os fãs visitarem aos bandos. Lefsetz acreditava que a incapacidade de transformar o rancho Neverland em um monumento a Michael Jackson custaria centenas de milhões de dólares ao espólio no longo prazo.

Potenciais receitas eram sem dúvida um bom motivo para reconsiderar a possibilidade de um templo ao Rei do Pop no rancho Neverland, mas talvez não fosse o único. O debate que surgiu em torno da possibilidade de um retorno final a Neverland mostrava a complexidade do legado de Michael Jackson de uma maneira como nenhuma outra discussão pública poderia fazer. De um lado, havia o fato de que por cerca de quinze anos Michael havia gostado de Neverland de um jeito como ele nunca havia amado e nem iria amar qualquer outro lugar na Terra. O rancho era um universo customizado para a personalidade dele e, como disse Tom Mesereau, "o único lugar em que ele se sentia confortável". Era criação sua, além de sua casa. O outro lado da discussão era que Michael havia dito a várias pessoas nos últimos quatro anos de sua vida que Neverland tinha ficado para trás, descrevendo sua antiga casa como uma ruína de esperanças perdidas e de sonhos esquecidos que ele sempre associaria a sofrimento, humilhação e ao profundo sentimento de traição que havia rompido os últimos fios de sua confiança nas pessoas. Neverland havia sido a terra da fantasia de Michael e sua casa na vida real, um reduto imaginário da eterna juventude e um local onde ficavam armazenadas as perguntas sobre a "vida pessoal" do astro, que iriam obscurecer a memória dele ainda por muitos anos no futuro.

Em Neverland, Michael aprendera que "ir em frente" com o que havia sobrado de sua vida, depois do acordo relativo às acusações de abuso sexual feitas contra ele em 1994, exigiria dele muito mais do que ele havia desejado. E trazia pouco consolo para ele o fato de o homem que estava na outra ponta daquele acordo ter sido destruído ainda mais profundamente do que ele.

Na versão da família Chandler, a aparência de Michael Jackson era surpreendentemente simpática, apesar de todos eles concordarem, sem restrições, que ele era um pedófilo. "Michael tinha suas necessidades", explicava um dos Chandler (falando anonimamente) pouco antes do segundo aniversário da morte do astro.

"Uma delas era a de amar e ser amado, de tocar e ser tocado. Ele tinha desejos sexuais. É que o crescimento emocional dele nesse aspecto havia se atrofiado devido às experiências da infância. Michael era o mais sensível dos Jackson. E como o mais sensível, ele era o mais afetado pelo que via e percebia.

"Com Jordie e com os outros, ele estava apenas tentando preencher essas necessidades. Para um homem heterossexual normal, fazer sexo com alguém de doze anos é repulsivo. Para Michael, repulsivo era fazer sexo com um adulto. Era assim que ele era. Desse ponto de vista, ele não estava tentando machucar ninguém."

Essa versão de Michael vinha em grande parte da pesquisa e da reflexão feitas pelo irmão mais novo de Evan Chandler, Ray, que tinha construído um retrato do astro que os outros integrantes da família haviam adotado, com graus variados de condenação. Ray também era a única pessoa na família — talvez a única pessoa na Terra — que insistia em pintar Evan como marcado pela compaixão.

Nos anos que se seguiram ao acordo com Jackson, integrantes da família Chandler — Ray em particular — tinham repetidas vezes lembrado que nem Evan nem Jordie jamais disseram uma única palavra em público sobre o que havia ocorrido em 1993 e 1994. "Tudo o que as pessoas ouviram partiu do lado dos Jackson", disse um dos membros da família. "Eles começaram a encenar esses eventos midiáticos para o mundo todo e foi isso que atiçou a imprensa." O que os Chandler mais tinham dificuldade em perdoar era a "campanha de difamação" que Jackson, segundo eles, tinha permitido que seus representantes organizassem contra eles durante semanas e meses. "Quando Michael teve de responder pelo que havia feito, ele tinha de tomar uma decisão", explicou um deles. "Se ele realmente amasse Jordie, ele não teria feito o que fez, soltando os cachorros na família daquele jeito."

Na época em que o acordo de mais de 20 milhões de dólares foi fechado, disseram os Chandler, eles eram uma família fragmentada, composta de pessoas cheias de medo. Em uma reunião com o promotor assistente e com o investigador-chefe que estavam trabalhando na investigação criminal em Los Angeles, Evan e Ray ouviram: "Vocês vão ficar olhando para trás pelos próximos dez anos", e depois foram alertados: "Basta um maluco com uma bala para matar vocês". A implacável barreira de ameaças feitas não apenas contra Evan e Jordie, mas contra todos os integrantes da família, fez com que todos eles se escondessem. "Os britânicos eram de longe os piores", lembrou um dos Chandler. "Eles realmente vieram até os Estados Unidos para nos caçar."

Anos mais tarde, a *Vanity Fair* relataria que a vida de Jordan havia sido "completamente devastada em função da associação dele com Michael Jackson", enquanto um jornal britânico o descrevia como um "jovem solitário e introvertido". Mas isso podia ser apenas um jeito de dizer que ele passou os dez anos seguintes se escondendo de repórteres e de fotógrafos. Jordie *tinha* passado por muita coisa, no entanto, e "devastada" certamente era uma descrição precisa para a família dele.

A "saga Jackson" tinha crescido "como um câncer na família", diria Ray Chandler em 2009, "e abalou a todos nós". Ninguém foi mais afetado do que Evan, segundo Ray. "Evan esteve a ponto de ser a pessoa mais odiada do mundo", explicou o irmão dele, "porque ele tinha acusado a pessoa mais amada do mundo de ter feito algo hediondo. E ser a pessoa mais odiada do mundo te afeta. Todos os adultos que estiveram nessa história saíram devastados e arruinados, mas Evan o foi o mais afetado de todos. Ele passou o resto da vida com medo."

Quando Jordie ainda estava com treze anos, seu pai obteve a guarda do garoto alegando no tribunal que sua ex-mulher, June, tinha efetivamente prostituído o filho para Michael Jackson. Nem mesmo Ray defenderia a decisão do irmão de abandonar os dois filhos mais novos, Nikki e Emmanuel, quando ele partiu para o Leste com Jordie. O relacionamento com a mãe dos meninos, Nathalie, tinha se tornado tão sórdido que ele não conseguia mais falar com ela, explicou Evan, mas ele pretendia continuar na vida dos filhos. Ele iria visitá-los, prometeu Evan mais de uma vez, mas nunca visitou. Mais tarde, ele disse que desenvolveria uma relação com os meninos quando eles ficassem mais velhos, mas isso também não aconteceu. Na versão da história contada pela família Chandler, Nikki e Emmanuel foram só mais duas vítimas de Michael Jackson.

Evan foi com o filho mais velho primeiro para a Alemanha, depois para uma comunidade na praia de Long Beach, antes de devolver o menino, com catorze anos de idade, para Los Angeles, onde Jordie encontrou algo parecido com uma família na casa de sua antiga madrasta, Nathalie, com seus dois meios-irmãos e o novo marido de Nathalie, o roteirista Robert Rosen, que todos diziam ser um padrasto maravilhoso. O adolescente se recusava a ter qualquer contato com a mãe, porém. O skate que June mandou entregar para o filho no aniversário dele em 1996 ficou por quatro anos na garagem da casa de Brentwood em que ele morava sem ser tocado.

Jordie abriu caminho por conta própria na Escola Crossroads, uma academia de artes cara e elitista em Santa Monica cujo rol de alunos estava cheio de celebridades (Zooey Deschanel, Taylor Locke e Spencer Pratt foram alguns de seus colegas durante os anos que passou lá). Um dos primeiros grandes investimentos feitos por Jordie foi na própria escola que ele estava frequentando; depois de pensar sobre a anuidade de mais de 20 mil dólares que pagava e de ver a excelente propriedade onde ficava o campus, o garoto se tornou um dos donos de Crossroads. Ele estava jogando com sucesso no mercado de ações na época em que se formou no ensino médio e se matriculou na UCLA, ficando mais rico a cada ano com a ajuda de uma vice-presidente do Banco Santa Monica, que havia se tornado sua consultora financeira. Na época em que Jordie foi transferido para a Universidade de Nova York, ele estava contratando os melhores instrutores particulares e havia se tornado um hábil esquiador e praticante de windsurf, cujo estilo de vida incluía mergulhos de aventuras regulares nas Bahamas e estadias de inverno em Taos, Novo México, e Vail, Colorado. Ele parecia estar indo muito bem. A sua aparência belíssima, a personalidade alegre e a disposição para pagar uma conta depois da outra tornaram-no popular entre os colegas tanto na escola de ensino médio quanto na faculdade.

Mesmo assim, Jordie ainda vivia às escondidas. Fãs mais fanáticos de Michael faziam ameaças contra sua vida regularmente via internet. Evan Chandler havia se recusado a voltar para Los Angeles depois de 1994, ano em que uma mulher britânica de 24 anos começou a persegui-lo em casa e no trabalho. Outros fãs mais agressivos haviam tomado o lugar dela, e todas as pessoas que tinham alguma relação com Jordie sabiam que precisavam tomar cuidado com o que podia acontecer tanto com o jovem quanto com eles próprios. "Nós vamos tirar o seu sangue. O seu sangue e o sangue do merdinha do seu filho", era apenas uma das mensagens assustadoras que foram deixadas na secretária eletrônica de Evan, segundo Ray. Depois de receber no seu consultório odontológico um pacote que continha um rato decapitado e um bilhete que dizia "Você é o próximo", disse Ray, Evan providenciou para que o filho tivesse aulas no Clube de Tiro de Beverly Hills. Os tabloides estabeleceram recompensas pela cabeça de Jordie, oferecendo valores na casa das centenas de milhares de dólares por flagrantes do menino.

Quando completou vinte anos, Jordie estava novamente morando a maior parte do tempo em Nova York, onde se sentia mais seguro. A essa altura, ele tinha se transformado em um jovem tão bonito quanto tinha sido quando era um menino de treze anos. Ele tinha propriedades de luxo na costa do Pacífico e do

Atlântico e era imensamente rico, tendo mais do que o dobro do que havia recebido pelo acordo com Michael Jackson depois de ter investido na Mobil, na Chevron e na Texaco no exato momento em que as ações das empresas petrolíferas estavam prestes a entrar num período de crescimento explosivo. Ele transitava entre sua casa de frente para o mar em West Hampton e seu apartamento em um prédio de Manhattan, que tinha uma piscina na cobertura e uma pista de corrida interna, trabalhando por um curto período como dançarino, fazendo estágio em uma gravadora e escrevendo músicas como diletante em parceria com uma mulher greco-americana chamada Sonnet Simmons que queria ser uma pop star. Enquanto ficasse longe dos olhos da mídia, a vida seria boa. As pessoas em torno do jovem eram protetoras. Jordie, porém, estava cada vez mais perturbado com o que estava acontecendo com seu pai.

O que o público mais conhecia sobre Evan Chandler naqueles anos eram as suas disputas judiciais. Em 1994, ele foi acusado de atacar e agredir Dave Schwartz no escritório de Larry Feldman por ter sido acusado de extorsão. Dois anos depois, Evan moveu um processo de 560 milhões de dólares que acusava Michael Jackson de violar os termos do acordo de confidencialidade assinado entre as partes em sua entrevista para Diane Sawyer e nas letras de uma canção de seu álbum *HIStory*. Junto com o pedido de dinheiro, Evan insistia em ter permissão para lançar seu próprio álbum, a ser intitulado *EVANstory*, com canções que incluiriam "DA Reprised" [Reprise do promotor], "You Have No Defense (For My Love)" [Você não tem como se defender (do meu amor)], e "Duck Butter Love" [Amor suado]. O processo foi arquivado em 1999.

Por mais bonito que fosse (um parente o descreveu como uma versão melhorada de Rob Lowe), Evan não conseguiu se relacionar com outra mulher depois de deixar Nathalie. Ele assustou as poucas que chegou a conhecer. Embora tivesse sido diagnosticado como bipolar, Evan se recusava a tomar a medicação, por reclamar que o tratamento o transformava em um "zumbi". Tanto os episódios de depressão quanto os de mania ficavam cada vez mais fortes à medida que ele envelhecia. Ele podia se tornar vagamente perigoso e realmente assustador quando passava de um estado para o outro. Ele também ficou quase tão viciado em cirurgia plástica quanto Michael Jackson. Excessivamente vaidoso e espetacularmente inseguro, Evan se submeteu a pelo menos dezenove procedimentos estéticos nos anos seguintes ao acordo com Jackson. Evan alegaria que o motivo para suas repetidas cirurgias era em parte o fato de ele querer mudar sua aparência para evitar ser reconhecido pelos fãs de Jackson que prometiam constantemente na internet que iriam atrás dele e o matariam. Isso, no entanto, não explicava por que ele fazia aplicações mensais de Botox e de cosméticos de preenchimento facial. O resultado de todo esse "trabalho" era um rosto que ainda parecia extraordinariamente impressionante e jovem à distância, mas assustadoramente repuxado de perto. Pessoas que se encontravam com ele pela primeira vez tinham a impressão de ver um homem velho que estava usando uma máscara insuportavelmente apertada de algum personagem jovem de cinema que eles não conseguiam lembrar quem era.

Evan também estava ficando sem dinheiro e pedia regularmente empréstimos que nunca pagava a seu filho, que era muito mais rico do que ele. O dinheiro era uma fonte constante de atrito entre os dois.

As ações criminais movidas contra Michael Jackson em 2003 eram vistas por alguns dos Chandler — principalmente Ray — como uma oportunidade de vingança. No período que antecedeu o julgamento, a mídia começou a desenterrar informações sobre o caso Chandler que nunca haviam sido levadas a público antes, e quase todas elas faziam o acusado parecer mal.

Um dos muitos desdobramentos infelizes para Michael foi o fato de o álbum de estreia de Lisa Marie Presley, *To Whom It May Concern*, ter sido lançado no início de 2003, quando ainda se podia perceber o efeito do documentário de Bashir. Lisa Marie, que de todas as pessoas no mundo era quem tinha melhores condições de falar a verdade sobre a sexualidade de Michael, havia concordado em dar uma série de entrevistas para promover seu álbum, e estava chateada, embora provavelmente não surpresa, em perceber que o assunto mais interessante para os repórteres era seu casamento com Michael Jackson. É preciso dar crédito a ela por nunca ter sugerido que Michael pudesse ser um molestador de crianças — muito pelo contrário —, mas seu desejo de manter distância do ex-marido, somado a uma eventual dor que houvesse ficado de tudo aquilo, trouxe como resultado alguns comentários irritados sobre a capacidade de Michael de manipular as pessoas fingindo ser alguém que ele não era.

"Você acha que ele a usou?", Howard Stern perguntou a ela.

"Humm... Você sabe, foi estranho", ela respondeu.

"Estranho?", perguntou Stern.

"Humm. Foi oportuno o momento", Lisa Marie respondeu.

Em uma entrevista para Diane Sawyer, Lisa Marie disse que era "ingênua demais" quando se casou com Michael: "Eu nunca imaginei nem por um instante que alguém como ele pudesse realmente me usar daquele jeito, por qualquer razão que fosse. Nunca passou pela minha cabeça, e eu não sei por quê — eu tenho certeza que passou pela cabeça de todas as outras pessoas".

O comentário mais devastador sobre Michael, porém, foi o que ela fez para a *GQ* no início de 2004, dois meses depois de ele ser preso: "Ele é meio assexuado, mas quando quer, ele pode ser o que quiser".

O impacto dos comentários de Lisa Marie foi pequeno se comparado ao golpe dado pela NBC com o especial *Michael Jackson Unmasked* [Michael Jackson sem a máscara], exibido no *Dateline* mais ou menos na mesma época do lançamento de *To Whom It May Concern*. O programa mostrava um detetive particular chamado Ernie Rizzo, que tinha trabalhado no caso Chandler. Rizzo deu à NBC os nomes de várias testemunhas que confirmavam que em 1993 Michael tinha adquirido o hábito de telefonar para Jordie todos os dias da semana às três e quinze da tarde, na hora em que o menino chegava em casa depois da escola, e que os dois muitas vezes ficavam acordados até tarde da noite falando ao telefone. Várias testemunhas corroboravam a afirmação de Rizzo de que ele havia visto "vários bilhetes de amor" escritos por Michael para Jordie, e que Michael gostava de fazer um jogo com crianças que ele chamava de "massagem": "Você me massageia e eu massageio você".

A NBC citou trechos do depoimento que Jordie deu à polícia sob juramento que nunca haviam sido vistos ou ouvidos pelo público antes, inclusive os que descreviam aquilo que havia ocorrido durante a viagem dele para Mônaco, para o World Music Awards. Jackson havia reservado duas suítes de hotel, disse o menino, uma para a mãe dele e Lily, e outra para ele e Michael. Jordie alegava que foi nesse quarto de hotel que Michael o seduzira pela primeira vez.

Os mesmos arquivos da polícia tinham documentos que incluíam a lembrança de Evan Chandler de que, quando ele confrontou Jackson pela primeira vez sobre o relacionamento com Jordie, a resposta de Michael havia sido: "É algo cósmico. Nem eu entendo. Eu só sei que nós precisamos estar juntos".

A NBC também havia encontrado a empregada que tinha trabalhado para Evan e Nathalie Chandler em 1993, Norma Salinas, que descreveu "as coisas estranhas que aconteciam" na casa de Brentwood depois que Michael passou a dormir lá. Michael normalmente aparecia "completamente sozinho, sem guarda-costas nem ninguém", lembrava Salinas. Jordie apresentou o astro a ela como sendo "meu melhor amigo", a empregada recordava. "Eles estavam se abraçando, rindo. Eles pareciam muito felizes, como um casal." Na primeira noite de sexta-feira que Michael passou lá, Nathalie mandou que ela puxasse a cama extra debaixo da cama de Jordie, Salinas lembrou, porque era ali que Michael dormiria. Os dois, o homem e o garoto, tinham passado praticamente todo o fim de semana a portas fechadas no quarto que Jordie normalmente dividia com o meio-irmão, Nikki, de acordo com a empregada, que se lembrava de ter entrado no quarto na manhã de sábado e descobrir que ninguém havia dormido na cama extra.

Nada deixou os Chandler mais felizes do que a queda de Anthony Pellicano, que eles viam como a pessoa responsável por espalhar mentiras sobre a família. Quase um ano antes da batida no rancho Neverland, agentes do FBI invadiram o escritório de Pellicano, em Los Angeles, em busca de provas de que ele estava por trás de uma ameaça contra a repórter do *Los Angeles Times*, Anita Busch, que havia encontrado um peixe morto com uma rosa na boca e um bilhete que dizia "Pare" sobre o para-brisa quebrado do carro. O FBI conseguiu um mandado de busca e apreensão no escritório de Pellicano depois de descobrir que Busch estava trabalhando em uma reportagem potencialmente chocante sobre o cliente do detetive particular, o ator Steven Seagal. Na busca, os agentes do FBI encontraram duas granadas de uso militar, modificadas para servirem como bombas caseiras, e com explosivo do tipo C-4 suficiente para derrubar um avião jumbo, junto com gravações ilegais de telefonemas em que Tom Cruise falava com sua mulher, Nicole Kidman, que estava se separando dele. Pellicano afirmou ser culpado da posse ilegal de materiais perigosos e foi condenado a dois anos e meio em uma prisão federal. Na época em que Michael Jackson estava se preparando para ser julgado no condado de Santa Barbara, autoridades federais já tinham avançado bastante em uma investigação que levaria a acusações de escutas ilegais e de extorsão contra Pellicano, e em uma condenação adicional de mais quinze anos em prisão federal.

Ray Chandler começou a perguntar a repórteres se eles ainda achavam que a reportagem de Mary Fischer na *GQ* sobre os negócios de Evan Chandler com Michael Jackson era tudo aquilo.

Começou a ser muito mais fácil acreditar em pessoas como Robert Wegner, antigo chefe de segurança de Neverland, que disse à NBC que, durante a batida que a polícia fez no rancho em 1993, ele havia recebido um telefonema de Pellicano ordenando que ele removesse todos os registros que envolvessem hóspedes que haviam passado a noite no quarto de Michael e que apagasse os arquivos do computador dele. O *Dateline* também citou fontes anônimas que diziam que havia gravações de Pellicano implorando a funcionários de Neverland que não falassem com a polícia, e disse que algumas dessas pessoas ficaram tão abaladas com as ameaças posteriores de Pellicano que ainda "se encolhiam quando falavam nele".

Ray Chandler causaria um frisson semelhante, talvez um pouco menor, com a publicação de seu livro *All That Glitters: The Crime and the Cover-Up* [Tudo que brilha: O crime e a cobertura]. O irmão de Evan disse que tinha decidido escrever o seu relato contando tudo quando viu o documentário de Martin Bashir. Uma das revelações do livro de Ray era que a primeira pessoa que percebeu o que estava acontecendo entre Michael e Jordie foi Nathalie Chandler, que havia gritado com o marido numa tarde: "Você não vê o que está acontecendo? Eles estão apaixonados!".

Ray também apresentou uma lista de "seis desejos" que, segundo ele, Michael havia dado a Jordie, pedindo ao menino que repetisse três vezes por dia para fazer com que eles se tornassem realidade. Eram os seguintes:

• Nada de vagabas, cadelas, barangas e piranhas;
• Nunca desistir da sua felicidade;
• Morar comigo em Neverland para sempre;
• Nunca impor condições;
• Nunca crescer;
• Ser melhor do que melhores amigos para sempre.

O impacto mais significativo de todos, porém, foi a publicação da descrição detalhada e inegavelmente perturbadora que Jordan Chandler fez para os investigadores da polícia de como havia evoluído a relação sexual entre Michael Jackson e ele.

"O contato físico entre mim e Michael Jackson cresceu gradualmente. O primeiro passo foi Michael simplesmente me abraçar. O próximo passo foi ele me dar um beijo rápido na bochecha [...]. Depois ele passou a me beijar na boca, primeiro rapidamente, e depois por bastante tempo. Ele me beijava enquanto estávamos na cama.

"O próximo passo foi quando Michael colocou a língua na minha boca. Eu disse que não tinha gostado. Michael começou a chorar. Ele disse que não havia nada de errado naquilo. Ele disse que só porque algumas pessoas acreditavam que era errado não queria dizer que era [...]. Michael me disse que outro amigo jovem dele dava beijos nele com a boca aberta [...].

"Nós tomamos um banho juntos. Essa foi a primeira vez que nos vimos nus. Michael disse os nomes de alguns amigos de seus filhos que se masturbavam na frente dele [...]. Então Michael se masturbou na minha frente. Ele disse que quando eu estivesse preparado ele faria aquilo para mim. Quando estávamos na cama, Michael colocou a mão por baixo da minha cueca. Então ele me masturbou até que eu gozasse. Depois disso Michael Jackson me masturbou várias vezes tanto com a mão quanto com a boca [...].

"Ele me fez chupar um mamilo e torcer o outro enquanto ele se masturbava. Uma vez que Michael e eu estávamos na cama, ele agarrou a minha bunda e me beijou enquanto punha a língua na minha orelha. Eu disse que não gostei. Michael começou a chorar [...].

"Michael disse que eu não devia dizer a ninguém o que havia acontecido. Ele disse que era um segredo."

O que salvou Jordie, disse Ray Chandler, foi que "Evan separou-o de Michael antes que eles chegassem ao sexo anal".

O irmão de Evan Chandler gostava de ver os antigos defensores do astro se voltando contra ele. Um deles foi o jovem ator Corey Feldman, que contradisse completamente o que havia dito a repórteres em 1993. "Eu comecei a ver cada informação, e com isso percebi que havia muitos eventos na minha vida e no meu relacionamento com Michael que haviam gerado dúvidas", Feldman explicou a Martin Bashir, que o entrevistou para o *20/20*, da ABC.

Que "eventos" eram esses?, perguntou Bashir. Houve "algo inadequado"?

"Se você considera inadequado que um homem olhe um livro com imagens de nus com uma criança de treze ou catorze anos de idade, então a resposta seria sim", respondeu Feldman. Isso havia acontecido durante uma escala no Esconderijo a caminho da Disneylândia, disse Feldman: "Nós fomos para o apartamento dele e eu vi um livro que ele tinha em cima da mesinha de centro. O livro tinha imagens de homens e mulheres adultos nus. E o livro falava de doenças e de genitália". Quando ele perguntou do que se tratava, Michael sentou com ele e começou a explicar as figuras, lembrou Feldman. "Eu fiquei meio enojado", ele disse. "Eu não achei que fosse nada importante... Mas, sabendo do que foi revelado agora, eu devo dizer que, se meu filho tivesse catorze anos, treze anos, e fosse ao apartamento de um homem de 35, e eu soubesse que eles estavam sentados juntos falando sobre isso, provavelmente eu encheria ele de porrada."

Ray Chandler não achou particularmente significativo que Feldman tenha em seguida admitido que Michael "nunca passou dos limites" e que "o mais perto que ele chegou de tocar em mim talvez tenha sido me dando um tapa na perna uma vez". O irmão de Evan simplesmente desconsiderou meninos como Ahmad Elatab, um adolescente de Nova Jersey que disse ter começado a passar períodos mais longos em Neverland em meados dos anos 1990, quando tinha nove anos. Depois de um colunista de Nova York ter escrito que Jackson não gostava de pessoas do Oriente Médio, lembrava Elatab, Michael deu um jeito de levar vários meninos árabes a um estúdio particular na cidade de Nova York, onde explicou que aquilo não era verdade. Ele e Michael desenvolveram um relacionamento por telefone, disse Elatab, e mais tarde começaram a "passar um tempo juntos" em Neverland. Elatab disse que ele dormiu no quarto com Michael diversas vezes e que conhecia vários meninos que tinham passado a noite na cama com Michael. Elatab disse à cbs News que aquelas noites não tinham sido nada mais do que divertidas festas do pijama: "Ele não é sexual com as crianças. Ele não é um molestador. Ele não é um pedófilo. Ele só gosta de ajudar as crianças".

Ray respondeu que "Michael só avançava sexualmente em alguns poucos garotos escolhidos entre aqueles que passavam um tempo com ele. Ele era bem seletivo". Durante o julgamento criminal de Jackson, o tio de Jordie foi contratado pelas redes de tv como uma espécie de autoridade autodidata em pedófilos, tendo lido dúzias de livros e falado praticamente com o mesmo número de psiquiatras sobre o tema. Ele gostava de citar Sam Vaknin, cujos escritos sobre a "raiz da pedofilia" soavam para alguns como um perfil da personalidade de Michael Jackson. "Sexo com crianças é uma reconstituição de um passado doloroso", afirmava Vaknin. "Crianças são a personificação da inocência, da autenticidade, da confiança, da fidelidade — qualidades que o pedófilo quer recapturar de maneira nostálgica [...]. Por meio de sua vítima, o pedófilo obtém acesso a suas emoções suprimidas e frustradas. É uma fantasia sobre uma segunda chance de reconstituir a própria infância." Ray afirmava que "perfis" de pedófilos descreviam características comuns que pareciam um inventário da vida no rancho Neverland, como uma "fascinação por crianças e por atividades infantis", uma tendência a se referir a crianças "em termos puros ou angelicais, usando adjetivos como 'inocente', 'celestial' ou 'divino'", o cultivo de "hobbies infantis, como colecionar brinquedos caros populares e ter répteis ou animais de estimação exóticos", o uso de "decoração infantil" e uma preferência por "crianças próximas da puberdade que sejam inexperientes sexualmente mas curiosas sobre sexo". Ray gostava especialmente de dizer que pedófilos normalmente escolhiam como alvo famílias que tinham apenas um dos pais presentes. "O que fazia Michael ser diferente", dizia o irmão mais novo de Evan Chandler, "é que o pedófilo comum só pode oferecer doces e video games. Michael oferecia o mundo."

Ray admitiu ter ficado perplexo com o fato de seu irmão Evan e o sobrinho Jordie terem ficado chateados por ele ter aparecido na TV. Os dois não queriam ter nada a ver com o processo criminal no condado de Santa Barbara. Jordie ficou especialmente contrariado quando o tio Ray implorou publicamente para que ele depusesse contra Michael Jackson no tribunal. Ele não ia sacrificar sua privacidade — sem falar no risco para sua segurança física — para depor na Califórnia, disse o Chandler mais novo. "A atitude de Jordie é: 'Pense o que você quiser, eu não me importo. Só me deixe quieto'", explicou um de seus parentes. Durante o julgamento, Jordie tentou se esconder num chalé da estação de esqui do lago Tahoe, acompanhado de amigos de escola, entre eles Sonnet Simmons, mas foi fotografado na montanha com um grande sorriso no rosto e roupas caras de esqui, uma imagem de indiferença casual que o levou a ser mais odiado pelos fãs de Michael.

Na época da absolvição de Michael, em junho de 2005, Jordie e Evan dividiam um apartamento de luxo no 16º andar das Liberty Towers, em Jersey City. Janelas altas davam para uma vista magnífica da paisagem de Manhattan, mas Evan não ligava para isso. Ele tinha agora 61 anos, mas parecia bem mais velho, apesar das injeções de Botox e de preenchedores de rugas. O que fez com que Evan envelhecesse mais rápido do que outros homens foi o grau de seu sofrimento. A agonia que ele vivia vinha mesmo de dentro, como muitos dos que o desprezavam haviam sugerido que devesse ocorrer, mas a fonte principal da dor de Evan era uma doença genética chamada Doença de Gaucher. Nos pacientes de Gaucher (dos quais uma alta porcentagem é de judeus asquenaze), a deficiência de uma enzima que dispersa lipídios gera uma substância gordurosa que se acumula nas células brancas do sangue. Um dos sintomas mais comuns são lesões nos ossos que podem levar a dores constantes e violentas.

A dor nos ossos tornou Evan cada vez mais irascível e exacerbou as mudanças de humor causadas por sua bipolaridade não tratada. Jordie era a sua única companhia, mas as relações entre os dois ficaram cada vez mais tensas. Evan tinha explosões de fúria e culpava o filho por tudo que tinha acontecido com ele e com a família. Em setembro de 2005, Jordie entrou com um pedido judicial na Vara de Família do condado de Hudson para que o pai não pudesse se aproximar dele, alegando que Evan o havia atacado pelas costas com um haltere de seis quilos, borrifado a cara dele com uma lata de gás lacrimogêneo e depois tentado estrangulá-lo. Quando Evan se recusou a sair do apartamento, Jordie saiu, voltando a morar sozinho em Manhattan.

No verão de 2009, Evan estava com 65 anos e era praticamente um eremita. As únicas pessoas com quem ele conversava eram os integrantes da equipe do Centro de Hematologia e Oncologia Colanta, em Bayonne, Nova Jersey, aonde ia para buscar receitas de analgésicos. A Doença de Gaucher havia progredido a ponto de Evan considerar impossível ficar uma parte do dia que fosse sem estar sob o efeito de remédios. Ele não estava vivendo, estava existindo, Evan disse ao irmão Ray em uma das raras conversas deles por telefone.

Agora perto dos trinta anos, Jordie passava boa parte do tempo na Califórnia, tendo aulas de violão e surfe. Ele havia escrito uma música boba em parceria com Sonnet Simmons, chamada "You're So Good for Me", que fez um certo sucesso no mundo do pop. Em Los Angeles, Jordie vivia cercado por amigos e pela família. Ele e os dois meios-irmãos continuavam próximos, apoiando uns aos outros na decisão de rejeitar qualquer relação com o homem que era o pai de todos eles.

Nem os filhos dele nem qualquer outra pessoa sabe o que Evan Chandler pensou sobre a morte de Michael Jackson, pois nessa época até mesmo seu irmão, Ray, havia parado de falar com ele. Sozinho com sua agonia e sem vontade de tomar outro comprimido, Evan se permitiu sentir a dor nos ossos por algumas horas num dia em meados de novembro de 2009, pouco menos de quatro meses depois da morte de Michael Jackson. Pode ter sido no dia 14 ou 15 — ninguém nunca saberá ao certo. Ele se sentou na sua cama nas Liberty Towers com uma vista inspiradora de Manhattan e pegou um revólver de cano curto, calibre 38, uma pistola que ele havia comprado anos antes para se proteger de um temido ataque de algum fã de Jackson. Ele não deixou nenhum bilhete antes de levar o revólver à cabeça e puxar o gatilho.

O zelador das Liberty Towers encontrou o corpo esparramado na cama, a arma ainda na mão, no fim da tarde de 17 de novembro de 2009, depois de médicos do Centro Colanta terem telefonado para dizer que o sr. Chandler tinha faltado a sua consulta periódica.

Ray Chandler se irritou com relatos na internet de que Evan havia tirado a própria vida em função de remorso pelo que tinha feito a Michael. "Não teve absolutamente nada a ver com Michael Jackson", disse Ray. "Essa era a última coisa na cabeça dele. Ele simplesmente estava com muita dor. Nós falamos muito sobre eutanásia, sobre como seria se um de nós estivesse preso a uma cama de hospital, com os tubos e tudo, que nós queríamos que desligassem os aparelhos. Evan apenas decidiu desligar os aparelhos enquanto ainda tinha forças para fazer isso."

Quando um repórter do *Daily Mail* de Londres ligou para ele, Ray disse que estava esperando para saber detalhes do funeral, mas o corpo de Evan naquele momento já havia sido cremado. "Na verdade, ninguém esteve lá", disse ao repórter do *Mail* um integrante da equipe da casa funerária de Jersey City, onde a cremação tinha ocorrido. "Nos disseram que ninguém quis ir. Foi muito triste. Eles ainda não decidiram o que fazer com as cinzas."

O fim sombrio de Evan Chandler provocou uma comemoração cruel entre dúzias de fãs de Michael Jackson que falaram on-line sobre o assunto. "Já foi tarde, seu merda", escreveu um. "Espero que você apodreça no inferno!!" Evan era "um homem muito, muito mau", escreveu outro fã. "Ele devia ter sido punido. Ficou barato."

Um dos parentes de Jordie disse que o jovem esperava que as mortes sucessivas de Michael Jackson e de Evan Chandler pudessem ser "dois eventos importantes para ele, porque ele imaginava que aquelas pessoas finalmente estariam longe dele, que tudo aquilo desapareceria e que finalmente ele conseguiria algum anonimato". Rapidamente ficou claro que não seria assim. As declarações postadas nos sites dos fãs de Jackson eram tão rancorosas e ameaçadoras quanto antes. "Jordan Chandler, espero que você sonhe com Michael todas as noites. Pesadelos pelo resto da sua vida. A culpa deveria atormentar a sua alma para sempre", escreveu um. Outro acrescentou: "Se um dia eu encontrar com ele, é melhor ele correr... Vai ter um tijolo na direção da porra da cabeça dele".

Fãs de Jackson postaram na internet o endereço da casa dele de 2,35 milhões de dólares, na Old Meadow Boulevard, em West Hampton, e alertaram para que ele não voltasse lá. Eles criaram um blog de "rastreamento", em que as pessoas descreviam vários locais em que o jovem tinha sido visto e listavam os lugares que ele frequentava tanto em Nova York quanto em Los Angeles, incentivando uns aos outros a manter a "caçada".

Pouco depois de um tabloide britânico oferecer 300 mil dólares por uma foto do "menino de Michael Jackson", Jordie saiu de Los Angeles e foi para a Europa. Uma suposta "confissão" de Jordie de que Michael nunca o havia molestado e de que ele fez essa afirmação apenas porque "meu pai me obrigou" apareceu em dezenas de sites. A confissão era uma tentativa frustrada de consolar Katherine Jackson, postada por alguém que se fez passar por Jordan Chandler. A família Jackson, porém, insistia que ela era autêntica, e depois de Jermaine Jackson ter providenciado sua disseminação no ciberespaço, a "confissão" de Jordie ganhou uma espécie de realidade própria. O próprio Jordan se recusou a comentar, dizendo para os mais próximos que as pessoas podiam acreditar no que quisessem, ele não se importava.

Uma semana depois da descoberta do corpo de Evan Chandler no apartamento das Liberty Towers, os dois filhos mais novos dele se reuniram com amigos e familiares para um jantar de Ação de Graças na casa da mãe deles, em Los Angeles. Um produtor de Hollywood que estava na mesa foi surpreendido pela animosidade que Nikki e Emmanuel mostraram em relação a Michael Jackson. "Eles literalmente não conseguiam falar o nome dele sem xingar", disse o produtor. "Eles o culpam não só pelo que acreditam que ele fez ao irmão, mas também pelo que acreditam que ele fez à família deles."

Nenhum dos Chandler abrira mão de sua convicção de que Michael Jackson era um molestador de crianças, e eles não eram os únicos. Ron Zonen, que havia anos tinha deixado de ser promotor no caso contra Michael no condado de Santa Barbara, continuava convencido de que o réu era culpado. Em um simpósio da Ordem dos Advogados de Los Angeles, em 15 de setembro de 2010, Zonen deixou escapar uma mal disfarçada amargura quanto ao resultado do julgamento criminal e uma obstinada insistência de que não havia sido feita justiça. Em frente a uma audiência que incluía Tom Mesereau, Larry Feldman, Carl Douglas e o juiz Rodney Melville, Zonen contou que belo jovem era Gavin Arvizo.

Depois de sair do estado e de mudar de nome, disse Zonen, Gavin se tornou um astro do futebol americano no ensino médio, até que a identidade dele foi revelada por um fã de Michael Jackson que criou um link entre a página dele no MySpace e as páginas de redes sociais de metade dos alunos de sua escola, e depois postou um longo ataque ao caráter do adolescente. Gavin agora tinha vinte anos, disse Zonen, e estava no terceiro ano de uma proeminente universidade da Costa Leste, onde era um estudante destacado, com uma média de aproveitamento de 3,5 (de 0 a 4), e estava cursando graduações de história e de filosofia ao mesmo tempo. Dentre todas as alternativas possíveis, ele queria se tornar um advogado. Gavin era profundamente religioso, Zonen disse à plateia, e havia três anos estava em um relacionamento com a filha de um ministro. Ele continuava se recusando a aceitar um centavo que fosse dos veículos de comunicação que ofereciam centenas de milhares de dólares por uma entrevista, e estava pagando sua faculdade com uma bolsa parcial e com empréstimos estudantis. O fato de Gavin ter superado tanto o histórico de sua família e ter se tornado uma pessoa tão admirável falava muito, na opinião de Zonen, sobre a veracidade de suas acusações contra Michael Jackson, acusações que ele nunca havia retirado.

Mesereau franziu a testa e sacudiu a cabeça. A plateia fez um silêncio constrangido.

31.

"Michael era uma boa pessoa, disso eu tenho certeza", disse Tom Mesereau pouco depois da morte do astro. "Ele era uma das pessoas mais sensíveis e mais gentis que já conheci. Ele realmente queria fazer o melhor para todos. Ele *queria* que as pessoas ficassem bem. E ele era impressionante com as crianças e com os mais velhos, uma das pessoas mais atenciosas, se não *a* mais atenciosa que conheci nesse sentido."

Kenny Ortega disse que se você estivesse lá para ver como era fazer uma turnê com Michael nos anos 1980, antes das alegações sobre ele feitas primeiro pelo menino Chandler, se você o tivesse visto se apressando para visitar um orfanato ou hospital infantil depois do outro entre os shows, isso em uma cidade depois da outra, em todo o mundo, você entenderia que as acusações contra ele simplesmente *não podiam* ser verdade. Ele tinha passado meses a fio em contato com Michael Jackson, por um período de mais de duas décadas, observou Ortega, e em todo esse tempo, "eu nunca vi Michael fazer qualquer coisa que constrangesse, machucasse, insultasse ou ferisse alguém, nunca".

O que talvez fosse mais impressionante sobre Michael Jackson — mais impressionante até que o enorme talento dele — era o fato de que o testemunho esmagador de sua bondade, da sensibilidade e gentileza e generosidade e resiliência, pudesse ser tão convincente, e mesmo assim não anular as vozes daqueles que deram ao mundo razões para ter dúvidas sobre o que estava por trás, ou ao lado, dessa bondade. Era um enigma tão estarrecedor quanto qualquer outro na história da fama. Nunca seria possível obter provas sobre o que Michael tinha ou não tinha feito que não deixassem margens para dúvidas. As perguntas permaneceriam. Ele não tinha mais de conviver com essas perguntas, mas aqueles que ele deixou para trás tinham.

"Por favor, diga ao mundo que o meu filho não era um pedófilo", me pediu Katherine Jackson na primavera de 2011. "Ele não era e as pessoas precisam saber isso sobre ele." Eu só podia dizer que *eu* não acreditava que Michael era um molestador de crianças.

Mais tarde, pensei que talvez fosse uma pena que a sra. Jackson tivesse decidido que o filho não devia ser enterrado no rancho Neverland. A decisão dela tinha custado mais do que um destino para peregrinação dos fãs ou uma série de cabines para cobrar entradas para o espólio. A maior perda, me parecia, era que dentro da casa principal de Neverland existia a cripta mais apropriada possível para o Rei do Pop, o lugar mais perfeito do mundo para contemplar o permanente mistério de Michael Jackson.

O lugar escondido era uma particularidade feita sob medida na casa principal, que as dúzias de policiais que voltaram ao rancho em novembro de 2003 quase deixaram passar despercebida. Atrás de um biombo com figurinos, nos fundos de um closet, no quarto principal, havia um alçapão que levava a uma escadaria acarpetada estreita, forrada de bonecas de pano, que descia até um minúsculo cubículo de dois metros por 2,5 metros, que se parecia com um quarto de uma criança pequena. Havia brinquedos e jogos empilhados nas prateleiras. As paredes eram decoradas com fotografias de bebês com fraldas. Uma grande boneca de pano com grandes olhos e cabelos ruivos ficava na cabeceira da cama de solteiro, recostada em fronhas que tinham a imagem do Peter Pan de Walt Disney. Havia um telefone de Mickey Mouse no criado-mudo, ao lado de um porta-retratos com uma foto de Macaulay Culkin autografada, onde se lia: "Não me deixe sozinho em casa".

Esse era, de acordo com o departamento de polícia de Santa Barbara, o lugar para onde Michael Jackson levava meninos para molestá-los. Há alguns indícios para crer que isso pudesse ser verdade. As três fechaduras no alçapão, por exemplo. Obviamente, Michael queria privacidade quando descia por aquelas escadas acarpetadas para chegar ao quarto com fotos de bebês nas paredes. Mas para quê?

As pessoas que prenderam e processaram Jackson ainda têm de explicar como foi que, das centenas de garotos que passaram a noite com ele no rancho Neverland, apenas dois (ou três, se Jason Francia entrar na conta) o acusaram de molestá-los sexualmente, e o fato de que em todos os casos as circunstâncias das acusações foram no mínimo tão suspeitas quanto qualquer outra coisa que Michael tenha feito ou dito. Os detetives e os promotores também não explicaram como era possível que nem mesmo os acusadores tenham alegado que ele os havia levado para o quarto secreto para abusar deles.

Marc Schaffel havia comprado as fotografias de bebezinhos de fraldas que ficavam penduradas nas paredes do local mais privado de Michael Jackson. Tudo havia começado depois de Michael ver um pôster com uma fotografia de um menininho loiro de olhos azuis de fralda no teto de uma loja que eles visitaram juntos, lembrava Schaffel, e de tê-lo mandado de volta ao local para comprar a foto, pelo preço que fosse. Marc disse que se lembrava de também ter recebido instruções de achar e comprar um livro que tivesse fotos de criancinhas nuas em poses de querubins. Schaffel admite que não tinha ideia se essas imagens despertavam impulsos sexuais em Michael, mas foi nesse quarto secreto que Michael se escondeu do pai, da mãe e do irmão Jermaine em 2001, quando eles estavam tentando fazê-lo assinar o contrato que prometia a eles mais 500 mil por aparecer nos shows de trinta anos. Prince e Paris tinham estado lá com Michael nessa ocasião, observou Schaffel, que achava impossível acreditar que seu amigo levasse os próprios filhos a um quarto onde tivesse molestado sexualmente outras crianças.

Há teorias alternativas que merecem ser levadas em consideração. Uma possibilidade legítima era a de que o quarto secreto era um lugar a que Michael ia para se tornar um daqueles bebês, não necessariamente usando fraldas ou mamando em mamadeiras (embora essas possibilidades não pudessem ser simplesmente descartadas, no caso de Michael), mas para voltar no tempo até onde era possível, até o ponto em que ele imaginasse estar nascendo de novo como a criança que ele fazia tanto tempo queria ser, o menino que havia crescido do outro lado da janela, não no estúdio, mas no parquinho.

O próprio Michael tentara dizer algo desse gênero às pessoas nos últimos trinta anos de sua vida. "Um dos meus passatempos favoritos é estar com crianças — falar com elas, jogar jogos com elas na grama", ele disse a um entrevistador do *Melody Maker* pouco depois do lançamento de *Off the Wall*. "Elas são um dos principais motivos para eu fazer o que faço. Elas sabem tudo que as pessoas estão tentando descobrir — elas sabem muitos segredos —, mas é difícil para elas expressar isso. Eu consigo me identificar com elas e aprender com isso."

Em última instância, ninguém podia ter certeza sobre *a* verdade. Admitir isso, porém, não muda o fato de que aquele pequeno quarto escondido atrás do closet e escada abaixo era o melhor lugar do mundo para reconhecer *uma* verdade: de todas as respostas que alguém poderia oferecer à pergunta central que paira sobre a memória de Michael Jackson, a que mais se sustenta é a de que ele morreu como um virgem de cinquenta anos, sem nunca ter tido relações sexuais com nenhum homem, mulher ou criança, em um estado especial de solidão que era uma parte importante do que o tornava tão único como artista e tão infeliz como ser humano. Naquele quarto, seria possível chorar pelo Michael Jackson que havia vivido os últimos quinze anos de sua vida convencido de que tinha sido considerado culpado no tribunal da opinião pública, e dar-lhe a presunção de uma inocência que ele passou a vida toda tentando conseguir.

Naquele quarto seria possível, talvez, até mesmo lhe conceder o desejo de que ele não esteja dormindo sozinho nesta noite.

Posfácio

O julgamento do homem acusado da morte de Michael Jackson teve como tema a mesma pergunta que havia tido um papel tão pungente na vida de Michael Jackson: onde encontrar a culpa, no que tinha sido feito a Michael ou naquilo que ele tinha feito a si mesmo? Meses antes já estava claro que a defesa usaria a segunda tese, enquanto a acusação usaria a primeira.

Num processo em que ambos os lados haviam revelado suas estratégias bem antes da hora, a maior surpresa foi que *houve* surpresas. A mais significativa aconteceu ainda antes de o júri ser selecionado, quando a equipe de advogados de Conrad Murray foi surpreendida por uma decisão do juiz Michael Pastor de que ele não permitiria depoimentos das doze pessoas que a defesa havia elencado como "testemunhas-chave", entre as quais Tohme Tohme e o dr. Arnold Klein. "Na medida do possível", explicou o juiz Pastor, ele pretendia "limitar" o julgamento às 72 últimas horas da vida de Michael Jackson.

A mídia ficou quase tão decepcionada com a decisão do juiz quanto Murray e seus advogados. Os repórteres que cobriam o julgamento haviam previsto que os momentos mais saborosos viriam durante o interrogatório do dr. Klein e o exame de seus prontuários médicos. A defesa não havia escondido que pretendia convencer o júri de que Michael Jackson havia sido reduzido a uma condição pateticamente vulnerável pela hipermedicação de narcóticos ministrada por

Klein, especialmente pelo uso de Demerol. Os advogados de Murray pretendiam argumentar que, à medida que Michael criava uma tolerância cada vez maior ao Demerol, a personalidade dele, que tendia ao vício, o havia levado a procurar drogas mais fortes, entre elas o anestésico propofol, e a se autoadministrar uma overdose fatal.

Os remédios receitados por Klein *haviam* sido encontrados na casa de Jackson. Tratava-se de relaxantes musculares, no entanto, e não de narcóticos. Klein admitiu ter dado Demerol a Michael em seu consultório a intervalos regulares, mas insistia que isso havia sido apenas um meio de preparar seu paciente, que tinha "fobia a agulhas", para aplicações de Botox e Restylane. Investigadores da Agência Antidrogas Americana (DEA) passaram semanas comparando as receitas de narcóticos que haviam apreendido no consultório de Klein com as cópias apresentadas ao procurador-geral da Califórnia, e sabia-se que o Conselho Estadual de Medicina estava se preparando para iniciar uma ação para suspender a licença de Klein. O que deixava tanto a mídia quanto os advogados de Murray salivando, porém, era a contra-alegação protocolada por Jason Pfeiffer contra Klein na Vara de Falências em agosto de 2011, um mês antes da data marcada para o início do processo criminal. As alegações de Pfeiffer sobre a atuação de Klein como médico e sobre a vida pessoal dele atingiam um nível inteiramente novo de bizarrice.

Aos olhos dos advogados de defesa, a afirmação mais importante de Pfeiffer era que, ao sair do consultório de Klein, Michael Jackson estava frequentemente tão dopado pelo Demerol que não tinha condições de se locomover por conta própria. "Várias vezes Klein pediu a Pfeiffer que ajudasse Michael a descer até o carro porque Michael estava drogado demais e desorientado demais para ficar de pé sozinho", dizia o processo. Ele e os enfermeiros "estavam preocupados com a possibilidade de Michael estar sendo 'supermedicado' por Klein", de acordo com Pfeiffer, que alegava ter expressado essa preocupação com a "segurança" de Jackson e ter ouvido de Klein que era para "calar a boca". Os documentos protocolados por Pfeiffer também afirmavam que Klein havia tentado disfarçar receitas de relaxantes musculares para Jackson colocando o nome de Pfeiffer nas prescrições, e que o médico ajudou Michael a "escapar de uma audiência jurídica" (marcada para acontecer no julgamento do xeque Abdullah, em Londres) emitindo um atestado com base em um exame fraudado, que afirmava que o paciente tinha uma infecção bacteriana.

O que os veículos de internet mais gostavam eram das revelações de Pfeiffer sobre o estilo de vida devasso de Klein. "O dr. Klein procurava obsessivamente parceiros sexuais na internet e em outros lugares. De casa, de seus consultórios médicos e de todo o lugar, o dr. Klein passava horas por dia on-line em busca de sexo. Depois de chegar em casa do trabalho, Klein normalmente ficava acordado até as duas ou até mais tarde [...]. Klein exigia que Pfeiffer ficasse acordado com ele até tarde da noite e ditava e-mails que o sr. Pfeiffer deveria mandar em nome do dr. Klein para potenciais parceiras sexuais [...]. Pfeiffer dizia repetidamente a Klein que não queria participar [...] que precisava dormir. Klein respondia berrando que aquele era o trabalho dele, que Pfeiffer iria fazer o que ele estava mandando, e que seria demitido caso se recusasse. Nas vezes em que Pfeiffer ousava cochilar em uma cadeira enquanto Klein estava fazendo buscas na internet, o dr. Klein jogava coisas nele para acordá-lo...

"Durante o período em que o sr. Pfeiffer esteve empregado, o dr. Klein exigia que o sr. Pfeiffer o preparasse para encontros sexuais com massagistas, acompanhantes e prostitutas, entre outras. O sr. Pfeiffer era solicitado a preparar o dr. Klein para atividade sexual com frequência, já que o dr. Klein geralmente tinha várias parceiras sexuais por semana e às vezes múltiplas parceiras num dia. Klein exigia que o sr. Pfeiffer lavasse sua virilha, desse a ele Cialis, Viagra e outros remédios do gênero, recebesse e acompanhasse as massagistas do dr. Klein e suas outras parceiras sexuais quando elas chegassem às casas de Los Angeles e de Laguna Beach e, quando elas estivessem saindo, que pagasse as massagistas e as outras em nome do dr. Klein.

"Depois de o dr. Klein comprar a casa em Palm Springs, ele mandou Pfeiffer e outro funcionário até a vizinhança de Warm Sands Drive para encontrar um homem com quem Klein pudesse fazer sexo. [Eles] voltaram com um sem-teto corpulento para Klein e um sem-teto menor para o outro funcionário."

A recusa em se submeter aos avanços sexuais "inoportunos, indesejados e ofensivos" que Klein fazia, dizia Pfeiffer, haviam-no transformado em alvo das piadas cruéis e grosseiras de Klein: "Na presença de Pfeiffer, Klein dizia a outros funcionários que eles deviam urinar em Pfeiffer. 'Vamos jogar Jason em uma banheira e mijar nele', dizia Klein, rindo de Pfeiffer. 'Ele vai adorar'".

Pfeiffer não escondia a sua intenção de arruinar Arnold Klein. Ele deu ao *Daily Beast* receitas de duas farmácias de Beverly Hills (uma delas era a Mickey Fine) que supostamente Klein havia feito identificando Pfeiffer como paciente dele, e disse aos repórteres que nunca tinha recebido qualquer um daqueles remédios. Em seu blog, Pfeiffer estava não só esfolando o homem que ele chamava de "FrankenKlein", mas também pedia reclamações sobre atos profissionais do dr. Klein que pudessem ser levados ao Conselho de Medicina da Califórnia. Skip Miller, advogado do dr. Klein em Los Angeles, respondeu à ação contra seu cliente afirmando que "todas as alegações de Jason Pfeiffer são falsas e demonstraremos na Justiça que não são fundamentadas".

Os repórteres que cobriam o julgamento de Murray imaginavam que se admitiria o uso de pelo menos parte dessas afirmações no depoimento, mas essas esperanças acabaram quando o juiz Pastor se recusou até mesmo a aceitar os prontuários médicos do dr. Klein como prova. A decisão de Pastor significava que aquilo que prometia ser um julgamento deliciosamente escandaloso seria agora reduzido a "depoimentos de especialistas", com o resultado dependendo de relatos de uns poucos médicos cuja maior virtude eram seus estranhos egos.

O juiz "essencialmente esvaziou a nossa estratégia de defesa", lamentou Ed Chernoff. Algumas pessoas na imprensa reconheciam que Pastor e a acusação também tinham feito o melhor que podiam para eliminar do julgamento o subtexto mais intrigante, o impacto desse processo na ação que Katherine Jackson movia contra a AEG por morte por negligência. Momentos depois de o primeiro executivo da AEG ser chamado como testemunha, Paul Gongaware, começar seu depoimento, ficou evidente que as perguntas e as respostas tinham sido ensaiadas, e que não se iria perguntar a Gongaware nada que pudesse prejudicar a defesa de sua empresa na ação civil da sra. Jackson.

Gongaware, porém, foi precedido como testemunha por Kenny Ortega, e não havia maneira de impedir que o diretor de *This Is It* fornecesse munição para os advogados da sra. Jackson. Antes do julgamento criminal, os advogados de Katherine Jackson tinham tirado o nome de Ortega da lista de testemunhas de defesa no processo de morte por negligência, fazendo com que o diretor tivesse poucos motivos para direcionar o seu depoimento a favor da AEG. O destaque da participação de Ortega como testemunha foi a leitura do seu e-mail de 20 de junho de 2009 para Randy Phillips, no qual Ortega falava de sua preocupação cada vez maior com o estado mental de Michael Jackson. Quando o diretor leu em voz alta, "Tenho certeza de que ele precisa de uma avaliação psicológica", e depois passou às partes de seu e-mail em que suplicava pela intervenção de um "terapeuta competente", e algum "cuidado físico imediato", bastava aos executivos da AEG observar as expressões de triunfo nos rostos da família Jackson para imaginar o impacto das palavras de Ortega no julgamento civil que estava por acontecer. A acusação tentou oferecer alívio imediatamente fazendo com que o testemunho de Ortega se voltasse contra Conrad Murray. O procurador adjunto David Walgren pediu ao diretor que descrevesse a reunião com o médico, na qual Murray havia lhe dito, essencialmente, que não se metesse e deixasse o médico decidir se ele estava ou não apto para trabalhar.

Quando Gongaware substituiu Ortega no banco das testemunhas, o executivo da AEG foi incentivado pelo promotor a colocar a culpa pela deterioração e pela morte de Michael Jackson integralmente no dr. Murray, e ao mesmo tempo recebeu permissão para responsabilizar o próprio Jackson pela contratação de Murray. Ele havia dito que Jackson devia contratar um médico britânico, disse Gongaware, mas Michael insistiu: "Eu quero o dr. Murray". A descrição que Gongaware fez do pedido inicial de Murray, de receber um salário anual de 5 milhões de dólares, deu base para o retrato que a acusação pintava de um médico que era ao mesmo tempo ganancioso e imprudente. O executivo da AEG encerrou seu depoimento, porém, dando munição tanto para a acusação quanto para a defesa. Gongaware disse lembrar que, em uma reunião com Michael Jackson pouco depois de os ensaios para os shows na O2 Arena começarem, teve a impressão de que Michael tinha estado "um pouco desligado. A fala dele estava apenas um pouco arrastada e ele estava um pouco mais lento do que eu sabia que ele era". Jackson disse que tinha acabado de ir ao médico, lembrava Gongaware, mas o executivo da AEG não lembrava se o médico em questão era Conrad Murray ou Arnold Klein.

Do ponto de vista da acusação, a descrição de Gongaware cabia perfeitamente na apresentação que seria feita de um arquivo de áudio recuperado do iPhone de Murray. Quando mostrou o arquivo aos jurados durante a sua apresentação inicial, o procurador adjunto David Walgren disse que estava apenas dando "uma amostra" da conversa gravada entre Michael Jackson e Conrad Murray. O que as pessoas no tribunal ouviram foi Jackson falando com uma voz que era bem mais do que "apenas um pouco arrastada", tentando explicar do que se tratavam os shows em Londres. Com a voz muito pastosa, Michael dizia a Murray que os jovens do mundo estavam em um estado de depressão que ele pretendia tratar com a maior instituição de atendimento pediátrico do mundo, o Hospital Infantil Michael Jackson.

"Meus shows vão ajudar as crianças e sempre ser meu sonho", Michael murmurava vagarosamente, suas palavras quase incompreensíveis. "Eu os amo. Eu os amo porque eu não tive infância. Eu não tive infância. Eu sinto a dor deles. Eu sinto o que eles sofrem. Eu posso fazer isso. 'Heal the World', 'We Are the World', 'Will You Be There', 'The Lost Children'... São músicas que eu escrevi porque eu sofri, sabe? Eu sofri."

As crianças "não têm esperança suficiente, não têm mais esperança", ele continuou, parecendo um disco numa vitrola que fora desligada e que estava parando lentamente. "Esta é a próxima geração que vai salvar o nosso mundo, começando com — nós vamos conversar sobre isso. Estados Unidos, Europa, Praga, meus bebês. Eles andam por aí sem mãe. Elas os abandonam, elas deixam... Eles vêm até mim: 'Por favor, me leve com você'."

Por todas as crianças abandonadas, pelos filhos dele próprio, pela criança que ele próprio queria ter sido, "nós precisamos ser fenomenais [em Londres]", disse Michael, depois discursando com uma grandiosidade que ficava patética na voz dele, que quase sumia. "Quando as pessoas saírem desse show, quando as pessoas saírem do meu show, eu quero que elas digam: 'Eu nunca vi nada igual na vida. Vai lá ver. Vai lá ver. Eu nunca vi nada igual. Vai lá ver. É fantástico. Ele é o maior artista do mundo'."

O arquivo de áudio seria apresentado como prova de que o acusado estava plenamente consciente do "estado" de Michael Jackson na época em que continuava a fornecer ao artista mais remédios, e cada vez mais fortes, explicou o procurador Walgren.

Quando o interrogatório que Walgren fez de Paul Gongaware terminou, o procurador chamou a advogada da AEG, Kathy Jorrie, para ser a próxima testemunha, a fim de que ela pudesse dizer aos jurados: "Dr. Murray me disse várias vezes que o sr. Jackson estava em perfeito estado de saúde".

Com a apresentação formal do arquivo de iPhone como prova, a acusação revelou que o telefone do dr. Murray também continha um correio de voz deixado por Frank Dileo na manhã de 20 de junho de 2009, aquele em que Dileo disse ao médico: "Tenho certeza de que você está ciente do problema que tivemos ontem à noite. Ele está doente".

Além de correios de voz e de arquivos de áudio, o iPhone também forneceu um registro dos e-mails e das mensagens de texto enviados e recebidos por Conrad Murray na manhã da morte de Michael Jackson. Os jurados ficaram sabendo que às 7h03, enquanto seu paciente insone ainda estava rolando na cama, dr. Murray havia recebido e-mails de advogados que estavam trabalhando nos

618

detalhes do contrato dele, de 150 mil dólares por mês. Ainda mais chocante foi a prova de que às 9h45, bem antes de Murray saber que Michael estava com algum problema, ele tinha analisado registros médicos enviados por seu consultório em Las Vegas, que diziam respeito a um paciente chamado Omar Arnold, que o júri já sabia ser o codinome mais comumente usado por Michael para receber medicamentos. O mais alarmante de tudo, porém, foi o e-mail que Murray havia enviado para um corretor de seguros de Londres às 11h17, mais de meia hora depois de o médico, de acordo com sua própria versão, ter administrado a dose de propofol que resultou na morte de Jackson: os relatos da imprensa sobre o estado de saúde precário de Michael eram, escreveu Conrad Murray, "mentirosos".

Antes de a acusação deixar para trás o assunto do caráter duvidoso de Murray e passar a tratar das provas judiciais que eram o ponto central do processo, David Walgren quis que os jurados ouvissem o próprio médico, e tocou a gravação das duas horas e meia do depoimento que ele havia dado aos investigadores Scott Smith e Orlando Martinez, do departamento de polícia de Los Angeles, em uma pequena sala ao lado do salão de festas do hotel Ritz-Carlton, em Marina Del Rey, em 27 de junho de 2009.

O Conrad Murray que os jurados ouviram na fita tinha poucas semelhanças tanto com o homem agitado e suado descrito pelas testemunhas dos eventos relacionados à morte de Michael Jackson quanto com o homem assustado e de olhos esbugalhados que eles viam agora sentado no banco dos réus. O Murray da fita era comedido, até suave, um médico de renome que parecia convencido de que podia explicar satisfatoriamente para todos o que havia ocorrido. A expressão do médico enquanto ouvia a si mesmo no tribunal, porém, deixava claro que ele entendia agora que o depoimento à polícia de Los Angeles o havia colocado em uma posição da qual ele tinha pouca chance de escapar. A versão de Murray, de que estava tentando aliviar o sofrimento de um paciente desesperado para dormir com remédios à base de benzodiazepina, e de depois ceder às súplicas de Jackson para receber o "leite" dele com uma dose de propofol que era apenas a metade do que Michael normalmente tomava, já era familiar para a maior parte das pessoas no tribunal, assim como a alegação do médico de que tinha saído do lado da cama de Jackson por não mais do que dois minutos enquanto ia ao banheiro, descobrindo, ao voltar, que Michael não estava mais respirando. Na fita, a voz de Murray ficou cada vez mais alta e mais intensa quando os investigadores começaram a perguntar por que ele não havia ligado antes para o serviço de emergência. Falar com a telefonista enquanto o paciente precisava que ele o reanimasse teria sido uma forma de *negligência*, insistia o médico. Murray também negou ter primeiro recolhido os frascos de remédio e as bolsas de aplicação intravenosa antes de ligar para o 911, um fato que havia sido descrito em detalhes constrangedores por testemunhas anteriores. Murray parecia especialmente objetivo durante o depoimento à polícia de Los Angeles ao fazer com que os investigadores entendessem que Michael Jackson vinha usando propofol havia anos e que estava familiarizado com o anestésico. O médico disse que estava impressionado com o "conhecimento farmacológico" do sr. Jackson, e tinha tentado usar isso em seu favor à medida que tentava tirar o propofol dele.

Chernoff fez um pequeno buraco na teoria da acusação ao conseguir que o investigador Smith confirmasse que os depoimentos de Michael Amir Williams, Alberto Alvarez e Faheem Muhammad — três testemunhas de acusação devastadoras para o dr. Murray — haviam ocorrido dias depois de o Instituto Médico Legal ter anunciado publicamente a sua descoberta de que a morte de Michael Jackson havia sido um homicídio. Smith também admitiu a Chernoff que não tinha dito nada ao dr. Murray sobre o propofol encontrado na bolsa do acesso intravenoso. As perguntas mais inteligentes do advogado de defesa foram sobre o motivo de a polícia de Los Angeles ter permitido que a família Jackson permanecesse na mansão de Carolwood por mais de 24 horas antes de os investigadores do Instituto Médico Legal terem ido até lá para buscar indícios médicos. Smith não tinha boas respostas, além de dizer que, "dadas as circunstâncias", dificilmente seria uma surpresa o fato de a casa não ter sido isolada.

A pequena vitória do advogado de defesa logo foi ofuscada pelo surgimento, no banco das testemunhas, do dr. Christopher Rogers, o legista que havia feito a autópsia em Michael Jackson. Rogers explicou que as palavras do próprio dr. Murray o levaram a descartar a possibilidade de que ele mesmo houvesse injetado a dose letal de propofol. O intervalo de dois minutos que Murray dizia ter feito para ir ao banheiro e que teria sido seu único momento longe da cama do paciente simplesmente não seria suficiente para que qualquer dose de propofol que o sr. Jackson pudesse autoadministrar fizesse efeito. O cenário mais provável, afirmou o médico-legista, era aquele em que o dr. Murray havia erroneamente administrado uma dose muito maior de propofol do que imaginava, e que foi letal para o paciente. E, de qualquer modo, mesmo que Michael Jackson tivesse ele próprio injetado a dose fatal de propofol, acrescentou Rogers, a causa da morte seria a mesma, no entendimento do Instituto Médico Legal: um baixo padrão de atendimento por parte do médico.

Os jurados receberam uma foto da autópsia do corpo de Michael Jackson (uma imagem vagamente macabra que de algum modo foi parar no TMZ) enquanto o dr. Rogers reiterava os resultados de seu relatório: embora Michael Jackson fosse bastante magro, o peso dele estava dentro da média, e na verdade o estado de saúde dele era acima da média para um homem de cinquenta anos, e ele poderia ter vivido por décadas se tivesse recebido atendimento adequado.

Depois de Rogers, mais dois médicos prestaram depoimento, um cardiologista e um intensivista, e ambos disseram aos jurados que o tratamento do dr. Murray para Michael Jackson violava o padrão de atendimento. Depois deles, veio a última e mais importante testemunha da acusação, o dr. Steven Shafer, um professor de anestesiologia da Universidade Columbia. Shafer deixou claro que não acreditava que Conrad Murray tivesse dado apenas 25 miligramas de propofol a Michael Jackson na manhã em que ele morreu. Um dos motivos era o fato de os pedidos de propofol feitos por Murray à empresa fornecedora que o atendia em Las Vegas indicarem "uma quantidade extraordinária para ser administrada em apenas uma pessoa", disse Shafer ao júri. Os cálculos dele mostravam que os mais de quinze litros de Diprivan enviados a Los Angeles a pedido do dr. Murray davam uma média de 2 mil miligramas por dia, quase cinquenta vezes a quantidade que Murray disse ter sido a maior dose diária de propofol que ele já deu a Michael Jackson. Na opinião do especialista, a única explicação plausível para morte de Michael Jackson era a de que o dr. Murray tivesse usado um frasco inteiro de mil miligramas de Diprivan na bolsa que começou a injetar o líquido nas veias de Michael Jackson, e de algum modo havia feito com que o remédio continuasse fluindo para a corrente sanguínea do sr. Jackson mesmo depois de o coração dele parar de bater.

Shafer listou depois uma dúzia de violações "escandalosas" de padrão de tratamento cometidas pelo dr. Murray — atos que criavam um risco previsível para a vida do paciente. "Era possível imaginar que cada um deles, individualmente, podia levar a um resultado catastrófico, inclusive que pudesse levar à morte?", perguntou David Walgren. "Certamente", respondeu Shafer.

Chernoff tentou fazer um interrogatório agressivo, forçando o dr. Shafer a admitir que não podia ter certeza absoluta de que Michael Jackson não tinha acordado e retirado com a própria mão a braçadeira do acesso intravenoso que impedia o fluxo do propofol. Essa possibilidade, no entanto, "de modo nenhum era uma justificativa", acrescentou Shafer, porque isso significava que o dr. Murray havia colocado uma bolsa de um remédio perigoso e deixado o paciente sozinho com ela. Mesmo que Murray tivesse feito o que o advogado dele estava sugerindo, "ainda assim isso seria considerado abandono".

Sem Arnold Klein, Tohme Tohme e o restante do elenco de personagens excluídas, a tese da defesa era pouco mais do que um subterfúgio. Uma escrivã do departamento de polícia de Beverly Hills foi intimada a depor para dizer que a ligação feita da casa de Michael Jackson para o 911 havia sofrido um atraso de 46 segundos porque havia passado pela agência dela antes de chegar ao corpo de bombeiros da cidade. Dois investigadores da polícia de Los Angeles admitiram que Alberto Alvarez só havia mencionado detalhes-chave sobre a tentativa do dr. Murray de encobrir a verdade dois meses depois da morte de Michael Jackson, e que Alvarez fez dois desenhos distintos da bolsa intravenosa em que ele disse que o propofol estava armazenado, com um ano e meio de diferença, e que eles eram "significativamente diferentes".

Sem ter como obrigar Klein a depor, os advogados de defesa de Murray se resignaram com o testemunho do dr. Allan Metzger, que foi chamado para confirmar que, em uma reunião de 18 de abril de 2009 na mansão Carolwood, Michael Jackson tinha reclamado de insônia crônica e havia pedido "algum tipo de anestésico". Ao ser interrogado por Walgren, porém, Metzger disse que havia recomendado a Michael que não usasse anestésicos para combater a insônia, alertando que a administração intravenosa desse tipo de remédio fora de um ambiente hospitalar era perigosa. Walgren perguntou a Metzger se havia "alguma soma em dinheiro" que pudesse convencê-lo a dar propofol a Jackson em casa. "Definitivamente não!", respondeu Metzger. Mesmo os que duvidavam dessa última afirmação de Metzger compreendiam que ele havia sido uma testemunha muito melhor para a acusação do que para a defesa.

Basicamente o mesmo podia ser dito de Cherilyn Lee. A versão da enfermeira para as súplicas que Michael fazia para receber Diprivan terminavam como sempre acontecia quando ela contava a história — com ela recusando terminantemente e alertando-o de que o remédio era perigoso. A acusação já havia argumentado que Michael Jackson acreditava que o risco era anulado pelo fato de ele ter um médico para atendê-lo.

No fim, a equipe de defesa de Murray decidiu que não tinha muita escolha senão auxiliar no processo de Katherine Jackson contra a AEG. Num lance que a família Jackson abertamente torcia para que acontecesse, Ed Chernoff se propôs a mostrar o contrato para os shows na O2 Arena como prova da pressão que Michael Jackson estava sofrendo para se apresentar. Chernoff explicou ao juiz que um homem que já tinha dívidas de 400 milhões de dólares seria obrigado a pagar pelo menos 30 milhões à AEG se não fosse capaz de fazer o que se esperava dele em Londres; o estresse causado pela situação gradualmente levou o artista a injetar uma dose letal de propofol numa tentativa desesperada de dormir entre os ensaios. O juiz Pastor já havia decidido que a defesa não poderia apresentar provas relativas às circunstâncias financeiras de Jackson, e o promotor Walgren pediu que o mesmo valesse para o contrato. "A todo instante", disse Walgren a Pastor, "Conrad Murray, por meio de seus advogados, tem colocado a culpa de seus erros em Michael Jackson, e essa é só mais uma tentativa de fazer o mesmo."

O juiz concordou. "Essa não é uma disputa contratual", Pastor disse a Chernoff. "Esse é um processo de homicídio."

A defesa respondeu chamando Randy Phillips para depor, numa decisão que resultou quase unicamente em oferecer à AEG mais uma oportunidade para se defender do processo civil da sra. Jackson. "Motivado, estimulado e receptivo" foi o modo como Phillips descreveu o Michael Jackson que conheceu no outono de 2008, quando os dois se encontraram pela primeira vez para planejar os shows na O2 Arena. E, segundo Phillips, era absolutamente falso que Michael houvesse sido "forçado" pela AEG a concordar em fazer mais de dez shows. Desde o início foram planejados 31 shows, disse Phillips, e Michael concordou em fazer mais dezenove shows "em vinte minutos".

O juiz rebateu a tentativa de Chernoff de usar esse depoimento para fazer com que o contrato fosse aceito como prova, criando uma estranha cena em que a família Jackson abertamente deu apoio ao advogado do homem acusado de matar Michael. Katherine Jackson observou com desânimo a decisão do juiz, enquanto Joe resmungou sua indignação. Janet Jackson revirou os olhos e sacudiu a cabeça.

Os Jackson cochichavam entre eles com expressões furiosas enquanto Phillips continuava seu depoimento, explicando que, embora ele estivesse preocupado com a ausência de seu astro nos ensaios para os shows na O2 Arena, "ninguém do nosso lado sequer cogitou cancelar nada". Depois que Kenny Ortega mandou Michael para casa no ensaio de 19 de junho, disse Phillips, ele ficou mais calmo com o que Conrad Murray disse na reunião do dia seguinte, quando o médico "garantiu que Michael ia conseguir".

Os Jackson ainda estavam sacudindo a cabeça quando Phillips acrescentou que, depois do último ensaio, na tarde de 24 de junho, Michael lhe havia agradecido por ajudá-lo a chegar até ali, e depois acrescentou: "Agora eu consigo. A partir de agora deixa comigo".

Chernoff aproveitou uma pequena vitória obtida na participação de Phillips como testemunha: depois de o chefe da AEG Live ter feito várias referências às obrigações contratuais de ambas as partes nos shows na O2 Arena, o juiz Pastor permitiu que o advogado de defesa perguntasse se Michael Jackson era "em última instância, o responsável" pelos custos de produção dos shows. "Sim", disse Phillips. Chernoff parecia perceber uma brecha quando Phillips negou que em algum momento tivesse pensado em cancelar os shows, mas admitiu que os problemas "de concentração" de Michael Jackson poderiam causar atrasos maiores.

"Em algum momento os shows poderiam ter sido adiados a ponto de a produção ficar inviável?", perguntou Chernoff.

"Não posso especular sobre isso", respondeu Phillips, com uma expressão de jogador de pôquer.

Mas a essa altura as esperanças de Conrad Murray de conseguir que o júri não o condenasse estavam reduzidas a uma série de pacientes chamados para testemunhar seu caráter e a dois médicos que tentariam anular o depoimento do dr. Steven Shafer. Os ex-pacientes pelo menos pintaram um retrato de Conrad Murray que era muito diferente daquele criado pela opinião pública. "Aquele homem ali é o melhor médico que eu já conheci", disse um senhor idoso que havia sido tratado de um problema cardíaco em 2002. "Eu estou vivo hoje por causa daquele homem." Outro paciente descreveu consultas com Murray que duraram mais de quatro horas, lembrando que depois de cada uma delas o médico havia telefonado para a esposa dele para explicar a situação. Uma mulher de 82 anos chamada Ruby Mosley disse ao júri que, se o dr. Murray fosse ganancioso, jamais teria montado uma clínica na região de Acres Homes, em Houston, onde três quartos dos habitantes viviam na pobreza. David Walgren respondeu demonstrando que, quando os pacientes do médico em Houston eram sedados antes de um procedimento do dr. Murray, isso havia ocorrido em um ambiente hospitalar onde havia equipamentos de monitoramento e pessoas prontas para atuar caso fosse necessário.

O primeiro médico chamado como testemunha pela defesa foi o dr. Robert Waldman, um especialista em dependência de medicamentos que afirmou em seu depoimento que o dr. Arnold Klein havia "provavelmente" transformado Michael Jackson em um viciado em Demerol. Waldman disse que tinha consultado dermatologistas que lhe disseram que injeções de Botox e de Restylane não eram tão dolorosas a ponto de o paciente precisar de Demerol, dizendo depois ao júri que a análise que ele havia feito dos prontuários do dr. Klein sugeriam que Michael Jackson estava recebendo até 375 miligramas de Demerol em um período de noventa minutos, mais do que sete vezes a dose recomendada. Walgren perguntou então ao médico da defesa: "Se um paciente pede que o senhor administre um remédio perigoso, um remédio que pode causar danos... O senhor se recusaria a administrar esse remédio para o paciente?".

"Certamente", respondeu Waldman.

O depoimento do segundo e último especialista apresentado como testemunha pela defesa, dr. Paul White, foi responsável pelos momentos mais animados de todo o julgamento. White havia sido um dos professores de Steven Shafer na faculdade de medicina e mais tarde havia se tornado seu amigo pessoal. Mas atualmente ele não andava falando muito bem de seu ex-aluno. "Eu vou manter o alto nível, não vou descer ao nível dele", White teria dito sobre Shafer, segundo relatou o E! Online. White teria chamado Shafer de "desprezível" por zombar dos cálculos de probabilidades que ele havia apresentado no processo de Conrad Murray.

O juiz Pastor insistiu em repreender a testemunha antes do depoimento, dando um sermão no médico e dizendo que ele "não deveria fazer aquele tipo de comentário". White negou ter chamado Shafer de desprezível, mas Pastor anunciou mesmo assim que estava agendando uma audiência depois do julgamento para decidir se o médico devia ser preso por desacato.

O dr. White parecia determinado a impressionar a opinião pública. Depois de apresentar suas credenciais como um anestesiologista que havia conduzido os testes clínicos do propofol nos anos 1980, que levaram à aprovação do remédio pela FDA, White criticou os modelos matemáticos que Shafer usara para mostrar que o dr. Murray havia dado a Michael Jackson uma dose mais de quarenta vezes maior do que afirmava ter feito. O problema com os modelos, disse White, era que, embora eles pudessem descrever a população em geral, não eram aplicáveis a "pessoas específicas ou singulares". Michael Jackson obviamente era uma pessoa excepcional que havia consumido quantidades prodigiosas de drogas bem antes de Conrad Murray se tornar seu médico. Os níveis de tolerância dele eram bastante incomuns. Além disso, a quantidade de propofol encontrada na corrente sanguínea de Jackson durante a autópsia claramente contradizia a teoria do dr. Shafer de que Murray havia deixado o propofol correr até que houvesse mil miligramas da droga na corrente sanguínea de Michael Jackson. Dr. Shafer havia chamado a hipótese do dr. White de autoaplicação de "cenário absurdo". Seu ex-professor devolvia o favor descrevendo a teoria de Shafer como "pouco elaborada".

A análise que ele próprio fazia da morte do sr. Jackson, à luz do passado do artista e de outros fatores, disse o dr. White, sugeria a ele que o artista havia provavelmente, de modo inadvertido, posto fim à própria vida ao injetar em si mesmo uma dose de propofol enquanto o seu médico estava distraído com telefonemas e não estava observando.

O momento mais significativo do depoimento de White talvez tenha sido quando a defesa aproveitou seu testemunho para dizer que não contestaria a afirmação de que o dr. Conrad Murray havia violado o padrão de atendimento, mas que simplesmente argumentaria que essa violação não era grave o suficiente para levar a uma condenação por homicídio culposo. "Vamos enfrentar o problema que todos estão esperando", disse ao dr. White o advogado J. Michael Flanagan, colega de Chernoff. "Conrad Murray foi acusado de administrar uma dose de propofol e abandonar seu paciente. O sr. pode justificar isso?"

"Certamente não", respondeu White. Apesar disso, fora o fato de ele não ter ficado atento ao lado da cama de Michael Jackson, não havia nada que ele considerasse inadequado na maneira como o dr. Murray tinha lidado com o paciente, disse White. Por exemplo, ele nem de longe tinha certeza de que administrar propofol como tratamento para insônia não era sensato, disse White, citando um estudo chinês sobre o uso de anestesia para ajudar pessoas com distúrbios de sono que havia chegado a alguns resultados equivocados, mas "bastante interessantes". E, embora ele concordasse com as testemunhas da acusação quanto ao fato de Michael Jackson ter ingerido no mínimo vários comprimidos de lorazepam (Ativan), disse White, ele não podia concordar que a combinação do sedativo com o anestésico havia criado a "tempestade perfeita" que havia matado o sr. Jackson. As drogas que o dr. Murray admitira ter administrado a Jackson — injeções relativamente leves de sedativos seguidas por meia dose de propofol — haviam criado uma "situação perigosa?", perguntou Flanagan. "Certamente não", White respondeu.

No momento em que a acusação passou a fazer as perguntas, White parecia estar se divertindo com seu depoimento. Ele havia achado engraçado que tanto Flanagan quanto o juiz Pastor houvessem várias vezes se referido a ele como "dr. Shafer", e sugeriu em um aparte para o júri: "Eu deveria usar um crachá". Poucos minutos depois do início do interrogatório de White, Pastor e Walgren estavam visivelmente furiosos com ele, mas o médico, por sua vez, parecia indiferente. A acusação começara tentando fazer com que o dr. White admitisse que o propofol era uma droga que potencialmente oferecia risco de morte. "Sem monitoramento atento de alguém ao lado da cama do paciente, *pode* ser perigoso", concedeu White.

"Pode levar à morte?", perguntou Walgren.

"Se a bolsa de algum modo ficasse totalmente aberta... Certamente seria possível ter um efeito significativo que poderia levar a uma parada cardiorrespiratória", respondeu White.

Claramente irritado com a resposta, Walgren quis saber se o dr. White alguma vez já havia administrado propofol no quarto de algum paciente. "Não, eu nunca fiz isso", respondeu White.

"Antes deste caso, o sr. tinha ouvido falar de alguém que tivesse feito isso?", perguntou Walgren.

"Não, não tinha", disse White.

O gesto de satisfação de Walgren deu lugar segundos depois a uma expressão de incredulidade, no entanto, quando o dr. White disse que ele não estava inclinado a criticar o dr. Murray por deixar que se passassem vinte minutos entre o momento em que ele percebeu que Michael Jackson não estava respirando e o momento em que ele telefonou para o 911. Sim, ele próprio teria chamado uma ambulância mais rapidamente, disse White, mas o dr. Murray "reagiu do mesmo modo como muitos médicos reagiriam".

Dr. Murray, de acordo com o que ele próprio havia admitido, estava com um telefone celular em mãos, disse Walgren. "O sr. está dizendo que ele era incapaz de digitar 911?" White encolheu os ombros ao ouvir a pergunta e disse ao responsável pela acusação que Michael Jackson morreria naquele dia independente da hora em que a ambulância chegasse.

O diálogo entre o promotor e a testemunha se tornou realmente tenso quando White começou a fazer referência a informações que havia colhido durante "duas longas conversas" com o dr. Murray. O juiz Pastor havia decidido antes do depoimento de White que não permitiria que fossem mencionadas conversas com Murray. "Por favor, ouça atentamente as perguntas do promotor", disse Pastor a White na primeira vez que a testemunha mencionou a conversa com o dr. Murray. Quando White fez outra referência a sua conversa com Murray apenas alguns momentos depois, o juiz ordenou que os jurados saíssem do plenário.

Walgren protestava indignado, dizendo que a testemunha estava propositalmente fazendo referências a suas conversas com Conrad Murray na frente dos jurados, num desafio direto à decisão do juiz. Flanagan contra-argumentou dizendo que não se podia esperar que o dr. White lembrasse quais informações havia obtido da leitura do depoimento do dr. Murray à polícia e quais haviam surgido nas suas conversas com o médico. "Boa tentativa", Pastor disse ao advogado de defesa. "É muito óbvio o que está acontecendo... Ele está usando todas as oportunidades para introduzir novos materiais. É deliberado. Eu não gosto disso. Não vai acontecer de novo." O juiz decidiu que o dr. White responderia por uma segunda acusação de desacato em sua audiência de 16 de novembro.

A autoconfiança de White não pareceu ter sido significativamente abalada. Quando o júri voltou, Walgren perguntou se Conrad Murray havia violado o juramento dos médicos de "não causar mal".

"Eu penso que ele estava prestando um serviço para o sr. Jackson, que o sr. Jackson havia solicitado, na verdade havia insistido para receber", respondeu White. Quando Walgren destacou a palavra "serviço", White emendou sua resposta: "Bem, 'atendimento médico' é uma palavra melhor do que 'serviço'".

Walgren começou a usar as perguntas como se fossem um depoimento. Michael Jackson estava conectado tanto a uma bolsa intravenosa quanto a um cateter urinário no momento de sua morte, observou o promotor, o que obviamente tornava mais plausível a hipótese de que o dr. Murray havia injetado propofol em seu paciente e mais tarde mentido sobre a quantidade que havia administrado. "É possível, se ele quisesse prejudicar Michael Jackson", respondeu White.

"Se foi Michael Jackson quem fez isso, ele estava querendo prejudicar a si mesmo?", perguntou Walgren.

"Eu acredito que ele não percebia o risco envolvido", respondeu White.

A paciência de Walgren estava acabando. "O sr. continua usando essas falas que parecem ensaiadas", ele disparou. Quando a defesa objetou, o comentário foi retirado, mas o juiz não reprimiu o promotor.

Walgren perguntou a White quanto ele estava recebendo para depor a favor de Conrad Murray. White respondeu que até ali havia recebido 11 mil dólares. O promotor quis saber se ele esperava receber uma nova soma por comparecer ao tribunal. Bem, a diária normal dele era de 3,5 mil, respondeu White, mas ele duvidava que haveria um novo pagamento. O acusado, explicou ele, "tem recursos financeiros limitados".

A acusação respondeu trazendo Steven Shafer de volta, para dizer ao júri que a análise de seu antigo professor havia se baseado em um estudo obsoleto e que pesquisas mais recentes sustentavam "integralmente" a opinião dele de que Michael Jackson não podia ter autoadministrado a dose fatal de propofol.

Mas mesmo que Michael Jackson *tivesse* injetado em si mesmo o propofol que parou seu coração, David Walgren disse ao júri em suas alegações finais, Conrad Murray continuava sendo responsável. Os jurados tinham ouvido o dr. Murray dizer aos investigadores que Jackson gostava de injetar o remédio em suas próprias veias, o que significava que ele precisava estar atento para a possibilidade de o paciente injetar em si mesmo caso fosse deixado sozinho. Uma "consequência previsível" era tudo o que se exigia para que o veredicto fosse de culpa, disse Walgren, mas além disso a tese da acusação oferecia provas claras de que, em vários sentidos, o réu tinha "consciência da culpa". A prova mais forte era que Murray tinha deixado de informar aos paramédicos e aos médicos do pronto-socorro que havia administrado propofol a seu paciente. Igualmente significativo, porém, era o fato de que Murray não havia documentado seu "experimento farmacêutico" de uso de propofol para combater insônia em nenhum prontuário médico. O promotor lembrou os jurados da conversa gravada no iPhone do dr. Murray semanas antes da morte de Michael Jackson. Eles tinham ouvido em primeira mão "a voz trágica e triste de Michael Jackson em uma espécie de estupor vagaroso induzido por drogas", disse Walgren ao conselho de sentença. "Depois de ouvir essa voz, depois de ouvir Michael Jackson nesse estado, o que Conrad Murray faz? Ele encomenda o maior pedido de propofol."

Alguém no plenário do tribunal acreditava que Conrad Murray havia saído do lado da cama do paciente por apenas dois minutos para ir ao banheiro e que depois havia descoberto, na volta, que o paciente não estava mais respirando? "Por quanto tempo Michael Jackson ficou lá, sozinho, abandonado, nós nunca vamos saber", disse Walgren. "Ele engasgou? Sufocou? Houve ruídos? Nós não sabemos, e nunca saberemos."

A essa altura, os advogados de Conrad Murray precisavam de alguém em quem colocar a culpa. Cada vez menos, porém, parecia que a estratégia de mirar na vítima podia funcionar. Chernoff apontou primeiro para a mídia e para uma conjunção política que parecia atender à mídia. "Alguém precisa falar isso", afirmou Ed Chernoff ao júri. "Se não fosse Michael Jackson, mas fosse qualquer outra pessoa, esse médico estaria aqui hoje?"

Chernoff lamentou a decisão de Walgren de mostrar repetidas vezes aos jurados fotografias dos filhos de Jackson. "Dói no coração ver essas crianças, vocês sabem disso e eu sei disso", disse o advogado de defesa. "É por isso que eles mostraram essas crianças. Existe um desejo imenso de ver o dr. Murray como essa vítima perfeita."

Mas Chernoff prosseguiu dizendo que Conrad Murray era apenas "um peixe pequeno em uma grande lagoa imunda", alguém que não sabia dos outros médicos que estavam atendendo seu paciente ou dos remédios que estavam receitando para ele. O que o dr. Murray via era apenas um homem sobrecarregado pelo estresse e que precisava desesperadamente descansar. Chernoff evocou o bicho-papão do Anschutz Entertainment Group. "Michael Jackson estava recebendo uma quantidade tremenda, anormal, impraticável de pressão da AEG", disse o advogado de defesa, e o dr. Murray não via outro modo de aliviar a pressão a não ser ajudando seu paciente a conseguir aquilo de que ele tanto precisava, que era dormir um pouco.

Apenas no final Chernoff pediu aos jurados que levassem em consideração qual a responsabilidade que a assim chamada vítima podia ter pela própria morte: "O dr. Murray tinha a obrigação de observar Michael Jackson o tempo todo para salvá-lo de si mesmo? Em que ponto você estabelece um limite para a responsabilidade que o dr. Murray tem sobre um adulto?".

Durante a deliberação dos jurados, o Fórum Criminal de Los Angeles mostrou mais uma vez que, mais do que qualquer outro no país, podia ser palco de um show. A cena foi estranha, mas familiar. Fãs de Michael Jackson gritavam na cara de apoiadores de Conrad Murray; uma das fãs era uma mulher que segurava um cartaz onde se lia "Largue o vício". Alguém passou dirigindo uma Mercedes conversível, segurando uma placa de carro com a inscrição "Love4MJ", e foi muito aplaudido. Uma moça que havia viajado de Copenhague dizia a todo mundo o quanto ela sofria por saber que Michael não estava mais neste mundo. O momento mais surreal foi com certeza quando um grupo de manifestantes do acampamento Occupy Los Angeles do outro lado da rua foi até o fórum e começou a gritar: "Nós somos os 99%", e os fãs de Jackson começaram a gritar "É isso!", em referência ao *This Is It*, como resposta.

A família Jackson vinha dando seu show particular desde o primeiro dia do julgamento, entrando e saindo do fórum como se estivesse em um tapete vermelho, em meio a um tumulto de aplausos, perguntas, fotografias e gritos de simpatizantes. Aos 83 anos, Joe Jackson tinha entrado rápida e rispidamente no fórum, mas quando Paul Gongaware depôs, o velho senhor havia fechado os olhos e parecia estar cochilando. Aos 81, Katherine Jackson estava "resmungando incredulamente", de acordo com o repórter do *Wall Street Journal*, quando Ed Chernoff usou sua primeira fala para apresentar Conrad Murray ao júri como uma figura simpática que havia sido pressionado e manipulado por seu paciente famoso. Quando as testemunhas começaram a depor, La Toya e Rebbie sentaram uma de cada lado da mãe, repetindo no ouvido dela o que cada pessoa havia dito; La Toya garantiu para si o melhor ângulo da câmera. Jermaine, que havia pouco tempo tinha divulgado a história de que o irmão Michael estava planejando fugir para o Oriente Médio se fosse condenado no processo criminal de 2005, continuava insistindo que ele era o segundo membro mais famoso da família Jackson. Jackie, Tito e Marlon, como sempre, mantiveram uma postura digna, ficando longe e deixando os holofotes para os outros. Katherine, também do modo como sempre fazia, demonstrava de maneira sincera suas emoções, o que silenciava os risos dos cínicos. As lágrimas nos olhos e a dor que a mãe de Michael mostrava no rosto eram totalmente convincentes no momento em que ela ouviu a gravação completa de quatro minutos do filho falando com o médico em maio de 2009. "Hmm, hmm", era só o que se ouvia de resposta de Murray enquanto Michael murmurava longamente sobre como ele entendia o sofrimento das crianças do mundo e como pretendia construir para elas o maior hospital do mundo depois de voltar a ser considerado o maior artista do mundo. Quando Michael subitamente ficou em silêncio, porém, Murray havia perguntado, preocupado: "Você está bem?". Houve uma longa pausa, e depois Michael respondeu: "Eu estou dormindo". Foi a sra. Jackson, porém, que fechou os olhos.

Depois de três dias e meio de deliberações, o júri informou ao juiz na manhã de 7 de novembro de 2011 que havia chegado a uma decisão. "O veredicto FINALMENTE SAIU!!!", La Toya tuitou para seus seguidores. "Estou a caminho! Estou tremendo descontroladamente!" Joe, Katherine e Jermaine chegaram ao fórum logo depois do meio-dia, forçando passagem em meio a uma multidão que era um pouco menor do que a horda de repórteres que tentava chegar ao plenário no nono andar do prédio.

"Isso não é entretenimento, nem circo, nem espetáculo", disse ao *Los Angeles Times* uma jovem dinamarquesa. "Isso é vida real." Talvez no padrão de Los Angeles.

O júri havia por unanimidade considerado Conrad Murray culpado de homicídio culposo. Isso não significava que ele cumpriria pena em uma prisão estadual, como prontamente admitiu o promotor do condado de Los Angeles, Steve Cooley. Uma das consequências da crise orçamentária da Califórnia havia sido um "projeto de realinhamento prisional" chamado AB 109, que estava enviando condenados por delitos menos graves e sem antecedentes para cadeias locais, em vez de mandá-los para prisões estaduais, e por sua vez as cadeias estavam permitindo cada vez mais que esses criminosos cumprissem pena em casa em regime domiciliar.

O promotor Cooley procurou se consolar com o fato de que, como condenado, Conrad Murray, aos 58 anos, perderia a licença para praticar medicina na Califórnia. A verdade, porém, é que outros estados não eram obrigados a cumprir a decisão da Califórnia, e havia outros países que quase certamente não a cumpririam. Era bem possível que, aos sessenta, Murray estivesse trabalhando como médico em algum lugar do mundo.

O juiz Pastor havia feito tudo o que podia para mostrar ao público que, se isso acontecesse, não seria responsabilidade *dele*. Depois que o veredicto foi anunciado, o juiz declarou que estava recusando o pedido da defesa para que o dr. Murray continuasse em liberdade até que a sentença fosse pronunciada. "Esse não é um crime que trata de um erro de julgamento", disse Pastor tanto para as pessoas no plenário quanto para a câmera. "Este é um crime em que o resultado final foi a morte de um ser humano."

"A segurança pública exige que ele seja preso", declarou Pastor enquanto os seus oficiais de justiça se preparavam para algemar Conrad Murray e colocá-lo atrás das grades.

O juiz foi ainda mais duro quando Murray voltou a sua corte, em 29 de novembro de 2011, para ouvir a sentença. Pastor deixou que todos soubessem que ele estava escandalizado com a entrevista paga que Murray havia concedido à NBC para um documentário que foi exibido parcialmente no programa *Today* e na íntegra no MSNBC. Quando perguntado sobre o fato de ter deixado Michael Jackson sozinho em seu quarto ligado a um acesso intravenoso cheio de propofol, Murray insistiu com o entrevistador que ele não tinha motivo para achar que seu paciente estava correndo perigo. "Se eu soubesse o que sei hoje, em retrospectiva, que o sr. Jackson era um viciado, isso podia ter mudado as coisas. Viciados podem se comportar de maneira insensata e eu teria levado isso em consideração", disse Murray. Mas ele não sabia disso porque Michael Jackson havia escondido dele. "Eu gostaria que nas nossas conversas ele tivesse sido mais direto e honesto em contar coisas sobre ele", explicou Murray. "Ele certamente me iludiu ao não compartilhar o seu histórico médico completo, os médicos que ele estava consultando, o tratamento que estava recebendo."

Murray disse: "Eu fui até lá para cuidar de um homem saudável que disse estar bem, apenas para observá-lo. Mas quando eu cheguei lá, me vi preso em uma arapuca".

Na opinião do juiz Pastor, supor que ele, e não Michael Jackson, era a vítima nesse caso havia sido apenas mais um exemplo das falhas de caráter de Conrad Murray.

Pelo menos Murray havia dado a John Branca uma oportunidade de se tornar um defensor indignado da reputação de Michael. Branca e John McClain enviaram uma carta para o MSNBC exigindo que a rede não "desse a Conrad Murray holofotes para que ele invertesse a culpa, depois de sua condenação, colocando-a em Michael Jackson".

Antes de anunciar a sentença, o juiz Pastor repreendeu Murray por sua participação no "pretenso documentário" que o transformou em nada mais do que um "observador" da morte de Jackson, em alguém que havia sido "traído" por seu paciente, e não o inverso.

"Isso é culpar a vítima", disse Pastor. "Não só não existe remorso, há ressentimento e raiva da parte do dr. Murray contra o falecido, sem que haja qualquer, *qualquer* indicação do menor envolvimento no caso."

O juiz manifestou indignação ainda maior contra o arquivo de áudio da conversa entre Jackson e Murray que havia sido exibido como prova durante o julgamento. Aquela gravação, Pastor disse a Murray, havia sido "a sua apólice de seguro". "A gravação foi arquitetada para registrar esse paciente sub-repticiamente em seu ponto mais vulnerável." Ele não só via isso como uma "horrenda violação de confiança", disse o juiz a Murray, mas ficava imaginando se em algum momento não havia existido uma tentativa de venda desse material. Depois de falar mais sobre o "ciclo de horrorosa medicina" de Murray e seu "padrão de enganos e mentiras", o juiz sentenciou-o à pena máxima prevista: quatro anos, a serem cumpridos em uma prisão do condado.

Fora do tribunal, Katherine Jackson disse a uma emissora de TV de Los Angeles que "quatro anos não é o suficiente pela vida de alguém. Não vai trazer ele de volta, mas pelo menos ele pegou o máximo".

Na verdade, como o juiz Pastor sabia, a regra AB 109 automaticamente reduziria a sentença de quatro anos pela metade, e haveria uma redução adicional em função do tempo já cumprido. Um porta-voz do xerife do condado de Los Angeles, que era responsável pela prisão, deu uma declaração segundo a qual a sentença de Murray (que agora era de dois anos) seria reduzida a apenas 47 dias, período que ele já havia cumprido, e que o médico não preenchia os requisitos para ser solto mediante monitoramento eletrônico nem para ficar em prisão domiciliar.

O mais provável era que Conrad Murray passasse pelo menos vinte meses atrás das grades, a punição mais dura que a Califórnia podia dar a um réu primário culpado de homicídio culposo. Se isso era ou não justo era o tipo de assunto que advogados e apresentadores de talk shows na TV a cabo gostariam de debater por vários dias, mas Conrad Murray estava dizendo a amigos e a parentes que já havia superado isso. Murray disse que não tinha remorsos de ter colaborado com os produtores do documentário que havia sido exibido no MSNBC, disseram à imprensa várias fontes próximas ao médico, porque isso permitiu que ele contasse a versão dele sobre os fatos. As mesmas fontes descreveram Murray como "surpreendentemente otimista". Um amigo disse que o médico falou: "Estou aliviado que isso finalmente acabou", acrescentando: "Não se preocupe, estou bem, e logo vou sair".

O longo braço da lei ainda estava se enrolando em torno de vários outros consultores e empregados de Michael Jackson.

O dr. Arnold Klein sentia a pressão. Bem antes do julgamento de Conrad Murray começar, Klein estava avisando a amigos que havia sido intimado a comparecer a uma audiência no Conselho de Medicina da Califórnia para responder a acusações de que havia receitado remédios perigosos em quantidade excessiva para Jackson. Vendo amigos se afastarem e com seu consultório de Beverly Hills se desfazendo, Klein havia contratado um relações-públicas especializado em "reconstrução de imagem", mas o esforço não tivera sucesso e os pacientes continuavam a abandoná-lo em quantidades cada vez maiores. No final de 2011, as finanças do médico haviam chegado a um ponto em que não apenas as três casas dele estavam à venda como ele estava leiloando a memorabilia que havia colecionado e que tinha relação com amigos como Michael Jackson e Elizabeth Taylor. A Bonhams & Butterfields estava oferecendo o convite de Klein para o oitavo casamento de Taylor (com Larry Fortensky, em Neverland) a um preço inicial de 350 dólares, enquanto os lances pelo chapéu que Jackson estava usando quando deixou o hospital depois de ter sofrido as queimaduras no comercial da Pepsi em 1984 começariam em 10 mil dólares. No lote também estava a peruca de Princesa Leia que havia sido usada em uma festa por Carrie Fisher, uma de suas amigas que tinham ficado a seu lado e que perto do Natal lhe emprestaria 150 mil dólares para que ele contratasse um novo advogado de falências.

O Conselho de Medicina, enquanto isso, continuava a apertar o cerco, interrogando dúzias de testemunhas sobre o suposto uso que Klein teria feito de pseudônimos em suas receitas, sobre a distribuição de amostras de remédios que dizem que ele teria feito a pacientes e sobre a suspeita de que Klein periodicamente receitava narcóticos para si mesmo. As tentativas que ele fez de se defender tornaram-no pouco mais do que um objeto de escárnio e de hostilidade. Em seu perfil no Facebook, em um post intitulado "O Conselho de Medicina da Califórnia: Um romance de Kafka", Klein alegou que o investigador-chefe do conselho era culpado de "abuso contra idosos" pela ferocidade com que estava tentando caçar a sua presa. O Conselho de Medicina respondeu em 2 de maio de 2012 determinando que Klein "passasse por uma avaliação física, uma avaliação mental, incluindo testes psicológicos, e que se submetesse a testes que detectassem a presença de drogas ilícitas", alertando que se ele deixasse de fazer isso provavelmente teria a licença para praticar medicina revogada. Naquele mesmo dia, o antigo amante de Liberace havia sugerido para o *Entertainment Tonight* que ele e Michael Jackson também haviam sido amantes, desenterrando a defesa de Klein de alegações feitas anteriormente por Jason Pfeiffer sobre um relacionamento com Michael, justo quando o tema parecia estar desaparecendo das manchetes dos tabloides.

Mas o dr. Klein teria de enfrentar um problema depois do outro, como a imprensa já havia entendido com clareza. Em meados de maio de 2012, a imobiliária que era proprietária da mansão de Beverly Hills que ele havia alugado por 60 mil dólares por mês foi à Justiça mais uma vez para despejá-lo da casa. Klein havia conseguido uma suspensão no despejo anteriormente por estar em meio a um processo de falência. A YHL 26 alegava agora, no entanto, que a suspensão deveria ser encerrada, e ele deveria ser forçado a sair, porque estava "tirando vantagem da proteção dada pela suspensão automática para manter um estilo de vida caro às custas de seus credores". Em junho, Klein foi ao escritório do promotor do conda-do de Los Angeles para solicitar que a instituição processasse criminalmente o fotógrafo David LaChapelle, sob acusação de roubo. Klein alegava que ele havia devolvido uma fotografia "que imitava uma pintura" que ele possuía, e que mos-trava Michael Jackson como Jesus Cristo, para que LaChapelle fizesse reparos, depois de a imagem ter sofrido danos no incêndio de sua mansão em Windsor Square, em 2010. LaChapelle *havia* feito reparos na foto, reclamava Klein, mas em vez de devolvê-la, LaChapelle exibiu a foto em galerias de arte de todo o mundo. Depois de pensar sobre o caso e de trocar vários olhares de desaprovação, os inte-grantes do escritório do promotor se negaram a abrir o processo. Por enquanto, a fotografia ficaria em um cofre da polícia destinado a provas de crimes. Quanto ao caso em si, disse o detetive Hrycyk, do setor de roubo de obras de arte do depar-tamento de polícia de Los Angeles, "estou feliz por me livrar dele".

Raymone Bain havia passado o verão de 2011 negociando com a Receita Federal dos Estados Unidos, que em junho havia feito acusações contra ela por supostamente não ter feito declarações de rendimentos nem ter pagado impos-tos entre os anos de 2006 e 2008, quando ganhava 30 mil dólares por mês como presidente e gerente-geral da Michael Jackson Company. Depois de Bain se declarar culpada, os agentes federais solicitaram que o juiz federal Alan Kay decretasse a prisão dela por dezoito meses, para mostrar como o governo lidava com sonegadores. Na audiência de pronunciamento de sentença em Washington, DC, em 25 de outubro de 2011 (bem perto da época em que Randy Phillips estava prestando depoimento no julgamento de Conrad Murray, em Los Angeles), Bain, às lágrimas, implorou perdão, explicando ao juiz que durante o período de três anos ela havia estado sobrecarregada lidando com a mãe, que estava mor-rendo de Alzheimer, e com o empregador dela, um pop star instável e exigente. Parecia que Bain havia se saído bem quando Kay anunciou que a sentença dela seria uma condicional de cinco anos e o pagamento de 202 422 dólares em impos-tos federais e locais atrasados. Porém, em Los Angeles, Tom Mesereau dizia que

Raymone havia sido a responsável por Michael Jackson não ter pagado impostos naqueles mesmos anos, e que o espólio de Jackson devia pensar seriamente em responsabilizá-la.

Brian Oxman, de quem Mesereau também não falava bem, estava enfrentando consequências talvez ainda mais sérias. Em março de 2011, a Ordem dos Advogados da Califórnia havia recomendado que Oxman fosse suspenso do exercício da advocacia por dois anos, com um terceiro ano de suspensão que poderia ser evitado caso Oxman frequentasse e completasse os cursos de ética e de gerenciamento de bens de clientes da Ordem. Essa última medida contra Oxman era resultado do fato de ele não ter pagado a penalidade imposta em um processo de divórcio no qual havia atuado e da descoberta de que Oxman, junto com sua esposa e sócia, Maurren Jaroscak, se recusara a entregar dinheiro pertencente a uma conta de um cliente que havia morrido. A Ordem também afirmou que Oxman e Jaroscak haviam misturado recursos pessoais com os de seus clientes, usado contas de clientes para esconder de credores o dinheiro, e haviam "faltado com a verdade" quando foram questionados sobre esses e outros assuntos por investigadores. Oxman havia conseguido que sua suspensão fosse temporariamente adiada ao recorrer ao Supremo Tribunal Estadual. Era uma manobra arriscada, mas Oxman raciocinou que pelo menos ele poderia continuar representando Joe Jackson e pegar carona com ele no processo de morte por negligência que Katherine Jackson movia contra a AEG.

O que o advogado de Joe aparentemente não percebia era que a Ordem dos Advogados não apenas podia manter a sua recomendação de punição como também podia impor uma pena ainda mais dura. E foi isso que aconteceu quando a Ordem chegou à decisão, no início do verão de 2012, de que Oxman seria banido definitivamente da profissão a partir de 27 de julho.

Foi um momento particularmente doloroso ser retirado do processo de morte por negligência. Durante meses, várias pessoas, inclusive advogados do espólio, tentaram convencer Katherine Jackson de que continuar com o processo contra a AEG era um empreendimento fútil. As pessoas que ela ouvia diziam que até acreditavam que ela conseguisse uma vitória judicial, mas achavam que ela receberia pouco como indenização. A declaração de Joe sobre Michael "valer mais morto do que vivo" havia sido confirmada por lucros que continuavam a superar de longe o que ele tinha ganhado nos cinco últimos anos de vida. Assim, toda a parte do processo contra a AEG que alegava "perdas financeiras" parecia fraca. Mas o fato de aquele e-mail de 19 de junho de 2009, em que Kenny Ortega havia descrito o estado lamentável do astro para Randy Phillips e havia solicitado que a empresa "desse a ele a assistência de que ele precisa", ter aparecido no julgamento de Conrad Murray havia mudado a percepção de muitas pessoas sobre a força que a ação contra a AEG poderia ter. Nos meses seguintes ao julgamento, a descoberta do e-mail de Ortega havia sido sucedida por outras revelações menos divulgadas de fatos que os advogados de Katherine Jackson acreditavam que um júri veria como atos de opressão, ameaça e insensibilidade da parte da AEG em seus negócios com Michael Jackson. Cada vez mais parecia que aumentavam as chances de Brian Panish e seu sócio, Kevin Boyle, levarem o caso a julgamento, e parecia que eles tinham grande probabilidade de vencer o caso.

O resultado foi um aumento das tensões entre os Jackson e o espólio. Branca e seu grupo queriam que o processo contra a AEG desaparecesse para que eles pudessem unir forças com a empresa e cobrar do Lloyd's de Londres o pagamento da apólice de seguro de 17,5 milhões de *This Is It*. No início de 2011, o Lloyd's havia pedido que o tribunal em Los Angeles declarasse a apólice nula e inválida, alegando que Michael Jackson havia mentido sobre o seu histórico médico e sobre sua dependência química. A empresa havia segurado apenas "perdas decorrentes de acidentes", argumentavam os advogados do Lloyd's, e a causa oficial da morte de Michael Jackson foi "homicídio". A defesa apresentada pelo espólio em agosto alegava que a apólice continuava valendo porque Michael Jackson nunca teve a intenção de morrer; suicídio seria causa para anular a apólice, mas não homicídio. Aproveitando a oportunidade, os advogados do espólio acrescentaram um pedido para que a empresa recebesse uma punição pelos danos causados, o que certamente provocaria arrepios no escritório do Lloyd's, em Londres. De acordo com consultores da sra. Jackson, um acordo pelo qual Katherine Jackson e os netos receberiam uma espécie de compensação significativa do espólio para desistir do processo contra a AEG estava sendo preparado, mas agora estava prestes a ser descartado.

Em parte, isso se devia ao fato de vários filhos de Katherine Jackson terem ouvido Howard Mann dizer que existia uma gravação de uma conversa telefônica entre Joel Katz, Henry Vaccaro e o advogado de Vaccaro, em que era possível ouvir Katz e o outro advogado em certo momento rirem do fato de que Joe e os outros Jackson não receberiam nada quando Katherine morresse. Na cabeça dos Jackson, isso confirmava a suspeita deles de que o espólio pretendia adiar a criação do Fundo Familiar na esperança de que a mãe deles de 82 anos morresse antes de receber os 40% do espólio.

Perry Sanders, a essa altura, ouvia sua cliente e os consultores dela dizerem frequentemente que os irmãos de Michael estavam insatisfeitos por ele não estar agindo contra o espólio, e especialmente contra Branca. Sanders estava na verdade cada vez mais *impaciente* com Branca e com os advogados dele, e a cada semana mais levado a suspeitar de que eles estavam adiando a criação do fundo, e exatamente pelos motivos alegados pelos filhos de Katherine.

Apenas seis meses antes, Sanders havia garantindo para a sra. Jackson e para os consultores dela que um acordo com a Receita Federal e lidar com as alegações de Tohme Tohme eram os dois únicos obstáculos para fechar um acordo final com o espólio e para a criação do Fundo Familiar. Antes, o maior problema havia sido o julgamento do *Segye Times* contra Katherine Jackson, mas no final do verão de 2011 o próprio Sanders havia negociado um acordo com os seguidores do reverendo Moon que envolvia o pagamento de 6 milhões de dólares, menos da metade do que os advogados do *Segye Times* estavam pedindo. Branca e o espólio estavam convencidos a adiantar essa quantia na forma de um empréstimo que a sra. Jackson seria obrigada a pagar em um ano. Nas suas negociações com Sanders, o espólio havia concordado em cobrar uma taxa de juros absurdamente baixa sobre esse empréstimo, de 0,16%, para ser exato. Presumia-se que a sra. Jackson seria capaz de pagar os 6 milhões pelo fato de ela ter direito à metade dos 30 milhões que o espólio dizia que seriam a "distribuição preliminar" para o Fundo Familiar. Esse dinheiro, porém, não podia ser liberado até que o espólio tivesse conseguido um acordo com a Receita Federal, diziam Branca e Weitzman.

Quando o julgamento de Conrad Murray começou, em setembro de 2011, Katherine Jackson e John Branca ainda pareciam jogar do mesmo lado. A sra. Jackson e os netos dela, Prince e Paris, haviam viajado para Montreal a pedido do espólio para a estreia mundial, em 2 de outubro, do espetáculo do Cirque du Soleil *Michael Jackson THE IMMORTAL World Tour*, dizendo depois à TVs como o show tinha sido "fantástico" e "impressionante". Enquanto isso, Sanders elogiava Branca sempre que podia. Fosse qual fosse, o acordo parecia agradar a todos os envolvidos. No entanto, o acordo havia sido fechado apenas de boca; nada tinha sido posto no papel. Assim como os filhos de Katherine, Sanders não gostava de ver Branca e Weitzman não fazerem nada para negar a história de que eles haviam pagado 30 milhões à cliente dele, quando na verdade estavam segurando o dinheiro até que o problema com a Receita Federal e "outras conhecidas questões" fossem resolvidos. Além disso, também da mesma forma que os filhos de sua cliente, Sanders ficara chocado quando Branca e Weitzman concordaram em ser entrevistados por Piers Morgan na CNN e disseram ao apresentador que a participação de Michael no catálogo Sony/ATV sozinha valia mais de 1 bilhão de dólares, uma quantia que nem mesmo incluía o catálogo MiJac e outras propriedades de direitos autorais. Quando Morgan disse que "pelo visto, apenas os direitos autorais" que Jackson possuía na época de sua morte "valiam vários bilhões de dólares", nem Branca, nem Weitzman, que estava sentado ao lado dele, discordaram. O clamor dos filhos de Katherine para que Sanders descobrisse um modo de receber a parte do espólio a que Katherine tinha direito ficou cada vez mais forte e mais ameaçador.

Na primavera de 2012, as conversas de Sanders com Weitzman já não eram amistosas, e ele estava novamente se encontrando com Paul LiCalsi para esboçar o processo que poderia ser movido contra Branca e McClain, insistindo com os consultores da sra. Jackson que a ação era muito mais forte do que os questionamentos que eles faziam sobre o testamento. Nada afetou mais as relações entre Katherine Jackson e o espólio, porém, do que a decisão de Sanders, no final da primavera de 2012, de se unir a Brian Panish e a seu escritório de advocacia no processo de morte por negligência contra a AEG. Branca e Weitzman eram inteligentes o suficiente para perceber que Sanders podia e iria usar essa situação para descobrir dados sobre os negócios que eles faziam em nome do espólio sem ter de entrar com uma ação para conseguir isso. Ele já havia encontrado indícios do que acreditava ser um conflito de interesses envolvendo a AEG, disse Sanders à sua cliente, e estava procurando provas de uma conspiração, além de estar fazendo uma contabilidade de quanto Branca e McClain, junto com Weitzman e os outros advogados, haviam recebido do espólio desde a morte de Michael.

De modo geral, Sanders ainda dizia que Branca estava dando conta do recado. O advogado de Katherine admitia estar impressionado com o fato de Branca ter negociado um acordo que reduzia os juros da dívida de Michael em mais de três quartos, indo de 17% para menos de 4%. O administrador especial do espólio havia negociado um acordo com a Pepsi num valor mais alto até mesmo do que os que ele havia feito em nome de Michael nos anos 1980. A fabricante de refrigerantes havia feito licenciamento para usar a imagem do astro em latas especiais de Pepsi para colecionadores e, em uma campanha que coincidiria com o relançamento de *Bad*, dizia-se, até mesmo *ressuscitando* Michael em um comercial de TV. Enquanto isso, os advogados do espólio lidavam com todo tipo de questão, indo do acordo com Ola Ray referente a alegações de direitos autorais sobre o clipe "Thriller" até uma ação escrita à mão que uma mulher chamada Kimberly Griggs havia protocolado em San Diego e que pedia 1 bilhão de dólares por ela ter inspirado Michael a escrever músicas para *Thriller*, *Bad* e *Dangerous* ao longo de anos de "romance".

Nem Sanders nem a cliente dele ficaram satisfeitos, porém, quando se anunciou que o espólio havia obtido permissão do juiz Beckloff para vender Hayvenhurst. Depois de verificar com Weitzman, Sanders disse ao TMZ que "a moção solicitando a venda de Hayvenhurst havia sido retirada e era meramente uma permissão para comprar uma outra propriedade" — o imóvel de Calabasas — "para que os beneficiários morassem nela". O espólio na verdade *havia* ficado com o direito de vender Hayvenhurst, no entanto, e estava novamente mostrando à mãe de Michael e aos Jackson quem tinha realmente o poder.

Mesmo assim, não havia muitos elementos óbvios para contestar a afirmação de Branca de que ele, assim como tinha prometido ao juiz Beckloff quase três anos antes, tinha "maximizado" o valor do espólio de Michael Jackson. Documentos apresentados ao juiz Beckloff mostravam que o espólio havia gerado mais de 475 milhões de dólares em receitas brutas até maio de 2012, e que quase todas as dívidas de Michael tinham sido pagas. O que os irmãos e as irmãs de Michael queriam saber, entretanto, era quanto desse dinheiro Branca e McClain e os advogados deles estavam colocando nos próprios bolsos. Sandra Ribera, sócia de Sanders, diria aos Jackson que o primeiro relatório apresentado à Justiça em novembro de 2010 mostrava que Branca e McClain tinham pagado a si mesmos 9 milhões de dólares por cabeça em um período de sete meses, e mais 13,6 milhões tinham ido para advogados, inclusive Katz, Weitzman e o próprio escritório de advocacia de Branca. Sanders disse que os relatórios de contabilidade não eram claros assim, mas também disse à sua cliente e aos consultores dela que Branca e McClain podiam ter recebido até mais do que Ribera estava dizendo. Sem uma auditoria realmente completa, admitia Sanders, seria impossível dizer com certeza quanto Branca, McClain, Weitzman, Katz e os outros estavam recebendo.

Os filhos de Katherine, especialmente Randy e Janet, insistiam que queriam mais do que uma auditoria — eles queriam que Branca fosse afastado. Randy nunca deixou de tramar esquemas e bolar planos com seu pai para assumir o controle do espólio, e Janet estava cada vez mais estressada com o papel que desempenhava de ser o novo Michael dos Jackson. Embora ainda tivesse uma fortuna na casa das dezenas de milhões, Janet tinha se tornado cada vez mais frugal — para alguns de seus irmãos, mesquinha — depois do divórcio de 2000; Rene Elizondo, o ex-marido, havia saído do casamento com 15 milhões de dólares, uma casa de praia com cinco quartos em Malibu e uma parte dos direitos autorais das músicas da ex-mulher. A família tinha tido uma boa amostra da nova Janet em julho de 2003, quando eles estavam se preparando para celebrar o aniversário de 74 anos de seu patriarca no que eles haviam batizado de Dia de Joe Jackson (um evento que Michael permitiu que acontecesse em Neverland, mesmo não tendo comparecido). A família havia decidido presentear Joe com um barco de pesca e um trailer — "nada grande, talvez uma compra de 50 mil dólares", lembrava um dos funcionários de Michael que tinha participado da organização do evento. Janet, porém, se recusou a dar sua parte para pagar o barco enquanto Michael não tivesse pagado a dele. E, no verão de 2009, Katherine Jackson havia reclamado para confidentes que a exigência de Janet de receber de volta os 49 mil que ela tinha dado para garantir o local do sepultamento em Forest Lawn, que estava reservado em seu nome, causou o primeiro adiamento do funeral de Michael Jackson. Katherine havia ficado tão frustrada que pediu a Marc Schaffel que a ajudasse a conseguir um cartão de crédito com limite alto o suficiente para ela mesma pagar à administração de Forest Lawn. (Por meio de seu advogado, Janet Jackson negou essa história.) Quase três anos depois, Janet estava cada vez mais irritada com a procissão de irmãos, irmãs e sobrinhos que a procuravam em busca de dinheiro. Ela queria que eles o conseguissem por conta própria.

Randy, porém, continuava sendo o motor da campanha para retirar Branca do controle do espólio e dizia para quem quisesse ouvir que Perry Sanders devia ser demitido se não estivesse disposto a agir. A atmosfera em torno de Calabasas, que havia substituído Hayvenhurst como quartel-general da família Jackson, estava cada vez mais sombria à medida que se aproximava o terceiro aniversário de morte do astro mais brilhante da família.

Talvez fosse um consolo para Michael saber que os beneficiários de seu espólio pareciam estar todos começando a andar por conta própria. A mãe, Katherine, diziam os advogados e os conselheiros dela, tinha cada vez mais convicção de seus atos e era cada vez menos vulnerável às tentativas de manipulação de Joe. Ela não tolerava ouvir nada contra qualquer um de seus filhos, mesmo contra aquele que ela sabia que causava problemas, Randy — mas mesmo assim a sra. Jackson se recusava a ceder aos pedidos incessantes do filho mais novo para que ela contratasse novos advogados que enfrentariam Branca. O relacionamento entre a mãe de Michael e os filhos dele era "uma coisa comovente de se ver, muito profundo e amoroso", disse a advogada de Katherine Jackson, Sandra Ribera, e os dois mais velhos, os adolescentes, pareciam realmente gostar de passar o tempo perto da avó, que era quase setenta anos mais velha do que eles.

Prince continuava sendo um garoto quieto, mas estava fazendo sentir a força de sua personalidade. Na viagem para Montreal para a estreia dos shows do Cirque du Soleil, ele havia confrontado Sanders com as reclamações que estava ouvindo de alguns de seus tios e tias, falando de maneira tão forte que outras pessoas que estavam na viagem disseram que o normalmente imperturbável Sanders estava lutando para encontrar as palavras e "parecia realmente intimida-do", segundo descreveu um dos consultores da sra. Jackson. Pouco mais de uma semana antes, Prince havia viajado para a Alemanha com Lowell Henry, consul-tor de Katherine, e uma equipe de filmagem enviada pelo parceiro de negócios da sra. Jackson, Howard Mann, para o evento de caridade Tributo a Bambi, na esta-ção de Berlim, onde ele devia apresentar as letras manuscritas de "Billie Jean", "Bad" e "Smooth Criminal" para um leilão que arrecadaria dinheiro para crianças com doenças graves. Dieter Wiesner havia acompanhado a comitiva ao evento, e mesmo quando Henry e os demais começaram a acreditar que Wiesner tinha organizado a coisa toda como uma forma de autopromoção, Prince continuou a se comportar com uma elegância impressionante. Vestido com um terno preto, camisa vermelha, gravata preta e uma braçadeira vermelha — o mesmo figurino que Michael havia usado quando recebeu o prêmio Bambi, em 2002 —, ele disse à plateia que pretendia "tentar continuar o que meu pai fez. Eu quero tentar ajudar e mudar as coisas, como ele fez".

Paris estava crescendo e se tornando uma beldade, com uma autoestima tão grande quanto a do irmão mais velho, e bem mais sociável. Pouco antes do Natal de 2011, Paris apareceu no programa de Ellen DeGeneres para falar sobre seu primeiro papel como atriz em um filme, *Lundon's Bridge and The Three Keys*, e admitiu que fez muito lobby para convencer a avó a deixar que ela participasse do filme. Quando lhe perguntaram sobre ter tido de usar uma máscara quando era criança, a menina admitiu que tinha se irritado com aquilo: "Eu achava: 'Isso é estúpido. Por que eu estou usando uma máscara?'. Mas quando fui ficando mais velha, eu percebi, tipo, que ele só estava tentando proteger a gente. E ele explicou isso pra gente, também". O que mais a fazia gostar da escola era ser tratada como todos os outros, Paris explicou a DeGeneres: "Quando fui para Buckley, eles não sabiam quem eu era. Eu achei, tipo, 'Legal! Eu tenho uma chance de ser normal'".

Perto do terceiro aniversário da morte de Michael, perguntavam várias vezes a Paris sobre as objeções que a tia Janet fazia à insistência da sobrinha em procurar papéis em filmes. "Nós já conversamos uma vez sobre o fato de você ser só uma criança", disse Janet à revista *Prevention*. "Eu acho que há tempo certo para tudo, e agora não é a hora [de atuar em filmes]." As pessoas em Calabasas disseram que Paris bateu o pé e mostrou a Janet que podia pensar por conta própria, e Janet pareceu não ter gostado muito. Duas semanas antes do aniversário de morte do pai, Paris apareceu no novo programa de Oprah Winfrey para confessar que muitos dos seus colegas em Buckley, depois de terem descoberto quem eram os novos alunos, não tinham ficado muito felizes de ter os dois filhos mais velhos de Michael Jackson entre eles. Oprah perguntou se os outros meninos e meninas pegavam no pé dela. "Eles tentam, mas nem sempre funciona na escola", respondeu Paris. "E algumas pessoas tentam fazer bullying comigo pela internet. Eles tentam me atingir com palavras, mas isso na verdade não funciona." A garota admitiu que ainda era cautelosa na hora de fazer amigos: "Se percebo que alguém está sendo falso comigo, me afasto".

Enquanto os outros dois irmãos pareciam estar cada vez mais se adaptando à natureza essencialmente pública de suas vidas, o mais novo, Blanket, continuava a ter aulas em casa, protegido pela avó de um mundo de olhos curiosos que ele ainda não estava pronto para enfrentar. Ninguém na casa de Calabasas queria que o garoto, agora com dez anos de idade, soubesse que, em abril, o ex-guarda-costas de seu pai, Matt Fiddes, havia dito a repórteres que era o pai de Blanket e que pretendia provar isso na Justiça para ter o direito de visitá-lo. "Mais do que qualquer outra coisa", disse Fiddes, ele queria que o menino conhecesse sua mãe biológica, que àquela altura estava lutando contra um câncer. Não tinha nada a ver com dinheiro, insistiu Fiddes: "Eu me fiz sozinho. Eu não quero o dinheiro deles, nem preciso disso". Os Jackson não acreditavam nele.

Paris estava no primeiro parágrafo de quase todas as reportagens sobre o aniversário de morte de Michael, em 25 de junho. Cinco dias antes, ela havia postado uma fotografia na internet de Michael Jackson beijando Debbie Rowe na bochecha, com a legenda "Mamãe e Papai!". No dia do aniversário, ela tuitou: "RIP Michael Jackson… Pai, você vai estar para sempre no meu coração <3 eu te amo".

Conrad Murray também foi citado em matérias sobre o aniversário. Murray estava agora na Unidade de Isolamento da Prisão Masculina do condado de Los Angeles, onde tinha como vizinhos o astro do beisebol Lenny Dykstra e o primeiro marido de Janet Jackson, James Debarge. Dizia-se que Debarge havia se tornado amigo de Murray. Uma semana antes do aniversário, a nova advogada dele disse que o médico havia afirmado que as condições da cadeia estavam acabando com sua saúde. Ele só podia sair ao ar livre uma vez por mês e só recebia roupas íntimas limpas uma vez por semana, Murray havia se queixado a ela, e ele estava sofrendo de uma dor de cabeça constante que ele temia ser um tumor no cérebro. "Eu posso não sair vivo daqui", disse ele, segundo a advogada. "Este lugar é muito perigoso. Eu estou morrendo aqui. O sistema está tentando me matar."

Murray tinha escolhido 25 de junho para ser o dia em que ele alegaria sua inocência mais uma vez, insistindo por meio de sua advogada que não era responsável pela morte de Michael Jackson. O único arrependimento de seu cliente, disse a advogada, era não ter ido depor, e Murray continuava disposto a retomar sua carreira como médico quando fosse solto.

Aquele 25 de junho também foi a data escolhida pelos integrantes remanescentes do Jackson 5 para fazer a promoção de uma turnê chamada Unity, com músicas do Jackson 5 e de Michael Jackson, que iria de uma costa à outra e incluiria pelo menos vinte cidades. "Os irmãos não sabem disso", Jermaine disse ao *Daily Telegraph*, de Londres, no dia do aniversário de morte, "mas eu desabei várias vezes e chorei durante os ensaios."

Katherine Jackson estava no mínimo tão empolgada com a turnê Unity quanto qualquer um de seus filhos. A sra. Jackson planejava ser "uma espécie de tiete", disse um dos consultores dela, caindo na estrada junto com o atencioso cuidador dela, Trent Jackson, o sobrinho de Joe Jackson, no motor home Prevost que Michael havia comprado para ela pouco antes de morrer. Ela e Trent estariam na primeira fila de todos os shows da região sudoeste do país, começando em Albuquerque, em 17 de julho, e incluindo passagens por Phoenix, Las Vegas e pelo sul da Califórnia, indo de cidade em cidade no Prevost. Ela pensava até em seguir os filhos rumo ao norte, indo para Saeratoga, na Califórnia, disse Katherine, e talvez até mesmo para Lincoln City, no Oregon. O que a sra. Jackson evidente-

645

mente não sabia era que alguns dos filhos tinham uma surpresa completamente diferente para ela.

O primeiro ato do drama familiar mais maluco dos Jackson desde a morte de Michael começou em 14 de julho de 2012, quando o dr. Allan Metzger chegou à propriedade de Calabasas, a pedido de Janet Jackson, e foi apresentado como um colega da médica que atendia Katherine Jackson em Beverly Hills havia anos, uma mulher a quem ela havia confiado, literalmente, sua vida. A sra. Jackson foi informada de que a médica queria que ela passasse por exames antes de iniciar a viagem. Metzger fez um breve exame e disse a Katherine Jackson que a pressão dela estava alta. O médico disse que definitivamente não seria uma boa ideia fazer uma viagem em um motor home. Para evitar um esforço de seu coração, a sra. Jackson deveria ir de avião para Albuquerque.

Embora estivesse terrivelmente decepcionada, Katherine concordou em partir na manhã seguinte, sábado, 15 de julho, em um voo comercial saindo do aeroporto internacional de Los Angeles, acompanhada pela filha Rebbie, por Stacee Brown (não a escritora, mas a filha de Rebbie) e a assistente pessoal da sra. Jackson, Janice Smith. Até que eles chegassem ao aeroporto, a sra. Jackson não havia percebido que eles não estavam indo para Albuquerque, mas para Tucson, onde ela tinha uma reserva num hotel próximo ao resort Miraval Spa. Janet Jackson estava esperando em Miraval. A médica havia decidido que ela precisava de repouso e cama, Janet e os outros explicaram no caminho para Miraval, hospedando Katherine em um quarto no qual o telefone havia sido desligado e a televisão não estava funcionando. Janet e Rebbie explicaram que a médica havia recomendado que ela dormisse bastante e não fosse perturbada. Rebbie levou o telefone celular da mãe "para que não fiquem ligando e incomodando você". Confusa, mas emocionada com a preocupação dos filhos, Katherine aceitou ficar no quarto em Miraval.

Na casa de Calabasas, ninguém estava preocupado. Katherine vinha fazendo uma viagem por ano de motor home desde a morte de Michael. Durante essas viagens, e nas outras raras ocasiões em que ela viajava de avião sem os netos, Prince, Paris e Blanket ficavam sob os cuidados do primo Tito Joe "TJ" Jackson, de trinta anos.

TJ e seus irmãos, Taryll e Taj, tinham sido os sobrinhos favoritos de Michael

Jackson. Mais até do que o resto da família, Michael achava que o mérito era da mãe dos meninos, Delores "Dee Dee" Martes Jackson, filha de imigrantes dominicanos com quem Tito tinha começado a namorar em 1968, quando eles estavam no segundo ano da Escola Secundária Farifax, em Los Angeles, e com quem havia se casado em 1972, quando o Jackson 5 acabava de passar pelo auge de seu sucesso. Em 1994, um ano depois de se divorciar de Tito, Dee Dee foi assassinada pelo novo namorado, Donald Bohana. Os filhos dela não tinham conseguido convencer o promotor a abrir um processo até que eles mesmos entrassem com uma ação por morte por negligência; Bohana foi condenado por homicídio doloso três anos depois da morte de Dee Dee.

Michael Jackson sempre tinha dado apoio aos filhos de Tito, colocando todos os três na Escola Buckley. No entanto, ele ficou particularmente próximo dos meninos depois da morte da mãe deles, concordando em produzir o primeiro álbum deles, *Brotherhood*, e em lançá-lo por seu selo, MJJ Music, em 1995. *Brotherhood* fez um sucesso considerável, com cinco singles, chegando a vender mais de 6 milhões de cópias. Esse sucesso se deveu na maior parte ao fato de Michael ter feito um dueto com os 3T no single mais vendido do álbum, "Why", e por ter feito backing vocals no segundo single mais vendido, "I Need You". Quando os 3T gravaram um segundo álbum sem a participação de Michael, nove anos mais tarde, o disco não chegou nem a ser lançado nos Estados Unidos e desapareceu rapidamente no exterior.

As relações entre Michael e os dois irmãos mais velhos haviam esfriado um pouco quando ele se recusou a continuar trabalhando com eles no final dos anos 1990, mas TJ continuou fiel ao tio, agradecido pela ajuda e pelo apoio que Michael tinha oferecido a todos eles depois da morte de sua mãe. Ele também era mais próximo da avó do que qualquer outro dos filhos de Tito, e havia sido o primeiro e mais generoso ao oferecer a ela ajuda para cuidar dos filhos de Michael depois que ele morreu. Embora ele fosse impressionantemente bonito e ainda fosse mais conhecido por ter sido o primeiro namorado sério de sua colega da Buckley, Kim Kardashian, TJ havia se tornado um pai de família estável, tendo três filhos com sua mulher, Frances, e em 2010 ele era o mais perto de um pai que havia restado para Prince, Paris e Blanket. "Ele é tão bom com eles, tão gentil e paciente", disse Sandra Ribera. "TJ é como se fosse uma versão masculina da sra. Jackson." Durante meses, foi TJ quem levou os meninos ao médico, à escola, ajudou-os com a lição de casa, falou com os professores. Eles gostavam de ficar com ele, mas estavam um pouco confusos pelo fato de não terem notícias da avó; ela nunca tinha ficado mais de 24 horas sem ligar para eles.

Ao meio-dia de terça-feira, todo mundo na casa de Calabasas percebeu que algo estava acontecendo. A imprensa estava falando de uma carta assinada por cinco irmãos de Michael Jackson — Randy, Janet, Jermaine, Rebbie e, surpreendentemente, Tito — e enviada para John Branca e John McClain. "Nós insistimos que vocês renunciem imediatamente", começava a carta, "aos postos de executores do espólio de nosso irmão, Michael Joe Jackson." A carta prometia revelar as razões pelas quais Branca e McClain deviam renunciar "nas semanas seguintes", mas logo a seguir dizia qual era a principal: o testamento que os nomeara como executores era "falso, falho e fraudulento". Depois de descrever a maneira como Branca apresentou o testamento a eles pela primeira vez, sem a página de assinatura, a carta passava a relatar aquele que aparentemente os irmãos consideravam ser o seu argumento mais forte, pelo menos diante do tribunal da opinião pública: "Michael definitivamente não estava em Los Angeles, Califórnia, na data da assinatura que consta do testamento aqui referido".

O parágrafo seguinte detalhava aquela que havia sido a disputa mais acirrada na família sobre por que Branca, especialmente, mas também McClain, não deveriam ser executores do espólio de Michael Jackson: "Nosso irmão nos disse, em termos que não deixam dúvidas e sem hesitação, nos meses que antecederam sua morte, que desprezava vocês dois e que não queria que nenhum de vocês tivesse qualquer coisa a ver com a vida ou com o espólio dele. Nós sabemos disso e vocês sabiam disso. Nós achamos que vocês confiaram que ninguém teria a coragem de sugerir que vocês haviam perpetrado uma fraude tão injusta; mas vocês estavam errados".

O argumento que vinha a seguir era uma versão grosseira — bastante grosseira — daquilo em que Sanders e Ribera também haviam passado a acreditar: os executores estavam deliberadamente adiando ações na esperança de que a sra. Jackson morresse antes de eles terem pagado o dinheiro que lhe deviam e que ela podia deixar para os filhos. "Ainda mais grave", dizia a carta a Branca e McClain, "é o que vocês fizeram e continuam a fazer com a nossa mãe desde que fraudulentamente assumiram os cargos de executores do espólio do filho dela. Vocês mentem seguidamente para ela, manipulam e fazem promessas que vocês sabem que nunca cumprirão… Ela é uma mulher de 82 anos."

Sanders havia tentado explicar que esse era um *motivo* legítimo para depor os executores, mas não era *causa* suficiente para processá-los judicialmente. O período no qual o testamento podia ser contestado havia se encerrado muito antes de ele se tornar advogado de Katherine, disse Sanders, acreditando ser aquela a centésima vez que pronunciava essas palavras, e portanto esse era um assunto vencido. Ele e Ribera concordaram, quando leram a carta dos irmãos Jackson, que apenas o ego ou a ignorância podiam explicar o fato de os filhos de Katherine terem escolhido trilhar um caminho que certamente prejudicaria os interesses deles próprios.

Sanders e Ribera ficaram chocados com o parágrafo seguinte: "As ações de vocês estão afetando a saúde [de nossa mãe], e além disso nós recentemente descobrimos que ela teve um pequeno derrame", prosseguia a carta a Branca e McClain. "Por favor, entendam, ela não está preparada para lidar com a carga de estresse que vocês estão colocando sobre ela. Como ela mesma disse, ela sente que está 'de mãos atadas'. Ela também sabe e reconhece que o testamento foi forjado. Ela quer fazer a coisa certa, e buscar o que é justo para o filho dela e para a família, mas ela teme OS PODEROSOS."

Assim como Sanders, as pessoas que estavam em Calabasas ficaram abaladas quando leram o parágrafo que vinha depois desse, que punha grande parte da culpa por ninguém ter questionado Branca e McClain em três das quatro pessoas que tinham se tornado os conselheiros mais próximos de Katherine: Lowell Henry, Perry Sanders e Trent Jackson. Esses três estavam "dizendo a ela para desconsiderar aquilo que ela sabia ser um fato", acusava a carta dos irmãos. "Ao invés disso, as pessoas que ela chama de consultores estão fazendo com que ela se convença a deixar que eles negociem 'acordos' com Branca e McClain em nome dela, ou seria em nome de todos vocês?"

O alvo seguinte da carta era a AEG: "A AEG deixou muito claro como pretende destruir [Katherine] e a família publicamente e culpá-la pela morte de Michael. Desde então, eles não perderam tempo em assediar todos os integrantes da família, inclusive os filhos de Michael, em uma onda de interrogatórios em que fazem perguntas pessoais, inadequadas e desrespeitosas que, para dizer pouco, não têm qualquer relação com a morte dele".

No fim das contas, era uma carta desleixada, e certamente nenhum advogado competente teria escrito aquilo nem teria ajudado alguém a escrever algo do gênero, pensou Sanders, que era uma das dez pessoas que haviam recebido cópias do documento, segundo uma anotação no pé da última página (as outras eram

Randy Phillips, Paul Gongaware, Tim Leiweke, Trent Jackson, Lowell Henry, Howard Weitzman, Martin Bandier, Phil Anschutz e Tom Barrack). Sanders não gostou nem mesmo de ver que os irmãos e as irmãs de Michael tinham usado um argumento que ele próprio havia dito ser de suprema importância: Branca e McClain haviam escrito uma carta à juíza Palazuelos, que ainda era responsável pelo processo de morte por negligência, "pedindo que ela mantivesse sob sigilo judicial todos os documentos entregues a ela pela AEG, claramente protegendo a AEG, mas não protegendo a nossa mãe nem a nossa sobrinha Paris e os nossos sobrinhos Prince e Blanket. Para quem vocês estão trabalhando? O que vocês não querem que venha à tona?".

A carta ficava realmente esquisita no último parágrafo, na opinião dos advogados de Katherine, quando alertava que os Jackson estavam "pensando em contratar o escritório de advocacia Baker Hostetler, que nos deu orientações em relação ao comportamento potencialmente criminoso de vocês. Nós levaremos esse caso às autoridades competentes". Se você tem planos de levar o caso às autoridades, Sanders se lembra de ter raciocinado, você certamente não avisa as pessoas antes da hora.

Ribera, a sócia de Sanders, foi enviada à propriedade de Calabasas naquela tarde, pouco depois de Trent Jackson ter partido para Albuquerque, onde ele supostamente encontraria Katherine antes do show daquela noite no hotel Hark Rock. Já estava quase escuro quando Trent ligou para dizer que a sra. Jackson não havia aparecido. "Foi quando nós começamos a ficar realmente preocupados", lembra Ribera.

No seu quarto em Miraval, Katherine Jackson estava frustrada principalmente por não conseguir que alguém viesse arrumar a televisão. Ela explicou que gostava de dormir com a TV ligada, mas o aparelho estava completamente pifado, sem imagem nem som. Mesmo assim, ninguém da manutenção apareceu, apesar de ela ter feito vários pedidos para que alguém fosse até o quarto, e ela acabou passando horas jogando Scramble with Friends no iPad. O jogo tinha se tornado uma obsessão dela nas últimas semanas; ela tinha feito TJ começar a jogar e os dois jogavam todo dia. Mas quando Rebbie veio ver como a mãe estava, perguntou se era possível mandar mensagens pelo iPad. Katherine disse que sim e começou a mostrar à filha como funcionava. Rebbie imediatamente tomou o iPad dela, lembraria a sra. Jackson, dizendo que ela precisava de descanso, não de estímulo.

Prince e Paris haviam ficado preocupados com a afirmação da carta assinada pelos cinco tios de que a sra. Jackson havia sofrido um "pequeno derrame". Certamente aquilo não tinha acontecido antes de ela viajar. Ribera sugeriu que eles telefonassem para o consultório da médica da sra. Jackson. Quando eles fizeram isso, a médica disse que não trabalhava com o dr. Metzger e que não o havia enviado para ver a sra. Jackson. "Foi aí que nós tivemos certeza de que algo estava acontecendo", lembrou Ribera. "Começamos a falar sobre o dr. Metzger e foi um daqueles momentos 'Ah, meu Deus'." Pela primeira vez, eles perceberam que aquele era o mesmo dr. Allan Metzger que havia sido chamado como testemunha de defesa no julgamento de Conrad Murray. O mesmo dr. Metzger que havia sido repreendido pelo Conselho Estadual de Medicina por passar receitas para Janet Jackson usando nomes falsos. O mesmo dr. Metzger que havia acompanhado Michael na turnê HISTORY em 1996. O mesmo dr. Metzger que, depois da morte de Michael, havia mandado seu advogado dizer à imprensa que Michael havia pedido na primavera de 2009 que ele arranjasse propofol, e insistir que o médico havia se recusado a receitar qualquer coisa mais forte do que um sonífero leve, aquele cujos prontuários haviam sido requisitados por investigadores do Instituto Médico Legal durante a investigação da morte de Michael.

Em Miraval, Katherine Jackson recebia visitas periódicas de Rebbie, que estava no quarto ao lado, e de Randy, Janet e Jermaine, que iam lá dia sim, dia não para visitá-la. Ela perguntava como estavam as crianças, disse a sra. Jackson, e eles diziam que elas estavam bem, que tudo estava bem em casa, que não havia nada para se preocupar, que ela só precisava descansar.

Pouco antes de todos chegarem à conclusão de quem era o dr. Metzger, Paris foi ao Twitter e respondeu a um tuíte do tio Randy que dizia: "Nós pedimos que todos respeitem esse assunto importante, que será tratado pelas autoridades competentes". Paris tuitou de volta: "Quero esclarecer agora mesmo que o que disseram de minha avó é um boato e que nada aconteceu, ela está super bem. Queria saber quem inventou o boato… Vou defender essa pessoa da minha família que eu amo, mesmo que isso signifique defender contra outras pessoas da família". Ela também mandou um tuíte direto para Randy que dizia: "olá querido integrante da FAMÍLIA eu não acho legal você dizer para as pessoas coisas que não são verdadeiras muito obrigada". Assim que se espalhou pela internet a notícia sobre o tuíte de Paris, os tabloides ficaram excitados, convencidos de que estavam diante de uma notícia importante.

Na sua primeira resposta à carta assinada pelos cinco Jackson, o espólio disse novamente que todos os questionamentos sobre a validade do testamento e sobre o fato de Michael ter escolhido os executores do espólio haviam sido "total e completamente desmoralizados dois anos antes, quando uma contestação foi rejeitada pelo Tribunal Superior de Los Angeles, pelo Tribunal de Recursos da Califórnia e, finalmente, pelo Supremo Tribunal da Califórnia". Por incrível que pareça, ninguém na imprensa mencionou que *nenhum* dos questionamentos sobre a validade do testamento e sobre a escolha de Branca e de McClain haviam sido resolvidos por esses tribunais. A única coisa que havia sido decidida era que Joe Jackson não tinha poderes para contestar Branca e McClain. Se os executores sentiam desprezo pelos repórteres em geral, certamente parecia haver motivo para isso. Entristecidos pelas "acusações falsas e difamatórias baseadas em teorias da conspiração da internet [que] agora estão sendo feitas por certos integrantes da família de Michael, que ele decidiu deixar de fora do seu testamento", os executores do espólio e seus advogados prometiam continuar os esforços que vinham fazendo para garantir o futuro financeiro dos filhos de Michael. No dia seguinte, o espólio havia redigido um pronunciamento mais longo, centrado menos na reputação dos executores e mais no "bem-estar da sra. Jackson, e especialmente nos filhos menores de idade de Michael. Nós estamos preocupados em fazer tudo o que estiver ao nosso alcance para protegê-los de influências indesejáveis, bullying, ganância e outras circunstâncias desagradáveis".

Na casa de Calabasas, as pessoas comentavam que, embora a situação fosse estressante, pelo menos era bom não ter Janice Smith, a assistente de Katherine, na cidade. Ribera e Trent Jackson viam Smith como uma pessoa especialmente danosa. Ela continuava a trabalhar em um escritório na mansão de Hayvenhurst, embora Katherine não morasse mais lá, e havia entrado na folha de pagamento do espólio. Isso e os relacionamentos dela com Joe e Randy Jackson haviam levado algumas pessoas a ter dúvidas sobre sua lealdade. No mês de abril, Smith havia se unido a Randy Jackson em uma queixa contra Trent Jackson por abuso financeiro de pessoas idosas em Malibu, no condado de Los Angeles. Katherine Jackson tinha "negado enfaticamente" as acusações, mas os investigadores continuaram a interrogar várias pessoas que frequentavam a casa de Calabasas, inclusive Ribera. A advogada havia entrado para a lista negra de Smith quando tentou resolver uma queixa de assédio sexual envolvendo Smith e um guarda-costas, e pareceu ter mais simpatia pelo guarda-costas do que pela assistente de Katherine. Ribera lembra que os policiais disseram que Smith também havia reclamado dela, "e eles passaram a me investigar também". Prince e Paris disseram a Ribera e a TJ Jackson que a babá e o cozinheiro andavam cochichando no ouvido um do outro o dia todo e que, quando eles espiaram os celulares do cozinheiro e da babá, descobriram que eles estavam trocando mensagens de texto com Janice Smith sobre o que estava acontecendo na casa e sobre o que dizer às crianças. Na quinta-feira, 20 de julho, Ribera e TJ tomaram a decisão de dar uma licença remunerada a todos os funcionários — exceto o pessoal da segurança. "Depois disso, éramos apenas eu, Trent, TJ, Prince, Paris e Blanket", lembra Ribera. "Nós formávamos o grupo central que ficava na casa." Prince e Paris ligavam para a avó quase de hora em hora em seus telefones celulares e ela não atendia. Ribera e TJ tentaram se comunicar com ela pelo Scramble with Friends, mas de novo não conseguiram resposta.

A essa altura, Ribera, Trent e TJ Jackson estavam convencidos de que os cinco irmãos estavam por trás do que estava acontecendo, com a intenção de conseguir, de algum modo, colocar Katherine Jackson sob tutela judicial, possivelmente tentando demonstrar que ela não tinha condições de servir como guardiã dos filhos de Michael. O dinheiro, como todos sabiam, seguiria aquelas três crianças.

Naquele mesmo dia, a advogada que a Justiça havia designado para as crianças, Margaret Lodise, foi até o juiz Beckloff para recomendar que a guarda de Prince, Paris e Blanket fosse retirada de Katherine Jackson temporariamente até que se pudesse definir se ela era capaz de cuidar deles de maneira responsável.

Na sexta-feira, o detetive particular Tom Grant se uniu ao grupo na casa de Calabasas. Grant, que havia trabalhado como investigador na polícia de Los Angeles, "realmente acalmou a todos e fez com que nos concentrássemos", lembra Ribera. Ele também convenceu as pessoas que moravam em Calabasas a chamar as autoridades. No sábado, 21 de julho, Trent Jackson foi à delegacia de polícia do condado de Los Angeles, o mesmo local onde um ano antes Randy Jackson e Janice Smith haviam prestado queixa contra ele, para informar que Katherine Jackson estava desaparecida. Quando alguém da polícia vazou a informação para a imprensa, o assunto virou notícia em todo o mundo.

Nos Estados Unidos, todos os canais de notícias a cabo e as três redes de TV aberta estavam atrás da história, seguindo principalmente as tuitadas de Paris Jackson. "Sim, minha avó está desaparecida e eu não falo com ela há uma semana, eu quero que ela venha agora para casa", disse Paris a seus mais de 500 mil seguidores na manhã de domingo, 22 de julho. TJ fez seu primeiro pronunciamento em público sobre o que estava acontecendo em um tuíte para Paris, que dizia: "Eu sei que é totalmente injusto eles fazerem isso com vocês e com os seus irmãos. Vamos continuar tentando. Amo você". Jermaine tentou dar a sua versão para a imprensa tuitando ele mesmo sobre o assunto: "Quero garantir a todos (incl. todos os súbitos experts em medicina) que a Mãe está bem mas está repousando no Arizona por ordens de médicas, e não por decisão nossa". Paris respondeu com um tuíte dizendo: "O mesmo médico que depôs a favor do dr. Murray dizendo que meu pai era um viciado em drogas (uma mentira) está cuidando da minha avó... só para dizer".

Na tarde de domingo, os investigadores da polícia ligaram para dizer que a sra. Jackson havia sido localizada no Arizona, mas que eles não divulgariam a localização exata. Autoridades policiais locais haviam falado com ela, diziam os investigadores de Los Angeles, e a sra. Jackson disse a eles que estava bem. Ribera, que era filha de um chefe de polícia em San Francisco, descobriu que as autoridades do Arizona haviam falado com a sra. Jackson somente enquanto ela estava cercada de parentes. "Vocês precisam afastá-la deles e perguntar o que está acontecendo enquanto eles não a estiverem rondando", disse Ribera. "Esse é o protocolo." Os investigadores disseram que eles iam para o Arizona em um voo fretado na manhã seguinte e veriam eles mesmos como estava a sra. Jackson quando chegassem lá. Ribera pediu para ir junto, mas o pedido foi negado.

Naquela noite, "as coisas realmente se acalmaram na casa", lembra Ribera. Sem os funcionários, e especialmente com Janice Smith fora de cena, "todos estavam calmos e em paz", disse Ribera. "As crianças [...] tinham ficado com a babá falando no ouvido deles, os primos, as tias e os tios, muita gente tentando manipular, mas agora eles estavam pensando por conta própria. Dava para ver... E TJ era incrível."

O desdobramento mais estranho, porém, aconteceria na segunda-feira, 23 de julho. Primeiro, o investigador responsável pelo caso ligou do Arizona para dizer que os seguranças de Janet Jackson haviam se encontrado com eles "no local" e que haviam dito que eles não podiam ver a sra. Jackson. "E eu disse: 'Bem, mas por que vocês parariam aí?'", lembra Ribera. "E eles disseram: 'Nós não tínhamos jurisdição porque estávamos no Arizona'. Eu disse: 'Por que vocês não levaram autoridades locais junto?'. E eles disseram: 'Bom, nós achamos que ela estava bem'. Eu disse: 'Se vocês achassem que ela estava bem, por que teriam ido ao Arizona?'. E eles só disseram: 'Ah, bem, o pessoal do Arizona cuidou de tudo. Nós fizemos o que podíamos'. Eles foram patéticos."

"Oito dias e ainda nada. alguma coisa está bem esquisita, isso não é nem um pouco típico dela… eu quero falar diretamente com a minha avó!! </3", tuitou Paris Jackson para seus seguidores. Jermaine respondeu com um tuíte que insistia que Prince e Paris não estavam "sendo impedidos de falar com a Mãe […]. Ela simplesmente é uma senhora de 82 anos que está seguindo ordens médicas de descansar e desestressar longe de telefones e computadores".

Os adultos na casa de Calabasas se reuniram para tentar descobrir em que parte do Arizona Katherine poderia estar. TJ conseguiu falar com La Toya por telefone, mas "La Toya queria ser a Suíça, totalmente neutra", lembra Ribera, e não queria se envolver. Deve ter sido a única vez na vida em que La Toya não queria falar com a imprensa quando a imprensa queria falar com ela, alguém na casa disse, e todos eles riram disso. La Toya disse a eles, no entanto, que imaginava que a mãe dela podia estar em Miraval.

Pouco depois da uma da tarde, Prince e Paris estavam em uma SUV voltando para a casa de Calabasas, passando pelo portão duplo que protegia a entrada, quando outra SUV, cheia de passageiros, grudou no para-choque deles. Randy Jackson estava dirigindo a segunda SUV, que passou pelo portão principal e depois cruzou o portão interno quando a cancela de aço estava baixando. "Ele simplesmente seguiu em frente e quebrou a cancela", lembra Ribera, que estava olhando a cena da casa, ao lado da piscina. A SUV parou na entrada da casa e "de repente as portas abriram e havia uma multidão de pessoas apontando câmeras para todo lado", lembra Ribera. Primeiro ela pensou que fossem paparazzi, disse Ribera, depois viu que as câmeras eram telefones celulares e que as pessoas na entrada da casa eram Randy Jackson, Janet Jackson, Jermaine Jackson e vários dos primos de Prince, Paris e Blanket, inclusive a filha mais velha de Randy, Genevieve, e os dois filhos mais novos de Jermaine, Jaafar e Jermajesty. No começo, o clima foi amistoso, com abraços e apertos de mão para todo lado, embora obviamente todo mundo estivesse sem entender por que Janet, Randy, Jermaine e os outros estavam apontando as câmeras dos telefones para eles, até mesmo enquanto se cumprimentavam.

Austin, filho de Rebbie, que tinha vindo fazer uma "visita" pouco antes, se juntou aos outros na entrada da casa. "Na verdade, eles tinham infiltrado primos na casa para fazer uma espécie de espionagem e relatar o que vissem", Ribera diria mais tarde, admirada, "para manipular as crianças e tentar fazer com que elas saíssem da propriedade sem seguranças. Como não tinha funcionado, eles próprios resolveram ir até lá."

Trent e TJ não entenderam no início o que estava acontecendo, até que perceberam que os outros Jackson estavam lá para levar os filhos de Michael. A hora, porém, não era propícia para essa ação de guerrilha. Só devia haver dois seguranças por turno na casa de Calabasas, mas os guarda-costas tinham convocado uma reunião naquele dia e havia oito deles no local. No entanto, nenhum dos seguranças estava exatamente querendo entrar em uma disputa física com os filhos de Katherine Jackson, e, sendo assim, eles basicamente ficaram parados mostrando as palmas das mãos, esperando que alguém dissesse o que eles deveriam fazer.

Janet Jackson foi para cima da sobrinha Paris, enquanto Randy abordava Prince e Jermaine lidava com os guarda-costas, e os três usavam os celulares como câmeras de vídeo. Quando Janet e Randy disseram a Paris e Prince que os levariam dali, os dois adolescentes recusaram a ideia de cara. Prince virou as costas para Randy, mas Jermaine puxou o menino para um lado e disse que isso era algo que ele planejava havia três anos e que era importante que o garoto se unisse ao resto da família. Prince deu de ombros e continuou andando em direção à casa. Paris, enquanto isso, deixou claro para Janet que não deixaria a propriedade de Calabasas. Quando Janet tentou tomar o celular de Paris, o mesmo que a menina vinha usando para tuitar para o mundo, Paris puxou o aparelho e pôs o ombro na frente para protegê-lo. Janet falou rapidamente com ela, depois tentou novamente pegar o telefone e Paris deu mais um passo atrás. O relato inicial do TMZ, baseado em fontes anônimas, disse que Janet disse a Paris que ela era "uma cretina mimada", e que Paris respondeu: "Essa é a nossa casa, não a casa da família Jackson. Sai fora daqui!". O TMZ também disse que as duas se estapearam. No entanto, o TMZ se retratou quando Janet ameaçou ir à Justiça. O vídeo da discussão entre as duas deixa claro que não houve tapas. Ainda há dúvidas sobre o que foi dito. A CNN disse que Janet "censurou a sobrinha por usar o telefone para falar sobre assuntos de família no Twitter", e o canal de TV não sofreu ameaças de processos.

Depois de algum tempo, TJ e Trent perceberam que os outros Jackson tinham ido à casa de Calabasas para tirar os filhos de Michael da propriedade (depois descobririam que a ideia era levá-los para o Arizona) e mandaram que os seguranças impedissem isso. Quando os seguranças barraram o caminho dele, Randy, que até então estava sorrindo, passou a falar irritado que eles não deviam se meter em assuntos de família. Um dos guardas sugeriu que talvez ele devesse deixar a propriedade e Randy ficou furioso, xingando o homem na cara dele, e foi nesse momento que Trent o agarrou. Os dois lutaram por um momento, e Trent, forte como um touro, deu uma gravata em Randy e o dominou. Jermaine, aos xingos, foi rapidamente ajudar o irmão, e mais tarde disse que Trent o havia agarrado pelo pescoço e dado um soco na cara dele.

Independente de quais desses fatos tenham realmente acontecido, o tumulto acabou rapidamente quando Trent entrou em casa com Prince e Paris. As pessoas que estavam em Calabasas disseram mais tarde que a parte mais triste de toda a cena foi o modo como Jermaine usou os filhos. "Eu digo isso porque Jermaine estava dizendo os piores palavrões que você possa imaginar na frente desses meninos e brigando e fazendo tudo isso, e dizendo para eles filmarem", lembra Ribera. "E Jermajesty... estava só soluçando. O rosto dele coberto de lágrimas. Ele estava gravando, mas soluçando." TJ foi até o menino e disse para ele: "Suba. Você não devia estar aqui. Você não devia estar fazendo isso". "Mas o meu pai disse que eu tenho que fazer", o menino respondeu chorando.

Enquanto cinco ou seis seguranças enfrentavam Randy, Janet, Jermaine e os primos na entrada da casa, dois outros seguranças e Trent Jackson levavam Prince e Paris até a porta dos fundos, e depois para um barranco que ficava atrás do terreno, tentando sair com eles dali antes que os Jackson invasores fossem atrás deles.

Um carro da polícia que recebeu um telefonema pelo 911 chegou ao portão da casa quase nesse exato momento, e todos ficaram parados em seus lugares. Depois de ouvir várias acusações de lesão corporal e de invasão de propriedade, os policiais convenceram Randy, Janet e Jermaine e o grupo deles a deixar a propriedade. "É preciso amar a família", Paris escreveu no Twitter para seus seguidores, pouco depois de eles terem ido embora.

Assim que Randy, Janet e Jermaine foram embora, Ribera telefonou para a advogada do espólio especializada em sucessões, Jeryll Cohen, para contar o que havia ocorrido. "Normalmente, eu nunca pediria ajuda do espólio, mas estávamos com um problema", explicou Ribera. "Por um estranho momento, os nossos interesses estavam alinhados." Como a casa de Calabasas era alugada pelo espólio, eles é que podiam fechar o lugar. Pouco depois de Ribera falar com Cohen, Margaret Lodise ligou para dizer que ela iria até lá à noite para falar com as crianças.

Perry Sanders havia permanecido em sua casa, no Colorado, durante todo o drama até então, tentando se convencer — e convencer Ribera — de que a decisão mais inteligente era ficar de fora dessa briga de família. Até falar com Katherine Jackson, Sanders insistia com os repórteres que ligavam que ele não daria declarações nem tinha qualquer opinião sobre o assunto. Ele tinha para si, porém, que o que provavelmente estava acontecendo era aquilo que Ribera, Trent e TJ Jackson pensavam. Ele ligou para o advogado de Tito para dizer: "Eu não sei o que eu fiz para irritar o seu cliente, mas eu gostaria de falar com ele e ver se podemos consertar isso". Tito na verdade estava recuando, dizendo aos filhos que não sabia de fato o que estava assinando quando pôs seu nome naquela carta, e que ele havia sido "pego de surpresa". Tito explicou que Randy tinha sido muito convincente: ele pensou que estava apenas se unindo aos outros contra Branca. Ele não queria disputas com Trent ou Perry Sanders, não sabia que a carta falava deles e também não sabia da afirmação de que sua mãe havia sofrido um "pequeno derrame".

No domingo, dia 22 de julho, um dia depois de a queixa de desaparecimento ter sido levada à polícia, Sanders havia percebido que uma luta estava sendo travada e que a disputa em grande parte acontecia nos tabloides, na internet e no Twitter. O principal palco era o TMZ, mas a coluna Showbiz 411 de Roger Friedman tinha quase a mesma importância. O site X17online também tinha seu papel, mas parecia que eles haviam se transformado, assim como a ABC News, em um veículo para Randy e Janet Jackson. Isso havia ficado claro naquele domingo, quando o X17 postou uma foto enviada por Janet e Randy que mostrava Katherine Jackson sorrindo e jogando Uno com a família no Arizona, acompanhada de um texto que ironizava a ideia de ela estar "desaparecida". Sanders alertou a direção do X17 de que eles deviam fazer um trabalho mais profissional ao cobrir os fatos. Ele continuava fornecendo "contexto mais amplo" para a equipe do TMZ, mas falava mais com Roger Friedman. Sanders explicava que Friedman era o repórter de tabloide mais inteligente que já tinha conhecido, e talvez o único que parecia ter algum interesse em falar a verdade. Na noite de 23 de julho, Friedman estava à frente dos outros repórteres e foi o primeiro a descrever em detalhes o processo pelo qual Katherine Jackson havia chegado ao Arizona e as circunstâncias da invasão da propriedade de Calabasas.

Ribera e as pessoas que estavam em Calabasas, principalmente TJ, ficaram tocados quando Tito Jackson emitiu uma nota dizendo: "Eu retiro integralmente minha assinatura da carta de 17 de julho enviada aos executores do espólio de meu irmão Michael, e repudio todas as afirmações feitas contra eles", acrescentando depois: "Eu não quero ter qualquer relação com aquela carta".

Os quatro irmãos cujas assinaturas não haviam sido retiradas podiam ver a mudança da maré. A imprensa estava se divertindo às custas deles depois da tentativa fracassada de tirar Prince, Paris e Blanket da propriedade de Calabasas. Poucas horas depois do desastre, Ribera emitiu uma nota para os repórteres dizendo que "integrantes da família Jackson haviam armado uma emboscada na casa de Katherine Jackson depois de o carro deles ter forçado a entrada pelos portões, ao seguir de perto a SUV que levava os filhos de Michael Jackson", e depois sugeria que o FBI talvez devesse entrar no caso, já que Katherine Jackson havia sido levada para além das fronteiras do estado. Naquela noite, Paris tuitou: "os dias continuam passando, alguma coisa está realmente errada, não parece típico dela, tudo o que eu quero é falar diretamente com a minha avó". Naquela noite, Roger Friedman escreveu uma coluna sobre os acontecimentos do dia com um título que perguntava se Janet havia "ficado maluca". No dia seguinte, a coluna de Friedman trazia um título que identificava Randy Jackson como "o irmão delirante de Michael". Paris tuitou dizendo: "os dias continuam passando e, Deus que me perdoe, eu vou fazer as pessoas pagarem pelo que fizeram". Começaram a aparecer matérias nos jornais sugerindo que Katherine Jackson havia sido "raptada" ou "abduzida" por integrantes da própria família. A ABC dizia que Margaret Lodise estava se preparando para entrar com uma ação que "exigiria que Katherine Jackson pudesse entrar em contato com as crianças".

Janet, Randy e Jermaine tentaram reagir com uma campanha de relações públicas. Jermaine emitiu uma nota dizendo que as perguntas sobre o paradeiro da mãe dele não eram mais do que "uma conspiração para desviar a atenção de uma carta que ele havia escrito pedindo a renúncia dos executores". Randy provou que ainda não era um pária completo ao falar com a única personalidade da imprensa que ainda o levava a sério, Al Sharpton. Ao telefone, Randy imediatamente disse a Sharpton que a mãe dele "estava ótima", depois repetiu a história de que ela estava no Arizona apenas porque "a saúde dela estava fragilizada e os médicos haviam recomendado que ela descansasse imediatamente, se isolasse do mundo exterior e descansasse". Ele repetiu o que Jermaine havia dito sobre desviar a atenção da carta, e Sharpton, em vez de fazer perguntas que pudessem revelar algo, perdeu a oportunidade e passou a explicar seu próprio relevante papel no drama. "Eu quero mostrar às pessoas que a data que está sendo questionada, aquele fim de semana em que Michael teria assinado o testamento em Los Angeles, ele na verdade estava no Harlem comigo naquele fim de semana. E eu vou mostrar esse vídeo agora." Quando Sharpton perguntou de novo: "Por que você acha que estamos ouvindo falar de todo esse drama na mídia?", Randy pareceu feliz pela primeira vez em dias. "Bem, porque os executivos do espólio, John Branca e John McClain, estão fazendo — eles estão usando as crianças para pressionar minha mãe a dizer coisas a favor deles, meio que para limpar a imagem deles. Eles sabem que foram pegos, sabem que falsificaram o documento. E sabem que existem perguntas que nós queremos que eles respondam."

Janet, enquanto isso, continuava a usar os repórteres da ABC News como se fossem seus próprios funcionários de relações públicas. Foi pela ABC que ela e os irmãos responderam pela primeira vez à ida de Trent Jackson à delegacia do condado de Los Angeles, com uma nota que dizia: "Essa queixa falsa de desaparecimento foi criada exatamente pela pessoa e pelas pessoas de que nós estamos tentando proteger nossa mãe. Nós percebemos que há uma conspiração para desviar a atenção de uma carta que escrevemos pedindo a renúncia dos executores, John Branca e John McClain, assim como de alguns 'consultores' e 'cuidadores'". Agora, pessoas ligadas a Janet estavam dizendo à ABC que conseguiriam uma entrevista com Katherine Jackson, para que a mulher "desaparecida" pudesse dizer ao mundo que estava bem.

Na casa de Calabasas, a maior preocupação agora era com a questão da custódia. Margaret Lodise havia marcado uma audiência com o juiz Beckloff para a manhã de 25 de julho para tentar suspender temporariamente a guarda que Katherine Jackson tinha de Prince, Paris e Blanket. Na tarde e na noite de 24 de julho, Ribera estava lidando sozinha com isso, "porque Perry 'não estava sendo localizado'", ela lembra.

Sem que sua colega soubesse, Sanders finalmente tinha feito contato por telefone com Janet e Jermaine Jackson, e, depois de várias conversas difíceis, ele pensava que os havia convencido de que deixá-lo falar com Katherine estancaria a maré de notícias ruins na imprensa. Sanders disse que ele não tinha nenhum controle sobre Sandy Ribera, que tinha seu próprio escritório de advocacia, separado do dele, e que, na verdade, a tinha alertado de que não falasse nada antes de ter mais informações. "Tudo o que eu quero é falar com a minha cliente e confirmar como ela está", ele disse várias e várias vezes a Janet e Jermaine.

A essa altura, Katherine Jackson estava cada vez mais confusa. Naquela tarde, o som da TV repentinamente voltou. Ainda não havia imagem, mas as primeiras palavras que ela ouviu foram pessoas falando que ela estava desaparecida e que poderia ter sido "abduzida". Quando ela perguntou o que estava acontecendo, seus filhos e Janice Smith puseram toda a culpa no sensacionalismo da imprensa e em uma tentativa de Trent Jackson de se vingar de Randy, apresentando uma queixa de desaparecimento na polícia e depois se unindo a Sandy Ribera para espalhar o boato de que os próprios filhos de Katherine a haviam raptado. Eles disseram que Trent tinha atacado Randy quando ele foi à casa de Calabasas para tentar explicar a Prince, Paris e Blanket o que estava acontecendo, e depois tinha tentado atacar Jermaine quando ele tentou proteger o irmão. Os seguranças pareciam pensar que estavam trabalhando para Trent e haviam dado apoio a ele mesmo depois de ele ter atacado fisicamente dois dos filhos dela, foi o que eles disseram à sra. Jackson. Depois a polícia havia chegado, chamada por TJ ou por Sandy Ribera, e não só se recusou a prender Trent, mas na verdade tirou *os próprios filhos dela* da propriedade. Prince e Paris haviam visto tudo; devia ter sido horrível para eles, disseram para Katherine. E agora a imprensa, que era um bando de animais, estava se voltando contra eles.

Não era só a imprensa, no entanto, que estava se voltando contra Randy, Janet, Rebbie e Jermaine. Os irmãos Marlon, Jackie e Tito apareceram naquela noite no *The Insider* da CBS para deixar claro que não tinham qualquer relação com o que os irmãos deles estavam fazendo no Arizona. "Eu só sei que alguém tomou essa decisão de que minha mãe não pode falar comigo, e seja quem for essa pessoa, ela tem de dar respostas para mim, porque eu vou ver a minha mãe e vou trazê-la de volta para casa", disse Marlon, e ficou com a voz embargada. "Eu vou até o fim nessa história. Eu vou."

Enquanto os três irmãos falavam com a CBS, Perry Sanders viajava para Tucson em um voo fretado, tendo ouvido de Janet e Jermaine a promessa de que ele teria permissão para falar com a mãe deles e para confirmar que ela estava bem.

Janet e Jermaine aterrissaram no aeroporto de Tucson em um voo comercial quase na mesma hora em que o avião particular de Sanders pousou. Por celular, os dois o instruíram a encontrá-los no carro que haviam alugado perto da esteira de bagagem. Quando o motorista de Sanders estacionou o Lincoln Town Car em que eles estavam atrás da limusine na qual Janet e Jermaine estavam esperando, eles pediram para que ele entrasse e que seu carro os seguisse até o Miraval Spa.

A teoria de Sanders sobre quem estava comandando a operação foi confirmada quando Janet e Jermaine se recusaram a discutir a situação antes de colocar Randy no viva-voz, e então deixaram que o irmão mais novo falasse a maior parte do tempo. Os três irmãos se ativeram à versão de que Katherine estava seguindo ordens médicas de descansar e "desestressar", ficando longe de telefones e de computadores, e que eles quiseram tirar os filhos de Michael da propriedade de Calabasas pelo único motivo de que desejavam deixar as crianças tranquilas, sabendo que eles estavam cuidando bem da vovó. Sanders acenava com a cabeça e dizia que entendia, repetindo novamente que tudo o que ele queria era conversar com sua cliente para desmentir os boatos e as fofocas que estavam aparecendo na internet. Mais cedo, quando Sanders perguntou o que havia ocorrido na casa de Calabasas, Jermaine mostrou para ele um arranhão no pescoço e insistiu que Trent Jackson o havia atacado sem qualquer motivo. Janet, falando num murmúrio ofegante, assustadoramente semelhante ao que Michael usava em público, disse que estava profundamente magoada com a informação falsa do TMZ de que ela havia xingado e estapeado Paris, e que os advogados dela estavam tomando providências quanto a isso. Pelo telefone, Sanders garantiu a Randy que ele não era amigo de John Branca e que não estava de conluio com o espólio. A certa altura do caminho, Janet, ainda sussurrando, disse ao motorista para encostar o carro no acostamento, e pediu a Sanders para que eles pudessem falar em particular, "como família". Sanders foi chamado de volta ao carro minutos depois e levado a Miraval. Quando chegaram, porém, Janet disse que Sanders devia estar com fome e que devia comer algo enquanto ela e Jermaine falavam com a mãe. Sanders tinha terminado de comer quando duas pessoas da equipe de segurança de Janet foram à mesa dele para dizer: "Seus serviços não serão necessários esta noite", e depois foram embora. "Eu fui dispensado", ele lembra.

O piloto disse a ele que, pelas regras da aviação civil, ele não podia voar de novo até a manhã seguinte. A única coisa a fazer era voltar ao aeroporto, encontrar um quarto de hotel e dormir um pouco até a hora de voltar para Los Angeles para a audiência relativa à guarda das crianças, que havia sido marcada para as 8h30.

Pouco tempo depois, Katherine Jackson ligou para a casa em Calabasas para dizer que estava demitindo Trent Jackson e todos os seguranças da casa. As pessoas em Calabasas perceberam que a sra. Jackson estava no viva-voz e podiam ouvir murmúrios de outras pessoas na sala com ela, "sussurrando no ouvido dela e dizendo o que ela devia falar", lembra Ribera. TJ Jackson disse que no início nem tinha certeza se *era* a avó dele, porque ela soava como outra pessoa. Ela estava fazendo pausas longas entre as frases e usando palavras que ele nunca a tinha ouvido falar antes, disse TJ ao juiz Beckloff na manhã seguinte: "Eu nunca ouvi minha avó falar daquele jeito. Ela não foi dura. Algumas palavras pareceram um pouco duras". Ele chegou a imaginar se a avó não estava "falando em código", acrescentou TJ.

Depois a sra. Jackson disse que queria falar com Sandy. "Depois de ela demitir Trent e os seguranças, o espólio imediatamente os contratou de volta", disse Ribera, "para que eles não deixassem a casa." Mas se Katherine demitisse Ribera, "o espólio não iria me recontratar, e eu sabia disso". Em vez de passar o telefone para Ribera, porém, TJ disse para a avó que Jackie e Marlon estavam lá e perguntou se ela não queria falar com eles, depois fez sinal para que os dois tios se aproximassem e deixou que eles terminassem a conversa com Katherine. Ribera disse mais tarde que TJ salvou o emprego dela.

Por telefone, nas primeiras horas da manhã de 25 de julho, Ribera e Sanders bolaram um plano para solicitar que TJ fosse nomeado temporariamente tutor das crianças, até que a sra. Jackson tivesse permissão para voltar para casa. Margaret Lodise recebeu bem a proposta e o mesmo aconteceu com o juiz Beckloff, depois que ele foi informado de que TJ Jackson havia sido nomeado no testamento de Katherine Jackson "sucessor" dela no papel de tutor dos filhos de Michael. Depois de Sanders descrever sua tentativa frustrada de ver Katherine no Arizona, Beckloff concordou em nomear TJ como tutor temporário das crianças, observando que ele não acreditava que Katherine Jackson tivesse feito qualquer coisa de errado e que estava agindo apenas em nome de sua preocupação com as "ações de terceiros". O juiz explicou a TJ Jackson que a lei exigia que ele se candidatasse a ser tutor permanente das crianças, mas esse processo podia ser adiado caso a sra. Jackson voltasse para casa. "A principal preocupação das crianças é que a avó deles volte", disse Lodise ao juiz.

Em Miraval, Janet e seus assessores haviam conseguido que o programa *Nightline* da ABC gravasse uma declaração da sra. Jackson, que ela leu de um teleprompter, sentada entre Rebbie Jackson e Stacee Brown, com Janet Jackson, Jermaine Jackson e Janice Smith em pé atrás dela. "Olá, eu sou Katherine Jackson e correm boatos de que eu fui raptada e mantida em algum lugar contra a minha vontade. Eu estou aqui hoje para que todos saibam que estou bem e que estou com meus filhos, e meus filhos jamais fariam uma coisa dessas, me manter em algum lugar contra a minha vontade. É muita tolice as pessoas imaginarem isso. Mas de qualquer jeito eu estou arrasada porque, enquanto estive fora, meus filhos e netos foram afastados de mim, e estou indo para casa para resolver isso também." A gravação continuava, mas era evidente que cada palavra que Katherine dizia tinha sido ditada (como a sra. Jackson confirmaria depois de voltar para casa). A parte mais estranha de toda a cena foi a expressão no rosto de Janet Jackson, uma combinação bizarra e premeditada de vergonha, remorso e de animal acuado que contrastava nitidamente com os sorrisos permanentes das pessoas que estavam sentadas e em pé a seu lado.

Roger Friedman escreveu em sua coluna, publicada pouco antes da meia-noite na internet, que a fala de Katherine Jackson "me lembrou muito a cena de um refém lendo a mensagem de sua sequestradora" para a imprensa. Marlon Jackson tuitou: "Estou cansado de não saber onde minha mãe está. Eu falei com ela ontem à noite, mas nem parecia que era ela falando. Janet, Randy e Jermaine me disseram que eu não posso ver minha mãe. Recomendação médica. Mas vejo eles na TV com ela. Por que eles não me ligaram para que eu também estivesse com ela?". Paris Jackson tuitou: "eles prometeram que minha avó estaria em casa ONTEM. Por que ela não está em casa?".

A essa altura, Katherine já estava a caminho, em um carro com Rebbie, Janice Smith e dois netos, cruzando o deserto em alta velocidade na calada da noite. Pouco depois de o carro passar pela divisa da Califórnia, a sra. Jackson acordou Sanders com uma ligação e perguntou se ela podia se encontrar com ele na casa de Calabasas na manhã seguinte. O carro em que ela estava chegou a Calabasas pouco antes das 3h30 da manhã. "vovó aqui! #Obrigadadeus <33", tuitou Paris.

A grande notícia na manhã seguinte, porém, era que Prince Jackson havia finalmente feito sua estreia no drama via Twitter. Depois de agradecer aos fãs de seu pai, dizendo a eles o quanto o pai era grato pelo apoio deles, e que ele também era, Prince explicou que ele tinha "esperado muito tempo para dar a sua versão", mas finalmente estava pronto: "Desde que eu posso me lembrar, meu pai me avisou várias vezes sobre certas pessoas e o modo como essas pessoas agem. Apesar de eu estar feliz que a vovó voltou, depois de falar com ela eu percebi o quanto ela foi iludida, o quanto mentiram para ela. Estou realmente furioso e magoado". Ele tinha enviado mensagens para vários parentes simultaneamente exigindo saber o que estava acontecendo, e quando Janet respondeu para todo o grupo, ele teve um susto ao ver o que estavam dizendo uns para os outros, inclusive sobre ele e a irmã dele. Prince depois falou diretamente com essas pessoas: "Durante todo esse tempo, não permitiram que nós entrássemos em contato com a nossa avó. 'Se vocês continuarem com as suas mentiras, eu vou continuar com a verdade'". Ele assinou como Michael Jackson Jr.

Quando Sanders chegou à casa de Calabasas em 26 de julho, ele entrou imaginando que seria demitido. Em vez disso, Katherine cumprimentou-o calorosamente, e não levou muito tempo para que Sanders percebesse que sua cliente compreendia pelo menos em parte o que havia acontecido. Quando a reunião deles acabou, ela havia concordado em recontratar Trent e a equipe de seguranças. Sanders percebeu, porém, que Katherine não criticaria publicamente os filhos nem permitiria que alguém os criticasse. Sanders deixou claro que ele não assumiria a culpa. Ele disse a Katherine que o principal a fazer era conseguir que ela fosse recolocada como tutora das crianças.

Imediatamente depois da reunião com a sra. Jackson, Sanders emitiu uma nota dizendo: "Tenho o prazer de informar que ela está bem e que riu da versão amplamente divulgada de que ela havia sofrido um derrame".

Roger Friedman previu que Katherine acharia uma maneira de não ter de encarar a desagradável verdade sobre o que havia ocorrido nos dez dias anteriores. "'A ignorância é uma dádiva' tinha sido o lema dela." Sandy Ribera, porém, disse que a sra. Jackson entendia perfeitamente como havia sido enganada: "Ela sofreu muito com isso, eu acho, mas ela mantém a lealdade à família".

Randy Jackson certamente continuava em negação, incapaz de entender até mesmo que era tarde demais para contestar o testamento de julho de 2002 ou que ele não havia perdido apenas essa batalha, mas a guerra inteira. Pouco depois de Sanders dizer à imprensa que Katherine estava rindo da história de que havia sofrido um derrame, Randy postou um comunicado em sete tuítes para seus seguidores:

1) Quando TJ perguntou a minha mãe se ele devia pedir a guarda temporária das crianças, minha Mãe disse NÃO a TJ — duas vezes.

2) O espólio negou acesso à casa a Rebbie, Janet e Jermaine quando eles voltaram a Calabasas com uma carta escrita por Howard Weitzman, que não mora na casa.

3) O espólio está tentando isolar minha mãe da família DO MESMO MODO COMO FIZERAM COM MICHAEL, para fazer valer suas mentiras, seus interesses financeiros e para proteger um testamento fraudulento.

4) As pessoas que estão tentando manipular minha mãe são as mesmas que estavam envolvidas com meu irmão quando ele morreu.

5) Para obter guarda temporária, TJ mentiu para a Justiça. Rebbie, Janet, Jermaine e eu nunca faríamos mal a nossa mãe, e nós estamos fazendo o melhor que podemos para protegê-la, e o espólio sabe disso. Eu quero saber por que Perry Sanders pensaria em fazer uma negociação baseada em mentiras.

6) É evidente que qualquer um que se erga contra os executores do espólio — John Branca, John McClain e o advogado deles, Howard Weitzman — tem acesso negado a minha mãe.

7) Eu temo e acredito que eles estejam tentando tirar a vida da minha mãe.

No entanto, foi com permissão explícita de Katherine Jackson que Sanders, TJ Jackson, o advogado de TJ, Charles Schulz, e Margaret Lodise se reuniram para chegar a um acordo em que TJ seria nomeado tutor corresponsável permanente das três crianças. Era "um negócio bom em todos os sentidos", disse Sanders quando anunciou o acordo naquela tarde, porque TJ já havia assumido responsabilidade por tarefas como a gestão da casa e a organização da segurança, e agora a sra. Jackson estaria oficialmente livre para se concentrar na vida emocional de Prince, Paris e Blanket.

Naquela noite, Katherine apareceu no show da turnê Unity em Saratoga, na Califórnia, acompanhada dos três filhos de Michael. Sim, Jermaine era uma das pessoas no palco, disse Sanders, mas lá também estavam Jackie, Marlon e Tito, e Katherine queria estar lá por eles.

A sra. Jackson não veria Jermaine — nem Randy, Janet e Rebbie — tão cedo na casa de Calabasas. Em 29 de julho, o espólio emitiu uma ordem proibindo esses quatro irmãos, além dos filhos e da mulher de Jermaine, de entrar na propriedade. Também foram banidos Janice Smith "ou qualquer outra pessoa que tenha estado envolvida nos eventos recentes que levaram a sra. Jackson a ficar separada dos filhos de Michael e impedida de se comunicar com eles".

A ordem, escrita por Weitzman, acrescentava que "Joe Jackson está impedido de entrar na propriedade". Embora Joe tivesse ficado absolutamente invisível durante as duas semanas anteriores, Ribera e os outros na casa de Calabasas ouviram que ele esteve "escondido" na casa de Hayvenhurst durante esse período, e que havia se encontrado com Randy lá. Ribera e Sanders presumiam que Joe tinha estado envolvido de alguma forma.

Weitzman também havia escrito que "Howard Mann, que trava uma disputa com o espólio e que está trabalhando com os irmãos Jackson que escreveram a 'carta', também não deve ser aceito na propriedade". Mann ficou boquiaberto ao ver que vários sites creditavam a ele o esboço da carta, algo que Weitzman havia incentivado; "Randy me *odeia*", disse Mann se lamentando. "Ele tem tentado convencer Katherine a me manter distante desde que nos conhecemos." O desprezo que Randy Jackson sentia por Mann, no entanto, não era nada perto do que Branca, McClain e Weitzman sentiam por ele. O julgamento de uma tentativa de Mann de criar um "espólio paralelo" por meio de seu relacionamento com Katherine, Prince, Paris e Blanket Jackson, segundo o que os executores e seu principal advogado diziam, estava marcado para começar no início de setembro, e prometia ser uma batalha judicial particularmente violenta. Weitzman e Branca ainda estavam furiosos com uma carta que Mann havia escrito mais de um ano antes, na qual exigia que eles apresentassem suas renúncias e prometia que os colocaria na prisão caso não fizessem isso. Aquela carta tinha sido enviada pouco depois de Mann descrever ao TMZ a administração que eles faziam do espólio como "ditadura obtida de forma fraudulenta", e pouco antes de ele ajudar a montar uma declaração formal de Katherine em que ela alegava que seu filho Michael havia dito mais de uma vez que não gostava de Branca e que acreditava que o advogado "o havia roubado". Tanto Katherine quanto Joe Jackson deporiam a favor de Mann no julgamento, e Mann estava deixando claro para os oponentes que pretendia alegar sob os holofotes do tribunal que o testamento era forjado e que Branca havia inventado a história de que tinha sido recontratado como advogado de Michael.

Branca mais uma vez mostrou que tinha sorte na disputa contra seus adversários. Erros inexplicáveis dos advogados de Mann nos documentos que eles haviam apresentado para solicitar a deposição de Branca haviam permitido que os advogados do espólio forçassem uma reapresentação da ação. O advogado que Mann havia designado para protocolar o novo pedido de deposição não o fez em tempo hábil, o que significava que Branca novamente conseguiria evitar que lhe fizessem perguntas sob juramento sobre o testamento que o havia nomeado executor de Michael Jackson e as várias dúvidas que ainda cercavam sua chegada a esse posto. No fim da primeira semana de agosto, durante a análise de uma liminar, o juiz federal responsável pelo caso havia pronunciado uma decisão bastante favorável ao espólio, esvaziando a alegação de Mann sobre os direitos autorais e praticamente garantindo que Branca nem mesmo teria de responder a perguntas sobre isso judicialmente. Do ponto de vista dos Jackson, a única coisa a comemorar era o fato de que Perry Sanders havia se recusado a deixar que Katherine participasse da ação, a não ser como testemunha. O espólio podia cantar vitória sobre um aliado de Katherine, mas não podia dizer que havia vencido a própria Katherine.

Na casa de Calabasas, os filhos de Michael estavam no ambiente mais feliz que haviam conhecido desde a morte do pai, de acordo com Ribera. "Ter TJ e a sra. Jackson ao mesmo tempo com eles deixa as crianças realmente felizes. Eles adoram a avó e não querem sair de perto dela, mas eles também amam TJ, e ele é uma ótima companhia, faz coisas divertidas." No dia anterior, TJ havia levado Paris para comprar uma guitarra, e quando os dois voltaram, tocaram uma versão da música "Black and White" de Michael para a mãe dele, lembra Ribera, "e a sra. Jackson estava, tipo, marcando o tempo com o pé, junto com eles. Foi muito bom".

Em 1º de agosto, Jermaine tinha decidido que a rendição incondicional era a única coisa que lhe restava fazer. Ele anunciou a nova posição em um tuíte que começava descrevendo "um telefonema com meu filho Jaafar que me cortou o coração. Ele perguntou: 'É verdade que nós não podemos mais visitar a casa da vó como família?'. Já chega... Depois de refletir bastante, fica evidente que já é hora de nós vivermos de acordo com o que Michael falava, o amor em vez da guerra. Nesse espírito, eu ofereço essa declaração como se fosse um ramo de oliveira. E sendo assim, retiro minha assinatura da carta que foi enviada ao espólio, e que nunca devia ter se tornado pública". Essa parte final era bastante divertida para aqueles que sabiam que tinham sido Randy, Janet e Jermaine que haviam mandado cópias da carta para vários veículos de comunicação. Colocando a culpa por seus excessos em "dúvidas sobre se nós o deixamos muito sozinho ou se nós fizemos o suficiente para ajudar quando o mundo corporativo o cercou", Jermaine pedia para ser compreendido: "Quando o que está em jogo é o bem--estar das pessoas que amamos, e especialmente nossa mãe, talvez nós sejamos compreensivelmente e assumidamente superprotetores".

No dia seguinte, 2 de agosto, o mundo descobriu o que havia mantido La Toya ocupada durante o conflito familiar. Ela estava negociando com a Oprah Winfrey Network um reality show que seria intitulado *A Vida com La Toya*.

Aqueles que pensavam que a rendição de Janet, Randy e Rebbie viria logo a seguir ficaram espantados quando, em 4 de agosto, o advogado de Janet, Blair Brown, emitiu uma nota em nome dos três Jackson que basicamente dobrava a aposta errada que eles tinham feito quase três semanas antes. A nota, é claro, começava com a afirmação de que a única preocupação deles tinha sido o bem-estar da mãe, Katherine, e dos três filhos de Michael, e depois dizia: "A campanha negativa da mídia gerada pelos executores e pelos agentes deles tem sido implacável. Nas últimas semanas, a mídia tem recebido informações absurdas — todas comprovadamente falsas — de um suposto rapto de Katherine Jackson e de abuso físico e verbal contra uma criança". A carta dizia que tudo o que o banimento de Janet e dos outros da casa de Calabasas havia conseguido era "abalar relações familiares fundamentais" e "também manter Katherine Jackson isolada de qualquer pessoa que questione a validade do testamento de Michael".

Foi no mínimo uma coincidência impressionante o fato de que no mesmo dia tenha sido levada ao juiz Beckloff uma declaração assinada por Katherine Jackson em que ela acusava os filhos de fazerem exatamente aquilo que eles estavam negando veementemente que houvessem feito. A declaração começava descrevendo como ela tinha sido mantida sem comunicação em Miraval, com o telefone do quarto e a TV desligados, e com o telefone celular e o iPad tirados dela. Nunca lhe haviam dito que Perry Sanders havia ido a Tucson para se encontrar com ela, seguia a declaração, ou que Janet e Jermaine haviam impedido que ele passasse do lobby do Miraval. Ela estava especialmente magoada por ter sido impedida de falar com os netos por dez dias inteiros, observando que apenas na noite em que deixou Miraval "eu tive permissão" para falar com eles. "Eu confiei que as pessoas que estavam comigo seriam honestas", concluía a declaração. "Obviamente elas não foram. Eu nunca ficaria tanto tempo sem me comunicar com [meus netos]."

Assinar a declaração tinha sido o preço de Katherine para reconquistar a guarda de Prince, Paris e Blanket. "Ela não quer ouvir nem falar nada ruim sobre os filhos", disse Ribera, "nem mesmo de Randy. Mas nada é tão importante para ela quanto os filhos de Michael."

Perry Sanders apareceu em seguida dando uma curta entrevista para o TMZ, na qual afirmou que a sra. Jackson não tinha "absolutamente" nenhum plano de levar o caso à Justiça. "Esse capítulo de caos está encerrado e nós defendemos a união da família apesar dos fatos recentes e das decisões que podem ser consideradas ruins."

Um novo capítulo de caos sem dúvida começaria em breve, mas Sanders, que já tinha permanecido por mais tempo do que Burt Levitch e Adam Streisand na função de advogado de Katherine Jackson, esperava sobreviver por tempo suficiente para mostrar mesmo a tipos como Joe e Randy que ele estava não só preparando um tijolo sólido, mas também uma bomba nuclear do tamanho de uma maleta para John Branca — e também para Howard Weitzman. Mesmo quando a carta enviada a Branca e McClain estava nas manchetes dos tabloides em letras garrafais, o espólio e seus advogados tinham tido muito mais razão para se preocupar com o pedido que Sanders havia feito para receber "todos os documentos comprobatórios" relativos à "segunda conta-corrente" que o espólio havia apresentado ao juiz Beckloff, referentes ao período de 1º de novembro de 2010 a 31 de dezembro de 2011, com ênfase especial nos negócios feitos com a AEG e nos pagamentos feitos a terceiros. Branca e Weitzman certamente eram espertos o suficiente para ver aonde isso estava levando. No relatório apresentado ao juiz Beckloff, a contabilidade do espólio era completa, mas pouco transparente, dividida em categorias amplas de "desembolsos", como "Folha de pagamento", "Relações públicas", "Pagamento de advogados", "Honorários legais" e, é claro, "Compensação dos diretores coexecutivo e criativo". Havia alguns números espantosos que indicavam o tamanho do espólio de Michael Jackson; só os automóveis que ele mantinha em Las Vegas estavam avaliados em mais de 675 mil dólares, e as contas para fazer a mudança e o armazenamento de tudo o que ele possuía haviam ultrapassado 1,5 milhão em um período de dezenove meses. O espólio também informou que havia empregado mais de uma dúzia de escritórios de advocacia em Londres, Tóquio, Berlim, Munique, Hamburgo, Nova York, Chicago, Las Vegas, Washington, DC, Cleveland e Los Angeles, mas os maiores honorários haviam sido pagos para os escritórios de Howard Weitzman (4,28 milhões) e de Joel Katz (3,71 milhões).

Sanders contratara o melhor perito contábil que encontrou para analisar os documentos do espólio nota por nota, procurando provas de conflito de interesses, de autocontratação e de violação de responsabilidade fiduciária. O advogado de Katherine claramente estava procurando algo que pudesse sugerir um conluio entre o espólio e a AEG. Sanders acreditava que talvez já tivesse munição suficiente para entrar com uma moção alegando conflito de interesses e que acusaria Branca e Weitzman pessoalmente pelo fato de o espólio não ter entrado com uma ação contra a AEG nem ter entrado como parte no processo movido por Katherine Jackson, e estava pronto para revelar isso na audiência que teria com o juiz Beckloff em 10 de agosto.

Aparentemente antecipando esse movimento, o espólio pediu e obteve no início de agosto um adiamento da audiência da "Segunda conta-corrente" com o juiz Beckloff, marcando uma nova data para 20 de setembro. Sanders disse que não se importava com isso; assim ele teria tempo para terminar a auditoria nos dados do espólio, depois que os "documentos comprobatórios" fossem entregues. No entanto, em 20 de agosto, o espólio apresentou nove objeções à solicitação que Sanders havia feito para receber os documentos, caracterizando o pedido como "vago e ambíguo" e "excessivamente oneroso". Os advogados do espólio também alegaram que algumas das informações que Katherine Jackson estava solicitando eram "altamente confidenciais" ou estavam protegidas pelo sigilo profissional a que os advogados tinham direito, especialmente no relacionamento com clientes. O pedido que Sanders havia feito em nome da sra. Jackson nitidamente infringia o "direito à privacidade" de Branca e de McClain, afirmaram os advogados do espólio, que também foram contra a solicitação de documentos que estivessem "de posse de terceiros", e disseram que se presumia "a existência de certos documentos" sem que houvesse prova de que de fato eles existissem.

Em resumo, a batalha estava ocorrendo mesmo antes de a guerra ser declarada.

A mídia ainda não havia percebido o início do confronto, e Katherine Jackson estava fora, fazendo a viagem de motor home que havia sido adiada pelo incidente no Arizona. Tinha sido um mês exaustivo para uma mulher que estava prestes a completar 83 anos. Além de tudo o que os filhos a tinham feito passar, no dia em que voltou à casa de Calabasas a sra. Jackson havia recebido um convite público de Conrad Murray para que ela o visitasse na cadeia. "Eu soube que ela tem o desejo de falar comigo antes de deixar essa vida", Murray havia explicado em uma declaração à CNN. "Vendo que ela está em uma idade avançada e que a saúde dela é questionável, eu teria grande prazer em me sentar sozinho com ela e responder a qualquer pergunta que ela possa ter." Três dias depois, os advogados responsáveis pelo recurso que Murray havia apresentado contra a sua condenação tinham ido ao tribunal para pedir que fosse feita uma perícia em um resíduo de um frasco de remédio que tinha sido apresentado pela promotoria como prova fundamental no julgamento. As impressões digitais de Murray tinham sido encontradas no vidro, que os promotores alegaram ser o frasco que continha o propofol que matou Michael Jackson. Se esse argumento fosse desmentido, o tribunal seria levado a concluir que Jackson havia, afinal de contas, injetado em si mesmo a dose letal de anestésico, diziam os advogados de Murray. Furiosa com a insistência de

Murray, Katherine recusou a oferta dele e caiu na estrada com seu mais fiel companheiro, Trent Jackson, os dois procurando alívio depois das semanas turbulentas e do drama que haviam vivido. Aquela série de cenas grotescamente planejadas deixara a família mais dividida do que nunca, e a matriarca ainda estava sofrendo com tudo aquilo, diziam as pessoas mais próximas a ela. Ela precisava de uma pausa.

Era um consolo para a sra. Jackson saber que, no fim, eles estariam todos juntos novamente. O negócio que Katherine fez com Forest Lawn para comprar a cripta no Santuário da Ascensão havia incluído a compra de outros onze jazigos no Terraço Sagrado, garantindo que, na morte, Michael Jackson estaria cercado de perto pelos integrantes de uma família que ele havia tentando manter à distância durante a maior parte da vida. Michael pode ter sido uma pessoa única, mas estava compartilhando com o resto dos mortais uma última lição sobre o destino de todos nós: não há como escapar da família.

Cronologia

26 DE JULHO DE 1929	Nasce Joseph Walter Jackson, em Fountain Hill, Arkansas.
4 DE MAIO DE 1930	Nasce Kattie B. Scruse / Katherine Esther Scruse, no condado de Barbour, Alabama.
29 DE MAIO DE 1950	Nasce Maureen "Rebbie" Jackson, em Gary, Indiana.
4 DE MAIO DE 1951	Nasce Sigmund Esco "Jackie" Jackson, em Gary.
15 DE OUTUBRO DE 1953	Nasce Tariano Adaryl "Tito" Jackson, em Gary.
11 DE DEZEMBRO DE 1954	Nasce Jermaine LaJuane Jackson, em Gary.
29 DE MAIO DE 1956	Nasce La Toya Ivonne Jackson, em Gary.
12 DE MARÇO DE 1957	Nasce Marlon David Jackson, em Gary.
29 DE AGOSTO DE 1958	Nasce Michael Joseph Jackson, em Gary.
29 DE OUTUBRO DE 1961	Nasce Steve Randall Jackson, em Gary.
1961	Jackie, Tito e Jermaine começam a se apresentar como grupo vocal.
1962	Marlon se junta ao grupo.
1963	Michael canta "Climb Ev'ry Mountain" na escola primária. Junta-se aos irmãos no grupo.
29 DE AGOSTO DE 1965 (ANIVERSÁRIO DE SETE ANOS DE MICHAEL JACKSON)	Os irmãos ganham o prêmio Tiny Tots Back to School Jamboree na loja de departamento Big Top, em Gary, cantando "Doin' the Jerk"; em seguida mudariam de nome para Jackson 5.

PRIMAVERA DE 1966	O Jackson 5 ganha o concurso de talentos da Escola Secundária Roosevelt, em Gary.
16 DE MAIO DE 1966	Nasce Janet Dameta Jackson, em Gary.
FINAL DE 1966 A INÍCIO DE 1967	O Jackson 5 começa a se apresentar no "chitlin' circuit".
INÍCIO DE 1967	O Jackson 5 é campeão do show de talentos do Teatro Regal, de Chicago, por três vezes seguidas.
AGOSTO DE 1967	O Jackson 5 ganha o concurso Noite dos Amadores no Teatro Apollo, no Harlem.
31 DE JANEIRO DE 1968	A Steeltown Records lança a primeira gravação do Jackson 5, com "Big Boy" no lado A.
23 DE JULHO DE 1968	O Jackson 5 faz um teste na gravadora Motown Records, em Detroit.
26 DE JULHO DE 1968	O Jackson 5 assina com a Motown.
11 DE AGOSTO DE 1969	O Jackson 5 é apresentado por Diana Ross, no Daisy, em Beverly Hills, Califórnia.
OUTUBRO DE 1969	"I Want You Back", do Jackson 5, é lançada pela Motown
14 DE DEZEMBRO DE 1969	O Jackson 5 aparece no programa de televisão *The Ed Sullivan Show.*
18 DE DEZEMBRO DE 1969	É lançado o primeiro álbum do Jackson 5 na Motown, *Diana Ross Presents The Jackson 5.*
10 DE OUTUBRO DE 1970	O Jackson 5 interpreta The Star Spangled Banner, o hino nacional norte-americano, no jogo de abertura da World Series, no Riverfront Stadium, em Cincinnati.
17 DE OUTUBRO DE 1970	O Jackson 5 se torna o primeiro grupo a ter quatro singles no primeiro lugar das paradas de sucesso, quando "I'll Be There" chega ao topo.
25 DE FEVEREIRO DE 1971	Joe e Katherine Jackson adquirem a propriedade na Hayvenhurst Drive, nº 4641, em Encino, Califórnia.
29 DE ABRIL DE 1971	Michael Jackson é capa da *Rolling Stone.*
11 DE SETEMBRO DE 1971	O desenho animado *The Jackson 5ive* estreia no canal de televisão ABC.
24 DE JANEIRO DE 1972	É lançado o primeiro álbum solo de Michael Jackson, *Got to Be There.*
4 DE AGOSTO DE 1972	É lançado o segundo álbum solo de Michael Jackson, *Ben.*
29 DE OUTUBRO DE 1972	O Jackson 5 desembarca no aeroporto de Heathrow, em Londres, para a primeira turnê europeia.

9 DE MARÇO DE 1973	Katherine Jackson entra com pedido de divórcio de Joe Jackson junto ao Tribunal Superior de Los Angeles.
19 DE FEVEREIRO DE 1974	Michael Jackson conhece Rodney Allen Rippy na primeira cerimônia do American Music Awards.
9 DE ABRIL DE 1974	O Jackson 5 se apresenta no MGM Grand, em Las Vegas.
JUNHO A JULHO DE 1975	Jermaine deixa o Jackson 5, Randy se junta ao grupo.
JULHO DE 1975	Termina o contrato do Jackson 5 com a Motown. O grupo assina com a CBS e passa a se chamar The Jacksons.
16 DE JUNHO DE 1976	O programa de variedades *The Jacksons* estreia na CBS.
PRIMAVERA DE 1977	Michael Jackson conhece Tatum O'Neal, então com treze anos de idade, no clube Rox, em Los Angeles.
JULHO DE 1977	Michael Jackson se muda para Nova York para trabalhar no filme *O mágico inesquecível*.
DEZEMBRO DE 1978	Michael Jackson começa a gravar *Off the Wall* em Los Angeles.
17 DE DEZEMBRO DE 1978	The Jacksons lança o álbum *Destiny*.
PRIMAVERA DE 1979	Michael cai do palco e quebra o nariz. Passa pela primeira rinoplastia.
FINAL DE 1979	O dr. Steven Hoefflin conserta a rinoplastia anterior, dando início a uma relação que durará mais de 25 anos.
14 DE ABRIL DE 1979	The Jacksons começa a turnê americana Destiny em Cleveland.
10 DE AGOSTO DE 1979	Michael Jackson lança *Off the Wall*.
OUTONO DE 1979	Michael Jackson contrata John Branca como seu advogado.
8 DE JULHO DE 1981	The Jacksons começa a turnê Triumph em Memphis.
ABRIL A NOVEMBRO DE 1982	Michael Jackson grava *Thriller* em Los Angeles, com produção de Quincy Jones.
12 DE NOVEMBRO DE 1982	Katherine Jackson entra com um segundo pedido de divórcio de Joseph Jackson no Tribunal Superior de Los Angeles.
1º DE DEZEMBRO DE 1982	Michael Jackson lança *Thriller*.
25 DE MARÇO DE 1983	Gravação do especial *Motown 25*, no Pasadena Civic Auditorium.
INÍCIO DE ABRIL DE 1983	Michael conhece o dr. Arnold Klein.
OUTUBRO DE 1983	Michael conhece Emmanuel Lewis durante as filmagens do videoclipe de "Thriller".
2 DE DEZEMBRO DE 1983	O videoclipe "Thriller", de Michael Jackson, estreia na MTV.

27 DE JANEIRO DE 1984	Michael Jackson tem o couro cabeludo queimado durante as filmagens do comercial da Pepsi-Cola, no Shrine Auditorium, em Los Angeles.
7 DE FEVEREIRO DE 1984	Primeiro encontro de Michael Jackson e Brooke Shields.
28 DE FEVEREIRO DE 1984	Michael Jackson ganha oito prêmios Grammy por *Thriller*.
21 DE JANEIRO DE 1985	Em parceria com Lionel Richie, Michael Jackson termina de compor letra e música de "We Are the World".
22 DE JANEIRO DE 1985	Começam as sessões de gravação de "We Are the World" no estúdio Lion Share, em Los Angeles.
OUTONO DE 1985	Michael Jackson compra a gravadora ATV Music por 47,7 milhões de dólares.
JUNHO DE 1986	Pela primeira vez, Michael é visto usando uma máscara cirúrgica, em Los Angeles.
16 DE SETEMBRO DE 1986	Michael aparece na capa do tabloide *National Enquire* numa câmara hiperbárica.
INÍCIO DE 1987	Michael compra o condomínio Century City, que ficará conhecido como "O Esconderijo".
5 DE JANEIRO A 9 DE JULHO DE 1987	Gravação do álbum *Bad* no estúdio Westlake, em Los Angeles.
ABRIL DE 1987	Michael abandona as Testemunhas de Jeová.
31 DE AGOSTO DE 1987	Michael Jackson lança *Bad*.
12 DE SETEMBRO DE 1987	Começa em Tóquio a turnê Bad.
20 DE ABRIL DE 1988	É lançada a autobiografia de Michael Jackson, *Moonwalk*.
23 DE JUNHO DE 1989	O contrato da CBS/ Epic Records com o The Jacksons acaba e, sem Michael no grupo, a gravadora não o renova.
7 DE OUTUBRO DE 1991	Elizabeth Taylor e Larry Fortensky casam-se no rancho Neverland.
14 E 15 DE NOVEMBRO DE 1991	É lançado o videoclipe de "Black or White".
21 E 22 DE NOVEMBRO DE 1991	Michael Jackson lança *Dangerous*.
1992	Deepak Chopra apresenta Grace Rwaramba a Michael.
MAIO DE 1992	Michael conhece Jordan Chandler em Los Angeles.
JANEIRO DE 1993	Michael é apresentado à Lisa Marie Presley na casa de Brett Livingstone, em Pacific Palisades.
19 DE JANEIRO DE 1993	Michael Jackson canta "Heal the World" no baile de gala em homenagem ao presidente recém-eleito, Bill Clinton.

25 DE JANEIRO DE 1993	Jordan Chandler visita o Esconderijo pela primeira vez.
31 DE JANEIRO DE 1993	Michael Jackson se apresenta no intervalo do jogo no Super Bowl XXVII, no Rose Bowl, em Pasadena.
10 DE FEVEREIRO DE 1993	No programa *The Oprah Winfrey Show*, Michael fala pela primeira vez em público sobre os abusos que sofreu do pai na infância.
27 E 28 DE FEVEREIRO DE 1993	Michael leva Jordan Chandler, sua mãe, June, e a irmã, Lily, a Neverland pela primeira vez.
28 A 30 DE MARÇO DE 1993	Michael leva Jordan Chandler, June e Lily a Las Vegas.
INÍCIO DE MAIO DE 1993	Evan Chandler convida Michael para dormir com Jordie em sua casa.
9 DE MAIO DE 1993	Michael se hospeda no Hôtel de Paris, em Mônaco, com Jordie, June e Lily, acompanhado por Bob Jones.
INÍCIO DE JUNHO DE 1993	Evan Chandler contrata Barry Rothman como seu advogado; enquanto o advogado de Michael, Bert Fields, contrata Anthony Pellicano.
17 DE AGOSTO DE 1993	O departamento de polícia de Los Angeles abre oficialmente uma investigação sobre Michael Jackson.
21 DE AGOSTO DE 1993	Michael chega a Bangkok para a terceira parte de sua turnê mundial. O departamento de polícia de Los Angeles executa mandados de busca em Neverland e no condomínio Century City.
30 DE AGOSTO DE 1993	Michael sofre colapso no camarim num show em Singapura.
31 DE AGOSTO DE 1993	Michael faz uma tomografia cerebral num hospital em Singapura; Gloria Allred é contratada para representar Jordie Chandler em Los Angeles.
14 DE SETEMBRO DE 1993	Gloria Allred desiste de representar Jordie e é imediatamente substituída por Larry Feldman. Nesse mesmo dia, uma ação civil é movida contra Michael Jackson no Tribunal Superior de Los Angeles.
12 A 14 DE NOVEMBRO DE 1993	Michael voa para Londres, via Canadá e Islândia, junto com Liz Taylor e Larry Fortensky, e se interna numa clínica particular de desintoxicação.
16 DE NOVEMBRO DE 1993	Em Los Angeles, um mandado para revista dos genitais de Michael Jackson é expedido.
24 DE NOVEMBRO DE 1993	É marcada a data de 21 de março de 1994 para julgamento da ação civil de Jordan contra Michael.

20 DE DEZEMBRO DE 1993	Johnnie Cochran substitui Bert Fields na equipe de advogados de Michael. No mesmo dia, o cantor submete-se à revista de seus genitais no rancho Neverland.
24 DE JANEIRO DE 1994	A procuradoria do município de Los Angeles anuncia que não há prova suficiente para acusar Evan Chandler de extorsão.
25 DE JANEIRO DE 1994	Larry Feldman, Carl Douglas, Howard Weitzman e Johnnie Cochran chegam a um acordo para evitar que o caso vá a julgamento.
FEVEREIRO DE 1994	Os promotores públicos Gil Garcetti e Tom Sneddon começam separadamente a mobilizar o júri para investigações acerca de abuso de crianças envolvendo Michael Jackson.
FINAL DE FEVEREIRO DE 1994	Michael se hospeda na Trump Tower, em Nova York, para começar a gravar o álbum *HIStory* no estúdio Hit Factory.
25 E 26 DE MAIO DE 1994	Michael Jackson e Lisa Marie Presley chegam ao resort Casa de Campo, na República Dominicana, onde se casam numa cerimônia secreta.
24 DE SETEMBRO DE 1994	Gil Garcetti e Tom Sneddon anunciam que não foram capazes de apresentar provas suficientes para convencer os júris de Los Angeles e Santa Barbara a aceitarem as denúncias contra Michael Jackson, devido à recusa por parte de Jordan Chandler de testemunhar.
14 DE JUNHO DE 1995	Michael e Lisa Marie são entrevistados por Diane Sawer no *Primetime Live*.
15 DE JUNHO DE 1995	*HIStory* é lançado com a exibição de estátuas gigantescas de Michael Jackson em cidades europeias.
NOVEMBRO DE 1995	Michael Jackson e a Sony fundem seus catálogos musicais, avaliados em 600 milhões de dólares.
6 DE DEZEMBRO DE 1995	Michael passa mal no ensaio do show para o especial da HBO e é levado às pressas ao Centro Médico Beth Israel, em Nova York.
18 DE JANEIRO DE 1996	Lisa Marie Presley entra com pedido de divórcio.
19 DE FEVEREIRO DE 1996	A apresentação de Michael no Brit Awards, cantando "Earth Song", é interrompida por Jarvis Cocker.
MAIO DE 1996	Debbie Rowe engravida de Michael Joseph Jackson Jr.
14 DE NOVEMBRO DE 1996	Imediatamente depois de um show em Sydney, Michael casa-se com Debbie Rowe.
13 DE FEVEREIRO DE 1997	Debbie Rowe dá à luz Michael Joseph Jackson Jr.

25 DE NOVEMBRO DE 1997	Debbie Rowe anuncia que está grávida de uma menina, que virá a ser Paris-Michael Katherine Jackson.
3 DE ABRIL DE 1998	Debbie Rowe dá à luz Paris-Michael Katherine Jackson, na Clínica Médica Spalding Pain, em Los Angeles.
29 DE AGOSTO DE 1999	Em seu aniversário de 41 anos, Michael cancela os shows *Millenium*, agendados para 31 de dezembro, em Seul e Honolulu.
23 DE JUNHO DE 2000	Marcel Avram processa Michael pelo cancelamento do show *Millenium*.
27 DE AGOSTO DE 2000	Gavin Arvizo visita Neverland pela primeira vez.
6 DE MARÇO DE 2001	Michael discursa em Oxford.
JUNHO DE 2001	Michael conhece Marc Schaffel na casa do dr. Arnold Klein.
7 E 10 DE SETEMBRO DE 2001	Michael apresenta o show *30th Anniversary* no Madison Square Garden.
16 DE SETEMBRO DE 2001	Michael anuncia que vai lançar "What More Can I Give", com produção de Marc Schaffel, como single beneficente para as vítimas do atentado de Onze de Setembro.
15 DE OUTUBRO DE 2001	Michael termina a produção de "What More Can I Give".
17 DE OUTUBRO DE 2001	Debbie Rowe vai à Vara de Família abrir mão da guarda de Prince e Paris.
30 DE OUTUBRO DE 2001	Michael Jackson lança *Invincible*.
21 DE FEVEREIRO DE 2002	Nasce o filho mais novo de Michael, Prince "Blanket". Michael Jackson II, de mãe desconhecida, no hospital Grossmont, em San Diego.
11 DE JUNHO DE 2002	Num jantar em Londres, Uri Geller apresenta Martin Bashir a Michael Jackson.
6 DE JULHO DE 2002	Michael aparece sobre um ônibus de dois andares em frente ao escritório central da Sony em Nova York, onde seus fãs se manifestam.
7 DE JULHO DE 2002	Aparentemente, Michael está em Los Angeles para nomear como executores de seu espólio Jonh Branca, Jonh McClain e Barry Siegel.
6, 8 E 9 DE JULHO DE 2002	Michael é fotografado em Nova York.
30 E 31 DE JULHO DE 2002	Martin Bashir chega a Neverland para começar a gravar o que será o documentário *Living with Michael Jackson*.

19 DE NOVEMBRO DE 2002	Michael chega a Berlim na companhia de Dieter Wiesner, Marc Schaffel, Grace Rwaramba e seus filhos para receber o prêmio Bambi. Causa revolta internacional ao sacudir Blanket na sacada de sua suíte.
3 DE FEVEREIRO DE 2003	*Living with Michael Jackson* estreia na rede inglesa ITV, alcançando enorme audiência.
	Michael despede o advogado Jonh Branca.
4 DE FEVEREIRO DE 2003	Michael despede o contador Barry Siegel.
5 DE FEVEREIRO DE 2003	Janet Arvizo e os três filhos chegam em Miami num jato particular, junto com Chris Tucker, e se hospedam no Turnberry Isle, onde Michael e sua equipe estão hospedados.
6 DE FEVEREIRO DE 2003	O depoimento em juízo de Jordan Chandler, descrevendo o suposto abuso sexual que sofreu de Michael Jackson, vaza para o site Smoking Gun.
	Living with Michael Jackson é transmitido nos Estados Unidos pela ABC.
7 DE FEVEREIRO DE 2003	Mark Geragos é contratado como advogado de Michael.
14 DE FEVEREIRO DE 2003	O Departamento de Proteção às Crianças e à Família de Los Angeles abre uma investigação acerca da natureza das relações entre Michael e Gavin Arvizo.
18 DE FEVEREIRO DE 2003	O departamento de polícia de Santa Barbara abre uma investigação sobre as relações entre Michael e Gavin Arvizo com base em denúncias de Gloria Allred e Carol Lieberman.
20 DE FEVEREIRO DE 2003	O *"vídeo de réplica" Take Two: The Footage You Were Not Meant to See* vai ao ar na Fox.
MARÇO DE 2003	Declara-se que Michael Jackson assina um testamento nomeando Al Malnik como seu executor.
14 DE MARÇO DE 2003	Um júri concede 5,3 milhões de dólares a Marcel Avram em seu processo contra Michael Jackson.
16 DE ABRIL DE 2003	O departamento de polícia de Santa Barbara declara que não há causa provável para prender Michael Jackson.
15 A 29 DE MAIO DE 2003	Por ordem de Larry Feldman, as crianças Arvizo se encontram com o dr. Stan Katz.

13 DE JUNHO DE 2003	Larry Feldman e Stan Katz denunciam as alegações de abuso de menores feitas por Gavin e Star Arvizo contra Michael Jackson para as autoridades de Santa Barbara.
26 DE AGOSTO DE 2003	Barry Siegel envia uma carta, demitindo-se da função de executor do espólio de Michael Jackson.
29 DE AGOSTO DE 2003	Festa de comemoração do aniversário de 45 anos de Michael Jackson em Los Angeles.
24 DE OUTUBRO DE 2003	Michael chega em Las Vegas com Dieter Wiesner, Marc Schaffel e Stuart Backerman para promover o single "What More Can I Give?" e recebe do prefeito, Oscar Goodman, a chave da cidade.
18 DE NOVEMBRO DE 2003	É lançado *Number One*.
	É executado o mandado de busca em Neverland.
19 DE NOVEMBRO DE 2003	Tom Sneddon e o xerife de Santa Barbara, Jim Anderson, anunciam que um mandado para a prisão de Michael Jackson foi emitido.
PRIMEIRA QUINZENA DE DEZEMBRO DE 2003	A Nação do Islã assume a segurança de Michael Jackson e todo o contato com Wiesner e Schaffel é cortado.
18 DE DEZEMBRO DE 2003	Promotores apresentam formalmente sete acusações contra Michael Jackson de cometer atos lascivos com crianças.
FINAL DE DEZEMBRO DE 2003	Michael Jackson deixa Neverland para viver numa casa alugada em Beverly Hills.
31 DE DEZEMBRO DE 2003	Debbie Rowe entra com ação para recuperar seu direito à visitação dos filhos.
15 DE JANEIRO DE 2004	Gloria Allred pede ao Departamento de Proteção às Crianças e à Família que retire os filhos de Michael de seus cuidados.
16 DE JANEIRO DE 2004	Michael é acusado no tribunal de Santa Maria e se declara inocente.
1º DE FEVEREIRO DE 2004	Michael está na casa de Ron Burkle, em La Jolla, onde assiste, no intervalo do Super Bowl, à apresentação de Janet, que ficou conhecida como "Nipplegate".
7 DE FEVEREIRO DE 2004	Michael contrata Raymond Bain para substituir Stuart Backerman, que se demitira.
19 DE MARÇO DE 2004	O Departamento de Proteção às Crianças e à Família anuncia que não há motivo para remover os filhos da custódia de Michael Jackson.

25 DE MARÇO DE 2004	Um júri é montado em Santa Barbara para ouvir evidências contra Michael Jackson.
21 DE ABRIL DE 2004	Michael Jackson está em Orlando quando fica sabendo que foi acusado pelo júri de Santa Barbara.
25 DE ABRIL DE 2004	Michael despede o advogado Geragos e o substitui por Tom Mesereau.
13 DE SETEMBRO DE 2004	*All That Glitters*, de Ray Chandler, é publicado.
4 DE NOVEMBRO DE 2004	Joseph Bartucci entra com processo por abuso sexual contra Michael Jackson em New Orleans.
16 DE NOVEMBRO DE 2004	Howard King entra com uma ação civil em nome de Marc Schaffel em Los Angeles.
31 DE JANEIRO DE 2005	Tem início a seleção do júri em O povo contra Michael Joseph Jackson.
28 DE FEVEREIRO DE 2005	Tom Sneddon faz suas declarações de abertura.
1º DE MARÇO DE 2005	Tom Mesereau faz suas declarações de abertura.
2 E 3 DE JUNHO DE 2005	Ron Zonen e Tom Mesereau apresentam suas alegações finais.
14 DE JUNHO DE 2005	Michael Jackson é absolvido de todas as acusações.
29 DE JUNHO DE 2005	Michael, Grace e as crianças viajam para o Bahrein.
11 DE JULHO DE 2005	A Prescient Acquisitions processa Michael Jackson pela quantia de 48 milhões de dólares.
23 DE SETEMBRO DE 2005	Michael chega ao hotel Dorchester, em Londres, para depor no caso Schaffel.
27 DE OUTUBRO DE 2005	Michael entra com um processo contra Schaffel.
12 DE NOVEMBRO DE 2005	Michael é escoltado pela polícia depois de uma cena na Ala Egípcia do shopping center Ibn Battuta, em Dubai.
9 DE DEZEMBRO DE 2005	O tabloide *National Inquire* divulga que Michael está em estado crítico depois de overdose de álcool e remédios.
15 A 22 DE JANEIRO DE 2006	Michael viaja a Orlando, Flórida, e encontra-se com Lou Pearlman.
26 DE JANEIRO DE 2006	Michael, Grace e as crianças viajam a Hamburgo e se estabelecem na casa de Schleiter.
15 DE FEVEREIRO DE 2006	O Tribunal de Apelação da Califórnia determina que os direitos de custódia de Debbie Rowe não foram anulados por nenhuma determinação judicial anterior e que ela está apta a brigar pela custódia de Paris e Prince.

FINAL DE MARÇO E INÍCIO DE ABRIL DE 2006	Michael e os filhos trabalham com Tony Buzan. O "assistente" de Michael é parado no aeroporto de Manama com uma mala cheia do medicamento OxyContin.
13 DE ABRIL DE 2006	Um comunicado é emitido dizendo que Michael estabilizou suas finanças num acordo com a Fortress Investment.
17 DE ABRIL DE 2006	O processo de Bartucci é arquivado.
19 DE ABRIL DE 2006	Michael se encontra com o rei Hamad bin Isa Al Khalifa no palácio Safriya.
20 E 21 DE MAIO DE 2006	O xeque Abdullah vê Michael pela última vez.
22 E 23 DE MAIO DE 2006	Michael chega a Londres para o segundo depoimento no caso Schaffel.
24 DE MAIO DE 2006	O Supremo Tribunal da Califórnia se recusa a aceitar a apelação de Michael no caso de Debbie Rowe.
26 DE MAIO DE 2006	Michael, Grace e as crianças chegam a Tóquio para o MTV Japan Awards.
14 A 22 DE JUNHO DE 2006	Michael e seu grupo estão no New York Hotel, na Disneylândia, em Paris. Passeio ao Jardin des Plantes.
23 A 25 DE JUNHO DE 2006	O grupo de Jackson vai para Cork, Irlanda, e se estabelece no castelo Blackwater.
28 DE JUNHO DE 2006	Começa em Santa Monica o julgamento Schaffel contra Jackson.
3 DE JULHO DE 2006	O grupo de Michael se muda para a Ballinacurra House, em Kinsale, Irlanda.
14 DE JULHO DE 2006	O veredicto do processo Schaffel contra Jackson é uma decisão dividida; Schaffel ganha 900 mil dólares e Michael, 200 mil.
29 DE AGOSTO DE 2006	Michael e seu grupo estão no castelo de Luggala, no condado de Wicklow, Irlanda, na comemoração de seu aniversário de 48 anos.
29 DE SETEMBRO DE 2006	Michael e seu grupo estão em Grouse Lodge quando seus advogados e os de Debbie Rowe chegam a um acordo confidencial a respeito de sua disputa.
OUTUBRO/ NOVEMBRO DE 2006	Depois de Michael dizer a Raymone Bain que não tem nenhum testamento válido ou acordo de fundo fiduciário e que precisa de um, ela começa a criar o Fundo Neverland, que tem Katherine Jackson como administradora.
INÍCIO DE OUTUBRO DE 2006	Michael trabalha com will.i.am em Grouse Lodge no "álbum de retorno".

15 DE OUTUBRO DE 2006	Billy Bush entrevista Michael em Grouse Lodge para o programa *Access Hollywood*.
15 DE NOVEMBRO DE 2006	Michael abrevia a apresentação em Earl's Court, durante a cerimônia do World Music Awards.
23 DE DEZEMBRO DE 2006	Michael, Grace e as crianças chegam de Dublin a Los Angeles num jato particular, sendo recebidos por Jack Wishna; eles se mudam para a casa em Monte Cristo Drive.
29 DE DEZEMBRO DE 2006	Michael faz vigília ao caixão de James Brown.
30 DE DEZEMBRO DE 2006	Michael discursa no funeral de James Brown.
25 DE JANEIRO DE 2007	A imprensa divulga que Michael Jackson voltou aos Estados Unidos.
FINAL DE FEVEREIRO DE 2007	Joe e Randy Jackson fazem diferentes tentativas de entrar na propriedade da Monte Cristo Drive e são impedidos.
31 DE MARÇO DE 2007	A auditoria de Thompson, Cobb, Bazilio e Associados mostra que Michael Jackson tem um patrimônio líquido no valor de 236 milhões de dólares.
ABRIL DE 2007	Randy Phillips viaja de Los Angeles a Las Vegas para discutir com Michael sobre uma possível apresentação na O2 Arena, em Londres; pouco depois, Raymond Bain avisa que Michael ainda não está pronto.
17 DE ABRIL DE 2007	A Sony / ATV compra o catálogo da Leiber-Stoller.
18 DE JUNHO DE 2007	No momento em que a seleção do júri está para começar no tribunal dos Estados Unidos em Manhattan, os advogados de Michael fecham um acordo com a Prescient Acquisitions.
FINAL DE JUNHO E COMEÇO DE JULHO DE 2007	Michael é visto na região de Washington, DC.
JULHO DE 2007	Depois do cancelamento de seu único cartão de crédito, Michael e os filhos são obrigados a deixar hotéis antes do check-in.
25 DE JULHO DE 2007	Michael presta depoimento à Howard King sobre o processo de Dieter Wiesner no escritório da Venable Law, em Washington, DC.
MEADOS DE AGOSTO DE 2007	Michael, Grace e as crianças aparecem na casa dos Cascio, em Franklin Lakes, Nova Jersey.
15 DE OUTUBRO DE 2007	Na Suprema Corte de Londres, o xeque Abdullah entra com um processo contra Michael Jackson e demanda aproximadamente 7 milhões de dólares.

31 DE OUTUBRO DE 2007	Michael é reconhecido fazendo compras para o Halloween com Frank Cascio.
7 DE NOVEMBRO DE 2007	Michael, Grace e as crianças viajam a Los Angeles para o aniversário de 66 anos do reverendo Jesse Jackson.
MEADOS DE NOVEMBRO A INÍCIO DE DEZEMBRO DE 2007	Michael, Grace e as crianças ficam hospedados na casa de Ron Burkle; Michael se recusa a conversar por telefone com Raymone Bain.
31 DE DEZEMBRO DE 2007	O refinanciamento de empréstimos, tendo como garantia a parte de Michael da Sony/ATV, é terminado.
11 A 13 DE FEVEREIRO DE 2008	*Thriller 25* é lançado na Europa e nos Estados Unidos.
20 DE FEVEREIRO DE 2008	A Fortress Investments emite notificação de execução da hipoteca do rancho Neverland.
27 DE FEVEREIRO A 2 DE MARÇO DE 2008	Michael e as crianças se mudam de Palms para a propriedade de Palomino; Jermaine Jackson apresenta Michael a Tohme Tohme.
ABRIL DE 2008	A Fortress Investment marca para maio o leilão do rancho Neverland e demais propriedades hipotecadas.
INÍCIO E MEADOS DE MAIO DE 2008	A Colony Capital anuncia que adquiriu a hipoteca de Neverland e o leilão é cancelado.
INÍCIO DE JULHO DE 2008	Tohme Tohme se torna oficialmente o novo empresário de Michael Jackson.
28 E 29 DE AGOSTO DE 2008	Michael é entrevistado pelo *Good Morning America*; fãs ingleses fazem uma serenata para ele nos portões da propriedade de Palomino, e ele recebe uma carta que circula na vizinhança expressando preocupação com o fato de um molestador estar vivendo entre eles.
INÍCIO DE SETEMBRO DE 2008	Tohme começa a consultar Peter Lopez a respeito de uma nova turnê para Michael.
FINAL DE SETEMBRO A INÍCIO DE OUTUBRO DE 2008	Michael e Tohme se reúnem com Phil Anschutz no MGM Grand, em Las Vegas.
MEADOS A FINAL DE OUTUBRO DE 2008	Michael e os filhos deixam Las Vegas e se hospedam no hotel Bel-Air, sem Grace.
21 DE OUTUBRO DE 2008	Patrick Alloco, da AllGood Entertainment, vai a Las Vegas discutir com Joe Jackson um show de reencontro da família Jackson. Joe sugere que Alloco se encontre com Frank Dileo.
FINAL DE OUTUBRO A COMEÇO DE NOVEMBRO DE 2008	As negociações do acordo para os shows na O2 Arena continuam. Grace vai a Los Angeles, mas é mandada embora.

31 DE OUTUBRO DE 2008	Michael e as crianças vão à festa de Halloween de Natalie Maine com Veronique Peck.
17 DE NOVEMBRO DE 2008	Começa o julgamento do processo do xeque Abdullah na Suprema Corte de Londres.
20 E 21 DE NOVEMBRO DE 2008	Patrick Alloco se reúne com Frank Dileo em Nashville.
23 DE NOVEMBRO DE 2008	Michael e Tohme se preparam para ir a Londres quando ficam sabendo que foi negociado um acordo no processo do xeque Abdullah.
26 DE NOVEMBRO DE 2008	Frank Dileo e Patrick Alloco assinam um contrato com garantia para o show de reencontro dos Jackson.
INÍCIO DE DEZEMBRO DE 2008	Com a ajuda de Barrack, Tohme convence Michael a se comprometer com dez apresentações na O2 Arena Tohme, Lopez e Dennis Hawk começam as negociações com Randy Phillips.
MEADOS DE DEZEMBRO DE 2008	Michael e os filhos mudam-se para a mansão da Carolwood Drive.
1º DE JANEIRO DE 2009	A AllGood Entertainment contrata Leonard Rowe como "consultor".
26 DE JANEIRO DE 2009	Na mansão Carolwood, rodeado por Phil Anschutz, Tim Leiweke, Paul Gongaware e Randy Phillips da AEG, Michael assina um contrato de dez apresentações na O2 Arena, em Londres.
FEVEREIRO/ MARÇO DE 2009	Depois de Michael afirmar que não tem testamento e precisa de um, Tohme e Hawk vão consultar o advogado Sean Najerian sobre um testamento e um fundo fiduciário para Jackson.
3 DE FEVEREIRO DE 2009	Leonard Rowe e Patrick Alloco levam Katherine Jackson para almoçar, explicam os planos do show de reencontro dos Jackson e prometem pagá-la se Michael assinar o contrato.
9 DE FEVEREIRO DE 2009	O sócio de Tohme, James Weller, se encontra com Darren Julien numa lanchonete na Wilshire Boulevard.
12 DE FEVEREIRO DE 2009	Leonard Rowe e Patrick Alloco vão ao escritório de Dennis Hawk para uma reunião.
4 DE MARÇO DE 2009	A MJJ Productions move uma ação contra a Julien's Auctions, demandando que esta cancele o leilão das propriedades de Michael, marcado para 22 de abril de 2009.

5 DE MARÇO DE 2009	Michael anuncia a série de dez apresentações na O2 Arena, intituladas *This Is It*.
6 A 11 DE MARÇO DE 2009	Michael descobre que Tohme está conversando com a AEG sobre aumentar o número de apresentações na O2 Arena; eventualmente, ele é convencido a realizar 31 shows.
11 DE MARÇO DE 2009	A pré-venda de ingressos para os shows na O2 Arena produz resposta espetacular.
13 DE MARÇO DE 2009	O número de apresentações na O2 Arena sobe para . cinquenta. Os ingressos para todos os shows se esgotam em quatro horas.
16 DE MARÇO DE 2009	A coluna de Roger Friedman questiona Tohme, e o jornalista expressa a opinião de que Tohme não é um médico de verdade.
24 DE MARÇO DE 2009	Roger Friedman publica coluna na qual Darren Julien declara ter sido ameaçado por James Weller.
25 DE MARÇO DE 2009	Joe Jackson e Leonard Rowe conseguem entrar na mansão Carolwood.
26 DE MARÇO DE 2009	Leonard Rowe e Frank Dileo se reúnem pela primeira vez, a pedido de Katherine Jackson.
27 DE MARÇO DE 2009	Leonard Rowe divulga um comunicado de imprensa declarando ser empresário de Michael Jackson. Michael para de aceitar telefonemas de Rowe. A AllGood Entertainment envia notificação a Randy Phillips declarando que Frank Dileo é o empresário de Michael Jackson e assinou contrato com eles.
6 DE ABRIL DE 2009	O dr. Conrad Murray apresenta à Applied Pharmacy Services uma prescrição para a droga propofol.
12 DE ABRIL DE 2009	Michael pergunta a Cherilyn Lee se ela consegue obter e administrar propofol.
13 A 15 DE ABRIL DE 2009	Audições para a escolha de dançarinos para o show *This Is It* são realizadas no Kodak Theatre, em Hollywood.
14 DE ABRIL DE 2009	A Julien's Auctions se prepara para começar a exibir a propriedade de Beverly Hilton antes do previamente programado para 22 de abril. Michael Jackson se reúne com Joe Jackson, Leonard Rowe e Patrick Alloco no Sportsmen's Lodge. Michael assina carta estipulando que Rowe está autorizado a representá-lo e assina também uma revogação da autoridade de Tohme Tohme como seu empresário. Tohme entra em acordo com Darren Julien, acabando com o

	processo contra Michael e o leilão de suas propriedades. Também entrega o cheque para pagar Julien. Não é o suficiente para Michael, que corta todo o contato com Tohme.
FINAL DE ABRIL A COMEÇO DE MAIO DE 2009	Michael frequentemente se ausenta dos ensaios no Center Staging.
21, 22, 23, 25, 27, 28 E 30 DE ABRIL DE 2009	Paparazzi rastreiam Michael no consultório do dr. Klein em Beverly Hills.
2 DE MAIO DE 2009	Carta aparentemente assinada por Michael Jackson é divulgada para vários associados, declarando que Frank Dileo foi nomeado como "um de (meus) representantes e gerentes de turnê".
5 DE MAIO DE 2009	Raymone Bain entra com processo no valor de 5 milhões de dólares contra Michael Jackson em Washington, DC. Ola Ray entra com processo contra Michael em Santa Monica. Carta escrita por Frank Dileo e aparentemente assinada por Michael Jackson é enviada a diversos associados, dispensando os serviços de Tohme Tohme.
8 DE MAIO DE 2009	AEG chega a um acordo verbal que contrata o dr. Conrad Murray como médico particular de Michael Jackson. Murray começa a dormir na casa de Michael.
12 DE MAIO DE 2009	O dr. Conrad Murray apresenta à Applied Pharmacy Services uma receita para propofol e drogas benzodiazepínicas variadas.
14 DE MAIO DE 2009	Michael e os filhos vão ao jantar comemorativo do sexagésimo aniversário de casamento de Joe e Katherine Jackson.
15 DE MAIO DE 2009	Os irmãos de Michael divulgam um comunicado negando o envolvimento num suposto show de reencontro da família Jackson organizado pela AllGood Entertainment Michael, Randy Phillips, Paul Gongaware, Leonard Rowe, Joe e Katherine Jackson se reúnem no Beverly Hills Hotel À tarde, Michael vai ao dr. Klein.
20 DE MAIO DE 2009	A AEG anuncia o adiamento dos shows *This Is It*.
25 DE MAIO DE 2009	Michael envia carta a Leonard Rowe dizendo que este não o representa.
FINAL DE MAIO DE 2009	Randy Phillips diz ao *Los Angeles Times* que os shows *This Is It* são questão de vida ou morte para Michael.
1º DE JUNHO DE 2009	Os ensaios de *This Is It* se mudam para o Los Angeles Forum.
17 DE JUNHO DE 2009	De acordo com John Branca, ele se reúne com Michael e Frank Dileo no Los Angeles Forum.

18 DE JUNHO DE 2009	Michael não aparece para um dos últimos dois ensaios no Los Angeles Forum; Randy Phillips vai à mansão e demanda, na presença do dr. Murray, que Michael pare de ver o dr. Klein e pare de tomar as drogas que acredita que este lhe esteja receitando.
19 DE JUNHO DE 2009	Michael chega para a última tarde de ensaios de *This Is It* e é mandado para casa por Kenny Ortega.
20 DE JUNHO DE 2009	Randy Phillips diz a Frank Dileo que ele precisa manter seu cliente na linha; Dileo deixa uma mensagem de voz para Conrad Murray dizendo que Michael está "doente" e precisa fazer um exame de sangue "para ver o que ele anda fazendo"; Murray pede uma reunião com Ortega e Phillips na mansão Carolwood.
22 DE JUNHO DE 2009	Michael aparece para o primeiro dia de ensaios com figurino no Staples Center "com outro ânimo", segundo Ortega.
24 DE JUNHO DE 2009	Michael chega ao Staples Center por volta das seis da tarde, apresenta uma performance "bioluminiscente", nas palavras de Ortega, e vai para casa animado.
25 DE JUNHO DE 2009	Michael Jackson é declarado morto no Centro Médico UCLA.

Sobre as fontes

É difícil confiar em pessoas que não querem ser identificadas. É por isso que nenhum de nós — autores ou leitores — gosta de depender de fontes anônimas. No final, é tudo uma questão de pesar os prós e os contras. Vale a pena sacrificar esses dados, de quem exatamente disse isto ou aquilo, em prol do acesso à informação? Em alguns poucos casos, eu decidi que valia.

Duas de minhas fontes mais importantes fizeram questão do mais absoluto anonimato. Elas não me deixaram nem citá-las como fontes anônimas ou identificá-las como fontes de nenhuma maneira. Uma delas, a quem vou me referir como Fonte Anônima 1 (doravante FA1) foi absolutamente essencial para que eu pudesse rastrear os movimentos e as atividades de Michael Jackson (doravante MJ) durante o período entre sua absolvição na corte de Santa Barbara em junho de 2005 e sua longa estadia na casa da família Cascio no final do verão e princípio do outono de 2007. Essa fonte também me contou muita coisa sobre as relações familiares de MJ e outras informações pessoais. A segunda pessoa, Fonte Anônima 2 (doravante FA2), foi uma peça-chave no entendimento dos processos legais, financeiros e dos negócios de MJ. Eu decidi contornar o problema do total anonimato dessas duas fontes não publicando dados significativos ou potencialmente controversos, a menos que eu pudesse verificá-los com outra fonte independente que me confirmasse a veracidade daquelas afirmações. Ambas as fontes (mas especialmente FA2) foram muito eficientes em me indicar onde buscar essa confirmação, frequentemente obtida em registros públicos, que também utilizei para confirmar ou negar dados obtidos de outras fontes. O único momento em que me baseei exclusivamente nelas tem a ver com contexto e atmosfera. Quando e onde algo ocorreu. E, claro, prestei muita atenção ao que as duas tinham a me dizer (FA1 em particular) sobre o estado de espírito e emocional de MJ.

Duas outras fontes me permitiram citá-las, mas não pelo nome, portanto vou me referir a elas como Fonte Confidencial 1 (FC1) e Fonte Confidencial 2 (FC2). As duas trabalharam com e para MJ de tempos em tempos, durante um longo período: mais de vinte anos num dos casos e quase quinze no outro. Um era um advogado e o outro trabalhou para MJ, e é assim que os identifico quando mencionados. FC2 era alguém que eu tinha certeza de que concordaria eventualmente em ser citado pelo nome, mas essa pessoa morreu antes que eu terminasse o livro. Como nunca revimos nosso contrato, mantive minha promessa de mantê--la uma fonte confidencial.

Ainda houve duas outras pessoas que me informaram, no meio do processo de nossas diversas entrevistas, que não queriam ser citadas nominalmente. Minha posição nessa questão é a de que, a partir do momento em que uma fonte pede para ser mantida confidencial, eu não a citarei por nome, mas anteriormente a este pedido fico livre para citá-las e identificá-las. Foi assim que lidei com essas duas fontes, cada qual sendo identificada em algumas citações e, em outras, mantida no anonimato.

Além disso, tomei algumas decisões unilaterais de não citar certas pessoas pelo nome. Num desses casos, eu utilizei alguns comentários de um consultor de Katherine Jackson. Essa pessoa (que também estava associada a Joe Jackson) sabia que eu estava escrevendo um livro sobre MJ e em nenhum momento me disse que suas declarações eram "off-the-record", mas também nunca me disse que podiam ser citadas. Decidi citá-lo em alguns momentos do livro, mas não pelo nome. Essa pessoa também me contou coisas sobre os irmãos de MJ que provavelmente foram tão importantes para que eu formasse uma opinião quanto qualquer outro material que consultei. Em outro caso, uma pessoa com a qual eu estava envolvido profissionalmente, e que não tinha nada a ver com este livro, me contou ter jantado com a madrasta e os dois meios-irmãos de Jordan Chandler em 2009, no Dia de Ação de Graças, e como reagiram quando ela tocou no nome de MJ. Semanas depois, ela me procurou para dizer que não queria ser citada. Concordei apenas em não citá-la pelo nome.

Os pedidos de confidencialidade mais penosos me foram feitos quando o livro estava sendo preparado para publicação. Quase todos vieram de fontes no show business que haviam me fornecido fragmentos de informações ou recordações de encontros rápidos com MJ. No verão de 2012, uma fonte após outra veio me dizer que havia dividido essas histórias apenas para meu conhecimento, não para serem usadas no livro, e pediam ou exigiam que não fossem publicadas. Suas razões me pareceram absurdas, mas frequentemente tinham a ver com a preocupação de terem traído a confiança de MJ, revelando algo que não deviam, ou de serem envolvidos no pântano de ações litigiosas, num momento em que qualquer um parecia querer aproveitar para se dar bem às custas de MJ. Em geral, me recusei a tirar coisas do livro (ainda que em vários momentos tenha concordado), mas aceitei não nomear essas fontes. O que realmente doeu foi tirar do livro as duas histórias mais engraçadas que já ouvi a respeito de MJ.

Vai ficar evidente que falei diretamente com membros da família Chandler, e explicarei a situação nas notas do capítulo em questão.

Não citei no livro o sócio e consultor de Katherine Jackson, Howard Mann, pelo nome, ainda que o considere uma fonte importante. Mann tem sido terrivelmente difamado na internet. Porém, independente do que escrevam ou noticiem sobre Mann, não há dúvida de que do final de 2009 até hoje ele tenha sido um dos consultores mais próximos da sra. Jackson e, por causa de sua relação, sabe mais do que a maioria sobre o que aconteceu na família Jackson desde a morte de MJ, e muito também sobre o que acontecia durante sua vida. Isto posto, ainda não sei dizer quão injustas possam ter sido as acusações a ele. Eu frequentemente o considerei sério e franco. Também considerei que por vezes seu depoimento foi menos do que preciso, e utilizei outras quatro pessoas para verificar suas afirmações em busca de algo que houvesse sido exagerado ou equivocado. Uma eu não posso nomear. As outras três foram Marc Schaffel e os advogados da sra. Jackson, Perry Sanders e Sandra Ribera.

Devo ressaltar que permiti que Sandy Ribera lesse o primeiro manuscrito completo deste livro antes da publicação. Reconheço que isso seja pouco comum, mas senti que devia isso tanto a Katherine Jackson quanto a meus leitores. Sandy me respondeu com dois longos e-mails de "comentários e correções" que me apontaram erros pequenos, porém significativos, e me ofereceu sua perspectiva de como as coisas aconteciam dentro da família Jackson. Ela também aproveitou a oportunidade para argumentar fervorosamente contra o retrato negativo de Katherine Jackson que outros me haviam traçado, e isso teve um efeito. Eu apaguei ou suavizei diversas descrições de como a sra. Jackson havia sido cúmplice na exploração financeira do filho. Mantive a maior parte do material, no entanto, pois a evidência de sua veracidade era muito forte para descartar.

Acho que Katherine sabe que gostei dela assim que a conheci. Ela é realmente uma mulher adorável, engraçada e mais vulnerável do que eu imaginava. Passei a acreditar, e ainda acredito, que ela não seja uma pessoa desonesta. Há, no entanto, um tipo de desonestidade que toma a forma de negação, e disso as evidências continuam a me dizer que a mãe de MJ é culpada, pelo menos em certos aspectos.

Sandy Ribera também me deu acesso às notas e observações que ela fez enquanto assistia ao julgamento de Conrad Murray, que me ajudaram muito.

Preciso revelar que Perry Sanders é amigo meu, e que fui eu quem fez as apresentações que resultaram na sua contratação como advogado de Katherine Jackson. Ele partilhou comigo algumas informações, para que eu não me desviasse do caminho. Todas em caráter confidencial, com o entendimento de que eu deveria obtê-las de outra fonte para utilizar neste livro. O advogado anterior de Katherine Jackson, Adam Streisand, também me disse coisas que contribuíram para o meu entendimento da dinâmica da família Jackson.

Howard Mann me contou uma história, que eu sei que é verdadeira e sinto que deve ser contada, ainda que ela tenha sido omitida do corpo principal deste livro. No outono de 2009, Mann negociou a aquisição de um tesouro da memorabilia, gravações em vídeo e de músicas e fotografia da família Jackson: o que Henry Vaccaro havia chamado de "o cofre secreto de Michael Jackson". Entre esses itens, estava um que havia ficado em posse da corte de Santa Barbara, sobre o qual muito se especulou a respeito: uma caixa de material "devasso", que se tornaria objeto de uma verdadeira caça frenética nas semanas que se seguiram à morte de Michael. Quando os tabloides ingleses descobriram que esse material estava com Mann, teve início uma guerra de lances que, segundo Howard, chegou a uma oferta final de sete dígitos (eu sei que houve essa disputa, mas duvido que qualquer um dos lances tenha se aproximado de 1 milhão de dólares). Independente do valor que os tabloides ofereceram, o fato é que, em vez de vender a caixa, Mann a transferiu para o complexo de Hayvenhurst e a entregou para Katherine Jackson. Era uma tentativa de travar relações com uma mulher que ele nunca conhecera. "Eu disse à sra. Jackson que não achava que seria certo, nem inteligente, vender essas coisas a um tabloide que iria emporcalhar a reputação de seu filho", Mann me disse, "e que eu estava lhe entregando a caixa para que fizesse o que achasse conveniente." Katherine abriu a caixa, olhou dentro, fechou os olhos e agradeceu efusivamente a Mann por sua consideração e gentileza. "Foi muito gentil da parte de Howard", disse a sra. Jackson, meses depois, quando ele havia se tornado seu consultor pessoal e sócio.

Mann me contou que a caixa com os "materiais" havia sido preparada por Marc Schaffel e entregue a Michael em 2002. "Michael me pediu que enviasse alguns dos filmes que eu tinha feito", explica Schaffel, quando lhe perguntei sobre isso. Os brinquedos sexuais "exóticos", mais do que a pornografia gay, eram o que os tabloides haviam cobiçado. "Eu coloquei aquilo ali para fazer ele rir", diz Schaffel. Não, ele não achava que Michael era gay, Marc diz: "Pelo menos eu nunca vi nenhum sinal disso". Michael frequentemente dizia que esta ou aquela mulher era atraente, admirando a curva de seus lábios ou a forma de suas nádegas, mas Marc Schaffel nunca o viu se envolver em algo mais do que um flerte superficial com nenhuma mulher. Ele certamente nunca dormiu com nenhuma nos anos em que Marc passou com ele. Então por que Michael queria que ele lhe mandasse aquela caixa cheia de filmes pornôs gays?, perguntei. "Ele era curioso", diz Schaffel. "Michael se interessava por tudo. Ele via filmes gays, héteros, transexuais — qualquer coisa. Ele queria ver de tudo. Eu entendia como a tentativa de compreender coisas que ele não estava vivendo na sua própria vida."

Outra revelação: trabalhei brevemente com Mann em um documentário (aparentemente) cancelado sobre o espólio de Michael (título provisório: *Stealing Michael Jackson*), e por causa disso consegui entrevistas com Joe Jackson, Katherine Jackson, Brian Oxman, Raymone Bain e Dick Gregory, entre outros, que fazem parte de algumas seções deste livro.

Depois que esse primeiro documentário foi engavetado, Mann começou a filmar outro com o título experimental *Luv U More*. Através dele, eu tive conhecimento de um verdadeiro tesouro: fitas de entrevistas com Michael do final dos anos 1980. Mann as conseguiu com o marido de uma funcionária do rancho Neverland, que alega que Michael as deu a ela. Essas gravações, hoje em posse de Mann, são tão constrangedoras quanto as que Rabbi Shmuley Boteach compilou. Eu não posso citá-las diretamente, mas preciso admitir que fui influenciado pelas coisas severas que Michael disse sobre sua família, especialmente em relação à exploração financeira a que era submetido por eles. Nem sua mãe foi poupada. É a única ocasião, que eu saiba, em que Michael fez críticas a Katherine. Essas fitas foram uma fonte secundária, mas significativa, para o que escrevi sobre Michael antes das acusações feitas por Jordan Chandler em 1993. Elas também me mostraram o quão Michael havia mudado por causa das acusações de abuso sexual feitas contra ele.

A quantidade de informação — e de informação equivocada — disponível sobre MJ é atordoante. Como aqueles que examinarem minha bibliografia poderão perceber, não pude deixar de explorar esse fato. Como fazer referências nesta era de internet é um problema. Eu não estava sempre certo se uma reportagem havia sido postada primeiro on-line ou publicada na versão impressa. Houve diversos momentos, com as reportagens do *Los Angeles Times*, por exemplo, em que eu descobri que a versão on-line de um artigo tinha uma manchete diferente da que eu havia catalogado diretamente do jornal impresso. Em alguns momentos, também não tive certeza sobre o quanto da versão on-line de um material de uma das emissoras de televisão americanas (ou da BBC) havia ido ao ar, ou se havia sido expandida para a versão on-line. Citei minhas fontes de acordo com a facilidade que o leitor, caso tenha interesse, teria para encontrá-las, e também de acordo com a primeira publicação do material e da quantidade de detalhes que ele possui. Se errei a esse respeito, desde já me desculpo.

As postagens nos vários sites de fãs de MJ também foram uma fonte significativa de informação para mim. Àqueles que torcerem o nariz, sugiro que atentem para o fato de que muitas vezes o único "repórter" a quem é dado acesso são as pessoas que gerenciam esses sites, e muitas vezes membros da equipe de Michael ou da criadagem passavam para eles informações sobre os movimentos de Michael, com sua total ciência e aprovação. Ainda me impressiona o nível de exatidão das informações da Michael Jackson Timeline no <allmichaeljackson. com>, algo que foi compilado em tempo real, enquanto Michael vivia os dias, meses e anos que compõem a linha do tempo. FA1 estava entre os que passavam informações para os sites de fãs.

Apresentei algumas das notas de capítulos em forma de texto porque, em minha cabeça, elas são parte da história. No entanto, anexei uma lista de citações específicas para cada seção de notas de cada capítulo. Quando uma fonte é da internet, do rádio ou da televisão, ou de algum comunicado de imprensa ou outra comunicação pública do gênero, vem indicada na lista de fontes como (I), (RT) ou (CI), respectivamente.

Ainda falarei de outras fontes e as agradecerei em capítulos relevantes e, em alguns casos, explicarei minha relação com elas. Há uma pessoa, no entanto, que eu gostaria de destacar: Tom Mesereau, um homem decente e honesto que eu acredito que tentou sinceramente e com os maiores escrúpulos responder a todas as minhas perguntas ao longo de mais de vinte entrevistas. Não sei se posso dizer isso de qualquer outra de minhas fontes. Tom foi extremamente prestativo, me apresentando a pessoas, repartindo informações que eu jamais teria descoberto sem ele, e até oferecendo um ouvido amigo quando eu me frustrava com a quantidade de informações conflitantes que ouvia de pessoas que haviam passado pela vida de MJ. A verdade é que cada uma das pessoas entrevistadas, ou com quem entrei em contato, ou ainda que tentei entrevistar no curso da pesquisa para este livro, foi atacada ou criticada por alguma outra de minhas fontes — com exceção de Tom Mesereau. Sua reputação não foi contestada por ninguém. É algo notável, eu creio. Sou particularmente grato pelo DVD do simpósio Parado no Tempo, da Associação dos Tribunais de Los Angeles, sobre as alegações de abuso sexual contra MJ, que ele me enviou. Agradeço também por me direcionar aos dois excelentes ensaios escritos por Charles Thomson para o *Huffington Post* sobre a cobertura tendenciosa que a mídia fez do julgamento de MJ. Até hoje não há defensor mais ardente e persuasivo da reputação de MJ do que Tom Mesereau.

Gostaria de agradecer a Morgan Entrekin pelo apoio à decisão de transformar um artigo de revista grande demais em um livro, e por sua paciência em me conceder o tempo necessário para terminá-lo. Eu tive o privilégio de trabalhar com dois editores talentosos neste livro. Brando Skyhorse, um brilhante autor que foi bastante generoso para deixar seu próprio trabalho de lado e se concentrar no meu, a ponto de produzir um manuscrito aproveitável de *Intocável*. Amy Hundley assumiu a partir daí e realizou uma quantidade prodigiosa do trabalho necessário para trazer este livro à sua linha de chegada. Brando e Amy me deram constantemente os bons conselhos dos quais eu preciso muito mais do que gosto de admitir. Por serem os dois anjos bons em meus dois ombros, agradeço a ambos.

Referências bibliográficas e notas sobre os capítulos

GERAL

DVD

Frozen in Time: A Riveting Behind-the-Scenes View of the Michael Jackson Cases. Associação dos Tribunais de Los Angeles, 15 set. 2012 (Tom Mesereau, Ron Zonen, juiz Rodney Melville, Larry Feldman, Carl Douglas).

LIVROS

BEGO, Mark. *On the Road with Michael.* Nova York: Pinnacle, 1984.

BOTEACH, Shmuley. *The Michael Jackson Tapes.* Nova York: Vanguard, 2009.

CADMAN, Chris; HALSTEAD, Craig. *Michael Jackson: For the Record.* Gamlingay: Authors OnLine, 2007.

CAMPBELL, Lisa. *Michael Jackson: The King of Pop's Darkest Hour.* Wellesley, MA: Branden, 1994.

CARTMAN, Shirley. *A Teacher Remembers the Jacksons.* Portland, OR: Gabriel Publishing, 1987.

CASCIO, Frank. *My Friend Michael.* Nova York: William Morrow, 2011.

CHANDLER, Raymond. *All That Glitters: Michael Jackson — The Crime and the Cover-Up.* Londres: Chanadon, 2004.

DANNEN, Frederic. *Hit Men.* Nova York: Random House, 1988.

DIMOND, Diane. *Be Careful Who You Love.* Nova York: Atria, 2005.

FINSTAD, Suzanne. *Child Bride: The Untold Story of Priscilla Beaulieu Presley.* Nova York: Three Rivers, 2006.

FOSTER, David. *Hitman.* Nova York: Pocket, 2008.

GEORGE, Nelson. *The Michael Jackson Story.* Nova York: Dell, 1984.

GRIZZUTI-HARRISON, Barbara. *Visions of Glory.* Londres: Robert Hale, 1980.

HADEN-GUEST, Anthony. *The Last Party: Studio 54, Disco, and the Culture of the Night*. Nova York: William Morrow, 1998.

HANEY, Lynn. *Gregory Peck: A Charmed Life*. Cambridge, MA: Da Capo, 2005.

HEYMANN, C. David. *Liz: An Intimate Biography of Elizabeth Taylor*. Nova York: Atria, 2007.

HUGHES, Geraldine. *Redemption: The Truth Behind the Michael Jackson Child Molestation Allegations*. [S.l.]: Hughes, 2004.

JACKSON, Katherine. *My Family, the Jacksons*. Nova York: St. Martin's, 1990.

JACKSON, Janet; RITZ, David. *True You: A Journey to Finding and Loving Yourself*. Nova York: Gallery, 2011.

JACKSON, Jermaine. *You Are Not Alone*. Nova York: Simon & Schuster, 2011.

JACKSON, La Toya. *Growing Up in the Jackson Family*. Nova York: Dutton, 1991.

_____; PHILLIPS, Jeffré. *Starting Over*. Nova York: Gallery, 2011.

JACKSON, Michael. *Moonwalker*. Nova York: Random House, 1988.

JEFFERSON, Margo. *On Michael Jackson*. Nova York: Pantheon, 2006.

JONES, Aphrodite. *Michael Jackson Conspiracy*. Bloomington, IN: iUniverse, 2007.

JONES, Bob; BROWN, Stacy. *Michael Jackson: The Man Behind the Mask*. Nova York: SelectBooks, 2005.

POSNER, Gerald. *Motown: Music, Money, Sex, and Power*. Nova York: Random House, 2005.

ROWE, Leonard. *What Really Happened to Michael Jackson the King of Pop: The Evil Side of the Entertainment Industry*. Nova York: Linell-Diamond Entertainment, 2010. [Ed. bras.: *O que realmente aconteceu a Michael Jackson: O lado obscuro da indústria do entretenimento*. Trad. de Mayra Cajueiro Warren. São Bernardo do Campo: Mundo Editorial, 2010.]

SCHECHTER, Daniel; WILLHEIM, Erica. "The Effects of Violent Experience and Maltreatment on Infants and Young Children". In: ZEANAH, Charles H. (org.). *Handbook of Infant Mental Health*. 3. ed. Nova York: Guilford, 2009.

SHORTER, E. *A Historical Dictionary of Psychiatry*. Oxford: Oxford University Press, 2005. Veja especialmente o capítulo "Benzodiazepines".

SINGLETON, Raynoma Gordy. *Berry, Me, and Motown*. Nova York: McGraw-Hill, 1991.

SITRICK, Michael. *Spin: How to Turn the Power of the Press to Your Advantage*. Washington, DC: Regenery, 1998.

TARABORRELLI, J. Randy. *Motown: Hot Wax, City Cool, Solid Gold*. Nova York: Doubleday, 1986.

_____. *The Magic and the Madness*. Nova York: Birch Lane, 1991. [Ed. bras.: *Michael Jackson: A magia e a loucura*. São Paulo: Globo, 2005.]

_____. *Elizabeth*. Nova York: Grand Central, 2006.

_____. *Michael Jackson: The Magic, the Madness, the Whole Story, 1958-2009*. Nova York: Grand Central, 2010. [Ed. bras.: *Michael Jackson: A magia e a loucura*. Edição revisada e atualizada. São Paulo: Globo, 2009.]

VAKNIN, Sam. *Malignant Self Love: Narcissism Revisited*. Rhinebeck, NY: Narcissus, 2001.

WHITE, Timothy (Tony Wills). *A People for His Name: A History of Jehovah's Witnesses and an Evaluation*. Ottawa: Vantage, 1968.

CRONOLOGIAS

Daily Mail, 13 ago. 2012.

Michael Jackson Timeline. Disponível em: <allmichaeljackson.com>.

MJJ Timeline. Disponível em: <mjjtimeline.blogspot.com.br>.

PRÓLOGO [pp. 15-7]

Entrevistas: Marc Schaffel, FA1. Compensações à família Jackson pelo show *30th Anniversary*: declarações em Schaffel contra Jackson. Quarto secreto: descrições dos policiais, entrevistas de funcionários de Neverland em O povo contra Michael Joseph Jackson. Cartas de Ribera para Sullivan (ver adiante) atribuem à sra. Jackson participação na pressão exercida por Joe e Jermaine.

ARQUIVOS DE TRIBUNAL

Criminal

1133603 (Tribunal Superior do condado de Santa Barbara) O povo do estado da Califórnia contra Michael Joe Jackson, 18 dez. 2003 (doravante SBSC 1133603).

Civil

SC083501 (Tribunal Superior de Los Angeles) F. Marc Schaffel contra Michael Jackson, 16 nov. 2004 (doravante LASC SC083501).

QUARTO SECRETO

"Michael Jackson's Secret Room". Disponível em: <Popdirt.com>, 19 nov. 2003 (I).
"Police Find Secret Room in Michael Jackson Raid". *Extra*. Transmitido em 19 nov. 2003 (RT).

CAPÍTULO 1 [pp. 21-57]

Entrevistas: FA1, FA2, FC1, FC2, Tom Mesereau, Marc Schaffel, Tohme Tohme, Schaffel, Liam Sheehan. Katherine Jackson, sobre a religião de MJ. Dick Gregory para Van Susteren, entrevista para *Stealing Michael Jackson*. Sobre o Bahrein: FA1, Mesereau, Tohme. Acontecimentos em Neverland/ Hospitalização: FA1, Mesereau, Gregory, Associated Press (AP), Access Hollywood. Centro para o Bem-Estar, Crillon: FA1. Relação MJ-Rwaramba: FA1, Mesereau, Tohme, Schaffel, Sheehan, FC1, FC2; Rwaramba para Daphne Barak (publicada em *News of the World* e *Times* de Londres on-line; cito versões completas do site de Barak: <daphnebarak.com>). Stacy Adair/ Casamento de conveniência: "Secret gilfriend"/ *Daily Mirror*. Sobre o xeque Abdullah: FA1, Tohme, mídia abaixo. "Perplexa", "Eu não entendi absolutamente nada": Depoimento de Rwaramba e declarações na imprensa britânica, principalmente no *The Independent* e no *Guardian*. Viagens de MJ e Abdullah: FA1; ainda, Mesereau parafraseando Susan Yu, Tohme. Londres/ Schaffel contra Jackson: FA1, Schaffel, Mesereau, Howard King e Dieter Wiesner. Transações financeiras entre Schaffel e Jackson: fontes acima e Al Malnik. Schaffel contra Jackson, evidências e depoimentos em O povo contra Michael Joseph Jackson. Idas à igreja com KJ durante O povo contra Michael Joseph Jackson: FA1, Mesereau, Stacy Brown à Dan Abrams. "Um estado psicológico do qual ele precisava para funcionar": Schaffel citado por King numa declaração em juízo. Marlon Brando, "um deus": recado telefônico, MJ para Schaffel. John Branca/ MJ, esp. 2001-3 e "What More Can I Give?": Schaffel, King, Wiesner, arquivos de tribunal de Schaffel contra Jackson, Phillips/ *LA Times*, Carter/ *New York Times*, Gundersen. Mark Wahlberg/ White Plains: Schaffel, FA1. Relacionamento de Branca e MJ: Taraborrelli, Branca à revista *California Lawyer*, Schaffel, King, Wiesner, Phillips/ *LA Times*. Relatório Interfor: minha própria leitura do documento; Schaffel, King e Mesereau; depoimento de David LeGrand em O povo contra Michael Joseph Jackson. Sony: Schaffel, Wiesner, *New York Times* (jul. de 2002), Phillips/ *LA Times* (2002). Família Cascio: Schaffel, Wiesner, Mesereau; entrevistas Cascio/ MJ no livro de Boteach e fontes abaixo. "As crianças Cascio", incidente do videoclipe: Schaffel, FA1. Trudy Green não quis falar comigo. História da máscara: Schaffel, Wiesner e FA1. Hotel Adlon: Schaffel, Wiesner. Martin Bashir: entrevista com Uri Geller, que os apresentou, Schaffel, Wiesner, Mesereau e fontes abaixo. O povo contra Michael Joseph Jackson: requerimentos, depoimentos, transcrições/ exames de Bashir. Pagamentos pelas entrevistas de *Home Movies*: arquivos da Corte de Schaffel contra Jackson. Como descrito no capítulo 20, Bashir usou o escudo jornalístico quando indagado sobre as filmagens de Jackson etc. Nação do Islã: Schaffel, Wiesner, Mersereau. "Conversão" ao Islã: ainda que pelo menos cinco jornais em Londres e Nova York tenham noticiado que MJ realizou o *shahada* na casa de Steve Porcaro, em Hollywood Hills, o antigo tecladista da banda Toto, David "Dawud" Wharnsby, um muçulmano convertido que teoricamente incitou Jackson a se converter, declarou que nem conheceu MJ. E o músico Yusef Islam (anteriormente conhecido como Cat Stevens, que supostamente foi testemunha do fato) simplesmente nega ter assistido qualquer cerimônia na qual MJ tenha se convertido ao Islã. O artigo do *Daily News* que deixou MJ furioso foi "Pedophilia Charges Ruining His Career...", listado abaixo. Devo revelar que na primavera de 2010, enquanto negociava um contrato para ser apresentador e produtor de um programa na televisão para a rede de Oprah Winfrey, fui representado pela firma de advocacia de King. Aquele acordo não teve nenhuma relação com este livro.

ARQUIVOS DE TRIBUNAL

Criminal
SBSC 1133603

Civil
SC026226 (Tribunal Superior de Los Angeles) J. Chandler, menor, contra Michael Jackson, 14 set. 1993 (doravante LASC SC026226).
2:04—CV—2977 (Tribunal dos Estados Unidos para o Distrito Leste de Louisiana) Joseph Thomas Bartucci Jr. contra Michael J. Jackson, 1 nov. 2004.
LASC SC083501

DOCUMENTOS
"RE: Letter of Direction". Carta de Michael Jackson para Sony/ ATVMusic Publishing LLC, 23 dez. 1998.
"RE: Representation of Michael Jackson and Sony/ ATV Music Publishing LLC". Carta de John Branca a Michael Jackson 14 ago. 2002 (doravante Branca à Jackson, 14/08/02).
"RE: Sony/ ATV/ Leiber-Stoller". Carta de John Branca a Martin Singer, Esq., 27 ago. 2002 (doravante Branca a Singer, 27/08/02).
"RE: Michael Jackson/ Sony-ATV Music Publishing". Carta de Martin D. Singer a John Branca, 10 set. 2002 (doravante Singer a Branca, 10/09/02).
Relatório da Interfor sobre John Branca apresentado como evidência em 1133603 (Tribunal Superior

de Santa Barbara) O povo do estado da Califórnia contra Michael Joe Jackson, 18 dez. 2003; e em BP117321 (Tribunal Superior de Los Angeles) Joseph Jackson contra O espólio de Michael Joseph Jackson, 10 nov. 2009 (doravante Relatório Interfor sobre John Gregory Branca).

"Descontinuação de serviços". Carta de Michael Jackson a John Branca, 3 fev. 2003 (doravante Jackson a Branca, 03/02/03).

"RE: Marc Schaffel". E-mail de Howard King a Randall Sullivan, 1 fev. 2010 (doravante King a Sullivan, 01/02/10).

Depoimento de Grace Rwaramba para o departamento de polícia de Los Angeles, 12 set. 2009 (doravante Rwaramba, 12/09/09).

"Comentários/ Correções". E-mail de Sandi Ribera a Randall Sullivan, 9 nov. 2011 (doravante Ribera a Sullivan, 09/11/11).

"Comentários/ Correções". E-mail de Sandi Ribera a Randall Sullivan, 13 nov. 2011 (doravante Ribera a Sullivan, 13/11/11).

DA CALIFÓRNIA AO BAHREIN

CIA World Factbook: Bahrain, 8 mar. 2011.

"Jackson Dropped from Hospital Lawsuit". Associated Press, 10 abr. 2008.

"Michael Jackson Sued over Woman's Death". *Access Hollywood*, 20 fev. 2007.

VAN SUSTEREN, Greta. "Dick Gregory: 'It Happened So Fast'". *On the Record*, Fox News, 26 jun. 2009 (RT).

GRACE RWARAMBA

BARAK, Daphne. "Fired Nanny's First Interview Ever". Disponível em: <daphneBarak.homestread. com> (doravante entrevista de Barak/ Rwaramba) (I).

BATTY, David. "Michael Jackson Nanny Says Star Had Stomach Pumped Many Times: Nanny Gives Grim Account of Singer's Final Months, Detailing Drug Abuse, Out of Control Spending, and Nomadic Lifestyle". *Guardian*, 28 jun. 2009.

FRIEDMAN, Roger. "Michael Jackson Can't Wed Nanny: She's Married". Fox News, 19 jun. 2006 (I).

GOULD, Lara; PAYNE, Will. "Jackson's Secret Girlfriend Was His Children's Former Nanny Grace Rwaramba". *Daily Mirror*, 5 jul. 2009.

"Livro escolar de Grace Rwaramba". TMZ (I).

XEQUE ABDULLAH E O BAHREIN

(incluindo a "conversão" de MJ para o islamismo)

ADAMS, William Lee. "Michael Jackson Settles Out of Court with Sheikh". *Time*, 24 nov. 2008.

BOOTH, Robert; CRAGG, Michael. "Michael Jackson, the Sheikh and the Comeback Album That Came Too Late". *Guardian*, 26 jun. 2009.

FOSTER, Patrick. "Sheikh 'Wanted Michael Jackson to Sing His Songs'". *Times*, 18 nov. 2008.

"Genealogy of the Al-Khalifa Dynasty". Royal Ark (I).

HARI, Johann. "The Dark Side of Dubai". *Independent*, 7 abr. 2009.

HOWARD, Stephen. "Sheikh 'Felt Personally Betrayed' by Jackson". *Independent*, 18 nov. 2008 (doravante HOWARD, "Personally Betrayed").

"Jacko Is on the Verge of Converting to Islam". Disponível em: <earthtimes.com>, 30 mar. 2006 (de *Panorama*) (I).

LEWIS, Paul. "Songwriting Sheikh Sues Michael Jackson for 4,7 Million Pounds". *Guardian*, 18 nov. 2008.

"Michael Jackson Impressed by Nakheel Projects". Disponível em: <albawaba.com>, 1 set. 2005 (I).

"Michael Jackson Visits Kingdom Hall with his Mother". Disponível em: <watchtowerinformation-service.org>, 13 jun. 2005 (I).

PIPES, Daniel. "If the King of Pop Converts to Islam". *New York Sun*, 7 mar. 2006.

"Stacy Brown Interview". *Abrams Report*, MSNBC, 10 mar. 2005 (RT).

WORTH, Robert F. "Laid-Off Foreigners Flee as Dubai Spirals Down". *New York Times*, 11 fev. 2009.

PROCESSO BARTUCCI

GUMBEL, Andrew. "Sex, Drugs and Abduction by Limo: The Claims Against Jacko That Even His Enemies Won't Buy". *Independent*, 31 jul. 2005.

"WHAT MORE CAN I GIVE?"

CARTER, Bill. "At Jackson's Request, ABC Cuts a Song Out of a Concert Tape". *New York Times*, 1 nov. 2001.

GUNDERSEN, Edna. "Michael Jackson Writes, Casts a Benefit Ballad". *USA Today*, 16 set. 2001.

_____. "Jackson's 9-11 Single Produced by Gay-Porn Maker". *USA Today*, 14 jul. 2002.

_____. "Jackson Charity Single Tied Up in Limbo". *USA Today*, 18 jul. 2002.

PHILIPS, Chuck. "New Spin on Collapse of Jackson's Charity Project". *Los Angeles Times*, 13 jun. 2002.

_____. "Producer Sells the Rights to Jackson Project". *Los Angeles Times*, 17 jul. 2002.

JOHN BRANCA

HILLBURN, Robert. "Attorney John Branca: He's Equally as Brilliant...". *Billboard*, 21 jul. 1984 (doravante HILLBURN, "Equally as Brilliant").

SINBERG, Stan. "The Prince of Rock". *California Lawyer*, ago. 2011 (doravante SINBERG).

SONY / INVINCIBLE / TOMMY MOTTOLA

GUZMAN, Isaac; RUSH, George; OGUNNAIKE, Lola. "Pedophilia Charges Ruining His Career, Says Music Exec.". *New York Daily News*, 9 jul. 2002.

HOLSON, Laura M. "Recording Industry Questions a Bitter Attack by a Pop Star". *New York Times*, 8 jul. 2002 (doravante HOLSON, "Bitter Attack").

_____. "Star's Costs Mount as Album Sales Slump". *New York Times*, 20 nov. 2003.

_____; HOLLOWAY, Lynette. "Sony and Its Star Go to War over the Promotion of an Album". *New York Times*, 10 jul. 2002 (doravante HOLSON e HOLLOWAY, "Sony and Its Star").

SIKLOS, Richard. "The fight over Michael Jackson's Millions". *Fortune*, 23 out. 2009 (datado como nov. 2009 em algum outro lugar; doravante SIKLOS).

FINANÇAS E CARREIRA DE MJ / SCHAFFEL VS. JACKSON

HONG, Peter. "Jackson Trial Ends with Dual Awards". *Los Angeles Times*, 15 jul. 2006.

"Jackson Hit with $3 Million Lawsuit". *Smoking Gun*, 17 nov. 2004 (I).

A FAMÍLIA CASCIO

WINFREY, Oprah. "The Cascios on Their Secret Friendship with Michael Jackson". *Oprah*, 6 dez. 2010 (doravante WINFREY, "Secret Friendship") (RT).

_____."How the Cascios Became Friends with Michael Jackson". *Oprah*, 6 dez. 2010 (doravante WINFREY, "How the Cascios") (RT).

BERLIM

"Michael Jackson and Halle Berry Pick Up Bambi Awards in Berlin". *Hello*, 22 nov. 2002.

"Michael Jackson Honored with Germany's Bambi Award Following Baby Dangling Snafu". *Jet, 9 dez.* 2002.

VINEYARD, Jennifer. "Michael Jackson Calls Baby-Dangling Incident a 'Terrible Mistake'". MTV, 20 nov. 2002 (RT).

BASHIR / VÍDEO DE RÉPLICA / BATIDA EM NEVERLAND / MUÇULMANOS / RESULTADOS

BASHIR, Martin. *Living with Michael Jackson*. Granada Television, 6 fev. 2003; reapresentado numa versão ligeiramente diferente na ABC News, 6 fev. 2003 (RT).

"Gloria Allred". Disponível em: <vindicatemjj.wordpress.com>, 6 mar. 2012 (I).

JENSEN, Elizabeth. "Michael Jackson Close-Up, Times 2". *Los Angeles Times*, 6 fev. 2003.

ROTH, Kristin. "Michael Jackson Strikes Back with 'Take Two' TV Special: Singer Counters Allegations in Recent TV Documentary with Show of His Own". MTV, 12 fev. 2003 (RT).

SILVERMAN, Stephen M. "Michael Jackson Readies Video Rebuttal". *People*, 12 fev. 2003.

"Take Two: The Footage You Were Never Meant to See". Fox, 20 fev. 2003 (RT).

CAPÍTULO 2 [pp. 58-74]

Uma fonte essencial para este capítulo foi o livro de Taraborrelli, *Michael Jackson: A magia e a loucura*. Se Taraborrelli era tão próximo da família Jackson durante sua ascensão à fama quanto afirma, não tenho como saber, mas fiz o possível para verificar suas fontes secundárias e arquivos de tribunal, que parecem ter sido uma grande parte do material consultado. Agradeço à Alison Weinflash pelas cópias de todos os artigos sobre MJ publicados na *Rolling Stone* nos últimos quase quarenta anos. Descobri que Taraborrelli foi frequentemente preciso no uso das informações e fontes dos artigos e arquivos de tribunal que consultei. Ele utilizou uma grande quantidade de informações presentes nos dois arquivos dos pedidos de divórcio de Katherine Jackson, em 1973 e em 1982; no processo de 1976 contra Berry Gordy e a Motown, no qual MJ era o principal querelante, e no processo de 1983, de MJ contra a Carlin Music Corporation. O processo da Motown é especialmente rico em descrições de MJ sobre seu começo de vida e carreira. Discordei de Taraborrelli em diversos pontos, descritos abaixo. Taraborrelli e eu estamos ambos em dívida com o trabalho da colega Judy Spiegelman, da revista *Soul* (ela foi a repórter para quem um MJ de dez anos insistiu que tinha oito).

Fiei-me em grande parte nas citações atribuídas à Michael no livro de Rabbi Shmuley Boteach, *The Michael Jackson Tapes*. Tenho consciência da polêmica em torno do livro, mas não acredito nas acusações de que Boteach tenha inventado citações ou gravado Michael sem que este soubesse. Testemunhas independentes me asseguraram que Boteach coletou várias horas de gravações de Michael obtidas com seu pleno consentimento. Acredito na exatidão dos comentários atribuídos a

Michael por Boteach e, junto com as fitas hoje em posse de Howard Mann, considero serem os registros mais fidedignos do que Michael lembrava e acreditava — muito mais convincentes do que o que ele escreveu em sua autobiografia, *Moonwalker*.

Entre os programas de televisão, quero destacar o documentário da VH1 (apresentado por Dave Walsh), *The Secret Childhood of Michael Jackson*, que apresentou diversas entrevistas e descreveu os danos emocionais causados em Michael por seu pai.

Evelyn LeHaie, entrevistada pelo *Times of Northwest Indiana*, corrigiu Taraborrelli em alguns pontos. LeHaie disse que a Big Top era uma loja de departamentos e não uma mercearia, onde ela apresentava um desfile de moda, por exemplo. Ela também relata que, à época de sua apresentação na loja, o grupo era chamado Jackson Brothers, e ela foi a responsável pela organização do show de talentos da cidade, que o grupo ganhou pouco tempo depois.

MJ dançando ao som da máquina de lavar/ Piada de "Climb Ev'ry Mountain" (a qual Jermaine, numa entrevista a Larry King, disse ter acontecido num encontro da associação de pais e mestres): *My Family*, de Katherine Jackson. Lembranças de Tito, piada de Etta James: Taraborrelli. Descrições de MJ de Joe como pai: suas palavras a Boteach e a Oprah Winfrey, e nas fitas que hoje pertencem a Howard Mann. "Ele me mostrou como usar o palco...": para Gerri Hirshey/ *Rolling Stone*; "Se você não fizer certo": MJ para Martin Bashir. Citações de Michael ("Estava dormindo..."/ "Fico com vergonha...") a respeito do começo de carreira dos Jacksons: MJ a Paul Theroux. "Se eu fizesse um show excelente...": discurso de MJ em Oxford. Joe nunca ter dito a MJ que ele era amado: discurso de MJ em Oxford, Boteach. Citação de MJ sobre olhar o playground do outro lado da rua: MJ a Boteach (p. 73). "Elas eram tão grandes...": KJ a Mark Bego. Descrição de Gordon Keith do teste do Jackson 5: entrevista em "Gordon Keith", artigo da Wikipedia, conferido junto à Katherine Jackson. Motown/ Gordy: como acima, mais Raynoma Gordy Singleton.

ARQUIVOS DE TRIBUNAL

Civil

42680 (Tribunal Superior de Los Angeles) Katherine Jackson contra Joseph Jackson, 9 mar. 1973 (primeira ação de divórcio; doravante LASC 42680).

C139795 (Tribunal Superior de Los Angeles) Michael Jackson et al. contra Motown Record Corporation of California et al., 30 mar. 1976 (doravante LASC C139795).

D076606 (Tribunal Superior de Los Angeles) Katherine Jackson contra Joseph Jackson, 12 nov. 1982 (segunda ação de divórcio; doravante LASC D076606).

C347206 (Tribunal Superior de Los Angeles) Carlin Music Corporation contra Michael Jackson, 28 fev. 1983 (doravante LASC C347206).

DOCUMENTOS

Filmagens não editadas dirigidas e entregues ao autor por Howard Mann, realizadas para *Stealing Michael Jackson*, um documentário que nunca foi terminado.

Ribera a Sullivan, 09/11/11.

Ribera a Sullivan, 13/11/11.

WIKIPEDIA

"Gordon Keith".

JOE JACKSON / CRIAÇÃO

BYRNE, Bridget. "Michael Jackson". *Los Angeles Times Magazine*, 1 out. 1987.

"Oprah Talks to Michael Jackson's Mother, Katherine, and Visits with His Children". Disponível em: <oprah.com>, 8 nov. 2010 (doravante WINFREY, "Katherine and Children") (I).

WALSH, Dave; YETNIKOFF, Walter; GONSALVES, Theresa; TARABORRELLI, J. Randy et al. "Michael Jackson's Secret Childhood". VH-1, 7 fev. 2005 (doravante VH-1, "Secret Childhood") (RT).

WHITE, Timothy. "The Man in the Mirror". *Penthouse*, mar. 1987.

WINFREY, Oprah. "Michael Jackson Interview with Oprah: Parts 1-8". Disponível em: <youtube.com>, postado em 5 jul. 2009. Entrevista realizada em 10 fev. 1993.

_____. "Katherine Jackson — Oprah Interview". Disponível em: <youtube.com>, 24 nov. 2010.

JACKSON 5 / COMEÇO DA CARREIRA DE MICHAEL

DEAVERS, Melissa. "Valpo Resident Who Named Jackson Five Recalls Time with Michael". *Northwest Indiana Times*, 28 jun. 2009.

FONG-TORRES, Ben. "The Jackson 5: The Men Don't Know but Little Girls Understand". *Rolling Stone*, 29 abr. 1971.

HIRSHEY, Gerri. "Michael Jackson: Life in the Magical Kingdom". *Rolling Stone*, fev. 1983 (doravante HIRSHEY 2 / 83).

"The Jackson Five". *Look*, 25 ago. 1970.

KING, Larry. "Interview with Jermaine Jackson". *Larry King Live*, CNN, 30 nov. 2003 (RT).

SPIEGELMAN, Judy. "A Close-Up of Jackie". *Soul*, 15 jun. 1970.

_____. "Jackson Five Finish Concert Tour". *Soul*, 1 out. 1971.

_____. "Jackson Five vs. Osmond Brothers". *Soul*, 22 mar. 1971.

_____. "Jermaine Jackson". *Soul*, 13 jul. 1970.

_____. "The Many Sides of Tito Jackson". *Soul*, 29 jun. 1970.

_____. "Marlon Jackson: To Know Him...". *Soul*, 27 jul. 1970.

_____. "Michael and Marlon Tell All..." *Soul*, 6 ago. 1973.

_____. "Toriano Jackson: His Many Moods". *Soul*, set. 1971.

_____. "What Does the Future Hold for the Jackson Five?". *Soul*, 14 fev. 1972.

THEROUX, Paul. "My Trip to Neverland, and the Call from Michael Jackson I'll Never Forget". *Daily Telegraph*, 27 jun. 2009 (doravante THEROUX).

OBITUÁRIOS E RETROSPECTIVAS

BOUCHER, Geoff; WOO, Elaine. "Michael Jackson: Michael Jackson's Life Was Infused with Fantasy and Tragedy". *Los Angeles Times*, 26 jun. 2009.

"Michael Jackson's Life and Legacy: The Eccentric King of Pop (1986-1999)". Disponível em: <VH1. com>, 2 jul. 2009.

PARELES, Jon. "Tricky Steps from Boy to Superstar". *New York Times*, 26 jun. 2009.

SHANAHAN, Mark; GOLSTEIN, Meredith. "Remembering Michael". *Boston Globe*, 27 jun. 2009

CAPÍTULO 3 [pp. 75-82]

Entrevistas: FA1 me contou a respeito de quase todos os eventos sobre os quais eu escrevi neste capítulo. Entrevistas adicionais: Howard King (processo contra Schaffel, fitas de áudio, processo de Wiesner), Tohme (xeque Abdullah), Wiesner (seu processo). "O positivo e o negativo"/ citações de *Billy Elliot*: Mark Lester à Elizabeth Sanderson. "Muito tolerante a respeito de todo mundo": Rei Abdullah em "He Who Makes the Sky Gray": Almezel/ *Gulf News*. "Incidente no banheiro feminino"/ Conclusão: FA1, Tohme, fontes abaixo. Tohme disse que tinha uma foto de MJ debaixo de sua abaia, mas eu nunca vi. Morte de Bill Bray/ "chorava sozinho em seu quarto": FA1. Processo do *Segye Times*: arquivos de tribunal, Taraborrelli, entrevista com Perry Sanders, detalhes verificados por Sandra Ribera. MJ não querer fazer o moonwalk aos cinquenta: Wiesner.

ARQUIVOS DE TRIBUNAL

Civil

CV 90 4906 KN (Tribunal dos Estados Unidos para o Distrito Central da Califórnia) Segye Times Inc. contra Joseph Jackson, Katherine Jackson, Jackson Records Company Inc., Jackson Family Concerts International, Jerome Howard, Kyu-Sun Choi, Mi Rae Choi, Michael Jackson, Jermaine Jackson, Bill Bray e Ben Brown em negócios com Jackson Marketing and Distributing Company, 17 out. 1990 (doravante USDC-CA CV 90 4906).

LASC SC083501.

DOCUMENTOS

Ribera a Sullivan, 09/11/11.

Ribera a Sullivan, 13/11/11.

King a Sullivan, 01/02/10.

ESTADIA EM LONDRES/ MARK LESTER

"Michael Jackson Lawyer Rejects Mark Lester Claim He Is Paris' Father". *Daily Telegraph*, 10 ago. 2009.

SANDERSON, Elizabeth. "Michael Jackson Asked If I Wanted to Be Blanket's Godfather: Friend Mark Lester Gives a Touching Insight into the Tortured Singer". *Daily Mail*, 27 jun. 2009 (doravante SANDERSON).

THOMPSON, Jody. "Michael Jackson's Close Friend Mark Lester Says He's Spoken to the Star's Children Since His Death and 'They Are Fine'". Disponível em: <mirror.co.uk>, 29 jun. 2009 (I).

SCHAFFEL/ WIESNER/ REI/ ACUSAÇÕES DE ANTISSEMITISMO

"ADL Demands Michael Jackson Apology". Associated Press, 23 nov. 2005 (I).

HISCOCK, John. "The Baffling Case of Jacko, Gay Porn King and Bags of Cash". *Independent*, 2 jul. 2006.

MASTERS, Kim. "Michael Jackson's Strange Final Days Revealed in Dueling Lawsuits". *Hollywood Reporter*, 19 jul. 2012.

"Michael Jackson Admitted: 'I Took Painkiller Medication' in Lawsuit Evidence". *Daily Telegraph*, 15 set. 2009.

"Michael Jackson Pleads for Money on Tapes". *Good Morning America*, ABC, 22 nov. 2005 (RT).

RIEMENSCHNEIDER, Chris. "Jackson Will Re-Record 'Care' Lyrics. Pop Music: Michael Jackson Apologizes and Says He Plans to Change the Words in 'They Don't Care About Us' That Some Considered to be Racial Slurs". *Los Angeles Times*, 23 jun. 1995.

SMITH, Dinitia. "Jackson Plans New Lyrics for Album". *New York Times*, 23 jun. 1995.

_____. "Michael Jackson Apologizes for Hurt Caused by Lyrics". *New York Times*, 17 jun. 1995.

WEINRAUB, Bernard. "In New Lyrics, Jackson Uses Slurs". *New York Times*, 15 jun. 1995.

_____. "Jewish Response to Jackson". *New York Times*, 16 jun. 1995.

BAHREIN/ GRAVAÇÃO BENEFICENTE/ XEQUE ABDULLAH

AL MEZEL, Mohammad. "Michael Jackson Attends Dubai Desert Rally Awards Tuesday". *Gulf News*, 14 nov. 2005.

_____. "Song Calling for World Peace to Be Launched". *Gulf News*, 15 nov. 2006.

TUMPOSKY, Ellen. "Lawyer: Michael Jackson to Testify in His Defense in Lawsuit Filed by Prince of Bahrain". *New York Daily News*, 20 nov. 2008.

BILL BRAY

FRIEDMAN, Roger. "Jacko Loses Daddy No. 2". Fox News, 16 nov. 2005 (I).

"Thread — Michael, Bill Bray, Bob Jones: What Happened?". Disponível em: <positivelymichael. com> (I).

"Statement of Michael Jackson Regarding the Death of Mr. Bill Bray". Disponível em: <MJPortal. com>, 19 nov. 2005 (CI).

INCIDENTE "TRAVESTIDO NO BANHEIRO"

AGARIB, Amira. "Michael Jackson's Toilet Faux Pas in Dubai". Disponível em: <khaleejtimesonline. com>, 13 nov. 2005 (I).

"Caught in a Toilet: Arab Women Go Berserk Against Michael Jackson". *Evening Post*, 15 nov. 2005.

"Michael Jackson Caught Applying Makeup in Ladies Toilet". *Evening Post*, 14 nov. 2005.

"Michael Jackson to Build Mosque in His New Home of Dubai — Ladies Room Cross-Dressing Incident Leads to Demands He Be Jailed". Disponível em: <militantislammonitor.org>, 27 nov. 2009 (I).

CAPÍTULO 4 [pp. 83-127]

O famoso discurso de Oxford foi escrito pelo rabino Boteach, como ele mesmo reconhece, "baseado" em suas conversas com MJ. A declaração de MJ de que ele nunca teve infância foi feita diversas vezes, mas escolhi a do discurso de Oxford. Boteach e eu trocamos alguns e-mails, mas nunca nos falamos.

Histórico de KJ, Testemunhas de Jeová, KJ e o começo do Jackson 5: Taraborrelli, o livro de 1990 da sra. Jackson, *My Family, The Jacksons*. "Kattie B. Screws": uma fonte que não quis ser nomeada. Michael/ Testemunhas de Jeová: declarações e escritos de MJ, artigos na Beliefnet, MJ a Boteach. KJ e Joe/ infidelidade: Taraborrelli, Boteach, fontes que falaram "off-the-record". KJ "uma mulher": Sanders, Ribera. A vida de Michael adolescente na estrada, clubes de striptease etc. e pais ("a única pessoa..." "Nunca me abraçava ou tocava..." "Eu não queria ir...", "Joseph" "Eu me livro de vocês sem mais nem menos"), surras de Joe: Boteach. Groupies: MJ a Oprah, arquivos dos pedidos de divórcio de KJ, Taraborrelli, Tohme. MJ lendo sua Bíblia a prostitutas: *The Secret Childhood of Michael Jackson* (veja notas do capítulo 2). Jacksons/ Motown, mudança para a CBS: Taraborrelli, arquivos do processo da Motown. MJ/ histórias de Lothario, O'Neal: Taraborrelli, *Secret Childhood of Michael Jackson* (veja notas do capítulo 2). Nova York/ Studio 54: fontes abaixo e minha única visita ao clube. Recomendo o site <lacienegasmiled.wordpress.com> para reminiscências e fotos de MJ. Destiny: Taraborrelli, arquivos de tribunal a respeito da Motown e Carlin Music. Sexualidade de MJ/ boatos de que ele fosse gay: entrevistas, incluindo FA1, FC1, Schaffel, Wiesner e Tohme; MJ a Boteach; Taraborrelli, *Secret Childhood* (veja notas do capítulo 2), entrevistas e artigos de Oprah. Citações de Quincy Jones/ *Off the Wall*: Artigo de Jones no *LA Times*, exceto "inocência": *Wall Street Journal*; "motivado" e "determinado": Haley/ *Playboy*. Segundo Jones (no *LA Times*), ele sugeriu que MJ colocasse uma "'My Sharona' Negra" no álbum *Thriller*, e que MJ mesmo voltou com "Beat It". Contratação de John Branca: entrevistas de Branca a Taraborrelli. Comentários de Hilburn: seu artigo no *LA Times*. Condomínio: Schaffel, entrevistas com o consultor de KJ. O primeiro artigo sobre MJ de Gerri Hirshey para a *Rolling Stone* (veja notas do capítulo 2) provavelmente me comoveu mais do que qualquer coisa que eu tinha lido ou ouvido sobre MJ até aquela data. Ele se abriu com ela como talvez com nenhum outro entrevistador. Comentários de Yetnikoff: *Secret Childhood* (veja notas do capítulo 2). Hayvenhurst: Hirshey (veja notas do cap. 2). La Toya sobre MJ trabalhando em *Thriller*, entrevista citada por Taraborrelli. *Thriller*: Taraborrelli, entrevistas com Branca, *Playboy*, Jones/ *LA Times*, entrevista de Landis/ *Daily Telegraph*; citações de Swedien: entrevistas, Yetnikoff: Taraborrelli, Hoefflin: seu site, com exceção de "três minutos": entrevista do *Sun*. As citações do site podem ter sido de uma entrevista anterior, mas não estão creditadas. "Billie Jean"/ groupies e Jones querendo tirar a canção do álbum: entrevista de 1996 de MJ na Tailândia, citada como reapresentação na MTV. Casaco emprestado de Katherine por MJ: entrevista com Jermaine (ver <contactmusic. com>). Deixando as Testemunhas de Jeová: MJ (principalmente ensaio para o site Beliefnet), publicações das Testemunhas de Jeová, La Toya, Firpo Carr. MJ sobre "ser pioneiro": discurso de Oxford; Caim e Abel etc.: Boteach. KJ/ presente de aniversário: FA1, *Secret Childhood* (veja notas do capítulo 2). MJ sobre solidão, andando sem rumo pelas ruas, abordando estranhos, festejando, Disneylândia: citações de Boteach. FA1 me contou o quanto MJ gostava de andar na atração Piratas do Caribe repetidamente e como percorria o parque por passagens secretas com a ajuda da segurança. Há um arquivo maravilhosamente bizarro, Michael Jackson na Disneylândia, no site <rhythmofthetide. com>, que ilustra muito deste material.

Joe Jackson/ "ajuda dos brancos," resposta de MJ: *Billboard*. Dificuldades financeiras de Joe e ocultação de bens: FC1, ação de divórcio de 1982, pedido de falência de 1999, Taraborrelli. JJ despedido: FC1. Frank Dileo: obituários abaixo, Taraborrelli. Eu nunca conversei com Dileo; no momento em que fui atrás dele, ele entrou em coma. Falei com sua mulher, Linda, mas a respeito dos eventos em torno do show *This Is It*, seus problemas de saúde e seu relacionamento com John Branca.

Turnê Victory/ intervenção de KJ: Taraborrelli, advogados da sra. Jackson. Delsener e Cooley/ segurança nas multidões, problemas de Don King: "Trouble in Paradise"/ *Rolling Stone*. Brooke Shields/ língua: FA1, La Toya/ *Growing Up*. O arquivo de Brooke Shields, disponível em <lacienegasmiled.wordpress.com>, contém quase tudo já publicado sobre o relacionamento.

ARQUIVOS DE TRIBUNAL

Civil

LASC 42680.

LASC C139795.

LASC D076606.

LASC C347206.

05113 (Tribunal Superior de Los Angeles) Petição para anular casamento, Janet Dameta DeBarge, 30 jan. 1985 (doravante LASC 05113).

D157554 (Tribunal Superior de Los Angeles) Enid Jackson contra Sigmund E. Jackson (conhecida como Jackie Jackson), 8 jan. 1986 (doravante LASC D157554).

D202224 (Tribunal Superior de Los Angeles) Hazel Gordy Jackson contra Jermaine Jackson, 9 out. 1987 (doravante LASC D202224).

USDC-CA CV 90 4906.

LASC SC083501.

DOCUMENTOS

Ribera a Sullivan, 09/11/11.

Ribera a Sullivan, 13/11/11.

FAMÍLIA JACKSON / PRIMEIROS ANOS NA MOTOWN

"Can Michael Jackson's Demons Be Explained?". BBC, 27 jun. 2009 (RT).

HILBURN, Robert. "Michael Jackson: The Wounds, the Broken Heart". Disponível em: <LATimes. com>, 27 jun. 2009 (I) (doravante HILBURN, "The Wounds").

JACKSON, Michael. "My Childhood, My Sabbath, My Freedom". Beliefnet, dez. 2000 (I).

MJ EM NOVA NORK / *O MÁGICO INESQUECÍVEL* / STUDIO 54

CANBY, Vincent. "When Budgets Soar over the Rainbow". *New York Times*, 26 nov. 1978.

DESENVOLVIMENTO DE MJ COMO ARTISTA SOLO / *OFF THE WALL*

FUSILLI, Jim. "Quincy Jones on How Michael Jackson Did It". *Wall Street Journal*, 1 jul. 2009.

HALEY, Alex. "The Playboy Interview: Quincy Jones". *Playboy*, jul. 1990.

JONES, Quincy. "Quincy Jones on Michael Jackson: 'We Made History Together'". *Los Angeles Times*, 29 jun. 2009.

A ÉPOCA THRILLER / FRANK DILEO

"Bruce Swedien on *Thriller*". *GearSlutz*, jan. 2009.

GLENTZER, Molly. "The Steps That Made Michael Jackson Great". *Houston Chronicle*, 1 jul. 2009.

HILBURN, Robert. "CBS Group President Walter Yetnikoff...". *Billboard*, 21 jul. 1984.

_____. "An Interview with Quincy Jones...". *Billboard*, 21 jul. 1984.

_____. "Manager Frank Dileo: Taking Care of Business...". *Billboard*, 21 jul. 1984.

_____. "The Saga of Michael Jackson". *Billboard*, 21 jul. 1984.

"Michael Jackson Dances Alone". *Rolling Stone*, 17 fev. 1983.

"Michael Jackson Wore Mother's Jacket for Moonwalk Debut". Disponível em: <Contactmusic. com>, 28 jun. 2012.

NOLAND, Claire. "Frank Dileo Dies at 63; Michael Jackson's Manager". *Los Angeles Times*, 25 ago. 2011 (doravante NOLAND).

POND, Steve. "Former Motown Stars Return for Birthday Bash". *Rolling Stone*, 26 maio 1983.

SENIOR, Mike. "Bruce Swedien: Recording Michael Jackson, Legendary Engineer on *Thriller*". *Sound on Sound*, nov. 2009.

SISARIO, Ben. "Frank Dileo, Michael Jackson's Manager, Dies at 63". *New York Times*, 24 ago. 2011 (doravante SISARIO 24/08/11).

"Three Minutes to Pen 'Billie'". *The Sun*, 26 jul. 2009.

VENA, Jocelyn. "Michael Jackson Answers Fan Questions in 1996 Thailand Interview". Disponível em: <mtv.com>, 6 jul. 2009 (I).

WILLIAMS, Janette. "Michael Jackson Left Indelible Mark on Pasadena". *Whittier Daily News*, 25 jun. 2009.

_____. "Michael Jackson Stopped the Party Cold". *USA Today*, 11 abr. 1984.

O CLIPE DE "THRILLER"/ TESTEMUNHAS DE JEOVÁ

CARR, Firpo. "Michael Jackson and Jehovah's Witnesses". *Los Angeles Sentinel*, 23 jul. 2009.

LEE, Marc. "Michael Jackson's Thriller, Interview with Director John Landis". *Daily Telegraph*, 8 jul. 2007 (doravante LEE, "Landis").

"Michael Jackson Interview". *Awake!*, 22 maio 1984.

TURNÊ VICTORY/ DON KING/ A SEPARAÇÃO DE MJ DOS IRMÃOS

GOLDBERG, Michael; CONNELLY, Christopher. "Trouble in Paradise". *Rolling Stone*, 15 mar. 1984.

SWERTLOW, Frank. "How Michael Jackson and Don King Get Along". *Los Angeles Herald Examiner*, 3 mar. 1984.

ACIDENTE NO SET DE FILMAGENS DA PEPSI/ QUEIMADURAS

CACKLER, Jaime. "Jackson's Burns Caused by Bad Timing". *Los Angeles Herald Examiner*, 30 jan. 1984.

SEILER, Michael. "Pop Star Michael Jackson Burned". *Los Angeles Times*, 28 jan. 1984.

TOWNSEND, Dorothy. "Singer Michael Jackson Released...". *Los Angeles Times*, 29 jan. 1984.

WOODYARD, Chris. "Michael Jackson Seriously Burned...". *Los Angeles Herald Examiner*, 28 jan. 1984.

YORKIN, Nicole. "Jackson Released from Burn Center". *Los Angeles Herald Examiner*, 29 jan. 1984.

ZOGLIN, Richard. "Too Much Risk on the Set?". *Time*, 13 fev. 1984.

EXCENTRICIDADES/ WACKO JACKO

MCGRORY, Mary. "Reagan Has Moves Michael Might Envy". *Los Angeles Times*, 16 maio 1984.

"Why Michael Hid Out in a White House Men's Room, and Other Tales of the Day Power Played Host to Fame". *People*, 28 maio 1984.

RODNEY ALLEN RIPPY

"Rodney Allen Rippy Talks About His Friend Michael Jackson". KABC-TV-Los Angeles, 26 jun. 2009.

EMMANUEL LEWIS

HALL, Jane. "Emmanuel Lewis Got a Boost from Michael Jackson, but as Webster He Stands on His Own". *People*, 9 de abr. 1984 (doravante HALL, "Emmanuel Lewis").

TATUM O'NEAL

"Michael Denies Sex Change; Says He Is Not Gay and Did Not Swim Nude with Tatum O'Neal". *Jet*, 22 set. 1977.

STERN, Marlow. "Tatum O'Neal Opens Up". *Daily Beast*, 14 jun. 2011 (I).

"Tatum O'Neal Contradicts Jackson's Seduction Story". WCVB-TV, 10 fev. 2003 (RT).

"Tatum's Tell-All Teaser Released". *Sydney Morning Herald*, 13 out. 2004.

BROOKE SHIELDS

"Archive for the '1981-1984 Brooke Shields' Category". Disponível em: <lacienegasmiled.word-press.com>, 21 dez. 2009 (doravante <lacienegasmiled.wordpress.com> Brooke Shields) (I).

ÁLBUM, VÍDEO E TURNÊ DE *BAD*

DECURTIS, Anthony. "Michael Debuts His New Show in Kansas City". *Rolling Stone*, 7 abr. 1988.

GOLDBERG, Michael; CONNELLY, Christopher. "Is Michael for Real?". *Rolling Stone*, 24 set. 1987.

HILBURN, Robert. "A Good-and Bad-Night". *Los Angeles Times*, 4 mar. 1988 (doravante HILBURN, "Good-and Bad-Night").

MCKENNA, Krista. "The Moonwalker's Strange Quest for Perfection". *Los Angeles Times*, 6 nov. 1988 (doravante MCKENNA).

STEIGERWALD, Bill. "Buckle Debacle". *Los Angeles Times*, 8 nov. 1987.

CAPÍTULO 5 [pp. 128-39]

Reuniões em Dubai entre MJ e Sony: FA2, que estava envolvido, e FA1; O'Brien, Siklos (veja notas do capítulo 1), Duhigg. Wilkinson e Crawford foram os primeiros a avisar sobre as dificulda-des financeiras de MJ. "psicologicamente destruído": entrevista de Mesereau. Aquisição do catálogo da ATV: veja capítulo 6. Paul McCartney: entrevista de McCartney na *Rolling Stone*; citações adicio-nais: Jack Doyle/ site <pophistorydig.com>, Taraborrelli. Papel de McCartney na aquisição dos direitos dos Beatles: biografia de McCartney da MTV, entrevista à Letterman. MJ/ Tommy Mottola/ determinação de persistir com a Sony/ ações da ATV: FA1 e FA2; o artigo de Maureen Orth "Neverland CSI" relata de maneira similar. Impacto que o artigo "Jacko Bombshell" teve sobre MJ: FA1.

Bahrein/ Natal, Dubai, 250 mil dólares de Abdullah, visitas às famílias Cascio e Lester: FA1, provas e depoimentos ao Supremo Tribunal de novembro de 2008; incluindo o de Grace Rwaramba, entrevistas de Lester. Frank Cascio/ "travessuras": Boteach; guerras de bexigas com água: *VIBE*. "Impaciência cada vez maior", 2 Seas Records, música do Katrina: julgamento em Londres, FA1 e FA2, Tohme. Citações de Abdullah: Linda Deutsch/ Entrevista de MJ/ Abdullah à Associated Press. Essa foi a única entrevista de MJ a uma jornalista americana durante sua estadia no Bahrein; Tohme e Mesereau me disseram que era uma recompensa pelo tratamento justo dispensado a MJ durante seu julgamento.

Orlando: FA1. Citações de David Siegel: entrevista ao The Timeshare Authority; ele não respondeu ao meu pedido de entrevista. Citação de Jane Carter: "Mad About the Boys", de Bryan Burrough, a extensa descrição da queda de Lou Pearlman. O período em Orlando é um dos poucos não cobertos pela cronologia em Michael Jackson Timeline, uma indicação para mim de que Michael queria "abafar" o assunto. Pearlman disse que ele estava negociando com MJ sobre muito mais do que a música do Katrina (em entrevista à televisão local), mas eu confio primeiramente no que me disse a FA1 sobre MJ sair de Orlando assim que soube das investigações de Pearlman.

Citações de Abdullah sobre o retorno de MJ ao Bahrein: depoimento na Suprema Corte. Legado de "We Are the World": FA1, Wiesner. "Um buraco negro para os admiradores de Michael": Hirshey, "The Sound of One Glove Clapping". Citação de Yetnikoff: *The Secret Childhood of Michael Jackson* (veja notas do capítulo 2). Outras fontes para "We Are the World" abaixo; a piada sobre MJ precisar de um amigo mais novo para lhe dizer quem é Michael Jordan: Bob Jones, *The Man Behind the Mask*.

REUNIÃO SONY EM DUBAI / REFINANCIAMENTO DE DÍVIDA

CRAWFORD, Krysten. "Michael Jackson to Lose Beatles Catalog?". *Money*, 5 maio 2005.

DUHIGG, Charles. "Michael Jackson Advisors Try to Stave Off Default". *Los Angeles Times*, 21 dez. 2005.

O'BRIEN, Timothy. "What Happened to the Fortune Michael Jackson Made?". *New York Times*, 14 maio 2006 (doravante O'BRIEN).

ORTH, Maureen. "CSI Neverland." *Vanity Fair*, jul. 2005 (doravante ORTH 05 / 07).

WILKINSON, Peter. "Is the King of Pop Going Broke?". *Rolling Stone*, 25 abr. 2002.

CATÁLOGO DA ATV / PAUL MCCARTNEY

DOYLE, Jack. "Michael and McCartney". Disponível em: <Pophistorydig.com>, 7 jul. 2009 (I).

HILBURN, Robert. "The Long and Winding Road". *Los Angeles Times*, 22 set. 1985 (doravante HILBURN, "Long and Winding Road").

MCCARTNEY, Paul, entrevistado por David Letterman. *Late Show with David Letterman*. CBS, 15 jul. 2009 (RT).

"Paul McCartney Biography". MTV, 3 mar. 2009 (RT).

WHITE, Timothy. "Paul McCartney: A Backstage Look at His US Tour". *Rolling Stone*, 8 jan. 1990.

BAHREIN / XEQUE ABDULLAH / MÚSICA DO KATRINA / REUNIÃO NATALINA

BAIN, Raymone. "Michael Jackson Statement on Drug Overdose Rumors", 10 dez. 2005 (CI) (doravante BAIN, "Overdose Rumors").

BASNETT, Guy. "I'm the Real Father of Michael Jackson's Girl, Claims Mark Lester". *News of the World*, 9 ago. 2009.

BUTTERFIELD, Alan. "Jacko Bombshell". *National Enquirer*, 9 dez. 2005 (doravante BUTTERFIELD, "Bombshell").

DEUTSCH, Linda. "Six Months Later, Jackson's Katrina Song Ready". Associated Press, 17 fev. 2006.

"Jackson's Katrina Song Said to Be Ready". Disponível em: <Billboard.com>, 23 jun. 2007 (I).

SANDERSON. "Unbreakable: Michael Jackson Interview". *VIBE*, mar. 2002.

WINFREY, "How the Cascios" (RT).

WINFREY, "Secret Friendship" (RT).

VISITA A ORLANDO / LOU PEARLMAN
"Boy Band Founder to Plead Guilty in $300M Suit". Associated Press, 4 mar. 2008.
BURROUGH, Bryan. "Mad About the Boys". Vanity Fair, nov. 2007.
"Jackson Considered Moving to Orlando". Fox News, 13 jun. 2009 (RT).
TREMBLAY, Jason. "Orlando Timeshare Developer Played Landlord to Michael Jackson". The Timeshare Authority, 3 jun. 2009.

"WE ARE THE WORLD"
HILBURN, Robert. "Behind the Scene of a Pop Miracle". Los Angeles Times, 24 mar. 1985.
HIRSHEY, Gerri. "The Sound of One Glove Clapping". Rolling Stone, jan. 1986.
LODER, Kurt; GOLDBERG, Michael. "Inside the USA for Africa Sessions". Rolling Stone, 28 mar. 1985.

CAPÍTULO 6 [pp. 140-55]

Fim do relacionamento com Quincy Jones: fontes confidenciais, entrevista de Jones a Katie Couric; com Dileo: fontes confidenciais, Taraborrelli, obituários de Dileo. Piada da cobra: entrevista de Dileo em Taraborrelli. John Branca: Hilburn / "...igualmente brilhante (veja notas do capítulo 1)", Taraborrelli, para quem Branca foi uma das principais fontes. Aquisição do catálogo dos Beatles: Hilburn, Knoedelseder / LA Times, perfil de Branca no California Lawyer (de onde vêm as citações de Branca), Taraborrelli, outras fontes abaixo. Cartas da Sony / ATV em "Documentos" (confirmam causa e natureza do acordo pelo qual a Sony e MJ trocaram as posições de sócio majoritário e minoritário no acordo, e Branca como principal ligação entre eles até sua demissão em 2003): Processo de Joe Jackson contra os executores do testamento de Michael Jackson. Citações de Branca ("Parte dele pode ser um garoto de dez anos..."), Dileo ("um cruzamento entre o E.T. e Howard Hughes"): entrevistas da década de 1980 citadas por Taraborrelli de um jornal inglês. Compra do rancho Neverland: Taraborrelli. Descrição de Neverland: Vídeo do departamento de polícia de Santa Barbara. Citação de Dangerous no LA Times: Chris Willman; citação de Ron Wilcox, da Sony: artigo HILBURN / PHILLIPS de 1991 no LA Times.

Transações financeiras de Michael, esbanjando e acumulando riqueza: processo Avram, cobertura da imprensa, em especial Siklos (veja notas do capítulo 1), O'Brien (veja notas do capítulo 5), Orth. Citação de Schaffel: entrevista. MJ sobre o escândalo Chandler: Boteach. Para o caso Chandler em geral, veja o capítulo 16 e suas notas sobre fontes. Citação de Dan Beck: O'Brien / New York Times (veja notas do capítulo 5). Renegociação / expansão da Sony / ATV: FA2, FC2, Tohme, Hawk, Mann, Sanders; processo de Joe Jackson contra os executores do espólio de MJ; artigos da Rolling Stone, New York Times e Jet; reportagens do <TheWrap.com> sobre MJ / Branca. Projetos em filme e vídeo: FA2, FC2, Schaffel, Wiesner; MJ para Boteach; O'Brien (veja notas do capítulo 5), Day. Acordos de renegociação de dívida: arquivo do caso Avram com as entrevistas de Myung Ho Lee e informações adicionais de Orth, "Losing His Grip". Essas renegociações foram um ponto importante em minhas conversas com os advogados que estavam considerando processar Branca e o espólio de MJ.

Citações de Al Malnik: depoimento no processo Avram. Boteach sobre as extravagâncias de MJ: *The Michael Jackson Tapes* (p. 30). Contas das fantasias das celebridades: prova do processo Avram. Perfume de 75 mil dólares: site da Fragance Depot (não se sabe se a compra realmente ocorreu ou se ele apenas deixou que soubessem do fato). Compras que não foram pagas: Orth em provas do processo Avram. Projetos apresentados pelos consultores de MJ, incluindo Wiesner/ Konitzer, descritos como "bizarros": depoimento de Malnik. Wiesner e seu antigo sócio, Ronald Konitzer, obviamente não concordam com a declaração de que tiraram vantagem de MJ financeiramente. Dieter negou enfaticamente essas acusações quando o entrevistei, e nenhum deles jamais foi acusado na Justiça por nenhum crime em conexão com seu envolvimento com MJ. Michael LaPerruque: Gerald Posner, investigadores da polícia do condado de Santa Barbara. Joey Jeszeck e Chris Carter: Posner, baseando-se majoritariamente nas declarações em O povo contra Michael Jackson; as entrevistas de Jeszeck e Carter com os investigadores são parte dos arquivos do caso. Chris Carter: jornais de Las Vegas, via "Jackson's Shady Inner Circle", de Posner, arquivos de O povo contra Michael Jackson, investigações da polícia e legistas no caso O povo contra Murray. Citações de Backerman: o *Sun* (Londres). Backerman forçado a sair pela Nação do Islã: Schaffel, informações do processo Avram e relatório forense: arquivos de tribunal. Citações de Schaffel: entrevistas; Dieter Wiesner me confirmou a história do empréstimo num cassino de Las Vegas.

ARQUIVOS DE TRIBUNAL

Civil
BD 497718 (Tribunal Superior do condado de Santa Barbara) Marcel Avram contra Michael Jackson, 4 jun. 2000.

DOCUMENTOS
"RE: Operating Agreement". Carta de Michael Jackson para Sony/ ATV Publishing LLC, 7 nov. 1995.
"RE: Representation of Michael Jackson and Sony/ ATV Music Publishing LLC". Carta de John Branca para Sony/ ATV Music Publishing LLC, 14 ago. 2002 (doravante Branca a Sony/ ATV, 14/08/02). Singer a Branca, 10/09/02.

CATÁLOGO DOS BEATLES/ SONY/ ATV
BROWN, Mick. "Michael Jackson, Death by Show Business". *Daily Telegraph*, 27 jun. 2009.
HILBURN. "Long and Winding Road".
KNOEDELSEDER, William. "Beatles Song Catalogue Acquired". *Los Angeles Times*, 15 ago. 1985.
"Michael Jackson and Sony Enter Joint Publishing Venture Valued at $600 million". *Jet*, 27 nov. 1995.
"Michael Jackson Buys Rights to Eminem Tunes and More". *Rolling Stone*, 31 maio 2007.
"Michael Jackson Sells Beatles Songs to Sony" *New York Times*, 8 nov. 1995.
SINBERG.

QUINCY JONES, FRANK DILEO, JOHN BRANCA E DAVID GEFFEN
COURIC, Katie. "Quincy Jones: 'I Miss My Little Brother'". CBS News, 8 jul. 2009 (RT).
GROVER, Ronald. "David Geffen Tries Out a New Act". *Business Week*, 29 jun. 1992.
NOLAND.

ROSENFIELD, Paul. "David Is Goliath". *Vanity Fair*, mar. 1991.

ROBERTS, Johnnie L. "Michael Jackson Nearly Lost His Prized Music Catalog". Disponível em: <The Wrap.com>, 5 dez. 2010 (I).

SISARIO 24/08/11.

CARREIRA/ DECLÍNIO

CHRISTGAU, Robert. "Michael Jackson Albums Review". Disponível em: <robertchristgau.com> (I).

GOLDBERG, Michael. "Michael Jackson: The Making of the King of Pop". *Rolling Stone*, 9 jan. 1992.

HARRINGTON, Richard. "Jackson's 'Dangerous' Departures; Stylistic Shifts Mar His First Album in 4 Years". *Washington Post*, 24 nov. 1991.

HIRSHEY, Gerri. "Michael Jackson". *Rolling Stone*, 11 jun. 1992.

ORTH, Maureen. "Losing His Grip". *Vanity Fair*, abr. 2003 (doravante ORTH 03/04).

PARELES, Jon. "Michael Jackson in the Electronic Wilderness". *New York Times*, 24 nov. 1991.

STEVENSON, Richard W. "'Thriller,' Can Michael Jackson Beat It?". *New York Times*, 10 nov. 1991.

WILLMAN, Chris. "Michael Jackson's 'Dangerous': Michael Jackson Serves Up Something for Everyone in His Relatively Tame — and Wildly Unfocused — New Album". *Los Angeles Times*, 24 nov. 1991.

FORTUNA/ GASTOS/ EXCESSOS FINANCEIROS E DÍVIDAS

"$100,000 Michael Jackson the King of Pop Fragrance". Fragrance Depot, 8 out. 1998 (I).

DAY, Elizabeth. "Off the Wall, but Still Invincible". *Guardian*, 8 mar. 2009 (doravante DAY, "Off the Wall").

HILBURN, Robert; PHILLIPS, Chuck. "Sony Deal Will Give Jackson Big Share of His Own Success". *Los Angeles Times*, 18 jun. 1991.

LEEDS, Jeff; SORKIN, Andrew Ross. "Michael Jackson Bailout Said to Be Close". *New York Times*, 13 abr. 2006 (doravante LEEDS e SORKIN).

POSNER, Gerald. "Jackson's Shady Inner Circle". *Daily Beast*, 10 jul. 2009 (I) (doravante POSNER, "Inner Circle").

———. "Michael's Missing Millions". *Daily Beast*, 2 ago. 2009 (I) (doravante POSNER, "Missing Millions").

OUTROS

BOUCHER, Geoff. "To Michael Jackson on His 45th Birthday". *Los Angeles Times*, 1 set. 2003.

"Michael Jackson Adviser Says Nation of Islam Took Over His Life". *Sun*, 7 jul. 2009.

CAPÍTULO 7 [pp. 156-64]

Descontentamento do xeque Abdullah: FA1, descrição de Tohme da visita ao Bahrein, depoimentos do xeque Abdullah e de Grace Rwaramba na Suprema Corte, no julgamento. Viagem à Alemanha: FA1.

Anton Glanzelius/ material e citações de Swedien: entrevista de Glanzelius ao *Göteborgs-Posten*. Estadia de Schleiter, Wolfgang Schleiter: FA1, Friedman. MJ/ Alemanha em geral: Wiesner, Kloth. Itália e Londres: FA1. Demissão de Mesereau do cargo de advogado de MJ:

entrevistas e comunicado de imprensa. Retorno de MJ ao Bahrein: FA1, depoimento no julgamento, Tohme. Citação de Chris Tucker: *Playboy*. Tony Buzan/ mapeamentos mentais: FA1, Buzan na imprensa britânica, informações de pagamentos no processo da Suprema Corte. Citações de Buzan: artigo assinado do *Sunday Times*, "The Extraordinary Life of Michael Jackson's Children". Aeroporto de Manama/ OxyContin: FA1, *Sunday Times*. Abdullah (com encorajamento de Jermaine Jackson) forçando a assinatura do contrato do 2 Seas Records: FA1, FA2, Tohme; citações e informações específicas: comunicado de imprensa. Conversas tensas entre MJ e Abdullah: FA1, Tohme; Rwaramba a Barak (veja notas do capítulo 1); depoimento ao tribunal. Queixas de MJ sobre vaivém de propriedade para propriedade: Rwaramba a Barak. Segundo depoimento em Londres: Schaffel, King. Saída do Bahrein para o Japão: depoimentos de Abdullah e Rwaramba no tribunal.

BAHREIN/ ABDULLAH

FLEMING, Michael. "Playboy Interview: Chris Tucker". *Playboy*, ago. 2007.

LEEDS e SORKIN. "Thomas Mesereau Releases Statement", 24 fev. 2006 (CI).

"Raymone Bain Releases Statement", 17 mar. 2006 (CI).

ALEMANHA/ A FAMÍLIA SCHLEITER

FRIEDMAN, Roger. "Jackson Staying at Home of Wolfgang Schleiter". Fox News, 30 jan. 2006 (I).

"Interview with MJ's Former Pal, Anton Glanzelius of *My Life as a Dog* Fame". *Göteborgs-Posten*, 27 jun. 2009.

KLOTH, Hans Michael. "Deutschland's King of Pop". *Spiegel Online*, 29 jun. 2009 (I).

"Michael Jackson Visits Germany". *Hello!*, 30 jan. 2006.

TONY BUZAN/ MAPEAMENTOS MENTAIS

"The Extraordinary Life of Michael Jackson's Children". *Sunday Times*, 13 set. 2009.

CAPÍTULO 8 [pp. 167-77]

MJ amado no Japão: FA1, FA2, FC1 e abaixo. Kabuki: FA1 e FC1 sobre japoneses cultos verem MJ como um tipo de intérprete completo do kabuki, blog de Deborah White, pesquisa de interpretação do *wakashu* (jovem do sexo masculino). Escala em Brunei: Tohme me contou que a visita de MJ não foi algo tão especial para a família real de Brunei. Ligações não retornadas de Abdullah e seus representantes: julgamento na Suprema Corte. Americanos envolvidos com o meio musical, conversando na surdina com Abdullah: Tohme, baseando-se em declarações do pessoal de Abdullah em Manama. Pertences de MJ enviados a um hotel; estadia em Manama: Tohme, FA1, Rwaramba a Barak (veja notas do capítulo 1). Dinheiro e joias deixados para trás: Tohme e Dennis Hawk, de sua viagem a Manama. Visita à Europa: FA1 e Rwaramba. Partida do Bahrein, mudança para a Europa, promoção de Raymone Bain à empresária: "Jackson Fires Business Managers", da AP, e comunicado de imprensa no qual se basearam.

Seguir os movimentos de MJ nos seis meses que ele passou na Irlanda (com uma visita de dez dias a Nova York, que eu deixei de fora da narrativa) se tornou difícil por dois motivos principais:

primeiro, por causa dos comunicados de imprensa, para despistar, que foram totalmente aceitos pela mídia (em particular a *Ebony*), e, depois, porque a mídia se provou ainda mais suscetível à história de que Michael passava seu tempo na Irlanda vivendo às custas de Michael Flatley, como escreveu Roger Friedman. A reportagem que afirmou que Jackson iria ao show de Bob Dylan foi "CRAIC-O--JACKO", do *Daily Mirror*. Boato de Blackwater Castle: o blogueiro James Galvin. Estadia no castelo Blackwater: Liam Sheehan, entrevistas de Patrick Nordstrom à imprensa em 2009, site de Blackwater; Nordstrom cuidava de sua mulher, doente de câncer, e não pôde ser entrevistado. Citação ao parque temático Leprechaun: *Daily Mirror*; FA1 me contou que MJ realmente acreditava em *leprechauns*, ou pelo menos encorajava seus filhos a acreditarem. Tensões entre Michael e Grace, compra de antiguidades em Florença: FA1, Rwaramba a Barak. Relações entre Debbie Rowe e MJ: Marc Schaffel, FA1, FA2, livro de Bob Jones, entrevistas de Lisa Marie Presley. Acordo de confidencialidade, preocupação de Rowe com as crianças; declarações de Iris Finsilver no site Smoking Gun. Citações de Jones sobre o nascimento de Prince e Paris: seu livro. Acordo pré-nupcial entre Jackson e Rowe: arquivos de tribunal; "suposto pagamento", ainda que Katherine Jackson tenha usado o mesmo valor. Disputa e resolução entre MJ e Rowe: FA2, que sabia diretamente do assunto; desavenças entre Grace e MJ, FA1. Afirmação de "sequestro", outras citações a respeito da disputa pela custódia: arquivos de tribunal. Sheehan me disse não ter ideia da disputa pela custódia, que acontecia enquanto ele e MJ viviam sob o mesmo teto. Ele também foi o primeiro a me falar do pai dedicado que MJ havia sido, algo que eu não sabia e que depois foi repetido diversas vezes por outras pessoas. Acho que foi imediatamente depois de falar com Sheenan que decidi que o meu artigo de revista se transformaria num livro.

DOCUMENTOS
"Declaration of Iris Joan Finsilver", 3 fev. 2005.

JAPÃO
KAGEYAMA, Yuri. "Michael Jackson Had Loyal, Generous Fans in Japan". Associated Press, 26 jun. 2009 (doravante KAGEYAMA).
MASTERS, Coco. "Big in Japan: Tokyo Mourns Jackson's Death". *Time*, 26 jun. 2009 (doravante MASTERS, "Big in Japan").
WHITE, Deborah. "Michael Jackson as Kabuki Theater". Disponível em: <thecrazywoman.com>, 5 jul. 2009 (I).

PARIS
"Michael Jackson en Disneyland Paris". Disponível em: <flickr.com>, 17 jun. 2006 (I).
"Michael Jackson Fires Business Managers". Associated Press, 27 jun. 2006.
"Michael Jackson Visits Paris Garden". Disponível em: < justjared.com>, 23 jun. 2006 (I).

CHEGADA À IRLANDA / DYLAN / FLATLEY
BURNHILL, Eleanor. "CRAIC-O JACKO; Superstar and Kids Jet into Ireland for Bob Dylan Gig". *Daily Mirror*, 24 jun. 2006.
"Jacko Is in Cork". Disponível em: <jamesgalvin.com>, 24 jun. 2006 (I).

BLACKWATER CASTLE

BROWNE, Bill. "Jackson's Cork Hideaway". *Corkman*, 2 jul. 2009.

KELLEHER, Olivia. "'He Just Wanted the Best for His Children'". *Independent* (Irlanda), 29 jun. 2009.

MARTIN, Paul. "Leprechaun Land; You'll Never Believe It but Wacko Jacko Is Planning a Theme Park Full of Celtic Myths and Legends Called...". *Daily Mirror*, 15 set. 2006.

MCCARTHY, Louise. "Magic Tricks with Michael Jackson and His Kids". *Corkman*, 2 jul. 2009.

GRACE RWARAMBA / DEBBIE ROWE

HEATH, Chris. "Lisa Marie Presley". *Rolling Stone*, 20 abr. 2003 (doravante HEATH, "Lisa Marie Presley").

"*Playboy* Interview: Lisa Marie Presley". *Playboy*, ago. 2003 (doravante *Playboy*, "Lisa Marie Presley").

CAPÍTULO 9 [pp. 178-96]

Schaffel contra Jackson: Schaffel, King, Mesereau, que havia anteriormente representado MJ na questão. Citação do jurado: artigos da UPI; opiniões de Bain e McMillan: comunicado de imprensa de Bain; citações de King: entrevistas. Ballinacurra: FA1, entrevistas e site de Des McGahan; MJ "dançando na grama": entrevista do *Independent*.

Luggala: FA1. Incêndio em Neverland: comunicado de imprensa / Raymone Bain. Passeio ao teatro de marionetes: Eugene Lampert para o *Sligo Champion*. Grouse Lodge: FA1; entrevistas de Paddy Dunning à imprensa; infelizmente, Dunning não quis me conceder uma entrevista. Detalhes importantes, incluindo a expedição de reconhecimento de Rwaramba, a chegada a Grouse Lodge, tentativas de manter sua estadia secreta (incluindo o comentário "É, e Elvis Presley também", de Dunning), a estátua de cera de Elvis na floresta. Atitude protetora dos fazendeiros locais: Luke Bainbridge, no *Guardian*. will.i.am / "colhendo maçãs": para o site <starpulse.com>. Outros comentários de artistas e produtores: "What's the Scoop on Michael Jackson's New Album?" (reunido de diversas publicações e conferências da imprensa). Muito obrigado a R. J. Dr. Patrick Treacy: Mesereau, que reproduziu para mim uma conversa telefônica com Treacy. Citações de Treacy: entrevistas na internet. Certificação de que ele ou sua clínica ministraram propofol durante algum procedimento: entrevista com Deborah Kunesh, Catherine Gross, CastTV. Treacy insistiu que MJ entendeu que não poderia utilizar propofol sem a presença de um anestesista e que "nunca teria feito isso". Supostas fotos de MJ no sul da França: FA1; entrevista de Bain para *Stealing Michael Jackson*; *Daily News*, resposta de MJ a Bain: site <entertainmentwise.com>. Billy Bush / diálogo entre MJ e o operador de câmera: Gawker. Insônia / gravador com três relógios: entrevistas com Todd Gray nos sites < amazon.com>, <Essence.com> e no *Huffington Post*. Frank Cascio recolhendo os remédios de MJ à noite: Cascio para a ABC News. Carta de MJ à Lisa Marie Presley dizendo não dormir há quatro dias: Lucina Fisher / ABC; a carta apareceu quando a Julien's Auctions a colocou a leilão no começo de 2012. Quando Lisa Marie protestou, Darren Julien finalmente concordou em não vender.

Terei que ser cuidadoso com o que escrevo sobre o que sei a respeito do uso de propofol por MJ. Posso afirmar com certeza que ele o estava usando durante a turnê HISTORY. No entanto, a única pessoa que me disse isso oficialmente foi Dieter Wiesner, e ele não quis me dizer o nome do médico que o estava prescrevendo a MJ. Uma fonte anônima me disse o nome de um médico, que é alvo de investigações desde a morte de MJ. Uma segunda fonte anônima me disse que os fornecedores eram uma dupla de anestesistas alemães que Wiesner havia contratado. Deixo claro que Wiesner nega enfaticamente essa acusação. Schaffel e Wiesner me contaram quão longe MJ poderia chegar para conseguir dormir e, claro, grande parte dessas informações veio à tona nas acusações criminais e no julgamento do dr. Conrad Murray. FA1 foi quem me contou a maior parte delas.

Escaras: FA1, laudo da autópsia de MJ. MJ estar mais "limpo" na Irlanda do que em anos: FA1, Mesereau, entrevistas de Patrick Treacy e a insistência de anfitriões de MJ de que ele não parecia estar dopado. História de Tullamore: *Independent* (Irlanda). Ansiedade a respeito do World Music Awards: FA1, Raymone Bain e Patrick Treacy.

DOCUMENTOS

Laudo de Autópsia — caso 2009-04415, Jackson, Michael Joseph. Instituto Médico Legal do condado de Los Angeles, 25 jun. 2009 (doravante Autópsia 25/06/09).

SCHAFFEL CONTRA JACKSON

"Accusations Fly in Lawsuit Against Jackson". UPI, 12 jul. 2006.

CALDWELL, Tanya. "Jury Views Jackson Deposition in Lawsuit". *Los Angeles Times*, 7 jul. 2006.

DEUTSCH, Linda. "Michael Jackson's Frantic Messages Played". Associated Press, 6 jul. 2006.

HONG, Peter Y. "Trial Delves into Odd Finances of Pop Star". *Los Angeles Times*, 12 jul. 2006.

"Raymone Bain Releases Statement Regarding Trial Against Schaffel", 15 jul. 2006 (CI).

"Two Jackson Personalities Emerge in Suit." UPI, 30 jun. 2006.

BALLINACURRA HOUSE

CARTY, Ed. "Irish Trip Revealed Down-to-Earth Family Man". *Herald* (Irlanda), 27 jun. 2009.

"Fit for a King of Pop: Family's Luxury Hideaway". *Independent* (Irlanda), 27 jun. 2009.

FITZPATRICK, Tom. "Mary Recalls Day Michael and His Three Kids Visited Her Kinsale Shop". *Evening Echo*, 27 jun. 2009.

CASTELO WICKLOW

BAIN, Raymone. "Fire Engulfs Neverland Valley Ranch", 28 ago. 2006 (CI).

_____. "Michael Jackson Takes on Legal Conspiracy", 8 ago. 2006 (CI).

GRAY, Jim. "Jackson Was a 'Down to Earth, Doting Father' Recalls Sligo Puppeteer". *Sligo Champion*, 1 jul. 2009.

"Michael Jackson to Buy Wicklow Castle". *Hot Press*, 18 set. 2007.

WOOLLARD, Deidre. "Michael Jackson in Retreat at Irish Castle". Disponível em: <Luxist.com>, 2 set. 2006 (I).

GROUSE LODGE / ÁLBUM DE RETORNO / INSÔNIA

"A Q&A with Todd Gray, Author of *Michael Jackson: Before He Was King*". Disponível em: <Amazon. com> (I).

AUGHEY, Olga. "Paddy Dunning Talks of the Famous Grouse". *Westmeath Examiner*, 28 abr. 2009.

BAINBRIDGE, Luke. "Michael Jackson's Irish Hideaway". *Guardian*, 14 ago. 2010.

"Billy Bush Seduced by Michael Jackson's 'B' Game". Disponível em: <Gawker.com>, 16 out. 2006 (I).

BUSH, Billy. "'The Return of the King of Pop". *Access Hollywood*, 2 nov. 2006 (RT).

"Creepy Michael Jackson Dresses as a Woman". *New York Daily News*, 11 out. 2006.

FISHER, Lucina. "Michael Jackson's Sleepless Letter to Lisa Marie Presley". Disponível em: <abcne-ws.go.com>, 30 maio 2012 (I).

FRIEDMAN, Roger. "Who's Funding Jackson's Retreat to Irish Recording Studio?". Fox News, 21 out. 2006 (I).

GRAY, Todd. "Michael Jackson's Photographer Todd Gray Shares Intimate Moments with the King of Pop". Disponível em: <Essence.com>, 27 out. 2009 (I).

"King of Pop Felt at Home in Westmeath's Grouse Lodge". *Westmeath Independent*, 2 jul. 2009.

LEE, Chris. "Pop King's Planning His Return". *Los Angeles Times*, 1 out. 2006.

"Michael Jackson's Irish Retreat for Rent". *Irish Times*, 6 jun. 2010.

"Michael Jackson Spotted in Tullamore Centre". *Independent* (Irlanda), 28 out. 2006.

MONROE, Brian. "A Q&A with Michael Jackson: In His Own Words". *Ebony*, dez. 2007.

R. J. "What's the Scoop on Michael Jackson's New Album?". Disponível em: <michaeljacksonbeat. blogspot.com>, 22 abr. 2009 (I) (doravante "What's the Scoop").

TOPEL, Fred. "Will.i.am Goes Apple Picking with Michael Jackson". Disponível em: <starpulse. com>, 4 maio 2009 (I).

"Will.i.am on Working with Michael Jackson". *Rolling Stone*, 24 set. 2007.

"You Docs: Propofol Probably Not a Factor in Michael Jackson's Death". Syndicated column, 15 jul. 2009.

PATRICK TREACY / DUBLIN

GROSS, Rev. Catherine. "A Place in Your Heart: Interview with Patrick Treacy". Disponível em: <blogtalkradio.com>, 24 set. 2010 (RT).

KUNESH, Deborah. "The Michael I Knew... Patrick Treacy Shares His Reflections on Michael Jackson". Disponível em: <reflectionsonthedance.com>, 2010 (I).

"Patrick Treacy on Michael Jackson's Death". CastTV, 26 jun. 2009 (RT).

WIKIPEDIA

"Anterograde Amnesia".

"Propofol".

CAPÍTULO 10 [pp. 197-209]

Visita de 1988 a Londres: cobertura da época; cobertura no Brit Awards de 1996; cobertura em 2009. Também usei entrevistas e a cobertura relacionada à participação no World Music Awards de 2006. Jantar no Guildhall em 1988: Paul Cole, *Sunday Mercury*; pesquisa original. Turnê Bad: cobertura da imprensa no Japão e na Austrália, em especial, o *The Age*; Hilburn e McKenna/ *LA Times* (veja notas do capítulo 4), Pareles/ *New York Times*, Frith/ *Village Voice* (publicação póstuma). Comportamento bizarro de MJ tido como curiosidade: minha própria interpretação, mas sua mãe, ao menos, concorda comigo. Fundo do poço: Gina Sprague (secretária de Joe) a Taraborrelli. Acidente na loja de antiguidades: delegado da polícia de Atlanta a Taraborrelli. "Daringly Thin

Disguise": Hirshey / *Rolling Stone* (veja notas do capítulo 2). MJ sobre disfarces / "sendo pioneiro": artigo de Boteach no site Beliefnet (p. 104). História de David Foster: *Hitman*. Imagem "Bizarro": Frank Dileo em entrevistas à imprensa, Taraborrelli. Jimmy Safechuck: Taraborrelli. Mais de quinze anos depois, Bob Jones e sua coautora, Stacy Brown, tentaram imputar retroativamente algum tipo de impropriedade às declarações de Jones de que MJ manteve sua generosidade para com garotos como Jimmy Safechuck e Jonathan Spence. Mais recentemente, a blogueira Desiree Hill se lançou na missão de provar que o relacionamento de MJ com Safechuck e outros garotos era de alguma forma sinistra. Ela fez um bom trabalho apontando as discrepâncias nas recentes negações de La Toya Jackson sobre as acusações que fez ao irmão no livro *Growing Up in the Jackson Family*, mas o resto de sua argumentação é pouco persuasiva. No julgamento de 2005, Tom Mesereau disse ao júri que Jimmy Safechuck tinha se casado em Neverland. Em suas conversas comigo, Tom não foi capaz de lembrar onde ouvira isso. Baseado em fontes que não posso nomear, eu não acho que isso seja verdade. Mas, novamente, não há nenhum indício de que Safechuck tenha alguma vez acusado MJ de qualquer impropriedade.

Relacionamento com Emmanuel Lewis: VH-1 / *Secret Childhood* (incluindo entrevistas com Rippy, George; veja notas do capítulo 2); também Bashir / *Secret Life of Michael Jackson*, Lewis a Howard Stern, Taraborrelli. Em todas as poucas circunstâncias em que Lewis falou disso oficialmente, ele insistiu que não houve qualquer tipo de contato sexual. "Tudo o que fazíamos era assistir a comédias e desenhos animados", ele disse a Bashir. "Será que algo de negativo poderia ter acontecido entre nós dois? A resposta é: de jeito nenhum!" Bicos de mamadeiras: *The Man Behind the Mask*; fotografia: *In Touch*, mar. 2005. Percepção pública da relação com Lewis em 1984: artigo da *People* sobre Lewis. Relacionamentos com Alfonso Ribeiro / Ricky Schroeder: VH-1 / *Secret Childhood* (veja notas do capítulo 2) Novamente, não houve nenhuma sugestão de impropriedade por parte de nenhum dos dois, nem quando crianças nem quando adultos. Corey Feldman deu duas descrições muito diferentes de sua relação com MJ, uma em 2003, para Larry King, e a outra em 2005, para Martin Bashir. Desde então, ele voltou atrás para uma posição pró-MJ. Sete anões em Hayvenhurst: Taraborrelli, *Secret Childhood* (veja notas do capítulo 2).

Brooke Shields / "nada de romance tórrido": Shields a Joan Rivers, outros no arquivo em <lacienegasmiled.com > (veja notas do capítulo 4). Briga de MJ e Rivers, conferência "Boy George" para a imprensa: Taraborrelli, minhas lembranças. MJ continuou, ele mesmo, a perpetuar o mito de grandes e fervorosos romances com Shields e O'Neal. Em suas entrevistas a Boteach, ele chamou Shields de "um dos amores de minha vida" e O'Neal, "minha primeira namorada". Sugestão de que MJ deveria interpretar Peter Pan: Jane Fonda a Gerri Hirshey. MJ sobre Shirley Temple (incluindo as citações usadas): Boteach.

A relação de MJ e Elizabeth Taylor era bem real, ao contrário do que muita gente achava. Fontes: Taraborrelli, MJ a Boteach, Theroux / *Daily Telegraph* (veja notas do capítulo 2), Marikar / ABC. MJ / corretor imobiliário: Dimond / *Be Careful Who You Love*. Taylor na turnê Victory, primeiro encontro com Bubbles: MJ / outras fontes a Taraborrelli (ed. revisada). Liz [Elizabeth Taylor] e MJ indo ao cinema disfarçados: Theroux (veja notas do capítulo 2), FA1. Lugar do piquenique: Theroux (veja notas do capítulo 2). Taylor dando o elefante para MJ: Schaffel; vídeo do projeto Home Movies; Presente de agradecimento de MJ: Theroux (veja notas do capítulo 2). "Michael deu muito mais": FA1, FC1, declarações e provas em Schaffel contra Jackson. Casamento em Neverland: *People*. Shrine a Taylor: referido como *National Enquirer* em outros canais. A história original não foi encontrada.

Desmentido da história de Shrine: Frank Dileo na revista *People*, Schaffel. Liz, MJ, fita vermelha: <msnbc.com>, entre outros. Papel do uso de drogas na relação de MJ e Taylor: Taraborrelli/ *Elizabeth*, Posner/ *Daily Beast*. Mil prescrições: Taraborrelli ("No início dos anos 1980, ela recebeu mais de mil receitas médicas de comprimidos para dormir, tranquilizantes e analgésicos"), Posner citou um "amigo próximo" de MJ que disse ter avisado a ele que a relação com Liz era "tóxica". "Oscilando": Posner, para "uma testemunha" no American Music Awards de 1993. Elizabeth Taylor admitiu ela própria seu problema com medicamentos de uso controlado, mas nunca foi específica. Eu ouvi bastante a esse respeito da FA1, mas a maioria era informação de segunda mão. MJ indo diretamente do consultório do dr. Klein à casa de Taylor nas visitas a Los Angeles em 2007 e 2008; suposição de que estariam dividindo medicações; resposta de Klein: FA1; Ben Evenstad, diretor da agência de paparazzi National Photo Group, a Posner; Craig Williams; Klein admitiu prescrever Demerol e entregou documentos dizendo quanto e em que momentos ele havia prescrito.

O ideal de mulher de MJ era um cruzamento de princesa Diana e Madre Teresa, algo que ele falava frequentemente, inclusive a Boteach. MJ contou a Boteach o quão desinteressante achava mulheres "vulgares" como Madonna (para descrição de Taylor a Theroux, veja notas do capítulo 2). KJ "uma santa", Taylor "divertida, jovial", "...se nós fizéssemos alguma coisa romântica...": MJ a Boteach. Set de filmagens de *Captain EO*: em primeira mão de Todd Gold/ *People*, Taraborrelli. Jonathan Spence/ MJ jamais tinha qualquer comportamento inapropriado: Mesereau, arquivo de tribunal. Presentes a Spence: Dimond/ *Be Careful*, arquivo de tribunal. Rolls-Royce para os pais de Jimmy Safechuck; conversas entre Dileo e MJ: Taraborrelli (outros disseram que o carro era uma Mercedes). Bar do hotel do júri/ repórteres: em primeira mão de Sam Smyth/ *Belfast Telegraph*.

O movimento de MJ de colocar a mão sobre o pênis é uma coisa que todos que o assistiram no final dos anos 1980 e começo dos 1990 viram. Reação do público: Taraborrelli. Um reflexo em resposta à música: MJ a Boteach. Polêmica a respeito do movimento e o que ele poderia significar: experiência pessoal. História de Terry George: imprensa inglesa, desde o caso Chandler adiante. Não cruzou o Atlântico (pelo menos não através da mídia) até depois da prisão de Michael. Nos Estados Unidos: George a Nick Owens/ *Daily Mirror*, depois da morte de MJ. Em 2005, o Channel 4 inglês noticiou que George testemunharia no julgamento a favor da acusação e o citou: "Posso acreditar que as últimas acusações sejam verdadeiras pelo que aconteceu comigo". De acordo com a Sky News, o FBI também entrevistou George sobre suas alegações. Mas George nunca testemunhou no julgamento, algo que Mesereau cita como evidência de que sua história era um exagero ou de que George não acreditava realmente que Michael abusasse de crianças.

DOCUMENTOS
"Michael Jackson's Home Movies". Entrevista sem edição de MJ fornecida por Marc Schaffel.

LONDRES 1988/ TURNÊ BAD
COLE, Paul. "Michael Jackson: The Day Our Man Came Face-to-Face with King of Pop". *Sunday Mercury*, 26 jun. 2009.
FRITH, Simon. "Wack Attack". *Village Voice*, 16 ago. 1988.
PARELES, Jon. "Michael Jackson Opens Tour". *New York Times*, 24 fev. 1988.

GAROTOS/ COMPORTAMENTO INFANTIL

BASHIR, Martin. *The Secret Life of Michael Jackson*. ABC, 7 mar. 2005 (RT).

COLE, Rob. "FBI Probed Jackson 'Sex Call' to Brit Teen". *Sky News Online*, 22 dez. 2009 (RT) (doravante COLE, "Brit Teen").

HILL, Desiree. "Jimmy Safechuck Findings". Disponível em: <desireespeakssolisten.blogspot.com>, nov. 2011 (I).

"Interview: Terry George About His Friendship with Michael Jackson". *Skynews*, 29 jul. 2009 (RT) (doravante "Terry George").

KING, Larry. "Corey Feldman Interview: 'Nothing Inappropriate Happened'". CNN, 21 nov. 2003 (RT).

LEWIS, Emmanuel, entrevistado por Howard Stern. *The Howard Stern Show*, 9 jan. 2003 (RT).

"Michael Jackson and Emmanuel Lewis". *In Touch*, mar. 2005.

OWENS, Nick. "First Target of Michael Jackson's Obsession with Boys Says: 'What He Did Was Wrong... but I Forgive Him'". *Daily Mirror*, 28 jun. 2009 (doravante OWENS, "First Target").

SMYTH, Sam. "Jacko and Jimmy at Jury's Hotel, 1988". *Belfast Telegraph*, 27 jun. 2009.

"Terry George (40) Will Appear at Jackson's Trial". Channel 4 (TV inglesa), 24 jan. 2005 (RT).

"When Jacko and 'Best Pal' Jimmy (10) Came to Cork". *Independent* (Irlanda), 18 jun. 2005.

BROOKE SHIELDS

"Rivers-Brooke Shields Exploited Jacko's Death". TMZ, 4 ago. 2009.

ELIZABETH TAYLOR

MARIKAR, Sheila. "Elizabeth Taylor and Michael Jackson: Hollywood's Odd Couple, Now Gone". ABC, 25 mar. 2011 (RT).

PARK, Jeannie. "He Does, She Does — They Do!". *People*, 21 out. 1991.

POSNER, Gerald. "The Jackson-Liz Drug Link". *Daily Beast*, 6 jul. 2009 (I) (doravante POSNER, "Drug Link").

WALLS, Jeannette. "The King of Kabbalah?". Disponível em: <msnbc.com>, 23 jun. 2005 (I).

CAPÍTULO 11 [pp. 210-44]

Jarvis Cocker/ Brit Awards: retrospectiva do site <dangerousminds.com> da cobertura do retorno de MJ a Londres; vídeo da apresentação e interrupção de Cocker (<dailymotion.com>). Campanha promocional de *HIStory* e efeitos negativos/ Redução do status de MJ: Willman/ *LA Times*, Nisid/ *Entertainment Weekly*, Hilburn poll/ *LA Times*, Pareles/ crítica do *New York Times*. O mais completo e equilibrado resumo tanto da campanha promocional quanto do lançamento do álbum propriamente dito, no entanto, pode ser encontrado em <pophistorydig.com>.

Resposta à entrevista de Lisa Marie e MJ a Diane Sawyer: negativa: Orth/ *Vanity Fair*; positiva: *Jet*; middle America: Bark/ *St. Louis Post-Dispatch*. Cocker relembrando o Brit Awards, treze anos depois: Cocker a British Press Association. "Diva demands"/ 2006 World Music Awards: clipping da imprensa britânica em <msnbc.com>. Exigências e fiasco na apresentação: "Michael Jackson booed..."/ NME. "Uma figura verdadeiramente macabra", "tão propensa a ataques de pânico", "germófobo": Alison Boshoff/ *Daily Mail*. Contenção de danos por Bain: Anúncio e comunicado de imprensa, 16 e 17 nov.

Citação do repórter do *Pop Revenge*: "Michael Jackson Booed at World Music Awards"/ boa descrição geral dos eventos e resultados imediatos em <artistdirect.com>. Adiamento da viagem ao Japão: FA1, comunicado de imprensa de Bain em 4 dez. 2006. Reação em Tóquio: Adamu/ <mutantfrog.com>. Relutância e desconforto de MJ ao voltar para Grouse Lodge: FA1. Partida de Grouse Lodge (incluindo presentes, assinatura na árvore: "…as únicas pessoas que…"): FA1, entrevistas de Dunning.

HISTORY/ ENTREVISTA NA ABC

BARK, Ed. "Michael Jackson Interview Raises Questions, Answers". *St. Louis Post-Dispatch*, 26 jun. 1995.

HAJARL, Nisid. "The King of Pap". *Entertainment Weekly*, 20 set. 1996.

HILBURN, Robert. "King of Pop Is Now a Commoner, Poll Says". *Los Angeles Times*, 22 out. 1995.

"Michael Jackson and Lisa Marie Presley Reveal Intimate Side as Lovers, Parents and Best Friends". *Jet*, 3 jul. 1995.

ORTH, Maureen. "The Jackson Five". *Vanity Fair*, set. 1995.

WILLMAN, Chris. "Michael Jackson Takes Off the Glove and Rails at Attackers with New Songs That Take the King of Pop from 'Bad' to Sad — Very Sad". *Los Angeles Times*, 18 jun. 1995.

LONDRES EM 1996/ JARVIS COCKER

"Brit Awards 1996: Jarvis Cocker vs. Michael Jackson". Disponível em: <dailymotion.com>, 25 set. 2009 (I).

"Jarvis Cocker Breaks His Silence over Michael Jackson's Death". Press Association, 3 jul. 2009.

"When Jarvis Cocker Met Michael Jackson". Disponível em: <dangerousminds.com>, 21 jan. 2011 (I).

LONDRES EM 2006/ APRESENTAÇÃO NO WMA

BAIN, Raymone. "Michael: Performing 'Rumour' Was 'Misunderstanding'", 16 nov. 2006 (CI).

_____. "World Music Awards Appearance Had Sound Off — Head of Public Relations Baffled", 17 nov. 2006 (CI).

BOSHOFF, Alison. "Is This Jacko's New Wife?". *Daily Mail*, 10 nov. 2006.

"Michael Jackson Booed at World Music Awards". Disponível em: <artistdirect.com>, 16 nov. 2006 (I).

"Michael Jackson Booed During London Live Comeback". *NME*, 16 nov. 2006.

"Michael Jackson's Diva Demands @ World Music Awards". Disponível em: <msnbc.com>, 16 nov. 2006 (I).

CONSEQUÊNCIAS DO WMA

ADAMU. "ZAKZAK on Why Michael Jackson Cancelled His Xmas Party in Japan". Disponível em: <mutantfrog.com>, 20 dez. 2006.

"Raymone Bain Releases Statement — Michael to Attend Christmas Celebration in Tokyo", 21 nov. 2006.

"Raymone Bain Releases Statement Refuting Neverland Sale Claims", 21 dez. 2006.

CAPÍTULO 12 [pp. 217-39]

Chegada em Las Vegas, incluindo o disfarce de MJ: FA1, fonte não nomeada na *US Weekly*. Endereço de propriedade: documento que a FA2 me mostrou; 1 milhão de dólares de adiantamento para o aluguel: noticiado largamente e confirmado por três fontes diferentes. Todos sabiam que a assombrosa quantia paga fora inflacionada. Árvore de Natal e presentes, apresentação ao estilo Celine Dion em Las Vegas: Wishna para a revista *Us*. Abertura de hotel em sociedade entre Wishna e MJ, caça-níqueis e estátua: duas entrevistas de Wishna a Norm Clarke, do *Las Vegas Review-Journal*. Detalhes da estátua: Wishna para o site E!Online. Funeral de James Brown: FA1. Morte de Brown, restos mortais no Teatro Apollo, transporte do corpo: Associated Press, Vogel / *Columbia Spectator*. MJ à casa funerária C.A. Reid: Daly / "... fascinação sombria..." / *New York Daily News*, Tune / WRDW, pesquisa original em casa funerária. Caixão de Brown: reportagens da imprensa, afirmação de KJ de que seu filho foi enterrado num modelo de caixão exatamente igual. Descrição de MJ no funeral: vídeo do funeral, Reid / site <mtv.com>. Primeiras conversas com Steve Wynn: FA1, *Review-Journal*, Leach. Histórico de MJ / Wynn e Milken: Miller (antigo promotor) / "Inside Vegas". Beacher: Beacher a *Us*. Encontros de Fuller com MJ (e Ortega): Leach / blog Luxe Life. MJ evitando seu pai: meia dúzia de fontes, Wishna ao *Access Hollywood*. Eu sei que Joe Jackson vive principalmente em Las Vegas desde a década de 1990 através de várias pessoas envolvidas com a família Jackson naquela época e atualmente, e que a infidelidade de Joe e seu relacionamento com a filha ilegítima, Joh' Vonnie, em particular, foram os principais motivos para isso. Acredito que a parte do discurso de Oxford relativo à determinação de MJ em perdoar o pai tenha claramente a mão de Boteach.

Que MJ evitava sua família tanto quanto possível foi atestado por um sem-número de empregados, associados, gerentes e advogados — de Bob Jones, que estava trabalhando para ele na época da mudança para Neverland, a Tohme Tohme, que foi o empresário que ficou com Michael até dois meses antes de sua morte. Com exceção dos dias de seu julgamento, MJ passou muito pouco tempo com a família durante os últimos 25 anos de sua vida. Tanto Schaffel quanto Wiesner me relataram que MJ instruiu a segurança de Neverland para não permitir a entrada de seu pai ou irmãos. Schaffel lembra-se especificamente de que Michael barrou a entrada da irmã Janet em sua casa.

Material da "novela" Jackson: Orth / "CSI Neverland", (Jackie / Enid / Abdul, Jermaine / Maldonado, alegações de Hazel, alegações de Eliza): arquivos de tribunal das ações de divórcio dos irmãos, Taraborrelli, Bob Jones. Os irmãos Jackson sendo todos iguais, com exceção de Michael Jackson: Eliza Jackson a Taraborrelli. O problema que La Toya representava para a família: Schaffel, Taraborrelli, fontes "off-the-record". Jack Gordon, *Growing Up in the Jackson Family*: diversos relatos incluindo *Jet*, *People*. KJ / mais triste do que brava a respeito das acusações de La Toya: KJ à *Jet* e fontes confidenciais que se disseram atônitos ante a disposição de Katherine em perdoar a filha. As duas hoje em dia são muito próximas. La Toya passa mais tempo na casa da mãe do que qualquer um dos irmãos, com exceção de Jackie. Conferência em Tel Aviv em 1993, quando La Toya prometeu provar a "culpa" de Michael: vídeo disponível no YouTube, *Washington Post*, *Houston Chronicle*. La Toya se retratando das acusações a MJ / sua família, culpando Jack Gordon: entrevistas de Larry King em 2003 e 2008 numa televisão dinamarquesa e, claro, seu mais recente livro, *Starting Over*, no qual ela se pinta com cores ainda mais vivas como uma vítima de Gordon.

Devo ressaltar que as mais sórdidas acusações a Gordon foram feitas depois de sua morte, em 2005. Antes de morrer, Gordon negou as acusações de La Toya de que ele a espancava para que

727

posasse nua, dançasse sem blusa ou difamasse a família. Gordon insistiu que La Toya lhe disse que tudo que escrevera no primeiro livro era verdade e afirmou que o único episódio violento que ocorreu entre os dois foi quando La Toya partiu para cima dele com uma garrafa quebrada e ele a repeliu com uma cadeira.

Aversão de MJ por sua família: Bob Jones ("deixou muito claro que não queria sua família por perto", "mandou que seu pessoal os mantivesse à distância, mas sob controle" e "era mais do que uma aversão, ele agia como se desprezasse a família"). Isso está de acordo com tudo o que eu ouvi de quase todas as pessoas com quem conversei que eram próximas a MJ durante as duas últimas décadas de sua vida. O amor pela mãe era a exceção.

Jermaine não foi publicamente desmascarado em sua tentativa de fazer dinheiro às custas do irmão até a primavera de 2006, quando Michelle Caruso, do *New York Daily News*, conseguiu uma cópia da proposta do livro *Legacy*, que o irmão de Michael estava tentando vender em 2006. Jermaine foi ao programa de Larry King imediatamente depois da publicação e insistiu no fato de que ele jamais tentou vender um livro que difamasse o irmão, e culpou Stacy Brown, coautora de Bob Jones, a quem ele havia contratado para escrever o livro, pela controvérsia, e disse que iria processá--la. Brown respondeu a Caruso, dizendo que havia gravado suas conversas com Jermaine e entregado, as fitas a um advogado, e que estava cogitando processar Jermaine por difamação. Nenhuma das partes nunca entrou com um processo contra a outra, e Jermaine faz o possível para fingir que nada aconteceu. Mas o programa de Donny Deutsch na CNBC também conseguiu uma cópia da proposta e praticamente chamou Jermaine de mentiroso no ar. Logo depois da morte de MJ, Roger Friedman conseguiu sua cópia da proposta de *Legacy* e escreveu que o livro descrevia MJ em termos mais severos do que havia sido divulgado. Jermaine ficou quieto. Numa entrevista em 2011 ao site <muzik-factorytwo.blogspot.com>, Stacy Brown confirmou que todas as terríveis afirmações contra MJ na proposta do livro vieram da boca de Jermaine. Na verdade, Brown disse que tinha escrito uma proposta para um livro "positivo" sobre Jackson, que não foi comprada, e Jermaine a modificou, enfatizando todas as coisas horríveis que ele disse a respeito de MJ. Brown também revelou que a editora Judith Regan deu a MJ uma cópia da proposta e toda a família Jackson concordava que MJ "sabotou o livro por causa de seu desprezo por Jermaine". Randy Jackson e o marido de Rebbie, Nate, ligaram para Brown com medo de que ela fosse tornar públicas as fitas das conversas com Jermaine, e Brown prometeu não fazê-lo desde que "Jermaine pare de mentir".

Comentários de Leo Terrell: Terrell. Terrell sabe mais do que posso dizer a respeito da família Jackson e me disse mais do que é possível publicar: a maior parte de seu conhecimento provém do trabalho para Johnnie Cochran, classificando pecadilhos legais variados envolvendo os Jackson. Grace Rwaramba/ Jackson usando o cartão do caixa eletrônico: depoimento de Rwaramba a Suprema Corte, Rwaramba a Barak (de onde foram retiradas citações — veja notas do capítulo 1). Dificuldades financeiras dos irmãos Jackson/ mudança no status profissional: arquivos dos processos de falência, fontes com conhecimento autorizado sobre as finanças da família, Brown/ Fanelli/ *New York Post*, Ditzian/ site <mtv.com>. Julgamento de Gary Berwin contra Joe: processo de falência de Jackson, Taraborrelli. Processo do *Segye Times*, "Michael Jackson's Secret Vault"/ Henry Vaccaro: processo de falência Joe/ KJ. Rejeição da reivindicação legal de MJ contra Vaccaro: Mariant/ Associated Press. Eu sei bem mais a respeito do processo do *Segye Times* e do envolvimento de Vaccaro com a família Jackson do que escrevi nos textos, por um lado porque observei o acordo feito por Perry Sanders no processo dos seguidores da Igreja da Unificação contra Katherine Jackson, e por outro, tendo recebido informações detalhadas da perseguição a Vaccaro e da aquisição do "cofre secreto", a caixa com material "devasso" (através da mesma documentação a respeito do depósito descrito no capítulo 12) por Howard Mann, que eventualmente se apropriou desses bens de Vaccaro.

Encontro de Natal dos Jackson em 2006 (incluindo os óculos escuros de MJ): FA1: alguns dos Jackson falaram sobre esse encontro, mas reluto em me fiar em suas descrições dos eventos, por isso este é um dos raros casos em que FA1 foi usada como fonte primária.

Fiquei sabendo que a promotoria de Santa Barbara estava investigando o uso de drogas por MJ, depois de sua absolvição, através de uma fonte confidencial, que não quis ser citada. Está nos autos públicos também. O escritório de Tom Sneddon chegou a arquivar documentos alegando que uma grande quantidade de medicamentos de uso controlado foi recolhida quando a polícia realizou buscas em Neverland em 2003, incluindo frascos de Vicodin, OxyContin, Versed, Promethazime, Xanax e Valium. Algumas dessas informações estão detalhadas no artigo de Lorenzo Benet na revista *People*. A promotoria de Santa Barbara continuou as investigações durante alguns meses depois que MJ deixou os Estados Unidos, mas por algum motivo que desconheço nunca fez nenhuma acusação, e depois de algum tempo deixou o assunto de lado. Nenhum dos envolvidos na investigação quis comentar. Mesereau sobre o uso de drogas de MJ: O povo contra Michael Jackson, transcrição do tribunal. Aquisição de drogas pelo pessoal de MJ: relatórios e arquivos em O povo contra Michael Jackson, Posner/ "Jackson's Shady Inner Circle" (veja notas do capítulo 6), "Jackson and the 'Pill Mills'", Waxman/ <TheWrap.com>.

Material de Farschian: Arquivos de tribunal como os citados acima, documentos investigativos que vêm sendo produzidos desde a morte de MJ. Citações de Schaffel, Wiesner. Carter e LaPerruque: declarações na investigação criminal. A nota escrita à mão fazendo menção ao Buprenex e "D" em investigações mais recentes de médicos que teriam facilitado o vício de MJ. Acredito que o primeiro jornalista a obtê-la foi Kyle Munzenrieder, do *Miami New Times*, cujo artigo incluía uma fotocópia da nota.

Allan Metzger: arquivos da investigação (a maioria em conexão com o caso criminal contra Conrad Murray), artigos midiáticos, Wiesner. Wiesner me disse que Metzger estava com MJ durante toda a turnê HISTORY. Lisa Marie Presley também confirmou essa afirmação em sua entrevista na investigação criminal. Ela ainda mencionou um segundo médico, um anestesista de Nova York, o dr. Neil Ratner, como integrante da turnê. Porém, eu simplesmente não possuo informações suficientes a respeito do papel dele para fazer mais do que simplesmente ressaltar sua presença. Maureen Orth relatou que Myung Ho Lee alega ter pagado Ratner para inscrever Michael num programa de desintoxicação em Seul, em 1999. Quando mencionei o nome de Ratner a Dieter Wiesner, ele deu um suspiro e disse: "Ah, então você sabe sobre ele". Infelizmente, eu não sei realmente. Uma série de artigos reportam que Metzger foi repreendido (mas manteve sua licença) por prescrever drogas a Janet Jackson sob pseudônimo, e Metzger admitiu ter tratado MJ nos anos 1990. Metzger filmando o casamento de Michael e Debbie Rowe: "Friendly Docs"/ TMZ.

O pessoal de MJ tentando usar uma visita médica para conseguir drogas: Clarke/ "Doctor [...] Jackson's Suite". O médico de Elie Wiesel: Boteach. Citações de Sinnreich: Sinnreich via o site <vitals. com>. Relação entre dor, vício e percepção: minha pesquisa, em particular, Nutting/ "Understanding Addiction Cycles", em <opioids911.org>. "Se eu parar de usar remédios, vou morrer": Taraborrelli/ *Daily Mail*. Citação de Ammar: Boshoff/ "Michael Jackson estava tão dopado..."/ *Daily Mail*. Alegações de ferimentos ou dor: Boteach, em seu livro, Deepak Chopra, em entrevistas.

Relação de MJ e Klein: inúmeros artigos, investigações e arquivos de tribunal; Schaffel, que no geral é bastante compreensivo com o dr. Klein, e FA1, FC1 e FC2, nenhuma das quais falou amigavelmente a seu respeito. Porque essas três últimas fontes escolheram o anonimato, eu dei menos peso a suas afirmações do que para as de Schaffel. Dieter Wiesner também falou de Klein, porém menos objetivamente, apenas o incluiu no grupo de médicos que haviam prescrito drogas a MJ ao longo dos anos. Histórico de Klein/ Universidade da Pensilvânia: Posner/ "Jackson's Doc's Drug Dealing Past", Seal/ *Vanity Fair*. Fundação e expansão do consultório: Klein via o site <drarnoldklein.com>. Como e por que Klein se tornou tão popular em Beverly Hills: Schaffel, histórias que ouvi a respeito de Klein através de décadas. Dedicatória de Taylor num livro para Klein: Seal. Taylor dizendo aos médicos no programa de reabilitação que Klein lhe havia prescrito Dilaudid e Ativan: Posner/ "Jackson-Liz Drug Link" (veja notas do capítulo 10), fontes "off-the-record". Isto dito, Schaffel não foi o único a dizer que Klein não era um médico que prescrevia drogas livremente. Carrie Fischer (que sabe bastante a respeito de médicos desse tipo) também disse a mesma coisa. Quantidade de drogas que Taylor consumia, Taylor e MJ compartilhando drogas: Posner (veja notas do capítulo 10), Heymann/ *Liz* (na qual se diz que Taylor recebeu mais de trezentas prescrições para três diferentes drogas só no ano de 1981, e que ela recebeu uma prescrição para seiscentas pílulas por ocasião do aniversário de MJ, alguns anos depois). Klein escondendo arquivos médicos sobre MJ, admitindo à polícia prescrever Dilaudid e Ativan para MJ e Taylor, Sneddon listando Klein como um dos médicos que prescreveu Demerol para Michael (assim como Ferdinand Diaz): relatório policial, outros arquivos de tribunal em *O povo contra Michael Jackson*, "Jacko Doc Hid Medical Records..."/ TMZ.

Klein conhecendo MJ através de Geffen: Seal. Houve pouco desenvolvimento nas investigações sobre Klein. As linhas de investigações de 1993 e 2003 gradativamente se esvaneceram. Que os contatos, o dinheiro de Klein e sua natureza combativa tenham ajudado a protegê-lo é uma dedução, mas foi a única explicação que ouvi das pessoas a quem perguntei a esse respeito. Caso Irena Medavoy: Seal e reportagens da época. Relacionamento entre Klein e Tarlow: <arnoldklein.com>, UCLA.

Frank Cascio sobre recolher as drogas de MJ: Cascio, *My Friend Michael*. Vou confessar que não li todo o livro de Cascio, apenas a reportagem da ABC sobre ele, que incluía alguns excertos. Usei essas citações aqui e na seção sobre insônia. Citações de Schaffel: Schaffel. Drogas na maleta preta: FA1, Wiesner, Orth (veja notas do capítulo 5). *National Enquirer*/ gotejamento intravenoso: "Jacko Bombshell" (veja notas do capítulo 5 que se referem ao material indisponível de 1999). Material de Avram: arquivo de Avram do tribunal. Myung Ho Lee: Orth/ "Losing His Grip" (veja notas do capítulo 6), cobertura do caso pela mídia de Los Angeles. Fotografia do *Daily Mail*: citado abaixo; a foto ainda está publicada. "Comia muito pouco e misturava muito": Rwaramba a Barak. Suspeitas da família Jackson em relação a Grace: membros da família em declarações públicas e privadas, baseadas em sua maior parte no fato de que ela passava mais tempo com ele do que qualquer outra pessoa. Caixa postal e cartões de crédito em nome de Rwaramba: depoimento de Rwaramba à polícia de Los Angeles.

Grace Rwaramba negou ter facilitado o uso de drogas de MJ (e também as sugestões de que tenha pressionado Michael para se casar com ela). Mas ela também negou ter sido entrevistada por Daphne Barak, ao que Barak respondeu postando os vídeos das entrevistas na internet. Grace então divulgou um comunicado de imprensa no qual dizia: "Eu jamais falei com o *Times* on-line, a fonte original da história que o mundo inteiro está divulgando". Isso foi desonesto. Grace *havia falado* com Daphne Barak, que vendeu a história à companhia a qual pertence o *Times*, como Rwaramba bem sabia. O comunicado chamava de "revoltante e totalmente falsa" a "afirmação de que eu rotineiramente 'bombeava' o estômago [de MJ] depois de ele ter ingerido uma combinação perigosa de drogas". Essa retratação das afirmações atribuídas a ela por Barak, no entanto, veio depois de ela ter sido chamada a prestar esclarecimentos, pela polícia de Los Angeles, a respeito de seu conhecimento do uso de drogas por Michael Jackson, e se havia de fato "bombeado" seu estômago. É óbvio que eu não possuo nenhum conhecimento direto de se Grace facilitou o uso de drogas, bombeou o estômago ou pressionou Michael a se casar com ela. Isto dito, acredito que são fortes as evidências de que a versão de Barak de suas conversas é muito mais confiável do que a de Grace. Baseio a defesa de Grace a seu respeito em parte no que ela disse à família Jackson e especialmente em seu depoimento à polícia de Los Angeles.

Afirmações de Bain e Rwaramba colaborando para controlar MJ: Joe Jackson a sites de fãs no final da primavera de 2007. Fontes confidenciais me disseram que a família Jackson, incluindo KJ, concordava na época. Raymone e Grace numa disputa pelo controle: Mesereau. Tentativas da família Jackson de realizar intervenções: entrevistas com membros da família; outros disseram que a família Jackson tentou em diversos momentos livrar MJ das drogas. Mesereau, Schaffel e Wiesner dizem que acreditavam na sinceridade das tentativas, e eu acredito também. Veja também Boteach, no que diz respeito a Katherine e Joe procurando sua ajuda numa intervenção; Tito Jackson a Fricker. Nesse caso, acho que o crédito que os Jackson estão tentando receber é merecido. Uso de drogas numa espiral depois do documentário de Bashir: em primeira mão de Schaffel e Wiesner. Afirmação do *National Enquirer* de uma overdose no Bahrein: "Jacko Bombshell" (veja notas do capítulo 5), resposta: Bain, "Overdose Rumors" (veja notas do capítulo 5). Processo de Mickey Fine: TMZ. Tentativa de intervenção da família Jackson em 2007: *Rolling Stone*, *People*, guarda-costas a ABC. Joe Jackson tentando entrar: FA1, noticiado por Roger Friedman, que claramente tinha uma fonte em meio ao pessoal de MJ. Novamente, FA1 negou ser essa fonte.

ARQUIVOS DE TRIBUNAL

Criminal
SBSC 1133603.

Civil
C383387 (Tribunal Superior de Los Angeles) Gina Sprague contra Joseph Jackson, Katherine Jackson, Randy Jackson e Janet Jackson (menor), 21 set. 1981.
LASC D076606.
LASC 05113.
LASC D157554.
LASC D202224.
USDC-CA CV 90 4906.
NWC55803 (Tribunal Superior de Los Angeles) Katherine Jackson contra Jack Gordon e La Toya Jackson conhecida também como La Toya Gordon, 28 fev. 1990.

DOCUMENTOS

Fitas de áudio de Michael Jackson na caixa de material "devasso", cedidas por Howard Mann. Rwaramba, 12/09/09.

CHEGADA EM LAS VEGAS

CLARKE, Norm. "Michael Jackson Landing on Strip?". *Las Vegas Review-Journal*, 24 dez. 2006.

ENGLISH, Whitney; FINN, Natalie. "'It's Going to Be a Disaster': Associate Says Jackson Too Weak for Major Comeback". Disponível em: <E!Online.com>, 10 jul. 2009 (I).

"Jackson Confidant Jack Wishna Opens Up About Michael and the Tour that Never Was". *Access Hollywood*, 8 jan. 2010 (I).

LEACH, Robin. "In a World Exclusive Interview, Michael Jackson Talks About His New Life in Vegas and His Comeback". *Luxe Life*, 5 fev. 2007 (I) (doravante LEACH, "Vegas").

"*US* Exclusive: Michael Jackson's New House". *Us*, 24 dez. 2006.

FUNERAL E MORTE DE JAMES BROWN

DALY, Michael. "Michael Jackson's Grim Fascination with Death, Odd 5-Hour Vigil over James Brown". *New York Daily News*, 28 jun. 2009.

"'Godfather of Soul' James Brown Dies at 73". Associated Press, 26 dez. 2006.

"Michael Jackson Speaks at James Brown Funeral". Disponível no YouTube, 30 dez. 2006 (I).

REID, Shaheem. "James Brown Saluted by Michael Jackson at Public Funeral Service". Disponível em: <mtv.com>, 30 dez. 2006 (I).

TUNE, Melissa. "Funeral Director Recalls Night Michael Jackson Spent Viewing James Brown's Remains". Disponível em: <wrdw.com>, 6 jul. 2009 (I).

VOGEL, Sara. "James Brown Lies in State at Harlem's Apollo Theater". *Columbia Spectator*, 16 jan. 2007.

FAMÍLIA JACKSON

BROWN, Stacy; FANELLI, James. "Jackson 'Dive': Once-Mighty Music Family Goes from Riches to Rags". *New York Post*, 23 mar. 2008.

CARUSO, Michelle. "Jackson Tell-All Book Pitch: Thought Jax Was Guilty, Feared Suicide; His Brother Admits Jacko's 'Thing for Young Children'". *New York Daily News*, 5 mar. 2006.

_____. "Tell-All Writer Warns Jax Bro Rants Were Recorded: Jermaine's Dis on Tape". *New York Daily News*, 8 mar. 2006.

"Confirmed! Jermaine Jackson Did Write a Disparaging Book About Michael Jackson". Disponível em: <musikfactorytwo.blogspot.com>, 20 jul. 2011 (I).

"Danger Zone: La Toya Jackson's Marriage Becomes a Danger Zone". *People*, 3 maio 1993.

DEUTSCH, Donny. "Stacy Brown Interview About Jermaine Jackson's Book 'Legacy'". CNBC, 7 mar. 2005 (RT).

DITZIAN, Eric. "Michael Jackson's Family Tree: Janet, Rebbie, Marlon and More". Disponível em: <mtv.com>, 26 jun. 2009 (I).

FRIEDMAN, Roger. "Michael Jackson's Nanny Locks His Father Out". Fox News, 31 jan. 2007 (I).

_____. "Jermaine Jackson Told All in Shocking 2003 Book Proposal". Disponível em: <Showbiz411.com>, 12 ago. 2009 (I).

"Jacksons Refute La Toya's Charge Michael Kept Boys with Him at Family Home — La Toya Jackson's Views About Child Sexual Abuse Investigation of Michael Jackson". *Jet*, 27 dez. 1993.

KING, Larry. "Interview with La Toya Jackson". CNN, 9 mar. 2003(RT).

_____. "Interview with Jermaine Jackson". CNN, 6 mar. 2006.

"La Toya: Charges Are True; Family Says Jackson Never Molested Kids". *Washington Post*, 9 dez. 1993.

"La Toya Jackson Interview, Go' Aften Danmark". TV2, 19 maio 2008 (I).

"La Toya Jackson Says Michael Committed Crimes Against Boys". *Houston Chronicle*, 9 dez. 1993.

"La Toya Jackson Tel Aviv Press Conference 1993". Disponível no YouTube (I).

NETTER, Sarah. "Michael Jackson Bodyguards Dish on Living with Eccentric King of Pop". Disponível em: <abcnews.com>, 8 mar. 2010 (I) (dovarante NETTER, "Jackson bodyguards").

"Stacy Brown Breaks His Silence About Jermaine Jackson Book Excerpts and Michael Jackson's Death". Disponível em: <musikfactorytwo.blogspot.com>, 19 maio 2011 (I).

VH-1, "Secret Childhood" (RT).

"Wedding Bells Were a Hoax, La Toya Says". *Deseret News*, 8 set. 1989.

YAZMEEN. "Katherine Jackson and Howard Mann: The Whole Story". Disponível em: <musikfactorytwo.blogspot.com>, 1 mar. 2011 (I).

_____. "Katherine Jackson and Melissa Johnson: The Whole Story". Disponível em: <muzikfactorytwo blogspot.com>, 15 abr. 2011 (I).

MJ E DROGAS / DR. KLEIN E LIZ TAYLOR

BENET, Lorenzo. "The Neverland Drug Case That Never Was". *People*, 23 jul. 2009.

BOSHOFF, Alison. "Michael Jackson Was So High on Painkillers That He Spent Days in a Stupor". *Daily Mail*, 26 jun. 2009.

"Drugs and Alcohol: Jackson Family Attempted Vegas Intervention". *People*, 26 jun. 2009.

FRICKER, Martin. "Michael Jackson Was Confronted by Family over Drugs". *Daily Mirror*, 15 jul. 2009 (doravante FRICKER).

"Grace Rwaramba Michael's Biggest Enabler?". *News of the World*, 16 out. 2009 (doravante "Biggest Enabler").

"Help for Safely Using Opioids". Disponível em: <opioids911.org>.

"Jacko Sued for Not Paying for His Meds". TMZ, 12 jan. 2007 (I).

"Jackson Doc Hid Medical Records, Deputy Says". TMZ 13 jul. 2009 (I).

"Jackson Drug Aliases". TMZ, 20 jul. 2009 (I).

"Jackson's Knack for Picking Friendly Docs". TMZ, 11 jul. 2009 (I).

JAMES, Susan Donaldson. "Friend Says Michael Jackson Battled Demerol Addiction". Disponível em: <abcnews.go.com>, 26 jun. 2009 (I).

KING, Larry. "Interview with Dr. Arnold Klein", 8 jul. 2009 (RT) (doravante KING, "Klein").

KLEIN, Dr. Arnold. "In the Beginning". Disponível em: <drarnoldklein.com> (I) (CI).

KREPS, Daniel. "Report: Janet Jackson Planned Intervention for Michael in 2007". Disponível em: <Rollingstone.com>, 9 jul. 2009 (I).

MUNZENRIEDER, Kyle. "Miami Beach Doctor Prescribed Michael Jackson Drugs, but Was He Trying to Help?". *Miami New Times*, 10 jul. 2009 (I) (doravante MUNZENRIEDER).

NUTTING, John Blight. "Understanding Addiction Cycles". Disponível em: <www.voice-dialogue--inner-self-awareness.com> (I).

POSNER, Gerald. "Jackson and the 'Pill Mills'". *Daily Beast*, 12 jul. 2009 (I) (doravante POSNER, "Pill Mills").

_____. "Jackson's Doc's Drug Dealing Past". *Daily Beast*, 16 jul. 2009 (I) (doravante POSNER, "Jackson's Doc").

_____. "Did the Doctor Do It?". *Daily Beast*, 24 jul. 2009 (I).

"Quotes by the Michael Jackson Doctors". Disponível em: <spotlight.vitals.com>, 3 jul. 2009 (I) (doravante "Quotes").

SEAL, Mark. "The Doctor Will Sue You Now". *Vanity Fair*, mar. 2012 (doravante SEAL, "Doctor Will Sue").

"Shocking Pictures Which Show Michael Jackson's Drug-Ravaged Legs as Police Say They Are Treating His Death as a Homicide". *Daily Mail*, 16 jul. 2009 (doravante "Drug-Ravaged Legs").

TARABORRELLI, J. Randy. "I Saw in His Eyes He Was Dying". *Daily Mail*, 29 jun. 2009.

"UCLA Announces New Endowed Chair: The Arnold Klein, M.D., Chair in Dermatology". Disponível em: <Newsroom.ucla.edu>, 23 jul. 2004 (CI).

WAXMAN, Sharon. "Exclu: 5 Doctors Named in 2004 Police Report". Disponível em: <TheWrap.com>, 6 jul. 2009 (I) (doravante WAXMAN, "Doctors Named").

CAPÍTULO 13 [pp. 240-51]

A reportagem da Associated Press, "Michael Jackson Returns to US", foi concebida como anúncio da turnê de MJ no Japão, e alguns jornais a utilizaram como manchete, mas a maioria usou a volta de MJ aos Estados Unidos como história principal. Que seu paradeiro estava sendo mantido em sigilo fica evidente no post "Michael Jackson Sets the Record Straight", disponível em <allmichaeljackson.com>. A longa relação de MJ com Las Vegas: Weatherford. Gordy e Abner prevendo que o show de Jackson em Las Vegas, em 1974, seria um fracasso: Taraborrelli. Acontecimentos depois da batida em Neverland, em 2003: Schaffel. *Million Dollar Listing* de Neverland: comunicado de imprensa de Bain em 7 fev. 2007. Considerações sobre a venda de Neverland, acordo de refinanciamento paralisado devido a pendências legais: FA2, Boshoff, Siklos (veja notas do capítulo 1). MJ descontente por não poder fazer compras e gastar livremente: FA1 e FA2. Detalhes da viagem ao Japão: Talmadge/ AP, <allmichaeljackson.com>, comunicados de imprensa de Bain, Michael Jackson Timeline. "Drogado", "incoerente": Wishna a Duke/ Saeed/ CNN logo depois da morte de MJ. Movimentos, planos em Las Vegas: Clarke, Katsomiletes. Condições da casa da Monte Cristo Road: Wishna em "Jackson Changes Las Vegas Address", de Clarke. Corretores variados: apesar de Zar Zanganeh ter se promovido como corretor de Michael Jackson em Las Vegas e de ter sido ele que achou a casa de Monte Cristo, MJ usou uma série de outros corretores para procurar por propriedades. Robô de Michael: a primeira notícia parece ser do site NME, em março de 2007. "Voltando para a Europa": Clarke/ "Michael Jackson Is Leaving Las Vegas". Festa de aniversário do príncipe Azim: FA1 e Tohme (que ouviu a respeito mais tarde). Randy Phillips sobre reuniões com MJ: entrevistas antes e imediatamente depois da morte de MJ, incluindo Lee-Ryan/ "Deep pockets"/ *LA Times*, Adams/ "Final decline"/ *Independent*. Descrição dos encontros iniciais e "Ele estava ouvindo" de Phillips: Hoffman/ *Rolling Stone*. MJ e Phillips discutindo um show como o de Celine Dion: Tohme, de segunda mão; uma casa como a de Celine Dion estava sendo comentada quase no mesmo instante em que Michael chegou a Los Angeles. Rejeitando BET Awards:

FA1, Friedman/ "Michael Jackson Moving to Virginia", mais tarde em Posner/ "Michael's Missing Millions" (veja notas do capítulo 6). "Muito incapacitado": Ron Weisner; Raymone Bain negou ter dito isso: <starpulse.com>. A família Jackson preocupada com Bain estar tentando controlar Michael: Mesereau, Tohme, Friedman/ "Michael Jackson's Family Calls for Help". Histórico de Raymone Bain: Wiltz, *Washington Post* (elogioso); fontes confidenciais (não tão elogioso). MJ olhando propriedades em Washington, DC: Bain ao *Post*, por Argetsinger/ Roberts. Venable: <venable.com>. Memorando alertando funcionários a não olhar embasbacados: Howard King; Argetsinger/ Roberts. Depoimento da Venable: King, Wiesner; King permitiu que eu lesse e tomasse nota de sua transcrição. Roger Friedman aparentemente conseguiu uma cópia, pois ele cita trechos de diálogos fielmente em sua coluna "Michael Jackson Admits Drug Use in Testimony".

Estadia com os Cascio: entrevistas dos Cascio a Oprah Winfrey (veja notas do capítulo 1), ABC, *New York Daily News*; Rwaramba a Barak (veja notas do capítulo 1); depoimento de Rwaramba à polícia de Los Angeles, Friedman, MJ a Dieter Wiesner, FA1, Mesereau; "Jacko the Hobo", de Taraborrelli, também contribuiu. Acho que fica claro quem disse o quê, principalmente no caso das recordações de Rwaramba: citações de Dominick e Connie Cascio: Oprah; comentários de Frank: ABC; Eddie: *Drew Today*. Guarda-costas preocupados em não serem pagos, MJ expulso de hotéis: entrevistas na ABC. Afirmações de Ayscough: queixas de Ayscough, fonte confidencial. Afirmações de Randy Jackson e Taunya Zilkie: alegações que viraram parte do caso de legitimação das propriedades. Loja de Halloween: *Daily News*. Partida dos Cascio: FA1, que me disse em diferentes conversas que MJ havia partido pois a mídia o encontrara e por causa do aniversário de Jesse Jackson.

ARQUIVOS DE TRIBUNAL

Civil
BP 117321
YCOF2627 (Tribunal Superior de Los Angeles), Ayscough & Marder contra Michael J. Jackson, 25 jul. 2006.

DOCUMENTOS

Michael Jackson sendo inquerido por Howard King a respeito do processo de Dieter Wiesner no escritório da empresa Venable Law, em Washington, DC (Não é o título original, o documento foi revisado pelo autor).

MJ E LAS VEGAS

WEATHERFORD, Mike. "Michael Jackson's Relationship with Las Vegas Started at Young Age". *Las Vegas Review-Journal*, 26 jun. 2009.

PRIMEIRAS ESTADIAS EM LAS VEGAS/ PERÍODO DA CASA DE MONTE CRISTO/ DIFICULDADES FINANCEIRAS

BAIN, Raymone. "Brand New Music from Michael Jackson", 12 fev. 2007 (CI).
BOSHOFF, Alison. "Michael Jackson — The Man Who Blew a Billion". *Daily Mail*, 24 nov. 2008.
CLARKE, Norm. "Jackson Changes Las Vegas Address". *Las Vegas Review-Journal*, 3 jul. 2007.
DUKE, Alan; AHMED, Saeed. "Portrait of Jackson's Pill Consumption Emerges". Disponível em: <cnn.com>, 10 jul. 2009 (I).

"John Katsomiletes Stamps Out a Rumor with the Help of a Man Who Put His Stamp on Las Vegas". *Las Vegas Sun*, 4 mar. 2007.

LITTLEFIELD, Christina; NEGRON Sito. "After Arrest, Pop Star Takes Crowds for a Ride". *Las Vegas Sun*, nov. 2003.

"Michael Jackson Denies BET Awards Snub". Disponível em: <starpulse.com>, 6 jul. 2007 (I).

"Michael Jackson Returns to US". Associated Press, 26 jan. 2007 (I).

"Michael Jackson to Build Robot Replica in Las Vegas?". NME, 27 mar. 2007 (I).

MILLER, Steve. "Inside Vegas: Vegas Is a Second Chance Town". Disponível em: <AmericanMafia. com>, 20 jun. 2005 (I).

"Raymone Bain Releases Statement", 7 fev. 2007 (CI).

"Statement from Raymone Bain Regarding Lawsuit". 13 jan. 2007 (CI).

VIAGEM AO JAPÃO/ RETORNO

TALMADGE, Eric. "Jackson 'Wouldn't Change a Thing'". Associated Press, 8 mar. 2007.

PARTIDA DE LAS VEGAS/ ESTADIA NA COSTA LESTE

ADAMS, Guy. "Michael Jackson: The Final Decline of a Pop Legend". *Independent*, 26 jun. 2009.

ARGETSINGER, Amy; ROBERTS, Roxanne. "The Return of Jacko". Disponível em: <Washingtonpost. com>, 27 jul. 2007.

CLARKE, Norm. "Michael Jackson Is Leaving Las Vegas". *Las Vegas Review-Journal*, 2 jul. 2007.

FRIEDMAN, Roger. "Michael Jackson Admits Drug Use in Testimony". Fox News, 25 out. 2007 (I).

_____. "Michael Jackson Evidently Moving to Rental Home in Virginia". Fox News, 3 jul. 2007 (I).

_____. "Michael Jackson's Family Calls for Help". Fox News, 29 jun. 2007 (I).

LEE, Chris; RYAN, Harriet. "Deep Pockets Behind Michael Jackson". *Los Angeles Times*, 31 maio 2009 (doravante LEE e RYAN, "Deep Pockets").

NETTER, Sarah. "Michael Jackson Bodyguards: 'We Were Asked to Leave Hotels'". Disponível em: <abcnews.com>, 8 mar. 2010 (I).

WILTZ, Teresa. "Keeper of the Famed". *Washington Post*, 8 out. 2006.

ESTADIA NOS CASCIO/ NOVA JERSEY

"Alumnus Lands Three Tracks on King of Pop's New CD Ad a Spot on Oprah's Couch". *Drew Today*, 14 dez. 2010.

FRIEDMAN, Roger. "Jacko Lived with Nova Jersey Family for Three Months". Fox News, 19 nov. 2007 (I).

NETTER, Sarah. "Befriending Michael Jackson — Longtime Pal Says King of Pop Yearned for Normalcy". Disponível em: <abcnews.com>, 7 jul. 2009 (I).

TARABORRELLI, J. Randy. "Jacko the Hobo's Worldwide Trail of Debt". *Daily Mail*, 11 dez. 2007.

WINFREY, Oprah. "Michael Jackson Recorded Music in the Cascio Home". *Oprah*, 6 dez. 2010 (RT) (doravante Oprah, "Cascio Home").

_____. "Secret Friendship". (RT).

YANIV, Oren; NICHOL, Adam. "Michael Jackson Hid with Kids in Jersey". *New York Daily News*, 12 dez. 2007.

CAPÍTULO 14 [pp. 252-66]

Relacionamento entre MJ e Ron Burkle: FA2, FC2. Estadia com Burkle, envolvimento de Jesse Jackson: *New York Post*. Histórico de Burkle (incluindo o arrecadador de fundos da Green Acres, Jesse Jackson): "The Complete Ron Burkle". Detalhes da assistência financeira que Burkle prestou a MJ: FA Friedman / "Billionaire to the rescue", Siklos (veja notas do capítulo 1), Gawker. MJ foi inquerido no caso Prescient em Versailhes, enquanto passava pela França, a caminho da Irlanda. Depoimento da Prescient: Friedman / "Michael Jackson Will Lose Beatles Catalog". Na verdade, MJ diz coisas muito piores sobre seu irmão Randy do que eu digo aqui; veja o artigo "MiJac Claimed on 18.June.2007, Brother Randy Stole His Money", em <michaeljackson.com>. MJ encontra Burkle no funeral de Cochran / pressão da Fortress Investment sobre MJ: artigo de Siklos (veja notas do capítulo 1), o relato mais abrangente das maquinações financeiras à volta de MJ nesse período (FA2 foi quem primeiro me sugeriu a leitura). MJ pagando advogados, mas não guarda-costas; a entrevista deles a ABC. Detalhes do caso Prescient: documentos que chegaram às minhas mãos, Friedman, Siklos (veja notas do capítulo 1). Nona Jackson, Manuela Gomela Ruiz (a senhora idosa que morreu no hospital): queixas apresentadas à Justiça. Processo do xeque Abdullah: arquivos de tribunal, FA2, FC2 e Tohme, que lidou com o califa pessoalmente para a negociação de um acordo movido por ele. Citações dessa parte: testemunhos no tribunal (conforme noticiados pela imprensa britânica / veja artigo sobre o depoimento de Rwaramba nas notas do capítulo 1), alegações.

Catálogo Leiber-Stoller: FA2, FC2, Butler / *Billboard*. Ligação para Leiber e Stoller; Sony pagando todos os custos da compra: FA2, Siklos (Siklos relatou que foi somente para Stoller que MJ ligou, o que pode estar correto; veja notas do capítulo 1). Risco de perder Neverland para a Fortress por falta de pagamento: Friedman, Siklos (veja capítulo 1). Apresentação de George Maloof a MJ por Burkle: FA2. Maloof sobre a estadia de MJ no Palms: Maloof a Katsilometes, exceto quando a citação foi textualmente atribuída à entrevista de Larry King. "Plaster of Disguise": Moodie / *Daily Mail*; citações de desdobramentos: <contactmusic.com>, <finditt.com>, <hollyscoop.com>.

Reconheço que o longo trecho deste livro a respeito das plásticas possa ser descrito como interpretativo ou mesmo de opinião. Ele é o resultado de quase três anos de pesquisa e dezenas de conversas com pessoas que conheciam MJ. O ponto de vista é meu, mas é um ponto de vista embasado. Entre os materiais que me deram esse embasamento, está a filmagem do vídeo de "What More Can I Give?", feita por Marc Schaffel em 2001, e atualmente em posse de Howard Mann.

Eu duvido que MJ tenha estado alguma vez com uma cara pior do que naquelas cenas com luz dura. Seu desconforto consigo mesmo e em ser visto em pessoa pela primeira vez por alguns dos músicos e cantores que ele havia selecionado era palpável, a ponto de eu achar sua tristeza na tela quase insuportável de assistir.

O perfeccionismo de MJ: diversos relatos, incluindo colaboradores como Lenny Kravitz, Akon e outros que trabalharam com ele no último ano de sua vida. Fazendo *Bad* ficar "tão perfeito quanto humanamente possível": MJ a *Rolling Stone*, Taraborrelli. *Bad* tendo sido "superproduzido": o editor chefe da *Rolling Stone*, Will Dana, em 2009, resumindo as críticas da época. Duas primeiras cirurgias plásticas de MJ, dr. Hoefflin: Taraborrelli. Trabalho do dr. Arnold Klein em MJ: contas e registros médicos, dr. Wallace Goodstein à revista *People* ("Michael Jackson's Plastic Surgery"). Diagnóstico de vitiligo por Klein: Klein a Seal / *Vanity Fair* (veja notas do capítulo 12) e outros lugares. Histórico de vitiligo e lúpus, implicações emocionais dos tratamentos, relações com traumas de infância:

737

minha pesquisa, especialmente "What is Vitiligo?"/ Panfleto do Instituto Nacional de Artrite e Doenças Musculoesqueléticas e de Pele; Deepak Chopra à *People*. Porcelana, "Eu quero ser perfeito", terceira plástica no nariz/ comparação com Diana Ross: Taraborrelli. Reação à antiga fotografia: Hilburn/ "As feridas, o coração partido (veja notas do capítulo 4)".

Hoefflin nunca admitiu a extensão da cirurgia que ele realizou em MJ (talvez para proteger a privacidade de seu paciente), mas há uma grande quantidade de registros públicos (incluindo informações de processos de enfermeiras contra Hoefflin, dr. Goodstein à *People*). Covinha no queixo de MJ: histórias das quais me lembro das colunas de fofocas de Los Angeles, de quando morei lá, em 1986. MJ reconhecendo: Taraborrelli.

O que eu escrevi sobre as cirurgias plásticas de MJ e sobre seus sentimentos em relação à questão da raça são, em última instância, minhas próprias conclusões, baseadas em minha leitura das evidências. "Se ele não podia apagar Joe da sua vida": Marcus Phillips a Taraborrelli; ouvi mais ou menos a mesma coisa de Schaffel, Wiesner e Tohme anos depois. MJ sobre se separar do Jackson 5 para "virar eu mesmo": Steven Howell em *Secret Childhood*. "Caras grandes, altos e malvados": MJ a Boteach; ainda que ele não estivesse falando especificamente de Joe, acho que é bem claro que é de onde o medo do qual ele fala se originou. Observações de Stacy Brown: *Man Behind the Mask*. A palavra "splaboos" [termo pejorativo cunhado por Jackson para se referir a negros] tinha mais a ver com classe do que com raça: Schaffel, Tohme. As pessoas perturbadas ao redor de MJ achavam que ele queria ser branco: Gotham Chopra em "Deepak Chopra: Michael Jackson Had Lupus", da *People*. Admissão de que ele havia ido longe demais com as cirurgias plásticas: "The Making of the King of Pop", na *Rolling Stone*, 1991 (citado anteriormente).

MJ jogando Hoefflin e Klein um contra o outro: ambos os médicos em entrevistas; processos de um contra o outro. Klein tentando evitar que MJ fizesse mais cirurgias com Hoefflin: afirmação de Schaffel. Rivalidade entre Klein e Hoefflin: Seal/ *Vanity Fair*, Ryan/ *LA Times* sobre o processo de Klein contra Hoefflin. Processo de enfermeiras contra Hoefflin: *People*, *LA Times* (de duas diferentes mulheres com nomes muito parecidos); "Ugly face of beauty"/ *Independent*. Demandas de Hoefflin de retratação: seu site. Documentos do tribunal mostrando 42 mil dólares em pagamentos a enfermeiras: Diane Dimond/ *Daily Beast*. Hoefflin e Klein impedindo o acesso da força policial a arquivos: arquivo do processo O povo contra Michael Jackson. Chopra sobre a "imagem muito ruim do próprio corpo" de MJ: edição comemorativa a MJ da *Time*. MJ chorando porque o editor da revista *Us* "não podia mais colocá-lo na capa": FA1. Alegações de Werner Mang: "Jackson's Nose Patched Up"/ *Daily Mail*; Hoefflin negando as alegações de Mang: <contactmusic.com>. Sinnreich/ "dois buracos": <vitals.com> (veja notas do capítulo 12). Próteses de narizes: comentários de Adrian McManus: *Daily Mail* (pode ter sido publicado antes no *Mirror*). Eu ouvi a história sobre o nariz de MJ ter caído muito antes de a *Rolling Stone* ter publicado, de Will Dana. MJ sobre Bobby Driscoll: MJ a Boteach. História de vida de Driscoll: Beck, Larson. Que o nariz que Michael usava durante os últimos anos de sua vida era de Bobby Driscoll deveria ser óbvio a qualquer um que olhasse fotos dos dois de perfil.

FESTA DE JESSE JACKSON/ RON BURKLE/ FINANÇAS

BANFIELD, Ashleigh; ELLIS, Angela. "Michael Jackson: Inside His Family and Finances". Disponível em: <abcnews.go.com>, 10 mar. 2010 (I).

BUTLER, Susan. "Sony/ ATV Acquires Lieber and Stoller". *Billboard*, 16 abr. 2007.

"The Company Ron Burkle Keeps". Disponível em: <Gawker.com>, 1 jul. 2008 (I).

FRIEDMAN, Roger. "Billionaire to the Rescue for Jacko". Fox News, 25 abr. 2005 (I).

_____. "Michael Jackson Will Lose Beatles Catalog in '08". Fox News, 9 mar. 2007 (I).

HOROWITZ, Jason. "The Complete Ron Burkle". New York Observer, 12 abr. 2006.

"Jacko, Kids Squat with Burkle". New York Post, 20 nov. 2007.

PALMS / MALOOFS

KATSILOMETES, John. "Michael Jackson Recorded New Song 'Hold My Hand' at Palms, but Had 'Artistic Differences' with Playboy Suite". Las Vegas Sun, 12 nov. 2010.

KING, Larry. "Interview with George Maloof". CNN, 19 ago. 2011 (RT).

CIRURGIA PLÁSTICA

"A Photographic History of Michael Jackson's Face". Disponível em: <anomalies-unlimited.com> (I).

CHOPRA, Deepak. "Remembering Michael". Time, jun. 2009. Especial "Michael Jackson 1958-2009", edição comemorativa.

DIMOND, Diane. "It's Getting Even Weirder". Daily Beast, 5 ago. 2009 (I) (doravante DIMOND, "Even Weirder").

"Jackson Has 'Surgery' After Hit by Son". Disponível em: <Contactmusic.com>, 24 dez. 2007 (I).

MESSER, Lesley. "Deepak Chopra: Michael Jackson Had Lupus". People, 27 jun. 2009.

"Michael Jackson Gets a Beating". Disponível em: <hollyscoop.com>, 24 dez. 2007 (I).

"Michael Jackson Needs Surgery After Being Whacked by Son Prince". Disponível em: <finditt. com>, 24 dez. 2007 (I).

"Michael Jackson Wore a Fake Nose, and It Was Missing as He Lay in the Morgue". Daily Mail, 25 jul. 2009.

MOODIE, Clemmie. "Plaster of Disguise: Bandaged Michael Jackson Goes Shopping in Las Vegas". Daily Mail, 21 dez. 2007.

O'NEILL, Anne-Marie. "Under Scrutiny". People, 24 nov. 1997.

O'NEILL, Ann W. "Doctor Files Suits Alleging Defamation". Los Angeles Times, 12 nov. 1997.

ORR, Deborah. "The Ugly Face of Beauty". Independent, 19 fev. 1999.

"Plastic Surgeon Steven M. Hoefflin Is Cleared and Vindicated of All Legal Claims Against Him". Hoefflin Center for Plastic Surgery, <hoefflin.com> (CI).

RYAN, Harriet. "Michael Jackson's Dermatologist Sues Another Physician". Los Angeles Times, 16 set. 2009.

SEAL, "Doctor Will Sue".

TRIGGS, Charlotte. "Inside Story: Michael Jackson's Plastic Surgery." People, 10 jul. 2009.

"What Is Vitiligo?". Disponível em: <niams.nih.gov>, nov. 2010 (I).

WIGMORE, Barry. "Jackson's Nose Patched Up with Ear". Daily Mail, 23 ago. 2004.

BOBBY DRISCOLL

BECK, Marilyn. "With Re-Release of Disney Film — Child Star's Tragic Death Described". North American Newspaper Alliance, 14 jul. 1971.

LARSON, Donna. "Bobby Driscoll Won't Be Around for Reissue of Song of the South". Los Angeles Times, 13 fev. 1972.

CAPÍTULO 15 [pp. 267-88]

Auditoria de Thompson, Cobb, Bazilio e Associados: Pude ler e tomar notas, mas não possuo uma cópia. Por isso, não a citei entre minhas fontes. Não lembro o título ou a data exata na capa. A Associated Press diz que aparentemente o repórter Stevenson Jacobs também viu essa auditoria. A única opção de MJ (além de vender sua parte da Sony/ ATV): pedir dinheiro emprestado ou declarar falência: Tohme, Hawk, FA2, FC2, entre outros. Detalhes do refinanciamento de MJ: mesmas fontes e mais: Siklos (veja notas do capítulo 1), que sabia dos detalhes do envolvimento do HSBC e Plainfield no empréstimo MiJac. Novos empréstimos para acordos em processos, pagamento a John Branca. Tohme, Hawk, FA2, FC2, Siklos (veja notas do capítulo 1). Acordo com Branca: documentos do processo de Joe Jackson contra o espólio de MJ. "Problemas que restaram": minha análise de Thompson, Auditoria de Cobb e detalhes da renegociação da dívida, além de Hawk, FA2, e especialmente Tohme. Divulgação e sucesso de *Thriller 25*: comunicados de imprensa da Sony coletados do MySpace de MJ, páginas do Facebook, <michaeljackson.com>, "Gráficos e Certificações"/ Wikipedia, Herrera/ *Billboard*, "Artist Chart History". "Trabalhando dia e noite": will.i.am na coletânea de citações de artistas ao álbum de retorno em <michaeljacksonbeat.blogspot.com> (veja notas do capítulo 9). Agradeço novamente a R. J. *7even*, "vazamento" do dueto de Pras e Akon: <michaeljackson.com>, <michaeljacksonbeat.blogspot.com> (há também a entrevista à MTV de will.i.am, citações de Chris Brown, 50 Cent, Syience e Carlos Santana, entrevista da *Rolling Stone* com Ne-Yo; veja notas do capítulo 9). Ne-Yo, will.i.am e Akon estavam entre os muitos que falaram da insistência de MJ de que não havia sentido em lançar um novo álbum a menos que fosse o melhor de sua carreira.

Arrendamento de Palomino: acordo original de arrendamento, assinado por Brother Michael representando MJ. Descrição da propriedade: Tohme, Hawk e FC2.

MJ ficou hospedado brevemente na propriedade Spanish Trail, de Bolkiah, no verão de 2007, entre a saída da Monte Cristo e a mudança para a Costa Leste. O jeito esbanjador de Jefri Bolkiah: Seal/ *Vanity Fair*. Condições da casa de Spanish Trail; determinação de MJ de comprá-la: Tohme, irmão Michael, FA1. Sony sonegando os royalties de *Thriller 25*: Tohme. O filho de Farrakhan como cozinheiro de MJ: Hawk, Tohme. Posição de irmão Michael na organização doméstica: Hawk, Tohme, FC2. Porque prometi à minha fonte que a manteria confidencial, não posso nomear o advogado que foi citado na questão de MJ com os muçulmanos. Execução e refinanciamento de Neverland: primeiramente Tohme, que foi quem finalmente fechou o acordo que manteve a propriedade em nome de MJ; relato abrangente: Lee/ Ryan "Deep Pockets Behind"/ *LA Times*; risco de perder, execução e aviso de leilão: Friedman, <foreclosurelistingsca.com>. McMillan se gabando de acordos "confidenciais": McMillan a Moody/ AP.

Posso prever que Tohme Tohme será minha fonte mais polêmica. Como ele foi uma fonte indispensável e porque nossa relação ilustra o quão complicada minha investigação dos últimos dias de MJ se tornou, vou explicá-la longamente. Como eu conheci Tohme: Tom Mesereau me disse que eu deveria falar com Dennis Hawk, que foi advogado de Michael no último ano de sua vida e era um bom homem. Depois de algumas entrevistas, Hawk me disse que gostaria de tentar me apresentar ao empresário "misterioso" de Michael, Tohme Tohme. Dennis descreveu Tohme como um indivíduo profundamente mal compreendido e disse que ele havia sido tratado mais injustamente pela mídia do que qualquer outra figura significativa na vida de Michael. Tohme e eu eventualmente nos

740

encontramos três vezes no escritório de Hawk, em Santa Monica, e eu gostei dele, irascível como ele é. Também reconheci o estratagema de ele estar falando tanto comigo e tão detalhadamente. Eu sabia que diversos correspondentes internacionais, além da mídia nacional, haviam tentado conseguir uma entrevista em profundidade com Tohme e que ele havia recusado a todos. (Eu gostei especialmente de ouvir a história de Tohme de como "Barry King" ficava tentando marcar um almoço com ele no Spago.) "Você é o único em quem confio", Tohme me disse. Naturalmente, isso me agradou. O antigo empresário de MJ e eu começamos a conversar por telefone regularmente, e nos encontrávamos para beber alguma coisa sempre que eu estava em Los Angeles. Porém, enquanto eu trabalhava na verificação das coisas que ele havia me dito, mais e mais pessoas começaram a questionar o profissionalismo e a credibilidade de Tohme. Howard Mann, por exemplo, dividiu comigo algumas informações sobre Tohme que ele acreditava que o colocariam em posição comprometedora.

Numa carta longa e ameaçadora que Howard Weitzman, um dos consultores do espólio de Michael Jackson e o braço direito de John Branca, me enviou, havia diversas declarações que contradiziam outras que Tohme me havia feito. Tohme tinha resposta para a maioria dessas alegações, e Dennis Hawk corroborou fortemente as respostas de Tohme, mas, no mínimo, Weitzman havia mexido num vespeiro que parecia cada vez mais complicado. E o promotor havia se referido a alguns documentos do processo de Michael de desligamento de Tohme que eu descobri que realmente existem e que sua validade, em alguns casos, é inquestionável.

A doença de Frank Dileo complicou tudo. Eu tinha — e tenho — certeza de que Dileo recorreu a todo tipo de esquemas para voltar à vida de Michael Jackson na primavera de 2009, e que uma parte destes eram tentativas de separar Michael de seu empresário na época, Tohme. Ainda assim, eu ouvi detalhadamente a versão de Tohme, mas nunca consegui falar com Dileo, que entrou em coma na época em que eu comecei a tentar fazer contato com ele. Falei com a esposa dele, Linda, para verificar algumas coisas que Tohme tinha me dito, e a sra. Dileo insistiu de maneira convincente que aquilo não era verdade. Seu marido nunca se recuperou, então tive de me basear nos registros públicos e no que Dileo dissera em diversas entrevistas, incluindo à polícia, para ter o seu lado da história. Isso não foi favorável a ele. Há uma série de coisas que ele disse que eu sabia não ser verdade, mas me incomoda não ter podido dar a ele a chance de responder às acusações que eu estava ouvindo de Tohme e outros. Eu estava certo de que Randy Phillips sabia o que realmente havia ocorrido, mas Phillips alegava que não poderia falar comigo sem a aprovação do consultor legal da AEG Live, Marvin Putnam, que me disse que, por causa do processo de morte por negligência de Katherine Jackson, era obrigado a dizer a Phillips que não falasse comigo naquele momento. Além do e-mail no qual ele dizia que havia "muita confusão" acerca do tema do gerenciamento dos negócios de Michael. "em grande parte causada pelo próprio Michael", eu não obtive ajuda alguma do diretor da AEG Live.

Enquanto isso, Howard Weitzman e Mike Sitrick, ambos representantes de John Branca, defendiam Dileo e atacavam Tohme. No entanto, Branca não quis responder perguntas sobre seu relacionamento pessoal com nenhum dos dois. No começo do verão de 2011, apresentei Tohme a Perry Sanders e acompanhei alguns encontros dos dois. Na época, eu estava tentando ajudar Tohme a resolver suas diferenças tanto com a família Jackson quanto com o espólio de Michael (e, claro, estava atrás de qualquer informação útil que pudesse surgir nesse processo). Sanders gostou de Tohme a princípio, mas se tornou cada vez mais cético em relação a ele. Os dois se encontraram pelo menos uma vez em que eu não estava presente, e Sanders começou a me dizer que não confiava em Tohme, pois havia flagrado algumas "contradições internas", o que significava que Tohme havia contado versões diferentes dos mesmos eventos em diferentes conversas. Sanders também me disse que Tohme tinha "mentido deslavadamente" pelo menos algumas vezes. Essas "mentiras" me soaram insignificantes — eram mais fanfarronice do que qualquer grande maquinação, mas ainda assim era mentiras. E eu fiquei incomodado quando Katherine deixou claro que não confiava em Tohme, sugerindo que ele era um trapaceiro que havia tirado vantagem de seu filho Michael. A sra. Jackson também parecia dar algum crédito à afirmação de alguns membros da família — mais notadamente La Toya — de que Tohme havia saqueado a mansão Carolwood depois que o corpo de Michael foi levado de lá; que ele havia feito algum tipo de acordo obscuro por trás das negociações envolvendo Neverland e que tinha até cumplicidade na morte de Michael. Muito desse incômodo passou em minha primeira entrevista com Ron Williams, ex-agente do serviço secreto, cuja companhia estava encarregada da segurança de Carolwood na noite em que Michael morreu. Williams corroborou a história de Tohme nos mínimos detalhes e deixou claro que, se algo foi levado de Carolwood, quem levou foi uma das mulheres da família Jackson, lideradas pela própria La Toya.

Minhas preocupações a respeito de Tohme foram reavivadas quando comecei a ouvir as histórias de Michael Amir Williams — irmão Michael —, que colocou o caráter de Tohme novamente em questão. Ficar sabendo que Michael Jackson havia concordado em contratar um investigador particular para verificar o passado de Tohme e que, de acordo com irmão Michael, Tohme havia sido desmascarado numa série de alegações sobre sua relação com os ricos e famosos que eram exageradas ou falsas, levantou uma série de novas indagações. Eu fiz questão de relatar as afirmações de irmão Michael e o fato de que Tohme as contesta. Acho possível que irmão Michael tenha ouvido muitas coisas de segunda mão e interpretado erroneamente, mas há uma grande parte de verdade em suas alegações.

Também sei que o espólio de MJ (ou seja, John Branca e Howard Weitzman) também contratou detetives particulares para verificar, e que esses investigadores descobriram, entre outras coisas, alguns esqueletos pré-históricos no armário de Tohme, que eu não considero que tenham grande importância, mas que poderiam ser um constrangimento para esse homem tão orgulhoso. Ainda que eu não acredite que qualquer uma dessas descobertas seja algo de que Tohme deveria se envergonhar, ele me pediu para não expô-las no livro, e eu decidi fazer o que ele me pediu. Não acho que o esteja acobertando, apenas poupando o homem de qualquer humilhação desnecessária. Tenho que esclarecer, no entanto, que as notícias na internet de que Tohme era casado com a irmã de Randy Phillips são falsas. Também devo dizer que Tohme se recusou a me dizer qual tipo de "doutor" ele era. Tenho certeza de que ele nunca teve uma licença médica.

Eu estava, obviamente, mais preocupado com a sugestão de irmão Michael e outros membros da família Jackson de que Tohme havia enganado Michael Jackson financeiramente. Concordo com as afirmações de irmão Michael de que Tohme fez acordos com Jermaine Jackson e Tom Barrack antes da tomada de Neverland pela Colony Capital, mas, pelo que sei, eram apenas taxas de remuneração por indicação que eram lucrativas, mas legítimas. Além disso, Tohme comunicou de forma transparente o acordo com Barrack tanto para o advogado de Michael quanto para seu contador. Dennis Hawk foi firme em dizer que Tohme havia sido cem por cento correto em seu gerenciamento dos negócios de MJ e de suas movimentações financeiras, mas irmão Michael, assim como Howard Mann, me disse que Tohme e Hawk trabalhavam em conluio. A única pessoa que eu sabia que poderia me dizer com autoridade sobre como Tohme havia lidado com os negócios legais e financeiros de MJ era Jeff Cannon, que trabalhara como contador de Michael nos dois últimos anos de sua vida. E eu sabia que Cannon não possuía ligação com Tohme, pois ele tinha ido trabalhar com Michael por indicação da empresa de Ron Burkle, muito antes de Tohme aparecer no pedaço, e continuou trabalhando independentemente. Cannon me disse claramente que Tohme havia se portado acima de qualquer suspeita em sua condução dos negócios de Michael e nunca fez nenhuma tentativa de se beneficiar financeiramente da relação deles, além do que lhe era de direito como empresário de Michael. E que não havia recebido nem esse dinheiro antes da morte de Michael. Cannon concordou com Dennis Hawk, afirmando que Tohme foi muito cauteloso em gastar o dinheiro de MJ, inclusive alugando um escritório minúsculo na parte oeste de Los Angeles por mil dólares mensais, quando Michael lhe dizia para alugar escritórios em Beverly Hill a 50 mil ao mês. Cannon também contou que Tohme foi extremamente escrupuloso ao lidar com o dinheiro que Michael deixava guardado no "Cofre" para dar entrada numa nova casa. O contador sabia desse dinheiro, manteve controle sobre ele "até o último centavo", e tinha certeza absoluta de que Tohme entregara a quantia exata ao espólio. Cannon também concordou com Hawk que provavelmente Tohme não era legalmente obrigado a entregar esse dinheiro. Poderia simplesmente ter ficado com ele como adiantamento do que MJ lhe devia por seus honorários, e sua decisão de entregar demonstrava um alto grau de integridade. O dinheiro que Tohme entregou ao espólio incluía os 2,3 milhões que ele havia ganhado de comissão no acordo de Neverland (assumindo que esse dinheiro retornaria para ele). Novamente, nem Hawk nem Cannon achavam que Tohme seria obrigado a entregar esse dinheiro e ficaram impressionados que ele o fizesse.

Depois de minha conversa com Jeff Cannon e Ron Williams, eu me sentia muito melhor em relação à confiança que depositei em Tohme. Também me convenci de que era a vez de irmão Michael responder a algumas perguntas difíceis. Ron Williams me disse que quase duas semanas depois da morte de MJ, irmão Michael e Joe Jackson apareceram na casa de Las Vegas para tentar retirar pertences e itens valiosos. Os funcionários da empresa de Williams Talon estavam na propriedade de Palomino (trabalhando para o espólio de Michael) e não permitiram que Joe Jackson ou irmão Michael entrassem. O que se seguiu foi uma gritaria, foi-me dito, mas os funcionários se mantiveram firmes. Irmão Michael, através de Perry Sanders, insistiu nunca ter ido a Las Vegas depois da morte de Michael, com Joe Jackson ou qualquer outra pessoa. Ele acompanhou Katherine Jackson e Janet Jackson à mansão em uma ocasião depois da morte de MJ, segundo irmão Michael, mas Ron Williams não se lembra disso. Eu considero Ron Williams uma testemunha muito confiável, mas tudo que posso dizer com certeza é que ele e irmão Michael contam histórias muito diferentes. Três fontes distintas também me disseram que de alguma forma irmão Michael tinha ficado com a Cadillac azul-marinho de Michael, a qual foi visto dirigindo por meses depois da morte de Michael. Várias histórias foram contadas sobre como irmão Michael acabou ficando com o veículo, mas ninguém me mostrou nenhum tipo de evidência sólida. O próprio irmão Michael me disse que nunca teve o carro e que as histórias são todas mentiras.

O que eu sei com certeza é que a figura central tanto nos negócios quanto nas questões pessoais da vida de MJ nos últimos quinze meses de sua vida era Tohme, e que ele possui informações sobre esse período que ninguém mais tem, e isso o torna uma fonte valiosa. Não vou fingir que o fato de eu ser a única pessoa com quem Tohme partilhou muitos desses dados não me afeta, e não nego que eu esteja um pouco preocupado que no futuro algum fato possa surgir para minar sua credibilidade. Howard Weitzman me disse que tem informações que poderiam mandar Tohme para a cadeia (assim como Tohme me disse que poderia colocar John Branca atrás das grades "por anos"). Ninguém me deu nenhuma prova de que nada disso seja verdadeiro, e eu tendo a concordar com Tom Mesereau que isso se assemelha à postura que as pessoas adotam quando estão se colocando litigiosamente umas contra as outras. Tudo o que posso afirmar é que diversas fontes independentes, incluindo Dennis Hawk, Jeff Cannon, Tom Williams e Sean Najarian, confirmaram constantemente coisas que ouvi de Tohme. No final das contas, eu aceitei a versão de Tohme, mas tentei deixar claro que, quando ninguém mais poderia corroborar, aquilo era uma afirmação, não um fato.

"Financista com um passado obscuro": Deutsch. Histórico de Tohme: Tohme, Hawk, FC1; arquivos públicos de suas transações, inclusive com Tom Barrack. Citações de Tohme: entrevistas minhas, a não ser quando indicado o contrário. Tohme deixando Jermaine usar a Rolls-Royce: irmão Michael, Mann. Festa de aniversário: seguranças a ABC (veja notas do capítulo 12). Grace pagando pelos balões: Rwaramba a Barak (veja notas do capítulo 1). Histórico de Tom Barrack: Tohme, Tully/ *Fortune*, incluindo confirmação de Trump, "muito dinheiro em muito poucos negócios"; Barrack apareceu bastante nas coberturas do refinanciamento de Neverland e nos shows na O2 Arena. Barrack encantado com MJ e com as coisas que ambos tinham em comum: Tohme, Barrack a Lee/ Ryan/ *LA Times*, a Siklos/ *Fortune* (veja notas do capítulo 1). Acordo entre Barrack e MJ tendo Tohme como mediador, viagem de Silman à Irlanda: Siklos (veja notas do capítulo 1). MJ determinado a fazer filmes e não música: Schaffel, King, Wiesner, Tohme. Tentativa de comprar a Marvel: Dean/ *Comics Journal*, o que tinha as características e confirmava o acordo que Dieter Wiesner havia descrito para mim; reportagens da internet. Acordo do Cinegroupe, raiva de Spielberg e Geffen, citações de Wiesner em geral: entrevistas de Wiesner. Confirmação de Stan Lee das intenções de MJ de comprar a Marvel e interpretar o Homem-Aranha: Lee ao <comicsalliance.com>. MJ saindo das Testemunhas de Jeová por causa do clipe de "Smooth Criminal": blog A Life Intersected, de Karen Faye. Andrew Lloyd Webber sobre MJ/ *O fantasma da ópera*: Webber ao *Daily Telegraph*. Tom Hedley/ *Corcunda de Notre Dame*: Phoebe Larmore, agente literária de Tom Robbins, amigo de Hedley, através da minha agente, Jeanne Field. Aulas de atuação privadas entre MJ e Brando: Schaffel. Determinação de interpretar Willy Wonka, trilha sonora que ele compôs e realizou: Schaffel, Wiesner. Que eu saiba, nunca havia sido revelado ao público até agora. Aniversário de Christian Audigier/ Audigier em geral: Tohme, fotos e vídeos no YouTube, em <popsugar.com>. Jantar com Barrack: Tohme, dia/ local: Michael Jackson Timeline. Ideias de Barrack Hilton e Station Casinos: Tohme, Siklos (veja notas do capítulo 1). MJ não muito interessado: Tohme. MJ gostando dos telefonemas de Tohme a Brunei: e-mail de irmão Michael via Perry Sanders. Propriedade de Spanish Trail: Tohme, Clarke/ "Michael Jackson Waving Goodbye", "Slashes Price to $25 Million"/ *Wall Street Journal*. Problemas com os vizinhos da casa de Palomino: Tohme, Clarke/ "Michael Jackson Living Near School"; também Hawk, FC2. Trabalho no Palms em 2008: FC1, Elfman/ *Las Vegas Review-Journal*. Encontro com Peter Lopez: Tohme; Lopez não discordou, que eu saiba, apesar de ele e Tohme discordarem de outras coisas. Como um aparte, eu sei muito sobre o trabalho de Peter Lopez, já que meu advogado de longa data é um dos sócios de sua firma. Em respeito a sua família, eu deixei de lado o tema de seu suicídio. Eu fiquei satisfeito com a falta de evidências dos boatos sobre sua morte não ter sido suicídio e poder estar conectada à de MJ.

Hawk dizendo que Randy Phillips tinha classe: Tohme, numa entrevista na presença de

Hawk. "Reunião de cúpula" entre MJ e Anschutz no MGM Grand: principalmente Tohme, mas também Hoffman, Siklos Phillips a *Rolling Stone, Fortune*; Gongaware no julgamento de Murray. "Extremamente focado": Phillips a Siklos (veja notas do capítulo 1). "Os fãs vindo a você": Phillips; MJ contente com a ideia: Tohme. Sucesso de *King of Pop*: *Billboard*, <allmichaeljackson.com>. Pedidos para que os jornalistas identificassem Michael como "o Rei do Pop": Tohme. "Michael Jackson Dance", a série *Legends* da Bravo, os acordos da Hot Toys, comentários e sucessos: <allmichaeljackson.com>. Criação da conta do Cofre: Tohme, confirmada pelo contador de MJ, Steve Cannon, Hawk. Desejo contínuo de possuir a propriedade de Spanish Gate e confiança em Tohme para consegui-la: irmão Michael. Termos do acordo MJ-AEG: os acordos (dois diferentes foram assinados), correspondência de e-mails relacionada. Tohme foi a fonte da declaração publicada em nome de MJ de que sairia em turnê com os irmãos. Negociações com MJ / "Por que aceitar a turnê agora?": Randy Phillips ao *Daily Telegraph*. MJ querendo ser reconhecido por seu trabalho e não por seu estilo de vida e "As pessoas me disseram que eu estava maluco": Phillips a Hoffman / *Rolling Stone*. "Todos diziam duas coisas sobre ele": Barrack a Siklos (veja notas do capítulo 1).

ARQUIVOS DE TRIBUNAL

Civil

BP117321 (Tribunal Superior de Los Angeles) Joseph Jackson contra O espólio de Michael Joseph Jackson, 10 nov. 2009 (doravante LASC BP117321 10/11/09).

BC445597 (Tribunal Superior de Los Angeles) Katherine Jackson, Michael Joseph Jackson Jr., Paris-Michael Katherine Jackson e Prince Michael Jackson II contra AEG Live LLC, Anschutz Entertainment Group, Brandon Phillips (conhecido como Randy Phillips), Kenneth Ortega (conhecido como Kenny Ortega), Paul Gongaware e Timothy Leiweke, 15 set. 2010 (doravante citado como LASC BC445597).

BP117321 (Tribunal Superior de Los Angeles) John Branca e John McClain, coexecutores do espólio de Michael Jackson, contra Tohme R. Tohme, 17 fev. 2012 (doravante LASC BP117321 17/02/12).

DOCUMENTOS

"Dear Michael". Carta de John Branca (e sua firma de advocacia), 15 abr. 2006 (doravante Branca, 15/04/06).

"Original Lease of 2710 Palomino, Las Vegas, Nevada", assinado por Michael Amir Williams e James Beasley, 28 fev. 2008.

"Julien's Auctions LLC Consignment Agreement" para os pertences de Michael Jackson serem removidos do rancho Neverland, assinado por Darren Julien e Tohme Tohme, 7 ago. 2008 (doravante Julien e Tohme, 07/08/08).

"Promissory Note". Acordo de empréstimo entre Michael J. Jackson e AEG Live, 26 jan. 2009 (doravante "Promissory Note" 26/01/09).

E-mail de Michael Amir Williams para Arlyne Lewiston, assistente executiva de Brandon K. Phillips, presidente e diretor executivo da AEG Live, 27 abr. 2009 (doravante Williams a Lewiston, 27/04/09).

E-mail de Arlyne Lewiston para Michael Amir Williams, 27 abr. 2009 (doravante Lewiston a Williams, 27/04/09).

"RE: E-mail para Michael Sitrick, datado de 24 mar. 2011". Carta de Howard Weitzman a Randall Sullivan e Morgan Entrekin, 31 mar. 2011 (doravante Weitzman a Sullivan e Entrekin, 31/03/11).

"RE: Michael Jackson Book". E-mail de Randy Phillips a Randall Sullivan, 4 abr. 2011 (doravante Phillips a Sullivan, 04/04/11).

"RE: Weitzman". E-mail de Mike Sitrick a Randall Sullivan, 7 abr. 2011.

"Michael Jackson hired Tohme". E-mail de Michael Amir Williams a Perry Sanders, 3 nov. 2011 (doravante Williams a Sanders, 03/11/11).

Auditoria de Thompson, Cobb, Bazilio e Associados.

FINANÇAS/ AUDITORIA/ EXECUÇÃO DE NEVERLAND

FRIEDMAN, Roger. "Michael Jackson's Lawyer Says Deal Will Save Neverland Ranch from Auctions". Fox News, 13 mar. 2008 (I).

_____. "Michael Jackson's Neverland on Verge of Foreclosure". Fox News, 11 jan. 2008 (I).

JACOBS, Stevenson. "AP Exclusive: Jackson Said Net Worth $236 Million in 2007". Associated Press, 30 jun. 2009 (I).

MOODY, Nekesa Mumbi. "Jackson Saves Neverland Ranch from Foreclosure". Associated Press, 13 mar. 2008.

THRILLER 25

HERRERA, Monica. "Michael Jackson: King of Billboard's Pop Charts", 25 jun. 2009.

"Artist Chart History — Michael Jackson". Disponível em: <Billboard.com> (I).

"Thriller 25". Disponível em: <Michaeljackson.com> (I)

"Thriller 25". Michael Jackson Facebook (I).

"Thriller 25 — Charts and Certifications". Disponível na Wikipedia.

ÁLBUM DE RETORNO/ PALMS

WARDROP, Murray. "Michael Jackson: The Unreleased Album". Daily Telegraph, 27 jun. 2009.

NEGÓCIOS DE TOHME/ REI DO POP

"Bravo Legends". Disponível em: <allmichaeljackson.com>, 10 set. 2008.

"Hot Toys Announces New Michael Jackson Figurines". Disponível em: <allmichaeljackson.com>, 25 set. 2008.

"King of Pop Album". Disponível em: <allmichaeljackson.com>, set. 2008.

"Michael Jackson Makes History on Euro Charts". Disponível em: <Billboard.com>, 16 jul. 2009.

"Michael Jackson Japan Charts, 1979-2009". Disponível em: <Billboard.com>.

"Will.i.am Helps Jacko". Disponível em: <mtv.co.uk>, 4 jan. 2007 (I).

CASA DE PALOMINO/ PROPRIEDADE DE SPANISH GATE/ FESTA DE ANIVERSÁRIO

BANFIELD, Ashleigh. "Michael Jackson's Secretive Life". ABC, 9 mar. 2010 (RT).

CLARKE, Norm. "Michael Jackson Waving Goodbye". Las Vegas Review-Journal, 4 jul. 2007.

"Michael Jackson at Christian Audigier Birthday Party". Disponível no YouTube, 24 maio 2008 (I).

"Photos of Britney Spears and Michael Jackson at Christian Audigier's Birthday Party". Disponível em: <popsugar.com>, 26 maio 2008 (I).

SEAL, Mark. "The Prince Who Blew Through Billions". *Vanity Fair*, jul. 2011.

"Massive Las Vegas Estate Slashes Price to $25 Million". *Wall Street Journal*, 22 out. 2010.

FILMES / MARVEL

BURKEMAN, Oliver. "Brando Became Close Friend of Michael Jackson". *Guardian*, 24 set. 2004.

DEAN, Michael. "How Michael Jackson Almost Bought Marvel". *Comics Journal*, n. 270, 17 ago. 2005.

FAYE, Karen. "August 29". Disponível em: <karenfayeblog.com>, 29 ago. 2010 (I).

"Stan Lee on Michael Jackson's Desire to Buy Marvel and Play Spiderman". Disponível em: <comicsalliance.com>, 23 maio 2012 (I).

WEBBER, Andrew Lloyd. "Michael Jackson to Appear in *Phantom of the Opera*". *Daily Telegraph*, 27 jun. 2009.

TRANSIÇÃO PARA LOS ANGELES / RETORNO AO PALMS

CLARKE, Norm. "Michael Jackson Living Near School". *Las Vegas Review-Journal*, 14 set. 2008.

ELFMAN, Doug. "Shhh! Music Stars Work in Secret at Palms Studio". *Las Vegas Review-Journal*, 25 jan. 2010.

TOHME / BARRACK / ANSCHUTZ / ENCONTROS COM A AEG

DEUTSCH, Linda. "Jackson's Mysterious Advisor Opens Up". Associated Press, 4 jul. 2009 (doravante DEUTSCH, "Mysterious Advisor" 04/07/09).

HOFFMAN, Claire. "The Last Days of Michael Jackson". *Rolling Stone*, 22 jul. 2009 (doravante HOFFMAN, "Last Days").

LEE e RYAN. "Deep Pockets".

MASON, Rowena. "Randy Phillips Profile: Michael Jackson's Promoter Is Making All the Right Moves". *Daily Telegraph*, 14 mar. 2009 (doravante MASON, "Phillips Profile").

TULLY, Shawn. "I'm Tom Barrack and I'm Getting Out". *Fortune*, 31 out. 2005.

CAPÍTULO 16 [pp. 291-323]

Visita à Hennessey + Ingalls, livrarias de Los Angeles: Kellogg/ "Michael Jackson, the Bookworm", suprido por Tohme, Mesereau (outro colecionador de livros). Pintura *Última ceia*: disponível na internet; melhor qualidade,<debbieschlussel.com>. "Sempre a mesma história": Taraborrelli. Hábitos de leitura, curiosidade insaciável: Bob Sanger, um dos muitos advogados de MJ, a *LA Weekly* (possivelmente o catalisador da história de Kellogg). Assistindo as atividades na UCLA, fascinação por inovações científicas/tecnológicas compartilhada com Brando: FA2, FC1, Wiesner. "Lendo um pouco de poesia sufista": Chopra/ "Tribute to My Friend". Relação de MJ e Gregory Peck: Haney/ *Gregory Peck* (incluindo a conversa no primeiro encontro sobre *O sol é para todos*, andar a cavalo); Biografia de Peck/ <imdb.com> (incluindo a entrada de MJ atrasado no funeral de Peck); arquivo "Gregory Peck e Michael"/ <michaeljackson.com> (colocado lá a pedido de MJ, incluindo Peck chamando o cachorro de Blanket). Minha agente, Jeanne Field foi casada com o filho de

Gregory Peck, e nós discutimos sobre a família Peck (sobre a qual ela não teve nada de negativo a dizer), incluindo Veronique. Carta de apoio a MJ: <mjfanclub.net>.

Festa de Natalie Maines: <theboot.com>, Maines a Howard Stern. Máscaras e fantasias na Melrose Avenue: "Halloween Comes Early..."/ *Daily Mail*. Como anteriormente, citações de Tohme são de entrevistas comigo, a não ser quando especificado. MJ/ Steve Wynn: Clarke. Declaração de Halperin de que Michael estava à beira da morte/ resposta de Tohme: *Daily News*. MJ em Pahrump: Ethan Smith/ *Wall Street Journal*. Comentários de Wishna ao *National Enquirer*: <starpulse.com>. Interesse de MJ em Le Belevedere: Tohme; detalhes da propriedade: perfil de Ayers sobre Hadid, *Angeleno* (Tohme zombou das afirmações de Hadid de um relacionamento com MJ). Aluguel da mansão Carolwood: Tohme; documentos relevantes do processo de morte por negligência contra a AEG; detalhes da propriedade: Cohen/ Associated Press. Que a AEG prometeu a Guez 1,2 milhão de dólares de aluguel, eu sei de uma leitura dos documentos que compõem o processo de morte por negligência. Descrição da vizinhança: em grande parte, vem do fato de eu viver por muitos anos em North Beverly Glen Drive; proximidade de Carolwood da casa onde Lisa Marie Presley passou a infância: <stardriveways.com>.

Caso Chandler: documentos do tribunal, artigos publicados no decorrer do caso, e obviamente Fischer/ "Was Michael Jackson Framed?"; também Ray Chandler, que quis falar oficialmente sobre seu irmão Evan e sobre MJ, mas não sobre o sobrinho Jordie. Colapso nervoso de MJ em Beverly Hills, ida ao Rent-A-Wreck: Fischer; endereço: arquivo de tribunal; turbante, véu e óculos escuros: Taraborrelli/ "Lisa Marie [...] Passionate Lover". Dirigindo um Jeep: Taraborrelli, confirmado por FC1 (Fischer disse que era uma van). Como Jordie, sua mãe e irmã chegaram a Neverland: Fischer; arquivos de tribunal. "Você sabe quanto tempo eu passo sozinho aqui...": Taraborrelli/ *Daily Mail* (ele não identifica sua fonte, mas um depoimento muito parecido está nos arquivos que vazaram dos procedimentos de grande júri). MJ e Jordie assistindo a *O exorcista* e dormindo na mesma cama: Fischer, Orth, arquivo de tribunal, testemunho de June Chandler em O povo contra Michael Jackson. Conversas entre June e Jordie/ entre June e Michael Jackson: June em arquivos de tribunal e em O povo contra Michael Jackson. "Eu realmente não acho que ele tenha sequer um osso maligno no corpo": Fischer, arquivo de tribunal. Histórico de Evan Chandle, casamento com June: Fischer (informação via Pellicano), ajustada por mim, baseando-me em Ray Chandler. Um tanto dessa informação vem dos arquivos de tribunal, mas não a maioria. "Todo mundo se dava bem": Ray Chandler a David Jones/ *Daily Mail*. Eu aceitei o pedido de Ray de que tentaria usar suas citações à imprensa, em vez do que ele disse diretamente a mim, sempre que possível.

Quando afirmo que Fischer escreveu seu artigo "em colaboração próxima" com Pellicano, não quero dizer que ela não tenha feito nada — ela fez e muito. Mas a informação crucial claramente veio de Pellicano, e eu não tenho dúvida de que ele estava usando Fischer para descobrir o lado da história da defesa de MJ. Bert Fields não quis falar comigo e não posso deixar de suspeitar que isso se deva a ele não querer ser engolido pela confusão que Pellicano armou. A história de June está nos arquivos de tribunal e em seu depoimento no julgamento. Alguma coisa do relato de Jordie está nos arquivos de tribunal, mas a maioria é de documentos que vazaram para os jornalistas.

"Eles ficavam juntos": Ray Chandler. Evan Chandler sobre MJ passando a noite em sua casa: arquivos de tribunal, *All That Glitters*, membros da família Chandler. "Você e Jordie estão fazendo sexo...": arquivos de tribunal, *All That Glitters*, mídia, incluindo Taraborrelli/ *Daily Mail*. Conversa gravada de Chandler e Schwartz: transcrição em Fischer, Orth; evidência-chave de Evan e Rothman em investigação de extorsão. Declarações de Ray Chandler sobre Pellicano e Fischer: entrevista de Ray Chandler, *All That Glitters*. Primeiras reportagens e conteúdos: Phillips/ Ferrell/ *LA Times*.

Histórico de Rothman incluindo a Tinoa Operations: Fischer (via Pellicano). Outros advogados descreveram Rothman de maneira similar e, quando eu fui verificar seu status junto à Ordem dos Advogados, descobri que sua licença fora novamente cassada. Hughes descrevendo Rothman, e todas as citações de Hughes abaixo, exceto quando indicado em contrário: Hughes/ *Redemption*. Relação de Rothman e E. Chandler/ antigo paciente: Ray Chandler. "Michael era muito bom em avaliar pessoas": um membro da família Chandler a quem não posso nomear. Jordan Chandler nunca fez nenhuma declaração pública sobre sua relação com Michael Jackson e deixou claro que não quer que nenhum de seus parentes faça. Contratação de Fields e Pellicano/ entrevista com Jordie: Fischer via Pellicano. Evan indo em frente com o "plano": Fischer, documentos do arquivo de tribunal. Evan indo ao dr. Abrams para que a história chegasse à mídia: Bert Fields; Ray Chandler discorda veementemente dessa versão dos fatos. Relato de Pellicano do encontro entre MJ, Jordan e Evan: Fischer; gravações do tribunal. Encontros ente Pellicano e Rothman: Fischer. "Acordo de 20 milhões de dólares": livro de Hughes. Torbiner/ amital sódico: Fischer/ Pellicano. Torbiner disse que, se administrou amital sódico ao garoto, foi por "motivos dentários". Departamento de Proteção às Crianças e à Família: documento que vazou/ Smoking Gun. Declaração do dr. Abrams de que foi à polícia e à imprensa: Fischer, gravação do tribunal. June Chandler manipulada pela polícia: Fischer. Fields/ Pellicano convencendo MJ a prestar queixa por extorsão: Fischer, Hughes. Gloria Allred, substituição por Feldman: Orth, cobertura da época. Histórico de Feldman: Mesereau, que acha que Feldman é um advogado muito esperto.

Disseram-me (Mesereau, entre outros) que Howard Weitzman insiste, privadamente, que ele não pressionou Michael a aceitar um acordo, e na verdade se recusou a fazer parte desse acordo. Mesereau mencionou isso a Carl Douglas, que imediatamente mostrou o acordo para se certificar de que a assinatura de Weitzman estava nele (e estava).

Ninguém contesta que Fields fez a sua declaração sobre uma acusação criminosa iminente de MJ, mas nem todo mundo acredita que foi o erro crasso descrito por Orth em seu artigo. Fontes: Fischer, Nazario/ *LA Times*. Carl Douglas sobre pressionar por um acordo: Douglas no simpósio Parado no Tempo, como todas as citações de Douglas e Feldman nesse trecho. (Devo a Mesereau o fato de possuir o DVD no qual Douglas e Feldman discutem o caso de 1993). Camareira recolhendo maquiagem etc. de quarto de MJ: Taraborrelli/ *Daily Mail*; provavelmente via arquivo de tribunal do caso criminal. Admissões de Pellicano sobre MJ dormir no quarto de Jordie: Pellicano a CNN; essa entrevista foi realizada com Brett Barnes e Wade Robson, que disseram ter dormido com MJ e não terem sido alvos de nenhum tipo de comportamento sexual. Esta foi, como colocou Orth, a ação mais controversa de Pellicano. Documentos que vazaram descrevendo os contatos sexuais de Jordie e MJ: Dimond; está nos arquivos de tribunal e agora facilmente acessível na internet. Evan como vítima dos fãs de MJ: Ray Chandler; também a imprensa na época, Fischer, *All That Glitters*, cobertura do suicídio de Evan. Depoimento de Jordie relatado por policiais de Santa Barbara: arquivos de tribunal e também a cobertura da imprensa, o livro de Dimond, *All That Glitters*, *A magia e a loucura* (ed. atualizada). Devo ressaltar que Jordie deu vários depoimentos à polícia e foi entrevistado por pelo menos três psicólogos ou psiquiatras sobre sua afirmação de que MJ o havia molestado. Quem realmente conseguiu fazê-lo falar foi a delegada Rosibel Ferrufino, e ela não é a delegada a quem me refiro aqui.

Contratação de Branca: Fischer; em seus relatos, Branca, Weitzman e Cochran se mantiveram firmes na crença da inocência de MJ. Eu não tenho certeza, baseado no que eu sei, de que Weitzman e Cochran realmente acreditavam na inocência de MJ, mas concordo que eles diziam que sim. As preocupações de Johnnie Cochran foram explicadas por Carl Douglas no simpósio Parado no Tempo. Relações de trabalho entre Garcetti e Cochran: porque a primeira vez que eu conheci Cochran foi quando Garcetti o apresentou a mim, num corredor do lado de fora de seus escritórios, ao lado da promotoria de Los Angeles, quando ambos lideravam a equipe que investigava tiroteios envolvendo policiais. Promessa de Garcetti de que MJ poderia voltar sem prisão imediata: Carl Douglas. Concurso "Spot the Jacko": Fischer; "julgamento" de Geraldo (MJ foi inocentado, aliás): experiência pessoal. La Toya / lances de tabloides: imprensa na época, veja também notas do capítulo 12; suas acusações foram quase completamente vetadas em Campbell/ *Michael Jackson: The King of Pop's Darkest Hour* e *A magia e a loucura* (ed. atualizada). Detalhes da revista íntima: fonte confidencial; também, "Boy's Lawyer Seeks Photos"/ *LA Times*, "Photos May Contradict"/ *USA Today*; Feldman e Douglas/ "Frozen in Time". Taraborrelli dá uma descrição detalhada na versão atualizada de seu livro, com a qual minha fonte concorda na maioria das vezes, ainda que não em todas. "A experiência mais humilhante da minha vida": uma declaração de Michael em Neverland dois dias depois da revista; reproduzida em <mjliveson.com>, na matéria da BBC sobre o caso Chandler (2003), citada em Pareles/ "Michael Jackson Is Angry, Understand?". Feldman sobre petições ao tribunal: simpósio Parado no Tempo. A fonte mais confiável que eu possuo sobre como Johnnie Cochran aconselhou MJ no caso Chandler é a mesma fonte confidencial que me contou sobre a revista íntima, mas o artigo de Fischer concorda enfaticamente com essa descrição do papel de Cochran, assim como Carl Douglas, no simpósio Parado no Tempo, ainda que esteja implícito. Exigência de examinar as finanças de MJ/ MJ querendo um fim para a história toda: Douglas e Feldman. Feldman representando Cochran em "assuntos pessoais": Feldman. Discussões do acordo/ três juízes aposentados: Feldman, Douglas. Douglas entregando o acordo a MJ em Las Vegas: Douglas.

Os termos do acordo dos Chandler ainda são um debate. O site Smoking Gun conseguiu uma cópia do documento, mas ele havia sido bastante editado. Esse site noticiou que o valor total do que MJ pagou pelo acordo havia sido 15 332 250 dólares, mas na verdade esse foi o valor depositado num fundo fiduciário para Chandler. O que foi coberto com tarjas pretas, segundo FC2, foram os montantes pagos à Feldman e aos pais de Jordie. Confiei nos números que FC2 me passou.

"A pior decisão que ele já tomou": Mesereau. "Eu não sou culpado…": declaração de MJ em 22 dez. 1993. Perda do contrato com a Pepsi, outros problemas nos negócios: Fischer. Investigações do júri em 1994, "nenhuma prova concreta": Fischer, Newton/ *LA Times*. Eu duvido que alguém queira contestar minha impressão acerca da obstinação de Diane Dimond. O livro de Campbell comenta as diversas pesquisas de opinião que apoiaram MJ; uma dessas foi no programa de televisão sindicalizado *Current Affair*, que vinha construindo sem piedade o caso de que MJ era um pedófilo; mais de 80% dos que responderam disseram acreditar em MJ, não nos Chandler.

O casamento de MJ e Lisa Marie Presley foi coberto largamente, tanto na televisão quanto na mídia impressa. Histórico de Lisa Marie Presley: <rhythmofthetide.com>, Harrington/ reportagem no *Washington Post*, biografia no <yahoo.com>, Behar/ *Elvis*, Finstad/ *Child Bride* (este último inclui o início da relação de MJ e Lisa Marie; as citações de Brett Livingstone Strong são todas de

Finstad). Dennis Hawk é advogado de Strong e fez o máximo para que eu compreendesse Brett em alguns aspectos, um esforço que foi pobremente recompensado. Lisa Marie em seu primeiro encontro a sós com MJ: Presley à *Rolling Stone* (veja notas do capítulo 8), *Playboy* (veja notas do capítulo 8). Lembrança de como MJ explicou a situação de Chandler: *Rolling Stone*. Descrição da proposta de casamento de MJ: Presley à Diane Sawyer/ ABC. "muito quente" na cama, "interpretando papéis", "sexualmente ativo": Presley a Monica Pastelle, em Taraborrelli/ *Daily Mail*; também em *A magia e a loucura* (ed. revisada). Trump sobre a "nova namorada" de MJ/ Lisa Marie na propriedade de Palm Beach: *Trump: The Art of the Comeback*. Descrição do casamento de MJ e Lisa Marie pelo juiz Alvarez: livro de Bob Jones, de uma entrevista de jornal. Terry Marcos: <rhythmofthetide.com>. Sumiços de MJ/ Lisa Marie magoada: Presley à *Rolling Stone* (veja notas do capítulo 8), *Playboy* (veja notas do capítulo 8), Diane Sawyer, Oprah Winfrey. Reclamações de MJ de que Presley estaria "invadindo seu espaço": *Daily Mirror* via <rhythmofthetide.com>. "Fachada", "nenhum desejo por mulheres", "pés no chão", "apoiando" MJ e crianças amigas "correndo pela casa": livro de Jones. Maquiagem no travesseiro: Taraborrelli/ *Daily Mail*, também *A magia e a loucura*. MJ se vangloriando para Lisa Marie de sua riqueza e da princesa Diana: livro de Jones. MJ inventando a proposta de casamento: MJ ao *Daily Mirror* via <lacienegasmiled.com>. Reação de Lisa Marie à entrevista do *TV Guide*: Presley à *Rolling Stone*. Viagem ao Havaí com Danny Keough: via <lacienegasmiled.com>. Lisa Marie dividida sobre deixar Keough: Presley a Oprah, 2010. MJ e Lisa Marie/ MTV Music Video Awards: *Playboy* (veja notas do capítulo 8), *Rolling Stone* (veja notas do capítulo 8). Lisa Marie visitando MJ no hospital/ Bill Bray: livro de Jones; também Presley à *Playboy* (veja notas do capítulo 8) e Oprah, 2010. Vontade de MJ de ser pai do neto de Elvis/ "uma batalha de custódia terrível", "diga a ela para ir em frente": Presley à *Playboy* (veja notas do capítulo 8). "Tinha uma queda" por MJ/ "quis de volta": Jones. Omer Bhatti/ MJ encorajando a história do "filho ilegítimo": Schaffel, FC1; especulação de fãs: diversos sites de fãs. Joe Jackson (ninguém sabe por qual motivo) chegou a dizer ao canal voltado a telespectadores negros, TV One, que Omer era filho de MJ (veja referência ao *Daily Mail* abaixo), o que Omer se sentiu na obrigação de desmentir publicamente (veja <hollywoodgossip.com> abaixo). A coisa mais próxima de um relato amplo que saiu sobre esse assunto foi a reportagem do *Sun* britânico, que dava o histórico do relacionamento de MJ com os Bhatti, os argumentos a favor e contra, e até conseguiu um comentário (ou falta dele, na verdade) de Riz Bhatti. Sei com toda a certeza que Omer *não* é filho de MJ.

ARQUIVOS DE TRIBUNAL

Criminal
SBSC 1133603.

Civil
LASC SC026226.

DOCUMENTOS
"Statement of Declination Issued Jointly by the District Attorney's Offices of Los Angeles and Santa Barbara Counties", 21 set. 1994 (doravante Statement of Declination, 21/09/94).

LOS ANGELES/ TRANSMISSÃO DE LAS VEGAS

AYERS, Chris. "Surreal Estate: Mega-Spec Developer Mohamed Hadid". *Angeleno Magazine*, 13 ago. 2010.

CHOPRA, Deepak. "Tribute to My Friend, Michael Jackson". Disponível em: <chopra.com>, 26 jun. 2009 (I).

CLARKE, Norm. "Jacko Turns Down Wynn Encore Gig". *Las Vegas Review-Journal*, 2 nov. 2008.

COHEN, Sandy. "AP Exclusive: Contents of MJ's Final Home for Sale". Associated Press, 9 nov. 2011.

DARDEN, Beville. "Michael Jackson Surprises Guests at Dixie Chick's Party". Disponível em: <the-boot.com>, 5 nov. 2008 (I).

"Halloween Comes Early as Jacko's Wacko Clan Descends on LA Comic Store". *Daily Mail*, 9 out. 2008.

KELLOGG, Carolyn. "Michael Jackson, the Bookworm". *Los Angeles Times*, 27 jun. 2009.

"Letter of Support for Michael Jackson by Gregory and Veronique Peck". Disponível em: <mjfan-club.net>, dez. 2002 (I).

"Michael Jackson 'Needs Lung Transplant'". *Daily Telegraph*, 22 dez. 2008.

"Natalie Maines on *The Howard Stern Show*", 3 nov. 2008 (RT).

ROBERTS, Randall. "Michael Jackson's Lawyer, Bob Sanger, Talks to West Cost Sound About the Pop Star, His Life — and His Reading Habits". *LA Weekly*, 25 jun. 2009.

SMITH, Ethan. "Michael Jackson: The Next Elvis?". *Wall Street Journal*, 13 jun. 2008.

"The Last Home of Michael Jackson". Disponível em: <stardriveways.com> (I).

WISHNA, Jack, para *National Enquirer*, via "Promoter Says Jackson Isn't Capable of Las Vegas Show". Disponível em: <starpulse.com>, 29 maio 2008 (I).

CASO CHANDLER

"1993: Michael Jackson Accused of Child Abuse". BBC, 8 fev. 2003 (RT).

"Anthony Pellicano, Brett Barnes, and Wade Robeson". CNN, 26 ago. 1993 (RT).

"Boy's Lawyer Seeks Photos of Michael Jackson's Body". *Los Angeles Times*, 5 jan. 1994.

FISCHER, Mary A. "Was Michael Jackson Framed?". *GQ*, out. 1994 (doravante FISCHER, "Framed").

"Jacko: The Original Child Abuse Allegations". Smoking Gun, 18 nov. 2003 (I).

JONES, David. "Killed by the Curse of Michael Jackson: What Drove the Father of Jordy Chandler to Put a Gun to his Head?". *Daily Mail*, 20 nov. 2009 (doravante JONES, "Killed by the Curse").

"Michael Jackson's Statement from 22nd December, 1993". MJliveson, 22 dez. 1993 (I).

NAZARIO, Sonia. "Jackson Sued by Boy Who Alleged Sexual Molestation". *Los Angeles Times*, 15 nov. 1993.

NEWTON, Jim. "Grand Jury to Convene in Jackson Case Law: Sources Close to the Investigation Say a Panel in Santa Barbara Will Hear Testimony Next Week About Alleged Molestation of Boy". *Los Angeles Times*, 5 fev. 1994.

ORTH, Maureen. "Nighmare in Neverland". *Vanity Fair*, jan. 1994.

PHILLIPS, Chuck; FERRELL, David. "Tapes Used to Allege Plot to Extort Jackson Released". *Los Angeles Times*, 31 ago. 1993.

"Photos May Contradict Michael's Accuser". *USA Today*, 28 jan. 1994.

HISTÓRICO/ LISA MARIE/ DEPOIS DE JORDIE

HARRINGTON, Richard. "The Princess of Rock Makes a Name for Herself". *Washington Post*, 6 maio 2005.

"Joe Jackson Confirms Omer Bhatti Is Michael's Son as Katherine Wins Custody of Other Three Children". *Daily Mail*, 1 ago. 2009.

"Lisa Marie Presley Biography". Disponível em: <yahoo.com> (I).

"Lovechild in the Front Row at Memorial". *Sun*, 8 jul. 2009.

"Michael Jackson-Lisa Marie Presley". Disponível em: <rhythmofthetide.com>, 8 jan. 2012.

PARELES, Jon. "Michael Jackson Is Angry, Understand?". *New York Times*, 18 jun. 1995 (doravante Pareles 18/06/95).

SAWYER, Diane. "Interview with Michael Jackson and Lisa Marie Presley". ABC/ *Primetime*, 14 jun. 1995 (RT).

_____. "Lisa Marie Presley Talks Marriage, Elvis". ABC/ *Primetime*, 3 abr. 2003 (RT) (doravante SAWYER, "Lisa Marie Presley").

TARABORRELLI, J. Randy. "Lisa Marie Presley Said He Was a Passionate Lover. So What WAS the Truth About Jackson's Sexuality?". *Daily Mail*, 1 jul. 2009.

WINFREY, Oprah. "Lisa Marie Presley Opens Up About Michael Jackson". *Oprah*, 21 out. 2010 (RT) (doravante OPRAH, "Lisa Marie Presley").

_____. "Priscilla and Lisa Marie Presley's First Mother/ Daughter Interview Together". *Oprah*, 28 mar. 2005 (RT).

CAPÍTULO 17 [pp. 324-43]

Relacionamento entre Rwaramba e MJ/ idas e vindas: uma série de fontes confidenciais, Tohme, Rwaramba a Barak (veja notas do capítulo 1), depoimento de Rwaramba à polícia de Los Angeles Brigas com MJ sobre uso de drogas: Rwaramba a Barak e à polícia de Los Angeles. Pagamento do seguro/ salário: Barrack; Tohme me disse: "Michael sabia que estava pagando demais e queria se livrar dela". Declaração de Romonica Harris: o agora finado *News of the World*. Grace negando o fato de ter pressionado MJ a se casar com ela: Schaffel, outras fontes ligadas a ela/ família Jackson. Grace referindo-se a MJ/ o dinheiro de Abdullah/ família Jackson: Barak, conforme citado; fatos atestados no depoimento ao tribunal. Viagem para o Bahrein para intervir com Al Khalifa/ cofre vazio/ pessoal do Al Khalifa acusando Grace: Hawk, Tohme. Como antes, todas as citações de Tohme e Hawk são de nossas entrevistas, a não ser quando indicado. MJ sentindo-se traído com o depoimento de Grace ao tribunal: Tohme entre outras fontes; todo mundo parece concordar que ela não fizera nada além de dizer mais ou menos a verdade. Diálogo entre Abdullah e Englehart: depoimento no julgamento. Declarações de Pfeiffer sobre Klein fornecer evidências de infecções por estafilococos: pedido reconvencional de Pfeiffer; Seal/ *Vanity Fair*; resultado: "Jackson 'Too Sick' for Court Case"/ BBC, Tohme. Casamento de Grace e Joseph Kisembo, Histórico no Uganda, caridade: <newvision.co.ug>, <majimbokenya.com>; também sobre caridade: Friedman/ "Jacko Nanny Starts Her Own Charity". Grace fala a Barak desse período como o mais longo em que os filhos de MJ ficaram ser ver ou falar com ela. Schaffel também se recorda de ela dizer isso. Quanto à sugestão de que Rwaramba roubou o dinheiro e as joias que Michael deixou

753

para trás no Bahrein, eu duvido. Pessoas próximas a ela me disseram, de forma convincente, que ela não tem quase nada e basicamente depende da generosidade de amigos para sobreviver. O intuito de incluir a história entre Tohme e Hawk sobre suas conversas no Bahrein foi a de que Michael Jackson ouviu essa conversa bem antes de mim e usou-a como motivo ou como desculpa para mandar Grace embora pela última vez.

Tohme assumindo a responsabilidade por mandar Grace embora: Tohme, FC2 (que me disse que Tohme *foi* responsável). Discussões com Nederlander (veja também processo contra o espólio de MJ, <broadway world.com>), animação para a TV: Tohme, FC2. Acordos negociados por Tohme: Tohme, arquivo de tribunal de seu processo contra o espólio, "Tohme Tohme, Michael Jackson's Close Friend and Manager" (colocado na internet, tenho quase certeza de que por Tohme) "Garantir o futuro": Tohme a Deutsch. Esgotamento da fortuna de Barrack: Tohme, "Deep Pockets"/ *LA Times*; reforma em Neverland: Tohme, "Makeover"/ *Wall Street Journal*. "Valor adicional significativo": Barrack ao *Wall Street Journal*. "Carta de intenções" e "nota promissória": estudo de ambos os documentos, mas as duas estão disponíveis on-line. Tohme não é o único que reivindica o crédito pelo nome de *This Is It*; Kenny Ortega também, e há outros provavelmente. Viagem a Londres: Tohme; também a cobertura da imprensa britânica. Anúncio dos shows na O2 Arena: Tohme, imprensa de Londres.

Aumento do número das apresentações de dez para cinquenta: diversas fontes, incluindo o processo de KJ contra a AEG, o processo de Tohme contra o espólio de MJ e o processo contrário. Dúvidas de Randy Phillips sobre público suficiente para mais apresentações: Phillips aos jornais londrinos; notificações no processo da AEG, Hawk, FC2. Hawk foi generoso nos elogios tanto a Tohme quanto a Phillips, mas admite que MJ ficou furioso ao descobrir que mais apresentações estavam sendo planejadas. FC2 foi menos positivo na descrição dos dois, principalmente no tocante a Tohme. Phillips surpreso com a insegurança de MJ: Phillips a Tohme e "Michael Jackson's promoter [...] Moves"/ *Daily Telegraph* (incluindo "Se Mike ficar nervoso demais"). Convites em pré-venda: Hawk, FC2; também: "Thirteen Applications per Second"/ *Daily Telegraph*, "Fans Fury"/ *Daily Mail*, "Michael Jackson Doubles London Shows"/ *Herald Sun*, "1.5m Fans Crash Sites"/ *Evening Standard*, Kreps/ *Rolling Stone*; site de MJ. "Cena teatral", "reuniões dramáticas", Tohme convencendo MJ a aceitar suas reais condições: Hawk, FC2. Situação fiscal de MJ, incluindo a necessidade de ganhar no mínimo 100 milhões de dólares até 2011 ou ter que liquidar bens: Tohme, Hawk, FC2. Rivalidade entre MJ e Prince foi o que convenceu MJ a fazer mais shows, "Randy realmente queria que aqueles shows acontecessem": Hawk ou FC2. "Mais de seis hectares", *Guinness Book of World Records*: depoimento de Phillips no julgamento de Conrad Murray; processo de KJ contra a AEG. Acordo "Chef e personal trainer": processo de KJ contra a AEG, mas noticiado também pela mídia. Divisão dos lucros, montagem dos shows: documentos no processo da AEG; também noticiado na época. Venda de ingressos para *This Is It*: mesmos artigos citados acima, assim como NME, Moore/ *Daily Telegraph*, site oficial de MJ. Elogios: ainda estavam postados no site oficial de MJ na época de sua morte, mas aparentemente foram removidos. Shows *Millennium*: processo Avram. "One Night Only": Bob Jones, cobertura dos shows na O2 Arena; quarto do hospital decorado com quadros de Shirley Temple e Mickey Mouse: *Jet*. Rwaramba sobre MJ/ hospitais: Rwaramba a Barak. "Veja quantos presentes e flores": Jones, atribuindo à camareira de Neverland, Blanca Francia. Movimentação total de 125 milhões a 1 bilhão de dólares: Hawk.

Os registros estão repletos de exemplos da família Jackson rodeando Michael na esperança de tirar vantagem financeira dele. Motor home, que continuou em nome de MJ e é agora propriedade do espólio: Tohme e Hawk. "Tentou dizer não para a mãe": fonte confidencial. Histórico de Leonard Rowe: Friedman, 21 e 22 jul. Processos de R. Kelly/ Ne-Yo contra Rowe: em primeira instância Cohen-Grossweiner/ <celebrityaccess.com>, também Friedman. Rowe entrou novamente com seu processo contra William Morris (veja os arquivos de tribunal abaixo) em junho de 2012, declarando "descobrir novas evidências favoráveis". No que concerne minhas afirmações de que Rowe se colocou no papel de minoria oprimida, aqui está o que Kelly tinha a dizer no dia em que ele ganhou 3 397 410,38 dólares num processo contra Rowe: "Eu concordei em deixar Rowe promover minha turnê porque ele era um oprimido, merecia uma chance. Nenhuma boa ação fica sem punição". Outros processos foram apresentados contra Rowe por investidores que o acusam de lhes vender cotas imaginárias na turnê Double-Up. Em seu julgamento do processo de R. Kelly, o juiz ordenou a Rowe que assumisse totalmente a responsabilidade por cada um desses processos. Retorno de Frank Dileo (e Rowe): entrevista com Patrick Alloco, outros materiais/ <muzikfactorytwo.blogspot.com>. Acordo com garantias da AllGood: revisão do documento. Encontros entre Allocco, Joe Jackson e Dileo: Allocco a Yazmeen do blog <muzikfactorytwo.blogspot.com.br>; também Allocco apresentando ação contra Dileo/ espólio de MJ. Processo Lamicka: Allocco a Yazmeen. As citações de Allocco nestas notas serão dessa entrevista, a não ser quando indicado o contrário. Yazmeen chegou a conseguir uma cópia desse processo (no qual Lamicka era acusado de se identificar falsamente como representante do grupo Kiss e de enganar uma companhia em Oklahoma em 50 mil dólares). Esse processo acabou quando os queixosos ganharam 250 mil dólares porque Lamicka não compareceu à corte. Relato de Allocco sobre Lamicka/ resultados e Dileo/ acordo AEG: <muzikfactorytwo.blogspot.com.br>, Allocco processando Dileo/ espólio de MJ. Declarações de Rowe de um acordo com os irmãos de MJ (depois de convencer Janet de que lhe faltava "poder de atração"), organizando a aglomeração no portão de MJ e forçando MJ a se reunir com eles (incluindo citações de Rowe): Rowe, *What Really Happened*. Uma fonte em quem confio me disse que essa reunião realmente aconteceu. Allocco/ Rowe abordando Tohme/ Hawk, reunião entre Rowe/ Hawk/ Allocco, comportamento agressivo de Rowe, histórico da AllGood: principalmente Hawk, também Tohme. Necessidade de reavivar a carreira internacional (que Randy Phillips reconheceu em entrevistas), "enrolando" Allocco e Rowe: Hawk, Tohme. Joe e Rowe forçando a entrada em Carolwood, "eu não tenho dinheiro e é sua culpa": Friedman, 26 e 30 mar. 2009; também Tohme, de fontes de segunda mão. Declaração de Rowe de que MJ assinara um acordo: comunicado de imprensa de Rowe. Joe e Rowe indo a KJ, táticas de persuasão: Hawk, Tohme, FC2; também fontes confidenciais próximas a sra. Jackson; muitas dessas informações foram citadas no processo KJ/ AEG. Tohme ouviu a respeito dessa pressão em MJ e de como ele estava lidando com isso em uma de suas últimas conversas de verdade no final de março de 2009. Conversas entre Joe e Katherine, fontes confidenciais, que também contaram que Joe culpou Katherine pela morte de MJ (entrevista de 2010). Análise racional de KJ do porquê MJ deveria assinar o acordo da AllGood: fontes confidenciais. Duas dessas fontes disseram que a sra. Jackson insistiu na época e continuou a insistir que o grande erro de MJ foi deixar o Jackson 5.

Campanha de Dileo contra Tohme: fontes confidenciais; Dileo fez grande parte dessas acusações logo depois da morte de MJ (Dileo a NBC e Raffles van Exel). A melhor fonte de informações nos registros públicos a esse respeito no entanto é o artigo "Frank Dileo Wasn't Rehired by Michael Jackson!", postado por Yazmeen no <muzikfactorytwo.blogspot.com.br>. Tohme aparentando perder o pé em Londres: várias fontes "off-the-record". Reclamações de MJ sobre o controle de Tohme: várias fontes, incluindo o irmão Michael, a fita de MJ-June Gatlin, fonte confidencial envolvida no acordo AEG desde o começo. Reunião de Dileo e Rowe: <muzikfactorytwo.blogspot.com. br>, especialmente entrevista com Allocco, que estava na época em contato direto com os dois. Peter Lopez sobre a relação de Tohme, irmão Michael e Dileo: FC2. irmão Michael e Tohme "só papo": irmão Michael (em conversas por e-mail comigo via Perry Sanders — veja e-mails de irmão Michael a Sanders). Tohme afastando as pessoas: Hawk, FC2, entre outras. Celebrity/ Access: veja abaixo. E-mail de Randy Phillips (enviado a Ian Courtney, do Celebrity/ Access): enviado a mim por Tohme, que alega que Phillips enviou a ele.

ARQUIVOS DE TRIBUNAL

Civil

LASC BP117321 17/02/12.

98 CV 8272 (Tribunal dos Estados Unidos do Distrito Sul de Nova York) Rowe Entertainment contra William Morris Agency, 12 jun. 2012.

DOCUMENTOS

JULIEN e TOHME, 07/08/08.

"Binder Agreement" entre Dileo Entertainment and Touring Inc. e AllGood Entertainment, 21 nov. 2008 (doravante Binder Agreement, 21/11/08.)

Rwaramba, 09/12/09.

"Letter of Intent" [Carta de intenções] for Agreement between Michael J. Jackson and AEG Live, 26 jan. 2009 (doravante Letter of Intent, 26/01/09).

"Promissory Note" [Nota promissória], 26/01/09.

"Michael Jackson Manager". E-mail de Randy Phillips a Ian Courtney, Celebrity/ Access, 1 abr. 2009 (doravante Phillips a Courtney, 01/04/09).

PROCESSO DO AL KHALIFA/ GRACE RWARAMBA

FRIEDMAN, Roger. "Jacko Nanny Starts Her Own Charity". Disponível em: <Showbiz411.com>, 29 maio 2009 (I).

"Biggest Enabler".

"Jackson 'Too Sick' for Court Case". BBC, 18 nov. 2008 (RT).

"Michael Jackson's Uganda Nanny Comes from Bushenyi". Disponível em: <newvision.co.ug>, 29 jun. 2009 (I).

SEAL, "Doctor Will Sue".

"Ugandan Born 'Ms. Grace Rwaramba,' Michael Jackson's Nanny, Could Get Custody of the Children". Disponível em: <majimbokenya.com>, 29 jun. 2009 (I).

ACORDO AEG/ ANÚNCIO DOS SHOWS NA O2 ARENA/ TOHME/ BARRACK/ ACORDOS

"1.5M Fans Crash Sites in Rush for Jacko Gig". *Evening Standard*, 11 mar. 2009.

ALLEN, Nick. "Thirteen Applications per Second for Michael Date". *Daily Telegraph*, 6 jul. 2009.

CABLE, Simon. "Fans' Fury as Touts Sell Michael Jackson Concert Tickets for Up to £16,000 a Pair on Black Market". *Daily Mail*, 13 mar. 2009.

DAY. "Off the Wall".

DEUTSCH, "Mysterious Advisor", 04/07/09.

"Dr. Tohme Tohme, Michael Jackson's Close Friend and Manager". Disponível em: <freearticles227.blogspot.com>, 3 fev. 2011 (I).

KREPS, Daniel. "Michael Jackson's 'This Is It!' Tour Balloons to 50-Show Run Stretching into 2010". *Rolling Stone*, 12 mar. 2009.

LEE e RYAN, "Deep Pockets".

MASON, "Phillips Profile".

"Michael Jackson London O2 Ticket Warning Issued". NME, 5 mar. 2009.

"Michael Jackson Recovers After Collapsing in New York". *Jet*, 25 dez. 1995.

MIRANDA, David. "Michael Jackson Doubles London Shows After 2 Million Seek Tickets". *Herald Sun*, 12 mar. 2009.

MOORE, Matthew. "Michael Jackson O2 Ticket Website Attracting 16,000 Visits a Second". *Daily Telegraph*, 6 mar. 2009.

ROSSEN, Jeff. "*Today* Investigates: Mystery Man Behind Michael Jackson". NBC/ *Today Show*, 23 ago. 2009 (RT) (doravante ROSSEN, "Mystery Man").

SCHMIDT, Veronica. "Michael Jackson Sells Out London Concerts and Adds More Shows". *Times*, 11 mar. 2009.

SINGH, Amar. "Detoxing Brand Jacko". *Evening Standard*, 13 mar. 2009.

SMITH, Ethan. "Economic Reality Prompts a Makeover at 'Neverland'". *Wall Street Journal*, 13 jun. 2009.

YAZMEEN. "Frank Dileo Wasn't Rehired by Michael Jackson!". Disponível em: <muzikfactorytwo. blogspot.com.br>, 29 nov. 2010 (I) (doravante YAZMEEN, "Dileo").

JOE E OS JACKSON/ LEONARD ROWE/ FRANK DILEO/ ACORDO ALLGOOD

COHEN, Jane; GROSSWEINER, Bob. "R. Kelly Awarded Multimillion Dollar Judgment Against Promoter Leonard Rowe". Disponível em: <celebrityaccess.com>, 7 out. 2008 (I).

FRIEDMAN, Roger. "Jacko's Dad Still Wants Piece of Pie". Fox News, 30 mar. 2009 (I).

_____. "Jacko's Dad Wants Back in Good Graces". Fox News, 26 mar. 2009 (I).

_____. "Joe Jackson's Partner Has Sketchy History". Disponível em: <Showbiz411.com>, 21 jul. 2009 (I).

_____. "Joe Jackson's Partner: Jail Sentences and Lawsuits on Résumé". Disponível em: <Showbiz411.com>, 22 jul. 2009 (I).

"Michael Jackson Appoints New Manager: Leonard Rowe, Legendary Promoter, to Steer Singer's Latest Comeback", 26 mar. 2009 (CI).

"Michael Jackson — Reverent June Gatlin Mystery Audio Tape Today". Disponível no YouTube, 26 ago. 2009 (I).

VAN EXEL, Raffles. "Raffles van Exel Interviews Frank Dileo", 4 nov. 2009 (I) (doravante VAN EXEL, "Dileo").

"Will Michael Jackson's Real Manager Please Stand Up?". *Celebrity/ Access*, 2 abr. 2009 (I).

YAZMEEN. "Interview with Patrick Allocco — President of AllGood Entertainment". Disponível em: <muzikfactorytwo.blogspot.com.br>, 24 maio 2011 (I) (doravante YAZMEEN, "Allocco").

CAPÍTULO 18 [pp. 344-63]

Surto com perseguição de paparazzi a MJ: Tohme, Craig Williams, também largamente noti-ciado. Visitas de MJ ao consultório de Klein/ casa de Taylor: principalmente Craig Williams (parte do grupo que seguia MJ em suas últimas semanas, um dos poucos que se relacionavam com a família Jackson), Posner/ *Daily Beast* (veja notas do capítulo 10); ainda McConnell/ *Daily Mail*, Seal/ *Vanity Fair*, Ryan/ "Troubles Mount"/ *LA Times*. Relacionamento de MJ e Klein, prescrição de Demerol: processo movido pelo ex-assistente de Klein, Jason Pfeiffer. As notas de cobrança de Klein para o espólio de MJ descrevem 41 injeções de Demerol em MJ em 2009. Klein escrevendo prescrições no próprio nome para fornecer drogas a outros: O ex-assistente e ex-amante de Klein, Paul Gohranson, ao Radar Online. Klein assinando 27 prescrições para si mesmo depois que MJ retornou aos Estados Unidos: Dimond/ "The Secret World of Arnold Klein"; confirmado por documentos apresentados no julgamento de Conrad Murray, investigação do Conselho Estadual de Medicina sobre Klein. O garoto de entregas de Mickey Fine indo e vindo da casa de MJ: várias fontes, incluindo Craig Williams; o entregador também comentou a respeito de fazer diversas entregas na casa de MJ de remédios prescritos para nomes falsos (veja <x17video.com> adiante); também, julgamento de Murray, investigação do Conselho Estadual de Medicina. Direto do consultório de Klein para a casa de Taylor: Posner (veja notas do capítulo 10), McConnell, confirmado por Williams. Trabalho de Klein em 2009 para MJ incluía "situação de emergência": notas de cobrança de Klein para o espólio de MJ. Ódio de MJ de envelhecer (inclusive citações): MJ a Boteach. "Eu prefiro acabar como Elvis": MJ a Gotham Chopra, no "tributo" de Deepak Chopra a MJ. Preparação de *This Is It*: Tohme, mas devo ressaltar que ele esteve essencialmente fora de cena do começo de abril até logo antes da morte de MJ. Seleção de músicos: arquivo "Michael Jackson Band", site oficial de MJ. MJ se considerava primeiro um dançarino: Tohme, entre outros. Encontros entre MJ e Kenny Ortega: Leach (veja notas do capítulo 12). Histórico de Ortega: biografia no <imdb.com>. Comissão de sete dígitos de Ortega: FC2; investimento sólido: "Michael Jackson Enlists"/ NME. Currículo de Travis Payne, "Scream": <imdb.com>. Seleção de dançarinos: "Comeback Gig Dancers"/ Sky News, site de MJ. Audigier/ trajes incrustados de cristais: "Extra […] Tickets"/ NME. Solo de "Beat It" de Panagiris/ contratando: Panagiris a Gottlieb/ *Boston Herald*. Ferrigno/ MJ: Dobuzinskis/ Reuters, *People*. "Realizado e feliz", "um paizão": Hoffman/ *Rolling Stone*. Sem marcas de agulha: várias entrevistas com Ferrigno, incluindo Van Susteren.

O uso de drogas de MJ foi extenso e depressivamente documentado desde sua morte, indo até sua internação em uma clínica de reabilitação em 1993, antes e durante seu julgamento criminal, e nos últimos dias de sua vida. Schaffel e Wiesner me disseram que estar entediado era um dos fatores que motivavam MJ a usar drogas, embora eu tenha certeza de que ambos concordariam que o estres-se emocional era uma motivação maior. Karen Faye, que conhecia MJ havia mais tempo, senão tão bem quanto os dois, expressou a opinião (em seu depoimento à polícia de Los Angeles, via TMZ) que ele estava se autossabotando durante os meses de maio e junho de 2009 para se livrar de seu com-promisso de realizar os shows na O2 Arena. Gerald Posner usou a mesma argumentação (baseando--se numa entrevista com uma fonte que ele não quis revelar) no seu artigo na coluna no *Daily Beast*, "Jackson's Final Panic". Pode haver algo aí. Injetando na maioria das vezes abaixo da cintura: FA1; veja também foto da autópsia/ *Daily Mail* (veja notas do capítulo 12); a autópsia encontrou marcas de agulha acima e abaixo da cintura de MJ; uma fonte confidencial me disse que isso pode ser explicado, pois um médico vinha administrando as drogas durante as últimas semanas da vida de MJ. Duas fontes que foram nomeadas neste livro, mas não quiseram se identificar neste assunto, me disseram que MJ preferia ter um médico supervisionando suas injeções, mas fazia sozinho se não houvesse alternativa. Recorria a agulhas devido à insônia: as mesmas duas fontes me disseram que, quando ficava mais de dois dias sem dormir, ele topava qualquer coisa para conseguir descansar um pouco. Tolerância de MJ a drogas: é evidente, dadas as quantidades que Conrad Murray *admitiu* ter administrado: veja também o médico de Wiesner, no capítulo 12. Propofol era a preferida quando ficava desesperado para dormir: circunstâncias da morte/ julgamento de Murray. Reunião de Cherilynn Lee e MJ/ Propofol, incluindo citações: Lee a Elber/ Associated Press; depoimento de Lee como testemunha no julgamento de Murray (depois de fazer um acordo e portanto inimputável); outras entrevistas de Lee. Além disso, uma fonte confidencial em posição de saber, me disse que sua história é verdadeira. Tadrissi: documento apresentado, mas não admitido como evidência no julgamento de Murray, que mais tarde fez parte das investigações dos legistas e do Conselho de Medicina; além disso, veja notas do capítulo 26.

Dileo-Arfaq Hussain, chegada de Hussain: Tohme. Perfumista: matérias em tabloides londrinos sobre MJ encomendando dois frascos de perfume de 75 mil dólares (que Hussain estava vendendo); ele mais tarde se identificou como figurinista de MJ, mas não encontrei nenhuma prova. O detetive particular de Tohme reportou que Hussain se aproximou de Mohamed Al Fayed anos antes dizendo possuir um relacionamento com MJ, mas também ficou claro que Al Fayed, seu chefe de segurança e o investigador de Tohme não acreditavam nele. Processo/ controvérsia da Julien's Auctions: arquivos de tribunal, *LA Times*, Tohme, Hawk. Relatório de Hippach sobre Tohme e reação: exame do documento fornecido por irmão Michael, que eu acredito que lidava com Hippach para MJ; irmão Michael, fonte confidencial. Conversa gravada em fita: MJ para "a reverente" June Gatlin. (Fiz uma entrevista comprida, divertida e em última instância frustrante com Gatlin, impelido pela declaração de Tohme de que a gravação era uma farsa e de que a voz não era de MJ. Gatlin se recusou a me dizer quem a apresentou a MJ, quando eles se conheceram, ou a oferecer qualquer prova da veracidade da fita ou de sua ligação com MJ. No final, entretanto, eu decidi que a fita era autêntica, com base numa conversa com uma fonte confidencial que era parte dos funcionários de MJ e me disse que MJ havia falado com Gatlin no telefone duas vezes, mas nunca haviam se encontrado. Tenho certeza de que MJ não fazia a menor ideia de que estava sendo gravado.)

Tentativas de Michael Amir Williams (irmão Michael) de desmascarar Tohme e suas retaliações: irmão Michael via Sanders, Tohme. MJ satisfeito com os acordo de Tohme: FC2 (FC2 não era nem um pouco fã de Tohme e ainda assim achava que ele mereceu o crédito pelos acordos), Hawk, Jeff Cannon. A confusão com a Julien's Auctions como estopim da separação de MJ e Tohme: quase todo mundo com quem eu falei; FC2 disse, no entanto, que foi também devido ao envolvimento de Tohme no aumento do número de shows na O2 Arena para cinquenta. "Inestimáveis e insubstituíveis", outras citações de MJ referentes ao processo de Julien: declarações de abertura no tribunal. Hawk a respeito de Julien: Hawk. "Uma mistura de Disneylândia com Louvre": Hoffman/ *Rolling Stone*, provavelmente dos materiais promocionais de Julien. Exigências de Julien: declarações do processo, Tohme, Hawk, FC2. Tohme enviando James Weller a Julien: Tohme, que descreveu Weller como "um perfeito cavalheiro", que jamais ameaçaria alguém. Histórico de Weller: currículo/ site TRW, Raine/ *San Francisco Chronicle*. Julien sobre reunião com Weller incluindo local, desmentido de Weller: Julien em declaração sob juramento e depoimento de Weller em arquivo do tribunal.

Friedman "eviscerando" Tohme: Friedman, em 16 e 24 de março de 2009. Tohme com certeza vai ficar zangado comigo por aceitar a versão de Friedman das conversas deles, mas acredito que a sua seja a versão que se sustenta nesse caso. Eu vi o passaporte senegalês de Tohme com uma anotação do presidente Abdoulaye Wade, de próprio punho, identificando-o como "embaixador itinerante". Allocco sobre a reação de MJ: Allocco ao <muzikfactorytwo.blogspot.com.br>. Confronto entre Julien e MJ: Smith/ Wall Street Journal, Villarreal/ LA Times (incluindo "onde ele conseguiu o dinheiro"), Friedman. Dinheiro do Cofre: fonte confidencial; Eu acredito, mas não possuo provas disso, que esse pagamento específico tenha vindo do adiantamento prometido a MJ pela AEG. Conversa de Allocco e KJ em 2 de abril, encontro de Sportsmen's Lodge: Allocco ao <muzikfactorytwo.blogspot. com.br>. Carta de autorização de Rowe: via duas fontes que possuem cópias; Allocco descreveu MJ assinando a carta ao <muzikfactorytwo.blogspot.com.br>". "Notice of Revocation of Power of Attorney": exame do documento; Tohme desmentindo o recebimento: Tohme. Acordo Dileo/ parceiro Citadel: exame do documento. O único relato disso tudo, que é excelente, está nos três artigos de Yazmeen citados abaixo. "Organizou uma teleconferência": e-mail de Phillips a Ian Courtney; A aquiescência de Phillips da promessa de Dileo do dinheiro do filme via Arfaq Hussain está entre os poucos fragmentos de informações úteis que eu consegui arrancar dele. Dileo como um operante à margem: negativa de Phillips de associação com Dileo, resposta da carta de cessação e desistência da AllGood. Mudança de atitude de Phillips em relação a Dileo/ acordo com Rowe: Alloco ao <muzikfactorytwo.blogspot.com.br>, Tohme, fontes confidenciais de Hawk. Eu sei que os advogados que representam KJ no processo da AEG perguntaram se Randy Phillips contratou Dileo sem a permissão de MJ. Carta de 22 de abril, supostamente assinada por MJ: exame do documento; carta escrita por Dileo; Dileo a Van Exel; detalhes/ reação de Phillips confirmada por fontes confidenciais (e por Alloco). E-mail de Phillips a Tohme cessando obrigações como diretor da turnê; documento. Alloco sobre o relacionamento entre Phillips e Dileo ("não conseguia controlar Michael"): Allocco ao <muzikfactorytwo.blogspot.com.br>; seu relato confirma os de Tohme, Hawk, FC2 e até o de Leonard Rowe. "Neverland acabou": Tohme a Smith/ WSJ ("Michael Jackson Auction is Cancelled"). "Uma verdadeira cidade", "dez vezes maior do que Graceland": Deutsch/ AP; isso foi logo depois da morte de MJ, mas duas fontes confidenciais, parte da situação, me disseram que Tohme estava falando em salvar Neverland em maio porque, segundo acreditam, tentava impressionar MJ. Como anteriormente, todas as citações de Tohme são de nossas entrevistas, a não ser quando indicado o contrário. Relatórios investigativos de Arfaq Hussain: citações do documento. Tohme sobre as incursões da indústria cinematográfica a Michael Jackson: Tohme, confirmado por contratos, documentos e e-mails que ele me mostrou. Randy Phillips confirmou, no e-mail a Ian Courtney, entre outros lugares, que a renovação do contrato de Dileo se deveu à crença de que ele tinha acesso a dinheiro ligado ao cinema. "Terminou qualquer contato": Allocco ao <muzikfactorytwo.blogspot.com.br>. "Proteger Michael Jackson": Tohme, mas depoimento similar em entrevistas (primavera/ verão de 2009). "Michael sempre fez o que era melhor": fonte confidencial. Processo de John Landis: arquivo de tribunal, Gumbel; citações de Landis: conforme indicado. Processo de Ola Ray (e circunstâncias): Daily News, TMZ; Também discuti esse assunto com Tohme. Reação de MJ aos processos: Tohme, Mesereau, outros. Arremessando o celular pela janela: guarda-costas à ABC. "Os mesmos mil parasitas": Barrack em "Deep Pockets"/ LA Times. Processo de Raymone Bain: TMZ em 6 de maio, Friedman em 7 de maio; "Raymone Bain não participou de nenhuma das reuniões": fonte confidencial. Posição de Bain: arquivo de tribunal, Mesereau, fontes presentes quando ela falou sobre isso com Katherine Jackson, com quem Bain continua mantendo boas relações. Ligação de MJ a Terry George: George a Owens/ *Daily Mirror* (veja notas do capítulo 10); ainda: Cole, Sky News (veja notas do capítulo 10); Eu também conversei sobre o relacionamento de MJ e George com um advogado de MJ que não quis ser citado nesse assunto. "Morrendo bem na frente de todo mundo": Mesereau.

ARQUIVOS DE TRIBUNAL

Criminal

SA073164 (Tribunal Superior de Los Angeles) O povo do estado da Califórnia contra Conrad Robert Murray, 8 fev. 2010 (doravante LASC SA073164).

Investigação criminal

09MJ1897 (Tribunal dos Estados Unidos no Distrito Central da Califórnia, Divisão Oeste) "Warrant for Inspection", no caso de A&M Gross em negócios com Mickey Fine Pharmacy, 433 North Roxbury Drive, Beverly Hills, Califórnia 90210, 21 ago. 2009 (doravante USDC-CA 09MJ51897).

Civil

SC101420 (Tribunal Superior de Los Angeles) Levitsky Productions Inc. (John Landis) contra Optimum Productions e Michael Jackson, 21 jan. 2009.

BC408913 (Tribunal Superior de Los Angeles) MJJ Productions Inc. contra Julien's Auction House, LLC, and Darren Julien, 4 mar. 2009.

LASC BP117321 10/11/09.

CV10 4734 (Tribunal dos Estados Unidos no Distrito Central da Califórnia) Joseph Jackson contra Conrad Murray, Acres Home Heart and Vascular Associates e GCA Holdings, 25 jun. 2010 (doravante USDC-CA CV10 4734).

2:11-ap-02407-RN (Tribunal de Falências dos Estados Unidos, Distrito Central da Califórnia) Arnold W. Klein, M.D. contra Muhammed Khilji e Jason Roger Pfeiffer, 27 jun. 2011 (doravante 2:11-ap-02407-RN 27/06/11).

2:11-ap-02407-RN (Tribunal de Falências dos Estados Unidos, Distrito Central da Califórnia) Reconvenção de Jason Roger Pfieffer's contra Plaintiff e Defendant Arnold W. Klein, 3 ago. 2011 (doravante 2:11-ap-02407-RN 03/08/11).

LASC BP117321 17/02/12.

DOCUMENTOS

"Criminal and Civil Case History: Tohme R. Tohme". Investigações Star, Santa Clarita, Califórnia, investigador-chefe, Rick R. Hippach, out. 2008.

"Binder Agreement", 21/11/08.

"Letter of Intent", 26/01/09.

"Promissory Note", 26/01/09.

"Full Background Enquiry of Arfaq Hussain in London". Relatório do detetive particular a Tohme Tohme, abr. 2009.

Phillips a Courtney, 01/04/09.

"Binder Agreement [acordo com garantias]" entre Frank Dileo e Citadel Entertainment para promover uma apresentação de Michael Jackson em Trinidad e Tobago, 1 abr. 2009.

Aviso de revogação de procuração ao dr. Tohme R. Tohme por Michael J. Jackson, autenticada por Rebecca Lopez, 14 abr. 2009.

Carta (aparentemente assinada por Michael Jackson) informando a AEG que Tohme Tohme não seria o diretor da turnê This Is It, 22 abr. 2009.

E-mail de Randy Phillips a Tohme Tohme informando-o de que Michael Jackson não queria mais que ele fosse o diretor da turnê This Is It, 25 abr. 2009.

Carta (aparentemente assinada por Michael Jackson) nomeando Frank Dileo como "um dos (meus) representantes e diretor da turnê", 2 maio 2009.

"Carta a quem possa interessar" de Michael Jackson sobre o dr. Tohme R. Tohme, 5 maio 2009.

Phillips a Sullivan, 04/04/11.

Williams a Sanders, 03/11/11.

SEPARAÇÃO ENTRE MJ E TOHME/ JULIEN'S AUCTIONS

DEUTSCH, "Mysterious Advisor", 04/07/09.

FRIEDMAN, Roger. "Claim: Jacko's Rep Threatened Harm from Nation of Islam". Fox News, 24 mar. 2009 (I).

_____. "Jacko's Mystery Manager Revealed". Fox News, 16 mar. 2009 (I).

"James R. Weller, Worldwide Creative Director". Disponível em: <trw-adv.com> (I).

RAINE, George. "Creating Reagan's Image/ S. F. Ad Man Riney Helped Secure Him a Second Term". San Francisco Chronicle, 9 jun. 2004.

SMITH, Ethan. "Michael Jackson Auction Is Canceled". Wall Street Journal, 15 abr. 2009.

VILLARREAL, Yvonne. "Michael Jackson auction canceled". Los Angeles Times, 15 abr. 2009.

YAZMENN, "Allocco".

YAZMEEN. "Did Michael Hire Leonard Rowe as His Manager?". Disponível em: <muzikfactorytwo. blogspot.com.br>, 22 fev. 2011 (I).

_____. "Dileo".

MJ E ARNOLD KLEIN

"Delivery Guy at Mickey Fine Pharmacy Interviewed About Michael Jackson, Dr. Klein Spotted Leaving in Rolls-Royce". Disponível em: <X17video.com>, 30 jun. 2009 (I).

DIMOND, Diane. "The Secret World of Arnold Klein". Daily Beast, 25 ago. 2011 (I) (doravante DIMOND, "Secret World").

"Interview with Paul Gohranson". Disponível em: <Radaronline.com>, 15 jul. 2009 (I).

MCCONNELL, Donna. "Michael Jackson Visits Doctors for Third Time in a Week as Fan Backlash Begins over Concert Cancellations". Daily Mail, 22 maio 2009 (doravante MCCONNELL, "Doctors").

POSNER, Gerald. "Jackson Doc".

_____. "Jackson Doctor Subpoenaed". Daily Beast, 9 jul. 2009 (I).

_____. "Jackson's Final Panic". Daily Beast, 30 jun. 2009 (I).

_____. "Jackson's Needle Problem". Daily Beast, 8 jul. 2009 (I).

RYAN, Harriet. "Troubles Mount for Michael Jackson Doctor". Los Angeles Times, 1 jan. 2012.

SEAL, "Doctor Will Sue".

PREPARAÇÕES PARA *THIS IS IT*

DOBUZINSKIS, Alex. "The Hulk Trains Michael Jackson Ahead of London Concerts". Reuters, 19 jun.
2009.

"Extra Michael Jackson O2 Arena Tickets Made Available". NME, 23 jun. 2009.

GOTTLIEB, Jed. "Guitarist Orianthi Panagaris Gets Screen Time in 'This Is It'". *Boston Herald*, 23 out.
2009.

"Lou Ferrigno Training Michael Jackson for Tour". *People*, 18 jun. 2009.

"Michael Jackson Enlists *High School Musical* Director for London O2 Shows". NME, 12 maio 2009.

"The Michael Jackson Band". Disponível em: <michaeljackson.com> (I).

"This Is It: Jacko Picks Comeback Gig Dancers". Sky News, 19 maio 2009 (RT).

VAN SUSTEREN, Greta. "Personal Trainer Ferrigno in 'Shock' over Allegations About Jackson's Health".
Fox News, 2 jul. 2009 (RT).

DROGAS/ INSÔNIA/ PROPOFOL

ELBER, Lynn. "AP Exclusive: Michael Jackson, Bedeviled by Insomnia, Begged for Drug, Says Nurse-
-Nutritionist". Associated Press, 30 jun. 2009.

"Michael Jackson: Do You Want Fries with That?". TMZ, 14 fev. 2011 (I) (doravante "Do You Want
Fries?").

"Drug-Ravaged Legs".

VAN EXEL, "Dileo".

COMPLICAÇÕES LEGAIS/ TERRY GEORGE

DILLON, Nancy. "Gloves Are Off! 'Thriller' Co-Star Ola Ray Sues Michael Jackson for Royalties". *New
York Daily News*, 6 maio 2009.

FRIEDMAN, Roger. "Jacko Sued by Manager Who Made Him Millions". Disponível em: <Showbiz411.
com>, 7 maio 2009 (I).

GUMBEL, Andrew. "John Landis Slaps Singer with 'Thriller' Lawsuit". Disponível em: <TheWrap.
com>, 27 jan. 2009 (I).

"Terry George".

LEE, "Landis".

"Michael Jackson Estate Settles War with Thriller 'Date'". TMZ, 10 maio 2010 (I).

"Michael Jackson Sued by Former Flack". TMZ, 6 maio 2009 (I).

NETTER, Sarah. "Michael Jackson Bodyguards Speak on Protecting the King of Pop". Disponível em:
<abcnews.go.com>, 8 maio 2010 (I).

CAPÍTULO 19 [pp. 364-79]

Circunstâncias de MJ na época da batida em Neverland e prisão: Schaffel, Wiesner; eles eram,
além de Stuart Backerman, as pessoas mais envolvidas na vida e carreira de MJ naquele momento.
Momento escolhido para a batida: Tom Sneddon negou na época a acusação de Backerman de que
teria planejado o momento da batida para prejudicar o lançamento de *Number Ones* (Broder/ *New
York Times*); revelações subsequentes revelam que Sneddon sabia sim do lançamento da gravação.

Schaffel, Wiesner e Tom Mesereau têm certeza de que o promotor intencionalmente boicotou o lançamento de *Number Ones*, e que MJ tinha certeza absoluta disso. Sneddon já havia se aposentado quando comecei a trabalhar neste livro e seu assistente, Ron Zonen, que em muitos aspectos foi o promotor responsável pelo caso, se negou a falar comigo. Eu consegui suas opiniões e comentários somente por causa do DVD do simpósio Parado no Tempo. Especial CBS/ Las Vegas: Schaffel, Wiesner. (Um comunicado de imprensa da CBS no dia da batida anunciou que o especial havia sido cancelado "devido à gravidade das acusações contra o sr. Jackson".)

Reputação de Geragos em Los Angeles: meu irmão Brady, um advogado de defesa criminal de Los Angeles: vários outros advogados, incluindo Tom Mesereau, que tinha muito a dizer sobre o caso Peterson. Os fracassos de Geragos nos casos de Winona Ryder, Gary Condit e Scott Peterson foram todos bastante públicos. Ann Coulter escreveu um artigo devastador sobre a capacidade de Geragos de se dar mal ("We're the Lose-Lose People!") que engloba os casos Ryder, Condit e Peterson; Mesereau e diversos outros advogados que não quiseram ser nomeados disseram coisas similares. Ainda, Susman/ *Entertainment Weekly* sobre Ryder, Nieves/ *New York Times* sobre Condit ter perdido as eleições. Geragos estará certo em apontar que eu não ressalto sua vitória num outro recente caso badalado, o processo contra Susan McDougal.

A participação no *60 Minutes* como um desastre para MJ: Mesereau, Orth/ *Vanity Fair*. Exagero do "abuso" pelos policiais: fita de áudio, Branigin/ *Washington Post* (o repórter estava na delegacia quando MJ chegou e ficou até sua partida). Erro ao cooperar com a Nação do Islã: Mesereau, Schaffel, Wiesner, Backerman ao *Vancouver Sun*. Devo ressaltar, no entanto, que não foi ideia de Geragos chamar a Nação do Islã, e sim de Jermaine Jackson. Alienação de Schaffel/ Malnik custando a MJ: minhas próprias conclusões. "Tão lindo que vai te deixar chocado": Ratner em Orth/ "CSI Neverland"/ *Vanity Fair* (veja notas do capítulo 5); Malnik admitiu que foi Ratner que o apresentou a MJ em suas memórias (<almalnik.com>). Descrição da casa: Schaffel, <page2live. com>, <homesoftherich.com>. Malnik se negou a falar comigo, principalmente, segundo eu entendi, porque ele não quer responder nenhuma pergunta relacionada ao testamento de 2003 de MJ. Ele se comunicou um pouco comigo através de Schaffel e deixou claro que apreciava meu esforço em ouvir o seu lado da história. No fim, descobri que as longas memórias de MJ postadas na internet me davam tudo o que eu precisava, a não ser o que aconteceu com o tal testamento. Histórico de Malnik/ suposta ligação com a máfia: Bob Norman/ *New Times*, artigo de Orth/ "CSI Neverland" (veja notas do capítulo 5). Malnik sobre reuniões/ relacionamento e finanças de MJ: memórias no site (incluindo todas as citações); também li o depoimento de Malnik no caso Marcel Avram; veja também Malnik a Vieira. Todas as citações de Schaffel, exceto quando indicado, são de nossas entrevistas. Malnik pagando a fiança de MJ: Schaffel, Wiesner, Mesereau, que me contaram, nessa ordem; Friedman noticiou na época. Malnik/ MJ — conspiração imaginária: MJ via Schaffel, Mesereau; KJ, que ainda acredita que seja verdade. Papel de Jesse Jackson nessa parte da vida de MJ: Mesereau. "Quem estava forçando a mão do banco": *Guardian*/ "Michael Jackson's Bad Fortune".

Farrakhan/ "Judeus de Hollywood": Schaffel e especialmente Wiesner; Backerman sobre a reação de Farrakhan ao fato de ele ser judeu: Backerman a *Vancouver Sun*. "Expressão efeminada", "atuação feminina": *Los Angeles Herald-Examiner*, 1984. Geragos perdeu por estar distraído com o caso Peterson: MJ segundo relatos da época; veja Waxman/ *New York Times*. Johnnie Cochran como a pessoa por trás da decisão de fazer um acordo no caso Chandler: Schaffel, Wiesner, diversas fontes "off-the-record". Cochran/ "Eu escolheria Tom Mesereau": Randy Jackson via Mesereau.

Compreendo que alguns possam dizer que Mesereau esteja montando uma lenda em torno de si mesmo, mas, como já ressaltei anteriormente, eu o considero a fonte mais confiável que possuo. Histórico de Mesereau: biografia em <allamericanspeaks.com>, perfil publicado no *USA Today* logo depois da absolvição de MJ e mais de vinte conversas com ele. Caso Robert Blake/ Bonnie Lee Bakley: Mesereau, *Crime Library*, Tru TV. Descrição de como Mesereau deixou o caso: primeiramente, a Tru TV. Claro que levei em conta o que Mesereau me disse a respeito do caso. Conversas entre Mesereau e Randy Jackson aceitando o caso de MJ, avaliação de Santa Maria e da estratégia: Mesereau; todas as citações de Mesereau são de entrevistas, a não ser quando indicado. Douglas apoiando Mesereau: Douglas/ Parado no Tempo. Dificuldades enfrentadas por Mesereau, Raymone Bain: Mesereau. XtraJet: fatos do *LA Times* e também Mesereau sobre como o episódio alimentou a paranoia de MJ. Histórico de Sneddon: cobertura do tribunal, especialmente Matt Taibbi/ *Rolling Stone*. Acho que ninguém contesta que "D.S." [canção do álbum *HIStory*] é sobre Sneddon — o promotor fez piada com isso durante o julgamento. "Aberto, mas inativo": declaração de Sneddon divulgada imediatamente depois do documentário de Bashir estrear na televisão inglesa (veja a reportagem da CNN abaixo: "Jackson Tries 'Shooting the Messenger' British TV Network Says"). Sneddon/ Garcetti e a Lei Michael Jackson: Mesereau; isso foi discutido em Parado no Tempo, e ainda que não seja o nome formal da lei, todos se referem a ela assim. Garcetti e Sneddon já estavam trabalhando nessa lei quando publicaram sua "declaração de declínio" no caso Chandler, em setembro de 1994. Pessoal do escritório de Sneddon gravando o documentário de Bashir: mesma declaração (acima/ "Shooting the Messenger"/ CNN); o texto completo está disponível em diversos sites relacionados a MJ, incluindo <mjjr.net>. Nem Sneddon nem ninguém de seu escritório admite ter "vazado" para a imprensa o depoimento de Chandler. No entanto, veja a história abaixo sobre as desculpas que Sneddon foi forçado a pedir sobre seus comentários na coletiva de imprensa.

Relatório de Feldman sobre o suposto abuso de Gavin Arvizo: depoimento de Feldman, depoimentos sob juramento/ arquivos de tribunal. Entrevista de Katz, cronologia de Janet Arvizo da descoberta do suposto abuso: arquivo do tribunal; Janet Arvizo foi obrigada a reconhecer esses fatos no banco das testemunhas. Opinião de MJ de que Dimond/ Orth estavam atrás dele: MJ via Mesereau; as duas mulheres sentaram juntas durante todo o julgamento e mantiveram publicamente a crença na culpa de MJ. Reportagem e comentários de Dimond sobre as acusações de abuso sexual contra MJ: veja o site de MJ <michaeljackson.com> e vários outros sites a favor de MJ (obviamente o tom nesses sites é contra Dimond de todas as formas imagináveis, mas a apresentação dos fatos é bastante precisa). Dimond defende seu trabalho em seu próprio site, <dianedimond.com>, mas aqueles que querem um relato desse assunto que seja preciso, mas também abrangente, talvez devam ler o artigo de Lola Ogunnaike no *New York Times*: "A Dogged TV Reporter Defends Herself in the Jackson Case". Dimond/ cartas de amor: Larry King/ "Analysis of the Michael Jackson Arrest"/ CNN. Não existência de cartas: Nina Foulston, promotora do estado de Wichita a Greta van Susteren. Acredito que, hoje em dia, até Dimond reconheça que essas "cartas de amor" nunca existiram. Myung Ho Lee: Orth/ "Losing His Grip" (veja notas do capítulo 6). Matsuura denunciando Orth: via Mike Taibbi (<explow.com>/Mike_Taibbi). "Minha maior preocupação": Ray Chandler a Orth/ "Neverland's Lost Boys".

ARQUIVOS DE TRIBUNAL

Criminal
SBSC 1133603.

Investigação criminal
USDC-CA 09MJ1897.

Civil
LASC SC026226.
1007622 (Tribunal Superior de Santa Barbara) Marcel Avram contra Michael Jackson, 23 jun. 2000.

DOCUMENTOS
Statement of Declination, 21/09/94.

PRISÃO/ BATIDA

BRANIGIN, William. "Jackson Arrested on Child Molestation Charges". *Washington Post*, 20 nov. 2003.
BRODER, John M. "Michael Jackson Faces Arrest on Charges of Child Molesting". *New York Times*, 20 nov. 2003.
"Michael Jackson Special Canceled — CBS", 19 nov. 2003 (CI).

GERAGOS/ MESEREAU

"Biography of Thomas Mesereau". Disponível em: <allamericanspeakers.com> (I).
COULTER, Ann. "We're The 'Lose-Lose' People!". Disponível em: <anncoulter.com>, 15 dez. 2004 (I).
KASINDORF, Martin; O'DONNELL, Jayne. "Mesereau New 'Go-To Guy' for Celebs in Trouble". *USA Today*, 14 jun. 2005.
KING, Gary C. "Who Murdered Bonny Lee Bakley?". Tru TV Crime Library (I).
NIEVES, Evelyn. "Condit Loses House Race to Former Aide". *New York Times*, 6 mar. 2002.
SUSMAN, Gary. "Shopgirl: Winona Shoplifted Three Times Before, Prosecutor Told Judge". *Entertainment Weekly*, 11 nov. 2002.
WAXMAN, Sharon. "Jackson Says 'Full Attention' of Legal Team Was Lacking". *New York Times*, 27 abr. 2004.

AL MALNIK

FRIEDMAN, Roger. "Jacko's Bail Paid by Reputed Mobster?". Fox News, 21 nov. 2003 (I).
LAMBIET, Jose. "Weird People, Nice Rich People at the Malnik Crib". Disponível em: <page2live. com>, 20 abr. 2009 (I).
"Michael Jackson — Al Malnik Friends". Disponível em: <almalnik.com>, 2009 (I).
"More Pics of Al Malnik's Ocean Ridge, Fla., Mega Mansion". Disponível em: <homesoftherich. com> (I).
NORMAN, Bob. "Mutual Benefits Con Man Joel Steinger Spent a Lifetime Getting Mobbed Up". *New Times: Broward-Palm Beach*, 28 maio 2009.
_____. "Reputed Mobster Al Malnik Says He's Executor of Michael Jackson's Will and Blanket's

New Dad". *New Times: Broward-Palm Beach*, 26 jun. 2009 (doravante NORMAN, "Reputed Mobster").

VIEIRA, Meredith. "Al Malnik Interview". *Today*/ NBC, 30 jun. 2009 (RT).

JESSE JACKSON/ LOUIS FARRAKHAN/ MUÇULMANOS

BURKEMAN, Oliver; TEATHER, David. "Michael Jackson's Bad Fortune". *Guardian*, 14 jun. 2005.

MACKIE, John. "Stuart Backerman Remembers Michael Jackson". *Vancouver Sun*, 26 jun. 2009.

"Muslim Leader Isn't Thrilled". *Los Angeles Herald Examiner*, 12 abr. 1984.

TOM SNEDDON/ ANDAMENTO DO CASO

HARRIS, Art. "Tom Sneddon: Jovial Press Conference Was 'Inappropriate'". CNN, 26 nov. 2003 (RT).

"Jackson Tries 'Shooting the Messenger' British TV Network Says". Disponível em: <cnn.com>, 10 fev. 2003 (I).

KRIKORIAN, Greg; WINTON, Richard. "XtraJet Executive Called FBI Informant. Jeffrey Borer Denies the Reports. Agency Denies Any Role in Videotaping Michael Jackson on Jet". *Los Angeles Times*, 27 nov. 2003.

ORTH, Maureen. "Neverland's Lost Boys". *Vanity Fair*, mar. 2004 (doravante Orth 03/04).

TAIBBI, Matt. "Inside the Strangest Trial on Earth". *Rolling Stone*, 7 abr. 2005 (doravante TAIBBI, "Strangest Trial").

_____. "The Nation in the Mirror: The Face of George Bush's America at the Michael Jackson Trial". *Rolling Stone*, 30 jun. 2005.

DIANE DIMOND/ MAUREEN ORTH

FOULSTON, Nola, entrevistada por Greta van Susteren. "On the Record with Greta van Susteren". Fox News, 24 nov. 2003 (RT).

KING, Larry. "Analysis of Michael Jackson Arrest". CNN, 24 nov. 2003 (RT).

"Michael Jackson-Diane Dimond". Disponível em: <dianedimond.net> (I).

"Michael Jackson-Diane Dimond". Disponível em: <michaeljackson.com> (I).

"Mike Taibbi". Disponível em: <explow.com/Mike_Taibbi> (I).

OGUNNAIKE, Lola. "A Dogged TV Reporter Defends Herself in the Jackson Case". *New York Times*, 16 jun. 2005.

"Wichita DA: Michael Jackson Love Letters 'Patently False'". Disponível em: <Popdirt.com>, 25 nov. 2003 (I).

CAPÍTULO 20 [pp. 380-409]

Declaração em vídeo de MJ: seu site; veja também Chawkins/ *LA Times*. Pedir permissão para a declaração: Mesereau; durante todo esse trecho, as citações de Mesereau são ou declarações no tribunal ou feitas a mim em entrevistas — deve ficar bem claro, dentro do contexto, qual é qual. Eu cito qualquer exceção abaixo e também ressalto as partes em que fui informado por nossas entrevistas, sem citá-las diretamente. Seleção do júri: principalmente "Jackson Jury from Diverse Backgrounds"/ <cnn.com>, também Mesereau, Aphrodite Jones/ *Michael Jackson Conspiracy*.

Eu li toda a transcrição do julgamento, examinei a maioria dos depoimentos juramentados, declarações, alegações e outros documentos (a maioria das evidências foi devolvida depois da absolvição de MJ, mas havia uma listagem e descrições muito completas nos arquivos) e meu relato do que aconteceu é baseado quase que totalmente no que descobri lá. Confesso que eu sabia muito pouco sobre o julgamento antes do livro. Eu li os dois artigos de Matt Taibbi para a *Rolling Stone*, mas foi só quando li a transcrição completa que me dei conta do quanto o caso contra MJ era fraco. Eu estava no meio da leitura quando Mesereau e eu começamos a conversar, como continuaríamos a fazer nos dois anos e meio seguintes. Os livros de Aphrodite Jones não oferecem muito mais do que pode ser lido nas transcrições, ainda que suas observações da dinâmica no tribunal tenham sido úteis. Os relatos de Ron Zonen e do juiz Rodney Melville foram retirados do simpósio Parado no Tempo. Quando as informações forem de qualquer outra fonte, eu deixarei claro, mas em geral vou apenas repetir que toda a informação vem das transcrições e das evidências do julgamento.

Declarações de abertura: transcrição completa e evidências (informação original da promotoria, Geragos no *Dateline*, alegações da promotoria em "nova acusação").

Depoimento de Bashir: transcrição do julgamento, Mesereau (todas as citações são de entrevistas) Taibbi/ "Nation in the Mirror". Vídeo de Lafferty: assisti a maior parte dele; ainda: Aphrodite Jones, Orth/ "CSI Neverland" (veja notas do capítulo 5). Reação de MJ: Jones, seguido por Mesereau. Depoimento de Davellin: transcrição do julgamento, exceto "mais simpático e agradável": baseado em Mesereau.

Eu apresentei a entrevista de Bradley Miller com os Arvizo numa ordem um pouco diferente da que foi apresentada no tribunal, por questões de fluência da narrativa. Não diretamente relacionado com esse caso, mas a saber: em junho de 2012, Miller foi sentenciado a um ano de prisão, mais um período de liberdade vigiada e multa por obstrução da justiça num caso de estupro. Quem o sentenciou foi o juiz Lance, que julgou O. J. Simpson

"Vídeo de réplica": Eu assisti e indexei o que era relacionado do depoimento de Arvizo. Depoimento de Star Arvizo: transcrição do julgamento e evidências apresentadas no depoimento: alguma influência da descrição de sua conduta por Mesereau, Schaffel sobre ele e sua família. Depoimento de Gavin Arvizo: transcrição do julgamento e evidências. Descrição física via Jones, Orth (veja notas do capítulo 5) e Taibbi, mais Mesereau, que ficou surpreso. MJ saindo apressadamente do tribunal, reação de Mesereau: Orth (veja notas do capítulo 5), transcrição do julgamento; Mesereau, em menor grau. Mesereau/ juiz: transcrição do julgamento; descrição de conversas com MJ sobre problemas nas costas, ida ao hospital e atraso na chegada; Mesereau. Mesereau afirmou incorretamente que MJ estava no hospital Cottage; ele estava na verdade no Centro Médico Marian, sabe-se pelo processo de Manuela Gomela Ruiz/ artigos relacionados (veja capítulo 1). Devo ressaltar que a "longa lista de reclamações" dos professores de Gavin apresentada no julgamento durante a arguição da testemunha é muito mais extensa do que o que eu coloquei no livro. Juiz negando todas as objeções de Sneddon: Mesereau, descrição similar na cobertura do julgamento. Fornecendo recibos que Mesereau usou para impugnar os Arvizo: Schaffel, Mesereau. Comportamento da mídia: Mesereau; veja também Charles Thomson. Viagem de Ron Zonen a Nova York para encontro com Jordie Chandler: evidência apresentada durante o julgamento, Mesereau; o papel do FBI não apareceu até dezembro de 2009, quando 343 páginas de materiais do FBI envolvendo MJ foram divulgadas, incluindo memorandos a respeito de reuniões entre procuradoria e BAU [a unidade de análise comportamental do FBI] e entre agentes do FBI e Jordie Chandler. Veja "FBI Took Shot at Jackson"/ Smoking Gun, incluindo o memorando e "conference call" de 14 set. 2004. "Eu acho que Jordie não estava preocupado": Ray Chandler, dito antes de ele me pedir para não citá-lo a respeito do sobrinho. Depoimento de Larry Feldman,

768

arguição da defesa, transcrição do julgamento complementada por Mesereau, Jones. Depoimento de June Chandler: transcrição do julgamento complementada por Mesereau e mais Orth (a favor), Jones (contra). Descrição de Janet Arvizo: principalmente Mesereau, Orth, Jones. Declaração do juiz Melville, arguição de Janet Arviso pela promotoria e defesa: transcrição do julgamento. Esforço heroico de Zonen: Mesereau me disse várias vezes que Zonen era um adversário muito mais formidável do que Sneddon. Reação do júri a Janet: Mesereau, Jones e Orth, que foi a única dos três que se sentiu ofendida com a atitude do júri. Jurados embasbacados com o fato de Janet mentir até sobre pequenas coisas: Mesereau. Depoimento de Debbie Rowe, gravando conversas telefônicas: Mesereau em primeiro lugar, mas também transcrições. "Policial assassino": Rowe a Wetheridge / *Daily Mail*.

ARQUIVOS DE TRIBUNAL

Criminal
SBSC 1133603.

DOCUMENTOS

"Michael Jackson Trial Press Release". Condado de Santa Barbara, Califórnia, 6 fev. 2003.
Federal Bureau of Investigation (FBI). "Case Opening", sinopse, caso 305B-LA-239204, Michael Joe Jackson, 14 set. 2004.
"Sensitive Case". Resumido por Jennifer Hottenroth, Assistente regional, Departamento de Proteção às Crianças e à Família, 26 nov. 2003 (doravante "Sensitive Case" Resumo 26 / 11 / 03).

JULGAMENTO

CHAWKINS, Steve. "Jackson Rails Against Leaks in Abuse Case". *Los Angeles Times*, 31 jan. 2005.
"FBI Took Shot at Jackson". Smoking Gun, 22 dez. 2009 (I).
MARQUEZ, Miguel; DE CLAMECY, Dree. "Jackson Jury from Diverse Backgrounds". Disponível em: <cnn.com>, 24 fev. 2003 (I).
TAIBBI, "Strangest Trial".
THOMSON, Charles. "Michael Jackson: It's Time for Outlets to Take Responsibility in Covering the Rock Star". *Huffington Post*, 2 mar. 2010 (I) (doravante THOMSON, "Responsibility").
_____. "One of the Most Shameful Episodes in Journalistic History". *Huffington Post*, 13 jun. 2010 (I) (doravante THOMSON, "Shameful").
WETHERIDGE, Annette. "My Life as the Mother of Michael Jackson's Children, by Debbie Rowe". *Daily Mail*, 8 fev. 2008.

CAPÍTULO 21 [pp. 410-31]

Estratégia de apresentação de Mesereau em relação ao caso da defesa: Mesereau. MJ só conseguia dormir no hospital: Rwaramba a Barak (veja notas do capítulo 1); ela conta que os dois se internavam regularmente para que ele conseguisse descansar. Pessoas indesejadas à espreita em Neverland: Mesereau, mas a legenda das fotos especificamente é de Theroux / *Daily Telegraph* (veja notas do capítulo 2). Acontecimentos no tribunal: Mesereau, vídeos no YouTube filmados pelas pessoas presentes, Jones, Orth (veja notas do capítulo 5), Thomson. Novamente, citações de

Mesereau são de entrevistas comigo, assim como no capítulo 20 deve ficar claro quais citações de Mesereau são do tribunal; todas as fontes, pensando bem, são de entrevistas (e não são citadas individualmente), a não ser quando mencionado o contrário. Manchetes dos tabloides: Thomson/ *Huffington Post*; ainda estão on-line. "Quando eu vi a mãe": Orth/ "CSI Neverland" (veja notas do capítulo 5). "Pedófilos não buscam crianças": Dimond/ "Real World Walks"/ *NY Post*. Depoimento e arguição de Wade Robson/ Brett Barnes: transcrição do julgamento; suas respostas emocionais: Mesereau para mim e para Jones. Mesereau elogiou igualmente Macaulay Culkin e Chris Tucker em nossas entrevistas e foi bastante contundente em suas críticas a diversas celebridades que se recusaram a depor no julgamento em favor de Michael. Citações de Culkin: retiradas totalmente do depoimento do julgamento. Citações de Azja Pryor, Violet Silva, Joe Marcus: todas da transcrição do julgamento. Eu resumi ou omiti o depoimento de outras testemunhas entre Culkin e Pryor e depois de Marcus. Todas as citações são dos depoimentos no julgamento. O depoimento de Irene Peters talvez deva ser lido à luz do resumo "Sensitive Case", escrito por sua superiora, Jennifer Hottenroth.

Eu obviamente resumi os depoimentos do especialista forense, da assistente social, do editor do jornal semanal e da cunhada de Janet Arvizo. Depoimento de Mary Holzer: transcrição do julgamento. Martin Bashir chamado novamente ao banco das testemunhas, cenas excluídas exibidas aos jurados: transcrição do julgamento e evidências, ajudado pelo relato minucioso de Jones, Mesereau. Jurados relembrando a vontade de cuspir em Bashir: Mesereau. Conclusões da defesa, frustração da promotoria ao querer chamar novamente os Arvizo a depor: Mesereau (que mal conseguia disfarçar o prazer que isso lhe causa, mesmo cinco anos depois). Fechamento de Zonen e Mesereau: totalmente da transcrição do julgamento.

Observações da cobertura da mídia: minha própria leitura, quatro, cinco e seis anos depois do julgamento, Thomson, Mesereau; números e logística da cobertura: <redorbit.com>. "Teve de ser resgatado pela polícia": juiz Melville/ Parado no Tempo. Mesereau/ Yu na surdina: Mesereau. "Preocupado com a defesa": Richards no programa *The Abrams Report* da MSNBC. Acontecimentos no tribunal no dia do veredicto: Mesereau, principalmente, mas também vários vídeos no YouTube, Jones. Reação da mídia ao veredicto: Thomson, também ainda on-line. Jurado Rodriguez/ Gavin Arvizo não era confiável: Rodriguez a Nancy Grace. Pesquisas de opinião sobre o resultado do veredicto: Thomson, muitas ainda on-line. Comentário de Berry Gordy: via Mesereau. Citação de Klein, avaliando a vitória da "Nanny 911", Wendy Murphy sobre os jurados: Thomson. Murphy, que, aliás, ainda insiste que MJ era culpado. Descrição de Zonen do júri, resposta de Mesereau, juiz Melville/ "Pressão incrível": "Parado no Tempo". Comentários dos jurados Hultman e Cook: "Rita Crosby: Live and Direct". Resposta de Mesereau: Mesereau. Comemoração dos Jackson, citação de KJ: *LA Times*, *NY Daily News*; a jurada Pauline Coccoz quase começou a chorar: apenas o *Daily News*. Conversas de Mesereau e MJ, Rwaramba e outros: Mesereau. Wendy Murphy, Diane Dimond, editorial do *Washington Post*: novamente Thomson, todos ainda on-line. Turnê Framed!: Orth/ "CSI Neverland" (veja notas do capítulo 5). Resposta de Wiesner: Wiesner.

ARQUIVOS DE TRIBUNAL
Criminal
SBSC 1133603.

DOCUMENTOS

"Sensitive Case". Resumo, 26/11/03.

JULGAMENTO/ RESULTADO

"2,200 Journalists Await Jackson Verdict". Disponível em: <redorbit.com>, 10 jun. 2005 (I).

CROSBY, Rita. "2 Jurors Say They Regret Jackson's Acquittal". *Live and Direct* do MSNBC, 9 ago. 2005 (RT).

DIMOND, Diane. "Real World Walks into Jacko Trial". *New York Post*, 6 mar. 2005.

HABERMAN, Maggie. "Ex-Juror Parties at Jacko's". *New York Daily News*, 19 jun. 2009.

"Interview with Jackson Jury Foreman". *Nancy Grace Show, Headline News*, 15 jun. 2005 (RT).

"Jackson Jury Deliberations". *Abrams Report* do MSNBC, 10 jun. 2005 (RT).

LIN II, Rong-Gong; MORIN, Monte. "Jackson Fans at Victory Bash". *Los Angeles Times*, 18 jun. 2009.

THOMSON, "Responsibility".

_____. "Shameful".

CAPÍTULO 22 [pp. 432-55]

Adiamento dos shows na O2 Arena: site da AEG; *NY Daily News, Daily Mail*, NME, colunas de Roger Friedman (três, incluindo "We Told Ya"), outros. Raiva de MJ ao descobrir sobre os cinquenta shows: <musicradar.com>. Reação de Wiesner/ Schaffel preferência de MJ por trabalhar com filmes e vídeos: Wiesner, Schaffel. "Quando termina, termina", citação de MJ: Boteach. MJ ficando em casa e perdendo ensaios: McConnell/ *Daily Mail*, outros jornais londrinos não citados. "Eu sei do meu horário" de MJ: via Ortega a Hoffman/ *Rolling Stone*. Visitas de MJ ao consultório de Klein: McConnell/ *Daily Mail* entre outros; emboscada de paparazzi ao edifício Bedford: Craig Williams, também Posner (veja notas dos capítulos 10 e 12). MJ saindo carregado do consultório de Klein: petição de Jason Pfeiffer ao tribunal; depoimento do guarda-costas Faheem Muhammad/ depoimento no julgamento de Murray. Problemas com o seguro dos shows na O2 Arena e a AEG/ Lloyds de Londres/ espólio de Michael Jackson: KJ entrando com processo contra a AEG; conversas com o consultor da sra. Jackson, mais fontes confidenciais nos três campos de batalha; ainda Michaels/ matéria no *Guardian* e Ryan/ *LA Times*, que se baseou em uma cópia da apólice. Previsões de que o show na O2 Arena seria cancelado: Friedman, Perez Hilton, outros. "Inventar boatos" Phillips a Mason/ *Daily Telegraph*. Exame do dr. Slavit, certificado de saúde, detalhes da apólice de seguro: documentos no processo da AEG, que também serviram de base para o artigo de Ryan no *LA Times*. Dr. Slavit também anotou sintomas de lúpus/ vitiligo em MJ, mas estes não foram considerados uma ameaça a sua saúde. Contratação de um chef e de um personal trainer: "Carta de intenções" e "Nota promissória" para AEG, e-mails entre a AEG e representantes de Michael. Descrição de Kai Chase da dieta, MJ se vendo como um dançarino, só Murray podia entrar no quarto de MJ: "Jackson Chef Recalls Doctor's Role, Final Days"/ Associated Press. Phillips/ resistência da AEG às demandas de Murray/ recompensa: depoimento de Murray no julgamento, e-mails admitidos como evidência, "Assim como o presidente Obama": Phillips a Hoffman/ *Rolling Stone*. "Essa é a máquina": depoimento de Gongaware/ julgamento de Murray. Dileo sobre contratar um médico para separar MJ de Klein: depoimento no julgamento de Murray/ evidência, documentos do processo da AEG.

Contratação de Murray: depoimento de Michael Amir Williams/ julgamento de Murray, evidências apresentadas aos advogados de KJ no processo da AEG. Histórico de Murray: julgamento, Haynes e Harasim/ *Las Vegas Journal-Review*; é só por causa de Harasim que eu sei que Murray é de Trinidad e não de Granada, como foi largamente noticiado. Comunicações de irmão Michael e Gongaware com dr. Murray; Gongaware, citações de Jorrie: depoimentos no julgamento de Murray. A vida noturna de mulherengo do dr. Murray, clubes de strip: audições preliminares, artigo de Harasim (na qual uma "modelo" conta que ele gostava de posar sem camisa com meninas vinte anos mais novas). Declaração de que Tohme teria mantido Murray à distância: fonte confidencial. Carta de 5 de maio, aparentemente assinada por MJ, circunstâncias de sua chegada, reação: exame do documento, via mesma fonte, entrevista. A carta deve ter sido escrita na verdade por Dileo: Dileo admitiu o fato (Van Exel) antes de sua morte, insistência de Tohme de que a carta era forjada, de que ele nunca a recebera etc.: Tohme. Como disse anteriormente, tenho cópias tanto da carta do dia 5 quanto da carta do dia 2, na qual MJ aparentemente nomeia Dileo como um de seus representantes. Biografia de Dileo: diversas fontes; rancho Tookaroosa/ Tribeca Grill Investment: artigo de Todd Gold na *People*. Relacionamento entre Phillips e Dileo: ambos advogados que representaram MJ no último ano de sua vida, Allocco ao <muzikfactorytwo.blogspot.com.br>; também é objeto de investigação pelos advogados de KJ no processo contra a AEG. Conversas entre Mann e Dileo em 2009 no Beverly Hilton Hotel: Mann. "Sentir realmente confortável": Dileo citando Phillips a Van Exel. Potencial turnê mundial: Dileo, Phillips em entrevistas. "Não culpo Randy": fonte confidencial. Hawk sobre conversas com Dileo: Hawk. Preocupação com o envolvimento de MJ com os shows na O2 Arena: e-mails de e para ele que foram usados como evidência no julgamento, outros via minhas fontes; Phillips na reunião do Beverly Hills Hotel, entrevista com Allocco, outras fontes. Jantar de aniversário de casamento de Katherine/ Joe Jackson: fonte confidencial, mas o dia e local coincidem com a "Michael Jackson Timeline"; KJ ao *Daily Mirror*. Discrepância nas datas: Joe e Katherine se casaram em 5 nov. 1949. É possível que o jantar tenha sido em maio em comemoração ao primeiro encontro dos dois e não do casamento, ou ainda, como foi sugerido a mim por uma fonte anônima, o jantar foi organizado como uma oportunidade para convencer Michael de incluir Joe e Rowe em seu acordo.

MJ mais vulnerável à família quando na companhia dos filhos/ informações da AEG: Tohme. KJ convencendo Michael a ir à reunião do Beverly Hills Hotel: fonte confidencial. Phillips e Gongaware cercando MJ na reunião, o que foi discutido: Alloco (ao <muzikfactorytwo>/ depois, em reclamações de MJ e seu espólio); ainda, Rowe, fonte confidencial que não estava presente à reunião, mas ouviu bastante sobre ela depois. "Mas todos sabemos o quão difícil era": fonte confidencial. Desmentido público dos irmãos, carta a Rowe: exame de ambos em 15 de maio de 2009, comunicado de imprensa emitido pelos irmãos Jackson e carta de 25 de maio para Rowe. "Ninguém sabia com certeza", "esfaqueado pelas costas": fontes confidenciais. "Agora ou nunca": Randy Phillips em "Deep Pockets"/ *LA Times*. Custos de pré-produção para a AEG: em primeiro lugar, apresentada pela defesa no caso Murray (ainda que a maior parte tenha ficado de fora); parte significativa do processo de KJ contra a AEG; largamente noticiado na época. "De bilionário a milionário": Phillips em "Promoter [...] Right Moves"/ *Telegraph*. "O histórico de apresentações perdidas": "Deep Pockets"/ *LA Times*; "Michael Jackson Rehearses Near Burbank Airport", também referência para "sua reputação de desistir na reta final de apresentações e negócios". "Fizemos com que Maomé fosse até a montanha": Phillips ao *Telegraph*. "Nesse negócio": Phillips em "Deep Pockets". Vontade de "recriar" Victoria Falls: Phillips ao <contactmusic.com>. Phillips acrescentou, "Conseguimos convencê-lo a desistir"; uma fonte confidencial me disse que Phillip foi mais enérgico do que isso em sua recusa. Elefantes, macacos etc., objeções de grupos de direitos animais: Jamieson/ *Telegraph*; Phillips agradecido pelos protestos: fonte confidencial. Phillips lembrando MJ que seus próprios bens estavam sendo empenhados como garantia: mesma fonte confidencial. "Ele disse que teria de trabalhar no McDonald's": Karen Faye à polícia de Los Angeles, noticiado em "Do You Want Fries with That?"/ TMZ. "Pacote de estímulo econômico Michael Jackson": O presidente da Seatwave para a BBC 6 Music via <metro.co.uk>. AEG devendo algo como 30 milhões de dólares: documentos anexos ao processo da AEG; Phillips reconheceu isso de certa forma à Contact Music e em outras entrevistas.

"Não quero poupar nenhum esforço": Ortega a Hoffman/ *Rolling Stone*. Trabalho no estúdio no Culver Studios, citações de Bernt Capra: Wiseman/ *Topanga Messenger*; também, Associated Press. Duas sessões por dia com MJ: Travis Payne a Raffles van Exel. Citações de John Caswell: a Kaufman/ <mtv.com>. Processo da AllGood: exame de documentos e também largamente noticiado na época; veja Michaels/ *Guardian*. Faltas no ensaio nos dias 16 e 19 de junho: tabloides e internet na época, evidências no julgamento de Murray, documentos relacionados com o processo da AEG. "Autossabotagem": Karen Faye à polícia de Los Angeles/ noticiado no TMZ. Que contadores e advogados ficavam impressionados com o foco de Michael Jackson quando se tratava de negócios, eu ouvi tanto de um advogado quanto de um contador, nenhum dos quais posso revelar o nome; o diretor executivo da Bravado apontou a mesma coisa em "Singer's Last Big Product Push"/ *LA Times*, que enumerava os produtos licenciados a serem vendidos nas apresentações na O2 Arena. Shows de Londres/ potencial para colocar em ordem as finanças de MJ: fonte confidencial. "Há algumas pessoas por aí", "sua dignidade como artista": Kenny Ortega a McLean/ *Times* de Londres. Dúvidas de Schaffel e Wiesner: Schaffel, Wiesner.

Dileo sugerindo contratar Branca: fonte confidencial relacionada ao processo da AEG. "Tenho certeza de que Dileo queria trazer Branca": fonte confidencial. "Michael quer que você volte"/ encontro emotivo: Branca citando Dileo a Deutsch/ Associated Press. No mínimo uma dúzia de pessoas (incluindo Katherine Jackson) me disse que MJ condenava Branca nas palavras mais duras possíveis durante os últimos anos de sua vida. Encontro de Tohme e Branca/ almoço/ não comparecimento por insistência de MJ: Tohme; Randy Phillips, a conselho de Marvin Putnam, se recusou a comentar. Também perguntei a Branca, através de Mike Sitrick, e não obtive resposta. Michael Amir Williams (irmão Michael) foi muito claro a respeito do fato de nunca ter ouvido o nome de Branca ou algo sobre reuniões entre MJ e Branca, ou que MJ tenha recontratado Branca como seu advogado.

AEG encorajando a contratação de Siegel (quase conseguiram): e-mails entre irmão Michael, a assistente de Randy Phillips, Arlyne Lewiston, e Siegel. John Hougdahl (incluindo a citação "muito abalado"): e-mail a Phillips e Gongaware. Executivos da AEG furiosos: depoimento no julgamento de Murray, documentos relacionados ao processo da AEG, fonte confidencial; essa fonte também me contou que Ortega tranquilizou Phillips e Gongaware durante a filmagem do Projeto Domo. "Abraçar ossos": Stoller em "Shocking End"/ *People*. Pesando 71 quilos em Londres: Tohme, que pesou MJ em sua balança no hotel. "Nós conversávamos bastante sobre o peso dele": Ortega a Lang/ The Wrap.com. Dando comida na boca: Phillips a Hoffman/ *Rolling Stone*. "Não é verdade": Ortega para o *Times* de Londres. Bain pedindo julgamento à revelia: 4 jun. 2009; o comparecimento de seus representantes no julgamento em Washington, DC se deu logo antes de sua morte; veja a reportagem do blog Legal Times, baseada majoritariamente no *National Law Journal*; os fã-clubes de MJ também cobriram o fato. Carta de Gongaware e Rwaramba: depoimento de Rwaramba à polícia de Los Angeles, exame do documento. Acredito que as citações que Barak atribui a Rwaramba são precisas e por isso as utilizei aqui. Ao mesmo tempo, me senti na obrigação de reconhecer os que declaravam que Grace fora enganada e induzida a dar aquelas entrevistas (Mallika Chopra e seu pai, Deepak em particular) e a ressaltar a opinião de Schaffel, sobre "abutre". Favor ver as notas do capítulo 12 para mais sobre as entrevistas de Grace a Barak. Grace ligando para Schaffel no final de maio de 2009: Schaffel.

Piora na insônia de MJ: atestado no julgamento de Murray, cobertura da imprensa; consultores próximos de KJ disseram que seus próprios filhos comentaram com a avó que o pai não estava dormindo o suficiente. Ligações tarde da noite/ fim do mundo próximo: fontes confidenciais relacionadas a KJ/ família Jackson; ainda, Jason Pfeiffer ao *Woman's Day*. "Muito agitado": Dileo a Rossen/ NBC, Van Exel. Payne e Ortega sobre a insônia e as ligações tarde da noite: Payne a Van Exel, Ortega ("Está baixando alguma coisa em mim") ao *Times* londrino/ ("a informação vinha") a Lee/ blog do *LA Times*. Dr. Allan Metzger/ Propofol: Lee/ *People* (veja também o capítulo 26). MJ "com medo" de que os shows na O2 Arena pudessem fracassar devido a sua exaustão: depoimento de Metzger no julgamento de Murray. Recusa de Klein de prescrever outra coisa além de sedativos, analgésicos e relaxantes musculares: Klein aos Investigadores do Instituto Médico Legal e do Conselho de Medicina/ arquivos de O povo contra Murray. Acredito nele. As únicas drogas encontradas na casa de MJ depois de sua morte prescritas pelo dr. Klein eram relaxantes musculares. Dr. Larry Koplin: citação dos registros médicos, Instituto Médico Legal de Los Angeles. Nas citações, Grace Rwaramba ("Owanda") identifica Koplin como o "último médico a tratar Jackson". Koplin nega ter fornecido propofol a MJ e não há nenhuma evidência do contrário. "Grogue e desligado": fonte confidencial, uma testemunha no caso AEG. Depoimento de Kenny Ortega: julgamento de Murray. E-mail de Ortega a Phillips: datado de 20 de junho, abaixo, admitido como evidência no julgamento de Murray. Executivos da AEG furiosos, Ortega mandando MJ para casa, Phillips dizendo a Dileo para relembrar Michael de suas obrigações contratuais: evidências obtidas pela parte queixosa no processo da AEG. Ligação de Phillips ao dr. Murray: depoimento de Phillips, julgamento de Murray. Mensagens de voz de Dileo: tocadas no tribunal, evidências. "Minha preocupação é" e todas as citações e paráfrases diretas de Ortega no parágrafo: e-mail de 20 de junho de Ortega a Phillips: "Ele ficava contando para as pessoas": Pfeiffer, *Woman's Day*. Incapacidade de MJ de se aquecer: Paris Jackson a KJ, descrito novamente no processo da AEG. "Eu podia ouvir Michael nos fundos": Lee em *Anderson Cooper 360*.

Aquisições de drogas por Conrad Murray: evidências (incluindo recibos), audiências preliminares e julgamento. Drogas benzodiazepínicas: Wikipedia, artigos de jornais médicos; capítulo "Benzodiazepine"/ Shorter/ *Historical Dictionary of Psychiatry*. A Wikipedia pode ser traiçoeira, mas essas definições me pareceram incrivelmente minuciosas. Declarações atribuídas a Murray: entrevistas com a polícia de Los Angeles, Martinez e Smith, uma evidência significativa no julgamento. Murray carregando botijões de oxigênio: Kai Chase a Deutsch/ Associated Press, mais tarde, ao *Larry King Live*, também, Chase aos investigadores da polícia, julgamento de Murray. Encontro com Murray em 20 de junho de 2009: depoimento de Phillips e Ortega/ julgamento de Murray.

774

ARQUIVOS DE TRIBUNAL

Criminal

LASC SA073164.

Investigação criminal

USDC-CA 09MJ1897.

Civil

USDC-CA CV10 4734.

LASC BC445597.

2:11-bk-12718-RN (Tribunal de Falências dos Estados Unidos, Distrito Central da Califórnia) *Bankruptcy Petition of Arnold Klein*, 20 jan. 2011 (doravante 2:11-bk-12718-RN).

2:11-ap-02407-RN 27/06/11.

2:11-ap-02407-RN 03/08/11.

LASC BP117321 17/02/12.

DOCUMENTOS

"Letter of Intent", 26/01/09.

"Promissory Note", 26/01/09.

Williams a Lewiston, 27/04/09.

Lewiston a Williams, 27/04/09.

E-mail de Barry Siegel, sócio-diretor da Provident Financial Management, a Michael Amir Williams, 27 abr. 2009.

E-mail de Barry Siegel a Michael Amir Williams, 28 abr. 2009.

E-mail de Michael Amir Williams a Barry Siegel, 30 abr. 2009.

E-mail de Barry Siegel a Michael Amir Williams, 30 abr. 2009.

E-mail de Michael Amir Williams a Barry Siegel, 1 maio 2009.

E-mail de Barry Siegel a Michael Amir Williams, 1 maio 2009.

"Dear Patients and Friends". Carta do dr. Conrad Murray a amigos e familiares comunicando sua decisão de "encerrar seus trabalhos em medicina", 15 jun. 2009.

E-mail de John Hougdahl a Randy Phillips e Paul Gongaware, 19 jun. 2009.

E-mail de Kenny Ortega a Randy Phillips, 20 jun. 2009.

"Declaração de Jermaine Jackson" anunciando a morte de Michael Jackson, 25 jun. 2009.

"Los Angeles Police Department Internal Affairs Group Transcript of Recorded Interview with Dr. Conrad Murray [Transcrição da entrevista gravada com o dr. Conrad Murray pelo Departamento de Assuntos Internos da polícia de Los Angeles]", 27 jun. 2009.

Weitzman a Sullivan e Entrekin, 31/03/11.

"RE: Your Letter of March 28, 2011". Carta de Lee H. Durst (advogado de Howard Mann) a Jeremiah Reynolds (sócio de Howard Weitzman), 3 abr. 2011 (doravante Durst a Reynolds, 03/04/11).

ADIAMENTO/ SAÚDE DE MJ

CONNOR, Tracy. "Michael Jackson Denies Skin Cancer Report; Star Still Set to Perform at London Comeback Concerts". *New York Daily News*, 16 maio 2009.

FRIEDMAN, Roger. "Jacko Shows Delayed, but Are Definitely On". Disponível em: <Showbiz411. com>, 11 maio 2009 (I).

_____. "Jacko Shows Might Be Delayed". Disponível em: <Showbiz411.com>, 4 maio 2009 (I).

_____. "Jacko Start Date Pushed Back — We Told Ya". Disponível em: <Showbiz411.com>, 21 maio 2009 (I).

MCCONNELL, "Doctors".

"Michael Jackson Fans Launch Petition over O2 Arena Postponement". NME, 21 maio 2009.

ROGERSON, Ben. "Jackson 'Angry' at 50-Date O2 Run". Disponível em: <musicradar.com>, 2 jun. 2009 (I).

RYAN, Harriet. "Jackson Was Scheduled for a Second Physical". *Los Angeles Times*, 7 ago. 2009.

DILEO/ TOHME/ ALLGOOD

GOLD, Todd. "Dumped by Michael Jackson, Former Manager Frank Dileo Bounces Back as One of Hollywood's Goodfellas". *People*, 22 out. 1990.

"Jacksons Deny Any Involvement with Planned Jackson 5 Reunion Show in Texas with Brother Michael and Sister Janet", 15 maio 2009 (CI).

"Michael Jackson's Mum Remembers Her Son a Year On and Reveals What Life Is Like for His Children". *Daily Mirror*, 20 jun. 2010 (doravante "Jackson's Mum Remembers").

YAZMEEN, "Allocco".

PREPARAÇÕES PARA *THIS IS IT*

CHMIELEWSKI, Dawn C".Singer's Last Big Product Push". *Los Angeles Times*, 9 jul. 2009.

COOPER, Anderson. "Michael Jackson's Last Days: Jackson's Nurse Speaks Out". CNN, 30 jun. 2009 (RT).

HOFFMAN, "Last Days".

"I Was Jacko's Secret Lover". *Woman's Day*, 14 ago. 2009.

"Jackson Wanted Victoria Falls Onstage". Disponível em: <contactmusic.com>, 16 out. 2009 (I).

JAMIESON, Alastair. "Michael Jackson Wants to Ride an Elephant on Stage at His Concerts, Reports Claim". *Daily Telegraph*, 25 mar. 2009.

KAUFMAN, Gil. "Michael Jackson's Last Tour Rehearsals Filed for Possible Release". Disponível em: <mtv.com>, 29 jun. 2009 (I).

LANG, Brent. "Kenny Ortega Talks About Michael Again". Disponível em: <TheWrap.com>, 2 dez. 2009 (I).

LEE, Chris. "Michael Jackson: He Was Channeling God". Disponível em: <LAtimes.com>, 27 out. 2009 (I).

LEE e RYAN. "Deep Pockets".

MASON. "Phillips Profile".

MCLEAN, Craig. "Kenny Ortega on Michael Jackson's Final Days". *Times*, 24 out. 2009 (doravante MCLEAN, "Ortega").

"Do You Want Fries?".

"Michael Jackson Finally Takes the Stage in DC Court". Disponível em: <Legaltimes.typepad.com>, 19 jun. 2009 (I).

"Michael Jackson in 'Billion Pound' Boost to Economy". Disponível em: <metro.co.uk>, 8 maio 2009 (I).

"Michael Jackson Shocking End, 1958-2009". *People*, 13 jul. 2009.

"Michael Jackson Wrapped Secret Film Project 2 Weeks Before He Died". Associated Press, 1 jul. 2009.

MICHAELS, Sean. "Michael Jackson Comeback Concerts in Jeopardy?". *Guardian*, 12 maio 2009.

_____. "Michael Jackson Concert Insurer Refuses $17.5 M Payout". *Guardian*, 8 jun. 2011.

_____. "Michael Jackson Sued for O2 Arena Residency". *Guardian*, 12 jun. 2009.

ROSSEN, "Mystery Man".

RYAN, Harriet; LEE, Chris. "Michael Jackson Rehearses Near Burbank Airport". *Los Angeles Times*, 12 maio 2009.

VAN EXEL, Raffles. "Dileo".

_____. "Interview with Travis Payne". Disponível no YouTube, 27 jun. 2009 (I) (doravante VAN EXCEL, "Travis Payne").

WISEMAN, Cassandra. "Tour Set Dies with Michael Jackson". *Topanga Messenger*, 16 jul. 2009.

DR. CONRAD MURRAY

DEUTSCH, Linda. "Jackson Chef Recalls Doctor's Role, Final Days", 29 jul. 2009 (doravante DEUTSCH, "Jackson Chef").

HARASIM, Paul. "Cardiologists Link Hurting Energy Drink". *Las Vegas Journal-Review*, 19 jul. 2009.

HAYNES, Brian. "Michael Jackson's Doctor Has History of Legal, Financial Woes". *Las Vegas Journal--Review*, 27 jun. 2009.

DROGAS/ PROPOFOL

KEE, Ken. "Doctor Warned Michael Jackson About Propofol in April". *People*, 31 jul. 2009.

KING, Larry. "Breaking News Investigation into Michael Jackson's Death", 30 jul. 2009 (RT).

WIKIPEDIA

"Benzodiazepine".

"Diazepam".

"Lorazepam".

"Midazolam".

"Propofol".

CAPÍTULO 23 [pp. 456-75]

Mudança para o Staples Center para acomodar o tamanho da produção: Caswell ao *USA Today*, além disso, depoimentos de Ortega e Phillips/ julgamento de Murray. "A altura da ocasião": e-mail de 20 de junho de Ortega a Phillips. "Neste novo lugar" Phillips a Eric Ditzian/ MTV. A natureza volátil de MJ: diversas fontes, incluindo *This Is It*. "Lindo, Lindo": Ortega a UPI. Citações de

Orabona: Orabona a Trey Borzillieri/ *Huffington Post*, que Borzillieri me enviou. Obrigado, Trey. Outros artistas como uma "extensão" de MJ: relembrado por Orabona, Ortega (em outras palavras), *This Is It*. Visita de Tohme ao Staples Center: Tohme (que me mostrou sua pulseira de acesso ilimitado); Phillips, novamente aconselhado por Marvin Putnam, negou-se a comentar. Encontro de Tohme e KJ: Tohme, KJ, os consultores dela que obviamente concordavam com a sua visão dos fatos. "Tratamento" do dr. Murray de MJ em 23 de junho: entrevista do dr. Murray com a polícia de Los Angeles, Martinez e Smith em 27 jun. 2009. Reunião no Staple Center no dia 24 de junho: depoimento de Ortega e Phillips/ julgamento de Murray, Ken Ehrlich a Lee/ Ryan/ *LA Times* e Gundersen/ Breznican/ *USA Today*, Hoffman/ *Rolling Stone*; todos os relatos descrevem MJ como contente e animado, especialmente com o Projeto Domo. Acordo entre MJ e AEG a respeito de *Ghosts*: processo da AEG, citado no julgamento de Murray. Descrição dos vídeos: *This Is It*. "Quero que as pessoas gritem por quilômetros", descrição das ilusões: Alonzo a Gundersen/ *USA Today*. MJ reclamando de laringite, "Ele parecia ótimo...": Alonzo em "Last Rehearsal"/ *LA Times*. "Bioluminescente": Ortega a Hoffman/ *Rolling Stone*. "Estava elétrico", "Todos nós olhamos uns para os outros": Woodroffe a BBC Radio 4, citada em Gundersen/ *USA Today*. "Estava fantástico": Phillips ao *LA Times*. "Eu fiquei estupefato", "Eu mal via a hora", Mazur a BBC. "Os pelos da minha nuca", "O que eu vi aquela noite": Ehrlich em "Last Rehearsal"/ *LA Times*. Orabona: Borzillieri. "Ele não parou sequer um instante", MJ parando para olhar os adereços: Alonzo em "Last Rehearsal". Performance de "Earth Song": Hoffman, *Rolling Stone*. Arrepio: Phillips ao *LA Times*. "Quando ele terminou": Ortega a Hoffman/ *Rolling Stone*. "Esse é o sonho", "Havia essa expectativa": Ortega a Ditzian/ MTV. MJ deixando o Staples por volta de 0h30: Ortega, Phillips, Travis Payne, outros. Fantasmas saindo da tela: Ortega a McLean/ *Times* londrino. Acompanhando MJ ao carro: "Ele colocou o braço em volta de mim...": Phillips a Hoffman/ *Rolling Stone*. "Em êxtase e entusiasmado": Payne a Van Exel.

Relato de Murray sobre tentar colocar MJ para dormir: suas entrevistas com os detetives da polícia de Los Angeles, Martinez e Smith: questionamentos sobre a veracidade das declarações do doutor são discutidas na seção do julgamento (veja notas do posfácio). Efeitos do Valium, Atavin e Versed: Shorter, páginas da Wikipedia, jornais médicos; Também conversei com meu médico particular, James Biemer, sobre o efeito das drogas benzoadizepínicas. Mandado do condado de Clark para a prisão de Murray por não pagar pensão alimentícia aos filhos: *Las Vegas Sun*. Oxímetro de pulso, parado de respirar: Murray para os detetives Martinez e Smith. Declaração de Chernoff de que a polícia entendeu errado: coletiva de imprensa depois do interrogatório de Murray pela polícia. Telefonemas de Murray: depoimento e evidências nas audiências preliminares e no julgamento; as mensagens foram ouvidas no tribunal. Conversa de Anding e Murray: depoimento de Anding, audiência preliminar. "Correu até [Jackson]": coletiva de imprensa de Chernoff. Mensagem de Murray através de Williams: depoimento de Williams, julgamento. Murray descendo as escadas correndo e gritando, citações de Chase: Chase a Deutsch/ AP, exceto a sopa toscana de feijão-branco: depoimento/ julgamento. Chernoff/ "chamar os seguranças": coletiva de imprensa, o chefe não se lembra: depoimento de Chase. Relatos de irmão Michael, Alberto Alvarez, Faheem Muhammad: seus depoimentos no tribunal. Prince e Paris entrando no quarto: Alvarez, depoimento de Muhammad. Mensagens de texto, pacotes de dados: evidências da promotoria no julgamento, ligação para a emergência (911), transcrição da conversa. "Eu entrei no saguão": Chase a Deutsch/ AP. Hora exata da chegada dos paramédicos, condições de MJ: depoimento dos paramédicos, Senneff e Blount (como todos os demais relatos de Senneff/ Blount). "E juntos eles rezaram": Chase a

Deutsch / AP. Comportamento de Murray e resposta aos paramédicos: depoimento dos paramédicos. Chase mandado embora etc.: Chase a Deutsch. Ligação entre Dileo e irmão Michael, ações subsequentes: Dileo a Van Exel. Relato de Tohme: Tohme. Hora da morte: depoimentos do dr. Cooper e dr. Nguyen, também anotada nos documentos das provas no julgamento de Murray. Anúncio de Jermaine Jackson da morte de MJ: transcrição, mas disponível também no YouTube. Encontro de Murray com Paris Jackson: Murray aos detetives Martinez e Smith. Murray pedindo uma carona: irmão Michael, depoimento de Muhammad. Relato de Travis Payne, "Eu vi o rosto de Kenny desabar", "Ninguém queria acreditar", Payne a Van Exel. "Muitos telefonemas sobre boatos", o grupo da produção se reunindo para rezar: Ortega para o *Times* londrino, assim como as suas próprias para um retorno de MJ "com boa saúde". Payne e Ortega contaram sobre as velas acendidas, em entrevistas.

ARQUIVOS DE TRIBUNAL

Criminal
LASC SA073164.

Civil
USDC-CA CV10 4734.
LASC BC445597.

ÚLTIMOS DIAS
BORZILLIERI, Trey. "Michael Jackson's This Is It — Behind the Camera with Videog-rapher Sandrine Orabona". *Huffington Post*, 19 nov. 2009.
DITZIAN, Eric. "'This Is It' Director Kenny Ortega on Michael Jackson's Final Rehearsals: 'This Is the Dream. We Did It Good, Kenny, We Did It,' Ortega Remembers MJ Saying". Disponível em: <mtv.com>, 27 out. 2009 (I).
HOFFMAN, "Last Days".
"Kenny Ortega: Michael Jackson Never Thought He Lost His Crown". UPI, 24 out. 2009.
MCLEAN, "Ortega".

ÚLTIMO DIA
DEUTSCH, "Jackson Chef".
GERMAN, Jeff. "Warrant Sought for Michael Jackson Doctor over Child Support". *Las Vegas Sun*, 7 out. 2009.
GUNDERSEN, Edna; BREZNICAN, Anthony. "Inside Michael Jackson's Last Show: The Magic Was Back". *USA Today*, 30 jun. 2009.
LEE, Chris; RYAN, Harriet. "Michael Jackson's Last Rehearsal: Just Beaming with Gladness". *Los Angeles Times*, 27 jun. 2009.
"Photographer on Jackson Rehearsals". BBC, 30 jun. 2009 (RT).
VAN EXEL, Raffles. "Dileo".
_____. "Travis Payne".

CAPÍTULO 24 [pp. 479-83]

Eu cheguei em Los Angeles logo depois da morte de MJ e fiquei durante todo o serviço religioso, tudo às custas da revista *Rolling Stone*. O afã da imprensa era especialmente esmagador em Los Angeles, mas se podia sentir a repercussão em escala mundial. Foi a primeira vez, eu acho, que entendi quão internacional era a fama de MJ.

TMZ se gabando de serem os primeiros a dar a notícia: TMZ; perspectiva nas declarações: "Turning Point"/ *LA Times*; veja também o *Daily Telegraph* sobre o TMZ "furando o mundo", "How Michael Jackson's Death Shut Down Twitter", no *Daily Mail*, "Outpouring"/ *Christian Science Monitor*, David Sarno/ "Michael Jackson-Related Traffic", Shea Bennett. Acontecimentos no hospital, fraternidade, helicóptero levando o corpo de MJ para o necrotério (incluindo garotas fechando a entrada do pronto-socorro): "Michael Jackson Dead at 50"/ *LA Times*. "Não importa o que disserem": Harvey Levin em "TV Misses Out..."/ *LA Times*. Acontecimentos do lado de fora da casa de MJ: blogs do *LA Times*, "Tourists Flock to Michael Jackson Sites"/ *LA Times*, "Michael Jackson Dead"/ CNN, "Michael Jackson Fans in Shock"/ *Daily Mail*. Acontecimentos em Hayvenhurst: blogs do *LA Times*, "Fans Can't Stop Crying, Dancing"/ NBC local. Declarações de Joe Jackson/ sua adequação ao momento: "How [...] Shut Down Twitter"/ *Daily Mail*, blogs do *LA Times*. Preocupação com a confidencialidade médica. Revolta de Britney Spears e Farrah Fawcett: Molly Hennessy-Fiske (que revelou que os dados de MJ eram alvo de acessos impróprios), além disso, blogs do *LA Times*; Lawanda Jackson estava sendo processada por violar a confidencialidade médica quando morreu, aos cinquenta anos.

Memorial improvisado para MJ: blogs do *LA Times*, Harvey/ *Times* londrino, "Tributes are Pouring in..."/ *LA Times*, "Outpouring"/ *Christian Science Monitor*, "Michael Jackson Fans in Shock..."/ *Daily Mail*, Wikipedia. Mulheres marchando no Hollywood Boulevard, peregrinação a Neverland: blogs do *Times*. Reação internacional: "Fans Around the World"/ Associated Press, "Fans Worldwide"/ *LA Times*. Kim Dae-Jung, Imelda Marcos: "Shock and Grief"/ Sharon Otterman/ *NY Times*. Gordon Brown, David Cameron: BBC. Ministros japoneses: Masters/ *Time* (veja notas do capítulo 8), Kageyama/ Associated Press (veja notas do capítulo 8). Frederic Mitterrand: Alexis Griffith/ WorldMeetsUs. Nelson Mandela: sua fundação. Arnold Schwarzenegger, Barack Obama/ Robert Gibbs, memorando John Roberts: Malcolm/ *LA Times*. Pausa no congresso: *Politico*. Serena Williams, Roger Federer: *USA Today*. McCartney, Mottola: publicado através de relações-públicas e noticiado pelo *New York Times*, *LA Times*. O presidente Obama eventualmente falou sobre MJ e mandou uma carta de pêsames à família de Michael; veja a referência a <msncbc.com> adiante. Comentários de Henninger: "Michael: The Last Celebrity"/ *WSJ*; David Segal levantou muitos dos mesmos pontos anteriormente no seu artigo no *New York Times*. John Mayer, Miley Cyrus, Demi Moore: "Celebrities Mourn Michael Jackson's Death via Twitter"/ <LATimes.com>. "Com amigos assim": Mesereau. Liz Taylor arrasada demais para falar: Natalie Finn. Citação de Liza Minnelli: Andrew Gumbel/ "Police Focus on Doctor"/ *Guardian*.

BATES, Claire. "How Michael Jackson's Death Shut Down Twitter, Brought Chaos to Google... and 'Killed Off' Jeff Goldblum". *Daily Mail*, 26 jun. 2009.

BENNET, Shea. "How the Internet Died with Michael Jackson". Disponível em: <mediabistro.com>, 26 jun. 2009 (I).

"Brown 'Saddened' by Jackson Death". BBC, 26 jun. 2009 (RT).

"Celebrities Mourn Michael Jackson's Death via Twitter". Disponível em: <LATimes.com>, 25 jun. 2009 (I).

CHU, Henry. "Fans Worldwide Grieve for Michael Jackson". *Los Angeles Times*, 27 jun. 2009.

COLLINS, Scott; BRAXTON, Greg. "TV Misses Out as Gossip Website TMZ Reports Michael Jackson's Death First". *Los Angeles Times*, 26 jun. 2009.

_____; JAMES, Meg. "Michael Jackson May Be Turning Point for TMZ". *Los Angeles Times*, 28 jun. 2009.

"Fans Around the World Mourn Michael Jackson". Associated Press, 26 jun. 2009.

"Fans Can't Stop Crying, Dancing on Hayvenhurst". KNBC, 16 jul. 2009 (RT).

FINN, Natalie. "Liz Taylor 'Too Devastated' to Comment on Jackson's Death; Liza Minelli, Brooke Shields React". Disponível em: <E!Online.com>, 25 jun. 2009 (I).

GAVIN, Patrick. "Congress Pauses for Michael Jackson". *Politico*, 26 jun. 2009 (<Politico.com>).

GRIFFITHS, Alexis. "Jackson: The Tragic 'Genetically Modified' Icon of Globalization". Disponível em: <WorldMeetsUs.com>, 27 jun. 2009 (I).

GUMBEL, Andrew. "Police Focus on Doctor Who Was with Michael Jackson as He Died". *Guardian*, 27 jun. 2009 (doravante GUMBEL, "Police Focus").

HARVEY, Michael. "Fans Mourn Artist for Whom It Didn't Matter If You Were Black or White". *Times*, 26 jun. 2009.

HENNESSY-FISKE, Molly. "Michael Jackson's Medical Records at UCLA Were Improperly Accessed, Source Says". Disponível em: <LATimes.com>, 10 jun. 2010 (I).

HENNINGER, Daniel. "Michael: The Last Celebrity". *Wall Street Journal*, 3 jul. 2009.

MALCOLM, Andrew. "In Death, Michael Jackson Gets Politicians' (Cautious) Admiration". *Los Angeles Times*, 27 jun. 2009.

MARTIN, Hugo; HENNIGAN, W. J. "Tourists Flock to Michael Jackson Sites; Tour Buses Adjust Their Routes". *Los Angeles Times*, 27 jun. 2009.

METZ, Rachel; WOOD, Daniel B. "Outpouring over Michael Jackson Unlike Anything Since Princess Di". *Christian Science Monitor*, 27 jun. 2009.

"Michael Jackson Dead at 50 After Cardiac Arrest". CNN, 25 jun. 2009 (RT).

"Michael Jackson Fans in Shock as the World Mourns the King of Pop". *Daily Mail*, 26 jun. 2009.

MURRAY, Mark. "Obama on Michael Jackson's Death". Disponível em: <msnbc.com>, 2 jul. 2009 (I).

OTTERMAN, Sharon. "Around the World, Shock and Grief over Jackson". *New York Times*, 26 jun. 2009.

RYAN, Harriet; LEE, Chris; BLANKSTEIN, Andrew; GOLD, Scott. "Michael Jackson Dead at 50". *Los Angeles Times*, 26 jun. 2009.

SANTA CRUZ, Nicole; BLOOMEKATZ, Ari B. "Tributes Are Pouring in for Jackson". *Los Angeles Times*, 26 jun. 2009.

SARNO, David. "Michael Jackson-Related Traffic Doubled Twitter's Update Frequency, Tripled Facebook's". *Los Angeles Times*, 25 jun. 2009.

SEGAL, David. "After Jackson, Fame May Never Be the Same". *New York Times*, 28 jun. 2009.

"Serena Williams Pays Tribute to Michael Jackson at Wimbledon". *USA Today*, 26 jun. 2009.

CAPÍTULO 25 [pp. 484-95]

Descrição do corpo de MJ: laudo da autópsia, certidão de óbito. Saúde melhor do que o esperado: veja Snead/ *LA Times* sobre a história mentirosa no *Sun* inglês ("8 st. 1 oz"); Fox News, *NY Daily News* sobre a autópsia em si. Começo das investigações, polícia focada em Conrad Murray: "Michael Jackson's Doctor Interviewed"/ *LA Times*, Gumbel/ os artigos do *Guardian*, Steinhauer/ "Medication a Focus", Ryan/ "Police Seize Medical CD"; tudo isso e mais veio à tona depois, durante o julgamento de Murray. Também, a Associated Press sobre mandados de busca sendo executados depois da morte de Michael, *Daily Mail* sobre questões a serem respondidas. Matt Alford se ofereceu como advogado de Murray inicialmente (veja Gumbel/ "Michael Jackson Doctor Hires Lawyer"), mas Chernoff já estava envolvido (Chernoff a Andrew McCartney/ Associated Press; Murray aos detetives Martinez e Smith — Chernoff estava presente; transcrição). Biografia de Chernoff: o site de sua empresa, Ryan/ "Unlikely Lawyer", relatos de advogados presentes ao julgamento de Murray. "Considerado uma testemunha", "cada uma das perguntas": coletiva de imprensa de Chernoff, veja notas do capítulo 26. Polícia de Los Angeles, declarações do legista: distribuído à mídia. Os Jackson rapidamente contratando o dr. Calmes: "Michael Jackson's Doctor Interviewed"/ *LA Times*, "Michael Jackson's Doctor Hires..."/ *Guardian*, *Observer*. Cérebro de Michael Jackson, ou pelo menos a maior parte dele, retida pelo legista: noticiado na época, laudos da autópsia e do exame toxicológico. Envolvimento de instâncias de investigação federais e internacionais: *LA Times*, arquivo de tribunal no caso de Murray.

O tamanho e o valor do espólio de MJ estão ainda em debate (entre a procuradoria do estado e o imposto de renda, entre outros) e se trata de algo do qual eu sei bastante a respeito, graças às pessoas envolvidas no esforço para controlá-lo, ao processo de Joe Jackson contra o espólio, além da extensa cobertura midiática. Estou aproveitando tudo isso quando eu faço generalizações.

Vendas dos álbuns de MJ: Keith Caulfield em 21 jun. 2010/ *Billboard*; nas três primeiras semanas depois da morte: Lee/ Lewis/ *LA Times* (eles conseguiram que a Amazon revelasse seus números de vendas de música); vendas on-line: Lewis/ *Times* on-line; veja também, Sisario/ *New York Times*, Sexton/ *Billboard*, *Entertainment Weekly*, *Times* londrino, NME, BBC e a comparação da Business Wire sobre vendas em 2008 e 2009. Eu baseei minha avaliação do valor do patrimônio de MJ no meu conhecimento do espólio e de seus ativos.

Como descrevi anteriormente, conduzi uma minuciosa investigação sobre as acusações de que Tohme teria saqueado a casa de Michael Jackson e furtado seu dinheiro, e descobri que eram totalmente sem fundamento. Ron Williams, a quem eu considero uma fonte irrepreensível, descreveu para mim tudo o que observou em Carolwood nos dias e semanas que sucederam a morte de MJ em entrevistas comigo. Grace/ telefonema de KJ: Rwaramba a Barak (veja notas do capítulo 1), que estava com Rwaramba quando ela atendeu ao telefonema. La Toya/ sacos de lixo cheios de dinheiro: verbalmente, naquele mesmo dia, via *Rolling Stone* (por Gerri Hirshey; apareceu em Hoffman/ "Last Days"); alegação de envoltórios dos maços de dinheiro e notas de vinte dólares caídas: Craig Williams. Preciso ressaltar que Perry Sanders defendeu a presença de Katherine Jackson na casa dizendo que nada mais era do que a tentativa de uma mãe de proteger contra saques a propriedade do filho morto, e também que Katherine estava lá para pegar roupas e outros itens pessoais dos filhos de MJ (Paris queria uma camiseta que "cheirava como papai"), assim como a Cadillac Escalade foi "usada no transporte das crianças".

Nenhum testamento apareceu na primeira semana depois da morte de MJ e eu fui avisado pelos consultores de Katherine que ela não sabia da existência nenhum testamento. Entrevista de Joe Jackson na CNN: testemunhada em primeira mão do lado de fora do Shrine Auditorium; com respeito ao choque e à aversão que ela causou veja Steve Harvey/ *Times*, Associated Press sobre Sharpton. Primeiras audiências, perante o juiz Beckloff, sobre o espólio de MJ, a guarda das crianças: testemunhado em primeira mão, também *LA Times*, Associated Press sobre audiências/ alegações. "First Legal Volley"/ "Michael Jackson's Mother Granted Temporary Guardianship"/ *LA Times*. Descrição de Debbie Rowe/ sua relação com Prince e Paris, identidade da mãe de Blanket nos documentos: da petição. Entrevista de Joe Jackson a KABC: via *Daily Mail*, 28 jun. 2009. "Comitiva sombria": entrevista paga de La Toya/ *News of the World*, veja também a lista. Tohme não demitiu os funcionários. Eles foram mantidos na casa e entrevistados pela polícia, e somente depois lhes foi dito que poderiam partir no final da tarde. Tudo isso foi observado por Ron Williams. A AEG era na verdade a empregadora de Williams na época e foi por sua decisão que o pessoal da Talon foi incumbido da segurança de Carolwood, e o pessoal de segurança de Michael, impedido de retornar a propriedade. Citações de Tohme: Tohme; Tohme devolvendo o dinheiro do "Cofre": confirmado por Hawk, Cannon. Acusações a Tohme: largamente noticiadas. "Pessoas erradas": Dileo a Rossen/ "Today", que também nos apresentou a reverenda June Gatlin afirmando ser a consultora espiritual de Michael dizendo que ele tinha medo de Tohme. Como no resto do livro, as citações de Tohme (incluindo o peso que foram essas acusações) são de entrevistas com ele, a não ser quando mencionado o contrário. Jackson e Sharpton: *People*, Associated Press, muitos outros; eles estavam com os Jackson em quase todas as aparições públicas nos dias que se seguiram a morte de MJ. Citações de Leo Terrell: Terrell. Citação de Sunshine: "Jackson Media Frenzy Faulted"/ *LA Times*. Rowe: veja suas aparições no *Action News* e *Larry King Live*; "Você não me representa": veja capítulo 22. Rio de Janeiro: Cobo/ *Billboard*; garotas paquistanesas: foto da Associated Press via *USA Today*. Acontecimentos na antiga casa de Jackson em Gary: Keagle/ jornal local. Cobertura midiática sobre MJ, surto no avião/ acessos na internet a músicas e vídeos: Jeff Poor, Randy Lewis. Pesquisa de opinião do Pew Research Center: veja abaixo a pesquisa e outras análises. Eu não ouvi Rush Limbaugh, mas o locutor de rádio afirmou concordar com Al Sharpton em seu site pessoal. Também não vi a retórica de Bill O'Reilly, mas vi a história no Yahoo. Comentário de Hugo Chávez: *El Universal*.

ARQUIVOS DE TRIBUNAL

Criminal
LASC SA073164.

Civil
LASC BC44597
USDC-CA CV10 4734.

DOCUMENTOS
Autópsia, 25/06/09.

"Recorded Interview of Conrad Murray", Departamento de Assuntos Internos da polícia de Los Angeles, 27 jun. 2009.

Certidão de óbito, Jackson, Michael Joseph, Cidade de Los Angeles, Departamento Sanitário, 7 jul. 2009 (doravante Certidão de óbito, 07/07/2009).

AUTÓPSIA/ INVESTIGAÇÕES PRELIMINARES

BLANKSTEIN, Andrew; LIN II, Rong-Gong; RYAN, Harriet; GOLD, Scott. "Michael Jackson's Doctor Interviewed by LAPD". *Los Angeles Times*, 28 jun. 2009.

"Edward M. Chernoff". Disponível em: <houstoncriminallaw.com> (CI).

GUMBEL, Andrew. "Michael Jackson Doctor Hires Lawyer as Family Hires Pathologist". *Guardian*, 28 jun. 2009.

_____. "Police Focus".

HARRIS, Paul. "Michael Jackson's Family 'Ask for Second Autopsy'". *Observer*, 28 jun. 2009.

MCCARTNEY, Anthony. "Lawyer for Doctor: Jackson Had Pulse When Found". Associated Press, 28 jun. 2009.

MCKAY, Hollie. "Michael Jackson Balding, Incredibly Thin and Had Tattooed Facial Features". Fox News, 9 fev. 2010 (I).

PARKER, Nick; KENNEDY, Steve. "8 st. 1 oz., No Food Just Pills in His Stomach, Bald, Bruised...". *The Sun*, 3 jul. 2009.

_____. "The Shock Findings of the Michael Jackson Autopsy". *Sun*, 3 jul. 2009.

RYAN, Harriet. "Police Seize Medical CD Labeled with Jackson Pseudonym". *Los Angeles Times*, 29 jul. 2009.

_____. "The Unlikely Lawyer in Conrad Murray's Corner". *Los Angeles Times*, 12 set. 2011.

SEARS, Neil; MOULT, Julie; MARTIN, Arthur. "Michael Jackson's Death: The Questions Still to Be Answered". *Daily Mail*, 29 jun. 2009.

SIEMASZKO, Corky. "Michael Jackson Autopsy Report Confirms Singer Suffered from Vitiligo, Wore Wig, Had Tattooed Makeup". *New York Daily News*, 10 fev. 2010.

SNEAD, Elizabeth. "What Killed Michael Jackson, Where Will He Be Buried, Where's His Brain?". *Los Angeles Times*, 7 jul. 2009 (doravante SNEAD, "What Killed Michael Jackson?").

STEINHAUER, Jennifer. "Medication a Focus of Jackson Inquiry". *New York Times*, 27 jun. 2009.

WATKINS, Thomas. "Unsealed Search Warrants Reveal Heavy-Duty Anesthetic and Skin-Whiteners Found in Michael Jackson's Home". Associated Press, 27 mar. 2010.

BOOM NA CARREIRA DEPOIS DA MORTE/ ESPÓLIO

"2009 US Music Purchases Up 2.1% over 2008; Music Sales Exceed 1.5 Billion for Second Consecutive Year". *Business Wire*, 6 jan. 2010 (CI).

CAULFIELD, Keith. "Fans Snap Up 1.1 Million Michael Jackson Albums in One Week". *Billboard*, 14 jul. 2009.

_____. "Michael Jackson Breaks *Billboard* Charts Records". *Billboard*, 30 jun. 2009.

CHRISTMAN, Ed; DONAHUE, Ann; MITCHELL, Gail; PEOPLES, Glenn; WADDELL, Ray. "How Michael Jackson Made $1 Billion Since His Death". *Billboard*, 21 jun. 2010 (doravante CHRISTMAN, DONAHUE, MITCHELL, PEOPLES e WADDELL).

LEE, Chris; LEWIS, Randy. "Michael Jackson's Record Sales Top 9 Million Since His Death". *Los Angeles Times*, 16 jul. 2009.

LEWIS, Randy. "Michael Jackson Album Sales Highlight Physical, Digital Merits". Disponível em: <LATimes.com>, 14 jul. 2009 (I).

MORGAN, Piers. "John Branca and Howard Weitzman Discuss Michael Jackson Estate". CNN, 3 out. 2011 (RT) (doravante MORGAN, "Branca and Weitzman").

SEXTON, Paul. "Michael Jackson Scores Eight of Top 10 Euro Albums". *Billboard*, 16 jul. 2009.

SISARIO, Ben. "In Death as in Life, Michael Jackson Sets Music Sales Records". *New York Times*, 2 jul. 2009 (doravante SISARIO, "In Death").

OPORTUNISMO DA FAMÍLIA JACKSON / ACUSAÇÕES A TOHME

HARRIS, Paul; CLEMENTS, Jo. "Michael Jackson Death Was 'Foul Play,' Claims Father Joe". *Daily Mail*, 28 jun. 2009.

HARVEY, Steve. "Joe Jackson Condemned over Reaction to Death of Son, Michael". *Times*, 30 jun. 2009.

ROSSEN, "Mystery Man".

CUSTÓDIA / TRIBUNAL / DEBBIE ROWE

DOLAN, Maura; GARRISON, Jessica. "Debbie Rowe Considers Bid for Custody of Michael Jackson's 2 Older Children". *Los Angeles Times*, 2 jul. 2009.

KIM, Victoria; BLANKSTEIN, Andrew. "Michael Jackson's Mother Granted Temporary Guardianship of His Three Children". *Los Angeles Times*, 29 jun. 2009.

MCCARTNEY, Anthony. "Michael Jackson's Mother Seeks Custody of His Children". Associated Press, 29 jun. 2009.

JESSE JACKSON / AL SHARPTON / LEONARD ROWE

CLARK, Champ. "Jackson Family Has Questions". *People*, 28 jun. 2009.

"Al Sharpton Spins Joe Jackson's Bizarre CNN Interview". Associated Press, 29 jun. 2009 (I).

KING, Larry. "Michael Murdered? Interviews with Joe Jackson and Leonard Rowe". CNN, 20 jul. 2009 (RT).

"Metro Atlanta Mourns Michael Jackson's Death". *Action News*, WSB-TV, 25 jun. 2009 (RT).

COMOÇÃO INTERNATIONAL / EVENTO UNIFICADOR / COBERTURA EXCESSIVA

COBO, Leila. "Michael Jackson Remains a Global Phenomenon". *Billboard*, 2 jul. 2009.

_____. "We Are the World: Brazil". *Billboard*, 11 jul. 2009.

"El Rushbo Supports Justice Brothers in Case of Media v. Michael Jackson". Disponível em: <Rushlimbaugh.com>, 29 jun. 2009 (I).

FERNANDEZ, Maria Elena; COLLINS, Scott. "Jackson Media Frenzy Faulted". *Los Angeles Times*, 4 jul. 2009 (doravante FERNANDEZ e COLLINS).

"Hugo Chavez Scolds CNN for Coverage of Michael Jackson's Death". *El Universal*, 25 jun. 2009.

KEAGLE, Lauri Harvey. "Fans Paying Respects to the King of Pop at Boyhood Home". *The Times of Northwest Indiana*, 26 jun. 2009.

LEWIS, Randy. "Radio Airplay for Michael Jackson: Off the Chart". Disponível em: <LATimes.com>, 29 jun. 2009 (I).

"Most Americans Believe Jackson Coverage Excessive". Pew Research Center, 2 jul. 2009 (I).

"O'Reilly Provokes Outrage with Jackson Rant". Yahoo News, jul. 2009 (I).

POOR, Jeff. "Jacko Telethon: Primetime Broadcast Network Coverage Devotes One Third of All News to Pop Star's Death". *NewsBusters*, 10 jul. 2009 (I).

SANNEH, Kelefa. "Postscript: Michael Jackson". *New Yorker*, 6 jul. 2009.

"*Time* Magazine to Publish Special Jackson Issue". *People*, 27 jun. 2009.

CAPÍTULO 26 [pp. 496-533]

Tenho uma cópia do testamento que foi distribuída no tribunal no dia da primeira aparição de John Branca perante o juiz Beckloff. Detalhes das decisões: "executores nomeados por...", *LA Times, New York Times*. Branca mantendo Sitrick, Weitzman: Mike já estava falando em nome de Branca no dia em que o testamento apareceu; Weitzman representou Branca desde sua primeira apresentação à corte. Biografia de Weitzman: o site de sua empresa, minhas próprias observações sobre ele desde o julgamento de DeLorean. Encontrei Mike Sitrick pela primeira (e única) vez em sua festa do feriado de Quatro de Julho em Malibu, três dias depois de o testamento de MJ ter chegado ao tribunal em Los Angeles. Fomos apresentados por meu amigo Ron Kaye, editor aposentado do *Los Angeles Daily News*, que me contou bastante a respeito do lugar ocupado por Sitrick na estrutura de poder de Los Angeles. Nos comunicamos apenas por e-mail desde então. A "Roda da Dor" de Sitrick: um advogado que o inquiriu (e alega ser o único a fazer isso) em um processo. Carreira de Sitrick: Nolan/ Gawker, veja também o livro de Sitrick, *Spin*. Eu sei que as pessoas têm medo dele porque elas me disseram. Interesse da mídia na parte deixada a Debbie Rowe no testamento de Michael Jackson: veja manchete da Associated Press; os noticiários locais em Los Angeles também deram destaque ao fato. Nenhum interesse de Diana Ross em criar os filhos de MJ: fontes próximas a KJ; veja também o *Daily Mail*. Eu também possuo uma cópia do acordo do fundo fiduciário de MJ. Sandra Ribera, que está intimamente familiarizada tanto com o testamento quanto com o acordo do fundo fiduciário, me apontou o que ela achou que eu não havia interpretado corretamente a respeito do testamento e sugeriu mudanças no manuscrito, que eu fiz. "Eles aplaudiram três vezes..."/ Relato de Branca sobre reunião com os Jackson: Deutsch/ "Jackson Had Long History"; Katherine Jackson contou uma história bem diferente. "Meu filho havia dito para mim": KJ num encontro ao qual fomos ambos, num hotel no vale de San Fernando. Branca atônito: dito a Howard Weitzman, na audiência em que se considerou o requerimento da sra. Jackson para torná-la executora do espólio de MJ, observado em primeira mão. "Concessão-chave" que Katherine ganhara, Branca/ Weitzman tentativa de acordo, parte Jackson requerendo poder de intimar Branca/ McClain, Weitzman/ atrasando "investigação urgente" a respeito de bens desaparecidos: advogados e consultores da sra. Jackson, que me mostraram arquivos de documentos do tribunal. Veja também o site de Mayoras, Ryan e Kim/ *LA Times*, passo a passo em Julie Garber/ blog Wills do site <about.com>, artigo do <law.com>. O artigo da *Forbes* (veja abaixo) sobre o valor dos bens de MJ não foi publicado antes de 2010, mas foi baseado no status e na performance do espólio em 2009. Aumento contínuo na venda de músicas de MJ: *Times* de Londres, *Guardian*, *New York Times*. Quantidade e opiniões de valor "incalculável" de músicas, filmes fotográficos e filmagens: Schaffel, Wiesner. Eu tive sorte de ter evitado um erro constrangedor em relação ao leilão de Julien da memorabilia supostamente pertencente a David Gest (como noticiado pelo *LA Times* no dia do leilão e no dia seguinte); foi por acaso que eu vi que ele havia negado a propriedade e expressado sua raiva (Contact Music). Na verdade, eles haviam consignado o material de alguém que o obteve de Gest anteriormente. Nome de domínio de MJ à venda no eBay por 1 milhão de dólares: vi em primeira mão. Audiência de 6 de julho/ longa apresentação de todos os advogados: observação em primeira mão. Veja <law.com> e Ryan e Kim/ *LA Times*, ambos descrevem o histórico dos diversos advogados. Como McMillan acabou representando KJ: KJ. Representação de Branca sobre o testamento: no tribunal. Que eu saiba, ele jamais identificou o advogado que preparou o testamento ou deu qualquer tipo de detalhe sobre o momento em que foi assinado. Questões sobre o testamento: vários advogados, observadores e consultores de Katherine Jackson. Carta de demissão que MJ mandou a Branca com ordem para devolver todos os documentos, Barry Siegel (demitido junto com Branca) se excluindo da função de executor: dos documentos. Termos "total e exclusivo": do documento do fundo fiduciário; veja os posts relevantes do blog de Mayoras abaixo; citações de Mayoras vêm também de entrevistas para *Stealing Michael Jackson*. Observações sobre cláusulas de exclusão e KJ: postagens no blog e entrevistas do filme. Autenticidade do testamento: Tohme, consultores de KJ, ações de Joe Jackson contra o espólio. Conselhos dos advogados de Katherine e o que ela estava pensando por si mesma: KJ pessoalmente, em maiores detalhes por seus advogados e consultores.

Longa associação de McClain com a família Jackson: Consultores/ advogados de KJ. "Incapacitação" de McClain: não especificada por Weitzman em comentários à corte (ao menos não em minha presença); Explicação de diabetes e derrame: advogados e consultores de KJ conjecturando. Histórico de McClain: perfil no <lalate.com> e Taraborrelli (incluindo Joe Jackson sobre perder Janet como cliente). Carinho de KJ por McClain (amigo de escola de Jackie), cautela de Joe: advogados e consultores dos Jackson. Preocupação de KJ a respeito de Branca: KJ. Joe Jackson sobre Branca: entrevista para *Stealing Michael Jackson*. Schreiber falando da desconfiança de KJ sobre Branca, resposta de Hoffman, decisão de Beckloff: observado em primeira mão. Isso pareceu razoável por causa das habilidades de Branca, em minha avaliação, que se baseou no que sei dos sucessos de sua carreira e por causa das concessões feitas a mim, até por pessoas que não gostam dele, de que ele é, conforme escrevi, "um advogado brilhante e um negociante magistral". Branca já ganhou milhões de dólares administrando o espólio de MJ e há quem diga que ele os mereceu. "Maximizando o patrimônio": Weitzman, audiência de 6 de julho, em minha presença. Decisão do juiz: também presente; os detalhes são confirmados por Ryan/ Kim/ *LA Times*. Eu estava ao lado deles quando Branca e McMillan ficaram próximos do lado de fora do tribunal. Chefe de segurança de Jackson sobre Debbie Rowe: consultores da família, comunicados públicos, documentos do tribunal. Klein apontado (pela segunda vez) como pai de Prince e Paris: *Us*; a manchete tinha a ver com o desmentido de Klein naquela manhã no *Good Morning America* (também abaixo); citações de Klein: via *Larry King*. Declarações de Mark Lester sobre possível pai de Paris: entrevistas de tabloide londrino (veja notas do capítulo 3): resposta de Tito e Jermaine: "Jackson Family Anger", "Michael Jackson Was Confronted". Citações de Geller aqui: mesmos artigos. Citações e observações de Leo Terrell, biologia como trunfo: Terrell. Entrevista de 2 de julho com Debbie Rowe na KNBC e *Us*: veja abaixo; todas as citações conforme atribuídas. Faye/ Bush preparando MJ para visitação em Forest Lawn: "Michael Jackson's Inner Circle Addresses Rumors"/ ABC.

Velório de Michael Jackson no Staples Center: eu tinha um convite, gentilmente cedido por Claire Hoffman, mas acabei dando para uma senhora mestiça que me implorou e tinha vindo de Londres só para o evento. Só mais tarde me ocorreu que sem um documento identificando-a como se fosse eu, ela provavelmente não entraria. Então assisti pela televisão, assim como as milhares de pessoas que acompanharam a transmissão, e minhas observações são dessa perspectiva. Ehrlich/ Ortega organizando juntos o velório: Gundersen/ *USA Today*, *LA Times*. Número de ingressos disponibilizados, preocupação com o impacto na cidade, rápida controvérsia sobre custos: *LA Times* de 4 a 9 de julho. Debate dos Jackson sobre o sepultamento: advogados e consultores da família, Tohme. Notícias de que MJ queria ser congelado (mentira, até onde sei) e seria colocado em exposição (mentira também, obviamente): veja o *Daily Mail* abaixo. Tenho uma cópia da certidão de óbito de MJ. Investigação do legista/ ficar com o cérebro: Snead/ *LA Times*, depois, *Guardian*. Visitação pública de MJ em Neverland (errado novamente): *Daily Mail*. Vigília de fãs em Neverland, preocupação local: Bloomekatz/ *LA Times*, Tohme. Debates na internet, conversas com Barrack: Tohme. Trabalho em Neverland, manobras de Barrack: Siklos/ *Fortune* (veja notas do capítulo 1). Eu ouvi depois o ponto de vista bem diferente de Katherine Jackson sobre tudo o que acontecera, e tenho que admitir que o modo como ela se portou nesse momento foi o que realmente me fez começar a admirá-la. Veja também Ryan/ Blankstein/ *LA Times* (com colaboração de Taj Jackson). "A maior performance do Jackson 4": Dileo ao *Daily Mail*. MJ rezando na estátua de Elvis: Geller. Fã russo: Novasti via WorldMeetsUS. Decisão final sobre o funeral e lugar de sepultamento de MJ: ouvi o ponto de vista da sra. Jackson bem depois do evento, também Alexander/ *Time*, que descreveu o papel de Randy Jackson (ainda que não como Randy olhou os outros Jackson nos olhos). Descrição de Forest Lawn: o site do Memorial Park — a página do Grande Mausoléu em <stars.com>, mais Alexander, Manning, Dimond, Ditzian, Kreps, blog de Burks. Permissão de Branca para comprar cripta no Santuário da Ascensão/ custos etc.: consultores de KJ, artigos citados acima. Mesmo modelo de caixão de James Brown: KJ. Jackson implicando com a data do funeral, restos mortais de MJ desatendidos por longo período: mesmas fontes anteriores.

Acordo de custódia entre KJ e Debbie Rowe: Schaffel, que ajudou na negociação. Debbie contratando Eric George e o que isso provavelmente significava. Leo Terrell, seguido por outros advogados, incluindo Mesereau, e depois reportagens na imprensa. É possível que Schaffel tenha supervalorizado seu papel, mas ele foi o primeiro que juntou Katherine Jackson e Debbie Rowe. Que Marc estava tentando mostrar às pessoas como poderia ser útil é uma inferência minha, baseada em conversas com ele; ele nunca disse isso explicitamente. Schaffel e Debbie novamente se relacionando: Schaffel, veja também artigo da Reuters sobre processo contra o TMZ: citação de King: requerimento à corte. Schaffel unindo Katherine e Debbie: Schaffel, não desmentido por nenhuma fonte, incluindo Sandra Ribera. Acontecimentos em Hayvenhurst: Schaffel, outras fontes; ele foi o único que não pediu para não ser citado pelo nome. O que Marc me dizia era exatamente o que eu estava ouvindo de outros, a não ser o fato de que os outros achavam que sabiam muito mais sobre o que estava acontecendo do que ele. Os outros consultores podem não gostar disso, mas Katherine confidenciava muita coisa a Schaffel e Mann. O consultor que cito anonimamente não era Mann. A respeito da fonte que eu cito referindo-se ao marido de Debbie como "malandro": eu não o chamei assim. Nathaniel Brown sustentou a família trabalhando, entre outras coisas, como carteiro; segundo sei, ele é um homem decente e trabalhador, só não tem muito dinheiro. Crianças lidando com a nova situação: via advogados/ consultores de KJ, "Michael's Last Wish"/ *People*. Os Jackson mantendo Grace por perto: uma inferência, baseada no que me foi dito por diversas fontes, como ressaltei, Schaffel tinha outra opinião. Ele estava bastante envolvido em deixar abertas as linhas de comunicação entre Grace e Katherine, mas não acho que seu julgamento foi tão acertado quanto na relação entre Katherine e Debbie Rowe. Condições de vida em Hayvenhurst: fontes que eram visitantes frequentes da casa / confidentes de KJ, relatório do serviço social depois do incidente com a arma de choque. Filhos de Alejandra se referindo a Jermaine como "tio papai": consultor de KJ, próximo da família Jackson por muitos anos. Novamente, Schaffel é a fonte mais citada sobre a situação na casa e sobre Alejandra porque ele foi o único que não me pediu para não usar seu nome. Boatos sobre Donte e Omer: consultores de KJ e tabloides ingleses, incluindo o *Sun*. Alejandra Oaziaza: fontes relacionadas a KJ / funcionários de Hayvenhurst; também usei informações contidas numa longa carta sobre Alejandra publicada pelo TMZ e atribuída a "uma fonte dentro dos Jackson". Eu tenho certeza de que sei quem é essa pessoa e de que ela está em posição de saber tudo sobre Alejandra e seus negócios com a família Jackson. Essa carta desde então foi postada no <desireespeakssolisten. blogspot.com> (citado anteriormente), onde ainda pode ser lida. Toda a informação que usei dela foi confirmada por pelo menos uma de minhas fontes. Citações de Schaffel e Tohme: Schaffel, Tohme. Razões para o atraso no funeral de MJ: fontes confidenciais; o momento escolhido fala por si só. A falta de explicação de Ken Sunshine: "Jacksons Postpone Michael's Burial Again" / Associated Press; Joe Jackson: ao TMZ; outros compromissos dos Jacksons: Yahoo, <manhattanlivingmag. com>. Funeral: eu estava por acaso em Los Angeles e observei à distância; ainda, *Time* magazine, *Daily Telegraph, Daily Mail*, MTV, Friedman, "Gloves Off on Cost" / *LA Times*, duas fontes que foram até lá. Última conversa de Lisa Marie e MJ: a Oprah, em 2010; pedido de girassóis / doação do <sunflowerguy.com>: TMZ, <X17.com>. David Rothenberg: *Larry King Live* (Edição especial de 03 / 09). Alguém que estava lá me disse que Rothenberg falou quase que exatamente a mesma coisa no funeral. Eu conheço bastante sua história pois era colunista de jornal em Los Angeles quando esse particular horror foi perpetrado. Os Jackson adquirindo outros locais para enterro: "Gloves Off" / *LA Times*, confirmado depois por uma fonte na qual confio.

Decisão do legista de considerar a morte homicídio: Smoking Gun, via depoimento de Orlando Martinez; também, "Ruled a Homicide" / *New York Times* e *LA Times*. Comentários iniciais do chefe de polícia Bratton / investigações de homicídio: Bone / *Times*. Acusações de assassinato pouco prováveis: Leonard / Ryan / *LA Times*, 19 jul. 2009. Envolvimento de unidades especiais, incluindo a DEA [Agência Antidrogas Americana]: Natalie Finn / E!Online em 2 jul. 2009. Escopo da investigação: cinco médicos: 3 e 4 de julho. Mandado de busca para Mickey Fine: exame do documento, que é intrinsecamente ligado à investigação do dr. Klein. Frascos e embalagens do quarto de MJ: "Medication Removed" / ABC. Depoimento de Ed Winter / Klein: "Evidence Piling Up" / Fox News, *People*, CNN; Segunda visita de Winter: Radar Online. Execução do mandado de busca na casa de Mickey Fine: TMZ. Citações de Winter: Seal, *Vanity Fair*. Defensiva de Klein na mídia: *Good Morning America, Larry King Live*; citações: GMA. Um de uma dúzia de médicos: *LA Times* em 4 jul. (cinco médicos), o *Times* de Londres em 5 de julho, trinta pessoas sendo examinadas, *LA Times* em 17 de julho; os nomes dos médicos sendo investigados pela polícia foram aparecendo lentamente, em conexão com o caso Murray e o inquérito do conselho médico estadual. O primeiro a ser nomeado, dr. Tadrissi, registros do dr. Adams intimado: 24 de agosto, "Lethal Levels" / *LA Times*. Dr. Àdams negou ao *Las Vegas Review-Journal* a alegação de Conrad Murray de que teria administrado propofol a MJ. Adams era notícia novamente em maio de 2011 quando o TMZ conseguiu uma cópia de uma intimação emitida pelos advogados de Murray que obrigaria Adams a testemunhar que ele havia, na realidade, administrado propofol a MJ. Adams tinha admitido a administração de propofol a MJ, o que foi testemunhado pelo detetive Martinez no julgamento de Murray. E um e-mail foi admitido como prova para mostrar que Adams queria se juntar à turnê This Is It como anestesista de MJ. O único envolvimento do dr. Slavit no caso foi o exame que ele conduziu em MJ no começo de 2009 para a apólice de seguro. Visita de Winter ao dr. Koplin: TMZ em 29 jul. 2009; jornais no dia seguinte. Randy Rosen: TMZ em 23 jul. 2009. Dr. Metzger interpreta a direção dos ventos e manda seu advogado Braun contar à imprensa sobre a tentativa de MJ de obter propofol dele na primavera de 2009: veja a matéria de Nancy Grace. Dr. Farschian: Waxman/ "5 Doctors"; o primeiro documento significativo a implicar Farschian foi sua carta a MJ na qual ele diz que Buprinex é melhor do que Demerol: blog do Miami New Times; primeira sugestão de que Farschian era alvo de investigações: Posner/ "Jackson and the 'Pill Mills'" (veja notas do capítulo 12); Fox News quatro dias depois. Seria revelado depois que alguns dos ex-guarda-costas de MJ estavam falando com investigadores sobre o fato do dr. Farschian prescrever drogas demais, em particular Demerol, a MJ. Eu estava ouvindo sobre isso de Schaffel e Wiesner, entre outros. Dr. Aksenoff recusando-se a atender o pedido por estimulantes: Japan Times. Deepak Chopra: a Gerald Posner. Nomes falsos que MJ usava para conseguir drogas: mandado de Winter, que chegou aos ouvidos da imprensa em 30 jun. 2009; veja Guardian abaixo. Joey Jeszeck e outros como testemunhas nas investigações de 2009: fonte confidencial que tem acesso aos arquivos das investigações; veja também Posner (veja notas do capítulo 12). Polícia de Los Angeles mandando o caso à promotoria/ momento em que o legista declarou o homicídio: Reuters. Uso anterior de drogas, um atenuante na melhor das hipóteses, potenciais problemas com a cadeia de custódia: fonte confidencial citada acima. Falta do computador de MJ: Tohme, confirmado depois por fonte confidencial. Declaração de Murray à Igreja Batista da Galileia: <click2houston.com>. Declaração de Chernoff: "Feds Raid"/ Nightline. Acusação formal: CNN em 8 de fevereiro; a Fox News havia noticiado que Murray seria acusado de homicídio culposo em duas semanas, além de outras especulações da mídia. Alegação de inocência, audiência preliminar: Blas/ USA Today.

Alegações dos Jackson de crimes intencionais (veja notas do capítulo 25); Tohme eliminado como alvo, percepção de que Murray provavelmente não conseguiria pagar: fontes internas confidenciais; processo pelo qual Joe ("Michael foi levado à exaustão") e La Toya construíram seu caso na mídia e Jermaine se juntou a eles: "The Michael Jackson Conspiracy"/ Tru TV. La Toya citando Paris/ "continuaram forçando-o": para o Channel 4 inglês, via Daily Telegraph. Eventualmente, claro, os Jackson chegaram à conclusão de que a AEG era o único alvo viável. Não quero sugerir que o processo de Katherine contra a AEG não seja válido. Quanto mais eu penso sobre isso, mais acho que eles têm algo a responder. Características gerais do requerimento finalmente apresentado contra a AEG "Michael Jackson Overexerted Himself"/ ABC. Evolução de como a AEG se apresentou/ foi retratada pela mídia: veja o <LATimes.com> em 25 jun. ("in the Lurch"), "Counts Cost"/ o Times londrino em 26 jun.; reembolso total aos que compraram ingressos para os shows em 29 jun.: Daily Mail, LA Times; "Jackson Death May Prove Boon", Lee em 3 jul.; ingresso souvenir: <digitalspy. com> em 3 jul.; "Promoter's Show Must Go On"/ Billboard em 11 jul. O artigo de Lee foi o primeiro a noticiar que entre vendas de ingressos como souvenir, coleta do seguro e a venda das gravações dos ensaios de This Is It, a AEG poderia gerar lucro. Sony/ 50 milhões de dólares pela filmagem/ possível tributo para a televisão: Lee em 20 jul., veja também o Denver Business Journal. Porém, novamente o melhor artigo é o de Yazmeen, em termos de apresentação do histórico da situação da AllGood e de como Frank Dileo havia se posicionado (e sido posicionado depois pelo espólio). Tenho de dar o crédito a Dennis Hawk por me dizer, com meses de antecedência, que o processo da AllGood seria indeferido e baseado em quê. Ele estava certo sobre tudo. O contraste entre o tom do artigo do Hollyscoop: "Michael Jackson Estate Hit" anunciando o processo e a manchete no artigo da Associated Press sobre o arquivamento do mesmo demonstra o quão efetivo o espólio foi em transformar a questão num ataque pessoal a Michael. Randy Phillips/ "vilões corporativos": Siklos/ *Fortune* (veja notas do capítulo 1). "Eu vi um cara": Dileo em "Final Days Timeline"/ <abcnews. go.com>. "Mal podia esperar para ir para Londres", "um acidente": Ortega a Lang/ The Wrap. com. "Eu não acho que todos contribuíram": Ortega a McLean/ *Times* londrino.

Tenho certeza de que a AEG tinha boas razões para contratar Ortega como diretor do filme *This Is It*, para além de assegurar seu apoio, mas acho que ninguém envolvido na situação duvida de que isso tenha sido levado em conta. "Surpreendentemente ágil": Lang. Citações de Wiesner/ Tohme: Wiesner, Tohme. Atitude de Tohme em relação ao espólio, Dileo: Tohme. Dileo em Beverly Hill na maior parte dos dois anos que se seguiram à morte de MJ: diversas fontes, incluindo Friedman; o espólio pagando por isso: Tohme, Mann (que teve muitas conversas com Dileo enquanto ambos residiam lá), várias fontes confidenciais; as próprias contas do espólio mostram pagamentos a Dileo por serviços prestados e para cobrir despesas, mas sem maiores detalhamentos. Apoio de Phillips à história de que Dileo era empresário de MJ: inferência de Tohme baseada nos créditos de *This Is It* e em outras coisas que ele ficou sabendo. Escritório da AEG, carros da companhia para Grammys: Tohme, fonte confidencial. Um editor da *Rolling Stone* me disse que Phillips se referiu a Tohme como empresário de MJ quando entrevistado para as matérias dos dias 24 e 29 de maio. Fica claro no artigo de Knopper que a revista, ou pelo menos que o jornalista, considera que Tohme foi o empresário de MJ até a data de sua morte. Phillips mandando Tohme se dirigir à imprensa no dia da morte de MJ como seu empresário: filmagem; Ron Williams também me disse que os executivos da AEG falaram a ele que Tohme era o empresário de MJ. Quando perguntei isso a Phillips, no entanto, quase dois anos depois, ele não quis falar a respeito, a não ser que "foi uma confusão danada": e-mail de Phillips a mim.

ARQUIVOS DE TRIBUNAL

Criminal
LASC SA073164.

Investigação criminal
USDC-CA 09MJ1897.

Civil
BP 117321 (Tribunal Superior de Los Angeles) "Petição para a condição de administradores especiais" apresentada por John Branca e John McClain, 1 jul. 2009.
BP 117321 (Tribunal Superior de Los Angeles) "Pedido individual de revogação do pedido de Katherine Jackson para a condição de administradora especial" apresentada por John Branca e John McClain, 1 jul. 2009.

BP 117321 "Oposição a (1) petição de Branca e McClain para condição de administradores, e (2) moção para prosseguimento de seu pedido de administradora especial" apresentada por Katherine Jackson, 1 jul. 2009.

BP 117321 (Tribunal Superior de Los Angeles) Objeção de Joseph Jackson ao apontamento de John Branca e John McClain como executores do espólio de Michael Jackson, 9 nov. 2009 (doravante LASC BP 117321 09/11/09).

LASC BC445597.

2:11-ap-02407-RN 27/06/11.

2:11-ap-02407-RN 03/08/11.

DOCUMENTOS

Autópsia, 25/06/09.

Certidão de óbito, 07/07/2009.

Estado da Califórnia, condado de Los Angeles, "Search Warrant and Affadavit (Det. Orlando Martinez)", 24 ago. 2009.

Phillips a Sullivan, 04/04/11.

TESTAMENTO E FUNDO FIDUCIÁRIO

ARANGO, Tim; SISARIO, Ben. "Despite a Will, Jackson Left a Tangled Estate". *New York Times*, 6 jul. 2009.

BRONSTAD, Amanda. "Lawyers Abound at Probate Hearing on Michael Jackson's Estate". Disponível em: <law.com>, 8 jul. 2009 (I).

DEUTSCH, Linda. "Jackson Had Long History with Estate Administrator". Associated Press, 14 ago. 2009.

"Executors Named by Michael Jackson File Last Will in Los Angeles County Superior Court", 1 jul. 2009 (Anexo de Sitrick and Co. ao testamento) (CI).

GARBER, Julie. "Michael Jackson's Will vs. the Michael Jackson Family Trust". Disponível em: <about. com>, 6 jul. 2009 (I).

GARDNER, David. "Will Diana Ross Care for Michael Jackson's Three Children?". *Daily Mail*, 2 jul. 2009.

"Howard Weitzman". Disponível em: <kwikalaw.com> (CI).

"John McClain Interscope!". Disponível em: <lalate.com>, 1 jul. 2009 (I) (doravante "McClain Interscope").

MAYORAS, Danielle; MAYORAS, Andrew. "Michael Jackson's Mother Won't Administer His Estate". Disponível em: <probatelawyerblog.com>, 7 jul. 2009 (I).

_____. "Katherine Jackson's Shocking Change of Heart". Disponível em: <probatelawyerblog. com>, 12 nov. 2009 (I) (doravante MAYORAS e MAYORAS, "Change of Heart").

_____. "New Evidence Coming in the Michael Jackson Estate Case". Disponível em: <trialand-heirs.com>, 26 out. 2009 (I) (doravante MAYORAS e MAYORAS, "New Evidence").

_____. "New Jackson Estate Deal Reported". Disponível em: <probatelawyerblog.com>, 23 nov. 2009 (I) (doravante MAYORAS e MAYORAS, "Estate Deal").

_____."The Crazy Claims of the Michael Jackson Estate". Disponível em: <probatelawyerblog. com>, 18 abr. 2010 (I) (doravante MAYORAS, "Estate Deal").

MAYORAS, Danielle; MAYORAS, Andrew."Michael Jackson's Estate Teaches Important Planning Lessons". Disponível em: <trialandheirs>, 26 abr. 2011 (I) (doravante MAYORAS e MAYORAS, "Planning Lessons").

MCCARTNEY, Anthony. "Michael Jackson's Will Cuts Out Ex-Wife Deborah Rowe". Associated Press, 1 jul. 2009.

NOLAN, Hamilton. "Mike Sitrick: Ninja Master of the Dark Art of Spin". Disponível em: <Gawker. com>, 9 jul. 2008 (I).

RYAN, Harriet. "Michael Jackson Will Surfaces". Los Angeles Times, 1 jul. 2009.

_____; KIM, Victoria. "Michael Jackson Estate: Mother Loses Control, but Retains a Say in Major Decisions". Los Angeles Times, 7 jul. 2009.

CUSTÓDIA / DEBBIE ROWE / ARNOLD KLEIN

"Arnold Klein: Not Michael Jackson Sperm Donor 'to the Best of My Knowledge'". Us Weekly, 8 jul. 2009.

"Debbie Rowe Breaks Her Silence: 'I Want My Children'". Us, 2 jul. 2009.

FRICKER.

GARDNER, Eriq. "TMZ Sued over Leaked Debbie Rowe Interview". Reuters, 3 fev. 2010.

HENRY, Chuck. "Jackson's Ex Rowe Says, 'I Want My Children'". KNBC (Los Angeles), 2 jul. 2009 (RT).

KING, "Klein".

SAWYER, Diane. "Michael Jackson's Doctor Says He's Not the Father of Jackson's Kids". ABC / Good Morning America, 8 jul. 2009 (RT).

THOMAS, Liz. "Jackson Family Anger as Oliver! Star Lester Claims, 'I'm the Daddy'". Daily Mail, 10 ago. 2009.

FILHOS DE MICHAEL / O DRAMA DE HAYVENHURST

SAMSON, Pete. "Is This Secret Son of Jacko?". Sun, 16 jul. 2010.

TRESNIOWSKI, Alex; DYBALL, Rennie. "Michael's Last Wish". People, 17 ago. 2009 (doravante TRESNIOWSKI e DYBALL).

ESPÓLIO / FINANÇAS

ADAMS, Tim. "Michael Jackson: Now for the Encore". Guardian, 4 out. 2009.

BOYLE, Catherine. "Michael Jackson's Post-Death Music Sales Outstrip Elvis and John Lennon". Times, 1 jul. 2009.

"Gest to Sue over Jackson Auction Row". Disponível em: <Contactmusic.com>, 29 jun. 2009 (I).

GREENBURG, Zach O'Malley. "Michael Jackson: Secret Business Genius?". Forbes, 25 jan. 2011.

"Judge Dismisses Promoters' Lawsuit Against Michael Jackson". Associated Press, 19 ago. 2009.

KEEP, David A. "Celebrity Deaths Can Send Collectibles Prices Soaring". Los Angeles Times, 27 jun. 2009.

KNOPPER, Steve. "Michael Jackson's Legacy Includes Tangled Financial Web". Disponível em: <Rollingstone.com>, 29 jun. 2009 (I).

LANG, Brent. "Ortega: Jackson Planned 3D 'Thriller' Feature Film". Disponível em: <TheWrap. com>, (I).

MCLEAN, "Ortega".

"Michael Jackson Estate Hit with $300 Million Lawsuit". Disponível em: <hollyscoop.com>, 17 out. 2009 (i).

"Neverland on the Block: Inside the Michael Jackson Auction". Disponível em: <Rollingstone. com>, 24 maio 2009 (i).

SISARIO, "In Death".

WHITCRAFT, Teri; PISARCIK, Kristin; BROWN, Kimberly. "Timeline: Michael Jackson's Final Days". Disponível em: <abcnews.go.com>, 23 jun. 2010 (i).

YAZMEEN. "Dileo".

_____. "Allocco".

VELÓRIO/ ENTERRO/ NEVERLAND

ALEXANDER, Bryan. "Jackson's Funeral: Family and Friends Say Goodbye". *Time*, 4 set. 2009.

_____. "Picking Jackson's Burial Place: Security Was Key". *Time*, 3 set. 2009.

BLOOMEKATZ, Ari B. "Michael Jackson Fans Stick It Out at Neverland Ranch". *Los Angeles Times*, 4 jul. 2009.

BURKS, Lisa. "Sleeping in Beauty — Rest in Peace, Michael Jackson". Disponível em: <typepad. com>, set. 2009 (i).

COLEMAN, Mark. "Michael Jackson Finally Laid to Rest in Los Angeles". *Daily Telegraph*, 4 set. 2009.

COLLINS, Scott. "Jackson Memorial Seen as a Landmark". *Los Angeles Times*, 9 jul. 2009.

DIAZ, Joseph. "Michael Jackson's Inner Circle Addresses Rumors". ABC, 25 jun. 2010 (RT).

DILLON, Nancy; SIEMASZKO, Corky. "Michael Jackson's Mother Katherine Doesn't Want Jackson Buried at Neverland". *New York Daily News*, 8 jul. 2009.

DIMASSA, Cara Mia; WINTON, Richard; ZAHNISER, David. "LA Aims to Limit Jackson Crowd". *Los Angeles Times*, 4 jul. 2009.

DIMOND, Diane. "Michael's Foreverland". *Daily Beast*, 31 ago. 2009 (i).

DITZIAN, Eric. "Michael Jackson's Burial: Details on Forest Lawn Mausoleum". Disponível em: <mtv. com>, 4 set. 2009 (i).

"Florist Donates $5,000 Worth of Sunflowers to Michael". Disponível em: <X17.com>, 15 maio 2010.

FRIEDMAN, Roger. "Jackson Funeral Travesty: Ex-Con 1st Speaker". Disponível em: <Showbiz411. com>, 4 set. 2009 (i).

GRAHAM, Caroline; BOFFEY, Daniel. "Jackson Family Fallout: Exclusive Interview with Manager Reveals Rift over Funeral". *Daily Mail*, 5 jul. 2009.

GUNDERSEN, Edna. "The Man Behind the Jackson Tribute". *USA Today*, 9 jul. 2009.

"Jacksons Postpone Michael's Burial Again". Associated Press, 21 ago. 2009.

KAUFMAN, Gil. "Michael Jackson's Kids Lay Golden Crown on His Casket at Funeral". Disponível em: <mtv.com>, 4 set. 2009 (i).

KING, Larry. "Special Edition: Michael Jackson's Funeral". CNN, 3 set. 2009 (RT).

KREPS, Daniel. "Michael Jackson Burial Scheduled for August 29 at Forest Lawn". Disponível em: <Rollingstone.com>, 18 ago. 2009 (i).

"Lisa Marie Presley Wants Flowers at Michael Jackson Tomb". TMZ, 12 maio 2010.

"Long Live the King! A Birthday Celebration for Michael Jackson". Disponível em: <manhattanli-vingmag.com>, 29 jul. 2009 (i).

MANNING, Sue. "Michael Jackson's Resting Place Among Greats: Forest Lawn Glendale". Associated Press, 4 set. 2009.

"Michael Jackson's Body 'Will Have Public Viewing at Neverland Ranch Before Funeral on Sunday'". *Daily Mail*, 30 jun. 2009.

"Michael Jackson's Burial Postponed, Daddy Says". TMZ, 20 ago. 2009 (I).

"Michael Jackson Set to Be Embalmed at the O2 Centre After Missing the Deadline for Cryogenic Freezing". *Daily Mail*, 26 jun. 2009.

"Michael Jackson's 51st Birthday Celebrations". Disponível em: <yahoo.com>, 29 ago. 2009 (I).

RESTON, Maeve; BLOOMEKATZ, Ari B. "Gloves Off on Cost of Jackson Rite". *Los Angeles Times*, 9 jul. 2009.

SHERIDAN, Emily. "Exhausted and Emotional: Michael Jackson's Children Sleep After Saying Goodbye to Their Father at Funeral Service". *Daily Mail*, 5 set. 2009.

OPRAH. "Lisa Marie Presley".

"The Great Mausoleum — Forest Lawn". Disponível em: <stars.com> (I).

WIKIPEDIA

"Forest Lawn Memorial Park".

RELIGIÃO E ESPIRITUALIDADE

BLINOVA, Yekaterina. "Russian Fans of Michael Jackson Still Devastated". Disponível em: <WorldMeetsUs.com>, 28 jun. 2009 (I).

CARR, Firpo. "'Saint' Michael (Jackson)?". *Los Angeles Sentinel*, 15 out. 2009.

INVESTIGAÇÕES DA MORTE/ DROGAS/ MÉDICOS

"Anesthesiologist's Records Taken by Coroner". TMZ, 23 jul. 2009.

BLAS, Lorena. "Michael Jackson Doctor Pleads Not Guilty to Manslaughter". *USA Today*, 8 fev. 2010.

BONE, James. "Jackson Death May Have Been 'Homicide,' Says Police Chief". *Times*, 10 jul. 2009.

"Coroner's Office Investigators Are Back at Dr. Arnie Klein's Office". Radar Online, 19 ago. 2009 (I).

"Coroner Visits Another Beverly Hills Doc". TMZ, 29 jul. 2009 (I).

"DEA Raids Mickey Fine Pharmacy". TMZ, 21 ago. 2009 (I).

"Doctor Who Gave Michael Jackson Propofol in Las Vegas Forced to Testify for Dr. Conrad Murray in Manslaughter Case". TMZ, 12 maio 2011 (I).

"Dr. Conrad Murray Visits Church". Disponível em: <click2houston.com>, 22 nov. 2009 (I).

DUKE, Alan. "Investigator Visits Jackson Dermatologist Office". CNN, 14 jul. 2009 (I).

"Feds Raid Michael Jackson's Doctor Conrad Murray's Home and Office". *Nightline*, ABC, 28 jul. 2009 (RT).

FINN, Natalie. "Jackson Doc on the Move Again as Investigation Continues with State Attorney, DEA's Help". Disponível em: <E!Online.com>, 2 jul. 2009 (I).

FISHER, Luchina; GOLDMAN, Russell. "Medication Removed from Michael Jackson's House as Part of Coroner's Investigation". Disponível em: <abcnews.go.com>, 29 jun. 2009 (I).

GLOVER, Scott; LIN II, Rong-Gong; DIMASSA, Cara Mia; BLANKSTEIN, Andrew; YOSHINO, Kimi. "Michael Jackson Investigation Focuses on Doctors". *Los Angeles Times*, 4 jul. 2009.

GRACE, Nancy. "Another Doctor Says Jackson Asked for Propofol". CNN, 31 jul. (RT).

KING, "Klein".

LEONARD, Jack; RYAN, Harriet. "Murder Charges in Michael Jackson Case Are Unlikely, Source Says". *Los Angeles Times*, 19 jul. 2009.

"'Lethal Levels' of Drug Killed Jackson". Smoking Gun, 24 ago. 2009 (I).

MATSUTANI, Minoru. "Tokyo Doctor Refused Jackson Stimulants: Late 'King of Pop' Asked for Drugs in 2007". *Japan Times*, 16 jul. 2009.

MEYER, Josh; BLANKSTEIN, Andrew. "LAPD Seeks DEA's Expertise for the Investigation". *Los Angeles Times*, 3 jul. 2009.

MICHAELS, Sean. "Michael Jackson Aliases Revealed". *Guardian*, 30 jun. 2009.

MOORE, Solomon. "Jackson's Death Ruled a Homicide". *New York Times*, 28 ago. 2009.

MOWER, Lawrence. "Anesthesiologist Calls Murray's Statements False". *Las Vegas Review Journal*, 27 ago. 2009.

MUNZENRIEDER.

"Police Target 30 in Hunt for Michael Jackson's Drug Suppliers". *Sunday Times*, 5 jul. 2009.

POSNER, Gerald. "Deepak Chopra: How Michael Jackson Could Have Been Saved". *Daily Beast*, 2 jul. 2009 (I).

RYAN, Harriet; YOSHINO, Kimi. "Investigators Target Michael Jackson's Pseudonyms". *Los Angeles Times*, 17 jul. 2009.

SAWYER, Diane. "Michael Jackson's Doctor Arnold Klein Denies Dangerous Drugs". ABC/ *Good Morning America*, 8 jul. 2009 (RT).

SEAL, "Doctor Will Sue".

SNEAD, "What Killed Michael Jackson?".

"Source: Michael Jackson's Doctor to Be Charged with Manslaughter". Fox News, 19 ago. 2009 (I).

TAUBER, Michelle. "Evidence Piling Up Against Michael Jackson's Dermatologist". *People*, 28 ago. 2009.

TOURTELLOTTE, Bob. "Jackson Death Ruled Homicide, Focus on Doctor". Reuters, 28 ago. 2009.

WAXMAN, "Doctors".

WINTER, Jana. "At Least Nine Doctors Who Treated Michael Jackson Under Investigation". Disponível em: <foxnews.com>, 15 jul. 2009 (I).

_____. "Evidence Is Piling Up Against Dermatologist to the Stars in Jackson Death". Disponível em: <foxnews.com>, 27 ago. 2009 (I).

WINTON, Richard; RYAN, Harriet. "Jackson's Death Ruled a Homicide". *Los Angeles Times*, 28 ago. 2009.

YOSHINO, Kimi; BLANKSTEIN, Andrew. "'Lethal Levels' of Anesthetic Propofol Killed Michael Jackson". *Los Angeles Times*, 24 ago. 2009.

JOE E LA TOYA COMANDANDO A AÇÃO

"Michael Jackson 'Was Worked Too Hard' Claims Daughter". *Daily Telegraph*, 1 out. 2009.

QUINN, Delores. "The Michael Jackson Conspiracy: His Relatives Suspect Foul Play". Disponível em: <trutv.com> (I).

AEG

CONNELLY, Chris; SHER, Lauren. "Michael Jackson Overexerted Himself in Tour Rehearsal, Insiders Say". ABC, 2 jul. 2009 (I).

FLINT, Joe. "Michael Jackson's Death Leaves AEG in the Lurch". Disponível em: <LATimes.com>, 25 jun. 2009 (I).

GORDON, Sarah. "Michael Jackson Fans Will Get Refund from Tour Operators". *Daily Mail*, 30 jun. 2009.

HARDEN, Mark. "Michael Jackson's Death Ends London Comeback Concert Series by Anschutz's AEG". *Denver Business Journal*, 26 set. 2009.

LEE, Chris. "Jackson Death May Prove a Boon to AEG". *Los Angeles Times*, 3 jul. 2009.

_____. "Michael Jackson Rehearsal Footage Draws Bids". *Los Angeles Times*, 20 jul. 2009.

"Michael Jackson Concert Promoter AEG to Refund Tickets". Disponível em: <LATimes.com>, 29 jun. 2009 (I).

PARKS, Tim. "AEG to Release Jackson Memorial Ticket". Disponível em: <Digitalspy.com>, 3 jul. 2009 (I).

SHERWIN, Adam. "O2 Arena Counts Cost as Curtain Closes on the Greatest Show of All". *Times*, 26 jun. 2009.

WADDELL, Ray. "Promoter's Show Must Go On". *Billboard*, 11 jul. 2009.

CAPÍTULO 27 [pp. 534-53]

Eu sei muita coisa sobre os esquemas, interesses e conflitos da família Jackson — mais do que qualquer um na mídia, ouso afirmar — baseado no meu acesso aos advogados e consultores que estão tentando organizar tudo isso. Nenhum deles quis falar oficialmente (bem, Howard Mann e Marc Schaffel podem ser exceções), então não vou dizer quem disse o que nominalmente. Porém, vou ressaltar os registros públicos de alguns dos fatos que descreverei. Randy Jackson (junto com Joe) liderando a oposição da família a Branca (passado e presente): minhas fontes; o espólio também sabe disso, como demonstrado pela gravação de uma conversa telefônica entre Joel Katz, Henry Vaccaro e o advogado de Vaccaro da qual eu acabei de posse (citado abaixo); nela, entre outras coisas, Katz diz que Randy e Joe é que estão dificultando a vida dos advogados do espólio. Principalmente, no entanto, eu confio em minhas fontes.

Falei, direta ou indiretamente, com pessoas desde os advogados que aconselham os Jackson a diversos advogados que representaram MJ no último ano de sua vida, e vários que simplesmente vêm observando e comentando todas as controvérsias que surgiram sobre o testamento, o fundo fiduciário e o espólio. Os Mayoras foram extremamente críticos em relação ao fato de Branca ter permitido que sua própria firma preparasse um testamento que o nomeava executor, e fizeram isso publicamente, sendo mais duros nas entrevistas a Howard Mann para *Stealing Michael Jackson*. Outros advogados que representaram MJ e sua mãe apontaram esse fato, mas descreveram-no como questionável, apenas, não ilegal, nem mesmo antiético. Ouvi críticas a respeito da qualidade do testamento e do acordo do fundo fiduciário de cada um dos advogados com quem falei sobre eles, e a brecha do dever fiduciário abrindo possibilidade para uma denúncia foi o que um após o outro apontou. Todos concordam, no entanto, que seria um caso difícil de sustentar com base apenas nisso. Os Mayoras enfatizaram abertamente a diferença de datas no testamento e no acordo do fundo fiduciário, mas outros advogados me disseram que isso é incomum, mas não extremamente incomum, e que não seria um dado legal significativo a não ser que fosse parte de uma cadeia de fatos maior. Que os filhos de MJ não estejam identificados pelos nomes legais completos foi algo que claramente despertou suspeitas da família Jackson e que incomodou advogados e consultores que aconselharam os Jackson. Sandy Ribera se deu ao trabalho de me dizer os nomes legais de todas as crianças, e eu tenho uma cópia da certidão de nascimento de Paris. Citação de Joe: *Stealing Michael Jackson*.

Não pretendo me passar por árbitro, ainda que eu enxergue claramente a validade de alguns dos argumentos expostos — sendo que o fato de Branca não ter devolvido o testamento a MJ quando este lhe ordenou que o fizesse é o mais gritante. Tenho uma cópia da carta em que MJ dá a ordem, e todos os advogados com quem falei concordam que, a menos que haja uma explicação sobre a qual eles não sabem, o ocorrido é passível de medidas disciplinares da Ordem dos Advogados. LeGrand pegando documentos de Branca: depoimento de LeGrand/ O povo contra Michael Jackson; Oxman procurando entre documentos sem achar o testamento: entrevista para *Stealing Michael Jackson*. Randy exigindo documentos de Branca, o testamento em particular: depoimento sob juramento de Randy Jackson em Oxman/ Joe Jackson movendo ação e se opondo ao apontamento de Branca e McClain como executores; todos os advogados com quem conversei também concordam que Branca deveria ter entregado o testamento nesse momento, se fosse verdade. Oxman suspenso da Ordem dos Advogados duas vezes: veredicto de suspensão. Gana de Oxman por aparições na TV: "Media Frenzy Faulted"/ *LA Times*, diversas outras fontes, incluindo Mesereau; Mesereau reconhece a inteligência de Oxman, sua habilidade de pesquisa e escrita. Oxman e Randy contratando detetives particulares: algumas fontes acima. Reuniões de família, discussões e decisão de investigar/ contratar investigador particular: Rowe, provavelmente via Joe Jackson ou talvez KJ, ao Radar Online; minhas fontes zombaram da tentativa de Rowe de posar como uma figura central. Descobertas sobre MJ dos detetives particulares em Nova York no período de 6 a 10 de julho de 2002: declarações na ação de Joe Jackson contra Branca/ McClain; não deve ter exigido uma investigação profunda, veja o *New York Times* sobre o drama da Sony nos dias 7, 8 e 10 (capítulo 1), mas chama a atenção que há fotos de MJ nos dias 6, 8 e 9, mas não no dia 7 de julho. Marc Schaffel estava com MJ nessa viagem e me disse que ele passou o dia 7 entocado em seu quarto. Ainda que pareça improvável, a possibilidade de MJ ter entrado em um jatinho particular e voado de volta a Los Angeles para assinar o testamento não pode ser totalmente descartada. O que é estranho, no entanto, é que, se foi esse o caso, Branca e o espólio não tenham simplesmente dito isso e acabado com a controvérsia sobre a data num só golpe. O TMZ foi o primeiro a noticiar esse assunto numa matéria de 21 out. 2009 que citava a porta-voz de Al Sharpton: "Temos motivos para crer que Michael possa ter estado em Nova York em 7 de julho, e o reverendo Sharpton vai falar sobre isso depois de discutir com a família Jackson". Um dos consultores da sra. Jackson me disse que Sharpton assinou uma declaração juramentada dizendo que MJ estava com ele no dia 7 de julho, mas outro me disse que Sharpton estava falando a respeito de uma reunião no dia 6.

Citações do relatório da Interfor: do documento. O que Oxman achava que era importante e não sobre o documento: fica claro na ação contra Branca e McClain. A única dos Jackson que eu presenciei falando da execração de Branca por MJ foi Katherine, mas vi Joe em gravação de vídeo falando sobre isso; um advogado ou associado depois do outro que esteve envolvido com MJ nos seis anos anteriores a sua morte. Foi somente quando Howard Weitzman apresentou uma testemunha da reunião entre MJ e Branca, e eles arranjaram uma conversa por telefone com ela, Joel Katz, que disse que ele tinha conversado com MJ sobre a reunião depois de ela ter ocorrido, que concluí que a

798

reunião realmente acontecera e que Branca provavelmente foi contratado como um dos advogados para lidar com a parte de entretenimento de MJ, uma semana antes de sua morte.

Até o momento em que este livro entrou em produção, minhas tentativas de extrair respostas de John Branca sobre o testamento e o fundo fiduciário de MJ e sobre o relacionamento entre os dois foram todas ignoradas. Além da longa e ameaçadora carta de 31 mar. 2011 de Howard Weitzman denunciando Tohme e Mann, minha única forma de comunicação com o espólio foi através de e-mails trocados com Mike Sitrick. Repetidamente dei a Branca a chance de responder às perguntas que surgiram sobre sua posição e performance como executor do espólio de MJ, e ele se negou. Howard Weitzman fez uma série de telefonemas a várias fontes — Tohme, Dennis Hawk e Tom Mesereau, entre outros — perguntando se eles estavam falando comigo (e, implicitamente, os desencorajando), mas não se comunicou diretamente comigo até o final de agosto de 2012.

Mesmo depois da minha conversa com Weitzman, John Branca, até onde sei, não respondeu uma única pergunta que pusesse em xeque o fato de o testamento de MJ ter sido preparado por sua firma ou sobre como ele ficou de posse do documento depois de MJ tê-lo despedido e ordenado que devolvesse todos os documentos em seu poder. Branca também se recusa a responder qualquer pergunta sobre o local, o momento e as circunstâncias em que MJ assinou o testamento que foi entregue ao juiz Beckloff em 1º de julho de 2009. Sitrick e Weitzman tentaram sugerir (a mim e a outros) que essas questões estavam resolvidas quando o tribunal rejeitou as declarações da ação de Joe Jackson contra o espólio. Na verdade, o tribunal não rejeitou as declarações. O que foi rejeitado foi o fato de Joe Jackson fazê-las sem ser um beneficiário do espólio. Se Katherine Jackson tivesse movido o mesmo processo, essas declarações seriam seguramente ouvidas pelo tribunal, e Branca seria obrigado a prestar esclarecimentos. Até hoje, ele nunca prestou.

As alegações contra Branca no relatório Interfor são citadas não porque eu acredite que elas sejam verdade, mas porque elas claramente influenciaram MJ e foram parte significativa no processo de suas relações com Branca azedarem. Quando Tom Mesereau inqueriu David LeGrand no julgamento em Santa Maria, LeGrand disse que não possuía qualquer outra fonte de informação que dissesse que as acusações a Branca eram corretas. Não sei se MJ tinha uma fonte independente que sustentou as declarações ou se simplesmente ele acreditou nelas pois iam ao encontro do que ele já acreditava, mas a última possibilidade me parece mais provável.

Pessoalmente, não estou acusando Branca de nada. Apenas ressalto que existem questões legítimas que surgiram a respeito de sua posição de executor do espólio de MJ e que ele se negou a respondê-las publicamente.

Divisões internas entre os Jackson/ como Branca as explorou: majoritariamente, mas não completamente, de fontes confidenciais. Atitude do espólio em relação a Randy Jackson: gravação de conversa de Katz com Vaccaro; Howard Weitzman disse basicamente a mesma coisa, numa linguagem ainda mais incisiva, quando conversei com ele por telefone. Minhas fontes descreveram Randy de forma muito parecida com Katz e Weitzman e disseram que o resto dos Jackson o chama de "Joe Jr" pelas costas. MJ acusando Randy de roubo: texto do depoimento de MJ/ caso Prescient poderia ter sido e *foi* construído dessa forma pela mídia; veja a manchete da Contact Music abaixo; também é verdade, no entanto, que um comunicado de imprensa de 2007 (de Bain, em nome de MJ, postado no "Friends of Randy Jackson"/ Facebook) negou que ele alguma vez tivesse acusado Randy disso. Veja também o <starpulse.com>. A família Jackson tinha consciência de que MJ acusou Randy de roubá-lo: minhas fontes; Tohme também me contou que Michael lhe disse que, dentre toda sua família, Randy era o membro que ele deveria vigiar ao máximo, e que MJ disse que Randy o havia roubado em grande e pequena escala, estando especialmente aborrecido pelo roubo de um relógio o qual atribuiu a Randy. Eu não tenho conhecimento se de fato Randy roubou MJ ou não, mas tenho certeza de que MJ disse às pessoas que sim, a despeito do comunicado de imprensa. Eu ofereci a Randy a oportunidade de responder a todas as histórias a seu respeito, incluindo a do que aconteceu quando ele tentou conseguir uma reunião com MJ em Las Vegas em 2007. Matt Fiddes, que possivelmente tem a mais longeva relação com MJ do que qualquer outro segurança desde Bill Bray, disse ao *Sun* inglês que MJ mandou seus seguranças atirarem em Randy (veja a matéria do TMZ sobre isso abaixo). Randy negou que isso tenha acontecido, mas não a mim. Através de Taunya Zilkie, ele recusou a oportunidade de discutir esses assuntos comigo.

Jermaine: fontes citadas acima, observação do comportamento e declarações em público de Jermaine. Fraco por mulheres, dívidas de pensão alimentícia: consultor de KJ. Citações de Maldonado: Friedman em 24 jul. 2012. O espólio oferecendo a Jermaine ajuda para conseguir um contrato de gravação com a Universal: mesmas fontes que falaram sobre os atrasos de pensão alimentícia, Katz (cujo status na Universal é o mesmo de Branca na Sony) a Vaccaro. Oferta para trabalhar no Cirque du Soleil, Jermaine tomando partido do espólio (que ele depois abandonou): três fontes separadas. Eu abandonei a ordem cronológica aqui em prol do fluxo narrativo, a oportunidade no Cirque du Soleil veio bem depois que o acordo da Universal foi proposto. Relacionamento entre Jackie e McClain, passado e presente, acordo com o espólio/ negócio de camisetas: mesmas fontes, KJ na minha presença. Purificador de ar: uma única fonte, mas que sabe mais sobre o que acontece na família Jackson do que qualquer outra pessoa que não seja parte dela e do que a maior parte dos que são. KJ contratando Adam Streisand, relato de KJ do aconselhamento de McMillan: a própria KJ, seus consultores, outros advogados. Primeira aparição de Streisand em audiências, pressão da família para contestar o testamento/ Branca como executor: Alan Duke/ CNN 22 e 23 out. 2009, da onde vêm as citações da audiência do dia 22 de outubro; emissoras de TV locais/ "novas evidências" provavelmente tiradas daí. Streisand questionando o testamento, mas aconselhando a não contestar: KJ (Streisand nunca expressou essas dúvidas a mim); todos os consultores da sra. Jackson disseram que ela comentou que Streisand havia dito isso na época. Taj Jackson como possível executor adicional, resposta de Branca, conselho do advogado de KJ para que ela se distanciasse de Joe, decisão de KJ de desistir da briga contra o espólio: fontes confidenciais (a parte de Taj Jackson pode ter sido relatada). Também discuti esses assuntos com Adam Streisand. "Vale mais morto do que vivo": Joe Jackson ao *Extra*. Requerimento de Joe de uma pensão: Ryan/ 7 nov. 2009. Exigência de Joe de que Katherine fizesse pressão a seu favor: através de Weigh Oxman no tribunal, minhas fontes. Streisand convencendo a sra. Jackson a desistir das ações contra o espólio e trabalhar com os executores: explicado no tribunal e por Streisand a mim, KJ/ seus consultores. Eventos e todas as citações da audiência do dia 10 nov. 2009: *LA Times* e CNN, outros veículos que tinham repórteres presentes. Executores requerendo "compensação extraordinária": exame do documento, TMZ (15 e 17 dez. 2009). Apresentação de Weitzman do pedido: registro público. O caso de sucessão que foi apresentado ao juiz Beckloff é um que eu tive de dividir em pedaços, conforme minha lista de fontes, separando as diferentes ações.

Ação de Raymone Bain contra o espólio/ resultado: Mesereau, TMZ em 19 abr. 2010, "Raymone Bain's Claim Denied" em <mjworld.net>. Processo da AllGood: Hawk, veja também "AllGood Socks Jackson Estate Hard", "It's All Good For Michael Jackson"/ TMZ. Argumentos de

800

Weitzman: tribunal em sessão aberta. Petição de Audigier: registros públicos. Eric Muhammad: "Bodyguard Tries To Sell Mask" / <mjworld.net>.

Valores pagos à firma de advocacia de Weitzman / outros: contas do espólio, que eu consultei. Joe / Projeto Família Jackson: Judd / *Glendale News-Press*. Joe demandando arquivos médicos de MJ, queixa apresentada contra o espólio por deixar de requerer: <examiner.com> em 1 jan. 2010, registros públicos, arquivo de tribunal do caso de sucessão. Declaração de Oxman de que os médicos ouviram batidas do coração de MJ no hospital, outras queixas e ações nesse sentido: 29 mar. 2010, coletiva de imprensa, veja Duke / CNN. Declaração do *Segye Times* / KJ: arquivos de tribunal, Friedman em 28 jun. 2010; caso / como KJ lidou com isso / espólio: fontes confidenciais e, até certo ponto, Perry Sanders, que fechou afinal o acordo em nome da sra. Jackson. Tentativa de Joe de culpar Katherine pela morte de MJ no *News of the World*, citação de Streisand: *New York Daily News*, TMZ. Processo de Joe Jackson contra Murray um ano depois da morte: Associated Press, BBC. Os Jackson tirando a segurança particular do túmulo de MJ, Ações de Forest Lawn: *Sydney Morning Herald*, Friedman / "Michael Jackson Vultares"; pichações no túmulo de MJ: *National Ludger*. Acontecimentos no dia 25 de junho: matéria da ABC sobre o aniversário de morte. KJ entrando com processo contra a AEG: matérias da CNN e X17; todas as citações: do processo. Declaração de Brian Panis: veja abaixo. Resposta da AEG: Associated Press. Decisão do juiz Palazuelos de não indeferir o processo e os comentários sobre o caso: blog de Julie Garber, Wills, no site <about.com>.

Sucesso da carreira póstuma de MJ: *Billboard,* 21 jun. 2010, também Tim Adams / *Billboard*. Citações de Reeder, Branca e Sillerman, crescimento do espólio no primeiro ano (e todo o crédito merecido a Branca): Sisario / *New York Times*. Réplica de Tohme: Tohme.

ARQUIVOS DE TRIBUNAL

Civil

CV-09-07084 (Tribunal dos Estados Unidos, Distrito Central da Califórnia) John G. Branca, administrador especial do espólio de Michael J. Jackson; John McClain, administrador especial do espólio de Michael J. Jackson; e Triumph International Inc., a California Corporation contra Fundação Heal the World et al., 29 set. 2009 (doravante USDC-CA CU-09-07084).

LASC BP 117321 09/11/09.

BP 117 321 (Tribunal Superior de Los Angeles) Petição para adiantamento da audição sobre petição de (1) aprovação de pagamento de compensações extraordinárias aos administradores especiais e seus advogados; e (2) Reembolso de gastos da guardiã ad litem; Memorando de pontos e autoridades, 15 dez. 2009 (doravante LASC BP 117321 15/12/09).

CV 11-00584 DDP (Tribunal dos Estados Unidos, Distrito Central da Califórnia) John Branca e John McClain, executores do espólio de Michael J. Jackson contra Howard Mann et al., 20 jan. 2011 (doravante USDC-CA CU 11-00584 DDP).

LASC BP117321 17/02/12.

DOCUMENTOS

"Certificate of Live Birth". Paris-Michael Katherine Jackson, estado da Califórnia, condado de Los Angeles, Departamento de Saúde, 13 fev. 1998 (doravante "Birth Certificate" 13/02/98).

"Amended and Restated Declaration of Trust, Michael Joseph Jackson", 2 mar. 2002 (doravante Declaration of Trust, 02/03/02).

"Last Will of Michael Joseph Jackson", 7 jul. 2002 (doravante Last Will 07/07/02).

Branca a Jackson, 14/08/02.

Branca a Sony/ ATV, 14/08/02.

Branca a Singer, 07/08/02.

Singer a Branca, 10/09/02.

Relatório Interfor sobre John Gregory Branca.

Jackson to Branca, 03/02/03.

"Discontinuence of Services". Carta de Michael Jackson a Barry Siegel, 4 fev. 2003 (doravante Jackson a Siegel, 04/02/03).

"RE: Michael Jackson Insurance Trust, Michael Jackson Family Trust, Last Will of Michael Joseph Jackson". Carta de Barry Siegel, CPA, a Michael Jackson, John G. Branca e John McClain, 26 ago. 2003 (doravante Siegel a Jackson, Branca e McClain, 26/08/03).

Branca, 15/04/06.

Gravação de conversa telefônica entre Joel Katz (consultor-geral adjunto do espólio de Michael Jackson) e Henry Vaccaro, ago. 2009 (doravante Katz e Vaccaro, 08/2009).

Weitzman a Sullivan e Entrekin, 31/03/11.

Durst a Reynolds, 03/04/11.

"FWD: Will and Trust". E-mail de Howard Mann a Randall Sullivan, 9 abr. 2011 (doravante Mann a Sullivan, 09/04/11).

"FWD: New Video for Jackson Secret Vault About HTWF". E-mail de Howard Mann a Randall Sullivan, 9 abr. 2011 (doravante Mann a Sullivan "Secret Vault" 09/04/11).

"RE: Katherine Jackson". E-mail de Adam Streisand a Randall Sullivan, 27 jun. 2011 (doravante Streisand a Sullivan, 27/06/11).

Williams a Sanders, 03/11/11.

Ribera a Sullivan, 09/11/11.

Ribera a Sullivan, 13/11/11.

ANO UM (ANTES DE 25 JUN. 2010)

"AllGood Socks Jackson Estate Hard". TMZ, 16 out. 2009 (I).

"Bodyguard Tries to Sell Mask". Disponível em: <mjworld.net>, 29 nov. 2009 (I).

DUKE, Alan. "Attorney: Michael Jackson Had Heartbeat at Hospital". CNN, 29 mar. 2010 (I).

_____. "Jackson Family Lawyer Hints at 'New Evidence' in Battle for Estate". CNN, 23 out. 2009 (I).

_____. "Katherine Jackson Replaces Lawyers in Estate Battle". CNN, 22 out. 2009 (I).

FERNANDEZ e COLLINS.

FRIEDMAN, Roger. "Michael Jackson: Moonies Want Millions from His Parent". Disponível em: <Showbiz411.com>, 28 jun. 2010 (I).

_____. "Michael Jackson Estate Wouldn't Pay Randy and Jermaine's Owed Child Support". Disponível em: <Showbiz411.com>, 24 jul. 2012 (I) (doravante FRIEDMAN, "Owed Child Support").

HOLSON. "Bitter Attack".

HOLSON e HOLLOWAY. "Sony and Its Star".

"It's All Good for Michael Jackson". TMZ, 19 ago. 2010 (I).

"Jackson Executors — Beyond the Call of Duty". TMZ, 17 dez. 2009 (I).

"Jackson's Will — Randy Says Not MJ's Signature". TMZ, 21 out. 2009 (I).

"Joe Jackson Blames Katherine for Michael's Death". TMZ, 13 jun. 2010 (I).

"Joe Jackson: Michael 'Worth More Dead Than Alive'". *Extra*, 28 out. 2009 (RT).

JUDD, Amy. "Gary, Indiana, Hosts Michael Jackson Tribute June 25, 2010". *Glendale News-Press*, 25 jun. 2010 (doravante JUDD, "Gary, Indiana").

KIM, Victoria. "Michael Jackson's Mother No Longer Objects to Estate Executors". *Los Angeles Times*, 10 nov. 2009.

LUECK, Thomas J. "Record Industry Is Attacked by a Top Star". *New York Times*, 7 jul. 2002.

MARTIN, Brandy. "Michael Jackson's Dad Demands Medical Records". Disponível em: <examiner. com>, 1 jan. 2010 (I).

MAYORAS, Danielle; MAYORAS, Andrew. "Crazy Claims".

_____. "Change of Heart".

_____. "Planning Lessons".

_____. "New Evidence".

_____. "Estate Deal".

"McClain Interscope".

"Michael Jackson Accuses His Brother of Stealing from Him". *Contact Music*, 18 jun. 2007 (I).

"Michael Jackson Denies Stories About Illness and Brother Randy Stealing from Him". Disponível em: <starpulse.com>, 29 jun. 2007 (I).

"Michael Jackson's Executors — Pay Us Now!". TMZ, 15 dez. 2009 (I).

"Michael Jackson's Will Fake, Says His Former Advisor". Radar Online, 21 jun. 2010 (I).

"MJ Bodyguard Claims Singer Ordered Hit on Randy Jackson". TMZ, 8 maio 2012 (I).

"MJ Estate to Publicist: You're Not Getting a Cent!". TMZ, 19 abr. 2010 (I).

"Raymone Bain's Claim Denied". Disponível em: <mjworld.net>, 8 maio 2010 (I).

ROBERTS, Soraya. "Michael Jackson's Father, Joe, Claims Wife, Katherine, Is to Blame for Their Son's Death". *New York Daily News*, 14 jun. 2010.

RYAN, Harriet. "Michael Jackson's Father Seeks Allowance from Singer's Estate". *Los Angeles Times*, 7 nov. 2009.

"Statement by Michael (2007) Regarding Rumors Saying Randy Stole Michael's Money". Facebook/ Amigos de Randy Jackson, 3 jan. 2011 (I).

ANO DOIS (DEPOIS DE 25 JUN. 2010)

ADAMS, Tim. "Taylor Swift Edges Susan Boyle for 2009's Top-Selling Album". *Billboard*, 6 jan. 2010.

"AEG Live Responds to Katherine Jackson's Lawsuit". Associated Press, 17 set. 2010.

BOURKE, Philippa. "Michael's Gravesite No Longer Guarded". *Sydney Morning Herald*, 10 mar. 2010.

CHRISTMAN, DONAHUE, MITCHELL, PEOPLES e WADDELL.

EAGER, Sophie. "Jackson Fans Graffiti Tomb". *National Ledger*, 14 jul. 2010.

FRIEDMAN, Roger. "The Michael Jackson Vultures Circle June 25th for 1st Attack". Disponível em: <Showbiz411.com>, 11 jun. 2010 (I).

HERNANDEZ, Miriam; MACBRIDE, Melissa. "Michael Jackson Mourned on Death Anniversary". Disponível em: <abcnews.go.com>, 25 jun. 2010 (I).

"Jackson Family Suing AEG in Wrongful Death Lawsuit". Disponível em: <X17.com>, 15 set. 2010 (I).

MCCARTNEY, Anthony. "Joe Jackson Sues Murray for Wrongful Death". Associated Press, 25 jun. 2010.

"Michael Jackson's Father Files Wrongful Death Suit". BBC, 25 jun. 2010 (RT).

"Panish Shea and Boyle LLP Files Lawsuit Against AEG for Wrongful Death of Michael Jackson". Disponível em: <psandb.com>, 15 set. 2010 (CI).

SISARIO, Ben. "A Year Later, Jackson Estate Is Prospering". *New York Times*, 23 jun. 2010 (doravante SISARIO, "A Year Later").

WILSON, Stan. "Father of Michael Jackson Accuses AEG of Singer's Death". CNN, 18 jun. 2010 (I).

CAPÍTULO 28 [pp. 554-70]

Obviamente, ouvi muito sobre a vida no complexo Hayvenhurst e na casa nova de Katherine Jackson em Calabasas. No entanto, tentei, sempre que possível, usar informações de relatos publicados ou registros públicos. O principal motivo para isso é o fato de que a maioria de minhas fontes pediu confidencialidade (Schaffel e Mann são notáveis exceções, junto com Adam Streisand). Quando a informação vier de uma de minhas fontes, darei o devido crédito.

"Acampamento Jackson"/ a vida no complexo: Tresniowski/ "Michael's Last Wish"/ *People*. Situação/ comportamento das crianças: Tresniowski/ "Michael's Kids: Inside Their World". "Sodoma e Gomorra": Klein em "Joe Jackson's a Hypocrite!"/ TMZ. Descrições de Prince e Paris: fontes confidenciais próximas à família, mais Tresniowski, pessoal do TMZ, La Toya ao *Daily Mail*. MJ trazendo a cadela Kenya para casa, comendo Snickers no Luxor: Paris a Oprah Winfrey (veja notas do capítulo 2), outros. Brigas entre os Jackson: fontes confidenciais, Duke, Dimond. Randy liderando a oposição a Branca, KJ insatisfeita com a pensão: fontes confidenciais. Resposta de Branca/ aumento da pensão: as mesmas fontes, mas também os documentos do caso de sucessão. O espólio pagando por férias etc.; relatório contábil e também Friedman. Pressão dos filhos (especialmente Randy e La Toya) para Katherine contestar o espólio: fontes confidenciais. Preocupação entre os Jackson/ suspensão dos pagamentos pelo espólio no caso de morte de Katherine ou incapacidade para continuar como guardiã legal das crianças: fontes confidenciais. Esse estado de espírito se agravou quando algum deles ficou sabendo de uma conversa telefônica gravada entre Joel Katz e Henry Vaccaro, na qual ambos estariam às gargalhadas enquanto comentavam o fato de que os Jackson ficarão sem nada quando Katherine morrer. Rebbie e Janet sendo as únicas candidatas a criar as crianças no caso de Katherine morrer.

La Toya sobre Grace: ao *Daily Mail*. Partida de Grace de Hayvenhurst, explicações: "superestimar o seu poder": minhas fontes; através das entrevistas de Barrack: outras fontes; medo das crianças de perderem Grace: "Jackson Kids Secret Terror"/ *National Enquirer*; Paris mandando despedir Grace: veja abaixo. A presença de Grace influenciando Debbie: Schaffel, outras fontes. Grace sugerindo (ou assim interpretada) que ela poderia "abrir o jogo": fonte confidencial. Veja também <X17.com> abaixo. Plano/ mudança de plano da Escola Buckley: TMZ, segundo artigo de Tresniowski na *People*; fontes confidenciais. Departamento de Proteção às Crianças e à Família/ arma de choque: ABC on-line; desmentido de Streisand sobre a história: Associated Press, outros. Situação de Debbie Rowe em relação à custódia: Schaffel, *NY Daily News*, *Us*. Petição de Rowe por honorários: arquivos do caso do espólio, Contact Music (incluindo a citação de Tito). Acidente com a arma de choque / questionamento do TMZ quanto ao relato de Streisand: TMZ, citado abaixo. Vídeo "World Exclusive", comentário de Haraszti: Radar Online, abaixo. Preocupação de Debbie com as crianças, nunca tendo estado em Hayvenhurst: notícia de 4 de março. Eu ouvi o contrário, mas talvez tenha havido uma visita depois disso; veja também Friedman em 21 jun. 2010. Questões / acusações sobre o "vazamento" do vídeo da arma de choque: fontes confidenciais. X17 sobre Grace como "dedo-duro" / ameaçando escrever um livro contando tudo", "Stun Gun Snitch". Schaffel disse que não foi Grace quem falou: ele não foi minha única fonte que disse que Grace não foi despedida, e sim saiu de Hayvenhurst por vontade própria, por causa de Alejandra, e o que Schaffel sabe vem basicamente de KJ. "Forte recomendação" do Departamento de Proteção às Crianças e à Família [DCFS]: Schaffel, outras fontes as quais considero igualmente ainda mais confiáveis. Declaração de que Alejandra chamou o DCFS / vendeu o vídeo do tapa: carta "Jackson Insider" / TMZ (veja capítulo 26). Observações sobre a realidade / falta de privacidade dos filhos de MJ: minhas. Crianças na casa dos Cascio para o Natal: fontes confidenciais; eu não sei se foi noticiado. "Não têm nenhum amigo": KJ ao *Daily Mirror*. Matrícula em Buckley: TMZ em 27 de agosto; insistência de Prince, relutância de Paris, Blanket ainda estudando em casa: fontes confidenciais.

Controvérsia *Michael*: mídia (mais adiante) e fontes confidenciais próximas à família Jackson; nessa questão eu tenho certeza de que o espólio é que está falando a verdade — ao menos no fato de ser ou não a voz de Michael. As idas e vindas e como as pessoas envolvidas com o álbum, de um lado, e com Michael no passado, do outro, se dividiram em duas facções foram amplamente noticiados. Michaels / *Guardian* fez um relato muito parecido com o que eu ouvi de minhas fontes. Relato de Teddy Riley: Nicholson / *Guardian*. Melhor fonte referente à produção do álbum e à crítica das músicas: Pareles "After Death, the Remix" (ainda que eu acredite que ele devia mais respeito a "Behind the Mask"). Existência de "Breaking News": MTV. Performance comercial, resposta das rádios, primeiro a prever a controvérsia: Friedman, que noticiou o fato à exaustão. Eddie Cascio: a "Oprah", *NY Daily News*. Filhos de MJ dizendo que não era sua voz: primeiro o TMZ; veja também vídeo no TMZ, mais de um ano depois, de Paris Jackson dizendo a alguns amigos (um dos quais claramente a traiu e vendeu o vídeo), "*Não* era ele! No álbum inteiro, não é nem ele!". Weitzman defendendo o álbum, especialmente "Breaking News", Dileo, citações de Riley: Sisario / *New York Times*. Queixas de KJ / Randy Jackson: Michaels / *Guardian*. Will.i.am: a *Rolling Stone*. Quincy Jones: a *Us*. Defesa do álbum feita pelo espólio: artigo de Sisario sobre Howard Weitzman. Vendas desapontadoras, Gail Mitchell na *Billboard*, sucesso internacional, coluna de Friedman em 22 dez. 2010. "Nova versão autorreferencial": Infantry / *Toronto Star*. Mantenho minha própria opinião de "Behind the Mask".

Crença de MJ numa conspiração para tirar dele o catálogo da ATV: Mesereau (que se lembra de MJ constantemente suplicando a ele que não "deixe eles te pegarem"), Schaffel, Wiesner, Tohme, Bain em entrevista a *Stealing Michael Jackson*, La Toya ao *Independent*, Orth (veja notas do capítulo 5), fonte confidencial; com base no que ela disse na minha presença, KJ acredita que a maior parte ou tudo isso seja verdade. Teorias da conspiração em torno da morte de MJ: *Daily Telegraph*; o site de David Icke tem algumas bem misteriosas, e outros escolheram a que diz que a CIA estava por trás do "assassinato" de MJ. David Rothenberg na verdade é MJ disfarçado: *Sun*. MJ vivo no necrotério: fotografias, como descritas no texto e, ainda, vídeos do YouTube que supostamente mostram isso. Comentários de Geller: Geller. Carta de Joe Jackson dizendo aos fãs para deixar Conrad Murray em paz: TMZ. Joe descrevendo Murray como "bode expiatório": Duke / matéria na CNN, meses antes e bem antes de Jermaine. Queixas de Joe ao conselho médico estadual: alegações similares foram e estão sendo feitas no processo de morte por negligência da AEG, nos documentos apresentados em conexão com o processo. Murray, sobre como ele poderia ter salvado MJ: o agora finado *News of the World*, via *Times of India*. "Bode expiatório", "Michael foi assassinado": matéria da CNN sobre a participação de La Toya no *Piers Morgan Tonight*. Declaração dos advogados de Murray de que Klein supermedicava MJ: arquivo de tribunal/ julgamento de Murray. MJ mostrando sinais de uso de drogas depois de encontrar Klein, comentário de Dileo: declaração de Faye à polícia de Los Angeles, usado em "Do You Want Fries With That"/ TMZ. Eu vi as declarações que Klein entregou ao espólio, e todos os detalhes do tratamento que Klein ofereceu a Michael são de um desses documentos. "Fobia de agulhas": Klein a Ephron/ *Daily Beast*. A promotoria era apenas mais uma das agências que investigava a relação de Klein e outros médicos com MJ. O próprio Klein foi o primeiro a anunciar (em sua página no Facebook) que estava sendo investigado pelo conselho médico estadual. "Excelente médico": primeira ação movida pelos advogados de KJ no processo de morte por negligência contra a AEG.

Audiência preliminar de Conrad Murray: quase completamente do depoimento e provas; alguns fragmentos de informação vieram da imprensa, mas eu os li, na verdade, para ver como a audiência estava sendo coberta. Kenny Ortega, como apontado no texto, foi nomeado um dos defensores na ação original do processo da AEG, mas não se manteve entre eles por muito tempo e, agora, pelo que entendi, é provável que seja chamado como testemunha da acusação. Ainda que eu me refira a ele como o processo de Katherine Jackson, Prince, Paris e Blanket também são parte queixosa; Katherine foi quem começou. Obviamente, asserções como dizer que os paramédicos foram testemunhas poderosas ou que o depoimento do representante da companhia telefônica indicou que a promotoria estava mantendo provas de reserva são minhas. O mesmo se aplica à afirmação de que o fracasso em manter as provas na cena deixou uma brecha para a defesa. Na verdade, a defesa tentou usar isso em seu favor no julgamento, mas de maneira não muito efetiva.

FILHOS DE MJ/ HAYVENHURST

"Arnie Klein — Joe Jackson's a Hypocrite!". TMZ, 14 jun. 2010 (I).

DIMOND, Diane. "The Jackson 8's Family Feud". *Daily Beast*, 13 ago. 2009 (I).

DUKE, Alan. "Michael Jackson Estate Fight Becomes Public Family Dispute". CNN, 11 nov. 2009 (I).

FRIEDMAN, Roger. "Michael Jackson's Kids: Spending Time with Debbie Rowe". Disponível em: <Showbiz411.com>, 21 jun. 2010 (I).

GRAHAM, Caroline. "Michael Was Murdered... I Felt It from the Start". *Daily Mail*, 13 jul. 2009.

"Jackson Kids' Secret Terror". *National Enquirer*, 22 out. 2009.

"Jackson's Mum Remembers".

"Katherine and MJ's Kids — Pilgrimage on Anniversary". TMZ, 19 jun. 2010 (I)

"Katherine Jackson: Michael's Kids Have No Friends". TMZ, 20 jun. 2010 (I).

"Michael Jackson's Kids Could Turn Preppy". TMZ, 23 ago. 2009 (I).

"Michael Jackson's Kids Get School". TMZ, 27 ago. 2010 (I).

"Paris Jackson Has Nanny Fired". Disponível em: <tribute.ca>, 27 maio 2010 (I).

TRESNIOWSKI e DYBALL.

TRESNIOWSKI, Alev. "Michael Jackson's Kids: Inside Their World". *People*, 17 set. 2010.

"The Jackson Kids' Education — Home Works". TMZ, 8 set. 2009 (I).

ACIDENTES COM A ARMA DE CHOQUE E TAPA / DEBBIE, ALEJANDRA E GRACE

CHERNIKOFF, Leah. "Debbie Rowe Concerned for Safety of Michael Jackson's Kids After Reports of Stun Gun Threat". *New York Daily News*, 5 mar. 2010.

"Debbie Rowe Wants Jackson Estate to Pay Bills". *Contact Music*, 9 set. 2010 (I).

"Debbie Rowe 'Worried' After Jackson Kids Stun-Gun Reports". *Us*, 5 mar. 2010.

GOLDMAN, Russell. "Jackson Nephew, 13, Investigated for Playing with Stun Gun". Disponível em: <abcnews.go.com>, 2 mar. 2010 (I).

"Jackson Stun Gun Snitch Exposed". X17, 4 mar. 2010 (I).

MCCARTNEY, Anthony. "Child Services Probes Stun Gun at Jackson Home". Associated Press, 3 mar. 2010.

"Michael Jackson's Ex Debbie Concerned About Blanket". Radar Online, 4 mar. 2010 (I).

"The Story of Alejandra Oaziaza Jackson?". Disponível em: <desireespeakssolisten.blogspot.com>, 10 jun. 2010 (I).

"World Exclusive Video: Shocking Violence Inside Jackson Family Home". Radar Online, 5 mar. 2010 (I).

ÁLBUM *MICHAEL*

FRIEDMAN, Roger. "Michael Jackson: 'Secret' Work Tapes Will Prove It's His Voice on Tracks ('Hold My Hand' Now Available)". Disponível em: <Showbiz411.com>, 14 nov. 2010 (I).

_____. "Michael Jackson's New Album Finishes at Number 3 in U.S., but It's an International Hit". Disponível em: <Showbiz411.com>, 22 dez. 2010 (I).

_____. "New Michael Jackson Album May Pose Legal Problems". Disponível em: <Showbiz411.com>, 3 maio 2010 (I).

INFANTRY, Ashante. "Review: Michael Jackson's New Single Is Bad News". *Toronto Star*, 17 nov. 2010.

"Michael Jackson Kid — They FAKES My Dad's Voice on 'Michael' Album". TMZ, 29 fev. 2012 (I).

"Michael Jackson's Kids: It's Not Daddy's Voice". TMZ, 1 nov. 2010 (I).

MICHAELS, Sean. "New Michael Jackson Songs Are 'Fake,' Says His Mother". *Guardian*, 8 nov. 2010.

_____. "Randy Jackson Denounces Michael Album Tracks as Fakes". *Guardian*, 19 nov. 2010.

MITCHELL, Gail. "Michael Jackson's 'Michael' Album Sales Pale Next to 'This Is It'". *Billboard*, 21 jan. 2011 (dravante MITCHELL, "Album Sales").

NICHOLSON, Rebecca. "The Row Behind the New Michael Jackson CD". *Guardian*, 12 dez. 2010.

PARELES, Jon. "After Death, the Remix". *New York Times*, 12 dez. 2010.

"Quincy Jones: Lady Gaga Is 'Madonna Jr.'". *Us*, 22 nov. 2010.

ROBERTS, Soraya. "Michael Jackson Recorded Album of New Music with Eddie (Angel) Cascio in November 2007". *New York Daily News*, 3 maio 2010.

RYAN, Chris. "New Song: Michael Jackson, 'Breaking News'". Disponível em: <mtv.com>, 8 nov. 2010 (I).

SISARIO, Ben. "'Breaking News': Lawyer Says, It's Michael Jackson's Voice". *New York Times*, 11 nov. 2010.

"Will.i.am Explains His 'Disgust' for New Michael Jackson Album". *Rolling Stone*, 13 dez. 2010.

OPRAH. "Cascio Home".

TEORIAS DA CONSPIRAÇÃO

BINGHAM, John. "Michael Jackson Death: Conspiracy Theories and Unanswered Questions". *Daily Telegraph*, 26 jun. 2009.

HODGE, Katie. "Michael Jackson Murdered for Hit Catalogue, Claims LaToya". *Independent*, 24 jun. 2010.

"Michael Jackson Still Alive After Transport to Coroner". Disponível no YouTube, 25 ago. 2009 (I).

SLOAN, Jenna. "Is Jacko Posing as a Burns Victim?". *Sun*, 11 maio 2010.

"Why the CIA Murdered Michael Jackson". Disponível em: <forum.davidicke.com>, 25 ago. 2009 (I).

AUDIÊNCIA PRELIMINAR DE CONRAD MURRAY

DUKE, Alan. "Joe Jackson: Dr. Murray 'a Fall Guy' in Michael's Death". CNN, 9 fev. 2010 (I).

"Do You Want Fries?".

EPHRON, Amy. "The Michael Jackson Trial That Wasn't". *Daily Beast*, 29 set. 2011 (I) (doravante EPHRON, "Trial").

"Joe Jackson: Don't Attack Conrad's Supporters". TMZ, 12 maio 2010 (I).

MCCARTNEY, Anthony; WATKINS, Thomas. "MJ's Doc Requested CPR Gear, Nurse for London Gig". Associated Press, 17 jun. 2010.

"Michael Jackson Was Murdered, Sister La Toya Tells Piers Morgan". Disponível em: <cnn.com>, 21 jun. 2011 (I).

"MJ Could Have Been Saved, Says Doc in Dock". *Times of India*, 13 set. 2010 (I).

CAPÍTULO 29 [pp. 571-85]

KJ/ esforço do espólio para que Alejandra deixasse Hayvenhurst: fontes confidenciais próximas a KJ; também, informações nos arquivos de tribunal. Tentativa jun. 2010/ Katherine chocada com o fato de Alejandra contratar um advogado/ ficar: minhas fontes, veja também (incluindo a tentativa de Katherine de convencer Alejandra a se mudar para o antigo apartamento de MJ) <hollywoodgossip.com> em jun. 2010, Perez Hilton em nov. 2010; a maioria da imprensa de internet não se manifestou até o espólio mover uma ação de despejo contra Alejandra em janeiro de 2011. Acordo de confidencialidade/ livro contando tudo: minhas fontes, eventualmente noticiado na internet — veja Perez Hilton em 7 jan. 2011. Cito Schaffel em parte porque ele foi o único que não me pediu para não usar seu nome, mas também porque era confidente de KJ no momento em que tudo isso estava acontecendo. A maior parte do que ele me disse foi lhe dito por Katherine e outras pessoas da casa. Departamento de Proteção às Crianças e à Família insistindo a Katherine que separasse os filhos de MJ de seus primos: Schaffel e outras fontes; implícito, mas até onde eu saiba nunca dito explicitamente no TMZ. KJ hospedada na casa de Schaffel em Calabasas/ gostando da vizinhança: Schaffel, confirmado por outras fontes. Detalhes da casa de Calabasas: "Hangin' in Britney's Hood"/ TMZ, visitantes da propriedade. "Basicamente ela fica na casa o tempo inteiro", KJ chamando a polícia/ resposta de Alejandra: fonte confidencial/ consultor de KJ, assim como Schaffel, na última história. Jermaine preso na África: fontes confidenciais, TMZ e IANS, 8 e 9 jan. 2011. Eu não sei se os advogados de Alejandra tinham a intenção de deixar Jermaine preso na África (duas de minhas fontes dizem que sim) ou se eles haviam apresentado anteriormente uma ação sobre os atrasos de pensão alimentícia de Jermaine e isso apareceu quando Jermaine apresentou um passaporte vencido em Burkina Faso. KJ indo ao espólio atrás de dinheiro para Jermaine: confidencial / seu consultor mais próximo, também Friedman.

Os Jackson preocupados com o que Alejandra poderia dizer no tribunal: diversas fontes, incluindo Schaffel. Relato da audiência no tribunal: Schaffel, TMZ, Radar Online. Acordo do espólio para acabar com as disputas entre KJ, Alejandra e Jermaine: fontes confidenciais que estavam passando um bom tempo na casa dos Jackson / com KJ enquanto tudo isso acontecia; veja também <entertainmentrundown.com>, TMZ, Radar Online. O que Jermaine disse aos outros membros da família sobre negociações com Branca: fonte confidencial / o consultor mais próximo de Katherine. Reclamações de KJ a Oprah Winfrey sobre Branca / espólio: Mann, que estava presente em Hayvenhurst durante a entrevista. É verdade que Mann carrega uma antipatia não pequena por Branca (e vice-versa, segundo me disseram), mas seu relato desse dia foi confirmado por outros e pelo depoimento juramentado arquivado no processo entre o espólio e a Fundação Heal the World, de onde vem o relato de KJ sobre Winfrey "cedendo".

Um pouco sobre o processo da Heal the World, Streisand e Sanders: eu vi uma cópia da declaração da sra. Jackson antes de ela nem sequer assinar, e recebi relatos passo a passo conforme o desenrolar do processo. Eu estava hospedado no Beverly Hilton Hotel, como Perry Sanders, que estava na cidade lidando com o processo de morte por negligência envolvendo Notorious B.I.G. Sanders, e nos conhecemos através do caso Notorious B.I.G.: meu artigo para a *Rolling Stone* foi o catalisador do processo, e nos falamos por telefone quando eu estava escrevendo *LAbyrinth*, meu livro sobre os assassinatos de B.I.G. e Tupac, que nasceu a partir daquela reportagem. Enquanto eu estava trabalhando num segundo artigo sobre o caso para a *Rolling Stone*, passamos algum tempo juntos no Colorado e nos tornamos amigos. Então, enquanto estávamos hospedados no Beverly Hilton, perguntei a Sander se ele poderia olhar alguns dos documentos que me foram mostrados, em particular aqueles relacionados à ação que Joe Jackson e Brian Oxman estavam tentando mover para tirar Branca e McClain da posição de executores, e me dissesse o que ele achava deles em termos legais.

Eu também estava me encontrando no hotel com várias pessoas, entre elas, Tohme Tohme e Howard Mann, que queria me contratar para escrever e possivelmente fazer a narração do documentário *Stealing Michael Jackson*. Num certo momento, Mann comentou que Katherine Jackson precisava de um novo advogado que fosse mais agressivo para representá-la e eu sugeri um encontro com meu amigo Perry. Eu nunca tinha tido contato até o momento com Adam Streisand e certamente não lhe desejava mal algum. Várias reuniões se seguiram entre Sanders e os consultores de Katherine Jackson; eu participei da maioria delas. Sanders e eu estávamos vendo os mesmos documentos e ouvindo as mesmas histórias. Tudo isso resultou numa reunião entre Katherine, seus dois consultores mais próximos, assim como sua constante companhia, Trent Jackson, além de Sanders e eu. Fiz diversas perguntas a Katherine sobre sua representação legal e sobre o porquê de esta ou aquela decisão ter sido tomada em relação ao testamento e espólio de Michael e sobre seus negócios (e de MJ) com John Branca, entre outras coisas, mas eu também disse a ela que achava que Perry Sanders era um advogado no qual ela poderia confiar. No dia seguinte, ou talvez um dia depois, o drama sobre a declaração da sra. Jackson no processo da Heal the World eclodiu e Adam Streisand foi citado dizendo que Katherine desmentiu a declaração. Eu ouvi antes do final do dia que ele fora despedido e que Katherine queria contratar Perry Sanders (depois de conversar com Voletta Wallace). "Ou mentirosa ou burra": confidencial/ consultor presente na reunião na qual Sanders foi apresentado à sra. Jackson. Artigos do TMZ com a resposta do espólio/ Streisand: "mentirosas", "patéticas", 12 abr. 2011. (Neste momento, devem ter ocorrido mais lances através de Harvey Levin do que do juiz Beckloff) KJ despedindo Streisand: eu vi a carta e eventualmente entrei em contato com Adam para ouvir o seu lado da história; suas citações são todas de e-mails que trocamos. A minha análise é a de que Streisand, quer ele tenha querido dizer isso ou não, estava chamando KJ de mentirosa. Katherine *tinha* assinado a declaração. Streisand está certo quando diz que Joe e Randy queriam a sua demissão, mas eles não eram os únicos. Havia uma concordância generalizada entre os Jackson de que Branca tinha de ser questionado (ainda que nem todos os filhos de Katherine pensassem assim).

Sanders e eu estávamos juntos constantemente durante aquela semana no Beverly Hilton, mas as coisas mudaram depois que ele se tornou formalmente advogado da sra. Jackson. Ele me disse menos coisas, e o que disse era confidencial. Felizmente, ele dizia tudo aos consultores de Katherine e eles passavam a maior parte do que ele dizia a mim, incluindo o seu "sistema do acordo numa mão e tijolo na outra". "Litigante peso pesado": "Let's Be Fair"/ TMZ. Reunião por telefone entre KJ e Voletta: Eu soube disso antes, durante e depois do acontecimento. Ação de Joe Jackson/ Brian Oxman, avaliação de Sanders: a primeira vez que ele revisou a ação; eu tenho uma cópia da ação e dos documentos que a sustentam; todas as citações são das movimentações legais de Oxman. Sanders foi avisado de que Oxman é louco pelas câmeras: por mim e por outros; também disse a ele que Oxman não é nenhum idiota, e ele concordou depois de ler os arquivos.

Asserção de que o processo de Joe contra os executores teria sido duro caso tivesse partido de KJ: opinião de Sanders e de outros advogados; eu apontei a mesma coisa a Branca e Weitzman e eles não negaram. Conferência de Sanders com Paul LiCalsi/ outros advogados: fiquei sabendo durante a semana no Beverly Hilton. Questionamentos sobre a preparação e assinatura do testamento/ por que Branca não o devolveu a MJ quando foi despedido: levantados na ação Oxman. Asserções de Weitzman sobre o tribunal aceitar o testamento, assinaturas de testemunhas: Weitzman a Reuters. Como apontado no texto, Weitzman nunca disse se o testamento foi assinado em Nova York ou Los Angeles; eu dei tanto a ele quanto a Branca a oportunidade de fazê-lo. Conversas entre Sanders e Barry Siegel: Sanders; Hawk, sem saber dessa conversa, me disse que Siegel lhe falou que o testamento fora assinado em Nova York. Especialista em caligrafia (Bart Baggett): presenciei Sanders e Mann discutindo a esse respeito. Não quero dar a entender que sei o que pensar sobre as acusações (e existem muitas postadas na internet) de que o testamento ou a assinatura de MJ são falsificados. Eu sei que a assinatura de MJ variava consideravelmente, e Dennis Hawk foi só uma de muitas pessoas que me disseram que MJ assinava frequentemente documentos sem nem olhar para eles. Acho que Sanders estava tão cético quanto eu a respeito de toda a coisa da análise de caligrafia, mas ele pareceu achar significativo o fato de a página de assinatura estar separada do resto do documento. Eu contei a Sanders que MJ estava tentando fazer um novo testamento e um novo fundo fiduciário no começo de 2009. Ouvi de Tohme, confirmei com Hawk e depois confirmei novamente com Sean Najerian. "Foi essa a minha impressão": Hawk. Tohme foi muito mais curto e grosso, insistindo que MJ deixou claro que ele achava que não tinha testamento e que o que Branca fizera não existia mais. Hawk relutou muito mais em dizer qualquer coisa que pudesse soar como uma acusação contra Branca. Acordos do fundo Neverland de 2006: descrito por Tohme, Hawk, duas outras fontes; eventualmente eu mesmo vi uma cópia. Najerian confirmou tudo o que Tohme e Hawk me disseram e expressou a opinião de que o processo foi interrompido pela confusão com a Julien's Auctions; Hawk concordou. "Eu posso dizer a você": Tohme. Testamento de 2003 nomeando Al Malnik como executor: Schaffel, uma das duas testemunhas da assinatura do documento. Depois descobri que, no dia seguinte à morte de MJ, Malnik disse ao colunista do segundo caderno do *Palm Beach Post*, Jose Lambiet, que ele era realmente o executor do testamento de 2003 e tinha concordado em ficar com a guarda do filho mais novo de MJ, Blanket. Uma repórter de uma afiliada a CBS em Miami entrevistou Malnik nesse mesmo dia e noticiou que ele também lhe disse que em 2004 ele era o executor do espólio de Michael e o tutor designado de Blanket. Repórteres que telefonaram para perguntar não conseguiram que Malnik comentasse: os repórteres do sul da Flórida, Bob Norman e Joe Weisenthal. Malnik não falou com ninguém oficialmente sobre o testamento desde 26 jun. 2009, e não quis falar comigo. Posição de Malnik como resumido no texto ("não quer se incomodar" etc.): Schaffel, que tentou se comunicar com Malnik em meu nome; a parte sobre contratar Branca para administrar o espólio faz sentido. Em nossas conversas em ago. 2012, Howard Weitzman disse que havia falado com Malnik e que o testamento nunca foi legalizado, e depois me escreveu uma carta na qual afirma que Malnik lhe disse que o testamento nunca existiu. Perry Sanders acredita que Malnik deveria ter apresentado qualquer testamento em seu poder ao tribunal em até sessenta dias depois da morte de MJ.

Avaliação de Sanders de seu "tijolo" na primavera de 2011: Sanders antes de ele parar de me contar coisas tão livremente; também Mann e outros consultores de KJ. Joe / Randy descontentes com o fato de Sanders preferir um acordo: várias fontes. "Em resumo": Sanders ao TMZ. Almoço e jantar entre Sanders e Weitzman: Sanders; ele não disse sobre o que era ou o que foi discutido, mas outras fontes confidenciais relacionadas a KJ disseram. Acordo no processo da Heal the World: todos os documentos, entregues a mim por um dos consultores de KJ, também discutido com Sanders; foi um momento de discórdia entre nós porque eu não achava que Melissa Johnson fora tratada com justiça. Perry deixou bem claro que pensava diferente.

Joe e Randy acusando Sanders de trabalhar para o espólio: diversas fontes. Na verdade, Joe insistiu que *eu* tinha sido "plantado" pelo espólio e tinha orquestrado o encontro com Sanders a mando de John Branca, que sem dúvida vai achar muita graça quando ler isso. Sanders convencendo KJ dos benefícios de um acordo: diversas fontes. O que aconteceu no jantar entre Sanders e Weitzman: para os consultores de KJ, Sanders fez algum tipo de ameaça e Weitzman decidiu que ele também acreditava que um acordo era melhor do que uma briga. "Um homem muito capaz": KJ via fonte secundária. Sanders sobre Branca: Sanders me disse que Branca era "supercompetente" e um homem razoável. "Katherine está bem amparada": Sanders. Como os filhos de MJ estavam em Calabasas: diversas fontes, novamente, apenas Schaffel concordou em ser citado. Prince / jogo dos Lakers: "Gets His Game On" / TMZ. Prince desenvolvendo vitiligo: Schaffel, também noticiado na imprensa; veja o *Daily Telegraph* nov. 2009, *NY Daily News* jul. 2010 (primeira menção nos Estados Unidos); Jermaine contou ao *Extra* seis ou sete meses depois que eu tinha ouvido pela primeira vez.

ARQUIVOS DE TRIBUNAL

Civil
USDC-CA CV-09-07084.
LASC BP 117321 09/11/09.

LASC BP 117 321 15/12/09.

USDC-CA CV 11-00584 DDP.

LASC BP117321 17/02/12.

DOCUMENTOS

Birth Certificate, 13/02/98.

Declaration of Trust, 02/03/02.

Last Will, 07/07/02.

Branca a Jackson, 14/08/02.

Branca a Sony/ ATV, 14/08/02.

Branca a Singer, 07/08/02.

Singer a Branca, 10/09/02.

Relatório Interfor sobre John Gregory Branca.

Jackson a Branca, 03/02/03.

Jackson a Siegel, 04/02/03.

Siegel a Jackson, Branca e McClain, 26/08/03.

Branca, 15/04/06.

Weitzman a Sullivan e Entrekin, 31/03/11.

Durst a Reynolds, 03/04/11.

Mann a Sullivan, 09/04/11.

Mann a Sullivan "Secret Vault," 09/04/11.

Streisand a Sullivan, 27/06/11.

Williams a Sanders, 03/11/11.

Ribera a Sullivan, 09/11/1.

Ribera a Sullivan, 13/11/11.

OUTRO

KATZ e VACCARO, 08/2009.

DRAMA EM HAYVENHURST/ ALEJANDRA

"Alejandra Jackson Agrees to Move Out of Family Compound". Radar Online, 9 abr. 2011 (I).

"Alejandra Jackson Refuses to Leave Michael Jackson's Encino Estate". Radar Online, 15 mar. 2011 (I).

"Alejandra Jackson to Move Out — Book Deal Imminent". TMZ, 8 abr. 2011 (I).

BRITNEY, Free. "Katherine Jackson Really Wants Former Daughter-in-Law, Grandkids Out". Disponível em: <hollywoodgossip.com>, 17 jun. 2010 (I).

FRIEDMAN, "Owed Child Support".

HILTON, Perez. "Katherine Jackson Wants Relatives to Move Out!". Disponível em: <perezhilton.com>, 9 nov. 2010 (I).

_____. "Tell-All Book at Center of Jackson Family War!". Disponível em: <perezhilton.com>, 1 jan. 2011 (I).

"Jermaine and Randy Jackson's Ex-Wife Refuses to Leave Katherine's Home". Disponível em: <entertainmentrundown.com>, 3 mar. 2011 (I).

"Jermaine Jackson — Stuck in Africa". TMZ, 8 jan. 2011 (I).

"Jermaine Jackson Trapped in Africa After Passport Expires". IANS, 9 jan. 2011 (I).

"Katherine Jackson — Hangin' in Britney's Hood". TMZ, 16 dez. 2010 (I).

"Katherine Jackson: The Declaration Is a Fraud!". TMZ, 12 abr. 2011 (I).

"MJ Estate — Katherine's Accusations Are 'Pathetic'". TMZ, 12 abr. 2011 (I).

"MJ Estate to Alejandra — Move Out Already!!!". TMZ, 11 mar. 2011 (I).

ESPÓLIO / KATHERINE JACKSON / ADVOGADOS

DOBUZINKSKIS, Alex. "Michael Jackson Administrators Dismiss Questions About Legal Will". Reuters, 21 out. 2009.

"Katherine's New Lawyer to Estate: Let's Be Fair". TMZ, 15 abr. 2011 (I).

LAMBIET, Jose. "Palm Beacher Could Be Guardian of Michael Jackson's Son". *Palm Beach Post*, 26 jun. 2009.

NORMAN, "Reputed Mobster".

PETRILLO, Lisa. "Interview with Michael Jackson Friend Al Malnik". CBS4 / Miami, 25 jun. 2009 (RT).

WEISENTHAL, Joe. "Alleged Mobster May Control Jackson's Estate". Disponível em: <businessinsider. com>, 28 jun. 2009 (I).

PRINCE MICHAEL JACKSON

BLACK, Rosemary. "Like Father, Like Son? Prince Michael Jackson May Have Vitiligo, Which Dad Michael Claimed He Had". *New York Daily News*, 1 jul. 2010.

LAING, Aislinn; ALLEN, Nick. "Michael Jackson: Son Prince Has Inherited Vitiligo Skin Condition, says La Toya". *Daily Telegraph*, 17 nov. 2009.

LOPEZ, Johnny. "Michael Jackson's Son Gets His Game On". TMZ, 26 jan. 2011.

"Jermaine Jackson Says Prince Michael Showing Signs of Vitiligo". *Extra*, 26 set. 2011 (RT).

CAPÍTULO 30 [pp. 586-608]

Como já comentado, nenhuma das questões envolvendo o testamento e o espólio de MJ foram respondidas. E, ao que parece, elas nunca serão. Foi largamente noticiado, em set. 2011, que Katherine Jackson e os filhos de MJ deveriam receber 30 milhões de dólares do espólio. Era só ler as manchetes na época para perceber que os repórteres acreditavam que esse dinheiro estaria na conta de Katherine e das crianças em breve. Um ano depois, ele ainda não está. Quando Weitzman apareceu no *Piers Morgan Tonight* na CNN, ele foi cauteloso ao responder a pergunta do entrevistador sobre os 30 milhões. Ele disse: "É apenas uma distribuição preliminar. Você sabe que os tribunais têm um certo caminho que temos de percorrer. Você tem de lidar com questões de imposto de renda, questões estaduais. Mas, em última instância, os executores, John Branca e John McClain, decidiram que era hora de uma distribuição prévia. Trinta milhões de dólares foram para o Fundo Familiar Michael Jackson". Nem Weitzman nem Branca podem ser acusados de enganar Morgan ou a mídia em geral. O Fundo Familiar Michael Jackson, no entanto, nunca foi criado, o que significa que nada desses 30 milhões está disponível para Katherine ou para os filhos de MJ. Isso naturalmente levantou

813

suspeitas entre a família, e mesmo entre os advogados da sra. Jackson, de que Katherine vai provavelmente morrer antes que o espólio tenha de pagá-la.

MJ maldizendo o dia em que ele comprou o catálogo dos Beatles/ Galinha dos ovos de ouro; KJ dizendo que a riqueza de MJ criou mais problemas na família do que sua fama, mais felizes em Gary: fontes confidenciais próximas à sra. Jackson. KJ sendo a única da família em quem MJ confiava: mesmas fontes, mais Schaffel, Tohme, Hawk e outros. KJ sobre entender melhor como deve ter sido para MJ: as fontes confidenciais mencionadas. John McClain dizendo a Jackie sobre o acordo de Sanders com o espólio (antes de Katherine contar para o resto da família), Jackie passando a notícia adiante, Joe/ Randy fazendo pressão para acabar com o acordo: diversas fontes próximas à sra. Jackson (foi aí que Joe começou a dizer às pessoas que eu tinha sido "plantado" pelo espólio). Minhas fontes acreditam (assim como Perry Sanders) que McClain estava tentando sabotar o acordo por algum motivo. Eu não sei se isso é verdade, mas era um consenso entre as pessoas à volta da sra. Jackson. Jackie Jackson, aliás, está agora sendo paga como consultora do espólio. O juiz Palazuelos vinculando o processo de morte por negligência de Joe Jackson ao de Katherine, processo de Oxman: *Beverly Hills Courier*, 3 maio 2011; depois, minhas fontes confidenciais. Livros de Janet, Jermaine, La Toya e Frank Cascio: veja a bibliografia. Todos foram publicados em 2011. Livro de Wiesner: *Michael Jackson: The True Story*, publicado em 2011 na Alemanha; alguém próximo a Wiesner me contou que o espólio ameaçou processar Dieter Wiesner por infração de direitos autorais. Eu não soube de tal processo. Dileo "conta tudo": Dileo ao *NY Daily News*. Problemas de saúde de Dileo: veja o Radar Online sobre a doença, o obituário da *Variety*, entre outros. Também discuti esses assuntos com sua mulher, Linda, enquanto ele estava no hospital.

Problemas financeiros de Arnold Klein: Schaffel, pedido de falência de Klein; ação de Klein contra Jason Pfeiffer e de Pfeiffer contra Klein, notícias na mídia. Acusação maluca de Klein de que Khilji estaria usando seu dinheiro para financiar organizações terroristas: Schaffel, arquivo de tribunal, Seal/ *Vanity Fair*. Eu não estou de maneira nenhuma sugerindo que a acusação seja verdadeira. "Dizer que eu sou ladrão?": Khilji a Dimond/ "The Secret World of Dr. Arnold Klein". Intimação dos registros médicos de Klein pela defesa de Murray: registros públicos; alguns deles foram exibidos como prova no julgamento: veja também relato das intimações dos registros de Klein pela AEG e pelo conselho médico estadual. O esforço da defesa de Murray de construir sua argumentação sobre a premissa de que Klein transformara MJ num viciado foi barrado pelo juiz Pastor. Declarações de Pfeiffer de que ele e MJ eram amantes: Klein ao *Extra* (com Pfeiffer), depois ao TMZ; veja também em <hollywoodgossip.com>. Klein pedindo desculpas: postado na página de Klein no Facebook: ele disse que sentia muito por repetir uma história que agora acreditava ter sido "fabricada por um ghost-writer" trabalhando para Pfeiffer. E escreveu: "Eu hoje não acredito haver nenhuma evidência de que [MJ] era gay" (veja a matéria do <lipstickalley.com>). Tuítes de Taylor denunciando Klein: Seal, "Dramatic fall"/ *Daily Mail*. Taylor rejeitando tentativas de aproximação de Klein: fonte confidencial. Problemas de Hoefflin: Dimond/ "It's Getting Even Weirder". Hoefflin como "representante médico" da família Jackson: declaração de Hoefflin; os consultores de KJ negaram veementemente. Hoefflin nunca, até onde eu saiba, falou publicamente sobre esses eventos. Tenho de ressaltar que Klein processou Hoefflin em set. 2009 por comentários que Hoefflin fez ao *Sun* inglês, dando a entender que Klein teria instruído Murray sobre como administrar propofol e que provavelmente seria o fornecedor do anestésico. Hoefflin tentou arquivar o processo apelando para a liberdade de expressão, mas a juíza Amy Hogue decidiu contra ele depois de os advogados de Klein provarem que Hoefflin tinha sido avisado de que faria uma acusação falsa. O caso hoje está aparentemente em arbitragem. Veja <Ourweekly.com> abaixo.

Detalhes de venda da casa de Palomino: brochura promocional de quando a casa entrou no mercado na primavera de 2010; a casa ainda está à venda (veja em <zillow.com>), mas o preço foi reduzido substancialmente, e a nova descrição diz que Michael Jackson morou na casa de hóspedes. Proposta de transformar Neverland num parque estadual: *LA Times*; planos para passeios de helicóptero: Bly / *USA Today*. Queda nas vendas de MJ em 2010: Sisario / *New York Times*; outras informações sobre o declínio em relação a 2009: Christman, Mitchell / *Billboard*. "Estoque encalhado": Mitchell, Sillerman e Lefsetz: a Sisario. Eu usei o valor de 756 milhões de dólares como estimativa para o dinheiro gerado pelos negócios do espólio no primeiro ano depois da morte de MJ, porque foi o mais amplamente divulgado, baseado no exame desses negócios pela *Billboard*, como a matéria do *NY Daily News* abaixo reconhece. Mas não é nada mais do que uma estimativa. Esse valor não inclui acordos de merchandising ou os ganhos relativos ao catálogo da MiJac. A *Billboard* alega que 1 bilhão em "ganhos" no ano depois da morte de MJ possa ser mais próximo do alvo. Não há como saber ao certo a não ser que o espólio fosse submetido a uma auditoria realmente imparcial. O mesmo se aplica aos 310 milhões (um valor que cresceu para 475 milhões, numa avaliação posterior) em "lucros" relatados pelo espólio. Quando acreditava ter feito um acordo com o espólio e falava bem de Branca, Perry Sanders me disse que Branca tinha feito um brilhante trabalho na redução das dívidas do espólio, incluindo uma renegociação de juros sobre o empréstimo de MJ espantosamente bem-sucedida. Sanders também me disse que não havia como ter certeza de quanto Branca e McClain estavam pagando a si mesmos sem uma auditoria. Sander disse que tal auditoria seria conduzida. "O único lugar em que ele se sentia confortável": Mesereau em nossa primeira entrevista. Neverland arruinada para MJ: praticamente todo mundo com quem falei que teve contato com MJ nos últimos cinco anos de sua vida concordou com isso. Ele repetidamente disse que nunca voltaria, nem para visitar, e Katherine Jackson disse que as declarações do filho nesse sentido foram o motivo pelo qual ela vetou qualquer tentativa de enterrá-lo em Neverland. MJ falava em "seguir em frente" na primeira entrevista depois do acordo no caso Chandler, e foi uma frase que ele repetiu diversas vezes segundo aqueles que o representaram como advogados, consultores e sócios em negócios. Como apontado anteriormente, eu falei com membros da família Chandler. Nenhum deles quis ser citado por nome, ainda que Ray Chandler só tenha feito essa solicitação até mais da metade de nossa segunda e última entrevista e, como já expliquei, minha posição é a de que minha obrigação de não citá-lo por nome só vale a partir do momento em que a fonte faz o pedido. Ainda assim, eu tentei respeitar sua vontade de não ser citado a respeito de Jordie e tentei usar citações de entrevistas anteriores ou de seu livro, sempre que possível. Isto dito, quase todas as citações da família Chandler neste livro são de minhas entrevistas com eles, embora algumas citações de Ray sejam do artigo de David Jones para o *Daily Mail* sobre o suicídio de Evan Chandler. Citarei quando for o caso.

"Ficar olhando para trás pelos próximos dez anos": via Ray Chandler. "Completamente devastada": Orth, "Neverland's Lost Boys"; esta seguramente não é a descrição de Jordie que ouvi de duas pessoas de fora da família que têm longas relações com ele. Eu não posso nomeá-los, nem dizer a natureza de suas relações (além de eles serem extremamente protetores em relação a Jordie) sem comprometer seu anonimato, e ambos quiseram falar apenas sobre o histórico. "Solitário e introvertido": *Daily Mirror* sobre o suicídio de Evan, provavelmente de Gumbel / *Independent*, 2003; de novo, isso não corresponde às descrições que eu ouvi, ainda que as pessoas com quem falei concordassem que Jordie vive com um tanto de medo e desconfia de quem não conhece — com boas razões, segundo eles. "Como um câncer": Ray Chandler a Jones/ *Daily Mail*. "A pessoa mais odiada do mundo": Ray Chandler. Prostituiu seu filho: a alegação fundamental na batalha pela custódia de Jordie era a de que June havia falhado em proteger seu filho, pois estaria vivendo um estilo de vida com o qual sempre sonhara. Promessas de Evan de manter um relacionamento com os dois filhos menores, desculpas para a natureza sórdida do relacionamento com Nathalie: Ray Chandler; de acordo com membros da família com quem eu falei, o produtor mencionado anteriormente e duas outras pessoas conhecidas da família, Jordie, Nikki e Emmanuel ficaram profundamente magoados com o abandono de seu pai e recusaram-se a ter qualquer contato com ele em suas vidas adultas, incluindo organizar ou ir ao funeral. Ficou claro para mim que até mesmo Ray tinha dificuldade em perdoar o irmão por virar as costas aos filhos. Evan e Jordie viajando à Alemanha, depois se estabelecendo em Long Island: membro da família Chandler. Elogios à casa de Nathalie e Robert Rosen e ao modo como criavam as crianças: várias pessoas, incluindo meu amigo produtor, que me disse que Rosen era um padrasto maravilhoso e por causa disso Nikki e Emmanuel tinham se saído bem. Eu soube, não muito tempo depois, no entanto, que Rosen e Nathalie haviam se separado. Jordie recusando qualquer contato com June: June em seu depoimento em O povo contra Michael Jackson, dizendo que não o via desde 1994; o skate na garagem: provavelmente noticiado em primeira mão por Kevin Smith, 1997; veja também <vindicatemj.wordpress.com>. Uma fonte de informação sobre Jordie e os Chandler particularmente rica, ainda que totalmente tendenciosa, é o arquivo "Michael Jackson Is Innocent" em <lacienegasmiled.wordpress. com>, que foi escrito por uma jovem que alega ter frequentado a Universidade de Nova York com Jordie (alegação que me disseram ser verdadeira). De qualquer forma, um membro da família me disse que a história do skate era verdadeira, mas que um dos irmãos de Jordie que o tinha colocado na garagem. Fortuna crescente e investimentos de Jordie: membros da família Chandler, outras fontes, *Daily Mail* (incluindo investimentos em ações de petróleo), Smith/ *People*, Gumbel 2003; o vice-presidente de um banco que virou consultor financeiro de Jordie foi Jeffrey Hahn. Terror de Jordie/ Evan de fãs de MJ, perseguido: A fã inglesa Denise Pfeiffer foi presa por fazer ameaças aos dois, antes de ser solta pela atriz Lynn Redgrave: *Evening Standard*, 1994; ouvi bastante de Ray sobre o quão Evan se sentiu ameaçado por Pfeiffer e outros fãs de MJ. Mensagem telefônica: "Nós vamos tirar o seu sangue": base de uma denúncia à polícia em Beverly Hills; Ray Chandler me disse que havia várias outras, tão assustadoras quanto. Jordie aprendendo a atirar: *All That Glitters*. Tabloides oferecendo recompensa pela cabeça de Jordie: largamente noticiado (veja <vindicatemj.com> para os links). Vida adulta de Jordie/ modo de vida: membros da família Chandler, Jones/ *Daily Mail* (incluindo prédio com piscina na cobertura, pista de corrida interna, trabalho como estagiário numa gravadora), outras matérias publicadas. Sonnet Simmons foi identificada como "namorada" de Jordie em 1997, num artigo de Kevin Smith, quando os dois estavam na escola. Eles também frequentaram a mesma faculdade. Um fonte me disse que os dois eram apenas amigos, mas eu não fiz muito esforço para descobrir se isso era verdade. Como disse antes, as pessoas com as quais falei sobre Jordie foram bastante protetoras e acreditavam que ele estava conseguindo levar uma vida boa, em vez de se sentir ameaçado pela mídia e por certos fãs de MJ. Ataque de Evan a Dave Schwartz: Fischer/ *GQ*, Larry Feldman/ *Parado no Tempo*. Processo de 1996 de Evan contra MJ: amplamente noticiado na época; veja "On This Day"/ BBC, posts no <vindicatemj.com>, que obviamente tomam partido de MJ. Beleza de Evan: praticamente todos que o conheciam concordam com isso; "um Rob Lowe mais bonito", de uma fonte anônima para matéria do *New York Post* sobre seu suicídio. Incapacidade de Evan de construir outro relacionamento depois que o seu com Nathalie terminou: Ray Chandler, outra fonte (também mencionada na matéria de Jones); diagnóstico de bipolaridade; recusa de remédios/ "zumbi": Ray Chandler, outra fonte da família teve mais a dizer sobre como o estado de Evan piorou e como ele se tornava frequentemente instável e cada vez mais assustador. Cirurgia plástica de Evan: Jones; outra fonte descreveu mais vivamente, no contexto da fragilidade psicológica de Evan, sua insistência de que estava tentando se manter anônimo (que Ray também comentou) e como ficou difícil olhar para ele. Evan e Jordie brigando por causa de dinheiro: Jones, reconhecido por Ray, e também um aspecto da ação na Vara de Família de Jordie contra seu pai. Oportunidade de se justificar: Ray me contou como ele estava convencido de que o processo contra MJ iria dar essa oportunidade e o quão desapontado ele ficou quando isso não ocorreu.

"Estranho", "ingênua demais", "meio assexuado": Presley a Stern, Sawyer, *GQ*, abaixo. *Dateline*/ Ernie Rizzo: veja Mankiewicz/ NBC, transmitido em set. 2004. "É algo cósmico": matéria do *Dateline* de uma cronologia que Evan escreveu para Barry Rothman. Citações de Salinas, Rizzo: *Dateline*. A derrocada de Anthony Pellicano: cito apenas os longos relatos de condenações de Pellicano por extorsão e acusações de escuta telefônicas indevidas (veja *LA Times*, *New York Times*), mas o *LA Times* noticiou muito mais, assim como o *Dateline*. Ray Chandler claramente acredita que o que veio à tona sobre Pellicano deveria ter gerado uma compreensão maior em relação a sua família e um maior ceticismo sobre o artigo de Fischer. Ele descreveu Fischer como um "pateta" em uma de nossas entrevistas. Ray começou a escrever seu livro depois de ver o documentário de Bashir: Ray Chandler em 2004 e a mim. "Eles estão apaixonados!", "seis desejos": *All That Glitters*, *Dateline*. Declaração juramentada na qual Jordie descreve a suposta sedução sexual de MJ: hoje amplamente disponível on-line, veja "Michael Jackson's Lover Tells All"/ Michael Jackson Forum/ <topix.com>. "Antes que eles chegassem ao sexo anal": Ray Chandler. Citações de Corey Feldman: Feldman a Bashir. Negativa de Ray Chandler do relato anterior de Feldman de "nenhum contato inapropriado", histórias parecidas de outros: Ray Chandler. Elatab: "Nova Jersey Teenager"/ CBS. Resposta de que MJ era "seletivo": Ray Chandler. Vaknin/ raízes da pedofilia: Vaknin, *Malignant Self-Love*. "O que fazia Michael ser diferente": Ray Chandler. Ray reconhece que Jordie e Evan não gostaram do fato de ele ter ido à TV (e se promover), e disse que nenhum dos dois queria ser relacionado ao caso criminal — temendo por sua segurança, segundo Ray. Fotografias de Jordie nas pistas de esqui: lembro de vê-las durante o julgamento, mas elas não são tão fáceis de achar agora. Algumas foram postadas num fórum em Sisterhood of Michael Jackson (<somj.org>). Liberty Towers: descrição e fotos que acompanharam/ Jones/ *Daily Mail*. Evan/ doença de Gaucher: Jones foi provavelmente o primeiro a noticiar, provavelmente através de Ray, que me contou. Assim como com as drogas, usei a Wikipedia para pesquisar sobre a doença. Ataques de raiva de Evan: Ray Chandler reconheceu, mas outra fonte as descreveu de forma mais vívida. Ataque a Jordie: registros públicos, noticiados na época por Friedman, Caruso/ *NY Daily News*. Últimos dias de Evans: Jones, Ray Chandler. Surfe e guitarra: Jordie continuou a gastar com aulas até a morte de MJ: de acordo com fontes confidenciais, ele estava estudando ambos em Los Angeles quando MJ morreu, mas partiu logo depois. "You're So Good For Me": Jordie é creditado como compositor da letra; Simmons toca usando apenas seu primeiro nome. Vida de Jordie em 2009: baseado em fontes confidenciais, como anteriormente. Morte de Evan, descoberta dela: Jones, Ray Chandler. "Absolutamente nada a ver com Michael Jackson [...] eutanásia": Ray Chandler; Ray/ preparações para o funeral, citação do funcionário da funerária: Jones / *Daily Mail*. Citações de fãs de MJ sobre o suicídio de Evan, ameaças contra Jordie: diversos sites sobre MJ ou de fofocas (<perezhilton.com>, <popcrunch.com> e <gossipjacker.net> tinham as piores); tenho certeza de que elas estão enterradas sob muitas outras agora. Endereço publicado, blogs acompanhando: <floacist.wordpress.com>, <mjkit.forumotion.net>. Tabloide / 300 mil dólares por uma foto de Jordie: Ray Chandler, outra fonte; noticiado na época.

Alguns fãs de MJ ficarão desapontados ou até mesmo furiosos em saber que Jordan Chandler certamente não escreveu a carta que Katherine Jackson recebeu confessando que ele inventou a história de que MJ o molestou. Jordie não escreveu nenhuma carta nem fez qualquer declaração pública sobre o seu relacionamento com MJ desde 1994. A história foi para a frente só porque Jermaine deu a carta ao <starpulse.com>. Talvez ele acredite que seja verdade. Katherine Jackson acredita, ou pelo menos diz que acredita. Ela me disse isso em abril de 2011.

Descrevi no começo destas notas as circunstâncias nas quais eu ouvi a história do produtor que passou o dia de Ação de Graças com a família de Jordie. É alguém que não tinha nenhum tipo de segundas intenções e que sabia que eu estava já bastante convencido de que as acusações de abuso contra MJ eram falsas. Como apontei, ele me pediu para não citá-lo e eu concordei apenas em não citá-lo pelo nome. A família, obviamente, vai saber quem é.

Conduta de Zonen durante a apresentação de Parado no Tempo: DVD do simpósio Parado no Tempo; Tenho certeza de que Mesereau vai concordar com o meu ponto de vista. Estou parafraseando as observações de Zonen, claro, mas é quase exatamente o que ele disse, de forma abreviada.

ARQUIVOS DE TRIBUNAL

Criminal
SBSC 1133603.
LASC SA073164.

Civil
LASC SC026226.
LASC BC445597.
2:11-bk-12718-RN.
2:11-ap-02407-RN 27/06/11.
2:11-ap-02407-RN 03/08/11.

DOCUMENTOS
Mann a Sullivan, 09/04/11.
"RE: Oxman". E-mail de Howard Mann a Randall Sullivan, 2 maio 2011.

ESPÓLIO / AEG
"Katherine Jackson to Manage Wrongful Death Case Filed by Her Husband Joe". *Beverly Hills Courier*, 3 maio 2011.
"Michael Jackson Estate to Distribute $30 Million to Katherine Jackson and the Children". Disponível em: <Huffingtonpost.com>, 14 set. 2011 (I).
MORGAN, "Branca and Weitzman".
YOSHINO, Kimi. "Katherine Jackson, Kids to Get $30 Million from the Michael Jackson Estate". Disponível em: <LATimes.com>, 14 set. 2011.

FRANK DILEO

"Frank Dileo, Michael Jackson's Manager, Touts Tell-All Book About the Pop Star, Controversial Album". *New York Daily News*, 5 jan. 2011.

"Michael Jackson's Ex-Manager Frank Dileo Hospitalized, Fighting for His Life". Radar Online, 30 mar. 2011 (I).

MORRIS, Christopher. "Frank Dileo Dies at 64". *Variety*, 24 ago. 2011.

KLEIN/ PFEIFFER/ FALÊNCIA/ ACUSAÇÕES/ HOEFFLIN

"Arnold Klein: I Did Not Betray Michael Jackson". TMZ, 1 maio 2010.

DIMOND "Even Weirder".

_____. "Secret World".

"Jacko's Secret Lover".

"Jason Pfeiffer Alleges Gay Affair with Michael Jackson; Dr. Arnold Klein Backs Him Up". Disponível em: <thehollywoodgossip.com>, 3 maio 2010 (I).

"King of Pop's Secret Lover: 'I Was Michael Jackson's Boyfriend". *Extra*, 29 abr. 2010.

"Michael Jackson Was Not Gay — Arnold Klein". Disponível em: <lipstickalley.com>, 20 abr. 2011 (I).

"More Lawsuits Surface Regarding Michael Jackson's Death". Disponível em: <ourweekly.com>, 25 jun. 2010 (I).

SEAL, "The Doctor Will Sue".

"The Dramatic Fall of Michael Jackson's Dermatologist". *Daily Mail*, 3 jan. 2012.

WILLETS. David. "Michael Jackson 'Dead 47 Minutes' as Doc Made 3 Phone Calls". *Sun*, 27 ago. 2009.

BOA SITUAÇÃO DE MJ

"2710 Palomino Ln., Las Vegas, NV 89107 — Michael Jackson's Last Las Vegas Residence from 2007 Through 2009". Disponível em: <zillow.com>, mar. 2009 (I).

BLY, Laura. "Neverland: Michael Jackson's Former Ranch Keeps Grip on Fans". Disponível em: <USAtoday.com>, 21 jun. 2011 (I).

CHAWKINS, Steve. "Neverland Ranch as a State Park?". *Los Angeles Times*, 14 jul. 2010.

CHRISTMAN, Ed. "US Album Sales Dropped 12.8% Last Year, Digital Tracks Post Small Gain". Disponível em: <billboard.biz>, 5 jan. 2011 (I).

CHRISTMAN, DONAHUE, MITCHELL, PEOPLES e WADDELL.

MITCHELL, "Album Sales".

SISARIO, "A Year Later".

CASO CHANDLER

BARNES, Brooks. "Pellicano and a Lawyer Convicted in Wiretapping". *New York Times*, 29 ago. 2008.

BASHIR, Martin. "Corey Feldman Speaks Out Against Jackson". *ABC-20/ 20*, 10 fev. 2005 (RT).

CARUSO, Michelle. "Jax Accuser Abuse Claim. Kid Paid Off in '93 Sez He Was Harmed — by Own Dad". *New York Daily News*, 5 set. 2006.

FISCHER, "Framed".

FRIEDMAN, Roger. "Ex-Jacko Accuser in Court Against Dad". Fox News, 19 ago. 2006 (I).

GUMBEL, Andrew. "Accusing Jackson of Sex Abuse Ruined the Life of Jordy Chandler". *Independent*, 22 nov. 2003.

HALL, Carla; ABDOLLAH, Tami. "Pellicano Found Guilty of Racketeering". *Los Angeles Times*, 16 maio 2008.

HODGSON, Liz; MALONE, Pat. "Jackson Stalker Put on Probation". *Evening Standard*, 25 maio 1994.

"Jermaine Jackson: 'Abuse Victim Claims Michael Jackson Never Molested Him'". Disponível em: <starpulse.com>, 26 nov. 2009 (I).

LEUNG, Rebecca. "Nova Jersey Teenager Reveals Secrets at Neverland Ranch". Disponível em: <cbs-news.com>, 22 nov. 2003 (I).

"Lisa Marie Presley Interview". *GQ*, jan. 2004.

MANKIEWICZ, Josh. "Inside Look at the 1999 Jackson Case". NBC/ *Dateline*, 12 set. 2004 (RT).

"Michael Jackson Forum: Michael Jackson's Lover Tells All". Disponível em: <topix.com>, 7 jan. 2011 (I).

"Michael Jackson Is Innocent". Disponível em: <lacienegasmiled.wordpress.com>, 9 ago. 2010 (I).

"On This Day, August 24, 1993: Michael Jackson Accused of Child Abuse". BBC (RT).

ORTH 04/ 03.

SAWYER, "Lisa Marie Presley".

SMITH, Kevin. "Jordy Made a Fortune Out of Michael Jackson... Now He's Alone and Abandoned". *People* (Londres), 16 fev. 1997.

STERN, Howard. "Lisa Marie Presley Interview". *Howard Stern Show*, 25 fev. 2003.

SUICÍDIO DE EVAN

JONES, "Killed by the Curse".

PARRY, Ryan. "Michael Jackson Sex Case Dad Evan Chandler Wanted Justice but Ended Up Destroyed". *Daily Mirror*, 19 nov. 2009.

PERONE, Tim; STASI, Lisa; LI, David K. "Jacko Molest-Rap Dad Kills Himself". *New York Post*, 18 nov. 2009.

WIKIPEDIA

"Gaucher's Disease".

CAPÍTULO 31 [pp. 609-12]

"Michael era uma boa pessoa": Mesereau. Ortega sobre as visitas de MJ a orfanatos e hospitais, "nunca vi Michael... constrangesse, machucasse": Ortega a McLean/ *Times* londrino. Katherine Jackson me pediu para "dizer ao mundo" que MJ não era um pedófilo perto do final daquela entrevista na qual ela foi apresentada a Perry Sanders. Schaffel me contou sobre o pedido para comprar a foto e os livros numa de nossas últimas entrevistas. Três fechaduras de segurança/ quarto secreto: relatório dos investigadores de polícia no dia da batida em Neverland, parte dos arquivos de tribunal (assim como é verdade que MJ mandou instalar um alarme que avisava quando alguém se aproximava de seu quarto). Seu desejo por privacidade, como eu reconheço no livro, é inegável. No final, tudo o que posso dizer é que os sentimentos que desenvolvi por Michael no curso da pesquisa para escrever este livro foram quase que inteiramente afetuosos, e eu desejo sinceramente que ele esteja descansando em paz.

ARQUIVOS DE TRIBUNAL

Criminal
SBSC 1133603.

Civil
LASC SC026226.

REFLEXÕES

DEMOREST, Steve. "Michael in Wonderland". *Melody Maker*, 1 mar. 1980 (doravante DEMOREST).
MCLEAN, "Ortega".

POSFÁCIO [pp. 613-72]

Trecho do julgamento de Conrad Murray: fatos e citações são dos arquivos de tribunal. Eu estava em Los Angeles quando o julgamento começou, assim como os advogados de Katherine Jackson, Perry Sanders e Sandra Ribera, que compartilharam comigo suas impressões e análises do que estava acontecendo. Sandy estava no tribunal no primeiro dia do julgamento, sentada com a família Jackson, e não apenas discutiu o que tinha visto como me deu uma cópia de suas anotações. Ainda assim, eu me baseei principalmente nas reportagens diárias do que estava acontecendo no tribunal: Ryan e Kim/ *LA Times*, boletins do TMZ. O programa *In Session* da Tru TV me convidou para cobrir o julgamento junto ao time de repórteres e comentadores deles, mas eu recusei.

Arnold Klein admitiu mais de uma vez ter administrado Demerol a MJ em seu consultório. "Fobia de agulhas": a Amy Ephron (veja capítulo 28); Ephron também recapitulou as investigações de agentes da DEA [Agência Antidrogas Americana] e do conselho médico estadual, coisa que também foi noticiada, ao menos em parte por sua colega Diane Dimond, entre outros. Alegações oficiais de Pfeiffer contra Klein: ação em resposta ao processo de Klein contra ele; alegações não oficiais de Pfeiffer (e referências ao doutor como "FrankenKlein"): postadas no seu blog. Prescrições de Klein a Pfeiffer: fornecidas por Pfeiffer para o uso do *Daily Beast* nos artigos listados abaixo. A decisão do juiz Pastor de que a maioria das coisas de Klein não seria admitida no tribunal foi tomada antes de o julgamento começar. "Essencialmente esvaziou a nossa estratégia de defesa": Chernoff a Ephron (veja capítulo 28), mas ele também disse quase a mesma coisa ao *LA Times*. Minha opinião de que os depoimentos dos executivos da AEG tinham sido ensaiados é partilhada por Sanders e Ribera. Posso dizer, com certeza, que o aparecimento do e-mail de Kenny Ortega deu aos advogados que representavam a sra. Jackson no caso contra a AEG a sensação de que talvez eles pudessem vencer. Depoimento de Gongaware, audição da mensagem do iPhone, depoimentos que se seguiram etc.: evidências e depoimentos do julgamento. A foto da autópsia de MJ apareceu de fato no site do TMZ; não vou citá-la. Reação da família Jackson ao depoimento de Phillips: fontes no tribunal, relatos da mídia. Walgren, Pastor, White, Schafer, Waldman: Transcrições/ tribunal em sessão aberta. "Desprezível": veja abaixo. Circunstâncias no tribunal e aparecimento dos manifestantes do "Occupy": Esquival e Rojas/ <LATimes.com>. "Resmungando incredulamente": Smith, no blog do *Wall Street Journal*. Posição de La Toya e Janet: observadores no tribunal, mídia. História de Jermaine/ MJ planejando fugir se fosse declarado culpado: TMZ, que também noticiou a reação de Mesereau ("Calls BS"). A citação daqui, no entanto, foi de uma conversa comigo. Observações sobre a família Jackson: minhas próprias, ainda que eu certamente tenha conversado com pessoas próximas que concordam comigo. Tuíte de La Toya: ainda on-line. Atmosfera no tribunal: novamente, Rojas e Esquival. Veredicto/ significado em termos de sentença: Blankstein/ dia do veredicto, ABC/ dia seguinte; sentença: CNN, *USA Today*. Comentários de Murray: "Michael Jackson and the Doctor"/ MSNBC. Tentativa do espólio de barrar o documentário: *LA Times*. "Quatro anos não é o suficiente": KJ à afiliada de Los Angeles da ABC, noticiado no site da emissora no dia 29 nov. 2011. "Otimista", "Logo vou sair": TMZ, no mesmo dia da sentença.

Conselho médico interrogando Klein: o próprio dr. Klein, em sua página no Facebook, posteriormente Dimond/ *Daily Beast*, Perpetua/ <Rollingstone.com>. Contratando assessoria de imprensa: Ryan/ *LA Times*. Klein perdendo pacientes: Schaffel, depois Ryan, Seal. Leilão da memorabilia: Heger/ Radar Online. Post do Facebook de Klein, ainda on-line: Seal. Exigências feitas ao dr. Klein pelo conselho médico, resposta de Klein: processo de Klein na corte de Sacramento. *Entertainment Tonight*/ ex-amante de Liberace: veja E!Online. Tentativa do senhorio de Klein de despejá-lo: Heger/ Radar Online. Batalha de Klein contra LaChappelle, citação do detetive Hrycyk: Ryan/ *LA Times*. Declaração de culpa de Raymone Bain/ sentença: Mather/ <LATimes.com>; Mesereau sobre Bain ter sido responsabilizada por MJ deixar de pagar seus impostos: Mesereau. Suspensão Oxman/ Jaroscak/ assuntos relacionados: decisão do Departamento de Apelações da Ordem dos Advogados da Califórnia, Mesereau. Expulsão da Ordem: Friedman, perfil de Oxman na Ordem; caráter definitivo depois que este livro estava pronto.

Processo/ estratégia da AEG, impacto do e-mail de Kenny Ortega e outras informações descobertas no processo: advogados/ consultores de KJ em caráter confidencial. Espólio de MJ contra o Lloyds de Londres: TMZ; ouvi bem mais do que foi noticiado de fontes confidenciais próximas dos acontecimentos, principalmente sobre as comunicações por baixo dos panos entre o espólio e a AEG. Conversa gravada entre Katz, Vaccaro e o advogado de Vaccaro: veja capítulo 27; tenho uma cópia dessa gravação. Pressão sobre Perry Sanders, acordo no processo *Segye Times*: consultores de KJ, Sanders; ainda a respeito do acordo, TMZ, incluindo informações sobre o empréstimo que eu desconhecia. Questões fiscais do espólio de MJ: *Tax Notes*, que explica detalhadamente as questões que envolvem a avaliação do espólio de uma celebridade morta. Participação de Branca/ Weitzman no *Piers Morgan Tonight*: assisti à primeira transmissão, comentei com minhas fontes, que concordaram que a Receita Federal deve ter sido informada das declarações sobre o valor dos direitos de publicação de MJ. Termos do acordo/ *Segye Times*/ empréstimo do espólio: fontes confidenciais, como acima; o acordo com o espólio incluía algum tipo de custeio para que KJ e as crianças viajassem a Montreal e se divertissem com a apresentação do Cirque du Soleil. Sanders elogiando Branca: eu estava entre as pessoas para as quais ele o elogiou. Como dito anteriormente, o tom de Sanders mudou, assim como a atitude dos consultores da sra. Jackson, na primavera e verão de 2012. Reunião de Sanders e LiCalsi, reunião de Sanders e KJ e avisos sobre Branca/ McClain: fonte confidencial. Questões de Sanders na primavera de 2012 para o espólio/ Weitzman: Sanders, pessoas envolvidas com o processo da AEG. Elogio de Sanders a Branca pela renegociação da dívida de MJ: Sanders, outros a quem ele falou sobre isso. Acordo da Pepsi, acordo com Ola Ray: <contactmusic.com>, outros. Processo de Kimberly Griggs, direitos de venda de Hayvenhurst: TMZ; descontentamento de Sanders e explicação do espólio: Sanders, a mim e ao TMZ. Prestação de contas do espólio: cópia dos documentos apresentados ao juiz Beckloff, com anotações de Sandy Ribera. Questionamentos dos irmãos Jackson sobre os ganhos de executores, pressão crescente sobre Sanders: fontes confidenciais, Sanders. Resumo de Ribera aos clientes sobre a prestação de contas: Ribera, fonte confidencial; Sanders precisando de um relato completo: fontes confidenciais, Sanders. Randy / Janet fazendo pressão para ir a julgamento contra Branca: minhas fontes, enquanto ocorria. Os dois caçulas da família Jackson há muito tempo são mais próximos um do outro do que de qualquer outro membro. Divórcio de Janet: diversas pessoas me contaram como ela mudou devido a seu acordo com Elizondo — até Mesereau tinha ouvido falar a respeito. Termos do divórcio: jornais e acordo via <SmokingGun.com>. Janet exigindo que Michael desse o dinheiro do barco primeiro: duas fontes anônimas. Depósito de 40 mil dólares para Forest Law: Katherine Jackson disse a diversas pessoas, que depois comentaram comigo, sobre a insistência de Janet em ser reembolsada antes mesmo do enterro de MJ: o único a quem posso nomear é Schaffel. Janet querendo que os irmãos tivessem renda própria: mesmas fontes. O que pode parecer mesquinho da parte de Janet deve provavelmente ser considerado à luz de seus dois divórcios; a vantagem financeira que ela permitiu que seus dois ex-maridos tirassem de si foi inédita para uma celebridade do sexo feminino nos Estados Unidos.

Crescimento pessoal de KJ do começo de 2011, até o terceiro aniversário de morte de Michael: Sanders e Ribera; outros também ressaltaram o fato. Recusa de KJ de ouvir críticas de Randy / outros filhos, recusa às exigências de Randy a respeito de substituir seus advogados: mesmas fontes confidenciais. Citações de Ribera: Ribera. Descrição de Prince: consistente entre diversas fontes confidenciais; Prince questionando Sanders em Montreal: Mann, fonte confidencial. Viagem de Prince a Berlim: Mann, que mandou junto uma equipe de filmagem; outra fonte. Citações de Paris: a DeGeneres e Winfrey. Citação de Janet Jackson a *Prevention*: abaixo. Fiddes afirmando ser pai de Blanket: Fiddes ao *Globe* via <contactmusic.com>, <aol.com>. Tuítes e postagens on-line de Paris: Goldberg, CNN. Murray na cadeia de Los Angeles: TMZ, incluindo citações de Murray, <contactmusic.com>.

Promoção da turnê Unity, citação de Jermaine: "Michael Jackson Remembered by Brothers" / *Daily Telegraph*. KJ se preparando para seguir os filhos em turnê: consultores de KJ, Ribera. Desaparecimento de KJ em julho de 2012 e retorno a casa: Sanders e especialmente Ribera; também Mann / um de seus advogados sobre seu litígio com o espólio. Também falei com outros consultores da sra. Jackson. O desastre completo foi esmiuçado pelos tabloides e pela internet, e a audiência com o juiz Beckloff na qual KJ ganhou novamente a custódia e os fatos de seu desaparecimento foram registrados no tribunal, no arquivo BP 117 321. Roger Friedman e o TMZ saíram na frente, conforme descrito no texto, baseando-se majoritariamente no que ouviram de Sanders e Ribera, que estavam dividindo comigo mais informações do que com qualquer outro. Tudo o que veio de fontes secundárias deve ficar claro para quem ler a lista de citações abaixo.

ARQUIVOS DE TRIBUNAL

Criminal
LASC SA073164.

Civil

2:11-bk-12718-RN.

2:11-ap-02407-RN 27/06/11.

2:11-ap-02407-RN 03/08/11.

07-O-11968; 8-O-12328; 07-O13696;09-O12276 (Departamento de Revisão da Associação de Tribunais da Califórnia) A respeito de Rickey Brian Oxman e Maureen Patricia Jaroscak, 13 jan. 2012.

34-2012-80001201 (Tribunal Superior do condado de Sacramento) Arnold Klein, M. D. contra conselho médico da Califórnia, 17 jul. 2012.

BP 117 321 (Tribunal Superior de Los Angeles) Segunda prestação de contas e declaração do estado da petição para acordo a respeito, Espólio de Michael Joseph Jackson, 2 jul. 2012.

BP 117 321 (Tribunal Superior de Los Angeles) Resposta dos executores John Branca e John McClain ao pedido de Katherine Jackson por documentos comprobatórios da prestação de contas, 20 ago. 2012.

DOCUMENTOS

"Brian Oxman — Histórico na ordem dos advogados da Califórnia", 10 fev. 2012.

"Pedido de documentos comprobatórios", apresentado por Perry R. Sanders Jr. em nome de Katherine Jackson ao espólio de Michael Jackson, 29 jun. 2012.

AUDIÊNCIAS ANTES DO JULGAMENTO/ KLEIN/ PFEIFFER

DIMOND. "Secret World".

"Dr. Klein Hands Over Michael Jackson's Records". TMZ, 6 abr. 2011 (I).

EPHRON. "Trial".

PFEIFFER, Jason. "The Truth According to Jason: Desperate Times Call For Desperate Measures". Disponível em: <jasonpfeiffer.blogspot.com>, 2 abr. 2010 (I).

_____. "The Truth According to Jason: Your House of Cards...". Disponível em: <jasonpfeiffer. blogspot.com>, 16 ago. 2011 (I).

_____. "The Truth According to Jason: I Have Not Said a Lot Lately...". Disponível em: <jasonpfeiffer.blogspot.com>, 14 nov. 2011 (I).

_____. "The Truth According to Jason: What Goes Around Comes Around... Is It Mr. Klein Yet?". Disponível em: <jasonpfeiffer.blogspot.com>, 10 dez. 2011 (I).

_____. "The Truth According to Jason: Trapped Like a Rat". Disponível em: <jasonpfeiffer.blogspot.com>, 20 mar. 2012 (I).

RYAN, Harriet; KIM, Victoria. "Another Setback for Murray's Defense Strategy". *Los Angeles Times*, 29 ago. 2011.

SEAL, "Doctor Will Sue".

JULGAMENTO

FINN, Natalie; MACHADO, Baker. "Conrad Murray Defense Witness Calls Propofol Expert a 'Scumbag'". Disponível em: <E!Online.com>, 20 out. 2011 (I).

KIM, Victoria. "Michael Jackson Trial: Day 2 to Start with 'This Is It' Producer". Disponível em: <LATimes.com>, 28 set. 2011 (I).

KIM, Victoria. "Conrad Murray, in Taped Interview, Recalls Being Hired by Jackson". Disponível em: <LATimes.com>, 7 out. 2011 (I).

_____. "Conrad Murray Trial: Whether Jackson Swallowed Sedative Is Debated". Disponível em: <LATimes.com>, 7 out. 2011 (I).

_____. "Conrad Murray Trial: Detective Questioned on Propofol Bottle". Disponível em: <LATimes.com>, 11 out. 2011 (I).

_____. "Michael Jackson Autopsy Photo Shown to Jurors During Testimony". Disponível em: <LATimes.com>, 11 out. 2011 (I).

_____. "Testimony Strikes at Heart of Jackson Doctor's Defense". *Los Angeles Times*, 11 out. 2011 (I).

_____. "Witness: Conrad Murray More Like Employee Than Doctor to Jackson". Disponível em: <LATimes.com>, 19 out. 2011 (I).

_____. "Witness: A 'Possibility' That Michael Jackson Caused Own Death". Disponível em: <LATimes.com>, 21 out. 2011 (I).

_____. "Conrad Murray: Judge Issues Another Blow to Defense". Disponível em: <LATimes.com>, 25 out. 2011 (I).

_____. "Conrad Murray Witness: Jackson Wanted Unorthodox Sleep Drug". Disponível em: <LATimes.com>, 25 out. 2011 (I).

_____. "Conrad Murray Patient: 'I Am Alive Today Because of That Man'". Disponível em: <LATimes.com>, 26 out. 2011 (I).

_____. "Conrad Murray Trial: Caving In to a Patient's Demands?" Disponível em: <LATimes.com>, 27 out. 2011 (I).

_____. "Michael Jackson 'Probably' Addicted to Demerol — Defense Witness". Disponível em: <LATimes.com>, 27 out. 2011 (I).

_____. "Defense Expert Concedes Conrad Murray Violated Medical Care Standards". Disponível em: <LATimes.com>, 31 out. 2011 (I)

_____. "Key Conrad Murray Witness Faces New Contempt of Court Charge". Disponível em: <LATimes.com>, 31 out. 2011 (I).

_____. "Conrad Murray's Fate Soon to Be in Jury's Hands as Testimony Ends". Disponível em: <LATimes.com>, 1 nov. 2011 (I).

_____. "Defense Calls Conrad Murray a Victim as Case Goes to Jury". Disponível em: <LATimes.com>, 3 nov. 2011 (I).

_____. "Conrad Murray Lied to Police About Jackson's Death, DA Says". Disponível em: <LATimes.com>, 3 nov. 2011.

_____. "Conrad Murray's Defense Employed 'Junk Science,' DA says". Disponível em: <LATimes.com>, 3 nov. 2011 (I).

_____. "Conrad Murray Guilty Even If Jackson Injected Himself, DA says". Disponível em: <LATimes.com>, 3 nov. 2011 (I).

_____. "Lawyers for Conrad Murray Seek Test of Drug Vial". *Los Angeles Times*, 31 jul. 2012.

KIM, Victoria; RYAN, Harriet. "Conrad Murray Trial: Jackson Doctor Makes Frantic Call, but Not to 911". Disponível em: <LATimes.com>, 28 set. 2011 (I).

_____. "Jackson Begged for 'Some Milk,' Murray Says in Recording". *Los Angeles Times*, 7 out. 2011.

KIM, Victoria; RYAN, Harriet. "Witness: Murray Gave Jackson 40 Times More of the Drug Than He Told Police". Disponível em: <LATimes.com>, 20 out. 2011 (I).

_____. "Michael Jackson Probably Caused His Own Death, Witness Testifies". *Los Angeles Times*, 29 out. 2011.

_____. "Conrad Murray Trial: Prosecution to Cross-Examine Defense Expert". Disponível em: <LATimes.com>, 31 out. 2011 (I).

_____. "Murray's Defense Ends with Him Taking the Stand". *Los Angeles Times*, 2 nov. 2011.

_____. RYAN, Harriet; BLANKSTEIN, Andrew. "Murray's iPhone Offers Snapshot of Jackson's Final Weeks". Disponível em: <LATimes.com>, 6 out. 2011 (I).

"MJ's Lawyer Calls BS on Jermaine Jackson". TMZ, 11 set. 2011 (I).

RYAN, Harriet; KIM, Victoria. "Michael Jackson Was Too Sick to Dance at Rehearsals, Director Says". Disponível em: <LATimes.com>, 27 set. 2011 (I).

_____. "Michael Jackson 'Fearful' About Comeback Tour, Doctor Testifies". Disponível em: <LATimes.com>, 24 out. 2011 (I).

_____. "Defense Witness Describes a Confident Michael Jackson". *Los Angeles Times*, 26 out. 2011.

_____. "Conrad Murray Trial: Final Defense Witnesses to Testify Thursday". Disponível em: <LATimes.com>, 27 out. 2011 (I).

_____. "Conrad Murray Drug Expert May Hold Key to Doctor's Defense". Disponível em: <LATimes.com>, 28 out. 2011 (I).

VEREDICTO E SENTENÇA

AVILA, Jim, NEWCOMB, Alyssa; FISHER, Luchina. "Michael Jackson Doctor Will Serve Only Half of Sentence". Disponível em: <abcnews.go.com>, 29 nov. 2011 (I).

BLANKSTEIN, Andrew. "Conrad Murray Trial: Odds 'Heavily Stacked' Toward Guilty, Experts Say". Disponível em: <LATimes.com>, 7 nov. 2011 (I).

"Conrad Murray — I'm Glad I Did That Documentary". TMZ, 30 nov. 2011 (I).

DOLAK, Kevin; AVILA, Jim; NG, Christina. "Conrad Murray Verdict: Will He Go to Prison?". Disponível em: <abcnews.go.com>, 8 nov. 2011 (I).

DUKE, Alan. "Conrad Murray Sentenced to Four Years Behind Bars". CNN, 30 nov. 2011 (I).

ESQUIVEL, Paloma. "Conrad Murray: Occupy L. A. Protesters Go to Courthouse". Disponível em: <LATimes.com>, 7 nov. 2011 (I).

KASINDORF, Martin. "Conrad Murray Sentenced to Four Years in Jackson Death". *USA Today*, 30 nov. 2011.

KIM, Victoria; RYAN, Harriet. "Conrad Murray Guilty in Death of Michael Jackson". Disponível em: <LATimes.com>, 7 nov. 2011 (I).

"latoyajackson: Verdict is FINALLY IN!!!". Disponível no Twitter, 7 nov. 2011 (I).

"Michael Jackson's Estate Demands MSNBC ax Conrad Murray Documentary". Disponível em: <LATimes.com>, 9 nov. 2011 (I).

"Murray Talks About the Day Jackson Died in MSNBC Documentary". Disponível em: <entertainment.msnbc.com>, 8 nov. 2011 (I).

ROJAS, Rick. "Conrad Murray Trial: Colorful Crowd Awaits Verdict at Courthouse". Disponível em: <LATimes.com>, 7 nov. 2011 (I).

SMITH, Ethan. "Conrad Murray Trial: How Michael Jackson's Family Is Holding Up". Disponível em: <blogs.wsj.com>, 28 set. 2011 (I).

PÓS-JULGAMENTO/ BALANÇO/ OS SUSPEITOS USUAIS
CRAWFORD, Bridget J.; TATE, Joshua C.; GANS, Mitchell M.; BLATTMACHR, Jonathan G. "Celebrity, Death and Taxes: Michael Jackson's Estate". *Tax Notes*, 19 out. 2009.
DIMOND, Diane. "Michael Jackson Dermatologist Arnold Klein Under Investigation". *Daily Beast*, 5 dez. 2011 (I).
FRIEDMAN, Roger. "Brian Oxman Disbarred, Former Michael Jackson Lawyer — Sort Of". Disponível em: <Showbiz411.com>, 6 jul. 2012 (I).
_____. "Michael Jackson's Ex-Lawyers: One a Hero, the Other Disbarred". Disponível em: <Showbiz411.com>, 9 jul. 2012 (I).
HEGER, Jen. "Bankrupt Dr. Arnold Klein Auctioning Off Michael Jackson, Liz Taylor Memorabilia". Radar Online, 2 jan. 2012 (I).
_____. "Michael Jackson's Bankrupt Former Dermatologist Accused of Stiffing Land-lord". Radar Online, 16 maio 2012 (I).
"Liberace's Former Lover Details Romance". Disponível em: <Etonline.com>, 2 maio 2012 (I).
MATHER, Kate. "Michael Jackson's Former Manager Pleads Guilty to Tax Charges". Disponível em: <LATimes.com>, 22 jun. 2011 (I).
PERPETUA, Matthew. "Michael Jackson's Dermatologist Investigated by Medical Board: Dr. Arnold Klein May Have Overprescribed Demerol to the Late Pop Star". Disponível em: <Rollingstone.com>, 5 dez. 2011 (I).
RYAN, Harriet. "A-List Doctor's Star Has Faded". *Los Angeles Times*, 1 jan. 2012.
_____. "Prosecutor Rejects Case over Michael Jackson Artwork". *Los Angeles Times*, 22 jun. 2012.

DESCONTENTAMENTO DA FAMÍLIA JACKSON/ ESPÓLIO/ PERRY SANDERS
"Janet Jackson Divorce Drama". Disponívle em <Thesmokinggun.com>, 1 jan. 2002 (I).
"Michael Jackson Estate Judge Approves Move to Sell Michael's House". TMZ, 23 fev. 2012 (I).
"Michael Jackson Estate to Katherine Jackson — Here's SIX MILLION". TMZ, 5 out. 2011 (I).
"Michael Jackson Estate Will Work with Pepsi Again to Promote the *Bad* Album's Re-Release". Disponível em: <Contactmusic.com>, 4 maio 2012 (I).
"Michael Jackson Sued for $1 Billion in Weird, Handwritten Lawsuit". TMZ, 7 jun. 2012 (I).
"MJ Estate to Lloyd's of London: This Is It. Now Pay Up!". TMZ, 17 ago. 2011 (I).

TERCEIRO ANIVERSÁRIO DE MORTE/ FILHOS DE MJ/ MURRAY DA PRISÃO
DEGENERES, Ellen. "Ellen Talks to Paris Jackson About Growing Up". NBC, 15 dez. 2011 (RT).
FIDDES ao *Globe* via "Michael Jackson Bodyguard Matt Fiddes Claims He's Blanket's Father, Fights for Visitation Rights". Disponível em: <blog.music.aol.com>, 26 abr. 2012 (I).
FIDDES ao *Globe* via "Michael Jackson's Bodyguard to Fight for Blanket Visitation Rights". Disponível em: <contactmusic.com>, 27 abr. 2012 (I).
GOLDBERG, Stephanie. "Family, Fans Mark Michael Jackson's Death Three Years Later". Disponível em: <cnn.com>, 25 jun. 2012 (I).
"Lenny Dykstra, Conrad Murray, James DeBarge — Jailbird Homies". TMZ, 6 maio 2012 (I).

"Michael Jackson Remembered by irmãos". *Daily Telegraph*, 25 jun. 2012.

NEWMAN, Judith. "Janet Jackson, Living Joyfully". *Prevention*, maio 2012.

WINFREY, Oprah. "Oprah Interviews Paris Jackson and 50 Cent". OWN, 17 jun. 2012 (RT).

DESAPARECIMENTO E RETORNO DE KATHERINE JACKSON

"'Drugged' Katherine Jackson Demanded That Heads Roll". TMZ, 25 jul. 2012 (I).

DUKE, Alan. "Conrad Murray Invites Katherine Jackson to Visit Him in Jail". Disponível em: <cnn. com>, 27 jul. 2012 (I).

FRIEDMAN, Roger. "LAPD Sheriff: Two Jackson Family Members in 'Minor Scuffle' at Home". Disponível em: <Showbiz411.com>, 23 jul. 2012 (I).

_____. "Katherine Jackson Lawyers: 'Plan in Place for Three Years to Remove Her from Her Home and Grandchildren". Disponível em: <Showbiz411.com>, 24 jun. 2012 (I).

_____. "Guardian Gambit Worked: Katherine Jackson on Way Back to Los Angeles". Disponível em: <Showbiz411.com>, 25 jul. 2012 (I).

_____. "Katherine Jackson Speaks to Grandchildren at Last!". Disponível em: <Showbiz411. com>, 25 jul. 2012 (I).

_____. "Katherine Jackson Suspended as Grandkids' Guardian". Disponível em: <Showbiz411. com>, 25 jul. 2012 (I).

_____. "Someone's Lying About Katherine Jackson: Miraval Allows Cell Phones and Has Landlines in Every Room". Disponível em: <Showbiz411.com>, 25 jul. 2012 (I).

_____. "TJ Jackson Is Named in Will as Successor Guardian". Disponível em: <Showbiz411.com>, 25 jul. 2012 (I).

_____. "Katherine Jackson Arrives Home: 82 Year Old Driven 516 Miles Overnight". Disponível em: <Showbiz411.com>, 26 jul. 2012 (I).

_____. "Katherine Jackson Reads 'Hostage Statement' and ABC News Lets Her". Disponível em: <Showbiz411.com>, 26 jul. 2012 (I).

_____. "Will Katherine Jackson Understand What Happened? The Family Lives in Denial". Disponível em: <Showbiz411.com>, 26 jul. 2012 (I).

_____. "Lawyer: Katherine Jackson 'Laughed' at Report of Stroke". Disponível em: <Showbiz411. com>, 27 jul. 2012 (I).

_____. "Katherine Jackson Will Let Grandson TJ Be the Permanent Co-Guardian of Michael's Kids". Disponível em: <Showbiz411.com>, 27 jul. 2012 (I).

_____. "Michael Jackson Estate Bars Randy, Jermaine, Janet, Rebbie and Joe Jackson from Kids' Home". Disponível em: <Showbiz411.com>, 30 jul. 2012 (I).

_____. "Katherine Jackson Tells Court About Kidnapping: iPad Taken Away, Room Phone Disconnected". Disponível em: <Showbiz411.com>, 2 ago. 2012 (I).

WATKINS, Jade. "'She Is Just Heartbroken': Katherine Jackson Does Not Want to See Her Children Janet, Randy and Rebbie Following Family Drama". *Daily Mail*, 13 ago. 2012.

Índice remissivo

2 Seads Records, 26, 160, 163, 178, 713, 717
50 Cent, 270, 740, 828

A&M Records, 504
Abbey Road Studios, 75
ABC (American Broadcasting Company), 46
ABC (Jackson 5), 71
"ABC" (Jackson 5), 71
Abdul, Paula, 223
Abdullah bin Hamad bin Isa Al Khalifa, xeque:
    acordo com, 332, 492; "álbum de retorno" e,
    137; depoimento, 326; e a mídia, 26, 78, 156;
    finanças, 26-8, 78, 128, 133, 156, 159, 162, 225,
    254; fotografia de, 27; Grace Rwaramba e, 26,
    324; "He Who Makes the Sky Gray", 79; histó-
    rico e visão geral, 26; Michael no palácio de,
    26; Michael sobre, 162-3, 325; música para o
    furacão Katrina e, 135, 137; processo contra
    Michael, 254-5, 324-6; Raymone Bain e, 254;
    relação de Michael com, 26-8, 30, 78-9, 133,
    137, 159-60, 162-3, 168, 254, 325; Tohme e, 325
Abner, Ewart, 92, 240
Abrams, Mathis, 305, 307

abuso sexual, acusações de: Arnold Klein e, 234;
    garotos supostamente molestados, 397;
    impacto na carreira de Michael, 149;
    Neverland e, 611; polícia obrigando Michael a
    se despir e fotografando seus genitais, 147;
    primeira com credibilidade, 209; problema de
    Michael com drogas e, 192, 236, 309; reação
    de Michael a, 51, 149, 158, 297, 593, 696;
    supostamente mostrou livro com imagens de
    nus para garoto adolescente, 602; *ver também*
    masturbação; Pearlman, Lou
abuso sexual, acusações de (1993): declaração
    pública de Michael negando, 313; descrição
    detalhada da suposta relação sexual, 601;
    determinação de Michael de deixar o escân-
    dalo para trás, 322; Gavin Arvizo e, 377, 388,
    396, 412; investigação criminal e considera-
    ções sobre processo, 306, 309; La Toya
    Jackson sobre, 223; Lisa Marie Presley e, 316;
    mandado de busca ligado a, 234; pagamento
    do acordo, 30, 211, 310, 317, 369, 377, 399,
    496; primeiro relato público, 146, 158, 200,
    240; reabilitação da imagem de Michael após,

314; reação dos fãs de Jackson, 157-8, 606; simulação do julgamento, 312; suposta destruição de evidências por funcionária de Neverland, 310; Terry George sobre, 362; *ver também* Chandler, Jordan; Chandler, família

ácido hialurônico *ver* Restylane

acne, 96, 98, 101, 111, 233, 258-9, 265, 345

Acordos Fiduciários de Neverland, 582

acusações de abuso sexual *ver* abuso sexual, acusações de

Adair, Stacy, 24

Adams, David (médico de Michael), 526

Adams, William James *ver* will.i.am

Adão e Eva, Michael sobre, 115

AEG (Anschutz Entertainment Group), 244, 284, 287, 295, 325, 327-8, 332-5, 338-9, 341, 343, 346-7, 351, 357-8, 362, 432-6, 438, 440-2, 445, 448-9, 494, 499, 508, 526, 530-3, 544, 549, 550-1, 565-8, 588, 591, 616, 623, 637-8, 640, 649-50, 670, 687, 747-8, 754, 762, 771-2, 790-1, 801, 806, 821-2; *ver também* AEG Live; Leiweke, Timothy; Phillips, Randy; *This Is It* (shows); Anschutz, Philip Frederick

AEG Live, 343, 433, 447; contrato de Michael com, 284, 339, 440, 449; finanças, 441; processo contra, 445, 531, 591; shows *This Is It* e, 343, 346, 433, 438, 442, 624; uso de medicamentos controlados de Michael e, 566; *ver também* Gongaware, Paul; Phillips, Randy; *This Is It* (shows)

aeroporto de Manama, 162, 169, 683

África do Sul, 49

aids, 31, 201

ajuda às vítimas do furacão Katrina *ver* "I Have This Dream"

Akon, 187, 269-70, 563, 737, 740

Aksenoff, Eugene (médico de Tóquio), 527, 790

Alama, Ragheb, 156

Albert, príncipe de Mônaco, 402

álbum de retorno, 135, 137, 182, 195, 256, 269-70, 281, 288, 562, 683, 721, 740, 746; *ver também* retorno

álcool, consumo de: por menores, 134, 388, 391, 396; por Michael, 330

Alemanha, 41-2, 49, 53, 156, 158, 236, 264, 269, 487, 510-1, 563, 595, 643

Al-Fayed, Mohamed, 77, 326, 359

All That Glitters: The Crime and the Cover-Up (Chandler), 601

Allocco, Patrick (diretor executivo da AllGood): AllGood Entertainment e, 531; Dennis Hawk e, 339; finanças, 337, 341, 356, 440, 531; Frank Dileo e, 337, 358; Joe Jackson e, 337, 357; Katherine Jackson e, 338, 356; Leonard Rowe e, 337, 356; sobre Randy Phillips, 358; Tohme e, 339, 358

Allred, Gloria, 45, 308, 677, 680-1, 705, 749

Alonzo, Ed, 459, 461

Alvarez, Alberto (diretor de logística de Michael), 467, 568, 620, 622, 778

Alvarez, Hugo Francisco, 318

Amen, Vinnie, 386

América do Sul, 87, 180

American Airlines, 33

American Choreography Award, 347

American Express, cartão de crédito, 247

American Idol, 222

American Music Awards, 96, 202, 207, 675, 724

amFAR, 31

amital sódico, 306, 749

Ammar, Tarak Ben, 231

Amsterdã, 73

Amwaj, ilhas artificiais, 79

Anding, Sade, 466

Andrews, Julie, 117

Angeles National Forest, 521

aniversários comemorativos *ver* morte de Michael Jackson: aniversário de; shows *30th Anniversary*

Anschutz Entertainment Group *ver* AEG

Anschutz, Philip Frederick (executivo), 244, 285

ansiolíticos, 151, 193, 194, 227, 454

Anthony, Marc, 15

antissemitismo, 77-8, 152, 225, 708; *ver também* judeus

apartamento de Westwood *ver* "Esconderijo, O", apartamento em Westwood (Los Angeles)

aplicativo Michael Jackson Dance, 286

Apollo Theater, 481, 732

Arábia Saudita, 272, 350

Argentina, 487

arma de choque, incidente com, 558-60

Arons, Richard, 65, 93

arquétipos junguianos, 513

Artest, Ron, 585

Artista de uma Geração, prêmio, 211

artistas negros, 40, 66, 93-4, 113, 135

Arvizo, Davellin (irmã de Gavin), 45, 384-90, 392-3, 417, 768

Arvizo, David (pai de Gavin), 386

Arvizo, Gavin (suposta vítima de abuso): abuso físico pelo pai, 386; câncer, 384, 391, 395, 404, 417; consumo de álcool, 385, 388, 391; depoimento, 391; descrição física, 391; dormindo no quarto de Michael Jackson, 386, 392; e a mídia, 607; entrevista com a polícia, 420, 427; entrevista de Bashir com, 45; finanças, 399, 418; Larry Feldman e, 398; Michael supostamente nu em presença de, 388, 394; personalidade e comportamento, 391; pornografia supostamente mostrada a, 388, 392; presentes de Michael, 395; proclamação da inocência de Michael, 45, 394, 417; relação de Michael com, 392; Ron Zonen sobre, 607; sobre Michael, 392, 395; sobre o suposto abuso sexual de sua mãe, 405; Stan Katz e, 398; suposta mudança de comportamento, 385; supostamente abusado fisicamente pelos guardas de Neverland, 405

Arvizo, Janet (mãe de Gavin): consultando Feldman e Katz antes de falar com a polícia, 377; David Arvizo e, 386; depoimento, 389, 402, 420; descrição física, 402; e a mídia, 417; entrevistas, 45; envolvimento em atividades criminais, 389, 402, 404, 418; finanças, 381,

386, 399, 404, 421; invocando a Quinta Emenda, 402; jurados sobre, 427; Larry Feldman e, 399; Martin Bashir e, 45, 387; proclamação da inocência de Michael, 45; sobre Michael, 45, 386, 403, 417; suposta descoberta do abuso de Gavin, 377; suposto assédio, 390, 402, 405, 417; Tom Mesereau e, 377, 381, 386, 402, 421

Arvizo, Star (irmão de Gavin): abuso físico pelo pai, 386; caracterização de, 416; consumo de álcool, 385, 388, 391; depoimento, 388; depoimento no caso civil, 388; finanças, 399; Larry Feldman e, 398; Michael supostamente nu em presença de, 388; pornografia que Michael supostamente mostrou para, 388, 392; relação de Michael com, 390; sobre as supostas ameaças de Michael, 389; sobre dormir no quarto de Michael, 45, 386, 392; sobre Michael, 386; sobre o suposto abuso de Gavin por Michael, 389-90; sobre o suposto abuso sexual de sua mãe, 405; Stan Katz e, 390, 398; suposta simulação de sexo de Michael com manequim, 388; supostamente abusado fisicamente pelos guardas de Neverland, 405; suposto comportamento violento de, 399

Árvore da Esperança (Harlem), 64

Ásia, 146, 243, 272, 309, 323, 335

Associated Television (ATV) *ver* catálogo musical da Sony / ATV

Astaire, Fred, 65, 93, 112, 262, 346, 448

ataques terroristas de Onze de Setembro *ver* Onze de setembro de 2001, ataques de

Ativan (lorazepam), 234, 463-5, 474, 485, 569, 626, 730

Atkinson, Mike, 100

Atlantic Union College, 23

Auchincloss, Gordon, 397

Audigier, Christian, 280, 295, 347, 545, 744, 747

Augusta (Georgia, Estados Unidos), 218

Austrália, 175, 229, 269, 375, 414, 487, 722

Áustria, 49, 269

autópsia, 473, 483-6, 510, 620-1, 626, 721, 758,

782, 784, 821; *ver também* morte de Michael Jackson

Aviv, Juval, 41

Avram, Marcel, 154, 236, 335, 368, 679-80, 716, 764, 766

Azim de Brunei, príncipe, 243

Azoff, Irving, 141

Baba (feiticeiro africano), 153

Backerman, Stuart, 49, 152, 681, 763, 767

Backstreet Boys, 136

Bad (Jackson), 125, 140-1, 257, 641; Bad (turnê), 80, 126, 143, 197-9, 201, 208, 209, 292, 414, 676

"Bad" (vídeo), 126, 208

Bahler, Tom, 102

Bahrein, 21, 26-9, 77, 79, 132, 133, 135-7, 156, 159-61, 163-4, 168, 170, 174, 176, 178, 194, 225, 238, 254-5, 276, 325, 351, 431; *ver também* Abdullah bin Hamad bin Isa Al Khalifa, xeque; Manama

Bain, Raymone (empresária de Michael e presidente da Michael Jackson Company): espólio de Michael e, 544; Grace Rwaramba e, 237; histórico e apresentação geral, 159, 244; Londell McMillan e, 178, 448; problemas com a Receita Federal, 636; processo contra Michael, 448; "reestruturação" dos negócios de Michael, 178; sobre Michael, 564; Tom Barrack sobre, 362; Tom Mesereau e, 159, 374, 412, 448, 636; uso de drogas de Michael e, 238; xeque Abdullah e, 254

Baker, Josephine, 528

Baker, Rick, 113

Ballinacurra House, 181, 683

Bambi, prêmio, 643, 680

Bandier, Martin, 141, 650

Bank of America, 33-4, 48, 128, 149-50, 163, 254, 368, 369

Barnes, Brett, 297, 397, 414, 749, 752, 770

Barnum, P. T., 200

Barrack, Daphne, 449, 451, 489, 557, 701, 730-1

Barrack Jr., Thomas "Tom" J. (investidor imobi-liário): entrevistas, 328; finanças, 327; histórico e apresentação geral, 274; Michael e, 274, 280, 284, 327; Neverland e, 274, 327, 500, 511; Philip Anschutz e, 284; Randy Phillips e, 284; sobre Michael, 288, 328, 361; sobre Raymone Bain, 361; Tohme e, 274, 284, 327, 511; *ver também* Colony Capital

Barry, Marion, 159, 245

Bartucci, Joseph, 29, 682

Bashir, Martin (jornalista): caracterizações de, 381; depoimento no tribunal, 381, 420; elogios a Michael, 44; entrevista final, 43; entrevistas com Michael, 366; família Arvizo e, 44, 387, 392, 398, 403, 419; filhos de Michael e, 44; gravações em vídeo de Michael, 45; Michael seduzido por, 42; princesa Diana e, 42; "programas de assuntos culturais", 382; reputação de Michael destruída por, 129; sobre a relação de Michael com os filhos, 44, 419; usando pessoas, 42; *ver também* Living with Michael Jackson

Bassey, Shirley, 183

Bay Harbor Islands, 228

Bayer Sager, Carole, 40

Beacher, Jeff, 222

"Beat It" (Jackson), 35, 110-1, 347, 429, 710, 758

Beatles, 71, 75, 130-1, 148, 183, 186, 199, 254, 267, 276-7, 369, 445, 505, 564, 578, 586, 713-6, 737, 739, 814

Beckloff, Mitchell (juiz), 490-1, 496, 499, 501, 504-6, 536, 540-4, 546, 555, 558-9, 577-8, 580, 582-3, 641, 653, 660, 662-3, 669-1

"Behind the Mask" (Jackson), 563, 805

Bélgica, 269, 511

Ben (Jackson), 90

"Ben" (Jackson), 90

benzodiazepínicos, 236, 454, 463, 524, 688; *ver também* diazepam; lorazepam; Xanax

Berry, Halle, 42

Beverly Hills Hotel, 36, 439, 688, 772

Beverly Hilton Hotel, 252-3, 471, 533, 688, 772, 809-10

Beyoncé, 36, 196

Bhatti, Omer "Monkey", 322, 572, 751, 753

Bhatti, Pia, 322

Bhatti, Riz, 322, 751

"Big Boy" (Jackson 5), 65, 674

"Big House" ver Hayvenhurst, complexo

Billboard, 59, 69, 90, 94, 108, 112, 120, 145, 268, 487, 551, 563, 592

"Billie Jean" (Jackson), 35, 108-13, 123, 140, 145, 198, 234, 287, 461, 643, 710

Billy Elliot (musical), 75, 76, 708

Black Eyed Peas, 187, 195

"Black or White" (Jackson), 35, 260-1, 676, 781

Black, Shirley Temple ver Temple, Shirley

Blackwater, Irlanda, 170, 177-8, 180-1, 195, 683, 719

Blake, Robert, 370, 372-3, 765

Blount, Marin (paramédico), 470, 568; ver também paramédicos

blues, 59, 72

Bobby Taylor & The Vancouvers, 65

Bocelli, Andrea, 283

Body Worlds e Mirror of Time (exposições), 510

Bohana, Donald, 647

Bolkiah, Jefri, 271, 281, 287, 332, 352, 740

Bone, William, 142

Bons companheiros, Os (filme), 438

Book Soup, 291

Boston, 72

Boteach, rabino Shmuley (consultor de Michael): discurso de Michael em Oxford e, 222; relações de Michael com, 83, 150, 345; sobre Michael, 513

Botox, 188, 233, 235, 345, 567, 598, 604, 614, 625

Boy George, 204, 723

Boyle, Kevin (advogado de Katherine Jackson), 638

Boyle, Susan, 563

Branca, John Gregory (advogado de Michael e coexecutor do espólio): Adam Streisand e, 540, 576; administrador "especial" do espólio de Michael, 545; advogados contratados por, 496; AEG e, 498, 638; Alejandra Oaziaza e, 571, 573; Brian Oxman e, 535, 542, 577; carta de Michael Jackson exigindo demissão de, 648, 658, 667; catálogos musicais e, 268, 534, 578; CBS e, 103; clipe de "Thriller" e, 115; conflitos de interesse, 498, 578, 640, 670; Conrad Murray e, 633; contratado novamente por Michael, 41; Dieter Wiesner e, 41; finanças e, 41, 141, 149, 578; Frank Dileo e, 446, 533; histórico e visão geral, 37, 103, 505; Howard Mann e, 667; Jermaine Jackson e, 498, 538; Joe Jackson e, 120, 543-4, 577; Katherine Jackson e, 503, 537, 542, 545, 555, 573, 583, 642, 648, 666, 671; Melissa Johnson e, 574; Michael sobre, 573, 578, 648; na mídia, 552; nomeação de Branca como executor, 496, 577, 586; poder sobre o espólio de Michael, 498, 502, 540; Randy Jackson sobre, 534, 555, 583, 641, 658, 666; relacionamento de Michael com, 37, 586; relatório Interfor sobre, 41, 536, 564; Schaffel e, 37, 41; show beneficente de Onze de Setembro e, 38; sobre Michael, 131; Sony e, 38, 41; suposta falsificação e fraude, 577; testamento de Michael e, 496, 502, 534, 578; Tohme e, 503, 533; Tommy Mottola e, 41, 536; usando Michael para lucros em negociações, 37, 141; "What More Can I Give?" e, 37

Brando, Marlon: como "melhor amigo" de Michael, 34; dando aulas de interpretação a Michael, 278; discurso nos shows 30th Anniversary, 15, 34; finanças e, 34, 179; medicina e, 292; Michael e, 112, 292, 346; Michael sobre, 34; na casa de hóspedes de Neverland, 383; no lançamento do vídeo de "Thriller", 113

Brasil, 49, 180, 510

Braun, Harland, 527

Bravado, 445, 543, 552, 773

Brawley, Stuart, 563

Bray, Bill, 80-1, 228, 321, 708-9, 751, 800

"Breaking News" (Jackson), 250, 562-3, 805

Brick House, restaurante italiano, 248, 250

brinquedos sexuais, 695

Brit Awards, 210-2, 678, 722, 725-6

Brotherhood (3T), 647

Brown, Blair (advogado de Janet Jackson), 668

Brown, Chris, 212, 270, 461, 740

Brown, Etta, 63

Brown, Gordon, 481, 780

Brown, James, 59, 63, 69; funeral, 218; Michael dançando com, 261; Michael sobre, 220

Brown, Jerry, 525, 591

Brown, Nathaniel, 91, 788

Brown, Stacy, 261, 701, 704, 723, 728, 732-3, 738

Brunei, 168, 243, 271, 281-2, 352, 718, 744

Bubbles (chimpanzé), 157, 198, 201, 205, 510, 723

Buprenex (narcótico), 229, 729

Burj Al Arab, hotel, 128-9, 161, 194

Burkina Faso, 573, 809

Burkle, Ron, 252, 256, 271, 492, 681, 685, 737-9, 743

Busch, Anita, 600

Bush, Billy, 191, 194-5, 684, 720-1

Buzan, Tony, 160, 163, 683, 717

cabala, 206

Calabasas Country Inn.: Arvizos em, 404, 418; batida policial em, 516; custódia dos filhos de Michael Jackson e, 660; emboscada da família Jackson, 650, 669; família de Michael em, 662; filhos de Michael em, 573, 584, 668; Michael em, 16, 56; Perry Sanders em, 662, 664; pessoas proibidas de frequentar, 665, 669; Randy Jackson em, 655, 660, 665; vigília em, 658; *ver também* Jackson, Katherine

Calafrio (filme), 90

Calmes, Selma (patologista), 486

Cameron, David, 482, 780

Camp Ronald McDonald for Good Times, 124

Camp Zama (posto do Exército americano), 242

Canadá, 244, 677

câncer, crianças com: que visitaram Neverland, 419; recuperação de, 382, 384, 393, 419; *ver também* Arvizo, Gavin

câncer, pesquisas sobre, 124

Cannon, Jeff (contador de Michael), 492, 743-4, 759

Capote, Truman, 99

Capra, Bernt, 443, 462, 773

Captain EO (filme), 207, 313, 724

Caribe: transferência de fundos de Michael para bancos do, 41

caridade, 30, 33, 35, 38, 124, 198, 254, 419, 498, 501, 507, 574-5, 584, 587, 643, 753

Carolwood, mansão: Branca e, 505; Conrad Murray e, 454, 458, 463, 466-7, 474; dinheiro e joias faltando em, 488, 491; drogas em, 324, 344, 349, 452, 454, 458, 526, 620; família Jackson em, 620; finanças, 332, 491, 549, 591; Frank Dileo em, 471; funcionários supostamente demitidos na noite da morte de Michael, 491; Grace Rwaramba em, 324, 450; "irmã Rose" em, 519; Janet Jackson em, 489; Joe Jackson e Leonard Rowe barrados nos portões de, 340; Kai Chase em, 434; Katherine Jackson em, 341, 489; La Toya Jackson em, 488, 491; Michael Amir Williams e, 467, 471; Michael em, 433, 454, 458, 463; morte de Michael e, 466, 474, 479, 488, 491, 505, 526, 529, 565, 568-9, 620; mudança de Michael para, 295; pessoal da Talon e, 487; proximidade de Neverland, 295; Randy Phillips e, 487; reuniões em, 447, 452, 622; Tohme e, 295, 471, 487, 491; treinos e ensaios em, 348, 444, 474

Carr, Firpo, 25

Carroll, Larry, 370

Carter, Aaron, 137

Carter, Chris, 151, 228, 716

Carter, Jane, 137, 714

Carter, Nick, 137

Cartman, Shirley, 65

Casa Branca, 119, 143, 482

Cascio, Connie (mulher de Dominic), 50, 134, 248

Cascio, Dominic (pai de Frank), 50, 134, 248

Cascio, Eddie "Angel Cascio" (irmão de Frank), 49-50, 134, 249, 389

Cascio, família, 134, 250, 252, 449, 562, 691

Cascio, Frank (assessor de Michael): acusações de abuso contra Michael e, 134, 386, 388, 392; anúncio de livro por, 588; como parceiro favorito de Michael para "travessuras", 133; família Arvizo e, 386, 388, 392; pornografia e, 388, 392; receitas de remédios de Michael e, 192, 228, 528; sobre Michael, 249; trabalhando para Michael, 49, 133, 192; viajando com Michael, 49

Cascio, Marie Nicole (irmã de Frank), 49-50, 134, 403

Caswell, John, 444, 773

catálogo Leiber-Stoller, 256

catálogo Sly Stone, 131

catálogo Sony / ATV, 255, 267, 327, 499, 531, 534, 640

CBS Broadcasting, 33

CBS Records, 93, 108, 142, 145

Celebrity Big Brother (reality show), 226

CenterStaging, 433-4, 441, 444

Centro de Medicina Regenerativa, 228

Centro de Queimaduras Michael Jackson, 124

Centro Médico Beth Israel, 335, 678

Centro Médico Brotman, 123

Centro Médico Cedars-Sinai, 123, 472

Centro Médico Marian, 22, 768

Centro Médico Ronald Reagan da UCLA, 471, 473

Centro Odontológico Crenshaw Family, 299

Centro para o Bem-Estar, 23

certidão de óbito, 510, 782, 788

Chakiris, George, 126

Chakra (restaurante indiano), 439

Chandler, Emmanuel (meio-irmão de Jordan), 595, 607

Chandler, Evan (pai de Jordan): acusações de abuso sexual contra Michael, 301, 304-5; acusações de extorsão, 307; Barry Rothman e, 302-4; finanças, 299, 302, 305, 313; histórico e visão geral, 298; Jordan Chandler e, 298, 300-7, 401, 595-6, 599, 604, 606; na mídia, 301; problemas legais, comportamento criminoso e práticas irregulares, 298; morte de Michael e, 605; Ray Chandler sobre, 300, 302, 594, 605, relacionamento de Michael com, 298, 300, 305; sobre Michael, 301; suicídio, 605; violência contra, 307; violência de, 299, 596, 604

Chandler, família, 300, 304, 308, 313-4, 376, 399, 593, 594-5, 693, 748-9, 815-6

Chandler, Jordan "Jordie" (suposta vítima de abuso): acusações de abuso sexual de Evan Chander a respeito de, 301; ameaças contra, 594, 596, 606; "bilhetes de amor" a Jordan, 599; "confissão" fraudulenta de alguém se passando por, 606; descrição da anatomia de Michael, 148, 312, 314; disputa pela custódia, 300, 302, 304, 595; dormindo na cama / no quarto de Michael, 400-1; Evan Chandler e, 297, 299, 401, 595, 599, 604, 606; histórico e visão geral, 296; julgamento de Michael Jackson, 379, 397-9, 401, 406, 413, 603-4; massageando um ao outro, 599; Michael dormindo no quarto de Jordan, 310, 599; Neverland e, 296-7; personalidade, 307; Ray Chandler e, 379, 397; recusa em testemunhar, 314, 397, 603-4; relacionamento de Michael com, 296-300, 302-4, 400-1, 594, 599, 601-2; "seis desejos" para Jordan, 601; "soro da verdade" administrado a, 306; telefonemas a Jordan, 296-7; vida depois do julgamento, 595-6, 604-6; *ver também* abuso sexual, acusações de (1993)

Chandler, June (mãe de Jordan) *ver* Schwartz, June Wong Chandler

Chandler, Nathalie (madrasta de Jordan), 595, 599, 601

Chandler, Nikki (meio-irmão de Jordan), 301, 595, 600, 607

Chandler, Raymond (irmão de Evan): acusações de abuso sexual e, 598, 602-4; Anthony Pellicano e, 302; e a mídia, 600; Evan Chandler e, 302-3, 605; Jordan Chandler e,

835

379, 398, 598, 601-2, 604; sobre Evan Chandler, 300, 302, 594, 605; sobre Michael, 594, 601-3

Chandler, Raymond (irmão de Evan): *All That Glitters: The Crime and the Cover-Up*, 601

Channel Island Helicopters, 591

Chaplin, Charlie, 161, 199, 291, 383

Charles, Ray, 15, 153, 540

Charmatz, Evan Robert *ver* Chandler, Evan

Charmatz, Raymond *ver* Chandler, Raymond

Chase, Kai (chef de Michael), 434, 455, 467, 470-1, 528, 771, 774

Chávez, Hugo, 495, 783

Chernoff, Edward M. "Ed" (advogado de defesa de Conrad Murray), 466, 486, 568, 616, 623, 630-1

Chesnoff, David, 501

Chieffo, Vincent, 501

"Childhood" (Jackson), 145

"chitlin' circuit" (casas de espetáculos), 63, 86, 219, 674

Choi, Kenneth, 80-1, 708

Chopra, Deepak, 23, 262-3, 292, 381, 450, 513, 527, 676, 729, 738-9, 758, 790, 796

Chopra, Gotham, 262, 346

Chorus Line, A (peça), 100

Chumash Casino Resort, 429

Churchill Hotel, 73

Ciência Cristã, 206

Cientologia, 314-5

Cinegroupe, 277, 744

cinema, 32, 56, 95, 100-1, 115, 144-6, 152, 171, 200, 205, 231, 249, 252, 260, 277-8, 295, 354, 370, 459, 497, 512, 557, 598

Cingapura, 160, 168

Cirque du Soleil, 333, 538, 552, 639, 643, 800, 822

cirurgia plástica/ estética, 44, 127, 204, 258, 259, 262, 366, 446, 523, 597, 737-9; como Michael se sentia a respeito de, 260, 262; operações no nariz, 44, 194, 258-9, 261-5, 345, 484; *ver também* Botox; injeções de colágeno

Citibank, 132

Clarke, Norm, 243, 293, 727

Clay, Rudy, 546

Clearwater, Flórida, 315, 505

"Climb Ev'ry Mountain" (Rodgers & Hammerstein), 58, 673, 706

Clínica Ailesbury, 188, 194

Clínica Médica Spalding Pain, 527, 679

Cnoc Aiste, colinas de, 186

cocaína, 98, 361

Cochran, Johnnie (advogado de defesa civil de Michael), 40, 225, 253, 310, 322, 369, 372-3, 496, 678, 728, 750, 764

Cocker, Jarvis, 211-2, 331, 459, 678, 725-6

Cohen, Jeryll S., 501

Cohen, Sam, 367

Colclough, Beauchamp, 309

Colomby, Bobby, 100

Colony Capital, 274-5, 280, 284, 328, 355, 511, 591, 685, 742; *ver também* Barrack, Thomas

comerciais: canções dos Beatles licenciadas para, 131; Pepsi, 123, 231, 448, 635

Concurso de Arte dos Fãs, 242

Connery, Sean, 295

Conselho Médico da Califórnia, 229

conspiração, teorias da, 564, 652, 808

Cook, Eleanor, 429

Coolatore House, 185-6, 194

Cooper, Richelle (médico do PS), 471, 569

Coppola, Francis Ford, 126, 207

Corcunda de Notre Dame, O (filme), 278

Coreia do Sul, 80, 153, 482, 547

"Corporação, A", 68

cosméticos, 189, 259, 320, 349, 395, 598

Cottage Hospital, 393

Courtney, Ian, 343, 756, 760

Crawford, Joan, 260

Crillon *ver* Hotel de Crillon

cristianismo, 161, 244, 513

críticos musicais, 127

Crônicas de Nárnia: Príncipe Caspian, As (filme), 280

Culkin, Kieran, 44

Culkin, Macaulay, 44, 160, 310, 397, 401, 415, 522, 610

Culver Studios, 443, 444, 773

"D.S." (Michael), 376

Da Vinci, Leonardo, 161, 514

Daisy, North Rodeo Drive, Beverly Hills, 67

Daly, Bob, 40

Dana, Will, 11, 737-8

dançarino travesti, papel oferecido a Michael, 100

"Dancing Machine" (Jackson 5), 91

Dangerous (Jackson), 39, 145, 258, 260; turnê Dangerous, 23, 146, 231, 301, 304, 309, 346

Dash, Damon, 253

Dash, Darien, 253, 254

Davis Jr., Sammy, 70, 514

Davis, Clifton, 101, 522

De Niro, Robert, 438

DeBarge, James (ex-marido de Janet Jackson), 645

DeGeneres, Ellen, 643-4, 823

DeMann, Freddy (cogerente de Michael), 99, 120

Demerol (opiácio), 133, 194, 206, 229-30, 232, 234, 238, 348, 433, 526-7, 567, 614, 625, 724, 730, 733, 758, 790, 821, 825, 827

Departamento de Polícia de Los Angeles, 80, 209, 307, 485

Departamento de Proteção às Crianças e à Família, 305, 398, 406, 417, 680-1

Destiny (Jacksons), 99, 100; turnê Destiny, 100-1, 105, 199

Destiny's Child, 15

Detroit, 31

Dewey e LeBoeuf, 448

"Dia de Joe Jackson", 642

Diamond Award, 196

Diana Ross Presents The Jackson 5 (Jackson 5), 70

Diana, princesa de Gales, 43, 77, 199, 207, 319, 459, 509, 512, 724, 751

Diaz, Fernand, 528

diazepam (Valium), 463-4, 485, 524, 569

"Different Kind of Lady" (Jacksons), 96

Dilaudid (opiácio), 124, 206, 234, 526, 730

Dileo Entertainment Group, 438

Dileo, Frank (empresário de Michael): acordo AllGood e, 337, 351, 358, 445-6, 531; AEG e, 531; Arfaq Hussain e, 350, 358; Arnold Klein e, 435, 566; Branca e, 446, 532; Citadel Events e, 358; Conrad Murray e, 453; contratado como empresário de Michael, 120, 437, 440; Dennis Hawk e, 340; descrição e visão geral, 120, 437; despedido da função de empresário de Michael, 140, 437; e a mídia, 200, 208, 343, 493, 531; espólio de Michael e, 531, 565; faz Michael rir, 458; finanças, 81, 337, 351, 358, 437; funeral de Michael e, 512; intenção de escrever um livro "contando tudo", 588; Joe Jackson e, 337, 532; julgamento de Michael Jackson e, 438; Katherine Jackson e, 342, 437, 471, 532; Leonard Rowe e, 337, 342, 358, 532; Michael Amir Williams e, 342; morte de Michael e, 471-2, 618; Patrick Allocco e, 337, 358; problemas de coração, 588; Randy Phillips e, 343, 435, 438, 446; sobre Michael, 132; *This Is It* e, 533; "Thriller" e, 458; Tohme e, 337, 342, 350, 353, 358, 437, 493, 531

Dimond, Diane, 314, 377, 412, 430, 590, 738, 750, 767, 770, 821

Dinamarca, 269

Dion, Celine, 36, 179, 217, 244, 727, 734

Diprivan *ver* propofol

"Dirty Diana" (Jackson), 199, 460

Disney, Walt, 119, 143, 244, 265, 291, 514, 610

Disneylândia, 107, 119, 143, 169, 171, 203, 310, 313, 354, 602, 683, 710, 759

Dixie Chicks, 293

DMC (Darryl McDaniels), 140

"Doin' the Jerk" (Walker Brothers), 58, 673

"Don't Stop 'Til You Get Enough" (Jackson), 102, 105

Dorchester Hotel, 30

Douglas, Carl, 310-1, 313, 373, 607, 678, 699, 749-50

Driscoll, Bobby, 265-6, 383, 738-9

drogas (usadas por Michael): álcool, 330; ben-zodiazepínicos, 454, 463, 524; drogas em seu poder na hora da morte, 485, 569; estimulantes, 527; "misturas", 236; na mansão Carolwood, 324, 344, 349, 452, 454, 458, 526, 620; opiáceos/opioides, 228, 231, 236, 348; polifarmácia, 464, 524; *ver também* uso de drogas por Michael; propofol; *remédios específicos*

Drug Enforcement Agency (DEA) [agência anti-drogas norte-americana], 486, 525, 614, 789, 821

Dubai (Emirados Árabes Unidos), 27-9, 79, 128-9, 132, 160, 173, 194, 682

Dublin (Irlanda), 182-3, 185, 187-90, 195, 208, 684

duendes, 171

Dunning, Claire, 183, 214

Dunning, Paddy, 183-4, 188, 191, 720-1

Dylan, Bob, 103, 117, 148, 169, 199, 719

Earls Court, Londres, 211-3

"Earth Song" (Jackson), 187, 210-2, 443, 459, 462, 678, 778

Ed Sullivan Show, The, 71, 131, 674

Edison, Thomas, 291

Ehrlich, Ken, 458, 461, 508, 778

Einstein, Albert, 291, 513

Elatab, Ahmad, 603

Elizabeth II, rainha da Inglaterra, 73, 197, 490

Elizondo, Rene (ex-marido de Janet Jackson), 642

Ellen DeGeneres Show, The (programa de TV), 643

Elliot, Missy, 15

embalsamento, 219, 486

Emirados Árabes Unidos, 79

Englehart, Robert (advogado inglês de Michael), 326, 753

enterro/ funeral de Michael, 511-3, 515, 521-3, 548, 610, 642

Epic Records, 94, 97, 99, 120, 261, 676

"Época Thriller", 104, 522

Escandinávia, 157

Escola Buckley, 557, 561, 584, 647, 804

Escola Primária Garnett, 58, 84

Escola Secundária Emerson Junior, 90

Escola Secundária Fairfax, 71

Escola Secundária Roosevelt, 59, 674

"Esconderijo, O", apartamento em Westwood (Los Angeles), 202, 297, 676

Espanha, 269

"especial da retaliação" (programa de TV), 46

espólio de Michael Jackson, 499, 501-5, 509, 533-5, 543, 546-7, 555, 558, 565, 567, 576-7, 579, 581, 583, 586-7, 592, 648, 670, 681, 695, 703, 715, 741, 743, 745, 771, 792, 799, 801-2, 809, 811, 824; "administradores especiais" do, 546; auditoria nos negócios de, 641, 670-1; "segunda conta-corrente", 670; valor, 541, 551, 639

Essential Michael Jackson, The, 194

estádio do Maracanã, 49

Estádio Olímpico Yoyogi, 167

Estefan, Gloria, 15

Europa, 49, 51, 55, 125, 158, 235, 243, 274, 323, 347, 607, 618, 685; turnê europeia do Jackson 5, 73

Exército da Salvação, 84

Facebook, 286, 479-80, 635, 740, 746, 781, 799, 803, 806, 814, 822; morte de Michael anunciada no, 479

fadas, crença em, 171

Falcons, The (banda), 60

falência(s): Michael em perigo de, 128, 267, 332; na família Jackson, 226, 547

Fallon, Eldon, 29

Família Addams II, A (filme), 313

Famous Music LLC, 268

fantasias, 150

fantasma da ópera, O (espetáculo da Broadway), 278

fantasmas, 462, 513

Fantástica fábrica de chocolate, A (filme), 279

Farance, Paul, 528

Farrakhan, Louis, 52, 78, 152, 271, 369, 371, 374

Farshchian, Alimorad "Alex" (médico de Michael), 228-30, 247, 527

fãs: do lado de fora de Hayvenhurst, 118, 479; reação de Michael à atenção de, 73, 87; reações às acusações de abuso sexual de 1993, 158, 606; violentos, 73, 122

Faye, Karen, 278, 442, 445, 508, 566, 744, 758, 773

FBI, 397, 486, 589, 600, 659

Federer, Roger, 482, 780

Feel the Fire (Jermaine Jackson), 95

Feemster, Theron "Neff U", 187

Feira Mundial (1984), 29

Feldman, Corey (ator), 35, 203, 602, 723, 725, 817, 819

Feldman, Larry (advogado dos Chandler), 308-9, 312-3, 376, 390, 395, 398, 422, 597, 607, 677-8, 680-1, 699, 768, 816

Ferrigno, Lou (personal trainer de Michael), 347, 433-4, 763

fiança, 25, 368, 370, 393, 430, 529, 570, 764

"Fiasco Moonie", 80; *ver também Segye Times*

Fiddes, Matt, 644, 800, 827

Fields, Bert (advogado de Michael), 300, 304, 307-9, 311, 677-8, 748-9

"Final Message, The" (vídeo), 444

Fine, Mickey, 236, 238, 344, 525, 615, 731, 758, 761-2, 789, 795; *ver também* Mickey Fine Pharmacy

Finsilver, Iris (advogado de Debbie Rowe), 408, 508, 719

Fischer, Mary A., 300-1

Fisher, Carrie, 38, 233-4, 635

Flanagan, J. Michael (advogado de Conrad Murray), 626-8

Flatley, Michael, 182, 719

Fleak, Elissa, 569

Fleet Street (Londres), 196

Florença, Itália, 159, 174

Flumazenil, 454

Fonda, Jane, 204, 723

Fong-Torres, Ben (jornalista), 72, 74, 100

Footage You Were Never Meant to See, The ver "vídeo de réplica"

Forest Lawn Memorial Park, 508, 513-5, 521-2, 524, 548, 642, 672, 787-8, 794-5, 801

Forever, Michael (Jackson), 92

Forger, Matt, 563

Fortress, 128-9, 132, 163, 241, 250, 256, 267-8, 272, 275-6, 369, 683, 685, 737

Fortress Investment Group, 128

Foster, David, 200, 723

Fournier, Kiki, 399

Fox Broadcasting Company (rede de emissoras de televisão), 46-7, 516

fragrâncias, 150, 310, 313

Framed!, turnê mundial, 430

França, 49, 190, 269, 510; *ver também* Paris

Francia, Blanca, 397, 413, 611

Freeze, dr., 563

Freud, Sigmund, 291

Friedman, Roger, 182, 355, 432, 658-9, 664-5, 687, 719, 728, 731, 735, 771, 823

Frith, Simon, 199

"From the Bottom of My Heart" (canção do furacão Katrina) *ver* "I Have This Dream"

Fugees' Pras, The, 269

Fuller, Simon, 222

Fundação Heal the World, 222, 574, 584, 801, 809

Fundo Familiar Michael Jackson, 498, 534, 813; *ver também* testamento de Michael Jackson

funeral e cerimônias memoriais *ver* morte de Michael Jackson

Funk Brothers, 92

furacão Katrina *ver* Katrina, furacão

Gallagher, Noel, 212

Galway (Irlanda), 183, 195

Garcetti, Gil, 311, 376, 678, 750, 765

Garland, Judy, 94

Garstedter Weg (Alemanha), 158

Gary, Indiana, 70, 481, 546, 673, 803

Geffen, David (executivo da indústria musical), 141-2, 153, 234, 277, 369, 716, 730, 744

Geldof, Bob, 211

Geller, Uri, 42, 83, 507, 513, 565, 679, 702

Gênesis, Livro de, 115

George, Eric (advogado de Debbie Rowe), 515, 558, 788

George, Terry, 208, 362, 724-5, 761, 763

Geragos, Mark (advogado de Michael), 365-6, 369-70, 372-3, 381, 386, 411, 421, 680, 682, 764, 768

Gest, David, 15-6, 32, 500, 787

Ghosts (filme de Michael Jackson), 149, 459

Giants Stadium, 337

Gibbs, Robert, 482, 780

Gibson, Mel, 182, 352

"Girl Is Mine, The" (Jackson e McCartney), 108, 130, 188, 269

Gladys Knight & the Pips, 65

Glanzelius, Anton, 157, 717-8

Goforth, Gayle, 416

Goin' Back to Indiana (especial do Jackson 5 para a TV), 500

Goin' Places (Jacksons), 96

Golfo Pérsico, 21, 29, 79, 128, 156, 225

Gongaware, Paul "Mikey" (codiretor executivo da AEG Live), 284-5, 335-6, 435-6, 439-40, 442, 449, 452, 616-8, 631, 650, 686, 688, 745, 771-5, 821

Good Morning America (programa de TV), 54, 77, 282, 426, 506, 526, 685, 787, 789, 793, 796

Good Times (programa de TV), 94

Goodman, Oscar, 241, 501, 681

Goodstein, Wallace, 262, 737-8

Gordon, Jack (ex-marido e empresário de La Toya), 223-4, 727, 731

Gordy, Berry, Jr. (produtor musical): "A Corporação" e, 69; alojamento que ele forneceu aos Jackson, 67-8, 71; CBS e, 93; contratou o Jackson 5, 66; controle sobre a vida dos Jackson, 65, 88-9, 92; Diana Ross e, 71, 94, 111, 200; e a mídia, 68-9; estreia pública do Jackson 5 e, 67; finanças, 66, 67, 92, 111; histórico, 65; "I Want You Back" e, 69; insistindo que Michael era a estrela do Jackson 5, 67, 70; Jermaine Jackson e, 91; Joe Jackson e, 65, 67, 70, 88-9, 92-3; *Joyful Jukebox Music* lançado por, 94; mansão em Bel Air, 68, 143, 296; Michael e, 69, 92-3, 104, 111; mudando o Jackson 5 para Los Angeles, 68; no funeral de Michael, 522; personalidade, 65; processos, 93, 509; programa em homenagem a, 111; suposta posse do nome "Jackson 5", 93

Gordy, Hazel *ver* Jackson, Hazel Gordy

Got to Be There (Jackson), 90

"Got to Be There" (Jackson), 15, 89-90

Grã-Bretanha *ver* Inglaterra

Grace, Nancy, 423, 426, 770-1, 790

Graceland, 281, 314, 760; Neverland e, 328, 359, 511, 593

Grammy Awards, 446, 458

Grande Mausoléu (Forest Lawn Memorial Park), 513-5, 521-2, 549, 788

Grant, Tom, 653

gravações de caridade, 254; *ver também* "I Have This Dream"

Green Acres, mansão, 252-3, 737

Green Valley Ranch, 52

Green, Mel, 296

Green, Trudy (empresária de Michael), 43, 496, 564, 702

Greenberg Traurig (escritório de advocacia), 501, 556

Greenburg, Zack O'Malley, 579, 580

GreenLight, 552

Grouse Lodge (Irlanda), 183-91, 195-6, 214, 276, 683-4, 720, 722, 726

grupos de defesa da criança, 42

Guez, Hubert, 295-6, 591, 748

Guildhall (Londres), 197, 722

Guinness ver Livro Guinness dos Recordes

Gut Records, 163

Hadid, Mohamed, 294, 752

Hagiwara, Yoshioka, 198

Halperin, Ian, 294, 748

Hamad bin Isa Al Khalifa, rei do Bahrein, 26, 28, 683

Hands Across America, 138

Hansell, Dean, 501

Haraszti, Joseph, 559

Hard Copy (programa de TV), 147, 314, 377

Hatcher, Richard, 67

Hawk, Dennis (advogado de Michael), 279, 284, 325, 327, 330, 335-6, 339, 342, 354, 439, 492, 582, 686, 718, 740-4, 751, 791, 799, 810

Hayvenhurst, complexo: adquirido por Michael, 104; Alejandra Oaziaza e, 519, 560, 571; animais em, 106; Anton Glanzelius em, 157; apartamento de Michael próximo, 106; Debbie Rowe e, 557; demolição e reconstrução de, 106; Departamento de Crianças e Famílias e, 558; depois da morte de Michael, 487; descrições de, 554; Emmanuel Lewis em, 119, 202; esforços dos fiéis da Igreja da Unificação para tomar posse de, 547; estúdio em, 92; fãs do lado de fora de, 118; finanças, 104, 547, 641; Grace Rwaramba em, 517, 520, 557, 560; Jermaine Jackson em, 226; Joe Jackson e, 88, 98, 104, 222, 557, 666; Katherine Jackson e, 88, 224, 472, 501, 517, 537, 547, 557, 560, 571, 641, 652; morte de Michael e, 480; segurança em, 487; vida familiar em, 88, 98, 222, 224, 517, 537, 554

"He Who Makes the Sky Gray" (Abdullah), 79, 708

"Heal the World" (Jackson), 145, 574, 676

Hedley, Tom, 278, 744

Hefner, Hugh, 97, 256, 296

Henning, Doug, 105

Henninger, Daniel, 483, 780

Henry, Lowell (consultor de Katherine), 643, 649-50

Hepburn, Katherine, 204

High School Musical, 222, 346, 763

Hilburn, Robert, 96, 105-6, 118, 259, 710, 715, 722, 738

Hilton, Paris, 497, 554, 557

Hine, Lewis, 443

hip-hop, 140

Hippach, Rick, 351-2, 759, 761

Hirshey, Gerri, 106, 118, 706-7, 710, 714, 723, 782

HIStory (Jackson), 77, 148, 210, 218, 376, 597; turnê HIStory, 81-2, 193, 229, 231, 236, 276, 287, 323, 331, 348-9, 443, 452, 481, 532, 651, 720, 729

HIV / aids, 201, 235

HMV (varejo de música britânica), 269

Hoefflin, Steven M. (cirurgião plástico), 108, 109, 258-60, 262-4, 590-1, 675, 710, 737-9, 814-5

Hoffman, Sabban & Watenmaker (escritório de advocacia), 501, 556

Holanda, 269, 563

"Hold My Hand" (Jackson e Akon), 270, 563

Hollywood Palace, The (programa de TV), 69

Holmby Hills, 295-6, 471, 488

Holmes à Court, Robert, 130, 141

Holmes, Guy, 163, 179

Holzer, Mary, 418-9, 770

"Homem Elefante" (Joseph Merrick), 200

Homem-Aranha, 277

homossexualidade, 38, 101; *ver também* sexualidade de Michael Jackson: suposta bissexualidade

hospitais, 198, 463, 754, 820; Michael planejando construir hospital para crianças, 631

Hospital Infantil Crumlin, 189

Hospital Infantil Michael Jackson, 617

hotéis, 24, 55, 64, 72, 125, 154, 221, 247, 249, 284, 294, 442, 541, 684, 735

Hotel Adlon, incidente do bebê na sacada do, 158, 172, 292

Hotel Bel-Air, 272, 283-6, 288, 295, 326, 350, 353, 361

Hotel de Crillon, 25

"Hound Dog" (Elvis Presley), 255

"House of Fears" *ver* Hayvenhurst, complexo

Houston, Whitney, 15

Howard, Jerome, 81, 708

Hughes, Geraldine, 303, 305-6, 308

Hughes, Howard, 132, 257, 532, 715

Hultman, Ray, 429, 770

"Human Nature" (Jackson), 110, 457, 479

Hungria, 148

Hussain, Arfaq, 350-1, 359, 360, 759-60

"I Have This Dream" (canção do furacão Katrina), 135, 138

"I Just Can't Stop Loving You" (Jackson), 198

"I Want You Back" (Jackson 5), 69-71, 111

"I'll Be There" (Jackson 5), 71, 111, 674

"I'm Dreamin" (Jackson), 187

Ibn Battuta, shopping center de Dubai, 79, 682

Idei, Nobuyuki, 38

identidade racial, 261-2

Igreja da Unificação, 80, 547, 728; *ver também Segye Times*

incidente do bebê na sacada, 42, 158, 162, 172, 228, 292

indústria de entretenimento, 37, 40, 78, 145, 153, 278, 309, 339, 342, 357, 439, 534, 551, 592, 700

Inglaterra, 43, 133, 136, 159, 197-9, 201, 207-8, 212, 226, 231, 243, 269, 359, 375, 450, 464, 482, 494, 511, 523; *ver também* Londres; tabloides

injeções de colágeno, 233, 263

Insider, The (programa de TV), 661

insônia, 194, 348, 451, 463-5, 527, 570, 622, 626, 629, 721, 730, 759, 763, 774; drogas que Michael usava para, 192-3, 348, 463, 622; propofol, 193, 455, 465, 527, 569, 619, 625, 629

Interfor (empresa de espionagem corporativa), 41, 537, 564, 798-9

Invincible (Jackson), 38-40, 42-3, 129, 146, 154, 157, 187, 195, 265, 331, 563, 679, 717

Irlanda, 169, 170-1, 176, 178, 181-2, 184, 186-8, 191, 194, 201, 213, 217, 226-7, 253, 269, 276, 344, 346, 435, 526, 562, 683; amor de Michael pela música irlandesa, 186

Islã/ islamismo, 26, 28, 53, 78, 152, 271, 374, 564, 702-3, 764; *ver também* Nação do Islã

Islândia, 677

Istana Nurul Iman, sultão de Brunei, 271

Itália, 159, 269, 563

Ivory Tower International Records, 105

Jackie Jackson (álbum), 95

Jackson 5: bandas para as quais fizeram o show de abertura, 64; começo de carreira, 62-73; coreografia, 62; declínio na carreira, 91; desejo de Michael de se separar de, 261; finanças, 62, 93; ingredientes do sucesso, 61; Michael sendo colocado acima dos outros, 89; nomeação do grupo, 65; origens, 58; plateia e fãs, 71-4, 86; posse do nome, 93; prêmios, 59, 64; primeira grande turnê nacional, 72; primeiro contrato de gravação, 64; primeiro show de verdade, 59; processos contra, 93; recordes quebrados por, 71; renomeados como "The Jacksons", 94; residências, 67; show de reencontro, 439; singles, 68, 71, 89

Jackson 5 Boulevard, 72

Jackson 5ive, The (desenho animado), 72

Jackson Brothers, 58, 64, 86, 706; mudando o nome para Jackson 5, 65; origens, 58

Jackson Family Honors (NBC), 241

Jackson Jr., Randy, 518, 521, 571

Jackson, Alejandra Genevieve Oaziaza (ex-mulher de Randy e Jermaine): Branca e, 571, 573; Debbie Rowe e, 520; filhos com Randy e Jermaine, 518; filhos de Michael e, 520, 561; finanças, 519, 538, 572; Grace Rwaramba e, 519, 560; Hayvenhurst e, 519, 520, 560, 571; Howard Weitzman e, 571, 573; Jermaine Jackson e, 518, 538, 572; Katherine Jackson e, 560, 571; Michael e, 518; os Jackson com os quais ela dormiu, 520; Schaffel sobre, 520, 572; TMZ e, 561, 572

Jackson, Blanket *ver* Jackson, Prince Michael "Blanket" II

Jackson, Delores "Dee Dee" Martes (esposa falecida de Tito), 91, 647

Jackson, Donte, 519

Jackson, Eliza (mulher de Randy), 223

Jackson, família, 13, 59, 77-8, 80, 88, 90, 141, 143, 162, 173, 224, 236-8, 240, 248, 324, 337-40, 342, 361, 373, 412, 426-7, 429, 438-9, 481, 486-90, 494, 496-7, 499, 503-4, 507-10, 512, 515, 519, 521, 529-31, 534, 539-41, 543-4, 548, 554, 558-60, 562, 565, 573, 579, 583, 585, 591, 607, 617, 620, 623, 631, 642, 656, 659, 685, 688, 693-4; shows de reencontro da família Jackson, 80

Jackson, Hazel Gordy (ex-mulher de Jermaine), 92, 223, 711

Jackson, Janet Damita Jo (irmã de Michael): Allan Metzger e, 230, 646, 651; banida da casa de Calabasas, 666; Branca e, 641; carta aos executores do espólio de Michael, 648, 658; casamento com James DeBarge, 88, 223, 645; como o "novo Michael" dos Jackson, 641; Debbie Rowe e, 338; e a mídia, 658, 668; e o funeral e enterro de Michael, 512, 641; filhos de Michael e, 556, 644, 656, 661; finanças, 342, 641; Grace Rwaramba e, 237; habilidade como atriz de comédias, 94; Jermaine Jackson e, 660; Joe Jackson e, 89; John McClain e, 504; Katherine Jackson e, 646, 651, 658, 668; livro de, 588; Michael e, 89; na mansão Carolwood, 489; nascimento, 60; performances, 337, 538; Perry Sanders e, 658, 660, 669; relações com os irmãos, 661; remédios controlados e, 230, 651; reunião familiar na casa de, 536; TMZ e, 656, 661

Jackson, Jermaine LaJuane (irmão de Michael): 2 Seas Records e, 160; acusações de abuso sexual contra Michael, 225; Alejandra Oaziaza e, 518, 538, 572; autopromoção, 124, 659; Branca e, 498; cantando com Michael, 135; carreira solo, 93, 95, 261; carta aos exe-

cutores do espólio de Michael, 648, 660, 668; casamento com Hazel Gordy, 91, 223; CBS e, 94; como o irmão no qual Michael mais confiava, 81; conversão ao Islã, 26, 78, 152; de guitarra base para baixo, 65; disseminação da confissão fraudulenta de que alguém que se passou por Jordie, 607; e a mídia, 124, 473, 507, 631, 645, 654, 659; fãs e, 73; filhos de, 223, 518; filhos de Michael e, 656; finanças, 81, 227, 538; Igreja da Unificação e, 547; Janet Jackson e, 660; Joe Jackson e, 16, 93; Joe Katz e, 538; Katherine Jackson e, 16, 538, 572, 651, 654, 660, 662, 666; livros, 225, 588; Margaret Maldonado e, 223, 538; Mark Geragos e, 373; Marlon Jackson e, 663; Michael e, 81, 123, 135, 261, 338, 342, 611, 668; morte de Michael anunciada por, 473; mulheres e, 538; no complexo Hayvenhurst, 519; no palco em show da turnê Unity, 666; no rancho Neverland, 16; participante do *Celebrity Big Brother*, 226; Perry Sanders e, 660; personalidade, 538; popularidade, 70, 73, 87; processo do *Segye Times* contra, 547; processos contra, 226; Randy Jackson e, 533; relacionamento com os irmãos, 92, 661; reunião do Jackson 5, 111, 121; saída do Jackson 5, 93, 95; Sandy Ribera sobre, 657; "santuário" em Neverland e, 511; sobre a paternidade das crianças de Michael, 507; sobre Conrad Murray, 566; sobre Michael, 124, 169, 668; substituído como cantor principal do Jackson 5, 71; suposta tentativa de estupro de Hazel Gordy, 223; Tito e, 59; Tohme e, 273, 342, 473, 511, 533; Trent Jackson e, 657, 660

Jackson, Jermajesty (filho de Jermaine), 518, 521, 559-60, 571-2, 655, 657

Jackson, Jesse (pastor), 40, 93, 220, 245, 252-3, 369, 374-5, 412, 486, 493, 495, 685, 735, 737, 764

Jackson, Joh'vonnie (meia-irmã de Michael), 222-3

Jackson, Johnny (músico), 65

Jackson, Joseph "Joe" (pai de Michael): Adam Streisand e, 541, 547, 577; AEG e, 530; autoimagem de Michael e a não identificação com, 261; banido de Calabasas, 666; Branca e, 120, 543, 577; Brian Oxman e, 541, 546-7, 587, 637; carta pedindo aos fãs que não atacassem Conrad Murray, 565; casamento com Katherine, 439; CBS Records e, 99; comentários hostis na cerimônia memorial, 523; como empresário, mais do que pai, 87; como pai, 87-8; coreografia, 62; descrição física, 59; despedido da função de empresário dos filhos, 120; Dia de Joe Jackson, 642; e a mídia, 541; em Las Vegas, 222; entrevistas, 490; Epic Records e, 99; espólio de Michael e, 541; finanças, 16, 81, 94, 104, 541; Grace Rwaramba e, 239; intenção de Michael de se reconciliar com, 222; Ivory Tower International Records e, 104; Janet Jackson e, 89; Jermaine Jackson e, 16, 93; John McClain e, 504, 543, 577, 652; La Toya Jackson e, 223, 521; Leonard Rowe e, 336, 357, 439; Michael sobre, 222; morte de Michael e, 480, 530, 546, 547, 556; Motown e, 91; na Coreia, 80; Patrick Allocco e, 337, 357; Paul Gongaware e, 439; personalidade, 59, 61, 92, 261, 547; processo do *Segye Times* contra, 547; processos contra, 93; Rebbie Jackson e, 91, 223; relacionamento com os netos, 516; relacionamento de Michael com, 92, 103, 222, 360; Sanders e, 583, 587; "santuário" em Neverland e, 511; sexualidade de Michael e, 89; sobre Michael, 450; surrando e castigando os filhos, 60, 88; Testemunhas de Jeová e, 84; Tito Jackson e, 60, 92, 121; turnê *Thriller* e, 121; violão, 60

Jackson, Katherine "Kate" (KJ) Esther Scruse (mãe de Michael): antissemitismo, 78; "Billie Jean" e, 109; Branca e, 502, 537, 546, 555, 573, 584, 642; Brian Oxman e, 542, 587, 637; como Testemunha de Jeová, 84, 89, 114, 427; como único membro da família em quem Michael confiava, 587; desaparecida, 650, 653, 659-60;

divórcio, 105, 120; em Calabasas, 571, 671; em Carolwood, 341, 490; filhos de Michael apresentados à religião por, 28; finanças e, 16, 80, 226, 555, 587; Forest Lawn Memorial Park e, 672; Fundação Heal the World, 574; Grace Rwaramba e, 237, 556, 560; infância e juventude, 83; Jackson 5 e, 85; Janet Jackson e, 646, 650, 658, 668; jantar de celebração do aniversário de 60 anos de casamento, 439; Jermaine Jackson e, 16, 538, 572, 651, 654, 659, 662, 666, 668; Joe Jackson e, 103, 222, 541, 547, 587, 667; John McClain e, 539, 546, 587, 649; La Toya Jackson e, 78, 85, 224; Marlon Jackson e, 88, 661, 665; Michael e, 16, 121, 587; Michael sobre, 115, 696; morte de Michael e, 472, 547, 587; na Coreia, 80; Patrick Allocco e, 339, 356; personalidade, 693; problemas médicos, 646, 649, 659, 663, 671; processo do *Segye Times* contra, 547; Randy Jackson e, 538, 555, 642, 651-2, 664, 668; relacionamento com seus filhos, 642; sobre as mulheres de seus filhos, 98; TJ Jackson e, 650, 653, 662, 665, 668; Tohme e, 457, 638; turnê Unity e, 645, 666

Jackson, La Toya Yvonne (irmã de Michael): acusações de abuso sexual contra Joe, 224; casamento com Jack Gordon, 224; como Testemunha de Jeová, 84; complexo Hayvenhurst e, 519, 547; creme branqueador usado por, 259; dança, 223; estilo de vida, 99; finanças, 312, 487, 547; Grace Rwaramba e, 517, 556; infância, 60; Joe Jackson e, 223, 521; julgamento de Michael Jackson e, 426, 631; Katherine Jackson e, 78, 223; livro de, 223, 588; morte de Michael e, 487, 566; personalidade, 223; posando nua, 224; relacionamento de Michael com, 224; sobre as acusações de abuso sexual contra Michael, 224, 312; TJ e, 655; Tohme e, 487, 491

Jackson, Lawanda, 481

Jackson, Marlon David (irmão de Michael): aniversário, 223; casamento com Carol Ann Parker, 91, 223; divórcio, 121, 223; falta de talento para a música, 61, 70; finanças, 121, 226; Katherine Jackson e, 87, 661, 666; Michael e, 59, 90; morte de Michael e, 509; no palco em show da turnê Unity, 666; no *The Insider*, 661; personalidade, 95; se unindo ao Jacksons, 61; sobre Michael, 509

Jackson, Maureen Reillette "Rebbie" (irmã de Michael): briga de Grace Rwaramba com, 517; carta aos executores do espólio de Michael, 648; casamento, 91, 517; como Testemunha de Jeová, 84, 91, 517, 556; filhos, 646, 655; funeral de Michael e, 512; Joe Jackson e, 91, 224; Katherine Jackson e, 85, 91, 224, 517, 631, 646, 650, 661, 663, 665; na Coreia, 81; relacionamento com os filhos de Michael, 517, 556; relacionamento com os irmãos, 661; suposto abuso sexual, 224; talentos, 91

Jackson, Michael Joseph (MJ): 2003 como um momento decisivo, 48; amor pela música irlandesa, 186; amor por atuar, 278; animais e, 106, 510; aniversário de 50 anos, 282, 286, 334; apaixonando-se, 97; apelidos, 28, 167, 198; ascendência africana, 261; avistamentos de, 185, 190, 246, 606; cantando, 61, 64, 70, 110; — CARACTERÍSTICAS FÍSICAS E APARÊNCIA DE: cabelo, 123, 200, 260, 484; fantasias e disfarces, 56, 98, 114, 200, 205, 217, 257, 264; força, 31; genitais, 147, 312, 314; nariz, 44, 96, 101, 111, 194, 258, 345, 484; no momento da morte, 484, 485; óculos escuros, 227; olhos e sobrancelhas, 260; pele, 95-7, 101, 111, 232, 258-9, 264; pernas, 330; peso, 21, 74, 111, 125, 258, 330, 448, 453, 457, 485, 533, 621; ridicularizado, 101, 258; roupas, 111, 200, 257, 260, 318, 348, 393, 484; vergonha de, 258; voz, 54, 64, 87, 97, 100-1, 135, 160, 168, 186, 204, 211, 220, 247, 316, 331, 334, 419, 462, 617, 629; como Rei do Pop, 167, 254, 274, 280, 285-6, 329; compondo, 186, 202, 618; cultura pop e, 286; dança, 64, 70; *ver também* moonwalk; desculpas, primeiro

pedido público de, 42; dieta e hábitos alimentares, 21-2, 107, 125, 181, 258, 434; — DIFICULDADES FINANCEIRAS: dificuldade de compreensão de Michael sobre finanças, 25, 154-5; dívidas, 33, 128, 253, 255, 267, 369, 592, 640; empregados não pagos, 52, 153, 324; impostos atrasados, 545, 636; e-mails recebidos por, 253; espiritualidade, 114, 171, 295, 513; estátuas, 210; — ESTILO DE VIDA E HÁBITOS: andando em público sozinho, 56; "ascetismo", 114; assistindo a desenhos animados, 130; comprando em livrarias, 291; horas no estúdio, 69; — FAMA E MANIA: fascínio público por, 116; intenção de se tornar "a maior estrela", 104; sonho de se tornar uma estrela do cinema, 278; — FILHOS: cães e, 554; família Cascio e, 248; família Jackson tentando removê-los de Calabasas, 652, 669; guarda e custódia depois da morte de Michael, 490, 498, 506, 516, 542, 557, 595, 653, 660, 666, 669; Michael como pai, 76, 161, 172, 279, 519, 535; nascimento dos, 248; pessoas nas quais Michael confiava para cuidar de, 248; *ver também* Jackson, Michael Joseph "Prince" Jr.; Jackson, Paris-Michael Katherine; Jackson, Prince Michael "Blanket" II; — FINANÇAS: bens e valor do patrimônio, 143, 148, 267, 445, 487, 500, 541, 551; cartão de crédito cancelado, 247, 252; dinheiro escondido embaixo dos carpetes, 336, 489, 529; empréstimos, linhas de crédito e adiantamentos em dinheiro, 35, 149; espólio *ver* espólio de Michael Jackson; hábitos perdulários, 25, 48, 149, 154, 255, 268, 368; orçamento "restrito", 33; procurando por formas alternativas de ganhar dinheiro, 32; rico, 104; fontes de informação sobre, 691-7; fotografias de, 27, 266, 280, 293; — IDADE DE: fingindo ser mais novo, 72, 90; mentira sobre, 67; na mídia, 72; planos para a velhice, 345; puberdade tardia, 72; sentimentos de Michael em relação a idade e envelhecimento, 346; — INFÂNCIA: abusado fisicamente pelo pai, 61; como único dos irmãos a enfrentar o pai, 61; Michael sobre sua infância, 83; nascimento, 58; performances, 58; instrumentos tocados, 186; inteligência, 45, 57; interesses intelectuais, 291, 513; — JULGAMENTO *ver* julgamento de Michael Jackson; livros e autores favoritos, 291-2; livros sobre, 588; massageando seu ego, 32; mulheres e, 86, 204, 483; — MORTE *ver* morte de Michael Jackson; música preferida, 117; na mídia, 33, 159, 171, 201, 210, 240, 495; namoros, 97; — PERSONA E IDENTIDADE: autodescrição, 118; como "rei", 198; como Peter Pan, 199, 204, 207-8, 265, 311, 381, 383, 610; identidade racial, 261-2; imagem corporal, 263; insegurança, 96; no Japão, 167; personagem de desenho animado chamado "Michael Jackson", 72; — PERSONALIDADE: autoafirmação, 92; coisas que o faziam feliz, 119; competitividade, 333; controlador, 450; desafiador, 61; desejando uma "vida normal", 87, 90; desonestidade, 131; durante as últimas semanas de vida, 456; evitando conflitos, 361; facilidade para lidar com críticas, 102; força emocional, 61; misturando ficção e realidade, 70; mudanças, 96, 285; necessidade de agradar a todos, 145; necessidade de privacidade, 319; propensão a mentir, 72; qualidades infantis, 106, 119, 202, 611; sentimentos em relação à pele escura, 261; tolerante, 78; pessoas que o defenderam publicamente, 41; prêmios e honrarias, 41, 164, 167, 211; — PRESENTES: Michael jogando coisas do palco, 212; para Lisa Marie Presley, 315; recebidos por Michael, 115, 133, 255, 335; — PROBLEMAS LEGAIS: acusações de violência, 29; depoimentos, 312, 361, 370; não comparecimento em audiência, 29; prisões, 53, 241; processos contra, 29, 48, 57, 128, 150, 153, 253; revista íntima, 312; — PROBLEMAS MÉDICOS: acidentes, 258; acne, 96, 98,

101, 233, 258-9, 265, 345; colapso, 95, 116, 433; dores, 231; fingindo doenças para escapar de compromissos, 335; hipersensibilidade à luz solar, 162; hospitalizações, 23, 254, 321, 335, 394, 410, 454, 471; implicações psicológicas, 259; laringite, 105, 460; lúpus, 229, 234, 258, 263; na hora da morte, 484-5; problemas nas costas, 231, 393; queimaduras, 123, 230-1, 484, 635; vitiligo, 258, 263, 312; — PROBLEMAS PSICOLÓGICOS: ansiedade, 348, 447, 463; atraído por projetos "bizarros", 151; colapso nervoso, 52; comportamento violento, 51; depressão, 348; diagnóstico de transtorno dismórfico corporal, 263; egomania, 139; hipocondríaco, 231; insaciável, 125; medo da aids, 201; medo de agulhas, 567, 614; medo de avião, 86; paranoia, 375, 447; perfil de pedófilo, 307, 603; problemas de autoestima, 329; sentindo-se desvalorizado, 127; solidão e isolamento, 91, 118, 126, 142, 415; tédio, 348; tendências obsessivo-compulsivas, 447, 451; timidez e dificuldades de socialização, 63, 97, 106, 148; propriedades, 34, 182, 242, 270, 281; — QUESTÕES DE GÊNERO: falso boato de mudança de sexo, 101; falso boato envolvendo hormônios femininos, 97, 204; surpreendido dentro do banheiro feminino, 79; travestismo, 318; *ver também* sexualidade de Michael Jackson; — RELACIONAMENTO COM CRIANÇAS: amizade com garotos, 96, 118, 201, 207, 297, 321, 322; crianças que dormiram em sua cama, 44, 298, 400-1, 414, 600; crianças sentando em sua cama, 225; dormindo no quarto de crianças, 310, 600; fotografias de bebês com fraldas, 610-1; Martin Bashir sobre, 44, 419; Michael explicando a inocência de seu relacionamento com crianças, 298, 363; Michael supostamente visto nu por crianças, 388, 394; relação com os filhos de Tito, 647; — RELACIONAMENTOS: amizades com mulheres, 204, 483; com figuras de autoridade, 360; com seus irmãos, 99, 105,

120, 134, 223; — RESIDÊNCIAS DE: área de dormir, 107; motivos para não morar sozinho, 106; *ver também* Carolwood; Neverland; rindo de si mesmo, 204; shows, 105, 117, 227, 358, 457; sobre crianças, 617; sobre suas músicas, 111, 618; talento musical e treinamento, 186; — TRATAMENTOS MÉDICOS: botijões de oxigênio, 455; vitamina e suplementos minerais, 349; turnês, 81, 87, 104, 124, 287; viagens, 25, 30, 33, 47, 75, 149, 155; videoclipes, 46, 48, 443-4

Jackson, Michael Joseph "Prince" Jr. (filho de Michael): adaptação em Hayvenhurst, 517, 554, 556, 561; álbum *Michael* e, 562-3; Alejandra Oaziaza e, 520; Alfonso Ribera e, 653; Debbie Rowe e, 44, 176, 407, 490, 515, 520, 558; drama no Twitter e, 664; e acusações de abuso sexual contra Michael, 388, 611; educação *ver* Escola Buckley; em Londres, 75; espólio de Michael e, 498, 502, 504; Grace Rwaramba e, 24, 176, 449, 520, 556, 560; Howard Mann e, 667; inteligência, 161; Jaafar, Jermajesty, Randy Jr. e, 518, 571; Janet Jackson e, 656; Jermaine Jackson e, 655-6; Liam Sheehan e, 173; Martin Bashir e, 44; Michael e, 257, 439; morte de Michael e, 467-8, 470; nascimento, 24, 175; no castelo Luggala, 182; no funeral de Michael, 524; no testamento de Michael, 535; nome supostamente usado para receitas de remédios, 528; nomeado em homenagem ao avô materno, 173; Randy Jackson e, 656, 660; religiosidade de Rebbie Jackson e, 517, 556; sobre Michael, 643; TJ e, 647, 653; Tony Buzan sobre, 161; Trent Jackson e, 657, 660

Jackson, Nona, 254, 737

Jackson, Paris-Michael Katherine (filha de Michael): adaptação em Hayvenhurst, 517, 561; álbum *Michael* e, 562; Alejandra Oaziaza e, 520, 561; características físicas, 161, 190, 506-7; Conrad Murray e, 474; Debbie Rowe e, 44, 174, 176, 407, 490, 515, 520, 558, 584; e acusações de abuso sexual contra Michael,

388, 611; educação *ver* Escola Buckley; em Londres, 75; escolha do nome, 223; espólio de Michael e, 498, 502, 504; Grace Rwaramba e, 24, 176, 449, 556, 560; Howard Mann e, 667; inteligência, 161; Jaafar, Jermajesty, Randy Jr. e, 518, 571; Janet Jackson e, 644, 656; Joe Jackson e, 516; Liam Sheehan e, 172; Martin Bashir e, 44; Michael e, 162, 170-1, 183, 190, 439, 444, 454, 506, 517, 555; morte de Michael e, 468, 470, 517, 530, 550; na mídia, 643; nascimento, 175; no castelo Luggala, 182; no funeral de Michael, 524; no testamento de Michael, 535; Randy Jackson e, 660-1; religiosidade de Rebbie Jackson e, 517, 556; sobre Michael, 172, 509; TJ e, 647, 668; Tony Buzan sobre, 161; Trent Jackson e, 657, 660-1; tuítes mandados por, 651, 653-4, 656

Jackson, Prince Michael "Blanket" II (filho de Michael): adaptação em Hayvenhurst, 517, 561; Al Malnick como padrinho, 367; Alejandra Oaziaza e, 520; apelidado de "Blanket", 42; concepção, 322; educação *ver* Escola Buckley; espólio de Michael e, 490, 498, 502, 504-5, 659, 667; Grace Rwaramba e, 24, 449; Howard Mann e, 667; incidente com a arma de choque, 558-9; Martin Bashir e, 44; Michael e, 283, 285, 394, 439; morte de Michael e, 524; nascimento, 502; no testamento de Michael, 535; performances, 449, 516; Randy Jackson e, 660; relacionamento com Debbie Rowe, 44, 322, 490, 515; sacodido na sacada por Michael, 42, 158, 162, 172, 228, 292; tratamento médico, 349; Trent Jackson e, 660

Jackson, Prince *ver* Jackson, Michael Joseph "Prince" Jr.

Jackson, Randy, sr. *ver* Jackson, Steven Randall "Randy"

Jackson, Rebbie *ver* Jackson, Maureen Reillette "Rebbie"

Jackson, Samuel L. (ator), 15

Jackson, Siggy (filho de Jackie), 226

Jackson, Sigmund Esco "Jackie" (irmão de Michael): álbum solo, 95; cantando, 60; casamento com Enid Spann, 91; caso com Paula Abdul, 223; divisão de camas com os irmãos durante a infância, 59; finanças, 226; Joe Jackson e, 92; Katherine Jackson e, 663; no palco em show da turnê Unity, 666; no *The Insider*, 661; popularidade, 71, 73, 87; relação com os irmãos, 661; talento musical, 70, 95

Jackson, Steven Randall "Randy" (irmão de Michael): acusações contra, 223, 538; Al Sharpton e, 659; carta aos executores do espólio de Michael, 648, 658, 666; casamentos, 223, 519, 573; como escritor, 100; complexo Hayvenhurst e, 226, 519, 668; consultor financeiro de Michael, 54; emprego em oficina mecânica, 226; espólio de Michael e, 534, 555, 583, 587, 641, 651, 665; filhos, 518, 573, 655; finanças, 251, 253, 538, 555, 573; Howard Mann e, 668; Joe Jackson e, 641; julgamento de Michael Jackson e, 410, 426; Katherine Jackson e, 538, 555, 642, 651-2, 664, 668; Mark Geragos e, 410; Michael e, 251; morte de Michael e, 513; na casa de Calabasas, 655, 661, 665; na mídia, 658, 661, 665; Paris Jackson e, 651; Perry Sanders e, 583, 587, 658, 665, 669; personalidade e caráter, 538; Prince Jackson e, 656, 661; queixa por abuso de idoso, 653; sobre as faixas nos Cascio, 562; sobre John McClain, 659, 665; substituiu Jermaine, 94; Tom Mesereau e, 370-1, 374; Trent Jackson e, 652, 656, 658, 661

Jackson, Taj (filho de Tito), 512, 541, 646

Jackson, Taryll Adren (filho de Tito), 646

Jackson, Tito Joe "TJ" (filho de Tito), 646-7, 650, 653, 655-8, 661-3, 665-6, 668

Jackson, Toriano Adaryll "Tito" (irmão de Michael): carta aos executores do espólio de Michael, 648, 658; casamento com Dee Dee Martes, 91, 646; entrevistas, 237; filhos, 512, 541, 557, 647; finanças, 226; Jermaine

Jackson, 59; Joe Jackson e, 60, 92, 121; no palco em show da turnê Unity, 666; no *The Insider*, 661; popularidade, 71; sobre a paternidade dos filhos de Michael, 507; sobre Debbie Rowe, 558; tocando guitarra e fazendo performances musicais, 60, 65, 70, 95, 226, 429

Jackson, Trent (sobrinho e cuidador de Katherine): denunciou o desaparecimento de Katherine Jackson, 653, 660; despedido e recontratado, 662, 665; e a emboscada da família Jackson em Calabasas, 656, 658-61; em Albuquerque, 650; fracasso em confrontar Branca e McClain, 649; Janice Smith e, 652, 660; Jermaine Jackson e, 657, 661; Randy Jackson e, 652, 656, 658-60

Jacksons (banda), 94; finanças, 124; "reencontro", 111; último show na turnê Victory, 124-5; *ver também* Jackson 5

Jacksons, The (álbum), 94

Jacksons, The (programa de TV), 94

Jagger, Mick, 122, 260

"Jailhouse Rock" (Elvis Presley), 255

Japão, 141, 164, 167-8, 174, 198, 213, 254, 286-7, 564; imitadores japoneses de Michael, 242

Jardim do Éden: Michael sobre, 115

Jaroscak, Maureen, 637, 822, 824

JCPenney (lojas de departamento), 389-90, 405, 418, 422

Jerkins, Rodney "Darkchild", 187

Jeszeck, Joey, 152, 228, 528, 716, 790

João Paulo II, papa, 490

Johnson, Melissa, 574, 584, 733, 811

Jones, Bob (assessor de imprensa), 32, 175, 202, 224, 228, 319-22, 335, 388, 677, 709, 714, 719, 723, 727-8, 751, 754

Jones, Bruce, 443

Jones, Quincy (produtor musical de Michael), 102, 107-10, 138, 140, 145, 522, 562, 675, 710,-1, 715-6, 805, 807

Jorrie, Kathy, 436, 618

Joyful Jukebox Music (The Jacksons), 94

judaísmo, 206

judeus, 41, 55, 77-8, 174, 223, 367, 369, 513, 564, 604; *ver também* antissemitismo; Boteach, rabino Shmuley

julgamento de Michael Jackson: argumentação final e último dia do, 420; Arnold Klein e, 234; Caravana do Amor de apoio a Michael do lado de fora do tribunal, 411; comportamento de Michael durante, 21, 384, 392, 425; declarações de abertura, 380, 421; impacto na reputação de Michael, 129; impacto sobre Michael, 365, 375, 425; Jordan Chandler e, 377, 388, 397, 406, 413, 603; júri, 380, 390, 412; La Toya Jackson e, 426, 631; localização, 372; medo da prisão, 23; primeira aparição pública de Michael após, 27; raça e, 372; Randy Jackson e, 410, 426; segredo de justiça, 373; simpósio Parado no Tempo, 607; suposto álibi de Michael, 381; testemunhas/ depoimentos, 382; veredicto, 424; *ver também* Arvizo, Gavin; Arvizo, Janet; Arvizo, Star; Melville, juiz Rodney; Mesereau, Tom

Julien, Darren, 354-7, 492, 500, 720, 745, 761

Julien's Auctions, 328, 351

Jumping Jacks (parque de diversões), 195

Jung, Carl Gustav, 291

Kane, Michael, 579

Kano Sisters, 168

Katrina, furacão, 135-7, 160, 163; *ver também* "I Have This Dream"

Katz, Joel (advogado de Michael), 501, 533, 538, 579, 638, 670, 797-8, 802, 804

Katz, Stan (psicólogo), 377, 390, 398, 680-1

Kay, Alan, 636

Keith, Gordon, 706

Kelly, R., 135, 337, 755

Kennedy, John F., 291

Kenya (filhote de cachorro), 271, 554-5, 804

Keough, Danny, 315, 317, 320, 751

KFC (rede de restaurantes), 181, 434

Khalifa, Al *ver* Abdullah bin Hamad bin Isa Al Khalifa

Khan, Ahmed al, 78

Khilji, Muhammad, 589, 761, 814

Kilbeggan, Irlanda, 185

Kim Dae-Jung, 780

King of Pop (álbum), 286, 334, 487

King Tut, projeto cinematográfico, 352, 360

King, Billie Jean, 109

King, Don, 122, 124-5, 127, 245, 710, 712

King, Howard (advogado de Schaffel), 32, 53, 77-8, 178, 246, 516, 682, 684, 701, 703, 708, 735

King, Larry, 257, 366, 378, 483, 494, 506, 706-7, 723, 727-8, 737, 765, 774, 783, 787, 789; *ver também Larry King Live*

King, Lisa, 57

King, Stephen, 149

Klein, Arnold "Arnie" (dermatologista de Michael): alegações de ser o pai biológico de Prince e Paris, 506; arquivos médicos, 525; drogas prescritas por, 206, 344, 435, 447, 452, 566, 613; drogas que Klein se recusava a prescrever, 452; e a mídia, 526; Elizabeth Taylor e, 206, 232-3, 589; espólio de Michael e, 566; Frank Dileo e, 435, 566; histórico e visão geral, 232; injeções de colágeno e, 232-3, 262; interpretação de "dor" e "necessidade", 234; investigação Jordan Chandler e, 234; investigações policiais e, 234; julgamento de Michael Jackson e, 234; licença para praticar medicina, 614, 634; Michael na casa de, 32, 38; Michael sobre, 589; morte de Michael e, 566; primeiro encontro de Michael com, 234; processo contra, 234; propofol e, 526; Schaffel e, 32; sobre a sexualidade de Michael, 590; sobre cirurgia plástica, 262; sobre Debbie Rowe, 506; Steven Hoefflin e, 260, 262, 590; supostos encontros sexuais, 614-5; tratamentos de pele para Michael por, 32, 232, 258, 344-5; *ver também* morte de Michael Jackson

Klein, Jonathan, 428

Knight, Gladys, 65

Konitzer, Ronald (empresário de Michael), 41, 44, 151, 408, 416, 716

Koplin, Larry (cirurgião plástico de Michael), 452, 526-7, 774, 790

Koppleman, Charles, 141, 564

Kragen, Ken, 138

LAbyrinth (Sullivan), 809

LaChapelle, David, 636

Lafferty, Albert, 382-4, 768

LaHaie, Evelyn, 58, 65

Lambiet, Jose, 581, 583, 811

Landis, John (diretor e produtor cinematográfico), 113, 115, 269, 361, 712, 760-1, 763

Lanesborough Hotel, 329, 350

Lansky, Meyer, 149, 367

LaPerruque, Michael, 151-2, 228, 716, 729

laringite, 105, 460, 778

Larry King Live (programa de TV), 366, 378, 483, 494, 506

Las Vegas, 24, 41, 47, 49, 51-2, 151, 154, 205, 217, 221-3, 226-7, 230, 237-8, 240-4, 256-7, 270-1, 273, 275-6, 279-84, 287, 293, 298, 313, 323, 327, 332-3, 336-7, 349, 352, 364, 370, 375, 400, 402, 435-6, 450, 454-5, 458, 466, 480, 488, 500-1, 521, 525-6, 528-9, 546, 555, 569, 591, 619, 621, 645, 670, 675, 677, 681, 684-5

Le Belvedere, mansão de, 294-5

"Leave Me Alone" (Jackson), 141

Lee, Cherilyn (enfermeira), 349, 454, 622, 687

Lee, Myung Ho (consultor financeiro de Michael), 153, 236, 368, 378, 715, 729, 730, 765

Lee, Stan, 277, 744, 747

Lefsetz, Bob, 592-3, 815

Legacy Recordings, 195

Legend, prêmio, 164, 167

LeGrand, David (advogado de Michael), 41, 535, 537, 702, 799

"Lei Michael Jackson", 376, 765

Leiber, Jerry, 255

leilões ver Julien, Darren; Julien's Auctions

Leiweke, Timothy "Tim" (presidente da AEG), 285, 330, 335, 453, 458, 650, 686, 745

Lennon, John, 130, 200, 487, 578, 793

Leonardo da Vinci, 161

leprechauns, 170-1, 719

Lester, Harriet, 507

Lester, Mark (amigo de Michael), 75, 133, 159, 506, 708, 714, 787

Levin, Harvey, 480, 780, 810

Levitch, Burt, 501, 539-40, 669

Lewis, Emmanuel (ator), 117, 119, 202-3, 675, 713, 723, 725; relacionamento de Michael com, 202

LiCalsi, Paul, 578, 640

Lieberman, Carole, 45

Liga Antidifamação, 78

Limbaugh, Rush, 495

Lincoln, Abraham, 291

linha de roupas de Michael, 142, 280, 327; ver também memorabilia

Liseberg (parque de diversões na Suécia), 157

Little Richard, 291, 302

Live Nation, 284, 552

Living with Michael Jackson (documentário), 12, 43-4, 241, 376, 382, 385, 387, 403-4, 679-80, 705

Livro Guinness dos Recordes, 333

Lobisomem americano em Londres, Um (filme), 112

Lodise, Margaret (advogada do espólio), 543, 653, 657, 659-60, 663, 666

Loeb and Loeb (escritório), 540

Londres, 11, 26, 30, 43, 53, 55, 73, 75-7, 83, 130, 132-3, 149, 152, 159, 162, 164, 170-1, 196-9, 201, 208-14, 232, 236, 244, 246, 254-6, 264, 267, 276, 284-5, 287-8, 295, 309, 311, 325-7, 329, 331-3, 335, 338, 340, 342-3, 345, 350-1, 359, 361-2, 412, 432-4, 436, 438, 440, 442, 444-5, 447-9, 451-3, 455-7, 459-2, 480-2, 489, 495, 506, 513, 525, 530, 532, 549, 591, 606, 614, 617-9, 623, 638, 645, 670, 674, 677, 679, 682-4, 686; ver também Earls Court; O2 Arena; This Is It (shows)

850

"Longa Vida ao Rei!" (celebração póstuma de aniversário), 521

"Lookin' Through the Windows" (Jackson 5), 91

Lopez, Jennifer, 283

Lopez, Peter (advogado de Michael), 283, 327, 342, 351-2, 439, 685, 744, 756

lorazepam (Ativan), 463-4, 485, 524, 569, 626

Loren, Sophia, 204

Los Angeles, 291, 296

"Love You Save, The" (Jackson 5), 71

Luggala, castelo, 182-3, 683, 720

lúpus, 229, 234, 258-9, 263, 737, 771

Luv U More (documentário interrompido), 695

luva de strass, 111

M.D.L.T. Willis (quarteto), 105

macrobiótica, dieta, 258

Madison Square Garden, 15, 33-4, 679

Madonie, Peter, 528

máfia, 367, 418, 764

magia, 17; *ver também* ocultismo

Mágico de Oz, O (filme), 94, 144, 383

Mágico inesquecível, O (filme), 94-5, 97-8, 100, 102, 675; Michael como o Espantalho, 94, 98

mágicos, 105, 171

Maines, Natalie, 293, 554, 748, 752

Majestic Kingdom, parque temático, 151

Maldonado, Margaret, 223, 538

Malnik, Al (advogado de Michael), 149, 151, 179, 366-9, 564, 581, 583, 586, 680, 701, 716, 764, 766-7, 811, 813

Malnik, Shareef (filho de Al), 367

Maloof, George, 256-7, 737, 739

Malvada, A (filme), 319

"Mama's Pearl" (Jackson 5), 91

"Man in the Mirror" (Ballard e Garrett), 127, 461, 707

Manama, Bahrein, 21, 26, 28-9, 78, 133, 156, 159-60, 162, 168-9, 325-6, 683; aeroporto de Manama, 162, 169, 683; gastos de Michael em, 133; residência de Michael em, 27; *ver também* Abdullah bin Hamad bin Isa Al Khalifa

Mandela, Nelson, 30, 49, 402, 482, 780

manequins, 107, 383, 407

Mang, Werner, 264, 738

Manic Street Preachers, 183

Mann, Howard (sócio e consultor de Katherine Jackson), 582, 638, 643, 666, 693-4, 706, 729, 732-3, 737, 741-2, 775, 797, 801-2, 809, 818

mapas mentais, 161

Maracanã, estádio do, 49

Marcha do Milhão, 374

Marcos, Imelda, 482, 780

Marcos, Terry, 318, 751

Marcus, Joe (zelador de Neverland), 228, 416, 528, 770

Martinez, Orlando (detetive da polícia de Los Angeles), 486, 569, 619, 789, 792

Marvel Comics, 277

Maryland, 246

masturbação, 307, 381, 394, 421; durante telefonema, 209, 362; reconhecimento do fato por Michael e pedido de desculpas, 363

Matsuura, Richard, 378

Mayoras, Andrew, 502

Mayoras, Danielle, 502

Mazur, Kevin, 461

McCartney, Paul: colaborações musicais de Michael e, 75, 108, 130; direitos musicais e finanças, 131; impacto na vida de Michael, 130; Michael e, 123, 130-1, 142, 188, 203; rancho Neverland e, 130; sobre Michael, 130-1, 483

McClain, John (coexecutor do espólio de Michael): AEG e, 498, 649; Branca e, 539; Brian Oxman e, 577; carta da família Jackson exigindo pedido de demissão, 648; conflitos de interesse, 498; Conrad Murray e, 633; família Jackson e, 504; histórico e visão geral, 503; Howard Mann e, 667; Howard Weitzman e, 503, 545; Jackie Jackson e, 539, 587; Janet Jackson e, 504; Joe Jackson e, 504, 543, 577,

851

652; juiz Beckloff e, 498, 540, 577; juiz Palazuelos e, 649; Katherine Jackson e, 539, 545, 587, 648, 666, 671; Michael sobre, 648; na mídia, 552; nomeado "administrador especial" do espólio de Michael, 546; Perry Sanders e, 640-1, 648, 670; poder sobre o espólio de Michael, 498, 502, 540; Randy Jackson sobre, 660, 666; salário do espólio de Michael, 503, 543, 556, 641

McDaniels, Darryl, 140

McDonald's, 36-7, 442

McManus, Adrian, 264, 738

McMillan, Londell (advogado de Michael), 179-80, 272, 448, 501, 505, 507

Medavoy, Irena, 235

Melville, juiz Rodney, 25, 374, 380, 607, 699, 768

memorabilia, 227, 328, 500, 543, 591, 635, 694, 787, 822

Merrick, Joseph, 200

Mesereau, Tom (advogado de Michael): condições impostas por, 372; decisão de aceitar o caso de Michael, 370, 371; demitindo-se do cargo de advogado de Michael, 24, 159; depois do julgamento, 427, 607; Dieter Wiesner e, 55; e a mídia, 159, 372, 411; Grace Rwaramba e, 24; histórico e visão geral, 370-1; Howard King e, 55, 57; julgamento de Michael Jackson e, 410, 420; Nação do Islã e, 372, 374; personalidade, caráter e reputação, 697; Randy Jackson e, 370, 374; Raymone Bain e, 159, 375, 411, 448; relacionamento de Michael com, 21; sobre a família Cascio, 134; sobre as acusações de abuso sexual no caso Chandler, 30; sobre Michael, 21, 45, 363, 483, 609; sobre o acordo no caso Chandler, 313; Steve Wynn e, 221

mesquitas, 29

Metzger, Allan (médico de Michael), 229-30, 452, 527, 622, 646, 651, 729, 774, 790

México, 232, 481

MGM Grand Hotel and Casino, 240

Michael (álbum), 562-3, 592; *ver também* "álbum de retorno"

Michael Jackson Company, 636

Michael Jackson Take Two: The Footage You Were Never Meant to See (programa especial para a TV), 46

Michael Jackson Unmasked (especial da NBC), 599

Michael Jackson: The Immortal World Tour, 639

Michael Jackson's Home Movies (documentário), 46

Mickey Fine Pharmacy, 236, 238, 525, 761-2, 795

midazolam (Versed), 344, 464, 524

Midlands irlandesas, 190

MiJac Music, 267, 552

Milken, Michael, 221, 727

Millennium Concerts, 335

Millennium, prêmio especial, 42

Miller, Bradley, 386-7, 768

Miller, Steve, 221

Million Dollar Listing (reality show), 241, 734

Mills, Stephanie, 94

Minnelli, Liza, 98, 117, 204, 483, 780

Mirage Hotel, 313

Miraval Spa, 646, 661

Mitterrand, Frédéric, 482

Mizell, Fonce, 68

"MJ Air" (vídeo), 444

MJJ Music, 647

MJJ Productions, 80-1, 207, 327, 351, 354, 686, 761

Moate, Irlanda, 185, 195

Moffett, Jonathan "Sugarfoot", 347

Mônaco, 300, 310, 400, 599, 677

Monte Cristo, mansão, 217-8, 237-9, 243, 245, 270, 684, 734, 740

Moon, reverendo Sun Myung, 80, 547, 639

moonwalk, 82, 112, 182, 202, 214, 234, 327, 708

Moonwalk (autobiografia), 552

Moonwalker (antologia em filme), 141-2

morte de Michael Jackson: aniversário de dois anos, 592; aniversário de três anos, 642-4; aniversário de um ano, 548, 561; anúncio da, 471-3, 479-80; autópsia, 483-4, 486, 510, 620-1,

626; caixão, 508, 512-3; Carolwood e, 466, 474, 479, 488, 491, 505, 526, 529, 565, 568-9, 620; causa(s) da, 510, 524, 546, 566, 620; chamada de emergência para 911, 468, 469-70, 485, 568-9, 619, 621; considerada homicídio, 524, 528, 620, 638; corpo, 484, 508, 510, 548; enterro, 511-5, 521-3, 548, 610, 642; falta de um desfibrilador, 565; funeral e memoriais, 481, 495, 511-2, 521, 524; histórias de ainda estar vivo, 565; Michael parando de respirar, 465, 469-70, 569, 627, 629; na internet, 480; na mídia, 480, 493, 495, 510, 548; perda de consciência, 465; reabilitação da sua imagem pública, 552; teorias da conspiração em torno da, 564-5; Tohme e, 472, 487, 491, 530, 553; vendas de música depois da, 500, 592; vigília em frente aos portões do rancho Neverland, 511; *ver também* Forest Lawn Memorial Park; testamento de Michael Jackson

Morton, Peter, 49

Motown 25: Yesterday, Today, and Forever (especial para TV), 111-2, 234, 260, 287, 675

Motown Records, 59, 65-9, 73, 86, 89, 91-5, 100-2, 234, 260, 287, 481, 674-5, 700, 705-6, 710, 712; "Motown, família", 66

Mottola, Tommy (diretor executivo do Sony Music Group), 38-41, 132, 536-7, 564, 713, 780

movimento de colocar a mão sobre o pênis (no palco), 208

Mr. Lucky (clube), 59

MTV (Music Television Network), 113, 164, 167, 270, 320, 675, 683

MTV Music Video Awards, 164

"Much Too Soon" (Jackson), 563

Muhammad, Eric, 545, 801

Muhammad, Faheem, 468, 474, 528, 568, 620, 771, 778

Muhammad, Leonard (genro de Farrakhan), 52-3, 152, 366, 369, 374

Muhammad, Roselyn, 528

Murdoch, Orietta, 147

Murphy, Eddie, 117, 204

Murphy, Wendy, 423, 426, 428, 430, 770

Murray, Conrad Robert (médico de Michael): AEG e, 530, 550, 565; apelação, 671; apresentado como bem intencionado, 528-9; Arnold Klein e, 566, 590, 613; Branca e, 633; como único membro dos funcionários admitido no quarto principal, 434; compaixão por, 565; Conselho médico da Califórnia e, 565, 570; conversa gravada de Michael com, 631, 633; departamento de polícia de Los Angeles e, 485; depoimentos a favor, 624; depois de sua condenação, 634, 645; dia da morte de Michael Jackson, 618-9; e a mídia, 618, 632-3, 645; família Jackson começando a montar caso contra, 486; finanças, 435, 465, 529, 617-8; fracasso em ligar para 911, 465-8, 485, 567, 620-2, 626; Frank Dileo e, 453; histórico, 435, 465; Jermaine Jackson sobre, 566; Joe Jackson pedindo a fãs que não atacassem, 546; John McClain e, 632, 633; Katherine Jackson convidada a visitar, 671; Kenny Ortega e, 455, 567, 617, 624; mandados de busca e batidas, 528; mansão Carolwood e, 454, 458, 463, 465, 467, 474, 485; Michael Amir Williams e, 435, 467, 528; Michael sobre, 617; Paris Jackson e, 474; Paul Gongaware e, 436, 617; perda da licença médica, 570; personalidade, 617, 632; prisão, 645, 671; processo de Joe Jackson de morte por negligência, 546, 547; propofol e, 454-5, 458, 465, 485, 524, 568, 614, 619, 625, 633, 671; Randy Phillips e, 453, 455, 624; telefonemas no dia da morte de Michael Jackson, 466; tentativas de ressuscitar de Michael, 466-8, 550; tratamento de Michael, 463, 465; uso de drogas de Michael e, 528-9, 620, 632; visão geral, 435

Museu de Cera de Madame Tussaud, 77

Museu Michael Jackson, 328

Music & Me (Jackson), 92

Music Television Network *ver* MTV

"My Favorite Things" (Andrews), 117

My Name is Jermaine (álbum), 94

MySpace, 269, 286, 549
"Mystery Drink" (refrigerante), 151

'N Sync, 39, 136, 250
Nação do Islã, 24, 52-3, 132, 152, 175, 271, 355-6, 365-6, 368-9, 372, 374, 519, 564, 681, 702, 716, 764
Najerian, Sean, 582, 686, 810
Nakheel Properties, 27
nariz, operações no, 44, 194, 258-9, 261-5, 345, 484
Natal de 2008, 324
Nation Records, 315
National Enquirer, 133, 200, 204, 236, 238, 294, 301, 517, 559, 714, 723, 730-1, 748, 752, 804, 806
NationsBank, 149
"Never Can Say Goodbye" (Davis), 91, 101, 522
Neverland Valley Entertainment, 32, 395
Neverland, rancho: acusações de abuso sexual e, 611; Albert Lafferty sobre, 382, 383-4; cinema em, 144; compra de, 142; empregados, 150-1, 228; empresas de serviços públicos ameaçando cortar serviços, 27; Graceland e, 328, 359, 511, 593; histórico, 142; incêndio nas matas, 183; lugar preferido de Michael em, 145; Michael dizendo adeus a, 430; Michael nunca voltou depois de 2005, 511; Michael renomeando, 143; morte de Michael e, 481, 510-1; negros e, 262; perigo de execução da hipoteca, 256, 271, 274; planos de ser atração turística estadual, 592; planos de ser museu de Michael Jackson, 328; quarto secreto em, 611; relutância dos funcionários de desafiar ou criticar Michael, 23; Ron Zonen sobre, 421; sentimentos de Michael em relação a, 328, 592; terra arrendada para criação de gado, 180; Tohme e, 274, 328, 511, 582; Tom Sneddon sobre, 381, 421; valor, 500; visão geral, 142-4
New Orleans, 29, 91, 337, 339, 682; furacão de 2005 em, 254
New York Sun, 28, 704
New York Times, 145, 148, 162, 536, 552-3, 590, 592

Ne-Yo, 270, 337, 740, 755
Nguyen, Thao (cardiologista), 471-2, 569, 779
Nicholas, Jimmy, 528
Nigéria, 513
"No Friend of Mine" (canção), 269
No Limit Records, 576
Noite dos Amadores, 59, 674
Nokia Theater, 521
Nordstrom, Patrick, 170-2, 176-7, 185, 719
Noruega, 269
"Now That I Found Love" (Jackson), 163
Number Ones (Jackson), 49-51, 129, 194, 364, 763-4

O'Jays, 63, 135
O'Neal, Tatum, 97, 204, 675, 713
O'Neill, Oona, 199
O'Reilly, Bill, 495, 783, 786
O2 Arena (Londres), 11, 244, 284-5, 288, 295, 327, 329-30, 332-4, 338, 340, 342-4, 346-7, 350, 353-4, 358, 361-2, 433-5, 436, 438-45, 448-9
Oasis (banda), 212
Oaziaza, Alejandra Genevieve *ver* Jackson, Alejandra Genevieve Oaziaza
Obama, Barack, 265, 435, 459, 480, 482, 771, 780-1
Ocean Ridge, mansão de, 366, 368, 583
ocultismo, 114-5, 171, 513; *ver também* magia; fantasmas
Off the Wall (Jackson), 102
"Off the Wall" (Temperton), 102
Omã, 80
On the Rox (clube), 97
Onassis, Jacqueline Kennedy, 43
"One More Chance" (Jackson), 49
One Night Only (especial da HBO), 335
Ono, Yoko, 15, 130, 578
Onze de setembro de 2001, ataques de, 31, 35, 38, 50, 679
"oooh", Diana Ross ensinando sobre o poder do, 69

opiáceos/opioides, 147, 162, 194, 228-9, 231, 236, 348; *ver também* Demerol; Dilaudid

Oprah Winfrey Show (programa de TV), 205, 258-9, 262, 320-1, 522, 573, 585, 644, 668, 677

Orabona, Sandrine, 457, 461, 778-9

Ordem dos Advogados da Califórnia, 637

orfanatos, 198, 820

Oriente Médio, 26, 28, 78, 107, 133, 163, 176, 272-3, 325, 439, 603, 631; *ver também* Bahrein; Dubai; Emirados Árabes Unidos

Orlando, Flórida, 136-7, 372, 402, 682

Ortega, Kenny (coreógrafo de Michael), 222, 346, 433, 442, 444-5, 447-8, 451-2, 455-7, 460-2, 474, 508, 522, 531, 568, 609, 616, 623, 638, 689, 745, 754, 758, 773-6, 779, 806, 821-2

Orth, Maureen, 153, 378, 412, 430, 713, 729

Oscar, cerimônia do, 117, 316

Our Son: Michael Jackson (documentário), 450

Oxford Union Society, 83

Oxman, Brian (advogado de Jackson): ação exigindo que os registros médicos de Michael fossem dados a Joe Jackson, 546; Adam Streisand e, 542; apelação da decisão do juiz Beckloff, 546; Branca e, 535, 542, 577; Conrad Murray e, 546; David LeGrand e, 535; expulso da Ordem dos Advogados da Califórnia, 637; histórico e visão geral, 535, 578; Interfor e, 537; Joe Jackson e, 542, 546, 548, 588, 637; John McClain e, 577; juiz Beckloff e, 542; Katherine Jackson e, 542, 588, 637; Maureen Jaroscak e, 637; na mídia, 542; Perry Sanders e, 577

Oxnard, Califórnia, 227, 591

OxyContin, 162, 194, 348, 683, 717, 729

"P.Y.T." (Jackson), 110

Pahrump, Nevada, 294

Palazuelos, juíza Yvette, 551, 588, 650, 801, 814

Palms Casino Resort, 256, 270, 273, 283

Palomino, fazenda, 270-3, 282-3, 488, 591, 685, 740, 743-5, 815

Panagaris, Orianthi, 347, 763

Panish, Brian J. (advogado de Katherine Jackson), 550, 638, 640, 804

paparazzi, 15, 172, 195, 344-5, 348, 433, 513, 560, 655, 724, 758, 771; *ver também* tabloides

Parado no Tempo, simpósio, 697, 749, 750, 764-5, 768, 770, 816, 818

paramédicos, 470-1, 473, 485, 546, 568-9, 629, 778, 806

Paris, 169, 253, 431

Parker, Carol Ann, 91

Pastelle, Monica, 318, 320, 751

Pastor, juiz Michael, 570, 613, 616, 623-5, 627-8, 632-4, 814, 821

Payne, Travis (coreógrafo de Michael), 347, 444, 451, 463, 474-5, 522, 758, 773, 777-9

Pearlman, Lou (empresário), 136-7, 682, 714

Peck, Gregory, 292, 296, 700, 747-8

Peck, Veronique, 292

Pellicano, Anthony (detetive particular), 300-2, 304-7, 309-10, 600-1, 677, 748-9, 752, 817, 819, 820

pênis, movimento de colocar a mão sobre o (no palco), 208

Pepsi, 123-4, 142, 147, 231, 297, 313, 448, 635, 640, 676, 750, 823, 827

Percocet, 192

perfumes *ver* fragrâncias

Perlmutter, Ike, 277

Perren, Freddie, 68

Perry, Edmund, 126

Pesci, Joe, 438

Peter Pan, 144, 199, 204, 207-8, 265, 311, 381, 383, 610

Peters, Irene, 417, 770

Petrillo, Lisa, 581

Pfeiffer, Jason (assistente do dr. Arnold Klein), 326, 454, 525, 589-90, 614, 616, 635, 758, 771, 774, 814, 819

Phillips, Jeffre (namorado de La Toya), 488

Phillips, Randy (presidente da AEG): Arnold Klein e, 447, 452; Branca e, 446, 533; Carolwood e, 471, 487; Conrad Murray e, 447, 453, 455,

623; controle de Phillips sobre Michael, 358; dança de Michael e, 346; Dennis Hawk e, 284, 330; exigências de Michael e, 435; finanças de Michael e, 333, 441; Frank Dileo e, 343, 358, 435, 438, 446, 452, 458, 471, 533; Kenny Ortega e, 446, 452, 475, 616, 623; Leonard Rowe e, 343, 358, 440; Michael e, 462; morte de Michael e, 471, 475, 487, 533; na mídia, 288, 441, 531; Paul Gongaware e, 335, 439, 442; Philip Anschutz e, 284; Raymone Bain e, 362; relacionamento de Michael com, 243, 284, 288, 329, 332, 433, 435, 455, 458, 462; saúde de Michael e, 330, 332, 433, 436, 447, 452, 455, 471; sobre a última performance de Michael, 462; sobre a vida de Michael, 531; sobre Michael, 285, 330, 332, 461; Tim Leiweke e, 330, 453; Tohme e, 284, 329, 331, 335, 343, 358, 362, 438, 458, 472, 487, 533; Tom Barrack e, 284

Pickett, Wilson, 59

Pipes, Daniel, 28

Platinum Rye, 499

Playboy, mansão da, 97

Polônia, 487, 511

pornografia, 37, 55, 381, 388, 396, 695; pornografia gay, 37, 695

Porte, James, 250

Praça da Paz Celestial, cena do homem contra o tanque na, 459

Prescient Acquisitions Group, 128

Prescient Capital, 253, 254

prescrições de medicamentos para Michael: médicos que prescreviam drogas, 525; motivos pelos quais os médicos continuavam prescrevendo, 229, 235; ver também Mickey Fine Pharmacy

Presley, Elvis, 112, 185, 199, 255, 276, 291, 314, 318-9, 328, 487, 513, 551, 553, 564, 720; ver também Graceland

Presley, Lisa Marie (primeira esposa de Michael): atitude em relação a Michael, 522; carreira musical, 314; casamento de Michael com,

175, 317-9, 598; Danny Keough e, 319; desejo de Michael de ter filhos e, 175, 321; divórcio, 175, 320; dormindo em quartos separados, 318; e acusações de abuso sexual contra Michael, 316, 598; entrevistas, 211, 316, 319, 522, 598; esforços para reatar a relação com Michael, 321; gravidez de Debbie Rowe e, 321; histórico, 314; Michael e, 192, 314,-8, 522; morte de Michael e, 522; no vídeo "You Are Not Alone", 318; primeiro beijo, 318; primeiro encontro, 315; sobre Michael, 598; vida sexual, 318

Presley, Priscilla, 314-5, 317

Price, Richard, 126

Prince (músico), 201, 333

Projeto Domo, 444, 447, 459, 773, 778

Projeto Família Jackson, 546, 801

propagandas ver comerciais

propofol (Diprivan), 193-4, 349, 452, 454-5, 458, 465, 485, 524, 526-7, 551, 568-70, 614, 619-23, 625-9, 633, 651, 671, 687-8

prostitutas, 68, 91, 615, 710

próteses, 189, 264

Pryor, Azja, 416, 770

Pulp (banda), 211

"Push Me Away" (Jackson), 100

queimaduras, 123-4, 174, 230, 523, 712

Quem quer ser um milionário? (filme), 353

questões raciais: casamentos inter-raciais, 91; e a amizade de Michael com garotos, 203; Jesse Jackson e, 40, 93, 245, 375; no julgamento de Michael Jackson, 371, 380

R. Kelly (cantor), 135, 337, 755

racismo e discriminação racial: preocupação de Michael em ser alvo de acusações de, 40, 103, 129; questões raciais

Radar Online, 559-61

Radio City Music Hall, 320

Rahman, A. R., 353

Rancifer, Ronnie, 65

rap, 140
Ratner, Brett, 366-7, 564, 729, 764
Ray, Ola, 113, 361-2, 641, 688, 760, 763, 823
reabilitação das drogas, 146, 238, 309
Reader's Digest, 367
Reagan, Nancy, 29, 117, 119
Reagan, Ronald, 29, 117, 119, 143, 274, 275, 355, 482, 509
reality shows, 48, 226, 668
redes sociais, 607
Reeder, David, 552, 801
reencontro, turnê de, 288
Regal Theatre (Chicago), 65
Reid, Charles, 218, 219
Reino Unido, 43-4, 163, 226, 269, 311, 326, 376, 392, 450, 506, 563
religião, 84, 89, 115-6, 206, 513; questões de Michael sobre, 115; *ver também* Islã; Jackson, Michael: espiritualidade; ocultismo; Testemunhas de Jeová
República Dominicana, 317, 678
República Tcheca, 269
Restylane, 345, 567, 614, 625
retorno, 42, 217, 243, 283, 286; *ver também* álbum de retorno; shows de retorno
Review-Journal, 230, 241, 243, 282
Ribeiro, Alfonso, 203, 723
Ribera, Sandra "Sandy" (advogada de Katherine Jackson), 641, 643, 647-55, 657-63, 665-6, 668-9, 693-4, 708-9, 711, 786, 788, 798, 802, 812, 821, 823
Richards, Deke, 68
Richards, Ron, 424
Riley, Tedd, 563
Rio de Janeiro, 49, 495
Ripples and Waves Plus Michael, The (banda), 58
Rippy, Rodney Allen, 96, 98, 202-3, 675, 712
Rivera, Geraldo, 312, 373, 380
Rivers, Joan, 204, 723
Rizzo, Ernie, 599, 817
Roberts, John, 482, 780
Robinson, Smokey, 66, 69, 111

Robson, Wade, 397, 414, 749, 770
"Rock With You" (Temperton), 102
"Rockin' Robin" (Jackson), 90
Rodriguez, Paul, 427
Rogers, Christopher (legista que conduziu a autópsia), 570, 620
Rogers, Kenny, 15
Roizen, Mike, 193
Rolling Stone (revista), 72, 74, 103, 106, 110, 116, 118, 120, 125-7, 138, 144, 187, 200-1, 260, 269-70, 288, 316, 320-1, 382, 533, 674
Rolling Stones, 123, 124, 302
Rolls-Royce Phantom, 47
Rose Marie, 86
Rose, irmã, 454, 519
Rosemount, Irlanda, 183, 185, 187-8, 190, 195
Rosen, Randy (médico), 527, 790
Rosenfeld, Meyer & Susman, 501
Ross, Diana, 66-70, 94, 111, 113, 152, 200, 204, 245, 259, 321, 498, 674, 738, 786, 792
Rothenberg, David, 523, 524, 789, 805
Rothman, Barry K. (advogado de Chandler), 302-7
roupas que Michael usou, 199, 318, 348, 393
Rowe, Debbie (enfermeira e segunda esposa de Michael): acusações de abuso sexual contra Michael, 406; Arnold Klein e, 174, 506, 525; Blanket e, 44, 322, 490, 515; casamento, 229; complexo Hayvenhurst e, 557-9; cooperação com a polícia de Santa Barbara, 406; desistiu de seus direitos de mãe, depois reverteu a decisão, 175-6; Diana Ross e, 497; disputa pela custódia das crianças, 175; divórcio, 175; finanças, 175, 516; fotografias, 644; Frank Dileo e, 533; histórico e visão geral, 174; incidente com a arma de choque, 558; inseminação artificial e gravidez, 175, 322; Janet Jackson e, 338; Joe Jackson e, 516; Katherine Jackson e custódia das crianças, 498, 507, 508, 515, 556; Michael e, 407, 644; na mídia, 497, 508, 515; Nação do Islã e, 175; nascimento das crianças, 527; preocupação

dos Jackson em relação a, 506, 509; primeiras interações, 174; processo contra o TMZ, 516; relacionamento com Paris Jackson, 44, 174, 407, 490, 515, 520, 558, 584; relacionamento com Prince Jackson, 44, 176, 407, 490, 515, 520, 558; reportagem do TMZ e, 515; Schaffel e, 406, 515; sobre Dieter Wiesner, 407; sobre Michael, 175; sobre Ronald Konitzer, 408; testamento de Michael e, 497; Tito Jackson sobre, 558; Tom Mesereau e, 406; Tom Sneddon e, 406; uso de drogas, 515; "vídeo de réplica" e, 406-8

Rowe, Leonard (produtor): acordo AllGood e, 338, 341, 440; contratado por Michael, 343, 357, 494; Dennis Hawk e, 340; despedido por Michael, 440; finanças, 339, 341, 357, 361; Frank Dileo e, 338, 342, 358, 532; histórico e visão geral, 336; Joe Jackson e, 336, 357, 440, 532; Katherine Jackson e, 339, 341, 356, 437, 494, 532; Michael e, 339, 341, 356, 440, 494; na mídia, 343, 494; Patrick Allocco e, 338, 356; R. Kelly e, 337; Randy Phillips e, 343, 358, 440; Tohme e, 336, 339, 343, 356, 437, 532; turnê da família Jackson e, 338

Rubber Room (Studio 54), 98

Russell, Bob, 466

Rwaramba, Grace (babá): Alejandra Oaziaza e, 519, 560; Blanket Jackson e, 23, 449; brigas de Rebbie Jackson com, 517; como "guardiã" de Michael, 24; como única funcionária que desafiava Michael, 23; concordando em testemunhar contra Michael, 325; demitida por Michael, 237, 273, 325, 449; devoção a Michael, 23; diretora pessoal de Neverland, 23; e a mídia, 23-4, 560; em Carolwood, 324, 449; em Londres, 30; em Paris, 431; finanças e, 225; gastos abusivos de Michael e, 25; histórico, 23-4; informações sobre os Jackson, 518; Joe Jackson e, 239; Katherine Jackson e, 237, 560; La Toya Jackson e, 517; Liam Sheehan sobre, 173; no Bahrein, 174, 176; os Cascio e, 247; Paris Jackson e, 24, 176, 449, 556, 561;

Prince Jackson e, 24, 176, 449, 520, 556, 560; Raymone Bain e, 237; relatos de casamento iminente com Michael, 23; religião e, 24; sobre acusações de abuso sexual contra Michael, 24; sobre Michael, 172, 174, 335, 448; Tohme e, 327; uso de drogas de Michael e, 236, 324, 449; xeque Abdullah e, 26, 324

Rwaramba, Job (pai de Grace), 327

rythm and blues, 60

sacada, incidente do bebê *ver* incidente do bebê na sacada

Safechuck, Jimmy (jovem amigo de Michael), 198, 201, 203, 208, 723, 724-5

Sahara Tahoe, 315

Salão da Fama e Museu do Rock and Roll, 481

Salão do Reino das Testemunhas de Jeová, 84-5, 114; *ver também* Testemunhas de Jeová

Salas, Jesus (zelador de Neverland), 228, 528

Salinas, Norma (empregada dos Chandler), 599

Sam & Dave, 63, 64

Sanad, mansão de Michael em (Bahrein), 156, 161, 168

Sanders, Deion, 245

Sanders, Perry, Jr. (advogado de Katherine Jackson), 576-8, 581-4, 587, 639-43, 648-50, 657-8, 660-6, 668-71, 693-4, 809-12, 814-5, 820-4

Sandler, Adam, 381, 384

Santa Monica, montanhas de, 87

Santana, Carlos, 36, 270, 347, 740

Santuário da Ascensão (Forest Lawn Memorial Park), 514, 548, 672

"sapatos para moonwalk", 327

Savoy Hotel, 276

Sawyer, Diane, 211, 316, 317, 320, 322, 597, 598, 725, 751

"Say Say Say" (McCartney e Jackson), 75, 130, 142

Schaffel, Marc (parceiro de negócios de Michael): acesso aos arquivos pessoais de filme e musicais de Michael, 500; Al Malnik e, 583; Arnold Klein e, 31; Branca e, 38;

como intermediário entre Debbie Rowe e Katherine, 515; como membro da indústria pornô gay, 37; Debbie Rowe e, 407; Dieter Wiesner e, 40, 42, 52, 54; fim de seu contrato com Michael, 38; finanças e, 33, 47, 53, 77, 179, 366; histórico, 31; homossexualidade, 38; Michael e, 16, 33, 47, 53, 246; Michael se refugiando na casa de, 16; no programa *Good Morning America*, 54; primeiro encontro com Michael, 31; processo contra Michael, 30, 47, 54, 178, 180, 268; shows *30th Anniversary* e, 15, 32; shows no Madison Square Garden e, 34; sobre a família Arvizo, 51; sobre a família Cascio, 49; sobre a Sony, 40; sobre Arnold Klein, 235, 589; sobre as pessoas sabotando Michael, 40; sobre Gavin Arvizo, 51; sobre os médicos de Michael, 229; supostos crimes, 77; turnê europeia e, 75; "vídeo de réplica", 46; "What More Can I Give?" e, 30

Schleiter, Anton, 157-8, 169

Schleiter, Wolfgang, 158

Schreiber, John E., 501, 504, 787

Schroder, Ricky, 203

Schwartz, Dave (padrasto de Jordan Chandler), 296, 299, 301-2, 304, 401, 597, 816

Schwartz, June Wong Chandler (mãe de Jordan Chandler): acusações de abuso contra Michael e, 304, 307, 401; aparência física, 297, 399; casamentos, 298, 304, 400; depoimento, 400; Evan Chandler e, 298, 300, 304; finanças, 299, 307, 313, 401; histórico e visão geral, 296, 298, 400; Jordan Chandler e, 595; polícia e, 307; presentes de Michael para, 297, 400; relacionamento de Michael com Jordan e, 296; sobre Michael, 297, 400

Schwartz, Lily (meia-irmã de Jordan Chandler), 296, 599

Schwarzenegger, Arnold, 117, 283, 347, 482, 780

Scorsese, Martin, 126, 438

"Scream" (Jackson), 347

Scruse, Kattie "Kate" B. *ver* Jackson, Katherine

Seas Records, 135

Secret Childhood of Michael Jackson, The (documentário), 706

Segye Times (jornal dos seguidores do reverendo Moon), 80, 226, 547, 639, 708, 728, 801, 822

Seibi Gakuen, lar de crianças (Tóquio), 167

Senegal, 356

Senneff, Richard, 470-2, 474, 568-9, 778; *ver também* paramédicos

Sentinela, A (revista das Testemunhas de Jeová), 85, 114

sessões espíritas, 513

Seul, Coreia do Sul, 80-1, 227, 679

sexualidade de Michael Jackson: afirmações de Arnold Klein sobre, 589; alegação de bissexualidade, 590; alegação de Jason Pfeiffer de ter sido amante de Michael, 590; assexualidade, 599; beijando, 121, 307, 318, 319, 320, 385, 601, 644; com Lisa Marie Presley, 318, 320, 599; exposição prematura à sexualidade, 86; "muito quente" na cama, 318; namorando, 97; no palco, 110; perversões, 318; pressexual, 203; proibição de falar palavrões, referências sexuais e piadas sujas, 105; puberdade, 90, 100; reação de Michael à especulação de que ele fosse gay, 101; suposta conversa de cunho sexual com Prince Michael, 388; suposta pedofilia, 593, 603, 610; Testemunhas de Jeová e, 101; virgindade de, 90, 116, 612; *ver também* Jackson, Michael: questões de gênero; masturbação

Shadow of Michael, The (filme), 448

Shafer, Steven (professor de anestesiologia), 621, 625-7, 629

Shafiei, Mina, 286

"Shake Your Body (Down to the Ground)" (Jackson), 100

Shapiro, Robert (advogado), 308

Sharpton, reverendo Al, 40, 220, 375, 493, 495, 509, 522, 536-7, 659, 783, 785, 798

"She is Out of My Life" (Bahler), 102

Sheehan, Liam, 171, 174, 701, 719

Shields, Brooke, 117, 121, 202, 204, 318, 509, 676, 710, 713, 723, 725, 781

shows *30th Anniversary* (7 e 10 de setembro de 2001), 15, 32, 237, 679

shows de reencontro da família Jackson, 80

shows de retorno, 280, 285, 294; *ver também* retorno

Shrine Auditorium (Los Angeles), 117, 123, 124, 207, 244, 490, 676, 783

Siegel, Barry (contador de Michael e coexecutor do espólio), 447, 496, 502, 581-2, 679-81, 775, 787, 802, 810

Siegel, David, 136, 714

Siegfried & Roy, 171, 240

Sillerman, Robert F. X., 276, 553, 592, 801, 815

Silva, Violet, 416, 770

Simmons, Sonnet, 597, 604-5, 816

Singleton, Bryan, 528

Sinnreich, Mark (médico ortopedista de Michael), 230, 264

Sitrick and Company, 556

Sitrick, Michael "Mike" S. (consultor de relações públicas de Michael), 497, 741, 746, 773, 786, 793, 799

Skelton, Red, 514

Skid Row, Los Angeles, 199

Slash, 15

Slavit, David (otorrinolaringologista), 434, 526

Sly & The Family Stone, 267

Smalls, Biggie (Notorious B.I.G.), 576

Smith, Janice (assistente de Katherine), 575, 646, 652-4, 660, 663-4, 666

Smith, Lucious, 522

Smith, Scott (detetive da polícia de Los Angeles), 486, 619

"Smooth Criminal" (Jackson), 443-4, 459, 643, 744

Sneddon, Thomas "Tom" W. (promotor público), 44, 129, 132, 134, 228, 234, 364, 369, 374-8, 381-2, 385-6, 388-9, 391, 394-9, 401-2, 406-7, 410, 412-3, 420, 424-5, 427, 429, 564, 678, 681-2, 729, 730, 763-5, 768-9

Snoop Dogg, 135

Sol é para todos, O (filme), 292

sono (hábitos de sono de Michael), 21, 44, 192-3, 318; *ver também* insônia

Sony: acusação de racismo, 40; Branca e, 38, 41; estátuas de Michael, 210; finanças e, 33, 38, 128, 145, 154, 551; *Invincible* e, 39; jato particular para Michael, 36; quebra de contrato para gravação de álbum por Michael, 145; rompimento de Michael com, 49; Schaffel sobre, 40; show beneficente de Onze de Setembro e, 38; "What More Can I Give?" e, 38; *ver também* Mottola, Tommy; *Number Ones*

soporíferos, 192

Sotheby's, 150

South Monte Cristo Way, propriedade na *ver* Monte Cristo, mansão

Spanish Gate Drive, propriedade da, 271, 281

Spann, Enid, 91

Spears, Britney, 283, 414, 481, 501, 572, 747, 780

"Speechless" (Jackson), 157

Spence, Jonathan, 207, 723-4

Spielberg, Steven, 126, 130, 153, 203, 277-8, 369, 744

Sprague, Gina, 224, 722, 731

Springsteen, Bruce, 124, 127, 153

Stanton, Charles "Big Chuck", 187

Staples Center, 244, 454, 456, 457-8, 460, 462-3, 474, 481, 508-9, 515, 522, 531, 584, 689, 777, 788

"State of Shock" (Jackson e Jagger), 122

Station Casinos, 280, 744

Steeltown Records, 64, 674

Stoller, Mike, 255

Straite, Elliot *ver* Freeze, dr.

Streisand, Adam (advogado de Katherine Jackson), 540, 543, 548, 558-9, 575-7, 582, 669, 694, 800, 802, 804, 809

striptease, clubes de: Jacksons se apresentando em, 59, 86

Strong, Brett Livingstone, 315, 750

860

Studio 54, 98-9, 700

Studio X, 256, 269

Suécia, 157, 269, 563

"Sugar Daddy" (Jackson 5), 91

Suíça, 49, 153, 199, 264, 269, 655

Sulayem, Mohammed bin, 27

Sullivan, Chuck, 142

sultão de Brunei, 271

sunflowerguy.com, 549

Sunset Boulevard, 34, 68, 291, 474

Superdog, concurso, 64

Superdome (New Orleans), 339, 341

Suprema Corte de Londres, 256

Suprema Corte dos Estados Unidos, 482

Swedien, Bruce, 109, 125, 163, 563, 711-2

Swingler, Dwayne, 399

Sycamore Ranch, 142; *ver também* Neverland, rancho

Sydney, Austrália, 154, 175, 198, 678

Syience, 187, 270, 740

tabloides, 12, 24, 42, 97, 127, 170, 190, 194-6, 201, 212, 214, 236, 248, 255, 260, 310, 312, 319-20, 344, 350, 399, 412, 419, 426, 433, 481, 507, 510, 518, 532, 561, 596, 635, 651, 658, 670, 694-5, 750, 759, 770, 773, 789, 823; *ver também National Enquirer*; paparazzi

Tadrissi, Mark (dentista), 349, 526, 759, 789

Take Two ver "vídeo de réplica"

Talon Executive Services, 487

Taraborrelli, J. Randy (jornalista), 101, 105, 108

"Taser", 558

Tavasci, Evvy, 48

Taylor, 383

Taylor, Bobby, 63, 65, 68

Taylor, Elizabeth: acusações de abuso sexual e, 241, 317; Arnold Klein e, 206, 233, 590; discursos, 15, 523; finanças, 46, 179; Jason Pfeiffer e, 590; Michael sobre, 205-6, 317; morte de Michael e, 483, 522; no rancho Neverland, 205; no show 30th Anniversary, 15; primeiro encontro de Michael com, 205;

semelhanças entre MJ e, 205; sobre Michael, 46, 205; *Thriller* e, 113; uso de medicamentos de uso controlado, 206, 234

teclado Casio, 186

Temperton, Rod, 102, 107

Temple, Shirley, 204, 265-6, 321, 383, 415, 723, 754

Temptations, The, 63, 66, 72

teoria da relatividade, 513

Teresa, Madre, 207, 450, 459, 724

Terraço Sagrado (Forest Lawn Memorial Park), 514, 524, 672

Terrell, Cheryl, 223

Terrell, Leo (advogado e locutor de rádio), 225, 493, 507, 728, 783, 788

testamento de Michael Jackson, 496, 536, 540, 579-82, 586, 669, 715, 786; Branca e, 496, 502, 534, 578; "cláusula de exclusão", 502; questionamentos sobre a legitimidade de, 502, 534, 539, 577, 586, 659, 667; *ver também* Fundo Familiar Michael Jackson

Testemunhas de Jeová, 24, 28, 84, 91, 101, 114, 200, 206, 278, 676; Michael ameaçado de expulsão pelo videoclipe de "Thriller", 114; Michael e, 85, 98, 101, 114, 115, 200; rompimento de Michael com, 278

Thanki, Bankim (advogado de Abdullah), 254, 255, 326

"They Don't Care About Us" (Jackson), 77, 443, 459

This Is It (filme), 531-3, 540-1, 552, 791

This Is It (shows): adiado em cinco dias, 432, 440; AEG e, 333, 338, 358, 362, 434, 438, 530, 544, 549; AllGood Entertainment e, 445; como momento "agora ou nunca" para Michael, 441; Conrad Murray e, 435; Dennis Hawk e, 284, 327, 332, 335, 339, 354, 582; devolução do dinheiro e tickets de souvenir para os que haviam comprado ingressos, 530; ensaios para, 432, 441, 444, 451, 460, 474, 508, 530, 549, 617, 623; Frank Dileo e, 438, 531; Kenny Ortega e, 346, 442, 456, 531; músicas a serem apresentadas em, 459-61; palco e tecnologias empregadas para, 333, 441, 460; para ser parte de turnê mundial, 437; preço dos ingressos, 332; Raymone Bain e, 244, 362; significado do nome "This Is It", 331; tema ambiental, 441; Tohme e, 284, 295, 327, 329, 339, 342, 353, 358; última performance, 462; venda dos ingressos, 334, 343

Thompson, Cobb, Bazilio e Associados, 267, 499, 684, 746

Thompson, Marshall, 490

Thriller (Jackson): Bad comparado a, 125; processos, 641; singles de, 120; turnê Thriller, 121, 277; vendas, 39, 108, 110, 112, 113, 116, 121, 125, 487, 500, 564

Thriller 25 (Jackson), 195, 245, 268, 269, 271, 287, 487, 685, 740, 746

"Thriller" (Jackson), 107, 112, 113-5, 126, 212, 293, 327, 360-1, 369, 443, 459, 462, 521, 675

Tiny Tots' Back to School Jamboree, 58

TMZ (site de notícias), 479, 480, 515-6, 554, 559, 561, 572, 575, 576, 581, 621, 641, 656, 658, 662, 667, 669

Todd, Mike, 206

Tohme, Tohme R. (parceiro de negócios de Michael): AEG e, 283, 472, 487, 532, 565; Branca e, 503, 532; Carolwood e, 295, 471, 487, 491; Conrad Murray e, 533; Dennis Hawk e, 279, 283, 327, 339, 342, 491; desmaio, 493; e a mídia, 493; entrevistas, 293; finanças, 492; Frank Dileo e, 336, 342, 350, 352, 358, 437, 493, 531; histórico e visão geral, 272, 351; Jermaine Jackson e, 273, 342, 472, 511; Katherine Jackson e, 457, 639; La Toya Jackson e, 488, 491; Leonard Rowe e, 337, 339, 343, 356, 437, 532; Michael Amir Williams e, 281, 342, 350, 437, 489; Michael sobre, 493; morte de Michael e, 471, 487, 492, 530, 553; Neverland e, 273, 327, 511, 582; no Bahrein, 325, 350; Perry Sanders e, 582, 639; personalidade, 493; primeiro encontro de Michael com, 272; processos, 351; relação combativa com

o espólio de Michael, 532; relacionamento de Michael com, 276, 281, 329, 360, 457, 582; revogação do poder de procuração, 357; Ron Williams e, 487; shows *This Is It* e, 284, 294, 327, 329, 339, 342, 353, 358; sobre a aparência de Michael, 293; sobre o filme *This Is It*, 532; sobre Philip Anschutz, 284; sobre testamento de Michael, 582; Tom Barrack e, 274, 284, 327, 511; visita aos ensaios de *This Is It*, 458; xeque Abdullah e, 324

tolerância a drogas, 348

Tóquio, 164, 167, 198-9, 213, 242, 481, 495, 527, 670, 676, 683

Torbiner, Mark, 306

transtorno dismórfico corporal, 263

Tratado de Haia, 176

Treacy, Patrick, 188, 194, 196, 720, 721-2

Três Patetas, 107, 383

Triângulo de Platina, 295

Tributo a Bambi (evento de caridade), 643

Tributo a Nelson Mandela, 49

Triumph (Jacksons), 104; turnê Triumph, 104-5, 106, 192, 675

Tropicana Motel (Los Angeles), 68

Trump, Donald, 217, 274, 317

truques de mágica, 172

Tucker, Chris, 160, 367, 384-5, 415-6, 522, 680, 717-8, 770

Tudor, mansão, 106, 142

Turnberry Isle Resort, 228, 385, 680

turnê europeia do Jackson 5, 73

Twitter, 480, 483, 590, 651, 656, 657-8, 664

Uganda, 23-4, 327, 753, 756

Uisneach, colinas de, 186

"Último testamento de Michael Joseph Jackson", 496; *ver também* testamento de Michael Jackson

Unidade de Análise Comportamental (FBI), 397

United Negro College Fund, 124

Unity, turnê, 645, 666, 823

Universal Music Group, 445

Usher, 15, 38, 250, 461

uso de drogas por Michael: acusações de abuso sexual e, 192, 236; antes da morte, 464-5; causas e gatilhos, 348; durante o julgamento, 394, 426; esforços para parar, 194, 237, 348; insônia e, 192, 348, 463, 622; intervenção familiar, 237-9; lavagem estomacal, 236; na mídia, 133, 238; parceiros de negócios que tiraram vantagem de seu vício, 544; perfurações de agulha, 484; pessoas suspeitas de facilitação, 528; primeira admissão pública de uso de drogas, 246; primeiro uso de narcóticos, 124; shows *This Is It* e, 434; *ver também* drogas (usadas por Michael); propofol; *medicamentos específicos*

Vaccaro, Henry, 227, 638, 694, 728, 729, 797, 799, 800, 802, 804, 822

Vale de Santa Ynez, 142, 241

Valium (diazepam), 192, 309, 344, 348, 463-4, 729, 778

Van Halen, Eddie, 110, 347

Van Pier, Audre, 243

Vanity Fair, 137, 153, 234, 378, 412, 430, 595, 714-5, 717, 725-6, 730, 734, 737-8, 740, 747, 752-3, 758, 764, 767, 789, 814

Venable, 246, 684, 735

Veneza, Itália, 159

Venezuela, 495, 511

Versed (midazolam), 464-5, 729, 778

Vicodin, 344, 729

Victory (Jackson), 122

Victory, turnê (The Jacksons), 31, 124-5, 142, 205, 226, 347, 723

Vidal, Gabrielle, 575

"vídeo de réplica" (2003), 46, 364, 385, 404, 680

vitiligo, 258-9, 263, 312, 585, 737, 771, 811

"Wacko Jacko" (apelido de MJ), 12, 42, 79, 127, 184, 196, 260, 293, 720

Wahlberg, Mark, 36, 701

Waldman, Robert, 625

Waleed bin Talal, Al (príncipe saudita), 151, 169, 175

Walgren, David (promotor público), 567-8, 617-9, 621-5, 627-30, 821

Wallace & Gromit: A batalha dos vegetais (filme), 75

Wallace, Christopher (Notorious B.I.G.), 576

Wallace, Violetta, 576

Walters, Barbara, 44, 371

"Wanna Be Startin' Somethin'" (Jackson), 269, 442, 460-1

Wanna Bet? (programa de TV), 158

Warhol, Andy, 99, 266

Warner Bros., 40, 278-9

Warwick, Dionne, 15

Washington, DC, 245

"Way You Make Me Feel, The" (Jackson), 443-4

We Are the World (projeto), 35

"We Are the World" (canção), 138, 145, 152, 212-3, 481, 714

Webber, Andrew Lloyd, 278, 744

Wegner, Robert, 147, 600

Weisner, Ron (empresário adjunto de Michael), 99, 108, 244, 735

Weitzman, Howard (advogado de Schaffel), 309-10, 496, 499, 501, 503, 531, 533, 540, 544, 547, 556, 562, 571, 573, 579, 581, 584, 650, 665-6, 670, 678, 741-2, 744, 746, 749, 775, 785, 792, 798-9, 805, 811

Weller, James R., 354

West Side Story (filme), 126

Westbury Music Fair, 93

Westlake Studios, 107, 676

Westmeath, condado de (Irlanda), 183-4, 187-8, 190, 195-6, 214, 721-2; *ver também* Grouse Lodge

Westwood Marquis Hotel, 306

"What More Can I Give?" (Jackson), 30-1, 35-9, 41, 51, 135, 137, 515, 681, 701, 737

White, Paul (professor da faculdade de medicina), 625

Whitfield, Bill, 239

"Who Is It" (Jackson), 145

Wiesel, Elie, 230, 729

Wiesenthal, Robert S., 128-9, 132

Wiesner, Dieter (empresário de Michael): acesso aos arquivos pessoais de filmes e músicas de Michael, 500; anúncio de livro, 588; Branca e, 41; Cinegroupe e, 277; contratado por Michael, 41, 44; Debbie Rowe sobre, 408; em Londres, 44; família Arvizo e, 385, 389; finanças e, 52; Janet Arvizo e, 416; Las Vegas e, 49; *Living with Michael Jackson* e, 43; Martin Bashir e, 43; Michael e, 43, 52, 81, 151, 247, 408; Nação do Islã e, 56; processo contra Michael, 55, 81, 246, 268; Schaffel e, 41, 52; sobre Michael, 81, 138, 247, 446, 532; sobre os medicamentos de uso controlado de Michael, 193, 229, 235, 246; Tom Mesereau e, 55; turnês e, 430, 432; "vídeo de replica" e, 385, 389

Wilcox, Ron, 146, 715

will.i.am (William James Adams), 186-7, 191, 194, 269-70, 562, 683, 720, 740

Williams, Michael Amir ("irmão Michael"): Branca e, 447; Conrad Murray e, 435, 467, 528, 568, 620; fazenda Palomino e, 271; Frank Dileo e, 342, 471; histórico, 489; morte de Michael e, 467, 471, 528; Tohme e, 281, 342, 351, 489

Williams, Ron, 487, 489, 742-3, 782-3, 791

Williams, Serena, 245, 482, 780-1

Wilson, Jackie, 63-4, 66, 69

Wilson, Mel, 574

Winfrey, Oprah, 205, 258-9, 262, 320-1, 522, 573-4, 585, 644, 668, 677, 702, 706; *ver também Oprah Winfrey Show*

Winter, Ed (legista), 525-6, 789

Wishna, Jack, 217-8, 222, 242-3, 294, 684, 727, 732, 734, 748

Woodroffe, Patrick, 460

World Accountability for Humanity, 327

World Music Awards, 210, 212-3, 300, 599, 684, 721-2, 725-6

World of Childhood, parque de diversões, 151

Wrecking Crew, 92

Wynn, Steve, 171, 221, 240, 293, 401, 727, 748

x17 (agência de paparazzi), 560, 658, 789, 794, 801, 803-5, 807; *ver também* Friedman, Roger

xamãs, 513

Xanax, 151, 192, 228, 238, 348, 527, 729

XtraJet (empresa de transporte aéreo), 375, 765, 767

Yetnikoff, Walter, 96, 100, 106, 108, 117, 139, 142, 707, 710-1, 714

Yoshiki (cantor), 168

"You Rock My World" (Jackson), 39, 187

"You're a Whole New Generation" (música para o comercial da Pepsi), 123

YouTube, 270, 347, 559

Yoyogi, Estádio Olímpico, 167

Yu, Susan, 371, 372, 396, 431, 701

Zama, Camp (posto do Exército americano), 242

Ziffren Brittenham, LLP, 496

Zilkie, Taunya, 239, 251, 735, 800

Zimbábue, 151

Zimring, Joseph, 501

Zonen, Ron (promotor público), 397, 402-3, 407-8, 420-1, 428, 607-8, 682, 699, 764, 768-70, 818

ESTA OBRA FOI COMPOSTA PELA SPRESS EM DANTE E IMPRESSA EM OFSETE
PELA GEOGRÁFICA SOBRE PAPEL PÓLEN SOFT DA SUZANO PAPEL E CELULOSE
PARA A EDITORA SCHWARCZ EM NOVEMBRO DE 2013